北京大学经济学院（系）100周年纪念文库

北京大学经济学院
优秀学术论文选编
(2000—2011) 上

北京大学经济学院　编

图书在版编目(CIP)数据

北京大学经济学院优秀学术论文选编:2000—2011(上、下册)/北京大学经济学院编.—北京:北京大学出版社,2012.5
(北京大学经济学院(系)100周年纪念文库)
ISBN 978-7-301-09028-2

Ⅰ.①北…　Ⅱ.①北…　Ⅲ.①经济学-文集　Ⅳ.①F0-53

中国版本图书馆 CIP 数据核字(2012)第 083634 号

书　　　名：	北京大学经济学院优秀学术论文选编(2000—2011)(上、下册)
著作责任者：	北京大学经济学院　编
责 任 编 辑：	刘　京
标 准 书 号：	ISBN 978-7-301-09028-2/F·3173
出 版 发 行：	北京大学出版社
地　　　址：	北京市海淀区成府路 205 号　100871
网　　　址：	http://www.pup.cn
电　　　话：	邮购部 62752015　发行部 62750672　编辑部 62752926　出版部 62754962
电 子 邮 箱：	em@pup.cn
印　刷　者：	北京鑫海金澳胶印有限公司
经　销　者：	新华书店
	730 毫米×1020 毫米　16 开本　46 印张　901 千字
	2012 年 5 月第 1 版　2012 年 5 月第 1 次印刷
定　　　价：	125.00 元(上、下册)

未经许可,不得以任何方式复制或抄袭本书之部分或全部内容。
版权所有,侵权必究
举报电话:010-62752024　电子邮箱:fd@pup.pku.edu.cn

北京大学经济学院(系)100周年纪念文库
编委会

名誉主编：刘 伟
主　 编：孙祁祥　章 政
编　 委：（按照姓氏拼音顺序排列）
　　　　　崔建华　董志勇　何小锋　林双林
　　　　　平新乔　宋 敏　王曙光　王跃生
　　　　　肖治合　叶静怡　张 辉　张洪峰
　　　　　郑 伟

总　序

作为中国最重要的经济学教育和科研基地,北京大学经济学院是我国综合大学中最早建立的经济系科,也是西方现代经济学和马克思主义经济学在中国最早的传播基地。北京大学经济学科的历史最早可追溯到1902年建立的京师大学堂商学科,1912年严复担任北京大学校长之后始建经济学门(系),1985年又在北京大学经济学系的基础上组建了北京大学经济学院,成为北京大学在改革开放之后建立的第一个学院。

1901年严复翻译亚当·斯密《国富论》(一名《原富》),标志着西方现代经济学在中国的正式引入,此后北京大学一直是中国传播西方现代经济学的重镇。中国最早的马克思主义传播者李大钊也是北京大学经济学系的教授;至1931年,北京大学经济学系陈启修教授首次翻译出版《资本论》第一卷第一册,在传播马克思主义经济学方面功不可没。因此,不论是西方现代经济学的引入还是马克思主义经济学的传播,北大经济系都是领时代潮流之先,在中国现代史中占据独特的地位。

拥有深远历史渊源和悠久学术传统的北京大学经济学院,在一个多世纪中涌现出马寅初、陈岱孙、赵廼抟、樊弘、陈振汉、胡代光、赵靖、厉以宁等在学界享有崇高声誉、学养深厚、影响深远的大师级人物,为我国经济科学发展作出了卓越贡献。

2012年是一个对中国经济学科发展有着特殊重要意义的年份,北京大学经济学科已走过了110周年历程,北京大学经济学门(系)也迎来100周年的隆重庆典。为了庆祝北京大学经济学院(系)创建100周年暨北京大学经济学科建立110周年,我院编写了这套"北京大学经济学院(系)100周年纪念文库",旨在深入梳理北京大学乃至中国经济学科发展的历史脉络,展现北京大学经济学科的历史底蕴和历史成就,同时也希望从一个世纪的经济学科发展历程中反思我们的学术走向,为中国经济学科未来的发展提供一种更为广远和辽阔的历史视角。北京大学经济学院作为中国综合性大学中最早的经济学科,它所取得的历史成就以及所走过的道路,必然对整个中国的经济学科发展有着深远的借鉴意义。

1917年,著名教育家蔡元培出任北京大学校长,他"循思想自由原则,取兼容并包主义",对北京大学进行了卓有成效的改革,促进了思想解放和学术繁荣,奠定了百年北大的精神基调。今天,我们庆祝北京大学经济学院(系)创建100周年,也要秉承兼容并包的创新精神,在继承北京大学经济学科优良传统的基础上,以积极的姿态吸纳世界前沿的经济学成果,为中国的经济腾飞和中华民族的伟大复兴作出我们经济学人应有的贡献。

2012 年 1 月 15 日

前　言

巍巍上庠,世纪弦歌不辍;经世济民,百年再续华章。1902年,京师大学堂设立商学科;1912年,京师大学堂改国立北京大学时,经济学门(系)设立。时维革故鼎新,民族忧患,自兹以降,经济学之发展,遂与中华国运休戚与共。百年来,北京大学经济学人以富民强国为己任,敢为风气之先,领时代之风骚。既重理论之创新,亦重救时之急务,佳构迭出,硕果累累。

北京大学的首任校长严复先生,在他1912年上任的第一年即建经济学门(系),这成为中国经济学发展的滥觞;他翻译的《原富》(即《国富论》),成为现代西方经济学被引入中国的标志。作为北京大学经济系教授的李大钊先生最早向中国系统介绍了马克思主义。北京大学第八任校长和经济系教授马寅初先生,坚持真理、不畏权势,以其著名的《新人口论》,为新中国的前途呐喊直言。

北京大学经济学院的学术研究素以史论见长,在"经济史"、"经济思想史"等领域有卓著的历史地位。在外国经济史、经济思想史的研究方面,一代宗师陈岱孙先生及樊弘先生、罗志如先生等一代代学者为中国经济学在该领域的研究奠定了基础。在中国经济史、经济思想史的研究中,赵迺抟先生、陈振汉先生等作出过重要的历史性贡献。

1985年,北京大学经济学系改建为经济学院,这是自1952年我国院系调整以后北京大学创建的第一个学院。二十多年来,学院不仅保持和发展了原有的学术传统和优势学科,而且在革新精神的引领下,一些适应中国经济发展和制度变迁要求的新学科开始建立,一批在中国经济学界有较大影响的经济学家登上历史舞台,展示出北京大学经济学研究整体的巨大影响力和创造力。

赵靖先生、石世奇先生等在中国经济思想史的研究方面始终站在国际和国内学术的最前沿。胡代光先生、范家骧先生、晏智杰先生等在外国经济思想史领域的研究继续保持国内领先地位。在中国经济史的研究中,李德彬先生、萧国亮教授等都作出了突出的贡献。新中国成立后,从陈振汉先生、熊正文先生起始的《〈清实录〉经济史资料》的整理与出版工程,在持续了半个多世纪之后,最终在萧国亮教授2002年10月以来近十年的不懈努力下,该项鸿篇巨制在经济学院百年院(系)庆临近之际,已接近尾声,共整理经济史资料1200余万字,它的出版,必将极大地推动北京大学和国内经济史学科的发展与振兴。

新的历史时期,除了传统的优势学科经济思想史和经济史的研究之外,北京大学经济学人再次站在时代的前列,厉以宁教授、萧灼基教授、刘伟教授等在市场经济理论、经济体制改革、股份制改造等方面提出了一系列的创新性理论,极大地影响了中国经济改革的历史进程,为中国经济发展与体制变迁作出了重要的贡献。

"江山代有才人出",进入新世纪,经院人再接再厉,在许多重要领域深化研究,提出真知灼见,影响深远。值此百年院(系)庆之际,我们特从中挑选出 51 篇优秀论文,汇集成册,以资纪念。

所选文章按五大学科群分类,分别展现经院人在各个不同学科领域的学术成就。"基础学科群",选入经济学基本理论以及中国改革开放重大理论问题探讨的诸多佳篇;"传统优势学科群",选入中外经济思想史和经济史方面的近年力作;"特色学科群",选入国别经济、国际经济研究的代表性论著;"新兴与交叉学科群",选入从环境、资源等角度分析现代经济发展的最新成果;"重点学科群",分为风险管理与保险学、金融学、财政学三个分支,所选论文涵盖了这些领域的重要理论创新和针对性的政策建议。这些论文见证了北京大学经济学院新世纪的发展历程,也浸透了经院学者严谨求实、博学精思的智慧结晶。

"北京大学是常为新的"。虽然最新的"基本科学指标"(ESI)显示,北京大学的经济学已进入全球排名前1%的学科,名列第 34 位,北京大学的经济学人已赢得了国际学术界的尊重,但身处经济剧烈转型时期的当代中国,我们深感任重而道远,唯有继承一代代经济学人严谨求新的学术传统,以敏锐而远大的学术眼光静观深思中国经济发展的难题,一步一个脚印,才能不负历史的重托,开启新的百年辉煌!

编 者

2012 年 3 月 31 日

目 录

上 册

第一编 基础学科群

论当代企业所有权与经营权融合的趋势 / 王跃生 3
中国房地产市场"限购政策"研究
　　——基于反需求函数的理论与经验分析 / 冯科　何理 16
社会资本转换与农民工收入
　　——来自北京农民工调查的证据 / 叶静怡 30
中国经济增长中的产业结构变迁和技术进步 / 刘伟　张辉 55
供给管理与我国现阶段的宏观调控 / 刘伟　苏剑 72
资本结构研究中的控制权理论述评 / 刘文忻　胡涛 88
发展中国家政府干预的制度结构 / 张鹏飞 95
农村信贷市场"联保贷款"效应分析 / 杜丽群　曹斌 111
中国城镇贫困的变化趋势和模式：1988—2002 / 夏庆杰　宋丽娜 119
我国企业信用指数评级方法初探 / 章政　王大树 146
企业与市场：相关关系及其性质
　　——一个基于回归古典的解析框架 / 黄桂田　李正全 151
行为经济学中的社会公平态度与价值取向研究
　　——以新加坡、中国上海、中国兰州为例 / 董志勇 163
中国经济周期性波动的微观基础的转变 / 睢国余　蓝一 173

第二编 传统优势学科群

中国古代经济周期理论及其政策启示 / 张亚光 189
孟子"迂远而阔于事情"的经济学解析 / 周建波 202
中国建置经济制度的历史传承与当代竞争 / 曹和平　张博　叶静怡 213
对中国历史上 GDP 研究的一点看法 / 萧国亮 227

浮动本位兑换、双重汇率与中国经济：1870—1900 / 管汉晖 ……………………… 231

第三编　特色学科群

CEPA 为港资对大陆投资带来的前景 / 孙薇 …………………………………… 251
"富人社区效应"还是巴拉萨—萨缪尔森效应？
　　——一个基于外生收入的实际汇率理论 / 唐翔 ……………………… 255
"新经济"对欧盟经济增长的贡献 / 陶涛 ………………………………………… 268
虚体经济周期理论与美国新周期 / 咸自科 ……………………………………… 279
跨国企业集群在中国"二次成长时期"的特征性行为及
　　市场规制途径 / 曹和平 ………………………………………………………… 294
从国际经验看中国股指期货的推出与证券市场的演进 / 萧琛　艾馨 ………… 311

第四编　新兴与交叉学科群

资源、环境与可持续发展 / 杜丽群 ……………………………………………… 323
全球价值链动力机制与产业发展策略 / 张辉 …………………………………… 333
外商直接投资与管理知识溢出效应：来自中国民营
　　企业家的证据 / 袁诚　陆挺 …………………………………………………… 346

下　册

第五编　重点学科群

（一）风险管理与保险

中国巨灾综合风险管理中保险的角色 / 刘新立 ………………………………… 365
"空账"与转轨成本
　　——中国养老保险体制改革的效应分析 / 孙祁祥 …………………… 372
市场经济对保险业发展的影响：理论分析与经验证据
　　/ 孙祁祥　郑伟　锁凌燕　何小伟 …………………………………………… 384
中国非寿险市场承保周期研究 / 李心愉　李杰 ………………………………… 400
中国养老保险制度变迁的经济效应 / 郑伟　孙祁祥 …………………………… 413
保险业增长水平、结构与影响要素
　　——一种国际比较的视角 / 郑伟　刘永东　邓一婷 ……………………… 430

社会安全网、自我保险与商业保险:一个理论模型 / 秦雪征 ·········· 450

(二) 金融学

通胀预期与货币需求:实际调整与名义调整机制的检验
　　／ 王一鸣　赵留彦 ·········· 468
双重二元金融结构、非均衡增长与农村金融改革
　　——基于11省14县市的田野调查 / 王曙光　王东宾 ·········· 483
利率、实际控制人类型和房地产业上市公司的投资行为
　　／ 宋芳秀　王一江　任　颋 ·········· 497
中国资本外逃规模的重新估算:1982—1999 / 李庆云　田晓霞 ·········· 511
资本充足率是否影响货币政策? / S. G. Cecchetti　李连发 ·········· 524
汇率传递理论文献综述 / 施建淮　傅雄广 ·········· 534
国际金融中心评估指标体系的构建
　　——兼及上海成为国际金融中心的可能性分析 / 胡　坚　杨素兰 ·········· 557
货币化、货币流通速度与产出
　　——扩展的CIA约束与中国经验 / 赵留彦 ·········· 568
中国货币流通速度下降的影响因素:一个新的分析视角
　　／ 赵留彦　王一鸣 ·········· 587
结构扭曲与中国货币之谜
　　——基于转型经济金融抑制的视角 / 黄桂田　何石军 ·········· 603
股权分置改革对中国股市波动性与有效性影响的实证研究
　　／ 谢世清　邵宇平 ·········· 620
中小企业联保贷款的信誉博弈分析 / 谢世清　李四光 ·········· 631

(三) 财政学

中国工薪所得税有效税率研究 / 刘　怡　聂海峰 ·········· 651
间接税负担对收入分配的影响分析 / 刘　怡　聂海峰 ·········· 663
中国财政政策的"挤出效应"
　　——基于1952—2008年中国年度数据的研究 / 张　延 ·········· 680
取消燃气和电力补贴对我国居民生活的影响
　　／ 李　虹　董　亮　谢明华 ·········· 692
中国公共财政面临的挑战与对策 / 林双林 ·········· 710

第一编　基础学科群

论当代企业所有权与经营权融合的趋势[*]

王跃生

摘要：20世纪后期经济环境的变化使两权分离的现代企业制度失去普遍适应性,以知识型企业兴起、管理者收购发展和家族企业复兴为表现,当代企业的所有权和经营权正在企业家身上实现融合。论文从企业理论角度论证这种新型企业制度既不同于现代企业制度的两权分离,也不同于古典企业的两权"自然结合",而是两权的"有效结合",它符合企业发生的过程,也有助于解决现代企业制度的基本矛盾。论文还探讨了两权融合的数量界限,这一界限即有效控制边界。

关键词：当代企业制度；两权分离；两权融合；企业理论

中图分类号：F271,F272　　**文献标识码**：A　　**文章编号**：1000-5919(2004)01-0005-09

一、引　　言

一般认为,对现代企业制度所有权与控制权两权分离的系统研究始自伯利和米恩斯(Berle和Means)1932年出版的开创性著作《现代公司与私有产权》[1],后经过威廉姆森(Williamson)[2]、詹森和梅克林(Jensen和Meckling)[3]、格罗斯曼和哈特(Grossman和Hart)[4]以及哈特和莫尔(Hart和Moore)[5]等的发展,成为企业理论中最核心的委托代理理论。以两权分离为特点的现代企业制度对两权合一的传统业主制企业的替代,是企业制度发展中的根本性变革,由此产生了如何有效控制经营者这一现代企业制度的"基本问题"。[6]实际上,整个企业理论的发展,都是以有效解决这一基本问题为指向的。

然而,近年来,现代企业理论的发展遇到了越来越大的挑战。一方面,企业理论本身的研究似乎日趋深入、形式化和精细,成为整个经济理论中发展最快的部分；另一方面,企业理论却离现实越来越远,对现实的变化解释力不足(如人力资本雇佣者问题、知识型企业所有与控制权配置问题)。其结果既表现为理论争论缺乏依归,更表现为现实经济中的企业权利纠纷,并损害企业发展(高科技创业企业的发展已经受制于企业制度的局限,频繁发生的公司造假与欺诈丑闻也表现出企

---

[*] 原载于《北京大学学报(哲学社会科学版)》2004年第1期。

业制度的缺陷)。我们认为,由这些挑战和争议暴露出的理论的不足,一个重要原因在于企业理论的发展未能及时反映现实中的一些重大变化。这些变化之一就是,作为现代企业制度基础的两权分离,其存在条件正发生改变,企业的所有权和控制权有在新条件下重新配置与融合的趋势。企业理论的发展既需要研究两权分离下的控制与激励,也需要研究两权分离本身。

在国内,对两权融合相关问题的研究已有一些,如方竹兰的《人力资本所有者拥有企业所有权是一个趋势》[7],何自立的《家族资本主义、经理资本主义与机构资本主义》[8],这些研究从人力资本和机构投资者角度提出两权融合问题。但是,两权融合并不是单纯的人力资本问题;认为机构投资者是融合的主体而不是企业家,就更难苟同。因为机构投资者的所有权特性带来的消极投资者问题仍是经济学界的普遍看法,机构投资者最多也只是一个相机治理者而非一般控制者。此外,对两权融合的讨论离不开对该制度的一般经济学分析,而这正是目前研究所欠缺的。

本文第二节对两权融合现象进行实证考察,第三节分析两权融合的宏微观经济基础,第四节对两权融合进行经济学分析,最后是一个简短的结论。

二、两权融合的实证考察

当代企业两权融合的趋势,系指企业的财产所有权与经营控制权以某种形式在企业经营管理者(企业家)身上实现统一的现象,即企业家不再是纯粹的支薪者(无论是月薪还是年薪),或者仅持有很少股份的代理人,而既是企业经营者,又是主要股东之一,拥有相当份额的财产权,对企业发挥股东和管理者双重作用。① 此时,所有者目标和经营者目标在企业家身上实现了某种程度的统一。当然,两权融合并非两权合一,不意味着企业家成为企业完全的所有者或者绝对控股者。

得出当代企业具有两权融合趋势的结论,首先不是理论演绎和模型推导的结果,而是出于对现实经济现象的观察和分析。两权融合趋势主要是从下述经济现象的发展中显示出来的:

知识经济发展带来的知识型企业的兴起及与此有关的企业制度创新。众所周知,在几年前新经济高潮时期,诞生了一大批与互联网、软件产业、电子信息技术、生物医药等高新科技有关的"知识型企业"。在这些企业的形成和创立过程中,由于企业创意(知识、技术及其产业化的思路)作为生产要素相对于货币资本更为重要和稀缺,掌握这些要素的人力资本所有者便获得了主动、有利的谈判(交易)地位,通过人力资本折股、知识入股、货币资本溢价入股等形式成为企业的重要所有

---

① 其持股比例应当大到足以对企业施加有效控制或者重大影响的程度。这里暂不涉及这一比例的数量界限,留待后文专门讨论。

者之一,拥有剩余控制权,参与剩余分配,同时依靠其对创意的排他性占有也实际控制着企业运营。研究表明,这种创意越具有市场前景,创业者能力谈判越强,企业运营后业绩越好,企业家的所有权和控制权就越大。[1] 这种以创业企业家为中心的结构与传统企业中出资人充当"中心签约人",承担创业风险,拥有企业所有权和剩余控制权的结构明显不同。从理论上说,企业家作为所有者和经营者身份的统一,使所有权与控制权在他身上实现融合,很大程度上有助于缓解甚至解决现代企业很难克服的所有者与经营者目标的冲突和代理问题。

当然,代理问题的改善并不能保证企业成功。事实上,由于知识型企业赖以发展的知识、技术等创意必须是崭新的、独创性的,而不是已经被证明有效的适用技术,因此,它具有比一般企业大得多的创业技术风险。网络泡沫的破灭和新经济退潮就是证明。但是,尽管新经济进入低潮,但它的遗产之一是留下了一批具有两权融合特点的知识型企业,开创了企业制度的一种新形态。这种企业制度形式目前涵盖了知识型的大多数,我们所熟知的微软、网易、搜狐等,都属于这类企业。我们倾向于把这类以知识型企业为代表(当然不限于知识型企业)的、具有两权融合特征的企业制度称作"当代企业制度",以区别于两权分离的现代企业制度。

从某种意义上说,知识型企业只是一类特殊企业,特别是在其创业初期。现实经济中大多数企业仍然是"资本主导"的一般企业。因此,大多数一般企业的状况如何,是否存在两权融合的趋势,也许更具有意义。在我们看来,这种趋势在通常意义的现代企业制度中也是存在的,而且越来越强。这有知识型企业示范效应的影响,但更主要的还是源于代理问题的日益突出,源于以企业制度创新降低代理成本、建立激励机制的努力。

这方面最重要的实践是管理层收购(MBO)。作为杠杆收购的一种形式,20世纪80年代MBO首先在美国出现,并获得迅速发展(80年代中后期MBO占当时所有购并活动的20%以上,年交易额达到数百亿美元)。80年代末90年代初MBO开始向英国和欧洲大陆国家扩展(英国1987年发生了430起管理层收购活动,而以德国、法国、荷兰、意大利为代表的欧洲大陆国家90年代后半期的年MBO达到500起,金额达到400亿美元),90年代中后期以来更成为一种世界潮流。

在MBO交易中,公司管理层以自有资金和外部融资收购公司的股份,达到相对控股的程度,从单纯的管理者变为管理者兼股东,实现所有权与控制权的融合。通过MBO交易,很多上市公司由股权分散的公众公司变为管理层控股的公司,或者下市成为私人公司。通过管理层控股收购或者其他形式,管理层持股、控股在80年代以后成为一种普遍形式。例如,在当今美国最大的800家公司中,管理层无一例外地都持有公司股份,其中111家公司管理层持股达到30%的控股水平。

---

[1] 张帏等. 创业投资中的所有权与控制权分配的理论探讨与实证研究[A]. 中山大学管理学院与中国社会科学院经济研究所. 企业家理论与企业成长国际研讨会会议论文集[C]. 广州:2001.

MBO交易有着多重目标,但最主要的目标之一是以此解决日益严重的代理问题。从理论上来说,管理者控股以后的财产激励可以有效缓和两权分离下经营者激励不足和代理成本过高的问题,管理者创造财富的动力会显著增强,从而使公司价值得以提高。虽然现实中MBO能否有效提高企业的效率、带来更高的收益仍然是一个有争议的问题(因为MBO并没有完全消除既有的代理关系,同时还由于公司的高负债率而产生新的代理问题),但据詹森的经典性研究[9],MBO确实可以带来企业价值增值,而价值增加的96%应当归功于经营者获得的经营激励。詹森以后更多的研究成果表明[10],MBO完成以后,由于管理者作为所有者获得了更大的剩余索取权,企业的经营状况大多得到改善,表现为企业现金流量的增加、边际利润上升以及全要素生产率明显提高。

MBO形式并不要求企业的所有权与经营权完全合一,只是管理者拥有的股份显著增加、剩余索取权明显提高而已。从这个意义上说,更广泛推行的以提供所有权激励为目标的经营者期权制和其他管理者持股制度,虽然管理者持股的幅度小得多,与MBO有本质区别,但仍可认为体现了某种程度的两权融合的趋势。譬如,目前美国上市公司CEO平均的持股比例为2.7%,如果加上整个管理者团队的股份,管理层持股比例还会高很多,已经不能被认为是微不足道的了。

除了具有新型权利结构的知识型企业以及企业通过管理层收购实现控制权与所有权的融合之外,还有一种现象可用来说明当代企业两权融合的趋势,即家族制企业的复兴和经济学界对这种制度看法的改变。作为古典企业制度形式,家族企业的基本特征是所有权和经营权合一,家族成员基本上控制着两种权力,但并不一定是全部。钱德勒提出的判定家族企业的这一标准为学术界普遍接受。由于家族企业通常排斥权力外移,它基本上失去了利用外部企业家才能、发挥专业分工优势的利益。所以,传统上一般认为,家族制企业是一种过时的制度,随着现代公司制企业的发展,家族企业将日益没落,并被前者取代。

然而,虽然现代企业制度似乎更具有优势,但家族制企业从来没有退出企业制度的舞台,一直是企业制度的重要形式,近年来还出现了复兴的趋势。在现代企业制度最为发达的美国,时至今日,90%以上的企业仍是家族企业,它们创造着美国50%以上的国民生产总值。即使在进入《财富》500强巨型企业中,175家系家族企业。据郎咸平的研究[11],在欧洲,除英国和爱尔兰外,其余国家大多数上市公司的所有权和控制权都掌握在家族手中。至于亚洲,家族企业更是一种普遍的企业形态,在除日本以外的东亚国家的上市公司中,由家族控制的企业普遍占上市公司的50%以上。虽然家族企业并不完全排斥外部人进入,家族成员逐渐退出具体经营而让位于专家也是家族企业发展的一种趋势,但是,一般来说,家族控制下的两权融合仍然是家族企业的基本特征,家族及其成员始终拥有足以控制企业的股份额及占据企业管理的核心地位,否则就不成其为家族企业。

要以数据资料证明家族制企业比公司制企业效率更高或更低是困难的,因为正反的资料都可以找到很多。一般认为,家族企业以忠诚、信任、激励为特点的制度安排可以大大节约交易费用、简化监督和激励机制,家族企业的普遍存在也是对其适应性的最好证明。正因为如此,在代理问题日益激化的背景下,经济学家对于家族企业的看法也从教条化的简单否定变得比较正面,对它的研究也日趋活跃和深入。如果说以往人们普遍认为家族企业的发展前景是向现代企业制度演进,那么现在,学术界普遍对家族企业的发展前途持一种开放性的态度,有人提出要消除对家族企业的"意识形态歧视",认为家族制本身是效率中性的,完善家族企业也是企业制度发展的一种方向,家族企业完全能够与现代市场经济并存。[12]

本节对知识型企业兴起、管理层收购的发展以及家族企业复兴的描述性说明试图表明,两权分离式的现代企业制度近年来的确发生了若干值得重视的变化,以企业家(管理者)持股、控股为形式的两权融合正在成为一种容易观察得到的现实趋势。两权融合的趋势不意味着经营者成为完全的所有者,不等于两权合一,但也不是简单的股权激励和经营者持股所能等同的。两权分离框架内的股权激励和经营者持股或可看作两权融合趋势的发端,当这种持股具有高度普遍性、持股比例超过临界点以后,就将产生出一种不同的新制度。

三、两权融合的宏微观经济基础

当代企业两权融合的趋势,既源于现有企业制度的缺陷,更源于现实经济变革的挑战。不妨说,现代企业制度的固有缺陷使它的完善和制度创新一直没有停止,但20世纪后期世界经济的巨大变化使这种固有缺陷激化,也为新制度的诞生创造了宏微观基础。

企业的两权融合,首先源于现代企业制度本身的固有缺陷。以资本社会化、股权多元化和与之相联的两权分离为特点的现代企业制度,解决了社会资本进入生产领域和企业家才能与财产结合这两个重要问题,从而具有传统业主制企业不可比拟的优势。正是这种优势使现代企业制度在一二百年来成为最重要、最有代表性的企业制度。

但是,资本社会化和两权分离,像任何事物一样,也具有相反的一面。资本高度社会化和众多中小投资者进入,由于所有权效率过低,导致所有权虚化和实际的经营者控制。至于企业的大股东,如果他具有足够的控制意愿并且能够有效掌握企业经营的相关信息,便可以对经营者施加有效控制。但是,如果经营者没有足够强烈的控制意愿(如众所周知的机构投资者控股情况),或者,即使他有意愿但由于信息问题而无法掌握足够的真实信息,也不可能对经营者施加有效控制。这里,信息问题至关重要。而企业经营中信息状况是技术、专业化程度、知识密集度、经营环境复杂程度、市场变动幅度和竞争程度等一系列因素的函数。在现代企业制度发展初期,这诸种因素的复杂性不高,信息问题不是很重要,所有者对经营者的控制也比较有效。随着经济和技术的发展,这些因素的复杂性越来越高。当上述所有因素都空前复杂,远远超出任何非专业人士的认知能力时,信息问题就空前地激化了。任何居于企业外部,不直接参与企业经营的所有者,都不可能有效控制经营者。所以,现代企业制度的一个逻辑基础——可以通过精心设计的制度安排有效控制经营者——其成立的条件越来越严格、苛刻,如果不是不存在的话。

现代企业制度有效性基础的另一半——可以通过对经营者的有效激励使经营者目标最大限度地接近于所有者目标——同样也大大复杂化了。复杂化的原因主要是企业绩效对于企业家才能和努力程度的依赖性越来越高。在现代企业制度发展初期,由于货币资本的极度稀缺和资本对于其他生产要素的优势,企业经营者乐于接受货币所有者的中心签约人地位。随着企业家的人力资本在企业经营中作用的不断提高和相互间稀缺性的转化,经营者越来越不甘心接受支薪者的地位。于是,我们不难观察到对经营者激励方式的变化轨迹:固定薪金——与业绩挂钩的年薪制——年薪制加特种股权(在一定条件下可以变现的股票期权)——年薪制加普通股权。问题是,在企业家的重要性已经提高到如此程度,甚至决定着企业生死存亡,而货币资本降格为普通生产要素的条件下,这些激励制度改进,包括股票期权和经理持股,都不足以形成对经营者的有效激励,他要求重大的制度变迁(这是一种典型的诺斯式制度变迁过程),要求一种对自身价值和努力给予更大回报的新制度。否则就会凭借自己对企业的控制和信息优势为自己牟利,这将带来对企业制度和股东利益的更大损害。譬如,近两年暴露出来的广泛存在的安然式公司造假和财务丑闻,就与股票期权制下的经营者控制密切相关。

在我们看来,现代企业制度基础(有效监督和激励)的动摇是出现两权融合趋势的微观基础。不过,这种矛盾其实一直存在,所以在近年来发生制度变迁,又源于宏观经济条件即企业生存环境的变化。这种宏观环境的变化使制度变迁的成本收益关系改变,并使得一种两权融合式的新制度可以被容纳。这些变化就是信息技术革命和知识经济的兴起,全球化、自由化与空前剧烈的全球竞争,金融自由化和金融创新。

20世纪后期的信息技术革命和高科技潮流、知识经济的发展,成为现代企业制度变革的首要宏观基础。如前所述,信息化革命和知识经济的发展首先催生了一大批不同于传统企业的知识型企业。其主要特点是,企业的诞生和发展在很大程度上取决于创业企业家的创意、技术和知识,而这种创意、技术和知识都掌握在个人手中,并且只有在他的直接主持下才能付诸实施。对于这样的企业如果仍然按照既有企业理论的逻辑构造企业制度,就意味着对人力资本价值和作用的低估,企业也很难建立起来。对这类企业而言,人力资本和知识资源应该处于企业的中心地位,因为正是企业家发现了某种能够形成企业的创意才带来相应的投资行为。同时,企业一旦失败,不仅货币所有者承担损失,人力资本所有者也要承担损失——他的长期人力资本投资的损失。所以,尽管货币资本所有者的资产有通用性、担保能力等优势,其在企业中的地位也不再如一般企业那样成为天然的唯一所有者,它至少要为获得稀缺的企业创意让渡一部分所有权。实践中,所有权和控制权在人力资本所有者与货币资本所有者之间的配置状况通常取决于双方的谈判能力,即货币资本与创意的相对稀缺程度、创意本身的可能市场前景。而20世纪后期的经济现实就是创意日益重要且高度稀缺,资本市场高度发达使剩余资金充斥,大量资金试图与知识创意结合,并愿意为这种结合放弃部分剩余索取权和控制权。正是在这种人力资本和知识处于相对主动和有利地位的背景下,新诞生的知识型企业常常是人力资本所有者拥有部分财产所有权和剩余索取权,同时拥有经营控制权的两权融合式的新型企业。企业在经营者身上实现了两权融合。

这种发端于知识型企业的权力配置结构一旦形成就会逐渐扩散,在一般企业中得到推广。虽然一般企业对技术和知识的依赖不如知识型企业,但是,由于全球化条件下竞争的空前激烈、经营环境瞬息万变且日益复杂,经营者个人和团队的企业家才能与创新精神在很大程度上成为企业经营的决定性因素。企业因一人而兴、因一人而亡的例子不胜枚举。同时,公司控制权市场的激烈竞争和经理市场的发展使企业家职业成为高挑战性、高风险和高流动性的职业。所有这些,使企业的财产所有者和经营者(企业家)自身都逐渐感到仅仅将企业家作为支薪者是不能接受的:企业家不满足于承受巨大职业风险和竞争压力而只充当受雇者角色,一旦时机成熟就有自己创业的冲动,甚至反向收购原有企业;股东也不希望在信息严重不对称的条件下将巨额资本委托给一个利益无关者(或者关联度过低者),而希望企业家为经营业绩负担上个人责任,不仅以人力资本而且以物质资产充当其经营的风险抵押。① 为此,股东们宁可放弃一部分剩余收益。也就是说,企业经营者成为企业股东之一,持股甚至控股企业,符合双方的利益。实际上,近年来将经营者和董事会部分功能集于一身的CEO制度的发展,也是企业家个人因素日趋重要和两权融合趋势的一种反映。

经济、金融自由化和金融创新,以及资本市场的发展,对企业制度创新和两权融合的发展起到重要的推动作用,成为其必要条件。经营者成为所有者之一,人力资本承担部分创业风险,也就意味着货币出资人应当转移出部分风险。这种风险承担者的转换是通过资本市场实现的。资本市场的高度发达使货币出资人可以像其他生产要素所有者那样,根据企业经营的状况和自身利益的权衡随时灵活地进入和退出企业,而不必像企业理论设想的那样一旦进入企业就必须等待企业清盘才能退出。诸如发达的企业产权市场、股票市场,出资人在债权人和所有者身份之

---

① 笔者对国内某些外资风险投资企业的调查表明确有这种抵押机制。新近对中国企业管理者持股问题的一个范围广泛的调查也可以佐证这种抵押效应:如果经营者的股份是以市价购得将比以奖励干股或优惠配售形式获得更能增强经营者的责任心。参见朱国泓、方荣岳:《管理层持股:沪市公司管理层的观点》,《管理世界》,2003年第5期。

间的灵活转换(股转债、债转股)、优先股制度,都保证了货币出资人的某种程度的灵活进退。一旦发现企业的发展不如预期顺利,出资人就可以通过市场交易退出企业。虽然此时退出通常会付出一些代价,但至少不必从一而终,从而降低和分散了出资人的风险。

金融市场的发展一方面使货币所有者可以选择灵活地进入和退出,另一方面也为人力资本所有者的创业投资、融资收购、杠杆收购(包括MBO)提供了可能。人力资本所有者成为企业所有者有两条途径,一是将人力资本折成股份,获得所谓干股;另一种是由人力资本所有者也贡献一部分货币资本(可以溢价),成为出资人之一,或者以货币资金收购股份。朱国泓和方荣岳的研究显示,就目前来看,后一种情况可能更有助于降低代理成本。[13]但是,人力资本所有者的财富约束常常成为直接参与投资的障碍。此时,各种融资工具的发展就成为重要条件,如各种杠杆收购基金(MBO基金)、高收益债券等。实践表明,绝大多数MBO操作中都需要从外部融资,我国上市公司的管理者大多认为,资金缺乏是制约管理者持股、控股的主要障碍之一。所以,金融自由化和资本市场发展是两权融合的必要外部条件。

风险投资制度的发展可以成为这方面的一个例证。风险投资的出现使得许多无法按照传统银行贷款原则获得资金的创业者得以获得资金支持,使其自身的创意、知识等生产要素能够同资本结合。同时,风险投资制度的特点决定投资人不可能(也没有必要)实质性地参与到相关企业的经营管理中去直接控制企业(常常采用一种相机控制原则),这又为两权在创业企业家身上的结合提供了可能。创业者起初可能只是持有部分技术股(干股),如果企业得以延续,创业者将其获得的报酬不断投入企业,最终会成为企业的控制者和所有者。

四、两权融合的经济学分析

当代企业两权融合的新制度能否存在和发展,取决于它的经济合理性。两权分离是现代企业制度的基础。该制度以集中社会资本功能和专业分工的收益而具有超过传统业主制企业的效率优势。这一优势的获得以代理成本为必要代价。所以,从制度收益来说,现代企业制度对古典企业制度的替代以分工收益超过代理成本为前提。另一方面,两权分离暗含的一个假设是货币资本的天然委托权,货币资本所有者天然充当中心签约人角色。现在看来,这两个前提(假设)是有疑问的。理论上不难证明,分工和专业化的收益并不必然大于代理成本。如果随着代理链条的延长和代理关系的复杂化,使得某一临界点以后代理关系的边际成本超过边际收益;或者由于环境的变化使代理成本显著增加(如信息不对称加剧使监督机制失灵);抑或货币资本所有者的委托人和风险承担者地位由于条件变化而不再是自然的,甚至失去了委托权,现代企业制度的基础就发生了动摇。此时,中止代理链的延长和改变信息条件都因有违经济的自然需要而常常是不可能的;委托权在新条件下的重新配置也需要在市场中完成,而不是天然地属于哪一方。这些,都将改变整个代理关系。这正是两权融合的理论基础。

现代企业制度两权分离的基础是交易成本理论,该理论是新古典的。因此,要证明两权融合的当代企业制度具有合理性,仍然要在新古典企业理论的框架内,以交易成本为基础。

两权融合的当代企业制度具有经济合理性,首要基础是其符合当代企业产生的过程。经典企业理论认为企业是一系列契约的联结。在这些契约形成过程中,货币所有者起着中心签约人的作用,并成为风险承担者和剩余索取者。人力资本所有者(包括经营管理者、技术所有者和工人)由于生产要素的专用性而不具有风险承担能力,只能充当被雇佣者,获取固定报酬。但是,由于前述各种生产要素稀缺性、相对价格和谈判能力的变化,货币所有者天然作为企业的中心签约人的情况至少是不全面的。实际上,在创业初期,企业的中心签约人是企业家(企业创意的所有者)而不是外部投资者。杨其静的研究表明,只有当企业家发现了某种形成企业的创意并由此发动创业活动之后,投资者的投资行为才能发生。因此,企业家是企业的逻辑起点。同时,与企业家的创业活动和中心地位相联,企业家会选择一种融资安排吸引外部投资者,并将一部分产权让渡给货币资本投资者。当寻求外部资金来源时,企业家首先是希望获得债务资金。即使是寻求权益资本,企业家也将优先考虑各种形式的优先股权,而不是普通股权。而外部货币资本投资者投资于企业以企业家自有资金提供的担保服务为条件,否则,外部投资者就缺乏动力投资于企业。[14]这些分析表明企业家持股的必要性,财产权和控制权在企业家身上的融合,是当代企业产生的条件。

从两权分离向两权融合的转变,作为一项制度变迁,是典型的诺斯式的,即以制度变迁的收益超过成本为条件。其收益是消除或降低既有代理成本(交易成本);成本则是新产生的代理费用以及监督机制的弱化。如上所述,现代企业制度的基本矛盾就是代理成本的不可克服,并成为该制度广泛适应性和进一步发展的自限性因素。① 两权融合的企业制度,依靠经营者与所有者某种程度的合一,可以明显增强所有权激励效果,显著降低代理成本。如果所有者与经营者基本上完全合一(如某些纯粹家族企业),代理成本就完全消失了。自然,在现代市场经济和社会化生产条件下,通常不可能由单个所有者(或家族)拥有企业的全部财产权。但是,只要能够达到经营者控股,或者持有足够份额的财产权从而拥有剩余索取权,代理成本的显著降低是可以实现的。

---

① 自限性是医学领域的一个概念,我们这里借用过来是指,某种因素发展到一定阶段以后,它自身所具有的负面影响会自动地限制其进一步发展,甚至反过来消灭该因素本身。我们认为,两权分离即可看作这样的因素。

两权融合趋势与企业内部委托代理关系的存在是不冲突的。现代企业制度的委托代理关系是多层次的,除了财产所有者与企业经营者之间最重要的委托代理关系外,还包括股东与董事会之间的委托代理,以及各级经营者之间的层层分工和委托代理。但是,企业内部的委托代理关系与所有者和经营者的委托代理关系具有不同意义,前者的存在不会成为两权融合制度有效性的制约。这里有两个因素起作用。一是,两权融合中经营者成为财产所有者的并不仅限于主要经营者一人,而是经营者团队(MBO 中管理层收购都是一批管理者),产权激励同时发挥作用。二是,融两权于一身的企业家具有此前的所有者无法相比的信息优势,可以对代理者实现有效监督。由此的一点引申是,两权融合并不必然要求(当然也不必然排斥)普通员工的持股,因为管理者对直接生产者的监督是有效的。此外,近年来兴起的企业科层组织结构扁平化和企业内部市场化的发展,使企业内部代理关系趋向简单,大大降低了内部代理成本。[15]

降低代理成本虽然可以为两权融合制度带来收益,但还不足以成为当代企业制度的经济基础,否则就回到古典企业上去了。我们认为,当代企业制度绝不是简单地回归古典,而是对古典和现代两分法的超越。它既有助于解决现代企业制度的代理成本问题,同时又保留着现代企业制度分工和专业化的优势。

古典业主制企业不存在代理问题是以所有者身份与经营者身份的"自然结合"为条件的。这种自然结合使古典企业无法享有专业化和分工之利。当代企业制度虽然也包含所有者与经营者结合的内容,但它的结合并不是自然的,而是经过市场选择的,是由已经被市场证明具有企业家才能的人充当所有者,因而是有效结合。在知识型企业中,一种情况是,如杨其静的研究证明的,并非所有拥有创意(如技术)的人都会(能)发起创业活动,而只有那些自己认为具备必要的企业家能力,同时也被市场认为具有一定企业家才能的人才能发动创业活动。此时,所有者与具有企业家能力的创意拥有者和管理者是统一的。另一种情况是,技术创业者后来被证明缺乏企业家能力,管理权转由专门的管理人才掌握,但管理层持股的局面仍然使所有权和经营权统一在人力资本所有者团队身上。MBO 交易更是如此。能够反向收购企业的管理层必然是具备经营能力并掌握充分信息甚至排他性享有内部信息的经营者。这种结合也是企业家能够去主动寻求与财产的结合,而不是财产与经营的简单"自然结合"。至于家族制企业,实际上,很多家族都有意地将家族成员培养成专业管理者,在家族内部实现企业家才能与财产所有者的结合。当然,许多家族制企业也有被外部人控制的过程,但这一过程不能理解为纯粹的两权分离过程,而包括很多复杂的情况,如经营权与所有权同时转移的过程,将具有经营能力的外部人"内部化"的过程等。所以,这一过程是非常漫长而复杂的。总之,从理论上说,当代企业与古典企业即使都有两权融合的属性,但是有着根本差异:前者是具有企业家才能的人成为所有者(在一定意义上可以理解为一种必要要求,既然是企业家就应当成为所有者),因而它是企业家才能与财产的有效结合;而后者是让所有者"天然"成为企业家,因而只能是盲人瞎马式的碰运气,不能保证结合的有效性。

两权融合的有效性的一个因素是数量界限。前已指出,两权融合不等于两权合一,它并不要求企业家拥有全部(甚至绝对多数)股权。但是,如果持股过少就难以产生有效的财产激励,与一般意义上的股权激励制度也就没有差别了。我们认为,这个数量并不是一个唯一的确定值(如同企业最佳财务结构不是一个唯一值一样),也很难先验地测算。它应该是一个经验地确定的区间。这个区间的下限不能过低(这使它区别于一般股权激励),否则经营者的努力与收益的相关性太低,同时难以保证企业家对企业的有效控制。至于上限,由于现代社会企业融资来源的性质和个人财产约束,也不可能太高。不妨以对企业的有效控制所需要的股权比例为下限,如20%①。可以间接佐证这种看法的是,最近对我国上市公司的一项广泛调查表明,目前上市公司对管理层持股存在极大需求,而且这种需求并不是一般意义的股权激励,而是控制性持股。调查显示,上市公司管理层希望的持股比例以 11%—29% 和 30%—50% 为最多。[13]同时,两权融合要求的企业家持股量也不是固定不变的,企业家根据情况增持或减持一部分股权都是正常的(譬如近来一些民营上市公司企业家的套现行为)。但是,对企业有信心的企业家不可能以股份的变现为最终目标,因而不需要对企业家的持股比例进行限制,企业家的持股也是有保证的。这也是两权融合下的企业家持股与股票期权制下以及早变现为目的的企业家持股的重要区别。

作为制度变迁,两权融合也有相应的成本。两权融合后企业家的绝对控制权大大降低了监督机制的作用,而此时以相对较小的财产支配较多资产的风险(包括道德风险)是不容忽视的问题。与MBO相联的企业高负债导致的债务的代理成本也具有类似性质。此外,还有许多问题有待讨论。特别应该提到的是两权融合条件下企业家的可流动性问题。两权融合模式有效性的一个条件是,企业家进入和退出必须顺畅。一个曾经具有出色才能的企业家,当他不再具有这种才能时,如何使他及时让出经营者位置,由更适合的人取而代之,同时又避免造成代理问题,即如何完成所有者与经营者的同时更替。可以考虑的出路,一是通过企业并购,同时完成所有权和经营权的替代,二是再次发生杠杆收购(包括MBO)。但其及时和有效进行的机制都还要深入研究。

五、结　论

尽管两权融合的企业制度本身还存在诸多有待进一步澄清和深入讨论的问

---

① 一般持股20%以上即认为可以对被持股公司施加有效控制,这与国际上界定跨国公司有效控制的标准以及一般会计准则都是一致的。

题,但是,从企业制度现实的发展看,两权融合于企业家应当被认为是企业制度在当代的发展趋势之一。历史地看,企业制度的发展正在经历着从两权合一的古典企业制度(合一于所有者)到所有权与经营权两权分离(适合于现代大工业企业的大规模、多层级和广泛的团队生产)之后的又一次两权重新融合(融合于企业家)。尽管这一趋势本身并不是单向的、排他的和不可逆的。两权融合的趋势当然不意味着两权分离的现代企业制度将会寿终正寝,而只是说,当代经济的多样性发展也要求多样性的企业制度与之适应。就像现代企业制度的出现没有消除古典企业制度一样,两权融合的趋势也不会取代现代企业。在相当长的历史阶段内,各种企业制度将并存。

但是,如果我们认识到这样一个代表着未来发展方向的趋势,就不能忽视其作用,就应当在我们的制度建设中考虑到其作用。譬如,在建立现代企业制度过程中,不应期待纯而又纯的现代企业制度,特别要充分重视企业家的作用。对 CEO 体制也不是简单地模仿和改名了事,而要研究其理论基础。再譬如,在发展知识型企业和鼓励创业的时候,要鼓励各种形式的制度创新(如人力资本雇佣型企业),同时对创新给予制度保证,以为创业者提供广阔的发展空间。此外,如果我们充分认识到两权融合的现代意义,对于家族企业和私营企业的制度发展也会持一种开放性态度。

参 考 文 献

[1] Berle, A. A. and Means, G. C. ,The Modern Corporation and Private Property [M]. New York, revised edition 1967.

[2] Willianmson, O. E. , Market and Hierarchies: Analysis and Antitrust Implication[M]. New York, The Free Press, 1975.

[3] Jensen, M. and Meckling, W. , "Theory of the Firm: Managerial Behavior, Agency Costs, and Capital Structure"[J]. *Journal of Financial Economics*, 1976, 3.

[4] Grossman, S. and Hart, O. , "The Costs and Benefits of Ownership: A Theory of Vertical and Lateral Integration"[J]. *Journal of Political Economy*, vol. 94.

[5] Hart, O. and Moore, "Property Rights and the Nature of the Firm"[J]. *Journal of Political Economy*, vol. 98.

[6] 费方域. 企业的产权分析[M]. 上海:上海三联书店、上海人民出版社,1998.

[7] 方竹兰. 人力资本所有者拥有企业所有权是一个趋势[J]. 经济研究,1997,(6).

[8] 何自立. 家族资本主义、经理资本主义与机构资本主义——对股份公司所有权与控制权关系演进和变化的分析[J]. 南开经济研究,2001,(1).

[9] Jensen, M. "The Agency cost of Free Cash Flow, Corporate Finance and Takeover"[J]. *American Economic Review*, 1986, vol. 76.

[10] Opler, T. C. , "Operating Performance in Leveraged Buyouts: Evidence from 1985—1989"

[J]. *Readings in Mergers and Acquisition*, Blackwell, 1994,.

[11] Lang, Larry H. P., Faccio, M., and Yong, L.,"Expropriation and Dividends"[J]. *American Economic Review*, 2001, vol. 91.

[12] 陈凌. 信息特征、交易成本和家族式组织[J]. 经济研究, 1998(7).

[13] 朱国泓, 方荣岳. 管理层持股: 沪市公司管理层的观点[J]. 管理世界, 2003(5).

[14] 杨其静. 财富、企业家才能与最优融资契约安排[J]. 经济研究, 2003(4).

[15] 王跃生. 国际企业制度创新与企业理论的发展[J]. 经济社会体制比较, 2001(6).

On the Trends of Combination of Ownership Rights and Control Rights in Modern Enterprise

WANG Yuesheng

Abstract: Due to the change of economic environment at the end of 20th century, the competitive enterprise system (with the characteristics of separation of ownership rights and control rights) has been losing its adaptation. As a result of this, the two rights are combined in the "modern enterprise system" in recent years. This paper points the modern enterprise system, which characterized by "effective combination" of two rights, is different from neither the competitive enterprise system (characterized by separation of two rights), nor the classical enterprise system ("nature combination" of two rights).

Key words: modern enterprise system; separation of two rights; combination of two rights; enterprise theory

中国房地产市场"限购政策"研究
——基于反需求函数的理论与经验分析[*]

冯 科 何 理

摘要:为了研究中国房地产市场的限购政策对经济的影响,本文首先进行了一般经济学分析;接着参考 H. Youn Kim(1997)的基于数量的反需求函数体系,并结合房地产市场的特点重新构建了反需求函数;然后在福利分析的基础上,应用几乎理性需求函数,并结合 2007—2011 年全国、北京、上海的经验数据,定量分析了房地产限购政策对其他消费市场的影响以及产生的社会福利变化。研究结果显示,房地产限购政策会破坏其他消费市场的均衡;限购政策下的刚性、改善性和投资性房地产需求者均面临福利损失,但全国、北京、上海的福利损失结构因房地产需求类型而异。

关键词:房地产市场;限购;福利损失;反需求函数;几乎理性需求函数

一、引 言

近些年,我国房地产价格上涨过快,政府的调控政策效果有限,以至于提出了极端的"限购政策",直接用行政手段规定居民购买住宅的数量。2010 年 4 月 17 日,国务院下发了《关于坚决遏制部分城市房价过快上涨的通知》,首次指出:"地方人民政府可根据实际情况,采取临时性措施,在一定时期内限定购房套数。"但对于限购的对象、范围、数量、期限等,并无明确的规定。

随后,各地出台了实施细则。例如北京市下发了《贯彻落实国务院关于坚决遏制部分城市房价过快上涨文件的通知》,规定:"自本通知发布之日起,暂定同一购房家庭只能在本市新购买一套商品住房。"2010 年 9 月,住房和城乡建设部等国家部委出台的"新国五条",强调了限购。2011 年 1 月 26 日,国务院下发了《关于进一步做好房地产市场调控工作有关问题的通知》,明确指出:"各直辖市、计划单列市、省会城市和房价过高、上涨过快的城市,在一定时期内,要从严制定和执行住房

---

[*] 冯科,北京大学经济学院。何理,光华天成博士后工作站研究部。本文是国家社科基金重点项目:"我国中长期经济增长与结构变动趋势研究"(项目编号:09AZD013;主持人为北京大学副校长刘伟;冯科为课题组核心成员)的阶段性成果。作者感谢北京大学经济学院黄桂田教授、胡涛副教授的帮助和建议;感谢匿名审稿人的宝贵建议;当然,文责自负。

限购措施。原则上对已拥有1套住房的当地户籍居民家庭、能够提供当地一定年限纳税证明或社会保险缴纳证明的非当地户籍居民家庭,限购1套住房(含新建商品住房和二手住房);对已拥有2套及以上住房的当地户籍居民家庭、拥有1套及以上住房的非当地户籍居民家庭、无法提供一定年限当地纳税证明或社会保险缴纳证明的非当地户籍居民家庭,要暂停在本行政区域内向其售房。"2011年7月12日,国务院常务会议又强调:"已实施住房限购措施的城市要继续严格执行相关政策,房价上涨过快的二、三线城市也要采取必要的限购措施。"

可见,限购政策逐渐明确、细化、严厉,在短期内并无松动的趋势。作为一种行政直接干预经济的手段,有可能在较长时间内存在。问题在于,限购政策究竟会对房地产市场产生怎样的影响?这需要实证的分析,也需要规范的判断。

对于"限购"、"限价"等政府直接干预经济的做法,西方经济学者普遍认为会引起福利损失。典型的是对市场配额(Rationing)的研究。Hans P. Neisser(1943)对配额进行了理论上的解释,分别分析了整体配额、分组配额的各种形式及各种形式的实施方式、实施效果等。David H. Howard(1977)将配额理论应用于消费者需求函数,发现在数量配额的情况下,会导致家庭需求与市场供给的不均衡,不均衡的规模受商品类型和数量价格函数关系的影响。Artus, G. Laroque 和 G. Michel(1984)对数量配额的宏观经济模型进行了估计,结果表明,在随机配额的机制下,商品和劳动力的供给和需求难以达到均衡,且会导致更低的劳动生产率和较高的劳动力转换成本。在数量控制的福利分析方面,Jon A. Breslaw 和 J. Barry Smith(1995)构建了需求数量受限下的福利分析框架,他们建立了数量受限情况下的消费需求的 n-方程组,并提供了估计方程组系数矩阵的方法,最后用 Monte Carlo 分析工具获得了美国石油市场和加拿大已婚妇女工作时间数量变动时的福利变动值。H. Youn Kim(1997)从消费者福利分析的角度构建了基于数量的反需求函数,并建立效用距离函数对该反需求函数进行了分析,包括函数的理论特征、直接和间接效用函数、数量变动后产生的补偿性变动和等值性变动等,最后应用几乎理想需求函数系统(AIDS)对反需求函数进行了例证。Edward L. Glaeser 和 Erao F. P. Luttmer(2003)认为在住房租金控制下,由于租房需求存在异质分布,会引发资源误配(Misallocation),使租金控制产生的福利成本高于供给不足的福利成本。

我国学者对限购的研究,多见于一些新闻报道和分析评论,正式的研究较少。李稻葵(2011)认为,房地产限购的一个本质是实行直接的、严格的资本管制;限购是常规调控手段失效的情况下所能采取的最后一剂药;限购是一个过渡性的制度安排,需付出成本,对消费性需求有误伤的可能。尹伯成、尹晨(2011)总结了限购的六个积极作用:恢复城镇住宅的本来功能、正确引导居民理性消费、有助于控制金融风险和经济风险、阻止贫富差距进一步扩大、有利于降低城市商务成本、有助于控制通胀。并认为,限购在一定时期不应退出,限购不是退到过去计划经济的老路,限购肯定能使楼市走向理性、稳定、健康发展之路。该文观点鲜明,但缺乏严密论证。胡涛、孙振尧(2011)通过建立一个理论模型,讨论了限购政策导致的需求群体的不确定性及对社会福利的影响。认为如果符合限购政策的消费者的支付意愿之间的差异性越小,则政策的福利损失越大;而且在达到相同调控目标的政策中,限购政策的福利损失最大。但该模型对房地产市场的特点并未作深入分析,只是在一般意义上对限购进行了讨论。总的来说,目前关于房地产限购的研究,大多只是对限购政策出台背景、市场反应等的描述,或是进行了一些简单分析,而缺乏严密的理论模型推导和实证检验。本文试图对限购政策作一深入研究。

本文的结构安排如下:第二部分是房地产限购的一般经济学分析,第三部分是理论模型构建与分析,第四部分是经验分析,第五部分是总结与政策建议。

二、房地产限购的一般经济学分析

(一)限购的执行问题

房地产限购政策的执行,在两个方面会出现问题。第一个方面是地方政府执行中央政府限购政策的决心。中央政府关注宏观经济的均衡稳定增长,提出了限购政策;地方政府关注的是当地的经济发展和就业,被动地执行限购政策,这里就存在着地方政府与中央政府的博弈,宏观政策自上而下的传导存在着梗塞。受制于土地财政和分税制,地方政府并无强烈的动机来严格执行限购政策,只是为了应付中央政府的约谈、巡查、问责等。实际上,在执行限购政策的过程中,很多地方政府都在"以限价代替限购",强化限价措施,弱化限购措施,力图减少对地方经济的不利影响。第二个方面是房地产市场层出不穷的规避限购政策的方法。例如"阴阳合同"、"借身份证"、"假离婚"、"住房赠予"等。这些方法,都能在一定程度上规避限购政策,但也蕴涵了诸多法律、社会道德等方面的问题和风险,可能会影响社会稳定。因而从以上两个方面来讲,限购政策的执行,是不力的。

(二)限购的效果问题

可以从短期和中长期来看房地产限购政策的效果。从短期来看,规定居民具备一定条件才能购房,相当于向居民发放限量的"购房票",直接减少了需求。同时房地产市场的供给在短期内难以调整,必然引起交易量和交易价格的下降,2010—2011年房地产市场的数据已经证明了限购政策在短期内的有效性。从中长期来看,限购作为一种政府直接干预经济的行政手段,与我国的市场化改革方向相悖,不可能长期存在,终将被取消,房地产市场终将要回归到市场机制发挥主导调节作用的状态。然而,由于限购政策在短期内强行压制了需求,一旦取消,市场积累的需求猛然释放,房地产价格很可能出现"报复性上涨"。同时,限购政策使房地产开发商对供给作出调整,减少住宅投资、降低住宅质量。因而,限购的中长期效果,是加剧了供需失衡,带来房地产市场的剧烈波动。然而,不论是短期还是中长期,限购政策都达不到提高居民对住宅的支付能力的效果,买不起房的居民仍然买不起房。这主要是因为居民收入的增长速度较慢,房价收入比维持在高位。改善居民对住宅的支付能力,要靠收入的快速增加,限购无法解决问题。

(三)限购与房地产市场的根本问题

房地产市场的根本问题,是供需矛盾,限购不能解决,反而加剧了这个问题。我国正处于工业化的加速时期,还需要 20 年左右完成工业化;而城镇化率为 49.68%(2010 年),与发达国家相比,还有 20%—30% 的提升空间。工业化与城市化对于房地产市场的需求是巨大的。而我国房地产市场的供给受制于土地供给、金融资源等,相对不足,使得供需结构失衡,成为我国房地产市场的根本问题。理论上讲,解决问题的关键是增加供给,充分满足巨大的需求。然而限购等严厉的调控措施,打压了房地产开发商,抑制了供给的快速增加,并且使供给的质量下降,从而人为地制造了短缺,最终加剧了房地产市场的供给与需求之间的矛盾,也使得我国"低价工业化、高价城市化"的问题更加严重。

(四)限购与房地产市场的结构性扭曲

限购政策给房地产市场至少带来了三个方面的结构性扭曲。第一个方面,加剧了三、四线城市的房地产投机。一、二线城市的限购,使得大量资金涌入没有限购的三、四线城市进行投机活动;同时,房地产开发商也大量进入三、四线城市规避风险。这样的情况增加了三、四线城市房地产市场的风险,对我国的城镇化进程也是一种阻碍。第二个方面,引发住宅租赁市场价格的大幅上涨。在限购政策下,很多不具备购房条件的居民将转向住宅租赁市场,引起租金的大幅上涨,损害租房者的福利,不利于改善民生。第三个方面,导致商业地产价格过快上涨。限购压制了住宅市场,使得大量资金流入商业地产领域,同时很多房地产开发商加大对商业地产的投资,这样会引起商业地产价格的过快上涨,积聚金融风险。

上述分析表明,房地产限购政策无法产生预期的效果,而负面效应还不少。对于限购引起的福利损失,本文将在第三部分通过建立理论模型展开讨论。

三、理论模型构建与分析:基于反需求函数的福利分析

房地产限购政策的基本逻辑是构造不同的消费准许条件,排除一定比例的消费者于市场之外,减少市场总需求量。这相当于向内旋转需求曲线,在短期供给不变的情况下,市场均衡价格会因数量的减少而降低,从而达到短期调控房地产价格的目的,是一种数量影响价格的干预方式。可见,限购不同于一般的房地产调控政策,如税收和租金控制等。

对于政府的价格干预或价格管制的效果,西方经济学已有丰富和成熟的理论解释,主要通过价格变化的福利效应与消费者剩余测量来衡量市场干预的有效程度。对于单个消费者,当价格的变化带来的效用变化值为正时,该项政策是值得的,以消费者剩余来衡量,即为

$$CS = \int_{p^0}^{p^1} x(t) \, dt$$

以政策的福利来衡量可为补偿性变化(CV,Compensation Variation)或等值性变化(EV,Equivalent Variation)。

限购政策是数量变化引起价格变化,衡量限购政策的效果仍然可以基于消费者剩余变化或社会福利变化。为了衡量房地产限购政策的效果,可以建立反需求函数。本文参考 H. Youn Kim(1997)的基于数量的反需求函数体系,重新构建房地产市场的反需求函数,根据房地产市场的特点作出以下调整①:

(1)消费归并。本文把消费者的所有消费需求分为三个"亚束"(subbandles),形成(x_1, x_2, x_3)消费束,x_1为购房数量向量,x_2为租房向量,x_3为其他物品的消费向量。这样考虑是为了分析限购政策对房地产租赁市场的影响。x_1和x_2的关系因房地产的需求不同而不同:对于刚性房地产需求,x_1与x_2为替代关系,即x_1为1时,x_2为0,x_1为0时,x_2为1;对于改善性房地产需求和投资性房地产需求,x_1与x_2为互补关系,因为改善性房地产消费者购置新的房地产后,往往会将原有房产出租,而房地产投资者一般会将新购置的房地产出租。

(2)消费者归并。房地产消费属于大件消费,对于单个消费者来说,其需求数量十分有限,需求呈现离散的特点,需求曲线反映消费者的支付意愿。为了更好地在传统的福利分析框架下进行理论分析,本文把所有消费者进行归并。对于这样一个归并的消费者,其对于房地产的需求就呈现出价格与需求量连续相关的特点。②

(3)考虑收入的影响。不同于普通的日常消费品,房地产消费为大宗物品消费,其需求不仅受到产品的价格或数量的影响,更受到其收入水平的影响,因此在反需求函数中加入收入约束。

(4)考虑不同的房地产需求组。限购的目的是为了打压房地产的投资需求,从而抑制房价的过快上涨,因此,基于不同的房地产需求组的分析是有意义的。本文把房地产需求分为刚性需求、改善性需求和投资性需求三种,在整体房地产市场分析的基础上,考虑限购政策在三类需求组产生的福利变动差异,来检验限购是否

---

① 本文反映的房地产需求特征仍是有限的,如没有包括人口统计特征与房地产需求的地域特点,后续研究可在此基础上进一步拓展。

② 这和 H. Youn Kim 的分析是一致的,Kim 认为对于单个消费者,其视价格为外生,并在此观点下做出效用最大的消费决策,但在总量分析时,数量作为外生变量更为合理,基于数量变动的福利分析能更恰当地反映政策变化的效果,在基于时间序列的分析时更是如此。

能限制投资性需求。

(一) 反需求函数的构建

假设存在关于 $X = (x_1, x_2, x_3)$ 直接效用函数 $u = F(X)$，该函数对 X 二次可微，单调递增且拟凹，对于消费者，其面临着在收入限制的基础上实现效用最大化的问题：

$$\text{MAX } F(X)$$
$$\text{s.t. } \hat{P}/X \leq 1 \quad (1)$$

其中 $\hat{P}$ 为归一化的价格，$\hat{P}_i = \dfrac{P_i}{P_1 x_1 + P_2 x_2 + P_3 x_3}$，$P_1 x_1 - P_2 x_2 + P_3 x_3 = Y$ 为收入约束。对于租房的价格 P_2，前为负号的原因是对于刚性需求，购置房地产意味着不需要租房，$-P_2 x_2$ 为其机会成本；对于改善性与投资性房地产需求，$P_2 x_2$ 为其出租房的收入，可增加其收入。

根据 Hotelling-Wold 恒等式，得到非补偿性的反需求函数：

$$b_i(X) \equiv \{\partial F(X)/\partial X_i\} \Big/ \Big\{\sum_i (\partial F(X)/\partial X_i) X_i\Big\} = \hat{P}_i \quad (2)$$

直接效用函数中隐含的间接效用函数如下：

$$V(\hat{P}) \equiv \max_X \{F(X) : P^T \hat{X} \leq 1\} \quad (3)$$

在此基础上，定义距离函数①为：

$$D(u, X) \equiv \max_t \{t > 0 : F(X/t) \geq u\} \quad (4)$$

该距离函数对 X 连续、递增、拟凹且具有线性齐次性。根据 Shephard 引理，得到具有补偿性的反需求函数：

$$a_i(u, X) = \dfrac{\partial D(u, X)}{\partial X_i} = \hat{P}_i \quad (5)$$

则房地产数量变化后对其他商品的影响可用价格弹性表示为：

$$\eta_{j1}^c = \dfrac{\partial \ln a_i(u, X)}{\partial \ln x_1} \quad (6)$$

根据房地产不同需求的假设，$\eta_{21} < 0$，限购政策同时在需求和供给两个方面对房地产租赁市场产生影响。对于刚性需求组，需求量的减少会增加对出租房的需求，推高价格；对于改善性房地产需求和投资性房地产需求，房地产需求量的减少会减少房地产租赁市场的供给，同样推高租房价格。这种"双管齐下"的影响，进一步加剧了房地产租赁市场的矛盾，对整个社会的福利产生极大的负面影响。

---

① 距离函数是消费支出函数的对偶函数，其作用类似于建立一个归一化的货币效用函数。

根据消费归并假设,房地产购置与其他消费品为替代品,即 $\eta_{31}<0$,当房地产购买的数量增加①时,必须从收入中拿出更大比例来购置房地产,对其他消费品需求量下降,从而导致其价格下降。但就限购政策来分析,对房地产需求的压制导致房地产购买的数量下降,由于不具有购买房产的资格,原计划与购买房产的资金就会流向其他的市场,这就会破坏其他物品的市场均衡(茅于轼,2011)②。不同的房地产需求对其他市场会产生不同的影响:刚性需求被压制而产生的富余的资金会以存款的方式存在,由于必须买房,该部分消费者会存款等待买房许可,由于对于未来购房许可和房价的不确定性,未来新增的收入亦会大部分以存款方式存在③,这会进一步推高我国储蓄率;改善性房地产需求被压制而富余的资金,部分会增加其消费④,但更大的部分会进入投资市场;投资性房地产需求则为了实现资金的收益,必然寻找房地产之外的投资市场,而我国当前的投资渠道十分有限,大量资金会涌入个别产品市场,如大蒜、绿豆、苹果、古玩等,扰乱市场秩序,增加宏观经济风险。

(二) 福利分析

本研究主要考虑房地产限购之后的补偿性变化,即为了维持原有的效用水平 u^0,消费者必须增加的支出水平。基于距离函数,消费者的补偿性变化为:

$$\mathrm{CV} \equiv D(u^0, X^1) - D(u^0, X^0) \tag{7}$$

根据 Shephard 引理:

$$\mathrm{CV} = \int_{X_1^0}^{X_1^1} \sum_i a_i(u^0, X) \mathrm{d}X_1 \tag{8}$$

当房地产市场存在限购时,$X_1^1 < X_1^0$,CV 衡量消费者因为消费数量的减少而需要支付的支出(归一化),当 CV 大于 0 时,消费者状况变坏,即该项政策对于消费者不利。对限购引起的社会福利变动还必须考虑由于限购政策强制性干预产生市场供需不均衡而导致的额外损失(Deadweight Loss)的变化:

$$\mathrm{DWL} \equiv D(u^0, X^C) - D(u^0, X^R) - (X^C - X^R)^\mathrm{T} \hat{P}^C \tag{9}$$

也为:

$$\mathrm{DWL} = \int_{X^R}^{X^C} \sum_i a_i(u^0, X) \mathrm{d}X_i - (X^C - X^R)^\mathrm{T} \hat{P}^C \tag{10}$$

---

① 在本研究中表现为"限购"的条件放松,需要说明的是,本研究建立在一个市场均衡的前提下,即没有市场干预时,房地产市场处于出清状态,限购干预是压制消费者的需求。因而在短期,任何限购政策的放松所释放的准许消费数量,均能被市场吸收。

② 茅于轼(2011)认为,限购是一种对货币使用的限制,会使市场价格发生更多扭曲,民众原本用来买房的钱,因为限购而买了别的商品,市场的均衡遭到损害。

③ 陈彦斌、邱哲圣(2011)根据消费者个人房地产需求的数据对房价和居民储蓄率进行分析,结果发现,受我国房地产市场不均衡的发展影响,我国居民储蓄率和财产分布异于常态,为了购置房产,具有高消费意愿的年龄群体只能选择储蓄来实现刚性住房需求。

④ 为购买一套房地产而准备的资金的规模较大,当没有购房准许时,这部分资金会一部分用于消费,但其量是有限的,即促进消费的能力有限。

其中 X_1^C 为房地产市场出清时的均衡量，X_1^R 为"限购"政策下的市场需求量。

四、经验分析：基于 AIDS 的反需求函数

为了定量分析房地产限购政策引起的社会福利变化，需要先建立居民需求函数。本文选择了 Deaton 和 Muellbauer(1980) 构建的几乎理性需求函数 AIDS(Almost Ideal Demand System)①，根据前文的理论设计，基于 AIDS 的反需求距离函数如下所示：

$$\ln D(u,X) = \alpha_0 + \sum_i \alpha_i \ln X_i + 1/2 \sum_i \sum_j \gamma_{ij} \ln(X_i) \ln(X_j) + \beta_0 \prod_i X_i^{-\beta_i} u \quad (11)$$

上述函数的系数需要满足可加性、齐次性和对称性的约束，即 $\sum_i \alpha_i = 1$，$\sum_j \gamma_{ij} = 0$，$\sum_i \beta_i = 0$ 和 $\gamma_{ij} = \gamma_{ji}(i \neq j)$。

根据 Shephard 引理，得到居民消费的支出结构函数为：

$$S_i = \frac{\partial \ln D}{\partial \ln X_i} = \alpha_i + \sum_i \gamma_{ij} \ln X_j + \beta_i \ln Q \quad (12)$$

其中：

$$\ln Q = a_0 + \sum_i a_i \ln X_i + 1/2 \sum_i \sum_j \gamma_{ij} \ln X_i \ln X_j \quad (13)$$

在经验分析过程中，$\ln Q$ 的非线性特征使得函数估计比较复杂，因此，本文采用 Moschini(1995) 提出的 Divisia 指数对其进行线性化，即

$$\ln Q = \sum_i S_i \ln(X_i/X_i^0)$$

在此基础上，考虑限购政策的影响，本文增加限购政策的虚拟变量 Z_i，实施限购政策前 $Z_i = 0$，实施后 $Z_i = 1$，因此最后本文居民需求函数为：

$$S_i = \frac{\partial \ln D}{\partial \ln X_i} = \alpha_i + \sum_i \gamma_{ij} \ln X_j + \beta_i \sum_i S_i \ln(X_i/X_i^0) + \lambda_i Z_i \quad (14)$$

对于经验数据的选择，本文选取 2007—2011 年全国、北京和上海季度居民消费支出数据和消费价格指数数据，数据来源于中经网。为了获得关于数量的数据，本文以支出除以价格来反映消费数量。对于虚拟变量，全国范围的限购政策以 2011 年 2 月的"新国八条"为标志，故 2011 年后三个季度的 $Z_i = 1$；北京的限购始于 2010 年 5 月的"同一购房家庭只能在本市新购买一套商品住房"，故从 2010 年第三季度起 $Z_i = 1$；上海的限购始于 2010 年 10 月的"本市及外省市居民家庭只能在本市新购一套商品住房"，故从 2010 年第四季度起 $Z_i = 1$。对(14)式的估计将

---

① 具体函数的特点参考 Deaton and Muellbauer, An Almost Ideal Demand System, *American Economic Review*, 1980(06): 312—326, 该需求函数相对于其他的需求函数, 如线性支出需求函数系统、超越对数效用函数等, 更为稳定, 系数的含义明显, 能很好地反映消费的结构性。

采用 SUR 回归(Iterative Seemingly Unrelated Regression)法。

最终估计全国、北京和上海的居民住房支出需求函数分别如下：

$$S = 0.180 - 0.035 \cdot \ln(food) - 0.007 \cdot \ln(cloth) - 0.009 \cdot \ln(suppliers)$$
$$\quad 7.147^{***} \quad -17.709^{***} \quad\quad -8.661^{***} \quad\quad -4.495^{***}$$
$$- 0.011 \cdot \ln(medical) - 0.017 \cdot \ln(communication) - 0.014 \cdot \ln(education)$$
$$\quad -5.163^{***} \quad\quad\quad -11.234^{***} \quad\quad\quad -30.314^{***}$$
$$+ 0.088 \cdot \ln(housing) + 0.073 \cdot \ln Q - 0.001 \cdot Z$$
$$\quad 14.649^{***} \quad\quad 1.747^{***} \quad -3.767^{***}$$
$$R^2 = 0.998 \quad\quad D.W. = 2.046$$

$$S_{BJ} = 0.283 - 0.021 \cdot \ln(food) - 0.009 \cdot \ln(cloth) - 0.008 \cdot \ln(suppliers)$$
$$\quad 14.054^{***} \quad -9.679^{***} \quad\quad -9.421^{***} \quad\quad -4.761^{***}$$
$$- 0.008 \cdot \ln(medical) - 0.011 \cdot \ln(communication) - 0.011 \cdot \ln(education)$$
$$\quad -6.261^{***} \quad\quad\quad -5.893^{***} \quad\quad\quad -13.076^{***}$$
$$+ 0.040 \cdot \ln(housing) + 0.335 \cdot \ln Q - 0.001 \cdot Z$$
$$\quad 6.756^{***} \quad\quad 2.116^{***} \quad -14.054^{***}$$
$$R^2 = 0.998 \quad\quad D.W. = 1.889$$

$$S_{SH} = 0.224 - 0.033 \cdot \ln(food) - 0.006 \cdot \ln(cloth) - 0.007 \cdot \ln(suppliers)$$
$$\quad 5.898^{***} \quad -7.241^{***} \quad\quad -3.263^{***} \quad\quad -3.748^{***}$$
$$- 0.005 \cdot \ln(medical) - 0.011 \cdot \ln(communication) - 0.016 \cdot \ln(education)$$
$$\quad -3.546^{***} \quad\quad\quad -2.941^{***} \quad\quad\quad -11.158^{***}$$
$$+ 0.065 \cdot \ln(housing) + 0.185 \cdot \ln Q - 0.001 \cdot Z$$
$$\quad 6.653^{***} \quad\quad 2.192^{***} \quad 7.785^{***}$$
$$R^2 = 0.999 \quad\quad D.W. = 1.859$$

可见，当限购政策限制居民房地产消费时，会在一定程度上增加其他消费品的消费，各项消费变动的方向在全国、北京和上海是一致的。具体来看，食品消费增加的幅度较大，其次是教育培训、通信、医疗保健。即当限制房地产消费时，居民在改善食品消费之后，重点关注的是教育培训、通信、医疗保健，这和我国当前教育培训和医疗保健缺乏保障的现象是一致的，对通信消费的改善是符合信息时代特点的。

虽然看起来压制房地产消费能促进其他消费市场的发展，但是需要注意这几点：第一，各消费选项的系数均小于 0.1，即对其他消费市场的促进作用是十分有限的。由于买一套房所需的资金规模远大于其他消费市场，这种小的系数值也意味着大量的富余资金仍会以储蓄的方式存在。第二，需要关注促进效果相对较大的教育培训和医疗保健市场。由于当前我国教育培训和医疗保健市场的供给数量和质量相对不足、结构失衡，当这两个市场的需求得到刺激时，短期内会加剧这两个市场的供需矛盾。第三，受数据的限制，上述方程组并没有考虑到居民在投资方面的支出,因而虽然对其他消费市场平衡的影响较小,但并不意味着不会导致投资市场的泡沫。

根据实际的经验数据对(14)式的系数进行估计,把计算的结果代入(11)式中,可以得到反需求距离函数如下所示:

全国:
$$D(u,X) = e^{\beta_0 X - 0.073u} X^{S_i} \tag{15}$$

则,
$$a_i(u,X) = \frac{\partial D(u,X)}{\partial X} = e^{X - 0.073u}(-0.073 X^{-0.867} u + 0.018 X^{-0.82}) \tag{16}$$

根据(9)式求房地产限购政策下的福利损失。根据本文对住房需求所设定的组来对 X_i 做特殊处理,对于刚性房地产需求,$X_{i_i}^0 = 1, X_{i_i}^1 = 0$;对于改善性房地产需求,令 $X_{i_i}^0 = 2, X_{i_i}^1 = 1$,对于投资性房地产需求,令 $X_{i_i}^0 = 4, X_{i_i}^1 = 1$,由于 AIDS 函数是以变量结构的形式存在,该特殊化处理相当于房地产购买数量的变动比率,则求得福利损失如下所示:

全国:
$$CV^1 = \int_1^0 \sum_i a_i(u^0, X) dX_1 = 1.495 > 0 \tag{17}$$

$$CV^2 = \int_2^1 \sum_i a_i(u^0, X) dX_1 = 0.224 > 0 \tag{18}$$

$$CV^3 = \int_4^1 \sum_i a_i(u^0, X) dX_1 = 1.074 > 0 \tag{19}$$

从全国范围来看,所有的补偿性变化均大于0,即无论是何种住房需求者,在房地产限购政策下,均面临福利损失。也就意味着,如果其要保持在限购政策之前效用水平,就必须增加一定水平的支出。考虑到反需求函数对支出水平进行了归一化处理,上述的 CV 反映的是在原支出水平上所增加的倍数。

(17)到(19)式表明,首先,在全国范围内,房地产限购政策对刚性需求者的福利损害最大。如宁波的"无法提供1年以上纳税证明或社会保险缴纳证明的非宁波市户籍居民暂停在宁波市购房"等,会直接限制当地的刚性房地产需求。为了维持原有的效用水平,他们需支付原来总支出1.495倍水平。其次,对房地产投资性需求者的效用损害倍数为1.074。这也表明房地产限购会推动其他投资市场的泡沫,转向其他投资市场的投资规模甚至会略微超过其投资房地产市场的规模。最后,对改善性房地产需求的效用损害最小,补偿性变化倍数为0.224。这和刚性需求以及投资性房地产需求有着明显的差异,一定程度上显示了我国房地产需求的两极性,一方面还有较大一部分人无房可住,需要购买第一套房,另一方面有不少人热于投资房地产,购房超过两套,而改善性需求的规模还较小。

若假设上述的 X_i^0 均为三类市场的均衡需求量,则根据(10)式可以得到由于强制性政策干预产生的市场不均衡而引起的社会福利净损失：

$$\mathrm{DWL}^k = CV^k + (X_k^1 - X_k^0)\hat{P}^0 \tag{20}$$

具体值分别为

$$\mathrm{DWL}^1 = 1.697, \quad \mathrm{DWL}^2 = 0.406, \quad \mathrm{DWL}^3 = 1.680$$

作为政府强行干预的限购政策，必然会打破原有的市场均衡，从而造成社会福利净损失。具体来看，在刚性需求市场上产生的福利净损失较大，其次是投资性房地产需求市场，最小的是改善性需求。同时，观察(20)式，可以发现具体的 DWL 值和 $X_k^1 - X_k^0$ 的值正相关，即原有的投资市场房地产需求数量越高，控制为"同一家庭只能新购买一套商品住房"时，其产生的社会福利净损失就会越大。

运用同样的分析方法，得到北京房地产限购带来的福利损失：

$$\mathrm{CV}_{\mathrm{BJ}}^1 = \int_1^0 \sum_i a_i(u^0, X)\,\mathrm{d}X_1 = 0.678 > 0 \tag{21}$$

$$\mathrm{CV}_{\mathrm{BJ}}^2 = \int_2^1 \sum_i a_i(u^0, X)\,\mathrm{d}X_1 = 3.626 > 0 \tag{22}$$

$$\mathrm{CV}_{\mathrm{BJ}}^3 = \int_4^1 \sum_i a_i(u^0, X)\,\mathrm{d}X_1 = 2.853 > 0 \tag{23}$$

产生的社会福利净损失分别为

$$\mathrm{DWL}^1 = 0.839, \quad \mathrm{DWL}^2 = 3.787, \quad \mathrm{DWL}^3 = 3.336$$

可以看出，北京的所有补偿性变化均大于0，即所有住房需求者，都会面临房地产限购所带来的福利损失。但北京的三种房地产需求类型所面临的福利损失，与全国明显不同。首先，北京的刚性需求所面临的补偿性变化最小，为0.678；而改善性房地产需求居民在限购政策的基础上要维持原有消费者效用水平，需要支付原有支出水平3.626倍水平的资金，这甚至比全国范围内刚性需求的补偿性变化还要大。这说明北京居民主要面临的并不是无房可住的问题，而是改善当前居住条件的要求，在这种情况下，北京"同一购房家庭只能在本市新购买一套商品住房"的限购政策就必然会对居民的效用产生极大影响。其次，北京的投资性房地长需求补偿性变化2.853，也明显高于全国水平。这表明北京的房地产投资现象很普遍，限购政策对投资性需求的抑制作用比较大。

运用同样的分析方法，得到上海房地产限购带来的福利损失：

$$\mathrm{CV}_{\mathrm{SH}}^1 = \int_1^0 \sum_i a_i(u^0, X)\,\mathrm{d}X_1 = 0.815 > 0 \tag{24}$$

$$\mathrm{CV}_{\mathrm{SH}}^2 = \int_2^1 \sum_i a_i(u^0, X)\,\mathrm{d}X_1 = 2.934 > 0 \tag{25}$$

$$\mathrm{CV}_{\mathrm{SH}}^3 = \int_4^1 \sum_i a_i(u^0, X)\,\mathrm{d}X_1 = 2.425 > 0 \tag{26}$$

产生的社会福利净损失分别为

$$\mathrm{DWL}^1 = 0.998, \quad \mathrm{DWL}^2 = 3.116, \quad \mathrm{DWL}^3 = 2.972$$

上海限购产生的补偿性变化情况和北京类似,主要也是对改善性房地产需求产生较大的损害,对投资性房地产需求的影响较为明显。但与北京的情况有些不同:上海的刚性需求市场产生福利损失要高于北京,改善性房地产需求和投资性房地产需求市场的福利损失水平低于北京。上海投资性房地产需求市场的福利损失较之北京低,与上海的资本市场发达有关,居民的投资渠道更丰富一些。当然,这也表明对房地产投资市场的压制,会推高其他投资性市场的价格。

从对北京和上海的分析来看,限购会抑制投资性房地产需求的增长,但这种压制是以社会福利净损失为代价的。政府强行干预的限购政策,打破了原有的市场均衡,从而导致社会福利净损失,并且与限购需求量和均衡需求量之间的差 $X_k^1 - X_k^0$ 正相关,投资性房地产需求被控制时,原有投资水平越高,社会福利净损失就越大。

五、总结与政策建议

本文参考 H. Youn Kim(1997)的基于数量的反需求函数体系,在考虑房地产市场的特点进行消费归并、消费者归并和房地产需求分组后,重新构建了房地产市场的反需求函数,并在福利分析的基础上,应用几乎理性需求函数,结合 2007—2011 年居民消费支出和价格季度经验数据,定量地分析了房地产限购政策对其他消费市场的影响以及产生的社会福利变化。得出的结论主要包括两个方面:

第一,房地产限购政策会破坏其他市场的均衡。一是推高房地产租赁市场的价格;二是加剧教育培训、医疗保健市场的供需矛盾;三是推高其他投资市场的价格,催生泡沫。

第二,刚性、改善和投资性房地产需求者面临房地产限购时,均面临福利损失。全国范围内,刚性需求者面临的福利损失最大,投资性需求次之,改善性需求最小。北京和上海与全国不同,其刚性需求的补偿性变化最小,改善性房地产需求最高。而且,北京和上海的投资性房地产需求补偿性变化明显高于全国水平,即其房地产投资现象较全国更明显。

基于上述研究结论,本文提出下列政策建议:

第一,实施差异化的、结构性的限购政策,尽量减少福利损失。房地产价格过快上涨,加剧了我国"低价工业化、高价城市化"的问题,确实需要调控,但对于不同的购房群体,应有不同的限购措施对待:对于首次置业者,政府应该通过贴息等措施,鼓励这部分消费者,这样有利于我国的城市化进程;对于购买3.5万元/平方米以上的高端商品房者,不应施加限制,而是征收物业税,这样可利用高端商品房的税收收入来补贴首次置业者;对于炒房者,应该加以限制,并征收资本利得税。当然,对购房群体的区分,需加快全国个人住房信息系统的建设。

第二,深化土地制度改革,推进土地供应的市场化进程。当前,地方政府垄断着土地供给:以垄断低价征地,垄断高价卖地。改革开放以来,我国的产品市场改革是成功的,现在要素市场亟须改革。土地作为房地产市场最重要的生产要素,其改革已刻不容缓。本文建议通过渐进式的改革,逐步实现土地供给的市场化,可以尝试将一部分土地的产权赋予农民,使得数亿农民直接面对数十万开发商,改变当前数百个地方政府主体一边面对数亿农民,另一边面对数十万开发商的"双垄断"格局,这样有利于土地供给的增加,有利于土地竞争价格的形成,也有利于改善农民收入,拉动消费需求。

第三,深化税收体制改革,重构中央政府与地方政府的税收关系。地方政府高度依赖土地使用权出让获得的财政收入,有着强烈的抬高地价的动机,在这种情况下,由地价高而导致房价高的机制便无法消除,因而对房地产市场的调控效果始终只是有限的。本文建议深化税收体制改革,在所得税和增值税上,可以提高地方政府的分成比例;还可将土地出让金改为土地使用税,由中央与地方分成。只有这样重构中央政府与地方政府的税收关系,才能有效解决地方政府高度依赖土地出让金的问题。

第四,加强收入分配制度改革,加快增加居民收入。住宅价格是靠市场机制形成的均衡价格,居民认为住宅价格过高,主要还是因为收入相对太低。本文建议加强收入分配制度改革,逐步提高居民收入在国民收入分配中的比重,提高劳动报酬在初次分配中的比重;还可通过财政补贴、结构性减税等措施,调节再分配活动,缩小贫富差距,扩大中等收入者所占比重,最终降低房价收入比。

第五,有效控制货币供应量的过快增长,消除房地产价格被动上涨。我国的货币政策,特别是2008年采取反危机措施以来,是急促而不平衡的,货币供应量过快增长,通货膨胀率较高,大量资金流入房地产市场。在这样的情况下,房地产价格被动上涨,给居民以幻觉。本文建议货币政策不宜太急促,应有效控制货币供应量的过快增长,合理引导资金的流向。

第六,加快发展居民理财产品市场,充分满足居民的投资理财需求。近几年来,投资性购房的比例不断上升,一个重要原因就是居民的通货膨胀预期很强,投资理财需求旺盛,而我国投资理财产品的市场供给相对不足。为了充分满足居民的投资理财需求,本文建议保持股票市场的稳定的同时,大力发展固定收益类理财产品、扩大债券市场规模、扩大证券投资基金的发行规模、扩大居民境外投资的渠道等,使居民有多样化的投资理财选择。只有这样,才能真正减少居民投资性购房的比例,缓解房地产市场的供需失衡,抑制房地产价格的过快上涨。

参考文献

[1] 陈彦斌,邱哲圣. 高房价如何影响居民储蓄率和财产不平等[J]. 经济研究,2011(10):

25—38.

[2] 范里安著,周洪等译. 高级微观经济学(第三版)[M]. 北京:经济科学出版社,2008.

[3] 胡涛,孙振尧. 限购政策与社会福利:一个理论探讨[J]. 经济科学,2011(6):42—49.

[4] 李稻葵. 我这样看房地产限购[J]. IT时代周刊,2011(4):19.

[5] 尹伯成,尹晨. 限购:楼市健康发展的合理要求[J]. 探索与争鸣,2011(5):53—55.

[6] Artus, G. Laroque, G. Michel. Estimation of a Quarterly Macroeconomic Model with Quantity Rationing [J]. Econometrica, 1984, 52(6): 1387—1414.

[7] David H. Howard. Rationing, Quantity Constraints, and Consumption Theory [J]. Econometrica, 1977, 45(2): 399—412.

[8] Deaton & Muellbauer. An Almost Ideal Demand System [J]. American Economic Review, 1980, 70(03): 312—26.

[9] Edward L. Glaeser & Erao F. P. Luttmer. The Misallocation of Housing Under Rent Control [J]. The American Economic Review, 2003, 93(04): 1027—1046.

[10] Hans P. Neisser. Theoretical Aspects of Rationing [J]. The Quarterly Journal of Economics, 1943, 57(03): 378—397.

[11] H. Youn Kim. Inverse Demand Systems and Welfare Measurement in Quantity Space [J]. Southern Economic Journal, 1997, 63(3): 663—679.

[12] Jon A. Breslaw, J. Barry Smith. Measuring Welfare Changes When Quantity Is Constrained [J]. Journal of Business & Economic Statistics, 1995, 13(1): 95—103.

社会资本转换与农民工收入
——来自北京农民工调查的证据*

叶静怡

摘要：本文基于2007年北京市农民工调查数据研究了农民工社会资本转换对其进城打工收入水平的影响。本研究发现农民工原始社会资本的大小对于其增加城市收入没有显著影响，新获得的异质性社会资本即新型社会资本对收入有正的影响；这些结论在解决了异方差和多重共线性等问题的基础上，进一步通过了严格的稳健性和内生性检验。农民工社会资本转变不仅关系到自身收入提高和福利增加，而且可能成为影响我国城市化进程的一个重要因素；政府的农民工城市就业培训和社团活动等公共政策，可能超出政策实施的直接目标，具有提升农民工新型社会资本的不期结果。

关键词：农民工收入；社会资本转换；原始社会资本；新型社会资本

一、引　言

近年来，随着我国长期实施城乡有别户籍制度引致的劳动力市场分割问题的凸显，越来越多的国内学者从社会资本和社会网络等视角，研究非正规制度对我国农村劳动力迁移、求职和收入的影响。关于社会资本和社会网络对农民工进入城市后经济地位获得影响的理解，在理论和个案研究的意义上，得出的结论是比较一致的（李培林，1996；彭庆恩，1996；唐灿、冯小双，2000；孙立平，2003；张智勇，2005），但基于样本数据的经验研究，社会资本对农民工经济地位尤其是工资的影响却不尽相同（陈成文、王修晓，2004；刘林平、张春泥，2007；章元等，2008；章元、陆铭，2009；叶静怡、衣光春，2010）。我们认为，出现这种分歧的一个重要原因，是对农民工社会资本和社会网络考察视角的差别——有的区分了农民工进城前后积累的不同社会资本，有的则不加区别。与通过上大学途径进入城市就业的农村劳动人口不同，农民工在进城务工前所形成的网络关系和社会资本，基本上都具有乡土

---

* 原载于《管理世界》2010年第10期。所属项目和致谢：本文系2009年度教育部人文社会科学研究规划基金项目（项目批准号：09yja790008）和2009年北京市科委博士生论文资助专项（资助项目编号：ZZ0902）的阶段性成果。作者非常感谢匿名审稿人提出的宝贵的建设性修改意见，感谢付明卫、高国伟、李晨乐、陈凤仙、王琼等博士生给本文提出的宝贵修改意见。当然，文责自负。

或原始性质,就是说他们的亲戚、同学和朋友基本上都是在同一个地缘甚至在同一个职业范围内。进城务工后他们基于新的需要有意识和无意识地积累起来的社会资本,可能与乡村积累的社会资本有质的差异,两者对农民工在城市经济地位变化包括就业、工资水平的影响也可能存在质的差别。本文将从实证视角,在区别农民工原始社会资本与新型社会资本的基础上分别考察它们对农民工城市收入的影响,以期得到社会资本与农民工收入关系的一个一致解释。

与已有研究相比,本文在以下三个方面做出了改进。其一,现有研究以年净收益、职业声誉和生活满意度作为因变量,我们的因变量是使用不同口径计算的以保证稳健性的月收入;其二,针对原始社会资本和新型社会资本对收入的不同影响,现有研究缺乏完整的实证比较分析,而我们首次利用数据进行了完整的对比分析,在实证分析的基础上得出社会资本转换对收入具有不同影响的结论;其三,现有研究结论仅仅是建立在对数据做了非常简单的回归分析和偏相关分析的基础上,而我们的研究结论则在解决了异方差和多重共线性等问题的基础上,进一步通过了严格的稳健性和内生性检验。我们对计量结果进一步的讨论发现,农民工社会资本转变不仅关系到自身收入提高和福利增加,而且可能成为影响我国城市化进程的一个重要因素;政府的某些公共政策可能超出政策实施直接目标,具有提升农民工新型社会资本的不期结果。

本文余下部分的安排是:第二部分为文献综述;第三部分是数据来源和描述性统计;第四部分提出相关的待检验假设;第五部分是实证分析;第六部分是结论和进一步讨论。

二、文 献 综 述

(一)社会资本与经济地位获得

Bourdieu(1983)、Coleman(1990)、Putnam 等(1993)先后从社会网络的角度提出并发展了社会资本概念——社会成员之间关系网络是一种有价值可利用的资源或社会资本,投资于这样的社会网络关系不仅可以使社会成员个体获益,也可以使组织团体和国家受益。社会网络是社会资本的重要构成部分,个人或团体所拥有的社会资本与其所处网络的规模、数量和结构紧密相关。[①]

关于地位获得或收入与社会网络、社会资本之间关系的探讨,可以追溯到Granovetter(1974)所作的开创性研究。他访谈了美国一个小镇的282名技术专家和管理人员,发现使用在自己所属群体之外的人际关系渠道可以找到更满意、收入

---

① 根据普特南等人的理解,社会资本包含社会网络、信任和社会规范三个方面的内容(Putman 等,1993)。

更高的工作。他由此提出了著名的弱关系假设:较弱关系往往能够为一个个体与另一些群体之间架起一座桥梁,从而获得该个体在自己所属群体中无法获得的信息。Lin Nan 等(1978)进行的另一项小范围研究表明,不同等级地位人群之间接触或许是地位获得过程中的关键性因素。许多经验研究证明了社会资本、地位强度和联系强度影响地位获得的命题(Lin Nan,1999)。

社会资本和社会网络在劳动力流动中的作用受到国外学者的关注。Ports(1995)指出,劳动力跨国移动过程的每一环节,诸如决定是否迁移、向何处迁移,以及在迁居地定居下来后对当地生活的适应等等,都与该移民自身的社会网络和社会资本密不可分。他把移民的社会资本定义为移民个人通过其在社会网络和更为广泛的社会结构中的成员身份而获得的调动稀缺资源的能力,认为移民可以利用这种成员身份来获取工作机会、廉价劳动力及低息贷款等各种资源,从而提高自身的经济地位(Ports,1995)。Sanders 和 Nee(1996)讨论了美国移民家庭社会资本以及人力资本对于他们获得"自雇"地位的作用。Massey 等(1994)、Massey 和 Espinosa(1997)等根据历史资料与统计数据,详尽分析了社会资本在墨西哥移民迁移美国过程中的作用。①

20 世纪 90 年代,社会资本和社会网络分析思路被引入我国乡—城劳动力流动尤其是农民工问题研究中。陈阿江(1997)通过个案访谈发现,农村劳动力外出就业的信息主要由亲缘、亲缘关系者提供;唐灿、冯小双(2000)指出,农民工作为我国劳动力队伍中迁移规模最大的群体,由于在城乡户籍身份制分割的市场中处于劣势地位,个人网络和社会关系对他们提高自身地位具有决定性意义;李培林(1996)和孙立平(2003)认为,我国流动农民工主要通过亲属、朋友介绍和引荐等非正式途径进入城市就业部门,进城后又寻求这些社会关系网的保护,以获取必要的社会资源和生存机会;彭庆恩(1996)对农民工包工头个案研究发现,社会关系资本是农民工到包工头、从低级包工头到较高级包工头地位获得的前提性因素,个人工作经历、职业技能等其他人力资本因素只能通过关系资本才发生作用。社会资本可以保证农民工获得的就业信息的真实性、加快信息搜寻速度,并具有诸如信誉等信息的显示功能,因此,社会资本提高了农民工在城市的就业概率(张智勇,2005)。

可以说,社会资本和社会网络对农民工经济地位获得的影响,在理论和个案研究的意义上,得出的结论比较一致,但在样本经验研究的意义上,得出的结论却不尽相同。刘林平、张春泥(2007)以珠三角地区农民工为样本,用请客送礼花费和是否工会会员度量农民工社会资本;回归分析显示,社会资本对农民工工资水平没有显著影响。章元等(2008)基于 10 个省份 3 000 个农户的 2002 年调查数据,分别考

---

① 转引自赵延东、王奋宇(2002)。

察了农户家庭层面社会资本和社区层面社会资本对农民工工资水平的影响,发现无论是利用社区层面的社会资本还是利用家庭层面的社会资本外出就业,都不能直接提高农民工的工资水平。章元、陆铭(2009)基于2003年春节22个省份的农户调查数据,研究了社会网络在城市劳动力市场上对于农民工工资水平的影响,发现只有非常微弱的证据表明拥有更多的社会网络能够直接提高农民工在城市劳动力市场上的工资水平,它在具有较高竞争性的城市劳动力市场上的主要作用是配给工作。陈成文、王修晓(2004)等以长沙地区农民工为样本,以亲戚代表"原始社会资本"(强关系)、以非亲戚的本地人代表"新型社会资本"(弱关系),检验它们对职业声望和生活满意度的影响;弱关系即新型社会资本对于城市农民工的职业声望有积极作用,强关系即原始社会资本则主要对其生活满意度有影响。叶静怡、衣光春(2010)以北京市农民工为样本,用在北京认识和交往人数、层次、频率、投入等代表社会资本;对样本的回归分析显示,社会资本对农民工经济地位的获得有较为显著的影响,其中对农民工收入的影响要比对农民工职业流动影响要大并且显著。上述经验研究结论的不一致,一个重要的可能原因是对社会资本代理变量的理解不同,另一个可能原因是对原始社会资本和新型社会资本定义不同,或者没有进行这方面的区分。

(二)社会资本转换:原始社会资本和新型社会资本

社会资本对流动劳动力影响研究的一个重要视角,是区分流动劳动力在原生活和工作地域积累的社会资本与进入新区域后积累的社会资本,分别考察它们对流动劳动力经济地位获得的不同影响,即社会资本转换问题。

Coleman(1990)是最早研究社会资本转换的学者。他将现代社会中家庭和社区所提供的社会资本定义为"原始社会资本",认为这些资本有逐渐衰减的趋势;人们需要在交往活动中创造和建立社会组织,用以替代逐渐失去作用的"原始社会资本"。尽管Coleman(1990)并没有明确提出与"原始性社会资本"相对应的"新型社会资本",但在其分析中,社会资本转换概念呼之欲出。

伴随我国最近三十年农村劳动力大规模、跨地域迁移和职业转换的,是农民工社会资本和社会网络的发展和转换。近年来,一些学者回应这种现实的变化,开始关注农民工社会资本转换问题。赵延东、王奋宇(2002)使用国际移民研究中的理论概念,研究我国城乡流动人口的社会资本转换。他们借用Coleman(1990)分类方法,将农村流动人口所拥有的社会资本划分为他们进入城市之前在"乡土社会"中形成的"原始社会资本"和进入城市社区后有意识或无意识地建立起来的"新型社会资本"。他们认为从农村流入城市的流动者,与国际移民相类似,面临着突破在"乡土社会"中形成的"原始社会资本"的约束、建立新型社会资本的任务。由于样本数据限制,他们只度量了原始社会资本对流动者经济地位的影响,但无法直接度量流动者进城后所构建的新型社会资本以及影响。

曹子玮(2003)研究了再构建社会网对我国进城务工农民发展的重要性。他指出,在市场失灵、组织低效的宏观环境下,社会网就成为农民工获得城市资源的主要路径;而当原有的、在乡土社会就已存在的初级关系网络无法提供农民工预期的资源时,再建构城市的社会网就成为必然。曹子玮通过对样本数据和个案调查发现,农民工再构建社会网的规模与其在城市获取的物质资源存在正相关关系。曹子玮的再构建社会网分析与赵延东等的社会资本转换思路一脉相承,本质上都认为在新的社会环境下,个体原有的社会资本和社会网络不足以提供有价值的资源,因此将寻求有价值的新社会资本和社会网络进行投资,借此提升自己的经济和社会地位。与赵延东等不同的是,曹子玮在调查样本中设置了代表再构建社会网的变量,因而对再构建社会网的影响进行了经验估计,但这种估计只是简单回归和偏相关分析。

陈成文、王修晓(2004)研究不同社会资本与农民工生活满意度和职业声望之间的关系。在他们的统计分类中,亲戚为强关系,代表原始社会资本;本地人为弱关系,代表新型社会资本。他们分别考察农民工首次求职和目前求职两种情况下,主要交往对象为本地人即拥有较多新型社会资本与职业声望之间的关系。回归显示,农民工首次求职情况下,新型社会资本越多,职业声望越高;目前求职情况下,两者之间却成反方向变化。这种很难做出合理解释的回归结果,可能与该研究的样本量(305份问卷)不够大、代表性欠佳有关。

(三) 本文贡献

本文使用2007年北京市农民工调查数据对农民工社会资本转换问题进行实证研究。我们沿用赵延东、王奋宇(2002)对农民工社会原始资本和新型社会资本区分的基本思路,将前者定义为农民工进城前在乡土社会中形成的社会关系网络,其特点是以血缘和狭小的地缘为基础,后者定义为进城后有意识或者无意识地重新构建的社会关系网络,其特点是以业缘和原来更大范围的地缘[①]为基础。针对原始社会资本和新型社会资本对收入的不同影响,现有研究缺乏完整的实证比较分析,我们首次利用数据进行了完整的对比分析,在实证分析的基础上得出社会资本转换对收入具有不同影响的结论;与已有关于农民工原始社会资本、新型社会资本相关研究不同,我们关注的不是社会资本转换对农民工净收益、职业声誉和生活满意度的影响(陈成文、王修晓,2004),而是对农民工的打

---

① 进城后,"同乡"的概念可能由乡镇扩大到县、市甚至省,离开家乡越远,同乡的地域概念就越广。

工收入的影响,因变量使用不同口径计算以保证稳健性的月收入;已有研究有的由于数据限制而没有进行经验检验(如赵延东、王奋宇,2002),有的尽管进行了经验检验但只是进行简单回归分析和偏相关分析(如曹子玮,2003),我们的研究结论则在解决了异方差和多重共线性等问题的基础上,进一步通过了严格的稳健性和内生性检验。

三、数据来源和描述性统计

(一)数据来源

本文进行实证研究所用的数据来自于北京大学经济学院"2007 年在京农民工收入和社会网络状况调查",于 2007 年 11 月在北京市进行。对社会资本的测量以定名法(name generators)为主,也有个别问题采取了定位法(position generators)的设计。抽样方法采取随机抽样和非随机抽样相结合的办法,由北京大学经济学院本科生调查员随机分组前往北京市八个城区对不同行业的农民工聚居点进行随机访问。全部采用当面填写方式,获得问卷 1 256 份,其中合格问卷 1 238 份,有效问卷率为 98.5%。我们根据研究需要,剔除了 204 份报告的家庭承包土地数量为零的问卷①和 86 份"精英"农民工数据②,使得样本容量为 948。行业分布情况见表 1。

(二)样本的描述统计

1. 农民工的月收入

我们的被解释变量为农民工的月收入。从表 3 中可以看到,每月工作小时数的标准差(73)相对于均值(286)很小,因此我们没有采用小时工资率,而是直接使用每月收入。农民工报告的月收入(wage)可以分为包吃、包住、包吃包住和不包不吃包住四种,见表 1、表 2。由于在一般性劳动力市场上,吃住费用包括在收入中,因此我们认为有必要对农民工的收入进行"还原"处理,将他们的吃住费用还原为工资收入,否则各种类型的收入之间不能直接比较。我们以不包吃不包住的农民

---

① 本文所界定的农民工是指进城前拥有土地并务农的农民,因此我们剔除了家庭土地承包数量为零的样本。事实上,土地承包数量为零的人也很可能是农民出身,只是由于征地等原因失去承包土地。

② wage 大于等于 5 000 元的人数只有 20 个,最大值为 20 000,这些人不是一般的"农民工",并不在我们这次的研究范围内。需要说明的是,经过调整后得到的 income1 有少数略大于 5 000,最大值为 5 104,见表 3。

工的月收入为基准,对前三种收入使用了两种算法进行"还原"[①]。之所以计算两种不同口径的月收入,是为了在计量分析中稳健起见。

表1 样本中各种类型的分布情况(一)　　　　　　观测值:948个

		制造	建筑	住宿餐饮	批发零售	家居等服务	其他行业
	频数	60	222	229	152	251	34
	行业类型分布(%)	6.33	23.42	24.16	16.03	26.48	3.59
	男性比例(%)	61.66	91.89	38.86	46.05	66.53	85.29
行业的收入类型分布(%)	包吃(%)	25.00	0.45	6.99	6.58	7.57	2.94
	包住(%)	11.67	30.18	2.18	11.84	6.77	2.94
	包吃包住(%)	40.00	49.55	83.41	30.92	58.17	50
	不包吃不包住(%)	23.33	19.82	7.42	50.66	27.49	44.12
	合计(%)	100	100	100	100	100	100

表2 样本中各种类型的分布情况(二)　　　　　　观测值:948个

	频数	收入类型分布(%)	不同收入类型的行业分布(%)						合计(%)
			制造	建筑	住宿餐饮	批发零售	家居等服务	其他行业	
包吃	62	6.54	24.19	1.61	25.81	16.13	30.65	1.61	100
包住	115	12.13	6.09	58.26	4.35	15.65	14.78	0.87	100
包吃包住	535	56.43	4.49	20.56	35.7	8.79	27.29	3.18	100
不包吃不包住	236	24.89	5.93	18.64	7.2	32.63	29.24	6.36	100

[①] 具体方法如下:

方法一:以不包吃不包住农民工的月工资均值(1 480.932,单位为元,下同)减去其每月饮食费用均值(360.1271)和住宿费用均值(250.4025)得到净收入均值(870.4024),再分别用吃、住费用的均值除以其净收入的均值,得到吃、住费用占净收入的比例(41.37%和28.77%),最后,将前三种农民工的工资分别加上相应的吃、住费用比例进行调整,得到income1。观测值有948个,其均值为1 780.01,标准差为811.21,比较接近不包吃不包住农民工的水平(收入均值1 480.93,标准差695.62),说明我们的还原方法还是比较合理的。具体调整方式如下:对只包吃的农民工:

$$income1 = wage \cdot (1 + 0.4137)$$

对只包住的农民工:

$$income1 = wage \cdot (1 + 0.2877)$$

对包吃包住的农民工:

$$income1 = wage \cdot (1 + 0.4137 + 0.2877)$$

对不包吃不包住的农民工:

$$income1 = wage$$

方法二:更现实地,考虑到包吃包住的条件往往较差并减少了农民工的消费自由度,我们还应当估算第二种月收入(income2),即将前述吃、住费用占净收入的比例各乘以0.50,再按照前述方法进行调整得到income2,其均值为1 515.925,标准差为669.635,均接近income1,和不包吃不包住农民工(收入均值1 480.93,标准差695.62)更为接近,因此第二种算法可能更接近"客观"情况。

表 3　变量的描述统计

Variable	变量含义	Obs	Mean	Std. Dev.	备注
income1	收入（核算法 1）	948	1 780.007	811.2102	单位：元/月
income2	收入（核算法 2）	948	1 515.925	669.635	单位：元/月
age	年龄	948	29.61814	10.87	单位：年
edu	所受教育等级	947	2.944034	0.79642	1-6 表示教育级别*
schooling	所受教育年限	947	8.669483	2.73	单位：年
train	是否接受过职业培训	948	0.328059	0.469754	培训 = 1，否则 = 0
workexpr	外出打工时间长度	948	6.024262	5.597975	单位：年
workexprbj	在京工作时间长度	927	3.881338	4.221326	单位：年
family15up	家庭 15 岁以上人数	947	4.269271	1.832966	单位：人
married1	已结婚或曾经结婚	948	0.528481	0.499452	已/曾婚 = 1，否则 = 0
clsmate	在北京的同学数	948	1.834388	5.907327	单位：人
bjrelative	在京亲戚数量	948	0.651899	2.849466	单位：人
wdrelative	在京外地人亲戚数量	948	2.652954	4.618591	单位：人
jobfrdkin	工作是否亲朋介绍	948	0.686709	0.464077	靠亲朋得工 = 1，否 = 0
gtshare	月收入中聚会花费占比	942	0.024345	0.06466	—
juhuifrqc	在京每年聚会次数	940	4.844149	8.984955	单位：次/年
gift	在京过去一年是否随礼	948	0.454641	0.498201	去年随礼 = 1，否 = 0
frdgov	是否认识党政机关人员	946	0.133192	0.339962	有 = 1，无 = 0
frdqs	是否认识企业管理人员	935	0.269519	0.443947	有 = 1，无 = 0
hrsmth	每月工作小时数	946	285.9884	73.92778	单位：小时/月
indus1	是否属于制造业	948	0.063291	0.243614	是 = 1，当 indus1—5 均取零值时为"其他行业"。用观测值个数乘以均值，可得在各个行业的人数。
indus2	是否属于建筑业	948	0.234177	0.423707	
indus3	是否属于住宿餐饮业	948	0.241561	0.428256	
indus4	是否属于批发零售业	948	0.160338	0.367113	
indus5	是否属于家居等服务业	948	0.264768	0.441442	
sex	性别	948	0.628692	0.48341	男 = 1，女 = 0

注：* 教育级别：1 = 未受教育，2 = 小学，3 = 初中，4 = 高中或中专，5 = 大专，6 = 本科及以上。

2. 农民工的原始社会资本变量

农民工的原始社会资本变量包括：

（1）家庭 15 岁以上人数(family15up)。因为家庭中每个人背后都有一个不同的社会网络，这些网络不可能完全重合，所以我们将其作为原始社会资本的一个变量。

（2）已结婚或曾经结婚(married1)。结婚意味着组成新家庭，从而带来配偶的原有社会网络。

（3）在北京的同学数(clsmate)。我们默认同学关系是在来京打工前建立的。

（4）在京有北京户口的亲戚数(bjrelative)和在京有外地户口的亲戚数(wdrelative)，我们也默认亲戚关系是在来京打工前建立的。

我们把农民工在北京的亲戚（包括北京本地人和外地人）作为强关系，而把认识的其他人作为弱关系。①

(5) 是否通过亲朋好友介绍找到在北京的工作(jobfrdkin)。我们使用的样本中没有严格区分"亲戚"和"朋友",故采用"亲朋"来统一表示。jobfrdkin 表示对原始社会资本的动用。

3. 农民工新型社会资本变量

我们把农民工社会资本转换理解为农民工在就业城市或地区寻求有价值的社会资本和社会网络进行投资,以求提升自己的经济和社会地位。这种新社会资本投资和社会网络关系发展通过两种渠道实现:一是基于城市就业的业缘和城市居住地的新社会关系的建立和发展,二是对进城务工前已经积累起来的基于亲缘和地缘的原始社会资本和社会网络进行新投资。这些新投资很可能是农民工为适应城市发展有选择地进行的;而且,进入城市工作和生活了一定时间的亲朋,也可能建立起各自基于业缘的新型社会资本和社会网络,他们之间的交往将扩大他们彼此之间的新型社会资本和社会网络。

我们将农民工对新型社会资本的投资作为其新型社会资本存量的代理变量,这些投资包括亲友聚会花费占每月收入的比例(gtshare)、每年聚会次数(juhuifrqc)、在北京过去的一年有无赠送礼物或金钱(gift)。

虽然老乡、同事和朋友中的一部分可能是在老家就认识的,但基于我们的调查数据,我们可以推断以上在城市中的社会资本投资属于新型社会资本。本次调查显示,受访农民工中只有16.99%的人回答自己在业余时间接触最多的是亲戚和同学(其中亲戚占13.61%,同学占3.38%),而有83.01%的农民工回答自己在业余时间接触最多的是老乡、同事和朋友。我们由此推断,样本中农民工在城市中交往的开销主要用于老乡、同事和朋友等新网络的拓展上;即使老乡和朋友中一部分可能是在老家就认识的,但考虑到这些在城市中的老乡和朋友也积累了一定的新型社会资本,带来的资源和信息流动也是不同于原始网络的。进一步地,出于相同的理解,样本农民工在京的随礼支出即使是用于亲戚和同学的交往上,也将有利于他们新型社会网络的维持和拓展。

更重要的是,我们把以上变量作为新型社会资本的代理变量,只会低估而不会高估新型社会资本对收入的作用,从而使新型社会资本收入回报有作用的结论更稳健。这基于以下理由:章元、陆铭(2009)研究了社会网络在城市劳动力市场上对于农民工工资水平的影响。他们使用了中国家庭收入调查 CHIP(2002)中的 9 200 家农户数据,使用农民家庭在 2002 年曾经赠送过礼品或金钱的亲友数量作为家庭

---

① 在边燕杰、张文宏(2001)的研究中,他们把相识定为弱关系,将朋友和亲属定为强关系。而赵延东、王奋宇(2002)则把亲戚定义为强关系,而把同乡、同学、朋友定义为弱关系。前者研究的是城市求职者的情况,而后者针对城乡流动人口。林南(1999)则把亲属作为强关系,非亲属作为弱关系。虽然林南把亲属作为强关系,但他认为其他社会关系(如同事、校友、地缘关系)也可以是强关系。

所拥有的亲友数量的代理变量,又用家庭在2002年赠送给亲友的礼金价值占2002年家庭总支出的比例作为家庭社会网络的第二个代理变量。这两个变量其实基本上可以认定都是用于代表原始的乡村社会网络资本,而不是用于城市中社会新网络的投资[①],他们得出的结论是"只有非常微弱的证据表明拥有更多的社会网络能够直接提高农民工在城市劳动力市场上的工资水平"。因此,当老乡和朋友中一部分可能是在老家就认识——根据章元、陆铭(2009)的发现——那么我们的回归系数将低估这种用于老乡、同事和朋友的新网络扩展上的开销的经济回报,除非我们的证据比章元、陆铭(2009)的还微弱。限于调查问卷数据,我们暂且使用这个变量,但不会高估对新网络投资的经济回报,结果应该是可靠的。[②]

4. 人力资本变量和其他控制变量

包括年龄(age)、教育程度(edu)或者教育年限(schooling);职业培训(train)、外出打工时间长度(workexpr)、在京工作时间长度(workexprbj),其余的控制变量包括行业虚拟变量(indus1—indus5)、性别(sex)、是否认识党政机关人员(frdgov)、是否认识企业管理人员(frdqs)。

四、研 究 假 设

根据本文第一部分相关理论和实证研究文献,以及本文调查数据的结构,我们提出如下待检验假设:

(一)原始社会资本假设

调查数据发现,中国贫困地区农村居民的社会网络资本是一种较封闭的传统型乡村网络,居民社会网络资本关系种类比较单一(黄瑞芹,2009),以高趋同性、低异质性为特征(张文宏等,1999),农民工在农村原有的社会网络具有很强的同质性。尽管农民家庭中每个人背后都有一个不完全相同的社会网络,家庭人口越多,网络规模越大,但家庭成员社会网络的趋同性使得这种网络内流动的信息和资源趋同,使得网络规模的扩大难以带来收入回报的提升。农民工结婚意味着组成新家庭,带来配偶的原有社会网络。一般来说,农民工结婚对象仍然是农民或者农民工,尽管结婚意味着正式成人和社会网络的扩大,但是由于社会分层以及中国"门当户对"的结婚观念,结婚带来的社会网络仍然具有非常强烈的同质性。在京农民

---

① 我们注意到,章元、陆铭(2009)使用的是CHIP(2002)中的农户入户调查数据,相关问卷提的问题属于本文所讨论的原始社会资本范畴,具体如下:《问卷1:农村住户调查表》(第617号题):2002年住户总支出(元)中的其他支出:617a. 送给亲戚/亲属的礼品或礼金等;617b. 送给邻居朋友的礼品或礼金等;617c. 送给乡村干部的礼品或礼金等。《问卷2:农户社会网络、村级事务》(第30号题):请问在2002年一年中,您一共给多少熟人送过礼物(包括礼金)?

② 以上只是根据相关文献和数据的推理,将来我们可以用新的调查数据进一步验证。

工的同学关系一般来说都是在来京打工前建立的,而且也是以农民工为主,属于农民工的原始社会网络。可以看到,以上变量表征的农民工原始社会资本都具有极强的同质性,因此难以带来异质性的资源和信息流动,即使发挥作用也主要是加快工作搜寻和匹配的速度。在劳动力市场信息不充分的条件下,农民工主要(只能)通过私人网络关系去寻找工作。利用网络寻找工作虽然能够节省找工时间和金钱成本,但是不一定能使他们得到工资较高的工作岗位(刘林平等,2006)。

因此我们有以下 OS(Original Social Capital)假设:

假设 OS1:家庭人数、婚姻状况对于农民工的打工收入没有影响。

假设 OS2:在京同学数量对于农民工的收入没有影响。

社会资本相关研究中最有影响的概念是由 Granovetter(1973)提出的强关系(strong ties)和弱关系(weak ties)。他认为人际关系的强度是时间、感情强度、亲密度(相互信任)以及表征这种关系的互惠服务的组合,这种组合很可能是线性的。Granovetter(1973)的弱关系假设认为,求职者要想得到一份职业,其获得信息的途径主要来自于那些关系不亲密、交往不频繁的人群。Lin Nan(1982)扩展和修正了 Granovetter 的弱关系假设,提出了社会资源理论,认为通过弱关系不仅能帮助获取有效信息,还可以获取不同资源,改变了以前认为资源只能为占有者所用的观点。当人们追求工具性目标时,弱关系为阶层地位低的人提供了链接高地位人的通道,从而获得社会资源。根据 Granovetter(1973)提出的强关系(strong ties)和弱关系(weak ties)假设,以及 Lin Nan(1982)的修正和扩展,我们提出:

假设 OS3:在北京的亲戚网络规模大小对于农民工的收入影响不显著,即强关系对农民工收入没有影响。

(二)新型社会资本投资假设

通过构建新型社会资本,可以更好地传递个人的能力信号,减少信息不对称,提供一定的隐形"担保"。因此,作为理性经济人的农民工,将遵循 $MR = MC$ 的原则,在既定的约束下进行新型的社会资本投资,直到投资的边际成本等于投资的边际收益为止。Linda Yueh(2004)提出一个社会资本投资模型,将社会资本投资看做是一种成本收益决策,考虑了时间、物质(如货币与实物礼品)和非物质资源(如感情、友谊)等因素,这些因素以经济或非经济收益的形式折算成未来预期收益的现值。经济收益可以是通过关系找到一份工作,非经济的收益可能是广交朋友或是保持亲戚间的和睦友好关系的效用。Yueh 推导出,均衡的一阶条件要求投资于社会资本的边际成本的现值等于未来收益的现值。在社会资本投资有收益的条件下,农民工会一直投资到边际收益等于边际成本为止。在均衡的一阶条件下,农民工在北京上一年送礼花费越大(或是否送礼)或者每月的收入中用于亲友聚会所占比例越高,说明社会资本投资越大(即边际成本越大),那么未来收益的现值就会越大。假定未来收入的现金流比较均匀而且回报不需要太长时间的话,近期的收入应该会上升。虽然未来的收入回报可能要过几期才能出现,也可能是开始回报很小再慢慢变大(甚至规律性不强),这样都可能导致投资后的近期内收入回报不显著。但是,考虑到进行社会资本投资的连贯性(有条件的人和喜欢投资的人会长期地投资于社会网络),以及农民工群体内部不同年龄段和不同回报期的相互平衡性,那么我们猜测新型社会资本投资会有经济回报。因此我们有下述 NS(New Social Capital)假设:

假设 NS1:农民工在北京送礼花费越大,表示社会资本投资越大,相应的收入也越高。

假设 NS2:每月的收入中用于亲友聚会所占比例越高,表示新型社会资本投资强度越大,则收入越高。

曹子玮(2003)提出农民工在城市的社会行动有两个首要的驱动力,第一是保持已有的有价值的资源;第二是获取尚没有的有价值资源。按照林南(1998)的观点,前者所导致的行动可称为"情感性行动",后者所导致的行动可称为"工具性行动"。这构成了网络社会资本中的工具性和情感性社会资本维度。每年聚会次数多不一定代表投入的金钱多,但是至少说明投入了更多的时间和感情。聚会次数不能代表工具性社会资本投资,代表的更多的是感情诉求的需要强度,也可能是保持已有的有价值资源,因此有:

假设 NS3:聚会次数不是真正的工具性社会资本投资,而是情感性的社会资本投资,可以提高非经济的收益(生活满意度),但对工资性收入很可能没有影响。

五、实 证 分 析

(一)对异方差、自相关和多重共线性的处理

我们第一步设定的回归模型为:

$$\ln(y_i) = \alpha_0 + \beta X_{1i} + \gamma X_{2i} + \delta Z_i + \varepsilon_i$$

其中,X_1 为原始社会资本,X_2 为新型社会资本,Z 为人力资本和其他控制变量。为了解决异方差问题,我们使用了稳健加权最小二乘法(Robust WLS)估计,该方法采用再加权最小二乘法加上 Huber 和双权数函数,并按 95% 的高斯效率调整。对因变量也作了取对数处理,这进一步减少了异方差性。另外,由于该调查结果是横截面数据,我们可以不考虑序列相关性。

对所有解释变量进行相关系数检验后,将相关系数高或者有对应关系的变量分开,在不同模型中分别进行回归,以避免多重共线性。如文化程度(edu)和受教育年限(schooling)的相关度达到 0.9772,工龄(workexpr)和在京工龄(workexprbj)相关系数达到 0.7447。考虑到年龄(age)和已结婚(married1)的相关系数达到 0.7324,并且与 edu、schooling、workexpr 和 indus2(建筑业)的相关系数分别为

−0.3348、−0.3511、0.3724、0.3465，虽然不是很高，但是涉及面广，因此我们在 model5 和 model6 中将 age 及其平方项删除。这样，进入 model3—6 的解释变量之间的 Pearson 相关度不高，绝大部分都在 0.2 以下（大部分在 0.1 以下）。在对表4、表5模型进行 VIF 检验后发现，除了那些有二次项的变量的方差膨胀因子超过10[①]，其余都在 10 以下。在多重共线情况下，变量的系数估计量仍然是一致的，只是可能因为方差过大而影响显著性。但是，我们发现这些变量的显著性都不受影响，而且经济意义合理。另外，经过以上处理后（如在模型 5、6 中删除年龄及其平方项），我们最关心的社会资本变量不受方差膨胀的困扰。因此，多重共线性不再是问题。回归结果的具体解释见本部分第四小节。

表4 对数收入 ln(income1) 的 OLS 和稳健 WLS 回归结果

Method	OLS	OLS	Robust WLS	Robust WLS	Robust WLS	Robust WLS
Model	(1)	(2)	(3)	(4)	(5)	(6)
人力资本：						
age	0.0240**		0.0243**	0.0243**		
	[0.0106]		[0.00980]	[0.00983]		
agesqr	−0.000336**		−0.000347***	−0.000346***		
	[0.000139]		[0.000128]	[0.000128]		
edu	0.0468***	0.0485***	0.0441***		0.0477***	0.0448***
	[0.0176]	[0.0175]	[0.0162]		[0.0161]	[0.0159]
train	0.105***	0.108***	0.0947***	0.0947***	0.101***	0.0915***
	[0.0286]	[0.0285]	[0.0265]	[0.0265]	[0.0262]	[0.0263]
workexpr	0.0167**	0.0306***	0.0170**	0.0169**	0.0334***	
	[0.00820]	[0.00632]	[0.00758]	[0.00759]	[0.00581]	
workexprsqr	−0.000544*	−0.000964***	−0.000576**	−0.000574**	−0.00108***	
	[0.000302]	[0.000248]	[0.000279]	[0.000279]	[0.000228]	
workexprbj	0.0193**		0.0203**	0.0205**		0.0396***
	[0.00970]		[0.00896]	[0.00898]		[0.00727]
workexprbjsqr	−0.000697		−0.000763*	−0.000771*		−0.00149***
	[0.000474]		[0.000438]	[0.000439]		[0.000373]
原始社会资本：						
family15up	−0.00119	−0.00537	−0.00261	−0.00277	−0.00654	−0.00352
	[0.00705]	[0.00699]	[0.00652]	[0.00653]	[0.00643]	[0.00637]
married1	0.00473	0.0538*	0.0137	0.013	0.0515*	0.0548**
	[0.0440]	[0.0304]	[0.0407]	[0.0409]	[0.0280]	[0.0274]
clsmate	0.000812	0.00102	0.000221	0.000251	0.000406	0.00000987
	[0.00241]	[0.00244]	[0.00222]	[0.00223]	[0.00224]	[0.00221]

---

① 只有 age、schooling、workexpr 和 workexprbj 分别与其平方项相关系数高，但这在回归方程中一般不是问题，是正常的。参见 Hamilton, Lawrence C., Chapter 7: Regression Diagnostics, *Statistics with Stata*: updated for version 9, Publisher: Cengage Learning, 2006。

(续表)

Method	OLS	OLS	Robust WLS	Robust WLS	Robust WLS	Robust WLS
Model	(1)	(2)	(3)	(4)	(5)	(6)
原始社会资本:						
bjrelative	0.000179	-0.000649	0.00548	0.00564	0.00224	-0.0141***
	[0.00475]	[0.00478]	[0.00439]	[0.00440]	[0.00440]	[0.00436]
wdrelative	0.0014	0.00299	-0.0011	-0.00111	0.000594	-0.00108
	[0.00284]	[0.00285]	[0.00262]	[0.00262]	[0.00262]	[0.00261]
jobfrdkin	-0.0138	-0.00489	-0.0127	-0.0128	-0.0068	-0.0224
	[0.0277]	[0.0278]	[0.0256]	[0.0257]	[0.0255]	[0.0254]
新型社会资本:						
gtshare	0.364*	0.386*	0.224	0.227	0.244	0.299
	[0.199]	[0.202]	[0.184]	[0.184]	[0.186]	[0.183]
	(0.069)	(0.056)	(0.224)	(0.219)	(0.190)	(0.103)
juhuifrqc	-0.0000147	0.000322	0.00204	0.00204	0.00240*	0.00214
	[0.00145]	[0.00146]	[0.00134]	[0.00134]	[0.00135]	[0.00133]
	(0.992)	(0.826)	(0.128)	(0.128)	(0.075)	(0.107)
gift	0.0768***	0.0938***	0.0672**	0.0676**	0.0781***	0.0746***
	[0.0283]	[0.0277]	[0.0262]	[0.0262]	[0.0255]	[0.0258]
	(0.007)	(0.001)	(0.010)	(0.010)	(0.002)	(0.004)
其他控制变量: (为省篇幅,仅显示性别 sex)						
sex	0.126***	0.120***	0.134***	0.133***	0.133***	0.132***
	[0.0293]	[0.0292]	[0.0270]	[0.0271]	[0.0269]	[0.0267]
N	901	917	901	901	917	901
adj. R-sq	0.201	0.185	0.222	0.221	0.207	0.212

注:方括号内的数字均为标准差,圆括号内的数字为 p 值。显著性符号 * 表示 $p<0.1$,** 表示 $p<0.05$,*** 表示 $p<0.01$。为了节省篇幅,本表删除了常数项、部分人力资本变量(schooling,schoolsqr)和其他控制变量(indus1,indus2,indus3,indus4,indus5,frdgov,frdqs)的输出结果。

(二) 收入核算的稳健性检验

由于有多种核算收入的方法,为了得到稳健的估计结果,我们应该对多种收入核算方式取自然对数后分别进行 OLS 回归。这里我们对 income1 和 income2 进行核算。

为节省篇幅,表5只列出社会资本变量的输出结果(方程7—12分别对应方程1—6)。从表4、表5中可以看到,不论作为因变量的对数收入是使用 ln(income1) 还是 ln(income2),各系数估计值显著性的区别都不大,数值差距不大而且符号方向也几乎没有变化。因此,可以认为两种收入的算法都是非常稳健的。再考虑到 income2 和不包吃不包住农民工的收入均值、标准差更为接近,我们在以后分析中都采用 income2。

表 5　对数收入 ln(income2) 的 OLS 和稳健 WLS 回归结果

Method	OLS	OLS	Robust WLS	Robust WLS	Robust WLS	Robust WLS
Model	(7)	(8)	(9)	(10)	(11)	(12)
family15up	0.00146	-0.00204	0.00295	0.00259	-0.000157	0.00304
	[0.00743]	[0.00733]	[0.00690]	[0.00689]	[0.00674]	[0.00671]
married1	-0.00165	0.0231	0.00635	0.00295	0.0275	0.028
	[0.0463]	[0.0319]	[0.0431]	[0.0432]	[0.0293]	[0.0289]
clsmate	0.000468	0.000699	0.000145	0.000386	0.000382	0.0000419
	[0.00253]	[0.00256]	[0.00236]	[0.00236]	[0.00235]	[0.00233]
bjrelative	0.00112	0.000113	0.00704	0.00751	-0.00035	-0.0152***
	[0.00501]	[0.00501]	[0.00465]	[0.00465]	[0.00461]	[0.00460]
wdrelative	-0.000566	0.000731	-0.00384	-0.00386	-0.00242	-0.00383
	[0.00299]	[0.00299]	[0.00278]	[0.00277]	[0.00274]	[0.00275]
jobfrdkin	0.009	0.0191	0.0149	0.0136	0.0203	0.00544
	[0.0291]	[0.0291]	[0.0271]	[0.0271]	[0.0268]	[0.0268]
gtshare	0.444**	0.467**	0.298	0.311	0.32	0.385**
	[0.210]	[0.212]	[0.195]	[0.195]	[0.195]	[0.193]
	(0.035)	(0.028)	(0.126)	(0.111)	(0.101)	(0.046)
juhuifrqc	-0.000000874	0.000284	0.00238*	0.00236*	0.00255*	0.00232*
	[0.00152]	[0.00154]	[0.00142]	[0.00141]	[0.00141]	[0.00140]
	(1.000)	(0.854)	(0.094)	(0.095)	(0.071)	(0.097)
gift	0.0624**	0.0819***	0.0557**	0.0560**	0.0691***	0.0645**
	[0.0298]	[0.0291]	[0.0277]	[0.0277]	[0.0267]	[0.0271]
	(0.037)	(0.005)	(0.045)	(0.043)	(0.010)	(0.018)
N	901	917	901	901	917	901
adj. R-sq	0.171	0.16	0.181	0.183	0.174	0.177

注：方括号内的数字均为标准差，圆括号内的数字为 p 值。显著性符号 * 表示 $p<0.1$，** 表示 $p<0.05$，*** 表示 $p<0.01$。为了节省篇幅和突出显示，本表在表 4 的基础上进一步删除了人力资本等控制变量。

（三）收入的内生性检验

下面分析中，我们删除经过冗余检验不显著的原始社会资本变量和部分控制变量（在表 4、表 5 中也不显著），保留新型社会资本变量（X_2）、人力资本变量和部分其他控制变量（$\tilde{Z}$）如行业、性别，得到的回归模型为：

$$\ln(y_i) = \alpha_0 + \gamma X_{2i} + \delta \tilde{Z}_i + \varepsilon_i$$

根据以往的经验研究（Topel, 1991; Altonji 和 Shakotko, 1987; Felli 和 Harris, 1996; Neal, 1995; Bratsberg, 1998），工作经验和培训两个变量可能存在内生性，但王子、叶静怡（2008）使用本文相同的样本进行了工作和培训变量内生性检验，并没有发现它们存在内生性问题。教育水平的内生性是公认的，但本文关注的重点是社会网络的内生性问题。由于我们使用的是"每月的收入中用于亲友聚会所占的比例"(gtshare),而不是"每月的亲友聚会花费金额",因此可以大大降低聚会花费对于收入的内生性影响。在前面的表4、表5的回归中,gift和juhuifrqc显著影响收入,但是它们也可能受到收入的影响,从而具有联立性,我们使用工具变量方法解决这种联立性导致的收入内生性问题。首先,考虑从被删除的变量和样本中其他变量寻找可能的工具变量。分别以送礼gift和聚会次数juhuifrqc为被解释变量,在0.20的显著性下进行逐步回归,结果如表6所示。

表6 对可能内生变量的回归结果

被解释变量	gift	juhuifrqc
frdgov	0.170***	2.293**
	[0.000]	[0.012]
frdqs	0.214***	2.144***
	[0.000]	[0.002]
family15up	0.0164*	
	[0.053]	
married1	-0.0785**	-1.941***
	[0.013]	[0.001]
clsmate	0.00425	
	[0.118]	
wdrelative	0.0120***	
	[0.000]	
_cons	0.305***	5.023***
	[0.000]	[0.000]
N	932	924
adj. R-sq	0.103	0.036

注:方括号内的数字为p值,显著性符号 * 表示$p<0.1$, ** 表示$p<0.05$, *** 表示$p<0.01$。

我们选择frdgov、frdqs、married1作为工具变量(I),下面对这些变量进行是否适合做工具变量进行一系列的分析和检验。

农民工大多在私营企业中从事着低技能、高劳动强度的工作(章元、陆铭,2009),已婚(married1)并不会在信誉保证(如业务员)等方面占据优势,也不会增加人力资本,因此并不会对收入产生直接的影响。从农民工的特点上看,是否结婚(或者说初婚年龄)对收入来说更是一个强的外生变量。农村的传统观念决定了绝大多数农民工到了一定的年龄,迫于家庭和农业社会的传统压力就会结婚,况且农民工在老家都有土地、房子和农业收入,所以是否结婚和在城市务工收入的关系不大。相反,城市青年更多地考虑房子问题和收入问题,收入状况和初婚年龄的相关性可能就较大。如前面表4中,在控制了年龄后,农民工是否已婚对收入均不显著,而在表5中无论是否控制年龄因素,婚姻状况全部不显著,也进一步从数据上支持了该变量是一个强外生的工具变量的推断。表6中婚姻对于送礼(gift)和聚会次数(juhuifrqc)的影响是负的,可能是已婚的农民工可能更加满足于家庭的小圈子而疏于社会交往。但不论影响的方向如何,至少都是非常显著的,从而满足工具变量的相关性要求。

农民工是否认识党政工作人员(frdgov)和是否认识企事业单位管理人员(frdqs),在我们的问卷中并不限定是在北京认识的,而且认识的这些人员并不一定是自己的工作单位,再加上农民工面临的是接近完全竞争的劳动力市场,在表4、表5中都不显著,显示这些变量不会直接影响收入,满足工具变量的外生性要求。另外,认识这些人可能会对农民工投资社会资本产生影响,因为在中国这个关系型社会里,农民工可能过多地模仿党政和企事业工作人员送礼和培植关系网的行为方式,或者从他们那里得到更多的"指点",从而影响农民工的社会资本投资强度。表6也显示这两个变量对于送礼(gift)和聚会次数(juhuifrqc)的影响是非常显著的,从而满足工具变量的相关性要求。配对(pairwise)相关系数的显著性检验也发现工具变量(frdgov、frdqs、married1)和被工具变量(gift、juhuifrqc)之间有高度显著性,均小于0.001。

进一步地,分别以gift和juhuifrqc为因变量,以人力资本等控制变量(Z)、外生社会资本变量gtshare和可能内生的社会资本变量的工具变量(I)做以下回归:

$$gift_i = \alpha_0 + \gamma Z_i + \lambda gtshare_i + \delta I_i + \varepsilon_i$$

$$juhuifrqc_i = \alpha_0' + \gamma' Z_i + \lambda' gtshare_i + \delta' I_i + \varepsilon_i'$$

经Breusch-Pagan/Cook-Weisberg检验,第一个方程为同方差,故使用F联合检验系数的显著性,显示$F(16,909) = 11.46$,第二个方程为异方差,故使用Wald检验,显示p值为0.0000,因此可以认为frdgov、frdqs、married1和被怀疑的内生变量高度相关,适合做工具变量。

我们这里考虑四种豪斯曼(Hausman)检验的值。工具变量回归分别和稳健回归、OLS回归进行对比,这种对比又分为保留或删除二次项和行业变量两种情况。这是考虑到由于二次项的加入有较大的多重共线性问题,因此在检验内生性时我们将不加入年龄和经验的二次项agesqr和workexprsqr。考虑到行业虚拟变量(indus1—indus5)显著性差异很大,也可能干扰Hausman检验的结果,故也删除(见表7)。

表7 Hausman检验和Sargan检验

IV方法(一致性估计)		IV(保留二次项和行业变量)		IV(删除二次项和行业变量)	
非IV方法(可能非一致估计)		对比Robust LS	对比OLS	对比Robust LS	对比OLS
Hausman检验	$\chi^2(13)$	16.08	5.23	4.10	3.67
	$p > \chi^2$	0.2449	0.9697	0.8484	0.8859
Sargan检验	Sargan $N^* R2$	0.694		0.377	
	P-value	0.4049		0.5394	

从 Hausman 检验的列表来看,四种 p 值均大大超过 0.10,有足够的把握不拒绝零假设(OLS 或 robust 回归和工具变量的系数估计量之间不存在系统的差异),OLS 或 robust 回归估计量相对于 IV 来说是一致的,不存在内生性。

从 Sargan 检验结果看,在 IV 方法下 p 值保留或者删除二次项和行业变量条件下分别为 0.40、0.54,大大超过 0.10,因此不拒绝 IV 估计的残差 e 对工具变量和其他外生的解释变量进行回归的所有系数都等于 0,即工具变量独立于 IV 估计的残差 e 的零假设,认为在过度识别条件下,工具变量外生性不能被拒绝。

从以上反复的检验来看,可以认为前面稳健回归的系数估计量是可信的。至少就我们模型中考虑的几种新型社会资本的代理变量来说,新型社会资本解释变量外生不能被拒绝,那么我们应该使用 OLS 以及 Robust WLS,而不是 IV,因为工具变量不是唯一的,其估计量有一定的任意性。这里 Hausman 检验所对应 WRLS 和 OLS 估计的方程和表 4、表 5 有所不同,因为现在的回归中删去了 married1、frdgov 和 frdqs 并把它们作为工具变量。但是在新的模型中,其他变量的系数估计值和显著性和表 4、表 5 中相比不应该有显著变化,因为 married1、frdgov 和 frdqs 跟收入是接近正交的关系。所以,我们可以继续关注表 4、表 5 中关键变量的系数及其显著性。

(四) 计量结果分析

1. 农民工的原始社会资本

从表 4 中可以看到,农民工各种"原始社会资本"对收入的影响不显著。

在我们的样本中,家庭成员 15 岁以上的人数(family15up)对于收入影响不显著,这说明尽管家庭中每个成员背后都有一个不完全重合的社会网络,整个家庭的社会网络随着家庭人数的上升而扩大,但由于同质性很强(黄瑞芹,2009;张文宏等,1999),社会资本并无显著增加。

已结婚或曾经结婚(married1)对收入的影响,仅仅在表 4 中不控制年龄的 model2、model5、model6 条件下有 0.10 或 0.05 的显著性,但是在控制了年龄因素后的 model3、model4 中都是不显著的。进一步地,在表 5 中 model7—12 都不显著。说明在排除年龄因素后,结婚与否对农民工收入并未产生显著影响。可能是由于农民工婚姻普遍具有"门当户对"的缘故,通过婚姻带来配偶的原有社会网络与自身原有社会网络具有同质性。因此,假设 OS1 没有被证伪。

在北京的同学数量(clsmate)在所有的模型中都不显著,说明对农民工收入没有什么影响,假设 OS2 没有被证伪。clsmate 不显著的原因也和假设 OS1 类似。

在京且有北京户口的亲戚数(bjrelative)和在京拥外地户口的亲戚数(wdrelative)都属于强关系,在各个模型中几乎均不显著,仅在模型 6 中有一个显著,而且系数为负。假设 OS3 没有被证伪。

其次,以"是否通过亲朋好友介绍找到工作"(jobfrdkin)[①]来代表的"使用的社会资本"在各个模型中均不显著,说明农民工是否动用原始的社会资本,对收入的影响不大。在我们样本中,回答打工为何选择北京的问题时,有46.88%的人回答是因为亲戚朋友在北京,68.67%的人回答工作是亲朋好友介绍的,这可以推测原始社会资本在农民工工作搜寻过程中的重要性,但是对其收入却没有什么影响。我们的研究证明了刘林平等(2006)的研究结果。假设OS3再次不能被证伪,Granovetter(1973)和Lin Nan(1982)的弱关系假设也不能被证伪。

在我们样本中仅有15.5%的被访农民工回答有北京人亲戚,说明他们进城前积累的原始社会资本具有很强"三缘"性。即使这种社会资本随着家庭人口、亲戚、朋友和联姻而扩大,但极强的同质性使得这些变化对农民工进城后的就业收入影响并不显著。

2. 农民工的新型社会资本

表4、表5中的数据显示,农民工新型社会资本对收入影响总体上是很显著的[②],尤其是表5的income2。我们用收入income2及其拟合值对新型社会资本的三个变量分别画散点图和进行修匀(见图1—3),可以看到两者之间的相关关系[③]。新型社会资本的联合F检验的p值在表4中各模型中分别为0.0186、0.0020、0.0082、0.0071、0.0011、0.0011,在表5中为0.0078、0.0006、0.0052、0.0050、0.0005、0.0007。

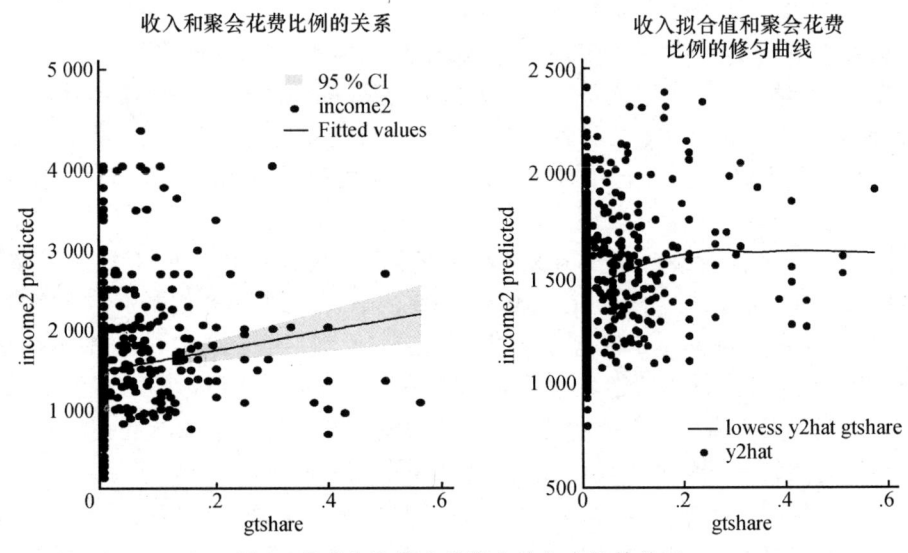

图1 月收入和聚会花费之收入占比的关系

---

① 这次调研没有把"亲戚"和"朋友"清楚地区分开,但既然是帮助找到工作,一般可以列入原始社会资本。

② 即使那些未达到0.10显著性水平的模型也多数满足0.15显著性水平。

③ "送礼"(gift)变量是0—1虚拟变量,但我们利用图3也能看到这种关系。

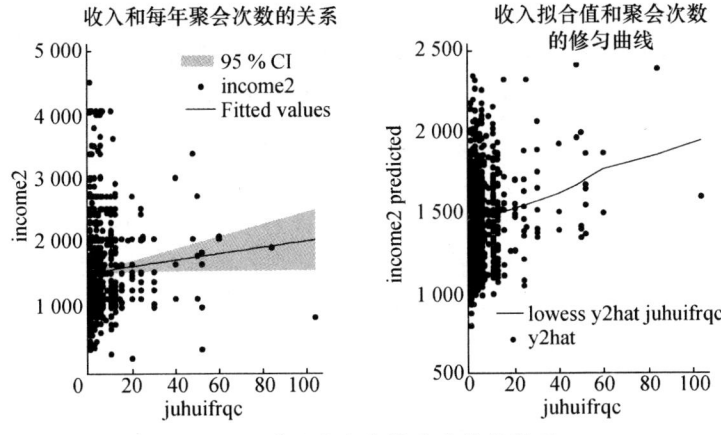

图2 月收入和每年聚会次数的关系

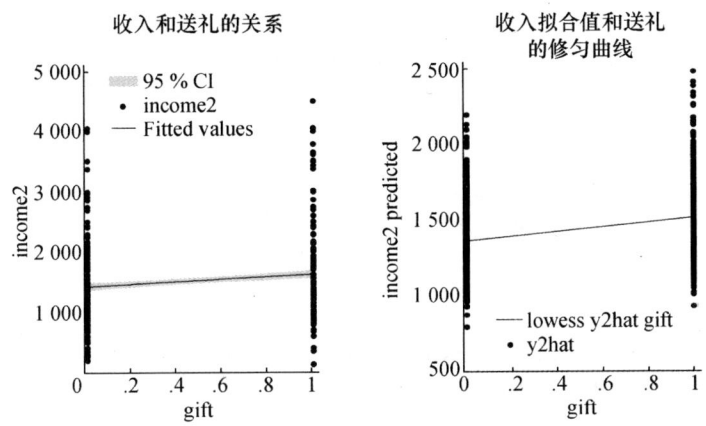

图3 月收入和送礼的关系

首先,社会资本投资中的"每月的收入中用于亲友聚会所占比例"(gtshare)对收入的影响在各个模型中都很显著,且其值为正,说明农民工群体花费在亲友聚会中的社会资本投资,对其收入可产生正面影响。表4中,gtshare 的回归系数大约在 0.244 到 0.386,而按照 gtshare 的均值 2.43% 来算,回报大约介于 3.05% 到 3.58% (即 $e^{0.224} \cdot 0.0243$ 到 $e^{0.386} \cdot 0.0243$) 之间。注意到 gtshare 的标准差为 6.47%,如果在均值上增加一个标准差的投入比例,则投入月收入的 9.1%,将增加月收入 11.14% 到 13.09%。因此,每月的收入中用于亲友聚会所占比例越高,表示新型社会资本投资强度越大,从而可以减少信息不对称,或者提供一定的隐形"担保",这些都有利于在劳动力市场上获取更高的收入。假设 NS1 没有被证伪。

其次,是否送礼(gift)对收入影响在各个模型中也都很显著。在表4中系数介于 0.0672 到 0.0938 之间,说明送礼比不送礼的人将可望增加收入 6.95% 到 9.83% ($e^{0.0672}-1$ 到 $e^{0.0938}-1$),减去相应的送礼价值(送礼价值的均值为205.37,

标准差为 382.72),则得到送礼的投资回报。不过,"礼"不是想送就能送的,在送礼前其实已经有一定的"关系"。过去一年在北京有送礼的农民工比没有送礼的农民工社会资本投资更大,这些新型社会资本在获取异质性资源和传递信息方面将发挥不同于原始社会资本的作用,使得收入相应地提高。假设 NS2 没有被证伪。

最后,每年聚会次数(juhuifrqc)在表 4 中仅有一个方程通过 0.10 的显著性检验,在表 5 中所有稳健加权最小二乘回归中对收入的影响通过 0.10 的显著性检验,但是值非常小,介于 0.00232 到 0.00255 之间,说明通过聚会所增加的社会资本对收入有影响,但是不大,如果考虑到聚会的成本(均值为 103.97),则可能为 0 或为负。这和林南(1998)对于"情感性行动"保持已有的有价值的资源的的观点是一致的,说明聚会次数不是获取尚没有的有价值资源"工具性行动"。假设 NS3 基本没有被证伪。

3. 其他控制变量

从表 4 中以及后面的各个回归中,可以看到人力资本控制变量对收入的影响都非常显著,并符合明塞尔方程,这可以从侧面说明农民工的收入市场化程度较高,人力资本是决定农民工收入差别的一个主要因素。

另外,建筑业(indus2)的收入较高,这可能是和该行业的重体力和危险性有关,也和性别有很大关系(由表 1,建筑业中 91.89% 为男性);性别(sex)对收入的影响非常显著,男性比女性收入平均高 12% 以上,说明男女农民工的经济社会地位很不一样。

最后要说明的是,几个模型的拟合优度 R^2 均不高。考虑到我们分析的是微观调研数据[①],同时根据 W. Greene(2003),我们这里不是单纯地追求拟合优度,所以这些也是合理的。

六、结论与进一步讨论

本文最主要的结论是:

第一,控制诸多个人因素以后,我们对数据的计量分析发现,中国农民工的原始社会资本,包括他们的家庭人数、婚姻状况、在就业城市的同学人数和亲戚规模,均不影响他们进城就业的工资收入,与我们的假设一致。

第二,控制诸多个人因素以后,我们对数据的计量分析发现,中国农民工的新型社会资本,包括在就业城市送礼花费、收入中用于亲友聚会费用所占比例等进行的新型社会资本投资,均与他们进城就业的工资收入呈正相关关系。

本研究将农民工社会资本区分为原始和新型两个不同部分后加以考察得出的

---

① 由于微观调查数据受到人为理解和干扰的误差较大,其回归的拟合优度往往不如宏观数据。

上述结论,通过了较为严格的稳健性和内生性检验。该结论不仅证实了赵延东等关于流动者进城后构建新型社会资本将对他们的经济地位产生影响的假设,而且支持我们对刘林平等人研究结论的猜测,即:他们之所以得出社会资本对农民工工资水平没有显著影响的结论,可能是因为他们没有从原始和新型两个部分对农民工社会资本加以区分。

农民工如何才能突破他们进城前积累的原始社会资本,构建基于城市就业和生活的新型人际社会关系,实现社会资本转换,不仅关系到他们工资和收入水平的提高,直接影响他们个人和家庭的福利增进,而且可能成为影响他们是否能定居城市,从而影响我国城市化进程的一个重要因素。从这样一个视角看,农民工社会资本转换就具有超出个体福利增进的意义,或者说这种转换可以形成有利于整个经济福利增进的正外部性。因为存在正外部性产品的投资水平常常低于社会最优水平,所以政府或宏观经济管理者只有在鼓励和促进农民工新型社会资本投资、实现社会资本转换上有所作为,才可能缩小私人投资与社会最优投资之间差距。在城市接受职业教育和培训过程中形成的同学关系、与城市本地居民混合居住所形成的邻里关系、就业单位内各种社团活动带动的超出同乡间的交往等等,都是农民工基于城市的社会人际关系拓展、新型社会资本积累的重要渠道。因此,政府对农民工教育培训投资不仅提升了农民工的人力资本,而且为农民工提供了一个基于城市生活的社会网络,间接地促进了农民工新型社会资本的积累;由政府主导的城市廉租房对低收入农民工开放,也同样具有超出解决民生问题和给农民工"国民"待遇的直接目标,具有提升农民工新型社会资本积累的作用;政府采取各种措施鼓励社会各个机构和单位积极接纳包括农民工在内的所有雇员参与各种社团活动,也同样可能产生一种不期而遇的结果——为农民工进行新型社会资本的个人投资和积累创造条件,促进农民工社会资本转换。

参 考 文 献

[1] Altonji, Joseph G. and Robert A. Shakotko, 1987, "Do Wages Rise with Job Seniority?" *The Review of Economic Studies*, Vol. 54(3), pp. 437—459.

[2] Bourdieu, Pierre, 1983, "Forms of Capital," In *Handbook of Theory and Research for the Sociology of Education*, edited by John G. Richardson, New York: Greenwood Press.

[3] Bratsberg, Terrell, 1998, "Experience, Tenure, and Wage Growth of Young Black and White Men", *The Journal of Human Resources*, Vol. 33(3), pp. 658—682.

[4] Coleman, J. S., 1990, *Foundations of Social Theory*, Cambridge: Belknap.

[5] Felli, L. and C. Harris, 1996, "Learning, Wage Dynamics, and Firm-Specific Human Capital", *Journal of Political Economy*, Vol. 104(4), pp. 838—868.

[6] Granovetter, M., 1973, "The Strength of Weak Ties", *The American Journal of Sociology*, Vol.

78(6), pp. 1360—1380.

[7] Granovetter, M., 1974, *Getting a Job*. Cambridge, MA: Harvard University Press.

[8] Greene, William H., 2003, *Econometric Analysis*, 5th edition, Prentice Hall, Upper Saddle River, New Jersey.

[9] Lin, Nan, Paul Dayton, and Peter Greenwald, 1978, "Analyzing the Instrumental Use of Relations in the Context of Social Structure," *Sociological Methods and Research*, Vol. 7(2), pp. 149—166.

[10] Lin, Nan, 1982, "Social Resources and Instrument Action", in *Social Structure and Net Work Analysis*, edited by Peter Marsden and Nan Lin. Beverly Hills, CA: Sage Publications, Inc.

[11] Lin, Nan, 1999, "Social networks and status attainment," *Annual Review of Sociology*, Vol. 25(1), pp. 467—488.

[12] Massey, D. S., Goldring, L. P. and Durand, J., 1994, "Continuities in Transnational Migration: An Analysis of 19 Mexican Communities," *American Journal of Sociology*, Vol. 99(6), pp. 1492—1533.

[13] Massey, D. S. and Espinosa, K., 1997, "What's Driving Mexico-U. S. Migration? A Theoretical, Empirical and Policy Analysis," *American Journal of Sociology*, Vol. 102(4), pp. 939—1000.

[14] Neal, Derek, 1995, "Industry-Specific Human Capital: Evidence from Displaced Workers", *Journal of Labor Economics*, Vol. 13(4), pp. 653—677.

[15] Ports, Alejandro, 1995, "Economic Sociology and the Sociology of Immigration: A Conceptual Overview," in *The Economic Sociology of Immigration*, edited by Portes Alejandro. New York: Russell Sage Foundation.

[16] Putnam, R. D., R. Leonardi, and R. Y. Nanetti, 1993, *Making Democracy Work: Civic Traditions in Modern Italy*, Princeton University Press, Princeton, NJ.

[17] Sanders, Jimmy and Victor Nee, 1996, "Immigrant Self-employment: The Family as Social Capital and the Value of Human Capital," *American Sociological Review*, Vol. 61, pp. 231—249.

[18] Topel, Robert H., 1991, "Specific Capital, Mobility, and Wages: Wages Rise with Job Seniority", *The Journal of Political Economy*, Vol. 99(1), pp. 145—176.

[19] 边燕杰、张文宏:《经济体制、社会网络与职业流动》,《中国社会科学》,2001年第2期。

[20] 曹子玮:《农民工的再建构社会网与网内资源流向》,《社会学研究》,2003年第3期。

[21] 陈阿江:《农村劳动力外出就业与形成中的农村劳动力市场》,《社会学研究》,1997年第1期。

[22] 陈成文、王修晓:《人力资本、社会资本对城市农民工就业的影响——来自长沙市的一项实证研究》,《学海》,2004年第6期。

[23] 黄瑞芹:《中国贫困地区农村居民社会网络资本——基于三个贫困县的农户调查》,《中国农村观察》,2009年第1期。

[24] 李培林:《流动民工的社会网络和社会地位》,《社会学研究》,1996年第4期。

[25] 林南:《社会资源和社会流动:一种地位获得的结构理论》,载南开大学编《社会学论文集》,云南人民出版社,1998年。

[26] Linda Yueh,2004:《社会资本投资模型及其在中国城镇妇女劳动力市场的经验应用》,载于李实、佐藤宏主编《经济转型的代价——中国城市失业、贫困、收入差距的经验分析》,中国财政经济出版社,2004年。
[27] 刘林平、万向东、张永宏:《制度短缺与劳工短缺——"民工荒"问题研究》,《中国工业经济》,2006年第8期。
[28] 刘林平、张春泥:《农民工工资——人力资本、社会资本、企业制度还是社会环境——珠江三角洲农民工工资的决定模型》,《社会学研究》,2007年第6期。
[29] 彭庆恩:《关系资本和地位获得——以北京市建筑行业农民包工头的个案为例》,《社会学研究》,1996年第4期。
[30] 孙立平:《城乡之间的"新二元结构"与农民工流动》,载于李培林主编《农民工:中国进城农民工的社会经济分析》,社会科学文献出版社,2003年。
[31] 唐灿、冯小双:《"河南村"流动农民的分化》,《社会学研究》,2000年第4期。
[32] 王子、叶静怡:《农民工工作经验和工资相互关系的人力资本理论解释——基于北京市农民工样本的研究》,《经济科学》,2009年第1期。
[33] 叶静怡、衣光春:《农民工社会资本与经济地位之获得——基于北京市农民工样本的研究》,《学习与探索》,2010年第1期。
[34] 章元、李锐、王后、陈亮:《社会网络与工资水平——基于农民工样本的实证分析》,《世界经济文汇》,2008年第6期。
[35] 章元、陆铭:《社会网络是否有助于提高农民工的工资水平》,《管理世界》,2009年第3期。
[36] 赵延东、王奋宇:《城乡流动人口的经济地位获得及决定因素》,《中国人口科学》,2002年第4期。
[37] 张文宏、阮丹青、潘允康:《天津农村居民的社会网》,《社会学研究》,1999年第2期。
[38] 张智勇:《社会资本与农民工职业搜寻》,《财经科学》,2005年第1期。

Social Capital Transition and Income of Rural-Urban Migrants:Evidence from a Survey in Beijing

YE Jingyi

Abstract:This paper discusses the effects of transition of individual social capital on the urban income, using the original surveys for rural-urban migrants in Beijing, 2007. Estimates of the income function indicate that individual new social capital can increases the income earned in urban, while original one cannot. The heterogeneous new social capital, which is newly obtained in the city, has a positive effect on the income. We discovered, after resolving the problems such as heteroscedasticity and multicollinearity these relationships, which can stand strict test of robustness and endogeneity. The social capital transition of rural-urban migrants matters not only for their own welfare, but for the urbaniztion of China. The public policies, such as vocational training and associational activities for the migrants provided by the government, maybe go beyond the direct aim to improve their social capital.

Key words: income of rural-urban migrants; social capital transition; original social capital; new social capital

中国经济增长中的产业结构变迁和技术进步*

刘 伟 张 辉

摘要: 本文将技术进步和产业结构变迁从要素生产率中分解出来,实证度量了产业结构变迁对中国经济增长的贡献,并将其与技术进步的贡献相比较。实证研究表明,在改革开放以来的三十年中,虽然产业结构变迁对中国经济增长的贡献一度十分显著,但是随着市场化程度的提高,产业结构变迁对经济增长的贡献呈现不断降低的趋势,逐渐让位于技术进步,即产业结构变迁所体现的市场化的力量将逐步让位于技术进步的力量。此外,研究也发现,结构变迁效应的减弱并不表明市场化改革的收益将会消失,某些发展和体制的因素仍然阻碍着资源配置效率进一步提高,从这个层面来看,我国完善市场机制的工作仍然任重而道远。

关键词: 产业结构变迁;技术进步;经济增长

改革开放以来,中国经济已经保持了 30 年 9% 以上的持续增长,那么未来中国经济能否保持这一持续高速增长趋势以及这一趋势还能持续多久就值得我们深刻探讨了。克鲁格曼(1994)在他的著名文章《亚洲奇迹的神话》(The Myth of Asia's Miracle)中就指出,大部分东亚国家和地区的经济增长主要依靠要素投入的增加;技术进步没有发挥显著作用,因此,他认为东亚经济的增长是不可持续的。克鲁格曼的观点引起了学术界的热烈讨论,国内外众多学者用他的观点来引证 1997 年亚洲金融危机的必然性,并认为东亚经济需要调整增长路径,通过提高要素生产率来推动经济增长。具体而言,他们认为,在新古典经济学的视角下,一个国家的长期经济增长可以归结为两个方面:一是要素投入的增加,二是要素生产率[1]——即劳动生产率或全要素生产率的提高。单纯依靠要素投入扩张的经济增长以粗放式地消耗要素和资源为代价,从长期来看是不可持续的,只有提高全要素生产率才能保证经济增长的可持续性。从本文研究结果来看,克鲁格曼(1994)所指出的不可持

---

* 本文发表于《经济研究》2008 年第 11 期;本文获 2010 年北京市第十一届哲学社会科学优秀成果一等奖;根据中国知网 2012 年 3 月 13 日统计,该论文被引频次 127 次,下载频次 4 546 次。刘伟,北京大学经济学院;张辉,北京大学经济学院。基金项目:北京市哲学社会科学"十一五"规划重点项目:"中国都市经济研究报告 2008"(项目编号:08AbJG228)。感谢黄泽华博士在本文写作中所给予的修改建议,感谢匿名审稿人的评审意见。文责自负。

[1] 经济学中,早期人们主要研究单要素生产率,即劳动生产率,后期则主要关注全要素生产率。

续的东亚增长模式与我国1998年之前的经济增长模式是比较相似的,不过1998年之后我国经济增长模式已经越来越体现出了其自身的可持续性。

当然很多学者也认为全要素生产率并不等于技术进步,它只是核算中的残差,用全要素生产率代表技术进步是一个相当大的误解。更重要的是,对于中国这样的发展中国家而言,在改革和发展的最初阶段,纯粹的技术进步对经济增长的贡献可能要逊于市场化改革所带来的产业结构变迁对经济增长的贡献。随着市场化改革的推进,改革所带来的收益可能会逐步减少,而技术进步对经济增长的作用则会慢慢凸显出来。本文正是致力于论证上面这些假设。

本文试图将技术进步和产业结构变迁从要素生产率(劳动生产率和全要素生产率)中分解出来,对产业结构变迁和技术进步对经济增长的推动作用进行横向和纵向的对比分析。通过这样的分析,本文希望研究这样一些问题:改革开放三十年以来,产业结构变迁对中国经济增长的推动作用究竟有多大?与技术进步等其他因素对经济增长的影响相比,这种推动作用占据多大的份额?或者说,是市场化改革的推动作用大,还是技术进步的推动作用大?产业结构变迁对经济推动作用的波动趋势是怎样的?能否做出预测,中国未来的经济增长更多的是要依靠更深入的市场化改革还是依靠技术进步来推动?

一、中国(1978—2006)产业结构变迁对劳动生产率增长的贡献

(一)劳动生产率分解式

本文将使用"转换份额分析"(Shift-Share Analysis)的方法,把结构变迁效应从劳动生产率增长中分解出来。最近将这一方法应用于新兴工业经济和转型经济的结构变迁效应的研究主要有 Fagerberg(2000)、Timmer(2000)和 Peneder(2003)等。

令经济总体的劳动生产率为 LP^t,其中 LP_i^t 是指各个产业部门的劳动生产率,上标 t 表示时期,下标 i 表示不同的产业部门,$i=1,2,3$,分别代表第一产业,第二产业和第三产业,LP_i^t 表示产业 i 的 t 期的劳动生产率,S_i^t 是 t 期产业 i 的劳动所占份额。

总体劳动生产率可以表示成:

$$LP^t = \frac{Y^t}{L^t} = \sum_{i=1}^{n} \frac{Y_i^t L_i^t}{L_i^t L^t} \sum_{i=1}^{n} LP_i^t S_i^t \tag{1}$$

根据公式(1),可以推知 t 期的总体劳动生产率相对于0期的增长率为:

$$\frac{LP^t - LP^0}{LP^0} = \frac{\sum_{i=1}^{n}(S_i^t - S_i^0)LP_i^0 + \sum_{i=1}^{n}(LP_i^t - LP_i^0)(S_i^t - S_i^0) + \sum_{i=1}^{n}(LP_i^t - LP_i^0)S_i^0}{LP^0}$$

$$\tag{2}$$

公式(2)分解成如下三项:

Ⅰ:(2)式右边第一项被称为静态结构变迁效应,它度量的是劳动要素从劳动生产率较低的产业流向劳动生产率较高的产业所引起的总体劳动生产率的净提升。如果劳动要素流向相对劳动生产率较高的产业 i,则该产业在 t 期内的份额变化值大于0,我们对其赋予的权重也较大,因此产业 i 的静态结构变迁效应较大。

Ⅱ:(2)式右边第二项被称为动态结构变迁效应,它和第一项有所不同,它表现了劳动要素移动引起的动态效应,度量的是从劳动生产率增长较慢的产业流向劳动生产率增长较快的产业所引起的总体劳动生产率的净提升。如果劳动要素流向劳动生产率较高的产业 i,则该产业在 t 期内的份额变化值大于0,我们对其赋予的权重也较大,因此产业 i 的动态结构变迁效应也较大。

Ⅲ:(2)式右边第三项被称为生产率增长效应,它是由于各个产业内部的技术效率变化和技术进步等因素导致的各个产业内劳动生产率的增长。

(二) 结构变迁效应的计算

我们根据公式(2)计算出我国经济总体和三次产业的静态结构变迁效应、动态结构变迁效应和生产率增长效应(表1)。

表1 应用转换份额分析的结构变迁效应矩阵

1978—2006年	列加总		Ⅰ静态结构变迁效应	Ⅱ动态结构变迁效应	Ⅲ产业内增长效应
行加总	4.98	=	0.50	1.42	3.06
			=	=	=
第一次产业	0.42		-0.11	-0.35	0.88
第二次产业	2.45		0.22	0.70	1.53
第三次产业	2.12		0.39	1.07	0.65

表1中的数值只具有相对意义,我们将表1换算成百分比形式(分母都是总体的劳动生产率增长率),就更易于理解了(见表2)。

表2 应用转换份额分析的结构变迁效应矩阵(百分比形式)①

1978—2006年	列加总		Ⅰ静态结构变迁效应	Ⅱ动态结构变迁效应	Ⅲ产业内增长效应
行加总	100	=	10.0($e1$)	28.5($e2$)	61.5($e3$)
			=	=	=
第一次产业	8.5($p1$)		-2.2($x11$)	-7.0($x12$)	17.7($x13$)
第二次产业	49.1($p2$)		4.4($x21$)	14.0($x22$)	30.7($x23$)
第三次产业	42.5($p3$)		7.8($x31$)	21.6($x32$)	13.1($x33$)

结论是显而易见的,从表2中可以看到,结构变迁效应之和在劳动生产率增长

---

① 数值后括号内的变量是用以指代该数值的矩阵变量。

率中占到38.5%,但分别从三次产业来看,则又各不相同。

第一产业的结构变迁效应是负值,因为农村劳动力不断从农业部门迁移出来,劳动份额呈现负向变化。不过,与结构变迁效应相比,第一产业的生产率增长效应更显著($x13 > |x11 + x12|$),即第一产业的劳动份额下降1%,而导致整体经济的劳动生产率的增长则大于1%。这说明第一产业内部制度变革和技术进步共同推动了劳动生产率的提升。

第二产业的结构变迁效应是正值,但低于第二产业生产率增长效应($x23 > x21 + x22$),这说明第二产业的劳动生产率增长更大程度上取决于产业内技术效率变化和技术进步等因素,而不是产业间要素优化配置。换句话说,对于第二产业而言,产业内的技术效率变化、技术进步导致的劳动生产率的增长大于因为结构变迁导致资源配置效率提高而引起的劳动生产率的提升。

第三次产业的结构变迁效应最显著。因为,第三次产业吸纳了大量从农村和农业流出的剩余劳动力,从1978年约0.5亿的就业人口增加到2006年约2.5亿的就业人口,劳动人口份额也从12%上升到32%。农村剩余劳动力从劳动生产率较低、人均产值较低的农业部门流向城市中的第三次产业,这种劳动力产业间迁移极大地解放了生产力。相对于剩余劳动力滞留于农村而言,农村剩余劳动力与第三产业的结合极大地提升和优化了我国资源配置效率,农村剩余劳动力劳动生产率的提高也连锁地引起了经济总体劳动生产率的提升。从第三产业的三种效应的横向对比来看,生产率增长效应低于结构变迁效应,这表明在28年(1978—2006年)的改革开放历程中,第三产业劳动生产率增长主要依赖于结构变迁效应导致的资源配置效率的提高,而不是依靠各产业的技术效率变化和技术进步。

(三)结构变迁效应的贡献率[①]及其趋势

为了分析结构变迁效应的贡献率,需要平滑结构变迁效应的波动,我们使用的方法是将1978—2006年分割成1978—1985,1985—1988,1988—1991,1991—1998,1998—2002,2002—2006年等六个时段[②],这些时段表示若干个经济波动周期,本文在每一个经济波动周期内计算结构变迁效应的贡献率。在经济波动周期之内计算结构变迁效应平滑了结构变迁效应的波动性,使得结构变迁效应的贡献率可以被度量。我们不仅计算了经济总体的结构变迁效应的贡献率,还分别计算了第一产业、第二产业和第三产业结构变迁效应的贡献率。

---

① 我们把贡献率定义为,当结构变迁效应和劳动生产率都为正数时,结构变迁效应占到劳动生产率增长率的比例。当结构变迁效应为负值时,或与劳动生产率增长率正负号相反的时候,结构变迁效应的数值与劳动生产率增长率之比则成为没有意义的数字。当结构变迁效应为显著的负值时,我们假定结构变迁效应的贡献率为零。

② 之所以要划分成这样的六个时间间隔,是基于我们对1978—2006年中经济周期性波动的判断,我们尽量把经济周期包含于这些时间段之内,以便我们分析结构变迁效应和生产率增长效应的相对贡献率。

1. 经济总体和第一产业的结构变迁效应的贡献率

图1展示了经济总体结构变迁效应贡献率的波动趋势。尽管结构变迁效应的贡献率受到宏观经济的影响而呈现明显的波动性,但从长期来看,经济总体结构变迁效应的贡献率呈现下降的趋势。1990年之前,结构变迁效应的贡献率为35%—50%;1990年以后,结构变迁效应的贡献率则低于30%。在第五个时段(1998—2002)中,结构变迁效应甚至趋向于零。

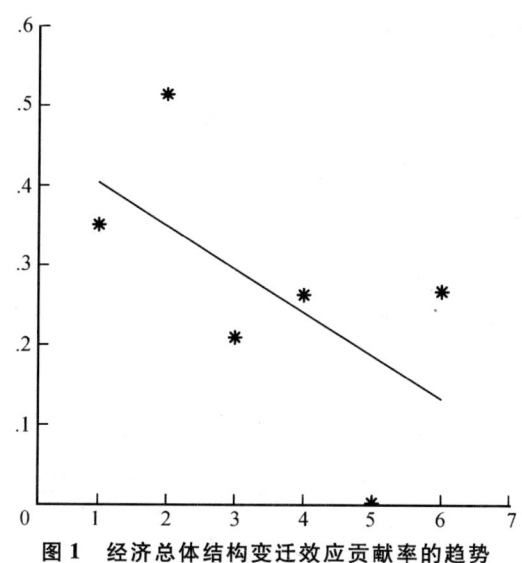

图1 经济总体结构变迁效应贡献率的趋势

表3显示了六个时段中第一产业的结构变迁效应和生产率增长效应的数据。表3显示,20世纪80年代,第一产业的劳动生产率的增长主要是由于1978—1985年农业的制度变革(家庭联产承包责任制)将农业的劳动生产力在原有计划经济体制的藩篱中充分地释放出来,生产率增长效应达到0.195。在1985—1988年和1988—1991年两个时段中,第一产业的劳动生产率在原有制度变革导致增长的基础之上没有进一步的增长,生产率增长效应分别只有0.010和-0.020。在整个20世纪80年代中后期,第一产业结构变迁效应的负值表明了工业化进程中,第一产业部门就业份额的降低,农业剩余劳动力持续地向第二产业和第三产业转移。

表3 第一产业的结构变迁效应的长期趋势

周期	劳动生产率增长率	结构变迁效应	生产率增长效应
1978—1985	0.140	-0.055	0.195
1985—1988	-0.004	-0.014	0.010
1988—1991	-0.019	0.001	-0.020
1991—1998	0.062	-0.061	0.123
1998—2002	0.014	0.001	0.013
2002—2006	0.047	-0.032	0.079

在经济的低迷期1988—1991年和1998—2002年中,第一产业结构变迁效应是正数,表明了第一产业的就业份额非但没有下降,而且在上升。所幸的是,1991年以后,第一产业内部的劳动生产率仍然是显著增长的。尤其是1991—1998年和2002—2006年,第一产业的生产率增长效应基本达到甚至超过了经济总体的增长率水平。

由于第一产业的结构变迁效应和生产率增长效应的正负号不相同,我们难以计算第一产业的结构变迁效应和生产率增长效应的贡献率。在正常经济增长的情形(1978—1985,1991—1998,2002—2006)中,第一产业的劳动生产率增长率大于零,结构变迁效应为负,生产率增长效应为正,这表明对于第一产业而言,由于技术进步引起的劳动生产率增长大于结构变迁导致的劳动生产率的降低。和第二、第三产业不同,如果第一产业的劳动生产率大于零,就表明了生产率增长效应大于结构变迁效应,也表明第一产业产业内出现技术进步和技术效率的变化。

2. 第二、三产业的结构变迁效应贡献率的趋势

同样地,我们分别计算了1978—1985,1985—1988,1988—1991,1991—1998,1998—2002,2002—2006年的六个时段中第二、三产业的结构变迁效应和生产率增长效应,以及它们对劳动生产率增长的贡献率,并绘成柱状图。图2是第二产业结构变迁效应的贡献率,图3是第三产业结构变迁效应的贡献率。

图2和图3显示,在1978—2006年间,第二、三产业的结构变迁效应的贡献率都是逐渐降低的。

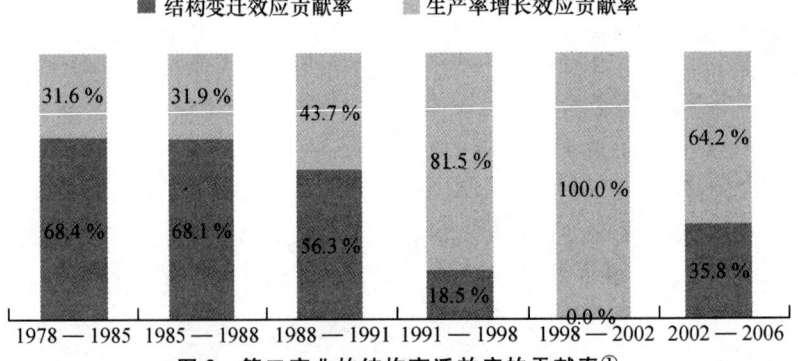

图2　第二产业的结构变迁效应的贡献率①

图2展示第二产业的结构变迁效应贡献率的波动。如果一个产业的结构变迁效应的贡献率大于50%,表明这个产业内的劳动生产率增长主要不是由于产业内技术进步和技术效率变化而导致的,主要是因为资源的优化配置而导致的。1991年之前(1978—1985,1985—1988,1988—1991),第二产业的结构变迁效应贡献率

---

① 结构变迁效应(黑色柱)和生产率增长效应(灰色柱)之和就是劳动生产率的增长率,黑色柱在柱形中所占比例表示了结构变迁效应的相对重要性。

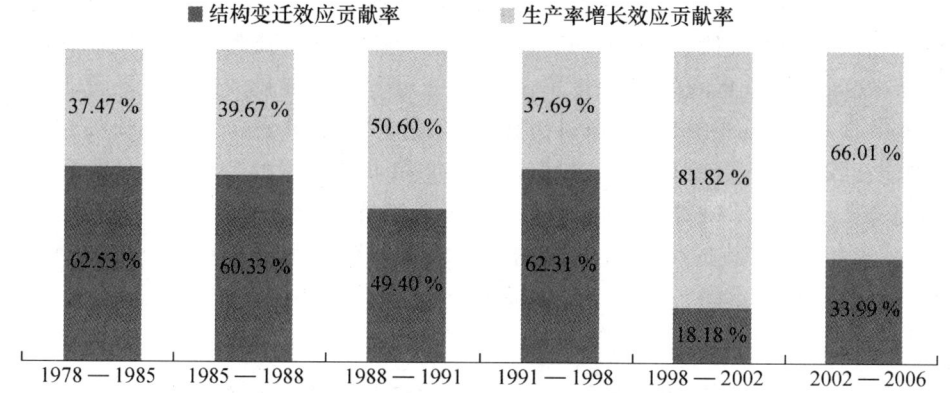

图3 第三产业的结构变迁效应贡献率

大于50%,这表明改革开放的前期,由于我国市场刚刚放开,劳动生产率由于制度变革引致资源优化配置出现快速增长,加之我国正处于短缺经济时代,因此此时的经济增长基本上就是典型的短缺经济下由需求驱动的粗放式增长。当中国经济步入20世纪90年代以后,结构变迁效应贡献率明显下降,第二产业尤其是工业的资本积累、技术研发、产业升级被提上日程,这主要是供不应求的经济状况有所改变,最终,需求逐渐被满足,而市场竞争则越来越激烈,使得企业在原有的完全粗放的增长中不再有广阔的利润空间,企业不得不另谋发展路径。这种情形最典型的例子就出现在1998—2002年的通货紧缩期间,第二产业的结构变迁效应几乎为零,而产业内生产率增长效应占据几乎全部份额。这表明,在此期间受到有效需求萎缩的影响,第二产业的劳动生产率增长几乎完全依赖于产业内的生产率提升。

1991—1998年和2002—2006年相比,其结构变迁效应贡献率较低,这和我们的直觉可能并不相符。如果不受经济周期的影响,那么结构变迁效应的贡献率应该是递减的。对此,我们有两点解释:首先,1991—1998年是第二产业尤其是工业的资本积累和技术创新的基础时段,资本积累和技术创新的边际报酬是递减的,因此1991—1998年,第二产业的生产率增长效应贡献率为82%,而2002—2006年间,第二产业的生产率增长效应贡献率为64%,前者比后者高18个百分点。其次,结构变迁效应可能受到需求波动的影响,1991—1998年之间的经济波动性较大,如1994年出现通货膨胀,1998年则已经出现通货紧缩的苗头,而2002—2006年则被认为是相对平稳而健康的增长,因此2002—2006年的结构变迁效应贡献率较高。

图3展示了第三产业结构变迁效应的贡献率的波动情况。第三产业的结构变迁效应的贡献率的波动和第二产业类似。在1991年之前,除了1988—1991年间,结构变迁效应和生产率增长效应几乎相等以外,其他时段中第三产业的结构变迁效应大于60%。与第二产业不同的是,1991—1998年间,第二产业的结构变迁效应小于生产率增长效应,而第三产业结构变迁效应大于生产率增长效应。我们可

以推断,第三产业增长方式的转变是从 1998 年开始的,在 1998 年之前第三产业主要处于粗放式增长阶段,而 1998 年之后则进入以生产率增长为主的增长阶段。

从 1998—2002 年间的情形来看,通货紧缩对于经济增长的影响并不都是负面的。有效需求的萎缩和供过于求的状况,使得企业只有降低生产成本、提高技术效率、加速技术进步才能在剧烈的市场竞争中生存下来。因此,1998 年可能是第三产业提高产业内技术效率、加快技术进步、转变经济增长方式的起点。图 3 显示,1998—2002 年间,第三产业的生产率增长效应贡献率为 82%,这是 1978—2006 年的 6 个时段中生产率增长效应贡献率最大的一个值,它表明了 1998—2002 年是 28 年中(1978—2006)第三产业生产率增长最快的时段(见表 4)。

表 4　第三产业的生产率增长效应和结构变迁效应

年份	劳动生产率增长率	生产率增长效应	第三产业的结构变迁效应
1978—1985	0.186	0.070	0.116
1985—1988	0.046	0.018	0.028
1988—1991	0.022	0.011	0.011
1991—1998	0.297	0.112	0.185
1998—2002	0.209	0.171	0.038
2002—2006	0.204	0.135	0.070

二、中国(1986—2002)产业结构变迁对全要素生产率增长的贡献

(一) 全要素生产率的分解式

在一个非均衡的经济①中,不同产业部门的要素边际生产率不相等,要素和资源在不同部门之间的流动促进经济总体的全要素生产率(TFP)的提升,这就是产业结构变迁对提升资源配置效率、推动经济增长的作用。经济总体的总产出增长在扣除要素投入增长之后的部分可以分成两个部分:各个产业部门的平均全要素生产率增长和结构变迁导致的增长。

因此,计算结构变迁效应的基本方法就是对照总量水平(aggregate level)的 TFP 增长率和部门水平(sectoral level)的 TFP 增长率的差异。② 假定生产函数是规模报酬不变和技术进步中性的可微函数:

$$Y_i = f^i(K_i, L_i, T) \tag{3}$$

其中 $i=1,2,3$,分别表示第一、二、三次产业,则各个产业部门的总产出增长率

---

① 非均衡是指不同产业部门的要素边际产出不相等。
② 这里参考了 Syrquin(1984)使用的全要素生产率分解式。

可以分解为:
$$G(Y_i) = \alpha_i G(K_i) + \beta_i G(L_i) + G(A_i) \tag{4}$$

其中 $G(X) = (dX/dt)/X = \dot{X}/X$，$G(A_i)$ 就是 i 产业的全要素生产率 TFP 的增长率，$\alpha_i = f(K_i)K_i/Y_i$ 是 i 产业的资本产出弹性，$\beta_i = f(L_i)L_i/Y_i$ 是 i 产业的劳动产出弹性。因此，用部门变量表示的总产出增长率 $G(Y)$ 表示为：

$$G(Y) = \frac{d\left(\sum_i Y_i\right)}{Y} = \sum \rho_i G(Y_i) = \sum \rho_i \alpha_i G(K_i) + \sum \rho_i \beta_i G(L_i) + \sum \rho_i G(A_i) \tag{5}$$

其中 $\rho_i = Y_i/Y$，表示各个产业产值在总产值中所占的份额。然而，经济总量 Y 的增长率也可以用经济总体变量来表示：

$$G(Y) = \alpha G(K) + \beta G(L) + G(A) \tag{6}$$

其中 $Y = \sum Y_i, K = \sum K_i, L = \sum L_i, \alpha = \sum \rho_i \alpha_i, \beta = \sum \rho_i \beta_i$，而 $G(A)$ 就是总量水平的 TFP 的增长率。总量水平的 TFP 增长率 $G(A)$ 和部门水平的 TFP 增长率加权平均值 $\sum \rho_i G(A_i)$ 之间的差异就是结构变迁对经济增长的贡献——结构变迁效应。因此，结构总效应 TSE (Total Structural effect) 等于：

$$\text{TSE} = G(A) - \sum \rho_i G(A_i) = \sum \rho_i \alpha_i G(k_i) + \sum \rho_i \beta_i G(l_i) \tag{7}$$

其中 $k_i = K_i/K, l_i = L_i/L$ 分别表示各产业部门的资本、劳动在资本、劳动投入总量中所占的份额。公式(5)中右边第一项表明各产业部门的资本要素的结构变迁对全要素生产率的贡献，第二项表明各产业部门的劳动要素的结构变迁对全要素生产率的贡献。将

$$\alpha_i = f(K_i)K_i/Y_i, \quad \beta_i = f(L_i)L_i/Y_i, \quad G(k_i) = \frac{\dot{K_i}}{K_i} - \frac{\dot{K}}{K}$$

和

$$G(l_i) = \frac{\dot{L_i}}{L_i} - \frac{\dot{L}}{L}$$

代入公式(7)即可得产业结构变迁对全要素生产率的贡献：

$$\text{TSE} = \frac{1}{Y} \sum \dot{K_i}[f(K_i) - f(K)] + \frac{1}{Y} \sum \dot{L_i}[f(L_i) - f(L)] = A(f_K) + A(F_L) \tag{8}$$

其中 $f(K_i)$ 和 $f(L_i)$ 分别表示 i 产业部门的资本和劳动的边际产出，而 $f(K)$ 和 $f(L)$ 分别表示经济总体的资本和劳动的边际产出。

公式(8)中的 $A(f_K)$ 和 $A(f_L)$ 分别表示资本和劳动要素市场的产业结构变迁效应，即它们分别表示资本和劳动在不同部门之间流动带来的全要素生产率增加。

公式(8)的含义简单明了:如果资本(劳动)要素在那些可以取得高于平均水平的边际报酬($f(K_i) - f(K) > 0$,或$f(L_i) - f(L) > 0$)的产业中的份额增长较快,则资本(劳动)的结构变迁效应较大,反之,资本(劳动)要素在那些取得低于平均水平的边际报酬($f(K_i) - f(K) < 0$ 或 $f(L_i) - f(L) < 0$)的产业中的份额增长较快,资本(劳动)的结构变迁效应较小。

当一个经济中不同产业部门的资本和劳动要素的边际产出都趋同时,$A(f_K)$和$A(f_L)$才会同时趋向于零,结构总效应 TSE 才会消失。此时,如公式(5)和(6)所示,总量视角下投入的贡献和不同产业部门投入的加权平均的贡献才会相等,而总量视角下的 TFP 增长率 $G(A)$ 和各产业的 TFP 增长率的加权平均值 $\sum \rho_i G(A_i)$ 才会相等。而当不同产业的要素边际报酬不相等的,那些要素边际报酬高于平均水平的产业提高了资本(劳动)要素的份额,则用公式(5)估计各个产业的全要素生产率的贡献就会出现低估,公式(6)和公式(5)之间的差异就是结构变迁效应 TSE。

(二) 数据说明

为了计算结构变迁效应在 TFP 增长率中的贡献率,不仅要计算结构变迁效应的数值,即根据公式(8)计算 TSE,而且要计算 TFP 增长率,即根据公式(6)计算 $G(A)$。公式(8)和公式(6)的意义是简单明了的,但由于数据的局限性,计算结构变迁效应的贡献率并不那么容易。前者要求我们知道经济总体和各个产业的资本、劳动的存量变化量以及它们的边际报酬,后者要求我们知道经济总体和各个产业的资本、劳动的存量增长率以及它们的产出弹性。因此我们面临三个任务:① 计算经济总体和各产业的资本和劳动的边际报酬;② 计算经济总体和各个产业的资本和劳动的产出弹性;③ 计算总体和各个产业的资本和劳动的存量及其变化。资本和劳动的产出弹性可以通过统计回归的方法直接估算,也可以通过产出弹性的公式($\alpha_i = f(K_i) K_i / Y_i$是资本的产出弹性,$\beta_i = f(L_i) L_i / Y_i$是劳动的产出弹性)计算得到。要素产出弹性两种方法各有利弊,本文为了保持方法和数据的一致性,使用弹性公式直接计算要素产出弹性。因此,三个任务就变成两个任务:① 计算经济总体和各产业的资本和劳动的边际报酬;② 计算总体和各个产业的资本和劳动的存量及其变化。

(1) 我们可以在收入法国内生产总值中找到资本和劳动的报酬:其中"劳动者报酬"就是收入法国内生产总值中劳动的总报酬,"劳动者报酬"在收入法国内生产总值中所占的比例就是劳动的产出弹性;"生产税净额"、"营业盈余"和"固定资产折旧"三项之和就是收入法国内生产总值中的资本总所得,"生产税净额"、"营业盈余"和"固定资产折旧"三项之和在收入法国内生产总值中所占的比例就是资本的产出弹性。值得注意的是,中国统计年鉴中只有各地区收入法国内生产总值的数据表,没有全国收入法国内生产总值的表项,也没有全国分行业的收入法国内生产总值。唯一的数据来源是国家统计局公布的全国投入产出表(共有 1987 年,1990 年,1992 年,1995 年,1997 年,2002 年六张表)。我们可以在这些投入产出表上找到分析所需的绝大部分数据。

(2) 分析中仍缺少两项数据:劳动的存量及增量、资本的存量及增量。其中劳动的存量、劳动的增量、资本的增量(资本形成总额)很容易在中国统计年鉴上找到,或者通过简单演算得到。但是,资本存量的计算却是一个很大的问题。在这里,我们引用薛俊波(2007)的结论,该文在投入产出表的基础上估算资本存量,与本文所用的数据口径一致。[①]

(三) 结构变迁效应的求解和分析

为了分析产业结构变迁对经济增长中的相对贡献,结合公式(4)和(5),可以把公式(8)重新表述为:

$$G(Y) = \alpha G(K) + \beta G(L) + \sum \rho_i G(A_i) + \text{TSE} \tag{9}$$

在公式(9)中,GDP 增长被分成四个部分:① 资本投入增长的贡献 $\alpha G(K)$;② 劳动投入增长的贡献 $\beta G(L)$;③ 各产业的技术进步的贡献的加权平均值 $\sum \rho_i G(A_i)$,我们称之为"净技术进步效应";④ 产业结构变迁效应 TSE。其中全要素生产率被分成技术进步效应和产业结构变迁效应两个部分。全国投入产出表的"初始投入表"中有"劳动者报酬"、"生产税净额"、"营业盈余"和"固定资产折旧"四项。其中第一项就是劳动的总报酬 $f(L_i)L_i$,而后三项之和就是资本的总报酬 $f(K_i)K_i$,再引入资本存量 K_i 和劳动力存量 L_i 的数据,我们就能计算得出资本边际报酬 $f(K_i)$ 和劳动的边际报酬 $f(L_i)$。利用这些数据,可以计算出如表 5 所示的各项结果。

表 5　各个因素对经济增长率的贡献率(百分比)

	劳动增长的贡献率	资本增长的贡献率	全要素生产率增长贡献率	其中	
				产业结构变迁效应	净技术进步效应
1986—1990[②]	10.7	84.2	5.1	—	—
1990—1992	9.1	79.5	11.4	58.2	41.8
1992—1995	5.9	80.4	13.7	42.3	57.7
1995—1997	5.6	74.3	20.1	34.9	65.1
1997—2002	3.5	68.0	28.5	11.3	88.7

---

① 薛俊波(2007)估算资本存量至 2000 年,在他的基础上,我们通过永续盘存法计算了 2001 年和 2002 年的资本存量。

② 由于数据缺乏,我们没有利用 1987 年的投入产出表,只计算了 1990—2002 年的结构效应。1986—1990 年的结果,我们借用张军扩(1991)的结论,放在这里作为参照。但张军扩的文章中没有计算产业结构变迁效应和净技术进步效应。

表5清楚地表明了经济增长的各个因素的贡献。正如克鲁格曼(1994)在他的文章《亚洲奇迹的神话》所说的,大部分东亚国家和地区的经济增长主要依靠增加投资。不少学者对克鲁格曼的研究提出了质疑,我们认为在跨国数据比较中,虽然传统的全要素生产率计算方法不能充分地度量资源配置效率提升和技术进步,但是在时序数据对比中,仍然能表现出要素投入增长和全要素生产率增长对一国经济增长贡献份额的波动规律,也不妨碍我们解释产业结构变迁和技术进步对经济增长的影响规律。刘伟、蔡志洲(2008)通过对中国投入产出表中直接消耗系数矩阵的动态对比分析,研究了1992—2005年技术进步和产业结构对以中间消耗率反映的经济增长效率的影响,研究结论表明,20世纪90年代中期以后,产业结构变化对以中间消耗率反映的经济增长效率没有做出显著贡献。这也从另外一个角度佐证本文的观点:包括中国在内的许多亚洲新兴市场国家一般都处于这样一个较多地依赖要素投入增加和人均资本存量增长的工业化早期发展阶段;随着工业化的深入,中国经济的增长将更多地依赖于全要素生产效率的提高,表5中我国经济增长中劳动、资本增长贡献率总体呈现下降趋势和全要素生产率贡献率总体呈现上升趋势的动态变化过程也有力地显现了我国经济持续高速增长的内在根源。只要在未来的经济增长中能够在新技术和新产业占领一席之地,新兴市场化国家的经济增长仍然是可持续的。

在1990—2002年间,我们可以看到两个趋势:(1)要素投入增长的贡献率和全要素生产率增长的贡献率呈现此消彼长的趋势(虽然资本投入的贡献不是一直上升的);(2)在全要素生产率内部,产业结构变迁效应和净技术进步效应呈现此消彼长的关系。前者和Chenery(1986)对所有工业化国家的研究有着相似的结论;后者则得出了与劳动生产率分解式分析中相似的结论,也是本文最重要的一个结论:产业结构变迁所代表的市场化的力量对我国长期经济增长的贡献正在逐渐地让位于技术进步的力量。

三、产业结构变迁对经济增长的贡献的趋势分析

产业结构变迁对经济增长的推动作用为什么正在减弱,结构变迁效应的贡献率为什么正在下降呢?如果把结构变迁效应比作资源非效率配置和资源有效率配置之间的落差[①]形成的势能,势能的做功主体就是市场这只"看不见的手"。随着资源配置效率的落差不断缩小,产业结构变迁过程中释放的势能(结构变迁效应)也将逐渐减小。

下文的分析将表明,资源配置效率的落差确实正在缩小——不同产业的要素

[①] 这种落差可能是体制原因造成的,比如计划经济体制下重工业和轻工业比例的失调,也可能是发展原因造成的,比如发达国家工业革命之前农业劳动生产率和工业劳动生产率的差距。

边际报酬正在趋同。但是,由于某些历史原因,某些层面的要素配置效率的落差短时间内难以弥合;由于某些制度的因素,要素出现"反效率配置"的现象:第二产业存在资本过度配置现象,资本正在"挤出"劳动,第三产业存在劳动过度配置现象,劳动生产率偏低。这些反效率的资源配置不仅使得已有的资源配置效率的落差没有很好地被利用,却反而扩大了资源配置效率的落差。

这一结论一方面表明,中国经济现实中的资源配置效率的落差并没有消失,未来中国经济增长的潜力仍然是十分巨大的,另一方面也表明消除反市场的因素、完善市场机制的工作仍然任重而道远。

(一)资源配置效率落差持续存在的发展和体制原因

资源配置效率的落差将持续存在的发展和体制原因主要有:

(1)城乡二元结构的差异是产生资源配置效率落差的重要原因。由于城乡二元经济结构的持续存在,一方面,农村剩余劳动力呈现"无限供给"的状态,劳动价格保持在较低的水平上;另一方面,社会需求由于受到人均收入增长的限制而缓慢增长,在一个较低的劳动价格水平上消化几乎无限量的农村剩余劳动力尚需一个漫长的过程,因此就业结构的变迁会持续存在,这对于所有正处于城市化和工业化进程中的国家而言都是相同的。

(2)我国的市场化改革是渐进式改革,这使得市场机制逐渐释放它的巨大作用。在改革开放的进程中,先放开了产品市场,再放开要素市场,这使得市场机制的优化配置功能是分阶段、逐步发挥作用的。即便是市场完全放开了,但完全充分有效的市场也只是在理论上存在,现实中的市场总有各种缺陷和障碍。

(二)要素的反效率配置及其原因

我们利用1992年和2002年的投入产出表,计算各个产业的资本和劳动所占份额、各个产业的资本和劳动的边际报酬,以及各个产业的资本劳动比和劳动生产率。表6、表7和表8的结果大致显示了各个产业的资源反配置效率的状态。这些反效率的资源配置不仅使得已有的资源配置效率的落差没有被很好地利用,反而扩大了资源配置效率的落差。

表6 资本的结构变迁

	资本投入变化(亿元)	1992年资本投入所占份额	2002年资本投入所占份额	1992年资本边际报酬(元/1元资本)	2002年资本边际报酬(元/1元资本)
经济总体	91 780.1	100%	100%	0.3359	0.2449
第一产业	3 073.4	5.1%	3.9%	0.4131	0.3309
第二产业	45 215.0	38.9%	46.1%	0.4975	0.2753
第三产业	43 491.6	56.0%	50.0%	0.2166	0.2102

表7 劳动要素的结构变迁

	劳动投入变化(万人)	1992年劳动投入所占份额	2002年劳动投入所占份额	1992年劳动的边际报酬(元/人)	2002年劳动的边际报酬(元/人)
经济总体	7 588	100.0%	100.0%	1 712	4 127
第一产业	-1 829	58.5%	50.0%	1 197	1 865
第二产业	1 425	21.7%	21.4%	2 462	7 367
第三产业	7 992	19.8%	28.6%	2 412	5 659

表8 资本劳动比和劳动生产率

	资本劳动比率(万元/人)		劳动生产率(元/人)	
	1992年	2002年	1992年	2002年
经济总体	0.62	1.80	3 786	8 532
第一产业	0.05	0.14	1 421	2 329
第二产业	1.11	3.87	7 964	18 027
第三产业	1.74	3.15	6 191	12 271

表6显示,从资本份额的变化来看,第一产业、第三产业的资本份额都在下降,而第二产业的资本投入份额在上升(第3列和第4列),这表明资本都向第二产业(主要是工业)集中,新增资本主要在第二产业中形成,甚至一部分旧有资本也在向第二产业转移。另一方面,经济总体和三大产业的资本边际报酬普遍都在下降,由于这里资本的边际报酬近似为毛利润率,可以认为资本的毛利润率普遍在下降,这和一些研究的结论[①]是一致的。其中,第二产业的毛利润率下降最迅速,而且从1992年的毛利润率的第一名降至第二名,第一产业的资本边际报酬也有显著下降,但相对较慢,而第三产业的毛利润率下降幅度最小,几乎持平,但一直低于第一、二产业的毛利润率。

从资本边际报酬的变化来看,第二产业尤其是工业的资本深化加速,资本产出比提高过快,导致资本的边际报酬递减过快。这一现象导致两个结果:① 资本的边际报酬递减过快,导致投资需求的增长将会趋缓,产出增长率可能会下降[②];② 如果工业部门的资本深化过快,在新增的产出中每单位资本只能带动更少的劳动,这将导致第二产业所能带动的就业份额不断下降(表7)。

表7显示,第一产业的劳动份额显著下降,这表明劳动要素正在从农村流向城市的第二、三产业部门,这自然是中国城市化和工业化的结果。但是,第二产业的劳动份额略有下降,这也印证了表7的结论:第二产业的吸纳劳动的速度正在下降,资本可能正在挤出劳动。

---

① 唐志宏(1999)研究发现,中国的平均利润率的增长率为 -0.5%,即资本的平均利润率不断下降。虽然唐志宏(1999)计算的是净利润率,但如果折旧率和税率没有显著变化,毛利润率也是下降的。

② 张军(2002)认为,资本深化过快导致资本的边际报酬下降加速,是20世纪90年代中后期的GDP增长率下降的主要原因。

从劳动的边际报酬看,不同产业劳动边际报酬的差距在扩大,其中第二产业的劳动边际报酬增长至原来的三倍,第三产业的劳动边际报酬也翻了一番,而第一产业的劳动边际报酬上升幅度很小。

表8显示,1992—2002年间,第三产业的资本劳动比大幅上升,从低于第二产业变为高于第二产业,表明第三产业吸纳劳动的能力很强。如果说第二产业的资本挤出了劳动,那么第三产业劳动相对地"挤出"了资本。1992—2002年间,第三产业的就业弹性为0.278,而第二产业的就业弹性为0.067,第三产业创造就业的能力大约是第二产业的四倍。

另一方面,表8显示第三产业的劳动生产率增长速度较低,其增长速度只有第二产业的三分之二。结合第二部分的分析可知,第三产业的劳动生产率增长过多地依赖于规模扩张,其技术密集度和资本密集度都有待提高。

当然,出现要素的反效率配置的原因十分复杂,主要是因为我国的市场制度还有待完善。首先,从宏观层面来看,尽管普通商品的价格可以自由定价,但是资本和劳动要素的自由定价目前还受到相当程度的限制;其次,从微观层面来看,产权改革还在深化过程中。

四、结　　论

本文将技术进步和产业结构变迁从要素生产率中分解出来,实证度量了产业结构变迁对经济增长的贡献,并将其与技术进步对经济增长的贡献相比较。研究表明,改革开放以来,产业结构变迁对中国经济增长的影响一度十分显著,但是,随着我国市场化程度的提高,产业结构变迁对经济增长的推动作用正在不断减弱。20世纪80年代,结构变迁效应的贡献率一直大于50%,产业结构变迁对经济增长的贡献甚至超过了技术进步的贡献;20世纪90年代初期和中期,产业结构变迁对经济增长的贡献和技术进步的贡献基本持平;1998年以后,产业结构变迁对经济增长的贡献变得越来越不显著,逐渐让位于技术进步,即产业结构变迁所代表的市场化的力量已经逐步让位于技术进步的力量。这样,克鲁格曼(1994)所指出的不可持续的东亚增长模式与我国1998年之前经济增长模式是比较类似的。不过1998年之后我国经济增长过程中,一方面要素投入增长的贡献率逐步降低而全要素生产率增长的贡献率则不断提升;另一方面,在全要素生产率内部,产业结构变迁效应和净技术进步效应也呈现出了此消彼长的关系。由此可见,1998年之后我国经济增长模式已经越来越体现出了其自身的可持续性。从1998年开始,落实科学发展观,转变增长方式,提升技术创新能力对于中国而言也就已经越来越不再是一个简单的口号,而是实现中国长期经济持续增长的必由之路。

本文研究也发现,产业结构变迁对中国经济增长贡献的减弱并不表明市场化改革带来的收益将会归零。若干发展和制度的因素还会导致市场机制难以充分有效地发挥作用,这些发展和体制的因素既表明未来中国经济增长的潜力仍然是十分巨大的,也表明中国完善市场机制的工作仍然会持续下去。

参 考 文 献

[1] 刘伟、蔡志洲,2008:《技术进步、结构变动与改善国民经济中间消耗》,《经济研究》第4期。
[2] 唐志宏,1999:《中国平均利润率的估算》,《经济研究》第5期。
[3] 薛俊波,2007:《中国17部门资本存量的核算研究》,《统计研究》第7期。
[4] 张军,2002:《增长、资本形成与技术选择:解释中国经济增长下降的长期因素》,《经济学季刊》第1期。
[5] 张军扩,1991:《"七五"期间经济效益的综合分析——各要素对经济增长贡献率测算》,《经济研究》第4期。
[6] Chenery H. B., Robinson S., Syrquin M., 1986, *Industrialization and Growth: A Comparative Study*, Oxford University Press, pp. 48—52.
[7] Fagerberg Jan, 2000, "Technological progress, structural change and productivity growth: a comparative study", *Structural Change and Economic Dynamics*, 11, 393—411.
[8] Krugman P., 1994, "The myth of Asia's miracle: a cautionary fable", *Foreign Affairs*, Vol. 73, pp. 62—78.
[9] Peneder Michael, 2003, "Industrial structure and aggregate growth", *Structural Change and Economic Dynamics*, Vol. 14, pp. 427—448.
[10] Syrquin, M., 1984, "Resource allocation and productivity growth", In: Syrquin, M., Taylor, L., Westphal, L. E. (Eds.), *Economic Structure Performance Essays in Honor of Hollis B. Chenery*, Academic Press, pp. 75—101.
[11] Timmer P. M., Szirmai A., 2000, "Productivity growth in Asian manufacturing: the structural bonus hypothesis examined", *Structural Change and Economic Dynamics*, 11, 371—392.

Structural change and technical advance in China's economic growth

LIU Wei　ZHANG Hui

Abstract: This article empirically measures the effect of structural change of industries on China's economic growth compared to the impact of technical advance on China's economic growth, using decomposed expressions of labor productivity and total factor productivity. The study illustrates that the impact of structural effect on the economic growth is decreasing during the thirty years since China's economic reform in 1978, gradually exceeded by the impact of technical advance, which means that technical advance will play a more important role than market mechanism in the future. However, our study also indicates the decreasing of the impact of structural change on economic isn't equivalent to the disappearance of gains from market reform. Some of the institutional and developmental factors retard the improvement of allocative efficiency. In this perspective, China still has a great deal to improve the efficiency of market mechanism.

Key words: structural change; technical advance; economic growth

供给管理与我国现阶段的宏观调控[*]

刘 伟 苏 剑

摘要：本文针对中国现阶段宏观经济失衡的新特点,分析了宏观需求管理政策的局限性,在讨论供给管理政策特点的基础上,提出了在长期和短期经济波动调节中引入供给管理的客观性,同时针对中国实际,分析了需求管理政策与供给管理政策相互结合的基本原则。

关键词：经济失衡；近期经济波动调控；供给管理政策；需求管理政策

在我国现阶段的经济发展与体制改革的历史背景下,宏观经济失衡产生了一系列新特点,相应的宏观经济政策也产生了一系列新的特点,需求管理的局限性日益显现,对供给管理的要求愈加明显。

一、我国宏观经济失衡的特殊复杂性与需求管理政策的主要局限

从经济发展来看,现阶段我国经济发展水平已经接近中等收入发展中国家的水平,2005年世界银行按汇率法人均收入对世界各国进行分类,其中偏低中等收入国的平均人均国民收入为1746美元,我国2005年已达到1740美元。按通常经济史演进规律,一国进入或接近中等收入发展中国家水平,即意味着两方面经济特征的产生：一方面,进入总量上的高速持续增长期,发展中国家一旦跨越了低收入的"贫困陷阱"之后,若无特殊的危机,经济一般会形成内在的持续增长的动力,形成一个较长期的高速增长,日本及东亚战后新兴工业国的经验表明了这一点。日本在1955年至1973年的18年中,年均GDP增长率达到9.2%以上,新加坡在1965年至1984年近20年中,年均GDP增长率高达9.9%,韩国在1963年至1991年近30年中,年均GDP增长率达到8.5%,中国香港地区在1968年至1988年20年中,年均GDP增长率达到8.7%,中国台湾地区在1962年至1987年的25年中,年均GDP增长率高达9.5%(刘伟、许宪春、蔡志洲,2004)。我国经济自1978年

---

[*] 原载于《经济研究》2007年第2期,4—15;本文获北京市第十届哲学社会科学优秀成果二等奖。

至2005年27年里年均增长率为9.63%,并且完全有经济上的可能继续保持10—20年的高速增长。另一方面,经济进入这一时期,同时意味着经济结构进入深刻而急剧变化的时期,因为进入或接近中等收入发展中国家平均水平,也就是进入工业化加速时期,工业化加速本身带动整个国民经济结构发生急剧变化,产业结构、区域结构、部门结构、就业结构、总产品结构等等都会发生深刻演进。历史上发达国家,如美、英、法、德、日等,在进入工业化加速时期,国民经济中的结构变化速度都显著高于其他发展时期。本来结构变化是技术创新和制度创新的函数,由于技术、制度创新的长期性,使得结构的显著变化具有长期性质,但在工业化加速时期,这种结构变化的长期性会被极大地削弱,从而使得国民经济的失衡,不仅由于总量增长上的持续高速形成的不稳定性而加剧,而且更因为结构急剧转变生成的矛盾而激化(刘伟,1995)。在这种经济发展的历史条件下,我国经济增长中的失衡产生新的特点和新的复杂性,就有其发展上的必然。

从现阶段我国的经济体制转轨来看,经过近28年的改革开放,尽管市场机制的秩序建设仍亟待完善,但市场机制在作用范围上已替代传统的计划机制成为配置资源的基础性力量;尽管要素市场化进程亟待深入,但商品市场化已基本完成;尽管适应市场经济的政府改革仍然相对滞后,但企业改革取得了显著而又深刻的进展;尽管国际社会主要发达国家大都仍未承认我国市场经济国地位,但毕竟已有50多个国家承认我国的市场经济国地位,并且这一数字仍在不断增多。正因为这种体制转轨期的历史摩擦,不仅使我国宏观经济失衡产生体制性特点,而且使宏观经济政策效应产生体制性特征(刘伟,2006)。

这种特殊的经济发展和经济体制转换进程,使我国宏观经济失衡产生了一系列特殊性,至少以下五方面矛盾是突出的。

(1) 固定资产投资需求增长过快,但同时消费需求增长乏力。根据改革开放28年来的经验,我国年均固定资产投资增长率为13.5%左右,如果不发生重大制度和技术变革,据统计分析我国国民经济能够承受的固定资产投资需求波动幅度为9个百分点,在4.5%—22.5%之间(围绕13.5%上下各加或减9个百分点)。[①] 但我国自2003年至2006年已有4年时间,固定资产投资需求连续显著超出22.5%这一上限。而同时消费需求增势疲软势态愈加显著,不仅消费品厂商存货水平持续增多,而且消费需求增长对经济增长的贡献率仅为60%左右,显著低于当代国际一般的80%左右的水准。

(2) 物价水平很低,但人们对于未来的通货膨胀预期值很高。据统计,从1997年11月开始至1999年年末,我国的物价总水平呈负增长,直到2002年,物价水平大体为零增长,2003年至2004年物价水平开始正增长,但也仅为3%和3.9%的低

[①] 参见北京大学中国国民经济增长与核算研究中心(刘伟、蔡志洲等执笔):《中国经济增长报告》,中国经济出版社,2006年。

水平增长,2005年至2006年物价上涨水平又开始回落。① 在这种条件下,人们不应担心发生严重通胀,至少通货紧缩的威胁更大于通货膨胀。但事实上,人们恰恰在面临严重的通缩威胁的现实的同时,对通胀产生了很高的预期。从厂商来看,原材料、燃料、动力等上游产品价格已有大幅度上升,固定资产投资品价格上升幅度2003年为4.8%,2004年为11.4%,2005年为8.3%,均显著高于同期消费品的价格上升水平,上游投资品价格显著上升表明下游一般消费品工业生产成本大幅度提高,从而对未来消费品价格上升形成成本推进压力。从消费者来看,对消费品物价上升的感受与我国统计部门对居民消费价格指数(CPI)的统计之间产生了显著分歧,尤其是占CPI权重1/3的食品类支出价格水平上升幅度大,2004年以来尽管连续丰收,但粮价仍然连续以两位数的水平上升。再加上城市购买住房支出价格水平的迅速上升,以及人们对于未来医疗服务及教育支出价格水平预期的不确定等因素,使得消费者对未来通胀产生很高的预期。

(3) 经济增长速度显著回升,但失业率继续攀升。1998年至2002年,我国GDP增长率年均为7.3%左右,同期城镇登记失业人口为500万人左右,登记失业率在2.3%左右,2003年以来,我国年均经济增长率超过10%,比此前的7.3%高出3个百分点左右,但城镇失业率不仅未相应下降,却反而成倍上升,到2006年6月失业人数已达1 000万,登记失业率已达4.2%以上。②

(4) 经济增长势头强劲,但产能过剩矛盾尖锐。2004年以来我国已连续4年经济增长速度超出10%,2006年更是达到了10.5%,但同时产品过剩及潜在的产能过剩矛盾日益严峻。从消费品看,据商品部2006年调查显示,国内600种主要消费品中,供大于求的商品430种,占71.7%,供求大体平衡的商品170种,占28.3%,供不应求的没有。③ 这表明消费品相对较为普遍地过剩已成事实,若再考虑到我国消费品厂商相当一批开工不足,生产能力闲置较为严重,那么可以说消费品较普遍的产能过剩也已形成。从投资品看,据商务部2006年对300种主要生产资料市场调查显示,供过于求的69种,占23%,供求基本平衡的218种,占72.7%,供不应求的只有13种,占4.3%,并且主要集中在能源、有色金属和木材等资源性投资品上。④ 表明国民经济在总体上对投资品的需求开始减弱,而同时产出能力仍在扩张,从而促使投资品产能过剩的形成,据统计,我国现阶段钢铁、电解铝、铁合金、焦炭、电石、汽车、铜冶炼等行业的产能过剩矛盾已经很突出,水泥、电力、煤炭、纺织行业也已潜藏着产能过剩问题。

---

① 参见《中国统计年鉴2005》,以及国家统计局关于2006年主要经济数据公告。
② 《国家统计局有关负责人就当前经济热点问题答记者问——经济高速增长为什么没有带来高就业?》,《中国信息报》,2006年9月4日。
③ 《商务部:600种主要消费品中7成供过于求》,新华网(北京),2006年2月13日。
④ 《商务部:300种主要生产资料供求状况调查》,新华网(北京),2006年2月14日。

(5) 外向型经济程度超常提高,但内需不足的困扰日益加剧。物价水平低迷,产品普遍过剩,产能过剩矛盾日益呈现,失业率继续攀升等,均表明我国内需增长乏力,从而使经济增长不能不更加依赖外需的扩张,使内需与外需增长之间产生显著失衡。改革开放以来,我国进出口年平均增长速度始终保持在两位数以上,事实上,只要我国经济增长率达到10%,相应进出口增长便超过20%,到2006年我国进出口总额已超过1.7万亿美元,外贸依存度已达70%以上,远远高于美国和日本(20%左右)。同时,贸易顺差持续扩大,外汇储备已过万亿美元,国际收支中的失衡进一步加剧,并由此带来一系列新的矛盾。

正是上述五个方面经济失衡的特殊性,使得从总需求管理入手的宏观经济政策产生了一系列的局限性,这种需求管理的宏观经济政策的局限主要体现在以下三个方面。

1. 需求的总量政策效应降低,甚至难以就需求管理进行总量政策选择

需求管理上的总量政策选择的基本方向,无外乎扩张和紧缩两种类型,而我国目前的宏观经济失衡不同于以往,在1998年之前,无论是计划体制下还是进入改革过程中,我国经济总体上多数年份是需求大于供给,这种失衡或者表现为短缺(如在计划体制下),或者表现为通胀(如在改革中);1998年至2002年期间,我国经济失衡则表现为显著欠景气。在这种总量失衡的方向明确的条件下,需求管理上总量政策的方向也就易于明确,并且也能够在一定时期保持其连续性。比如在1997年召开的中共十五大的决议中,针对当时的总需求大于总供给的失衡局面,就明确提出,在整个"九五"计划期间(1996—2000年),以治理通货膨胀为首要目标的适度紧缩的宏观经济政策保持不变。而到2002年中共十六大,又针对当时内需相对不足的失衡局面,特别强调,在整个"十五"计划期间(2001—2005年),以扩大内需为首要目标的积极的财政政策、稳健的货币政策保持不变,实际上就是扩张性的宏观政策选择。尽管在不同时期宏观经济失衡的方向不同,但在总的宏观政策的选择方向上是明确的,即或者是总量上的紧缩,或者是总量上的扩张。那么,现阶段我国针对总需求的总量宏观政策应当如何选择呢?在消费需求低速增长而固定资产需求增长过快,同时物价总水平低,但社会对通胀预期值高的矛盾条件下,若在总量上采取扩张性政策,对缓解失业,活跃低迷的消费需求固然有利,但同时势必加剧已经长期过快增长的固定资产投资需求的进一步扩张,同时也会进一步提高人们对未来通货膨胀的预期值。若在总量上对总需求采取紧缩性宏观政策,对抑制过热的固定资产投资需求和降低人们的通货膨胀预期会有帮助,但在经济增长速度恢复显著,而同时失业率却成倍提高的矛盾条件下,紧缩性的宏观政策会抑制总需求,从而抑制增长速度,很可能使失业状况进一步恶化,紧缩与否也难以抉择。这种总需求上的扩张不能扩张,紧缩难以紧缩的两难选择,表明我国现阶段宏观经济失衡的复杂性,使得总量政策上的需求管理具有极大的局限。

2. 货币政策与财政政策的同步性降低,甚至产生政策效应方向性差异

货币政策与财政政策产生的方向性差异,主要原因在于当前经济失衡的特殊性和体制改革的阶段性。事实上,现阶段我国财政政策对总需求仍然保持扩张态势,而货币政策则采取紧缩选择,这种两大基本宏观经济政策体系选择方向性差异,表明在现阶段复杂的经济失衡面前,从需求管理方面进行宏观经济政策干预,具有更多的不确定性和更深刻的矛盾,这也是需求管理局限性的重要表现。

先来考察现阶段的财政政策选择方向。就财政支出政策而言,财政赤字并未减少,只是在2002年赤字达到3 149.5亿元后,略有减少,但仍连续多年保持在2 000亿元以上的规模,并且2005年比2004年财政赤字规模又有所扩大。在国债方面,2002年国家财政发行的国内债务为3 228.77亿元,而到2005年,已经增大到6 922.87亿元,翻了一番。可见,无论是从财政赤字的规模上,还是就国债的数量扩张上,财政支出政策仍然保持着刺激需求的势头。就财政收入政策而言,2004年以来我国进入新一轮税制调整,新一轮税制调整是在1994年分税制改革的基础上,对1994年以来分税制实施中出现的新问题进行规范,其中最为突出的问题在于分税过程中,中央税收占的比重大,增长速度快,而地方财政收入在税制上税源分散、不稳定,且征缴成本高。到2005年,中央税收占全部税收的52.3%,全国各地总的地方税收只占总税收的47.7%,在地方税收财力产生问题的同时,地方政府对企业的税费要求必然提高,因而会加剧企业的税费负担。因此,从2004年开始提出新一轮税制调整,包含深刻的减税要求,特别是要减轻企业税费负担。首先,开始实行新的出口退税办法,尽管地方政府未必满意(因为原来的出口退税由中央财政退,新的办法则规定地方政府承担其中25%),但对出口企业来说等于加快并规范、严肃了出口退税。其次,在所得税方面加以调整,包括上调个人所得税起征点,以及酝酿对广大内资企业降低企业所得税率,尤其是以往内资企业所得税为33%,而外资企业所得税低出此税率一倍左右,为真正体现公平竞争,其趋势必然是内资外资逐渐统一税率,对内资企业来说,这种内外企业所得税率的统一,应当是所得税大幅下降的过程。最后,在增值税上试行由生产型增值税向消费型增值税转型,这种转型意味着固定资产和技术设备也如同购进的中间投入一样,进入增值税抵扣部分,对企业,尤其是对资本密集度高的企业来说,无疑是重要的减税措施,并且这一措施已经在东北地区作为振兴东北工业重地的政策之一开始付诸实施。这一系列减税措施表明我国目前在财政收入政策上同财政支出政策一样,采取的是扩张性的财政收入政策。

再来考察货币政策的导向。近些年来货币政策的基本倾向是持续紧缩。由于2002年银根的松动,尤其是到2003年上半年信贷增长更快,到2003年6月30日放出去的信贷规模,已经相当于2002年全年放款总额的130%,而2002年的货币供给就已经显著超出往年的平均速度。因而,考虑到货币政策的时滞特征(美国、欧盟通常为6个月到18个月,我国据测算大体为7个月至24个月),中央银行在

2003年春就拟采取紧缩措施,虽然后来由于受2003年春的"非典"影响未能实施,但自2003年9月起,以提高法定准备金率一个百分点为标志,直到现在,中央银行连续出台紧缩措施。特点在于:首先,保持较长时期的紧缩持续性,自2003年9月起到目前,已连续近40个月抽紧银根;其次,每一具体措施的紧缩幅度均不大,通常都在小范围内调整;最后,综合运用各种货币政策工具,从提高法定准备金率,到严控信贷规模,再到上调存贷款利率等,全面收紧。

尽管在总量失衡矛盾运动方向尚不十分清晰的条件下,财政政策和货币政策采取"松紧搭配"的原则或许更有助于经济增长稳定性的提高,或许更能够减轻"双松"或"双紧"带来的经济大幅震荡。但我国现阶段财政政策与货币政策效应产生的方向性的差异并不是主动的政策选择,而是被动的无奈,因为,一方面这种差异的出现并不是真正建立在公共财政体制和货币政策独立性的基础上;另一方面,也不是建立在对宏观总量失衡方向有着明确判断的前提下。所以,这种方向性差异本身表明我国现阶段总量失衡的矛盾特殊性,使得若只从总需求管理入手,财政与货币政策之间难以协调。尤其是在"货币流动性陷阱"已开始显现的条件下,提高利率等收紧银根的政策,在相当大的程度上会进一步加重人们的储蓄倾向,商业银行会面临更大的存贷差压力,消费需求增长乏力的状况也可能进一步加剧。这也表明,在特殊的总量失衡中,货币政策在以需求管理为目标的宏观调控中的有效性开始降低。事实上,单纯的总量上的短期需求管理已经难以适应我国宏观经济调控的要求,而应当将需求管理与供给管理结合起来,从而使得总量政策与结构政策、短期调节与长期调节协调起来。

3. 中央政府与地方政府对于宏观经济失衡调控行为产生了周期性差异,使得政府总量上的需求管理政策实施效应程度受到深刻影响

伴随社会主义市场经济体制的建设,中央与地方政府间的相互利益关系以及相互间的机制业已发生深刻的变化,从相当大的程度上可以说,改革开放中地方政府的权、责、利的独立性获得了很大提升,地方政府本身越来越成为当地社会经济发展的剩余索取权和剩余控制权的掌握者。因而,地方政府的行为与中央便产生了显著差异。首先,行为目标不同。中央政府对宏观经济加以调控,其目标在于实现宏观意义上的均衡,既防止恶性通货膨胀,又要防止严重的衰退;而地方政府的经济行为目标只能是地方经济利益最大化,尤其是地方政府的收入(包含财政收入和非财政性的地方政府各类收入)最大化。其次,进入经济的方式和壁垒不同。中央政府与地方政府之间的联系方式是行政机制,因此,中央政府需要通过地方政府贯彻其对经济调控的扩张政策意图时,可以通过行政方式进行安排,而地方政府作为行政下级也应当服从中央的行政指示,这里对于中央政府的决策来说,是通过行政方式贯彻,若有失误首先付出的是行政决策引发的代价。但地方政府进入经济的方式和面临的壁垒就有所不同,无论是地方政府出自收入最大化目标的冲动,还是出于执行中央加快发展经济的行政指示的需要,发展地方经济首先要加快投资,

而投资的基本渠道无外两条,一是财政投入,应当说大部分地方政府的财力是不足以支持其投资性要求的,甚至地方财政应当承担的基础建设、公共品生产和公共服务等都难以保证,况且地方政府又不能在财政上以发债的方式进行"增量改革";二是将银行储蓄转化为投资,由于我国国有专业银行垄断性的金融体制的"垂直性",再加上地方中小中介金融机构欠发育,因而,我国地方政府的投资增长与地方经济发展水平及相应的的地方居民储蓄能力之间高度不相关(北京大学中国国民经济核算与增长研究中心,2004),也就是说地方政府难以要求银行等金融机构支持其地方投资。在财政和银行两方面都不能或不会支持其投资活动的条件下,发展地方经济所需要的投资,只有依靠"招商引资"。而地方政府与其所依靠的所要招的商和引的资之间并不是行政上下级的关系,不同于以往政府与国有企业的关系,地方政府不能依靠行政手段指示其进入当地经济,而只能通过市场谈判,吸引其进入。这不仅需要一个谈判过程,而且需要地方政府在改善投资条件等方面做出努力,通常是把这些条件改善作为市政基础设施建设项目,由地方财政担保,向银行贷款融资。

中央政府与地方政府,地方政府与企业之间相互关系和联系机制的变化,使得宏观需求调控中,中央政府与地方政府行为产生了周期性的差异。当中央从总需求角度认为需求不足,经济不景气,需要繁荣经济、增加就业时,中央政府可以通过行政机制要求地方政府加快发展,加快对需求的刺激,但地方政府在这时无论是通过财政还是通过银行,都无力即时扩大投资,因为地方经济发展主要依靠招商引资,而这又需要一个过程。当各地方政府纷纷加大招商引资力度和速度,经过一定时期取得了所要招的商和资的信任后,各地纷纷聚集了一批引入的商、资,形成总需求尤其是投资需求的迅速增长,迅速扩张的总需求,又使经济产生了需求过大的失衡,因此,中央政府从宏观总供需均衡目标出发,又要抑制总需求,进而通过行政方式要求各地方政府减缓投资冲动,甚至要求其从已经进入的经济中退出,然而,此时的地方政府已经难以退出了,因为地方政府为招商引资已经进行了大量的投入,这些投入构成了地方政府退出的经济壁垒。显然,改革带来的体制变化和利益格局的改变,也使得单纯从需求方面进行宏观调控产生了严重的局限,至少作为宏观经济政策的决策者和执行者的行为主体,即中央政府和地方政府,对总需求的扩张或抑制的利益冲动及相应的行为周期产生了显著差异,这种周期错落,甚至可以说是周期与反周期的行为差异,对需求管理的效应必然会产生深刻的影响。

可见,至少从以上三个方面看,即从宏观经济政策效应的总量方向性上,从宏观经济政策的基本政策工具上,从宏观经济政策决策和贯彻行为主体上,需求管理政策的局限性越来越明显,我国现阶段的宏观经济失衡的调控目标的实现,需要对宏观调控方式做出重要调整,尤其需要加强供给管理政策在短期调节经济波动方面的应用。

二、我国宏观经济失衡的调控与供给管理政策的应用

需求管理政策本身的局限性以及我国经济发展和体制改革双重转轨的特殊性,表明需要引入并重视供给管理。一般而言,供给发生变化,包括生产成本及经济结构等方面的变化,往往是以技术创新和制度创新为前提,即以效率改变为条件,而这种增长方式的变化必然是长时期才可能的,因而,供给管理的政策效应大都更具长期性。在经济思想史上,供给管理政策作为宏观经济政策的组成部分,其地位远不如需求管理政策,其中主要原因在于凯恩斯对需求管理政策的强调,以及在战后需求管理政策推动均衡增长方面取得的成功,从而导致对供给管理政策的忽视。

20世纪70年代出现的"滞胀"对凯恩斯主义经济学的冲击,曾经使人们开始重视供给管理政策,形成所谓"供给学派经济学",特别强调通过降低税率的方式来刺激经济、增加就业、实现均衡(如"拉弗曲线"所描述的状况)。当时的供给管理政策是被作为需求管理政策的替代物而提出来的,其目的就是应付短期经济波动。在供给学派经济学家看来,供给管理政策之所以能够对经济进行短期调节,就在于它能够改变包括企业和劳动者在内的生产者所面临的激励。一个经济的资本、劳动力、自然资源、技术等等在短期内可能无法发生变化,但生产者的激励却是可以随时变化的。正如供给学派的代表人物拉弗所说:"一旦人们面临的激励发生变化,其行为就会随之改变。正的激励吸引人们做一些事情,而负的激励阻止人们做一些事情。处于这种情境中的政府的作用就在于改变人们面临的激励,从而影响社会行为。"(Laffer,1983)因此,调节生产者面临的激励是短期供给管理政策的核心,而税收政策就是调节激励的最基本的工具。供给学派认为,对于工人来说,面临的激励决定于两个相对价格:工作和闲暇的相对价格和未来消费与现在消费的相对价格(Bartlett和Roth,1983)。第一个相对价格决定了工人的劳动积极性,第二个相对价格决定了工人的储蓄积极性。

但由于里根政府大量采取供给学派的政策并未取得预期的成功,加之人们对于"滞胀"的理解逐步深入,需求管理政策又重新占据了宏观经济政策体系中的重要地位,供给管理政策在主流宏观经济学的视野中也逐步退出。到了90年代以后,伴随技术革命带来的产业结构调整和经济全球化所导致的区域经济布局的深刻变化,以及人们对长期经济增长命题的关注程度不断提高,使得产业政策、区域政策以及针对长期总供给的增长政策等成为长期性供给管理政策的主要构成部分,重新引起了人们的关注。正是由于供给管理政策的长期性特点,使人们对供给管理政策的重视仅限于其对经济的长期影响,而对供给管理政策的短期调节效应没有予以充分承认。事实上,供给管理政策不仅能够,而且经常被运用于调节短期经济波动,只是不被人们关注,或者不被视为供给管理政策,被想当然地看作需求

管理政策了。供给管理政策和需求管理政策对均衡的影响是不同的,对价格水平和总产出的影响不同,区分这两种政策的特点直接影响到对宏观经济形势的预期和对宏观政策效应的判断。我国当前的宏观经济失衡的矛盾复杂性,要求在即使短期调节上,也必须将需求管理政策与供给管理政策有机地结合起来,一般说来,调节短期经济波动经常运用的供给管理政策主要包括:货币政策、财政政策、工资政策、原材料和能源价格政策等。

1. 作为调节短期经济波动的供给管理的货币政策效应特点

在传统的宏观经济学理论中,货币政策被视为需求管理政策,实际上,货币政策同时也是供给管理政策,因为它不仅影响总需求,同时也影响总供给。货币政策的主要目的是调节利率,而利率对经济有两方面的影响,它既可以影响总需求,也可以影响总供给,比如降低利率,一方面可以影响投资,促使投资需求扩大,从而增大总需求,货币政策在这里起着需求管理政策的作用;另一方面,利率同时也影响资本的使用成本,利率的降低使生产的要素成本降低,从而影响总供给。也就是说,利率的变动同时具有总需求效应和总供给效应。利率的这两种效应都促使均衡产出增加,但对价格水平的影响是不同的,总供给效应使得价格水平下降,而总需求效应使得价格水平上升。价格水平最终是下降还是上升,取决于这两种效应的相对大小。从货币政策的实际作用效果来看,总需求效应一般大于总供给效应,因为总体来说放松银根的货币政策一般会带动价格水平上升。对于既要关注经济增长又要防止严重通货膨胀的我国宏观经济调控而言,关注货币政策的总供给效应便有着特别的重要性。

那么,货币政策的总供给效应[①]的大小由哪些因素决定呢?货币政策对总供给的影响可以分为三个环节,即货币的变动先是影响利率,然后利率的变化影响生产成本,再而后生产成本的变动影响总供给。相应的货币政策的总供给效应程度的大小便取决于这三个环节,首先,货币政策对利率的影响有多大?在其他因素不变的情况下,货币政策对利率的影响越大,货币政策的总供给效应就越大,而货币政策对利率的影响又取决于货币需求对利率的敏感程度,货币需求对利率越敏感,货币政策对利率的影响就越小,因而,货币政策的总供给效应就越小。其次,利率变动对生产成本的影响程度有多大?这取决于经济中的总资本存量,总资本存量越大,利率的变动对生产成本的影响就越大。随着我国经济的不断发展,超高储蓄导致快速的资本深化,因而我国经济的资本密集度不断加大,这样就会使货币政策的总供给效应越来越大。最后,生产成本的变动对总供给的影响有多大?这取决于总供给的价格弹性,总供给的价格弹性越大,给定的生产成本的变动对总供给的

[①] 货币政策影响总供给的渠道不仅仅是利率一种,还有其他渠道,比如由于货币政策给经济带来的不确定性等(参见 Tatom, 1983)。

影响就越大①，因而，货币政策的总供给效应就越大。那么，在什么情况下，总供给的价格弹性较大呢？一般而言，一个经济的闲置生产能力越大，总供给的价格弹性越大，因此，当经济处于衰退阶段时，货币政策的总供给效应就较大。②

考虑到货币政策的供给效应后，就能够比较好地解释我国从1997年亚洲金融危机爆发以来的经历。1997年亚洲金融危机爆发后，我国中央银行采取了扩张性的货币政策，M2的增长率每年都在20%以上。按照常理，我国那几年应该有较高的通货膨胀，至少不会出现通货紧缩。但是，那几年的情况却恰恰相反，连续几年通货膨胀率都接近0，有的年份甚至出现了负的通货膨胀。这是为什么？我们知道，在这一段时间，我国经济的总需求对利率不敏感，因此货币政策的需求效应很小（苏剑，1998）。但是，由于经济中存在大量闲置生产能力，因而货币政策的供给效应较大。这样，在货币政策的供给效应大于需求效应的情况下，就出现了经济增长、物价下跌的局面。

从一定意义上可以说，货币政策的供给效应越大，货币政策对促进均衡的影响作用效应也越大，尤其是通过货币政策的供给效应促进经济增长时，不必像通过货币政策的需求效应拉动经济增长那样，付出较多的通货膨胀的代价。但在宏观经济政策实践中，通常货币政策的需求效应总会超过其供给效应。因而，往往一国宏观经济短期调节中，需要引入更多的供给管理政策时，货币政策的作用相对减弱，特别是国民经济同时关注经济增长和通货膨胀目标，或者说，宏观经济的总量失衡方向难以判断，进而从总需求管理政策上难以进行扩张或紧缩的选择时，不仅需要注重长期，而且需要更为注重短期需求管理与供给管理相互结合时，由于货币政策的总体供给效应相对较弱，其对经济均衡作用受到相当大的限制。我国现阶段的货币政策效应正经受着这种失衡复杂性的检验，从需求管理政策效应来看，自2003年9月以来的货币政策的持续紧缩，不能不受到增长和就业目标的限制，因而在对通货膨胀预期并未产生实质性降低效果的同时，货币紧缩的力度又受增长及就业目标的限制，不能达到有效控制通胀和抑制结构性需求增长过快的程度。从供给管理政策效应来看，现阶段我国货币政策无论是从长期的经济结构调整上（包括区域经济结构调整、产业结构调整等），还是从短期的利率变化对厂商生产成本的普遍影响上，其作用都还是很有限的。所以，在需要注重需求管理政策与供给管理政策结合的复杂的宏观经济失衡环境中，对于货币政策的这种局限，尤其是其在供给政策效应方面的局限性，应当给予高度重视。

---

① 反映在图形上，即为总供给曲线右移的幅度越大。
② 对于货币政策对总成本的影响，我国已经有人注意到了（只不过这些研究是从需求的角度看待这一效应的）。北京大学中国经济研究中心宏观组（1998，以下简称"宏观组"）根据1997年前后中国的实际情况做出了估计。据他们分析，从1996年到1997年，贷款利率下降了5.17个百分点，如果以1995年底金融机构各项贷款余额5万多亿元为基础，这将减少企业利息负担2400亿元左右。他们认为，"降息的作用在一定意义上相当于减税，而且数量肯定要大于减税（主要是减费）"（宏观组，1998，第4页）。

2. 作为调节短期经济波动的供给管理的财政政策效应特点

税收政策是供给学派眼中最重要的政策工具。实际上,20世纪80年代供给学派给里根政府开出的政策处方几乎全都是税收政策。

显然,财政政策的供给管理政策效应要高于货币政策,也正因为如此,在供给学派看来,政府要刺激经济,增加就业,最有效的办法便是降低税率。但另一方面,与货币政策相同,财政政策通常也往往被视为是需求管理政策。然而事实上,财政政策同时也具有供给管理政策效应。一定的财政政策属于供给管理政策还是属于需求管理政策,主要是视其针对生产者,还是针对消费者,针对消费者的财政政策一般属于需求管理政策,针对生产者的财政政策大都属于供给管理政策。作为供给管理政策的财政政策工具影响的是厂商的成本,包括税收成本、工资成本、利息成本、原材料成本等。

税收政策对厂商实际成本有重要的影响,显然调节企业所缴纳的各种税收,如增值税、企业所得税、营业税、进出口税等都可以影响企业的实际生产成本,从而增加总供给。同时,对个人所得税的调节也能够影响总供给,因为,一方面,个人所得税的调节可以影响人们的储蓄,而储蓄又会影响利率,从而影响平均成本变动;另一方面,个人所得税对工人积极性产生影响,从而影响生产效率,相应影响平均成本,此外,对企业的生产补贴也等于政府对企业的支持,降低了生产成本,其机理与减税是相同的。问题在于,税收政策同样影响总需求,比如减税既可以影响总供给,又可以影响总需求,那么,减税到底是对需求的刺激程度大还是对供给的影响程度大?进而,减税到底是需求管理政策还是供给管理政策?这一问题从供给学派出现直到目前都还是没有完全解决的争议问题。尽管在对总需求与总供给影响程度大小判断上存在差异,但承认税收政策影响总供给是普遍的共识。我国经济自1998年以来一直采取扩张性的财政政策,包括扩张性的财政支出与财政收入政策,这种扩张性的财政政策,一方面对刺激总需求(尤其是扩大内需)有重要作用,但不能忽视其同时作为供给管理政策的效应。1998年起,从纺织品出口退税率的提高(由9%提至11%),到对企业20项行政事业收费取消;1999年先后进一步提高服装业出口退税率(提高到17%),对房地产业的相关税费予以一定的减免,同时取消对企业的73项基金收费;2000年对软件、集成电路等高新技术产业实行税收优惠(宏观组,2005,第174—175页);2003年针对"非典"冲击,对航空、旅游等行业实行阶段性减税;2004年以来更是一系列减免税收政策相继出台,包括采取新的出口退税办法,取消农村农业税,大规模取消对农民的缴费项目,试行企业增值税由生产型向消费型的转变;等等。这些措施都对企业实际生产成本发生了重要影响,对提高企业竞争力产生了重要作用,因而从总供给方面推动着中国经济的均衡增长目标实现,在短期调节总量失衡方面,作出了重要贡献。财政政策对总供给的影响通常比货币政策的供给效应显著,因为货币政策本身的供给管理政策效应就低于其需求政策管理效应,同时货币政策难以直接针对经济进行结构性调节,因而对供给影响的程度及深度有限。所以,当宏观经济失衡矛盾复杂,使得从需求方面进行总量调控难以选择,因而需要注重结合供给管理政策时,对财政政策的这种显著的供给管理政策效应要予以特别的重视。

还可以有其他方面的短期供给管理政策工具,比如工资政策:包括工资冻结、工资补贴、降低企业应缴纳的社会保障费用等手段,但这些手段或者难以运用,因为存在工资刚性,工资难以下降;或者由政府对企业工人支付一定的补贴,但这种补贴作用机理与财政政策是同类的;或者作用不大,如降低或取消企业的社会保障费用,对工人现期消费作用不大。又比如原材料和能源价格政策虽然关系到厂商生产成本,但政府在这方面的冻结,或补贴不宜过多,否则长期企业以偏低费用使用资源不利于效率提升。因此,在这里这些方面就不加专门讨论了。

3. 短期供给管理政策的长期效应以及长期供给管理政策

本文前边讨论了供给管理政策在调节短期经济波动方面的作用。实际上,任何一个短期供给管理政策都会对宏观经济产生长远的影响。以货币政策为例,当利率降低时,以前投资收益率较低因而不值得投资的项目可能会变得值得投资,这就会导致投资质量的下降,在未来的某一时刻如果经济受到不利冲击,与这些投资相关的项目及相关企业就会面临财务危机,在宏观层次上就面临金融危机的威胁。另外,与需求管理政策相比,供给管理政策具有比较强烈的产业性和区域性特征,因此,供给管理政策的实施往往会引起经济的产业结构和地区结构的变化,而这些又会对宏观经济进一步产生较为深远的影响。

90 年代初以来,新增长理论在新古典增长理论的基础上,对宏观经济的可持续增长问题进行了深入的探讨。新古典增长理论指出,在长期,当经济达到稳态时,要使经济持续增长,唯一的可能性就在于能否实现持续的技术进步。新增长理论在此基础上探讨了刺激技术进步的各种政策。这些政策都作用于长期总供给一边,因此都是供给管理政策。在新增长理论看来,以知识的形式存在的技术具有一定的公共品的性质,即知识是非竞争性的,一个人对某种知识的使用并不影响其他人对同一知识的使用,而知识本身的传播和复制成本很低,从而导致知识产品的可排他性很差。这样,知识的开发者往往不能享受知识产品的全部收益,也就是说科学研究具有一定的正外部性,知识的全部社会收益可能远远大于开发者的私人收益。因此,要想保证持续的技术进步,就应当给知识的开发者以适当的补贴。这包括扶持基础科学研究、提高知识开发者的私人激励,以及降低知识开发者从事科研活动的机会成本等等(罗默,1999,第 143—150 页)。

矫正要素价格扭曲是供给管理政策发挥作用的另一个方面。在经济中,私人当事人的行为往往会有一定的负外部性,比如对环境的污染。这种污染的存在表明,私人当事人付出的要素使用费并不能覆盖使用该要素的全部社会成本,也就是说,私人当事人付出的要素价格是扭曲的。这样,以税收等形式出现的供给管理政策就可以被用来矫正要素价格扭曲。这种政策可以是长期政策,也可以是短期政策。

三、我国宏观调控中需求管理政策与供给管理政策组合原则

显然，面对现阶段中国宏观经济失衡的新特征，单纯地或者说过多地强调需求管理，难以有效地克服失衡。在总需求的总量政策目标导向上难以抉择，是扩张或是紧缩？各有利弊，相互矛盾；在影响总需求的总量政策工具上难以协调，货币政策与财政政策的政策效应在方向上难以同步，即使是"松紧"搭配也缺乏公共财政和货币政策独立的体制基础；在需求管理的政策行为主体的周期上，中央政府与地方政府之间已经形成周期性差异，客观上会影响需求政策的效应程度；在内需政策和国际收支失衡之间难以协调，内需不足，难以减少出口需求，扩大出口又必然加剧顺差过大的国际收支失衡矛盾。这表明，我国现阶段宏观经济失衡的缓解，要对供给管理政策予以特别的重视，因为供给管理的根本在于，强调增长中成本的降低、效率的提高，包括微观厂商效率、产业结构效率、市场产业组织效率、增长长期可持续效率等，也就是说，我国的宏观经济失衡已经不仅仅是在量上予以协调便能够趋于均衡的总量增长意义上的命题，而更重要的则是在质上予以提升，才能够使宏观经济逐渐培育出趋于均衡的自动持续增长能力。这种质的水平的提升，关键取决于两方面，一是技术创新能力的提升，强调供给政策，重要的在于系统地运用政策以支持企业创新能力的提高，技术创新能力的提升是降低增长成本，使经济在低通胀水平下恢复充分就业的根本；二是制度创新，在我国便是深化社会主义市场体制改革进程，因为只有市场体制的完善和健全才能够在体制上鼓励竞争，从而加速技术创新，供给管理在体制上的基本前提是尊重和运用市场法则，脱离市场机制和市场竞争基础的供给管理，很可能导致资源配置的行政化，导致政府对市场的替代，从而导致竞争动力减弱，使供给管理的真正效率目标难以实现。这也是为什么供给管理理论往往同时对市场化，对市场竞争的自由化予以特别强调的主要原因。

就短期波动的调节而言，若经济失衡的总体方向明确，那么，在需求管理政策与供给管理政策组合过程中，究竟主要运用哪种政策，应当也可以根据总量失衡的方向及相应的宏观经济政策首要目标来选择。如果经济开始是处于充分就业状态，但由于负的需求冲击，导致均衡产出和物价水平下降，那么，可以采取需求管理政策，同时也可以采取供给管理政策，以恢复充分就业状态。但运用不同类型的管理政策恢复充分就业的路径和代价是不同的，供给管理政策的运用在推动恢复充分就业的同时，使价格水平进一步下降，从而增大通货紧缩的压力，对国民经济的总需求可能会产生负面影响，促使经济进入恶性循环。而需求管理政策则在促使恢复充分就业的同时，使价格水平有所提高，从而提升通货膨胀水平，不致下跌过快，促使国民经济的总需求扩张，加快经济恢复速度。因此，在这种条件下，便应更多地采用需求管理政策。若经济开始处于充分就业状态，但由于负的供给冲击，导致经济失衡，均衡产出下降和物价水平上升，同样既可采用需求管理政策，也可采

取供给管理政策,以促使经济恢复到充分就业状态。但运用不同类型的政策,其对价格水平的影响也是不同的。运用需求管理政策将使价格水平进一步上升,这意味着在缓解失业的同时,会形成较高的通货膨胀。而运用供给管理政策则会使价格水平向原来的状态复归,也就是说,运用供给管理政策能够在推动充分就业状态恢复的同时,使国民经济避免或减少通货膨胀。因此,在这种条件下,在供给管理与需求管理政策的组合中,应更多地采取供给管理政策。总之,在短期调节中,为实现均衡目标,应尽量用需求管理政策对付需求冲击形成的失衡,用供给管理政策对付供给冲击形成的失衡。虽然运用需求管理政策对付供给冲击形成的失衡,或者运用供给管理政策对付需求冲击形成的失衡,也能促使经济恢复充分就业状态,但都要付出代价,即对经济产生负面影响,这种负面影响主要体现为物价水平的不稳定。我国以往宏观经济失衡,在总量方向上是较为明确的,如在1998年之前多为需求大于供给,而在1998年至2002年则为需求小于供给,因而宏观经济短期调节主要是系统地运用需求管理政策,或者是紧缩总需求或者是扩张总需求。虽然在这一过程中也采用了一些供给管理政策,但在系统性和倚重程度上,均远不及需求管理政策。现阶段我国宏观经济失衡产生了一系列新特点,从而使得需求管理政策的有效性产生了显著的局限,而同时付出的代价日益增大,尤其是在需求总量上是采取扩张还是紧缩,难以选择。因而,也就特别需要强调需求管理与供给管理政策的组合。根据产生失衡的不同原因,从需求与供给不同方面采取不同的宏观管理政策,以促进均衡增长,同时避免或降低物价的不稳定性。

  就长期均衡增长而言,供给管理政策的运用具有更为重要的意义。首先,伴随着技术进步速度的加快,当代世界经济的产业结构处在不断变化之中,其变化速度之快,程度之深,均是以往难以比拟的。而我国现阶段经济发展又恰恰处在工业化加速时期,任何一国在经济史上工业化加速时期,突出特征之一,便是产业结构急剧变化,也就是说,产业结构高级化进程空前加快。所以,产业政策对于我国现阶段的发展来说,具有重要意义,而产业政策当然属于供给管理政策。其次,区域经济政策也是供给管理政策中的重要组成部分,作为一个主权国家的一部分,一个地区的政府不可能拥有国家所特有的宏观经济手段,比如,一个地区不可能有独立的货币政策。同时,一个地区政府运用财政政策来影响地区的总需求,其作用是很有限且极不确定的,因为地区政府财政所能影响的只是本地区居民的总需求中的一小部分,地区居民收入在更大程度上并不受地区政府的财政政策影响,况且,即使当地居民需求受到当地政府财政政策影响,在其总需求中到底有多少形成对当地产品的需求,更是很有限和极不确定的,有可能是这一地区政府财政花了钱,但影响的却是其他地区经济。所以,地区政府不可能运用货币政策影响本地经济,同时运用地方财政政策对当地的总需求影响作用也十分微弱,因而,需求管理政策对地区来说是不适用的,而供给管理则有突出的意义。我国是一个区域差异显著的国家,因而,区域经济发展和区域经济结构的变化是实现我国长期可持续发展的重要命题,特别是在总需求管理已形成中央政府与地方政府政策调控行为周期性差异的条件下,供给管理政策对于我国区域经济协调发展来说,就有着极为重要的意义。最后,经济的开放度不断提高和经济全球化的深入,也使得我国长期发展中供给管理政策的重要性不断上升。因为越是在开放条件下,包括商品市场,资本市场的逐渐开放,需求管理政策的效果越会逐渐降低,一国政府需求管理政策刺激出来的总需求很可能不会相应地形成对本国产品的需求。但供给管理政策则不同,供给管理政策直接受益者就是本国主权范围内的相关企业,其中受益最大的当属本国企业,其他国家在此地的居民或企业可能也会享受到本国政府供给管理政策的利益,但相对于本国居民和企业来说,毕竟是第二位的。

供给管理政策可以克服需求管理政策在我国宏观调控方面的局限性。第一,在需求管理政策总量效应降低的情况下,供给管理政策实际上就成为唯一的选择,而供给管理政策的效果往往是可以由政府直接控制的。比如出口退税,通过确定出口退税率,政府可以明确地知道企业的成本降低了多少,对企业的刺激作用有多大。又比如货币政策,在利率降低时,政府可以明确地估计出来对企业的生产成本有多大影响(宏观组,1998)。第二,我们前边指出,"货币政策与财政政策的同步性降低,甚至产生政策效应方向性差异"。需求管理政策的工具比较少,且作用对象也比较笼统,因而在需求管理政策各工具之间出现矛盾的情况下,就难以协调。而供给管理政策由于种类繁多,作业对象可以灵活多样,因而即使出现了矛盾,也易于协调。第三,我们前边指出,"中央政府与地方政府对于宏观经济失衡调控行为产生了周期性差异,使得政府总量上的需求管理政策实施效应程度受到深刻影响"。这显然是由于各地的情况是不同的。既然如此,各地的政策也应有所不同,以因地制宜为佳。而需求管理政策总量性特征比较强,因而不适于地方经济。因此,灵活多样而且能够体现或针对地方特征的供给管理政策就大有用武之地。

总之,在调节经济方面,供给管理政策有其独特的优势和效应,不仅在长期调节中,供给管理政策的作用越来越重要,而且在调节短期经济波动中,供给管理政策也日益不可或缺。无论是在我国经济发展中产业结构演进和区域经济协调以及对外开放提升等长期命题的处理中,还是在我国宏观经济总量失衡复杂性更为深刻背景下的短期调节中,供给管理政策的作用都将越来越重要。如何使需求管理政策与供给管理政策在国民经济发展的长期以及短期调控当中,更有效更科学地协调起来,是我们面临的重要问题。

参 考 文 献

[1] 北京大学中国国民经济核算与增长研究中心:《中国经济增长报告》(2004、2005、2006),中国经济出版社,2004、2005、2006年版。

[2] 北京大学中国经济研究中心宏观组:"货币政策乎?财政政策乎?——中国宏观经济政策

评析及增长的建议",《经济研究》,1998年第10期。
[3] 北京大学中国经济研究中心宏观组:《预防通货紧缩和保持经济较快增长的研究》,北京大学出版社,2005年版。
[4] 凯恩斯:《就业、利息与货币通论》(中文版),商务印书馆,1983年版。
[5] 刘伟、许宪春、蔡志洲:《从长期发展战略看中国经济增长》,《管理世界》,2004年第7期。
[6] 刘伟:《工业化加速时期的产业结构研究》,中国人民大学出版社,1995年版。
[7] 刘伟:《应当以怎样的历史价值取向认识和推动改革》,《经济学动态》,2006年第5期。
[8] 刘伟:《我国宏观经济失衡的新特征》,《中央党校学报》,2007年第1期。
[9] 戴维·罗默著,苏剑、罗涛译:《高级宏观经济学》,北京:商务印书馆,1999年版。
[10] 苏剑:"降低利率有助于解决我国的失业问题吗?",《经济研究》,1998年第10期。
[11] 尹伯成、华桂宏:《供给学派》,武汉出版社,1996年版。
[12] Arthur B. Laffer, 1983, Introduction, in Victor A. Canto, Douglas H. Joines, and Arthur B. Lafer (eds.), *Foundations of Supply-Side Economics: Theory and Evidence*, New York: Academic Press.
[13] John A. Tatom, 1983, "We are All Supply-Siders Now", in Bruce Bartlett and Timothy P. Roth (Eds.), *The Supply-Side Solution*, London: MacMillan Publishers Ltd.

Supply Policies and China's Macroeconomic Management

LIU Wei SU Jian

Abstract: Aiming at the current features of the disequilibrium in the Chinese economy, this paper analyzes the limits and shortcomings of demand management policies, and, based on the characteristics of the supply-side policies, suggests the necessity of supply management in adjusting both the long-run and short-run macroeconomic fluctuations. We also investigates the basic principles for combining demand-side and supply-side policies in the management of China's macroeconomy.

Key words: disequilibrium in economy; current policies in controlling economic fluctuations; supply-side policies; demand-side policies

资本结构研究中的控制权理论述评*

刘文忻　胡　涛

1958年，莫迪利安尼和米勒（Modigliani 和 Miller, 1958）发表了著名的MM定理。该定理指出，如果不存在税收和信息不对称，那么企业的价值与它的资本结构无关。显然，该定理只适用于满足上述严格假定的理想的经济社会，而在现实的经济社会中该定理是无法成立的。从那以后，经济学家从放宽MM定理假设条件入手，对企业的价值与资本结构之间的关系展开了深入的研究。在20世纪70年代，资本结构的平衡理论（trade-off theory）兴起，该理论通过考虑税收的因素来考察企业资本结构的选择。平衡理论的基本思想是：企业可以通过比较债务融资的节税收益和债务融资引发的破产成本，来确定企业总融资中债务融资的最优规模。到了70年代末80年代初，随着信息经济学的迅速发展，资本结构理论的研究重心转移到考察企业内部人和外部人之间的信息不对称对企业资本结构选择的影响。基本思路是：考虑到企业的经理人或内部人对企业的盈利状况、投资机会等一些与企业相关的特性有信息优势，而外部投资者对这些信息却了解不多，由此来探讨这种信息不对称会如何影响企业的资本结构的选择。自80年代末90年代初以来，资本结构理论的研究重点逐渐从不对称信息理论转向控制权理论。控制权理论认为，不同的融资手段（股票、债券）所附带的控制权力是有差别的，比如股票所有者拥有对企业事务的投票权，而债权人可以通过破产机制或债务的附带条款获得对企业的一种或有的控制权力（contingent control）。显然两种融资手段的不同组合对应的企业内部控制权力的分配也是有差别的。

一、控制权理论的早期发展

资本结构的控制权理论开始于20世纪80年代末，哈利斯和雷维吾（Harris 和 Raviv, 1988）以及斯图茨（Stulz, 1988）三位学者首先推动了这个方向的研究。哈利斯和雷维吾模型的基本思路是先假设企业的经理人的收益来源于两个方面：其一是通过在企业中占有的股份得到的分红；其二是通过对企业实际的控制而得到的

---

* 原载于《经济学动态》2003年第10期。

私人利益,即控制权收益,比如豪华的办公室和汽车,个人的满足感以及挪用大笔资金的可能性等。显然,当一个企业被收购且由他人取代原经理人的位置时,原经理人就会失去控制权收益,这便是原经理人的损失或成本。但如果取代者的能力高于原经理人,那么原经理人的收益是可以得到更多的股票红利,因为企业在取代者的管理下盈利状况更佳。这样,经理人便可以通过权衡上述的成本和收益来决定自己的行为,以影响企业被收购的可能性,达到最大化自己的期望效用的目的。

经理人到底采用怎样的手段来达到自己的目的呢? 哈利斯和雷维吾认为,经理人可以通过调节自己手中持有的股份份额来影响企业被收购的可能性,从而达到最大化自己期望效用的目的。

模型假设最初有一个完全股权融资的企业,该企业的利益相关者是:企业的经理人 I(拥有的股份份额是 α)、被动投资人 P(小股东)和潜在的对手 R。在这里,企业被看成是一个项目,项目的价值与企业经理人的能力有关。如果经理人的能力高,项目的价值是 Y_1,这个事件的概率是 p;如果经理人的能力低,项目的价值是 Y_2,这个事件的概率是 $1-p$。如果企业置于原经理人的控制之下,其价值是 $Y_i = pY_1 + (1-p)Y_2$;如果潜在对手成为企业的控制者,其价值为 $Y_R = (1-p)Y_1 + pY_2$。原经理人通过改变企业的资本结构来改变自己在企业中拥有的股份份额,从而改变自己在企业各种事务中的表决权,并以此来影响企业收购战的结果。具体说来是,原经理人选择发行面额为 D 的债券回购一定份额的股票,目的是最大化自己的效用,即:

$$\max_D \alpha Y(D) + K(D) \tag{1}$$

其中, $Y(D)$ 是项目的价值, $K(D)$ 是经理人的控制权收益。

哈利斯和雷维吾指出,企业的收购战的结果有三种可能性。其一是成功的要约收购(successful tender offer),指潜在对手获得了足够多的股权,故他可以取代在任者获得企业的控制权,虽然他的能力有可能弱于在任经理人;其二是不成功的要约收购(unsuccessful tender offer),指在任者掌握了足够的股权确保对企业的控制,其他的对手无法将他取代,虽然他的能力有可能低于潜在的对手;其三是代理权争夺(proxy fight),指没有哪一方拥有绝对多的投票权。在这种情况下,能力较高的一方获得企业的控制权。

哈利斯和雷维吾进一步分析了在上述三种情况下企业最优债务规模的确定,即分别以上述每一种情况为约束条件来求解(1)式的最大值。由此,哈利斯和雷维吾得出关于企业最优债务规模的主要结论是:收购活动会引起目标企业的最优债务规模加大;一般来说,收购未成功的企业相对于收购成功的企业,其负债的规模更大;收购未成功的企业的最优负债规模也大于代理权争夺企业的最优负债规模。

斯图茨(1988)提出了一个与哈利斯和雷维吾模型非常相似的模型。模型也是假设企业的利益相关者是经理人(拥有的股份份额是 α)、被动投资者以及潜在的收购者。所不同的是该模型的被动投资人总是投现任经理人的票,除非潜在竞争收购者以超过被动投资人的保留价格的出价收买股票。

假设潜在对手获得控制权后,私人收益是 B。他为了确保得到企业的控制权,必须获得至少 50% 的股份(因为被动投资者都将票数投给在任者)。设潜在对手提供的收购溢价总额是 P,在这个总价格水平下,被动投资者出让股票的百分比是 $s(P)$。由此,可以容易地得到潜在对手稳操胜券的最低出价应该满足式子:

$$s(P^*)(1-\alpha)=50\%$$

由上式可得 $P^*=P^*(\alpha)$。这样被动投资者的期望收益为:

$$Y(\alpha)=\Pr(B\geqslant P^*(\alpha))\cdot P^*(\alpha)$$

其中,$\Pr(B\geqslant P^*(\alpha))$ 表示被动投资者获得 $P^*(\alpha)$ 的概率。

在上述分析框架的基础上,斯图茨指出,企业的经理人必定会选择最优的持股比例 α 来最大化被动投资者的期望收益 $Y(\alpha)$,以击败潜在对手的收购行为。他研究了几种改变 α 的办法,其中的一种办法就是通过改变企业的资本结构来改变经理人的持股比例 α。该思路同哈利斯和雷维吾的很类似。

可以看出,上面两个模型的基本思路非常相似,都是从讨论企业控制权的最优分配出发,得出一定的控制权分配结构,然后再联系企业的资本结构,即选择一定的资本结构来对应前面的控制权结构。所不同的是,两个模型在目标函数上有着一定的差异,哈利斯和雷维吾模型是以最大化经理人的期望效用为目标来得出最优的控制权结构,而斯图茨模型是以最大化被动投资者的期望收益为目标来得出最优的控制权结构。

二、引入不完全契约观点的控制权理论

前述的两个模型是控制权理论的早期贡献,它们都注意到了企业控制权的安排和企业资本结构选择之间的密切关系,但是忽略了一个重要的事实,即在契约理论看来,企业控制权的不同安排实际上就是一组组不同的契约安排。因此,在讨论企业控制权的安排和企业资本结构选择之间的关系时,不考虑控制权安排的契约本质是不太合适的。

通过引入不完全契约观点,阿洪和博尔顿(Aghion 和 Bolton,1992)将控制权理论的研究又大大地推进了一步。阿洪和博尔顿认为,对于契约中没有明确规定的场合,控制权如何分配就显得尤为重要。公司治理的一个很重要的方面就是控制权如何分配,或者公司内部的控制权按照怎样的规则进行分配,而选择怎样的资本结构实际上就是选择了一种控制权分配的规则。阿洪和博尔顿模型正是在这个基本思路下,分析了三种最优的控制权的分配以及相对应的资本结构模式。

假设企业的主要利益相关者是企业的经理人 E 和企业的外部投资者 I(包括

股东和债权人)。在时期 $t=0$ 时经理人进行一项投资;在时期 $t=1$ 时自然状态 θ 实现,并且外部投资者得到一个信号 s(比如经理人分派的红利);在时期 $t=1$ 和 $t=2$ 之间经理人做出了一定的行动 a,并在时期 $t=2$ 时企业实现收益 r。

经理人和外部投资者的利益冲突来自两者的目标是不同的。经理人不仅关心项目的收益还关心自己的私人利益 $l(a,\theta)$。而外部投资者只是关心项目的盈利。假定自然状态只有两种:g,b,分别代表好的自然状态和坏的状态。a_g 表示自然状态是 g 时经理人的最优行动,a_b 表示自然状态是 b 时经理人的最优行动。信号也只有两种 $s=1$ 或者 $s=0$,分别表示好的信号和坏的信号。β^g,β^b 分别表示当自然状态是 g 或 b 时出现好信号 $s=1$ 的概率,并且前者大于 0.5,后者小于 0.5。项目的期望收益 y_j^i 表示为:

$$y_j^i = E(r \mid i, a_j), \quad 其中, i,j = g,b$$

上式的含义是当自然状态是 i 并且经理人的行动是 a_j 时候的项目收益的均值。

假设经理人的报酬是项目收益的线性函数,即 ηy_j^i,其中常数 η 代表经理人分享项目收益的份额。那么,我们可以分别得到经理人和外部投资人的目标函数(即效用函数)如下:

经理人的目标函数为

$$\eta y_j^i + l_j^i \tag{2}$$

外部投资人的目标函数为

$$(1-\eta) y_j^i \tag{3}$$

在此模型中,经理人的最优行动是最大化自己和外部投资者的总效用。于是,在以上模型框架的基础上,阿洪和博尔顿研究得出了下面三个重要的结论:

结论一:如果 $l_g^g > l_b^g, l_b^b > l_g^b$(上标表示自然状态,下标表示行动选择),那么经理人掌握企业的控制权就是最优的。此结论的含义是,当 $l_g^g > l_b^g, l_b^b > l_g^b$ 时,经理人的私人利益与整体利益的变化方向是一致的。显然,经理人最大化个人效用的同时也正好最大化了整体福利。所以让经理人掌握控制权是有效率的一种控制权安排。

结论二:如果 $y_g^g > y_b^g, y_b^b > y_g^b$,则企业最优的控制权安排是让外部投资者掌握控制权。此结论是指,如果外部投资人的利益和整体的利益一致,那么最好的控制权安排就是将控制权交给外部投资者。

结论三:如果结论一和二的条件都不满足,也就是说经理人的私人利益和外部投资者的利益都与整体利益的变化不一致,那么当 $(\beta^g,\beta^b) \to (1,0)$ 时,相机转移控制权就是最优的,即如果 $\beta^g \to 1$ 且 $\beta^b \to 0$,则当 $s=1$ 时应由经理人掌握控制权,当 $s=0$ 时应由外部投资者掌握控制权。结论三是指:当经理人的私人利益和外部投资者的利益都和整体利益冲突时,无论将控制权交给哪一方都是无效率的,具体的情形需要看怎样的信号出现。结论中的条件 $(\beta^g,\beta^b) \to (1,0)$ 的经济含义是当自然

状态是 g 的时候,好信号 $s=1$ 出现的概率很大,接近于必然事件。同时当自然状态是 b 的时候,好信号 $s=1$ 出现的概率很小,接近于不可能事件。这就说明自然状态的好坏和信号发送的好坏之间的相关程度很大,通过信号可以比较准确地了解自然状态的情况,这几乎等于可以直接观察到自然状态。阿洪和博尔顿证明这种情况下,相机转移控制权是最优的。

本模型对应的资本结构的含义就是:当外部投资者掌握企业的控制权是最优时,那么,企业就应该用普通股来融资。如果企业的经理人掌握控制权是最优时,则融资手段应该采用优先股。如果相机转移控制权(特别是根据企业履行债务合约的情况来相机转移)是最优的治理结构安排,那么企业的总融资中必须要有一定的债务融资规模,当然本模型并没有继续深入地讨论债务的具体规模。

值得指出的是,卡普兰和斯特伯格(Kaplan 和 Stromberg,2001)的实证研究成果对阿洪和博尔顿理论模型的结论给出了有力的支持。

三、引入公司清算与债务融资规模的控制权理论

从阿洪和博尔顿模型可知,当相机转移控制权是最优的治理结构安排时,对应的资本结构中必须包含一定规模的债务融资。哈特模型(Hart,1995)对阿洪和博尔顿模型做出了进一步的发展,它明确地指出了不同情况下具体的公司最优债务融资规模的大小。

我们知道现在的公众型公司(拥有众多股东的公司)都面临着一个普遍的问题,即所有权和控制权分别掌握在不同的人手上。一般说来,所有权属于外部投资者,但是控制权却在经理人手中。在这种情况下,很容易发生的事情是经理人有可能以损失所有者的利益为代价来为自己谋私利。外部投资者有两种方法约束经理人的自利行为,其一是采取激励合同保证经理人的行为取向自动和公司的所有者的目标一致,这就是著名的委托—代理模型的基本思想。这里的激励合同通常是一种完全契约的思想。其二是通过资本结构的设计来约束经理人。由于契约实际上不可能完备,外部投资者和经理人之间无法对各种企业事务作巨细无遗的约定。而在研究选择一定的资本结构来约束经理人的行为时通常承认契约的不完备性,由此它便成为另外一条研究思路,即不完全契约的思路。

哈特的文章在契约不完全的前提下,将经理人与外部投资者之间的利益冲突集中表现在"公司到底是应该继续经营,还是被清算"的问题上。经理人为了维护自己的既得利益——控制权收益,就有可能在公司需要清算的时候还继续维持公司的经营;或者外部投资者有可能在公司还可以继续经营的时候却将其清算掉,以便从清算中获得更大的经济利益。在契约不完全的条件下,哈特认为债务融资可以起到比激励合约更好的约束作用,以避免上述情况的发生。

模型假设资本结构选择的目标是企业价值的最大化。企业的延续期是三期,

在第一期企业选择一定的资本结构;第二期企业的现有资产的回报是 y_2,如果此时企业清算,可以得到 L;第三期企业的现有资产的回报是 y_3。第二期后经理人和市场之间的信息集相同。显然,如果 y_2, y_3, L 的情况可以由第三方证实,那么激励合约就可以达到企业价值最大化的要求。但是现实的情况往往不是如此,那就需要我们必须找到一种可以由第三方证实的信号,这很容易想到的就是公司付给投资人的回报,因为这些信息是必须向公众公开的。此外,假定公司第二期需要偿还的债务是 P_2(表示短期债务),第三期需要偿还的债务是 P_3(表示长期债务)。

如果没有破产,则公司的价值为 $y_2 + y_3$。如果破产,公司的价值就变为 $y_2 + L$。现在可以讨论企业的最优资本结构到底是如何决定的。

我们知道在现实中,经理人在第一期对 y_2, y_3, L 是不知情的,因为它们是随机变量。假设只有两种状态 A 和 B,y_2, y_3, L 的取值分别是 (y_2^A, y_3^A, L^A),(y_2^B, y_3^B, L^B)。

首先如果 $y_3^A \geq L^A, y_3^B \geq L^B$,那么最优的资本结构是短期债务量为零。道理很简单,这样可以保证公司不会被破产清算,而此时公司价值最大化的要求就是继续运营下去。如果 $y_3^A \leq L^A, y_3^B \leq L^B$,那么最优的资本结构要求非常高的负债规模。理由是这样可以让企业顺利破产,因为清算比继续营业来得划算。

上面的情况比较特殊,即两种状态下企业在第三期的收入与第二期的清算价值相比,结果是一致的(要么同时大于,要么同时小于)。更为有意义的情况是结果不一致,比如 $y_3^A > L^A, y_3^B < L^B$,或者相反。对于结果不一致的情况必须分三种可能性来讨论。

结论一:如果 $y_2^A + y_3^A > y_2^B + y_3^B$,则最优的资本结构是将短期债务的规模定为 $y_2^A + y_3^A$,长期债务为零。其理由是:如果状态 A 发生,企业选择的资本结构应该能够使得企业可以继续经营下去,这样企业可以获得最大的价值。但是资本结构的选择还必须保证如果状态 B 发生,最大化企业价值的目的要求企业在第二期就清算。我们很容易验证结论一的条件刚好满足上述要求。

结论二:如果 $y_2^A + y_3^A \leq y_2^B + y_3^B$ 且 $y_2^A > Y_2^B$,则最优的资本结构是将短期债务的规模定为 y_2^A,而将长期债务的规模定得很大。其理由是:如果状态 A 发生,最大化企业价值的目的要求企业能够继续经营下去,而如果状态 B 发生,则企业应该选择在第二期清算。同样,我们很容易验证结论二的条件也是满足上述要求的。

结论三:如果 $y_2^A + y_3^A \leq y_2^B + y_3^B$ 且 $y_2^A \leq y_2^B$,则无论将短期的债务和长期的债务定为怎样的水平,都不能够保证状态 A 下企业继续运营下去同时在状态 B 下企业被清算。实际上,结论三的含义就是说没有一种资本结构是最优的,因为没有一种资本结构可以明确地分离出两种不同的状态。我们希望企业在状态 B 下一定可以清算,但是企业在这时清算等价于 $y_2^B < P_2$ 且 $y_2^B + y_3^B < P_2 + P_3$。这同时意味着 $y_2^A < P_2$ 且 $y_2^A + y_3^A < P_2 + P_3$,即在状态 A 下企业也会被清算。同理,我们容易得到如果企业在 A 状态下继续经营,那么它在 B 状态下也一定会继续经营。当然,在这种情况下

如果 A 和 B 两种状态发生的概率是共同知识的话，我们仍然可以依照结论一和结论二的思路给出最优的资本结构。

值得指出的是，哈特分析资本结构的思路是很有启发性的，他不再将研究的视角局限于税收和信息不对称这些很流行的观点上，而是在契约不完全的条件下引入公司继续经营与公司被清算的矛盾，具体探讨公司资本结构的最优债务规模的确定。需要指出的是，这种分析的思路有较强的现实意义。我国现有企业特别是国有企业的实际控制人就是企业的经理人，企业经理人的在职消费（即控制权收益）的确是一个不容忽视的问题。如果我们将模型中的清算值看成是企业的资产用于其他方面的价值或者另外的经理人来管理该企业时企业的价值，那么我们会发现上述模型的结论不仅在一定的程度上可以用来解释我国国企的某些现状，并且对我国国企改革以及资本结构的优化具有启发意义。

参考文献

[1] Aghion, P, and P. Bolton, 1992, "An incomplete contracts approach to financial contracting", *Review of Economic Studies*, 59 473—94

[2] Bradley, M., G..A. Jarrell, and E. Han Kim, 1984, "On the existence of an optimal capital structure: theory and evidence", *Journal of Finance*, 39, 857—880.

[3] Harris, M. and A. Raviv, 1991, "The theory of capital structure", *Journal of Finance* 46, 297—355.

[4] Harris, M. and A. Raviv, 1988, "Corporate control contests and capital structure", *Journal of Financial Economics* 20, 55—86.

[5] Hart, O., 1995, *Firms, Contracts and Financial Structure*, Oxford U. Press.

[6] Hart, O., 1, 2001, NBER working paper #8285.

[7] Holmstrom, B. and J. Tirole, 1989, "The theory of firm", *Handbook of industrial organization*, 61—133.

[8] Modigliani, F. and M. Miller, 1958, "The cost of capital, corporation finance and the theory of investment", *American Economic Review*, 48, 261—275.

[9] Stulz, R., 1988, "Managerial control of voting rights: Financing policies and the market for coporate control", *Journal of Financial Economics*, 20:25—54.

发展中国家政府干预的制度结构[*]

张鹏飞

摘要:二战后,发展中国家纷纷选择建立起了"三位一体"的经济制度:扭曲产品价格并压低要素价格、计划配置资源并剥夺企业微观自主权。本文通过一个两部门模型,研究了发展中国家政府的发展战略和经济制度结构之间的逻辑关系。论文以严谨的数学模型证明了 Lin 等(1996)的结论——这些"貌似无效"的经济制度之所以得以建立并长期存在的根源正是发展中国家政府所追求的"赶超战略"。

关键词:政府干预;制度;三位一体;发展战略;不完全契约
JEL 分类号:L32;L33;L5;H11

一、导　言

经济学文献对于发展中国家的政府干预政策及其经济后果提出了一系列的理论解释。其中,具有较大影响的一类观点认为,政府对经济的干预政策往往是源于政治家或者利益集团自身的利益,而不是出于为企业服务的目的(Shleifer 和 Vishny,1993,1994,1998;Acemoglu,2006)。相关的经验检验也主要在分析政府的干预政策到底是"掠夺之手"(grabbing-hand)还是"辅助之手"(helping-hand),且研究表明多数的政府干预措施都属于前者(如 Djankov 等,2002)。但是,也有一些理论研究认为,政府的经济干预政策往往是源于发展中国家政府的征税能力不足;因而,政府为了集中财政收入,则需要将企业国有化(Esfahani,2000),或者对金融系统进行管制(Gordon 和 Li,2005a,2005b)。

不过,已有的研究均没有回答这样一些问题:即发展中国家的政府为什么会设计出一套如此复杂的经济干预政策?各种干预措施的内部逻辑是什么?如果仅仅是为了寻租或者集中财政收入的话,是否有必要把经济活动的方方面面都"管制"起来?随着干预政策的日益复杂,行政成本必然迅速膨胀,利益集团从干预政策中

---

[*] 原载于《世界经济》2011 年第 11 期。张鹏飞,北京大学经济学院。作者感谢林毅夫、James Robinson、刘明兴、霍德明、潘士远、北京大学中国经济研究中心发展战略研究组所有成员以及匿名审稿人对本文的有益评论和建议。作者还感谢教育部人文社会科学研究一般项目(09YJC790013)的资助。文章中的任何可能错误概由作者本人负责。

所能得到的收益不一定会随着干预复杂程度的增加而增加。此外,为了执行这些干预政策和维系扭曲性的经济制度,政府所付出的行政成本也未必低于建立一套完备的财政税收体系所需的成本。

Lin 等(1996)认为,二战后发展中国家政府所采取的经济发展战略是理解政府干预政策的起因及其制度结构的关键。19 世纪以来,伴随着殖民地国家的独立运动,如何实现国家的工业化并赶超发达国家成为摆在发展中国家的政治领袖和知识分子面前的紧迫课题(Gerschenkron,1962;Lal,1985)。[①]受当时主流意识形态的影响,大多数发展中国家的政府都或多或少地执行了优先发展资本密集型重工业的发展战略。然而,一个经济的最优产业结构是由其要素禀赋结构所内生决定的。在一个经济发展的初期,资本供给严重不足,由市场所形成的资本价格或者利率水平必然相当高,而劳动力丰富,因而相对便宜。也就是说,由于资本相对昂贵,发展资本密集型的重工业部门的成本是极其高昂的。如果依靠市场机制来配置资源,就会诱致轻工业为主导的工业化,从而无法实现重工业优先增长的目标。因此,在一个开放竞争的市场中,政府所要优先发展的资本密集型重工业是不符合该经济的比较优势的,这些产业中的企业是没有自生能力的(Lin, 2003)。[②]

忽视要素禀赋结构的约束而推行超越发展阶段的重工业优先发展战略,是一种"赶超"战略。[③] 实行"赶超"战略的难题是怎样动员资源来支持没有自生能力的资本密集型重工业的发展。首先,需要建立一套不同于市场调节机制的相对价格体系,即提高重工业产品的相对价格,同时人为地降低发展重工业的成本,包括为重工业发展提供廉价的劳动力、资金、原料,以及进口的机器设备。类似干预政策包括:1. 低利率政策;2. 低汇率政策;3. 低工资和能源、原材料低价格政策;4. 低农产品和其他生活必需品及服务价格政策;等等。

[①] 二战后初期的发展经济学为如何实现快速工业化提供了多种思路和政策建议,大体上可以总结为:首先,国内经济和国外先进水平相比是脆弱的,因此需要通过政府政策予以保护;其次,市场机制在动员国内储蓄、提高资本积累方面是无力的,因此有必要采取诸如金融压抑政策以集中金融资源;最后,农业这一传统部门的作用主要表现在为工业化提供剩余劳动力和原始资本积累。这些建议都强调政府干预的作用,并以市场扭曲为代价。同时,战后新独立发展中国家政府在五六十年代的经济政策均表现出了一定程度的相似性,例如对要害部门进行国有化、实行金融压抑政策以干预信贷资金配置、限制资本流动、鼓励进口替代、实行向城市和工业企业倾斜的社会福利政策,等等。Chenery (1961)、Gerschenkron (1962)、Kruger (1992)、Hayami 和 Ruttan (1985)、Lin (2003)等均对此进行了比较全面的总结。

[②] 需要指出的是,本文的模型并不依赖企业缺乏"自生能力"这个假设。

[③] 违背比较优势的发展战略包括社会主义国家和诸如印度等发展中国家所采用的重工业优先发展战略及大部分拉美国家和非洲国家的间接出口补贴战略。另外,违背比较优势的发展战略还包括随着经济的发展,某些产业已经失去了比较优势,但政府还是给予这些产业以保护,大部分经合组织国家对国内农业的保护就属于这个情形(引自林毅夫和刘明兴,"发展战略、经济转型和落后地区发展所面临的挑战"中的脚注,p.430)。如果把经合组织国家的农业解释成劳动密集型的产业,经合组织国家为了保护国内农业,也需要采取某些政府干预措施。当然,由于国内农业总产值占经合组织国家 GDP 的份额很小,因而,经合组织国家仅需通过税收和补贴来扭曲农产品的相对价格就足够了,而无需像发展中国家一样采用进一步的干预措施。

但是,扭曲产品相对价格并压低要素价格的政策环境造成了资金、外汇、原材料、农副产品及各种生活必需品的供给和需求严重不均衡,经济生活中某些领域的短缺伴随着其他一些领域的相对过剩就成为普遍的现象。为了保证紧缺的物资、资源能够配置到政府所优先发展的产业,就需要建立一套与这种政策环境相应的计划配置制度。这些资源计划配置制度包括:1. 金融管理体制;2. 外贸、外汇管理体制;3. 物资管理体制;4. 农产品统购统销制度;等等。

当企业经理人员拥有经营企业的自主决策权时,他就仍然保持着对政府配置到本企业要素的使用权和投资方向的选择权。这时,企业的生产、积累方向未必能符合"赶超战略"的政策目标。事实上,企业经理人员总是倾向于把资源/要素投向到能够生产最大收益的部门。现实中,要素在符合比较优势的轻工业部门的边际产品价值往往高于其在重工业部门的边际产品价值。当政府以重工业为中心时,要素回报率的部门差异导致要素从低回报的重工业部门回流到高回报的轻工业部门,这势必妨碍政府"赶超战略"的实施。为了让企业的投资和生产符合"赶超"的需要,政府就必须最大限度地把私人企业改造成国有制企业,并在此基础上建立统一的指令性生产体制和统收统支的财务体制来尽可能地剥夺企业经理人员的微观决策权。

从以上的分析,我们可以比较清晰地看到从选择重工业优先发展的"赶超战略",到形成扭曲产品相对价格和压低要素价格的宏观政策环境,以及建立高度集中的资源计划配置制度和毫无自主权的微观经营机制这样一个逻辑关系。这是由特定的要素禀赋结构和发展战略之间的不匹配诱发形成的,并最终构成了不可分割的"三位一体"的经济制度结构:扭曲产品相对价格并压低要素价格、计划配置资源和剥夺企业微观决策权。本文将建立一个简单的数学模型来阐述发展中国家的"赶超战略"与政府干预政策和经济制度结构之间的关系。

文章的模型指出,发展中国家的政府为了实现对发达国家的追赶,人为地扶持违背本国比较优势的产业。当发展中国家的"赶超程度"不是很大时,这个国家单靠扭曲产品相对价格就可以实现其既定的"赶超目标"。然而,如果这个发展中国家所追求的"赶超程度"超过扭曲产品相对价格所能实现的"最大赶超程度"时,单靠扭曲产品相对价格并依赖市场经济就无力大规模建立和支撑这些违背本国比较优势的产业/企业了。基于实现"更大程度的赶超"所带来的收益和进一步干预措施所造成的成本之间的权衡,政府可能会借助于压低要素价格、计划配置资源并剥夺企业微观自主权等进一步的干预措施来获得更大的效用。论文的数学模型清楚地表明了发展中国家中大量存在的"貌似无效"的政府干预政策和经济制度结构的深层次根源正是这些国家政府所追求的"赶超战略"。

二、基本模型

考虑一个人均资本存量 $k=K/L$ 的发展中国家,该经济中有两种产品:劳动密集型产品(轻工业产品)1和资本密集型产品(重工业产品)2,它们的外生给定价格分别是 p_1 和 p_2。① 这两种产品的生产函数分别是:$Y_1 = F_1(K_1, L_1)$ 和 $Y_2 = F_2(K_2, L_2)$,其中,K_1 和 L_1 分别表示生产劳动密集型产品1所用的资本和劳动投入,K_2 和 L_2 分别表示生产资本密集型产品2所用的资本和劳动投入。生产函数 $Y_i = F_i(K_i, L_i)$, $i = 1, 2$ 符合新古典假设;即函数 $Y_i = F_i(K_i, L_i)$ 除了满足一次齐次、二阶连续可微的凹函数外,还满足 Inada 条件。我们用 r 表示资本的价格(利率),用 w 表示劳动力的价格(工资率),并将经济的要素价格向量记为 $\omega = (w, r)$。对于任意一个要素价格向量 ω,我们用 $c_i(\omega)$ 表示生产一单位产品 $i = 1, 2$ 的最小成本,并用 $a_i(\omega) = [K_i(\omega), L_i(\omega)]$ 表示成本最小化时生产一单位产品 $i = 1, 2$ 的要素投入组合。两种产品的资本密集度假设要求对任意一个要素价格向量 $\omega = (w, r)$,都满足 $K_1(\omega)/L_1(\omega) < K_2(\omega)/L_2(\omega)$。将 $\hat{\omega} = (\hat{w}, \hat{r})$ 计为当劳动密集型产品1和资本密集型产品2的价格分别等于生产它们各自的单位成本时的要素价格。关于本文所研究的发展中国家的人均资本存量 $k = K/L$ 和 $\hat{\omega}$ 之间的关系,我们有如下假设。

假设1:$K_1(\hat{\omega})/L_1(\hat{\omega}) < k < K_2(\hat{\omega})/L_2(\hat{\omega})$。

上述假设意味着这个发展中国家在市场经济下既生产劳动密集型的产品1,又生产资本密集型的产品2。当一个发展中国家的要素禀赋 (K, L) 位于多样化锥 $K_1(\hat{\omega})/L_1(\hat{\omega}) < k < K_2(\hat{\omega})/L_2(\hat{\omega})$ 时,我们可以求出市场经济条件下(不存在扭曲情形下)资本和劳动的均衡价格 $\omega^* = (w^*, r^*)$,均衡的要素配置 $K_i^* > 0$、$L_i^* > 0$,以及均衡的产出水平 $Q_i^* = F_i(K_i^*, L_i^*)$ $(i = 1, 2)$。② 新古典生产函数假设意味着资本密集型和劳动密集型企业在市场经济条件下均衡的利润都是0。进一步地,根据 Rybcszynski 定理,随着发展中国家的资本积累所带来的要素禀赋结构的提升(即 $k = K/L$ 的增加),资本密集型产品的均衡产量 Q_2^* 会越来越多,而劳动密集型产品的均衡产量 Q_1^* 会越来越少。并且,只要这个发展中国家的要素禀赋还是位于这个多样化锥中(即 $K_1(\hat{\omega})/L_1(\hat{\omega}) < k < K_2(\hat{\omega})/L_2(\hat{\omega})$),那么,市场经济条件下,无论是均衡的要素价格 $\omega^* = (w^*, r^*)$,还是均衡的要素密集度 K_i^*/L_i^*, $i = 1, 2$,都不会随着这个发展中国家的资本积累而发生变化。③

---

① 小国开放情形下,我们很容易接受 p_1 和 p_2 外生给定的假设。在封闭经济的情形下,我们可以将 p_1 和 p_2 解释为由消费者需求所决定的影子价格。
② 我们用 * 代表市场经济条件下不存在扭曲时的均衡。
③ 现实数据表明发展中国家利率和工资率至少在相当长的一段时期是大致不变的。

上述模型设定意味着,在没有政府外部干预的条件下,这个发展中国家的劳动密集型产品 1 的实际产量一定等于市场经济条件下劳动密集型产品 1 的均衡产量 Q_1^*;资本密集型产品 2 的实际产量也一定等于市场经济条件下资本密集型产品 2 的均衡产量 Q_2^*。① 受"赶超战略"的影响,这个发展中国家的政府会偏好于生产更多的资本密集型产品 2。② 而政府需要提高资本密集型产品 2 的产量就一定需要对经济进行某种制度上的干预。在以下部分中,我们重点分析政府干预的制度结构如何内生于政府的"赶超战略"。

三、"赶超战略"与发展中国家的经济制度

我们假设发展中国家的政府可以由一个代表性的政治家(g)所描述。这个政治家只关心两个变量:他自己国家的资本密集型产品 2 的实际产量 Q_2,除此之外,他还关心政府对劳动密集型企业所征的税收率 $\tau_1 \geq 0$。当劳动密集型企业的实际产量等于 Q_1 时,政府从劳动密集型企业所征的税收为 $T = \tau_1 Q_1$。政府对资本密集型企业的补贴率为 $\tau_2 \geq 0$,总补贴为 S,政府预算平衡要求 $S = T$。类似 Shleifer 和 Vishny(1994)的假设,我们可以把发展中国家的政治家的效用函数简单表示为:

$$U_g = \Phi(Q_2) - \Psi(\tau_1) \tag{1}$$

其中,$\Phi(Q_2)$ 表示政治家从实施"赶超战略"中获得的收益,$\Psi(\tau_1)$ 表示政府从劳动密集型企业 1 征税而给政治家带来的政治成本。③ 我们需要进一步对政治家的效用函数进行假设。我们假设

$$\frac{\partial \Phi(Q_2)}{\partial Q_2} > 0$$

在其他条件相同的情形下,选择"赶超战略"国家的资本密集型产品 2 实际产量 Q_2 越大,这个国家政治家从"赶超战略"中获得的效用也越大;我们假设

$$\frac{\partial^2 \Phi(Q_2)}{\partial (Q_2)^2} < 0$$

资本密集型产品 2 实际产量 Q_2 的增加给该国政治家所带来的边际效用是递减的。我们还假设:当 $\tau_1 > 0$ 时

---

① 我们可以将 (Q_1^*, Q_2^*) 定义为这个要素禀赋 (K, L) 位于多样化锥

$$\frac{K_1(\hat{\omega})}{L_1(\hat{\omega})} < k < \frac{K_2(\hat{\omega})}{L_2(\hat{\omega})}$$

内的发展中国家的最优产业结构。

② 本文的"赶超战略"指的就是发展中国家的政府期望经济中资本密集型产品 2 的实际产量 Q_2 大于市场经济条件下不存在扭曲时资本密集型产品 2 的均衡产量 Q_2^*。偏离的程度越大说明发展中国家的"赶超程度"也越大。

③ $\Psi(\tau_1)$ 也可以解释为政府征税所带来的社会福利损失。

$$\frac{\partial \Psi(\tau_1)}{\partial \tau_1} > 0$$

在其他条件相同的情形下,选择"赶超战略"国家的政治家对劳动密集型企业 1 所征的税率 τ_1 越高,该政治家所获的效用越低;当 $\tau_1 = 0$ 时,

$$\Psi(\tau_1) = 0 \quad \text{且} \quad \frac{\partial \Psi(\tau_1)}{\partial \tau_1} = 0$$

此外,我们还进一步假设

$$\frac{\partial^2 \Psi(\tau_1)}{\partial (\tau_1)^2} > 0$$

它意味着政治家对劳动密集型企业 1 征税所带来的政治成本会随着所征税率 τ_1 的提高而以递增的速度上升。

(一) 扭曲相对价格

面临税率 $\tau_1 \geq 0$ 及补贴率 $\tau_2 \geq 0$ 时,劳动密集型和资本密集型企业所面临的被扭曲后的产品价格分别为 $p_1 - \tau_1$ 和 $p_2 + \tau_2$。在政府只能通过税收和补贴来扭曲产品相对价格时,政府所能实现的最大"赶超"程度可以通过求解如下的非线性规划问题得出。

$$\max_{\tau_1, \tau_2} \Phi[F_2(K_2, L_2)] - \Psi(\tau_1) \tag{2}$$

约束于

$$\tau_2 F_2(K_2, L_2) = \tau_1 F_1(K_1, L_1) \tag{3}$$

$$K_1 + K_2 = K, \quad L_1 + L_2 = L \tag{4}$$

$$(p_2 + \tau_2) \frac{\partial F_2(K_2, L_2)}{\partial K_2} = (p_1 - \tau_1) \frac{\partial F_1(K_1, L_1)}{\partial K_1} \tag{5}$$

$$(p_2 + \tau_2) \frac{\partial F_2(K_2, L_2)}{\partial L_2} = (p_1 - \tau_1) \frac{\partial F_1(K_1, L_1)}{\partial L_1} \tag{6}$$

其中(5)和(6)式是市场配置资源(劳动力 L 和资本 K)时所要求的要素跨部门流动条件。当

$$(p_2 + \tau_2) \frac{\partial F_2(K_2, L_2)}{\partial K_2} < (p_1 - \tau_1) \frac{\partial F_1(K_1, L_1)}{\partial K_1}$$

时,所有的资本都将被市场配置到劳动密集型企业 1,这是追求"赶超战略"的政府

所不愿看到的①;当$(p_2+\tau_2)\frac{\partial F_2(K_2,L_2)}{\partial K_2} > (p_1-\tau_1)\frac{\partial F_1(K_1,L_1)}{\partial K_1}$时,所有的资本都将被市场配置到资本密集型企业2,这时,政府无法满足预算平衡(3)式。将政府预算平衡(3)式及要素市场出清条件(4)式代入政府的目标函数(2),我们可以写出当前非线性规划问题的 Lagrange 函数。

$$\tilde{\Gamma} = \Phi[F_2(K_2,L_2)] - \Psi(\tau_1)$$
$$+ \mu_K \left[\frac{\partial(p_2+\tau_2)F_2(K_2,L_2)}{\partial K_2} - \frac{\partial(p_1-\tau_1)F_1(K_1,L_1)}{\partial K_1} \right]$$
$$+ \mu_L \left[\frac{\partial(p_2+\tau_2)F_2(K_2,L_2)}{\partial L_2} - \frac{\partial(p_1-\tau_1)F_1(K_1,L_1)}{\partial L_1} \right] \quad (7)$$

上述非线性规划问题的一阶条件为:

$$-\frac{\partial \Psi(\tau_1)}{\partial \tau_1} + \mu_K \frac{\partial F_1(K-K_2,L-L_2)}{\partial K_1} + \mu_L \frac{\partial F_1(K-K_2,L-L_2)}{\partial L_1} = 0 \quad (8)$$

$$\frac{\partial \Phi}{\partial Q_2}\frac{\partial F_2(K_2,L_2)}{\partial K_2} + \mu_K \left[(p_2+\tau_2)\frac{\partial^2 F_2(K_2,L_2)}{\partial(K_2)^2} + (p_1-\tau_1)\frac{\partial^2 F_1(K-K_2,L-L_2)}{\partial(K_1)^2} \right]$$
$$+ \mu_L \left[(p_2+\tau_2)\frac{\partial^2 F_2(K_2,L_2)}{\partial K_2 \partial L_2} + (p_1-\tau_1)\frac{\partial^2 F_1(K-K_2,L-L_2)}{\partial K_1 \partial L_1} \right] = 0 \quad (9)$$

$$\frac{\partial \Phi}{\partial Q_2}\frac{\partial F_2(K_2,L_2)}{\partial L_2} + \mu_K \left[(p_2+\tau_2)\frac{\partial^2 F_2(K_2,L_2)}{\partial L_2 \partial K_2} + (p_1-\tau_1)\frac{\partial^2 F_1(K-K_2,L-L_2)}{\partial L_1 \partial K_1} \right]$$
$$+ \mu_L \left[(p_2+\tau_2)\frac{\partial^2 F_2(K_2,L_2)}{\partial(L_2)^2} + (p_1-\tau_1)\frac{\partial^2 F_1(K-K_2,L-L_2)}{\partial(L_1)^2} \right] = 0 \quad (10)$$

根据政府预算平衡条件(3)式、加上(5)和(6)式以及一阶条件(8)、(9)和(10)式,我们可以求解出在政府只能通过税收和补贴扭曲产品相对价格时的最大税率$\tilde{\tau}_1$和最大补贴率$\tilde{\tau}_2$,以及所对应的均衡时的要素配置$\tilde{K}_2$和$\tilde{L}_2$及 Lagrange 乘子μ_K和μ_L②,进而可以求解出政府单靠扭曲产品相对价格所能实现的最大"赶超"程度$\tilde{Q}_2 = F_2(\tilde{K}_2,\tilde{L}_2)$以及政府所能获得的最大效用$\tilde{U}_g$。③ 根据 Rybczynski 定理,政府单靠扭曲产品相对价格所能实现的最大"赶超"程度$\tilde{Q}_2 = F_2(\tilde{K}_2,\tilde{L}_2)$是

---

① 事实上,只要$\tau_1 \geq 0$、$\tau_2 \geq 0$,当发展中国家的要素禀赋位于多样化锥

$$\frac{K_1(\hat{\omega})}{L_1(\hat{\omega})} < k < \frac{K_2(\hat{\omega})}{L_2(\hat{\omega})}$$

内时,就不可能出现

$$(p_2+\tau_2)\partial F_2(K_2,L_2)/\partial K_2 < (p_1-\tau_1)\partial F_1(K_1,L_1)/\partial K_1$$

和

$$(p_2+\tau_2)\partial F_2(K_2,L_2)/\partial K_2 > (p_1-\tau_1)\partial F_1(K_1,L_1)/\partial K_1$$

② 6个方程对应6个未知数,只要给出具体的函数形式,理论上我们可以求出这6个未知数。
③ 我们用~表示政府单靠扭曲产品价格并借助市场经济所能实现的均衡。

这个国家人均要素禀赋 $k = K/L$ 的增函数。综合上述分析,我们有如下的命题:

命题 1:如果发展中国家政府只能通过税收和补贴手段扭曲产品相对价格来实行"赶超战略",政府所期望经济中资本密集型产品 2 的实际产量不可能大于政府单靠扭曲产品相对价格所能实现的最大"赶超程度"$\tilde{Q}_2$;并且,政府所能获得的效用不可能大于政府单靠扭曲产品相对价格所能获得的最大效用 $\tilde{U}_g$。

根据命题 1,我们知道如果发展中国家政府所追求的"赶超程度"不大于其靠扭曲产品相对价格所能实现的最大"赶超程度"$\tilde{Q}_2$,那么,这个发展中国家的政府通过税收和补贴并借助于市场机制就能够实现"赶超"了。① 然而,当发展中国家的人均资本存量 k 非常小时,或者,当追求"赶超战略"的发展中国家政府资本密集型产品 2 的目标产量大于其单靠扭曲产品相对价格所能实现的最大的"赶超程度"$\tilde{Q}_2$ 时,那么,单靠征税 τ_1 和补贴 τ_2 来扭曲产品价格就无法实现政府的"赶超"目标了。这时,政府还可以选择进一步压低利率和工资率来对要素价格进行操纵。

(二) 计划配置资源

当政府对劳动密集型产品 1 进行征税(税率为 $\tilde{\tau}_1$),并对资本密集型产品 2 进行补贴(补贴率为 $\tilde{\tau}_2$)时,劳动密集型产品 1 的价格变为 $p_1 - \tilde{\tau}_1$,资本密集型产品 2 的价格变为 $p_2 + \tilde{\tau}_2$。根据 Stolper-Samuelson 定理,我们知道资本的均衡价格(利率)将上升,即

$$(p_2 + \tilde{\tau}_2) \frac{\partial F_2(\tilde{K}_2, \tilde{L}_2)}{\partial K_2} = \tilde{r} > r^*$$

而劳动的均衡价格(工资率)将下降,即

$$(p_2 + \tilde{\tau}_2) \frac{\partial F_2(\tilde{K}_2, \tilde{L}_2)}{\partial L_2} = \tilde{w} < w^*$$

给定产品价格 $p_1 - \tilde{\tau}_1$ 和 $p_2 + \tilde{\tau}_2$,只要政府将工资率压低到均衡工资 $\tilde{w}$ 以下,无论是劳动密集型企业 1 还是资本密集型企业 2 都存在着对劳动力的过度需求;并且,只要政府将利率压低到均衡利率 $\tilde{r}$ 以下,无论是劳动密集型企业 1 还是资本密集型企业 2 都存在着对资本的过度需求。政府为了优先发展资本密集型企业 2,就必须对资本和劳动力进行计划配置。在"赶超战略"下,这种扭曲产品价格并进一步压低要素价格的政策造成了要素供给和需求之间的不平衡,经济生活中的某

---

① 我们感谢一位匿名审稿人提醒我们注意到韩国 20 世纪 80 年代的"赶超"并没有剥夺企业微观决策权。

些领域短缺和其他一些领域相对过剩的共存就成为普遍的现象了。① 因而,为了保证资源能够优先配置到政府所要大力发展的资本密集型部门2,就需要建立一套与这种政策环境相适应的资源计划配置制度。综合本部分的分析,我们可以得到如下的引理。

引理1:给定政府扭曲的产品相对价格 $p_1 - \tilde{\tau}_1$ 和 $p_2 + \tilde{\tau}_2$,以及内生决定的均衡要素价格 $\tilde{r}$ 和 $\tilde{w}$,只要发展中国家政府将要素价格压低到均衡要素价格 $\tilde{r}$ 和/或 $\tilde{w}$ 之下,无论是劳动密集型企业1还是资本密集型企业2都存在着对价格被压低的要素(资本和/或劳动力)的过度需求。因而,为了保证资源能够优先配置到政府所要大力发展的资本密集型部门2,政府需要对要素(资本和/或劳动力)进行计划配置。

在资源计划配置的情形下,只要要素边际产品价值在两个部门不相等,该要素就有跨部门流动的动力。现实中,计划配置后的资本在资本密集型部门2的边际回报一般小于它在劳动密集型部门1的边际回报,因而,计划配置到资本密集型部门2的资本会回流到劳动密集型部门1。这势必妨碍政府"赶超战略"的实施。考虑到计划配置后的资源可能被资本密集型企业2的经理人员挪作他用,追求"赶超战略"的发展中国家的政府可能会选择剥夺企业自主权的策略。至此,我们需要引进企业经理人员的效用(目标)函数,并借用不完全契约理论(Grossman 和 Hart,1986;Hart 和 Moore,1990)来分析企业经理人员和政府之间的(策略)行为。②

(三)剥夺企业自主权

我们假设经济中存在两个异质性的企业经理人员,企业经理人员1和企业经理人员2。企业经理人员1只能经营劳动密集型企业1,而企业经理人员2只能经营资本密集型企业2。为了模型简化起见,我们假设经营劳动密集型企业1无需企业经理人员任何付出;劳动密集型企业经理人员1所做的工作仅仅只是在既定的产品价格下追求利润最大化。新古典生产函数意味着劳动密集型企业1的利润要么等于0,要么等于∞。

我们假设企业经理人员2的效用函数为 $U_{m2} = b - \chi(e)$。③ 其中 b 为企业经理

---

① 例如:当政府配置到资本密集型部门2的资本大于 $\tilde{K}_2$、劳动力等于 $\tilde{L}_2$ 时(剩余的资本和劳动则被配置到劳动密集型部门1);这时,劳动密集型企业1存在对资本的过度需求,而资本密集型企业2则面临资本过度供给。

② 作为不完全契约理论的应用,Hart 等(1997)用它分析了政府的适当范围及监狱服务的私人提供问题;Acemoglu 等(2007)则分析了一个国家制度与这个国家采纳技术及生产率之间的关系。

③ 均衡时,只要资本密集型企业2的利润等于0(符合新古典生产函数假定),即使我们允许资本密集型企业2的部分利润进入企业经理人员2的效用函数,本文模型的定性结论都不受影响。关于允许企业部分利润进入企业经理人员效用函数的详细分析,请参见 Lin 和 Zhang(2007)。

人员2从政府获得的一次性补助。① 当企业经理人员2拥有自主权时,他无需付出任何努力($e=0$)去执行政府的意愿。当企业经理人员2被剥夺自主权时,$e\in[0,1]$表示企业经理人员2按照政府意愿使用配置到本企业的要素生产资本密集型产品2所付出的努力。当企业经理人员2被剥夺自主权时,给定政府配置到资本密集型企业的要素数量(K_2,L_2),如果企业经理人员2为执行政府意愿而付出的努力等于e,资本密集型企业2的实际产量等于$eF_2(K_2,L_2)$。剩余的$(1-e)F_2(K_2,L_2)$部分是政府剥夺企业自主权所带来的无谓损失。② 契约理论的标准假设意味着

$$\chi(0)=0,\quad d\chi(e)/de>0,\quad d^2\chi(e)/de^2>0$$

不失一般性,我们假设两个企业经营人员的保留效用都等于0。

按照不完全契约理论的标准设定,我们假设企业经理人员2所付出的执行政府意愿的努力e可观察,但无法为第三方证实;此外,我们还假设被配置到资本密集型企业2的资本和劳动力应该如何使用以及该企业的最终产量都无法明确写进契约。③ 当企业经理人员2拥有自主权时,企业经理人员无需付出任何努力去执行政府意愿($e=0$),该企业经理人员有权决定被配置到本企业要素的最优使用及资本密集型产品的最终产量。而当政府剥夺企业经理人员的自主权时,资本密集型产品2的最终产量则依赖于企业经理人员2执行政府意愿所付出的努力e以及政府配置到该企业的要素数量(K_2,L_2)。关于事件发生的先后顺序,我们有如下的假设:

```
|──────────────────|──────────────────|
t=0               t=1/2              t=1
```

$t=0$:政府确定产品价格和要素价格,并确定配置到资本密集型企业2的要素数量(剩余的要素则被配置到劳动密集型企业1);此外,政府还决定是否剥夺企业的自主权。

$t=1/2$:当政府剥夺资本密集型企业经理人员2的自主权时,资本密集型企业经理人员2决定执行政府意愿而付出的努力e;政府决定配置到资本密集型企业2的要素数量;当资本密集型企业经理人员2拥有自主权时,该企业经理人员决定配置到本企业要素的最优使用及资本密集型产品的产量。资本密集型企业经理人员2和政府在$t=1/2$时刻的决策还依赖于$t=1$时刻双方是否进行重新谈判。

$t=1$:资本密集型企业经理人员和政府就e及配置到资本密集型企业2的要素

---

① 这时,政府的预算平衡等式变为
$$\tau_2 F_2(K_2,L_2)=\tau_1 F_1(K_1,L_1)+b$$

② 当企业经理人员2被剥夺自主权并付出努力e时,新古典生产函数意味着政府配置到资本密集型企业要素(K_2,L_2)所能发挥作用的实际数量为(eK_2,eL_2)。

③ 其中隐含的假设是:被配置到劳动密集型企业1的资本和劳动力应该如何使用以及该企业的最终产量都无法写进契约。值得指出的是:现实中发展中国家政府可以建立户籍、人事档案等相应的制度来限制劳动力跨部门流动。

数量决定是否进行重新谈判。① 重新谈判时,企业经理人员 2 没有任何谈判势力。②

我们现在分别求解企业经理人员 2 拥有自主权和政府剥夺企业经理人员 2 自主权时的子博弈完美均衡。政府是否选择剥夺企业经理人员 2 的自主权取决于政治家在不同均衡下所能获得效用的大小。

1. 企业经理人员 2 拥有自主权

由于政府给企业经理人员 2 的一次性补助 b 不影响企业经理人员 2 的边际决策,并且,企业经理人员拥有自主权时无需付出任何努力($e=0$)去执行政府的意愿。$\chi(0)=0$ 及企业经理人员 2 的个人理性约束意味着政府无需给企业经理人员 2 一次性补助($b=0$)。当企业经营人员有权决定被配置到本企业要素的最优用途时,要素跨部门流动条件要求

$$(p_2+\tau_2)\frac{\partial F_2}{\partial K_2}=(p_1-\tau_1)\frac{\partial F_1}{\partial K_1},\quad (p_2+\tau_2)\frac{\partial F_2}{\partial L_2}=(p_1-\tau_1)\frac{\partial F_1}{\partial L_1}$$

均衡时劳动密集型企业利润等于 0 要求

$$(p_1-\tau_1)\frac{\partial F_1}{\partial L_1}=w_1$$

和

$$(p_1-\tau_1)\frac{\partial F_1}{\partial K_1}=r_1。$$

当企业经理人员 2 拥有自主权时,政府的最优化问题可以表示为如下的非线性规划问题。

$$\max_{\tau_1,\tau_2,K_2,L_2,w_1,r_1,w_2,r_2}\Phi[F_2(K_2,L_2)]-\Psi(\tau_1) \tag{11}$$

约束于

$$\tau_2 F_2(K_2,L_2)+b=\tau_1 F_1(K_1,L_1) \tag{12}$$

$$K_1+K_2=K,\quad L_1+L_2=L \tag{13}$$

$$(p_2+\tau_2)\frac{\partial F_2(K_2,L_2)}{\partial K_2}=(p_1-\tau_1)\frac{\partial F_1(K_1,L_1)}{\partial K_1}=r_1 \tag{14}$$

$$(p_2+\tau_2)\frac{\partial F_2(K_2,L_2)}{\partial L_2}=(p_1-\tau_1)\frac{\partial F_1(K_1,L_1)}{\partial L_1}=w_1 \tag{15}$$

将 $b=0$ 代入上述非线性规划问题,我们发现当 $w_1=w_2$ 并且 $r_1=r_2$ 时,上述非

---

① 我们很容易将本文的政府和企业经理人员 2 两人之间的策略行为推广到包括企业经理人员 1 在内的三人之间的策略行为,具体分析请参见 Lin 和 Zhang(2007)。不过,Lin 和 Zhang(2007)并没有考虑企业经理人员 2 执行政府意愿所付出的努力 e。

② 这个假设仅仅是为了模型简化的需要。当企业经理人员 2 拥有谈判势力时,我们可以用 Nash 谈判解来求解均衡,这不会影响本文定理 3 的定性结论。

线性规划问题完全等价于政府单靠扭曲产品价格实现"赶超"时的非线性规划问题。① 否则,当 $w_1 \neq w_2$ 和/或 $r_1 \neq r_2$ 时,资本密集型企业要么面临亏损(这时,资本密集型企业的产量等于0),要么获得正利润。企业经理人员2获取正利润无助于提高资本密集型产品2的均衡产量,因此,政府设定的均衡要素价格满足 $w_1 = w_2$ 和 $r_1 = r_2$。② 综合上述分析,我们可以得到如下的命题。

命题 2:当企业经理人员2拥有自主权时,即使政府可以压低要素价格并将要素配置到资本密集型企业2,由于要素的跨部门流动,政府所期望经济中资本密集型产品2的实际产量以及所能获得的最大效用还是不可能大于政府单靠扭曲产品相对价格所能实现的最大"赶超程度" $\tilde{Q}_2$ 和所能获得的最大效用 $\tilde{U}_g$。

2. 政府剥夺企业经理人员2的自主权

当政府剥夺企业经理人员2自主权时,重新谈判阶段,政府可以要求企业经理人员付出努力 $e = 1$ 并给企业经理人员2一次性补助 $b = \chi(1)$。③ 当企业经理人员2被剥夺自主权、付出努力 $e = 1$ 且获得一次性补助 $b = \chi(1)$ 时,政府的最优化问题可以表示为如下的非线性规划问题:

$$\max_{\tau_1,\tau_2,K_2,L_2,w_1,r_1,w_2,r_2} \Phi[F_2(K_2,L_2)] - \Psi(\tau_1) \tag{16}$$

约束于

$$\tau_2 F_2(K_2,L_2) + b = \tau_1 F_1(K_1,L_1) \tag{17}$$

$$K_1 + K_2 = K, \quad L_1 + L_2 = L \tag{18}$$

$$(p_1 - \tau_1)\frac{\partial F_1(K_1,L_1)}{\partial K_1} = r_1 \tag{19}$$

$$(p_2 + \tau_2)\frac{\partial F_2(K_2,L_2)}{\partial K_2} = r_2 \tag{20}$$

$$(p_1 - \tau_1)\frac{\partial F_1(K_1,L_1)}{\partial L_1} = w_1 \tag{21}$$

$$(p_2 + \tau_2)\frac{\partial F_2(K_2,L_2)}{\partial L_2} = w_2 \tag{22}$$

政府可以压低资本密集型企业2所面临的要素价格意味着均衡时对资本密集

---

① 这时,资本密集型企业所能获得的利润等于0。
② 即使政府选择压低资本密集型企业2所面临的要素价格($w_1 > w_2$ 和/或 $r_1 > r_2$),只要企业经理人员拥有自主权,要素跨部门流动条件

$$(p_2 + \tau_2)\partial F_2(K_2,L_2)/\partial K_2 = (p_1 - \tau_1)\partial F_1(K_1,L_1)/\partial K_1$$
$$(p_2 + \tau_2)\partial F_2(K_2,L_2)/\partial L_2 = (p_1 - \tau_1)\partial F_1(K_1,L_1)/\partial L_1$$

仍然成立。这时,压低资本密集型企业2所面临的要素价格除了降低资本密集型企业2的成本并让资本密集型企业2获得正利润外,并不能增加资本密集型产品2的产量。
③ 政府给企业经理人员2的一次性补助可以解释为资本密集型企业2所面临的预算软约束(Kornai, 1986)。

型企业 2 的价格补贴等于 0，即 $\bar{\tau}_2 = 0$。① 将 $\bar{\tau}_2 = 0$ 代入政府预算平衡(17)式，并将要素市场出清条件(18)式代入政府的目标函数(16)，我们可以写出当前非线性规划问题的 Lagrange 函数。

$$\bar{\Gamma} = \Phi[F_2(K_2, L_2)] - \Psi(\tau_1) + \mu_b[\tau_1 F_1(K - K_2, L - L_2) - \chi(1)] \quad (23)$$

上述非线性规划问题的一阶条件为：

$$-\frac{\partial \Psi(\tau_1)}{\partial \tau_1} + \mu_b F_1(K - K_2, L - L_2) = 0 \quad (24)$$

$$\frac{\partial \Phi}{\partial Q_2}\frac{\partial F_2(K_2, L_2)}{\partial K_2} - \mu_b \tau_1 \frac{\partial F_1(K - K_2, L - L_2)}{\partial K_1} = 0 \quad (25)$$

$$\frac{\partial \Phi}{\partial Q_2}\frac{\partial F_2(K_2, L_2)}{\partial L_2} - \mu_b \tau_1 \frac{\partial F_1(K - K_2, L - L_2)}{\partial L_1} = 0 \quad (26)$$

根据政府预算平衡条件(17)式，加上一阶条件(24)、(25)和(26)式，我们可以求解出政府剥夺企业自主权时对劳动密集型企业 1 所征的税率 $\bar{\tau}_1$，对资本密集型企业 2 的补贴率 $\bar{\tau}_2 = 0$，以及所对应的均衡时的要素配置 $\bar{K}_2$、$\bar{L}_2$ 及 Lagrange 乘子 μ_b。② 进而可以求解出政府在剥夺企业自主权时所能实现的最大"赶超"程度 $\bar{Q}_2 = F_2(\bar{K}_2, \bar{L}_2)$ 以及政府所能获得的最大效用 $\bar{U}_g$（劳动密集型企业 1 和资本密集企业 2 所面临的要素价格 $\bar{r}_1$、$\bar{r}_2$、$\bar{w}_1$ 和 $\bar{w}_2$ 分别由(19)、(20)、(21)和(22)式决定）。综合上述分析，我们有如下的命题：

命题 3：当发展中国家政府能够通过扭曲产品价格并压低要素价格、计划配置资源及剥夺企业自主权来实行"赶超战略"时，政府所期望经济中资本密集型产品 2 的实际产量不可能大于 $\bar{Q}_2$；这时，政府所能获得的效用不可能大于 $\bar{U}_g$。

均衡时，资本密集型企业 2 所面临的利率为

$$\frac{p_2 \partial F_2(\bar{K}_2, \bar{L}_2)}{\partial K_2} = \bar{r}_2$$

劳动密集型企业 1 所面临的利率为

$$\frac{(p_1 - \bar{\tau}_1)\partial F_1(\bar{K}_1, \bar{L}_1)}{\partial K_1} = \bar{r}_1$$

即使

$$\bar{r}_2 < \bar{r}_1$$

由于政府剥夺企业经理人员 2 的自主权，政府计划配置到资本密集型企业 2 的资本还是无法流到劳动密集型企业 1。因而，剥夺企业自主权能够保证经济中生产

---

① 我们用"—"表示剥夺企业自主权时的均衡。
② 4 个方程对应 4 个未知数，只要给出具体的函数形式，理论上我们可以求出这 4 个未知数。

出更多的资本密集型产品2，$\bar{Q}_2 > \tilde{Q}_2$。然而，剥夺企业自主权并不意味着政府就一定能够获得更大的效用。根据包络定理，我们发现剥夺企业自主权时，$\bar{U}_g$是政府给企业经理人员2一次性补助$\bar{b} = \chi(1)$的减函数，因此，企业经理人员2执行政府意愿所付出的努力成本$\chi(e)$越大，政府更倾向于不剥夺企业自主权。① 通过对比命题1和命题2，我们可以得到如下的命题：

命题4：(1) 当企业经理人员2执行政府意愿所付出的最大努力成本$\bar{b} = \chi(1)$小于某一临界值$\underline{\chi} \in (0, \tilde{\tau}_2 \tilde{Q}_2]$时，追求"赶超战略"的发展中国家政府倾向于剥夺企业自主权，这时，政府所能实现的最大"赶超程度"$\bar{Q}_2$大于其单靠扭曲产品价格所能实现的"最大赶超程度"$\tilde{Q}_2$，$\bar{Q}_2 > \tilde{Q}_2$；并且，政府能够获得的效用$\bar{U}_g$大于其单靠扭曲产品价格所能获得的效用$\tilde{U}_g$，$\bar{U}_g > \tilde{U}_g$。(2) 然而，当企业经理人员2执行政府意愿所付出的最大努力成本$\chi(1)$大于某一临界值$\underline{\chi} \in (0, \tilde{\tau}_2 \tilde{Q}_2]$时，追求"赶超战略"的发展中国家政府通过剥夺企业自主权即使能够实现更大程度的"赶超"，$\bar{Q}_2 > \tilde{Q}_2$，然而，由于政府所能获得的效用$\bar{U}_g$小于单靠扭曲产品价格所能获得的效用$\tilde{U}_g$，$\bar{U}_g < \tilde{U}_g$；因而，政府选择不剥夺企业经理人员的自主权。

四、结 语

本文的模型将政府干预的制度结构概括为扭曲产品相对价格并压低要素价格、计划配置资源和剥夺企业自主权的微观经营机制三个方面，并研究了政府"赶超战略"与发展中国家的制度结构形成之间的逻辑关系。模型说明，如果发展中国家政府所追求的"赶超程度"不是非常大时，或者当发展中国家的要素禀赋中资本相对丰裕时，单靠扭曲产品价格并依靠市场机制本身就可以实现既定程度的赶超了。然而，如果追求"赶超战略"的发展中国家要素禀赋中资本相对稀缺时，或者这个发展中国家政府所追求的"赶超程度"非常大时，单靠扭曲产品价格本身无法实现政府的"赶超"目标；这时，压低要素价格、计划配置资源和剥夺企业微观自主权就成为政府实现更大"赶超程度"并获得更大效用不可或缺的政策工具了。然而，政府是否会通过压低要素价格、计划配置资源并剥夺企业微观自主权来实现"更大程度的赶超"则依赖于实现"更大程度的赶超"所带来的收益和进一步干预措施所造成的成本之间的权衡。当实现"更大程度的赶超"所带来的收益超过进一步干预措施所造成的成本时，政府会选择压低要素价格、计划配置资源并剥夺企

---

① 如果将$\chi(e)$理解为由市场分散决策变为政府集中决策所带来的效率损失，那么，这个效率损失越大，政府就越不愿意剥夺企业自主权。

业微观自主权等进一步的干预措施来追求"更大程度的赶超"并获得更大的效用。

论文的数学模型证实了 Lin 等（1996）的结论——这种"三位一体"的制度结构根源于发展中国家政府的"赶超战略"，并清楚地表明了发展中国家中大量存在的"貌似无效"的政府干预政策和经济制度结构的深层次根源正是这些国家政府所追求的"赶超战略"。有鉴于此，追求"赶超战略"的发展中国家惟有彻底放弃"赶超战略"才能使本国全面摆脱这些"貌似无效"经济制度的束缚。

参 考 文 献

［1］ 林毅夫和刘明兴（2003）：《发展战略、经济转型和落后地区发展所面临的挑战》，载林毅夫，《自生能力、经济发展与转型：理论与实证》，北京大学出版社，2004 年，第 425—451 页。

［2］ Acemoglu, D. "A Simple Model of Inefficient Institutions." *Scandinavian Journal of Economics*, 2006, Vol. 108, pp. 515—546.

［3］ Acemoglu, D., Antràs, P. and Helpman, E. "Contracts and Technology Adoption." *American Economic Review*, 2007, Vol. 97, pp. 916—943.

［4］ Chenery, H. B. "Comparative Advantage and Development Policy." *American Economic Review*, 1961, Vol. 51, pp. 18—51.

［5］ Djankov, S. La Porta, R. Lopez-de-Silanes, F. and Shleifer, A. "Regulation of Entry." *Quarterly Journal of Economics*, 2002, Vol. 117, pp. 1—37.

［6］ Esfahani, H. S. "Institutions and government controls", *Journal of Development Economics*, 2000, Vol. 63, pp. 197—229.

［7］ Hayami, Y and Ruttan, V. W. *Agricultural Development: An International Perspective* (Revised and Expanded), Baltimore, MD: Johns Hopkins University Press, 1985.

［8］ Gerschenkron, A. *Economic Backwardness in Historical Perspective*, Harvard University Press, Cambridge MA, 1962.

［9］ Gordon, R. and Li, W. "Tax Structure in Developing Countries: Many Puzzles and a Possible Explanation", NBER Working Paper No. 11267, 2005a.

［10］ ——. "Financial, Taxation, and Regulatory Structures in Developing Countries", Memo, 2005b.

［11］ Grossman, S. J. and Hart, O. D. "Costs and Benefits of Ownership: A Theory of Vertical and Lateral Integration." *Journal of Political Economy*, 1986, Vol. 94, pp. 691—719.

［12］ Hart, O. and Moore, J. "Property Rights and the Nature of the Firm." *Journal of Political Economy*, 1990, Vol. 98, pp. 1119—1158.

［13］ Hart, O., Shleifer, A. and Vishny, R. W. "The Proper Scope of Government: Theory and an Application to Prisons." *Quarterly Journal of Economics*, 1997, Vol. 112, pp. 1127—1161.

［14］ Kornai, J. "The Soft Budget Constraint", *Kyklos*, 1986, Vol. 39, pp. 3—30.

［15］ Kruger, A. O. *Economic Policy Reform in Developing Countries*, Oxford: Basil Blackwell, 1992.

［16］ Lal, D. *The Poverty of Development Economics*, Cambridge: Harvard University Press, 1985.

[17] Lin, J. Y. Cai, F. and Li, Z. *China's Miracle: Development Strategy and Economic Reform*, Shanghai. Shanghai Sanlian Press, (Chinese edition), 1994; and the Chinese University of Hong Kong Press, (English edition), 1996.

[18] Lin, J. Y. "Development Strategy, Viability and Economic Convergence." *Economic Development and Cultural Change*, 2003, Vol. 53, pp. 277—308.

[19] Lin, J. Y. and Zhang, P. "Development Strategy and Economic Institutions in Less Developed Countries." Harvard's CID Graduate Student and Postdoctoral Fellow Working Paper No. 17, 2007.

[20] Shleifer, A. and Vishny, R. "Corruption." *Quarterly Journal of Economics*, 1993, Vol. 108, pp. 599—617.

[21] ——. "Politicians and Firms." *Quarterly Journal of Economics*, 1994, Vol. 109, pp. 995—1025.

[22] ——. *The Grabbing Hand: Government Pathologies and their Cures*, Cambridge, MA: Harvard University Press, 1998.

On the Institutional Structure of Government Intervention in Less Developed Countries

ZHANG Pengfei

Abstract: In this paper, we construct a two-sector model to explore the intrinsic logic of institutional structure and government development strategy in less developed countries (LDCs). The distorted institutional structure in many LDCs after the World War II can be largely explained by their governments' adoption of a catch-up strategy to accelerate the growth of capital-intensive, advanced sectors in their countries (Lin, etc., 1996). Many firms in these priority sectors could not be established under laissez faire. Therefore, to maximize resource mobilization for building up the priority sectors, the government needs to institute a regulatory institution, which can be summarized as the trinity of a macro-policy environment of distorted prices for products and depressed prices for essential factors of production, highly centralized planned resource allocation system and a micro-management mechanism in which firms had no autonomy. The present paper verifies Lin, etc. (1996)'s conclusion that the root cause of the above trinity system is the government's catch-up strategy in the LDCs.

Key words: government intervention; institution; trinity system; development strategy; incomplete contract

JEL Classification: L32; L33; L5; H11

农村信贷市场"联保贷款"效应分析*

杜丽群　曹　斌

摘要：信息不对称以及农户信贷规模小、抵押不足等原因,导致农户贷款难。在其他条件难以改变的情况下,若能够有效地增加农村信贷市场中农户的信息透明度,降低正规金融机构对实物抵押品的要求,则可有效地解决农户贷款难问题。正规金融机构通过实行"联保贷款"的信贷政策可以达到这种目的。研究发现,这种信贷政策是缓解中国目前农村农户贷款难问题的一个切实可行的解决办法。

关键词：信息不对称；农村信贷市场；联保贷款

贷款难问题在经济学中也称信贷配给问题。在信贷市场,对货币资金的需求超过对货币资金的供给没有导致借用货币资金的价格——利率的上升,需求缺口与相对较低的利率水平长期并存。这一现象被称为"信贷配给"现象。

中国构建社会主义和谐社会,必须促进农村经济社会全面进步。然而,如何才能更好地加快农村经济社会的全面进步,是一个宏大的系统工程,需要解决诸多问题。农村农户贷款难的问题无疑是这众多问题中比较突出而且十分重要的一个。

一、问题的提出与模型的构建

对中国大部分农村地区而言,正规金融机构对农户的信贷供给表现为"惜贷"。正规金融机构只解决了有限的农户贷款问题,很难满足农户在资金上的需求,特别是在中西部地区,农民得不到贷款的情况更为严重。据资料显示：中国农户的融资来源中,绝大部分来自民间私人借贷①(见表1)。

---

* 原载于《农业经济问题》,2007年第1期。杜丽群,经济学博士,北京大学经济学院副教授,经济史与经济思想史教研室主任,中国信用研究中心副主任；曹斌,经济学硕士,徐州师范大学经济学院教师。

① 2002年后农户从正规金融机构得到的贷款略有增加,这是由于中央的"三农"政策以及部分地区的农村信用社实行了小额农贷和"联保贷款"的信贷政策所致。

表1 1995—2005年农户借贷资金来源　　　　　　　　　　单位:%

借款来源	1995	1996	1997	1998	1999	2000	2001	2002	2003	2004	2005
银行、信用社贷款	24.23	25.42	23.94	20.65	24.43	29.44	29.21	26.09	31.78	30.72	34.20
私人借款	67.75	69.27	70.38	74.29	69.41	68.44	68.70	71.83	63.94	62.98	58.37
其他	8.02	5.31	5.68	5.06	6.16	2.12	2.09	2.08	4.28	6.3	7.43

资料来源:全国农村固定观察点常规调查资料。

那么,为什么正规金融机构不愿意将贷款发放给农户呢?

斯蒂格利茨和韦斯(1981)以信息不对称为基础建立的理论模型对此提供了强有力的解释。而贝斯特尔(1985)关于抵押品在信贷配给中作用的文章从另一角度解释了这个问题。本文的模型就是在斯蒂格利茨和贝斯特尔理论的基础上,根据垄断型信贷市场①的特点及信息不对称的前提条件建立的信贷市场模型。

在信贷市场上,资金供求双方的交易达成过程是在一系列约束条件下,交易双方实现利益最大化的过程。

假设银行贷款利率 R、银行存款利率 r_0 均为外生变量。银行呈风险中性,即在贷款利率外生变量的情况下,银行更愿意贷款给低风险的借款者。

假设在信贷市场中,银行只面对两类借款群体——高风险借款者和低风险借款者。借款者呈风险中性,他们都希望从银行获取资金 $B(B>0)$ 投资一个有风险的项目。他们的项目成功概率分别为 p_1 和 $p_2(0<p_1<p_2<1)$;项目投资成功的收益率分别为 r_1 和 $r_2(0<r_2<r_1)$;项目投资情况只有成功和失败两种,没有中间情况(即项目成功借款者获得的回报为 r_iB,失败则借款完全损失)。每一位借款者知道自己投资项目的风险类型,但是在信息非对称的条件下,银行不能区分他们投资项目的风险类型,但银行知道高风险借款者的比例是 γ,低风险借款者的比例是 $(1-\gamma)$。

在信息不对称的情况下,银行不能准确判断借款者的类型,因此,银行通过在信贷合约中设置贷给概率变量 $\pi(\pi\in[0,1])$ 来减少贷款失误。银行的贷给概率 π 反映了银行的贷款偏好。贷给概率的大小取决于银行对借贷市场整体风险的判断。由于银行呈风险中性,高风险借款者的比例 γ 越大,则 π 越小;反之则相反。

此外,商业银行对每一笔贷款要求一个抵押额度 c。若项目投资失败,商业银行对抵押品进行清算时发生的交易费用为 βc②($\beta\in[0,1]$)。银行对每一笔贷款都具有相同的审查成本 C_a。

这样,在贷款利率是外生变量的假设下,商业银行的贷款方案只能包括贷款量 B、抵押要求 c 和贷给概率 π。

---

① 在垄断型信贷市场中,利率并不是银行所能设计的合约变量。
② Barro, R. J., "The loan market, collateral and rates of interest", *The Journal of Money, Credit and Banking*, 1976(8): pp.439—456.

银行对不同借款者的期望收益函数可以表示为：
$$\pi[p_iBR+(1-p_i)\beta c]-r_0B-C_a$$
银行对整个借款群体贷款的期望收益函数可以表示为：
$$\gamma\{\pi[p_1BR+(1-p_1)\beta c]-r_0B-C_a\}$$
$$+(1-\gamma)\{\pi[p_2BR+(1-p_2)\beta c]-r_0B-C_a\}$$
可以简化为：
$$\pi\{B[p_1\gamma R+p_2(1-\gamma)R-r_0]+\beta c[1-\gamma p_1-(1-\gamma)p_2]-C_a\}$$
银行的期望收益最大，即要使得下面的函数值最大：
$$\pi\{B[p_1\gamma R+p_2(1-\gamma)R-r_0]+\beta c[1-\gamma p_1-(1-\gamma)p_2]-C_a\}$$
在银行贷款没有机会成本的条件下，银行贷款的条件是贷款的预期收益必须大于零（银行贷款的必要条件），即：
$$B[p_1\gamma R+p_2(1-\gamma)R-r_0]+\beta c[1-\gamma p_1-(1-\gamma)p_2]-C_a\geq 0 \quad (1)$$
信贷合约必须是合理的，即是借款者可以接受的。不同类型借款者接受信贷合约的条件（参与条件）为：
$$[p_i(r_i-R)B-(1-p_i)c]\geq 0 \quad (2)$$
贷款合约能否达成，取决于(1)式和(2)式组成的联立方程组能否有解。

二、贷款难问题成因分析

在银行贷款利率为外生变量的情况下，借贷市场是否存在贷款难现象以及程度如何取决于借贷双方参与信贷合约的条件的满足情况，这就需要对模型变量进行进一步讨论。通过对模型的分析可以得到下列命题：

第一，银行对单笔贷款的规模 B 有最小要求。

收益不能为负的约束条件是银行提供贷款的必要条件（即(1)式），可见银行对单笔贷款的规模存在最小要求 $\left(B\geq\dfrac{C_a-\beta c[1-\gamma p_1-(1-\gamma)p_2]}{p_1\gamma R+p_2(1-\gamma)R-r_0}\right)$。在不考虑其他因素时，银行贷款的事前审查成本 C_a 以及事后清算成本 βc 共同决定银行对单笔贷款的规模的最小要求。单笔贷款的审查成本越高、借款者能够提供的抵押品价值越低，银行所要求的贷款申请规模就会越大。

在借款者申请的借款规模不能够满足银行的要求时，便会产生贷款难现象。

第二，银行对抵押品价值 c 有一定要求。

根据(1)式，银行对单笔贷款的抵押品价值的最小要求是 $\left(\beta c\geq\dfrac{C_a-B[p_1\gamma R+p_2(1-\gamma)R-r_0]}{1-\gamma p_1-(1-\gamma)p_2}\right)$，并且，根据(2)式，银行尽可能地将抵押品价值要求设在

和

$$c_1\left(c_1 = \frac{p_1(r_1-R)B}{1-p_1}\right)$$

和

$$c_2\left(c_2 = \frac{p_2(r_2-R)B}{1-p_2}\right)$$

之间(即$c_1 \leq c \leq c_2$),以便尽可能地排除掉高风险的借款者①。

那么,在借款者不能够提供银行所要求的最小抵押品价值或者(2)式本身不能达到银行甄别借款者类型的效果(即出现$c_2 \leq c_1$的现象),便会产生贷款难现象。

第三,对于处于转型经济中的银行来说,由于银行体系比较脆弱,银行的不良资产多。

在市场风险约束和政府监管逐步加强的过程中,银行往往采取过度保守的经营方针。特别是对于经营过度审慎,同时信用审查能力又差的银行来说,为了避免逆向选择和道德风险令其资产质量进一步恶化,无疑会降低贷款偏好(即降低贷款概率变量 π 的数值),严重时甚至表现为"惜贷"行为。

三、"联保贷款"在解决农村农户贷款难问题中的作用

在农村信贷市场中,正规金融机构和农户两个主体之间存在着信息不对称,这种不对称涉及贷款的申请、获得、使用的整个过程。在这种情况下,可能发生贷款难现象。

(一)"联保贷款"的效应分析

在农村信贷市场中,正规金融机构是否愿意为农户贷款,主要是出于对贷款成本、风险两个方面的考虑。具体来说,取决于农户能否满足正规金融机构开出的信贷合约条件:农户的贷款规模是否满足正规金融机构的要求;农户能否提供正规金融机构所要求的抵押品。另外,正规金融机构的贷给概率(对农户贷款风险的整体判断)也在某种程度上决定信贷合约达成的数量。

农户人数众多,对资金的需求规模相对较小,而农村地广人稀、基础设施不发达,这使得农户贷款的运作成本很高;农户收入不高,资产积累能力非常弱,自有资产有限,而其耕种的土地不能自由转让,房屋又不能提供有效的担保,这又使得农

---

① 根据(2)式,不同类型借款者所能接受的信贷合约中关于抵押的要求是:

$$c_i \leq \frac{p_i(r_i-R)B}{1-p_i}$$

若信贷合约中关于抵押的要求 $c \geq c_1$,则高风险贷款者退出信贷市场;而 $c \leq c_2$ 则是低风险借款者留在信贷市场的保证。

户不能满足正规金融机构对抵押品的要求。此外,从整体上来讲农户文化水平相对较低、信用意识淡薄,这使得对农户信贷的整体风险相对较高。这样,在农村信贷市场上出现贷款难的现象,甚至出现严重的"惜贷"行为是很自然的事情。

联保贷款是农户在向银行借款时,相互提供担保的一种借款方式。联保贷款的优点是大大地提高了正规金融机构向农户贷款的积极性,是一种解决农户贷款难问题的好办法。

首先,联保贷款有效地降低了农户贷款的信息不对称程度。

虽然正规金融机构不能很好地掌握农户的信用情况和资金使用的风险情况,但是邻里之间的长期朝夕相处,使得信用状况不好或者资金使用的风险很大的农户难以找到联合担保人。这样,联保贷款便可以甄别贷款群体,有效地排除了高风险的借款者。当然也可能出现多个农户联合起来欺骗正规金融机构的行为,但是应该看到这种现象是极少数。①

这一方面大大地降低了高风险借款者的比例 γ,另一方面又间接地提高了正规金融机构的贷款偏好 π。此外,从某种意义上来讲,也大大地降低了银行贷款的审核成本 C_a。②

其次,联保贷款起到一种变相抵押效果,弥补了农户抵押品不足的问题。

作为一种变相抵押方式,联保贷款抵押的只不过是借款人的社会关系③,这大大地降低了银行对抵押品的要求,而且弥补了农户抵押品不足的问题。

由此看来,联保贷款这种方式可以有效地解决农村信贷市场上的农户贷款难问题。

(二)联保贷款的实践:以苏北一县级市为例

自 2002 年以来,各地的农村信用社在全国普及小额农贷和联保贷款以来效果显著。联保贷款在解决农户贷款难、促进农民增收和信用社增效方面呈现了一些可喜的局面。这可以从本文第二部分表1"1995—2005 年农户借贷资金来源"中的数字看出来。2002 年后农户从正规金融机构得到的贷款明显增加,这是因为中央的支农政策以及各地的农村信用社实行了小额农贷和"联保贷款"的信贷政策。

下面,我们将以江苏新沂市为例说明联保贷款的实践效果。

新沂市是苏北的一个县级市,地处黄淮平原中部,东接亚欧大陆桥东桥头堡连

---

① 对于正规金融机构来讲,这种损失也是很小的。
② Coleman(1988)从信息搜寻角度证明了社会关系在信息搜寻中的成本节约性。Coleman, James S., "Social Capital in the Creation of Human Capital", *American Journal of Sociology*, 1988(94): pp.95—120.
③ Biggart and Castanias (2001)认为,在经济交易中,社会关系可以起到一种有效的抵押替代品的作用,使得经济交易按照交易各方达成的协议来实现。Nicole Woolsey Biggart and Richard P. Castanias, "Collateralize Relations: The Social in Economic Calculation", *American Journal of Economics and Sociology*, 2001(60): pp. 34—35.

云港，西依历史文化名城徐州，南通江淮，北接齐鲁，总面积1 611平方公里，耕地120万亩，下辖16个镇254个行政村，总人口97万，其中农业人口76万，在全国同类县市中处于中等地位。2005年全市GDP达到77.8亿元。

1996年，《国务院关于农村金融体制改革的决定》颁布后，中国农业银行与信用社脱钩，并逐步从乡镇撤离，农村信用社成为新沂市唯一与农户打交道的正规的金融机构。在某种程度上可以说，新沂市的农户贷款难问题能不能得到解决，解决的程度和效果如何，关键在于当地农村信用社。新沂市的各信用社自2002年开始对农户发放联保贷款，这个政策实行几年来效果显著。

第一，农户贷款难的问题得到了很好解决，农户的收入大幅度提高。

2002年年初，新沂市农村信用合作联社各项贷款余额为48 818万元，其中农户贷款余额为17 575，占比36%；至2005年年底，联社各项贷款余额为116 244万元，其中农户贷款余额85 361万元，占比73.43%，基本满足了农民基本生产生活的资金需求。

2002年，新沂市农民全年人均纯收入有了大幅度增长，达到3 123元；2005年全年农民实现人均纯收入4 025元；2006年上半年，新沂市农民已实现纯收入2 313元，年底增收幅度大于上年度。

通过实行"联保贷款"的信贷政策，信用社与农民之间的距离近了。以前，农民认为信用社只对企业贷款，与自己无关，有资金需求往往是通过民间借贷来解决。现在信用社人员经常下村到户了解农民生产经营情况、资金需求，简化贷款手续，方便农民贷款。信用社人成为最受农民欢迎的人。

第二，信用社的效益大大提高了。

2002年年初，新沂市信用合作联社各项贷款中，不良贷款占比48.29%，为亏损状态。至2005年年底，新沂市农村信用合作联社各项贷款中，不良贷款下降至12 112万元，占比10.42%，并且有很丰厚的盈利。其中，农户贷款中不良贷款仅为2 708.7，占农户贷款总额的3.17%。

农民的信用观念增强了，贷款的风险降低了。通过联保贷款的实践，农户的还款热情大大提高，贷款到期时如一时资金周转不过来，就是向亲戚朋友借也要把欠款还掉，以便可以继续贷到款。不少农民说："信用社靠的就是信用，'信用'二字值千金，信用社对我们信任为我们提供贷款支持，我们更应该守信，支持信用社的发展。"

信贷的成本大大降低了。由于要为每一位需要贷款的农户建立信贷档案，在联保贷款开始实行时，信贷员的工作量很大。在实行了一段时间以后，几乎不需要特别的调查。符合条件的农户几乎可以随时办理，很是方便。

第三，促进了农村社会的和谐。联保贷款把大家的利益紧紧地联系在一起，这使得农户之间相互关心，相互帮助，彼此之间的关系也更加融洽了。这真是一个意料之外的收获。

四、结　　论

本文分析了农村信贷市场农户贷款难问题,分析结果表明由于信息不对称的存在及农户信贷的特点,导致农户贷款难。目前要根本消除这种现象是不可能的。但正规金融机构通过实行"联保贷款"的信贷政策可以有效地缓解这种现象。这种信贷政策是一个切实可行的政策。

为了使"联保贷款"这种政策更好地发挥作用,笔者建议,首先,各地的政府和信用社要加大宣传力度,让农民更全面地了解这种信贷政策。这样,联保贷款便可以更好甄别贷款群体,有效地排除高风险的借款者,从而实现农户和信用社的双赢。

其次,这个政策在开始实行时要谨慎。开始的时候一定要选取信用状况较好的农户作为政策实施的对象,以免造成农户集体拖欠不还现象的发生,使得政策一开始实行就夭折。由于各地的村民委员会对本村的居民更加了解,为了达到这一目的,各地的农村信用社可以加强与村民委员会的合作。

此外,在实行这个政策的过程中,对于信用特别好的农户也可以发放一部分信用贷款,以便培养农户的诚信意识,促进农村信用的进一步发展。

参 考 文 献

[1] Besanko, D. and Thakor, A. V. , "Collateral and Rationing: Sorting Equilibria in Monopolistic and Competitive Credit Markets", *International Economic Review*, 1987(28), 671—689.

[2] Bester, H. , "Screening vs. Rationing in Credit Markets with Imperfect Information", *American Economic Review*, 1985 (75), 850—55.

[3] Freimer, Marshall and Myron, J. Gordon, "Why Bankers Ration Credit", *The Quarterly Journal of Economics*, 1965 (79), 397—410.

[4] Hodgman, Donald, "Credit Risk and Credit Rationing", *Quarterly Journal of Economics*, 1960 (74), 258—278.

[5] Rosa, R. V. , "Interest Rates and the Central Bank", In *Money, Trade, and Economic Growth: Essays in Honor of John H. Williams*, ed. H. L. Waitzman, New York: Macmillan, 1951.

[6] Stiglitz, J. and Weiss, A. , "Credit Rationing in Markets with Imperfect Information", *American Economic Review*, 1981(71), 393—410.

[7] 德怀特·M.贾菲:"信贷配给",《新帕尔格雷夫经济学大辞典》第1卷,第778页,经济科学出版社,1992年版。

[8] 王霄、张捷:"银行信贷配给与中小企业贷款——一个内生化抵押品和企业规模的理论模型",《经济研究》,2003年第7期。

An Analysis of the Effect of Loans Based on Mutual Guarantee in Rural Credit Market

DU Liqun　CAO Bin

Abstract: In rural credit market, peasants are difficult to obtain loans from formal financial organizations because of asymmetric information and other characteristics of the market. It is quite impossible to eliminate this phenomenon completely under current circumstance. Through research, we've found that the phenomenon can be reduced effectively by increasing information clarity and seeking for some good substitutes of property guarantees. The loan policy of mutual guarantee between peasants is a good solution.

Key words: asymmetric information; rural credit market; mutual guarantee

中国城镇贫困的变化趋势和模式:1988—2002[*]

夏庆杰　宋丽娜

摘要:本文利用中国家庭收入项目(CHIP)调查数据,估计了从1988年到2002年中国城镇绝对贫困的变化趋势。根据CHIP调查数据所绘制的贫困发生曲线表明,不论把绝对贫困线确定在哪里,在该时期内中国城镇贫困都在显著下降。从1988年到1995年,收入分配不平等加剧,但此后基本保持稳定。分析收入和贫困决定因素的多元回归模型显示教育、性别和中共党员等特征扩大了收入差异。来自政府反贫困措施的生活困难救助对减少城镇贫困影响很小。城镇贫困的缓解几乎完全归因于经济增长而非收入再分配。

关键词:贫困;不平等;经济增长;福利;公共政策;中国
JEL:O15;J38;O38

一、引　言

在经济增长过程中是否需要政府再分配以减少贫困这个问题上,存在着广泛争议。例如,巴西在经济增长过程中呈现出收入分配的极端不平等(Fishlow,1972)。有鉴于此,20世纪70年代国际上逐渐达成一个共识,即在经济增长过程中政府应重视再分配。然而到了80年代,舆论开始转向另一面,即重新强调经济增长在减少贫困上的核心作用。导致这一立场转变的部分原因是东亚国家和地区出现了倾向于穷人的高速经济增长。在增长减贫和再分配减贫的争论中,尽管价值判断(如对收入分配不平等的厌恶程度)具有一定影响,但更重要的是各国如何分享其各自经济增长成果的经验。根据对1960年以来一些国家增长和贫困数据的分析,Fields(2001)发现:就平均而言,经济增长并没有对收入分配差距产生有规律的影响。根据大致相同的数据,Dollar和Kray(2000)还发现:经济增长会带来低

---

[*] 原载于《经济研究》第42卷(2007年)第9期,第96—111页。夏庆杰,英国巴斯(BATH)大学博士,北京大学经济学院副教授;宋丽娜(Lina Song),牛津大学博士,英国诺丁汉大学社会学与社会政策学院教授;Simon Appleton,牛津大学博士,英国诺丁汉大学经济学院教授。本文作者之一夏庆杰博士受2005年度国家社科基金青年项目《城镇贫困人口现状、问题和对策研究》(批准号:05CJY016)资助进行了本文的研究和写作。(该论文在中国社会科学院经济学部主办的"2009年中国青年经济学者论文评选"活动中,被评选为77篇优秀论文之一;也获得北京大学第十一届人文社会科学研究优秀成果奖一等奖。)

收入者收入的增加。然而,这两个概括性的结论仅仅是建立在一些国家的平均数据基础之上,并没有形成"铁律"。实际上,正如巴西和东亚经济实体所表现出的截然相反的经验,某些国家的经验可能和以上结论相对立。

中国的情况特别令人感兴趣。自1978年经济改革以来,中国经济高速增长,与此同时政府对其再分配功能的重视不断减弱。[①] 我们认为20世纪80年代中国的立场接近于"由上至下的渐进式"(trickle down)理论,用邓小平的话说就是"允许一部分人先富起来"。为提高经济效率和促进经济增长,中国政府实施了一系列改革措施:如授予国有企业更大的自主权以使职工工资反映其生产率,裁减国有企业冗员和取消诸多国家转移支付等。Khan(1998)认为:改革开放以后,中国政府一般不采用"救济法"减少贫困,而倾向于鼓励人们去创造财富。Khan还认为,造成这种政策倾向的部分原因可能是中国对其计划经济时代极端平均主义的憎恶。显然,中国当前重视经济增长甚于再分配的可行性部分取决于其经济增长究竟在多大程度上减少了贫困。

本文着重考察中国城镇贫困问题。长期以来,这一话题被政策制定者和学术界所忽视。政府的反贫困项目集中于农村地区、特别是入选的贫困县。正如Khan(1998,p.42)所说,"中国官方的反贫困战略以假设贫困仅是农村问题为基础"。在学术界,很少有文献关注中国城镇贫困问题,而研究更普遍的收入分配和不平等的文献却比比皆是。对中国城镇贫困问题的忽略在一定程度上产生于使用低贫困线,例如"每人每天1美元"的贫困线。有显著比例的农村人口生活在这个贫困线以下,但是根据这个贫困线只有1%的城镇人口被划分为贫困。这反映了中国巨大的城乡差别(Knight和Song,1999)。城镇贫困在中国被定义为只涉及极少数人,无怪乎这一问题被政府与学术界所忽视。

90年代下半期情况开始发生变化,民工潮和国企裁员政策造成大量失业,从而导致"新城镇贫困"问题开始受到关注。这种新城镇贫困不同于以往的城镇贫困,后者常以"三无"为特征,即没有劳动能力的残疾人、病人和无人供养的孤儿(Wong,1998)。世纪之交,舆论界开始声称在20世纪90年代中国城镇贫困已经上升,其目的是揭去中国令人瞩目的高速经济增长的光环。例如,英国《经济学家》(Economist,2001,p.39)宣称"在城镇,绝对贫困正在增加",而中国政府杂志《瞭望》(2002年6月27日)也认为城镇贫困已增加。城镇贫困上升会导致政治不稳定,而政治不稳定将危及中国经济高速增长赖以生存的改革,这些担心支持了舆论界的以上论点(Wu,2004)。尽管如此,中国城镇贫困的测算仍然以"每人每天1美元"的低贫困线为准,结果仍然是只有大约1%的城镇人口被划为贫困。

[①] 进入新世纪以来,中国政府开始重新重视政府的再分配功能以解决经济转型过程中出现的民生问题,如取消农业税等。

本文使用一系列更高的贫困线,以便更广泛地考察低收入家庭在20世纪90年代是如何生活的。以1988年到2002年的关于中国收入分配的最佳数据为基础,我们发现关于90年代城镇贫困变化趋势的担心是缺乏证据的。这可能是针对以往中国忽视城镇贫困的过度反应,以及对城镇低收入家庭生活水平变化的不必要的悲观。我们质疑关于城镇绝对贫困增长的论断。尽管这种论断制造了引人关注的头条新闻,但并不表明有证据支持它。

本文结构如下:第二部分回顾现有的为数不多的研究中国城镇贫困变化趋势的文献。第三部分是我们自己的关于增长、不平等和贫困的研究发现。第四部分使用绝对贫困变化因素分解方法考察经济增长、失业和政府反贫困措施等对贫困变化的影响。第五部分使用多元回归分析来探究四次不同调查数据的贫困模式。第六部分是总结并给出本文的结论。

二、关于城镇贫困趋势的文献综述

不仅关于中国城镇贫困的研究相对较少,而且已有的研究对1988年到2002年之间贫困变化趋势的看法也相互矛盾。尽管我们并不质疑可以从多个角度考察贫困问题(World Bank,2001),但本文的分析限制在使用货币测算贫困的范围之内。这种分析方法以家庭收入或消费作为测算贫困的基础。表1汇集了现有文献以货币测算的关于城镇贫困人数的估计值。一些研究认为在90年代贫困有所增加,另一些认为没有什么趋势,而更多的研究认为有所下降。我们在本节回顾这些研究,并试图在它们之间做出判断。所有研究均使用国家统计局(NBS)家庭调查数据或中国家庭收入项目(CHIP)调查数据。这种情况使得我们的判断工作稍微容易些。我们认为CHIP数据比较全面地涵盖了各种收入,但尚不清楚以上相互矛盾的研究是否是由数据差异造成的。如前所述,这两套数据仅覆盖了具有城镇户口的居民。因而进城民工和其他没有城镇户口的人不包括在本文研究范围之内。

现有的使用CHIP数据的贫困研究仅限于对1988年和1995年分析结果的对比(Khan,1998;Khan和Riskin,2001)。如果把贫困线定在每人每天获取2150卡路里(calories)热量所需要的费用,则在1988年有8%的城镇居民处于贫困状态,1995年上升到8.8%。采用更低的贫困线如每人每天2100卡路里,在相应时期里贫困率由2.7%陡然升至4.0%。这一发现与本文研究结果最具有可比性,因为本文也使用CHIP数据,只是增加了1999年和2002年的调查数据。我们并不质疑Khan关于1988年和1995年数据所做的分析,但我们发现这段时期贫困的增加不具有持续性,并且很明显地被1995年到2002年期间的贫困率下降所抵消。在贫困变化趋势估计上,CHIP数据似乎和国家统计局(NBS)数据也有出入。例如,Khan(1996)使用NBS列表数据发现贫困率从1989年的7.42%

表 1　1988 年以来的中国城镇贫困率估计值汇编

年份	Khan (1998) 2150卡路里	Khan (1998) 2100卡路里	Khan (1996) 2150卡路里	Meng, Gregory & Wang (2005) 2100卡路里(上界)但有变化	Meng, Gregory & Wang (2005) 2100卡路里(下界)但有变化	Fang et al. (2002) 1美元/天	Fang et al. (2002) 1.5美元/天	Chen & Wang (2002) 1美元/天	Chen & Wang (2002) 1.5美元/天	Chen & Wang (2002) 2美元/天	Ravallion & Chen (2004) 2100卡路里	夏庆杰, Appleton 2美元/天	Song & (本文) 3美元/天
1988	8.00%	2.70%		2.63%	1.50%						2.07%	7.33%	36.36%
1989			7.42%	2.62%	1.59%						7.05%		
1990			7.39%	1.91%	0.97%						2.58%		
1991			4.73%	2.49%	1.29%						1.66%		
1992				3.62%	1.72%	2.09%	13.74%			20.70%	1.13%		
1993				5.33%	2.30%	2.73%	13.18%	1.00%	8.60%	13.20%	1.01%		
1994			5.90%	5.11%	2.63%	1.65%	10.27%	0.80%	3.90%	13.80%	1.19%		
1995	8.80%	4.00%		5.35%	2.57%	1.69%	8.41%	0.70%	4.20%	13.50%	0.85%	7.00%	23.81%
1996				4.94%	2.28%			0.90%	4.60%		0.61%		
1997				5.28%	2.48%	2.00%	9.21%	0.60%	3.00%	9.70%	0.70%		
1998				4.83%	1.85%			0.50%	2.60%	9.30%	1.16%		
1999				4.21%	1.70%	2.06%	8.86%	0.50%	2.70%	9.10%	0.57%	3.66%	12.39%
2000				3.97%	1.71%			1.00%	3.40%	9.00%	0.63%		
2001								0.50%	2.20%	6.80%	0.50%		
2002											0.54%	2.88%	8.52%
数据来源	中国家庭收入项目 (CHIP)	中国家庭收入项目 (CHIP)	国家统计局分组数据表数列	国家统计局	国家统计局	国家统计局数据子库	国家统计局数据子库	国家统计局分组数据子库表	国家统计局分组数据表数列	国家统计局分组数据表数列	国家统计局分组数列表数据	中国家庭收入项目 (CHIP)	中国家庭收入项目 (CHIP)

注:(1)大部分数据来源于中国国家统计局(NBS)的调查,尽管研究人员通常只能获得分组列表数据。本文的原始分析主要使用中国家庭收入项目(CHIP)调查数据,这一点在文中说明。(2)贫困线通常采用绝对值形式,如"每人每天 1 美元"及其倍数(经过购买力平价调整),或者根据每人每天特定数量卡路里热量所需要的花费。Meng 等(2005)用每年数据重新估计了贫困线。

减少到 1994 年的 5.9%。这种不一致可能是由于只有 CHIP 数据在计算家庭收入时考虑了 1988 年到 1995 年间逐渐取消的各种食品补贴及其他补贴。

然而 Khan 发现的城镇贫困率从 1988 年到 1995 年上升的结果得到了 Meng, Gregory 和 Wang(2005)使用 NBS 数据所做研究的支持。Meng 等人研究的一个关键特点是它针对每年(甚至每个地区)估计了不同的贫困线。无论是使用贫困线上限还是下限,他们发现从 1988 年到 1995 年城镇贫困率都在上升。此后贫困率开始下降但非常缓慢,甚至 2000 年的贫困率仍然比 1988 年高。Meng 等人认为针对每一年重新估计贫困线是恰当的,因为它更好地考虑了不断变化着的食品可获得性与价格,以及由于各种补贴的取消而增加的非食品需求。这种方法有其长处,但可以说它造成的偏颇比它纠正的还要大。中国城镇正在经历经济增长,在这个时期里人们可能消费更昂贵的食品,从而导致获取相同卡路里热量所需的费用增加,进而造成 Meng 等人定义的贫困线中的食品花费不断增加。此外,非食品需求是以贫困人口所需非食品份额为基础进行加成而得到的。根据恩格尔定律,收入上升导致非食品份额增加,从而使非食品需求增加。因此 Meng 等人定义的贫困线中非食品部分也可能随时间而增加。即使是在城镇贫困居民的实际收入上升的情况下,允许贫困线以这种方式上升也将导致贫困率增加。

使用 NBS 数据的其他研究采用固定贫困线。但是当使用很低的贫困线时,它们对贫困变化趋势不能达成共识。以下两项研究均没有发现很强的趋势。Fang 等(2002)使用 NBS 数据子库,即每个省抽一个代表性城市。Chen 和 Wang(2002)使用完整的 NBS 数据库,但像大多数其他研究一样依赖于官方列表(分组)数据。当使用低贫困线如"每人每天 1 美元"贫困线时,这两项研究都发现城镇贫困率在 90 年代上下波动但没有明显趋势。然而当更广泛地定义城镇贫困时,这两项研究均发现城镇贫困在 90 年代显著下降。另外两项使用 NBS 数据的研究得出了更多的正面结论。Wang, Shi 和 Zheng(2001)利用官方列表分组收入数据的插值(interpolation)构筑了从 1981 年到 1999 年的一般化劳伦斯占优(generalized Lorenz dominance)曲线。他们发现除 1988 年外,每年人均收入(按不变价格计算)的一般化劳伦斯曲线均被后一年的曲线占优。这意味着不管贫困线设置在什么水平,只要贫困线不随时间变化而变化,则社会福利逐年上升,因而贫困在不断减少。使用 NBS 数据研究中最权威的是 Ravallion 和 Chen(2007)的论文,他们在与政府统计学家合作的情况下,为中国城镇设计了一条以基本生活需要成本为基础的贫困线。这条贫困线可能被采用为中国官方贫困线。把家庭实际收入与所设计的贫困线相比较,他们估计出城镇贫困率从 1988 年的 2.07% 降至 1995 年的 0.85%、1999 年的 0.57% 和 2002 年的 0.54%。

我们怎样在这些看似相互对立的研究发现中做出判断？当使用低贫困线即每人每天 1 美元贫困线或其左右时,使用 NBS 数据的分析得出了不一致的结果。这些使用 NBS 数据得到的相互矛盾的研究结论在一定程度上是由于使用了低贫困线,在这一低贫困线之下只有很小比例的城镇人口处于贫困状态。在获得最贫困人口的估计值上,抽样调查数据可能不那么可靠,例如怎样对最贫困人口抽样就是一个特别困难的问题,其结果可能受低偏值(low outliers)的影响较多。由于几乎所有研究只使用官方的根据非常粗糙的分组而得到的列表数据,上述难题可能会特别尖锐。这需要插值(interpolation),而当只分析收入分布的极度低端值时,插值可能特别困难。然而使用稍微高一些的、不随时间变化而变化的贫困线发现了城镇低收入家庭生活水平在90年代得到改善。可以认为,使用CHIP数据的研究是最权威的,因为CHIP数据提供了关于收入的最全面的记载。从1988年到1995年政府转移支付有很大削减,如果不对此作调整可能导致人们比较乐观地估计贫困变化趋势。然而,在本文之前,利用CHIP数据做的贫困趋势分析局限在1988年与1995年数据的对比上。因此使用1999年和2002年CHIP数据更新上述研究就显得特别重要和关键,这是由于在1995年大规模国有企业改革开始之后,对城镇贫困率可能上升的关注显著增加。

三、贫困趋势、不平等与增长的新证据

(一) 数据与测算

本文使用中国社会科学院(CASS)经济研究所在1988年、1995年、1999年和2002年所收集的中国家庭收入项目(Chinese Household Income Project,CHIP)调查数据(Riskin,Zhao和Li,2001)。CHIP入户调查使用国家统计局的具有全国代表性家庭调查项目的子样本。因此,CHIP数据的样本量很大,并且可以代表中国城镇家庭的社会经济状况。[①] 然而,CHIP数据只覆盖了具有城镇户口的居民,因此不包括进城民工。[②]

CHIP数据的关键长处是其提供了一个比国家统计局NBS数据更全面、更精确的家庭收入评估(参见Khan等,1993)。我们根据Khan等(1993)提出的方法测算收入,因而与国家统计局(NBS)及其他某些研究有两点不同。[③] 首先,它包括了各种政府转移支付和补贴的价值,这对于计算1988年时的城镇家庭收入极其重要。如果不包括这些后来被逐渐取消的转移支付而只关注私人所得,就会产生高估收入增长及贫困减少的弊端。1988年时这些转移支付最重要的组成部分是住房补贴及通过定量配给券制度(粮票等)发放的食品补贴。其次,CHIP数据还包括了根

[①] 例如1995年CHIP调查覆盖了11省68个城市的7 000个家庭。
[②] 据估计1995年"流动人口"占实际居住在中国城镇地区总人口的20%,而且从那时起该比例还可能逐年增加。
[③] 使用收入而非消费是因为收入是CHIP调查的重点。另外,一些使用国家统计局(NBS)的城市家庭收入与支出调查数据的研究发现在这段时期内收入增长快于支出,这反映了储蓄率的上升(Meng等,2005)。

据房主自用住房租金折合收入的估计值。90 年代城镇住房租金上涨意味着 NBS 数据对房主自用住房租金折合收入项目的遗漏将造成与遗漏各种补贴方向相反的偏差。为了对物价变动进行调整,我们使用官方公布的各省城镇消费物价指数对数据进行了调整以反映价格的地区差异。

尽管各城市为确定城镇家庭获得生活困难补助(低保)的资格而设置了各自的贫困线,但是迄今为止还没有官方的城镇贫困线。如前所述,城镇贫困研究倾向于使用以个人热量(卡路里)要求为基础的贫困线,因而常常发现只有非常小比例的人口生活在贫困线之下。例如,Ravallion 和 Chen(2007)发现在 2001 年只有小于 0.5% 的城镇人口生活在他们的贫困线以下。Khan(1998,p.8)在批评通常使用的"低贫困门槛"时说:"使用这样一个贫困门槛是以假设没有城镇贫困为出发点的。"换句话说,Khan 认为不应按惯例把非常狭窄的贫困定义运用于中国城镇贫困研究。我们赞同 Khan 的这一批评。这种低贫困线可用于国际比较或农村地区。但是,在研究经济增长或政策改革给城镇贫困带来的影响时,局限于这样一个狭窄的贫困定义意味着研究结果的政策含义将是极为有限的。例如在 2001 年只有少于 1% 的城镇人口生活在贫困线以下。根据 CHIP 2002 年调查数据,在北京被抽样调查的家庭中没有任何一家生活在这个贫困线之下。正如根据热量(卡路里)需求确定贫困线的方法不适用于经济合作与发展组织(OECD)国家一样,中国城市居民生活水平的日益提高也使得这一方法不再适用于中国城镇。当然,在工业化国家里也不会由于每个人都能买得起足够的卡路里而不再考虑贫困问题。为此,本文提供了以每人每天 2 美元贫困线和每人每天 3 美元贫困线(根据 1985 年购买力平价美元)为基础的一些贫困估计值。① 毫无疑问,选择这两条贫困线有很大随意性,但可以说比只得到低于 1% 的城镇贫困率的贫困线要好一些。

"占优分析"(dominance analysis)可以缓解关于贫困线究竟应该设置在哪里的争论。所谓"占优分析"就是针对按高低顺序排列的多重贫困线,绘制贫困发生曲线(poverty incidence curves),目的是观察相对于贫困线的位置而言贫困变化趋势是否是稳定的(参见 Ravallion(1992)的讨论),本文图 2 及与之相关的讨论提供了一个"占优分析"的应用。按常规做法,占优分析要求把贫困线固定在绝对贫困线上,而不考虑随平均生活水平而变动的相对贫困线。本文采用绝对贫困定义,而且

---

① 世界银行在界定发展中国家的贫困问题时把"每人每天 1 美元"(按 1985 年不变价格计算)作为贫困线。为了更现实地反映我国的贫困现状,同时也由于最新的 CHIP 数据是 2002 年的,因此本文在界定贫困线时使用了 2002 年不变价格。为此,我们先把 1985 年不变价格下的 1 美元折合成 2002 年不变价格下的美元数,再根据美国 Pennsylvania 大学的 Penn World Table(Center for International Comparisons of Production, Income and Prices, Pennsylvania University, http://pwt.penn.edu)所提供的 PPP(购买力平价)汇率折合成人民币。这样我们就得到了 2002 年不变价格下的每人每天 1 美元、2 美元、3 美元贫困线的人民币值分别为 1 212.79 元、2 425.59 元、3 638.38 元。由于我们使用 CHIP 数据 1988 年、1995 年、1999 年、2002 年四年的城镇人户调查截面数据,我们先按各省的城镇消费物价指数将 1988 年、1995 年、1999 年的家庭收入数据调整成 2002 年不变价格下的收入。本文中的贫困线和贫困率都是根据这个程序计算的。

这一定义确实对本文随后的贫困分析很重要。我们不否认贫困有其相对性。与每人每天1美元或卡路里贫困线相比,我们更加偏好每人每天2美元或3美元贫困线。这种"偏好"已经隐含了对贫困相对性的肯定。此外,本文也使用相对贫困线估计了贫困的程度。具体说,本文的相对贫困线定位于调查年份城镇家庭人均收入变量的中位数(median)的一半。然而,我们的主要兴趣在于分析中国城镇贫困人口是否已从经济增长中获得收益。因此只有绝对贫困定义才能回答这个问题。

应该说明,我们所使用的CHIP数据是以官方抽样架构为基础的。其长处是使CHIP数据的样本能够代表具有城镇户口的城镇居民的贫困状况。但它不包括没有城镇户口的"流动人口"如农民工等。这一遗漏让人遗憾,因为进城民工在这一时期显著增加,并且他们作为一个群体,无疑比有城镇户口的居民更加贫困。但是所有关于这一时期中国城镇贫困的大规模统计研究都受到这种约束,原因是官方统计没有覆盖进城民工。计划中的下一轮CHIP调查将明确包括进城民工,但在目前研究人员还得受制于数据的局限。为简单起见,我们不会不断重复这一"说明",以后文中"城镇贫困"均指具有城镇户口的城镇居民的贫困。与具有城镇户口的居民相比,进城农民工得不到市政服务,这的确不平等。然而这并不意味着农民工因为在城里打工而变得比以前更贫穷了。无论如何,进城务工为农民提供了一种摆脱贫困的途径(Park,Du和Wang,2005)。1999年进城农民工数据显示他们的失业率是可以忽略不计的(Appleton等,2002)。相反,90年代下半期具有城镇户口的居民中出现大量失业,亏损国企的雇员被解雇并且长期失业(Knight和Song,2005)。因而与进城农民工相比,失业的城镇居民可能是中国改革进程中的失利者。

(二)增长与不平等的趋势

据估计,从1988年到2002年中国全国按不变价格计算的人均GDP每年增长7.4%。然而根据CHIP数据,按不变价格计算的城镇家庭人均收入的增长要慢得多,每年为5%(参见表2)。即使如此,城镇居民的经济状况也获得显著改善。平均而言,2002年城镇家庭的人均收入大约是1988年的2倍。1988年之后,城镇家庭收入结构也有显著变化,补贴和实物收入在家庭总收入中占的比重越来越小。例如,定量配给券(粮票)被废除,住房补贴从1988年占家庭总收入的18%减少到2002年的2.8%。一些关于中国收入分配不平等的研究仅仅考虑城镇居民的现金工资收入,而忽略了各种政府补贴和实物收入,从而高估了这一时期收入的上升幅度。根据CHIP数据,就业成员的现金工资收入占城镇家庭全部收入的份额已从1988年的43%上升到2002年的60%。

表 2　城镇家庭人均收入基本情况（CHIP 数据）

	1988	1995	1999	2002
人均收入均值（元/年）	4 820	6 673	8 771	9 853
人均收入中位数（median）（元/年）	4 268	5 365	7 180	8 365
收入构成（百分比）：				
1. 家庭就业成员所得	43.2%	59.4%	51.7%	60.2%
2. 家庭退休成员收入	8.0%	13.5%	18.3%	16.7%
3. 其他非就业家庭成员的收入	0.5%	0	0	0
4. 私营或个体企业收入	0.7%	0.5%	1.8%	2.7%
5. 资产收入	0.5%	1.3%	0.9%	0.6%
6. 其他收入（包括私人转移支付和特别收入）	4.45%	3.4%	2.2%	3.1%
7. 税后补贴类收入（不包括住房补贴和定量配给券）和实物收入	15.3%	1.2%	0.2%	0.2%
8. 定量配给券收入	5.2%	0	0	0
9. 住房补贴	18.4%	10.1%	6.5%	2.8%
10. 房主自用住房租金折算收入	3.7%	10.8%	18.5%	13.9%
观测值数	9 005	6 929	3 998	6 835

注：人均收入按 2002 年不变价格计算。此表和下面的表格是作者根据中国社会科学院经济研究所的中国家庭收入项目调查数据（CHIP）计算所得。

CHIP 数据的比较全面的收入测算可能解释了根据该数据和根据国家统计局（NBS）的更大规模入户调查数据得到的增长估计值之间的差异。国家统计局数据显示这一时期（1988—2002）的收入增长幅度高达每年 6.8%，而 CHIP 数据只有 5.1%（参见表 3）。由于取消补贴，CHIP 数据记录的 1988 年到 1995 年之间的收入增长幅度还要低一些；1999 年到 2002 年也是如此，但原因是住房补贴在家庭总收入中所占份额不断缩小。比较而言，CHIP 数据记录的 1995 年到 2002 年的收入增长幅度较高一些，且在此期间自有住房租金折算价值也快速上升。

表 3　城镇家庭收入增长率（CHIP 数据和 NBS 数据对比）

	中国家庭收入项目（CHIP）	国家统计局（NBS）
1988—1995	4.65%	6.63%
1995—1999	6.83%	5.42%
1999—2002	3.88%	8.98%
1988—2002	5.11%	6.79%

本文的侧重点不是增长的平均水平，而是增长幅度在城镇家庭收入分布的各区间如何变化及其对贫困和收入不平等的影响。表 4 报告了 CHIP 数据的将所有城镇家庭人均收入观测值分布区间十等分后各子区间上的家庭人均收入，图 1 绘制了各子区间上的年增长率。图 1 显示从 1988 年到 2002 年期间里增长越快的曲线在收入分布区间图上所处位置越高。我们已发现在这段时期内，按不变价格计算的城镇家庭人均收入均值增加了一倍。但是，最低收入分布子区间上的家庭人均

收入只增长了49%,而最高收入分布子区间上的增加了130%。结果,最高收入分布子区间的家庭人均收入每年增长6.0%,比最低收入分布子区间的2.8%大1倍多。

表4 十分位数的城镇家庭人均收入(CHIP数据) (元/年)

	1988	1995	1999	2002
10th	2 705	2 855	3 502	4 024
20th	3 180	3 542	4 504	5 134
30th	3 553	4 142	5 400	6 203
40th	3 902	4 709	6 284	7 271
50th	4 268	5 365	7 180	8 365
60th	4 663	6 080	8 159	9 535
70th	5 186	7 040	9 540	11 035
80th	6 019	8 545	11 506	13 380
90th	7 477	11 489	15 030	17 211

注:按2002年不变价格计算。

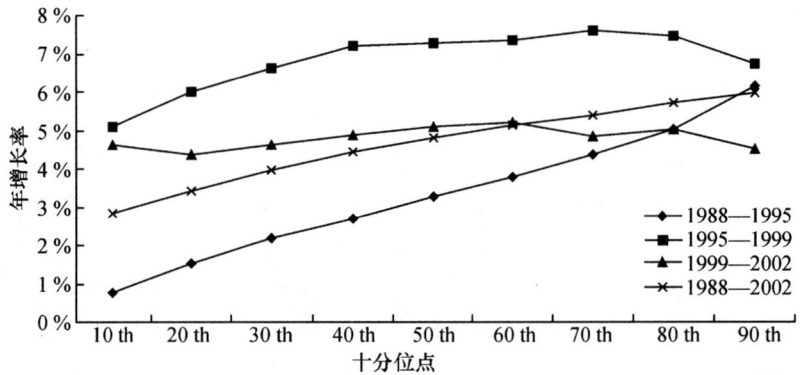

图1 十分位数的城镇家庭人均收入增长率

1988年到1995年之间各收入分布子区间上的收入增长速度极不均等,这是造成从1988年到2002年整个时期内收入增长不平等的主要因素。从1988年到1995年贫困家庭即最低收入分布子区间上的人均收入每年仅增长0.8%,而最高收入分布子区间上的每年增幅高达6.1%。在其后的调查间隔中,各收入分布子区间上的收入增长速度趋于平缓和均衡。最低三个收入分布子区间上的增长率低于居中收入分布子区间上的,但差异很小;特别是从1999年到2002年这种差异更小。此外,最高收入分布子区间上的收入增长速度也低于中位数。

较贫困收入分布子区间上的收入增长速度慢于较富裕的意味着收入不平等加剧。表5列示了我们根据CHIP调查数据计算的各种收入不平等指数。根据任何常用的指数,收入不平等从1988年到2002年都大幅度上升。例如,基尼系数从0.24上升到0.33。显而易见最大幅度的上升发生在1988年到1995年之间。例如,基尼系数从1995年到2002年轻微下降。更具体一些,1995年到1999年基尼系数略微上升,但其上升幅度被1999年到2002年的下降幅度所超过。考虑到图1中显示的迹象,即最贫困收入分布子区间上的家庭人均收入经历了低于中位数的增长速度,因而最后两次调查之间收入不平等的下降可能出人意料。然而,在最后两次调查之间最富裕家庭的收入增长速度也低于平均值。

表5　1988—2002年城镇家庭人均收入的不平等(CHIP数据)

	1988	1995	1999	2002
基尼系数	0.235	0.328	0.331	0.318
阿特金森指数(不公平厌恶系数为1.5)	0.123	0.238	0.244	0.225
广义熵(1)或泰勒T指数	0.100	0.223	0.262	0.172
广义熵(2)或泰勒L指数	0.091	0.184	0.193	0.170

注:基尼系数:Gini coefficient。
阿特金森指数(不公平厌恶系数为1.5):Atkinson Index (with 1.5 inequality aversion)。
广义熵(1)或泰勒T指数:Generalized Entropy (1) or Theil's T index。
广义熵(2)或泰勒L指数:Generalized Entropy (2) or Theil's L index。

(三) 贫困趋势

以上发现的各收入分布子区间上家庭收入不断增长的事实说明绝对贫困下降。因而,只要使用适度宽泛的贫困线,我们也会得到同样的结果。为此,我们根据CHIP数据计算了多重(连续)贫困线下的城镇贫困率(每百人中贫困人口的比例),并把其结果即城镇贫困发生曲线绘制在图2上。在图2上我们观察到2002年的贫困发生曲线低于前些年的。这意味着不论把贫困线定位在哪里,绝对贫困都在下降。仅仅从贫困人数方面测算贫困是片面的,因而我们使用更广泛的贫困指标,即Foster,Greer和Thorbecke(1984)提出的P-alpha测算体系,贫困人数测算只是其中之一(当alpha等于零时)。如果说图2揭示的"一阶"占优的结论在alpha取任何值情况下都正确的话,那么2002年的任何p-alpha贫困指标也必须低于前些年的相同指标。换句话说,不论贫困线定位在哪里,2002年的贫富差距指标($P1$)及其平方项指标($P2$)均应低于1988年的同类指标。

当贫困线定得很低时如"每人每天1美元"贫困线,图2提供的信息有限。"每人每天1美元"贫困线相当于2002年不变价格下每人每年1 212元,或图2横轴上的点"12"。每次调查中不到1%的样本生活在这个贫困线之下。我们重点考察两个较为宽泛的贫困线,即每人每天3美元贫困线和每人每天2美元贫困线。在每人每天3美元贫困线下,城镇贫困率从1988年的36.4%下降到2002年的8.5%(参见表6)。在每人每天2美元贫困线下,同期贫困率从7.3%下降到2.1%。

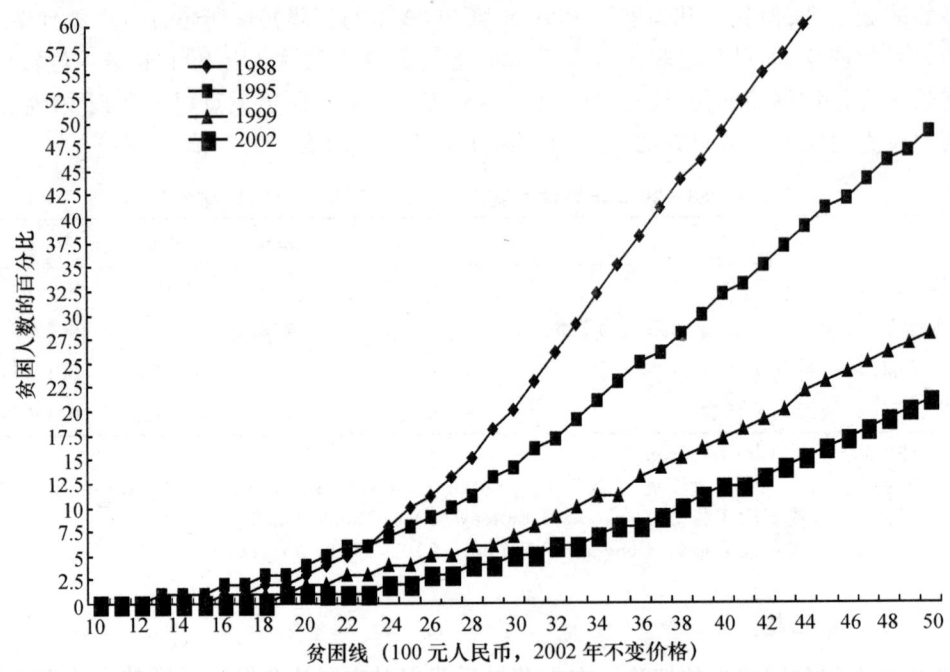

图 2　1988—2002 年的城镇贫困发生率曲线

表 6　1988—2002 年"每人每天 2 美元"和"每人每天 3 美元"贫困线下的城镇贫困指数

	1988	1995	1999	2002
"每人每天 2 美元"贫困线				
贫困人数,$P0$	7.33%	7.00%	3.66%	2.08%
贫富差距,$P1$	1.17%	1.64%	0.92%	0.38%
贫富差距的平方,$P2$	0.31%	0.62%	0.38%	0.17%
"每人每天 3 美元"贫困线				
贫困人数,$P0$	36.36%	23.81%	12.39%	8.52%
贫富差距,$P1$	7.50%	5.88%	3.12%	1.26%
贫富差距的平方,$P2$	2.34%	2.28%	1.26%	0.72%
"城镇家庭收入分布中位数的一半"贫困线				
贫困人数,$P0$	3.8%	9.3%	11.8%	12.8%
贫富差距,$P1$	0.59%	2.25%	3.00%	3.08%
贫富差距的平方,$P2$	0.15%	0.86%	1.21%	0.12%

注：贫困线按 1985 年购买力平价美元计算,1985 年的 1 美元、2 美元、3 美元按购买力平价计算分别相当于 2002 年不变价格下的 1 212.79 元、2 425.59 元、3 638.38 元。

对绝大多数贫困线而言,每次调查的贫困率都比上一次有所下降。图 2 中最值得注意的情况是 1988 年的贫困发生曲线和 1995 年的相交,其交叉点的横坐标(即贫困线)约为每人每天 2 美元、纵坐标(即贫困率)约为 5%。准确地说,在每人每天 2 美元低贫困线下,1988 年的贫困率低于 6%,而 1995 年的贫困率高于 1988 年的。这意味着从 1988 年到 1995 年之间,处于城镇家庭人均收入分布最末端的 5% 的人口生活水平恶化。这有助于理解表 6 中的发现,即使用每人每天 2 美元贫困线时,从 1988—1995 年贫富差距 P1 指标和贫富差距的平方 P2 指标均上升了。

表 6 还报告了采用相对方法测算贫困的贫困指标。具体来说,我们把相对贫困线定位于调查年份城镇家庭人均收入变量中位数的一半(即允许贫困线随经济增长而上升)。由于城镇居民中较贫困人口的收入增幅一般会低于平均收入增幅,相对贫困也会有所上升。在该方法下,相对贫困率从 1988 年的 3.8% 上升到 2002 年的 12.8%。相对贫困率在所有年份均在上升,尽管从 1988 年到 1995 年之间的上升更为显著(1995 年相对贫困率为 9.3%),而从 1999 年到 2002 年之间的增长不那么明显(从 11.8% 到 12.8%)。

四、分解绝对贫困的变化

各种不同的贫困分解有助于我们更深入地分析近年来的贫困变动趋势。在本节,我们使用以下分解方法以量化经济增长在减少贫困方面的作用,解释大规模失业出现期间贫困减少的悖论。在本节最后我们对中国社会保障制度的有效性予以评估。

(一)把贫困变化分解为经济增长因素和收入分配因素

相对贫困的问题是平均收入的变化对贫困变化没有影响。只有当收入分配变化时,相对贫困才会变化。但是,从 1988 年到 2002 年之间是经济增长而不是收入再分配提高了贫困人口的生活水平,原因是在这段时期内收入分配不平等加剧。收入分配不平等加剧对贫困人口是不利的。借助 Datt 和 Ravallion(1992)的方法,我们可以把贫困变化的原因分解为经济增长因素和收入分配因素(参见表 7)。为此,我们需要首先用贫困线 z、均值收入 μ_t 和能完全代表收入分配曲线的参数向量 L_t 来描述贫困测算指标 P_t。从而从 t 年到 $t+n$ 年贫困的变化可以分解如下:

$$P_{t+n} - P_t = G + D + R \tag{1}$$

其中经济增长 G 和再分配 D 两个因素可计算如下:

$$G \equiv P\left(\frac{z}{\mu_{t+n}}; L_r\right) - P\left(\frac{z}{\mu_t}; L_r\right)$$

$$D \equiv P\left(\frac{z}{\mu_r}; L_{t+n}\right) - P\left(\frac{z}{\mu_r}; L_t\right)$$

其中 R 为剩余的残差。

表7 城镇贫困变化分解为经济增长因素和再分配因素(贫困人数指数)

	增长因素	再分配因素	残差	贫困总变化
(a)"每人每天2美元"贫困线				
1988—1995	-6.02%	11.64%	-5.95%	-0.33%
1995—1999	-4.09%	1.43%	-0.67%	-3.34%
1999—2002	-0.96%	-0.35%	-0.28%	-1.58%
1988—2002	-7.19%	13.05%	-11.11%	-5.25%
(b)"每人每天3美元"贫困线				
1988—1995	-25.87%	12.01%	1.32%	-12.54%
1995—1999	-13.42%	1.25%	0.74%	-11.42%
1999—2002	-3.35%	-0.47%	-0.04%	-3.87%
1988—2002	-34.95%	7.96%	-0.88%	-27.83%

为简单起见,我们只报告了贫困率($P0$)指标分解结果(表7),原因是$P1$和$P2$的分解结果与$P0$指标类似。从结果上看,经济增长对减少贫困的强大作用显而易见。例如,使用每人每天3美元贫困线,我们发现如果贫困人口从1988年到2002年之间和样本均值享有相同的收入增幅,那么中国城镇贫困率将下降34.9%。由于在1988年只有36.4%的人口生活在每人每天3美元贫困线下,这样的收入增长意味着在2002年城镇贫困(在收入分配不变情况下)几乎完全消失。实际上,在此期间贫困率大幅度下降了27.8个百分点,但小于收入分配不变情况下的贫困率下降。

与根据表5反映的收入不平等加剧相一致,表7也表明这段时期收入分配在趋于恶化,且其对贫困的影响相当显著。例如,如果从1988年到2002年平均收入没有增长,那么收入分配的恶化将使贫困率提高8个百分点(即贫困率的增幅超过20%)。其中,从1988年到1995年贫困变化中的分配因素最为显著。针对较为狭义的贫困定义(每人每天2美元贫困线),贫困变化中的分配因素几乎是增长因素(绝对值)的两倍。这意味着对于最贫困人口而言,收入分配的不利影响大大超过了经济增长的有利影响。然而收入分配也有改善的时候,例如从1999年到2002年收入分配略微改善,因此意味着在这段时期即使没有经济增长贫困也将减少。

(二)组别分解:失业增加和贫困减少之间的悖论

可能我们的结果中最令人吃惊的一点是:在大量失业出现的同时,绝对贫困却在下降。根据就业情况,我们把城镇家庭分为家庭成员从未下岗、曾经下岗和调查时下岗等三类。[1] 在这些组别彼此互斥的情况下,可以把贫困指标的总变化分解

---

[1] 当一个家庭同时有调查时下岗和曾经下岗职工时,被分类为"调查时有下岗职工"。

为组别内贫困变化因素和组别间人口份额移动①因素(Ravallion 和 Huppi,1991)。假设有两组人口($i=1,2$),则从 t 年到 $t+n$ 年之间合计贫困变化可以分解为"组别内效应"(intra-group effects),"组别间人口份额移动效应"(population shift effects)和"互动效应"(interaction effects):

$$P_{t+n} - P_t = \sum_{i=1}^{2} (P_{t+n}^i - P_t^i) n_t^i \text{ (Intra-group effects)}$$
$$+ \sum_{i=1}^{2} (n_{t+n}^i - n_t^i) P_t^i \text{ (Population shift effects)}$$
$$+ \sum_{i=1}^{2} (P_{t+n}^i - P_t^i)(n_{t+n}^i - n_t^i) \text{ (Interaction effects)}$$

其中 n_t^i 和 n_{t+n}^i 代表组 i 在 t 年和 $t+n$ 年的人口份额,P_t^i 和 P_{t+n}^i 代表组 i 在 t 年和 $t+n$ 年的贫困测算。

表8(a)显示了国有企业下岗政策在90年代下半期的影响。在1995年,样本中只有5.55%的城镇家庭有下岗职工。1999年这一数字上升到20.33%,2002年情况仍然不见改善(20.13%)。此外,1999年有6.64%的家庭有曾经下岗的职工,而2002年上升到16%。

表8(a) 按下岗情况区分的城镇贫困指标

	占样本总数的份额	"每人每天2美元"贫困线下的贫困人数	"每人每天3美元"贫困线下的贫困人数	"收入分布中位数的一半"贫困线下的贫困人数
1995				
从来没有下岗职工的家庭	93.45%	5.90%	21.85%	7.15%
曾经有下岗职工的家庭	n.a.	n.a.	n.a.	n.a.
调查时有下岗职工的家庭	6.55%	22.66%	51.87%	23.51%
1999				
从来没有下岗职工的家庭	71.24%	1.60%	6.95%	5.44%
曾经有下岗职工的家庭	6.64%	5.13%	19.75%	16.25%
调查时有下岗职工的家庭	22.12%	9.87%	27.70%	23.46%
2002				
从来没有下岗职工的家庭	62.44%	0.70%	4.44%	6.42%
曾经有下岗职工的家庭	16.02%	3.06%	11.47%	15.04%
调查时有下岗职工的家庭	21.54%	5.42%	18.22%	23.17%

注:n.a. 表示该种分类在1995年不存在。

① 例如,由于下岗政策的实施,从1995年到1999年从来没有下岗职工的城镇家庭数目减少,与此同时,有下岗职工的城镇家庭数目增加,从而一部分城镇人口由"没有下岗职工的城镇家庭"组别移动到"有下岗职工的城镇家庭"组别。

在其他条件不变的情况下,大量失业的出现会导致贫困率上升。给定 1995 年、1999 年或 2002 年中的任意一年,比较按以上不同下岗情况划分的家庭组别的贫困率就可以得到这样的结果(表 8(a))。然而,这种贫困的上升被组别内的减贫效应所抵消掉(表 8(b))。例如,使用"每人每天 2 美元"贫困线,贫困人数应该从 1995 年的 7% 增加到 1999 年的 9.6%。但是这种贫困上升远远被组内贫困率的更大幅度下降所抵消。其中,从未有下岗职工的家庭组别内贫困率下降了 3.7%。此外,互动效应也意味着贫困的减少,因为规模增大的家庭组别如家有下岗职工组别也经历了贫困减少。当使用每人每天 3 美元贫困线考察 1999 年到 2002 年的贫困变化时,所得分析结果与上述结果大体相似(表 8(b))。

表 8(b) 根据城镇家庭就业情况分解城镇贫困的变化

	组别间人口移动	组内变化	交互作用
"每人每天 2 美元"贫困线			
1995—1999			
从来没有下岗职工的家庭	-0.92%	-3.74%	0.62%
曾经有下岗职工的家庭	n.a.	n.a.	n.a.
调查时有下岗职工的家庭	3.53%	-0.84%	-1.99%
总计	2.61%	-4.58%	-1.37%
1999—2002			
从来没有下岗职工的家庭	-0.14%	-0.64%	0.08%
曾经有下岗职工的家庭	0.48%	-0.14%	-0.19%
调查时有下岗职工的家庭	-0.06%	-0.98%	0.03%
总计	0.28%	-1.76%	-0.09%
"每人每天 3 美元"贫困线			
1995—1999			
从来没有下岗职工的家庭	-3.40%	-12.90%	2.15%
曾经有下岗职工的家庭	n.a.	n.a.	n.a.
调查时有下岗职工的家庭	8.07%	-1.58%	-3.76%
总计	4.67%	-14.49%	-1.61%
1999—2002			
从来没有下岗职工的家庭	-0.61%	-1.79%	0.22%
曾经有下岗职工的家庭	1.85%	-0.55%	-0.78%
调查时有下岗职工的家庭	-0.16%	-2.10%	0.05%
总计	1.08%	-4.43%	-0.50%

注:贫困线按 1985 年购买力平价美元定义。

失业的增加并没有像想象的那样造成灾难性的后果,最重要原因可能是只有少数有下岗职工的家庭是绝对贫困的。例如,如果使用每人每天 2 美元贫困线,2002 年有下岗职工的家庭组别的贫困率只有 5.4%。这一贫困率的确很低,尽管它大大高于整个城镇的贫困率(2%)。如果采用每人每天 3 美元的贫困线,2002

年该组别的贫困率为18%。这个数字显得高一些,这是因为我们的贫困率是根据收入而非消费测算的。显然,有下岗职工的家庭会寻找其他收入来源而非仅仅依靠下岗生活补贴来维持生活。

最后,从1995年到2002年有下岗职工的家庭和有曾经下岗职工的家庭占所有城镇家庭的比例均有所上升。这种上升确实对贫困的减少、特别是对1995年到1999年贫困的减少产生了负作用。若不是组内效应,城镇贫困将会上升。

(三) 中国社会保障体系的有效性

中国政府认为一个覆盖全民的社会保障体系会有助于由政府主导的以增进效率和促进增长为目标的国有企业改革。这样一个体系将使国有企业不再承担提供福利的包袱,进而为国有企业裁减冗员铺平道路。但是由于分权的财政体制无法支撑一个全国性的社会保障体系,因而,地方政府而非中央政府便成为社会保障的主要提供者。此外,国有企业和私营企业也参与了社会保障的提供。

CHIP数据允许我们确认三种福利支付形式:工作单位的支付①、失业保险和最低生活保障(简称为低保)。工作单位的福利支付在1988年和1995年采用生活困难补助的形式、在1999年和2002年采用下岗遣散费的形式。失业保险于1986年开始建立,到2000年覆盖了大约所有城镇职工的一半(Chen,2001)。最低生活保障于1993年首先在上海发起,最终于2000年扩展到667个主要城市和738个县城(民政部,2000)。尽管其地理覆盖范围很广,但相对来说只有少数人获得低保(在2000年只有300万人)(Shang和Saunders,2001)。

表9提供了以上三种福利支付形式的一些数据及其影响。表9首先揭示了中国城镇的大量失业及其上升,如1995年时只有5.55%的家庭有下岗职工。到1999年和2002年这个比重几乎增加了3倍即达到20%。然而相对来说,只有少数有下岗职工的家庭获得了以上三种形式之一的社会保障。1995年时只有3%的有下岗职工的家庭得到了生活困难补助或低保。90年代下半期,中国社保体系的覆盖范围大为扩展。但到1999年,仍然只有21%的有下岗职工的家庭从这些来源获得收入。到目前为止,社会保障救助最普遍的形式是工作单位发放的下岗遣散费,18%的有下岗职工的家庭得到了这种支付。大多数下岗职工没有得到下岗遣散费,这可能是由于它们的原工作单位因亏损而无力承担这种开支。但是,由中央和地方政府提供资金的社会保障体系对没有得到原工作单位救助的下岗职工的扶持也很少,极少数有下岗职工的家庭得到了失业保险和低保(分别为1%和2%)。到2002年,由于政府允诺承担社会保障责任并且要求下岗职工结束他们与原工作单位之间的合同,工作单位发放的救助已减少到极小量。尽管社会保障体系的覆盖范围不断扩大,但仍然只有少数困难家庭得

---

① 工作单位的福利支出通常支付给国企下岗职工,在1998年下岗高峰时其作用异常重要。

到过社保体系的救助。2002年,在有下岗职工的家庭中,只有11%得到过失业保险支付、8%得到过低保。

表9 社会保障支出对贫困和不平等的影响

	1995	1999	2002
有下岗职工的家庭的比例	5.55%	20.38%	20.12%
有下岗职工的家庭中得到各种反贫困措施救助的比例	2.86%	21.18%	18.04%
(1) 工作单位发放的救助	2.34%	18.48%	1.96%
(2) 失业津贴	n. a.	1.10%	10.91%
(3) 低保	0.52%	2.33%	8.22%
实际基尼系数	0.3277	0.3310	0.3181
除去反贫困措施救助后的基尼系数	0.3276	0.3341	0.3200
实际 $P0$(3美元贫困线)	23.81%	12.39%	8.54%
没有反贫困措施救助下的 $P0$(3美元贫困线)	23.83%	12.96%	8.93%
反贫困措施带来的 $P0$ 的总下降(3美元贫困线)	0.02%	0.57%	0.39%
(1) 工作单位发放的救助	0.00%	0.41%	0.02%
(2) 失业津贴	n. a.	0.10%	0.18%
(3) 低保	0.02%	0.06%	0.19%

为评估中国政府反贫困努力的有效性,我们在"逆现实"(counterfactual)地从家庭收入中去掉所有这三种扶贫救助之后,再测算贫困和收入不平等指标。这种方法隐含着一些很强的假设,即如果这些反贫困措施不存在,家庭的其他收入不会变化。但"逆现实"研究仍是令人感兴趣的。从社保体系的狭窄覆盖范围里就可以预期这些反贫困措施基本上对贫困或收入不平等没有影响。例如,即使是在1999年和2002年,它们只有很小的作用。除去从这些项目得到的收入后,1999年的基尼系数将高出0.9%,2002年的将高出0.6%;如果使用每人每天3美元的贫困线,1999年的贫困率将高出0.6%,2002年的将高出0.4%。考虑到这三个反贫困项目的狭窄覆盖范围,其作用的微小是可以理解的。这也说明在城镇反贫困方面,政府的社保体系还有很大的改进余地。从1999年到2002年之间,由政府提供资金的反贫困措施的作用在增加,但这种增加并没有完全弥补由工作单位提供资金的福利救助的减少。这种现象可能让人感到担忧。

五、贫困和不平等的模式——多变量分析

以上我们剖析了1988年到2002年的中国城镇绝对贫困和收入分配的变化。应该说,简单的多变量模型分析有助于我们更深入地理解不断变化的贫困模式。根据 Appleton(2001),我们打算采用三种估计方法。第一种是使用普通最小二乘法(以下简称为 OLS)对经过取对数的家庭人均收入变量建模。第二种是使用

Probit 模型分析哪些因素导致贫困(为此,我们把贫困线定义为每人每天 3 美元)。第三种估计方法更非常规:首先删除高于贫困线(每人每天 3 美元)的家庭人均收入变量观测值,接着使用 Tobit 模型①估计剩余收入变量对数的决定因素。第三种方法介于较为常见的 OLS 和 Probit 模型之间:像 Probit 模型一样,它是对贫困的一种测算模型;但该模型也能够得到可以与 OLS 模型对比的系数。

此外,我们还把以上三种模型分别按简约和完全形式进行回归估计。简约形式是解释变量由描述户主的人力资本变量、家庭人口结构变量以及省份虚拟变量构成。完全形式是在简约解释变量集合之上增加户主的与工作相关的特征变量,具体为职业、行业和所有制等虚拟变量。简约形式之所以令人感兴趣,是因为它们可能较为全面地估计某些变量的效应。例如,教育可能通过职业影响收入,因而控制职业变量将低估教育变量的效应。而完全形式在描述与户主工作相关的特征和结果之间的关联上也是有用的。

(一) 简约形式结果——人力资本和家庭人口结构变量

户主特征变量的收入回报差异逐年扩大。表 10 列出了简约形式的一些关键回归结果。1995 年以后,户主受教育水平在提高家庭收入、减少家庭贫困方面的重要性不断增加。户主额外多受一年学校教育 1988 年时导致家庭人均收入增加 4%、2002 年增加 8%。党员和非党员之间的收入回报差异也逐年扩大。户主是党员的家庭在 1988 年比户主不是党员的家庭收入高 17%,1999 年时这个比例上升到 36%,2002 年跌回至 25%。② 户主性别的重要性也随时间而增加。如果其他条件不变,1988 年时男性户主的家庭收入比非男性户主的家庭高出 1%,这是一个非常微小的差异。但是在 2002 年这一差异上升到 12%,且其统计显著水平为 1%。图 3 标出了这些差异,其趋势大体上反映了根据 CHIP 四次调查数据得到的四组个人工资函数所表现出的差异(Appleton 等,2005)。但家庭收入差异和个人工资差异之间有些数量上的差别。户主性别差异造成的家庭收入差异的增长慢于个人性别差异带来的工资差异的增长,因为大多数家庭既有职业男性又有职业女性。相反,户主是党员带来的家庭收入差异的增幅大于工资函数中党员的工资升水,这可能是因为党员的配偶也常常是党员。相比之下,教育分别给家庭收入和工资带来的差异的变动趋势几乎完全一样,例外是从 1988 年到 1995 年工资差异增加。

---

① 关于 Tobit 模型的具体论述和说明,参见 William Greene, *Econometric Analysis* (1997),第 19 章和第 20 章。

② 根据公式"$\exp(\beta) - 1$"计算收入差异,其中 β 是回归中党员变量的系数。

表10　简约形式下的收入和贫困的决定因素

	因变量(估计方法)	1988	1995	1999	2002
户主的学校教育(年数)	收入(OLS)	0.04***	0.04***	0.06***	0.08***
	收入差距(Tobit)	0.04***	0.06***	0.10***	0.10***
	非贫困(Probit)	0.16***	0.11***	0.17***	0.19***
户主是中共党员	收入(OLS)	0.16***	0.20***	0.31***	0.22***
	收入差距(Tobit)	0.17***	0.35***	0.65***	0.48***
	非贫困(Probit)	0.60***	0.69***	1.07***	0.83***
户主为男性	收入(OLS)	0.01	0.04	0.06	0.11***
	收入差距(Tobit)	0.06**	0.06	0.23**	-0.05
	非贫困(Probit)	0.19	-0.01	0.44	0.01
赡养率	收入(OLS)	-1.18***	-1.25***	-1.01***	-1.11***
	收入差距(Tobit)	-1.24***	-1.46***	-0.96***	-1.17***
	非贫困(Probit)	-5.04***	-3.02***	-1.86***	-2.18***
家庭成年人人数(对数)	收入(OLS)	-0.31***	-0.46***	-0.38***	-0.41***
	收入差距(Tobit)	-0.29***	-0.55***	-0.31***	-0.43***
	非贫困(Probit)	-1.27***	-1.20***	-0.59***	-0.84***
观测值数		8 993	6 928	3 998	6 835
贫困家庭数(家庭人均收入低于"每人每天3美元")		2 911 (32.4%)	1 488 (21.5%)	445 (11.1%)	505 (7.4%)

注:(1) *** 表示1%水平上的统计显著性;** 表示5%水平上;* 表示10%水平上。(2)收入(OLS)的因变量为人均实际收入的对数。(3)收入差距(Tobit)的因变量为人均实际收入的对数(删除家庭人均收入高于"每人每天3美元"的观测值)。(4)非贫困(Probit)的因变量为0和1变量,其中,非贫困=1,贫困=0,非贫困的条件是家庭人均实际收入高于"每人每天3美元"。(5)省份虚拟变量和户主年龄的二次项也包含在模型中,但未报告。

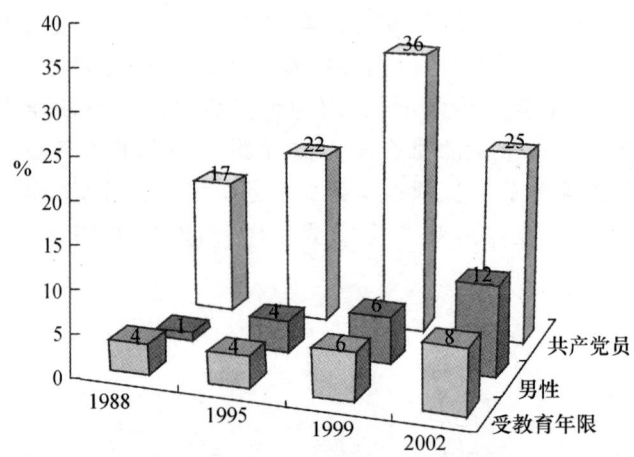

图3　收入差别,1988—2002年

户主年龄导致的收入差异在 2002 年最为显著。图 4 绘制了以上根据四次 CHIP 调查数据所估计的四个 OLS 家庭收入模型中各自的年龄和收入之间的二次型关系。从 1988 年到 1995 年以及稍后从 1999 年到 2002 年,年龄的回报有明显增加。但年龄变量曲线从 1995 年到 1999 年的变化有所不同,即户主为中年人的家庭在收入上的优势小于户主为年轻人或老年人的家庭。1988 年时年龄和收入之间存在明显的非单调关系;1988 年二次方程式的拐点在 40 岁。在后来的调查年份里拐点不断上升,2002 年时拐点上升到 80 岁。这意味着在 2002 年年龄和收入之间几乎是一种单调关系(与 1988 年的倒 U 形关系相反)。

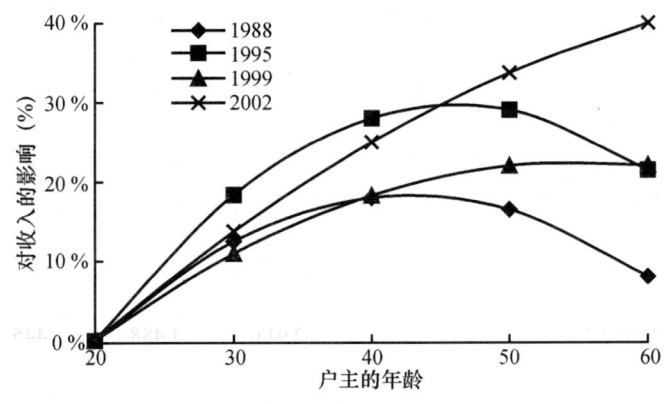

图 4 户主年龄造成的收入差别

就全部 CHIP 数据而言,较高的赡养率(家庭内非劳动人数和劳动人数之间的比例)与较低的家庭人均收入相关;成年人较多的家庭也具有类似的特征。这两个人口变量的系数随时间波动,2002 年时成年人人数变量的系数为负且低于 1988 年。①

OLS 收入函数的大多数结果也显现于 Probit 和 Tobit 贫困函数之中。要说有什么区别的话,教育和党员的回报增幅在 Tobit 模型中更为显著。这意味着教育和党员变量在城镇家庭人均收入分布的低端具有更强的效应。例如,1988 年 OLS 和 Tobit 函数中的教育回报均为 4%,而 2002 年时各自上升到 8% 和 10%。从 1999 到 2002 年,Tobit 函数中的党员变量带来的收入增幅是 OLS 收入函数中相同变量收入增幅的两倍。户主性别的作用也有一些差别。在 Probit 模型中,户主性别变量从未在统计上显著地影响一个家庭是否是贫困的概率。在 OLS 模型中,2002 年时户主为男性是一种显著优势;而在 Tobit 模型中并非如此,尽管 1988 年情况完全相反(当时性别变量在 Tobit 模型中显著,但在 OLS 模型中不显著)。

---

① 由于个人健康变量对收入具有显著的影响(Appleton 等,2004),我们在研究过程中试图加入这个变量。然而,CHIP 数据中的 1988 年和 1995 年截面数据没有健康变量。因此,为得到可以跨期对比的四组贫困回归方程,我们不得不放弃健康变量。

（二）完全形式——工作特征的效应

在以上"简约形式"变量之外，"完全形式"还包含户主的与工作相关的各种特征变量，如职业、工作单位所有制和行业等虚拟变量。把这些特征变量包含进来会减少户主的某些特征变量的估计效应，如教育和党员变量。但是，在包括这些工作特征变量之后，以上讨论的教育等变量的变化趋势依然保持不变。我们首先讨论工作特征变量在 OLS 模型中对家庭收入的影响。

如表 11 所示，在其他条件不变的情况下，与受雇于国有企业相比，户主受雇于外资企业的家庭平均收入显著高一些，而户主受雇于私营企业的家庭收入显著低一些。但从 1988 年到 2002 年，这种差异在逐渐缩小。相反，户主在城镇集体企业工作的与在国企工作的收入差距逐年增大。到 2002 年，城镇集体企业是工作报酬最低的所有制部门。

户主是否为体力劳动者的家庭收入差异不断扩大。例如，从 1988 年到 2002 年，与体力劳动者相比，专业人员和职员的收入上升了两倍多。下岗户主的家庭收入低于户主从事体力劳动的。但是，这一收入差异在 1995 年之后显著下降：1995 时这一差异为 -46%（在 1% 水平上显著），1999 年时该差异降至 -25%，而 2002 年时再降至 -17%，且后两个系数仅在 10% 水平上显著。这说明下岗户主的家庭能够逐渐用其他方法弥补户主收入的损失。一种可能是失业保险等福利水平提高，或者在 2002 年失业减少的情况下其他家庭成员收入增加。2002 年时退休户主的家庭收入也比以前大幅度增加，其收入比户主从事体力劳动的家庭高 39%，而之前年份的收入差异在统计上不显著。

工作单位行业差异造成了家庭收入差异的较大变化。在其他条件不变的情况下，1988 年时户主所在行业造成的收入差异大部分在统计上不显著。作为对比变量的制造业的收入与大多数其他行业没什么差异，且比政府部门显著高一些。在其他条件不变的情况下，户主在采矿业和农业，以及批发和零售行业工作的家庭收入高于户主在制造业工作的家庭收入。到 2002 年时这些差异则倒过来了。户主在采矿业和农业工作的家庭收入最低，紧随其后的依次为建筑业、零售和批发服务业、制造业。户主在其他行业工作的家庭收入显著高一些。例如，户主在政府部门工作的家庭收入比在制造业工作的高 15%。这些行业收入差异的变化与使用相同的 CHIP 数据估计的个人工资函数中的变化比较吻合（Appleton 等，2005）。

为简单起见，我们没有报告完全形式的 Tobit 估计结果，而把注意力集中于分析一个家庭是否非贫困的 Probit 模型。Probit 模型中工作特征变量系数的变化明显小于它们在 OLS 收入模型中的变化。例如，Probit 模型中所有制变量系数没有显著变化。在其他条件不变的情况下，2002 年时户主为职员的家庭的贫困可能性显著更小，而 1988 年时并没有这样的效应。户主工作行业虚拟变量系数在大小及有时在符号上有很大变化，但与 OLS 收入模型大体一致。在 1988 年和 2002 年户主工作行业虚拟变量系数基本不显著。

表 11 工作特征对收入和贫困的影响

	1988		1995		1999		2002	
	收入（OLS）	非贫困（Probit）	收入（OLS）	非贫困（Probit）	收入（OLS）	非贫困（Probit）	收入（OLS）	非贫困（Probit）
户主工作单位的所有制（国有企业为缺省）：								
城镇集体	-0.09***	-0.52***	-0.16***	-0.48***	-0.17***	-0.44***	-0.20***	-0.45***
私营	-0.22**	-0.45	-0.41***	-1.22***	-0.05	-0.07	-0.14***	-0.41***
外资	0.40***	1.11	0.21***	0.66	0.31***	0.20	0.17***	0.43
户主职业（体力劳动者为缺省）：								
私营企业所有者	0.01	-0.48*	0.12*	0.33	0.33***	0.08	0.10***	0.07
专业人员	0.07***	0.40***	0.19***	0.69***	0.24***	0.53***	0.17***	0.70***
行政人员	0.15***	0.72***	0.26***	0.78***	0.26***	0.17	0.22***	0.69***
职员	0.05***	0.10	0.07***	0.13***	0.17***	0.25	0.12***	0.51***
被裁人员	-0.23**	-0.71***	-0.61***	-1.41***	-0.29*	-1.73***	-0.19**	-0.97***
退休人员	0.12	0.80***	0.08	0.17	-0.06	-0.24	0.33***	1.08**
其他非劳动参与人员	-0.19***	-0.94***	-0.08***	0.11	-0.03	-0.88**	-0.11**	-0.82
户主工作的行业部门（制造业为缺省）：								
采矿/农业	0.04**	0.31***	0.06	0.19	-0.04	-0.18	-0.10*	-0.22
建筑	0.00	-0.03	0.00	-0.27*	0.10***	0.30	-0.06	-0.47**
运输和通信	0.02	0.01	0.04	0.06	0.29***	0.99***	0.18***	0.56***
批发零售	0.04***	0.05	-0.04*	-0.12	0.06**	0.09	-0.03	-0.12
房地产和社会服务	-0.05***	-0.29*	-0.02	-0.32*	0.24***	0.55***	0.07***	0.11
卫生和福利服务	-0.02	-0.04	-0.03	-0.05	0.20***	2.06***	0.18***	0.42
教育	-0.02	-0.12	0.06*	0.10	0.23***	1.33***	0.16***	0.60*
科研	0.02	0.04	0.21***	0.57***	0.23***	1.29***	0.24***	0.83
金融	0.01	0.29	0.31***	0.97***	0.45***	2.00***	0.20***	0.37
政府	-0.05**	-0.12	0.01	0.12	0.25***	0.91***	0.14***	0.47

注：(1) *** 表示 1% 水平下的统计显著性；** 表示 5% 水平下；* 表示 10% 水平下；贫困 =1，非贫困 =0，非贫困的条件是家庭人均实际收入高于"每人每天 3 美元"。(2) 收入（OLS）的因变量为人均实际收入的对数；非贫困（Probit）的因变量为 0 和 1 变量。(3) 对于职业，所有制和行业"等拾遗变量进行了控制，但"其他"未包含于以上结果。(4) 包含在模型中但未报告的变量有：户主个人特征变量如年龄及其平方项，受教育水平，性别和是否共产党党员；家庭人口结构变量如赡养率和成年人人数的对数；省份虚拟变量。

六、结 论

中国的高速经济增长可能是过去 20 年里世界经济发展中最显著的亮点。这种增长大大改善了中国农村居民的生活状况,同时也给占中国人口 39% 的城镇居民(2002 年时)带来了重大影响。人们担心某些群体没有分享到这种增长的成果,而且经济增长本身可能造成"新城镇贫困"的出现。即使是怀疑论者也承认:包括减少城镇家庭补贴和裁减国有企业冗员在内的城镇改革促进了效率和增长。但是,有人担心减少旨在帮助低收入家庭的转移支付和造成大量失业的改革措施可能造成了城镇贫困增加。

本文侧重于研究处于城镇家庭人均收入变量分布较低端的城镇居民的实际收入。根据包含了政府补贴和转移支付信息的 CHIP 数据,我们揭示了从 1988 年到 2002 年处于各收入分布子区间的城镇居民的生活水平普遍得到提高。这一事实一直被研究中国城镇贫困的常规分析所掩盖。这些使用非常低的贫困线定义如"每人每天 1 美元"贫困线的常规分析只发现极少数城镇人口(约 1%)处于贫困状态。我们发现从 1988 年到 1995 年补贴的取消降低了城镇最贫困家庭的实际收入。但是这一收入下降随后被其他收入的增加所超过。可能最让人惊奇的发现是:尽管 1995 年之后大量失业出现,但是中国城镇的绝对贫困却持续下降,而且不管把贫困线定位在哪里情况都是如此。因而有关改革期间城镇绝对贫困上升的担心是多余的。这一时期由政府提供资金的反贫困措施在不断强化,但其覆盖范围仍然非常有限,而且对该时期贫困和收入不平等的影响也很小。

在过去二十年里,不仅城镇贫困水平有显著变化,而且城镇居民家庭收入和贫困模式也在改变。关于家庭收入的多变量回归分析发现:从 1988 年到 2002 年,由受教育水平、性别、年龄和是否为共产党党员等变量造成的收入差异不断趋于扩大。Tobit 模型分析表明不断扩大的收入差异在收入分布的较低端也存在,当然在收入分布的较高端更为显著。此外,对计划经济时期受青睐职业(如初级产业和制造业部门中的体力工作)的保护已经减少。这些因素有助于解释 1988 年以来的城镇收入分配不平等上升。但是分析 CHIP 数据得到的一个重要而深刻的启示是:中国城镇的总体收入不平等的加剧主要限于 1988 年到 1995 年之间;与 1995 年相比,1999 年调查和 2002 年调查均没有显示城镇收入分配不平等在持续恶化。

从我们的分析可以发现:中国城镇正在走出贫困,至少是当把贫困定义为绝对贫困的时候。然而在根据这一结论制定政策时应该考虑到以下几种情况。首先,我们的结果只适用于具有城镇户口的城镇居民,原因是进城务工农民及其他流动人口不在 CHIP 调查数据范围之内。其次,我们确实发现收入不平等有所扩大、相对贫困在上升。最后,我们引用我们关于政府反贫困措施在减少城镇贫困方面作用很小的发现。可能有人认为中国政府是在冒险地过度依赖经济增长来解决包括贫困在内的诸多社会问题。如果增长停止或有一个较大的经济衰退,可以想象将会发生什么。

参 考 文 献

[1] Appleton, Simon (2001), "'The rich are just like us, only richer' Poverty functions or consumption functions? Evidence from Uganda", *Journal of African Economies*, 10(4): 433—469.

[2] Appleton, Simon, John Knight, Lina Song and Qingjie Xia (2002), "Labour Retrenchment in China: Determinants and Consequences", *China Economic Review*, 13(2—3): 252—275.

[3] Appleton, Simon, John Knight, Lina Song and Qingjie Xia (2004), "Contrasting paradigms: Segmentation and competitiveness in the Formation of the Chinese Labour Market", *Journal of Chinese Economic and Business Studies*, 2(3): 195—205.

[4] Appleton, Simon, Lina Song and Qingjie Xia (2005), "Has China crossed the river? The evolution of the wage structure in urban China", *Journal of Comparative Economics*, 33(4): 644—663.

[5] Chen, J. (eds) (2001), *China's Social Security Development Report: 1997—2001*, Beijing: Social Sciences Literature Press.

[6] Chen, S. and Y. Wang (2001), "China's growth and poverty reduction: recent trends between 1990 and 1999", World Bank Policy Research, Working Paper 2651.

[7] Datt, G. and Ravallion, M. (1992), "Growth and Redistribution Components of Changes in Poverty Measures: A Decomposition with Applications to Brazil and India in the 1980s", *Journal of Development Economics* 38(2): 275—295.

[8] Dollar, David and Aart Kray (2002), "Growth is good for the Poor", *Journal of Economic Growth* 7(3): 195—225.

[9] Fang, Cheng, Xiaobo Zhang and Shenggen Fan (2002), "Emergence of urban poverty and inequality in China: evidence from household survey", *China Economic Review* 12: 430—443.

[10] Fields, Gary (2001), *Distribution and Development*, Cambridge, MA: Russell Sage Publishers.

[11] Fishlow, A. (1972), "Brazilian size distribution of income", *American Economic Review Papers and Proceedings* 391—402.

[12] Foster, J., J. Greer and E. Thorbecke (1984), "A Class of Decomposable Poverty Indices", *Econometrica*, Vol. 52: 761—765.

[13] Greene, W. H. (1997), *Econometric Analysis* (the 3rd Edition), Prentice-Hall, Inc.: New Jersey.

[14] Khan, Azizur (1996), *The impact of recent macroeconomic and sectoral changes on the poor and women in China*, New Delhi: ILO.

[15] ——(1998), "Poverty in China in the era of globalization", *Issues in Development Discussion Paper* 22, International Labour Organisation: Geneva.

[16] Khan, A. R., K. Griffin, C. Riskin and Zhao Renwei (1993), "Household income and its definition in China", paper 1 of Griffin, Keith and Zhao Renwei (eds.), *The Distribution of Income in China* Macmillan: London.

[17] Khan, A. and C. Riskin (2001), *Inequality and poverty in China in the age of globalization*, Oxford University Press: New York.

[18] Knight, John and Lina Song (1999), *The rural-urban divide: economic disparities and interactions in China*, Oxford University Press: Oxford.

[19] Knight, John and Lina Song (2005), *Towards a labour market in China*, Oxford University Press: Oxford

[20] Kuznets, Simon (1955), "Economic growth and income inequality" *American Economic Review* 45(1): 1—28.

[21] Meng, Xin, Gregory, Robert and Wang, Youjuan (2005), "Poverty, Inequality, and Growth in Urban China, 1986—2000", *Journal of Comparative Economics* 33(4): 710—729.

[22] Park, Albert, Yang Du and Sangui Wang (2005), "Migration and rural poverty in China", *Journal of Comparative Economics*, 33(4): 688—709.

[23] Ravallion, M. (1992), "Poverty comparisons: a guide to concepts and methods", Living Standards Measurement Paper No. 88, World Bank: Washington DC.

[24] Ravallion, M. and S. Chen (2007), "China's (Uneven) Progress against Poverty", *Journal of Development Economics* 82(1): 1—42.

[25] Ravallion, Martin and Monica Huppi (1991), "Measuring changes in poverty: a methodological case study of Indonesia during an adjustment period", *World Bank Economic Review* 5(1): 57—82.

[26] Riskin, Carl, Zhao Renwei, and Li Shi (eds.) (2001), *China's Retreat from Equality: Income Distribution and Economic Transition*, M. E. Sharpe: Armonk, N. Y.

[27] Shang, Xiaoyuan and Saunders, Peter (2001), "Social Security Reform in China's Transition to a Market Economy", *Social Policy and Administration* 35 (3), 274—289.

[28] Song, Lina and Appleton, Simon (2006), "Inequality and Instability: An Empirical Investigation into Social Discontent in Urban China", University of Nottingham: *mimeo*.

[29] Wang QB, Shi GM and Zheng Y (2002), "Changes in income inequality and welfare under economic transition: evidence from urban China", *Applied Economics Letters* 9 (15): 989—991.

[30] Wu. F. (2004), "Urban poverty and marginalization under market transition: the case of Chinese cities", *International Journal of Urban and Regional Research*, 28(2): 401—423.

[31] Wong, Linda (1998), *Marginalization and Social Welfare in China*, Routledge: London.

[32] World Bank (2001), *World Development Report 2000/01: Attacking Poverty*, Oxford University Press: New York.

Trends and Patterns of Urban Poverty in China: 1988—2002

XIA Qingjie SONG Lina

Abstract: This paper estimates trends and patterns in absolute poverty in urban China from 1988 to 2002 using the Chinese Household Income Project (CHIP) surveys. Poverty incidence curves are plotted, showing that poverty has fallen markedly during the period regardless of the exact location of the poverty line. Income inequality rose from 1988 to 1995 but has been fairly constant thereafter. Models of determination of income and poverty reveal widening differentials by education, sex and party membership. Income from government anti-poverty programs has little impact on poverty, which has fallen almost entirely due to overall economic growth rather than redistribution.

Key words: poverty; inequality; economic growth; welfare; public policy; China

JEL: O15, J38; O38

我国企业信用指数评级方法初探*

章 政 王大树

摘要：信用指数评级是现代信用管理的一个重要方法，与其他的金融分析工具相比，信用指数模型具有操作性强、适应性好、时效性快的优点，本文系统地分析了企业信用价值指数、企业信用风险指数、信用综合指数的建模原理和编制方法，并对信用指数评级模型在我国外贸企业率先使用提出了政策建议。

关键词：企业信用指数；指数评级模型；信用价值指数

一、建立企业信用指数评级的必要性

早在20世纪30年代，统计学家威尔士(Henry Wells)就运用统计方法分析了信用申请者的还款能力，他设计了一种用分值表示信用水平的统计评分标准，用于判断信用申请者的信用状况。到了1941年统计学者大卫·迪德(David Did)为了进一步衡量消费者的信用风险，运用差异分析的方法评估了授信决策的风险，从而使信用评估由定性向定量化转变，推动了授信决策分析的科学化。目前，各种量化的评分被广泛运用在信用管理活动之中，特别在个人信用评估方面尤为突出，与之相对应，企业信用管理活动则更多地运用各种信用模型和行业分析技术进行信用风险的控制。比如美国著名的信用评级机构穆迪公司(Moody's)和标准普尔公司(Standard and Poor's)在各自庞大的数据库的支持下都建立了一套独立的企业信用评级方法。近年来我国的一些金融机构为了控制贷款风险也建立了自己的信用评估体系，如中国工商银行的信用评分五大指标体系，中国农业银行的企业信用评价十大指标等，但这些评分和评级办法，不是因为技术性、专业性较强，要求的观测样本条件较高，掌握和普及比较困难(如穆迪公司和标准普尔的信用评级)，就是由于评级指标过于简单化，以致评级结果与企业实际状况可能会存在一定的差距，信用评级并没有真正起到控制信用风险的作用(如我国一些金融机构的信用评级)。为了加快我国市场经济和信用制度建设的步伐，尽快建立一套操作简便、适应性强、建模成本低的企业信用评级方法，已成为加快我国市场化

---

* 原载于《经济学动态》2005年第5期。

进程的当务之急。

二、信用指数评级的概念

信用指数评级是现代信用管理的一个重要方法,它是通过选择具有代表性的企业样本,按照统一的口径和科学的计算方法,对不断变化的企业经营活动进行跟踪、评价,由于指数的编制方法具有简便、易行、计算调节自如、结论明确、时效性强等特点,它也成为近年来西方国家许多著名信用评级机构关注的焦点。

信用指数评级与信用评估模型相比,具有以下特点:(1)操作性强,由于各行业的不同一,一般的信用评估模型只能适应某一行业的某一类企业,不同行业之间难以建立一种共同模型,这就增加了模型建立的难度,与此相比,信用指数只需要规定指标计算口径和标准即可,无须考虑行业之间的差异。(2)适应性好,鉴于信用指数评级基本上依靠统计数据进行指数编制,剔除了信用评估系统中由于方法和建模过程的系统差异造成的结论与事实之间可能存在偏差的问题,解决了不同种类企业信用评级的可比性;(3)时效性强,与通常的信用模型中大量的参数需要确定和调整,往往要花几天时间才能完成相比,信用指数评级由于依赖的指标主要是现有的统计资料和财务数据,它可以在很短的时间内完成整个评级过程,具有速度快、时效性强的特点。鉴于以上理由,我们认为对我国企业信用指数的编制和评估方法进行分析和探讨,具有重要的现实意义。

三、企业信用指数模型的开发

1. 信用价值指数

信用价值指数是考察企业信用发展水平和信用形成过程的一个重要内容,它是通过选用相关的企业经营指标和财务数据,编制成的信用指数体系。

如果考察对象为企业的某特定指标 C_1(如利润水平,产值费用率等),则该指标下的企业信用价值指数为:

$$C_1 = \frac{C_{(t+1)}}{C_t} \cdot \frac{\sum C_t}{\sum C_{(t+1)}} \tag{1}$$

考虑到统计指标 C 的代表性和不同阶段企业的发展特点,为了更好地揭示不同时期企业的内部差异,这里引入权重变量 Q(如企业职工人数,纳税总额,总资本规模等),按照几何平均指数计算的办法,得以权重为 Q 的 C 指标信用指数计算公式如下:

$$C_2 = \left(\frac{C_1 Q_1}{\sum C_0 Q_1} \cdot \frac{\sum C_1 Q_0}{\sum C_0 Q_0} \right)^{1/2} \tag{2}$$

为了进一步解决单个统计指标 C 反映问题的局限性,全面地衡量企业信用价值,有必要从多个方面计算企业的信用价值指数,这里我们姑且把这一指数称为企业信用价值的组合指数,简称信用组合指数。按照调和平均指数的编制原理(又称 P 氏公式),得到企业的信用组合指数计算公式如下:

$$C_3 = \frac{\sum C_i Q_i}{\sum Q_i}$$

企业信用价值组合指数 $D = \frac{\sum C_i Q_i}{\sum Q_i} \quad (i = 1, 2, 3, \cdots, n)$ (3)

2. 企业信用风险指数

企业信用风险指数是针对企业的潜在信用风险,进行分析评估的一种重要方法,为了弥补信用价值指数在指标选取和样本筛选时的系统误差(因为实际上不可能将所有的企业统计指标都用于价值指数的评级),有必要对企业的整体信用状况,特别是未来的信用风险大小做出评估,通常使用最多的方法是企业信用风险评分。根据我国企业的实际情况,我们认为它应该包括以下三方面的内容:

(1)企业自身特征评分,其中包括企业的表面印象、产品与行业前景、组织管理水平、经营状况、市场竞争激烈程度、发展前景等方面。

(2)企业优先性特征评分,其中主要包括企业的交易条件、市场吸引力、担保能力、盈利水平、产品和技术的可替代性、市场竞争力等方面。

(3)企业财务特征评分,主要包括企业的资产规模、负债总额、自有资本比率、融资能力、付款能力、财务安全度等方面。

为了使以上三方面的内容与现行企业统计口径相吻合,根据企业信用分析的特征变量要求(即原始征信数据的集合标准),拟定描述企业评分的 20 个特征指标(详见表 1)。对此 20 个指标,按照鲁比(Robill)的竞争力分析理论,可制定以下评分等级(详见表 2)。按照这一评分标准,企业的信用等级最大值为 100 分(205 分),最小值为 20 分(201 分),进而得到企业信用风险的分值与信用等级的关系(详见表 3)。

表1　企业信用风险的 20 个特征变量指标

区分	企业自身特征	企业优先性特征	企业财务特征
指标	成立日期	市场占有率	净现金流
	注册资本	市场区域	流动比率
	职工人数	固定资产净值	固定比率
	法人代表文化程度	未分配利润	销售利润率
	高级管理人员平均年龄	付款方式	存货周转率
	法人不良记录	纳税	利润平均增长率
	年销售额	资本平均增长率	

表 2　企业特征指标评分标准

级别	优秀	很好	较好	一般	很差
分值	5 分	4 分	3 分	2 分	1 分

表 3　企业信用风险评分与信用等级的关系

信用等级	A	B	C	D
分值	100—80 分	79—60 分	59—40 分	39—20 分

3. 信用综合指数评级

在上述两种指数评级方法中,信用价值指数对于了解企业信用的发展过程,特别是了解影响企业信用的主要因子的作用具有重要意义;而信用风险评分则注重从整体上了解企业的信用状况,对全面的掌握企业未来的信用风险有一定的参考价值。前者是从单个要素(或部分要素的集合)出发研究企业信用的现状,后者注重从整体出发把握企业潜在信用水平和未来的信用发展状况,两种方法尽管依据的理论不同、形式各有侧重,但最终目的是一样的。

信用综合指数评级就是试图将这两种方法结合起来,用一个更为直观的结论对企业信用风险和信用价值进行有效的评级。这里企业信用价值指数 C 与统计指标 C_i 的关系满足公式(3),则 $C = f(C_i Q_i)$;假设企业信用风险评分的分值为 M,则企业信用综合指数的理论模型可写为:$D = M \cdot f(CQ)$,将 D 与公式(3)合并,得出信用综合指数 D 的计算公式如下:

$$D = M \cdot \frac{\sum C_i Q_i}{\sum Q_i} \quad (i = 1, 2, 3, \cdots, n) \tag{4}$$

在公式(4)中,为企业信用风险评分的分值,(由表 3 得知 $20 \leq M \leq 100$);$\frac{\sum C_i Q_i}{\sum Q_i}$ 为反映某企业特征的企业信用价值系数。可见,企业信用综合指数即为企业信用风险评分值与企业信用价值系数的乘积,其评分标准等级区分方法均可参考表 2 和表 3 来进行,鉴于篇幅这里不再赘述。

四、信用指数评级模型的应用

企业信用指数模型目前在我国仍处在研究阶段,尚没有实际应用。我们认为,随着我国企业信用体系的建立和完善,以及征信数据的开放和数据采集的合法化问题得到解决,从 WTO 后我国企业国际接轨的需要看,中国外贸企业信用指数可以率先推出。有关具体应用问题有待结合我国外贸企业征信数据基础做进一步研究。我们建议不妨可以先选择一些条件较好的外贸企业进行试点,待条件成熟,具备一定经验后再逐步推广使用。信用指数评级模型的应用步骤如下:

(1) 确定编制原则。由于指数具有易操作性、客观可比性、时效性等基本特征，编制信用指数模型，首先必须明确特定的行业及服务对象。

(2) 明确指数内容。信用指数应较全面地反映企业的信用状况，包括企业的信用意愿、信用能力、财务风险状况、全同履约情况、执法执纪状况等几个方面。

(3) 进行动态考核。信用指数可根据需要，一般可以选择每月更新或每半年更新一次。主要参考变量要素包括两类，一类是正面要素，一类是负面要素。

企业信用指数模型目前仍处于研究阶段。我们建议选择部分优质外贸企业试点，再逐步推广，并在实践中不断加以完善。最终使中国企业信用指数能真正成为反映我国企业信用状况的风向标。

参 考 文 献

[1] Amartya Sen, *On Ethics and Economic*, Blackwell Publishers Ltd., 1990.
[2] Paul A. Samuelson, "Evaluation of Real National Income", *Oxford Economic Papers*, New Series, Vol. 2, No. 1, 1950.
[3] John B. Caouette, Edward I. Altman, and Paul Narayanan, *Managing Credit Risk*, John Wiley & Sons, Inc., 2008.
[4] 洪灿辉：《征信典范》，中华征信所企业股份有限公司，台北，2001年。
[5] 朱荣恩、徐建新：《现代企业信用分析》，上海三联书店，1995年。

企业与市场:相关关系及其性质[*]
——一个基于回归古典的解析框架

黄桂田　李正全

摘要:本文通过对科斯替代逻辑的反思,重新考察了企业与市场的相关关系。认为交易费用的提出虽然打开了新古典企业的"黑箱",但是由此来解释企业的性质,其结论与现实相悖。本文提出了一个趋于古典的分析框架,发现企业与市场是分别建立在两种不同但有紧密相关性的分工基础上的,因而,它们各自的性质及其相互关系源于一般分工与个别分工各自的性质及其相关关系——企业是要素所有者为分享"合作剩余"而达成的合约,而市场则是商品所有者交换比较优势的制度安排。两者互补而不相互替代。这一结论较好地解释了实体经济中不论是企业规模,还是企业数量在不断扩张,同时市场范围随之不断扩展,两方面相互促进、正相关推进发展的现实。

关键词:企业;市场;合作剩余

一、引　言

科斯的那篇著名的关于"企业的性质"的论文(Coase,1937),被认为是研究企业性质的经典性开创之作(Putterman, Kroszner,1996),基于这一判断,对科斯及其该文在理论上的贡献,不仅引发出汗牛充栋的论著对其进行总结和提炼,而且吸引了一批充满智慧的学者倾注足够的精力拓展和深化相关命题的研究。一篇发表后就立即被淹没在浩瀚的经济学文献海洋中了无回声达几十年之久的论文,一旦被人重新提起,就产生如此长久的扩散效应,不仅确立了它在企业理论(甚至新制度经济学)中的经典地位,而且使它的作者分享到足够的荣耀,这在经济学理论发展史上确属鲜见。客观地说,科斯的这篇论文在企业理论演进过程中历史地形成的显耀地位,无疑是不可动摇的,但就它的内容本身而言,对企业的性质是否具有充分的解释力,是值得进一步探讨的。正如哈罗德·德姆塞茨所言,这种关于企业性

---

[*] 原载于《经济研究》2002年第1期。本文是笔者主持的国家社会科学基金"十五"规划项目"企业激励机制演进与资本结构演进的理论实证研究"和北京市哲学社会科学"十五"规划项目"北京市企业职工持股的理论与实证研究"的阶段性成果之一,项目号分别为"01BJL021"和"01BJBJG004"。

质的理论仍然不够完整、不够清晰(Demsetz,1988)。更为关键的是,问题不在于它的结论和理论含义本身,而在于它诱导了一大批后来者仅从市场与企业的"相互替代"关系的角度考察企业的性质问题,形成了一种有碍深化命题的思维定式[如张五常从产品市场与要素市场的替代关系概括企业的性质(Cheung,1983);威廉姆森引入了资产专用性及其机会主义概念解释市场与企业的替代性(Williamson,1985)等]。我们认为,如果像科斯那样将企业与市场看作资源配置的两种方式,那么,关于企业性质的研究,事先就要确立一个符合现实逻辑的研究角度,必须首先弄清楚市场与企业之间的相关关系的性质,然后才有可能准确地揭示出它们各自的性质。本文认为,市场与企业之间不是一种"相互替代"性质的对立关系,而是一种"互补"性质的相互依存关系,没有市场就没有企业生存的条件,没有企业,市场就缺乏运行的主体;企业的性质与市场的性质只有从它们间的依存性出发,从它们各自在资源配置中显现出的功能差异上进行总结和提炼。

二、"替代"逻辑的片面性

针对正统的新古典经济理论关于价格机制有效性及其相关的系列基本假说,科斯提出了他的关于企业性质的研究命题,既然正统理论倡导市场机制是一种有效的资源配置机制,那么,资源配置方式为什么不是唯一的?为什么还存在企业?对此,科斯首先对新古典的市场运行机制的零成本假设提出挑战,揭示出了市场交易费用存在的客观性。进而断定,在正交易费用世界,企业是作为市场的替代物而产生、而存在的,因为企业作为科层组织(一种特殊的契约关系),内部的科层结构的协调(或者说"看得见的手的协调")替代市场的价格机制协调(或者说"看不见的手的协调"),可以节约市场交易费用。但企业科层结构的运行本身也需耗费成本("组织成本"或称为"管理成本"),由此决定了企业对市场的替代边界是在边际"组织成本"("管理成本")等于利用市场进行交易的边际交易成本的边际点上,此点也决定了企业规模的边际界限。从中得出的基本理论含义是:第一,企业与市场间是一种为节约相关成本而形成的相互替代关系;第二,企业的性质(本质)就体现在它作为市场的替代品——节约市场交易费用上;第三,按此逻辑推论,市场的性质就体现在它作为企业的替代品——节约"组织成本"或"管理成本"上。

如果将企业的性质与市场的性质仅仅归结为节约特定的两种成本上,那么,面对现实经济中复杂的企业结构和市场结构,这种解释显然是过于肤浅,也过于模糊。

第一,按科斯的逻辑,仅从相对成本差异的角度界定企业的性质,也存在矫往过正的片面性问题。如果说新古典的厂商理论只关注生产费用而忽视交易费用具有理论片面性的话,那么,科斯只强调交易费用(包括管理费用)而根本忽视生产费用,也没有避免理论分析片面性的缺陷。按照科斯的说法,如果企业家确信通过市场的价格机制购买生产要素比自己生产更为便宜时，就会走向市场通过市场交易获得该种要素而不是通过自己生产。即使存在这种选择性替代关系，该企业家对于相对成本的比较也不仅仅限于"交易成本"与"组织成本"的相对差异上，他一定会将生产成本包括运输成本等系列成本因素考虑在内，他在做抉择时如果仅仅考虑成本的差异，一定是以预期的市场交易所得商品包含的总成本（或单位成本）与预期自己生产的产品所费的总成本（或单位成本）为权衡对象，而不仅仅局限在"市场交易成本"与"企业组织成本"之间进行权衡。因为经验性的常识使他深深懂得，别人生产的产品与本人自己生产的同类产品仅在单位"生产成本"与"组织成本"的相对差异而抉择，实属非理性的选择。如果将货币币值变化、汇率的变化等更多的变量考虑进去，是否运用市场机制获取产品的抉择就更为复杂。正是如此，"企业在自己生产产品更便宜时就自己生产"与"当交易成本低于组织成本时，企业就会向别人购买产品"这两种说法之间并不是等价的(Demsez,1988)。

第二，进一步的问题是，由于科斯的替代逻辑只简单地建立在特定的相对成本（市场交易成本与企业组织成本）差异上，那么，该模型所导出的关于市场与企业相互替代的那个边际均衡点则是属于一种比较静态的均衡点，即使存在这一均衡点也是属于特例。因为这一均衡点的确定是严格建立在完全的自给自足方式与有市场交易的合作性企业组织的生产方式之间不存在其他差异的基础上。然而，如果考虑到生产成本的变化及其由生产成本、技术进步、分工协作效应等因素所决定的规模效果的变化等系列变量（例如，单位交易成本变动与单位生产成本的变动由于变动方向或者变动速率的不同，单位总成本的变化并不一定与单位交易成本的变化相一致），这一决定边际替代的均衡点是不存在的，即使存在这样的均衡点，那也是非连续、非稳定的。如果这一边际替代的均衡点缺乏相对稳定性，那么，严格意义的市场与企业间的边际替代机制就很难实现，因为经济学的基本常识告诉我们，企业的规模扩张或收缩、选择自给自足还是借助于市场交易满足自己的需求，并不具有完全自由的抉择条件，它要受到固定资本的特性所决定的成本的沉没性（沉没成本）的约束，资产的专用性越强，"套牢"的可能性就越大(Willamson,1985)，因此，如果这一均衡点处于瞬时波动状态，而企业关于自产与交易的抉择、扩大企业规模还是缩减企业规模的抉择，由于沉没成本的存在并不一定能进行相应的规模边界调整，那么，科斯的关于企业与市场的那个边际替代均衡点就没有解释意义。

第三，按照科斯的交易成本假说，可以很容易地得到两个合乎科斯理论逻辑但背离现实的推论：

一是如果说企业作为市场的替代物是因为企业具有节约交易费用的性质的话，那么，我们就有理由顺着这一逻辑导出这样一个推论：凡是能够降低市场交易费用的工具及其相关制度安排，都可以作为价格机制的替代品与市场存在替代关系，而企业不仅仅属于市场唯一的替代物。例如统一的度量衡制度的演进、货币制度的发展、产品质量标准制度的实施、各种自律性行业组织的产生、现代电子技术在交易中的应用等等制度安排的产生及其演进,大大地降低了市场交易费用,在科斯的逻辑层面上进行推论,这些节约市场交易费用制度安排的产生和发展所带来的直接效应本该是使得市场的范围不断萎缩,价格机制的功能不断退化的,然而,在市场经济发展过程中这些系列制度安排的产生及其演进并不是作为市场的对立物、市场机制的替代者存在的,而是作为市场机制的有机组成部分在不断地推进市场范围的扩展。道格拉斯·诺斯的制度变迁理论分析框架恰恰证明,有利于降低交易费用的制度结构的演进,是拓展市场范围,促进经济增长的关键因素(North,1990)。

二是如果假定市场价格机制协调与企业的内部协调之间存在替代效应的话,那么,另一个合乎科斯替代逻辑的推论就是,随着价格机制及其市场范围的扩展,替代效应必将导致企业规模的萎缩和企业数目的减少,因为市场价格机制调节范围的扩张替代了企业内部的科层结构协调。然而,这一合乎科斯替代逻辑的推论与市场经济演进的现实逻辑则完全相悖。仅从企业规模扩展看,一个显见的事实是,企业规模的扩展与市场范围的拓展是相互依存相互促进的,并不是相互替代的。从微观层面的考察不难发现,每一企业规模的扩张都是与它作为要素的购买者所依存的要素市场的扩展和作为产品或服务的供给者所依存的产品市场的扩展直接正相关的。正是在这一意义上,企业的市场开拓能力在很大程度上决定了企业的规模扩张能力。二战以来跨国公司的快速发展及其规模的急剧膨胀,它们哪一个不是依仗它的市场开拓能力实现它的跨国扩张目的的?宏观层面的情况更是如此,20世纪80年代以来,经济全球化的趋势日益强化,说明全球市场一体化的进程在加速,市场展现出的"跨国并购"和所谓的"强强联合"特征,反映出在全球市场一体化进程中企业在规模上要求越来越大,从而催生越来越多的巨型企业。因此,市场的扩展与企业规模的扩张是互补的正相关关系,而不是科斯的替代关系。

第四,若将企业的性质仅仅简单地概括成一种节约成本的科层结构,并且只是属于节约某种成本的科层结构,那么,与其说是相对于新古典厂商理论的一种理论进步,还不如说是某种退步。新古典的厂商理论尽管不是属于完全意义上的企业理论,但它将企业看作为一个追求利润最大化的经济主体,为此,在它的厂商理论框架中,企业作为一个"经济人"在成本—收益问题上比较,至少反映出经济活动主体组成企业从事经济活动的基本动机和根本出发点——追求净收益和经济效率。成本的节约只有在与收益相对并能体现出效率高低时才有意义,正是如此,德姆塞茨指出,避免交易成本过高固然是企业利益动机的一部分原因,但过分关注这一点,却使我们忽视了那些也许是更重要的、决定人们长期合作的原因(Demsez,1988)。在我们看来,不管从什么角度去提炼企业的本质,但至少要反映出它作为一种制度结构的基本出发点,并且反映出这种制度结构的基本特点。

三、回归古典：分工与合作的方式决定企业与市场的性质及其关系

按照制度学者的基本逻辑起点，经济学对于人类追求经济利益的行为应该给予合理的解释。虽然各种制度结构的产生及其演进是人类活动的结果，但人类经济活动具有差异性的动机及其行为本身也只有放在他们所处的制度结构中才能够解释清楚。也许这就是新制度经济学在近几十年中能够激发人们兴趣的主要原因。然而，如果人们不抱任何成见，古典经济学家从亚当·斯密到卡尔·马克思，其实在经济制度研究方面包括对企业与市场的关系及其性质上已经走得很远。只是他们的后来者——正统的新古典经济学家或许是出于意识形态的原因或者是出于其他方面的考虑，把制度当做一个不变的外生变量处理，放弃了古典传统，中断了制度研究的进程。客观地说，今天兴起的新制度经济学在一些方面的确将制度研究向前大大地推进了好多步，但在有些方面，例如在企业与市场的关系及其性质的研究上并不比古典经济学家走得更远。新制度经济学家之所以忽视古典，尤其是无视马克思业已走过的进程，据说是因为"他们（古典经济学家们——引者注）缺少一个理论选择的框架，其解释不能令人信服。另一方面，理论精妙的力量使制度安排一般地简化为雇佣问题。"[①]这里新制度经济学所谓的理论分析框架，也就是契约理论分析框架。有鉴于此，以下本文所作的主要工作，就是在古典经济学家关于企业与市场的关系及其性质的研究成果基础上，运用新制度经济学的基本框架——契约理论进行拓展。

（一）分工、合作剩余与企业的性质

为了更好地说明企业与市场不同的契约性质，我们提出"合作剩余"的概念。"合作剩余"就是指要素的所有者通过合作生产、分工以及专业化等非价格机制的组织形式而取得的超过他们各自单个活动收益的总和，它不仅包括通常意义上的企业剩余，还包括了全部的要素准租金、由于"协作力"或"集体力"产生的效益。如果要给企业作一个最一般的定义，那么，企业就是要素所有者为取得"协作力"、分享"合作剩余"而结成的一种契约关系。

在亚当·斯密看来，人类活动（包括经济活动）有别于动物活动的主要区别之一是人类几乎随时随地都需要结成一定的协作关系（或者说契约关系）[②]，这种协作的倾向为人类所共有，亦为人类所特有。其他动物可能有协作，但它们间的协作

[①] 张五常：《关于制度经济学》，载拉斯·沃因等编《契约经济学》，中译文，经济科学出版社1999年版。
[②] "许多人在同一生产过程中，或在不同的但互相联系的生产过程中，有计划地一起协同劳动，这种劳动形式叫做协作。"马克思：《资本论》第一卷，人民出版社1975年版，第362页。

不是持续的也不是互利互惠的交易性契约型协作（斯密，1776）。那么，为什么协作反映了人类经济活动的特点？

因为结成协作可以产生"合作剩余"，在分工基础上的协作产生分工效应和协作力。为了说明这个问题，亚当·斯密讲述了著名的关于制针的故事，"没有哪个人能在一天里制造出二十根针，也许一根针也制造不出来。由于他们合理分工协作，他们现在能够在一天里制造出的肯定不止两百四十根，甚至不止四千八百根"（斯密，1776）。马克思的更为形象的故事是，"一个骑兵连的进攻力量或一个步兵团的抵抗力量，与单个骑兵分散展开的进攻力量的总和或单个步兵分散展开的抵抗力量的总和有本质的差别，同样，单个劳动者的力量的机械总和，与许多人手同时共同完成同一不可分割的操作（例如举重、转绞车、清除道路上的障碍物等）所发挥的社会力量有本质的差别。在这里，结合劳动的效果要么是个人劳动根本不可能达到的，要么只能在长得多的时间内，或者只能在很小的规模上达到。这里的问题不仅是通过协作提高了个人生产力，而且是创造了一种生产力，这种生产力本身必然是集体力。"①

斯密和马克思的这两段论述，实际包含了企业的性质的内容，将其进行简单概括就是，企业的性质则体现在能够形成"协作力"或"集体力"，并产生"合作剩余"上。要素的所有者之所以通过一定的契约安排组成企业这种团队型赢利组织，是因为协作所产生的集体力会导致"合作剩余"。

如果说在一定条件下经济主体既可以选择个体劳动（例如单干），也可以选择协作（共同劳动）（最终取决于他所面对的这两种方式的机会成本比较），那么，在另外的条件下，这种选择的机会则是不存在的。

第一，非人力资源与人力资源的分离，使得协作成为唯一选择。在经济个体既拥有生产或经营活动所必需的物质要素（生产资料），又拥有必需的人力资源（劳动力）的双重条件下，他有条件根据机会成本在个体劳动与协作劳动两种生产方式间抉择。但是，如果经济个体只具备其中一种条件（或者只拥有物质条件而缺乏人力条件，或者相反），那么，个体劳动的方式则不存在，人们只能采取协作，即由物质要素的所有者与人力资源的所有者结成契约关系，组成团队型生产或经营方式，否则，处于分离状态的要素不能有机地进行组合，不仅不能形成"集体力"产生"合作剩余"，而且连发挥要素的作用都不可能。

第二，分工和专业化强化了协作生产经营方式。分工和专业化一方面使得非人力资源具有专用性（尤其是工具、设备等），另一方面使得人力资源具有专用性。分工越细化，专业化程度越高，生产要素的专用性就越强。生产要素因分工和专业化水平的提高强化了专用性水平，尤其是人力资源的专用性提高将使得劳动者所

---

① 马克思：《资本论》第一卷，第362页。

具备的劳动力具有"片面性"（只能从事某种操作而失去其他操作技能）①，因而，对于因分工和专业化造成的具有"片面性"（专用性）的人力资源的所有者来说，只能通过企业这种形式，在某种联系中才能使自己具有"片面性"的人力资源发挥作用并取得收益。人力资源由于分工和专业化导致的"片面性"造成了对协作的依附性，失去了单独创造产品的独立性，因而，作为企业早期形式的"工场手工业分工通过手工业活动的分解，劳动工具的专门化，局部工人的形成以及局部工人在一个总机构中的分组和结合，造成了社会生产过程的质的划分和量的比例，从而创立了社会劳动的一定的组织，这样就同时发展了新的、社会的劳动力"②。

正是在这一意义上，如果说企业的性质是形成"协作力"、"集体力"，产生"合作剩余"，那么，分工和专业化（包括为专业化对人实施的越来越专业性的教育制度安排）则进一步强化了经济个体对协作、企业组织形式的依赖。

随着分工和专业化的深化，生产要素的划分更加细化，人们拥有的要素也更加具有"片面性"，资产和要素的专用性更加强化，就这种意义上来说协作或联合生产的发展是不可逆的。因而，在现实社会，一国经济发展中的分工越发达，专业化程度和市场化水平越高，由企业尤其是大型企业来组织资源配置就越为普遍，个体劳动形式和完全性的自给自足方式就越是稀见，经济主体就越是缺少在个体生产与结成企业生产之间、自给自足与非自给自足之间的选择余地，这是因为比较优势与分工、专业化相互强化机制促使经济活动摆脱了自给自足的路径依赖、强化了协作。

科斯等人关于企业的性质从交易成本节约的角度进行概括，所得出的推论是经济个体可以在自给自足与合作生产之间进行选择，没有企业可以自给自足地生产③，也就是说个体生产与参与企业生产对于经济个体是可以自由替代的，这种结论显然不符合现实。之所以如此，是因为科斯的模型缺乏分工和专业化等变量，而仅仅将交易费用或组织成本作为唯一变量。因而，企业的性质如果仅仅从交易成本节约的角度进行概括，并不能反映问题的实质。

（二）合作剩余的分配与企业组织

我们说要素所有者组成企业是为了产生"合作剩余"，但"合作剩余"怎样分配，每一要素所有者能够分享到多大的剩余索取权，这是现代企业理论一直关注的焦点问题之一。因为剩余控制权的分配不仅影响收入分配，还会影响到剩余的大小（Grossman 和 Hart,1986），甚至影响到合作生产能否实现。因为"合作剩余"是

---

① 马克思对此进行了详细论述,在分工基础上的"工场手工业把工人变成畸形物,它压抑工人的多种多样的生产志趣和生产才能,人为地培植工人片面的技巧,⋯⋯不仅各种局部劳动分配给不同个体,而且个体本身也被分割开来,成为某种局部劳动的自动的工具。"（《资本论》第一卷,第399页）
② 马克思:《资本论》第一卷,第403页。
③ 杨小凯:《当代经济学与中国经济》,中国社会科学出版社1997年版,第95页。

协作的结果,企业的协作程度、各成员的努力状况等等因素都会影响"合作剩余"。为此,对企业合作剩余的分配在理论上提出了许多有影响的假说,例如在劳动价值论的基础上的剩余价值理论,在边际生产力假说基础上的要素贡献率论,等等。从最直观的角度分析,我们认为,剩余索取权的分配和各要素所有者在企业中的相对地位,主要取决于各要素的相对供求状况(这一假说的理论和实证分析将另文论证),要素的相对稀缺程度决定剩余索取权的分配状况。

如果按契约论对企业进行定义,那么,企业就是要素所有者为实现要素收益分享"合作剩余"而结成的契约集合体。作为企业所需的各种生产要素,不管是土地、劳动、资本,还是技术、特有人力资源,事先不存在哪一要素更重要或哪一要素相对不重要的问题,因为都是必需的生产要素,只要不是属于可有可无的状态,那么,就不存在重要和非重要之别,在这一意义上,各要素所有者是平等的。然而,现实中的企业在要素所有者之间的权益分配并不是均等的,有的享有较高的相对固定收益(例如高年薪),有的享有较低的相对固定收益,有的是取得扣除所有支出后的剩余收益。按现代企业理论,企业内部相关利益者所争夺的是权益的分配,其中最核心的是"剩余索取权"和"剩余控制权",那么,哪类要素所有者能够分享到企业的核心权益?按契约分析框架,合约中当事人之间的权益和责任的分配是事先在缔约前的谈判过程中讨价还价形成的。组成企业的各要素所有者作为签约人,其"谈判势力"的大小决定权益的分配结果,"谈判势力"大的一方获得"剩余索取权"和"剩余控制权",或者分享到相对多的"剩余索取权"和"剩余控制权"(例如利润),而"谈判势力"相对弱的要素所有者则领取相对固定的收益权(例如工资)。即使是固定收益与剩余收益的相对份额(比例)的确定(例如工资与利润在企业总收益的比重),也是资方与劳方"谈判势力"较量的结果,如果资方"谈判势力"强,则利润在总收益中所占的比重就大,反之则相反。与产品市场一样,如果因为"谈判势力"在资方与劳方之间存在巨大差异而导致权益分配的悬殊,政府就要出面通过行政力量通过甚至借助于立法干预"谈判势力"(例如劳动立法,最低工资保证方面的法律规定等)。

问题的关键在于,是什么因素在决定着要素所有者各自的"谈判势力"?我们认为,"谈判势力"不取决于那种凭"武力"界定权的需"人多力量大"的极端情形,而是正好相反,在资源配置过程中,面对经济发展的客观需要,拥有相对稀缺资源的经济主体,资源的相对稀缺程度越高,其具有的"谈判势力"越强;而那些拥有相对丰裕资源的经济主体,资源的相对丰裕程度越高,其具有的"谈判势力"越弱。不仅如此,由于生产要素之间具有一定的替代性,那么,拥有不可替代或可替代性较弱资源的要素所有者,具有的"谈判势力"就强,而拥有可替代资源的要素所有者,可替代性越强,"谈判势力"越弱。

总之,在资源配置过程中,要素的相对稀缺程度决定要素所有者在结成契约关系的谈判过程中所拥有的"谈判势力",进而决定要素所有者在契约关系中的地位、权益分配和要素收入的相对份额。

例如,古典企业的产权结构、内部治理结构和剩余索取权的分配结构等,体现出的是"资本主权"特征,也就是资本的所有者在企业这种契约关系中处于支配地位,而人力资源的所有者处于被支配地位,主要在于在经济发展的一定阶段,资本与人力资源相对于经济发展的需要而言,相对稀缺程度存在差异,资本相对于劳动更具稀缺性,因此,资本的相对稀缺不仅使它的所有者取得了支配企业的地位,而且在合作剩余的分配上处于有利地位,资本不仅攫取了合作剩余的主体部分,而且还可能不断压低劳动力要素所有者的劳动收入,直至压到等同于维持生存的水平。但这种情况并不是一成不变的,随着分工和专业化的演进、市场范围的扩大,资本的收益不断提高,资本的相对稀缺程度得到缓解,与此同时,人力资源尤其是特有人力资源,如拥有专用性知识和技能的,或具有独特管理技能的人力资源显得相对稀缺,而且可供选择的市场机会的增加,在供求机制的作用下,这些要素的所有者在企业的地位就会显著提高,剩余索取权的分配就会体现要素相对稀缺程度的变化。例如20世纪80年代以来一些发达市场经济国家的企业实施的股票期权计划、员工持股计划等,在表面上似乎是激励制度的改革,而实际上是由要素的相对稀缺程度变化引起的企业产权结构变化的主要体现。

(三) 两种分工与两类契约

进一步的问题是,市场是怎样起源的?市场的契约性质与企业的契约性质有什么不同?

市场交易关系的形成也是产生于分工,这已经是自古典经济学以来经过反复论证的公理。问题的关键在于,如果说由于劳动分工产生企业,并且企业是用于组织分工或作为劳动分工的契约体的,那么,市场也产生于分工,市场的功能就是组织分工或者是分工的纽带。既然市场具有这样的功能,为什么还会产生企业?

虽然企业和市场都是建立在分工的基础上的,但它们各自所依赖的分工的基础存在差异。前者的基础是"个别分工"(企业内部分工,马克思称之为"工场内部分工"),后者则是一般分工为基础(马克思称之为"社会内部分工")。而这两种分工既有联系也有区别(马克思,1853)。

两种分工的主要联系是个别分工(即企业内部分工)以一般分工(即社会内部分工)为前提,而个别分工又会促进和深化一般分工。只有存在一般分工,使企业成为商品生产和经营者,才能产生和促进企业内部分工。而企业内部分工会促使中间产品与最终产品在生产环节上的相对分离,导致迂回生产链条的形成和细化,一旦企业的生产扩展到某种商品的一个特殊的生产阶段,该商品的各个阶段就变成各种独立的行业,从而深化社会分工。

然而,社会内部的分工和企业内部的分工,"尽管有许多相似点和联系,但二者不仅有程度上的差别,而且有本质的区别"①。两种分工最大的差别是,社会分工导致的各个独立的生产经营者各自的产品是以商品的形态而存在,而企业内部分工导致的具有"片面性的"局部劳动不生产商品,构成商品的是各个局部劳动的有机加总形成的共同产品。因而,社会内部分工是以商品交易为媒介,或者说社会分工是商品交易存在的基础,而企业内部的分工是以企业这种科层组织的内部协调将局部劳动有机联系在一起为媒介,内部的局部劳动之间则不是以商品所有者的身份发生类似于市场的交易关系,而是权威协调关系。前者是属于不同行业之间的关系要通过市场交换连接起来,后者是工序的不同安排,是相互之间的内部协作关系。

因而,在两种分工基础上形成的不同类型的契约具有不同的性质。如果把契约看成一个博弈的结果,为取得比较优势而产生和深化的社会分工以及要素禀赋的差异就是市场交易的基础,市场契约类似于在比较优势上的零和博弈(价值在交换过程中没有改变),其目的是为了取得比较优势或实现价值;企业契约则是要素所有者之间为获得合作剩余而达成的协议,其基础是企业内分工和专业化带来的效益的提高以及技术或资产的集中使用导致的规模经济、范围经济等——交易费用经济学忽略了企业内分工、专业化的特点以及技术特征,所以无法说明迂回生产过程和新产品的产生;在这个意义上企业契约近似于要素所有者之间的常和博弈。

基于以上分析,企业与市场间就不能简单地理解为是一种相互替代的关系,由于它们所立足的条件不同,各自的功能不同,因而不能相互替代,不仅如此,而且互补和相互促进。因为市场的范围决定了分工的程度,但是企业在市场中的竞争又会进一步加深分工的链条。"购买的竞争,会奖励生产,会增大生产者间的竞争。各生产者为使自己的产品能以比他人产品为低的价格出售,会实行在其他情况下连想也没去想的新的分工和新的技术改良。"(斯密,1776);杨格在1928年把这两者之间的关系做了概括:分工←市场需求←收入←生产效率←企业分工,即"分工一般地取决于分工"(杨格,1928)。杨小凯等人进一步把杨的论断发展成了一个一般均衡解。

因而,分工、企业与市场是正相关的相互促进关系,而不是相互替代的负相关关系。

四、结　语

本文通过对科斯替代逻辑的反思,重新考察了企业与市场的相关关系,在一个趋于古典的框架里进一步分析两者的性质及其相关关系的实质。虽然交易费用的提出打开了新古典企业的"黑箱",但是由此来解释企业的存在并断言企业与市场

---

① 马克思:《资本论》第一卷,第392页。

之间属于替代关系,则忽略了生产成本和企业团队生产效率,忽视了企业与市场在本质上的差别,从市场交易费用与企业组织费用的相对比较中论述企业与市场的相关关系无论在理论上还是在对现实的解释上都存在着缺陷。在科斯之后发展起来的企业理论,无论是交易费用经济学还是契约理论都摆脱不了从节约交易费用的角度来论证企业与市场之间存在相互替代关系的思维定式。然而交易费用的存在只是说明我们需要相关的可以节约这种成本的制度安排,从而实现资源的最优配置。但随着制度的创新和有效率的制度进化,现实经济运行中产生了不仅仅只有企业这种在一定条件下可以节约交易成本的组织,诸如货币制度演进、法律制度、惯例、习俗等正式或非正式的制度安排的进化,事实上都是用以提高交易效率、降低交易成本的制度安排,因此,交易成本的存在既不是企业存在的充分条件,也不是企业产生的必要条件。

尽管人们可以从不同的角度去定义企业,但不能否认的是,现实中的企业是一个由不同的要素所有者从各自的利益出发结成的一个协作体,或者说是他们从各自的利益出发达成的某种协议,组成的一个契约体。问题的关键在于,从契约自由主义的假定出发,各个独立的签约人为什么会走到一起达成一定的协议,组成团队型的企业组织？如果按科斯的回答,是为了节约交易费用的,或者按张五常、杨小凯等人的回答,是借助于企业对相关要素进行间接定价,替代市场价格机制难以给诸如劳动进行直接定价的困难(Cheung,1992;杨小凯和黄有光,1993),诸如此类的回答,显然没有切题。

我们提出一个趋于古典的分析框架,回归古典,我们发现企业分工与市场分工之间相互联系、相互促进、相互补充,并由此决定了企业与市场之间的互补关系。

从最一般的意义上讲,各个经济主体作为独立签约人之所以"自觉自愿"地选择并参与企业,结成"团队",而不是"单干",是因为这种团队型的组织能够形成"协作力"、"集体力",产生"合作剩余",为其参与者提供了一种获得大于"单干"的收益的可能性。

企业与市场是分别建立在两种不同但有紧密相关性的分工基础上的,因而,它们各自的性质及其相互关系源于一般分工与个别分工各自的性质及其相关关系——企业是要素所有者分享"合作剩余"而达成的合约,而市场则是商品所有者交换比较优势的制度安排,分工和专业化的不同特征造成了企业与市场的分化,但是社会分工与企业内分工的相互联系又把它们联接起来,形成互补和相互促进的关系,共同构成市场经济系统。这一结论较好地解释了实体经济中不论是企业规模,还是企业数量在不断扩张,同时市场范围随之不断扩展,两方面相互促进、正相关推进发展现实。

参 考 文 献

[1] 道格拉斯·C.诺斯:《制度、制度变迁与经济绩效》,上海三联书店,1994年中译文。
[2] 杨小凯、黄有光:《专业化与经济组织》,经济科学出版社,1999年中译文。
[3] 路易斯·普特曼、兰德尔·克罗茨纳:《企业的经济性质》,上海财经大学出版社,2000年中译文。
[4] 马克思:《资本论》,人民出版社,1975年中译文。
[5] 亚当·斯密:《国民财富的性质和原因的研究》,商务印书馆,1974年中译文。
[6] Steven N. S. Cheung, "The Contractual Nature of The Firm", *Journal of Law and Economics*, Vol. 26, No.1, 1983.
[7] Coase, R. H., "The Nature of The Firm", *Economica*, New Series, Vol.4, No.16, 1937.
[8] Harold Demsetz, *Ownership, Control and The Firm: The Organization of Ecnomic Activity*, Basil Blackwell, 1988.
[9] Williamson, O. E., *The Economic Institutional of Capitalism*, New York: The Free Press, 1985.

行为经济学中的社会公平态度与价值取向研究*
——以新加坡、中国上海、中国兰州为例

董志勇

摘要：本文从行为经济学的公平游戏入手，通过在新加坡、中国上海和中国兰州的实验，研究在不同性别、文化、年龄、职业和教育背景的情况下有关公平心理及其决策结果的问题，探讨不同区域和阶层人们的公平心理，较为深入地分析总结了各种影响经济生活中对公平问题不同理解和行为差异产生的因素。与此同时，我们也探讨了可能由此而衍生的未来可行的研究方向。

关键词：公平心理；贫富差距；行为经济学；最后交易游戏
中图分类号：F036　**文献标识码**：A

传统经济学假设人类行为都是理性（Rationality）且自利的（Self-Interested），因此会导致个人和社会整体福利水平的最大化。因而公平和效率并重的社会价值，在许多情况下都不能兼容。经济人（Homo Economicus）不会为了公平的目的而牺牲自我利益。但行为经济学认为，纯粹的自利无法解释人类生活中存在的许许多多的"非物质动机"和"非经济动机"现象。由于人们偏离了狭义的自利，人们会选择那些不会最大化自身收益（Payoff）的行为，当这些行为影响他人收益时，人们会在交易中牺牲自身收益以惩罚那些对他们不利的人，或是与那些没有要求分配的人分享收益，以及自愿为公共物品作贡献（Camerer 和 Fehr，2001）。所以，人类经济行为的动机不仅仅只是理性和自利，也有情感、观念导引和"社会目标"引致的成分。

然而，人们的公平心理是否受经济、教育、社会地位和社会角色的不同而有较大的差异呢？在不同环境下，人们基于公平心理所做出的选择会有何不同？作为一种情绪，公平是否有一个极限？在何种情况下，它会转化成为风险情绪，对社会的发展和稳定带来极强的破坏性呢？现代男性与女性在社会角色中的公平心理有何不同？贫富分化已成为人类经济社会发展的必然方向，那么贫穷人的公平心理和富有人的公平心理有何差别呢？现代人又是如何看待这个现象，调节自己的心理差距？为了找到解答这些问题的线索，我们在新加坡、中国上海和中国兰州三地开展了一项关于公平心理的实验，而本文就是对我们此项实验的总结和探讨。与

---

* 原载于《中国工业经济》2006年第10期。

此同时,我们也探讨了可能由此而衍生的未来可行的研究方向。

一、实 验 概 述

1. 实验设计

为了研究收入不同、教育程度不同、社会地位不同的人群对公平现象的看法和对公平的追求,我们在三地进行了一项实验。实验的原理根据行为经济学的相关理论进行,采用问卷调查的形式。通过实验,我们力图归纳出不同人群对公平的不同态度,从而得出可以采用的相关政策。

我们设计了以下两组实验,实验的设计基于完全信息下的终极实验原理和游戏规则。为了便于分析对比实验中分配者和被分配者的公平心理极限差异,问卷分为 A/B 两套(A 套为分配者,B 套为被分配者);两套问卷均为三题,A/B 仅仅在第一题上有区别,第二题与第三题的 A/B 卷均相同。新加坡的 A/B 卷配有英文版本。

实验受访对象来自新加坡、中国上海和中国兰州,包括学生、白领和蓝领。其中,受访学生基本来自各大学大专院校,所学专业不一;蓝领与白领的划分与定义以其从事体力或脑力工作的性质及其收入、教育程度为标准,其具体职业遍及社会中的各个行业。① 我们的实验得到了英国某公司资金的大力支持。实验开展的时间是 2002 年 6 月到 2005 年 6 月。

2. 实验对象及地点

新加坡区域接受实验者总计 2 325 人,其中无效样本 183 份;中国上海区域接受实验者总计 2 517 份,其中无效样本 127 份;中国兰州区域接受实验者总计 2 403 份,其中无效样本 484 份;故此次用作分析的有效样本共计 6 451 份。

表 1　问卷调查对象分布　　　　　　　单位:份

	新加坡	中国上海	中国兰州
学生 A 卷	357	335	306
学生 B 卷	323	452	293
白领 A 卷	354	613	377
白领 B 卷	408	507	352
蓝领 A 卷	366	206	283
蓝领 B 卷	334	277	308
问卷总计	2 142	2 390	1 919

资料来源:作者根据问卷调查数据整理、计算(下同)。

---

① 实验以来自新加坡和中国各大学大专院校的学生、白领和蓝领为受访对象,遍及了社会的各个行业,包括律师、会计师、软件开发商、投资顾问、CEO、各大公司经理、出版社编辑、记者、公务员、医生、药剂师、银行主管、证券分析师、飞行员、普通公司员工、流水线工人、护士、清洁工人、酒店服务员、导游、小贩中心老板和职员、保险推销员、产品业务员、司机、快递员、水果摊主、厨师、退休职工等等均参与了本次实验。

3. 实验数据的可行性

根据问卷结果,本次实验对象的年龄分布、学历分布、行业分布等都符合统计要求。

二、实验结果和分析讨论

1. 公平心理的区域差异及抉择影响

(1) 实验原理

这个实验是按照行为经济学的最后交易游戏(Ultimatum Game)设计的。它是由两个玩家瓜分一定数目的钱的游戏。一号玩家,提议者,只能提出一种瓜分建议。二号玩家,回应者,有权接受或拒绝建议。一旦接受,就要严格遵照建议瓜分钱数;一旦拒绝,两位玩家谁也得不到钱。按照标准的博弈论分析方法,只要实验条件满足两个条件:① 双方都是理性的,都只关心资金收益;② 信息是完全的,提议者知道回应者是理性人时,子博弈纳什均衡必然是回应人愿意接受任何比例的分配方案(除了提议者把钱权留下)。因而,理想的结果是提议人给对方一单位金钱。实际实验结果当然不是这样。而且,许多游戏参与者也表示因为害怕过低要约被拒绝,因此主动提供一种较"公平"的要约。所以,行为经济学用这个游戏,来研究人们"期望得到公平对待和公平对待别人"的态度(Guth 等,1982;Camerer 和 Thaler,1995)。

最后交易游戏可以按游戏和决策两种方式进行:游戏方式(Game Method)和决策方式(Strategy Method)。在游戏方式中(也叫普通方式或粗放方式),提议者首先提出一种瓜分方法,回应者看到提议者提供的钱数后再接受或拒绝。在决策方式中(也叫正规游戏方式),提议者决定给回应者多少钱的同时,回应者定一个自己能接受的底线(Minimum Acceptable Offer,MAO)。如果提议者给的大于或等于回应者的 MAO,这种分法就视为接受,否则就视为拒绝(Solnick,2001)。

文献中两种方法都曾经做过实验,但好像还没有过对两种方法进行直接比较的研究。在我们这项研究中,我们试图比较用游戏方式和决策方式玩最后交易所产生的行为差异。

(2) 实验设计

(A 卷)你在地上捡到 1 000 元钱,但是被另一个陌生人看见(是你先看见并捡起),不管什么原因,你必须和他一起分这笔钱,才能得到其中的一部分,否则你们两个人都将得不到任何钱;然而如果你的分配被他拒绝,那么你们也都将得不到任何钱。那么你会分_____元给这个人。因为你觉得_____。

(B 卷)你看见一个陌生人在地上捡到 1 000 元钱(他先看见并捡起),不管任何原因,他必须分给你一部分钱,否则他什么也得不到;如果最后你拒绝了他的分配,那么他和你也将什么都得不到。那么,这个人要分给你_____元,你才不至于拒绝。

(3) 实验结果分析

为便于分析,我们采用均值和方差两个常用参数进行分析,即用受访者的最终答案总和除以受访人数,如下表 2 所示:

表 2 公平心理的区域差异及抉择影响实验结果

	新加坡			中国上海			中国兰州		
	人数	均值(元)	标准差	人数	均值(元)	标准差	人数	均值(元)	标准差
学生 A	357	470	202	335	464	216	306	492	253
学生 B	323	390	305	452	483	236	293	500	197
白领 A	354	464	247	613	585	327	377	495	192
白领 B	408	403	202	507	385	353	352	445	147
蓝领 A	366	398	426	206	365	582	283	353	361
蓝领 B	334	440	340	277	406	295	308	398	283

在 A 套总体问卷中,有 3.3% 的人在即使面临被惩罚得一无所有的风险情况下,仍然选择了一分钱都不分给对方,完全独自占有,我们称这种人为"纯自私者",但是他们所承担由惩罚带来的"风险损失"也最大;有 3.7% 的人选择将 1 000元全都分给对方,他们这样处理主要是基于自身经济状况的考虑,既然他们自身的经济状况不差,而对方要求分钱又可能是出于需要,那么就一分都不保留地给对方,我们把这种行为列入"纯粹利他行为";有 93% 人选择与对方各占有 50%—50% 或 40%—60%,选择这样分配的人主要有两种心理:第一是"公平人"心理,他们认为大家应该机会均等,平均分才能体现公平。其实,50%—50% 的分配或稍微偏离些的均衡(如 40%—60% 等)均可视为公平的分配(Straub and Keith,1995);我们把 50%—50% 分配的人称为"纯公平人",把分配 40%—60% 金额的人称为"普通公平人"。第二是"理性人"心理,他们出于惩罚规则的考虑或道德因素影响,愿意牺牲一部分利益使得分配的结果显得公平(Joyce,Dickhau 和 McCabe,1995;Ledyard,1995)。

在 B 套总体问卷中,有 85% 人选择至少要得到 40%—50% 的金额,因为他们认为自己与陌生人有着相同的竞争机会,所以要分配均等才能体现"公平";有 8% 的人选择至少要得到多于 50% 的金额,因为他们明白游戏规则中他们有机会要挟面临受罚风险的分配者,想借此获得更多的利益;最后有 7% 人选择少于 50% 的金额,因为他们把自己定位"搭便车"者,只要分配者愿意分配,他们便很感激,也觉得很幸运。

我们再用样本标准差深入探讨新加坡、中国上海和中国兰州地区学生、白领和蓝领的公平心理差异。标准差刻画了变量的差异程度,在我们的实验背景里,也可以理解为被调查群体整体上对偏离均值的接受程度。标准差越大,则说明该群体能接受的分配比例的区间越大,对不公平的心理承受能力越高。我们根据实验结

果来分析在不同环境下不同人的公平心理,并试图探索造成差异的影响因素:

首先,对比新加坡、中国上海和中国兰州的学生,我们发现他们的平均值在A卷处于分配角色时均相近,但在处于B卷的接受方角色时有较大差异。在B卷中,新加坡学生的平均值最低,标准差最高;中国兰州学生的平均值最高,标准差最低。我们分析可得到如下几点:在机遇和惩罚风险并存的环境下,不同地区和经济环境下的学生的公平心理及其极限相近;用标准差和图形对比分析,可发现在面临公平问题时,新加坡学生对不公平的忍受能力较强,其次是中国上海地区的学生,而中国兰州地区学生的公平心理意识最为强烈,对不公平的忍受程度最弱。比较三个地区学生所处的社会经济背景,新加坡学生生活的平均经济水平无疑优于中国兰州地区的绝大部分学生和中国上海地区的大部分学生,所以本文研究认为:在教育程度相近的情况下,经济状况对公平心理有较大的影响作用;经济水平越发达的地区,人们对不公平的心理承受能力也越强。

其次,对比新加坡、中国上海和中国兰州地区的白领,我们发现中国上海的白领在处于分配者角色时,平均值和标准差最高,在处于接受者角色时他们的平均值最低,标准差最高。因此我们说中国上海白领对不公平的接受能力最强,其次是新加坡白领,而中国兰州白领的接受能力最弱。比较三地白领所处的社会经济环境和教育背景,新加坡、中国上海和兰州的白领绝大多数处于1 500—3 000元的阶层,而薪金高于10 000元以上的以新加坡白领居多,薪金低于800元以下的以中国兰州白领居多,中国上海白领的薪金水平处于两者之间。对比三地白领的教育背景,中国上海的白领以本科及研究生以上者居多,新加坡白领中本科及研究生以上教育的次之,而兰州的白领则多为大专及本科学历。因此本文研究认为,无论在经济发达还是经济落后地区,若经济增长缓慢,人们对不公平分配的心理承受能力较经济快速增长地区的人们心理来得弱;社会商业竞争越激烈的地区,人们对不公平分配的心理承受能力越强;教育程度越高的阶层,人们对不公平的承受能力也越强。

最后,对比新加坡、中国上海和中国兰州地区的蓝领,我们发现在处于分配角色时,中国上海蓝领的平均值较低,标准差最高,对不公平的接受程度最高,其次是新加坡蓝领,最后是中国兰州蓝领;在处于接受方角色时,新加坡蓝领的标准差最高,接受能力最强,其次是中国上海蓝领,而中国兰州蓝领的接受能力最弱。

分析新加坡、中国上海和中国兰州地区蓝领的社会经济状况及教育背景,三地蓝领的教育背景都以中学及中学以下学历为主;就经济状况而言,新加坡蓝领的经济水平明显较其他两地为高,其次是中国上海地区的蓝领,而中国兰州地区蓝领的经济水平则最低;就社会经济比例和阶层结构来看,新加坡蓝领相对社会阶层也比中国上海和兰州地区的蓝领高;在三地蓝领中,中国上海地区蓝领所处的社会经济发展最活跃,在进入发达社会的过渡阶段,他们所面临机遇和挑战的压力也较其他两个地区的蓝领来得大。

更为宏观一点,以整个职业、地域和问卷类型来看,除了地域因素以外,以上各个因素对问卷结果影响的显著性也得到了方差分析表的支持,由于职业、地域和问卷类型之间不存在相关性,所以我们使用了三个方差分析表,分析结果见表3:

表3 方差分析

因素:职业(学生、白领、蓝领)				
	平方和	自由度	均方和	F 值
组间	6 706 164	2	3 353 082	38.133
组内	566 975 798	6 448	87 930	
总和	573 681 962			
因素:问卷类型(A/B)				
	平方和	自由度	均方和	F 值
组间	3 061 430	1	3 061 430	34.822
组内	566 975 798	6 449	87 917	
总和	570 037 228			
因素:地域(新加坡、中国上海、中国兰州)				
	平方和	自由度	均方和	F 值
组间	1 758 117	2	879 058	9.997
组内	566 975 798	6 448	87 930	
总和	568 733 915			

因此,我们再一次证实,在教育程度相近的情况下,经济状况对人们的公平心理有较大的影响作用;生活在经济水平发达地区的人们对不公平的心理承受能力也较强。

2. 公平心理的性别差异和对社会分配的借鉴

(1)实验原理

任何常理中能够在一对配偶之间产生持续默契的变量都可作为社会地位的划分及衡量标准。Camerer 和 Fehr(2002)曾用名为"Battle Of The Sexes"的实验来测试男性与女性的社会角色和地位。在此之前,Holm's(2000)在无交流的男女之间通过保龄球比赛来探讨性别差异,非常有趣的是他们都发现女性和男性的这种默契就如一种社会礼仪,女性总是潜意识地自愿选择比男性少的低的那一部分。

一个人对于婚姻的主观感受往往是对一种婚姻制度期望的投射,而期望的水平既具有整体文化之普同性又有群体之间的歧义性(吴明华和伊庆春,2002)。我们此次问卷设计即想通过对比生活在不同国家和地区的家庭中男性与女性的经济比例状况和公平心理来探索家庭分工、社会分配的另一层面。我们的答案设计了五种由低到高的工资级别,即在一定程度上代表了女性受男性的约束级别。

(2)实验设计

在家庭生活中,丈夫的工资是每月 2 500 元,那么你认为妻子的工资应该是每月:A. 800—1 000 元;B. 1 000—1 500 元;C. 1 500—2 500 元;D. 2 500—3 000 元;E. 妻子的工资不应受丈夫工资的约束;F. 以上答案都不对,我的答案是_____元。你选择该答案,是因为你认为_____。

(3) 实验结果

在三地实验中,我们发现了如表4的结果。综合实验结果,我们可以得出以下结论:

表4 公平心理的性别差异和对社会分配借鉴的实验结果 单位:%

	答案A	答案B	答案C	答案D	答案E	答案F
新加坡学生	9.2	13.85	31.85	3.6	40	1.5
中国上海学生	1.1	2.15	28.75	5	62.5	
中国兰州学生	6	8.6	68.6	4.1	12.7	
新加坡蓝领	11.27	28.17	36.62	1.4	19.78	2.8
中国上海蓝领	10.6	19.1	10.6	2.2	57.5	
中国兰州蓝领	10.6	32.7	40.3	3.4	13	
新加坡白领	1.2	6.5	32.47	2.6	54.84	2.6
中国上海白领	3.5	6.25	27.68	1.79	59.7	1.8
中国兰州白领	6.2	9.3	56.2	3.9	24.6	

① 新加坡学生和中国上海学生选择E(妻子工资不受丈夫的约束)的占学生总数的几乎一半,这说明绝大部分的新加坡学生和中国上海学生都认为无论在社会抑或是家庭中,男性与女性都有相同的竞争机会,决定工资高低的不是性别,而是能力;中国兰州的学生有约五分之四的人选择C(1 500—2 500元),因为在他们看来,在家庭生活和社会活动中,男性应该是领导者,而最能体现男性核心地位的即男性比女性高的经济水平。

② 对比三地的蓝领,我们发现有一半以上的中国上海蓝领选择E(妻子工资不受丈夫的约束),而在A(800—1 000元)、B(1 000—1 500元)、C(1 500—2 500元)的三个选项中,新加坡蓝领选择A、B答案的列三地之首,中国兰州蓝领则大部分集中在选项B与C。我们从社会结构和男女教育背景分析,不难发现造成该现象的原因:中国上海为中国经济中心,人才济济,竞争激烈,在历史上,上海较中国其他省市受国外及改革开放影响早且面广,因此反映在家庭生活中,女性和男性较为平等;而在新加坡社会,由于当地服兵役等法律与教育的融合,造成新加坡许多男性从事蓝领工作,男性在社会中的平均地位较女性低,能力也较女性弱,但是他们同时又受儒家传统文化的矛盾冲突,因此在家庭生活中希望通过经济比较来巩固自己的男子地位。

③ 对比三地的白领,新加坡和中国上海的白领均有一半以上选择E(妻子工资不受丈夫的约束),而中国兰州的白领则有一半以上集中在C(1 500—2 500元)。本研究认为这主要是受教育背景和社会经济发展的影响,新加坡和中国上海白领

的平均薪金水平与教育背景均较中国兰州白领高出许多,因此他们的相对社会地位也较中国兰州白领高,在问卷访谈中,他们对自己的能力相当自信,因此反映在家庭和社会活动中的男女地位也更加平等,本文提出:这是否可以侧面反映在新加坡和中国上海的女性相对中国兰州的女性来说有更多参与社会活动的竞争机会。

④ 非常有趣的发现是在三地受访者中,有近7%的新加坡男性选择答案E,他们的解释是"女人不需要工作;男主外,女主内,女人只要做家庭主妇,在家中把家务孩子照顾好即可,而在社会工作奋斗是男人的事情"。同时,许多新加坡受访者完成问卷的过程中,相当部分人曾一度潜意识地将女性的工资误解为向丈夫索取零花钱;而这些现象在中国上海和兰州的调查中都没有发现,这可以从另一侧面反映中国儒家传统文化其实在新加坡人心中的无形约束要比对中国上海人和兰州人的约束强得多,而中国地区的女性较新加坡女性,从总体来说也更自信和独立。

总结以上分析,实验二研究发现女性在社会活动中的经济地位与男性的教育水平和收入成正比,进而影响到女性在家庭中承担的角色;社会中男性的教育程度和收入水平相对越高,女性在社会中的参与机会也越多,男女在家庭地位和角色分工方面也较均衡;相反,如果社会中男性的教育程度和收入水平相对越低,则女性在社会活动中的参与机会也越低,进而在家庭角色中承担的责任和义务也较重。

我们将问卷的结果导入分析社会地位。值得注意的是这样的划分将启示我们有关社会阶层及地位划分的两个发展方向:① 男性与女性受传统教育和观念的影响,尽管大多数现代女性所受的教育程度越来越高,但是出于家庭角色划分和自然性别差异,女性会较主动地选择较男性低的社会地位,在社会财富拥有方面,也较男性少;② 社会地位阶层高的人比阶层地位低的人获得更多的财富。这就像循环的螺贝,假设财富能造就社会阶层,那么富有的人无疑将获得较高的地位,并且变得越来越富有。

三、小　　结

本文基于行为经济学的理论,通过实验研究,最终得到如下结论:

1. 公平心理的区域差异及抉择影响

在教育程度相近的情况下,经济状况对公平心理有较大的影响作用。经济越发达、社会商业竞争越激烈、教育程度越高,人们对不公平的心理承受能力越强。在机遇和惩罚风险并存的环境下,不同地区和经济环境下人们的公平心理及极限相近;当行为面临惩罚的风险时,人们的表现会显得比较"公平";该公平心理和行为可以借鉴社会相关法规法律的制定,用以约束一定群体的行为,保证社会各阶层的相对公平和均衡。

2. 公平心理的性别差异和对社会分配的借鉴

女性在社会活动中的经济地位同男性的教育水平和收入成正比,这进一步影响到女性在家庭中承担的角色。如果社会中男性的教育程度和收入水平相对较高,女性在社会中的参与机会则较多,男女在家庭地位和角色分工方面也较均衡;反之则女性在社会活动中的参与机会较低,进而在家庭角色中承担的责任和义务也较重。受传统教育和观念的影响,尽管大多数现代女性所受的教育程度越来越高,但是出于家庭角色划分和自然性别差异,她们会较主动地选择较男性低的社会地位,在社会财富拥有方面,也较男性少。

自"构建社会主义和谐社会"这一重大命题提出以来,我国正积极地致力于协调社会各阶层的关系,转变政府职能,完善市场经济体制和社会主义制度,实现效率与公平的统一。所以这些结论的提出,不但提出从实证的角度考察不同的人群对于公平的看法和取舍,对传统经济分析进行批判,也可以得出符合中国实际情况的政策性建议。

当然,我们的研究也存在一些局限性。首先,由于精力和资金的限制,本文只能用行为经济学的部分原理设计简单的一次性实验来探索"公平"这个大范畴的一隅,然而对于终极实验来说,一次性和多次性实验的结果是有差异的,因为实验者会从多次反复的实验中了解实验的意图,掌握实验的规律。所以我们此次的实验结果无法呈现出动态分布的效果,只能从平面上浅析探讨不同环境下人们的公平心理。其次,人类的现代公平心理仍是个有待更多人探索的复杂领域,而且易随相对环境的变化而改变;本文实验中的相关数目只是参照新加坡、中国上海和中国兰州地区的社会平均工资和生活水平来设计和选取,分析在社会平均状态下人们公平心理的平均值和影响因素。至于不同的实验是否会因实验设计时取值大小的不同而呈现出完全不同的答案,由于本文篇幅的限制,还有待进一步研究。最后,时间和地域的局限,给本文的数据收集工作造成了一定的困难;由于研究过程中以问卷做答为主,故在实验设计和实验进行中能采取的激励措施也存在一定的局限性。

不过,这也为后续研究提供了一些线索。随着行为经济学的兴起,公平问题已引起国内外学者的广泛注目,以行为经济学的研究理论为基础,通过不同的实验设计和研究方法从多层面多角度探索,使得公平问题仍有相当多的后续研究可以进行:如用不同的方法再研究不同的社会群体对完全信息和不完全信息下所反映的公平心理及接受极限;或在本文的研究基础上再深入分析性别和社会地位对公平问题的差异和影响;或将公平问题导入社会基尼指数研究分析如何利用不同群体不同的公平心理降低贫富差距给社会发展和稳定所带来的潜在威胁。

参 考 文 献

[1] 吴明华,伊庆春:"婚姻其实不只是婚姻:家庭结构因素对于婚姻满意度的影响",中国台湾社会问题学术研究学术研讨会,2002。

[2] Camerer, C. F. and E. Fehr, "Measuring Social Norms and Preferences Using Experimental Games: A Guide for Social Scientists", in Henrich, etc. Ed., *Foundations of Human Sociality-Experimental and Ethnographic Evidence from 15 Small-Scale Societies*, Princeton University Press, 2001.

[3] Camerer, C. F., "Individual Decision Making", in J. H. Kagel and A. E. Roth, Ed., *The Handbook of Experimental Economics*, Princeton University Press, 1995.

[4] Camerer, C. F. and E. Fehr, "Institute for Empirical Research in Economics", Working Paper Series ISSN 1424—0459, Presented in MacArthur Foundation Anthropology Project Meeting, 2002.

[5] Fehr E., Kirchsteriger G., and A. Riedl, "Does Fairness Prevent Market Clearing? An Experimental Investigation", *Quarterly Journal of Economics*, 1993, (CVIII).

[6] Guth, W., R. Schmittberger and B. Schwarze, "An Experimental Analysis of Ultimatum Bargaining", *Journal of Economic Behavior and Organization*, 1982, (III).

[7] Holm, Hakan J., "Gender Based Foacl Points", *Games and Economic Behavior*, 2000, 32, (2).

[8] Joyce, B., Dickhaut. J., and McCabe, K., "Trust, Reciprocity and Social History", *Games and Economic Behavior*, 1995, (X).

[9] Ledyard, J., "Public Goods: A Survey of Experimental Research", in Roth A. and Kagel. J., Ed., *Handbook of Experimental Economics*, Princeton: Princeton University Press, 1995.

[10] Solnick, Sars, "Gender Difference in the Ultimatum Game", *Economic Inquiry*, 2001, 39(2).

[11] Straub, Paul G. and J. Keith Murnighan, "An Experimental Investigation of Ultimatum Games: Information, Fairness, Expectations, and Lowest Acceptable Offers", *Journal of Economic Behavior and Organization*, 1995, 27(3).

The Social Fairness Study Based on Behavioral Economics Analysis
——The Case Study of Singapore, China's Shanghai & Lanzhou

DONG Zhiyong

Abstract: Based on the one-shot ultimatum bargaining games of behavioral economics, this paper analyzes the experiment results which have been held in Singapore, China's Shanghai and Lanzhou. It tries to find the different impacts on fairness from different sexes, cultures, ages, careers and educational backgrounds. Our experiments were conducted in three different ways which may show up in contrasting fairness with other regards. The observations, however, should be scrutinized by further research in the future.

Key words: fairness psychology; inequality; behavioral economics; ultimatum game

中国经济周期性波动的微观基础的转变[*]

睢国余　蓝　一

摘要：从改革以来的经济波动情况看，中国转轨时期经济的波动性逐步减小，稳定性增强，其原因可以归结为以国有企业预算约束硬化和稀缺资源在国有与非国有部门之间的优化配置为主要内容的微观经济主体的市场化进程，在市场化的过程中，中国经济波动的微观基础已经发生了重大的变化，这在削弱转轨型波动的同时使成熟的市场经济波动逐步表现出来，因此在目前中国经济新一轮的增长周期中，宏观调控当局既要进一步推进市场化，又要转变调控方式，以适应以生产过剩为内容的市场经济的周期波动。

关键词：经济周期；微观基础；转轨型波动

从改革开放之初到 90 年代中期，中国经济在取得迅速增长的同时，也曾出现了大幅度的波动。在经历了 1998 年到 2001 年的低谷之后，2002 年下半年投资增长开始加速，2003 年 GDP 实现了 9.1% 的快速增长，说明中国经济在一段时间的调整之后，新一轮的增长周期已经开始。根据中国经济在八九十年代几次周期性波动的经历，对于新发轫的这次经济增长，能不能保持"高增长、低通胀"的良好局面，会不会出现以前那种大起大落的剧烈波动，如何实现经济的稳定运行，就成为令人关注的问题。

一、80 年代以来中国经济波动的特点与变化

根据国内生产总值的年度增长率，按照从波谷到波谷的方法进行划分，进入 80 年代以来，中国经济已经经历了三个完整的经济周期。第一个周期是从 1981 年到 1986 年，第二个周期是从 1986 年到 1990 年，第三个周期是从 1990 年到 1999 年，从那时到现在，正处于第四个周期的过程之中。这几个周期性波动的形态不尽相同，但是经过观察，从中可以看出 80 年代以来中国经济周期性波动的一些典型化事实：

（1）经济波动的幅度逐步变小。第一个周期的最低增长率是 1981 年的

---

[*] 原载于《中国社会科学》2005 年第 1 期。

5.2%,最高增长率是1984年的15.2%,振幅为10个百分点,取方差作为反映数值离散程度的统计量,这一阶段增长率的方差为1.28‰;第二个周期的最低增长率是1990年的3.8%,最高增长率是1987年的11.6%,振幅为7.8个百分点,这一阶段增长率的方差为1.43‰;第三个周期的最低增长率是1999年的7.1%,最高增长率是1992年的14.2%,振幅为7.1个百分点,这一阶段增长率的方差为0.64‰。可以看出,这三次经济周期的振幅在逐次变小,考虑到前两次周期的时间都比较短,在4—5年的时间里就出现9个百分点左右的波动,说明当时中国经济的变动与90年代相比是相当剧烈的,另外,第三个周期的增长率方差明显小于前两次,几乎只相当于以前的一半,说明经济的稳定性在进入90年代以后已经大大加强。

(2)经济的上升阶段和下降阶段表现出明显的非对称性。在一个经济周期的过程中,如果上升阶段所经历的时间与幅度和下降阶段所经历的时间与幅度都大致相同,那么整个周期就表现为一个对称的波形,但是中国80年代以来已经完成的三次周期都是不对称的。每一次周期开始,名义GDP增长率、实际GDP增长率以及财政支出就迅速上升,很快就达到顶点,然后开始缓慢下降;而名义M_2、实际M_2、实际投资在上升阶段虽然也增加得很快,但是在下降阶段降低得更快,进出口、总消费也表现出这种"缓升陡降"的形态(刘金全、范剑青,2001)。从GDP的增长率来看,第三个周期的这种非对称性表现得最为明显,仅用了两年的时间,就达到了1992年的最高点,然后开始缓慢地下降,一直持续到1999年,使得整个波动过程出现了一个长长的"尾巴",成为一种"长尾现象"(刘金全,1999)。

(3)正在进行的新一轮周期的上升比较缓和。与前几次周期性扩张时GDP增长率的迅速上升不同,这次新周期的扩张相对缓慢,呈现出一种在"软着陆"以后的"软扩张"的态势(刘金全、王大勇,2003)。从投资的角度来看,1992年到1994年扣除了固定资产投资价格上涨因素以后的实际投资增长率分别为29.1%、35.2%和20%,然而投资立即引起了价格水平的迅速上涨,同期的固定资产投资价格上涨15.3%、26.6%和10.4%,居民消费价格上涨6.4%、14.7%和24.1%。与90年代初的那次周期不同,新一轮周期的扩张显得比较温和。2003年全社会固定资产投资名义增长26.7%,实际增长24.5%,已经接近1992年的水平,但是全社会的总体价格水平却远远低于当年。2003年工业品出厂价格上涨2.3%,固定资产投资价格上涨2.2%;2003年居民消费价格总水平小幅增长1.2%,从2003年9月份开始加速,同比增幅在12月达到3.2%,2004年1月仍然持续了3.2%的上涨速度。这些涨幅都远低于1992年,即使是预期的2004年的价格上涨幅度有所提高,也远远达不到当时的那种水平。

二、分析与假说

从改革伊始到现在,是中国经济转轨的历史时期,这个时期的经济结构和经济运行的各个方面无不带有深深的转轨经济的烙印,80年代以来已经完成的几次经济周期也可以归结为转轨型的经济波动。这可以从经济结构和经济行为等方面来说明。

从国民经济核算的角度来看,GDP由总消费、总投资和净出口三个部分组成,其中总消费是相对稳定的,而净出口对于我国经济增长的贡献率一直比较小,对经济影响大而且波动性强的是总投资,它的波动是经济波动的主要成分。在我国经济的投资活动中,存在着两类经济主体,国有部门和非国有部门,它们在投资结构中所处的地位以及在投资行为上存在着很大的差别,并且在转轨的过程中发生着巨大的变化。

在按照经济类型划分的全社会固定资产投资中,国有经济的投资在大部分时间里占据着主要地位。从1981年到1992年,国有经济投资占全社会固定资产投资的比重几乎没有什么改变,一直保持在三分之二左右。从1993年开始,这一比例迅速下降,从1992年的68.1%降低到2002年的43.4%,非国有经济投资的比重则开始上升,在2001年达到52.7%,超过国有经济,成为主要的投资者。而从1981年到1992年正是改革以来中国经济波动的主要时期,从那以后,随着经济"软着陆"的实现,经济增长表现出相对稳定的状态,因此可以认为国有部门的投资波动构成了中国经济周期性波动的主要成分。

国有企业的投资行为具有明显的转轨经济的特征。由于国家掌握着国有企业资产的所有权,因此必然赋予国有企业多重的非利润目标,在计划经济时期主要是实现充分就业和重工业优先战略,在转轨时期主要是承担就业、养老等社会保障,为各种经济成分的发展提供一个稳定的社会环境。由于国有企业的目标是多方面的,因而利润只是企业绩效的一个方面,只要国有企业在完成其他目标时还能够取得一定的效果,那么维持其生存对政府就是重要而且值得的。因此在很长的一个时期里,国有经济仍然具有预算软约束。同时由于改革的进行,国有企业拥有了自身独立的利益,获得了独立的投资权力,这就必然使得国有企业在固有的"投资冲动"驱使下反复进行粗放型的投资扩张,利用预算软约束侵害所有者权益,实现内部人效用最大化。正因为如此,在每一个周期的开始,投资和GDP增长率迅速上升,而财政拨款是国有部门投资资金的一个重要来源,因此财政支出也迅速攀升。由于预算软约束,国有部门的投资不可能从内部得到自我控制,只能由国家从外部予以调控。我国作为一个发展中的大国,社会稳定同经济增长一样,是国家的重要目标,当投资过热引起通货膨胀、物资短缺时,国家就会实行经济紧缩。对于国有部门而言,紧缩往往是通过行政手段和信贷的数量控制来进行,因此会出现实际投资的更加猛烈的下降和货币供应量的迅速减少,直到经济增长率降低以至于政府认为有必要再次加快经济发展速度。这样一种行为模式,解释了我国经济周期性波动的非对称性。同时也描述了转轨型经济波动的一般模式,即经济增长启动,出现投资需求膨胀,遇到能源、交通等的数量瓶颈,引发通货膨胀,政府不得不踩刹车这样一种循环。

经济转轨和改革的推进，使得经济结构和经济行为不断地发生着变化。对于国有企业而言，它们的预算约束是不断硬化的。特别是推行股份制改造以后，国有企业的产权结构发生了深刻的变革，主辅分离和社会保障体系的建立改善了委托代理关系中的信息不对称问题。对于非国有经济而言，则表现为数量上的迅速扩张，从无足轻重到成为占优势的投资主体。由于非国有经济天然具有远比国有经济强烈的预算约束，它在扩张过程中不会形成像国有企业那样对资金和物资的无限制的需求膨胀，同时，由于以国有银行为主的银行体系仍然没有改变以非市场化的利率向国有企业提供补贴这样一种制度安排，非国有企业很难从银行获取所需资金，因而主要依靠自身积累的资金，减轻了对货币供给和通货膨胀的压力，另一方面，非国有经济完全以追求利润为目标，其投资转化为生产能力的速度很快，因而可以迅速形成有效供给，这就从需求和供给两个方面削弱了转轨型经济波动。事实上这些都与我国经济波动性的逐步减弱的过程相联系。并且从 2001 年开始，非国有经济的投资超过国有经济，2002 年进一步扩大这个差距，这种资源配置状况的改变，不能不说是新一轮增长相对平稳的潜在原因。

可以说，改革以来中国经济周期性波动的主要原因正是在于具有"投资饥渴"的经济主体与以促进经济高速增长并保持稳定为目标的政府的宏观调控行为之间的相互作用，而受到软预算约束的国有部门是这种经济波动的微观基础。但是随着改革进程的发展，经济波动的微观基础也在逐渐地发生变化，主要表现为国有企业预算约束的不断硬化和非国有部门的迅速发展，以及稀缺资源不断改善其配置状况，从国有部门逐步向非国有部门转移。这种变化反映了经济活动的微观主体的市场化，而这种微观主体的市场化是使具有转轨经济特征的经济波动逐渐减小的重要力量，并且当微观主体的市场化达到一定程度以后，必然会引起经济波动的特征的改变，使转轨型的波动转化为成熟的市场经济的波动。

在这里，我们提出了一个可以检验的假说：以国有企业预算约束硬化和稀缺资源在国有与非国有部门之间的优化配置为主要内容的微观经济主体的市场化进程是我国改革以来经济波动逐步减小，经济增长逐步趋于稳定的重要原因。为了对这个假说进行验证，我们将对下面的模型进行计量分析：

$$V(t) = \beta_0 + \beta_1 \text{state}(t) + \beta_2 \text{nonstate}(t) + \beta_3 \text{consumption}(t) + \beta_4 \text{GDP}(t) + \beta_5 \text{year} + \varepsilon$$

其中 $V(t)$ 是一个表示经济波动性大小的时间序列，GDP 增长率、通货膨胀率等的时间序列都包含了经济波动的因素，我们将分别予以估计，state 是国有部门的固定资产投资对收益率的弹性及其显著性所复合得出的指标，它度量了国有企业投资行为的变化，反映了国有部门预算约束的硬化过程，nonstate 表示非国有部门的固定资产投资占总的社会固定资产投资的比重，它反映了社会资本配置的市场化程度，consumption 表示每年最终消费的增长率，它包含了消费的波动对整体经济波动的影响,GDP是以国内生产总值来表示经济的规模,考察经济规模对经济稳定性的影响,year是表示年份的虚拟变量,它反映了前面几个因素以外的其他因素对经济波动的影响。

在接下来的第三和第四部分里我们将分析国有企业预算约束硬化及其投资行为变化的情况,非国有部门的发展以及资源在国有与非国有部门之间的配置状况的演变,这两个方面反映了我国经济周期性波动的微观基础的转变情况,第五部分将在前面所构筑的变量数据的基础上对影响经济波动的各个因素进行回归分析,第六部分是根据分析的结果,对目前新一轮经济增长的发展方向和一些应当注意的问题的论述。

三、国有企业预算约束与投资行为的变化

国有企业预算软约束问题如何解决,有的学者认为在于所有权的私有化,也有的学者认为在于使高度集中的银行业分散化。但是,预算软约束的形成从根本上说是由于具有多重目标的政府凭借对资本的所有权使国有企业不但追求利润,还要承担实现充分就业、进行社会保障、维护社会稳定的责任,而且这些"政策性负担"往往比利润对政府具有更高的效用,因而政府几乎不会拒绝对亏损企业进行补贴以维持其生存,从而使政府作为所有者从国有企业得到的效用最大化。那么可行的方法可以是一方面剥离国有企业的政策性负担,交给专门建立的机构去完成,这样政府就没有必要通过国有企业来完成社会职能,企业就可以成为具有单一的利润目标的市场主体;另一方面使国有企业的股权多元化,这样政府把社会责任强加给企业的可能性就将大大降低。如果企业不能摆脱政策性负担,即使实现了私有化,也不会使预算软约束的情况有所好转(林毅夫、刘培林,2003)[1],银行业分散化和竞争的加强,充其量不过是使政府不再能够通过银行来对国有企业进行补贴,但并不能保证政府不会通过别的途径来补贴。

具有软预算约束的企业所内含的"投资冲动"之所以会对宏观经济的波动产生影响,是因为企业在预算约束软化的同时拥有投资的自主权。向市场经济的转轨已经排除了决策权集中于政府这样一种"次优"选择,那么要改善国有企业的投资行为,关键就在于在所有者和代理人之间合理地划分权利与责任,实现委托人和代理人之间的有效的制衡(吴敬琏,2004)。

80年代初以来在"企业没有积极性是因为政府干预太多"的认识指导下,"放权让利"、"扩大企业自主权"的改革具有强烈的把资本所有者排斥在企业之外的

---

[1] 值得指出的是,私有制条件下的这种预算软约束与我国国企的情况已经有了根本的区别,它是私人资本的所有者为弥补企业在市场上的利润损失而向政府提出的补偿要求,并不损害资本所有者的利益,而我国国企的预算软约束则是代理人用以侵害所有者利益、谋求自身利益的途径。

倾向。在推行承包制的过程中,一方面并没有改变企业的政策性负担,另一方面又将一些应当由所有者掌握(或者在所有者监督下行使)的权力授予了作为代理人的承包者,如"自主决定在本行业内或者跨行业调整生产经营范围"、"自主确定税后留用利润中各项基金的比例和用途"、"决定内部机构的设立、调整和撤销,决定企业的人员编制"等,这些措施强化了代理人的利益动机,却实际上使国企的产权更加模糊,导致了严重的"内部人控制"的问题。因此整个80年代国企的预算约束没有硬化,投资冲动却表现得更加强烈。

1994年《公司法》通过以后,对国有企业的股份制改造逐步推行,开始按照现代企业制度的要求对代理人的行为进行规范,特别是1999年中共十五届四中全会提出"在所有者和经营者之间建立起制衡关系的法人治理结构是公司制的核心",加强了对代理人的制约,使"内部人控制"现象有所改善。同时,股权多元化成为公司制改造的重要组成部分,四中全会强调了"积极发展多元投资主体的公司",这使得国有企业的预算约束得到了硬化。

剥离企业政策性负担的工作在90年代有了很大的进展。1991年国务院颁布《关于职工养老保险制度改革的决定》,开始在城镇广泛推行养老保险基金的社会统筹,1993年的十四届三中全会又确定了包括养老、医疗的社会保障体系的基本框架,并提出要建立失业保险制度。1995年开始,逐步实施了剥离企业的社会职能、分流企业冗员的改革,特别是1998—2000年进行了大规模的主辅分离和职工下岗。这些工作对于改善信息不对称状况、硬化预算约束都有积极的作用,促使国有企业的投资行为越来越接近单一化的利润目标。表1反映了国有企业承担的政策性负担的变化过程。

表1 国有企业承担的政策性负担的变化

年份	每亿元工业资产负担职工(人)*	兴建住宅面积占房屋施工面积比例(%)	纳入社会统筹养老保险的人数(万人)**
1985	8 396.06	24.24	#
1990	5 395.44	24.44	6 166.0
1993	3 380.84	23.62	9 847.6
1995	2 516.30	25.15	10 979.0
1997	1 648.06	27.24	11 204.4
1999	710.69	33.60	12 485.4
2000	568.23	30.01	13 617.4
2001	472.33	27.27	14 182.5
2002	389.14	23.50	14 736.6

资料来源:《中国统计年鉴2003》、《中国劳动统计年鉴2003》。

注:* 国有工业企业职工人数与国有工业企业固定资产净值之比,工业是指采掘业、制造业和电力、煤气和水的生产供应业。

** 纳入社会统筹养老保险的人数包括在职职工和离退休人员。

在公司治理结构中,代理人的行为之所以不会偏离所有者的利润目标,是因为它受到掌握着最终控制权的所有者的监督,资本的所有者作为公司治理结构中监督链条的最后一环,如果它自身是目标多元化的,没有动力去追求利润,而是要在各个目标之间寻求平衡,那么这最后一环的监督就是松弛的,那整个监督链也必然松弛,预算约束必然软化。中国的国有企业一直由目标多元的政府各部门掌握所有权,正是国企所有者难以到位的根本原因。2003年国资委成立,作为出资人代表,它的目标是相对单一的,这将有利于强化国有企业的预算约束,使企业的投资更加注重利润的获取,而不是低效率的规模的扩张。

经过二十多年的改革,国有企业已经在硬化预算约束方面取得了相当的进展,其投资行为也相应地发生了逐步的改变,从一味的投资饥渴,变得更加市场化,利润取向更加明显。我们可以通过对下面的投资方程来对国有企业的投资行为进行估计:

$$\ln I_t = \alpha_0 + \alpha_1 \ln R_{t-1} + \alpha_2 \ln RNK_t + \alpha_3 \ln NK_t + \varepsilon$$

其中 I_t 表示 t 年的投资率,是实际投资额与年初固定资产净值之比,R_{t-1} 表示投资收益率,是上年利税总额与固定资产净值之比,RNK_t 是 t 年固定资产净值与固定资产原值之比,反映了企业的新旧程度,NK_t 是固定资产净值,表示了企业的规模。我们用《中国统计年鉴》所给出的每年的分省份国有经济的数据,估计了这个方程,得到了对每年国有企业投资行为的描述,其中最直接反映企业市场化取向的,是投资对收益率的弹性,见表2。

表2 国有经济部门投资行为的回归结果

年份	constant	$\ln R_{t-1}$	$\ln RNK_t$	$\ln NK_t$
1981	0.58	0.503	-1.762	0.523
1982	-0.564	0.402	0.332	0.884*
1983	-1.655	0.338	-4.289	0.571*
1984	-1.064	0.787*	-7.503	0.280
1985	1.706	0.347	1.201	0.668***
1986	0.339	-0.011	-0.976	0.710***
1987	0.155	-0.012	-0.688	0.780***
1988	1.597	0.362*	-1.095	0.584***
1989	1.461	0.364*	0.018	0.660***
1990	1.94	0.325*	0.675	0.630***
1991	2.29	0.174	1.672	0.614***
1992	3.049	0.332**	2.592	0.635***
1993	3.015	0.350**	1.308	0.656***
1994	2.461	0.349**	0.005	0.647***
1995	2.7	0.252	1.408	0.699***
1996	2.565	0.209	2.384*	0.732***

(续表)

年份	constant	$\ln R_{t-1}$	$\ln RNK_t$	$\ln NK_t$
1997	0.986	0.047*	-0.208	0.747***
1998	0.639	0.154**	-1.505**	0.741***
1999	2.135	0.495***	0.231	0.749***
2000	1.408	0.351***	-0.958	0.718***
2001	2.113	0.338**	1.168	0.741***
2002	3.059	0.337**	1.944	0.678***

注：*表示在 0.1 的水平上显著，**表示在 0.05 的水平上显著，***表示在 0.01 的水平上显著。

从表 2 中可以看出，lnNK 的系数，即投资对净资产规模的弹性一直很显著并且数值比较大，这是因为大的企业在争取投资项目的谈判中总是具有优势，说明国有经济的投资行为基本上没有摆脱固有的模式；另一方面，$\ln R_{t-1}$ 的系数即投资对前一期收益率的弹性虽然在数值上没有明显的上升趋势，但是其显著性随着时间的推移明显地增强了，说明对国企的改革还是取得了相当的进展，对投资行为产生了深刻的影响。

四、非国有经济的发展与资源配置的市场化

中国的经济改革采取了渐进的方式，在维持原有的经济成分大致不变的条件下，首先在旧体制的边缘扶植起新的经济成分，非国有经济就是在这样的环境下产生、壮大起来的。但是，任何一个导向市场经济的改革都不可能不根本改革作为旧体制基础的国有经济，然而国有经济的改革必然引起广泛的社会利益的再分配，如大量的失业、经济资源的流动等，这些无疑会引起社会的震荡。因此，以实现社会结构的平稳过渡为目标的渐进式改革战略就赋予了非国有经济的发展以更加重大的意义。一个规模巨大、吸纳就业能力强、增长迅速的非国有经济部门的存在，不仅对国有部门构成竞争压力，促使其改革，而且可以消化国企改革产生的失业人口、弥补国有经济增长变慢导致的经济增长减速，减小了改革带来的社会振动。从这个意义上讲，非国有经济的发展是转轨经济的稳定器，同时也是催生一个成熟市场经济的主要力量。

表 3 反映了改革以来非国有经济的发展过程。虽然以固定资产净值年平均余额来衡量，非国有工业企业的规模在整个工业经济中仍然只相当于国有经济的一半，但是在固定资产投资活动中，非国有经济已经在 2001 年超过国有经济，成为投资的主要力量，而且非国有经济贡献的工业总产值在 1993 年、吸纳的城镇就业人口在 1998 年都已经超过国有部门，成为市场经济的主要组成部分。

表3　非国有经济在中国社会经济中的地位变化(%)

年份	固定资产投资占社会总固定资产投资比例	工业固定资产净值占社会工业固定资产净值比例*	工业总产值占社会工业总产值比例**	吸纳就业占城镇就业比例
1980	18.11	#	24.02	23.81
1981	30.54	#	#	#
1982	31.30	#	#	#
1983	40.42	#	#	#
1984	35.34	#	#	#
1985	33.92	14.65	35.14	29.81
1986	33.37	16.12	37.73	29.79
1987	35.42	17.40	40.27	29.96
1988	36.47	18.60	43.20	30.03
1989	36.33	19.64	43.94	29.76
1990	33.89	20.22	45.39	39.29
1991	33.62	20.90	43.83	38.94
1992	31.95	22.21	48.48	39.03
1993	39.37	28.02	53.05	40.20
1994	43.58	34.94	62.66	39.88
1995	45.56	22.10	66.03	40.86
1996	47.60	35.81	63.68	43.56
1997	47.51	38.38	68.38	46.86
1998	45.89	27.74	71.76	58.10
1999	46.58	28.22	51.08	61.75
2000	49.86	28.78	52.66	65.00
2001	52.69	30.30	55.57	68.09
2002	56.60	33.21	59.22	71.10

资料来源:《中国统计年鉴》1986—2003年各卷。

注:*1993年开始为固定资产净值年平均余额的比例,1998年开始仅统计规模以上非国有经济。

**1999年开始仅统计规模以上非国有经济。

非国有经济的发展以及与国有经济在社会经济中份额对比的变化,意味着按照市场原则进行配置的经济资源的数量和比重的变化,反映了资源配置的市场化程度的提高。对资本的配置而言,"固定资产投资"反映增量资本的配置,"固定资产净值"反映存量资本的运用。如图1所示,1981—1993年,增量资本的配置完全在市场条件下进行的比例平均为34.76%,而这是改革以来中国经济波动最大的时期,1994年以后,市场配置增量资本的比例大大提高,平均为48.4%;对存量资本而言,直到目前可以说还主要是在不完全的市场规则下运作。对非农劳动力的配置的情况与增量资本类似,在经济强烈波动时期平均仅有34%左右的劳动力在完全的市场条件下配置,而在1994年以后平均达到了65%。资源配置方式的逐步市场化,表明中国宏观经济运行的微观基础自改革以来,特别是90年代后期以来,已经发生了深刻的变化。

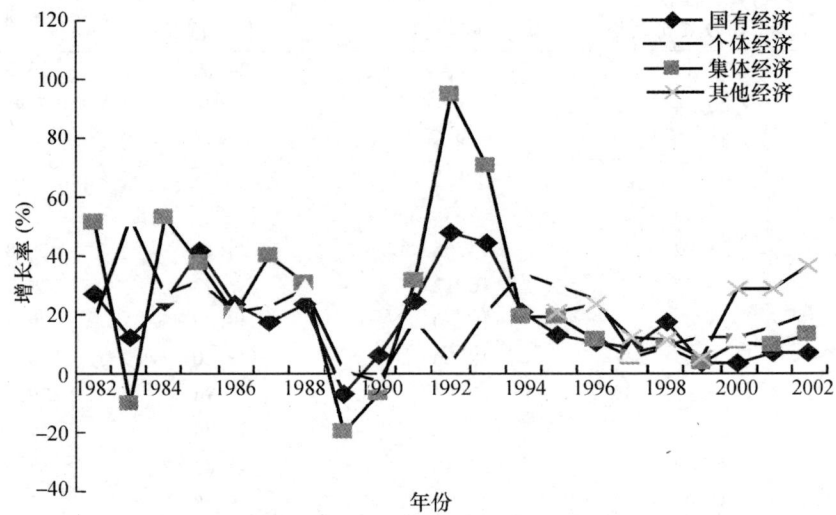

图1 各类型经济历年固定资产投资增长率

从市场经济国家的经历来看,非国有经济在发展过程中由于其自身内在的规律性,也会出现周期性的波动。从我国改革的过程来看,非国有经济的确也存在波动性,但是这种波动还不是市场经济性质的波动,其主要由以下原因引起:

首先,非国有经济在大部分时期与国有经济相比处于十分微弱的地位,其发展主要依靠为国有企业提供加工和中间产品,以及为国有单位人员提供社会服务,因此非国有经济的发展对国有经济的景气状况和国企职工的收入情况比较敏感。所以各种经济成分都出现了与国有经济相类似的周期。但是随着非国有经济规模的壮大,它们的增长轨迹就逐渐脱离了国有经济的轨道,例如1999年以后非国有经济与国有经济的增长率就呈现离散的趋势。

其次,政府对非国有经济的扶植,主要是出于增加就业和财政收入的考虑,同时又面临着旧体制和上层建筑的制约,因此非国有经济的发展容易受到政策变化的影响而波动。如"治理整顿"期间,个体和私营经济的投资率处于低迷状态,而1998年以后,由于大量国企职工下岗,为了解决就业问题,政府出台了一系列的措施促进非国有经济的发展,导致了非国有经济的迅速增长。

最后,非国有经济也经历了一个制度完善的过程。例如集体经济在发展的初期,为了保持与地方政府的关系,以改善生存环境,一度采用了模糊的产权安排。尽管在当时条件下这是一个最优的选择,但是随着经济规模的增大,这种产权制度成为发展的制约,90年代初集体经济一度增长减慢。此后集体经济广泛进行了明晰产权的改革,重新走上了快车道。

所以,从过去非国有经济波动的历史,可以认为它仍然是以国有经济为主要基础的转轨型波动的一部分,但是这种性质正在改变,可以预见的是,随着非国有经济逐渐在比重上取得优势地位,它将逐步削弱转轨型的经济波动,使中国经济进入成熟的市场经济型波动之中。

五、对波动因素的分析

现在我们可以对本文第二部分提出的假说和模型进行回归分析。

我们选取 GDP 增长率和通货膨胀率作为指示我国宏观经济波动性的变量。改革开放以来,我国经济增长迅速,具有明显的上升趋势,经济波动表现为增长型波动,而不是正增长与负增长交替的古典型波动。因此上述变量的时间序列包含了一定的趋势成分,而不完全体现经济的周期性波动,为此,有必要把其中的趋势成分过滤出去。我们可以使用在周期分析中常用的 Hodrick-Prescott 滤波器分离 GDP 增长率中包含的趋势(Hodrick and Prescott,1980),也可以使用时间的二次多项式对其中的时间趋势进行脱离,此外,我们用差分分解的方法分离通货膨胀率中的趋势。经过这样处理后留下的绝对离差(即周期性成分的绝对值)作为回归的因变量 $V(t)$,这个变量的数值越大,即离差越大,说明经济波动性越大。

对于自变量 $state(t)$,我们用第三部分中得出的每年国有经济固定资产投资对收益率的弹性与其显著程度的乘积来构成这个时间序列,它表示了国有企业行为市场化的程度;$nonstate(t)$ 就是第四部分中给出的非国有经济在全社会固定资产投资中的比例,它反映了非国有部门的扩张;最终消费增长率 $consumption(t)$、年度 GDP 的数值均来自历年《中国统计年鉴》。

表 4 中的第一列报告了以通货膨胀率作为经济波动性指标的回归结果,我们可以看到,变量 state 和 nonstate 的系数都是负数,说明经济的宏观波动性与国有经济的预算约束和行为市场化程度、非国有经济在总量中的比重负相关,即随着国有企业改革的进展以及非国有经济的发展壮大,我国的经济波动逐渐减小,趋于稳定,其中 nonstate 的系数在 0.05 的水平上显著,而 state 的系数是不显著的,说明非国有经济对经济的稳定过程有着更大、更明显的影响。表中第二列报告了以 GDP 增长率为经济波动性指标的回归结果,与第一列相同,nonstate 的系数为负并且很显著,说明非国有经济的成长的确在过去的 20 年中有效地平抑了经济的波动,与第一列不同的是变量 state 的系数显著为正,说明国有经济的投资行为仍然加剧着经济的波动,这意味着国有企业的改革还未完成。

表 4 对经济波动性的回归结果

	通货膨胀率	GDP 增长率
constant	0.382	0.096
	(0.182)	(0.139)

(续表)

	通货膨胀率	GDP 增长率
state	−0.021	0.068***
	(−0.32)	(3.196)
nonstate	−0.637**	−0.249***
	(−2.386)	(−2.844)
consumption	−0.512*	−0.199
	(−1.922)	(−2.281)
GDP	−0.009	0.0007
	(−0.036)	(0.009)
year	0.006	0.001
	(0.238)	(0.175)
R^2	0.630	0.777
F	2.102	4.889

注：* 表示在 0.1 的水平上显著，** 表示在 0.05 的水平上显著，*** 表示在 0.01 的水平上显著。

回归的结果证实了我们在第二部分所提出的假说，国有经济部门的预算约束的硬化、企业投资行为更加受利润动机的驱动，以及非国有经济的发展促进了经济波动性的减小。这个结论同时又说明了另一点，即我国改革以来所经历的几个周期的主要原因是所占比例较大、市场化程度不高的国有经济的投资行为。而随着经济转轨的进行，国有部门的比重和行为都在发生着变化，非国有部门也在成长，所以我国目前为止的周期波动是"转轨型"的波动，微观经济主体的变化可以解释这种波动的特征，这也就是验证了我们假说背后的思维方式，即对我国宏观经济的一些重要方面的认识，应该从转轨经济中微观经济主体的变化，特别是市场化进程来理解。

六、经济波动微观基础转变的政策含义

我们在前文描述了国有经济预算约束和投资行为的变化，以及非国有经济的发展，这些实际上描述了我国经济微观主体的市场化，以及随之而来的整个经济的市场化。随后我们验证了，这种市场化进程的推进，是不断削弱我国转轨型经济波动、促使我国经济逐步实现稳定运行的重要原因。对于力求我国经济高速平稳运行的努力，这个结论具有两方面的政策含义：首先，我国向市场经济转轨的过程尚未结束，国有部门仍然控制着大量的资源，并且预算约束并没有完全硬化，那么要实现经济的平稳增长，继续对国有部门的改革和对非国有经济的大力支持就是十分必要的；其次，转轨型波动的削弱，是在微观经济基础变化的条件下实现的，而我国的市场化过程虽未完成，但是也已接近（现在离基本建成社会主义市场经济的

2010年已不到七年),在转轨型波动逐渐消失的情况下,原来被掩盖的源于市场经济基本规律的波动形式必然逐渐表现出来,这就需要我们在调控方式上进行调整,以适应变化了的微观条件。

当前新一轮增长的投资高涨,仍然明显地带有软预算约束的痕迹。虽然从2001年起国有部门的投资额就已低于非国有部门,但是2003年全年以及今年的前两个月国有部门的投资增长率都高于非国有部门,而且出现局部过热的几个行业如钢铁、水泥、电解铝等都是国有部门仍然占优势的领域。这其中的很重要的一个原因,在于地方政府对GDP高增长的追求,在按隶属关系分的固定资产投资中,"地方项目"在今年前3个月同比增长60.2%,远远高于全社会平均的47.8%的水平。在这种规模扩张的动机下的增长,是市场化程度不足的表现。

对于国有部门在软约束下的扩张,我国的宏观调控部门已经有了比较成熟的调控手法,通过与信贷政策相结合的加强项目清理、规范土地审批等行政措施,可以在很大程度上实现调控目标。但是对于日益增长的非国有企业,行政措施却很难起到理想的作用。

非国有企业是完全市场化的主体,在我国目前的财经体制下,它们对财政资金、甚至银行贷款的依赖性都远远弱于国有企业,而是主要依靠内部资金的积累,在这样强的预算约束下,其效率是非常高的,形成生产能力、实现有效供给的周期很短。这些是非国有企业在转轨时期成为经济的稳定力量的主要原因。但是,由于市场上激烈的竞争,每一个微观主体都必须依靠提高产量、扩大规模来获得生存和发展,这样微观层次的高效率难免会造成宏观层次的生产过剩,由此产生以非国有经济为基础的经济周期。这个规律已经为发达国家的历史所证明,在非国有经济迅速成为经济活动的基本部分的我国也日益变得具有现实性。因此,宏观调控当局今后的一个重要问题就是应对这种局面,其措施可以参考西方国家的反周期操作,利用利率等手段对经济进行微调。

生产过剩是市场经济周期变化中不变的基调,生产过剩只是相对于消费能力的过剩,这一点也已经成为共识,因此从根本上减小经济波动的幅度,实现经济的平稳增长,有赖于消费能力的增长。目前制约着我国居民消费增长的主要因素包括收入差距的拉大、来自生老病死以及教育的经济风险的加大等,在改变了人们的消费结构的同时,改变了人们对未来的预期,这成为近几年我国居民最终消费难以有效扩大的重要原因。为此,一个覆盖面广、达到一定水平的社会保障体系的存在,在促进经济长期稳定增长方面是必不可少的。

参 考 文 献

[1] Hodrick and Prescott,1980,"Post-war U. S. Business Cycles:An Empirical Investigation", Working Paper, Carnegie University.

[2] 余根钱:《改革以来我国经济过热类型的变化》,《经济研究》,1994年第2期。
[3] 张守一:《我国经济周期的特殊原因与波动格局分析》,《经济研究》,1995年第4期。
[4] 刘金全:《我国经济波动中的长尾特征》,《宏观经济研究》,1999年第8期。
[5] 刘金全、范剑青:《中国经济周期的非对称性和相关性研究》,《经济研究》,2001年第5期。
[6] 刘金全、王大勇:《中国经济增长:阶段性、风险性和波动性》,《经济学家》,2003年第4期。
[7] 刘树成:《论中国经济增长与波动的新态势》,《中国社会科学》,2000年第1期。
[8] 林毅夫、刘培林:《何以加速增长,惟解自生难题——〈前10年的转轨——东欧和前苏联的经验和教训〉述评》,《经济学(季刊)》,2003年第3卷第1期。
[9] 吴敬琏:《当代中国经济改革》,上海远东出版社,2004年版。

The Changing Foundation of China's Economic Cycle

JU Guoyu　　LAN yi

Abstract: During the period of China's economic transition, SOE's problem of soft budget constraint has been improved, and the allocation of factors between public and private sector has been more efficient. These profound changes in the foundation of China's economy have led to a more stable macro economic situation. While evolving into a mature market economy, China's transitional economic fluctuation is weakened. The contemporary economic growth is going on a totally new basis. The regulation authority must manage to fit for the new conditions.

Key words: economic cycle; micro foundation; transitional economic fluctuation

JEL Classification: D990; E370; E690

第二编 传统优势学科群

中国古代经济周期理论及其政策启示

张亚光

摘要：经济周期问题是现代经济运行过程中日益突出的现象，对经济社会造成的影响也越来越严重。本文从中国古代文献典籍出发，较为详尽地检讨了数千年间有关经济周期问题的著述和观点。研究表明，尽管中国古代经济周期的实证数据尚不完善，但有关经济周期的理论和思想十分丰富。既有经济周期循环的直观描述，也有应对经济萧条的具体措施。中国古代经济周期的形成及特征能够得到较为有效的解释，其中相关的政策应对措施也能够对今天各国政府的反周期政策具有很好的借鉴意义。

关键词：中国古代；经济周期；反周期政策

一、引 言

自从1862年法国经济学家朱格拉（Clement Juglar）发表《论法国、英国和美国的商业危机及其发生周期》以来，西方经济学家对经济周期问题进行了广泛、系统而深入的研究。1907年的美国金融恐慌、1929年的世界经济大萧条、1996年的日本楼市泡沫、1997年的亚洲金融风暴以及2007年开始席卷欧美各国的次贷危机，使得人们对于经济周期现象愈加关注。

中国在改革开放之后，不断融入全球经济体系，已经成为世界经济链条的重要一环。与此同时，世界性或区域性的经济危机也越来越深刻地影响着中国自身经济的发展状况和走势。学术界对中国经济周期的研究方兴未艾，但从理论依据和工具方法上来看，几乎都是以西方已有的经济周期理论作为基础，且重点关注经济市场化之后（1978年至今）的中国经济周期现象。

本文集中研究了中国古代经济周期的相关理论问题。由于中国古代对经济数据的记录和整理相对不够重视，更多的经济周期案例尚待发掘，但是有关经济周期的理论和哲学思想则显得十分丰富。这些理论和思想不仅能够在一定程度上说明和解释中国古代经济周期的特征，而且其中相关的政策应对措施也能够对今天各国政府的反周期政策具有很好的启示。

---

* 原载于《经济学动态》2011年第8期。

二、从自然观到世界观：中国古代经济周期思想的哲学基础与拓展

(一)《易经》中关于经济周期概念的原始模型

《易经》是中国最古老而深邃的经典，传说是由伏羲的言论加以总结与修改概括而来，是华夏五千年智慧与文化的结晶。古人认为"《易》道广大，无所不包"[①]，《易经》囊括了天、地、人间的一切知识，是社会科学和自然科学的总汇。从功用上讲，《易经》是一本"卜筮"之书。"卜筮"就是对未来事态的发展进行预测，而《易经》便是总结这些预测的规律理论的书。大多数中国人相信，《易经》概括了世间万事万物的运动规律，具有某种神秘的力量，可以对一切事物进行预测和阐释。经济周期概念虽然没有进入古人的视野，但事实上，经济周期作为一种规律性极强的社会现象，的确可以在《易经》中找到相应的描述和解释。

《易经》的第一卦是"乾卦"，内容如下——乾：元、亨、利、贞；初九：潜龙勿用；九二：见龙在田，利见大人；九三：君子终日乾乾，夕惕若厉，无咎；九四：或跃在渊，无咎；九五：飞龙在天，利见大人；上九：亢龙有悔；用九：见群龙无首，吉。

对应的经济周期解释为——"潜龙勿用"，指经济处于低谷或萧条的状态，在这种状态下，任何事都较为困难；"见龙在田，利见大人"，指经济开始复苏，有作为的人抓住机会能成就大业；"君子终日乾乾"，指在整个复苏阶段，思想上要保持刚健振作，无论什么时候都不能松懈，看准目标，积极努力又谨慎小心，这样即使遇到一些风险，也不会有大害；"或跃在渊"，指在经济由低谷走向复苏的阶段，是一个上升期，社会平均利润率高，几乎各种事业都会十分顺利；"飞龙在天"，指经济最繁荣的阶段，经常出现伟大的人物；"亢龙有悔"，指经济周期的衰退期，物极必反；"见群龙无首"，指经济极盛时期容易出现垄断，进入衰退之后，垄断解体，出现自由竞争的格局，这反而是利好像征。

很明显，从"初九"到"用九"经历了一个较为完整的状态循环，有收缩和扩张的特征，也有繁荣、衰退、萧条、复苏的阶段。这种解释看似牵强，实际上在事物运动的本质规律上是完全一致的，与经济周期的阶段性特征也是相符的。图1描绘了《易经》的经济周期原始模型。

有学者认为[②]，"时"是《易经》的基本精神，也就是要随时变化和与时俱进。《易经》六十四卦，每一卦都有一卦的"卦时"。一卦六爻，每一爻都有一爻的"爻时"。不同的"卦时"和"爻时"都处于某种周期性循环的特定阶段。除了"乾卦"之

[①]《四库全书总目》卷一，经部易类，北京：中华书局，1987年。
[②] 廖名春：《〈周易〉经传十五讲》，北京：北京大学出版社，2004年，第11页。

外,《易经》其他各卦也都能在一定程度上对经济周期现象进行解释。

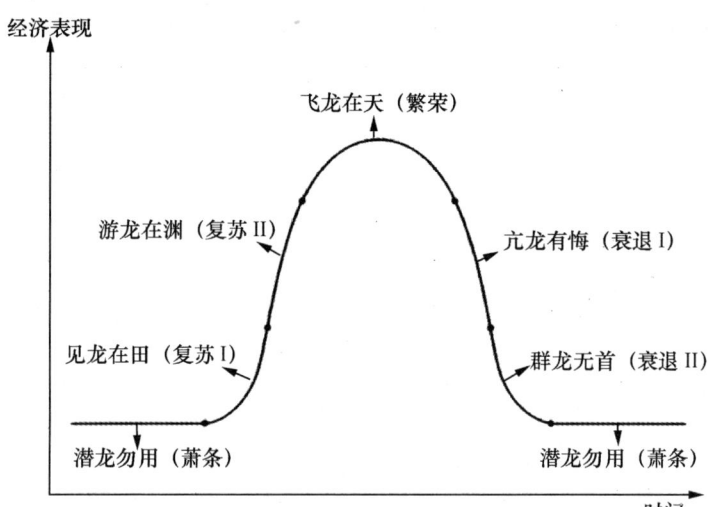

图1 《易经》的经济周期原始模型

(二)《道德经》中的自然主义及其周期转化思想

《道德经》是中国古代另一部具有神秘主义色彩的经典著作,产生于春秋时期(约前571—前471年)。此书不仅是先秦时期最重要的哲学著作,而且还被后人奉为道教的基本典籍之一。《道德经》以"道"解释宇宙万物的演变,认为"道生一,一生二,二生三,三生万物","道"乃"夫莫之命而常自然",因而"人法地,地法天,天法道,道法自然"。"道"为客观自然规律,同时又具有"独立不改,周行而不殆"的永恒意义。

《道德经》书中包括大量朴素辩证法观点,主张一切事物均具有正反两面,例如:"故有无相生,难易相成,长短相形,高下相倾,音声相合,前后相随,恒也。"(《道德经》第二章)"知其雄,守其雌,为天下溪。知其白,守其黑,为天下式。知其荣,守其辱,为天下谷。"(《道德经》第二十八章)"将欲翕之,必固张之;将欲弱之,必固强之;将欲废之,必固兴之;将欲夺之,必固与之。"(《道德经》第三十六章)

在《道德经》中,万事万物不仅是对立的,而且还可以相互转化,"正复为奇,善复为妖","祸兮福之所倚,福兮祸之所伏",即所谓"反者道之动"。① 老子认为,自然界中事物的运动和变化莫不依循着一定规律,而"反"就是其中最重要的规律。任何事物都是在相反相成的状态中出现的,如静与动、虚与实、弱与强、柔与刚等

---

① 反,有两种解释。一是相反、相对;二是同返,反复、循环的意思。在老子的哲学中,这两种意义有时在不同的场合交替出现,有时使用"反"时,两种意义都蕴含在内。中国近现代最著名的哲学家冯友兰认为"反者道之动"是《道德经》的精髓所在。详见《中国哲学简史》,北京:北京大学出版社,1996年,第83页。

等,这种相反相成的作用是推动事物变化发展的力量;同时,一切事物的变化发展都向着它的起始反复,而这个起始便是虚静。老子认为纷繁的事物只有返回根本、挎守虚静,才能避免烦扰纷争。

在经济周期的四个阶段中,"繁荣"与"萧条"是一对相反的矛盾,"衰退"与"复苏"是另一对相反的矛盾。但是这其中的任何一个阶段都不可能长期保持,到达某个临界点之后必然会向下一个阶段发展演进。当由繁荣到衰退到萧条再到复苏完成一个循环之后,会接着向下一个循环发展演进。如同老子认为的运动有个"起始"一样,在经济学家的理想中,所有经济活动的最佳状态是达到"一般均衡",也就是总的需求量等于总的供给量,消费者可以获得最大效用,企业家可以获得最大利润,生产要素的所有者可以得到最大报酬。经济运行中的各种力量能够相互制约或者相互抵消,经济处于相对静止状态。

可以发现,不仅经济周期的阶段性特征和运动规律在《道德经》内早有预见,连"一般均衡"理论背后的哲学思想同《道德经》里的观点也是十分近似的,都将相对静止作为一种理想的状态。

(三) 以司马迁为代表的 12 年短周期论

"太阳黑子"论(W. S. Jevons,1875)是西方早期经济周期理论最有特点的代表性学说。该学说将经济的周期性波动归因于太阳黑子的周期性变化,认为太阳黑子的周期性变化会影响气候的周期变化,进而会影响农业收成,而农业收成的丰歉又会影响整个经济。太阳黑子的出现是有规律的,大约每 11 年左右出现一次,因而经济周期大约也是每 11 年一次。杰文斯强调:任何一年收获的成功肯定依存于天气,特别是夏季和秋季各月的天气;如果天气在某种程度上依存于太阳周期,那么谷物的价格和收获将或多或少地依存于太阳时期,并经历周期性的波动,其时期等于太阳黑子出现的时期。[1]

值得注意的是,杰文斯将农业收成而不是货币或其他作为经济周期规律的显示性指标,这在西方经济周期理论中是最接近中国古代农业社会的经济周期特征的。无独有偶,中国古代同样认为经济活动中存在约 12 年的短周期循环。

西汉(公元前 202—公元 9 年)史学家司马迁在《史记·货殖列传》中描述了四个关于农业收成的周期:第一个周期,"岁在金,穰水,毁;木,饥;火,旱",是三年一个小循环;第二个周期,"六岁穰,六岁旱",是六年一个中循环;第三个周期,"十二岁一大饥",是十二年一个大循环。[2]

---

[1] Jevons, W. Stanley: "The progress of the mathematical theory of political economy, with an explanation of the principles of the theory", Manchester: Transactions of the Manchester Statistical Society, Session 1874—1875, pp. 1—19.

[2] 张文江:《古典学术讲要》,上海:上海古籍出版社,2010 年,第 67 页、第 81—82 页;及胡寄窗:《中国经济思想史》上册,上海:上海财经大学出版社,1998 年,第 178—179 页。

上述三个周期采用的是岁星纪年法,结合了五行学说。岁星就是木星,绕日一周实际须 11.86 年。岁星在某个方位差不多是三年,金为西方,水为北方,木为东方,火为南方,十二年算一个周期。岁在金的三年丰收,岁在水的三年歉收,岁在木的三年饥荒,岁在火的三年旱灾。十二年里再细分,其中六年会好一点,六年会差一点。总的来说每十二年算一个周期,到一个周期末会有比较大的灾荒。

此外,司马迁还描述了一个更细致的周期:"太阴在卯,穰;明岁衰恶。至午,旱;明岁美。至酉,穰;明岁衰恶。至子,大旱;明岁美,有水。"太阴就是太岁,是古人虚拟出来的天体,轨道与木星重叠,方向与木星相反。意思是指,太岁进入卯宫,当年丰收,接着两年歉收;太岁进入午宫,当年旱灾,接下来两年小丰收;太岁进入酉宫,当年大丰收,后两年歉收;太阳进入子宫,当年大旱,后两年小丰收,雨量充沛。就是把之前三年的阶段细化到一年,加起来也是 12 年。

总的来说,司马迁在《史记·货殖列传》中提到的经济周期是以 12 年作为一个循环。尽管我们很难找到两千多年前详尽的气象和农业收成记录,但这个周期与杰文斯"太阳黑子"周期的惊人相似恐怕绝对不是巧合。

在中国民间,正是以十二生肖作为一个周期循环,且在农业生产中有"牛马年,好种田"的俗谚,按照生肖排序,牛年与马年刚好相隔 6 年。公元三世纪肯索里努斯(Censorinus)的《论生辰》(De Die Natali)一书中有这样一段话:"这和十二年一循环的十二年岁周(dodekaeteris)长短极其相似。其名为迦勒底年(annus Chaldacius),是星历家由观测其他天体运行而得,而不是由观测日、月运行来的。据说在一岁周中,收成丰歉以及疾病流行等天候的循环,都与这种观测相合。"① 李约瑟谨慎地认为:"太阳黑子通过气象条件变化的作用,同农作物丰歉之类的社会大事发生关系,并不是不可能的。"他还引用日本学者荒川(Arakawa)的研究说明,从公元 1750 年以来日本稻米歉收的情况来看,这样的关系确实是存在的。② 由此看来,对 12 年周期的认识以及它与收成丰歉等的联系是早期天文学的一个重要成果,东西方的历史上都有所记载,至少这一点是确凿无疑的。

三、宏观政策与商业谋略:中国古代平抑经济周期的思想与实践

(一)管子的相机抉择思想和需求管理政策思想

《管子》一书传说是春秋时期齐国名相管仲及其学派思想言论的记录,大约成书于公元前 475 至公元前 221 年之间。在这部著作里,作者对于自然界和社会经济等领域的变化规律有深刻认识,并提出了相应的对策。这些对策中最为突出的

---

① 转引自〔英〕李约瑟:《中国科学技术史》第 4 卷第 2 分册,北京:科学出版社,1975 年,第 551 页。
② 李约瑟:《中国科学技术史》第 4 卷第 2 分册,第 640 页。

是相机抉择思想和刺激消费思想。

1. 相机抉择思想

《管子》在大量篇章中描述了自然界运动规律的客观性,如:"春夏秋冬,阴阳之推移也;时之短长,阴阳之利用也;日夜之易,阴阳之化也。然则阴阳正矣,虽不正,有余不可损,不足不可益也,天地,莫之能损益也。"(乘马第五)"根天地之气,寒暑之和,水土之性,百姓、鸟兽、草木之生,物虽不甚多,皆均有焉,而未尝变也,谓之则。"(七法第六)

基于对世界万物不断变化的运行规律的认识,《管子》提出了制定和实施政策基本原则,即首先要懂得天地自然的规律,才能有所成就。"请问用之若何? 必辨于天地之道,然后功名可以殖。"(侈靡第三十五) 如果不了解天地自然的运动规律,不根据实际情况灵活调整政策内容,就会导致坏的结果。

在《管子·幼官第八》章内,作者不厌其烦地列举了春夏秋冬每个季节如果不按规律调整政策会出现的恶劣后果。"春行冬政肃,行秋政雷,行夏政阉……夏行春政风,行冬政落,重则雨雹,行秋政水。"以春季为例:如果实行冬季的政令,就会草木肃杀,如果实行秋季的政令,就会出现降霜,如果实行夏季的政令,就会阳气掩蔽。其他三个季节也对应着总共九种的不良结果。

《管子》认为,一个好的统治者应当有效地规避因自然力导致的经济周期波动所带来的消极影响,所要采取的办法就是尽可能预知波动的发生时间和程度,灵活采取政策加以应对,平衡供需矛盾,只有这样才能使经济运行平稳,百姓生活不受冲击。

"请问形有时而变乎? 对曰:阴阳之分定,则甘苦之草生也……夫阴阳进退,满虚亡时,其散合可以视岁。唯圣人不为岁能,知满虚,夺余满,补不足,以通政事,以赡民常。"(幼官第八)《管子·乘马数第六十九》篇更是明确地提出,国家的经济政策应当"以时行也",即要因时制宜而实施政策。

西方经济学界有"相机抉择"的政策原则,基本思路是在实行政策过程中,没有一个固定不变的模式,政府应根据不同的情况灵活决定采取哪一种或那几种政策措施。鉴于上述《管子》相关篇章的分析,可以认为在两千多年前中国古代已经出现了面临经济周期波动时"相机抉择"的政策思想。

2. 需求管理政策思想

按照凯恩斯主义经济学的说法,在通常的情况下,经济中的有效需求是不足的,充分就业状态下的国民收入均衡不可自行实现,政府只有通过对总需求,即对有效需求的管理,才能实现充分就业均衡,这种政策称之为"需求管理政策"。在这种理论之下,当总需求非常低、出现经济衰退时,政府应当实施削减税收、降低税率、增加支出等多项措施,即采取扩张性财政政策,以刺激需求,扩大就业,促进经济复苏和发展。广义上讲,以刺激需求为目的的货币政策也属于"需求管理政策"的范畴。

在《管子》一书中,我们发现了相当成熟的"需求管理政策"思想,而且财政政策和货币政策都有所涉及。

对于经济进入低谷时国家所要采取的财政政策,《管子·乘马数第六十九》有精彩论述:"若岁凶旱水泆,民失其本,呢修宫室台榭,以前无狗或无彘者为庸。故修宫室台榭,非丽其乐也,以平国策也。"这是中国历史上最早的具有凯恩斯主义政策色彩的文献描述,与凯恩斯主义早期的扩张性财政政策内容几乎如出一辙。凯恩斯当年是否读过《管子》我们不得而知,但是早在春秋战国时期部分诸侯国的统治者已经开始有意采取这种扩张性的刺激需求政策是无疑的。

除了增加公共支出以应对周期,《管子》还从另外一个角度提出了刺激需求的政策措施。在中国的传统文化里面,崇尚节俭是占据主流位置的思想意识。① 数千年来,无论政府还是平民百姓都以节俭为荣、以奢侈为耻。然而《管子》独树一帜,主张鼓励奢侈性消费,目的也非常明确,就是为了增加财富,控制宏观经济形势,保证经济运行的平稳。

《管子·侈靡第三十五》记录到:"问曰:兴时化若何?莫善于侈靡。贱有实,敬无用,则人可刑也。故贱粟米而如敬珠玉,好礼乐而如贱事业,本之始也。"在同一章里,管仲还说道:"积者立余日而侈,美车马而驰,多酒醴而靡,千岁毋出食,此谓本事。"也就是说,要想增加财富,应该用余粮进行侈靡消费,装饰车马尽情奔驰,多酿美酒尽情享用,这样一千年也不会贫困乞食,这就叫积累财富的根本。

为了更加形象地说明侈靡消费的方式,《管子》将侈靡消费描述到了登峰造极的地步,如"雕卵然后瀹之,雕橑然后爨之",意思是蛋卵要雕画了再吃,柴薪要镂刻了再烧。道理在于"富者靡之,贫者为之,此百姓之怠生,百振而食。非独自为也"。让富人进行奢侈性消费,穷人就能就业,百姓的生计应当是富人和穷人相互帮助而成的。

由于中国古代以农耕经济为主,货币理论和货币政策一直不够发达,集中阐述货币问题的著作相对较少,但《管子》是个例外。② 针对自然气候变化导致的经济萧条,《管子》从货币政策角度提出了对策。《管子·山权数第七十五》提到:"汤七年旱,禹五年水,民之无饘卖子者。汤以庄山之金铸币,而赎民之无饘卖子者;禹以历山之金铸币,而赎民之无饘卖子者。"(意为:商汤时遭遇七年大旱,夏禹时遭受五年大水,百姓没有粥吃,以至有卖儿卖女的人。商汤用庄山出产的金属铸成钱币,来赎救百姓中无食而卖儿女的人;夏禹用历山出产的金属铸成钱币,来赎救百姓中无食而卖儿女的人。)虽然作者在这里是要论证国家灾荒储备的重要性,但他

---

① 北京大学赵靖教授将"黜奢崇俭"、"贵义贱利"和"重本抑末"列为中国古代经济思想史的三大教条。参见赵靖、石世奇主编:《中国经济思想通史》第一卷,北京:北京大学出版社,2002年,第678—681页。

② 详见 Zheng Xueyi, Zhang Yaguang, John Whalley: "Monetary Theory in Chinese Historical Thought", *The European Financial Review*, February-March 2011:49—53。

所引用的"商汤"、"夏禹"的例子十分值得注意。

在一个社会经济结构还非常原始的状态,发生灾荒时为什么不采取其他手段赈济而一定要铸造新的货币呢?《管子·侈靡第三十五》说出了原因:"县人有主,人此治用,然而不治,积之市。"(意为:要控制百姓就要利用财货,百姓用财货去置备器用,如果不备器用,就要将财货投入市场赢利。)尽管历史上有关"商汤"和"夏禹"增发货币应对灾荒的事情缺乏后续记载,但是从《管子》对于货币作用的认识来看,中国人在相当远古的时期应该已经发现了货币政策对于经济的传导机制和基本影响,并极有可能以此来应对经济的周期性波动。

(二)中国古代平抑物价思想与耿寿昌的"常平仓"制度

既然中国古代经济具有明显的自然周期性质,农业产量的波动和粮价问题就备受关注了。风调雨顺的时候,粮食丰收,粮价一般会下跌;水旱灾荒的时候,粮食减产,粮价一般会上涨。这种循环而又频繁出现的物价波动不仅对正常的经济活动带来很大影响,而且严重时还会危及王朝的统治。

如何对待粮价的涨跌,实际上就关系到如何平抑经济周期的问题。关于粮价,《汉书·食货志上》有段经典论述:"籴甚贵,伤民;甚贱,伤农。民伤则离散,农伤则国贫。"粮价太贵,对以买粮为生的百姓十分不利;粮价太贱,耕种粮食的农民就要吃亏。老百姓吃不起饭就要流离失所,农民无利可图国家就会贫困。"谷贱伤农"的道理即来源于此。

粮食同其他商品相比有着特殊的性质,最大的不同就是有较长的生产周期。在完全竞争的自由市场体系内,发生供需矛盾,尤其是由于受到外部冲击粮食减产供不应求时,单纯依靠市场力量往往无法迅速增加产出从而弥补缺口,这样就会带来饥荒和社会动荡。所以中国古代很早就出现了利用国家力量对粮食市场进行干预的做法。

据《史记·货殖列传》记载,春秋时期(公元前770—前476)的越国已经开始实行"平籴"政策。计然指出:"夫籴,二十病农,九十病末。末病则财不出,农病则草不辟矣。"在对粮价波动与经济关系的准确分析基础上,计然还提出了一个粮价波动的范围:"上不过八十,下不减三十,则农末俱利,平籴齐物,关市不乏,治国之道也。"粮价每斗价格最高不超过八十钱,最低不少于三十钱,这样的话,农民和商人都能得利。粮食平价出售,并平抑调整其他物价,关卡税收和市场供应都不缺乏,这才是治国之道。

《汉书·食货志上》则详细记载了战国时期(公元前475—前221年)魏国的国家粮食储备制度。"故大孰则上籴三而舍一,中孰则籴二,下孰则籴一,使民适足,贾平则止。小饥则发小孰之所敛,中饥则发中孰之所敛,大饥则发大孰之所敛,而粜之。"在大丰收时国家收购粮食的四分之三,中丰收时收购三分之二,小丰收时收购一半。收购的限度是百姓刚好满足,而且粮价不再下跌;一旦发生灾荒,国家根据灾情程度相应地投放粮食储备的数量,到市场上出售,以拉低粮价。

西汉时期的财政大臣桑弘羊(公元前 152—前 80 年)将以往平抑粮价的思路拓展到所有商品,建立了"平准"制度,原理和对粮价的"平籴""平粜"措施相同,都是以国家力量对物价进行平抑。西汉末年的财政大臣和天文学家耿寿昌(生卒不详,活动时间约公元前 91—前 49 年)则正式设立了著名的"常平仓"制度。《汉书·食货志上》记载:"(耿寿昌)令边郡皆筑仓,以谷贱时增其贾而籴,而利农,谷贵时减贾而粜,名曰常平仓。"

"常平仓"制度的影响极为深远,不仅中国两千多年历代政府都沿袭了"常平仓"的做法,而且还被西方所借鉴。1938 年,美国将"常平仓"制度写入了《农业调整法》,当时美国总统罗斯福认为,这种制度能够战胜天气变化对农产品产量造成的波动,平衡农产品价格,保护消费者利益。Bean(1937)指出,这是当代发明和中国常平仓思想的结合。①

(三)中国古代反周期的宏观政策案例:王安石与范仲淹

由于前面提到的"黜奢崇俭"思想的深远影响,中国历代政府对于扩张性财政政策的使用都十分谨慎,当经济情势不好时,更倾向于"轻徭薄赋"的消极调整,而较少使用增加公共支出、刺激消费等主动干预政策。在大多数皇帝和那些掌握政府经济管理权的高级官员看来,大兴土木自古就与"劳民伤财"和"昏庸无道"联系在一起,即便是在经济繁荣时期都要承受很大的心理压力,更何况经济低迷的情况。

北宋时期的《涑水记闻·卷一五》(公元 906—1070 年)记载了改革名相王安石的一个故事:"王荆公好言利。有小人谄曰。决梁山泊八百里水以为田。其利大矣。荆公喜甚。徐曰。决水何地可容。刘贡父曰。自其旁别凿八百里泊。则可容矣。荆公笑而止。"假如凯恩斯看到这段故事,可能会很遗憾,因为改造农田和新建湖泊都是扩张性财政政策的典型措施。而在中国的社会传统里,这都是毫无必要且应当予以谴责的。

然而,另一位北宋时期改革派的代表人物范仲淹却对上述这种做法有不同的理解。《梦溪笔谈·二十六卷》记录道:"皇佑二年,吴中大饥,殍殣枕路,是时范文正领浙西,发粟及募民存饷,为术甚备,吴人喜竞渡,好为佛事。希文乃纵民竞渡,太守日出宴于湖上,自春至夏,居民空巷出游。又召诸佛寺主首,谕之曰:'饥岁工价至贱,可以大兴土木之役。'于是诸寺工作鼎兴。又新敖仓吏舍,日役千夫。监司奏劾杭州不恤荒政,嬉游不节,及公私兴造,伤耗民力,文正乃自条叙所以宴游及兴造,皆欲以发有馀之财,以惠贫者。贸易饮食、工技服力之人,仰食于公私者,日无虑数万人。荒政之施,莫此为大。是岁,两浙唯杭州晏然,民不流徙,皆文正之惠

---

① 李超民:《〈1938 年农业调整法〉与常平仓:美国当代农业繁荣的保障》,《财经研究》2000 年第 12 期,第 56—62 页。

也。"实践证明,范仲淹的"以工代赈"措施取得了极大的成功,这年全国的大饥荒,只有范仲淹治理一带的百姓没有受到严重的灾害。

中国学者吴慧是这样评论的:"这一理论在中国已由范仲淹在 11 世纪于杭州自觉地加以应用了。① 在西欧,到 17 世纪才有威廉·配第提出要人们多花点钱在'宴乐、排声②、粉刷凯旋门'等等方面,以使从事这些工作的工人得到收入。但因古典经济学的总趋势,是宣扬节约以期加速资本积累,故这种鼓励消费以扩大生产的思想未得到较广泛的传播。直到本世纪 30 年代才由凯恩斯接过来大肆宣扬其公共工程政策。而范仲淹在 900 年前就具备这种较高的认识水平和实践经验,这岂非倍见其难能可贵?"③

(四) 中国古代反周期的商业操作案例:计然和白圭

经济周期波动的现象不仅引起了中国古代理论家和官员们的重视,也造就了商人们得以利用的致富机会。前文中提到司马迁的 12 年农业周期理论,实际上是司马迁在《史记》中借计然和白圭两人之口说出的。其中,计然有一位徒弟叫做范蠡,是中国古代最负盛名的富翁。白圭更是被后人称为"治生之祖",中国商人皆奉其为祖师。范蠡和白圭正是利用他们对经济周期的认识,进行了反周期操作,最终积累了巨额财富。

根据"岁在金,穰;水,毁;木,饥;火,旱。……六岁穰,六岁旱,十二岁一大饥"的农业丰歉周期,计然为范蠡制订了"旱则资舟,水则资车"的策略,其商业涵义是:天旱时地势较高的地区农业收成受损失较大,而低洼多水的地区收获较好,所以要利用舟船到低洼多水的地区去采购比较丰富低廉的商品;繁殖,水涝之年低洼地区受灾严重,而地势较高的地区状况较好,因而要利用车辆去地势高的地区贩运商品。

除此之外,计然还提出了商业周期中商品价格变化的规律和趋势:"论其有馀不足,则知贵贱,贵上极则反贱,贱下极则反贵。"(《史记·货殖列传》)根据市场上商品的供给和需求的状况来判断商品价格的变化,如果商品供过于求(有余),价格就会跌落;如果供不应求(不足),价格就会上涨。同时,商品价格的变化也会影响供需双方的状况,从而导致价格自身向相反的方向转化:如果商品价格很高,经营者都能得到高利润,就会刺激这种商品的供给不断增长,终至造成供过于求而引起价格的反跌;反之,如商品价格过低,就会引起需求的增长和供给的萎缩,最后出现供不应求而是价格回涨。

---

① "这一理论"指本文前述《管子》的需求管理思想。

② 原文为"Men repine much, if they think the money leavyed will be expanded on Entertainments, magnificent Shews, triumphal Arches, &c.",见 The Economic Writings of Sir William Petty, Vol.II, Charles Henry Hull, 1662, p.33。

③ 吴慧:《富国智慧》,北京:中国青年出版社,1995 年,第 154 页。

基于商品价格变化的规律,计然指出了致富的法则:"贵出如粪土,贱取如珠玉。财币欲其行如流水。"(《史记·货殖列传》)当货物贵到极点时,要及时卖出,视同粪土;当货物贱到极点时,要及时购进,视同珠宝。货物钱币的流通周转要如同流水那样。显然这是一种典型的逆向操作。

白圭最擅长的是"乐观时变",即善于利用对经济周期的观察来预测市场行情的变化。"至午,旱;明岁美。至酉,穰;明岁衰恶。至子,大旱;明岁美,有水"的十二年详细周期,就是白圭的发现。他致富的基本原则是"人弃我取,人取我与"(《史记·货殖列传》),对那些供过于求、人们不愿问津的商品,白圭趁机买进;当自己手中存贮的某些商品供不应求、价格大涨时趁机卖出。这和计然的策略一样,也是逆周期操作。这种逆周期反向操作的策略直到今天还广泛应用于资本市场的各个领域。

四、结论与政策含义

(一)中国人"经济周期"思想的哲学渊源

除了那些专门从事经济学研究的人,大多数现代中国人对于西方的经济理论和学说可能还缺乏足够的了解,对其中的许多概念也不甚清晰。但是经济周期的涵义即使在那些没有什么经济学常识的中国人看来也是十分容易理解的。

中国古代文明主要发源于地处北半球中纬度的黄河流域,春夏秋冬四季分明,中国人的先民通过观察记录很早就发现了自然界中的规律,并将这种规律同人类社会的活动联系起来。① 农耕生产的进程,从春播、夏耘到秋收、冬藏,呈现出时间上的周期巡行,年复一年,归宿点后又回到了出发点。人们通过天文观测,还发现日月星辰有着比四季周期更长的循环运动规律。于是,中国古代的人们都相信万事万物就像农耕生产和星辰变化一样周而复始,循环不息,从而将循环看成是天地万物的法则,认定人事、社会、历史都难以超越这种周而复始的循环法则。

中国传统文化中,有关周期循环的神秘主义理论比比皆是:从《易经》衍生出来的太极、八卦都是圆周的运动,五行生克的起点和终点相叠合,十天干和十二地支都是描述生物从萌生到死亡的循环经历。天干地支的组合共有 60 种,又形成了以 60 年为一个循环的"甲子"周期。另外还有"五德终始说"、"三统循环说"等政治周期理论。这些都与中国古代特有的地理气候、生产方式、政治结构有着紧密的关联。

尽管中国古代直接描绘出清晰经济周期的只有司马迁在《史记·货殖列传》中提到的"12 年周期"理论,但上述这些带有浓重神秘主义色彩的周期循环论为中

---

① 《击壤歌》:"日出而作,日入而息;凿井而饮,耕田而食。帝力于我何有哉!"

国人理解经济波动的规律性提供了最基本的思想工具。尤其是《易经》里有关繁荣、衰退、萧条、复苏各阶段的形象表述和《道德经》里状态相互对立转化的哲学，深刻地阐释了经济周期现象的本质和运动规律，也使得中国人在数千年风雨的磨砺中早已习惯了各种周期现象，锻炼出了面对萧条和危机时坚强的心理素质。

（二）中国古代经济周期理论的现代意义

本文讨论的主要是中国古代由自然因素引发的经济周期问题，实际上，还存在某种因为政治的超稳定结构而导致的政治经济波动周期。① 从经济周期理论角度回顾，历代王朝在面临经济低谷时采取了许多有效的反周期政策措施，归纳起来，大致有如下四类：

（1）休养生息。这是大多数王朝初期采取的基本经济政策，内容包括减轻田赋、免除徭役等，最著名的如西汉初期的"文景之治"。

（2）制度创新。主要是土地制度和赋税制度的改革，如公元前216年秦始皇颁布法令"令黔首自实田"，以法律形式明确土地个人私有制。

（3）技术创新。中国数千年来农业生产领域的技术创新速度十分缓慢，东汉初期牛耕的广泛使用是较为典型的例子。

（4）兴修水利。西方学者对中国水利史有很深的研究，普遍认为中国的社会结构和文化传统与水利工程有密切关系。② 宋、元、明、清各朝开国都有大规模的农田水利修建工程。

以上四类是中国古代历代王朝普遍采用的反周期经济政策，从现代宏观经济学角度来看，"休养生息"和"兴修水利"是典型的凯恩斯主义需求管理政策，"技术创新"属于供给管理政策。"制度创新"较为笼统，兼有需求管理和供给管理的内容。

值得注意的是，"技术创新"具有偶然性，有可能发生在经济周期的任何一个阶段，且从17世纪之后，中国的技术创新就陷入了"李约瑟之谜"（Joseph Needham）的困境。而中国社会形态两千多年来的"超稳定结构"（Ultra-stable Structure），是世界上罕见的不利于"制度创新"的长期环境。因此，当古代中国面临经济萧条局面时，最常见的政策措施就是休养生息和兴修水利，前者是政府崇尚"无为而治"所施予百姓的善行，后者是政府为对抗萧条而采取的积极行动，两者背后的逻辑都是政府主导干预。这也就不难理解，为什么凯恩斯主义两次传播进入中国后都得到了政府的高度重视。③

---

① 如 John King Fairbank, *China Tradition and Transformation*, Boston: Houghton Mifflin Company, 1989, P. 57，和侯家驹:《中国经济史》，北京：新星出版社，2008年，第164页。
② 如美国汉学家魏复古（Wittfogel, K. A.）、法国学者蓝克利（Christian Lamouroux）和魏丕信（Pierre Etienne Will）。
③ 两次传播分别是在20世纪20—40年代和改革开放之后。

《管子》的相机抉择思想和需求管理思想是中国古代应对经济萧条最先进的宏观理论。《易经》早已昭示"世界上唯一不变的就是变化",中国人既然深刻地理解了万事万物无时无刻不在变化的规律,就必然将其运用到政策管理之中。随机应变,以时行也,正是相机抉择的本质含义;《管子》的需求管理思想更是超越了中国古代所有学者和政治家对经济周期问题的认识水平,明确提出了利用奢侈性消费刺激需求和投放货币激活经济的政策建议。只是由于中国古代以农耕为主的经济结构和自然性经济周期的特点,以及"黜奢崇俭"的意识教条,这些建议并没有太多实践的机会,"范仲淹治杭州"是中国古代历史上极少见的个例。因此,中国古代政府面临经济萧条时,所谓的需求管理也大多局限于"休养生息"和"兴修水利"这种较为简单的政策层面。①

　　"常平仓"制度是古代中国对世界经济理论的一大贡献。中国历代政府运用"常平仓"挽救了无以计数的百姓生命,度过了一个又一个的灾害周期。美国直到1900年后才发现了这个制度的巨大价值,并运用到了本国的农业经济政策中。更值得提及的是,由于现代资本市场的复杂风险,各国政府开始广泛使用"平准基金"(Buffer Fund or Intervention Fund)对证券市场的逆向操作,熨平非理性的证券的剧烈波动,以达到稳定证券市场的目的。这种逆向操作的思路正是来自于中国古代的"常平仓"制度。

　　在自然界变幻莫测的威力面前,人类何其渺小。中国的先哲老子始终希望人们明白,我们所处的这个世界是不安全的,当一件事物走向巅峰的时候,同时也就意味着即将跌落谷底。要想不受到事物变化波动带来的伤害,就要采取柔弱、谦虚、知足、谨慎的处世哲学。这样,即使危机到来时,人们也会有回旋的余地,并怀有信心地期待着下一个巅峰的到来。所以,中国人既是保守的,又是乐观的。就像计然、范蠡和白圭,无论发生旱灾还是水灾,无论是好的年景还是坏的年景,都不妨碍他们从中觅得致富的良机。

参 考 文 献

[1]《易经·系辞下传》。
[2] 杨会晏、关晓丽主编:《"易经"的古典经济思想》,北京:经济科学出版社,2010年。
[3] Zheng Xueyi, Zhang Yaguang, John Whalley: Monetary Theory from a Chinese Historical Perspective, Cambridge: NBER Working Paper No.16092, Issued in June 2010.
[4] 金观涛、刘青峰:《兴盛与危机:论中国社会超稳定结构》,北京:法律出版社,2011年。

---

　　① 中国古代兴修水利的内容以农田、堤坝等基础设施建设为主,用意更多的是恢复和提高农业生产的规模,与《管子》中有意利用工程建设增加就业扩大需求的目的有很大区别。

孟子"迂远而阔于事情"的经济学解析*

周建波

摘要：作为一个从经济方面入手的政策体系，孟子的"仁政"思想存在着某些比较明显的弱点，这主要表现在土地制度的设计上由国家实行"制民之产"，反对土地的自由买卖；在税收制度的设计上主张劳役地租，反对实物地租；在农工商的关系上要求主张自由价格，反对国家力量的介入等等。除此而外，"仁政"思想还缺乏在当时社会推行的动力，这主要表现在对君主的激励不足，不能解决统治者迫切需要的"富国强兵"问题、政权安全问题和天下统一问题，这是战国统治者对孟子敬而远之，认为其"迂远而阔于事情"，不愿意实施其主张的重要原因。

关键词：孟子；仁政；性善论；资源的有限性

讲孟子"迂远而阔于事情"，最先见之于司马迁的《史记·孟子荀卿列传》："孟轲，驺人也。受业子思之门人。道既通，游事齐宣王，宣王不能用。适梁，梁惠王不果所言，则见以为迂远而阔于事情。"

所谓"迂远而阔于事情"，是说孟子的学说虽然理想高远，但可操作性不强，难于在社会生活中贯彻，故不被战国统治者接受。"当是之时，秦用商君，富国强兵；楚、魏用吴起，战胜弱敌；齐威王、宣王用孙子、田忌之徒，而诸侯东面朝齐。天下方务于合从连衡，以攻伐为贤，而孟轲乃述唐、虞、三代之德，是以所如者不合。退而与万章之徒序诗书，述仲尼之意，作孟子七篇。"

孟子思想的核心是"仁政"学说。① 他继承了孔子"为政以德"的思想，提出了著名的"民本"、"仁政"、"王道"思想。他说："以力假仁者霸，霸必有大国；以德行仁者王，王不待大——汤以七十里，文王以百里。以力服人者，非心服也，力不赡也；以德服人者，中心悦而诚服也，如七十子之服孔子也。"② 为了实现平治天下的抱负，孟子和孔子一样，周游列国、宣扬仁政，力劝当时的当权者施行仁义之道、平

---

* 原载于《北京大学学报（哲学社会科学版）》2011年第4期。
① 关于"仁政"思想的具体内容，学术界已经做了很多的研究。比较有代表性的是刘泽华在《先秦政治思想史》一书中所总结的五个方面，即"给民以恒产"、"赋税徭役有定制"、"轻刑罚"、"救济穷人"、"保护工商"，目前大多数学者都采用这一观点，尽管语句的表达上有所不同，但都从各自的学科领域，如经济思想史、政治思想史、哲学史等为研究孟子的仁政思想作出贡献。
② 赵歧注、孙奭疏：《十三经注疏·孟子注疏·公孙丑章句上》（标点本），北京大学出版社，2000年，第87页。

治国家、安定百姓。为了使各诸侯的国君能够接受自己的政治主张,孟子极力强调施行仁政的美好前景:"王如施仁政于民,省刑罚,薄税敛,深耕易耨。壮者以暇日修其孝悌忠信,入以事其父兄,出以事其长上,可使制梃以挞秦楚之坚甲利兵矣"①、"犹水之就下,沛然谁能御之"②、"以不忍人之心,行不忍人之政,治天下可运之掌上"③。

然而孟子宏大的政治理想并没有最终打动诸侯,以致"所如者不合",被看作"迂远而阔于事情"。是"仁政"思想自身存在逻辑漏洞,还是存在未考虑到的致命伤,抑或是时不我予?本文尝试从经济学的视角出发,为这一问题提供新的解释思路。

一、"仁政"思想自身的不足——对社会经济运行过程中的矛盾冲突缺乏足够的估计

作为一个从经济方面入手的政策体系,孟子"仁政"思想最大的不足是对资源有限性问题缺乏充分的认识,认为土地、资金等可以克服人类技术的限制而无限地扩大,即"圣人治天下,使有菽粟如水火。菽粟如水火,而民焉有不仁者乎"④。这种强烈的"唯制度论"色彩,使他对社会利益冲突问题过于乐观而没有提出维护现实经济秩序、解决迫在眉睫的社会问题的具体方法,这是造成战国统治者对孟子敬而远之,认为其"迂远而阔于事情"的重要原因。

比较之下,作为法家的韩非子则要现实得多。他说:"今人有五子不为多,子又有五子,大父未死而有二十五孙,以人民众而货财寡,事力劳而供养薄,故民争,虽倍赏累罚而不免于乱。"⑤正是由于看到了资源的有限性和人的欲望的无限性之间的尖锐的矛盾(这也正是孟子所说的"无恒产者无恒心"),韩非子才主张以严刑峻法的暴力手段稳定社会秩序。当然,韩非子的问题在于将这种特殊时期的矛盾普遍化。事实上,人口规模与既定资源(当时主要是土地)的关系可分为人口极端不足、人口不足、人口适度、人口过剩、人口极端过剩等多种状态,韩非子只讲其中人口过剩、人口极端过剩这两种状态,侧重于动态的视角看问题;孟子更多地讲人口极端不足、人口不足、人口适度这三种状态,侧重于静态的视角看问题,显然都有以偏概全的不足。

---

① 赵歧注、孙奭疏:《十三经注疏·孟子注疏·梁惠王章句上》(标点本),北京大学出版社,2000年,第15页。
② 赵歧注、孙奭疏:《十三经注疏·孟子注疏·梁惠王章句上》(标点本),北京大学出版社,2000年,第17页。
③ 赵歧注、孙奭疏:《十三经注疏·孟子注疏·公孙丑章句上》(标点本),北京大学出版社,2000年,第93页。
④ 赵歧注、孙奭疏:《十三经注疏·孟子注疏·尽心章句上》(标点本),北京大学出版社,2000年,第365页。
⑤ 张觉等:《韩非子译注·五蠹》,上海古籍出版社,2007年,第675页。

由于对特定技术状况下的资源的有限性缺乏充分的估计,遂使得孟子的"仁政"思想存在如下缺陷:

1. 土地制度设计上的不足

孟子主张对公有土地进行改革,将土地分给农民,建立小农经济生产方式。他的"恒产论"最核心的内容就是主张由国家实行"制民之产",使农民能够长期保有"百亩田"、"五亩宅"的恒产,以建立社会安定的基础,无疑这是正确的主张。孟子思想的不合理性在于:从保护小农经济的安全性出发,反对土地的自由买卖。孟子设计的土地制度的特点是国家拥有土地的所有权,农民拥有经营权,农民实际上成为了国家的佃客。这一制度在一段时间是符合生产力发展要求的,但从动态的视角看,最终一定会向私有土地制度,即农民既拥有土地的所有权,也拥有土地的经营权的方向转变。原因是:

第一,土地既然作为"恒产"分了下去,小农就有着对它的长期的经营权:三十年、五十年、一百年……到这个时候,已经与私人所有权没有多少区别了。

第二,随着人口的增多,必定出现土地资源和人口之间尖锐的矛盾,当国家无地可分的时候,只能废止土地国有的政策,承认土地农民对土地的所有权。

第三,个体小农由于资产规模小,经常受不住天灾人祸的打击而陷于贫困。小农家庭分化现象的存在,预示着土地买卖的必然性。商鞅"除井田、废阡陌",承认土地的私有权,允许土地自由买卖的政策,就是这一逻辑的自然展开。

尽管孟子的土地制度思想由于缺乏动态的视角而存在不少的缺陷,但他对土地自由买卖导致小农家庭分化的担心,到了西汉中期竟变成了活生生的社会现实。《汉书·食货志》说:"秦用商鞅之法,改帝王之制,除井田,民得卖买。富者田连阡陌,贫者无立锥之地。邑有人君之尊,里有公侯之富,或耕豪民之田,见税十五。故贫民常衣牛马之衣,而食犬彘之食。"[①]以后,每到王朝的末世,面对土地问题非常突出的现状,那些志在救世的政治家、思想家,如东汉的何休、仲长统,唐朝的白居易,宋朝的张载,明朝的方孝孺,清朝的黄宗羲、颜元等,就搬出孟子的"恒产"、"井田"主张,把它当成解决土地兼并问题的灵丹妙药。

2. 税收制度设计上的不足

孟子的"恒产"思想在税收上的表现就是薄税敛。他系统地论述了夏、商、周三代的税收制度——贡、助、彻,指出"助"是最好的税收制度,"贡"是最坏的税收制度。他说:"夏后氏五十而贡,殷人七十而助,周人百亩而彻,其实皆什一也。彻者,彻也;助者,藉也。龙子曰:'治地莫善于助,莫不善于贡'。贡者,数岁之中以为常。乐岁,粒米狼戾,多取之而不为虐,则寡取之;凶年,粪其田而不足,则必取盈焉。为民父母,使民然,将终岁勤动,不得以养其父母,又称贷而益之,使老稚转乎

---

① 班固撰:《汉书·食货志》,中华书局,2007年,第162页。

沟壑,恶在其为民父母也?"①

这是说,夏代以每家 50 亩地为单位实行"贡"法,商代以每家 70 亩地为单位而实行"助"法,西周以每家 100 亩地为单位实行"彻"法。这三种税收制度的税率实际上都是十取一,只是"彻"指每年从收获量中征取十分之一的税收,相当于分成(实物)地租;"助"指把土地分成公田、私田,"公事毕,然后敢治私事"②,指抽取农民的劳役地租;"贡"是核定几年收成的平均数作为常度,不管丰年或灾年,均要按这个常度收取田税,相当于定额(实物)地租。

孟子认为在农业税收上,"助"是最好的税收制度。原因是农民不上缴实物地租,只是在统治者的土地,即公田上提供一定的服务,无论发生何种自然灾害,对农民损害都是最小的,这有利于保护小农经济的稳定。"贡"是最坏的税收制度。原因是丰年,多征收一点不算暴虐,却不多收;灾年,老百姓连吃的都解决不了,却还要按既定的常规来收取,无疑是破坏小农经济的基础。至于"彻"法,最大的弱点是没有给农民提供最低限度的安全感的保证。

孟子从保护小农稳定的立场出发,提出劳役地租的主张,这是有违时代发展趋势的。从统治者的角度看,劳务系看不见、摸不着的无形产品,其质量、程度难以考察,需要付出很大的监督成本,因而愿意选择看得见摸得着的实物地租。对广大民众来讲,铁制农具的发明、牛耕的出现,大大提高了劳动的生产效率,这意味着劳动者时间成本的提高,因而也愿意选择实物地租。《管子·乘马篇》指出,自从对公有土地进行"均地分力"、"与之分货"的改革,即将国有土地分给家庭经营,并与其按一定比例对收获物进行分成后,农民的积极性大大提高,不像过去实行劳役地租时,"不告之以时而民不知,不道之以事而民不为",而是"夜寝早起,父子兄弟不忘其功,为而不倦,民不惮劳苦"③。这是因为按照"与之分货"的办法,农民在按规定数量或比例交付统治者之后,剩余的可以全归自己所有。由于有了剩余产品的索取权,劳动者的积极性自然大大提高。

3. 对农工商之间的矛盾考虑不足

孟子的"仁政"思想体系中,更多地看到了工商业发展对促进农业发展的积极作用,而对工商业对农业发展的破坏作用考虑不多。

许行学派认为,农民和手工业者之间的商品交换会损害农民的利益。孟子尖锐地批判了这一观点。他说:"以粟易(交换)械器者,不为厉陶冶,陶冶亦以械器易粟者,岂为厉农夫哉!"这里所谓"厉",是指交换中一方占另一方的便宜,使另一方吃亏的情况,涉及的是商品交换是否等价的问题。孟子把农民和手工业者放在

---

① 赵歧注、孙奭疏:《十三经注疏·孟子注疏·滕文公章句上》(标点本),北京大学出版社,2000 年,第 134—135 页。

② 赵歧注、孙奭疏:《十三经注疏·孟子注疏·滕文公章句上》(标点本),北京大学出版社,2000 年,第 138 页。

③ 刘柯、李克和:《管子译注·乘马》,黑龙江人民出版社,2003 年,第 30 页。

完全平等的地位上来考察他们的交换活动,认为二者的交换从农民方面看是"以粟易械器",从手工业者方面看则是"以械器易粟",交换活动的性质对双方完全是一样的,因此农民和手工业者之间的商品交换谁也没有"厉"谁,不可能对一方有利而对另一方有害。其实,孟子的观点有失偏颇。由于市场交易双方信息的不对称性,在掌握信息方面占优势的一方有动力侵犯对方,民间称这种现象为"买的没有卖的精",经济学称之为市场失灵。

马克思指出:"在商业资本作为媒介,使某些不发达的公社得进行产品交换时,商业利润就不仅会表现为侵占和欺诈,并且大部分也确实是这样发生的。"① 在技术落后,信息传播速度很慢的古代社会,奸商囤积居奇,哄抬物价的现象无疑更为严重。许行学派正是看到了商品交换中的这种不等价行为,才提出了"市贾不贰"的主张,即依靠国家的大规模组织的力量强制统一价格,严厉打击奸商操纵物价的不法行为。他们提出,"从许子之道,则市贾不贰,国中无伪,虽使五尺之童适市,莫之或欺。布帛长短同,则贾相若;麻缕丝絮轻重同,则贾相若;五谷多寡同,则贾相若;屦大小同,则贾相若。"② 孟子对这种主张进行了严厉的批判。他说:"夫物之不齐,物之情也;或相倍蓰,或相什百,或相千万。子比而同之,是乱天下也。巨屦小屦同贾,人岂为之哉?从许子之道,相率而为伪者也,恶能治国家?"③ 孟子对许行学派的批评确实点中了要害,但对于许行学派提出的问题并没有作正面的回答,对如何处理商品经济的发展和小农经济稳定的矛盾,也没有提出可行性的操作办法。事实上,造成小农经济不稳的一个重要原因正是商品经济的发展。后者买贱卖贵的经营方式,即在夏收、秋收时高价收购,在春夏之交的青黄不接时高价出售,对小农经济的稳定确实构成了极大的破坏。在这一点上,许行学派的担心不是空穴来风,尽管方法不可取,但提出的问题是发人深省的。

孟子在论述"王道之治"时,曾反复提起经济的发达对于社会精神生活建设的意义。他说:"民非水火不生活,昏暮叩人之门户,求水火,无弗与者,至足矣。圣人治天下,使有菽粟如水火。菽粟如水火,而民焉有不仁者乎。"④ 然而,从经济学的角度看,粮食的高产一定会导致粮价的下跌,这样李悝所担心的"籴甚贵伤民,甚贱伤农。民伤则离散,农伤则国贫"⑤ 的现象就会出现。鉴于市场调节的缓慢、不可靠性,李悝、许行学派都主张依靠国家的强有力干预来解决这一矛盾。所不同的是,李悝希望封建国家采取经济的手段,通过实行"平籴法"来解决这一矛盾,做到

---

① 《资本论》第3卷,人民出版社,1963年,第370页。
② 赵歧注、孙奭疏:《十三经注疏·孟子注疏·滕文公章句上》(标点本),北京大学出版社,2000年,第149页。
③ 赵歧注、孙奭疏:《十三经注疏·孟子注疏·滕文公章句上》(标点本),北京大学出版社,2000年,第149—150页。
④ 赵歧注、孙奭疏:《十三经注疏·孟子注疏·尽心章句上》(标点本),北京大学出版社,2000年,第365页。
⑤ 班固撰:《汉书·食货志》,中华书局,2007年,第159页。

"使民毋伤而农益劝"①,即粮食丰收、价格低时,由国家收购以提高粮价,保护农民利益;粮食歉收、价格高时,再由国家对外发售业已收购的粮食以平抑粮价,保护市民利益。许行学派则希望封建国家采取行政的手段,即实行统一价格的政策,来加以解决。其实,这正是战国初期以来商品经济的发展动摇小农家庭经济稳定的社会现实的反映,也是战国后期的思想家,如荀子、韩非子等提出重农抑商政策的原因。对小农经济的稳定与商品经济发展的矛盾论述不足,是构成孟子"仁政"思想体系的一个重大不足。

4. 对用强制性方法解决社会矛盾的必要性认识不够

儒家解决社会冲突,规范人类行为的办法是文武之道,即以文为主,不到十二万分绝不动武,倘使不幸而动武,也要做到文中有武,尽量将副作用降到最低。作为孔子的后学,孟子的"仁政"思想中不乏暴力的色彩。例如,他提到过用刑罚来惩罚社会的恶势力(当然,前提是先教后刑,反对严刑峻法,要求省刑罚),在问到"御人于国门之外者"时还说"是不待教而诛者也"②;在谈到政府应为工商业提供自由的发展环境时,也说过要对"垄断"③行为征税,但对资源有限性缺乏充分的估计使他甚少考虑人和人之间因争夺资源而发生尖锐矛盾的情况,在这方面,孟子既不如他之前的李悝、吴起,也不如与他同时代的商鞅,还不如晚于他的荀子、韩非等。

其实,建立在家庭经济基础上的农工商各业,由于资产规模的弱小,很难顶得住天灾人祸的打击,这样就产生了为求生存而不得不进行恶性竞争的问题,封建国家维护经济秩序的重要性由此产生。战国初年,李悝制定了旨在保护私有财产,维护社会秩序的良性运转的《法经》六篇,即盗、贼、网、捕、杂、具等法令,并将盗法、贼法置于头等重要的地位,"以为王者之政,莫急于盗贼,故其律始于盗贼",就是小农经济的脆弱性要求封建国家在安定社会秩序的过程中发挥巨大作用的反映。对如何处理迫在眉睫的现实社会利益冲突问题关注不多,构成了孟子"仁政"思想体系的又一重大不足。

二、"仁政"思想缺乏在当时社会中推行的动力
——对君主的激励不足

作为一种从经济层面入手的政策体系,"仁政"思想除了自身存在问题外,还缺乏在现实社会中推行的动力,这主要表现在对君主的激励不足,即对统治者精神激励、长远利益激励的一面论述颇详,却不能解决统治者迫切要求解决的"富国强

---

① 班固撰:《汉书·食货志》,中华书局,2007年,第159页。
② 赵歧注、孙奭疏:《十三经注疏·孟子注疏·万章章句下》(标点本),北京大学出版社,2000年,第279页。
③ 赵歧注、孙奭疏:《十三经注疏·孟子注疏·公孙丑章句下》(标点本),北京大学出版社,2000年,第120页。

兵"问题、政权安全问题和天下统一等问题,这是造成统治者对孟子敬而远之,认为其"迂远而阔于事情"的又一个重要原因。

1. "仁政"无法满足各国君主当期富国强兵、解决生存问题的需要

"仁政"作为孟子的政治理想,首先表现在以实现天下统一、结束战乱为目标,途径就是以德服人,而非当时各国诸侯所通用的以力服人。但孟子所处的战国中期恰是"天下方务于合从连衡,以攻伐为贤"。其时,"秦用商君,富国强兵;楚、魏用吴起,战胜弱敌;齐威王、宣王用孙子、田忌之徒,而诸侯东面朝齐"。①

面对这样一个多方博弈的局面,各国争相发展经济,开展军备竞赛、不断进行兼并战争,最终必然是"囚徒困境"的结局。在这种天下大乱,成王败寇,各国的生存面临威胁的情况下,诸侯国的当务之急只能是富国强兵。如果实行薄赋敛、轻徭役的王道,将意味着短期内军事实力的迅速下滑,不消说小国,即便大国也将面临极大的亡国风险。这样真正受到重用的只能是那些怀揣"太公阴符之谋",口衔"强国之术"的苏秦、商鞅之流,而坚持"以德行"而"王"天下,主张各方协调实现集体博弈结果最优的孟子,其不受见用也就不足为怪了。

《史记·商君列传》记载,商鞅在魏国不被梁惠王任用,闻秦孝公求贤,乃西入秦。第一次,他以"帝道"说秦孝公,但"语事良久,孝公时时睡,弗听";五天后,他再次求见秦孝公,以"王道"说之。这次的情形是"益愈,但未中旨";第三次,商鞅以"霸道"说之,"公与语,不自知膝之前于席也。语数日不厌"。商鞅前后三次以不同的政治方略游说秦孝公,但惟有以"强国之术说君",君才"大悦之"。② 这一颇具戏剧性的经历深刻地反映了当时的政治现实和诸侯的心理。

对于"仁政学说"不遇的这种结果,孟子早有认识。他说:"仁之胜不仁也,犹水胜火。今之为仁者,犹以一杯水,救一车薪之火也;不熄,则谓之水不胜火,此又与于不仁之甚者也。亦终必亡而已矣。"③对于不行"王政",仅仅凭借军事力量取得天下的大国,孟子认为其势必不能长久。"君不乡道,不志于仁,而求为之强战,是辅桀也。由今之道,无变今之俗,虽与之天下,不能一朝居也。"④在某种意义上,秦二世而亡是这句话最好的注脚。

总之,孟子看到了各个诸侯国博弈之中集体利益最大化的策略选择,即削减军备,停止战争,但各个诸侯国之间博弈中因集体利益、个别利益对立,形成囚徒困境,造成最优结果难以实现。由此观之,孟子并不是因为缺乏对现实的了解,才一味地销售自己的主张的,而是"知其不可而为之",这正是作为伟大的思想家的孟

---

① 司马迁撰:《史记·孟子荀卿列传》,岳麓书社,2001年,第448页。
② 司马迁撰:《史记·商君列传》,岳麓书社,2001年,第412页。
③ 赵歧注、孙奭疏:《十三经注疏·孟子注疏·告子章句上》(标点本),北京大学出版社,2000年,第317页。
④ 赵歧注、孙奭疏:《十三经注疏·孟子注疏·告子章句下》(标点本),北京大学出版社,2000年,第340页。

子在黑暗中看到了光明,在混乱中看到了秩序的萌芽,并积极创造条件加以实现的反映,也是孟子的"人性善"①思想充满魅力的原因所在。

2. "仁政"民贵君轻的思想对君主的统治造成威胁,构成负向激励

虽然孟子"仁政"思想旨在维护和巩固新兴封建地主阶级的统治和国家利益,但他肯定了人民在国家中的至关重要的作用,明确提出了民贵君轻的思想。"民为贵,社稷次之,君为轻。是故得乎丘民而为天子,得乎天子为诸侯,得乎诸侯为大夫。"②孟子认为,得失天下的关键在于是否得到人民的支持。"桀纣之失天下也,失其民也,失其民者,失其心也。得天下有道:得其民,斯得天下矣;得其民有道:得其心,斯得民矣;得其心有道:所欲与之聚之,所恶勿施尔也。民之归仁也,犹水之就下、兽之走圹也。"③

孟子在肯定人民的基础上进一步提出了"暴君放伐论"。他认为,以民为贵者必须仁爱人民,对民不仁者必须予以惩治。当齐宣王以汤放桀、武王伐纣为例问"臣弑其君,可乎"时,孟子答曰"贼仁者谓之贼;贼义者谓之残,残贼之人,谓之一夫。闻诛一夫纣矣,未闻弑君也"④。不仅如此,孟子也不主张臣对君的绝对的、无条件的顺从,而认为当君王有害于社稷时,贵戚之卿可取而代之。"齐宣王问卿。孟子曰'王何卿之问也?'王曰'卿不同乎?'曰'不同。有贵戚之卿,有异姓之卿。'王曰'请问贵戚之卿。'曰'君有大过则谏。反复之而不听,则易位。'王勃然变乎色……王色定,然后请问异姓之卿。曰'君有过则谏。反复之而不听则去'"⑤。

对以齐宣王为代表的战国统治者而言,孟子的"暴君放伐论"不啻是对自己的警告,可谓实施"仁政"的潜在巨大危险。孟子将君主的地位置于民和社稷之下,认为当权者应以顺从民意作为为政的最高标准,国民和臣子有权在国君为政不利于臣民和社稷时推翻王位,取而代之。显然,这是一种民本思想,在肯定统治阶级利益的前提下大大限制了君权。当然,这也是一种民主思想,将民意作为决定统治权归属的标准。由此看来,孟子"仁政"思想的推行,对君主来说,就是一种自上而下的从专制到民主、放权让利的政治改革,这不是追求利益最大化的统治阶级所情愿进行的,只有在极大的社会压力下,统治阶级出于巩固政权的需要,才不得不进行这样的改革。而从战国时期的客观形势来说,只有保障和扩大君权以集中社会

---

① 所谓人性,是相对于动物性而言的,指人所特有的道德性。孟子把仁义礼智看做是人与动物的区别,指出"仁、义、礼、智,非由外铄我,我固有之也。"又说:"人之异于禽兽者几希。庶民去之,君子存之。""饱食暖衣,逸居而无教,则近于禽兽。"

② 赵歧注、孙奭疏:《十三经注疏·孟子注疏·尽心章句下》(标点本),北京大学出版社,2000年,第387—388页。

③ 赵歧注、孙奭疏:《十三经注疏·孟子注疏·离娄章句上》(标点本),北京大学出版社,2000年,第198页。

④ 赵歧注、孙奭疏:《十三经注疏·孟子注疏·梁惠王章句下》(标点本),北京大学出版社,2000年,第53页。

⑤ 赵歧注、孙奭疏:《十三经注疏·孟子注疏·万章章句下》(标点本),北京大学出版社,2000年,第291—292页。

资源实现富国强兵的目标才是各诸侯国最重要的工作,任何削弱君权的改革在当时都是行不通的,这意味着孟子的"仁政"思想只能在两种情况下得以实现:(1) 大一统的封建国家建立,社会成员倾向于看长远利益;(2) 依靠暴政统一天下的旧政权被民众推翻,由人民革命中上台的新政权加以实施。这样说来,孟子的"仁政"思想不被战国统治者所接受,被视为"迂远而阔于事情",就不足为怪了。

三、评　　述

在孟子"仁政"思想的形成方面,"人性善"所导致的对于改变人的行为的乐观态度,使孟子侧重于论述如何通过"仁政"实现天下大治,这赋予了"仁政"思想远远高于时代的洞察力和思想价值,同时也使孟子不像韩非子那样去研究人的欲望的无限性和资源的有限性发生尖锐矛盾的情况,这就使得"仁政"思想在某些方面不免充满了过分乐观的空想和不可操作性,这是战国统治者不愿接受孟子"仁政"思想,认为其"迂远而阔于事情"的重要原因。

首先,孟子曰:"有恒产者有恒心,无恒产者无恒心。"[①]一方面,他看到了资源的有限性对人类行为的影响,因而才致力于通过生产方面扩大衣食之源,消费方面确立等级分配制度等解决社会成员争夺资源的矛盾,实现社会和谐。另一方面,他对资源有限性的坚持是不彻底的,一者他更多地采用静态而不是动态的视角看问题,没有认识到随着时间的变化,人口的增多和资源有限性的矛盾的激化;二者他有强烈的"唯制度论"的色彩,对"仁政"制度下人类扩大衣食资源的能力过分充满信心,而没有看到技术条件对人类开发自然能力的限制,由此造成"仁政"思想本身存在诸多缺陷,这主要表现在土地制度的设计上由国家实行"制民之产",反对土地的自由买卖;税收制度上主张劳役地租,反对实物地租;农工商的关系上要求主张自由价格,反对国家力量的介入等等。凡此种种,使得即使在社会的正常时期,对孟子的"仁政"思想也只能"师其意"而行,决没有办法照抄照搬,更甭说兵荒马乱,只有用非常手段才能维持社会秩序的战国时期了,这构成了战国统治者不愿意实施孟子"仁政"思想的第一方面的负动力。

其次,孟子的仁政思想更讲如何"得民心",很少讲如何"用民心"。综观《孟子》一书中,谈论具体治国的"仁政"措施较多,而对实行"仁政"之后如何王天下,即统一天下的战略、战术的探讨,包括军队的组成、训练、奖赏以及军事和生产、军人和其他社会阶层的关系等相对较少,这是无法满足战国时期致力于整军备武,不断进行兼并战争各国诸侯的需要的,构成了战国统治者不愿意实施孟子"仁政"思想的第二方面的负动力。

[①] 赵歧注、孙奭疏:《十三经注疏·孟子注疏·滕文公章句上》(标点本),北京大学出版社,2000年,第146页。

再次,孟子从对夏商周三代历史的研究中总结出来的"民贵君轻"、"暴君放伐"等观点,虽有利于统治者的长远利益,但并不符合战国时期集中君权以动员全社会资源赢得统一战争胜利这一特殊时期的眼前需要,这构成了战国统治者不愿意施孟子"仁政"思想的第三方面的负动力。

不过,孟子的"仁政"思想尽管没有在当时的社会中推行,却对后世产生了巨大的影响。康有为《孟子微·仁政》云:"孟子之时,虽未能行,而后儒日据省刑薄赋之义,以为民请命……皆孟子垂训之功也。"个中原因,不外有三:

一是自秦始皇一统天下之后,统一取代分裂成为社会的常态,人们也由以前的注重看眼前利益走向看长远利益,这就使得主张文武之道,强调尽量以和平方式解决社会问题的"仁政"思想有了发挥作用的广阔空间。

二是王朝更替,民众起义对统治者的警惕作用,使他们出于追求政权长治久安的需要,能够一定程度地克制自己,并致力于发展经济,轻徭薄赋,竭力避免民不聊生的状况的出现,因而有实践"仁政"思想的强烈动力,这就是秦以后历代统治者无不把儒家思想,其中包括孟子思想作为社会管理指导思想和处理政事的理论根据的原因。

三是后世的统治者只是借鉴了孟子思想的精神,如制民之产、轻徭薄赋、民贵君轻以及谨庠序之教、养浩然正气等,而没有照搬其具体办法,如井田制、完全的自由价格等,这是我们在评价孟子的"仁政"思想对后世的影响时必须要指出的。

综上所述,孟子的伟大在于高扬人性的价值,提出了人类到达和谐社会的可能性及其途径,其不足在于对资源的有限性缺乏充分的估计,这就使得"仁政"思想确实存在着某些比较明显的弱点,是战国统治者没有接受以孟子为代表的儒家却接受了商鞅、吴起等法家的重要原因。不过孟子"仁政"思想的精神——"民贵君轻"、"暴君可诛"给统治者以巨大的警策、戒惧的作用,这有利于民生的改善,社会的稳定;至于"王政思想"的具体内容,如制民之产、轻徭薄赋、民贵君轻以及谨庠序之教、养浩然正气等,则为统治者改善民生,维护社会稳定指明了方向,提供了发展路径,这就是为什么被战国统治者认为"迂远而阔于事情"的"仁政"思想在后世发生巨大作用的原因,也是统治者对孟子前倨后恭的原因。

An Economic Analysis on the Comment of "Pedantic, Unrealistic and Unhelpful in Solving Problems" on Mencius' Thought of "Benevolent Governing"

ZHOU Jianbo

Abstract:As a policy system that started with the economic aspects, there were some obvious weaknesses in Mencius' thought of "Benevolent Governing". From the point of land ownership, the weakness was mainly in the design of the land system of "Managing people's property" introduced by the state, and against the free trading of land; as for the design of the tax system, Mencius supported labor rent against the rent in kind; as for the relationship among the peasants, craftsmen and traders, Mencius was in favor of free prices and against the the intervention of state power and so on. Moreover, Mencius' thought of "Benevolent Governing" lacked the power of self-implementation in the society, and the weakness was manifested in insufficient incentives for the sovereign powers, which mainly referred to the ill-considered incentives in the material and immediate interests of the rulers. The detailed discussion on the spirit and long-term interests side of the incentive couldn't solve the issues of "enriching the country and strengthening the troops", ensuring the political power and realizing political unification of the whole nation, which was the reason why the rulers during the warring states period turned away from Mencius, regarded his thought "pedantic, unrealistic and unhelpful in solving problems" and wouldn't put his policies into practice.

Key words: Mencius; benevolent governing; theory of original goodness of human nature; finiteness of resources

中国建置经济制度的历史传承与当代竞争*

曹和平　张　博　叶静怡

摘要：在人类经济史上,中国与西欧组织经济的方式具有显著的观察区别,其特征与西欧庄园经济的分封方式不同,具有独特的"建郡置县"规范。通过数学模型,作者说明中国建置经济制度有过辉煌,其历史遗产在今天仍然具有生命力。在人类经济发展的今天,经济制度之间不是非此即彼的排斥关系,它们将相互影响且继续传承下去。

关键词：建置经济；庄园经济；制度竞争

尝试抽象中国经济制度的模型形式并演示其历史传承过程中的均衡与震荡,在当代遇到的竞争以及未来可能的"宿命"具有重要意义。理论演进的原因是明显的:(1)在世界三大经济制度中,西方模式(Arrow,1959;Debrou,1959)和印度模式(Akerlof,1976;Lal,1988)已被从不同角度用模型形式证明其存在的逻辑；(2)鲜有数学形式来描述中国经济制度的缘起、历史传承及对世界经济的独特贡献。实践意义更具挑战性。在人类经济发展模式的收敛方向上,主流经济学给出了太多色彩的西方式回答:(1)给定市场前提等制度性规范,让斯密那只"看不见的手"来操作市场,经济必然趋向阿罗—德布鲁宇宙(Arrow,1951;Debrou,1955)；(2)以其为前提,相应的制度研究、内生增长理论、部分发展经济学观点以及实证性探索(North,1973；McCloskey,1975；Sami-A-Ladin,1991；Krugman,1991)从不同侧面间接和直接论证了工业革命前很多个世纪中,西欧以及后来的美国经济模式是这一收敛过程的核心力量；(3)过去四分之一世纪中世界重大经济历史事件的演化,强化了主流经济学认为西欧加美国模式是阿罗—德布鲁宇宙再造人间典范的认知理念。

中国历史经济制度的内在逻辑并非像相关文献(Huang,1985,1990)描述的那样脆弱和不具备21世纪的生命力(Pomeranz,2000)。本研究拟结合近年研究的贡献,试用数学形式对中国经济制度的形成、内在动力机制主导下均衡与震荡形成的历史传承作初步解析,以期理解中国经济在当代所面临的竞争与未来命运。文章的第一部分提出经济文明的渊薮及动力学机制两个概念,目的在通过综述文献的

---

* 原载于《经济研究》2004年第5期。

方式为后续模型建构提供出发前提;第二、第三部分叙述建置经济制度的特征、模型形式及历史传承逻辑;第四部分讨论建置经济制度遭遇的当代竞争并给出作者关于 21 世纪人类经济发展模式的启发性理解。

一、相关文献启迪:经济文明渊薮及动力学机制

(一)经济文明的渊薮

冰河期以前,经济文明中人类的祖先是狩猎和采集的人群,组织经济的方式是人力四肢和简单工具匹配在原野和山野上采摘和捕获自然植物和动物产品(Lal,1998)。与 20 世纪的农业及大工业生产相比,采摘捕获经济不依赖固定生产场所,移动和迁徙是获得技术突破和结构变迁的节约途径。当人类祖先中的一支利用冰桥作为通道,从某一大洲的茅屋里移居到地球的各个角落时,其技术进步的意义丝毫不比今天探索卫星通信和互联网世界以期突破经济技术瓶颈的变革来得逊色。这一时期大概包含公元前一百万年到十万年前冰帽融化的时期(Hayes 和 Cole,1959;Judith 等,2002)。

约公元前 8000 年前,移动型生计经济演化出不同形态的定居农业,家养植物和动物技术得到发展。一个典型的例子是人们将伊拉克北部山区野生的小麦和燕麦选育为家养植物。到公元前 6000 年的时候,伊朗西部、横过安那托利亚高地到爱琴海以及地中海两岸,以及埃及、中国、西欧和东欧等地出现了定居农业聚落(Cameron,1993)。定居农业在公元初年的时候,当时最发达的欧洲和亚洲并没有本质的区别,人均 GDP 分别为 450 美元(Maddison,2002)。我们称这一时期为原初定居农业的典型时期,并将其标断为中国经济文明的渊薮。①

(二)经济进步的动力学机制

原初定居农业使用劳动及土地等资本品组成的边际要素投入报酬递减的生产技术,其居民总合形成自己的社会偏好构造。给定技术条件,最大化社会偏好,原初定居农业经济达到均衡。在该经济中,以土地为主体的资本要素是有边界的,以劳动为指标的人力要素由于繁衍而不断增加。一旦走向可耕土地边界的极限,马尔萨斯意义上人口增长导致边际土地和劳动报酬率双重递减、一个长期停滞的均衡陷阱就会出现。在技术无法突破之前,防止艰难时世出现的唯一药方是某种意义上的人口控制。博斯鲁普(Boserup,1965)认为,人口压力导致改进技术以提高单位面积产量,同时也提高了单位土地的劳动投入。劳动密集技术被采纳的原因是单位人均产量由于人口的增加绝对下降了。

---

① 当然,中国经济文明的起源可以上溯到更久远的时代。

动力学机制 单位人均产量(收入)的下降实际上是人均效用水平的下降,导致原初生产技术和偏好形成的均衡遭到破坏。社会偏好和生产技术之间平衡的错位与摩擦形成经济发展的动力学机制。任何经济文明的进步都无法规避这一过程(叶静怡、曹和平,2003)。

二、建置经济制度的基本特征

中国在公元前6000年的时候出现了定居农业。和移动型生计经济相比,定居农业由于人口增加使用相对密集的劳动生产技术,种植业一年一熟,有时需要灌溉,衍生出以劳动挖掘和筑坝为前沿技术的新经济生长点。犁的发明使文明从黄河流域扩散到多雨水地区的长江流域。相对于砍伐和烧荒式的原始农业,犁允许更短的休耕时间,经济意义上的播种面积扩大了。到公元前2000年,湿地农业支持了一个比以前更大的人口。生产技术的进步使得生存的边界扩展到河流流域以外的地区。

到秦时,中国人均GDP为450美元。持续到公元1000年左右,人均GDP依然为450美元。两个时点比较下来,以人均国内生产总植为标的的经济增长率为零。同时期西欧经济的人均GDP从450美元下降到400美元,经济增长率为负(表1)。从公元元年同一个时点相同人均收入水平出发,一千年后,宋时中国人均GDP高于西欧水平,标明中国经济的制度"体质"在抵抗人均收入下降的扭动力矩方面具有较优的弹性力量。一个重要的原因在于,从秦时起,历经汉唐北宋等多个时代,中国的先贤创造性地实行并多方面地完善了建置经济制度,成功地规避了类似罗马帝国崩溃后长期割据,社会整体资源配置能力薄弱而基层领主权力过大的庄园经济制度。

表1 世界主要地区定居农业经济发展水平

	人口(百万)Pop mi.		GDP(100 mi.,1990 $)		GDP per cap.	
	数量 #	%	数量 #	%	数量 #	%
公元元年						
西欧 Europe	24.7	0.00	111	-0.01	450	-0.01
中国 China	59.6	0.00	270	0.00	450	0.00
公元1000年 A.C.1000						
西欧 Europe	25.4	0.00	102	-0.01	400	-0.01
中国 China	74.2①	0.03	334	0.03	450	0.00
公元1820年 A.C.1820						
西欧 Europe	132.9	0.20	1 637.3	0.37	1 232	0.14
中国 China	419.4	0.22	2 411.6	0.26	575	0.03

资料来源:据Maddison(2002)及葛剑雄主编《中国人口史》(1998—2003)资料编制。

---

① 此处数据我们修正了Maddison的数据,采用了中国的统计数据,二者的区别主要在于版图认知不同。

(一) 经济制度参数 Z

中国自秦(前 221—前 207 年)起,以村庄为单元设亭,十里一亭;十亭置县,百里一县;县上建郡,全国共建四十郡,史称郡县制度(范文澜,1978)。秦以后的第一个千年中,"建郡置县"成为中国区别于西欧分封制度的主要观察特征。虽然很多时候藩王、节度使和皇庄等安排与建郡置县制度有着质的差别并造成冲突,但延伸到宋以后的第二个千年中,中国组织经济的主流方式没有发生根本变化。

"建郡置县"制度参与经济可以动员超出村庄范围之上与之外的资源,形成储蓄、市场制度、投资以及相应的公共资本品积累等功能。在技术进步的路径上除了家庭经济体使用的镰刀、犁器、畜力及牵引器具外,还有超越家庭范围的流域治理以及连带流域经济发生而来的戽斗车、水渠等更大范围的资本品,成功避免了人均收入的绝对下降。令原初定居农业中的生产技术为:

$$Y = Y(L, K; Z\{(L, K): L, K \in R^+\}) \tag{1}$$

式中 Y 为加上制度参数的新古典主义生产函数。参数 $Z = \{(L, K): L \in R^+, K \in R^+\}$ 为制度合约。

郡县制度在村庄和国家之间的合约除了司法保护的内容外,还有布政、流域治理、灾害防治以及漕运和"市易"等经济协调内容。这种合约内容使得郡县制度比庄园分封制度在经济上具有更大的规模收益。变换制度参数为函数,则生产技术(1)变为:

$$Y = Y(L, K; Z\{r(L, K): L, K \in R^+\}) \tag{2}$$

式中 $r > 1$,表示为正加的制度规模收益。

(二) 建郡置县规范:相对于西欧分封制度下庄园经济的特征

对建郡置县规范的经济学理解可以从与西欧分封制度的比较来入手。从公元 3 世纪始,西欧逐渐演化出由几户农民小房屋构成的小聚落群、一个教区教堂和一个领主庄园组成的村庄(Hayes, Baldwin 和 Cole, 1962)。在这些星罗棋布的村庄经济中,主要资本品是磨房、铁匠炉和仓库。土地丰裕和劳动稀缺的要素构成使村庄经济需要一种把保卫边界和生计维持结合起来的制度安排:(1) 领主提供经济中非农部分的生产,诸如边界武装保护、司法调解纠纷等等;(2) 作为交换,农民把自己的劳动三分为私田劳动、庄田劳动和公田劳动;(3) 公田劳动是某种灰色的约定区域,农民既可以放养自己的家畜,领主也会用农民提供的劳动放牧自己的畜群;(4) 若干个小村庄的庄园主向更大的领主、再上向国王提供武器和士兵,于平时和战时为国王提供例行的或临时的军事类服务,换得在更大范围对领地的保护。这是一个等级式的,以切割劳动要素为订约核心的制度(North, 1973)。分封式的庄园制度某种意义上是对罗马帝国分崩离析后政治和社会管理存在权力真空而在村庄层次上的一种替代。这里制度安排的控制变量不是劳动的产品,而是劳动的时间——一种通过对劳动时间约定而把劳动捆绑在土地上的制度。

通过劳役的方式来设计劳动和土地的匹配方式形成了人身依附关系。它的一个重大缺陷是无产品市场存在。中国到宋代(960—1279)时已经普遍存在按劳动的结果——产品分成的劳动——土地资源配置模式。劳动和土地资源配置的规范形成更具市场兼容性的租佃关系,而不是反市场的人身依附关系。以村庄为单元的有机定居农业制度安排、村庄之间存在地方性市场,以及村庄复制成本低导致村庄数量的大量累积,使得中国在另外一维方向上进行制度安排而获取较大收益成为可能。换句话说,郡县规范的形成不是秦始皇和他的幕僚们心血来潮时聪明才智超长发挥的结果,它只不过是亚洲大陆独特的资源禀赋、历史际遇以及中国先贤在秦、汉、唐、宋相对"短"的时期找到了有机农业相对节约的制度进步途径而已。中国经济在村庄和村庄之间经济的结合上通过建置制度创造出新增的经济份额,从而使村庄经济上升到一个更高水平的均衡。

建郡置县制度 建置经济制度中超越于村庄之上的公共部门有西欧公共部门(庄园领主和国王权力体系构成的非经济体)所不具备的管理以村庄为单元经济的功能:(1) 提供布政、水利和"市易"等服务;(2) 换取部分税收和管理经济的费用;(3) 基层部门代国家征税时统一了税制(而不是领主直接征税使税制残缺);与之相适应,(3) 发明了一套为公共部分输送合格人力资源的养成制度——科举取仕;(4) 生成了自己独特的上层建筑文化——以孔孟思想为核心的儒家入世哲学。我们将村庄经济与郡县水平上管理经济的团队集合起来的有效构成称为以村庄为单元的建郡置县经济,简称建置经济。

三、建置经济制度的模型形式、制度均衡及震荡讨论

给出具体函数形式,我们可以越出上述抽象性质讨论,深入到参变量层次讨论建置经济收益高出庄园经济的数量逻辑。假设:(1) 村庄内农户数量和土地规模给定,租佃关系下的产品分成合约规范了土地和劳动资源匹配的基本准则;(2) 一旦以村庄为单元的经济形成,村庄将很快被复制并达到形成村庄之间地方性市场的经济规模;剔除郡县制度中类庄园经济的司法和保护等非经济职能,则(3) 存在一个超越村庄范围、以郡县建置为主体的经济管理机制和村庄经济体相耦合;(4) 建置制度和村庄经济相结合的纽带是,村庄依据统一的税法向管理部门缴税,管理部门向村庄提供布政、水利、信息、贸易市场和安全等服务。

(一) 建置经济1:村庄经济内劳动配置与均衡条件

劳动配置(labor distribution) 给定一个村庄。设定生产技术为 Cobb-Douglas 函数,

$$Y = L^{\alpha}N^{1-\alpha} \tag{3}$$

其中 Y 为产出，L 为劳动，N 为主部由土地构成的资本，$\alpha \in (0,1)$。

郡县制度的建立使得约束生产要素使用和归属的制度安排集合 $Z = \{(L,K): L \in R^+, K \in R^+\}$ 在村庄之上存在。引制度因子 Z 入生产函数，

$$Y = Z \cdot (L_a^{\alpha}N^{1-\alpha}) \tag{4}$$

存在建置制度时，定居农业总劳动 L 分解为投入到土地上的人力 L_a 和投入到布政、水利、信息、市场和安全服务等方面的人力 L_g，$L = L_a + L_g$。制度因子 Z 仅依赖于 L_g 的形式为 $Z = f(L_g)$。f 满足，$f' > 0, f'' < 0, f(0) = 1$，表明制度收益遵循边际递减规律。下述函数形式具备上述制度功能特征，可以用来逼近这一因子：

$$f(L_g) = (1 + L_g)^{\beta}, \quad x \geq 0 \tag{5}$$

其中 $\beta \in (0,1)$。用(5)代替 Z，让制度安排与定居农业中的生产函数相耦合，建置经济制度的生产函数为，

$$Y = (1 + L_g)^{\beta}(L_a^{\alpha}N^{1-\alpha}) \tag{6}$$

当土地 N 给定，总劳动 L 给定的情况下，可以求出最佳劳动分配方案：

$$\max_{(L_a, L_g)} (1 + L_g)^{\beta}(L_a^{\alpha}) \tag{7}$$

$$\text{s.t.} \quad L_a \geq 0$$
$$L_g \geq 0$$
$$L_a + L_g = L$$

从一阶条件可以证明，建置经济存在($L_g > 0$)的充分必要条件是，$L > \frac{\alpha}{\beta}$。建置经济制度优越于原初定居农业的充分必要条件是人口要发展到一定规模。否则，成本和收益将会倒挂，原初定居农业的生产率将会更高。当人口达到一定规模以后，原初定居农业经济就会落后于建置制度农业经济。

制度进步(institutional breakthrough) 一阶条件表明，建置制度可以通过一种有效的人力配置关系，即 $L_g = L_g^* = \frac{\beta L - \alpha}{\alpha + \beta}$，$L_a = L_a^* = \frac{\alpha L + \alpha}{\alpha + \beta}$，或等价地，$\frac{L_g}{L_a} = \frac{\beta L - \alpha}{\alpha L + \alpha}$，来提高单位劳动产出。此时总产出为，

$$Y^* = C(1 + L)^{\alpha + \beta}N^{1-\alpha} \tag{8}$$

其中 $C = \frac{\alpha^{\alpha}\beta^{\beta}}{(\alpha + \beta)^{\alpha + \beta}}$。原初定居农业经济相当于 $L_g = 0$ 的情形，相应的产出为 $Y_* = L^{\alpha}N^{1-\alpha}$。显然有 $Y^* > Y_*$。

西欧超越庄园之上的分封制度成分，虽然有中央权力构成，但是缺乏经济功能。在我们的模型空间中，庄园经济在生产力上等同于原初定居农业经济。当人口发展到一定规模，土地的技术边界接近极限。技术在村庄范围给定，经济跌入马

尔萨斯螺旋,驱动原初动力学机制满负荷运转,诱发制度创造,出现建置经济制度(图1)。

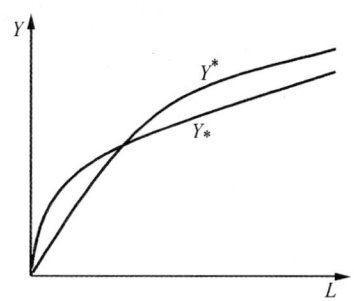

图1　庄园经济与建置经济生产技术

在建置制度下,整个经济体可以达到的最大产出(8)。此时人均产出为

$$\bar{Y} = C(1+L)^{\alpha+\beta}N^{1-\alpha}/L \tag{9}$$

当 L 充分大时,有 $\bar{Y} \approx CL^{\alpha+\beta-1}N^{1-\alpha}$。

产品分配(product distribution)　假定村庄经济中管理劳动与生产劳动所享有的产出比为一常值。记管理劳动与生产劳动所享有的总产出分别为 Y_g 和 Y_a,则有 $Y = Y_a + Y_g$。记管理部门的劳动份额和产品份额分别为,$\theta = \frac{L_g}{L}, \lambda = \frac{Y_g}{Y}$,则 $\theta \in [0,1], \lambda \in [0,1]$。记两部门的人均收入分别为 $\bar{Y}_a = \frac{Y_a}{L_a}, \bar{Y}_g = \frac{Y_g}{L_g}$。则从上式有 $\bar{Y}_g = \frac{\lambda}{\theta}\bar{Y}, \bar{Y}_a = \frac{1-\lambda}{1-\theta}\bar{Y}$。两部门报酬相等,$\bar{Y}_a = \bar{Y}_g$ 的条件是当且仅当 $\lambda = \theta$。这时有 $\bar{Y}_a = \bar{Y}_g = \bar{Y}$。

均衡条件(equilibrium condition)　两部门人力比等于产品分配比时,劳动人均报酬和总劳动报酬相等,建置经济达到均衡。均衡解为 $L_g = \frac{\beta L - \alpha}{\alpha + \beta}, L_a = \frac{\alpha L + \alpha}{\alpha + \beta}$。此时,

$$\theta = \lambda = \beta - \frac{\alpha}{L} \tag{10}$$

当人力充分大时,近似地有

$$\frac{L_g}{L_a} \approx \frac{\alpha}{\beta} \tag{11}$$

L_g 此时也充分大,Y 对 L_g 的弹性

$$\frac{EY}{EL_g} = \beta \frac{L_g}{1+L_g} \approx \beta \tag{12}$$

最优的人力资源配备应是:当人口足够大的时候,管理层的人力投入与土地上的人

力投入的比恰是总产出对它们的弹性之比。经济学直觉是:如果管理层的人力投入与土地上的人力投入的比大于总产出分别对它们的弹性之比的话,资源配置没有达到最优,应当裁减公共部门中的冗员;反之,应当加大仕大夫培训规模,提供更多合格的管理劳动资源;最终两部门劳动以产量为标的的工资必然相等,达到均衡。建置经济制度证明政府并非是新古典主义经济学中看不见的手的对立物,而恰恰有其他经济部门所不可替代的经济功能。[1]

(二) 建置经济:动态制度均衡与震荡

建置经济制度能够存续还需考虑其存在的制度成本与收益。假定一郡县中有 m 个人口和技术相同的村庄。分配在单个村庄中的管理劳动在地理空间上是在郡县所在地及其派出机构提供服务的。通过在核心地区的行政聚集,管理劳动和田间劳动相对分工。

制度均衡(Jianzhi equilibrium) 假定劳动恒为 L,且每一代中管理部门(建置政府)与村庄劳动签署产品分成和约(固定税收)。由于郡县水平上包含在村庄中的制度安排聚化为"机构加规则"的体系,维持系统使之能够提供一定水平服务所需的不变成本为 $K>0$。假定创始代(第0代)留给下一代(第1代)的遗产为 $\pi_0 = \gamma_0 K$,其中 $\gamma_0 \in (0,1)$。那么,第1代只需为不变成本支出 $(1-\gamma_0)K$。假定第1代管理系统规定的税率为 $\delta_1 > 0$,则系统运转的劳动成本在宏观层次上为 $m(1-\delta_1)Y_g$。第1代维持系统运作的总成本为 $m(1-\delta_1)Y_g + (1+\gamma_0)K$。总税入为 $m\delta_1 Y$。第1代管理部门的净收益为 $\pi_1 = m\delta_1 Y - [m(1-\delta_1)Y_g + (1-\gamma_0)K]$。假定第1代与村庄农户的产品分成和约中约定管理所得占总产出的比为 λ_1,则第1代政府的净收益为,

$$\pi_1 = m[\delta_1 - (1-\delta_1)\lambda_1]Y - (1-\gamma_0)K \tag{13}$$

为了能维持系统的正常运作,第1代政府力争最大化 π_1,并传于第2代。

第1代政府可以控制的政策工具(系统内生变量)是 δ_1, λ_1 和 L_g,它的目标是最大化收益。由于 m, γ_0 和 K 已定,上述优化问题等价于 $\max\limits_{(\delta_1, \gamma_1, L_g)} [\delta_1 - (1-\delta_1)\lambda_1]Y$。显然,这个可分离变量的优化问题等价于同时优化以下两个问题

$$\max_{(\delta_1,\gamma_1)} [\delta_1 - (1-\delta_1)\lambda_1]$$
$$\text{s.t.} \lambda_1 \leq \lambda^*$$

$$\max_{L_R} Y$$
$$\text{s.t.} \delta_1 < 1 \tag{14}$$

上述的第二个优化问题,与优化问题(7)完全相同,其解满足(8),最大的产出为 Y^*。

---

[1] 参见斯蒂格力茨相同观点(Stiglitz,2002)。

优化(14)中的第一个问题需要讨论 λ 所隐含的合约限制。对建置经济来说,要保持制度传承,政府所订立的 λ_1 不能破坏村庄经济均衡。此时,λ_1 就必须小于或等于(8)中的 $\lambda^* = \beta - \dfrac{\alpha}{L}$。剔除这两个制度常量,政策工具只剩下税率 δ_1。如果农户对其付出的劳动 L_a 要求回报以生计水平或以原初定居农业水平为参照,$H_1(L_a) = (L_a)^r$,其中 $r \in (0, \alpha + \beta)$,则最优税率应满足可支配收入

$$(1 - \delta_1)Y_a \geq H_1(L_a^*) \qquad (15)$$

这时政府岁入最大,可得,$\delta_1 = 1 - \dfrac{H_1(L_a^*)}{(1-\lambda^*)Y^*}$[①]。在(15)限制之下,优化解只能是,$\delta_1 = 1 - \dfrac{H_1(L_a^*)}{(1-\lambda^*)Y^*}$。$\pi_1$ 此时达到最优,$\pi_1 = \gamma_1 K$。其中的 $\gamma_1 > 0$。π_1 传给第2代政府。第2代政府最大化净收益 π_2 时,所要做的只是确立税率 δ_2。同理可得,$\delta_2 = 1 - \dfrac{H_2(L_a^*)}{(1-\lambda^*)Y^*}$。其中 H_2 是劳动所得函数。记为 $\pi_2 = \gamma_2 K$。其中的 $\gamma_2 > 0$。π_2 传给第3代统治者。如此传承下去,得到各代政府净收益序列:

$$\pi_j = m\lfloor \delta_j - (1-\delta_j)\lambda^* \rfloor Y^* - (1-\gamma_{j-1})K = \gamma_j K, \quad (j=1,2,\cdots) \qquad (16)$$

若干年后,H_j 序列、δ_j 序列和 γ_j 序列都趋于稳定。整个经济系统趋于动态稳定均衡状态。(δ_j)、(γ_j) 和 (π_j) 皆收敛,记其极限分别为 δ^*、γ^* 和 π^*。在(16)中令 $j \to \infty$,则有:

$$\pi^* = m\lfloor \delta^* - (1-\delta^*)\lambda^* \rfloor Y^* - (1-\gamma^*)K = \gamma^* K \qquad (17)$$

税率稳定于:

$$\delta^* = \frac{1}{1+\lambda^*}\left[\lambda^* + \frac{K}{mY^*}\right] = \frac{1}{1+\beta-\dfrac{\alpha}{L}}\left[\beta - \frac{\alpha}{L} + \frac{K}{mC(1+L)^{\alpha+\beta}N^{1-\alpha}}\right] \qquad (18)$$

若假定 L 充分的大,则约略有

$$\delta^* = \frac{\beta}{1+\beta} \qquad (19)$$

在极限状态下,最优税率只与管理者的劳动投入对总产出的弹性相关。

均衡震荡(the oscillation of the equilibrium) 中国经济自秦以后的第一个千年所呈现出的朝代继替序列接近于这样的稳定均衡状态。秦时人均国内生产总值约为 $450,而在此后的 1000 年左右,人口的增长缓慢,生产技术进步有限,居民对生活偏好亦无多大变化,经济的增长率几乎为 0(Madisson,2002)。这时候,管理

[①] 当然,事实上还假定了总人力 L 充分的大,以使 $\dfrac{H_1(L_a^*)}{(1-\lambda^*)Y^*} < 1$。

部门和农村劳动的边际生产率相等,整个经济体接近于稳定均衡状态。在斯密增长和普罗米修斯增长(Lal,1998)不能以组合形态出现的条件下,打破均衡的有效途径是向现有经济提供一个成本上更加低廉的建置经济制度。换句话说,新的挑战集团必须在支付可变成本之后再支付一个现存政府自上一代传承而来的遗产 $\lambda^* K$。李自成倡导"打开城门迎闯王,闯王来了不纳粮",以降低税率的方式提供一种更为廉价的运作成本来挑战明王朝末年苛捐杂税的不断增加就是一个典型事例。但是,李自成式的"挑战者号"政府必须至少支付等于 $\lambda^* K$ 的不变成本,才有可能扳倒现存政府。这正是制度均衡且振荡的内生原因,遂为中国经济模式长存于人类经济历史的秘密。

四、中国建置经济制度的当代传承与竞争

世界经济的当代模式都和自己的历史密切相联。西方经济史学家试图证明这一点:"多数持欧洲中心的观点试图论证西欧在近代工业技术突破很早以前……(它内生的力量)使得其注定要导致工业革命"(Pomeranz,2000)。遗憾的是,在现代化理念驱使下,相当一部分中国经济学家耻于自己今日经济和建置经济的母体有血缘上的脐带关系,更愿意中国的历史经济制度成为一种过去时。毋庸讳言,尼德汉之谜暗示的遗憾及思考中国经济失于内生工业革命的探讨加深了上述认知。

(一) 尼德汉之谜新释

尼德汉(又译李约瑟,Needham,1956,1963)关于中国经济技术进步的研究发现,宋朝时不断增加的经济关联和商业扩张导致她变为世界上最城市化的社会。科学技术的进步明显具有西方工业革命时期形成突破性技术,把有机经济转化为以矿物为基础的经济的各种成分。拉尔转述了尼德汉和哈特威尔(Hartwell)的研究:宋代中国用焦炭而不是木炭作燃料,使铁产量达到 151 000—185 000 吨,欧洲直到 1700 年,英国到 1788 年才接近这一产量。中国当时铁和粮食的比价为 1:6,到公元 1080 年铁的价格下降到 1:2;英国到 18 世纪晚期以后,钢铁才降到中国 700 年前的水平以下(Lal,1998)。尽管有这些前提,中国经济随后却出现了长期的停滞,构成历史之迷。

经济学文献受尼德汉之谜启发,把答案归结于中国不能内生市场经济的因子。黄宗智(Huang,1985,1990)认为,"内卷化"(Involution)的中国农业生产和产品交易的扩张依赖于不用支付工资的家庭劳动。低利润的生产和边际报酬几近于零的妇女家庭劳动使农户家庭抗拒了生计水平下滑,但同时使中国经济内部没有激励投资于节约劳动的技术去发明机器。中国经济只是复制式扩张,无法提高单位劳

动生产率而形成近代新经济。彭慕兰(Pomeranz,2000)把西欧和长江流域的情况作了对比,对黄宗智的观点提出批评。他认为,西欧在1500—1800年间,经济的扩张主要是劳动的投入而不是替代劳动技术的突破;同时欧洲人均收入没有显著提高生活水平,在某些方面还下降了。把人均收入的维持看做是中国经济的独特现象有失偏颇。作者认为,把中国经济的动态过程无法在劳动节约技术上的突破归因于于文化阈限——女人不能外出劳动——的做法无法说明洋务运动以后越来越多的妇女在现代工厂就业的事实。在方法论上,这是在经济之外寻找中国经济发展的内生力量。更大的理论偏颇在于,部分文献甚至上升到哲学文化层次,认为尼德汉之迷在于中国孔教对商业和科学的抑制。作者关于建置经济制度均衡与震荡的成本收益讨论表明,(1)经济意义上的尼德汉问题寻找的是一个经济过程在中国应当出现但未能出现的答案,上述思考陷在了道德领域;(2)如果寻找超经济原因,政治和公共管理与经济过程的联接更为紧密。建置经济模型提出了新的理解:如果郡县制度的维护成本过高,它很可能因消除制度系统震荡的内在风险而放弃动员整个经济资源去追求一种报酬高风险更高的技术革命。这正是中国政府对科技进步"不感兴趣"的近层制度原因。

(二)西欧经济模式与中国经济模式的继替崛起

由于制度选择的作用,西欧和中国在早期出现了不同的经济进步路线。在西欧是分封制为主的领主经济,村社之间和之上的经济活动是个配角;在中国是郡县制为主的建置经济,庄园制是个配角。给定各自的制度环境,制度选择有路径依赖性,但两种选择都是明智的。在古近代以前,中国人所选择的结果效益较高(叶静怡、曹和平,2003)。到19世纪的时候,西欧小尺度民族经济出现资本化技术变迁,中国维护大尺度帝国的制度需要无法迅速跟上,以人均GDP衡量的收入水平逐渐地落到了后边(见表1)。

西欧经济模式崛起新探 关于西欧经济崛起的原因探讨几经改变。最近研究发现早期的技术突破说和20世纪70年代以后的产权制度说还不足以说明欧洲18世纪以来经济的发展。除了内生制度和技术推动之外,欧洲发展还需要和海外殖民经济联系起来。一些被主流经济学长久批判且被遗忘的早期关于殖民地对西欧经济发展影响的研究(Willianm,1944;Frank,1969;Amin,1974;DeVies,1976)重新获得关注并有了新释。在回答诺斯(North,1973)等研究的观点时,彭慕兰认为西欧也许生成了动员大规模资本而投资长期项目的有效制度,但是直到19世纪,联合公司除了在长距离武装贸易和殖民地开拓方面有用之外,欧洲大陆几乎不存在这类公司的用场(Pomeranz,2000);西欧虽然到18世纪的时候已经发明了劳动替代的工业革命技术,但是迅猛的人口增长和需求将会使劳动节约技术无从在市场意义上存在。如果没有海外资源的有效补充,将会遇到瓶颈。一个典型的例子就是英国纺织技术,以水力和蒸汽动力拖动的纺织工厂需要巨量棉花作为其原料供应。如果没有南美殖民地的开垦和和黑奴掠夺为英国纺织工业提供原料,很可能和长江流域一样被逼回到密集劳动投入的技术进步路线上(Pomeranz,2000)。欧洲和中国100多年来呈现在发展阶段上的大分离,并不完全是制度模式的绝对优劣,而只是阶段性相对优劣使然。

中国经济模式的继替崛起 中国经济的崛起自20世纪50年代就开始了,但作为世界性的观察事实还不到十年的历史。把上述观察性事实总结和概括为一种异于西方的经济模式的成功而非转型的短期效应,似乎时间数据不足。但是,把半个世纪以来中国经济和中华经济圈的成功同历史上建置经济的长期优势制度结合起来,同西方经济模式相比较并概括出中国经济模式的继替崛起,并非过于唐突。

该是尝试抽象中国经济制度的模型形式的时候了。经济理论的最近反思透出一股清晰的声音:现实中的"发达经济"和"发展中经济"不是一个经济生成器的两个内生衔接阶段;在理解世界经济模式收敛的相异性上,全球范围的经济收敛过程被WTO式的全球化理解简约为皈依西欧加美国经济模式的趋同过程。重新发掘这些研究之后的探索发现,直到1800年,中国和世界其他地方的核心发达经济区在储蓄、资源配置、消费投资需求、市场整合水平以及制度累积等方面至少和西欧经济中的同类情况持平,其中很多重要方面还要好于西欧多数经济(Lal,1998;Pomeranz,2000;Shiue,2003)。过去二十多年来主流经济学不断强化证明和逐渐自我笃信欧洲独立生成工业革命以及其内生经济制度导致后来增长的理念,如果不加上对美洲殖民地和东方经济强制贸易带来产业链条完善与同时获得巨额贸易补偿的理解,在逻辑上只能是失于考虑多变量因素的片面抽象(Pomeranz,2000)。从民族经济模式的相异性上重新审视经济历史,只能得出世界经济的长程发展呈现出民族经济模式在历史上相对独立传承同时又相互影响和竞争的多元化格局的结论。中国人为世界经济的发展模式贡献了自己独有的具有生命力的制度产品。

参 考 文 献

[1] Akerlof, A. George (1976). "The Economics of the Rat-Race and Other Woeful Tales", *Quarterly Journal of Economics* (November).

[2] Amin, Samir (1974). *Accumulation on a World Scale*. New York: Monthly Review Press.

[3] Arrow, K. (1951). *Social Choice and Individual Values*. New York: Wiley.

[4] Barro-Sala-Martine (1991). "Convergence", *Journal of Political Economy*.

[5] Boserup, E. (1965). *The Conditions of Agricultural Growth*. London: Allen & Unwin.

[6] Camaron, R. (1993). *A Concise Economic History of the World*, 2d ed. New York: Oxford Uni-

versity Press.

[7] Debreu, Gerard (1979). *The Theory of Value*. New Haven, CT: Yale University Press.

[8] DeVeris, Jan (1976). *The Economy of Europe in an Age of Crisis, 1600—1750*. New York: Cambridge University Press.

[9] 范文澜:《中国通史》第二卷,人民出版社 1978 年版,第 4—6 页。

[10] Frank, Ander Gunder (1969). *Capitalism and Underdevelopment in Latin America: Historical Studies and of Chile and Brizil*. New York: Monthly Review Press.

[11] 葛剑雄主编:《中国人口史》(全六卷),复旦大学出版社,1997—2003 年版。

[12] Huang, Philip (1985). *The Peasant Economy and Social Change in North China*. Stanford: Stanford University Press.

[13] Huang, Philip (1990). *The Peasant Family and Rural Development in the Lower Yangzi Delta, 1350—1988*. Stanford: Stanford University Press.

[14] Lal, Deepak (1988). *The Hindu Equilibrium*. Vol. 1. Oxford: Clarendon Press.

[15] Lal, Deepak (1998). *Unintended Consequences: the Impact of Factor Endowments, Culture, and Politics on Long-Run Economic Performance*. Cambridge: The MIT Press. Pp: 7—9. p. 43. Cha. 1—2.

[16] Judith G. Coffin(1962). et. al. (2002). *Western Civilization (fourteenth edition)*. New York: W. Norton & Company. Pp: 3—11.

[17] Hayes, J. H. Carlton, Marshall Whithed Baldwin and Charles Wooley Cole. *History of Western Civilization*. New York: Macmillan Company. Pp: 5—17. Pp:153—157.

[18] Krugman, Paul. (1991). "Increasing Returns and Economic Geography", *Journal of political Economy*, 99 (3), Pp: 483—99.

[19] Maddison, Augus (2002). The World Economy: A millennial Perspective. Development Center Seminars, OECD. Pp. 17—27.

[20] Maddison, A. (1991). "Postwar Growth and Slowdown: A Global View." In G. Gahlen, H. and G. Ramser, eds., *Wachstumstheorie und Wachstumpolitik*. Tübingen: J. C. B. Mohr. p. 18.

[21] McCloskey, Donald (1975). "The Economics of Enclosure: A Market Analysis." In E. L. Jones and William Parker, eds., *European Peasants and Their Markets: Essans in Agrarian Economic Histroy*. Pringceton University Press. 123—160.

[22] Needham, J. (1956). Science and Civilization in China vol. 2, *History of Scientific Thought*. Cambridge: Cambridge University Press.

[23] Needham, J. (1963). "Poverties and Triumphs of the Chinese Scientific Traditon." In A. C.

[24] Crombie,ed., *Scientific Change*. London: Heinemann.

[25] North, D. and R. P. Thomas (1973). *The Rise of the Western World*. Cambridge: Cambridge University Press. Pp. 37.

[26] Pomeranz, Kenneth (2000). The Great Divergence: China, Europe, and the Moden World Economy. Princeton: Princeton University Press. Pp .1—2. p. 9. p. 92. Pp .265—297.

[27] Ridley, M. (1996). *The Origins of Virtue*. London: Penguin. Pp 5—6.

[28] Shiue, H. Carol (2003). "Transport Costs and the Geography of Arbitrage in the Eighteenth-Century China." *American Economic Review*. Vol. 92, No. 50.

[29] Stiglitz, Joseph (2002). "Information and the Change in the paradigm in Economics". *American Economic Review*. Vol. 92, No. 3.

[30] William, Eric (1944). *Capitalism and Slavery*. New York: Russell and Russell.

[31] 叶静怡、曹和平:"三大经济制度的传承与竞争",《经济学动态》,2003 年第 11 期。

对中国历史上 GDP 研究的一点看法*

萧国亮

作为宏观经济学研究的 GDP 指标是衡量一个国家在一定时期内经济活动所产生的总价值,包括全部物质和服务的净产值,也包括消费(分配)、投资(储蓄)、产业结构以及出口数值,是最完整的宏观统计。通过考察 GDP 指标,一个国家特定历史时期经济发展的水平以及经济的兴衰和结构的变迁基本上可以一览无余。通过考察不同时期、不同国家的 GDP 指标,还可以进行历史的纵向比较研究与横向比较研究。因此,GDP 指标不仅是研究现实经济的重要指标,也是研究经济史的重要指标。目前,我国国家统计局按照国际标准(SNA 制)制定了自 1952 年到 2007 年的 GDP 统计。1952 年之前的 GDP 指标,英国经济史学家安格斯·麦迪森曾经有过研究。但是他的研究,他自称只是估计,是"猜测性的"(guesstimated)。中国学者张仲礼在他的《中国绅士的收入》(1962)中对 1887 年中国的 GDP 指标进行了估计。之后刘佛丁、王玉茹在此基础上在其《近代中国的经济发展》(1997)中又进行了重新估算。吴承明在《中国的现代化:市场与社会》(2001)中对 1920 年中国的 GDP 做了估算。巫宝三在《中国国民所得》(1947)对 1933 年、1936 年和 1946 年 GDP 做过估算。所以,大致 1887 年之前中国的 GDP 指标就付之阙如了。清华北大中国经济史沙龙第一次讨论的主题是中国历史上的 GDP 研究,由李伯重主讲《1820 年代松江地区的 GDP》,李稻葵与管汉晖主讲《明代的 GDP》,刘光临主讲《宋代的 GDP》,这就把中国学者对中国 GDP 的研究大大地推进了一步。这次沙龙的讨论一定会翻开中国经济史研究的新的一页。这是我要讲的第一点。

第二,我想对麦迪森有关 GDP 的研究提一些个人的看法。最近麦迪森《中国经济的长期表现——公元 960—2030 年》(第二版)的出版,引起了经济史学界的讨论,智者见智,仁者见仁,意见并不统一。当然李伯重是很推崇这本书的。他说:"这是经济史领域的一本大师级杰作。它将成为全世界未来几代学者们所赖以站立的伟人的肩膀。我们中国学者会像从本书的第一版中受益那样,从它的第二版吸取到新的智慧。"李伯重教授对麦迪森研究的推崇我是同意的。尽管我看了麦迪森的书以后和大家一样,感觉到还存在很多问题。但是他用的研究方法里面有一

---

* 原载于《新华文摘》2009 年第 17 期。

点我是十分赞同的,这就是数据的透明化。麦迪森说过:"数量分析旨在澄清质量分析中那些模糊的地方。同质量分析相比,它更容易受到质疑,而且也更可能受到质疑。因此,它可以使学术探讨更尖锐,从而有助于刺激针锋相对的假说的建立,以推动研究的发展。只有使提供数量证据和选择代表性变量的过程透明化,才可以使持有不同看法的读者补充或拒绝部分数据,或者建立不同的假说。"① 麦迪森对中国经济史上 GDP 的数量研究就是遵循了这一透明的原则。因为研究过程的透明化,持不同观点的学者可以对它的观点进行商榷、补充或者不同意他的数据,或者去建立新的假设。所以,我认为麦迪森的研究从总体上说来是科学的。因为证伪主义者波普尔认为,凡是可以证伪的命题就是科学的命题。麦迪森经研究得到的数量命题都是可以证伪的,比如他认为 1820 年中国的人均 GDP 是 600 元(1990 年"国际元",下同)。这个命题是可以证伪的,我们可以去证伪,到底是不是 600 元。通过证伪就有可能对清代的 GDP 指标的认识深化一步。李伯重、李稻葵、管汉晖和刘光临对中国历史上 GDP 的研究也都是透明化的,是可以证伪的。所以,大家就可以给他提意见,通过互相探讨,就有可能把问题辩论得越来越清楚。

在 20 多年之前我对麦迪森这样的研究是有怀疑的。其实,麦迪森的最初研究发表在美国《经济史杂志》1983 年 3 月号上,题目是《发达国家与发展中国家人均国民总产值水平的比较,1700—1980》,当然他那时的研究与现在相比还不够成熟。1984 年在中国人民大学举办的中国经济史暑期讲习班上,我的导师彭泽益先生就对麦迪森进行了不点名的批评。② 因为对中国经济史上的数量资料就很难搞清楚,没有"量",怎么来"计"呢?如关于粮食产量的问题,其中土地面积,首先就很难搞清楚,因为计量单位就不统一,有大亩、小亩,东北是"晌";其次是亩产量,有的种小麦,有的种水稻,有的种白薯,有的种高粱,产量多则几千斤,少则几百斤,如何折算?另外,还要考虑到亩产量的地区差别。还有,中国人的数量概念和欧洲人尤其是德国人相比是不同的,中国人喜欢模糊思维,所以留下来的历史资料中的数量概念是很不精确的。清代学者汪中在《述学》中写过一篇叫做《释三九》的文章,就指出了虚数和实数的区别。我们读书的时候不是有一篇文章叫做《多收了三五斗》吗?这三五斗到底是多少,可以有很多种解释。所以,对中国经济史的历史资料要进行计量研究实际上是非常困难的。但是,后来我的思想发生了变化,开始关注这样的研究。原因主要有二:一是我在北京大学经济学院接触了统计学和计量经济学这些学科,二是我发现就是现在国家统计局公布的 GDP 数据,也有不精确之处,事后还要公布修正后的数据。所以对遵循证伪主义方法和应用统计学和计量经济学方法,通过考订历史资料,而悉心研究得到的经济史数据,我们不能过分地求全责备,应该抱着"有比没有好"的态度,批判地加以利用,以此来深化我们的

---

① 麦迪森:《世界经济千年史》,北京大学出版社 2000 年版,第 4 页。
② 参见孙健编:《中国经济史论文集》,中国人民大学出版社 1987 年版,第 520 页。

经济史研究。因为观念的转变,所以,我对这次沙龙上发表主题演讲的李伯重、李稻葵、管汉辉和刘光临等人所做的中国历史上的GDP的研究非常佩服。

第三,我想对研究中国历史上的GDP的意义谈一点看法。首先,研究中国历史上的GDP对于进行历史的比较研究是必不可少的前提。过去研究经济史,特别注重生产关系的研究,甚至是到了唯生产关系的地步。如果用生产关系作为标准来进行比较,因为各国的生产关系都带有本国的特色,这就没有一个统一的标准,根本无法比较先进与落后。而使用GDP指标,不仅是一个统一的标准,而且具有普遍性。更为重要的是,GDP是一个综合指标,是一种"全要素"分析,它不仅包含经济总量,也包含经济结构,甚至反映了生产关系对生产力发展的反作用。试问如果你说你的生产关系是优越于别人的,但是你的GDP总是落后于人,这怎么能使人信服呢?在我看来GDP指标可以反映所有与经济有关的信息,一个好的政府、一个好的经济政策、一个好的制度,如此等等,其对生产的促进作用最终都应该能够从GDP指标中反映出来。还有,GDP指标与人口数量指标联系起来,就可以求得人均GDP的数据,这是反映人们生活水平的一个重要指标,充分体现了经济学与经济史研究的价值关怀。研究GDP指标不仅可以进行国与国之间、地区与地区之间、经济体与经济体之间的横向比较,而且还可以进行一个国家、一个地区、一个经济体的纵向比较。比如研究清代经济,有的学者认为乾隆时期的经济是一个高峰,所以用"驼峰型"来加以概括;有的学者看到晚清经济发展的新因素,所以用"翘尾巴"来加以概括。两种观点针锋相对,争论不休。但是,通过对清代的GDP研究,整个清代宏观经济的趋势就可以获得一个一目了然的把握,使我们既看到乾隆时期(18世纪)的经济高峰,也看到晚清时期(19世纪末)的经济发展。如果没有对清代GDP指标的研究,我想就是争论一百年,大概也不会有一个大家都能接受的结论。

其次,研究历史上的GDP指标,是研究经济发展速度问题的学术基础。我通过收集各国工业化发展历史的GDP指标,发现英国工业革命以后的工业化历程大致是以GDP年均增长2%的速度来实现工业化的。而后来居上的美国,其工业化历程则以GDP年均增长4%左右的速度来实现工业化。到了20世纪,日本与东亚新兴工业化国家的工业化历程,则又将GDP的年均增长速度提高到8%—9%左右。这是一个有趣的历史现象。我们北大在明年三月份举办第二次清华北大中国经济史沙龙时就准备讨论这个问题,题目是《从世界工业化的历史看中国经济发展的速度问题》,欢迎大家光临并发表高见。从这里我们可以发现,如果没有对历史上GDP做出科学的研究,经济发展的速度问题根本无法进行研究。

最后,科学的经济史研究不仅要对研究对象作定性的分析,而且还要作定量的分析。因为任何事物都是质和量的统一体,它不但有质的规定性,而且还有量的规定性,质一般要通过量才能来表现。所以,只有通过对经济现象作定量的分析,才能准确地把握经济现象的质。科学研究的历史告诉我们:一种科学只有在成功地运用数学时,才算达到了真正完善的地步。而对历史上的GDP进行研究,是经济史定量研究的一个重要方面。

我要说的最后一点是,我认为对历史上的GDP进行研究虽然具有重要的意义,但是我们不是唯GDP论者。用GDP来衡量经济增长与经济发展,也有它的局限性。早在三十多年前,威廉·诺德豪斯和詹姆斯·托宾就对GDP指标提出了质疑,他们企图用"经济福利量"(MEW)指标来对GDP指标进行调整。但是在一个科学的从总体上来评价经济的数量体系还没有建立起来之前,我们还是只能运用GDP指标。总而言之,我们对历史上的GDP的研究既不要迷信,也不要求全责备。

浮动本位兑换、双重汇率与中国经济:1870—1900*

管汉晖

摘要:中国清代以来的货币制度沿着银铜复本位到银本位,再到纸币本位的路径演变,与西方国家从金银复本位到金本位,再到纸币本位有着显著差别。19世纪70年代以后,当世界上多数国家纷纷放弃金银复本位而采用金本位时,中国仍然是银铜复本位制度。与金银复本位两种本位货币之间有固定兑换比价不同,中国银铜复本位两种本位货币的兑换比价是浮动的,由此造成了对外是金银汇率,对内是银铜(钱)汇率的双重汇率。双重汇率导致了汇率贬值一倍时贸易却由顺差变为逆差,实际外债和赔款的增加加重了财政负担,制钱成本上升带来的物价上涨又加剧了中下层民众的贫困化。本文在郑友揆研究的基础上,结合货币理论的新进展和新的历史资料,分析1870—1900年双重汇率对当时中国经济的影响,在此基础上以金银复本位为参照探讨中国银铜复本位制度的内在缺陷。

关键词:复本位;双重汇率;经济

一、引　言

中国货币制度演变的历史与西方国家有着很大差别,大多数西方国家的货币本位制度沿着金银复本位到金本位,再到不兑现纸币本位的路径演变,中国则是从银铜复本位到银本位,再到纸币本位。从清初到20世纪初,中国的货币制度是银铜复本位,1910年清政府颁布《币制则例》,规定以银元为国币,此后进入银本位时期,一直到1935年国民政府实行货币改革,放弃银本位,实行法币本位(彭凯翔,2006)。在这漫长的近三个世纪时间里,中国都以白银或者白银和铜钱作为主要货币,但由于本国白银产量低,主要依赖进口,经济周期很容易受世界贵金属产量和世界经济景气周期的影响,历史上多次发生货币危机。例如清代康熙年间由于实行海禁,外来白银流入减少导致了17世纪的货币危机(Glahn,1996),此外还有20世纪30年代美国实行白银收购政策导致中国白银大量外流引起的货币危机(Friedman,1992;管汉晖,2007a),这场危机使中国最终放弃了银本位。更为重要

---

* 原载于《经济研究》2008年第8期。

的是,中国从清初到20世纪初年的银铜复本位制度是世界货币史上独特的体系①,它对于这一时期的中国经济发展和历史进程产生了深刻影响,例如,它在19世纪上半期造成的货币危机导致了长达40年的经济萧条,经济萧条引起社会危机,进而又导致了太平天国运动(彭泽益,1961;林满红,1991,1993,1994),18世纪中国经济发展的"太平盛世"由此而终结(Man-houng Lin,2006)。

本文在19世纪70年代以后西方国家货币体制普遍从金银复本位转向金本位的大背景下考察银铜复本位对19世纪最后30年中国经济的影响。1870年后,从德国开始,主要西方国家纷纷放弃金银复本位,转而采用金本位②,而中国仍然是银铜复本位货币制度,中国这种银铜复本位制度与西方金银复本位一个很大的不同是,金银复本位两种本位货币之间有固定的兑换比价,而中国银铜复本位两种本位货币之间的兑换比价是浮动的,由此造成了对外是金银汇率,对内是银铜(钱)汇率的双重汇率体系。双重汇率导致了对外汇率贬值时贸易却由顺差变为逆差,汇率贬值导致实际外债和赔款负担增加,恶化了财政收支,制钱成本上升带来的物价上涨还加剧了中下层民众的贫困化,由此可见,双重汇率不仅损害了国家利益,也损害了占人口大多数的底层民众的利益。

双重汇率导致的汇率贬值时贸易由顺差变为逆差这一贸易史上的奇特现象曾使20世纪研究中国问题的西方学者如Remer(1926)等深感困惑,前辈经济史学家郑友揆在20世纪80年代对这一现象进行过初步解释。本文在郑友揆研究的基础上,结合货币理论的新进展和新的史料,分析双重汇率对1870—1900年中国经济的影响③,并以西方国家历史上广泛实行的金银复本位为参照,对银铜复本位这一中国独特的货币制度进行评价。本文以下的内容这样安排,第二节研究银铜复本位怎样导致双重汇率,以及双重汇率的主要决定因素;第三节探讨双重汇率对贸易的影响;第四节研究双重汇率对财政和收入分配的影响;第五节结合复本位货币理论,探讨中国银铜复本位货币制度的内在缺陷;第六节是本文的结语,对全文进行总结性评论。

二、银铜复本位与双重汇率的决定

在中国货币史上,一个很长的时期里实行的是白银与铜钱(制钱)的复本位

---

① 对中国清初至20世纪初的货币制度,王业键(1981)认为是复本位制,彭信威(1965)和杨端六(1962)认为是平行本位制,但是他们也认为平行本位制是复本位制的一种。总体说来,虽然与西方历史上实行的金银复本位制有着很大差别,但是大多数中国货币史的研究者都认为中国白银和铜钱并行的货币体系可以看作是复本位制的一种,陈昭南认为中国这种货币体系是最优货币区(Chau-Nan Chen,1975)。

② 1870—1913年在西方货币史上被称为古典金本位时期,见金德尔伯格(2007)。

③ 从1871年开始,大多数西方国家以及与中国有贸易关系的亚洲国家实行金本位,1900年以后,在中国内地,制钱失去其作为币值标准的作用,金银汇率成为影响中国贸易的主要因素,双重汇率的情况基本消失。因此,我们主要考察19世纪最后30年银铜复本位对中国汇率和贸易的影响。

制,银两与制钱并用,各自有不同的使用范围,银两主要在大城市特别是通商口岸使用,广大的内地和中小城市则使用制钱。一般来说,县以下征收赋税使用制钱,向中央政府缴纳则用白银,官员俸禄、国内商业汇兑、批发交易、对外贸易、田产买卖都用银,民间的其他买卖及商品零售则用制钱。根据清末文人包世臣的说法,"小民计工受值皆以钱,而商贾转输及货则以银;其卖于市也,又科银以定钱数"①。直到19世纪90年代左右,民间的收支都以制钱作标准,90年代以后,银元的流通量有所增加,到1900年为止,白银在中国的总值在5亿元左右,但窖藏的白银所占比重很大,并且其使用主要是在大城市的批发交易上。制钱在经济中所起的作用比白银大,其价值折算成白银在6亿元以上,并且由于是全国使用的交易工具,流通速度快,所以从通货数量上说,制钱仍然占据很大比重,截止到1900年,中国大部分地区都生活在制钱经济中(杨端六,1962;郑友揆,1991)。

虽然大多数中国货币史学家将这种白银与铜钱并行的货币体制称为复本位制,但这种货币制度与西方国家历史上曾广泛实行的金银复本位有着很大差别。二者最大的不同是,金银复本位两种本位货币的兑换比价是固定的,其固定比价由铸币时两种货币的贵金属含量决定。中国的银铜复本位政府并不铸造银币,只是铸造铜币,因而没有严格的铸造比价,两种本位货币的兑换比价是浮动的,其相对价格由居民的偏好、两种金属的相对供给,以及两种金属在商品和货币之间用途的替代而决定。

对1870—1900年间的中国贸易来说,在这种白银和铜钱并行的复本位制度之下,不论是以银标价的进口商品运到内地销售,或是以钱计价的出口商品转运到通商口岸,都必须经过银钱转换的手续。由此可见,在这30年间,中国的贸易实际上存在着双重汇率,由于世界上多数国家放弃金银复本位而采用金本位,因而对外是金银汇率,对内则是银钱汇率。就出口来说,制钱不仅是收购出口商品的交易手段,也是计算出口贸易成本的标准。进口商品销往中国内地市场时,也面临双重汇率问题,进口的外国商品,对外国用黄金或者以金银汇率转换的白银支付,内地向上海等通商口岸批发购买也是用银支付,但向内地零售时则必须使用制钱。在华东一带,商人在内地出售货物得到的制钱,以苏州为兑换中心,转换成白银后,再汇至上海(郑友揆,1991)。

鸦片战争后的近代中国是一个接近于自由贸易的国家,由于受到不平等条约的限制,政府除了对进出口征收不到5%的关税之外,对贸易很少有其他限制措施,直到1933年中国才实现关税自主(莱特,1963;管汉晖,2007b)②,因此,1870—1900年间中国双重汇率的决定同当时世界货币体制由金银复本位向金本位转变有着不可分割的联系。概括说来,对外汇率主要由世界金银相对价格决定,对内汇

---

① 包世臣《安吴四种》卷27,庚辰杂著二。
② 子口贸易的名义关税率只有2.5%,见郑友揆(1984)。

率则由银铜的相对价格决定,由于1870年后中国铸造铜币所需的原料也主要来自进口,因此,对内汇率又和对外汇率导致的以白银衡量的进口铜价之间有很强的相关关系。

首先来看对外汇率的决定,1870年后对外汇率的大幅贬值主要受两个因素影响,第一是当时主要国家放弃复本位转向金本位,对黄金和白银的相对需求发生变化,第二是这一时期世界黄金和白银的相对供给严重失衡。

19世纪70年代以前,当时世界上的主要国家大多数都实行金银复本位制度,1871年,在普法战争中获胜的德国在得到法国相当于5 000万盎司黄金的战争赔款后,决定采用金本位制度,同时向国外抛售白银,其他复本位国家白银供给的压力持续增大,金银的市场比价开始突破复本位体系规定的1∶15.5的水平,和铸造比价的距离越来越大。① 在持续的白银贬值压力下,金银复本位制度已难以维系,西方国家纷纷放弃复本位而采用金本位,停止了白银的自由铸币,普遍抛售白银,对黄金的需求则不断上涨。表1显示了主要国家采用金本位制的时间,其中大部分国家是中国的贸易对象②,由表可见,1870年之前,在与中国有贸易关系的主要西方和亚洲国家中,只有英国实行金本位,到1900年为止,已经绝大多数采用金本位了。

表1 主要国家采用金本位制时间年表

年份	国家
1816	英国采用金本位制
1871	德国采用金本位制
1873	美国、丹麦、瑞典、挪威采用金本位制
1874	拉丁货币联盟③限制银币之铸造
1875	意大利、荷兰终止银币之自由铸造
1876	芬兰采用金本位制,法国终止5法郎银币铸造并采用金本位制
1893	印度终止银币自由铸造
1897	日本、俄国采用金本位制
1899	印度采用金汇兑本位制

资料来源:孔敏(1988),蒙代尔(2003)。

---

① 在金银复本位制度下,美国的法定金银铸造比价是1∶16,法国是1∶15.5,法国的铸造比价成为大多数金银复本位国家共同采用的标准,见Bordo(1987)和Friedman(1990)。

② 1870年,与中国有贸易关系的国家,按照在进出口总值中所占的比重,依次是英帝国(当时包括印度、中国香港、新加坡、澳大利亚、新西兰等),分别是进口95%,出口75.6%,如果单独看英国,大约是进口36.8%,出口52.5%,印度进口是27.1%,出口是0.2%,美国进口是0.6%,出口是13.7%,欧洲大陆(俄国除外),进口是0.7%,出口是4.8%,日本进口是2.9%,出口是1.9%,俄国进口是0.1%,出口是1.5%,更详细的数据见姚贤镐(1962)。

③ 拉丁货币联盟指的是法国、意大利、比利时和瑞士四国,这个同盟成立于1865年。因为美国为支付南北战争所需费用而出口黄金,导致这四国采取联合行动,为它们各自的银币选择不同的白银含量,并签署国际协议,建立了这一货币同盟,见金德尔伯格(2007)。

在各国放弃复本位而采用金本位的同时,整个世界的白银产量却在这一时期迅猛增长,表 2 是 1811—1910 年世界金银产量表,由表中数据可见,1851—1900 年间,世界黄金产量从 63 亿盎司增长到 100 多亿盎司,增长了 1.5 倍多,白银产量从 260 多亿盎司增长到 1 600 多亿盎司,增长了 6 倍多。一方面是西方和亚洲主要国家大量抛售白银,对黄金需求加大,另一方面是黄金生产保持平稳,白银产量迅速上升,其结果自然是白银相对于黄金的比价迅速下跌,总体说来,世界银价在这 30 年里下跌了 55% 左右。图 1 显示了 1687—1911 年的金银比价,由图可见,1687—1870 年,金银比价基本围绕 1∶15.5 波动,1870 年后开始突破这一界限,此后不断上升,到 1900 年已经达到 1∶33.3 了。如果用指数来衡量,以 1870 年为基期,1900 年银对金的比价不到 1870 年的一半,只有 46% 多(孔敏,1988)。在 19 世纪 70 年代,中国的对外贸易主要以白银结算,因此,金银比价的下降,意味着中国汇率相对于所有金本位国家的下跌,由图 2 显示的 1870—1900 年的中国汇率可见,在这段时间里,对外汇率持续贬值,汇率指数由每海关两合 97.9 英镑降落到 46.4 英镑,几乎贬值了 1 倍多。

表 2　世界金银产量(1811—1910)　　　　　　　单位:百万盎司

年份	金	银
1811—1820	368	17 400
1821—1830	457	14 800
1831—1840	652	19 200
1841—1850	1 762	25 000
1851—1860	6 313	26 500
1861—1870	6 108	39 000
1871—1880	5 472	66 800
1881—1890	5 200	97 200
1891—1900	10 165	161 400
1901—1910	18 279	182 600

资料来源:Pierre Vilar(1976)。

一般情况下,对内的银钱汇率主要由两种金属的相对供给决定,但 19 世纪 70 年代后,由于中国铸造铜币所需要的原料主要来自国外,因此对内汇率又和对外汇率导致的以白银计值的进口铜锌价格之间有着密切关系。具体来说,当中国的对外汇率相对于金本位国家贬值时,中国出口价格降低,进口价格上升,因此进口的铜锌相对于白银的比价也上升,这导致中国的银钱比价上升,本节的以下内容分析对内汇率即银钱比价的决定因素。

19 世纪 70 年代以前,中国铸造铜币所需要的铜主要来自云南,由于太平天国运动和云南境内回民起义,1870 年后云南铜产量大幅减少,从 1850 年左右的每年 1 000 万斤下降到 1890 年平均不超过 50 万斤,1890 年后增加到每年 100 余万斤

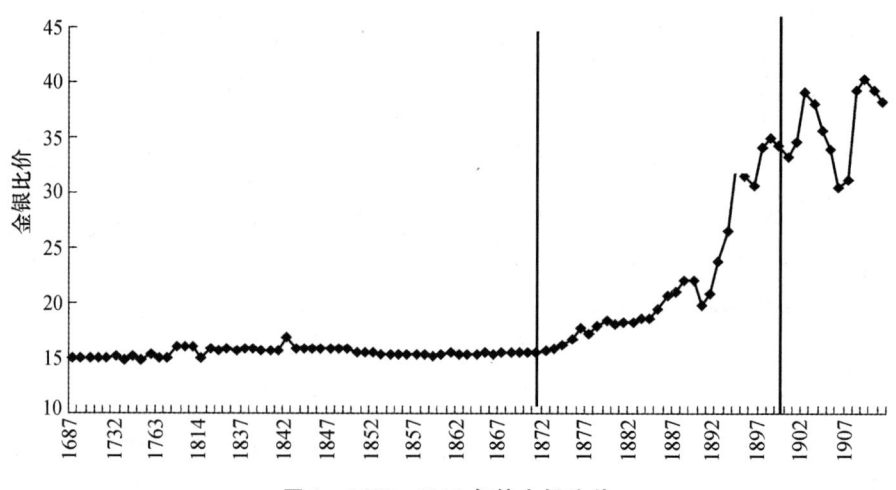

图 1　1687—1911 年的金银比价

资料来源：王宏斌(1990)，原始数据 1687—1832 年来自汉堡交易所价格，1833—1911 年系伦敦市场价格。

(严中平，1957)。铜供给的减少使铜钱供给减少，不能满足经济增长的需要，促使清政府向日本、菲律宾等国进口铜钱，1866 年后改为进口铜以铸钱。1875 年铜的进口量每年约 10 000 余担(一担等于 100 斤)，以后逐年增多，1887 年达到 60 000 多担，90 年代为 35 000 担以上。铸造铜钱的另外一种主要原料是锌，锌的进口量自 80 年代下半期起也迅速增加，增加的趋势与铜基本一致。因为铸造铜钱的原料主要来自进口，因此，中国国内银钱比价在很大程度上受国外铜锌价格的影响。也就是说，由国外以金计的铜锌价格转换而来的中国以银计的铜锌进口价格是影响国内银钱比价的重要因素，因而 1870 年以后银相对金的贬值使以银计的铜锌进口价格上升，造成了对内银相对于铜钱的升值。图 2 显示了 1870—1900 年银钱比价与进口铜价的关系，由图可见，银钱比价和进口铜价的变动趋势大部分时间是相同的。

为了更好地说明对内汇率的决定即银钱比价与进口铜锌价格之间的关系，我们对王宏斌和郑友揆整理的银钱比价与制钱成本进行协整分析。首先对每个变量数据序列的平稳性特征采用单位根的 ADF 检验方法，分别就每个变量时间序列数据的水平和一阶差分形式进行检验，检验过程中滞后期的确定采用 AIC 最小准则，以保证残差值的非自相关性。附录 1 显示了 ADF 检验的结果，由表可见，取自然对数之后的银钱比价与制钱成本原序列都是非平稳序列，经一阶差分之后是平稳序列，即两个变量都是一阶单整序列。为判断变量之间是否存在长期均衡关系，进一步采用 Johansen 提出的方法来检验变量之间的协整关系，最优滞后期的选择根据无约束的 VAR 模型确定，检验结果表明(见附录 3)协整分析的最优滞后期为 6 期。基于滞后 6 阶的 VAR 模型做 Johansen 协整检验，检验结果记录在附录 2 中，

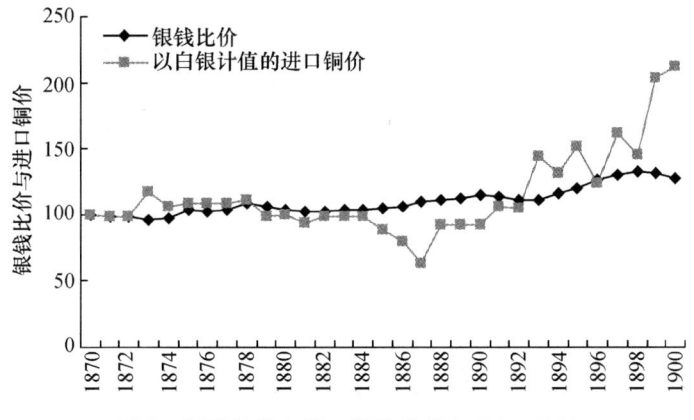

图 2　银钱比价与进口铜价比较(1870 = 100)

资料来源:进口铜价来自王宏斌(1990),银钱比价来自郑友揆(1991),图中银钱比价与进口铜价均为指数,后者为每担铜价值海关两。

由表可见,无论是迹统计量还是最大特征值统计量,都表明这两个变量之间存在着唯一一个协整关系,协整方程是：

$$LnRatio_t = -0.310785 LnCost_t + \varepsilon_t$$
$$(0.13485)$$

上述方程显示出,以白银计值的铜锌价格和每一规元对铜钱的比价在长期呈现出明显的负相关关系,制钱成本每上升1%,银钱比价下降0.31%,这一关系在统计上非常显著(括号里的数据是标准误,由此计算 t 值为2.3)。

三、双重汇率对贸易的影响

按照经济学理论,汇率下跌应该刺激中国商品的出口,而减少进口,19世纪最后30年汇率贬值一倍对出口的刺激和进口的抑制理应非常显著。图3显示了1870—1900年中国的汇率和进出口贸易,由图可见,当汇率贬值时(指数从100下降到46),出口确实在增加,但增加的幅度并不大,进口的增加却远远超过出口,出口与进口的比例开始是1.6倍,此后却持续下降,1886年以后,出口在绝对值上已下降到了进口值之下。具体到进出口值,1870—1875年顺差是2 600多万海关两,1876—1880年是2 900多万海关两,随着汇率不断贬值,1891年逆差达250多万海关两,1896—1900年逆差将近2 600万海关两(茅家琦,2001)。

汇率贬值一倍的同时贸易却由顺差变为逆差,这是与理论预见的贸易流动完全不同的现象,出现这一现象的原因正是中国历史上独特的银铜复本位货币制度导致的双重汇率。概括说来,1870—1900年间,世界银价下跌了55%左右,在银价下跌的过程中,铜钱对银两的相对价格反而上升了34%。这样,由于双重汇率的

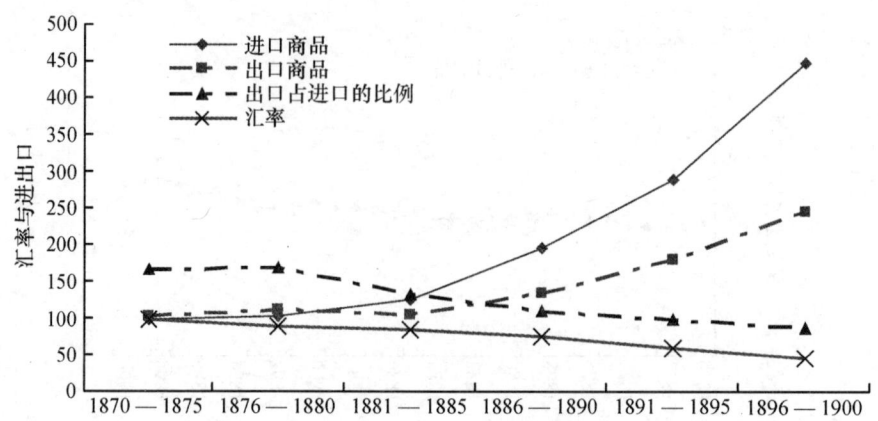

图3 1870—1900年的中国汇率和进出口贸易(1870—1872=100)

资料来源:郑友揆(1991),图中汇率、进口和出口商品均为指数,进口商品中去掉了鸦片[①],汇率为每海关两合英镑。因为所有采用金本位的国家是内生的固定汇率,所以海关两对英镑汇率可以代表对所有的金本位国家汇率,原始数据可参考茅家琦(2001)。

作用,白银对外汇率贬值,对内汇率升值,如前所述,在中国对外贸易上,大部分进口商品在使用制钱的内地销售,出口商品则几乎全部来自以制钱为基础的农村,由于以铜钱计值的进口商品价格比中国内地产品价格低,出口商品价格比中国内地产品价格高,所以银价下跌对出口贸易的促进作用,很大一部分为铜钱价格上升所抵消,出现汇率贬值进口反而超过出口的现象,本节对这一现象进行具体分析。

图4显示了1870—1900年分别以银和以钱计算的进出口物价指数,由图可见,钱计物价与银计物价的变动有着显著的差异,在这30年中,以白银衡量的进出口物价指数都比以制钱衡量的进出口物价指数高。以制钱计算的进口物价指数基本上处于下降通道中,从100下降到了73,这对于进口贸易是有利的,以制钱衡量的出口物价也在下降,这对出口贸易是不利的。结合图3中的进口商品和出口商品指数,我们发现,在这个时期中,中国的出口商品指数虽然也有增加,但进口商品的增加率却远比出口快,所以商品出口值与进口值的对比关系,从1.6下降到0.86。1870—1890年间,出口每年都是顺差,但顺差额是逐年下降的,由图1可见,1890年以后金银比价迅速上升,从1:19上升到最高的1:35,白银的对外汇率贬值因而加快,由图2可见,这段时期对内汇率的升值也随之加快,因此,贸易在1890年以后转为逆差并且迅速扩大。

我们可以进一步通过以制钱衡量的进出口物价与中国内地物价相比较来说明中国进出口贸易的不同趋势,如前所述,在这个时期内,中国内地广大农村、城镇以及城市近郊人民都是使用制钱的,零售物价是以制钱为单位,中下层人民的收入也

---

① 因为鸦片是特殊商品,其需求弹性同普通商品存在很大差别,对汇率变动相对不敏感。

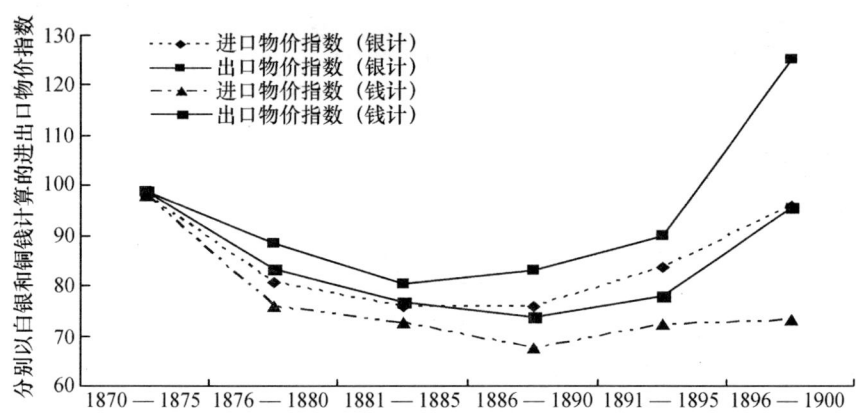

图 4 1870—1900 年分别以白银和铜钱计算的进出口物价指数（1870—1872 = 100）

资料来源：郑友揆（1991），与图 2 类似，进口商品中去掉了鸦片，以钱计算的进出口物价指数由以银计算的进出口物价指数乘以银钱比价得来。

是以制钱为计算标准的，而且，中国除了对进口产品征收不到 5% 的关税，对于贸易没有其他保护措施，因此，进口商品能否在中国市场上大量销售，取决于以制钱计算的进口物价与中国本地产品价格之比较。

从图 5 显示的以制钱衡量的进出口物价与中国内地商品物价指数比较中，我们可以进一步明确在汇率贬值过程中，中国进口贸易不断增加的原因。由图可见，在 70 年代初期，进口物价指数比中国内地商品物价指数高，图 3 显示出，在这段时间，进口贸易几乎没有增长。19 世纪 70 年代中期以后，进口物价始终比内地物价低，这有利于进口商品的销售，图 3 显示出，1880 年以后，进口商品指数迅速增长。甲午战争以后的 5 年间，中国内地物价指数远比进口物价指数高，因而进口商品大幅度增长。这进一步说明，对当时的中国而言，对外汇率贬值并不是阻碍进口贸易的主要因素，还要看对内汇率即银钱比价的关系，进口商品价格折合成钱价后与内地物价比较，才是决定进口贸易是否增长的关键。此外，在进口商品和中国本地商品的价格竞争中，厘金也是一个不可忽视的重要因素，根据 1858 年中英《天津条约》以及同年《中英通商章程》中规定的子口半税的特权，进口商品只需要缴纳 2.5% 的税款，就可以在中国市场上销售，而中国内地商品在全国流通，还需要缴纳厘金，厘金有时高达 20%（罗玉东，1936），这无疑削弱了中国商品的竞争力。

近代中国是一个典型的二元经济国家，沿海地区，特别是那些开放比较早的通商口岸，同世界市场联系紧密，经济发展水平远比内地高（Chi-Ming Hou, 1963），这些城市以白银作为主要货币，对外主要是金银汇率，广大内地则是白银和制钱的汇率。但是，在进口商品中，只有少数奢侈品，例如毛织品、上等烟酒、钟表、海产品是供大城市中的外国居民和少数中国富裕阶层消费的，大多数进口商品，例如棉布、

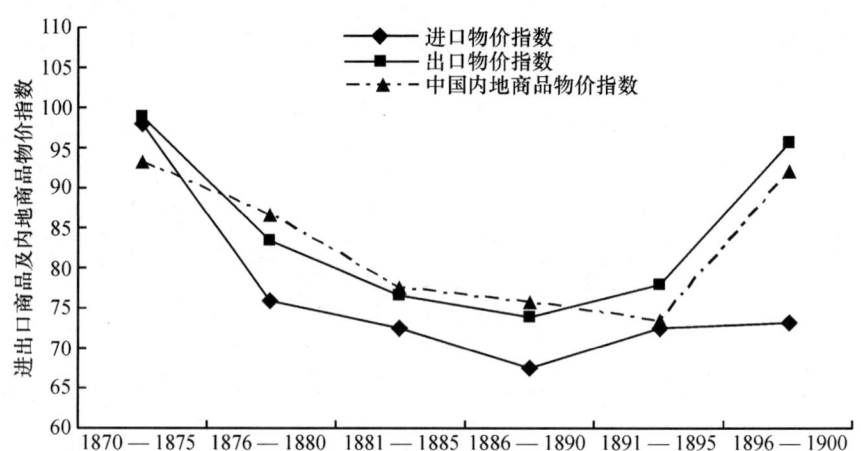

图 5 进出口商品物价指数与内地商品物价指数比较(1870—1872=100)

资料来源:同图3,中国内地物价指数系根据皖南屯溪市粮食和主要农产品以及手工业品的物价计算,这些产品都是以制钱计价的。

煤油、火柴以及五金杂货都是供给广大中下层居民的,海关统计资料显示,后一类商品的进口值占总进口商品值的75%—80%(姚贤镐,1962;茅家琦2001),因此,在总的进口商品中,以制钱销售的比例也占80%左右,由以上可见,银钱汇率是影响进口贸易的一个重要因素。出口贸易同样受到银钱汇率的影响,虽然以白银计算的出口物价下跌,但是图5显示出,1890年以后,以制钱衡量的出口物价高于中国内地物价,这对于出口起到了阻碍作用。

四、双重汇率对财政和收入分配的影响

双重汇率除了使贸易由顺差转为逆差之外,还对1870—1900年间的中国财政和收入分配产生了影响。对财政的影响主要是,对外汇率贬值使中国以外币衡量的国民财富,特别是财政收入减少,导致实际外债和赔款负担增加,这就是当时广泛讨论的"镑亏"问题,对中国政府来说,汇率风险无疑比从前增加了。当时的中国对外借款和赔款是以黄金计值的,因此还款和偿债时必须经过白银和黄金的兑换,汇率在这段时间的急剧贬值使得实际支出大为增加。甲午中日战争之前,中国所借外债不多,"镑亏"不是一个严重的问题。1894年甲午中日战争后,为了筹措对日赔款,中国政府共三次对外借债,如图1所示,这一时期恰好是银相对金的汇率迅速下跌的时期,实际偿债支出也就大为增加。我们仅以1896—1900年的克萨镑款为例来说明,这5年里按借款年汇率折合的库平银每年是366 084两,按付款年汇率折合的库平银分别是366 084、409 602、422 910、405 348、393 108两,后者比前者多出了10%。如果比较总的财政支出,1885—1894年间,外债支出在总的财

政支出中所占的比例是 4.3%（徐义生，1962），到 1901 年，总财政收入是 8 820 万两，总支出是 10 112 万两，赤字是 1 300 万两，这其中很大一部分是由于汇率贬值导致的"镑亏"。由此可见，对外汇率贬值导致的实际赔款负担的加重成为 19 世纪末 20 世纪初中国财政的一个严重问题。1900 年以后的庚子赔款也是以黄金偿付，由于汇率贬值，每年"镑亏"达 2 666 667 海关两（张宁，2007）。汇率贬值引起的财政危机使当时一些有见识的官员和知识分子深受震动，币制改革成为当时中国舆论的热点，著名的思想家如严复、康有为、梁启超都对币制问题发表过自己的看法。

双重汇率对收入分配的影响主要表现在只有少数买办商人通过从两种汇率之间套利而获利，由于对外汇率贬值而导致的对内银钱比价上升加剧了底层民众的贫困化。占中国人口绝大多数的广大中下层民众，因为生活在制钱经济中，汇率贬值使得以外币衡量的收入减少，银钱比价上升又造成以制钱衡量的物价上升，因为他们的收入基本是固定的，钱价上升使中下层劳动人民更加贫困。历史记载显示，在 19 世纪后期，中国底层居民以制钱衡量的收入增长不多[①]，因此银汇率贬值使得进口铜锌价格上升带来的以制钱衡量的物价上升，降低了这些居民的生活水平。我们以 Gamble 整理的中国非熟练劳动力的日工资为例来说明这一点，图 6 显示了 1860—1901 年分别以白银和铜钱计值的中国非熟练劳动力名义工资及实际工资，由图中数据可见，在 1870—1900 年间，中国非熟练劳动力无论是以白银计值的工资还是以铜钱计值的工资都有所增长，大约从 100 上涨到了 140 左右，而且，后者比前者上涨更快，这和当时铜钱相对于白银升值的状况是一致的。与此同时，进口铜锌价格的上升导致物价水平也在上涨，其总体上涨幅度超过了工资的上涨幅度，因此，非熟练劳动力的实际工资在这段时间基本是下降的，如果以 1870 年为 100，经过 1875 年短暂上升到 118 后，1877 和 1878 年下降到 66 和 70，1892 年是 88，1900 年是 90。

总结说来，对 1870—1900 年的中国经济来说，对外汇率贬值不仅没有促进出口，还造成了贸易逆差，这意味着贬值对中国只有成本，却没有享受到应有的收益。以外币衡量的财政收入减少使实际外债和赔款增加，进口铜价的上升使以制钱衡量的物价上升，恶化了中下层人民的生活，因此，双重汇率不仅损害了国家利益，也损害了占人口大多数的底层民众的利益，对当时的中国经济造成了严重的负面影响。

---

① 据 Gamble(1943)研究，19 世纪后半期，中国匠工及徒工的工资只变动过 4 次，在 40 年里增加了 50%，根据彭泽益(1962)的研究，在直隶景县县志的记载中，1880—1890 年间农工以及各种手工业者的工资基本没有变动。

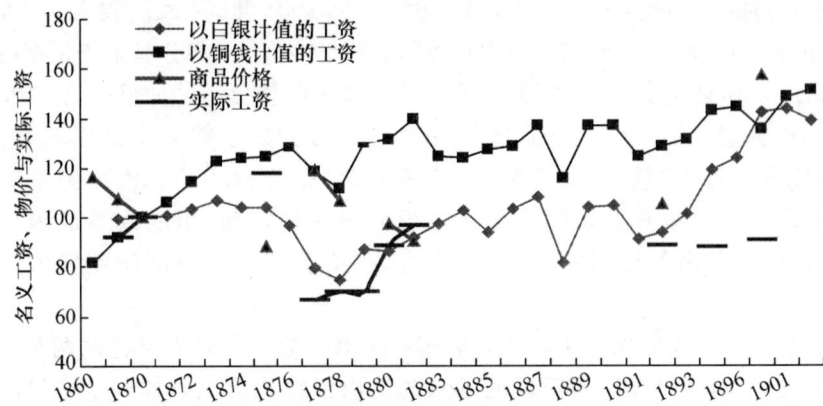

图6 以白银和铜钱计值的中国非熟练劳动力名义工资及实际工资（1870＝100）

资料来源：Gamble(1943)，这些数据都是指数，商品价格是钱计物价，商品价格和真实工资的数据是不连续的，但还是可以看出其发展趋势。

五、对中国银铜复本位制度的评价

最近半个多世纪以来，经济学家对复本位的认识经历了重大转变，20世纪上半期，以Froman(1936)为代表的经济学家认为，复本位制度不是一个令人满意的货币体系，它只能在一定范围内发挥作用，一旦充当货币的两种金属中任何一种供给大幅度增加，复本位就会崩溃，这一观点得到大多数货币经济学家的认可，他们基本都认为，单一货币体制优于复本位制，单一金本位制优于单一银本位制。到了20世纪90年代，Friedman(1990)在对复本位进行认真研究后，认为"与一种完全不值得相信的谬论不同，不论从理论上，实践上还是历史上看，复本位制都非常值得称道，因为它优于单一金属本位制，尽管并不一定优于金银混合本位制或物价指数本位制"①。最近的研究表明，与以后的单一金本位制相比，复本位制在一段时期内确实保持了较大的价格稳定。但是，复本位制度只有在满足一定条件下才能较好的发挥作用，Bordo(1987)将这些条件归纳为以下几点：第一，铸造比价与长期市场比价非常接近；第二，每种金属的非货币用途的份额很小；第三，每种金属的非货币需求的弹性和相互交叉弹性很大；第四，生产每一种金属的供给弹性很小并且非常接近。将货币理论和货币史对照考察，西方历史上金银复本位运行比较好的时期以上条件基本都能得到满足，中国的银铜复本位与西方金银复本位存在很大差别，以上条件基本都不具备，所以从理论上说中国的银铜复本位制度很难良好运行。

---

① 见弗里德曼著，安佳译：《货币的祸害：货币史片段》，商务印书馆，2006年，第149页。

就铸造比价与市场比价的关系来说，在金银复本位制度下，两种货币有着严格的铸造比价。例如，美国从1837年到南北战争之间，政府规定金元等于23.22纯金格令，银元等于371.25纯银格令，由此规定的铸造比价是1:16，市场比价围绕这一比价而波动，价格水平从而得以保持稳定。其背后的原理是，当市场比价偏离铸造比价时，两种金属在商品和货币之间的替代，以及两种货币的相互替代，使得两种货币的相对供给得以调节，这一调节机制使市场比价向着铸造比价趋近（Fisher,1894）。在中国的银铜复本位制度下，没有严格的铸造比价，或者只有名义上的铸造比价，虽然政府规定白银与铜钱关系是银一两合制钱一串（即1000文），但是这个比价并不是法律强制规定的，只是一个理想平价而已。由于政府对白银的供给无法控制，又无力干涉铜钱的私铸和私销，所以市场的银钱比价经常在波动，与名义上的铸造比价之间存在着很大差距。由此可见，中国的银铜复本位与西方金银复本位最大的不同在于，金银复本位两种本位货币之间的兑换价格是固定的，而银铜复本位两种本位货币之间的兑换比价是灵活可变的（Chau-Nan Chen,1973）。更重要的是，由于不存在市场比价向铸造比价趋近的机制，银铜复本位下的价格水平也就不如金银复本位那样稳定。

就两种金属的相对供给来说，在中国的银铜复本位下，两种金属和货币的供给弹性相差很大。中国本身不是一个银产量很高的国家，16世纪以后，国外贸易成为中国白银最重要的来源，虽然有一部分白银用于商品用途或者被窖藏，但这部分白银所占比例不大。如王业键所论，除非在社会不安定或者政府大量减低铜钱成色或者重量时，人们才会窖藏白银，因此，商品用途或者窖藏不会影响充当货币的白银供给量的剧烈变化。但是，19世纪末以前，中国政府没有铸造银币，也没有控制白银的生产与进出口，因此，政府对于白银的供给几乎没有任何影响力。铜钱部门的铸币权利虽然属于政府，政府在北京及各省设立铸局，规定各局每年铸钱数额，但是因为无法禁止私铸和私销，那么只是调控政府铸币数额对于铜钱的供给影响不大。19世纪70年代以后，铜的供给也主要来自国外，政府也无法控制。中国这种货币制度的最大优点是，因为无法控制这两种货币的供给，政府不能够通过实行通货膨胀政策来为财政赤字融资（王业键,1981），但是由于两种金属和货币的供给政府都无法控制，当两者之间供给产生激烈波动时，政府无法采取措施来维持两种货币相对价值的稳定。

更重要的一点是，在金银复本位制度下，由于兑换比价固定，金和银是严格替代的，由于这一严格的替代关系，Gresham法则的作用使得与其铸造价值相比，定值过低的金属会从货币地位降为非货币地位，而定值过高的金属的地位则沿着相反的方向变化，从而鼓励定值过低的金属的生产，定值过高的金属的生产相应减少。在中国的银铜复本位下，铜钱和白银在交易上各有其用途，二者之间既有替代关系,也有互补关系,由于不存在严格替代关系,因此,Gresham 法则不起作用。①一旦这一法则不起作用,与金银复本位下一种货币供给减少导致另一种货币供给增加不同,中国的银铜复本位下一种货币供应的减少会导致另一种货币的减少,既加大了银钱比价的波动,也会导致总货币供给的持续减少,这两种因素不仅会造成价格的不稳定,还会使经济陷入通货紧缩之中。以上论述正是 19 世纪上半期中国的实际情况,当时由于白银大量外流使得银贵钱贱,由于白银和铜钱之间没有严格替代关系,银钱比价的上升使得白银供给减少,进一步引起铜钱供给和需求的减少,不仅加剧了银钱比价的持续上升,还造成总货币供应的紧缩,使得中国经济陷入长达 40 年通货紧缩的恶性循环,类似的情形也发生在本文所论述的这段时间中。此外,由于 Gresham 法则的作用,西方的金银复本位会向着单一金属本位制演变,中国的银铜复本位则没有演变为单一金属本位的可能,这也是中国的银铜复本位持续时间较长的重要原因。

六、结　语

经济史学家王业键(1981)曾经指出,中国清代以来的币制是世界货币演进中的一个特例,"如果能够把这个制度的结构和它的实际运行剖视明白,对于世界货币史的研究当可做些微贡献"②。本文研究 1870—1900 年间中国独特的银铜复本位货币制度造成的双重汇率对当时经济的影响,由此可以增强我们对这一货币制度的理解,本文的结论主要有以下几点:

第一,1870 年后,西方国家普遍放弃金银复本位而采取金本位,中国仍然延续了清代以来的银铜复本位制度。与金银复本位两种货币有固定的兑换比价不同,中国这种货币制度两种本位货币之间的兑换比价是浮动的,由此造成了对外是金银汇率,对内是银铜汇率的双重汇率体系。双重汇率导致对外汇率贬值一倍时贸易由顺差变为逆差,汇率贬值还造成中国的实际外债和赔款负担增加,以铜钱衡量的物价上涨加重了广大中下层人民的贫困化。因此,双重汇率不仅损害了国家利益,也损害了底层民众的利益。

第二,之所以出现上述情况,主要原因是对外的金银汇率又影响了对内的银铜汇率。由于中国铸造铜钱的原料铜和锌主要来自国外,白银相对于黄金的贬值使得进口铜锌价格上升,由此造成白银相对于铜钱升值和以铜钱衡量的物价水平上升,进而使进口价格低于中国内地物价,出口价格高于中国内地物价。

---

① 正如 Mundell(1998)批评人们对 Gresham 法则的滥用时所强调的那样,Gresham 法则的完整定义应该是"如果交换价格相同,则贱币驱逐贵币",如果没有交换价格相同这一前提条件,更多的时候是优币的强势货币驱逐劣等的弱势货币。
② 见王业键:《中国近代货币与银行的演进:1644—1937》,台北"中央研究院"经济研究所,1981 年,第 2 页。

第三,货币理论的研究表明,复本位必须在满足一定条件下才能保持物价稳定,西方金银复本位制度运行好的时期这些条件基本能得到满足。中国的银铜复本位制度由于没有真正的铸造比价,Gresham 法则不起作用,同时充当货币的两种金属供给弹性相差很大,因此理论上很难良好运行。

无论从货币理论出发,还是从世界各国货币演变的历史来看,从商品货币本位发展到不兑现或者兑现的纸币本位,从金属复本位发展到单一金属本位,都是货币发展的大趋势,同属于亚洲的印度和日本也在 19 世纪 90 年代实行了金本位或金汇兑本位。从清初到 1935 年的三个多世纪,中国币制由银铜复本位演变到以白银为基础的多元本位[①],1935 年法币改革后才发展为纸币本位。中国货币制度在很长一段时期非常混乱,落后于世界潮流,造成的结果是,一方面,政府不能够按照经济发展的需要调节货币的供应量,经济容易受外部因素影响而发生波动,波动发生后又无法采取针对性的措施;另一方面,在银铜复本位时期,由于银和铜的供给难以同步,政府无法维持两种货币比值的稳定,增大了交易成本,由此可见,货币制度的落后是中国经济落后的主要原因之一。

附录 1

单位根检验结果

变量	检验形式 (C,T,N)	ADF 检验 t 统计量	5% 临界值
LnRatio	$c,n,6$	-0.305	-2.963
dLnR	$c,n,6$	-3.546***	-2.967
LnCost	$c,n,0$	-2.651	-2.945
dLnC	$c,n,0$	-11.292***	-3.6329

注:LnRatio、LnCost 分别表示银钱比价和制钱成本,二者都为指数,原始数据来源于王宏斌(1990)和郑友揆(1991),原数据指数的基年为 1870—1872,作者以 1870 年为基年重新作了计算,制钱成本按照原数据的进口铜锌价格分别在制钱中所占 60% 和 40% 进行计算。dLnR 和 dLnC 为一阶差分后的银钱比价和制钱成本,检验形式 (C,T,N) 中 C,T,N 分别表示 ADF 检验模型中的常数项、时间趋势项和滞后阶数,*、**、*** 分别表示在 10%、5% 和 1% 的显著性水平下拒绝原假设,即时间序列是平稳过程。

[①] 多元本位的提法出自美国经济学家甘末尔(Edwin W. Kemmerer),20 世纪 30 年代甘末尔作为中国政府的顾问曾提出一揽子货币改革方案,他在报告中提到,中国的币制是在任何一个重要国家里所仅见的最坏制度,它是乱七八糟一大堆铸币、重量单位和纸币凑成的大杂烩,币制随地而异、各不相同,甘末尔方案建议中国实行金汇兑本位制。在此之前,1903 年海关总税务司赫德和美国康奈尔大学经济学家精琦曾建议中国实行金本位制,但由于各种原因这些方案和建议都没有实行,参见杨格(1981)第 177、194 页。

附录 2

变量间协整关系的检验

零假设	特征值	迹统计量	5%临界值	特征值	最大特征值统计量	5%临界值
$rk=0$	0.491743	21.35124	15.49471	0.491743	19.62627	14.26460
$rk\leq 1$	0.057747	1.724976	3.841466	0.057747	1.724976	3.841466

注:协整对原序列进行,包含截距,不包含时间趋势。

附录 3

最优滞后期的选择

Lag	LogL	LR	FPE	AIC	SC	HQ
0	77.40354	NA	1.04e-05	-5.800272	-5.703496*	-5.772404*
1	81.19425	6.706639	1.06e-05	-5.784173	-5.493843	-5.700569
2	83.76435	4.151700	1.19e-05	-5.674181	-5.190298	-5.53484
3	87.90708	6.054760	1.20e-05	-5.68516	-5.007723	-5.490083
4	92.47556	5.974165	1.18e-05	-5.728889	-4.857899	-5.478076
5	94.63402	2.490536	1.44e-05	-5.587233	-4.522689	-5.280683
6	104.7999	10.16587*	9.73e-06*	-6.061531*	-4.803434	-5.699244
7	107.3923	2.193554	1.23e-05	-5.953252	-4.501602	-5.53523
8	110.7646	2.334689	1.56e-05	-5.90497	-4.259767	-5.431211
9	114.4367	1.977306	2.13e-05	-5.87975	-4.040993	-5.350254
10	115.6731	0.475536	4.14e-05	-5.667165	-3.634855	-5.081933

注:*表示在该准则下选择的最优滞后期。

参 考 文 献

[1] 阿瑟·杨格:《一九二七至一九三七年中国财政经济状况》,中国社会科学出版社,1981年。

[2] 查尔斯·P.金德尔伯格著,徐子健、何建雄、朱忠译:《西欧金融史》,中国金融出版社, 2007年。

[3] 管汉晖:《20世纪30年代大萧条中的中国宏观经济》,《经济研究》,2007年第2期。

[4] 管汉晖:《比较优势理论的有效性:基于中国历史数据的检验》,《经济研究》,2007年第 10期。

[5] 孔敏主编:《南开经济指数资料汇编》,中国社会科学出版社,1988年。

[6] 莱特著,姚曾廙译:《中国关税沿革史》,北京商务印书馆,1963年。

[7] 林满红:《中国的白银外流与世界金银减产(1814—1850)》,载吴键雄主编《中国海洋发展史论文集》第五辑,台北"中央研究院"人文社会科学研究所,1991年。

[8] 林满红:《嘉道钱贱现象产生原因'钱多钱劣论'之商榷——海上发展深入影响近代中国之一事例》,载张彬村、刘石吉主编《中国海洋发展史论文集》第五辑,台北"中央研究院"人文社会科学研究所,1993年。

[9] 林满红:《嘉道年间货币危机争议中的社会理论》,载台北"中央研究院"近代史研究所集刊第23期,1994年。

[10] 罗玉东:《中国厘金史》上海商务印书馆,1936年。

[11] 茅家琦主编:《中国旧海关史料:1859—1948》,京华出版社,2001年。

[12] 蒙代尔著,向松祚译:《蒙代尔经济学文集》第四卷,中国金融出版社,2003年。

[13] 米尔顿·弗里德曼著,安佳译:《货币的祸害:货币史片段》,北京商务印书馆,2006年。

[14] 彭凯翔:《清代以来的粮价:历史学的解释与再解释》,上海人民出版社,2006年。

[15] 彭信威:《中国货币史》,上海人民出版社,1965年。

[16] 彭泽益:《鸦片战后十年间银贵钱贱波动下的中国经济和阶级关系》,《历史研究》,1961年第6期。

[17] 彭泽益:《中国近代手工业史资料》,北京中华书局,1962年。

[18] 王宏斌:《晚清货币比价研究》,河南大学出版社,1990年。

[19] 王业键:《中国近代货币与银行的演进:1644—1937》,台北中央研究院经济研究所,1981年。

[20] 严中平编著:《清代云南铜政考》,上海中华书局,1957年。

[21] 严中平、姚贤镐编:《中国近代经济史统计资料选辑》,北京科学出版社,1955年。

[22] 姚贤镐编:《中国近代对外贸易史资料 1840—1895》,北京中华书局,1962年。

[23] 徐义生编:《中国近代外债史统计资料 1853—1927》,北京中华书局,1962年。

[24] 杨端六编著:《清代货币金融史稿》,北京三联书店,1962年。

[25] 郑友揆著,程麟荪译:《中国的对外贸易和工业发展(1840—1948年)——史实的综合分析》,上海社会科学出版社,1984年。

[26] 郑友揆:《中国近代对外经济关系研究》,上海社会科学出版社,1991年。

[27] 张宁:《中国近代货币史论》,湖北人民出版社,2007年。

[28] C. F. Remer, 1926, "International Trade between Gold and Silver Countries: China, 1885—1913", *Quarterly Journal of Economics*, Vol. 40, No. 4.

[29] Chau-Nan Chen, 1973, "Diversified Currency Holdings and Flexible Exchange Rates", *Quarterly Journal of Economics*, Vol. 87, No. 1.

[30] Chau-Nan Chen, 1975, "Flexible Bimetallic Exchange Rates In China, 1650—1850: A Historical Example of Optimum Currency Areas", *Journal of Money, Credit and Banking*, Vol. 7, No. 3.

[31] Chi-Ming Hou, 1963, "Economic Dualism: The Case of China 1840—1937", *Journal of Economic History*, Vol. 23, No. 3.

[32] Irving Fisher, 1894, "The Mechanics of Bimetallism", *Economic Journal*, Vol. 4, No. 15.

[33] Lewis A. Froman, 1936, "Bimetalism: Reconsidered in the Light of Recent Developments", *American Economic Review*, Vol. 26, No. 1.

[34] Man-houng Lin, 2006, *China Upside Down: Currency, Society, and Ideologies, 1808—1856*, Harvard University Press.

[35] Michael D. Bordo, 1987, "Bimetallism", in John Eatwell et al, *The new palgrave: a dictionary*

of economics, London: The Macmillan Press.
[36] Milton Friedman,1990, "Bimetallism Revisited", *Journal of Economic Perspectives*, Vol. 4, No 4.
[37] Milton Friedman, 1990,"The Crime of 1873", *Journal of Political Economy*, Vol. 98, No. 6.
[38] Milton Friedman, 1992, "Franklin D. Roosevelt, Silver, and China", *Journal of Political Economy*, Vol 100, No 1.
[39] Milton Friedman and Anna. Schwartz, 1963, *A Monetary History of the United States, 1867—1960*,Princeton: Princeton University Press for NBER.
[40] Mundell,R. A., 1998,"Uses and Abuses of Gresham's Law in the history of Money", *Zagreb Journal of Economics*, Vol 2, No 2.
[41] Pierre,Vilar,1976, *A history of gold and money, 1450—1920*, London : Humanities Press.
[42] Richard von Glahn,1996, "Myth and Reality of China's Seventeenth-Century Monetary Crisis", *Journal of Economic History*, Vol. 56, No. 2.
[43] Sidney D. Gamble, 1943, "Daily Wages of Unskilled Chinese Laborers 1807—1902", *Far Eastern Quarterly*, Vol. 3, No. 1.

Floating Standard Exchange, Dual Exchange Rates And China's Economy: 1870—1900

GUAN Hanhui

Abstract: China's monetary system evolved from bimetallism of silver and copper to silver standard, then to paper money standard since Ching Dynasty, which is obviously different with the evolution of monetary system in western countries, where monetary system evolved from bimetallism of gold and silver to gold standard, then to paper money standard. 1870's later, most western countries gave up bimetallism of gold and sliver one after another, and adopted gold standard, which resulted in the regime of dual exchange rates in China, namely, exchange rate of silver to gold in foreign trade and exchange rate of silver to copper in domestic trade. Dual exchange rates brought the phenomenon of trade deficit in company with depreciation, which is not accordance with economic theory. It also brought disadvantages to our country through enhancing the burden of foreign loans and reparations and impoverished grass roots people. Based on Cheng youkui's research, also under the background of new development in monetary theory and historical data, we analyze the effects of regime of dual exchange rates on China's economy between 1870 and 1900. Finally, this article makes clear the inherent defects of bimetallism in China by comparing it with bimetallism in western countries.

Key words: bimetallism; dual exchange rates; economy
JEL Classification: F129; F752; F829

第三编　特色学科群

CEPA 为港资对大陆投资带来的前景*

孙 薇

随着香港的回归,随着香港与内地联系的越来越密切,广大港人正逐步加深对"一国两制"、维护香港繁荣稳定的认知。在经济全球化与区域经济合作浪潮的推动下,更是为了加快中国区域经济一体化进程,于是在 2003 年 6 月 29 日,中央政府与香港特别行政区政府签署了《内地与香港关于建立更紧密经贸关系的安排》(Closer Economic Partnership Arrangement,CEPA),启动建立内地与香港更紧密的经贸关系。CEPA 是在"一国两制"、"港人治港"的原则下和世贸组织的框架内做出的特殊安排,体现了中央政府和大陆民众对香港的支持与维护。CEPA 签署后,大大改善了香港整体的经济气氛。CEPA 签署一年多来,香港失业率已由 2003 年的 8.7% 回落到目前的 7%;股市由 8000 多点上升至目前的近 12000 点;承接 2003 年下半年全面复苏的势头,2004 年以来香港经济呈现更快速的增长,最新公布的统计数字显示,2004 年第 1 季度香港本地生产总值比 2003 年同期增长 6.8%。截至 2004 年 5 月底,共有价值约为 3 亿港元的港澳原产货物以零关税进入内地市场,而且港澳原产产品以零关税进入内地的申请还在不断增加。CEPA 正式启动后,已有 273 个税目的港货得以首批免税进入内地。目前,香港工贸署已将所收到的 205 宗下一阶段降低关税的申请送交商务部,当中涉及税号超过 700 个。在新的形势下,港资对内地的投资会有新的机遇及动向。

(一)香港对内地投资的进程

香港对内地投资(这里所讲香港对内地投资,不是一般意义上的投资概念,而是指直接投资,即香港在内地设立企业进行生产、经营的行为)可分为三个阶段。

(1)第一阶段:1979—1985 年,为内地与香港经贸合作的起步阶段。在这一阶段内,国家首先在东部沿海地区实行对外开放,从兴建 4 个经济特区,到开放 14 个沿海港口城市,再扩大到 3 个沿海开放地区;另一方面,大力开展农村经济体制改革和城市市场取向的改革,为港商到内地投资和扩大贸易创造条件。

港商对内地的投资,首先在经济特区和沿海少数地区投资兴建旅游宾馆、酒楼

---

* 原载于《管理世界》2004 年第 12 期。

餐厅、建筑装修、路桥建设和经营出租小汽车等业务。同时陆续以"三来一补"为主要形式,在经济特区和珠江三角洲地区发展加工贸易项目。投资者以中小资本为主。1979—1985 年,内地实际利用外资 217.9 亿美元,其中港商对内地的直接投资及其他投资占很大的比例。比如,广东是利用外资最多的省份,这段时期,广东实际利用外资 28.46 亿美元,港资比重超过 80%。

(2) 第二阶段:1986—1992 年,香港制造业大量转移,奠定了"前店后厂"的格局,香港与内地的经贸合作逐步向多元化发展。1986 年香港制造业工厂为 4.86 万家,雇佣劳工 186.97 万人,占本地生产总值的 22.6%,至 1992 年分别降为 4.2 万家,57.12 万人,占本地生产总值 13.6%。可见自 80 年代中期以来,香港制造业面对经营成本提高、国际贸易保护主义加剧,和来自邻近国家、地区激烈竞争的严峻挑战,开始了大规模的产业转移,引发两地生产要素与资源重新配置,奠定了"前店后厂"的格局。两地优势互补,香港的资金、技术、设备、市场和管理方面的优势,与内地低廉丰富的土地、劳动力和政策优势相结合,从而使香港产品在价格上取得竞争优势,也促进了内地特别是广东珠江三角洲地区的工业化、城市化发展,增加了劳动就业。

1986—1992 年,内地与香港贸易由 1 450.49 亿港元增长为 6 284.12 亿港元(香港统计)。其间内地实际利用外商直接投资和其他投资额 321.15 亿美元,较第一阶段的 60.61 亿美元增长 4.30 倍。根据对外经贸部公布的数字推算,第一、第二阶段全国实际利用外资 381.76 亿美元,其中港资为 203.47 亿美元,所占比重为 53.3%。港商的投资不仅在加工生产领域取得重大进展,并且开始向其他行业全面渗透,发展了多领域、多渠道、多形式的经贸合作关系。

(3) 第三阶段:1993 年至今,两地经贸投资合作进入新时期。其中 1993—1997 年是香港回归前的过渡期。1992 年邓小平南方讲话和党的十四大召开后,港商增强了对内地的投资信心和热情,投资趋势呈现出金额大、期限长、范围广、进展快的特点。投资主体从中小企业到大公司、大财团;投资领域从加工生产扩大到房地产业、基础设施、基础工业和第三产业;投资项目的平均金额显著增大,单个项目投资额超千万美元和亿美元的项目已不罕见。

1993—1999 年间,港商对内地的投资总额达 1 366.57 亿美元,占实际利用外资总额的 48.11%,其中 1993—1995 年 3 个年份分别占到 62.82%、58.40% 和 53.59%。1997 年后受亚洲金融风暴影响,香港到内地的投资在全国实际利用外资总额中的比重有所下降,但仍保持在 40% 以上,是内地的最大投资来源地。

截止到 1999 年年底,香港在内地的直接投资总计 6 206 亿港元,占其对外直接投资的 24.8%,1999 年 1 年香港对内地的直接投资就达 786 亿港元,占其对外直接投资总量的 52.4%,内地是香港最主要的资本输出地。

（二）香港对内地投资近年态势

在全球贸易投资自由化和区域经济一体化浪潮的推动下，内地与香港贸易投资自由化进程也不断走向深入。2003 年 1—9 月，内地吸收香港直接投资项目 9 819 个，合同港资金额 283.4 亿美元，实际使用港资 135.6 亿美元，分别比上年同期增长 24.1%、64.2% 和 14.9%。香港为内地吸收境外投资的最大来源地。截至 2003 年 9 月，内地共吸收港资项目 220 695 个，实际使用港资 2 184.4 亿美元，分别占内地吸收境外投资累计总数的 48.9% 和 45.1%。

但香港对内地投资在项目个数、合同外资金额以及实际使用外资金额在全国总数所占的比重有下降的趋势，这反映了在中国市场不断开放的形势下，港商在内地的投资面临着日益激烈的竞争。应指出的是，尽管香港在内地的投资近年来有大型化的趋势，但中小企业仍占较大比重。中国加入世贸组织后，这些中小企业直接面对国外大公司的竞争，而且以往享受的优惠政策也随着内地市场的开放而失去。当前的情况是，如果内地给予香港更优惠的政策，按照世贸组织的规定，这些优惠政策同样也要给予 WTO 其他成员，否则就会与 WTO 的最惠国待遇原则相违背。在这种情况下，考虑到香港与内地经贸往来已达到相当规模，相互依赖加深，有实行某种优惠措施的需要，如建立自由贸易区以减少区域内经贸交流障碍。而且香港与内地之间建立自由贸易区不仅不违背 WTO 的相关原则，而且能够使相互之间的贸易、投资更加自由化。内地可以对香港的投资给予更多的政策支持，从而保护和促进香港与内地的经贸关系。同时，建立自由贸易区有利于香港依托内地经济持续高速增长，走出经济困境。

（三）香港对内地投资前景

CEPA 是中国国家主体与其单独关税区香港、澳门之间分别签署的自由贸易协议。根据协议，273 个税目下的 4 000 多种香港原产货品，2004 年 1 月 1 日起获得中国内地"零关税"待遇。据了解，有关部门还将对其他数千种商品的零关税待遇问题进行协商，最迟不超过 2006 年 1 月 1 日。CEPA 的实施，打开了中国区域经济一体化的大门，给港商提供了广阔的商机，促使港商对内地的投资不断增长。又由于内地对外商投资领域不断放宽，在内地一些有良好发展前景的投资领域，港商有优势，不容错过。港商在内地投资的成功案例对未来的投资也起到示范作用。

CEPA 实施以来，港商对内地的投资实践表明，将"一国两制"、"港人治港"与 CEPA 密切结合，香港借助内地广阔的市场和丰富的资源及完备的工业体系，必将发挥出自身的优势，让香港这颗东方明珠再创辉煌。

（1）港资流向。CEPA 后港资流向以珠江三角洲、长江三角洲、京津冀环渤海经济区为主，对西部的投资也将有大幅度提高。尤其是珠江三角洲仍是港投资的重中之重。珠江三角洲为重中之重，由香港的地理位置、香港特区政府的发展思路决定的。香港与长三角的经贸合作，近来也大有持续快速升温的态势。杭州、苏州、无锡、南京等城市的经贸代表团纷纷来到香港，与香港签定了数百亿的投资合作项目，并签定了贸易投资、中小企业合作、采购合同、旅游合同、人才培训等一系列协议和备忘录。

（2）港资规模类型。CEPA后港资流入内地的规模类型仍以中小企业为主。目前香港约有30万家企业，中小企业占98%以上，中小型企业是香港经济发展的支柱。CEPA为服务业中的17个行业进入内地降低了门槛，放宽了限制，实际上就是为中小型资本进入内地开绿灯。

（3）总体发展规模走向。CEPA后港资流入内地的总体规模将稳步扩大，流入速度加快。而且港资产业结构，以第三产业资本为主力。由于放宽限制，对香港近年发展不景气的服务业很有利。香港的管理咨询、会展服务、广告、会计服务、建筑及房地产、物流、旅游服务、法律服务、银行业、证券业、保险业等第三产业将持续进入内地。

参 考 文 献

[1]《内地与香港关于建立更紧密经贸关系的安排》协议文本。

[2] 温家宝在会见香港社会人士时发表演讲，《香港将迎来更多商机》，《经济日报》，2003年6月30日。

[3] 檀梅婷、纪连贵：《CEPA后香港资本向内地流动的趋势分析》，《社会科学论坛》，2003年12期。

[4] "香港经济概况"，新华网广东频道，2004年1—6月。

[5]《南方金融》，2003年第11期。

[6]《开放导报》，2004年2月第1期。

[7] 中华人民共和国商务部台港澳司网站，2004年1—6月。

"富人社区效应"还是巴拉萨—萨缪尔森效应?*
——一个基于外生收入的实际汇率理论

唐 翔

摘要：作为对国际价格水平差异的标准解释,巴拉萨—萨缪尔森(BS)效应依赖于国内劳动力同质假设和跨部门工资套利行为。本文提出了一个与之相对的"富人社区效应",可以在一国劳动力异质的条件下解释为什么富国的非贸易品价格较高。其直观解释是,如果一个国家拥有一个"富有居民"群体(比如高生产率的贸易品部门劳动者,或者全球贸易资源的所有者),而这个群体通过国际市场获得的硬通货总收入相对于该国总人口而言较高的话,其需求将抬高该国非贸易品价格。本文进而指出,关于BS效应的实证文献所广泛采用的两种基本统计检验,实际上无法区分BS效应与富人社区效应,这就对该领域相当一部分实证文献的正确性提出了质疑。此外,富人社区效应也有别于林德效应。

关键词：巴拉萨—萨缪尔森效应；实际汇率；非贸易品价格

一、引 言

国际经济学领域一个公认的事实是,如果用市场汇率折算成同一种货币来表示,则一国的物价水平与其人均实际收入水平呈正相关关系。易言之,富国的价格水平通常较高。这主要是因为非贸易品(主要是服务业)在富裕国家相对而言较为昂贵。

为什么非贸易品在富裕国家比较昂贵呢?到目前为止,学界大致有两种理论解释,可以分别称之为生产率差异假说和偏好差异假说。

生产率差异假说包括两种理论,即著名的巴拉萨—萨缪尔森理论(Balassa, 1964；Samuelson, 1964)和知名度稍逊一筹的 Bhagwati-Kravis-Lipsey 理论(Kravis 和 Lipsey, 1983；Bhagwati, 1984)。这两个理论的共通之处在于它们都假设一国劳动力同质,且在贸易品和非贸易品部门之间可以自由流动。此外,基于不同的理由,

---

* 原载于《经济研究》2008年第5期。《世界经济导刊》2008年第7期转载。本文是笔者主持的国家社会科学基金"十五"规划项目"企业激励机制演进与资本结构演进的理论实证研究"和北京市哲学社会科学"十五"规划项目"北京市企业职工持股的理论与实证研究"的阶段性成果之一,项目号分别为"01BJL021"和"01BJBJG004"。唐翔,北京大学经济学院。感谢匿名审稿人的宝贵建议。

两种理论都认为,就贸易品部门而言,富国劳动生产率高于穷国。一方面,巴拉萨—萨缪尔森理论直接假定富国劳动力具有与生俱来的高生产率,另一方面,Bhagwati-Kravis-Lipsey 理论则假设富国具有较高的资本/劳动比率。富国贸易品部门较高的劳动生产率意味着贸易品部门工资较高,因此,鉴于劳动力的跨部门流动性,富国非贸易品部门工资也较高。最后,如果假定非贸易品部门的劳动生产率在国际上的差异不大,那么富国较高的劳动力成本将导致较高的非贸易品价格水平。① 考虑到上述两种理论的相似性,为方便起见,我们不妨将生产率差异假说所描述的机制统称为"巴拉萨—萨缪尔森效应"或"BS 效应"。

BS 效应有两个明显的不足之处。首先,其核心传导机制是供给面的跨部门工资套利,而没有涉及任何需求面的因素。因此,这是一个纯供给面的理论解释。其次,跨部门工资套利的前提假设即一国国内劳动力同质的假设对于现代经济而言极不现实。

与 BS 效应相对应,通常追溯至林德(Linder, 1961)的偏好差异假说,从需求方面解释了为什么一国物价水平与其人均收入呈正相关。林德效应的关键假设是非位似(nonhomothetic)偏好,即非贸易品的需求收入弹性大于 1。在此假设下,当一国收入增长时,相对于贸易品而言,对非贸易品的需求会增加,从而导致非贸易品价格上升。显然,这种解释必须在各国支出结构不同(即非贸易品的平均消费倾向随收入增加而上升)的前提下才能成立,由此引出的问题是,如果各国的支出结构相同,是否存在需求面的其他因素同样可以导致国际间的价格水平差异。

本文旨在阐述第三种可能的解释,我们将它称为"富人社区效应"。② 富人社区效应在以下几方面有别于 BS 效应和林德效应:(1)它假设一国国内劳动力可以异质,从而排除了跨部门的工资套利;(2)它不依赖于各国支出结构的差异;(3)其关注焦点是一国部分人口所取得的、在某种程度上外生于本国经济的硬通货收入对本国物价水平的影响。

对富人社区效应的直观解释如下。富国之所以富,往往是因为其人口中包含了一批"富有居民",这些居民通过国际市场取得高额的,且在某种程度外生于本国经济的硬通货收入。所谓在某种程度上外生于本国经济,是指如果他们迁居至另一国家,其收入水平并不会受到显著影响。此类"富有居民"包括:(1)高效率的贸易品部门劳动者,如硅谷的 IT 专家,(2)全球贸易资源的所有者,如日本的个人投资者或波斯湾的石油大亨,以及(3)获得国外投资的借款者和国际转移支付的

---

① 对生产率差异假说更为精确的表述允许非贸易品部门生产率存在国际差异,只要这种差异小于贸易品部门的生产率国际差异。

② 在本文写作过程时,作者在因特网上偶然看到一篇题为《巴拉萨—萨缪尔森理论》的匿名文章(网址为 http://en.wikipedia.org/wiki/Balassa-Samuelson_effect),其中简要介绍了对国际价格水平差异的"一个需求面的解释",其思想与本文提出的富人社区效应基本相同,但没有正式建模。不过,本文作者尚未在任何正式出版刊物上见到对于此效应的严格讨论。

接收者。这些"富有居民"产生了对当地非贸易品的需求,而根据非贸易品的性质,这一需求必须由该国其他居民来满足。由于后者通常比前者的收入水平相对较低,我们不妨称之为"贫困居民"。显然,该国非贸易品的潜在供给取决于"贫困居民"即该国其他居民的总人数。给定"贫困居民"的总人数(也即该国总人口)就给定了非贸易品供给曲线的位置,又假定供给曲线向上倾斜,如果"富有居民"的总购买力足够大,将把本国非贸易品价格抬升至一较高水平。

按照这个理论,一个富国非贸易品价格较高,是因为它碰巧是个"富人社区"。换言之,是因为该国碰巧拥有一个"富有居民"群体,而这个群体的硬通货总收入相对于该国总人口而言较高。

为了帮助理解,不妨考虑如下的例子。假定有一个城堡,其中的居民包括99个IT工程师和1个理发师。该城堡允许商品(贸易品)自由出入,但禁止人员流进或流出。IT工程师的工资水平由国际市场决定。再假定每个IT工程师也可以做理发师,但是理发师对IT一窍不通。那么,很有可能出现这样一种均衡,即理发师的工资与IT工程师的持平,相应的,理发价格也很高。之所以出现这种均衡,并不是像BS效应所设想的那样,是由于劳动力跨部门套利促使两部门工资持平(注意理发师不能进入IT业),而是因为99个IT工程师对理发服务的需求相对于1个理发师的有限供给较高,从而抬高了理发服务的价格。为证明此点,不妨把这个例子改成1个IT工程师和99个理发师。显然,原有均衡将不能维持:虽然IT工程师的工资没有变化,理发师的工资和理发价格都将大大下降。然而,根据BS效应,两部门工资应该始终相等。这就说明支持原有较高理发价格的并不是BS效应,而是富人社区效应。同时,在上述例子中,主要的解释因素是"富有居民"(IT工程师)取得的较高硬通货收入,至于其收入类型是劳动所得、资产收益、出售自然资源所得,还是转移支付所得,则无关紧要。因此,上例中的IT工程师可以换成国际投资者或者矿业大亨,而丝毫不影响其结论。由此说明,富人社区效应不需要依赖劳动力同质假设和跨部门工资套利,其核心解释因素是一国富人群体取得的外生于本国经济的硬通货收入,所以可以称为"外生收入假说",以区别于基于生产率差异的BS效应和基于偏好差异的林德效应。它不仅假设条件比BS效应更符合现实,解释范围也比后者更广。①

此外,与林德效应不同,富人社区效应所关注的是一国非贸易品需求与本国供给之间的比较关系,而不是一国非贸易品需求与贸易品需求之间的比较关系。

自从巴拉萨的开创性论文发表以来,特别是过去15年中,对BS效应之解释力的实证研究已成为一个活跃的研究领域,积累了众多研究文献。普遍认为,这些文

---

① 例如,富人社区模型可以解释所谓的"荷兰病"现象所导致的国际价格水平差异。这种观点的一个例子是 Yves Bourdet 和 Falck(2006),他们指出,在20世纪90年代,佛得角(Cape Verde)由于国外汇款翻倍导致本地收入增长,其实际汇率升值了14%。

献为 BS 效应的存在提供了有力的实证支持(Rogoff,1996；Tica 和 Druži ć,2006)。然而,我们将证明,就这些文献所通常采用的检验方法(包括横截面数据和时间序列数据)而言,富人社区效应与 BS 效应具有观察上的相似性(observationally equivalent);易言之,这些统计检验无法识别富人社区效应与 BS 效应。因此,许多传统上被理解为 BS 效应之证据的统计结果,实际上很可能是富人社区效应的证据,尤其是鉴于后者更为现实的劳动力异质假设。至少,这一结论意味着,关于 BS 效应的实证文献有相当一部分需要重新加以检视。

本文的安排如下。第二部分将构造一个富人社区效应的离散模型,以说明该效应的基本原理。第三部分将此基本模型推广为一连续模型,使之更加具有现实意义。第四部分将证明,关于 BS 效应的实证文献所采用的两种基本统计检验,实际上无法区分 BS 效应与富人社区效应。根据这一结论,有必要对这些文献的结论重新加以审视。第五部分总结全文。

二、富人社区效应的一个离散模型

为了清楚地揭示我们所提出的富人社区效应和 BS 效应之间的区别,我们不妨先构造一个涉及两种技能水平的基本模型。

考虑一个小国开放经济,将其人口总量标准化为 1。假设其人口分为两种类型:总量为 m 的非技能工人和总量为 $1-m$ 的技能工人。再假设,这两类个体在各方面完全相同,只是在技能水平上存在差异。所谓技能水平,是指二者在贸易品部门的劳动生产率,详见下文。由此,我们取消了 BS 效应的一个基本假设即劳动力同质假设。

该经济有两种商品:贸易品 X 和非贸易品 Y。个体按照形式如下的科布—道格拉斯效用函数进行消费选择：

$$V = A\log X + B\log Y \tag{1}$$

其中 A,B 满足 $A + B = 1$,根据科布—道格拉斯函数的性质,它们分别是 X 与 Y 占个体总支出的固定消费比例。按照标准做法,我们假设 X 产品满足一价定律(Law of One Price)并以之作为国际记账单位(即 $P_X = 1$)。同时,记 Y 产品的当地价格为 P_Y。P_Y 的国际差异正是本文所试图解释的。

X 与 Y 两部门都以劳动力作为唯一的生产要素,生产函数为线性(规模报酬不变)。我们假定每个工人每期无弹性地提供 1 单位(其自身类型的)劳动力,且可以自由选择在 X 部门或 Y 部门工作。再者,我们假定技能工人和非技能工人在 Y 部门的生产率相同,而技能工人的优越性体现于他们在 X 部门的生产率较高。更明确地说,我们假定,每一非技能工人每期可以生产 l 单位的 X,而每个技能工人每期能产生 h 单位的 X,且有 $h > l$;另外,所有工人每期都可以生产 1 单位的 Y。

技能工人和非技能工人的工资率分别由 W_S 和 W_U 表示。根据以上线性生产函数的假定,在均衡状态下,每个工人的工资率应等于他在所就业部门的价值产出(value product)。比如,一个受雇于 X 部门的技能工人的工资率应为 h,而任何一个在 Y 部门工作的工人工资率都为 P_Y。

下面我们来推导该经济的均衡状态。首先,P_Y 必须大于 l,否则技能工人和非技能工人都会选择在 X 部门就业(因为 X 部门的工资对两者来说都较高),而这显然不是一个均衡。同理,P_Y 也不能大于 h,否则所有个体都会选择在 Y 部门就业。

再者,我们不妨忽略 P_Y 等于 l 或等于 h 的极端情形,而只考虑 $l < P_Y < h$ 的中间情形。[①] 后一种情形我们可以借用博弈论的术语而称之为"分离均衡"(separating equilibrium),这是因为在此情形下,技能工人和非技能工人正好分别在 X 与 Y 两部门就业,且部门间工资率不同:$W_S = h$,$W_U = P_Y$。

第三步,我们作如下推导以确定 P_Y 的均衡值。记均衡名义总产出(即 GNP)为 y^*。根据科布—道格拉斯效用函数所隐含的固定支出比例假设,以及各部门名义总消费等于名义总产出(即贸易平衡)的条件,我们有:

$$(1-m)W_S = (1-m)h = Ay^* \tag{2}$$

$$mW_U = mP_Y = By^* \tag{3}$$

合并二式可得:

$$\frac{mP_Y}{(1-m)h} = \frac{B}{A} \tag{4}$$

记比值 (B/A) 为 k。等式(4)表明,均衡状态下,Y 部门的规模必须 k 倍于 X 部门。整理(4)式得到

$$P_Y = k\frac{1-m}{m}h \tag{5}$$

最后,为了保证一致性,我们假设以下条件成立:

$$l < k\frac{1-m}{m}h < h \tag{6}$$

也即,

$$\frac{l}{h} < k\frac{1-m}{m} < 1 \tag{7}$$

小结一下,在(7)式成立的条件下,等式(5)表明该经济的非贸易品价格 P_Y 取决于三个因素:生产率参数 h、偏好参数 k 以及技能劳动力与非技能劳动力的人口比例。直观来看,等式(5)的右边综合了需求与供给两方面的参数,所刻画的是非贸易品对贸易品的相对稀缺程度。

[①] 有读者可能会对我们忽略极端情形的做法表示怀疑。对此,我们的回答是,关于离散模型的讨论只是为第三部分所要介绍的连续模型作一个铺垫,而后者才是本文主要结论的依据,因此,这一忽略无关紧要。

为了给第四部分的讨论预作铺垫,我们计算一般价格水平如下①:

$$P = P_Y^B \tag{8}$$

根据(3)式,人均名义GNP(也即y^*)为,

$$y^* = \frac{1}{B}mP_Y = \frac{1}{B}mP^{\frac{1}{B}} \tag{9}$$

因此,人均实际GNP(记作y)为,

$$y = \frac{y^*}{P} = \frac{1}{B}mP_Y^{1-B} = \frac{1}{B}mP^{\frac{1}{k}} \tag{10}$$

上述离散模型也可以用图1来加以说明。我们将个体按其在 X 部门的生产率作升序排列在闭区间[0,1]上,于是线段 CD 和 EF 分别对应非技能工人和技能工人。在"分离均衡"下,X 部门的总产出为矩形面积 EFIJ($=(1-m)h$)。现在假定 P_Y 等于高度 OG,则矩形面积 OGHJ 表示 Y 部门的总产出。这样我们可以根据(4)式,即面积 OGHJ 必须 k 倍于 EFIJ 的条件,求得 P_Y 的均衡解。

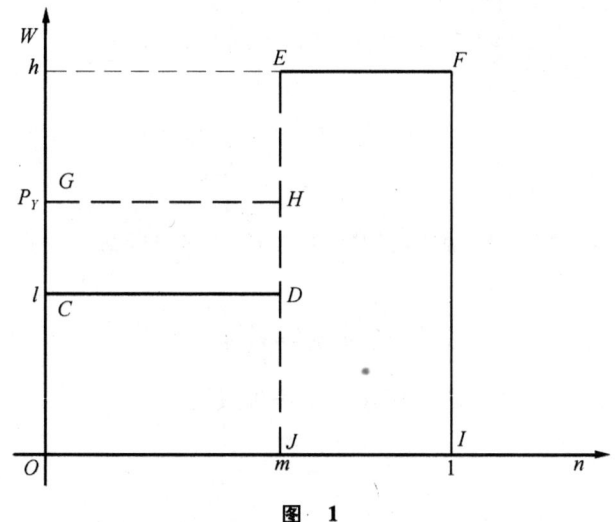

图 1

现在我们可以用上述模型来解释国家间的价格水平差异。设想一个由 N 个不同的开放经济体(不必是小国)组成的世界,其中每个经济体对应上述离散模型的一组参数设定。在全球均衡下,各国的价格水平会因为其支出结构(由 k 表示)的差异,以及/或者贸易品部门收入(由$(1-m)h$表示)与非贸易品部门供给能力(由 m 表示)之比例的不同,而有所不同。具体而言,一个国家越偏好非贸易品消费,其贸易品部门收入相对于非贸易品部门潜在供给而言越高,则该国的价格水平越高。

---

① 给定我们假设的科布—道格拉斯效用函数,不难证明,要进行国际价格水平比较,计算一国价格水平的公式应当是:$P = P_X^A P_Y^B$。此外,请注意我们假设 $P_X = 1$。

显然，这两种关系分别对应林德效应和我们提出的富人社区效应。

然而，以下几方面考虑可以说明上述模型与 BS 效应截然不同。首先，在上述模型中，非贸易品价格不是由跨部门的工资套利条件推出，而是直接由供求平衡的条件推出。

其次，设想 h 上升而 k 保持不变。我们总是可以增加 m 而保持 $(1-m)h/m$ 不变，从而使得 P_Y 保持不变。这个结果有悖于 BS 效应，因为根据该效应，在贸易品部门生产率提高的情况下，不论就业结构如何变化，非贸易品价格都应该上升。

再次，在其他条件不变的情况下，给定贸易品部门的生产率翻倍，BS 效应和我们的模型都预测非贸易品部门的工资和价格以及人均名义收入会翻倍，但是二者所依据的理由完全不同。根据 BS 效应，之所以会这样，是因为非贸易品部门工资必须与贸易品部门工资持平。而根据富人社区效应，出现这种结果，是因为一国的富人群体变得更加富有，使得他们对非贸易品的需求增加，从而抬升了非贸易品的价格。然而，显而易见的是，在此情形下，仅凭贸易品部门生产率或者人均收入与非贸易品价格（或者整体价格水平）之间的统计相关性，并不能识别实际上是两种效应中的哪一种在起作用。

最后，如前所述，富人社区效应的核心解释因素是一国富人群体取得的外生于本国经济的硬通货收入，而不论该收入是劳动所得还是其他类型的收益。例如，我们可以把上述模型中的技能工人换成一个不用工作的食利阶层，其中每个人的资产收益为 h，而不会对模型造成实质影响。这样，我们的模型就不用涉及贸易品部门的生产率，从而有别于 BS 效应。

三、富人社区效应的一个连续模型

第二部分构建的离散模型与经验事实之间仍存在一些距离。首先，它表明只有技能工人在贸易品部门就业，这一点在多数国家显然都无法成立。从全球来看，尤其是在发展中国家，劳动密集型的贸易品部门主要雇佣的是通常应该被界定为"非技能工人"的劳动力。其次，它通过假设两种不同类型的劳动力从而完全排除了部门间的工资套利行为，但是事实上，我们不能否认存在边际上的工资套利。也就是说，在现行的相对工资水平下，存在一个（也许是相当大的）群体，对这些人而言，在贸易品部门工作和在非贸易品部门工作，差别是不大的。换句话说，BS 效应包含某些合理的成分。

为了使我们的理论能够容纳上述事实，一个直观的办法是把劳动力异质假设更推进一步，就是假设劳动力的技能等级是连续的而不是简单划分为两个等级。基于这个想法，在这一节，我们将把上述离散模型拓展为一个连续模型。我们会发现，连续性假设使我们的模型更加接近现实，同时并没有大大增加其技术难度。

连续模型延用离散模型的所有假设，只是改变了关于技能的假定。新的假定是,劳动力在 X 部门的生产率按照某一连续的密度函数分布在闭区间 $[l,h]$ 上,其中 $l>0$。

仿照第二部分的做法,我们把所有个体按照其 X 部门生产率作升序排列在 $[0,1]$ 区间上,如图 2 所示。每个个体 n 对应 $[0,1]$ 区间上的一个点,同时,图中的连续、递增曲线 $f(\ )$ 刻画了该个体在 X 部门的生产率。与第二部分一样,如果个体 n 在 X 部门工作,其工资率为 $f(n)$;如果他在 Y 部门工作,其工资率则为 P_Y,即 Y 商品的现行价格。

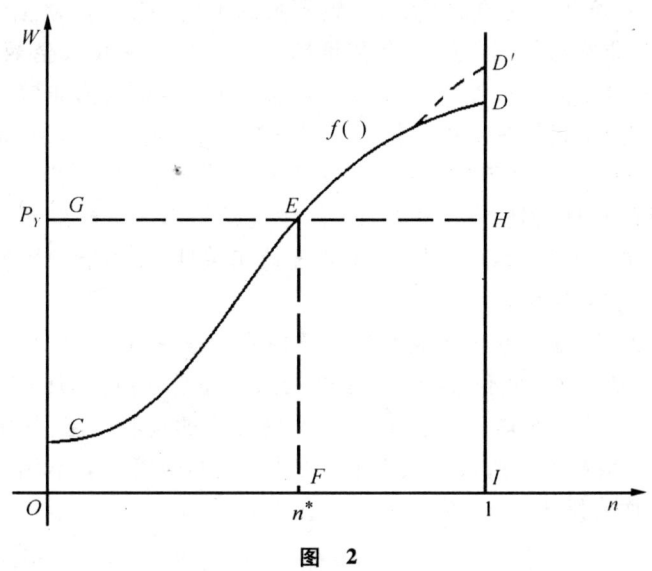

图 2

类似的,我们令 P_Y 等于高度 OG。水平直线 GH 与 $f(\ )$ 曲线的交点 E 决定了经济体的就业结构。在 E 点右侧的个体(即技能水平相对较高的个体)将选择在 X 部门就业,因为如此其工资率将为 $f(n)$,大于 P_Y。反之,对 E 点左侧的个体而言,在 Y 部门工作更具吸引力。显然,在 E 点上的个体认为两部门工作无差异。

根据我们的假设,X 部门的总产出等于该部门所有工人的工资总额,也就是面积 EDIF。另一方面,Y 部门的总产出是面积 OGEF。给定第二部分所作的科布—道格拉斯偏好假设,全面均衡的条件是面积 OGEF 必须 k 倍于面积 EDIF。

因此,在连续情形下,模型均衡求解可以表述为如下问题:即找到一个特定的 n 值,记作 n^*,使得下式成立,

$$f(n^*)n^* = k\int_{n^*}^{1} f(n)\,\mathrm{d}n \tag{11}$$

其中表达式 $f(n^*)$ 即是 P_Y 的均衡值。

根据上述模型,一国非贸易品价格完全由 k 值和其 $f(\ )$ 曲线的形状与位置决定。由此,我们对国际价格水平差异的解释是:由于各个国家的消费结构(k 值)不

同,以及/或者劳动力技能结构(具体表现为 $f(\ )$ 曲线的形状与位置)存在差异,所以,一般而言,其非贸易品均衡价格也各不相同。

为了说明富人社区效应,在图 2 中,我们可以将 $f(\ )$ 曲线的右侧末端向上作小幅度移动至 D'。显然,E 点不再是均衡点,因为贸易品部门与非贸易品部门的产值比例已经改变。为了重新达到均衡,E 点必须沿 $f(\ )$ 曲线向右上方移动。对这一结果的解释是,当富人群体变得更富有时,他们的需求将拉动非贸易品价格上涨。

这一模型也可以用来说明林德效应。在图 2 中,给定 $f(\ )$ 曲线,k 上升将使 E 点沿曲线向右上方移动。换句话讲,给定其他条件不变,居民对非贸易品的平均消费倾向越高,其价格水平也将越高。如果我们放宽科布—道格拉斯效用函数的假设,而假定 k 是收入水平的一个递增函数,即非贸易品的收入需求弹性大于1,那么林德效应不但构成(在富人社区效应之外)对富国价格水平较高的一个独立解释因素,而且可以说明非贸易品部门的相对规模与收入水平正相关,这一关系与高收入国家具有较高的服务业产值比重是相符的①。

至于本节的富人社区连续模型与 BS 效应之间有何区别,第二部分的分析依然适用,此处我们大体归纳为四点。(1)假设不同:本模型采用劳动力异质假设。(2)传导机制不同:本模型通过供求关系而不是工资套利条件推出非贸易品均衡价格。(3)核心解释因素不同:本模型所关注的是一国富人群体所取得的外生收入,至于其收入类型如何,则无关紧要,因此可以不涉及贸易品部门的劳动生产率。例如,面积 EDIF 的一部或全部可以解释为资产收益或出售自然资源收益而对模型并无实质影响。(4)解释力不同:根据上面第 3 点,本模型的解释力更强。比如,它可以解释完全没有传统意义上的贸易品部门的国家(例如一些依靠旅游业的岛国)的价格水平。

最后,我们必须强调指出,由于本模型的国内劳动力异质假设与 BS 效应的国内劳动力同质假设不能相容,因此本模型与 BS 效应不但有区别,而且是互相排斥的。易言之,二者不能同时并存而以叠加的方式起作用;同一时间,只可能有其中之一起作用。

---

① 此外,如果进一步放宽科布—道格拉斯效用函数的假设,而采用一个替代弹性小于1的 CES 效用函数,那么富人社区效应也可以内生地导致高收入国家具有较高的服务业产值比重。给定富人社区效应的大致趋势是使得一国非贸易品的相对价格随其收入水平上升而上升,在需求替代弹性小于1的情况下,这将导致非贸易品部门的相对规模随之扩大。这种机制有别于林德效应,但是在统计观察上与林德效应难以区分。如果采用 CES 效用函数进行建模分析,那么非贸易品价格、人均收入和非贸易品部门的相对规模都将是内生变量,必须同时求解,模型将不必要的复杂化,而且无法进行图形分析(这是本文分析技术上的主要长处之一)。因此,本人决定把这一工作留给有兴趣的读者来完成。同时,本人非常感谢给本人指出上述机制的一位细心的匿名审稿人。

四、富人社区效应还是 BS 效应?

上述模型所描述的富人社区效应揭示了一种产生国家间价格水平差异的潜在机制,并且这种机制与 BS 效应是互相排斥的。这就产生了一个问题:二者之中到底哪一个是对现实世界更准确的描述? 作者认为,既然如前所述,富人社区效应的假设更符合现实且解释力更强,所以它显然是更占优势的一种解释。

然而,自从巴拉萨 1964 年的开创性论文发表以来,特别是过去 15 年中,对 BS 效应之解释力的实证研究已发展成为一个活跃的研究领域,积累了众多研究文献。普遍认为,这些文献为 BS 效应的存在提供了有力的经验证据。这是否可以理解为实证研究结果对富人社区效应的否定呢? 我们认为不能这样理解,理由如下。如第二部分所述,富人社区效应与 BS 效应在一些情形下具有观察上的相似性(observationally equivalent),这一事实导致上述文献所通常采用的计量模型根本无法识别这两种效应,因此,许多传统上被理解为 BS 效应之证据的统计分析结果,实际上很可能是富人社区效应的证据。下面,我们将分别就上述文献所采用的两种最基本的检验方法,对第三部分的连续模型加以讨论,以证明此点。

首先,仿照第二部分,在连续模型下,一般价格水平依然可以写成:

$$P = P_Y^B \tag{8}$$

类似的,人均名义 GNP 为:

$$y^* = \frac{1}{B} n^* P_Y = \frac{1}{B} n^* P^{\frac{1}{B}} \tag{12}$$

于是,人均实际 GNP 为:

$$y = \frac{y^*}{P} = \frac{1}{B} n^* P_Y^{1-B} = \frac{1}{B} n^* P^{\frac{1}{k}} \tag{13}$$

对上式两边取对数可得,

$$\ln P = -k\ln\left(\frac{n^*}{B}\right) + k\ln y \tag{14}$$

根据(14)式,上述富人社区连续模型的一个推测是,只要变量 $-k\ln(n^*/B)$ 和 k 在国际上的差异程度相对于 y 在国际上的差异程度较小[①](或者这两个变量与 y 正相关),我们就可以在横截面数据中观察到各国价格水平与其实际人均收入之间存在正相关性。显然,前述条件是非常容易满足的,因为国际上的人均实际收入差异可以是几倍甚至十几倍,然而 n^* 和 k 的合理取值范围及其差异程度都相当有限。因

---

① 这一限定条件可能有助于解释一个事实,即"尽管收入和价格的相关性在整个样本中非常显著,但是,如果把样本分成富裕国家(工业国)和发展中国家两组,在每组内部,其相关性都大为下降"(Rogoff, 1996, p.660)。这可能是因为,在发达国家和发展中国家组内,收入水平差距相对较小,不足以压倒前两个变量的国际差异(假定后者在国家间呈随机分布)。

此,价格水平与实际人均收入的相关性有可能是富人社区效应的一个表现,其本身并不表示存在 BS 效应。然而,从 Balassa(1964)开始,很多学者都把价格水平和人均收入的正相关性解释为存在 BS 效应的证据,其中包括 Heston、Nuxoll 和 Summers (1994)、Cihak 和 Holub(2001)、Bergin、Glick 和 Taylor(2004),等等。显然,如果考虑到富人社区效应的潜在作用,这种观点并不能成立。

其次,我们不妨对连续模型的平衡条件(11)式作如下变形。记贸易品部门平均劳动生产率为 h,由于该部门就业人口为 $1-n^*$,并且 $f(n^*)=P_Y$,我们有

$$P_Y = k\frac{1-n^*}{n^*}h \tag{15}$$

上式接近于离散模型的(5)式,且可以改写为:

$$\%\Delta P_Y = \%\Delta k + \%\Delta\frac{1-n^*}{n^*} + \%\Delta h \tag{16}$$

等式(16)意味着,根据富人社区模型,在一个时间序列样本(包括面板数据)中,如果消费结构(k)和就业结构(n^*)的变化率远远小于贸易品部门生产率的增长速度($\%\Delta h$)——这一条件也不难满足——那么相对通货膨胀率将与贸易品部门生产率的相对增长率呈正相关关系,也就是说,经济增长较快的国家会面临实际汇率升值。因此,尽管 BS 效应也有同样的推论,但是单凭这一正相关关系并不能说明存在 BS 效应。然而,以 Balassa(1964)为先河,在时间序列数据中寻找实际汇率和生产率增长的相关性已经成为检验 BS 效应的标准做法。这种方法的一个经典范例是 Marston(1987)关于日元对美元汇率的研究,这一研究已为教科书所引用(例如 Krugman 与 Obsfeld,2005)。近年来,使用这一方法来解释高速增长的发展中国家和转型国家的汇率变动更是成为国际经济学的一大研究热点。我们想强调的是,用富人社区效应来解释贸易品部门生产率的高速增长而导致的实际汇率升值,至少具有同样的合理性。

上面提到的两种检验方法并没有穷尽 BS 效应和富人社区效应在统计表象上难以区分的所有情形,但是它们代表了研究 BS 效应的实证文献所采用的基本检验方法。以上讨论表明,通过这两种方法(或其他方法)得到的结果,尽管通常被解释为存在 BS 效应的经验证据,但实际上完全有可能是富人社区效应的证据。因此,相当一部分关于 BS 效应的实证文献应该在本文讨论的基础上重新加以审视。

五、结　　论

作为一个从供给面解释国际价格水平差异的传统理论,巴拉萨—萨缪尔森(BS)效应依赖于国内劳动力同质假设和跨部门工资套利行为。本文提出了与之相对的富人社区效应,可以在一国劳动力异质的条件下解释为什么富国的非贸易品价格较高。其直观解释是,如果一个国家拥有一个"富有居民"群体(比如高生

产率的贸易品部门工人,或者全球贸易资源的所有者),而这个群体通过国际市场获得的硬通货总收入相对于该国总人口而言较高的话,其需求将抬高该国非贸易品价格。

本文进而指出,研究 BS 效应的实证文献所采用的两种基本统计检验方法,实际上无法区分 BS 效应与富人社区效应。并且,由于富人社区效应的劳动力异质假设更符合现实且解释力更强,许多传统上被当作是 BS 效应之证据的实证研究结论很可能事实上却是富人社区效应的证据。因此,相当一部分关于 BS 效应的实证文献应该在本文的理论基础上重新加以审视。

富人社区效应也有别于林德假说,后者是一个基于偏好差异来解释国家间价格水平差异的理论。

参 考 文 献

[1] Balassa, Bela, 1964, "The Purchasing Power Parity Doctrine: A Reappraisal", *Journal of Political Economy* 72(6), 584—596.

[2] Bergin, Paul, Reuven Glick, and Alan M. Taylor, 2004, "Productivity, Tradability, and the Long-Run Price Puzzle", NBER working paper 10569.

[3] Bhagwati, Jagdish N., 1984, "Why are services cheaper in the poor Countries", *The Economic Journal* 94, 279—286.

[4] Bourdet, Yves and Hans Falck, 2006, "Emigrants' remittances and Dutch Disease in Cape Verde", *International Economic Journal* 20(3), 267—284.

[5] Cihak, Martin and Tomas Holub, 2001, "Convergence of Relative Prices and Inflation in Central and Eastern Europe", IMF working paper 124.

[6] Heston, Alan, Daniel Nuxoll, and Robert Summers, 1994, "The Differential-Productivity Hypothesis and Purchasing Power Parities: Some New Evidence", *Review of International Economics* 2(3), 227—243.

[7] Kravis, Iriving B. and Robert E. Lipsey, 1983, "Toward an Explanation of National Price Levels", Princeton Studies in International Finance, No. 52.

[8] Krugman, Paul R. and Obstfeld Maurice, 2005, *International Economics: Theory and Policy*, 7th Edition, Addison Wesley.

[9] Linder, Staffan Burenstam, 1961, *An Essay on Trade and Transformation*, New York: Wiley.

[10] Marston, Richard, 1987, "Real exchange rates and productivity growth in the United States and Japan" in Sven W. Arndt and David J. Richardson, eds., *Real Financial Linkages among Open Economies*, Cambridge: MIT Press, pp. 71—96.

[11] Rogoff, Kenneth, 1996, "The Purchasing Power Puzzle", *Journal of Economic Literature* 34(2), 647—668.

[12] Samuelson, Paul A., 1964, "Theoretical Notes on Trade Problems", *Review of Economics and Statistics* 46(2), 145—54.

[13] Tica, Josip and Ivo Druži ć, 2006, "The Harrod-Balassa-Samuelson Effect: A Survey of Empirical Evidence", EFZG Working Papers Series, No. 06—07.

The "Rich Neighborhood Effect" versus the Balassa-Samuelson Effect: An Income-Based Theory of Real Exchange Rates

TANG Xiang

Abstract: As a standard explanation for national price levels, the Balassa-Samuelson (BS) effect presupposes a homogeneous domestic labor force and intersectoral labor mobility. We propose a contrasting theory of the "rich neighborhood effect," which predicts high nontradables prices in rich countries with domestic labor force heterogeneity. The intuition is that if a country has a group of "rich residents" (e.g. highly productive tradable sector workers, or owners of globally traded resources) whose combined hard currency income is large enough relative to its total population, nontradables prices will be driven high by their demand. Moreover, for two kinds of tests commonly used in the literature, the above two effects are observationally equivalent, calling into question the soundness of many important empirical studies on the BS effect. The rich neighborhood effect also contrasts with the Linder effect.

Key words: Balassa-Samuelson; real exchange rates; nontradables prices

JEL Code: F31; F41

"新经济"对欧盟经济增长的贡献[*]

陶 涛

摘要：本文根据增长核算理论，分析"新经济"对欧盟经济增长的贡献。分析建立在三个层次上：信息通信技术产品的产出对经济增长的影响；信息通信技术作为资本品投入对经济增长的影响；信息通信技术对提高生产率的影响。结果表明，与"新经济"对美国经济增长的作用相比，"新经济"在欧盟的角色要小得多，对欧盟内部各国的影响也程度不一。所以，欧盟各国政府需要采取有效对策，及时抓住信息通信技术可能带来的各种好处，推动经济更高水平的增长。

关键词：新经济；欧盟；经济增长

一、分析框架

本文起因于20世纪90年代后期美国"新经济"大潮中经济学家们所做的一些努力：测算"新经济"对美国经济增长的贡献度。本文的主旨为探讨"新经济"在欧盟经济增长中的作用。

Paulre(2000)将"新经济"的概念归纳为三个层次：一是指有关信息通信技术(information and communication technology, ICT)的经济活动；二是指美国20世纪90年代后期的经济增长绩效；三是指美国正经历的技术和经济变革。本文将"新经济"界定为上述第一层含义。因此，本文的任务就是计算与分析信息通信技术在欧盟的生产和应用状况，以及对欧盟经济增长的贡献。

根据定义，"新经济"不仅体现于ICT业的生产，还渗透于ICT在各行各业、各个层次的应用。本文的分析框架建立在以下三个角度：

首先，ICT业的产出对经济增长的影响。ICT业的产出指信息通信技术产品的生产，当前主要以计算机硬件、软件和通信设备产量的变化来反映，体现了信息通信技术生产者在一国经济中的地位，是"新经济"影响最直观、最基本的体现。目前从绝对量看，OECD国家这三类产出占现价GDP的比重不过为2.5%—4.5%(OECD,2000)，分量很小，没有什么特殊地位。但从动态看，如果ICT业产出的增长远远快于其他部门的产出，那么对经济增长的贡献不可轻视。例如，根据Jorgen-

---

[*] 原载于《世界经济》2001年第12期。

son(2001)测算,美国90年代后半期ICT业产出的增长速度突飞猛进,对GDP增长率的贡献率达28.9%;1973—1990年为16%,90年代前半期为24.2%。由于数据有限,本文用欧盟国家对ICT产品与劳务的支出近似地反映ICT业的产出。

其次,ICT产品作为资本品投入对经济增长的影响。可将计算机和通信设备视为特殊的资本品,和其他资本品和劳动一起投入生产。ICT的投入量取决于资本品的相对价格和预期边际收益,当ICT资本品相对其他资本品和劳动而言价格下降时,企业将改变投入组合,用ICT资本品替代其他资本品和劳动。在此,我们通过增长核算分析ICT投入对经济增长的影响。

根据西方经济学理论,经济增长有赖于劳动力、资本的增长和技术革新。增长核算理论分析了以上因素对经济增长的不同贡献。核算是从总产出方程开始的,即 $Y = AF(K,L)$。其中,K 和 L 分别反映资本和劳动的投入,A 代表技术变革。对总产出方程进行微分,得出公式(1),其中,$\hat{Y}, \hat{K}, \hat{L}$ 分别是产出、资本投入和劳动投入的增长率,α_k 和 α_l 是资本投入和劳动投入的权数,是资本和劳动投入的各自收入与总收入之比。在规模收益不变的假定下,二者之和为1。$\hat{A}$ 反映了技术变革的变化,包含了资本和劳动之外的所有对经济增长作出贡献的因素,如教育的改进、研发的发展、管理水平的提高,以及由技术进步导致的劳动者生产效率的提高等等,被称为全要素生产率(total factors productivity, TFP)。[①] 从公式中可以看出,产出的增长率等于各要素投入增长率的加权与全要素生产率的增长率之和。

$$\hat{Y} = \alpha_k \cdot \hat{K} + \alpha_l \cdot \hat{L} + \hat{A} \qquad (1)$$

为分析ICT资本品投入对经济增长的影响,不妨对增长核算中的资本投入做分解,即总的资本投入分解为硬件资本投入(K_{hw})、软件资本投入(K_{sw})、通信设备资本投入(K_{ce})以及非ICT资本投入(K_{nICT})四类。这样一来,总产出方程变为:$Y = Af(K_{hw}, K_{sw}, K_{ce}, K_{nICT}, L)$。公式(1)变为:

$$\hat{Y} = \alpha_{hw} \cdot \hat{K}_{hw} + \alpha_{sw} \cdot \hat{K}_{sw} + \alpha_{ce} \cdot \hat{K}_{ce} + \alpha_{nICT} \cdot \hat{K}_{nICT} + \alpha_l \cdot \hat{L} + \hat{A} \qquad (2)$$

根据公式(2),可以直观地看出不同的要素对经济增长的贡献、ICT资本品和非ICT资本品的作用,以及不同ICT资本品的作用。根据Oliner和Sichel(2000)的测算,1974—1990年,美国ICT资本投入对总产出增长率的贡献率是16.0%,当时对经济增长起绝对推动作用的是劳动投入,贡献率是45.1%。90年代前期,ICT资本投入的贡献率上升到20.7%,劳动投入的贡献率依然高居45.8%。90年代后期,ICT资本投入的贡献率进一步上升,达22.8%,劳动投入对经济增长的贡献地位下降,只有37.5%,与此同时全要素生产率地位的增强,贡献率为24.1%。

最后,ICT的生产及其应用对提高生产率的影响。ICT的运用不仅可以降低传统企业的内部管理成本,还可以降低企业间的交易成本。通过电子网络,企业都可

---

① 也称多要素生产率(multi-factors productivity, MFP),本文统一使用全要素生产率。

以极低的信息成本和世界各地的企业甚至个人进行电子交易。ICT 应用的这种溢出效应使 ICT 的实际创利大于投资者和所有者的名义盈利,并通过使传统产业的市场规模扩大和分工更加细致提高了总生产率、增加了总收入。所以,ICT 的应用如何影响生产率,进而推动经济增长也是"新经济"一个重要贡献。

二、"新经济"对欧盟经济增长的贡献

(一)欧盟的经济增长

20 世纪 90 年代,欧盟经济增长明显落后于美国。如表 1 所示,1991—1995 年,欧盟 GDP 年均增长率为 0.8%,美国为 2.1%;1996—1998 年,欧盟整体年均增长率上升较快,为 2.3%,美国为 4.2%,二者的落差非但没有缩小,反而加大。

表1 欧盟国家实际 GDP 增长率

	1991—1995	1996—1998	1999①	2000①
德国	2.0	1.5	1.3	2.3
法国	1.0	2.2	2.4	3.0
英国	1.6	2.8	1.7	2.7
意大利	1.3	1.1	1.0	2.4
西班牙	1.3	3.4	3.7	3.7
荷兰	2.1	3.5	3.0	2.7
比利时	1.5	2.3	1.8	2.8
爱尔兰	4.5	9.1	8.6	7.5
丹麦	2.6	2.9	1.3	1.5
瑞士	0.5	1.9	3.9	3.0
芬兰	-0.5	5.1	3.7	4.2
奥地利	1.9	2.6	2.2	2.9
希腊	1.2	3.2	3.3	3.7
卢森堡	7.2	5.1	5.1	4.3
葡萄牙	1.7	3.6	3.1	3.4
EU15 国	0.8	2.3	2.1	2.8
美国	2.1	4.2	3.8	3.1

注:① 为预测值。
资料来源:根据 OECD Economic Outlook,1999 年 12 月附表 1 的数据计算得出。

单就生产率的增长而言,欧盟的数字并不落后。为了从劳动生产率的角度分析人均 GDP 的增长,可将人均 GDP 分解为小时人均 GDP(人均 GDP/总小时数)与总小时数的乘积。人均 GDP 的增长率也就相应分解为小时人均 GDP 的增长率和总工作小时的增长率之和,前者反映劳动生产率的增长,后者反映劳动使用量的变化。1990—1998 年,欧盟国家整体人均 GDP 的增长率低于美国,但劳动生产率的

整体增长水平并不低于美国,这和一些主要的欧盟国家失业加剧、劳动使用量减少有关。整个90年代,美国新增就业以每年1.3%的速度增长,和欧盟国家中的荷兰与爱尔兰的水平相近。英国和丹麦在过去十年几乎没有新增就业,在劳动使用量近乎不变的情况下,人均GDP增长率直接体现为劳动生产率的增长,分别为1.8%和2.1%,高于美国水平。而德国、瑞典、意大利和法国的劳动总小时数处于减少的状态,尽管人均GDP的增长低于美国,但其每小时的平均生产率实际上要高过美国。

欧盟国家中经济增长不平衡。据表1,比较突出的是爱尔兰、卢森堡和芬兰,保持着比美国还要高的年均增长率。但90年代前后半期的情形各不相同,爱尔兰和芬兰后期明显超过前期;卢森堡后期增长速度有所下降。德国和意大利显然缺乏足够的增长动力,增速慢,且呈下滑之势。其他欧盟国家基本处于稳定增长态势。

(二) 信息通信技术的发展与应用

在信息通信技术的发展和应用方面,欧盟明显落后于美国。表2从一些表象反映了信息通信技术及网络应用在欧美的对比。除了注册移动电话用户指标欧盟稍胜一筹外,其余全部落后于美国,有些差距悬殊。如安全网页服务器的比例只有美国的1/5,因特网用户的比率不到美国的1/3,个人拥有的电脑数也仅是美国的一半。

表2 欧盟和美国有关"新经济"指标对比

	欧盟	美国
每1000个居民的因特网用户(1999)	30	118
每100个居民安装的PCbase(1997)	21	50
每100个白领拥有的电脑(1997)	47	82
ICT支出占GDP的百分比(1997)	5.9	7.7
ICT在商业部门研发中的百分比(1997)	20	22
注册移动电话用户(1999)	40	30

资料来源:Andersson(2000)。

信息通信技术产品与劳务支出占GDP比重从一个角度反映了信息通信技术在一国经济中渗透的程度。表3中的欧盟11国ICT支出占GDP比例明显低于美国水平。从动态来看,1992和1997年的落后差距都是1.4个百分点,而1998年欧盟10国的水平要低于美国1.7个百分点。

信息通信技术产品与劳务支出中的投资支出反映了信息通信技术作为资本投入对经济增长的推动作用。在表3中,欧盟11国信息通信技术的投资占GDP的比重与美国的差距更是在不断扩大。1992年,欧盟11国为2.3%,与美国相差0.3个百分点。到1997年,欧盟11国只增长0.3个百分点,而美国增长0.8个百分点,二者的差距扩大到 0.8 个百分点。

表 3　ICT 支出/ICT 投资占 GDP 的比例(%)

	1992		1997		1998
	ICT 支出	ICT 投资	ICT 支出	ICT 投资	ICT 支出
德国	5.4	2.8	5.7	2.5	5.9
法国	5.8	1.9	6.5	2.3	6.7
英国	7.1	2.4	7.8	3.9	7.6
意大利	3.7	2.4	4.4	1.9	4.5
西班牙	3.9	2.2	4.3	2.1	4.2
荷兰	6.6	2.5	7.3	3.0	7.3
比利时	5.8	2.3	6.2	2.3	6.3
爱尔兰	5.5	1.9	5.9	2.5	—
丹麦	6.4	2.0	6.8	2.4	6.8
瑞典	7.6	2.5	8.4	2.8	8.9
芬兰	4.7	2.2	6.2	2.9	6.2
EU 11 国	5.7	2.3	6.3	2.6	6.4①
美国	7.1	2.6	7.7	3.4	8.1

注:① 为除爱尔兰之外的欧盟 10 国平均。
资料来源:据 Daveri(2000)表 1、2 数据计算得出。

考虑到欧盟国家与美国在 GDP 总量上的差异,不难得出无论是对信息通信技术的支出还是其中的对信息通信技术的投资,与美国有更大的落差。由此可见,在信息通信技术的发展和应用方面,欧盟与美国的差距不仅是绝对水平上的,发展速度也明显落后于美国,使得二者的差距非但没有缩小,反而不断扩大。但这并不意味着每一个欧盟国家的绝对和相对发展水平都落后于美国。

根据表 3,1997 年欧盟 11 国 ICT 支出占 GDP 比例的平均水平是 6.3%,其中,德国、法国、比利时和芬兰比较接近这一水平;英国、荷兰以及北部的瑞典和丹麦明显高于平均水平,其中较突出的是瑞典,高出平均水平两个百分点,甚至远远超出美国的水平;南部的意大利、西班牙以及表中没有列出的希腊与葡萄牙的比例都大大低于平均水平。欧盟内部存在较为明显的三个发展层次。

(三) ICT 作为资本投入对经济增长的贡献

据表 4,就欧盟整体看,无论是 90 年代前期还是后期(1996—1997 年),ICT 资本投入对经济增长的贡献都小于非 ICT 资本,但后期贡献明显高于前期。就欧盟各国来看,差距很大。英国、荷兰、爱尔兰、丹麦和瑞典属于一类,尤其是 90 年代后期,ICT 资本投入的贡献较大,而且有不断增强的趋势。意大利和西班牙属于第二类,经济增长慢,ICT 资本投入的贡献低,也没有改进的迹象。第三类是处于中间状态的德国、法国、比利时等,ICT 资本投入对经济增长的贡献有所提高,但绝对水平还较低。芬兰是个特殊的国家,自 1990 年起连续四年的负增长后,1994 年即上升到 3.7%,此后一路攀升,1998 年增长率达 5.6%。[①] 其中,ICT 资本投入的贡献是显而易见的。1991—1995 年年均增长率为负的情形下,ICT 资本投入的贡献达 0.27。1996—1997 年,ICT 资本投入的贡献升至 0.74,可谓推动经济快速增长的生力军。

表 4　ICT 资本投入对经济增长的贡献度

	1991—1995			1996—1997		
	GDP	ICT	非 ICT	GDP	ICT	非 ICT
德国	2.0	0.38	0.78	1.1	0.46	0.50
法国	1.0	0.29	0.82	1.6	0.46	0.59
英国	1.6	0.46	0.60	3.0	0.94	0.36
意大利	1.3	0.25	0.75	1.2	0.17	0.95
西班牙	1.3	0.29	1.21	3.0	0.34	1.13
荷兰	2.1	0.54	0.59	3.4	0.71	0.68
比利时	1.5	0.3	0.89	2.0	0.43	0.64
爱尔兰	4.5	0.24	0.63	9.2	0.52	0.81
丹麦	2.6	0.33	0.82	2.9	0.58	0.81
瑞典	0.5	0.41	0.47	1.5	0.58	0.61
芬兰	-0.5	0.27	0.01	4.8	0.74	-0.23
美国	2.1	0.52	0.44	0.41	0.94	0.58

资料来源:据 OECD Economic Outlook,1999 年 12 月附表 1 和 Daveri(2000)表 10 的数据计算得出。

表 5　硬件、软件和通信设备对经济增长的贡献

	1991—1995			1996—1997		
	硬件	软件	通信设备	硬件	软件	通信设备
德国	0.15	0.15	0.09	0.30	0.11	-0.05
法国	0.14	0.13	0.02	0.28	0.14	0.04
英国	0.23	0.20	0.02	0.49	0.28	0.17
意大利	0.09	0.08	0.08	0.16	0.02	-0.01
西班牙	0.10	0.05	0.13	0.22	0.02	0.09
荷兰	0.20	0.24	0.10	0.46	0.20	0.05
比利时	0.13	0.15	0.02	0.32	0.08	0.03

---

① OECD Economic Outlook,1999 年 12 月附表 1。

(续表)

	1991—1995			1996—1997		
	硬件	软件	通信设备	硬件	软件	通信设备
爱尔兰	0.15	0.10	-0.01	0.28	0.06	0.18
丹麦	0.02	0.14	0.00	0.41	0.10	0.07
瑞典	0.23	0.13	0.05	0.44	0.10	0.04
芬兰	0.16	0.10	0.02	0.48	0.12	0.14
美国	0.27	0.20	0.04	0.57	0.28	0.10

资料来源：根据Daveri(2000)表11的数据整理。

ICT 资本投入，无论是 1991—1995 年，还是 1996—1997 年，表 5 欧盟国家起主导作用的都是硬件投入的贡献，这和美国是一致的。软件投入除芬兰外贡献都在下降。通信设备投入的贡献在欧盟各国有所不同。芬兰、丹麦、爱尔兰、英国明显提高，法国和比利时稍有提高，其他国家是下降的。

（四）ICT 应用的溢出效应

由于缺乏数据，很难对欧盟国家信息通信技术的溢出效应进行定量分析。根据有限的研究结果（见表6），在欧盟国家中，除几个北欧国家外，90 年代甚至 90 年代后期全要素生产率的增长并没有改善。整体看，在全要素生产率增长中，信息通信技术的贡献也不明显。在有限的几个数据中，英国信息通信技术的贡献较为明显，直接带动了全要素生产率的加速增长，法国和意大利信息通信技术的贡献没有任何变化。可见，信息通信技术的溢出效应在欧盟国家还没有明显体现。

表 6 全要素生产率年增长率及 ICT 的贡献度

	1980—1990	1990—1998	1995—1998
德国	1.6(0.1)	1.4	1.5
法国	2.1(0.1)	1.1(0.1)	1.1(0.1)
英国	—	1.3(0.2)	1.4(0.3)
意大利	1.5(0.1)	1.2(0.1)	1.0(0.1)
比利时	1.4	1.0	0.8
芬兰	2.4	3.2	3.5
丹麦	1.0	1.8	1.7
爱尔兰	3.9	3.9	3.6
荷兰	2.2	1.7	1.2
瑞典	0.8	1.3	1.3
希腊	0.6	0.3	0.6
葡萄牙	1.9	2.2	—
美国	1.0(0.2)	1.4(0.3)	1.5(0.4)

注：括号中为 ICT 对全要素生产率增长的贡献。
资料来源：Bassanini, Scarpetta 和 Visco(2000)表3。

三、欧盟"新经济"的发展条件与政策课题

"新经济"的发展需要具备一系列条件。从市场角度看，大部分欧盟国家之所以不能像美国那样从 ICT 中迅速获利是因为缺乏市场竞争。有效的竞争会形成市场压力，推动各经济主体采纳新技术、探索新渠道、提高效率。美国早期放松管制、减少贸易和投资壁垒等措施形成了有效的竞争环境，推动了信息通信技术产品成本的不断降低和信息通信技术应用的迅速推广。这是它首先从"新经济"获益的一个先决条件。但就 ICT 发展来说，不是孤立的，它和技术创新、人力资本投资和组织变迁等因素具有内在关联，其渗透力与影响力取决于这些条件的成熟度。

（一）技术创新活动

研发（R&D）支出作为技术创新投资，从一个角度反映了一国技术创新的发展情况。经验研究表明研发支出和全要素生产率提高之间呈正相关（Andersson，2000），研发支出的比例越高，对全要素生产率提高的推动力越大。1997年，欧盟研发支出占 GDP 的平均比例是 1.8%，远低于日本（3.1%）和美国（2.8%）的水平。其中，北欧的瑞典（3.7%）和芬兰（3.2%）的研发强度较大，西班牙（0.8%）和意大利（1.1%）的水平则很低。除了现期的研发支出，一国的科研基础也很重要。美国传统上国防技术处于领先地位，冷战结束后，一些国防研究成果对商业研发形成了巨大推动，成为商业应用的先导。如因特网的创新就是基于美国国防研究的成果（夏业良、姜建强，2001），后来商业化的巨大成果是始料不及的。在某种程度上，美国国防研究的强大实力决定了在信息通信技术推广上的领先地位。在研发的商业化和市场化方面，一些欧盟小国已初具规模，如丹麦、芬兰、爱尔兰和瑞典，主要的欧盟大国反倒没有形成气候。

申请专利的活跃程度从一个侧面反映了技术创新的产出。近几年，美国的公共研究部门，尤其是大学掀起了开发专利的热潮，获取的专利值占 GDP 的比重大幅上升。立法的变化可能是一个原因，如软件产品在美国现在也可以申请专利。根本原因还是快速的技术创新的推动，尤其是信息通信技术和生物技术的变革。这一浪潮在欧盟起步稍晚，但也呈现上升势头。欧盟国家的专利新增额中，信息通信技术类比重最高的是芬兰，占其总额 30%，EU 平均水平为 10%，远远低于美国的 18%。从专利数量看，美国也是第一，信息通信技术类占 60%，EU 只有 11%。生物技术的专利情况也大致相同，欧洲国家的增长较低，北欧是个例外。美国生物科技专利的绝对数量最高，占 OECD 国家总量的 62%，EU 占 24%（OECD，2000）。

由此可见，在技术创新活动一贯活跃的国家，信息通信技术的发展和推广也较快，对经济增长的推动力也大。

(二) 人力资本投资

人力资本是各生产要素中最活跃的因素,无论是信息通信技术的发展,还是它的应用和推广都离不开高素质的人力资本。信息通信技术作为一种技术创新,基础在于科学的发展。现代社会里人们不是通过日常活动来创新,而是依靠一个广阔的科学基础,一个广阔的科学基础又需要相当部分的人口接受高等教育。一个创新型国家的核心是一批接受高等教育的人群,一批推动科学发展进而带动技术创新的科学家。此外,有效地利用信息通信技术、物化新技术的利益也需要好的技能和高素质人口。

美国接受高等教育的人口比例相当高,人口整体素质很高。这一点欧盟也不逊色。美国开放的移民政策从世界各地吸引了大量高素质人口,极大地推动了技术创新能力。如美国政府为"外国专家"签发一种特殊的 H-1B 签证,通过这个签证,美国公司每年可从国外招募 11.5 万名专家,其中有很多是印度名牌技术大学的优秀毕业生。从硅谷聚集了大量的高学历、高智商的印度籍、中国籍新移民中可见一斑。相比之下,欧洲大陆保守得多,为了保证本国的高就业率,大多数国家采取严格限制的移民政策。即便是在信息技术领域急需外来专家的 90 年代后期,德国甚至还有人打出"要孩子不要印度人"的口号(马沙尔,2000)。

德国政府也没有及时看到时代发展的要求,没有抓紧对外籍科学家和工程师的聘用。2000 年 8 月德国才生效了模仿美国的"绿卡规定",计划先接受 1 万名信息技术专家,视其效果再增加到 2 万名(马沙尔,2000)。无论在时间上还是规模上,德国的人才引进远逊于美国。

(三) 组织变迁

技术创新推动企业运作的变化,使企业在加强合作的同时不断地进行内部组织调整。在技术进步和信息传递不断加快的背景下,技术的外部监督机制增强,封闭的成本相应提高,企业必须加强合作。比如在研发领域,虽说有着诱人的潜在收益,但不得不负担高昂的研发成本。在美国,作为节约成本和推动研发收益内部化的有效手段,研发合作得到了长足发展。在生产和交易方面,美国企业的一个明显趋势是集中经营"核心业务"(core business),同时与其他专营互补业务的企业或机构进行合作。在此变化与调整过程中,原来的市场活动可能转移到企业内部,原来在科层结构中有效的经济活动现在可能通过市场更有竞争力,企业的边界在频繁改变,企业与市场间的资源配置在不断优化。

在企业内部,很多调查指出 OECD 国家的企业和车间正经历着重大的组织变迁(OECD,2000)。在 OECD 近四分之一的企业中,组织变迁使科层结构更为单一、创新激励更为明显、灵活性更大、在岗培训的力度加大等。这种旨在增强企业活力的组织变迁是对信息通信技术研发与投资的重要补充,因为它在很大程度上影响了技术、培训和就业间的关系,使企业、产业乃至市场运行与信息通信技术条件更为一致。在这方面,欧盟整体的步伐也远远慢于美国。

(四) 欧盟的政策课题

发展和推广信息通信技术的条件成熟与否,很大程度上依赖于政府的推动。所以,采取适当对策创造信息通信技术发展需要的条件、抓住信息通信技术可能带来的一切好处、推动经济快速增长,是欧盟各国政府的迫切任务。[①]

(1) 直接推动信息通信技术产业的发展及其应用。信息通信技术对于经济增长无疑至关重要,但这并不意味着经济增长就一定要有一个强大的信息产品生产部门。有些国家的经济扩张可能归功于计算机硬件的生产,但也有一些国家的信息产业很发达,整体经济增长却行动缓慢。加强市场竞争可能是加速推广信息通信技术的一个有效手段。如1999年,在 EU 国家中,新进入者在各国电讯市场上只占很小的份额,只因电信市场上大量的进入壁垒。如果将此壁垒消除,加强电讯市场和计算机市场的竞争,就会不断涌现更新、更尖端的产品,而且其价格会不断下降、应用不断普及。

(2) 创建一个有利于技术创新和技术扩散的环境,诸如鼓励民间技术创新、提高政府对创新的投资效应、推动产学研的密切合作以及设计合理的创新激励等。具体的措施可能包括:政府对基础研究领域的支持不能一视同仁,应集中于社会利益和经济效益较高的领域,并通过竞争程序配置资金;改革科研人员的晋职制度,建立创新的激励机制,鼓励科研人员在研究部门和产业之间的流动,以推动科研成果的转化;设计既有利于保护发明者又鼓励不断创新的知识产权保护制度等等。

(3) 强化人力资本,实现人力资本的潜力。首要之举是确保学校基础教育,提高全民素质;改革学校教育体系和内容,适当考虑满足劳动市场需求;政府设置多种渠道为劳动者提供培训机会,也可以通过税收制度鼓励企业增加人力资本投资,进行更多的在职培训和脱产培训;在学校教育和技能培训之外,企业及机构有效地利用人力资本,实现人力资本与新技术的互动也至关重要。

(4) 为创业提供宽松的环境。为了提高企业家创业的积极性,需要放宽对机构投资者进行风险投资的限制性规定、放松限制证券市场发展的一些管制,为创新企业提供宽松的融资环境;减少对新企业注册的繁琐规定,降低创业成本;改革税收体制和破产机制,降低破产成本,给企业家提供二次创业的机会等等。

(5) 必须保持宏观经济稳定。对信息通信技术、人力资本、技术创新和创业的政策有效与否归根到底还依赖于一国经济和社会稳定性与否等宏观环境。如加强财政纪律、维持低通货膨胀、提高经济效率,将更多的资源用于高回报的私人投资;鼓励开放,为推动世界范围内观念和知识的扩张创造条件;建立更有利于创新的金

[①] 以下内容部分参照 OECD(2000) 及 OECD(2001)。

融体制;增强劳动资源的流动性等。

四、结　　论

根据有限的统计资料分析表明,与美国相比,"新经济"对欧盟的贡献小得多,对欧盟内部各国的影响也程度不一。大致有三类:一类影响较为明显,包括英国、荷兰、芬兰、爱尔兰和丹麦。英国和荷兰对"新经济"有大量投入,且这种投入与其经济的高增长密切相关。90年代后期芬兰经济转而增长、爱尔兰经济持续繁荣以及丹麦增长势头强劲无不受惠于"新经济"的投入。第二类几乎没有什么影响,如意大利和西班牙。这两国在90年代经济增长较慢,对"新经济"的投入很少。第三类处于前两类的中间状态,如法国、德国。它们对"新经济"也有较大投入,但还没有表现出对经济增长的贡献。总体而言,欧盟国家需要采取有效对策,改善ICT生产与应用的条件,以推动"新经济"对经济增长的贡献。

参 考 文 献

[1] 马特·马沙尔(2000):《绿卡倡议》,《德国》第3期。
[2] 夏业良、姜建强(2001):《论信息技术革命条件下的网络经济》,北京大学中国经济研究中心讨论稿,No. C2001002。
[3] Andersson, T. (2000):Seizing the Opportunities of a New Economy:Challenges for the European Union, OECD, Directorate for Science, Technology and Industry.
[4] Bassanini, A., Scarpetla, S., Visco, I. (2000):"Knowledge, Technology and Economic Growth: Recent Evidence from OECD Countries." Mimeo, OECD, Paris.
[5] Daveri, F., Parma, U. and IGIER (2000):"Is Growth an Information Technology Story in Europe too?" www.ssrn.com.
[6] Jorgenson, D. (2001):"Information Technology and the US Economy." Harvard Institute of Economic Research, Discussion paper No.1911.
[7] OECD (2000):"Is There a New Economy?" First Report on the OECD Growth Project, Paris.
[8] OECD (2001):The New Economy Beyond The Hype-Final Report on the OECD Growth Project, Paris.
[9] Oliner, S. and D. Sichel (2000):"The Resurgence of Growth in the Late 1990s:Is Information Technology the Story?", *Journal of Economic Perspective*, Vol. 14, No. 4.
[10] Paulre, B. (2000):"Is the New Economy a Useful Concept?" www.ssrn.com.

虚体经济周期理论与美国新周期[*]

戚自科

摘要：本文首先说明迄今为止的周期理论由于没有内含金融市场所以无法就最新的美国新周期给出令人信服的解释,周期理论必须做出新的尝试和发展。然后,构建以金融市场为出发点的"虚体经济周期"理论,说明其动力机制。最后,用本文总结出的虚体经济周期理论机制来诠释传统周期理论所无法解释的内容,证实本文提出的虚体经济周期理论对目前美国经济现实确实具有很强的解释力。

关键词：虚体经济周期理论；新周期；新经济；金融加速理论

一、经济现实挑战传统周期理论

1991年3月至2000年第二季度,美国经济处于历史上最长的连续增长期,且经济运行态势形成了"高增长+低通胀+低失业率"的理想组合。"新经济"和"新周期"概念正是经济学家对此次美国经济增长和周期中有别于传统周期特征现象的概括。目前关于此次周期形成的较为公认的观点可以归纳为：在经济上升阶段,美国经济模式的更新、新兴网络产业的发展使生产率增速加快,导致美国经济最终突破了增长率2.5%和失业率6%的瓶颈限制,经济高增长、低失业和低通胀的并存因而成为现实;继而,互联网企业赢利前景的暗淡,新型技术创新的缺乏使经济进入了全面衰退状态。但笔者认为这种描述和解释忽略了美国现阶段经济社会中的一个重要因素,即现代金融市场的存在和发展。

事实上,在这一次增长周期中,金融市场的表现尤为引人注目,其迅速攀升与大幅快速回落本身已经成为这一轮经济周期的一个显著特征。以处于经济增长阶段的1995—1999年为例,道·琼斯指数上涨3倍,同大萧条前1924—1929年间股市的涨幅不分伯仲,而作为新经济代表的纳斯达克指数更是上升了9倍之多。再以股票市盈率衡量,1999年年底道·琼斯指数的平均市盈率为45倍,高于1929年最高峰时的水平,而纳斯达克100指数的平均市盈率则更是高达120倍。从2000

---

[*] 原载于《世界经济》2003年第4期。本文节选自作者的博士毕业论文《美国"虚体经济周期"初探》,特别感谢胡代光教授、杜厚文教授、薛敬孝教授、罗肇鸿教授和萧琛教授对本文的指导。

年第三季度开始,美国经济持续了 10 年的平均增速大于 3% 的稳定增长局面终于被打破,其国内生产总值增长率突然下降到不到 2% 的水平(2002 年第一季度例外,为6.1%),金融市场也呈现出全面紧缩态势,各股指数全面下挫,无一幸免,其中以纳斯达克指数受灾最重,比之在 2000 年 3 月最高峰时缩水了一半以上[①],目前仍在 1 200 点左右徘徊。

经济周期中的股市波动现象并不令人感到奇怪,但如此大规模的股市波动在历次美国经济周期中都是十分罕见的,它值得经济学人给予足够的重视,原因在于金融市场与举世瞩目的美国新经济和新型周期之间的关联,已经向迄今为止的"传统"周期理论提出了挑战:截止到成形于 20 世纪 80 年代的新古典宏观经济学派,周期理论始终墨守 MM 定理和从生产函数角度推导出经济波动原因的理论传统和思维定式,而在这样的框架内金融市场是无法被引入到经济周期模型中去的,它的作用往往被简单化成一个代表资金流向的函数;与新古典宏观经济学分庭抗礼的新凯恩斯主义经济周期论虽然论及金融市场会在周期形成中发挥作用,但有关探讨并没有深入到经济周期波动机理的层次。也就是说,随着金融市场在国民经济中的作用日益凸显,真实经济越来越虚拟化,传统周期理论由于不能为金融市场在经济周期中的作用提供满意的解答而亟待改进。为了与传统的截至目前无力充分解释金融市场在周期形成中作用的周期理论相区别,我们把下文要探讨和构建的理论定名为"虚体经济周期"理论,它根植于已经成型的"传统"周期理论框架内,但在构建上以金融市场为切入点和视角、在内容上强调的是金融市场的作用,"虚体经济周期"这个名称就反映了这一用意和特征。

二、从金融市场入手构建"虚体经济周期理论"

从 80 年代中期开始,大量实证研究表明金融市场与真实经济总体波动之间的确存在相关性(Bernanke 1983;Eckstein 和 Sinai 1986;Hamilton 1987),这些发现与新古典理论中金融结构无关命题(MM 定理)相矛盾,于是在 90 年代初涌现了一些以真实和金融变量之间相互作用的动态效果为研究对象的文献。它们沿着两种不同的思路向前发展:第一条是由 H. P. Minsky[②] 首先提出,因受凯恩斯的影响而没有论及微观主体理性的思路,其结论难以被证实和推广;第二条思路以融资市场中的信息不对称为切入点,认为金融市场摩擦可以为金融对真实经济行为影响的分析和研究提供微观基础,从而使理解不存在大规模经济冲击时经济也一样会呈现出大而持久的波动成为易事。

沿袭第二条思路的经典文献是 Bernanke 和 Gertler 于 1989 年发表在《美国经

---

① 本段数据根据纳斯达克网站(http://www.nasdaq.com/)的资料整理而得。
② Minsky, H. P., *Stabilizing an Unstable Economy*, New Haven, Yale University Press, 1986.

济评论》上的一篇论文《代理成本、企业净值与周期波动》,20世纪90年代中期,许多学者受该文的启发开始就金融对真实经济波动的影响展开深层次的探讨,他们不断地对Bernanke和Gertler提出的金融加速模型(Financial Accelerator Model)进行新的修补,尝试建立一个能将金融市场内含到其中的周期模型,以缩小理论与经济现实之间的差距,为美国经济提供一个令人信服的周期解释架构。

需要说明的是,在虚体周期理论的核心——金融加速模型中,资金的融通是一个笼统而抽象的概念,它涵盖了直接和间接融资两种行为,但为了简化和便于处理,都统一以间接融资——"贷款"做所有融资行为的代表而不再做具体区分,因为从本质上看直接融资虽不涉及还本付息,但其追逐回报的目的本身也是一种变相的"还本付息"要求,因此直接融资可以被看做是一种特殊的间接融资。

金融加速模型中参与人与市场结构图如图1所示:

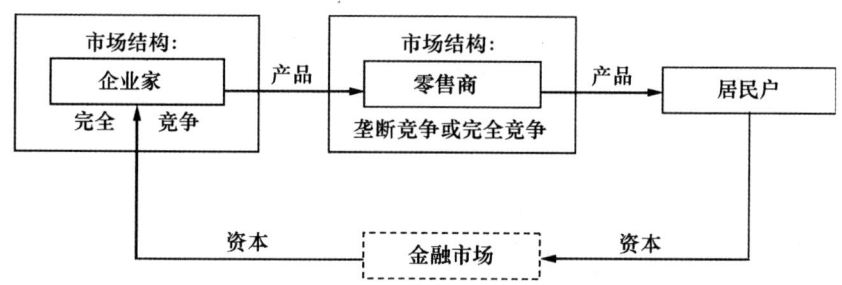

图1 金融加速模型中参与人与市场结构图

该理论的整体思路很清晰:金融市场上的信息不对称使企业家只能以自己所拥有的净值为基础进行融资,由此产生的连动机制使金融市场具有加速和放大系统所受到的外部冲击的功能。

(一) 企业融资局部均衡

首先说明在资本价格、资本预期回报外生给定时资金借贷双方的局部均衡。

企业 j 在时期 t 筹划它在 $t+1$ 期进行生产时要投入的资本,数量为 K_{t+1}^j,单位价格是 Q_t,假定资本无折旧,并且对于单个企业而言借贷无杠杆限制,而对整个企业界的借贷行为而言则存在一定的杠杆限制。企业在 t 期末的自有资本即净值为 N_{t+1}^j。资本回报受整体和特征性风险的双重影响,可以表示为 $w^j R_{t+1}^k$,其中随机变量 w^j 代表特征性风险,R_{t+1}^k 代表整体风险,w^j 是独立同分布变量,存在连续分布函数 $F(w)$ 而且在取值都为正时有 $E(w^j)=1$;特征性风险满足以下条件:$\frac{\partial wh(w)}{\partial w} > 0$,其中 $h(w) = \frac{\mathrm{d}F(w)}{1-F(w)}$,不难看出对绝大多数分布来说,这个条件都可以得到满足。由此,企业借入资本的数量可以表示为 $B_{t+1}^j = Q_t K_{t+1}^j - N_{t+1}^j$。

在模型中,存在着一个抽象的金融市场,它是将作为资本来源的居民户和作为资本需求者的企业连接起来的中介,呈风险中性。由于居民户是典型的风险回避者,所以在借贷行为发生时,中介必然要让企业吸收并承担市场上的整体风险,则金融市场上每个企业借贷行为所对应的 R_{t+1}^k 在整个市场范围内的一种平均一定比无风险利率 R_{t+1} 高。同时,由于借贷双方的信息不对称,金融中介还要付出监督成本 CSV(costly state verification)使自己能够获得与资本收益相关的信息,监督成本的存在说明为什么企业在没有对借贷合同附加任何限制时外部融资比内部融资要贵,它等同于中介的破产成本(包括监督、法律、资产流动性和业务的中止成本等)。表达式如下:

$\text{CSV} = \mu w^j R_{t+1}^k Q_t k_{t+1}^j$ 其中,μ 是监督成本系数,$w^j R_{t+1}^k Q_t k_{t+1}^j$ 是总的资本收益。

当 R_{t+1}^k 整体风险已知时,合同安排特别类似于标准的借贷。企业要选择的是 $Q_t k_{t+1}^j$ 和 B_{t+1}^j,使得 $\bar{w}^j R_{t+1}^k Q_t k_{t+1}^j = Z_{t+1}^j B_{t+1}^j$,$\bar{w}^j$ 和 Z_{t+1}^j 是状态变量,$\bar{w}^j$ 代表市场上的平均资本回报率,Z_{t+1}^j 代表均衡合同利率。于是有:

当 $w^j \geq \bar{w}^j$ 时,企业支付给中介 $Z_{t+1}^j B_{t+1}^j$(按均衡利率 Z_{t+1}^j 进行还款),自己得到 $w^j R_{t+1}^k Q_t k_{t+1}^j - Z_{t+1}^j B_{t+1}^j$;

当 $w^j \leq \bar{w}^j$ 时,企业无法按均衡利率进行偿付,中介在付出了 CSV 后,将得到它所能发现的所有剩余的资本回报 $(1-\mu) w^j R_{t+1}^k Q_t k_{t+1}^j$。

状态变量 $\bar{w}^j$ 和 Z_{t+1}^j 由中介的均衡等式,即预期回报 = 机会成本决定:

$$[1 - F(\bar{w}^j)] Z_{t+1}^j B_{t+1}^j + (1-\mu) \int_0^{\bar{w}^j} w R_{t+1}^k Q_t k_{t+1}^j \mathrm{d}F(w) = R_{t+1} B_{t+1}$$

企业 j 的资本回报到达 $\bar{w}^j$ 以上的概率为 $[1 - F(\bar{w}^j)]$,此时金融中介得到 $Z_{t+1}^j B_{t+1}^j$;在企业资本回报达不到 $\bar{w}^j$ 时中介所得为 $(1-\mu) \int_0^{\bar{w}^j} w R_{t+1}^k Q_t k_{t+1}^j \mathrm{d}F(w)$(企业无法偿付时的资金成本),于是将 $\bar{w}^j R_{t+1}^k Q_t k_{t+1}^j = Z_{t+1}^j B_{t+1}^j$ 代入上式,消掉 Z_{t+1}^j,有:

$$\left\{ [1 - F(\bar{w}^j)] \bar{w}^j + (1-\mu) \int_0^{\bar{w}^j} w \mathrm{d}F(w) \right\} R_{t+1}^k Q_t k_{t+1}^j = R_{t+1}(Q_t k_{t+1}^j - N_{t+1}^j)$$

上式的决定因素是 $\bar{w}^j$,它具有双重效应:一方面,由 $[1 - F(\bar{w}^j)] \bar{w}^j$ 知,$\bar{w}^j$ 的上升增加了企业在可以偿付借贷时的回报率;另一方面,由 $(1-\mu) \int_0^{\bar{w}^j} w \mathrm{d}F(w)$ 知,$\bar{w}^j$ 的上升也增加了企业无法按时还款的风险和资金成本。

$\frac{\partial wh(w)}{\partial w} > 0$ 意味着上式将在唯一的 $\bar{w}^j$ 内点解上取得最大值,超过这个解点的其他 $\bar{w}^j$ 值将因企业无法偿付的风险加大而导致中介预期回报的下降,对应于那些小于这个解点的 $\bar{w}^j$ 值预期回报将呈凹状且随 $\bar{w}^j$ 的上升而上升。这里假定不存在由于等式右边的机会成本过大造成左边无内点解可以对应,也就是说借贷人实际上面临一种信贷配给的情况。假设总有一个小于最大值 $\bar{w}^j_{\max}$ 的 $\bar{w}^j$ 存在使得上式能够成立,而且我们在后面给参数取值时也会发现这个假设在实际当中也是能够得到满足的。

以上是 R^k_{t+1} 已知时,当 R^k_{t+1} 未知时, $\bar{w}^j$ 要依 R^k_{t+1} 的具体情况来定值。企业家中性假定意味着企业家注重的是平均的资本回报,因此愿意承担所有的整体风险,即愿意给贷款人一个不存在系统风险的保证,所以对实现了的 R^k_{t+1} 求均值就可以得到 R_{t+1}(居民户的储蓄利率),也就是说对于每一个实现了的 R^k_{t+1} 都有一个 $\bar{w}^j$ 与之相对应,若实现了的 R^k_{t+1} 小于预期的 R^k_{t+1} 则务必要有增加的 $\bar{w}^j$ 来进行弥补。

企业的最大化问题可以表示为:

$$\max E \left\{ \int_{\bar{w}^j}^{\infty} w R^k_{t+1} Q_t K^j_{t+f} dF(w) - [1 - F(\bar{w}^j)] \bar{w}^j R^k_{t+1} Q_t K^j_{t+1} \right\}$$

上式的前半部分表示 w^j 超过 $\bar{w}^j$ 时企业的所得,后半部分代表 w^j 超过 $\bar{w}^j$ 时企业的资金成本,也就是 w^j 超过 $\bar{w}^j$ 时金融中介之所得。在式中, $\bar{w}^j$ 的值依 R^k_{t+1} 的值而定,并最终确定了 E 的最大值。

将金融中介的均衡等式作为 s.t. 带入上式后,可得:

$$\max E \left\{ R^k_{t+1} Q_t K^j_{t+1} - \mu \int_0^{\bar{w}^j} w dF(w) R^k_{t+1} Q_t K^j_{t+1} - R_{t+1}(Q_t K^j_{t+1} - N^j_{t+1}) \right\}$$

进一步地,可以写成:

$$\max_{\{K^j_{t+1}, \bar{w}^j\}} E \left\{ \left[1 - \mu \int_0^{\bar{w}^j} w dF(w) \right] U^{rk}_{t+1} \right\} E \{R^k_{t+1}\} Q_t K^j_{t+1} - R_{t+1}(Q_t K^j_{t+1} - N^j_{t+1})$$

式中 $U^{rk}_{t+1} = R^k_{t+1} - E_t\{R^k_{t+1}\}$ 代表未预期到的资本回报的变动。显然,企业通过金融中介的均衡条件将无法偿付时的资金成本进行了内部化。

至此,一个标准的企业借贷架构已经形成,模型的局部均衡可以总结为在资本回报总体风险 R^k_{t+1} 和随机风险 w^j 的分布已知、资本价格 Q_t 和企业净值 N^j_{t+1} 一定的情况下企业选择 K^j_{t+1} 和 $\bar{w}^j$ 以使预期收益最大化的问题。另将外部融资与安全利率的比例 $S_t \equiv E\{R^k_{t+1}/R_{t+1}\}$ 可以被视为企业资本回报的预期(贴现)率,它代表企业的外部融资升水。在竞争性的借贷市场中,企业欲购买到所需资本则必须满足 $S_t \geq 1$ 的条件。由此,可得上述最优资产借贷问题关于 K^j_{t+1} 的一阶必要条件:

$$Q_t K^j_{t+1} = \varphi(S_t) N^j_{t+1}, \quad 其中 \varphi(1) = 1; \varphi'(\cdot) > 0$$

给定满足上式的 K^j_{t+1},就可以经由最大化问题的约束条件等式推出唯一的 $\bar{w}^j$。这个等式是整个模型的关键所在,它代表金融市场上资本的供给曲线(资金成本曲线),揭示出企业借贷资本与企业净值之间的关系,在其他条件不变时, S_t 增加,从而 $\varphi(S_t)$ 上升减小了企业拖欠贷款的可能性,使企业能够在金融市场融到更多的资金,有利于规模的扩大,但这种扩大必然受到企业无法偿付时的资金成本(1 −

$\mu) \int_0^{\bar{w}^j} w R_{t+1}^k Q_t k_{t+1}^j \mathrm{d}F(w)$ 随借贷资本与 N_{t+1}^j 之间比例的上升而上升的限制,因为由 $\bar{w}^j R_{t+1}^k Q_t k_{t+1}^j = Z_{t+1}^j B_{t+1}^j = Z_{t+1}^j (Q_t K_{t+1}^j - N_{t+1}^j)$ 得: $Q_t K_{t+1}^j / N_{t+1}^j$ 越大, $\bar{w}^j$ 越大,企业无法按时偿付的资金成本越大。

在局部均衡时,企业资本需求应与资金供给相等,所以这个必要条件还可以从企业角度被表示为: $E\{R_{t+1}^k\} = S\left(\dfrac{N_{t+1}^j}{Q_t K_t^j}\right) R_{t+1}\, S'(\cdot) > 0$, 也即在均衡时企业的资本收益等于外部融资的边际成本,该式充分体现出在金融市场存在信息不对称的情况下(CSV 存在的情况下) N_{t+1}^j 企业净值对企业外部融资供给的决定作用。

(二)部分价格给定的一般动态均衡

下面将原来仅限于企业和贷款者之间的局部均衡扩展到一般动态的情形,也就是将局部均衡中视为既定的资本价格、资本预期回报两个变量以及状态变量企业净值内部化由模型自身决定,目的在于说明资产价格、资本回报和企业净值之间的循环促进关系。

首先应将企业部门对资本和劳动的需求汇集成总量,因为资本的市场总需求在此模型中是一个关键变量,从它身上可以反映出金融市场的信息不对称会产生什么样的效果,同时它也是说明企业净值的变化对资本需求影响的基础。

企业通常在上期末购买资本为下一期的生产做准备,所购资本与雇佣劳动结合才能有所产出。假定企业生产的规模收益是不变的,据此可得总量生产函数如下:

$$Y_t = A_t K_t^{\alpha} L_t^{1-\alpha}$$

其中, Y_t 代表 t 期产出; K_t 代表所有企业在 $t-1$ 期末购买的资本量; L_t 代表劳动投入; A_t 是外生的生产技术系数。

令 I_t 代表总的投资支出,则资本存量 $K_{t+1} = \phi\left(\dfrac{I_t}{K_t}\right) K_t + (1-\delta) K_t$, 为了引入资本价格变量,我们在式中添置了调整系数 $\phi\left(\dfrac{I_t}{K_t}\right)$, 它代表通过 I_t 投资而新获得的资本,资产价格通过它会对企业净值发生作用。调整系数成凹形,且 $\phi'(\cdot) > 0$, $\phi(0) = 0$。均衡时,一单位资本的价格应为 $Q_t = \left[\phi'\left(\dfrac{I_t}{K_t}\right)\right]^{-1}$, 我们在稳定状态下可以把它标准化处理成 $Q_t = 1$。

假设企业将产品直接卖给零售商,零售商相对于生产者的利润表现为商品的相对价格 $\dfrac{1}{X_t}$, 则 C-D 生产函数的性质告诉我们为生产商品对 $t+1$ 期一单位资本而

言租价应为 $\frac{1}{X_{t+1}} \cdot \frac{\alpha Y_{t+1}}{K_{t+1}}$，由此在 t 期把一单位资本保存到 $t+1$ 期的预期回报可以表示为：$E\{R_{t+1}^k\} = E\left\{\dfrac{\frac{1}{X_{t+1}} \cdot \frac{\alpha Y_{t+1}}{K_{t+1}} + Q_{t+1}(1-\delta)}{Q_t}\right\}$，将 K_{t+1}、Q_t 代入上式就得到企业的资本需求曲线。

其次，如局部均衡所述对资本的供给（资金成本曲线）可以由下式给出：

$$E\{R_{t+1}^k\} = S\left(\frac{N_{t+1}}{Q_t K_{t+1}}\right) R_{t+1}$$，其中，S 代表外部融资与内部融资的成本对比，在 $N_{t+1} < Q_t K_{t+1}$ 时，$\left(\dfrac{N_{t+1}}{Q_t K_{t+1}}\right)$ 越大，则 S 越大，如前所述，$\left(\dfrac{N_{t+1}}{Q_t K_{t+1}}\right)$ 是衡量企业融资条件的主要指标。

企业资本需求和资本供给的动态均衡，即上述两个表达式的平衡要取决于状态变量 N_{t+1}。N_{t+1} 可以被认为是企业家所享有的权益，包括企业家在支付了贷款者本息之后的剩余——股东权益和企业家的劳动所得。严格来讲企业家的劳动所得也应该算入总的劳动供给中，于是有 $L_t = H_t^{\Omega}(H_t^e)^{1-\Omega}$，其中 H_t 代表居民户提供的劳动；H_t^e 代表企业家提供的劳动，我们可以合理地假设企业家的劳动所得对企业家股权收入增长的贡献很小，因此 H_t^e 可以被标准化为1，劳动函数形式上的改变实际上并不会影响到以后模型模拟的最终结果。企业家所享有的权益 N_{t+1} 的详细表达式为：

$$N_{t+1} = 企业家剩余（股权收入）+ 企业家的工资 = \gamma V_t + W_t^e$$

V_t 的具体的表达式为：

$$V_t = R_t^k Q_{t-1} K_t - \left(R_t + \frac{\mu \int_0^{\bar{w}} w R_t^k Q_{t-1} K_t \mathrm{d}F(w)}{Q_{t-1} K_t - N_{t-1}}\right)(Q_{t-1} K_t - N_{t-1})$$

企业家在 $t-1$ 期末所拥有的企业股东权益是 γV_t（如果企业在 t 期倒闭，企业家将消费掉剩余的部分 $(1-\gamma)V_t$，即 $C_t^e = (1-\gamma)V_t$）；$R_t^k Q_{t-1} K_t$ 代表企业家从 $t-1$ 期到 t 期所拥有股权的总收入；$\left(R_t + \dfrac{\mu \int_0^{\bar{w}} w R_t^k Q_{t-1} K_t \mathrm{d}F(w)}{Q_{t-1} K_t - N_{t-1}}\right)(Q_{t-1} K_t - N_{t-1})$ 代表企业对所借款项的支付；$\dfrac{\mu \int_0^{\bar{w}} w R_t^k Q_{t-1} K_t \mathrm{d}F(w)}{Q_{t-1} K_t - N_{t-1}}$ 是无法偿付时的资金成本占企业借贷的比例，反映出外部融资的成本升水。

由 N_{t+1} 表达式见，N_{t+1} 主要取决于 V_t，而 V_t 对资本价格又非常敏感（尤其是企业融资存在杠杆效应时），为说明这一点，可以设 $U_t^{rk} \equiv R_t^k - E_{t-1}\{R_t^k\}$ 为未预期到的资本回报变动；又设 $U_t^{dp} \equiv \int_0^{\bar{w}} w Q_{t-1} K_t \mathrm{d}F(w) - E_{t-1}\left\{\int_0^{\bar{w}} w Q_{t-1} K_t \mathrm{d}F(w)\right\}$ 为未预期

到的无法偿付时资本回报的变动,则 V_t 又可以表示成 $V_t = [U_t^{rk}(1-\mu U_t^{dp})]Q_{t-1}K_t + E_{t-1}\{V_t\}$,其中 $[U_t^{rk}(1-\mu U_t^{dp})]Q_{t-1}K_t$ 代表在 $t-1$ 期未预期到的 V_t 在 t 期的变动。

如果在此基础上假设一个未预期到的资本回报上升的例子,则对上式进行微分可以反映出企业家剩余对这个未预期到的变动的弹性:

$$\frac{\partial V_t / E_{t-1}\{V_t\}}{\partial U_t^{rk} / E_{t-1}\{R_t^k\}} = \frac{E_{t-1}\{R_t^k\}Q_{t-1}K_t}{E_{t-1}\{V_t\}} \geq 1$$

可见资本回报的未预期到的 1% 的变动所导致的企业家股权的百分比变动等于企业所有资本总值占企业家股权的比例,由于财务杠杆的存在,这个比例 ≥ 1,也就是说未预期到的资本回报的变化所导致的企业家剩余的变化要大于等于 1。换句话说,资本价格未预期到的变动(往往是造成资本回报变动的最有可能的原因)对企业融资状况来说至关重要。

企业家的劳动工资由边际产出决定,即:$(1-\alpha)(1-\Omega)\dfrac{Y_t}{H_t^e} = X_t W_t^e$

综合以上生产函数、N_{t+1}、V_t 以及 W_t^e 的决定表达式,并将企业家劳动标准化为 1,就可以得到 N_{t+1} 的微分形式等式,它和外部融资的资金成本(供给)曲线一起勾画出了能体现金融加速作用的模型核心表达式:

$$\begin{cases} N_{t+1} = \gamma\left[R_t^k Q_{t-1}K_t - \left(R_t + \dfrac{\mu\int_0^{\bar{w}} w\,dF(w)R_t^k Q_{t-1}K_t}{Q_{t-1}K_t - N_{t-1}}\right)(Q_{t-1}K_t - N_t)\right] \\ \qquad + (1-\alpha)(1-\Omega)A_t K_t^\alpha H_t^{(1-\alpha)\Omega} \qquad\qquad\qquad\qquad\qquad\qquad (1) \\ E\{R_{t+1}^k\} = S\left(\dfrac{N_{t+1}}{Q_t K_t}\right)R_{t+1} \qquad\qquad\qquad\qquad\qquad\qquad\qquad\qquad (2) \end{cases}$$

(1)式解释了企业净值如何内生的问题;(2)式如前所说解释了企业净值对资金成本的影响。它们共同说明在给定 R_{t+1}、W_t 和 $\dfrac{1}{X_t}$ 的情况下,批发产品的生产、企业投资和资本形成以及资本价格和净值是如何被决定的,那些在这里既定的价格变量该如何被界定将取决于所采用的经济系统框架(宏观经济学各流派的经济周期理论模型)的性质。

(三)模拟效果与结论[①]

篇幅所限,这里省略了对模型的参数定值和冲击模拟过程,而直接给出冲击效

[①] 金融加速理论中各模型的区别并不是主要体现在模拟效果上,因为虽然模型构建思想略有不同,但模拟的结果却可以通过调整参数而大同小异。这里给出的结果来源于 Backus 和 Belaisch 在 1996 年和 Calstrom 和 Fuerst 在 1997 年所做的模拟,他们的工作被公认为是该领域的典范,由于得到的仅是趋势图,所以图中所标明的数值并不精确。

果图。

以货币政策冲击为例,让名义利率下降 25 个基点然后再逐渐恢复,得到图 2:

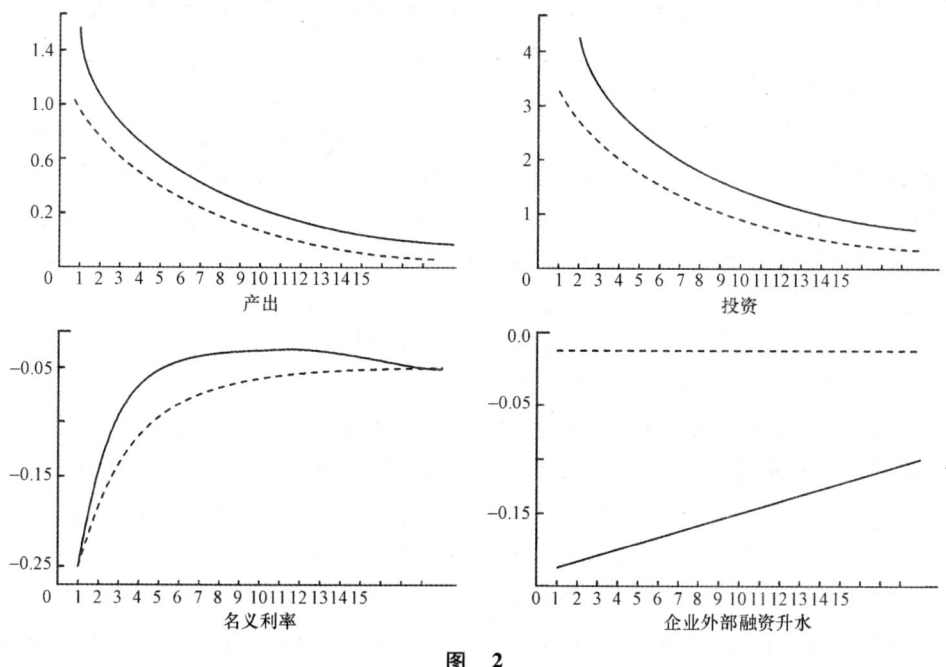

图 2

上面几图是在对参数定值的基础上,金融加速模型描绘的经济系统对各种冲击效果的模拟,图中横轴时间都以季度做单位,纵轴是各变量在冲击发生后对各自稳定状态的偏离。虚线代表将企业外部融资升水固定在稳定状态,而不是让其随净值比例变化时的情形,也就是说它代表的是与完整的模型(即金融市场存在摩擦)有同样的稳定状态,但金融市场的作用被完全限制住了的情况,实线则代表存在不受限制的金融市场作用的情形。不难看出,在金融市场存在不对称信息的情况下,各变量在系统受到冲击时的变动幅度都要大于不让这种信息摩擦带来的效果发挥出来的情况。实际上,金融加速理论正是因此而得名,它说明金融市场的信息不对称能够放大经济系统承受的各种冲击而将之转化为持续的宏观波动。

(四)虚体经济周期的动力机制

在金融加速模型及相关模拟效果的基础上进行分析,笔者试总结出虚体经济周期的动力机制如下:

1. 加速器

仍以市场无风险利率的下降为例说明金融市场如何放大了经济系统受到的波动冲击。整个过程类似一个乘数效应的作用过程:利率的下降通过降低资本预期整体回报而刺激了企业的资本需求,企业相应增加的投资使资本价格上升,资本价格的上升又使企业净值增加,而且企业净值的变动幅度要大于资本价格的上升幅度,企业净值的增加导致企业外部融资升水下降,进而进一步刺激了资本供给和投资,反过来又使得资产价格进一步上升。即使此时利率已经逐渐恢复到原来的水平,这个过程仍将由于企业净值已经增加而持续。

2. 减速器

相反地,金融市场也为经济系统提供了加速下滑的动力。假设经济系统遇到了包括货币政策冲击在内的某种负面冲击,对前景的悲观使借款人提高了对资本预期回报的要求,企业投资需求因此减少,资本价格下跌,企业净值随之下降,导致企业外部融资升水的上升,抑制资本供给和企业投资,而投资的减少又进一步加剧了资本价格下跌的趋势。金融加速理论的初始提出者 Bernanke 和 Gertler 已经证明企业的初始净值越小,这种经济减速效果就将越明显。

3. 虚体经济周期中同样蕴含经济危机

加速器和减速器为以金融市场作为动力机制的虚体经济周期提供了上升和下降阶段的解释,除此之外,我们不难从上述对金融加速模型的分析中得到另一个重要的结论:以金融为动力的经济周期自身就包含了经济危机的诱因,就如同传统经济周期理论中也内在的包含了使整个社会生产普遍过剩的可能一样。

在分析企业最优资产借贷问题时,我们得到一阶必要条件:$Q_t K_{t+1}^j = \varphi(S_t) N_{t+1}^j$,其中 $\varphi(1) = 1, \varphi'(\cdot) > 0$,这个等式是整个模型的关键所在,它揭示出企业借贷资本与企业净值之间的关系,在其他条件不变时,S_t 增加,从而 $\varphi(S_t)$ 上升减小了企业拖欠贷款的可能性,使企业能够在金融市场融到更多的资金,有利于规模的扩大。但同时文中也已指出这种扩大必然受到企业无法偿付时的资金成本 $(1-\mu) \int_0^{\bar{w}^j} w R_{t+1}^k Q_t k_{t+1}^j \mathrm{d}F(w)$ 随借贷资本与 N_{t+1}^j 之间比例的上升而上升的限制,正是这个限制给企业进一步融资扩大生产设置了障碍,使虚体经济周期理论框架内与传统经济周期一样也存在着经济危机的可能。

三、虚体经济周期理论对美国新周期的解释

(一)加速启动:创新的"蜂聚"和乐观的资本回报预期使企业资本需求剧增

如虚体经济周期理论所揭示的那样,金融加速器的效果显现首先是从美国企业对资本的需求在 90 年代有大幅度和高密度的增加开始的。

1. 90 年代是美国创新的"蜂聚"期

企业的资本需求出现激增的根本原因是 90 年代恰逢美国技术创新的"蜂聚"时期,由于创新难以度量,这里我们用专利申请数作为创新的衡量指标,因为大多数专利在经过一段时间后都能转化为现实生产力。有资料显示,美国从专利制度

正式设立到注册100万个专利整整花了85年的时间,而在90年代从第500万个专利增长到600万个专利只用了8年的时间,90年代以来美国年平均专利申请数为80年代的84倍,而80年代是70年代的21倍[①],专利申请数在80年代特别是90年代较历史平均水平有大幅增加的事实表明这一时期确实是美国技术创新的"蜂聚"期。

2. 美国企业对技术投资回报持乐观预期

从世界经济发展的角度看,美国长期处在技术开发的前沿,以信息产业为中心的美国高科技产业已具有世界霸主的地位,1997年,在全球信息市场中美国所占份额为41.8%,大大高于欧洲的27.5%和日本的16.6%。在软件方面,美国更是独领风骚,占世界软件销售的75%市场份额,仅在1996年一年,微软的利润就高达34亿美元。[②] 霸主的地位意味着国际竞争中高额的垄断利润和巨额回报,而这种预示着资本高额回报率的垄断利益是企业家投资于技术创新活动的一支催化剂。

乐观的资本回报预期加上美国技术创新"蜂聚"来临等正面因素的累积使美国企业对资本的需求在20世纪90年代初出现剧增的势头,金融加速进程由此开始启动。

(二)过程:"股市奇观"是资本价格上升和企业净值增加的结果

强劲的资本需求和全球范围内不受限制的资本供给相互配合的结果就是融资市场的繁荣和投资活动的踊跃。虚体经济周期理论中的加速器机制告诉我们企业增加投资将带来资本价格上升的结果,而资本价格的上升反过来又使企业净值增加,而且企业净值的变动幅度要大于资本价格的上升幅度,企业净值的增加导致企业外部融资升水下降,进而进一步刺激了资本供给和投资,使得资产价格继续上升。以上建立在模型基础上的理论推导过程的结果——资本价格的节节上扬已经被现实中美国股市指数(资本价格的最好代表)自1992年到1999年底的"奇观"(图3)表现所印证,理论与现实之间的契合证明了虚体经济周期理论的生命力。

(三)效果:金融加速良性循环最终表现为超长的持续增长

虚体经济周期理论告诉我们,金融加速机制具有乘数的自加强效应,这种效应通过如下几个途径转化为经济增长的动力,造成1990年到1999年美国经济持续高速增长的事实。

---

① 许永兵、徐圣银:"长波、创新与美国的新经济",《经济学家》,2001年第3期,第57页。
② 金志奇:"美国信息产业革命与宏观经济目标",《世界经济》,1995年第5期,第101页。

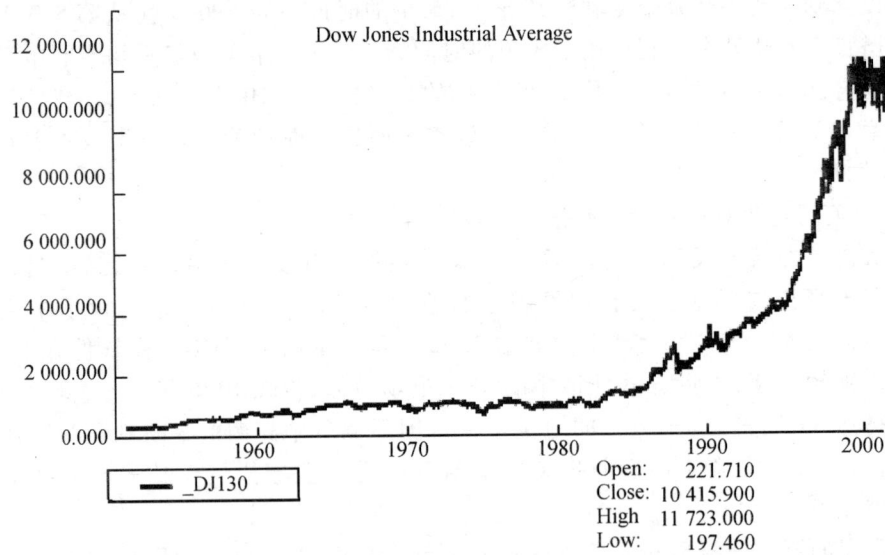

图 3 1995 年以来美国股市的强劲增长和大幅震荡构成了资本市场发展史上的奇观
资料来源：http://averages.dowjones.com/abtdjia.html。

1. 高消费是主要动力

由表 1 中可见,美国经济在 90 年代的三个时期中,增长速度持续加快,同期的消费水平也翻了将近一番,而个人储蓄率却下滑到 3.1% 的低水平,减少了一半有余。美国私人消费长期以来一直占其国内生产总值的 2/3 以上,因此从数字上不难得出结论:美国的高消费和过度消费是支持美国经济超常增长的主导因素之一。

表 1 美国 90 年代以来的个人消费指标增长情况（%）

时间	国内生产总值	企业的固定资产投资	消费	个人可支配收入	个人储蓄率
1990—1995	2.4	5.0	2.6	2.1	7.2
1995—1997	3.9	10.4	3.5	3.1	4.7
1997—1999	4.2	10.5	5.1	4.0	3.1

资料来源：根据美国经济分析局《国民收入和产品账户》(2000 年 4 月 27 日)和 2000 年美国《总统经济报告》计算整理。

2. 高投资推波助澜

股市的繁荣也刺激了企业的投资欲望,90 年代美国企业固定资产投资增长率的增长速度引人注目,在 90 年代上半期,投资率稳定在 5%,从 1995 年开始,固定资产投资率一下子翻了一番还多,达到 10.4% 和 10.5% 的高水平;1991—1998 年,美国总投资每年比上年的增长量为 51 亿、444 亿、937 亿、589 亿、962 亿、1 082 亿、410 亿美元。

(四) 危机因素的累积

上文曾指出,虚体经济周期内同样含危机诱因,现实中,美国金融市场的发展的确造成了此类危机因素的累积,使过多资金在持续地注入新兴产业的同时为企业不能按时"还款"埋下了伏笔,由此在外部不利的冲击作用下,经济由增长进入到虚体经济周期的减速阶段。

危机因素突出表现两个方面:(1) 在美国金融市场的代表——纳斯达克。纳指于1995年7月17日首次收于1 000点以上,此后不到5年,该指数便突破了5 000点,而道·琼斯工业股票指数实现同样的突破却用了23年。这样的突破速度在以往是根本不可想象的,在纳斯达克上市的美国的科技股因此被公认为是全球最大的泡沫所在。除此之外,经计算,1995年,美国纽约股市收益有46%是来自于利润,54%则来自于资产溢价①,从1997年开始由于公司利润增长停滞②,市值飙升几乎全部来自于资产溢价,且增加幅度并不比1997年前的幅度小。(2) 金融资产向信息产业的过度配置还导致了该行业内部不计成本的竞争局面,使整个信息产业的规模在迅速扩大,远远超过了现阶段的需求,而供过于求局面的形成大大降低了信息行业投资的回报,因为信息行业是此次经济周期的主导行业,因此从整个经济系统的角度来说,代表企业按期"还款"可能的投资回报率指标在该行业的降低意味着虚体经济周期的危机因素在不断累积。

(五) 减速启动:危机因素释放源自系统受到的不利冲击

不断累积的周期危机因素最终总是要寻找途径进行释放的,虚体经济周期的危机因素释放是以经济系统受到了不利的冲击为突破口的,具体来说,就是以美联储连续上调利率为导火索,继而在经济系统对这个负面影响因素的不断放大过程中逐步得到释放的。

从1999年5月到2000年5月,美联储数次提高短期利率,从4.75%上升至6.5%,共提高1.75个百分点。此举虽然是出于遏制经济过热的良好初衷,但却直接带来股市的下挫和震荡。其背后的经济原理是:正如虚体经济周期理论所揭示出的,在经济系统遇到了包括货币政策冲击在内的某种负面因素的冲击时,对前景的悲观往往使借款人提高了对资本预期回报的要求,企业投资需求因此减少,资本价格和企业净值随之下降。纳斯达克和纽约股市虽然后来分别在2000年1月及3月创出过历史新高,但随着利率屡次调高,最终两者都没能避免下挫、整理、泡沫破裂的结果。

---

① 扬帆:"盛极必衰:美国经济大调整",中国人民大学复印资料《投资与证券》,2001年第11期。
② 相关数据资料可参见美国白宫网站:http://www.whitehouse.gov/fsbr/esbr.html。

(六)减速深化:资本价格下跌使经济滑入减速阶段

从虚体经济周期的角度看,美国经济在 2000 年第三季度进入了减速阶段,主要的表现是 2000 年第三、第四季度的增速分别是 1.3%、1.9%,2001 年四个季度的增速分别是 1.3%、0.3%、-1.3%、1.7%,2002 年第一季度增长率虽然有所回升,达 6.1%,但第二季度又回到了 1.1%。而且,从那时到现在的平均增长速度还不到 1%。经济之所以从整体上表现出下滑,根本原因还在于拉动美国经济"火车头"——资本价格出现回跌:美股走势在 2000 年下半年发生逆转,2000 年全年纳指累计下跌近 40%,标准普尔 500 指数和道指分别下跌超过 6% 和 10%,并且是十年来三大指数首次同时下跌。到 2001 年 3 月 22 日,美国三大股市的指数(道·琼斯、纳斯达克和标准普尔)从去年的高峰分别下跌 20%、62.4% 和 26.8%。根据股市下跌幅度超过 20% 为熊市的国际通用标准,它们从那时起均已进入熊市,尤其是代表科技股的纳斯达克,其下挫幅度已经超过历史上最惨的一次空头(1973—1974 年下挫 60%),加总来看,到 2001 年中期美国股市跌掉的市值已经相当于全美国内总产值的 50%,是 1987 年股市大暴跌时的两倍。目前,三大股指仍然分别在 8 500 点、1 200 点、900 点附近踯躅不前。以网络股泡沫破灭为先导的此轮股市重挫结束了美国持续近 10 年的牛市,熊市无情地降临了,美国经济由此进入迄今还没有结束的下降调整阶段。

参 考 文 献

[1] 陈炳才:"总统能改变美国经济命运吗",《中国贸易报》,2000 年 11 月刊。

[2] 杜厚文:"论金融风险的根源",《教学与研究》,1997 年第 11 期。

[3] 杜厚文、伞锋、李蕊:"对世界经济衰退的反思",《经济参考报》,2001 年 10 月 17 日刊。

[4] 金志奇:"美国信息产业革命与宏观经济目标",《世界经济》,1995 年第 5 期。

[5] 王跃生:"金融压抑与金融自由化条件下的企业融资制度",《经济社会体制比较》,1999 年第 1 期。

[6] 萧琛:"从网络经济看当前美国'新型衰退'",《世界经济与政治》,2001 年第 8 期。

[7] 许永兵、徐圣银:"长波、创新与美国的新经济",《经济学家》,2001 年第 3 期。

[8] 扬帆:"盛极必衰:美国经济大调整",中国人民大学复印资料《投资与证券》,2001 年第 11 期。

[9] Bernanke Ben, Mark Gertler, "Agency Costs, Net Worth, and Business Fluctuations", *American Economic Review* 79(1989), pp. 14—31.

[10] Bernanke Ben, Mark Gertler, Simon Gilchrist, "The Financial Accelerator and The Flight to Quality", NBER Working paper No. 4789, *Review of Economics and Statistics*, 78, February (1996), pp. 1—15.

[11] Bernanke Ben, Mark Gertler, Simon Gilchrist, "The Financial Accelerator in a Quantitative Business Cycle Framework", *NBER Working paper No. 6455*, March(1998).

[12] Charles Carlstrom and Timothy Fuerst, " Agency Costs, Net Worth, and Business Fluctuations: A Computale General Equilibrium Analysis", *American Economic Review*, forthcoming(1997).

[13] Minsky, H. P., *Stabilizing an Unstable Economy*, New Haven, Yale University Press(1986).

跨国企业集群在中国"二次成长时期"的特征性行为及市场规制途径*

曹和平

摘要：近年来，中国市场日益成为跨国公司获利的重要基地。但是，理论界绝大多数研究还集中在外国直接投资以及跨国公司治理结构这样一些跨国经济在东道国成长的初期阶段的问题上。从国民经济成长角度来研究跨国经济的寻租行为及规制途径几乎被忽略了。本研究从(1)跨国企业集群在中国"二次成长阶段"的观察事实，(2)跨国企业集群市场建网背后的利润动机，(3)跨国企业集群良性信息寻租向恶性信息寻租转化的内在机理以及(4)跨国企业经济与中国经济未来四个方面讨论了跨国企业集群进入中国后"二次成长阶段"的整体特征及规制途径。

关键词：信息租；信息寻租；良性与恶性寻租；寻租规制；二次成长阶段

本研究讨论跨国企业集群①在中国市场"二次成长时期"的特征性行为及其市场规制途径。原因在于，从投资角度对外国直接投资（foreign direct investment, FDI）进行实证摸底及探讨其最优规模（冯国庆，2006），从企业角度思考跨国公司的治理结构及国别比较等还属于跨国经济进入东道国市场初期阶段的研究范畴。② 今天，我国仍然有大量跨国企业的"进入期"经济问题。但是，从发展态势上看，跨国企业集群作为一个整体已经越过我国经济的"入门"规范，经过技术及供应链管理的本土性适应，进入了市场初步拓展后的高速成长期。我们称这一过程为跨国企业经济在中国的二次成长阶段。概括起来，这是一个依托整合信息技术（integrated solution technology）及品牌营销手段占据国内市场资源，以国民经济一分子的身份③爬升到价值实现链条高端的阶段。与初期成长阶段相比，跨国企业集群的二次成长阶段有其独有的行为特征。

对跨国企业经济在中国二次成长阶段进行行为研究并寻求激励性规制具有划

---

* 原载于《中国社会科学》2006年第5期。
① 这里不仅指跨国企业集团，还包括外国直接投资公司，其产品在国内外市场同时销售的各类企业实体。
② 参见何智蕴（2005），罗长远（2006），张岩贵（2006），赵果庆（2006）。
③ 典型的观察事实是充斥于国内媒体的"国产大众"、"国产本田"等。

时代的挑战意义。在国内市场上,因吸引外资的考虑,我国经济各部门零星存在的"入门后"制度规范还沿袭初期的治理内涵,对跨国企业经济二次成长时期的行为激励有余而规制不足。在国际市场上,因拓展出口市场的需要,我国对跨国企业集群在二次成长期将国别经济之间的技术信息、管理信息等不对称现象过度标准化"定格"以获取垄断信息租金[①]的行为研究不足,忽略了联合母国从国际市场对其进行激励与规制的主动诉求。

跨国集群经济在中国的二次成长是一个世界级的发达与发展经济对接的新生事件。对跨国集群在国别经济内部实行"国民待遇"式、在国别经济之间实行"世界国民待遇"式的激励性规制将成为中国对全球化的特殊贡献。四个相互关联的部分,(1)市场建网:跨国企业集群"二次成长阶段"的观察事实;(2)信息寻租:跨国企业集群市场建网背后的利润动机,(3)寻租推演:跨国企业集群良性信息寻租和向恶性信息寻租转化的内在机理;(4)寻租行为规制:跨国企业经济与中国经济未来,拟完成刻画跨国企业集群进入中国后"二次成长阶段"整体特征及规制的任务。

一、市场建网:跨国企业集群"二次成长阶段"的观察事实

进入新世纪之后,跨国企业集群在我国已经形成两类观察意义上的经济事实:(1)在国内竞争性产品市场上,许多传统制品业正在步高新技术及精工制造的后尘,为国际品牌和技术所垄断,如日化用品77%、碳酸饮料80%的市场份额被国外品牌所占领,这和关于高新技术和精工制造,如芯片、软件、飞机、汽车、重化工设备及精细化工等行业为外国品牌和技术所垄断的主流关注大相径庭[②];(2)在国际市场上,外资企业产品成为出口的主力军。2005年,我国7 620亿美元的出口额中,外资企业产品的比重为58.4%。考虑到贴牌生产份额,我国有三分之二以上的出口市场为外国品牌所占据。刻画跨国企业集团在中国二次成长的阶段的观察特征已经成为理解中国国民经济成长新阶段不可或缺的一部分。

(一) 跨国企业集团、跨国企业集群与跨国企业集群经济

跨国企业集团(multinational enterprise) 在1960年由美国学者D. Lilienthal 提出,指称从事跨国经营的新型企业。跨国企业通常包括国际公司(interna-

---

① 见本文第一部分定义及第二部分有关讨论。
② 有关调查表明,摄像机的99%、传真机的98%、移动电话的80%、大中型计算机的75%、电子元件的70%、洗涤化妆品的50%、碳酸饮料的80%的市场份额都被洋品牌占领。据对我国35个大中城市百家商场进行的调查显示:力士、夏士莲、舒肤佳、花王等品牌占据了日化市场77%的比重。在洗衣粉市场中,奥妙、碧浪、汰渍等几种品牌占到66%,而过去人们喜欢的活力28只占到5%,洗发液中飘柔、潘婷、力士、海飞丝占据了半壁江山。

tional enterprise)、全球公司(global enterprise)、无国籍公司(stateless corporation)或无国境公司(borderless enterprise)等。由于具备资产规模,它们多以集团公司的方式存在,统称其为跨国企业集团。

关注跨国企业集团容易将研究的重心放在跨国企业经济的公司性质上。近年来企业组织理论成为跨国公司研究的主导就是一例。这种关注容易导向研究跨国集团为什么到海外去投资,应该去那些国家去投资,在东道国的生存及治理状况等等。但是,撇开国民经济的整体分离地看待其公司性经济作用,往往导致对立的结论。比如,在对待跨国企业公司对中国经济成长的作用时,一派认为跨国公司凭借其技术优势,其发展会对中国市场形成冲击(杜传忠,2003);一派认为,跨国公司的母国技术优势及竞争模式会复制到中国市场,促使中国市场竞争国际化(傅利平,2000)。造成如此对立结论的原因在于跨国企业集团的公司性经济在国民经济成长中具有两重性。不研究跨国企业集群经济作为国民经济有机构成的一部分的行为特征,难以看到这个国民经济特殊一员对中国经济的贡献与挑战。

跨国企业集群与跨国企业集群经济 跨国企业集群指跨国企业集团及外国投资者在中国设立的各类经济实体的集合。跨国企业集群经济指该集合进行生产及在国内外市场上销售及服务形成的市场活动总和。在引进外资初期,当个别跨国企业实体越过我国"入门性"政策规范,经过初始法律创立,设厂试车,产品上市等阶段,"孤岛式"地存在于我国不同产业部门时,不会以"相对独立的经济因子"对我国国民经济造成实质意义的影响。但是,当数量不断增多,处在产业链条环节上一个个分离的跨国企业实体以跨国企业集团为龙头,于上下道工序上两两整合,且以产业链条为单元在亚行业及大类行业之间相互闭合时,该经济因子就具备了相对独立的性质。跨国企业集群经济在新世纪之后逐渐成长为我国国民经济中初具规模的相对独立的成分,具备了影响国民经济成长的能力。舆论界广泛谈论的"拉美化"后果是一个选择但不唯一。美国式的"苗波"(milting pot)选择就是方向相反的成功例子。

(二)跨国企业集群的初次与二次成长阶段

(1)初次成长阶段——用技术和品牌拓展市场。作为厂商,跨国企业进入中国的初次成长阶段同样存在利润动机,但有其特点。由于三分之二以上来源于发达国家,它们多具有资金、技术、管理和市场营销四位一体的优势。与东道国企业生成及初期成长阶段不同,跨国企业集群一般不以在东道国融资和寻找项目为开始,而是以技术和品牌优势直接瞄准市场拓展来获取收益。表现在成长特征上,一旦越过"入门"规范,从建厂、试车、广告宣传到产品入市在相当短的一段时间内完成,且进入市场后的成活率高、成长速度快。2001年以来,我国国内竞争性市场上除纺织和家电等有数行业外,跨国企业品牌几乎在所有的市场上占据了重要地位。2005年,我国经济对外贸易依存度为64%。跨国企业集群经济正是这一过程背后的主要推手。

跨国经济快速成长的秘密在于,初期进入的企业生产总成品的比例不高。一个以规模生产又构成总成品价值重要部分的核心零部件,就能帮助其达到预算约束所允许的利润最大化。核心技术和关键性管理软件是完成这一过程的重要武器。英特尔芯片在中国的生产是前者的实例;基于物流和调度基础上的各种供应链软件是后者的实例。

(2) 二次成长阶段——用市场综合"网"来支持品牌认知以获取实现高端价值的能力。当市场初步拓展、跨国企业集群在产业链条中生产总成品具有零部件环节的外部性支持之后,总成类品牌营销网络在利润最大化中就有了重要的地位。一个自然垄断行业的例子可以帮助我们理解"网"资源与"厂"资源在价值实现链条上的重大差别。近些年来,我国政策允许股份制甚至私营企业建设电厂生产交流电产品。但是,电网是国家的。一个电厂向国家电网输入一度电的价格是0.23元左右。当交流电由国家电网送达消费者手中的时候,依据行业和用途的不同,可以在0.8—1.5元左右。为什么电厂生产了该产品100%的物质形态,在价值实现上还平均不到价值实现的80%呢?原因在于,电力生产和营销是个自然性非竞争过程,当电力生产技术在经济上变得成本可控制,"网"资源就变得比"厂"资源重要得多。只不过由国家通过垄断方式建网是个立法过程,垄断建网的经济成本很低使得运营在经济上变得相对简单罢了。

在竞争性产品市场上,能不能通过非垄断的方式来市场建网呢?跨国企业集团在我国的成长给了肯定的回答。需要强调的是,在竞争性市场上,通过市场途径建网和运营是大工业时代车间经济延展与深化到商业市场的前沿技术。在创新性上,它丝毫不比神舟飞船上天时所运用的整合信息技术来得简单。而且,在价值实现能力上,和航天技术相比,它不是潜在的,而是实在地找到了市场赢利的模式。2003年,东莞和其他几个南方市县使用贴牌方式(OEM)生产了世界三大男用品牌衬衫(Polo、Ralph Lauren 和 Tommy)40%的市场份额。一件衬衫的出口价格是50多元人民币,约合7—8美元。由于是品牌产品,在美国的零售价格是60—120美元。生产了该件产品100%的物质形态,在最终价值的实现上不到9%。换句话说,占据了40%的世界市场份额,在价值实现上不到世界份额的3.6%。遗憾的是,这一物质生产份额和价值实现份额的"大分流"现象仅仅演变为中国媒体关于每生产8亿件衬衣才能换回一架飞机的感性呼喊。其实,大工业时代的衬衣生产,在过去十五年间已经沿其上下道工艺顺序的终端——车间,派生出了物流与调度(logistic and purchasing)、供应链管理(supply chain management)以及整合信息技术(integrated solution technology)三个相对独立的环节,产业链条在新的业态形式上闭合,由大工业时代的车间经济向指数和信息经济过渡(曹和平等,2004)。具体到服装生产,其内在的经济过程是世界性的跨国企业巨头如 Polo、Ralph Lauren、Liz Claiborne 以及 The Limited 等通过上述三个环节的综合在竞争性产品市场了建立了一个实现价值高权重的"网"。车间服装生产技术本身在业内已经是个"大众化"的知识,而市场网的建设及运营具备了前沿技术的地位。

品牌和核心技术仅仅是实现产业链条中高端价值份额的必要条件。20 世纪 80 年代的时候,孔府家酒、牡丹彩电和红旗轿车都是大名鼎鼎的品牌性商品,但在今天不是销声匿迹就是日渐式微。它们或者是只了解市场建网的皮毛——广告轰炸,或者是扭曲性的垄断网络支持的消失。一件在成本上节约且质量可靠的核心技术也可能无法形成实现高端价值份额的能力。Linux 窗口操作系统在美国高校和科研机构中非常受欢迎的一个重要原因就是其节约空间和操作可靠,但在微软的挤压下多年无法走上主流。质量和可靠性认同只是品牌成立获得高价值份额的必要条件而不是充分条件。充分条件在于市场营销网络的独特性和竞争性。沃尔玛货价上自产的洗漱产品绝对不是品牌,但销售业绩并不亚于品牌性产品。通过市场途径建立的不可替代的"网"加上品牌和核心技术成为沃尔玛和微软等实现现高端价值的充分必要条件。

综合网 是指跨国企业集群利用车间生产、物流调度、供应链管理以及整合信息技术支持的联系消费者的综合市场网络。

二、信息寻租:跨国企业集群二次成长阶段市场建网背后的利润动机

跨国企业集团用"网"资源来追求利润的观察特征背后有着重要的市场行为机理:可以获取与普通利润不同的另一种报酬——信息租。

(一)网资源的加价原理

定义产品为 q,价格为 p。跨国垄断厂商线性定价条件下的收益函数为 $R(q) = p(q) \cdot q$(其中,p 是 q 的函数)。在不影响结论的前提下,假设竞争性产品垄断厂商无法干预要素市场上的价格,其成本函数为 $c(q)$。利润最大化后的一阶条件为边际收益等于边际成本:

$$p(q) + q \cdot p'(q) = c'(q)$$

移项凑成弹性形式 $\varepsilon = \dfrac{\mathrm{d}q/q}{\mathrm{d}p/p}$,称为莱纳(Lerner)加价定律:

$$\frac{p(q) - c'(q)}{p(q)} = -\frac{1}{\varepsilon} \quad (1)$$

上式中 ε 为需求价格弹性。如果 ε 越小,则厂商的加价空间越大。要使得需求弹性尽可能地小,必须无替代市场存在。这就像人们在食品消费上无法替代土地使得其需求无价格弹性一样。当跨国企业集团通过市场途径建立网资源而具有无替代地位时,就可以屏蔽消费者转向选择其他产品而使需求弹性变小。当需求弹性

小到一个很小数时,生成该产品的资源——网就和土地及住宅等资源一样具有了成租的能力。坊间关于"生产环节涨一分,销售环节涨三分"的说法是莱纳加价原理的直观说明。这也是50年代工农业产品"剪刀差"以及80年代以后农民"丰产不丰收"等观察现象的重要制度成因。网资源是一种通过定价途径实现高价值回报的利器。

跨国厂商在民族国家经济之间建网的目的在于获取高收益。今天,这张综合网已经深入到我国国民经济的内部来了。令人遗憾的是,我国农村和城市居民收入的巨大差距引起了国民的大力关注,而我国国民经济中本土企业经济和跨国企业经济之间收益的巨大差距还被认为是一个边缘化的现象。

(二) 信息寻租:利用信息不对称压低需求价格弹性

莱纳原则隐藏在网资源的背后,但只不过是表层的市场行为特征。能够使莱纳原则成立的是市场上占据垄断地位的"网"造成的效用层次上的深层福利博弈过程。对多数消费者来说,商场选购是个温情脉脉的生活过程。但是,五光十色品牌的背后包含了由一张市场网编织的巨量信息集。在购买的一瞬,消费者和厂商形成"一手交钱,一手交货"的合约过程。其经济机理在于(1)式中的需求价格弹性实际上是需求曲线斜率的一次性单元变换,隐含在消费者效用最大化点的一阶导函数中。压低需求弹性实际上是通过无替代机理扭曲了消费者的偏好选择。上升到效用水平可以比较容易地窥到"网"资源成租的内在机理。定义偏好与技术、信息与变量、合约及分配等如下。

偏好与技术 消费者(委托人)的偏好符合边际效用递减内涵,用效用函数 $S(\cdot)$ 来描述。厂商(代理人)通过网制造与营销该产品的技术具备边际成本递增特征,用成本函数 $C(\cdot)$ 来描述。

信息与变量 产品信息在消费者和厂商之间呈不对称分布。垄断厂商有综合网资源优势。不具备网资源的厂商为了弥补自己产品在质量及市场认知上的劣势,在原料及包装上采取近似以搭便车。对消费者来说,透过包装用肉眼或用有限经验来分别产品的优劣是个概率过程。

设消费者遇到跨国厂商产品的概率为 v。令厂商的固定成本为 F,成本函数为 $C(\cdot) = c(\cdot) + F$,则以概率 v 遇到有网资源支持的产品的综合生产技术为 $C(q,\theta) = q\theta + F$ 和以 $1-v$ 的概率遇到非网资源支持的产品的技术为 $C(\bar{q},\bar{\theta}) = \bar{q}\bar{\theta} + F$。式中 θ 为厂商的综合边际成本变量,q 为厂商的销售量,$\Delta\theta = \bar{\theta} - \theta > 0$。

合约及分配 在上述约定中,技术给定,信息 θ 外生。内生变量是消费者委托厂商提供的产品量 q,以及消费者购买厂商的产品支付的价格补偿 t。需要订约的变量是一对可以被订约双方观察到的捉对数 $\{q,t\}$。订约双方合约变量约定的集合为 $A = \{(q,t),(\bar{q},\bar{t});q,t \in R^+\}$。则 A 为合约。如果"购买-销售"合约中的变量 t 可以补偿厂商进入合约的综合成本 $C(\cdot)$ ——制造及营销网支出,则分配的结果可以由描述该委托——代理经济的模型来决定：

$$\max_{(\underline{q},\overline{q};\underline{t};\overline{t})} v(S(\underline{q}) - \underline{t})) + (1 - v)(S(\overline{q}) - \overline{t})$$

$$\text{s.t.} \quad \underline{t} - \underline{\theta}\underline{q} \geq \overline{t} - \underline{\theta}\overline{q}$$

$$\overline{t} - \overline{\theta}\overline{q} \geq \underline{t} - \overline{\theta}\underline{q} \tag{2}$$

$$\underline{t} - \underline{\theta}\underline{q} \geq 0$$

$$\overline{t} - \overline{\theta}\overline{q} \geq 0$$

式中第一、第二个约束条件表明,在进入合约过程后,低(高)成本厂商有激励通过信息技术(网)披露自己产品的真实信息。因为,如果他按照高(低)成本来生产的话,获得的补偿净值 $\overline{t} - \underline{\theta}\overline{q}$ 要小于按照自己的真实能力来生产得到的补偿净值 $\underline{t} - \underline{\theta}\underline{q}(\overline{t} - \overline{\theta}\overline{q})$。这种以合约变量内在关系激励厂商披露自己真实能力以消除信息不对称分布的订约安排称为激励相容制度设计。式中第三、第四个约束条件表明,消费者开出的条件要诱使厂商愿意转让产品,必须使补偿至少和代理成本相等。我们称其为参与性制度设计。

上述模型 4 个方程组中低成本代理人参与性条件荡空(redundant),依据目标函数和成本函数的约定,我们知道该模型有唯一解。[①] 解集合为,

$$\mathscr{A}\{(\underline{q}^*, \underline{t}^*);(\overline{q}^*, \overline{t}^*)\}$$

信息租 上述合约导致的分配结果激励厂商寻求形成信息不对称的技术。因为,新的技术可以使发明者得到高的价格补偿。定义代理人的效用函数为 $U = t - \theta q$。在图 1 中,如果委托—代理关系的成立无激励相容条件组(第一、第二个约束条件)制约,模型的最优解导致的资源分配集合为 $\mathscr{A} = \{A(\underline{q},\underline{t});B(\overline{q},\overline{t})\}$。但是,$B$ 子集合的分配同时为中外生产商所偏好。在 A 点上,向上平行移动跨国厂商的等效用曲线 $U = \underline{t} - \underline{\theta}\underline{q}$ 穿过 B 点后的效用高于 A 点。如果消费者仍然按照 $\mathscr{A}$ 集合给定的资源配置关系来支付价格,则优势厂商会伪装自己是高成本厂商而要求按照 B 点对应的生产和补偿额度来订约。优势成本厂商没有激励以自选择方式披露真实能力。两类厂商都在 B 点生产,委托代理经济损失一部分效益。

实践中的结果是,消费者提高补偿额度从 A 到 C 和 B 点处在同一条等效用曲线上,低成本厂商在生产 $\underline{q}$ 和 $\overline{q}$ 之间没有效用上的差别。再进一步,消费者可以在补偿低成本厂商的支出和降低高成本厂商产量之间做出权衡。只要降低高成本厂商的产量与减少补偿带来的效用损失小于降低补偿低成本厂商带来的效用增加抵消后是正值,即 $S(d\overline{q}, d\overline{t}) < S(0, d\underline{t})$,委托人都可以通过这种权衡安排来最大化收益。[②] 因为,通过 A^* 的效用仍然高于点 A 上的效用,低成本厂商无激励由 A 点移动

[①] 严格说,必须遵循 Spence-Mirrlees 条件。

[②] 适当降低高成本厂商的产量从 $\overline{q}$ 到 q^*,生产降低量为 $d\overline{q} = \overline{q} - q^*$,补偿降低量为 $d\overline{t} = \overline{t} - t^*$;相应地,低成本厂商的生产量不变,补偿从 C 降低到 A^*,降低量为 $d\underline{t} = C - A^*$。

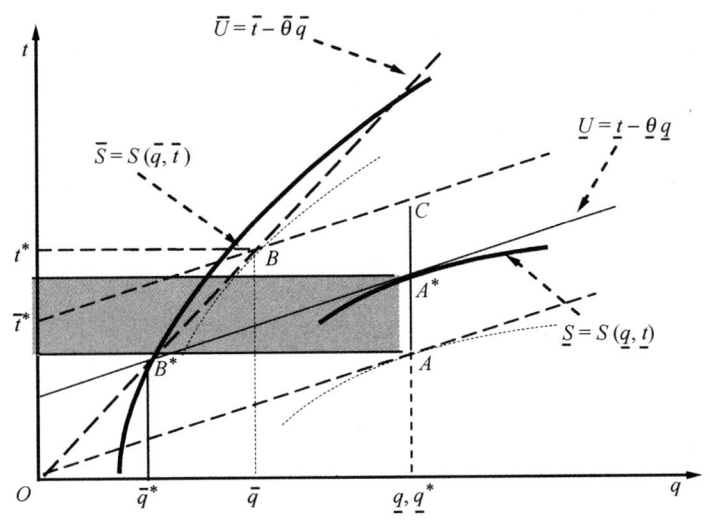

图 1 激励相容合约制度安排下的信息租

到 B 点。当二者相等时,压低低成本厂商的补偿无权衡空间。这时候,(1)要求低成本厂商生产的产量,在供给上无制度权衡弹性,$\xi = \dfrac{\mathrm{d}q/q}{\mathrm{d}t/t} = 0$;(2)支付报酬超过自己的机会成本,$\bar{t}^* - \underline{t} = \overline{AA^*} > 0$。图中 $\overline{AA^*}$ 线段是付给低成本厂商信息披露的边际报酬。很显然,它符合古典租金理论的两个基本特征。[①] 我们称用效用函数来描述委托代理关系中拥有信息优势一方披露自己信息从而消除信息不对称现象的量纲化指标为信息租:

$$\underline{U} = \underline{t} - \theta \underline{q} \tag{3}$$

图 1 中 $\overline{AA^*}$ 线段是高效信息处理人——跨国企业通过网资源所获的信息租全额。低效代理人——国内消费者在该委托——代理经济中无信息优势,租金为 0。

(三)信息寻租及其后果

上述合约分配结果表明,竞争性产品市场上和千家万户消费者关联的综合网资源具有成租的资质(只不过比天然资源租的行业分布更广)。这正是厂商(人类经济)进行发明创造的制度成因。在这里,日常生活中五光十色的"销售—购买"制度安排中,资源不是因其"神秘的"实物性而具有效用评价租,而是因其"神秘的"效用评价而具有了信息资源租。跨国企业集团在二次成长阶段运用综合网络

[①] 新古典租金理论认为(1)如果一种资源的使用报酬在供给上无价格弹性,(2)且使用报酬超过该资源进入生产过程的机会成本,则(3)超出其机会成本部分的剩余称作"经济租"(Alchian,1987)。

来支持品牌营销的目的就在于通过寻找信息不对称而获得租金。①

利润最大化目的导致信息寻租有其内在的成长逻辑。在合约意义上,跨国企业集团通过市场建网获取高收益有其正当性。跨国企业集团通过技术进步和管理创新来寻求市场建网付出了一定的成本,通过"销售—购买"合约来寻求发明和创新成本补偿并获得适当高利润应作为激励来理解。这就和高学历的劳动资源获得高薪资一样,在经济意义上,其中有一部分是由于其掌握的知识性信息具有不可替代而无薪酬(价格)弹性形成的。人类历史某种意义上是一部良性(合法)寻租——不断拓广知识与技术的边界——促进增长的经济史(曹和平、翁翕,2005)。

但是市场建网完成后,网资源的独有性与替代高成本加上利润最大化的目的可能使上述合约过程转向效益损失,成为经济进步的障碍。美国有线电话网阻碍无线电话衍生产业的发展是一实例。在20世纪80年代,由于有线网、数字电话和信息留声技术的快速进步,美国有线电话网络逐渐走向少数几家组成的寡头垄断。90年代无线网大发展的时候,有线网只允许无线网租用自己的网络资源,而不愿意和无线网分享自己的客户资源。在与无线网相对隔离且适应有线留声服务的条件下,美国消费者对无线短信技术的需求微弱,为数字服务产业在短信方面的升级:电信——电视——互联网三网数字化信息并联造成了负的外部性,使得资源配置损失效益。

跨国企业集群在利润最大化的驱使下,利用综合营销网和品牌优势过度获取信息租导致价值分配上的福利损失——由良性信息寻租向恶性信息寻租转化——不是一个经济观察问题,而是理论研究滞后的问题。我国价值实现份额与物质生产份额的大分流现象,跨国集群经济是一个重要的"促成"力量。可是,我们还不明白价值分配的巨大差距在于国民经济中的部分成员具有排斥竞争性市场而获取高收益的能力。

三、寻租推演:跨国企业集群良性信息寻租和向恶性转化的行为机理

信息资源在合约过程中成租及寻租的机理蕴涵着代理意义上的跨国企业集团可以通过两种途径及其组合来使自己处在信息优势一方:(1)通过不断拓广已有

---

① 信息租概念拓广了我们关于租金的认知。信息不对称使得资源的有用性上升为信息变量在制度安排中具有效用评价内涵的价值载体,该载体是物化信息资源还是知识化信息资源并不重要。在可视物质意义上,无形信息资源的不对称成为禁锢经济资源趋向最优配置的障碍,制度安排付给优势信息一方披露信息最低成本构成了租金。反过来,可视物质意义上有形土地的有用性并不在我国很多农村存在,农民抛弃土地进城、国家减免农业税的政策安排等观察事实都不支持李嘉图"土地具有不可摧毁的原始创造力"的观点。反倒是城里的房地产业合约中,土地获得了多次"震惊高层"的转让和拍卖价格。在这个意义上,土地等资源租只不过是信息租的一个特例。信息租概念揭示了租金过程是供求双方的分配结果,克服了新古典经济学仅仅从供给单变量成租的方法论局限。

的车间制造技术、物流调度、供应链管理及整合信息技术等的边界使自己处在知识前沿信息一方;(2)通过屏蔽已经控制的网络信息资源而使自己处在优势信息一方。前一种途径拓广了知识的边界,后一种途径剥夺了竞争条件下应为消费者获得的剩余,我们称第一种寻租途径为良性寻租,第二种寻租途径为恶性寻租。

(一) 概率分布参数对消费者和厂商寻租的影响

Hillman 和 Katz(1984),Nitzan(1991)以及 Allard(1999)依据 Tullock(1969),Kreuger(1974)以及 Posner(1975)等的寻租思想构造了相应的经济学模型。基本假设是经济中 n 个同质个体竞争一项租金的占有权,原则是优胜者全得,败者一无所获。但是他们的模型不问成租的机制性根源,把租完全外生化处理,认为寻租只会导致租值完全耗散而成为社会的净成本损失。在分类上毫无例外地将所有寻租行为划归为损失效益的恶性寻租,为寻租规制留下了巨大的实践难题:只能理解利用公权资源导致的恶性且显性寻租,不敢理解某些具有技术进步作用的经济成分也具有走向阻碍经济进步的可能。对外资的吸引和对先进技术的需要使得我们对跨国企业集群经济或多或少采取了这样一种鸵鸟式态度。

我们已知消费者遇到跨国厂商和本土厂商产品的概率分别为 v 和 $1-v$,借用前述关于偏好、技术及信息租的定义并适当变换,可以将(1)式的最优化问题表述为资源配置与信息租收取的方式:

$$\max_{\{(\bar{q},\bar{U}),(\underline{q},\underline{U})\}} [v(S(\underline{q})-\underline{\theta}\underline{q})+(1-v)(S(\bar{q})-\bar{\theta}\bar{q})]-[v\underline{U}+(1-v)\overline{U}]$$

$$\text{s.t.} \quad \underline{U} \geq \overline{U}+\Delta\theta\bar{q}$$

$$\overline{U} \geq \underline{U}-\Delta\theta\underline{q}$$

$$\underline{U} \geq 0 \tag{4}$$

$$\overline{U} \geq 0$$

目标函数第一个方括号代表通过约束条件克服信息不对称后改进的期望资源配置效益,第二个方括号代表的是效益配置改进时需要付出的信息租。求解上述问题可得在信息不对称情形下的改进契约 $\{(\bar{q}^*,\bar{t}^*),(\underline{q}^*,\underline{t}^*)\}$ 满足:$S'(\underline{q}^*)=\underline{\theta}$,$S'(\bar{q}^*)=\bar{\theta}+\frac{v}{1-v}\Delta\theta$,$\underline{t}^*=\underline{\theta}\underline{q}^*+\Delta\theta\bar{q}^*$ 且 $\bar{t}^*=\bar{\theta}\bar{q}^*$。从解集中可得国内厂商获得的信息租 $\overline{U}^*=0$,跨国集群获得一个正的信息租水平 $\underline{U}^*=\Delta\theta\bar{q}^*$。消费者获得的效用水平为:$V=v(S(\underline{q}^*)-\underline{\theta}\underline{q}^*)+(1-v)(S(\bar{q}^*)-\bar{\theta}\bar{q}^*)-v\Delta\theta\bar{q}^*$。$V$、$\underline{U}^*$ 对 v 求导,得到 v 的分布对厂商寻租的影响。

引理 消费者可以获得的效用水平将随 v 的上升而增大;而跨国集群的信息

租却随 v 的上升而下降。①

经济学直觉是这样的,v 是消费者购买商品时关于质量的不确定参数。高质量产品的概率参数 v 越低,消费者遇到好产品的不确定性程度越高,跨国厂商面对的是卖方市场,所能获得的信息租越多,消费者的期望效用水平也越低。该引理的重要性在于指出了消费者与厂商之间的利益冲突:消费者希望 v 上升,即减少与跨国厂商之间的信息不对称程度;跨国厂商则希望 v 下降,通过信息不对称程度的增加以获取更高的信息租。静态分析表明,消费者希望竞争性市场,跨国厂商希望寡头式的卖方市场。寻租博弈过程启动。

(二) 寻租序惯博弈:良性信息寻租和向恶性信息寻租转化

在寻租博弈的序惯过程中概率是内生的,由消费者与跨国厂商双方投入的成本 x_1,x_2 共同决定,满足方程 $v=f(x_1,x_2,p_0)$,p_0 是博弈中低跨国厂商的概率。在初始阶段,不妨假设 $p_0=1/2$。消费者投入的 x_1 可以降低信息不对称的程度,跨国厂商投入的 x_2 可以增加信息不对称的程度,即 $\frac{\partial v}{\partial x_1}>0,\frac{\partial^2 v}{\partial x_1^2}\leq 0;\frac{\partial v}{\partial x_2}<0,\frac{\partial^2 v}{\partial x_2^2}\geq 0$。动态博弈使得逆向选择(adverse selection)的序惯构成与传统的合约过程不同(图2)。

```
t=0              t=1              t=2              t=3              t=4
厂商经历历史积    消费者投入 x₁ 发  消费者提出合同    厂商接受或       合约被实施
淀形成须收取      现信息与厂商投    {(q,t),(q̄,t̄)}    拒绝合同
报酬才予以披      入 x₂ 屏蔽或拓展
露的信息          信息以决定 v
```

图 2 概率参数内生时寻租时序周期

序惯图表明,当参数 v 内生植入后,消费者与跨国厂商对偏好剩余(surplus)的"市场之争"——制度性安排形成一个周期为 $T=\{t_i(0,1,2,3,4),i=1,\cdots,\infty\}$ 的无穷动态序列。消费者投入成本(比如积累购买经验或咨询消费者机构),希望以此降低信息不对称的程度,减少需要付出的信息租金;厂商投入成本(比如拓广技术边界或制造市场标准),增加信息不对称程度,以增加信息租金。

动态均衡解要求我们构造一个均衡状态的参考值。假定均衡时的概率为 v,找出此时的制度安排集合为 $\{(\bar{q}^*,\bar{t}^*),(\underline{q}^*,\underline{t}^*)\}$。然后把结果代入消费者与跨国厂商的效用函数中决定 x_1,x_2。跨国厂商的问题是以何种途径选择 x_2 以最大化 U^*-x_2,

$$\max_{x_2}\Delta\theta\bar{q}^*-x_2$$

---

① 证明:首先利用包络引理,可得 $\frac{\partial V}{\partial v}=(S(\underline{q}^*)-\underline{\theta}\,\underline{q}^*)-(S(\bar{q}^*)-\underline{\theta}\bar{q}^*)$。又因为 $\underline{q}^*$ 满足 $S'(\underline{q}^*)=\underline{\theta}$ 得到 $\underline{q}^*$ 是使 $S(q)-\underline{\theta}q$ 最大的 q,即 $(S(\underline{q}^*)-\underline{\theta}\,\underline{q}^*)>(S(\bar{q}^*)-\underline{\theta}\bar{q}^*)$,可得 $\frac{\partial V}{\partial v}>0$。另一方面,由 $S'(\bar{q}^*)=\bar{\theta}+\frac{v}{1-v}\Delta\theta$,推得 $\frac{\partial \bar{q}^*}{\partial v}=\frac{\Delta\theta}{(1-v)^2 S''(\bar{q}^*)}<0$。由链式法则得 $\frac{\partial U^*}{\partial v}=\frac{\Delta\theta^2}{(1-v)^2 S''(\bar{q}^*)}<0$。证毕。

一阶条件为 $\frac{\Delta\theta^2 f_2}{(1-v)^2 S''(\bar{q}^*)} = 1$。消费者的问题是选择 x_1 以最大化 $U - x_1$，

$$\max_{x_1} v(S(q^*) - \underline{\theta} q^*) + (1-v)(S(\bar{q}^*) - \bar{\theta}\bar{q}^*) - v\Delta\theta \bar{q}^* - x_1$$

一阶条件为 $[(S(q^*) - \underline{\theta} q^*) - (S(\bar{q}^*) - \underline{\theta}\bar{q}^*)] f_1 = 1$。

对于上述过程求解并求无穷序列解集合的收敛值，我们可以决定信息寻租的动态最优解集。

单看上述消费者和跨国厂商的剩余博弈过程，一个与稻田条件（Inada Condition）类似的边界条件概括了博弈的结果空间，

$$\lim_{v \to 0} \frac{f_1}{f_2} = \infty \quad 且 \quad \lim_{v \to 1} \frac{f_2}{f_1} = \infty \tag{5}$$

该条件说明，当 v 趋向于零时，投资 x_1 可以带来 v 的上升要远远大于投资 x_2 所带来的 v 的下降；另一方面当 v 趋向于 1 时，投资 x_2 可以带来 v 的上升要远远小于投资 x_1 所带来的 v 的下降。

当跨国厂商建立起市场综合网时，博弈空间被加入了一个限制，综合网将已经将跨国品牌在销售市场上的概率逼近了 1，而且在消费者的头脑中深深地嵌入了跨国品牌质量优良的印象。稻田条件只剩下了后半部分，$\lim_{v \to 1} \frac{f_2}{f_1} = \infty$。消费者面对的是一个被综合网剥夺了自己剩余的选择空间，需求曲线变为一个近乎于无弹性的偏好集合。这时候，莱纳加价原则成立，由良性寻租向恶性寻租转化。经济当中行业制造标准制定者地位的争夺演化出的市场哀叹——一流企业做标准、二流企业做研发、三流企业做制造——正是这一转化的典型观察事例。

四、信息寻租行为规制：跨国企业经济与中国经济未来

将动态过程归原于概率参数 v 的内生决定时，信息成租过程让我们看到寻租并非天生的是垄断资源寻取超额利润的单一类型行为。跨国企业集团信息寻租是通过非垄断的途径或者说是市场竞争的途径来实现的。这和李嘉图笔下拥有土地就可以拥有"神秘的不可摧毁的生产力"从而不费气力地拥有租金的"自然过程"①不同。拥有土地而寻租恐怕是人类历史上第一次也是最原始的寻租方法。跨国企业集群在竞争性市场上的寻租具有现代经济资源成租的复杂性。它先是通过知识边界的突破来获得优势信息地位，然后通过屏蔽信息和垄断资源来获取租金。前者在收取合适的知识产权报酬的同时，为社会提供正加的外部性远远大于社会付出的支付成本；后者则造成了维护网资源的成本消耗，又可能造成其他厂商的进入

---

① 这一观点和马克思关于生产资料归谁所有才拥有租金的论述有一定距离。

而阻碍技术进步,从而带来效益的净损失。基于这一认知,寻租规制也应该与时俱进,具有现代思考。

(一) 综合网资源与可观测参数 b 及 $\Delta\theta$

"网"资源是个不可度量的概念,怎样才能确定综合网成长到某个阶段后,跨国厂商就由良性寻租转向了恶性寻租呢？需要寻找一个可观测的参数组。给出具体函数形式,可以建立增加投入(x_2)决定的信息寻租与跨国厂商寻租的参数组之间的直接联系。假定 $S(q) = \log q$ 为符合标准效用函数基本特征的对数函数,$S'(q) = \dfrac{1}{q}$,$S''(q) = -\dfrac{1}{q^2}$。由此可得: $\underline{q}^* = \dfrac{1}{\underline{\theta}}, \bar{q}^* = \dfrac{1}{\bar{\theta} + \dfrac{v}{1-v}\Delta\theta}$。如果函数形式 f 关于 x_2 是线性的,关于 x_1 是非线性可以帮助我们捕捉到参数组的存在空间。函数 $f(x_1, x_2, p_0) = -b^2 x_2 + g(x_1, p_0)$ 满足这一特质。其中 $g(x_1, p_0)$ 是关于 x_1 的非线性函数。对 x_2 求导时有 $f_2 = -b^2$,代入 $\dfrac{\Delta\theta^2 f_2}{(1-v)^2 S''(\bar{q}^*)} = 1$ 后,则有,$\dfrac{\Delta\theta^2 b^2 (\bar{\theta} + \dfrac{v}{1-v}\Delta\theta)^2}{(1-v)^2} = 1$。解方程得①,

$$v = \dfrac{2 - \Delta\theta b\underline{\theta} - \sqrt{b^2 \underline{\theta}^2 + 4b\Delta\theta}}{2}$$

上述式子说明,均衡条件下跨国厂商产品发生的概率存在于 b 与 $\Delta\theta$ 的组合空间。而且易知,$\dfrac{\partial v}{\partial b} < 0, \dfrac{\partial v}{\partial \Delta\theta} < 0$ 且 $\dfrac{\partial v}{\partial \underline{\theta}} < 0$。从而可以得到规制定理:

定理 在 $f(x_1, x_2, p_0) = -b^2 x_2 + g(x_1, p_0)$ 的假定下,均衡时的 v 只取决于 b 与 $\Delta\theta$ 的组合空间,且 $\dfrac{\partial v}{\partial b} < 0, \dfrac{\partial v}{\partial \underline{\theta}} < 0 (\Delta\theta = \bar{\theta} - \underline{\theta} > 0)$。

经济学知觉是,如若跨国厂商获得了网资源优势,则 f 关于 x_2 是线性的,关于 x_1 是非线性的,x_2 对 v 的影响比较直接,而 x_1 对 v 的影响则要间接得多。此时,我们先由 $\dfrac{\Delta\theta^2 f_2}{(1-v)^2 S''(\bar{q}^*)} = 1$ 解出 $v = \dfrac{2 - \Delta\theta b\underline{\theta} - \sqrt{b^2 \underline{\theta}^2 + 4b\Delta\theta}}{2}$,再将其代入

$$[S(\underline{q}^*) - \underline{\theta}\underline{q}^* - (S(\bar{q}^*) - \underline{\theta}\bar{q}^*)]f_1 = 1$$

解出均衡时的 x_1^*、x_2^*。在这种情形下,v 只取决于 b 与 $\Delta\theta$,其中 $\Delta\theta$ 是外生给定的,

---

① 式中的分子 $\Delta\theta b (\bar{\theta} + \dfrac{v}{1-v}\Delta\theta) = (1-v)$ 是一个关于 v 的一元二次方程,求解该方程得,

$$v = \dfrac{2 - \Delta\theta b\underline{\theta} \pm \sqrt{b^2\underline{\theta}^2 + 4b\Delta\theta}}{2}$$

显然由于 $v \leq 1$,所以舍掉一根。

所以最后的信息不对称程度以及信息租的大小只完全取决于跨国厂商影响 v 的能力 b,而与 g 的函数形式无关。这里的 b 就是网资源参数,$\Delta\theta$ 是技术参数。均衡时 $\frac{\partial v}{\partial b}<0, \frac{\partial v}{\partial \theta}<0$。

如果信息租的水平可以由跨国厂商完全决定,那么 b 的上升表明跨国厂商影响 v 能力的上升,必然要制造出更多的信息不对称现象,以提高自己获得的信息租水平,从而导致 v 的上升;另一方面,$\Delta\theta$ 上升,表明技术进步可以一定程度的信息不对称导致更高的信息租水平。

规制的基本原则是,确定参数 b 和 $\Delta\theta$ 的列表。我们惩罚由于 b 的提高造成的效益损失,激励由 $\Delta\theta$ 带来的技术进步。当二者的组合数值越过一个界线时,进入规制程序。我们的建议是,尽快通过人大代表提案立法,使得行政执法部门有依据可循。

(二) 跨国企业经济的两重性与中国经济未来

突破知识边界、促进技术进步形成的信息不对称优势从而收取知识产权费用是良性信息寻租。但是,获得知识突破和技术进步后,利用市场优势形成销售网络进而屏蔽信息扭曲消费者偏好以获取垄断信息租金,则是向恶性寻租转化。

跨国企业经济在国民经济成长中的两重性。这一结论非常重要。它突破了经典寻租思想而探测到了跨国企业集群寻租行为的两重性。一方面是具有技术和管理进步的作用。跨国企业集群通过知识边界的突破和科技创新造成的知识性信息不对称现象是应该受到鼓励的。例如,在微软窗口操作系统被发明前,人们与计算机 Cyber 世界打交道的方式是依赖英文字母先后顺序构成字符串来完成的,烦琐而不方便。窗口操作系统发明后,人们与计算机世界交流的方式变为空间容量大的图形集合,使得计算机的使用从专业和实验室进入了寻常百姓家。这时,微软公司销售自己的窗口系统,通过掌握源代码而维持交易过程的信息不对称现象,其他竞争性公司潜在发明超越微软源代码的人机交流成本变为天价。按理说经济中,任何类似微软的知识创新和科技发明,价格高出其他软件系统,从收取一定知识产权费方面来理解,应该说是无可厚非的。基于这类方式上的所有创新、发明和科技进步导致的信息不对称和寻租都是合理的。这也为我们理解今天很多经济现象提供了信息经济学上的解释,比如跨国企业集团,像可口可乐公司,虽然不生产高技术产品,但在市场管理方面的知识也可以维持信息不对称,从而不断成长的"商业秘密"。

另一方面,跨国企业集团通过市场建网获得某种意义上的定价权力后,其最小化成本和最大化利润的背后驱动可能导致其良性信息寻租向恶性寻租转化。微软公司在窗口系统成功后,占据了市场很大的份额,后续的很多营销手段,不是不断地拓展人机交流的前沿,而是通过封锁信息,人为制造其他企业拓展操作系统门槛,从而获取垄断收益,在 90 年代末期遭到美国二十多个州政府司法机关的联合诉讼,就是由良性寻租转向恶性寻租的例子(曹和平、翁翕,2005)。今天,我国中文人机操作系统发展缓慢,和微软控制源代码,掌握市场份额而剥夺了消费对象有很大关系。跨国企业集团的两重性质为规制提出了新的挑战。

(三)跨国企业经济与中国经济的未来

跨国企业集群经济已经成为我国国民经济成长不可分割的一分子,让跨国企业集群既能获得适度利润生成空间,又能和中国未来经济发展方向相一致,让其作为中国经济价值公平分配的贡献者。但是,进入 21 世纪之后,中国市场日益成为跨国公司获利的重要基地[①],在国际贸易中,发达国家跨国公司集群利用我国贸易规制中的漏洞在输入输出国之间制造信息不对称,通过在相关行业推行最终产品品牌、中间产品制造标准及市场营销网络以收取垄断租金。中美在贸易摩擦方面互相指责的同时又共同忽略了联合起来遏制跨国企业集团从良性(合法)信息寻租向恶性(非法)信息寻租转化的共同政策选择。将跨国企业看作中国的"客人"企业而不是"主人"企业,并将对其的规制任务推到发达国家一方,是国际上对跨国企业规制的一个真空,既不符合东道国也不符合母国的利益。

导致上述令人扼腕的发展结果有理论传播和普及上的重要原因。长期以来,我国经济中四种主流决策力量——学术界、决策层、媒体和企业界缺乏在信息租概念基础上理解寻租机理,不自觉地放弃了对良性(合法)寻租导致增长与恶性(非法)寻租导致效益损失的甄别互动空间的探讨与规制。不在信息不对称高度上把握寻租行为,就不会理解寻租行为存在从良性向恶性垄断寻租转化的制度空间,政策规制真空姑息了部分企业不断突破自己的良性寻租边界寻求灰色垄断收益,加剧了社会收入的不和谐程度。打击恶性寻租,激励良性寻租并遏制其向恶性寻租过程转化具有世界范围的挑战意义。

今天,跨国企业经济高速成长协助中国占据了世界产品市场的一个稳定份额,但没有使中国产品实现与其市场份额相对应的价值份额。2005 年,作为"世界的生产车间"的中国生产了约 30% 的世界物质产品,但仅实现了约 5.2% 的世界生产总值(曹和平,2005)。物质生产份额与价值实现份额的"大分流"现象似乎预示着"拉美化"的幽灵正站在未来的某个时点上诱惑着中国经济步入价值增长的陷阱。但是,跨国企业经济具有的双重性表明,如果规制适当,使其"归化"(naturalization)为东道国国民经济的一分子,中国应该成为规避了"拉美化"倾向的、与本土企业一起成长的多民族经济形式"融合"的未来中华经济。

[①] 见《国际金融报》2005 年 1 月 17 日。

参 考 文 献

[1] 曹和平、林卫斌,2004:"企业与市场关系新释:产业链与市场构造",《经济学动态》第10期。
[2] 曹和平、翁翕,2005:"信息租问题初探",《北京大学学报》第3期。
[3] 杜传忠,2003:《寡头垄断市场结构与经济效率》,北京:经济科学出版社。
[4] 傅利平、程义全,2000:"跨国公司进入与中国经济发展",《经济学家》第6期。
[5] 何智蕴、姚利民,2005:《大型跨国公司在华投资结构研究》,北京:科学出版社。
[6] 李嘉图,1976:《政治经济学及赋税原理》,北京:商务印书馆。
[7] 罗长远,2006:"FDI对中国私人资本成长的影响",《世界经济》第1期。
[8] 张岩贵,2006:《超优势竞争战略》,北京:中国经济出版社。
[9] 赵果庆,2006:"寻求我国GDP对FDI的最优依存度与FDI最优规模",《管理世界》第1期。
[10] Admati, Anat. and Paul Pfleiderer. 1988. "Selling and Trading on Information in Financial Markets". *American Economic Review*. 78, pp. 96—103.
[11] Alchian, Armen. 1987. "Rent". in John Eatwell, Murray Milgate and Peter Newman eds., *The New Palgrave: A Dictionary of Economics*.
[12] Allen, Beth. 1990. "Information as an Economic Commodity". *American Economic Review*. 80, pp. 268—273.
[13] Barzel, Yoram. 1982. "Measurement Cost and the Organization of Markets". *Journal of Law & Economics*. 25, pp. 27—48.
[14] Eatwell, John. 1987. Murray Milgate and Peter Newman eds., *The New Palgrave: A Dictionary of Economics*. London: Macmillan Press.
[15] Grossman, Sanford and Joseph Stiglitz. 1980. "On the Impossibility of Informationally Efficient Markets". *American Economic Review*. 70, pp. 393—408.
[16] Hayek, F. A. 1945. "The Use of Knowledge in Society". *American Economic Review*. 35, pp. 519—530.
[17] Laffont, Jean-Jacques. 2000. *Incentives and Political Economy*. Oxford, New York: Oxford University Press.
[18] Laffont, Jean-Jacques. and David Martimort. 2002. *The Theory of Incentives: the Principal-Agent Model*. Princeton, N. J.: Princeton University Press.
[19] Laffont, Jean-Jacques. and Jean Tirole. 1988. "The Dynamics of Incentive Contracts". *Econometrica*. 56, pp. 1 153—1 175.
[20] Laffont, Jean-Jacques. and Jean Tirole. 1993. *A Theory of Incentives in Procurement and Regulation*. Cambridge, M. A.: MIT Press.
[21] Stiglitz J. E. 2000. "The Contributions of the Economics of Information to Twentieth Century Economics". *The Quarterly Journal of Economics*. 115, pp. 1 441—1 478.
[22] Tullock, Gorden. 1987. "Rent Seeking." in John Eatwell, Murray Milgate and Peter Newman eds., *The New Palgrave: A Dictionary of Economics*.

Information Rent-Seeking and Regulation

CAO Heping

Abstract: This paper explores the post-entry behavior of the multinational enterproses (ME) in China. With the introduction of the ME's two-state growth in China, the authors present a dynamic principle-agent model to capture the information rent-seeking mechanism of ME. They concluded that there exist two types of rent-seeking behavior. One is benign, that can promote economic growth; the other is malicious, that would exhaust the potential welfare of an economy. A regulation that encourages the benigh while prohibiting its transformation into the malicious through institutional designs is proposed.

Key words: multinational economy; information rent-seeking and regulation

从国际经验看中国股指期货的推出与证券市场的演进[*]

萧 琛 艾 馨

作为中国证券市场发展的里程碑,股指期货终于正式推出,历时20年的A股市场终于告别了没有做空机制的单边市时代。作为担负着重大改革功能的新的金融工具,"股票指数期货"(下称"股指期货")为何如此千呼万唤、姗姗来迟?为什么说它是促进中国证券市场体制变革的里程碑?股指期货能为我们的证券市场带来哪些机遇?又会造成哪些新的问题?本文拟结合美国等国际历史经验就这四个问题做一番较为系统的探讨。

一、"股票指数期货"为何千呼万唤、姗姗来迟

"全流通"、"中小板"、"创业板"、"融资融券"渐次推出后,"国际板"也将箭在弦上,更令人欣喜的是,"股指期货"这次是真的推出了!2010年3月26日,中国证监会正式做出了批复,同意中国金融期货交易所(下简称中金所)[①]上市"沪深300股票指数期货合约"。随后中金所正式公布了关于"沪深300股指期货合约"上市交易有关事项的通知。所公布的"沪深300股指期货合"约自2010年4月16日开始正式上市交易。

中国股票市场20年风雨中,股指水平已8度大起大落:1990年,1992年,1994年,1996年,1999年,2001年,2005年和2009年分别是这8个周期的始升拐点;波动幅度大体可以表述为"进三步退两步",第7波中,最高点曾达6124点,最低点则仅仅为1664.93点,落差竟然能够高达到将近4比1!

从政策上看,8轮起落的(政策)原因可以说有稽可查,依次是:(1)1992年深圳的"8·10风波";(2)股市扩容公司上市猛增;(3)三大政策不治本,也即暂停新股发行、建议建立共同基金和中外合资基金公司三项;(4)暴涨后要求调整;暴炒绩优股后,严查券商操纵股价;(5)银行向券商融资,供需矛盾导致二级市场失血;(6)"网络股行情"衰竭,"国有股"减持;(7)股权分置改革;(8)应对金融海

---

[*] 原载于《北京大学学报》(哲学社会科学版)2010年第4期,第116—123页,为中国人民大学《投资与证券》(复印报刊资料)全文转载。萧琛,北京大学经济学院教授;艾馨,北京大学经济学院博士后。

① 也即 CFFE:China Financial Futures Exchanged。

啸以及巨额资金"救市"。

从技术上看,新兴加转轨的证券市场上缺少股指期货这一点显然首当其冲。波幅大(4∶1)、频率高(20年8波)、波长短(2—4年)、节奏乱等特征,不仅缘于当局调控政策的变动,而且也取决于中国股市存有一个致命弱点:一直是单边市场。只能先买进(股票)后卖出,而不能先(虚拟)卖出股票后再买入。于是,当核心主力吟鞭上行(或下行)时,机构和散户通常也只能一哄而上(或全线溃退)顺势而为;进而,"高处不胜寒"时仍有"敢死队"冲进(如2007年10月),而低洼冰点时也难下决心"稳赚"(如2008年年中1 600多点)。

股指期货推出后,最基本的一个功能便是可以让核心主力的阵营分成两垒。若他们真能势均力敌,则同一政策便有可能被双向利用,投资人也才不至于冒过大的风险。换言之,中国的"政策市"也可以因此得到一定程度的制衡。股票的资源定价机制也会多一点民主成分。这也是中国证券市场变革的一大棋眼!

近几年,股指期货"推出"经过了3年零4个月的等待,数度沉浮,重要消息发布至少出现过3—4次,可见改革举步维艰。"股权分置改革"之后,中国曾喜遇百年难得的大牛市。平均地说,A股2006年全年涨130%,2007年全年又继续涨100%。其间热议股指期货的声音曾几度不绝于耳,网络媒体更是连篇累牍、沸沸扬扬。规律依稀是,当指数(尤其是权重蓝筹)处于低位时,股指期货似乎就是一支非常适于"掩护撤退"或"鼓吹进场"的非常有效的兴奋剂。

即使是在成熟的证券市场上,这样的噪音恐怕也难以避免、甚至不足为奇,更何况像现阶段我们这种还谈不上达标国际规范的"准新兴股市"呢?股市上无论是现货还是期货,财务的基础设施总是需要经历长时期的制度变迁的,我国的"会计"、"审计"、"评级"、"公司形象指数"、"投资人保护法"、"回避法"、"冷却法",还有"责任账户"(accountability)等等,几乎可以说是统统没有,或者严格地看往往也是形同虚设。甚至,我们的公司是否是真股份制这一点,恐怕也会见仁见智。能够这么短的时间内推出股指期货,其难度的确是怎么充分估计也难以过分的。

二、股指期货为什么能加速促进中国证券市场体制变革

第一,美国当年推出的初衷与股指期货的"助稳"功能。

推出股指期货,可以对股票投资组合进行风险管理,可以对指数起到"助稳"的功效,从而让投资人能防范市场上的系统性风险;同时,投资者还可以利用股指期货进行套利,即利用股指期货定价上的偏差,通过买入股指期货标的指数成分股并同时卖出股指期货,或者卖空股指期货标的指数成分股并同时买入股指期货,来获得几乎是无风险的巨额收益。

不妨系统关注一下美国当年推出时的经验,一定会有助于我们理解其"助稳"的功能。20世纪70年代初布雷顿森林体系崩溃以后,浮动汇率取代了固定汇率。

汇率和美元存款利率的剧烈波动开始猛烈冲击股市。1981年里根为抑制通货膨胀而大力推行高利率政策,使得利率水平最高时竟然达到21.5%! 高利率沉重地打击了美国股市,使大量资金流向银行市场,1982年股价一跌再跌,许多投资者损失惨重。1981年第三季度纽约股票交易所和场外市场(OTC)所经营的股票中有90%的股票价格均下跌。而与此同时,各种基金和其他大宗股票持有人的数目却在不断地增加。

大批机构投资者在股票市场上频繁巨额地补抛,加上20世纪80年代大规模的企业兼并浪潮,使得美国股市的波动频率迅速加快、波幅也急剧增大。结果是为数众多的中小投资者们深受其害。股市的异常波动意味着股民的巨额财产和厂商的巨额资产时刻面临着灾难性的损失。为此美国的持股者们惶恐不安,本打算涉足股市的潜在投资者都裹足不前,其中相当一部分人干脆"告别股票市场"而转向债券、房地产、中国邮票与瓷器或银行市场。正是在如此严峻的形势下,股指期货才被当作"助稳"的灵丹妙药而被奋力推出。

第二,四分之一世纪以来全球各国股指期货都已有助于市场趋稳。

全球股指期货发展所经历的四分之一世纪中,无论从美国、欧洲、日本、新加坡、韩国的经历,还是从我国的香港、台湾等地的情况来看,它们的市场波动的幅度和频度都的确是大致趋稳的,而各国监管当局干预股市的政策力度也几乎无一例外地有所减小。这个基本的历史事实应该是不可忽视的。

美国股票指数期货问世后的十年中,从最早的堪萨斯城交易所的 VLCI 期货很快发展到如今的数十种,可以说几乎所有的美国的重要股票指数都有了以其为基础的期货合同。值得注意的是全国证券自营商协会(NASD)也已经在其场外交易市场上推行了证券指数选择权期货交易。从交易量上说,股指期货自1982年起一直是稳步增长,1986—1987"股灾"之前曾达到一个顶峰,日平均交易合同数曾高达77 000个。股指期货在期货总交易中所占的比例也越来越大。1987年,股票指数期货交易占期货交易总量的11.2%,仅次于利率期货(46.2%)和农产品期货(19.0%)而居于第三位,高于外汇期货(9.0%)、石油产品期货(9.2%)和五金期货(8.9%)。[①]

理论上讲,当多空对峙双方意见一致的时候,股指期货当然也难免参与"助涨"和"助跌"。1987年"股灾"之后,美国证券界不少专家就曾认为股指期货交易也能加剧股市波动。导致有关方面根据其"瀑布效应"(free fall)和"跳跃效应"(jamp volatility)采取了一系列的防范措施,诸如"停板制度"(circuit breakers)、设置"正常波动带"(normal band)、提高保证金比率,等等。毫无疑问,这些举措都有力地限制了投机活动,但是也难免压抑了期货市场的某些活力。当信息全球传播倏忽可至的时候,股市波动的幅度显然难免非理性地被夸张。"导览器"(Naviga-

---

① 萧琛、于江淳:"美国股票指数期货(SIF)考察",《世界经济与政治》,1993年第12期。

tor)上市曾一天连涨 4 个"停板",雅虎(Yahoo)股票的市盈率曾超过千倍却仍然有人趋之若鹜。①

近年来,股票指数期货交易已日臻完善。首先,美国已经建立了统一的清算制度,以降低交易费用和信息传播费用,更有效地跟踪和监督交易情况和降低市场系统性风险。其次,各大期货交易所也都开始了新的经营合作。芝加哥期货交易委员会和芝加哥商品交易所共创了自动数据输入终端(AUDIT)系统,把两大期货交易所中的公开竞价数据系统紧密联系起来。再次,它们还与路透社联合建立了全球交易系统(GLOBEX)②,对于收盘后的交易进行国际性的协调。两大交易所还准备进一步在技术、营销、交易场地、清算制度等方面加强合作,以降低成本、提高效率和吸引投资者。最后,美国股票指数期货交易已开始寻求海外投资者。芝加哥商品交易所和芝加哥期货交易委员会除了大量吸收外籍会员外,也还在东京和伦敦等地设立了办事处以拓展业务。大量外国资金注入正导致美国股指期货交易进入新阶段。

第三,股指期货全球流行原因除能增进民主外还在于它自身具备四大优点。

股指期货不仅在美国取得了成功,而且在其他国家也迅速发展。1983 年,澳大利亚的悉尼期货交易所推出了澳大利亚证券交易所一般股票指数的股票指数期货。两年之后,一般股票指数期货的成交量便迅速超过了该所内任何其他期货的成交量。1984 年 2 月,伦敦国际金融期货交易所(LIFFE)推出了金融时报和证券交易所 100 种股票指数期货(FT-SE100)。目前 FT-SE100 交易量已占据世界第三位。1986 年 5 月,香港期货交易所(HKFE)则推出了香港恒生股票指数期货。而在日本东京,日经股票指数期货业已经成功推出。股指期货如此流行全球,原因还是在于它自身具备以下多个优点。

首先,股指期货不仅可以帮助投资者避免市场上单一股票涨跌所带来的非系统性风险,而且也可以助投资人避免整个股市涨跌的系统性风险。因为,为了避免非系统风险,投资者大多购买多种股票组成的有价证券组合。而股指期货的价格与股市上最具代表性和灵敏性的数十种、数百种甚至数千种股票的价格变动高度一致,从而成为有价证券最佳组合的近似物与最经济的保值手段。

其次,与在股票市场上进行同等金额的股票交易所需的佣金费用相比,股指期货的佣金十分低廉。开立或结算一份斯坦德与普尔 500 种股票指数期货合同需要的经纪人佣金仅为 32 美元。当斯坦德与普尔 500 种股票指数为 300 点时,合同价格为 15 000 美元(= $500 × 300),32 美元仅相当于它的 0.02%。而买卖 150 000 美元

---

① 萧琛:"'准衰退'会否中断'新经济周期'?——兼论现代经济周期理论形变",《"新经济"求索与应对》,北京大学出版社,2005 年 8 月第 1 版,第 105 页。

② 萧琛:"华尔街与电子时代——论美国证券业沿革",《美国研究》季刊,1991 年第 4 期。

的股票却需要付给经纪人1 500—4 500美元的佣金(佣金比例为1%—3%)。①

再次,股指期货交易的初始保证金要求很低。每张标准普尔500种股票指数期货合同的保证金的要求系随市场行情的变动而变动。目前仅为8 000美元,相当于合同价格150 000美元(当指数为300点时)的5.33%。投资者既可以付现金,也可以用购买美国政府债券的方式来达到保证金要求。这样投资者还可以从债券上获得利息收入,从而进一步降低交易成本。而股票交易中对保证金的要求至少是股票价值的50%,而且必须用现金支付。②

最后,股指期货更能顺应信息时代的新要求。IT技术发展和证券交易现代化为股票指数期货蓬勃发展开辟了更广阔的天地。当前各国证券交易无一例外都采用了最先进的计算机网路系统来处理日常交易,大大提高了交易所的效率和交易的公开性。先进电子技术系统也已经使得股价信息的传递空前加快。目前美国主要股票指数已经不到3分钟计算一次。有的股票指数,如英国的FT-SE 100指数,更是每1分钟计算一次!③

三、股指期货的推出对我国证券市场体制改革有哪些促进作用

理论上讲,股指期货对于我国证券市场功能的完整、证券投资者的理性的完备、金融资源定价权的民主制衡,无疑都具有重大的制度变革的战略意义。具体地说,它既可以为投资者提供一种高效避险的工具,也可为平稳市场、淡化"政策市"等提供帮助。

第一,将使我国证券市场告别单边市时代并趋向功能完整。一个完整意义上的股票市场,一般应包括三个部分,即一级市场、二级市场和风险管理市场。而由于起步晚,我国股票市场长期却只有一级市场和二级市场。交易手段单一,只能通过股市上涨获利,缺乏对冲平衡机制;投资者只能借助高抛低吸和追涨杀跌来盈利,结果只能是波段操作盛行、换手率高得出奇、市值极其不稳。股指期货推出有助于革除"单边市"弊端,对非理性追涨杀跌起到有效的抑制。股市非理性上涨时,投资者的看空预期可以在期货市场上实现,从而可起平抑股价作用;而在股市下跌时,投资者又可以不再被动直接抛售股票避险,而是可以选择买入期货进行保值以未雨绸缪。在股市超跌时,期货市场上的做多又可以给市场带来支撑。这样的内在制衡机制无疑有利于提高市场弹性、增强投资者信心、缓冲市场剧烈波动、实现大盘均衡稳定。2007年的2·27,特别是5·30的股票惨跌,都是新加坡等重

---
① 萧琛:《世界经济转型与中国:潮流、风暴、"入世"与"入市"》,人民出版社,2006年4月,第115页。
② 同上,第120页。
③ 同上,第121页。

要国际市场的期货结算日。年底的中国石油的自由落体般的下跌,也徘徊着国内外现货期货市场联手的幽灵。

第二,有助于吸引更多长期资金入市,使证券市场规模更趋合理。如上所述,股指期货推出,使投资者不仅可以在牛市中获益,而且也可以在熊市中避险和减损,这将有效促进诸如保险等"风险敏避型"(Risk aversion)资金大规模入市,从而有效扩大市场的容量和完善投资者结构。股指期货提供了积极的避险工具,有利于扩大股票市场的机构投资比例。用好股指期货这个工具,能为大资金管理风险和锁定收益提供一定的保障。包括"证券投资资金"、"社保基金"、"企业年金"、"保险资金"等在内的机构投资者,在国外市场中一般都是资本市场的稳定力量。目前境外的长期资金都已普遍使用股指期货进行其资产的配置和调整。例如,全球最大的养老金资产管理公司罗素投资公司的2008年报就显示,在其基金投资组合中,基金经理几乎全部都使用股指期货来配置其资产。该公司采用"期货调整头寸法"所管理的资产规模高达730亿美元之巨!①

第三,能为"对冲基金"等衍生工具开辟道路并能加速金融创新。作为国际上成熟金融期货市场上的一种基础衍生品,股指期货的推出,有利于改善股票市场的运行机制、资产价格形成机制,引导资源优化配置;有利于发展机构投资者队伍,维护投资者合法权益。在这次国际金融危机中,股指期货等场内衍生品市场因为运行规范、价格透明、流动性高、集中清算、监管严格,保持了平稳运行,维护了金融市场的稳定。只有推出股指期货,我国才有可能继续推出"对冲基金"等更复杂的投资工具,从而开拓出证券投资的更新的局面,进入衍生工具全球流行新时代。这将直接有助于一系列金融产品的创新,如"保本型产品"、"绝对收益型产品"、"合成指数基金"、"收益挂钩产品"等风格各异的产品。这不仅能为投资者提供更多选择,而且也有助于我国获取更大的金融资源定价权,并在新的国际经济分工中将占有新的战略制高点,从而赢得国际竞争的主动权。2007年以来,中国QDII出海频频遭挫甚至全军覆没的案例并不鲜见,制度原因由此可见一斑。

第四,可为广大投资者提供高效率低成本的避险工具。股指期货产生的根本原因是为了给投资者提供方便高效的规避系统性风险的工具。目前,全球已有77.27%的新兴市场上日益普遍地开展了场内金融衍生品交易,后发优势十分明显。② 同时股指期货也将会改变目前我国金融产品同质化的局面,开启构建多层次资本市场体系的新时期。在此次金融危机中,股指期货稳定市场、管理风险的作用曾得到充分展示。根据对30个市场在次贷危机爆发后的跌幅统计,22个推出股指期货的国家,股票现货平均跌幅为46.91%;而8个没有推出股指期货的国家,现

---

① 马卫峰:《期指将有利于长期资金入市》,《上海证券报》,2010年4月。
② 喻博、刘成彦:《新兴市场金融衍生产品发展路径及特点》,《上海证券报》,2009年10月。

货指数平均跌幅高达 63.15%。① 这说明,股指期货在金融危机中能将股票市场系统性风险进行转移、分摊和环释。股制期货交易的"垫头"或曰保证金一般地仅为 15%—20% 左右,无疑是美国人所说的"以小搏大"的低成本金融工具。

第五,能较好推动中国证券市场走出"政策市"的浓荫。中国的股市被一直认为是"政策市"。前面所谈的 8 轮行情都列了政策原因。近年来尽管政府努力淡化"政策市"形象,甚至在新股发行环节中也取消了"窗口指导"等常规措施,而采行了"市场化的发行",但是"政策市"的身影却一直在我们四周徘徊。可以说,每一轮利好政策的释放,都往往能引发一波争先恐后的投资狂潮;而当上证指数在均衡水平(目前可谓 3 000 点左右)附近盘桓时,货币政策的任何风吹草动都会导致投资者敏感异常,股市也往往会因此上演"过山车"的行情。股指期货推出后,这种局面有理由指望有所改观。2006 年 10 月,上证指数曾突破自 2004 年 4 月以来所形成的大圆弧底,走出了一轮波澜壮阔的牛市,到 2007 年 10 月,最高点位涨至 6 124 点! 如果当时已经推出股指期货,则机构就有可能腾出一部分资金用于套期保值,从而,A 股市场也就有可能不会出现像 2006 年那样的单边奋勇上涨的行情。当然,集体代理制的开放基金的制度设计也有待进一步改进。再如,更远些的,2001 年至 2005 年那样的从 2 245 点到 998 点的单边下跌的行情也不大可能那样地淋漓尽致。

四、股指期货在市场上容易造成哪些新的问题

从长期看,股指期货无疑已经搭建了中国资本市场上多空对决的新舞台;但若从短期看,股指期货的推出则并非没有可能会加剧市场的各种非理性行为,从而导致干预市场的政策力度也会不断加大。在新工具刚起步的阶段,不过分追求成交量和增长率,而把着眼点落在市场功能的发挥和制度体系的完善之上,可能更为明智。为此,我们不仅需要在实践中不断发现新的问题,而且也需要在理论上作若干前瞻。

第一,股指期货并不能减少市场的非理性行为。股指期货并不是以现货行情好坏来论成败的。毋宁说,股指期货的价格变动是以现货市场为依托,而现货市场的走势又是以宏观经济和上市公司的业绩作为基本支撑的。若单纯指望股指期货能带动股市走出一轮新的上涨行情,则从理论上讲就已经犯下了本末倒置的错误。其实股指期货既不能减少市场的内幕交易和市场操纵行为,也不能减少投资者的其他非理性行为,更不能直接导致中国证券市场的新股发行与退市等机制变得更为合理。可见,改革尚未完成,"同志仍需努力"!

第二,股指期货有可能会加剧中国股市的波动。任何一种金融衍生品并非天

---

① 巴曙松:《股指期货上市将为投资者提供高效避险工具》,新华网,2010 年 4 月 10 日。

生具有平抑市场波动和价格发现等功能。如上所说,股指期货也并非没有"助涨助跌"的放大功能。据统计,全球股指合约 70% 以上是投机合约,10% 左右是套利,剩下的才是套期保值。①

在现实中,在期货这个"零和市场"上,所博弈的毕竟还只是"对手的犯错",而不是"价格回归"。以国内商品期货市场为例,尽管铝、螺纹钢等的库存已堆积如山,但其价格照样可以节节攀升。也就是说,供求关系在短期内一般地并不能主导市场定价。在中国这样的"新兴加转轨"的经济体中,博弈双方所争夺的,毋庸讳言,更应该是央行的货币政策,趋向宽松还是趋向紧缩?或者说,更应该是国家的宏观调控的大政方针!

第三,为争夺改革蛋糕市场当事人的规避行为将很难防范。有报道称,尽管中金所已经层层设卡,但规避限制的行为仍然在不断地涌现。一些私募基金已经陆续地开通了股指期货账户。虽然有规定,股指期货单个账户的最大持仓规模不得超过 100 手,但是"上有政策、下有对策",以个人名义开出上百个账户当下也并非难事。私募基金大多不愿放弃利用杠杆单边做多、做空和 T+0 交易的机会。截至 2010 年 4 月 7 日,成功开立股指期货交易账户的投资者已达 4 740 户(其中约 90% 投资者来自商品期货市场)。而且开户数还继续呈明显增加的态势。可见 5 000 个开户数定额还是够用且偏大的!因为,在我国大宗商品期货市场上,主要做市者一直就只有那么几家,但却照样能做得风生水起、轰轰烈烈。

第四,大部分投资者很可能因此倾向于更高风险的投资。在一个不能完全做空、没有真正意义上多空基金、杠杆比例又不能达到 10 倍以上的市场上,进行套保赚取微小差价就有可能变得得不偿失。由此,大部分投资者势将进行单方向的多空赌博,而不大愿意去进行套利或套保。例如,大资金可以杠杆卖空 20% 的股指期货,而后买入 70% 或者 80% 涨势良好的中小股,甚至直接去申购新股。这也是最简单的对冲,在货币流动性还算充裕的情况下,大盘指数下行而中小盘股上涨机会一般都会居多。关键是能否维持股指期货账户资金。大宗商品期货市场可以通过"银证通"等方式自由地来回腾挪资金,而一个有充足资金申购新股的股指期货投资者恐怕难以受到同等优待。其结果,它便极有可能将股指期货账户中的资金挪去做现货,从而导致账户资金不足。

第五,相当长时间内大资金参与的最大风险可能还是在于调控政策。尽管政策市会因股指期货而有所淡化,但是对参与股指期货的大资金来说,最大的风险可能还是在于调控政策。例如,若股指上涨过快,则监管层将会加快大盘新股发行的节奏,或加快再融资的步伐,或社保基金做多而不允许指数点位大幅下跌等。2008 年春,"平安保险"、"浦发银行"的巨额再融资计划,曾经让市场谈虎色变并至今心有余悸!值此,参与股指期货的民间资本恐怕就难免或只能是一筹莫展。2009 年

---

① 叶檀:《对股指期货要冷静冷静再冷静》,《每日经济新闻》,2010 年 4 月 8 日。

中国大宗商品收储时,金属期货市场的走向就曾被人为直接扭转,导致当时的"做空集团"全军覆没!①

第六,多数中小散户投资者在开初阶段将很有可能被拒之门外。就我国证券市场看,最低50万元的准入门槛已将绝大多数中小散户投资者拒之门外。2010年3月15日证监会曾发布《证券投资基金投资股指期货指引》征求意见稿,明确了证券投资基金参与股指期货的程序、比例限制、信息披露、风险管理、内控制度等事项。② 但"基金准入细则"至今仍未公布与完善。一般的基金很有可能根本搭不上股指期货4月16日这个头班车!另外,出于保密维稳等需要,监管部门近度几乎集体"失声",此外,"社保基金"、"保险资金"、"阳光私募"、"QFII"(合格境外机构投资者)等特殊法人机构,究竟何时才能踏入股指期货市场,至今也仍然还是一个很大的未知数。

尽管如此,我们还是有理由非常乐观地展望:未来中国的资本市场一定会更多地关注"民生"和"财产性收入";一定会更多地鼓励"民间资本"和中小"民营企业"。此外,未来中国资本市场的资源定价机制一定会由此变革得更多民主,主力与散户的博弈也将会趋向诚实和公平,投资人和集资人两大集团的制衡关系也将会进一步理顺。舍此,中国证券市场将难以继续支撑中国经济实现可持续的增长,也无法把握好"金融海啸"之后世界经济重建进程中的各种新的战略机遇!

参考文献

[1] 厉以宁著:《中国经济改革与股份制》,北京大学出版社1992年版。
[2] 曹凤歧主编:《中国资本市场发展战略》,北京大学出版社2003年版。
[3] 〔美〕本杰明·格雷厄姆,戴维·多德著,邱巍译:《证券分析》,海南出版社2004年版。
[4] Sear Becktti & Dan J. Robers, "Will Increased Regulation of Stock Index Futures Reduce Stock Market Volatility?" Economic Review, November/December,1990.
[5] Neil S. Weiner, *Stock Index Futures*, New York:John Wiley&Sons. 1984.
[6] Robert M. Bear Ph. D., "Introduction to Future Contracts", Handbook of Financial Markets:securities,options and futures. 2nd edition. DOW JONES-IRWIN, 1986.
[7] Robert A. Strong,Speculative Markets:Options, Futures and Hard Assets, Longman,1989.
[8] (香港)《经济导报》。
[9] 人民网、新华网、金融界网、和讯网、www.federalreserve.gov 等。
[10] Economic Report of the President:2008、2009、2010,etc.
[11] 施兵超:《金融期货与期权》,生活.读书.新知三联书店1996年版。

---

① 叶檀:《对股指期货要冷静冷静再冷静》,每日经济新闻,2010年4月8日。
② 于海涛:《〈证券投资基金投资股指期货指引〉征求意见稿出炉,三类基金允许参与股指期货》,21世纪经济报道,2010年3月。

[12] 红霞:《趋势为王——股指趋势研判与投资策略》,四川人民出版社 2010 年版。
[13] 〔美〕亚历山大著,郭洪钧、关慧译:《商品期货市场的交易时机》,万卷出版公司 2010 年版。
[14] 培元:《赢家操作心法:期指,套利,选择权》,全华图书 2007 年版。
[15] 方志、沈良:《期货兵法》,中国经济出版社 2008 年版。
[16] 厉以宁主编,曹凤岐、王其文、张维迎副主编:《中国资本市场发展的理论与实践》,北京大学出版社 1998 年版。
[17] 厉以宁、曹凤岐主编:《跨世纪的中国投资基金业》,经济科学出版社 2000 年版。

第四编　新兴与交叉学科群

资源、环境与可持续发展[*]

杜丽群

摘要：随着全球人口不断增加和经济持续增长，自然环境和资源受到的压力将越来越大。人类虽然在改善环境方面取得了明显的进步，但是全球经济发展的速度和规模、不断增加的全球环境污染以及地球上可再生资源基础的退化有可能将此抵消。健康、生物多样性、农业生产、水和能源是人类面临的严峻挑战，而这些挑战又与资源、环境、人口、贫困、体制等问题密切相关，它们是涉及当前可持续发展的一系列重大问题。因此，我们必须以这些问题为切入点探讨实现可持续发展的对策。

关键词：自然环境；资源；社会发展；经济发展；可持续

当人类社会进入20世纪，由于工业化的快速推进、人口膨胀、乱砍滥伐和战争破坏，地球上的自然资源被大量消耗，人类的生存环境日趋恶化。特别是在过去25年里，人类拥有的自然资源减少了30%，消耗量相当于过去几个世纪的总和。洪水、干旱、空气和水污染、赤潮和酸雨等灾害频繁发生，经济发展速度因此放慢，人类已为此付出了极大的代价。如果目前人口增加、经济增长和消费方式方面的趋势继续下去，自然环境将受到越来越大的压力，在环境方面取得的明显进步和改善有可能会被全球经济发展的速度和规模、不断增加的全球环境污染以及地球上可再生资源基础的退化所抵消。

2002年8月26日至9月4日，联合国可持续发展世界首脑会议(亦称"地球峰会")在南非约翰内斯堡举行，这次会议通过了10年前里约热内卢宣言的《执行计划》和作为本次大会政治宣言的《约翰内斯堡可持续发展承诺》，与会各国首脑重申了对于实施可持续发展的郑重承诺，并为实现全球可持续发展注入了新的动力。在可持续发展中，环境退化、生态失衡、可再生资源的耗竭是必须解决的根本问题。那么，要找到一条可持续发展的道路，就必须处理好资源、环境与可持续发展之间的相互关系。其中的关键问题是如何避免损害环境、浪费资源或过度开发资源，或

---

[*] 原载于《北京大学学报》(哲社版)2003年第3期。本文系国家社会科学基金资助项目。该论文得到国家社会科学基金项目的资助，2003年5月20日在《北京大学学报》上发表后，很快就被中国人民大学报刊资料《生态环境与保护》2003年第8期全文刊载。被引频次40次，下载次数1043次。杜丽群，北京大学经济学院副教授，经济学博士。

者将这样的损害或浪费降到最低限度而不影响经济发展的速度与规模。

一、全球资源和环境状况分析

世界自然保护基金 1999 年的报告显示在 1970 年至 1995 年间,全球的森林面积减少了 10% 以上,每年消失的森林面积达 15 万平方公里,相当于希腊的国土面积。与此同时,环境的恶化造成物种灭绝速度加快。在短短的 25 年间,包括哺乳动物、鸟类、鱼类、两栖类在内的淡水动物数量减少了 45%,海水动物的数量则减少了 35% 左右。二氧化碳排放骤增也是人类生存环境恶化的主要原因之一。据统计,从 1960 年到 1996 年,全球二氧化碳排放量从每年 100 亿吨增加到 230 亿吨,造成全球气候变暖,两极冰川融化。其中北美地区人均二氧化碳排放量是全球平均水平的 5 倍,是发展中国家平均水平的 10 倍。

在北美、欧洲和东亚部分地区,现代工业经济国家消费了大量的能源和原料,并产生大量废料和污染排放。它们的经济活动严重影响着全球的资源和环境,不仅对环境造成极大的损害,而且使生态系统普遍受到污染和侵扰。在其他区域,尤其在发展中国家的许多地区,贫困和人口迅速增加使可再生资源(主要是森林、土壤和水资源)普遍退化。许多人生活在仅能维持生存的经济中,他们除了耗尽其自然资源外,没有多少其他选择。再生资源仍然维持着世界上将近三分之一人口的生活,因此环境退化直接降低了农村人口的生活水平以及他们改善经济的前景。同时,我们也看到了这样一个现象,即许多发展中国家在加快城市化和工业化进程中使空气和水受到严重污染。

北美的最大问题是能源和资源的消耗。这个地区平均每人使用的能源和资源超过了任何其他区域,1995 年该地区平均每人使用的燃料超过 1 600 升。因为能源消耗量大,这个区域的人均温室气体(greenhouse gas)产生量最高。另外,由于引进非本地物种使生态系统产生的变化正威胁着生物多样性,许多沿海和海洋资源几乎枯竭或正受到严重威胁。东海岸的鱼类资源几乎已经彻底破坏。据统计,大西洋的捕获量从 1971 年的 250 万吨减少到 1994 年的不到 50 万吨,即,在 20 年里减少了 5 倍。

在欧洲,有一半以上的城市地下水资源开发过度,硝酸盐、农药、重金属和各种烃类物质(有机化学上碳氢化合物的总称)也在严重污染地下水。在西欧,总的能源消耗仍然很高,虽然遏止环境退化的措施使一些环境参数有了显著的改进,但并非所有的环境参数都得到了相当的改进。自 1980 年以来,西欧平均每人产生的废料增加了 35%;虽然已回收利用了很多废料,但 66% 的废料最终还是变成垃圾用于填埋土地。道路运输是目前城市空气污染的重要来源,总排放量很高。1985 年至 1994 年期间,西欧、中欧和东欧的二氧化硫排放量减少了一半,但欧洲产生的温室气体仍占全球的大约三分之一。自 1960 年以来,西欧和中欧的森林面积增加了

10%以上,但将近60%的森林受到酸化、污染、旱灾或森林火灾的严重或中等程度的损害。

西亚正面临着干重大环境问题,其中水资源和土地资源退化是最紧迫的问题。"这一区域人口增长速度远远超过了水资源的开发速度。因此,人均供水量在减少。这个区域的11个国家中已有8个国家的人均用水量少于每年1000立方米,4个国家的使用量还不到这个数字的一半。"地下水资源处于危机状况,因为抽取地下水的速度已远远超过了自然补充的速度。如果不实施改进的水管理计划,今后将可能出现重大环境问题。在这个区域,土地退化非常严重。大多数土地或者已变成了荒漠,或者极易变为荒漠。大面积的土地受到盐化、碱化和养分沉积的影响。由于生态系统本身比较脆弱,再加上过度放牧,这个区域的牧场正在退化。过度捕捞、污染和生态环境的破坏使海洋和沿海环境退化。每年约有120万桶石油溢入波斯湾,以致波斯湾里的石油碳氢化合物超过北海几乎3倍,是加勒比海的两倍。此外,工业污染和有害废料也威胁着社会经济发展。石油生产国产生的有害废料是美国的2至8倍。这个区域空气污染的增加达到惊人的程度,居民超过100万的城市情况更是严重。预计在今后10年中,城市化、工业化、人口增加、农业化学品的滥用以及无管制的捕捞和狩猎将对这个区域脆弱的生态系统和本地物种造成更大的压力。

在亚洲及太平洋地区,最为严重的问题是人口过多,人口密度大对环境造成沉重的压力。该地区土地资源承受的压力比其他地区大得多,世界上大约60%的人在这个区域内依靠其30%的陆地面积生活。水供应是一个严重问题。每三个亚洲人中至少有一个没有安全饮用水,淡水将是今后限制生产更多粮食的一个主要因素。经济继续迅速增长,工业化进程加快,这些很可能对这个地区的环境造成进一步的损害,使生态更加恶化,如森林面积缩小,污染加重,生物多样性减少。在东南亚,生态环境破坏不断加剧,土著人民作为食物、医药和收入主要来源的各种各样森林产品日益枯竭。"迅速工业化和经济增长改变了生活的几乎所有方面,尤其是在东亚和东南亚。然而,按许多标准来衡量——健康、教育、营养以及收入,这个区域内大多数人民的生活质量仍然较差。"从能源方面看,该地区对能源的需求超过了世界上任何其他地区,亚洲对一次能源的需求量预计每12年就增加一倍,而世界平均每28年才增加一倍。由于沿海居住区的扩大、工业增长和捕鱼活动增加,沿海生态系统受到毫无控制的巨大压力,海洋和沿海资源退化的速度加快。此外,在城市化进程中,居住在城市中心的人口所占的比例迅速增加,并且集中于少数几个城市中心。特别是亚洲,城市化以一种独特的方式趋向特大城市,这个趋势有可能对环境和社会造成更大的压力。

在非洲,"主要的挑战是如何减轻贫困,使穷人的问题在环境和发展议程中占据首要地位,就可能开发和解放非洲人民的潜力和才能,实现在经济、社会、环境和政治上可持续的发展。"因此,贫困既是这个区域受到环境退化和资源枯竭威胁的一个主要原因,也是其造成的后果。据预测,非洲是21世纪贫困将加剧的唯一的大陆。非洲面临的重大的环境挑战包括砍伐森林、土壤退化和荒漠化、生物多样性和海洋资源减少、水资源匮乏以及空气和水质量恶化。自1950年以来,估计共有5亿公顷的土地受到土壤退化的影响,包括多达65%的可耕地。20世纪80年代期间,非洲共丧失了3 900万公顷的热带森林;1995年又丧失了1 000万公顷。14个非洲国家水匮乏和水紧张,到2025年还将有11个国家遭遇同样的困难。由于粮食安全程度降低,非洲营养不良者的人数从20世纪60年代的1亿增加到1995年的近2亿,几乎翻了一番。另外,城市化是这个区域新出现的一个问题,随之带来了各种环境问题。

在拉丁美洲和加勒比地区,存在两个突出的环境问题,一是如何找到解决城市化问题的办法;二是森林资源枯竭和被摧毁以及与此相关的对生物多样性的威胁的问题。这个区域有3/4的人口已经城市化,而且许多人居住在超大城市中。中美洲和南美洲城市人口的比例很高,预计到2025年城市化程度将达到85%。在许多城市,严重的空气污染威胁着人们的健康,估计空气污染每年使4 000人早逝。废料处置也是一个主要城市问题。在这个区域,所有国家的自然森林覆盖率都减少了,尤其是在亚马逊流域。1990年至1995年期间每年共丧失580万公顷的森林,即,3%的森林在这个期间丧失了。生态环境丧失是对这个区域生物多样性的一个主要威胁,该区域拥有世界上40%的植物和动物种类;估计现有1 244种脊椎动物面临灭绝的危险。预计1997年和1998年的厄尔尼诺将使海洋鱼类捕获量大幅度下降。虽然这个区域有世界上最大可耕地保留面积,但土壤退化正威胁着许多已耕地。贫困虽然不是这个区域的突出问题,但"自由市场改革将战胜贫困的期望尚未实现。相反,1995年时生活在贫困线以下的人已达1.6亿。"

最后,我们来看看极地地区的情况。北极和南极在全球环境动态中发挥着重要作用,是全球变化的晴雨表。这两个区域都受到极地地区之外所发生的事件的影响。世界其他地区的持久性有机污染物、贵金属和辐射线都汇集在这一地区。如,大气层中的武器试验、军事外事件和欧洲回收厂排放产生的落尘使北极海洋沉降物普遍含有反射线同位素。污染物在食物链中积累,对极地生物的健康构成威胁,野生动植物也受到了人类活动的影响。例如,毛鳞鱼的捕获量在1977年达到300万吨的高峰,但自那以后其数量在北极两次剧减。在陆地上,由于引进外来物种,特别是北欧驯鹿过度放牧,野生生物群落发生变化。另据保守估计,在南海每年因捕鱼活动而死亡的信天翁是4.4万支,北极也有类似现象。在南极洋,过度捕捞巴塔戈尼亚齿鱼,大批海鸟因被捕鱼设备套住而意外死亡。据有关报道,南极巴塔戈尼亚齿鱼的合法捕获量是10 245吨,但仅在南海的印度洋地区非法捕获量估计超过10万吨。商用伐木使北方森林耗竭和支离破碎,尤其是在欧洲北极地区。在北极由于勘探大量的石油和天然气,造成了油喷、油轮溢油和漏油等环境损害。此外,平流层臭氧耗竭导致紫外太阳辐射加强,全球升温使极地的冰盖、冰架和冰川溶化,同时还带来诸如"海上冰覆盖面缩小、海平面升高以及永冻层解冻"等问题。

无可否认,发端于西方的工业文明在推动人类的科学技术进步和物质文明发展等方面表现出了巨大的历史进步性,给人类带来了农业文明无法想象的物质财富;但是发达国家以技术优势、资源优势和市场优势在境外掠夺资源和制造污染,迅速消耗着地球上有限的资源。这种掠夺资源和垄断市场的局面导致了南北方发展的严重失衡,继而带来了全球性的资源耗竭、环境污染、生态破坏等一系列生态危机,把生态与经济、人与自然推向了严重对立的状态。这种人与自然关系的生态危机标志着工业文明价值观和财富观有可能把现代经济引上不可持续的发展道路。

二、资源与环境问题的成因分析

首先,环境的恶化起因于经济活动的盲目扩张。环境污染和生态恶化一般是由于资源的过度开发和低效率利用引起的。地方性和全球性的工业污染和与能源相关的污染、商业性开采造成森林砍伐和水资源的过度使用,都是经济盲目扩张的结果,而这种扩张根本不考虑环境的价值和资源的稀缺性。20 世纪 50 年代的增长热就是以资源的破坏为代价,一些国家为了达到经济高速增长的目的,它们无情地无偿地掠夺自然生态环境。经济发展虽然在短短几十年里把一个受战争创伤的世界推向一个崭新的、高度发达的和前所未有的工业化时代,但是工业化和城市化大大加剧了耕地、淡水、森林和矿产的消耗。当人们庆贺经济这棵大树结出累累硕果的时候,人类赖以生存和发展的环境却遭到了十分严重的破坏。因此,我们必须认识到,资源与环境是相互依存的关系。如果不合理、不科学地利用资源,就会导致环境的恶化。

其次,人口的迅速增长通常是环境遭到破坏的一个重要原因。无论经济是否发展,人口的迅速增长都会使人们更加难以解决众多的环境和资源问题。一方面,迅速增加的人口导致对资源的过度需求,而传统的土地和资源管理制度不可能迅速适应防止过度利用资源的需要。另一方面,人口增长增加了对基础设施和生活必需品以及就业的需求,而政府又无力应付这种局面。如果人口增加的局面不改变的话,增加的需求将加剧对环境的破坏,同时将对自然资源施加额外的直接压力。此外,人口的绝对密集也对环境管理提出了挑战。虽然目前人口密度超过每平方公里 400 人的只有孟加拉国、韩国、荷兰和印度尼西亚的爪哇岛,但到 21 世纪中叶,全球人口的 1/3 很可能都居住在人口密度如此高的国家中。

最后,贫困与生态环境恶化密切相关,穷人既是环境破坏的受害者,又是环境破坏的责任者。目前仍有五分之一以上的人口凄惨地生活在贫困之中。全世界的穷人中有大约半数居住在环境易遭破坏的农村地区,他们对赖以为生的自然资源几乎没有法定的控制权。穷人更关心他们今天能从自然资源中得到什么,而不是为了明天而保护自然资源。由于缺乏资金和技术,又急需获得土地,农民便聚众开垦不适宜耕作的土地,如,陡峭的和易受侵蚀的坡地、土壤退化迅速的半干旱地、热带森林地区。然而,短短的几年之后,在这些土地上种植的农作物产量通常会急剧下降。贫困的家庭为了首先解决应急的短期需要,他们对自然资本采取"为我所用"的态度,如为了薪柴而滥伐树木。土地退化和森林砍伐最后导致土地生产率降低,结果是人们的生产和生活条件更加糟糕,贫困进一步加剧。因此,贫困、人口增长和环境破坏之间形成了一种相互强化的关系。人口增长过快增加了对有限资源和脆弱环境的压力,导致对自然资源的过度利用和生态环境的破坏,形成"贫困—人口增长—资源环境破坏—贫困加剧"的恶性循环。

经济的不断扩张和人口的迅速增长会加深由贫困和环境这两者共同造成的严重影响。自20世纪50年代以来,全球经济规模扩大了5倍多,全球人均收入的平均数现在是1950年的2.6倍(实际值)。全球平均人均收入现已超过5 000美元,但仍有13亿以上的人每天的生活费不足1美元。全球人口的年增长率为1.7%左右,虽然它低于20世纪60年代末期最高峰时的2.1%,但每年几乎1亿人的绝对增长数字却高于以往。据预测,在1990—2030年间,世界人口很可能增加37亿,增加的人口中有90%将出生在发展中国家,特别是贫困地区。经济在不断增长,贫困也在不断加剧。"地球上的居民大多数仍生活在贫困中,而少数人却过度消费,这是环境退化的两个主要原因。"

以上我们从经济扩张、人口增长、贫困等方面分析了环境恶化和资源衰竭的原因,接下来我们将从市场失灵和政策失误两方面来分析资源与环境问题的成因。

在市场经济条件下,以利润最大化为最终目标的生产者所关心的是降低自身的成本,追求最大的经济效益,而很少考虑其行为的生态后果。结果是企业内部经济性的实现是以外部不经济性为代价的。特别是生产的主体在进行自身经济核算时,根本不考虑资源利用过程中的负外部性,从而引起诸多环境问题。由于对资源的占有、消耗和污染造成的损害没有按市场价格来支付费用,资源浪费和环境破坏的现象难以制止。在这种情况下,市场在配置资源方面效率低下,市场失灵就出现了。由于市场失灵,环境的社会价值不能通过市场精确地反映出来,市场通常也反映不出环境破坏使社会付出的代价。在现实中,环境(如大气质量)的所有权和使用权没有明确界定清楚,所以很难区分和履行对环境的所有权和使用权,而价格并不能体现污染物的有害影响,结果导致大量的大气污染。

当自然资源产权不存在或没有被履行时,即当自然资源是开放的时候,没有哪个个人来承担环境退化所造成的全部损失,而且也不存在对自然资源使用进行调控的机制,结果就是资源被过度开发,如过度捕捞、过度放牧、过度掘取地下水、过度使用"全球共用品"。开放资源使它们可为所有人开发使用。一种资源(如热带雨林)的某些用途能够出售,其他用途(如它对流域的保护)却不能出售,不可出售的用途经常被人们忽视,因此导致资源过度使用。

政府的政策有时鼓励低效率,而这些低效率反过来又会引起环境的毁坏。例如,对农业和能源投入大量资金、对伐木和开发牧场实行补贴、公共部门排污不负责任、按补贴的价格提供一些服务(如水、电和卫生设施),以及公共土地和森林的低效率管理等。政府有时通过直接为使用控制污染设备筹资,或用环境保护基金为投资提供资金的方法,来对资源和环境行为的改变进行补贴。对环境清理和资源使用进行补贴产生了一个明显的问题,即,它给资源使用者传递错误的信号,而且与经济合作与发展组织1972年通过的"排污者付费原则"(PPP)的一般意义和原则相冲突。因而,补贴可能会使环境破坏在很长一段时间里加剧。政府政策的失误可能会加重由市场缺陷引起的环境破坏和资源浪费或过度开发。

地球的资源是有限的,而地球对于其衰竭的吸收能力也是有限的。如,高技术带来的绿色革命使谷物与肉类产量大幅度增加,却削弱了农业生态环境对灾害(病虫害、气候变化等)冲击的恢复弹性。

三、实现可持续发展战略的对策研究

全球范围内频繁出现的生态危机已经引起了世界范围内科学界、学术界、政治界的广泛关注。1992年,在巴西里约热内卢召开了"世界环境与发展"大会,正式提出了"可持续发展战略",并制定了《21世纪议程》。该文件以可持续发展为中心,加深了人类对资源、环境和发展等问题的认识,它把资源、环境等问题与社会经济发展结合起来,树立了资源、环境与发展相互协调的观念。在2002年8月召开的"地球峰会"上,各国首脑通过的《执行计划》和《约翰内斯堡可持续发展承诺》的重要文件提出了一系列新的、更具体的环境与发展目标,并设定了相应的时间表,以及重申了对可持续发展的承诺。

可持续发展是一种从环境和自然资源角度提出的关于人类发展的战略和模式,它特别强调环境资源的长期承载对发展的重要性以及发展对改善生活质量的重要性。一方面,可持续发展的概念从理论上结束了长期以来经济发展同环境与资源相对立的错误观点,指出了它们之间相互联系、互为因果的内在联系。另一方面,可持续发展是一个涉及经济、社会、文化、技术以及自然环境的综合概念,是经济、社会、生产三者互相影响的综合体,是自然资源与生态环境的可持续发展、经济的可持续发展、社会的可持续发展的总称。

可持续发展的基础和核心问题是资源的可持续利用和消费。实现可持续发展的前提条件是保证自然生态财富(即生态资本存量)的非减性,承认自然环境承载力的有限性,遵循生态环境系统所固有的规律。此外,我们还必须明确可持续发展不仅涉及当代人或一国的人口、资源、环境与发展的协调,还涉及与后代人或国家和地区之间的人口、资源、环境与发展之间的矛盾和冲突。下面,我将从宏观和微观两个方面探讨实现可持续发展的对策。

第一，在资源方面，我们首先应考虑资源的最优利用和持续利用问题。为了解决这两个问题，一方面要找到资源开采的最优路径，另一方面通过市场和技术进步逐步减少对枯竭性资源的依赖。根据英国著名经济学家帕萨·达斯古普塔（Partha Dasgupta）的研究结果，资源开采的最优路径应该是资源价格的净价值在各个时段保持不变，或者使资源价格的增长率与市场利率相等。实现资源的可持续利用和持续消费，取决于生产中不变资本与资源流量之间的替代弹性值。这里的"弹性值"指的是不变资本替代资源流量或消耗量的一种比率。如果固定资产或不变资本增加1%，所替代的资源流量大于1%，则资源可持续利用，否则将枯竭。市场和技术进步完全有可能使可枯竭资源过渡到持久性资源，即使人类耗尽了某一种不可再生资源，也可以由可再生资源取而代之，这样经济活动和消费行为不会受到大的影响。

然后，我们应将资源配置从动态的角度加以延伸，从而使资源公平合理配置的内涵拓宽到代内公平和代际公平两个层面。在对资源与环境的需求上，未来各代人与当代人享有同样的权利。可持续发展要求当代人在考虑自己的需求与消费时，也要对未来各代人的需求和消费担负起历史的与道义的责任。代内公平包括两个方面的内容：一是一个国家内同代人之间的横向公平；二是国家与国家之间的横向公平。代际公平就是资源在代际配置的公平，即世代之间的公平。人类赖以生存和发展的自然资源是有限的，本代人不能为了满足自己的物质需求，采取掠夺性的资源利用方式将资源财富化，而不考虑后代人发展的需要，要给后代人以公平利用自然资源的权利。因此，可持续发展不仅要实现当代人之间的公平，而且要实现当代人和未来各代人之间的公平，向所有人提供实现美好愿望的机会。为了保证当代人的经济活动无损于后代人的福利状况，需要建立一个生态与经济、环境与发展的综合决策机制以确保资源能够传递给后人。

第二，在环境方面，政府、企业和社会公众都应该有所作为。根据OECD市场经济国家和经济转型国家的环境管理经验，政府在环境保护中应有效发挥规制和监管的作用，同时提供必要的环境公共物品。作为市场经济主体的企业通常是环境污染的主要生产者，因此调整企业行为成为人类通向可持续发展之路的关键。企业在生产和经营过程中，首先要根据市场规则进行经济活动，并在遵纪守法的前提下实现利润的最大化；通过各种措施和资金投入达到国家制定的污染物排放标准和污染物排放总量控制的要求，使生产的商品达到相应的产品质量、安全、健康和环境等标准。由于社会公众既是环境污染的生产者，又是环境污染的受害者，社会公众在可持续发展战略的实施中扮演着十分重要的角色。公众一方面应自觉遵守环境法规和环保政策，另一方面可以通过抵制严重污染环境或选择有利于环境的商品进行消费，从而间接地影响企业的生产和经营活动；通过改变传统的不合理的消费模式和消费行为，树立绿色消费观念，鼓励并引导合理的、可持续的消费模式的形成与推广,从而降低消费活动对自然环境的影响程度。

第三,在人口问题上,我们应把人口与发展问题联系起来考虑,并在实现经济持续增长、促进社会和经济全面进步、保护环境的前提下解决人口问题。首先,应推行适当的人口政策,将人口因素纳入经济发展战略。对于发展中国家来说,控制好人口规模,减轻人口过多对经济发展的压力具有紧迫性,因为人口过多、人均资源相对不足对发展带来很大的负面影响,而且成为可持续发展的重大障碍。其次,应增加教育经费投入,提高人口素质,为实现可持续发展提供基础条件。适度的人口总量、良好的人口素质和合理的人口结构将促进人口与经济、社会、资源、环境的协调发展。

第四,为了实现可持续发展,必须彻底消除贫困。贫困是可持续发展面临的一个严重挑战,贫困的存在不仅威胁着当地的可持续发展,而且影响着整个社会健康稳定地发展,同时也给生态环境带来毁灭性的破坏。对于发展中国家来讲,消除贫困的任务既非常紧迫,又非常艰巨。要彻底消除贫困,就必须以可持续发展战略为指导方针,从经济、社会、生态等方面入手,实施切实有效、综合配套的政策措施;从根本上改变贫困地区的生产条件和生活环境,发挥科技扶贫的作用,在贫困地区推广各种适用技术;实现生态环境与人口增长、资源开发与经济发展之间的相互协调。

第五,从政策措施来看,发达国家的环境压力可以通过技术创新和富有成效的政策措施加以改变。各国应根据自己的国情采取适合自己情况的政策措施,如,确认财产权,避免财产权的不确定性妨碍资源的保护;审查现存的补贴政策,取消那些对资源保护无刺激作用的手段,使价格更接近于生产的社会成本而不是私人成本;加强土地和水资源管理;减少资源使用量和消除废料;制止和扭转砍伐森林现象;减少温室气体排放;以及建立有效的管理机构等。就发展中国家而言,可以通过技术创新、制度创新和管理创新来处理资源、环境与可持续发展之间的关系问题。在技术创新方面,可采用互补性的技术创新、旁侧性的技术创新、废物利用型的技术创新、治理污染型的技术创新等四大类。通过技术创新,可以使企业在追求内部经济的同时解决一些外部不经济问题,如果通过特定的制度安排,如污染总量控制下的排污权交易,还可以使治理环境污染的成本最小化。在制度创新方面,主要包括以下内容:(1)建立"节约"型的社会制度,保护生态环境和自然资源,反对破坏生态和浪费资源;(2)以可持续发展战略为指导,对经济实行有效的宏观调控,合理调整产业结构,制订科学的产业政策,严格控制重污染产业、限制轻污染产业、鼓励和促进无污染产业的发展;(3)加强生态环境评价和资源资产化研究,将资源与环境成本反映到市场价格之中;(4)国家应将资源与环境纳入国民经济核算体系,各级政府和经济管理部门要建立生态与经济、环境与发展的综合决策机制。

综上所述,通过合理开发和节约使用资源、有效防治各种污染、保护和改善环境、维护生态系统平衡、控制人口规模和提高人口质量、制定和实施切实可行的宏微观政策措施,并把环境政策、经济政策和社会政策结合起来,采取适当的办法来鼓励经济部门以更有效、更合理和更负责的方式使用自然资源、保护生态环境,那么,我们的经济和社会将走上一条可持续的发展道路。

参 考 文 献

[1] 杜丽群."环境资本"与可持续投资[J].北京大学学报(哲学社会科学版),1999(2)。
[2] 杜丽群.世界经济发展中的资源与环境问题研究[C].外国经济学的新进展,北京:中国经济出版社,2002年。
[3] 刘宗超.生态文明观与全球资源共享[M].北京:经济科学出版社,2000年。
[4] 世界银行1992年世界发展报告[R].北京:中国财政经济出版社,1992。
[5] United Nations Environment Programme, 1999. *Global Environment Outlook 2000*.

Resources, Environment and Sustainable Development

DU Liqun

Abstract: It is quite clear that if present trends in global population growth, economic growth and consumption patterns continue, the natural environment and resources will be increasingly stressed. Distinct environmental gains and improvements will probably be offset by the pace and scale of global economic growth, increased global environmental pollution and accelerated degradation of the Earth'4s renewable resource base. The severe challenges that man encounters include health, biodiversity, agricultural production, water and energy, and they are closely related to resource, environment, population, poverty and economic systems. Furthermore, they are concerned with a series of important issues on our current sustainable development. So we should begin with these issues and take action to find means to tackle the root causes of environmental and resource problems in order to realize sustainable development.

Key words: natural environment; resource; social development; economic development; sustainability

全球价值链动力机制与产业发展策略*

张 辉

摘要：在经济全球化时代，融入全球分工体系，是避免在全球化进程中被边缘化的前提条件。要搞清楚如何融入全球分工体系和融入该体系后如何发展的问题，就需要对全球价值链的动力机制有一个充分认识。全球价值链片断化的驱动类型有生产者、购买者和混合型等三种动力机制。不同驱动模式下产业集群形成方式、市场竞争规则和升级轨迹等也是不同的。本研究在全球价值链动力机制理论论述中，结合诸多实证分析，探讨了经济全球化过程中中国应该如何在与发达国家之间的分工合作和竞争中谋求产业升级，从而最终步入中上等发达国家行列。

关键词：经济全球化；全球价值链；驱动模式；地方产业集群；产业升级

一、生产者驱动和购买者驱动的双动力模式

1. 生产链

在全球化使得生产经营活动不再像过去那样受国家或地区边界限制的时候，就需要一种新的方法来研究生产经营活动如何在地理空间上的再配置（Dicken，1998）。与此相对应，在学术界出现了关于生产链的研究。生产链是指通过交易将商品或服务在不同功能阶段的不同价值增值过程有机联系起来。从原料到生产加工、运输、市场营销、配送直至最终售后服务的一条按照不同功能联结起来的产业长链，是生产链中最基本和最核心的部分；如果把技术、研发和物流、信息等产业辅助环节纳入基本产业链后，那么就会发现生产链的正常运行与相关的支撑辅助体系是息息相关的；在以上系统中，再将金融等产业发展的基础条件纳入该生产链条中，一个最基本的生产链条或生产体系就成型了。在这一生产链条正常运营过程中，由于涉及诸多功能环节、辅助支撑体系和金融等基础条件，由此生产链条中诸多环节之间如何协调和控制等问题就凸显了出来。

在经济全球化的背景下，生产链各个基本功能环节在地理空间上越来越发生分离，形成了全球离散布局的地理特征。生产链各个功能环节与其所在的辅助支

---

* 原载于《中国工业经济》2006年第1期。根据中国知网2012年3月13日统计，该论文被引频次180次，下载频次2 313次。张辉，北京大学经济学院。

撑体系和基础条件等是地方产业集群研究的一个重点,这里不多阐述。生产链侧重的是各个功能环节之间的关系,也就是最终会体现在各个功能环节所在地方产业集群之间的关系。生产链条诸多功能环节散落在全球各地,各自集聚成群,由此会形成了一个按附加值尺度衡量具有典型等级特征的空间等级体系。

那么,按照什么规则能在生产链条中如此众多的功能环节中划分出核心与非核心(关键与非关键)环节呢?也就是说,在生产链中各个功能环节中,是哪些环节决定着或驱动着整个链条的运行呢,生产链运行的动力机制又是什么呢?

关于这方面的问题,格雷菲等人在全球商品链研究中给出了一种比较有效的解决方法,即生产者和购买者二元动力机制说(Gereffi 等,1994)。从生产链中引入二元动力机制这一细节,也更清楚地可以看出生产链、全球商品链等是在相互补充和完善的基础上逐步统一到全球价值链研究中来的。

2. 生产者和购买者二元驱动模式

(1)基本概念。由于全球价值链是构建在全球产业链基础上的,因而全球价值链理论中关于动力的研究,也基本延续了格雷菲等(Gereffi 等,1994)在全球商品链研究中给出的全球商品链运行的生产者驱动和购买者驱动两种模式,即全球价值链条的驱动力基本来自生产者和购买者两方面。换句话,就是全球价值链各个环节在空间上的分离、重组和正常运行等是在生产者或者购买者的推动下完成的。

生产者驱动,指由生产者投资来推动市场需求,形成本地生产供应链的垂直分工体系,投资者可以是拥有技术优势、谋求市场扩张的跨国公司,也可以是力图推动地方经济发展、建立自主工业体系的本国政府。在生产者驱动的全球价值链中,跨国公司通过全球市场网络来组织商品或服务的销售、外包和海外投资等产业前后向联系,最终形成生产者主导的全球生产网络体系。生产者驱动的价值链条更有点类似传统的"进口替代"策略。

采购者驱动,指拥有强大品牌优势和国内销售渠道的发达国家企业通过全球采购和 OEM 等生产组织起来的跨国商品流通网络,形成强大的市场需求,拉动那些奉行出口导向战略的发展中地区的工业化。在购买者驱动的全球价值链中是由如同沃尔玛、家乐福等大型的零售商,耐克、锐步等品牌授权公司和伊藤忠式贸易代理公司等跨国公司控制着全球生产网络。这些企业控制并形成如下空间分工协作网络:总部设立在核心国家,半边缘地区负责协调,生产集中在低薪资的边缘地带(Gereffi 和 Lynn,1996)。在对鞋和服装等产业实证研究的基础上(Gereffi,1999a;Bair 和 Gereffi,2001),格雷菲进一步确认了,购买者驱动的全球价值链条中那些成熟的大型零售商和品牌商是链条的核心和动力之源。购买者驱动的价值链条更有点类似"出口导向"和"生产体系的网络化"。

现有研究虽然能清晰地看出全球价值链各个环节之间是按照何种动力机制在运行的,不过在驱动力之外却忽略了价值的流向。亨特森(Henderson,1998)研究认为购买者驱动的全球价值链中大部分价值的增值部分并不是如同生产者驱动的全球价值链中那样流向了生产领域,而是流向了市场销售和品牌化等流通领域。

生产者驱动的价值链条大多是如同汽车、航空、计算机、半导体和装备制造等技术、资本密集型产业或一些新兴的现代制造业;购买者驱动的价值链条大多是如同鞋业、服装、自行车和玩具等劳动密集型的传统产业(Gereffi,1999b)。从实地调研来看,生产者驱动的价值链核心环节对下面环节的控制一般都会通过海外直接投资的形式来完成;购买者驱动的价值链中生产环节则大多由位于发达国家的大型零售商、品牌商和代理商等通过外包网络关系将这些业务分包给发展中国家的合约商。通过购买者驱动的商品链条完成产业升级发展的成功案例有20世纪五六十年代的日本,七八十年代的韩国、中国台湾地区和东南亚等国家和地区,90年代以来的中国(Gereffi,1999a)。

(2)两种动力机制的比较。既然全球价值链从驱动力上主要分为生产者和采购者,那么两者驱动的全球价值链又有什么区别呢?现有研究主要从全球价值链的动力根源、核心能力、进入障碍、产业分类、典型产业部门、制造企业、产业联系、产业结构和辅助支撑体系等九个方面对此进行了比较研究。

从全球价值链驱动力的区别来看,不同的价值链条应该有着不同的市场竞争规则。以产业资本为原动力的生产者驱动的全球价值链条更加强调技术的研究与发展、生产工艺的不断改进、产品的不断更新、通过产业的垂直一体化来强化规模经济效应和加强基础设施等硬件的建设完善等方面内容;而以商业资本为原动力的购买者驱动的全球价值链则强调市场营销、拓展销售渠道获得范围经济、将制造业从产业链条中分离出去和加强信息等软环境的建设等方面内容。

二、生产者驱动和购买者驱动之外的中间模式

1. 对生产者和购买者二元动力机制的质疑

从20世纪90年代中期全球商品链(GCC)的理论出现以来,虽然生产者和购买者二元动力机制的研究在不断深入,不过全球商品链的研究者以及受其影响的学者大多数的实证研究都来源于传统劳动密集型产业,尤其是服装和鞋等产业。例如国际上比较著名的 IDS 全球价值链研究网(http://www.ids.ac.uk/globalvaluechains)上2005年6月可下载的案例研究一共22篇,服装、鞋、家具和热带农业等传统产业就占了16篇,汽车和电子等产业的研究只有6篇。这些传统产业的案例研究不但数量巨大,而且比起汽车和电子等产业的研究,其研究深度和历史跨度也要超出许多。此外,全球价值链研究的兴起和深入进行基本上都是依赖于实证研究而展开的。因此案例研究的不均衡性,特别是早期案例研究严重失衡性,最终使得全球价值链动力机制的二元理论,从一开始就存在很多缺陷。例如,全球商品链的研究片面地倾向于对一些低利润和非核心环节,特别是制造环节的跨界外包的研究。这样,就出现了两个研究空缺,一是价值链全球片断化中海外直接投资方

面的研究几乎就没有;二是忽略了对价值链片断化后出现的一些比较特殊的高利润环节的深入研究,例如,在全球商品链的片断化过程中出现了许多"枢纽环节",这些环节不但利润不菲,而且链条的治理者对其控制能力也很有限。

二元动力论是基于进入不同产品市场的进入门槛差异而给出来的(Dicken 等, 2001),因此其动力机制基本是按产业部门来划分的。而在现实世界上,同一产业部门内两种动力机制是有可能共存的,以至同一产业部门内部不同价值环节的动力机制有可能完全相悖,这也是导致同一行业内不同企业行为差异一个重要原因。这一"二元区分标准"在后续研究中所暴露出来的问题不但越来越严重,而且也越来越无法自圆其说。对此,格雷菲本人后来也认为,将全球商品链划分为购买者驱动和生产者驱动的二分法并不能很好地与实际经济情况相吻合(Gereffi, 2001a, 2001b)。

在后续研究中,无论是格雷菲等人擅长的服装等传统产业还是他们涉及不多的汽车、电子等现代制造业的实证研究中,都发现了以上二分法的问题较多。例如,在服装产业中,GAP 是典型的没有自身生产体系的购买者驱动价值链中的品牌商,然而 Levi-Strauss 就是有着自己垂直一体化生产体系的生产者驱动价值链中的品牌商;在汽车业中也是如此,福特就在不断朝着购买者驱动的价值链转化,但是丰田等其他主要汽车厂商仍然坚持采用生产者驱动的价值链条;在半导体领域,Intel 采用的就是典型的生产者驱动模式,而 ARM 则是利用硅谷分包体系方式的购买者驱动模式(Kaplinsky 和 Morris, 2002)。

2. 新动力机制

(1)理论模式。如上所述,在实际经济活动中,除了购买者驱动和生产者驱动的产业链条外,实际上还有许多产业链条处于两者之间,即同时具备了购买者驱动和生产者驱动的特征。例如 IT 行业,其公认的核心竞争能力来源于 CPU 和操作系统等典型的生产环节,不过戴尔等企业在流通环节的出色表现,也说明了该行业中也存在购买者驱动的特征。IT 行业从驱动力方面就可以看作一个兼备生产者驱动和购买者驱动共同特征的中间类型。虽然,在 IT 产业内部两种驱动力模式能同时出现,但是二元动力机制的所给出的基本市场竞争原则还是基本适用的,只是按市场进入门槛或按部门划分动力机制的区分方法出现了问题。那么,如何解决这一问题呢?从方方面面的研究来看,这一区分在理论上应该从价值增值序列过程中具体环节来划分,而不应该按照部门来划分。部门划分法应该是将理论应用到实践中的时候,根据具体情况所做的具体工作。这种研究思路也比较符合全球价值链和产业集群研究中一直所倡导的具体问题具体分析的研究思路,而不要静态地去套用模型来分析问题。

从全球价值链的架构之下,我们知道价值链蕴含着地区间价值分工的不平等,在价值链中利润最丰厚两端即下游的市场营销和上游的关键零部件等,往往属于核心企业或地区,在中间生产部分则是处于被压榨的状态。由此在这里,全球价值链根据其价值形成过程可以划分为生产环节和流通环节。生产环节主要指全球价值链中生产加工、产品设计等过程,按照马克思价值论来讲是价值形成的过程;流通环节主要指全球价值链中品牌推广、市场销售、物流配送、售后服务等过程,按照马克思价值论来讲就是价值实现的过程。

从图1我们可以看出,购买者驱动的全球价值链和生产者驱动的全球价值链在价值形成中并不是在生产环节到流通环节的过程中均匀或线性分布的。从图1(a)可以看出,在购买者驱动的全球价值链中,主要价值增值份额都偏向于流通环节;从生产环节向流通环节转换过程中,价值的边际价值增值率是边际递增的。而从图1(b)可以看出,在生产者驱动的全球价值链中,主要价值增值份额都偏向于生产环节;从生产环节向流通环节转换过程中,价值的边际价值增值率是边际递减的。

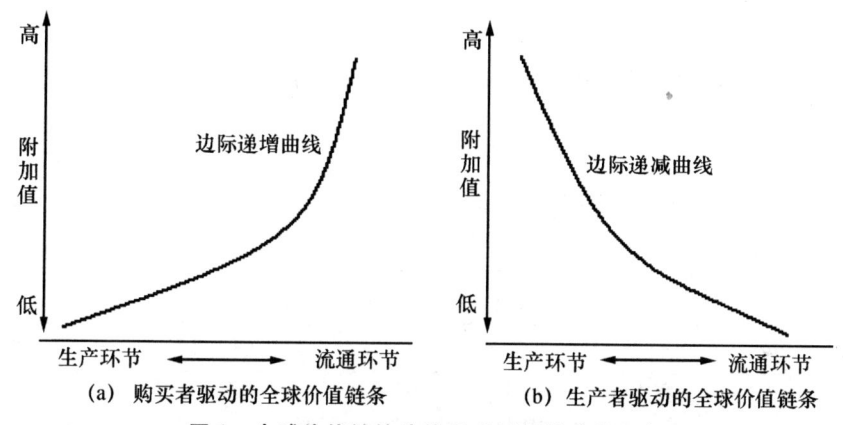

图1 全球价值链按价值形成过程的分类示意

在上述分析的基础上,就可以从理论上归纳出生产者和购买者二者兼具的全球价值链动力模式了。图2显示了这种混合型的全球价值链的驱动模式。该产业链条的价值增值在生产环节和流通环节都有偏重;在生产环节向流通环节转变过程中,先表现为价值的边际价值增值率递减变化,然后又表现为价值的边际价值增值率递增变化。

(2)三种动力机制比较。从前面的论述和具体调研来看,全球价值链在空间垂直分离过程,主要是有外包网络关系和海外直接投资两种具体表现形式。其中,海外分包网络是我们研究的特别多,也相对很熟悉的内容,其大多对应的是购买者驱动的价值链;而海外直接投资这种方式,无论是研究历史还是研究深度都很欠缺,根据已有的实证研究,海外直接投资一般对应的是生产者驱动的价值链。在20世纪80年代特别是90年代以来经济全球化与以往世界经济的一个很大的不同点,就是生产者驱动的全球价值链中价值环节空间分离现象越来越普遍。以往,无论是经济活动的实际情况,还是理论界的关注,基本都是如同服装、鞋等类型的购

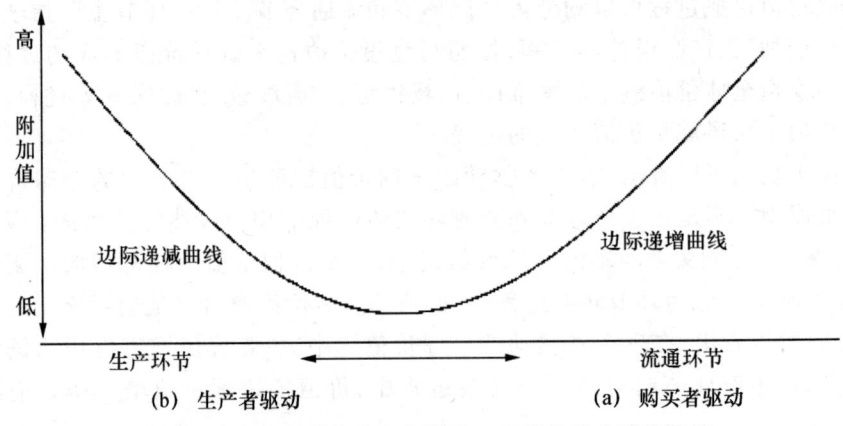

图 2　购买者驱动和生产者驱动二者兼具的全球价值链

买者驱动的全球价值链。

在对生产者驱动的价值链有更多了解和引入混合型的全球价值链后,就需要对以往研究做一些修正了。既然全球价值链从驱动力上主要分为生产者、采购者和混合类型,那么这三者又有什么具体细化区别呢?按照以往研究所做的划分方法,表1又引入了价值环节分离表现形式这一指标和混合类型这一新的驱动力模式,由此得到相对的比较研究结果。

表1　生产者、采购者和混合类型驱动的全球价值链比较

项目	生产者驱动的价值链	采购者驱动的价值链	混合类型
动力根源	产业资本	商业资本	二者兼有
核心能力	研究与发展;生产能力	设计;市场营销	二者兼有
环节分离形式	海外直接投资	外包网络	二者兼有
进入门槛	规模经济	范围经济	二者兼有
产业分类	耐用消费品;中间商品;资本商品等	非耐用消费品	二者兼有
制造企业的业主	跨国企业,主要位于发达国家	地方企业,主要在发展中国家	二者兼有
主要产业联系	以投资为主线	以贸易为主线	二者兼有
主导产业结构	垂直一体化	水平一体化	二者兼有
辅助体系	相对于软件硬件更重要	相对于硬件软件更重要	二者兼有
典型产业部门	航空器、钢铁等	服装;鞋;玩具等	计算机等
典型跨国公司	波音、丰田等	沃尔玛、耐克等	Intel/戴尔等

资料来源:整理自格雷菲(Gereffi,1999b)和张辉(2004b)。

在其他具体研究中如果需要用到表1,还需要注意产业发展的动态情况和具体问题,切不可以静态地不加分析地应用。因为表1任何一个相对的比较结果,都是基于全球产业链一定时期的组织特征而给出的。如果该产业组织关系发生了改

变,还照用以上竞争原则,其必然会带来适得其反的损害。

3. 动力机制内部转换机制和应用研究

(1) 动力机制内部转换机制。全球价值链的动力机制研究是立足于经济全球化而做的,因此经济全球化的任何新变化、新动向都会影响到动力机制的内部运作规则。目前在世界范围内,有一股从生产者驱动模式向购买者驱动模式转变的趋势。这种趋势在以往以生产者驱动为典型特征的汽车、计算机等产业研究中(Gereffi,1999b)可以得到说明。此外,作者在 2004 年年底到 2005 年对佛山汽配产业集群和东莞 IT 业的实地调研中,也看得出上述转变趋势正在快速进行着。制造商的分包范围正越来越广泛,不但一些零部件分离了出去,而且供应链的物流和最终的组装都分离了出去;这些产业的核心企业越来越着重市场份额、品牌推广等具有典型购买者驱动特征的全球竞争规则。最后,动力机制内部的转换还受到当地具体发展环境的影响。例如台商在东莞的分包网络与苏州相比就弱得多。主要是因为东莞的人力素质不佳与政府行为不规范,以致台湾厂商并没有与当地企业产生连结效应,在台系厂商之间仍维持强连带关系,而且有慢慢开始将整个生产网络移到其他地方的趋势。不过苏州等华东地区就出现了不同的情形,虽然如同东莞一样当地企业在技术上层次并不够,但是苏州的台商却是有意培养当地供货商,主要也是当地人素质较高、员工流动率低,政府与海关比较守法,所以当地台商都有在地采购的计划,未来苏州极有可能会取代东莞成为中国计算机产业的制造中心。

从根本上来讲,动力机制的研究实际上就是要探讨在经济全球化过程中发展中国家与发达国家之间如何分工合作和竞争的问题,尤其是发达国家在新的分工体系中攫取更多利润的时候,发展中国家如何利用经济全球化带来的机遇完成产业升级,最终步入发达国家行列。

以往,全球分工体系基本都是建立在有形资产的基础上,例如 20 世纪 70 年代之前,南北半球盛行的农产品与工业品的分工体系等。近来世界分工体系已经发生了深刻的变化。例如以往国际上盛行的农产品贸易,已经从 20 世纪 50 年代占全球贸易总额的 35% 下降到了 2001 年的 9%(WTO,2002)。随着制造环节持续转移,发达国家的全球竞争优势越来越体现在无形资产方面,而有形资产方面的优势越来越体现在发展中国家中。经济全球化的这一巨大变化,对全球价值链的动力机制也产生了巨大影响。与之相对应,生产者驱动的价值链越来越被购买者驱动的价值链所取代,也就是说品牌、销售渠道、链条管理能力等无形资产在全球价值链中的作用正处于不断上升的过程中。不可忽视的一点就是,虽然发达国家退出的生产领域越来越多,但是在全球价值链中它们仍然牢牢掌控着那些高附加值环节,那些环节虽然在漫长的全球产品链中只占据了很小一段,不过一方面这一小小片段一般都集中了整个链条一半以上的附加值,另一方面,即使该环节在附加值上不占绝对或相对优势,但是把握了这个环节就具有控制整个产业链的能力(肯尼迪,1989)。这与全球价值链的协调、管理等功能所带来的收益呈上升趋势是密不可分的。而且,全球价值链中环节附加值越低,那么该环节在地理区位选择方面的灵活性也会更高。当然,价值环节附加值越高,那么该环节在地理区位上选择的灵活性会越低。

为说明全球价值链驱动力的划分是一个动态的过程(这个过程则与产业重构过程有关),以下列举汽车产业和服装产业的全球动态变化的实例来做一详细论述。20 世纪 80 年代末以来,前者一方面,发生了标准部件全球采购的发展趋势,另一方面,也出现了精密和复杂零部件供应体系在空间上集聚的趋势;后者竞争优势的确立则在很大程度上从产品创新的本身转移到了贸易关系渠道、品牌、融资能力等方面。

以汽车产业为例。20 世纪 80 年代末以来,世界汽车产业已经经历了一场重大的产业重构过程(Graves,1994;Dicken,1998)。这一产业重构过程与全球整个汽车产业环境变化是密切相关的。近十几年来,全球汽车市场不但需求增长速度不断放缓,而且需求也变得越来越多样化,产品更新和创新周期更是变得越来越短。所有这些都导致汽车产业的竞争越来越激烈,全行业越来越严重的成本竞争压力刺激了企业通过创新来获取竞争优势。在这些压力下,全球汽车价值链条近来已经完成了根本性的再构。一方面,标准部件越来越通过全球采购来获得;另一方面也出现了那些更加精密和复杂零部件供应体系在空间上集聚发展的强劲趋势。

例如,十年前,奥地利 Styria 地区的汽车产业集群由于没有能够对国外新的竞争威胁和新的市场条件做出适当的产业组织等方面的反应,以致陷入了"分离性陷阱中"。集群内部各个经济体仍然处于相互独立的状态,区域内企业仍然沿袭了垂直一体化的模式,既没有投入产出之间的前后分工联系,也没有一个信任合作的氛围,集群各个企业之间充满了敌意,严重约束了新知识和信息的传播和扩散(Todtling 和 Trippl,2004)。直到 20 世纪末以来,该集群在外部竞争压力下,集群内部才从"支离破碎"状态向"紧密联系型"产业集群方面发展(Todtling 和 Trippl,2004)。该集群发展的实际经验表明,当汽车产业价值链条需要从生产者驱动向购买者驱动过渡的时候,企业需要从垂直一体化向依靠垂直分离和水平一体化来重新构建竞争优势。换句话,面对新的产业竞争环境,地方产业集群需要形成一股内在紧密相连的合力来应对越来越激烈的全球竞争。总之,当产业链条的组织原则发生改变后,价值链条内部的组织关系也应该与之相适应地改变,这也说明了全球价值链本身是个动态发展过程,其组织模式理所当然是一个动态的不断改善的过程,而不是一个静态的孤立的状态。

(2)动力机制的应用研究。不同全球价值链动力机制,将对应着不同的产业竞争和升级内容。这里以购买者驱动的服装价值链为例,做一具体阐述。

在购买者驱动的全球价值链中,在某一环节上建立全球竞争优势的时间方面,后来的国家或地区总是要比前面的国家或地区要短些,例如在服装、鞋业等领域,日本花费了 20 年才建立起出口的竞争优势,之后韩国和中国台湾地区只用了 15

年,再后来的中国却只用了 10 年(Gereffi,1995)。尽管早期的工业化国家或地区在这些环节失去了制造优势,但是后来的国家或地区依然需要通过它们才能拿到订单。

从全球服装价值链条中各个环节的分工合作和价值利润流向的基本结构来看,其中整个产业的高附加值和最大利润份额都流向了海外设计和销售环节,而一般由发展中国家地方产业集群所占据的生产加工环节无论是附加值还是利润份额都很薄弱。这与几十年前日本、韩国等国家纳入全球服装产业价值链的基本情况是基本一致的,不过现在的发展中国家的服装产业集群虽然仍然处于最低附加值的位置,但是其左右两个方向都多出了日本及那些新兴工业化国家在该产业链条中占据的一些环节。例如,中国著名的服装产业集群,宁波鄞县服装产业群虽然装备水平和产品质量都基本达到了世界一流水平,但是其中高档产品仍需要通过日本、中国香港地区等的中间商才能进入欧美市场。

这样,虽然在购买者驱动的价值链上构建制造业全球竞争优势的周期有加速的特征,但是原先在本环节具有竞争优势的国家和地区仍然会利用其几十年建立起来与发达国家的外包渠道来充当该产业的全球代理。这是以往研究所忽略的一些实际内容,不过相对于制造业集群从该产业链条上所获得的利润份额而言,它们会攫取得更多,而且从长期战略来讲这些多出来的环节对发展中国家来讲,会对它们沿着原先购买者驱动的价值链往上升级的道路增加相当大的阻力。例如巴西 Sinos 鞋谷的研究,就从该鞋谷 30 多年发展的历程证明了中间代理特别是国外的代理机构,虽然在短期内有利于地方产业集群纳入全球价值链,不过长期来看,其实际上对集群的升级特别是创新产生了很大的副作用(Luiza 和 Lizbeth,2001)。还有,作者在江苏通州、浙江宁波和广东佛山等地实地调研中也发现一些地方服装企业也正在通过并购一些颇具规模的香港贸易公司,来达到控制产品的销售渠道的目的。

这样,虽然后起国家或地区在全球价值链中的制造环节建立全球竞争优势的进程加速了,但由于老牌或新兴工业化国家把持着其通往产品最终市场的中间环节,因此这些国家实际的产业升级周期是被拉长了的。例如,我国的服装等传统产业早在 20 世纪 90 年代中期就确立了制造环节的全球竞争优势,也已经能够在任何类型和任何质量层次上生产出具有足够价格竞争优势的服装产品(USITC,2004)。而十年后的今天,即使面对最发达的欧美服装市场,国内最优秀的服装企业雅戈尔等企业依然需要通过日本、韩国、中国香港等国家或地区的中介环节才能进入世界发达国家的中高端市场;此外,国内服装等传统产业还很大程度上依赖于中国香港和台湾地区等地的投资。总之,十年前和十年后,如果从全球价值链的价值环节等级体系来看,我们没有取得任何有效的进展。这里其实还暗含着一个关于产业升级如此滞后的重要原因:20 世纪 80 年代以前,服装等传统产业竞争优势的确立主要来源于知识和技术基础上的产品质量、生产效率、新装备和新材料的应用水平和环保水平等方面,而20世纪90年代以后,这些传统产业竞争优势的确立,很大程度上却转移到了贸易联系、品牌、融资能力等方面。由此也说明,全球价值链下地方产业集群所要面对的市场规则和竞争原则是一个动态的过程,而不是静态不变的。

三、根据全球价值链的动力机制而制定企业和区域战略

1. 企业策略

根据购买者、生产者和混合型三元动力机制,在参与全球竞争的我国产业发展过程中,如果该产业参与的是生产者驱动的全球价值链条,那么以增强核心技术能力为中心的策略就是合乎全球竞争规则的正确路径。例如,Intel、海尔和丰田等企业强调的是企业的技术创新、生产能力和相关产业的垂直整合,以此作为参与市场竞争的核心竞争能力;相反,如果这些企业把核心竞争能力或产业重心放在销售渠道的拓展和水平一体化等方面,那么我们就不会看到这些企业过硬的技术、产品质量和生产效率了。而那些参与采购者驱动的全球价值链的产业,就更应强调"销售渠道"等拓展,来获取范围经济等的竞争优势,它们应该按照本价值链条的内在规律行动。不难想象,如果沃尔玛采取Intel的发展策略其结果会是多么糟糕。

在我国计算机产业发展过程中,技术精英们早在十多年前就发现,"中央存储器"和"操作系统"是核心技术,也是参与该产业竞争的核心竞争能力所在,可是十多年前全行业发展重心由"技工贸"到"贸技工"的一次大的转型(类似于Intel改做沃尔玛和沃尔玛改做Intel),就注定了我国在该产业中核心竞争能力十多年不会有多大的起色。这一惨重教训的根源,就在于不认识不同驱动力的全球价值链条有着不同的市场行为规则和竞争理念,短期或许会有所收益,不过终将输掉长远的竞争能力。

图3是个人电脑(PC)全球价值链的价值分布曲线,从图中我们可以看出个人电脑产业的价值增值过程是典型的双动力机制共同作用的混合型。图3中A点以

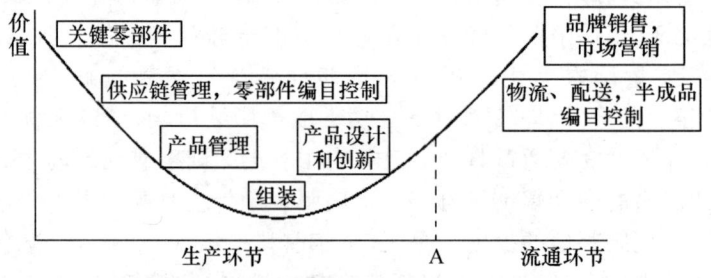

图3 个人电脑全球价值链的价值分布图

资料来源:作者根据东莞等地实地调研资料绘制。

左为生产领域,以右则为流通领域。这样,从该图可以看出个人电脑产业的价值增值过程并不是如同理论模式即图 2 那么均衡。实际上,虽然个人电脑产业的价值链中流通环节占据了不少高附加值环节,不过生产环节总体上占据了更多的份额。该图中显示个人电脑产业中如同 Intel 那样的关键零部件厂商与市场中的戴尔等销售公司一样占据了高份额的附加值环节,这也从实证的角度说明了个人电脑产业是一个混合型的价值链条。此外,Intel 和戴尔虽然同处一混合型驱动的价值链体,不过二者所遵循的市场竞争规则可是迥然相异的。Intel 遵循的是生产者驱动模式中的市场竞争规则,而戴尔则需要遵循购买者驱动模式下的市场竞争规则。

2. 政府策略

理解全球价值链的动力机制,对于政府在制定集群发展政策很有意义。处于不同驱动力链条中的地方产业集群在其发展中,应该按照不同的市场竞争规则来运作。政府在制定产业发展战略过程中,首先,对于装备制造、石油化工和医药等生产者驱动类型的产业集群应该努力提升融资环境、强化技术扶持力度、搞好水、电、路等基础设施建设和鼓励上下游企业间的兼并重组即垂直一体化等,集群内各个经济行为体也应该围绕硬件设施来构建集群的产业支撑体系,该领域特别需要注意的是由于竞争力来之生产领域即产业的研发和生产能力,因此不可盲目推进品牌策略;其次,对于纺织服装、食品饮料、家居用品制造等典型采购者驱动的产业集群,则应该营造地方亲商和重商的社会环境,培育本地市场,适当推进品牌战略,强化该领域的贸易扶持措施,在产业重组方面则应该鼓励企业的水平一体化等,在发展重点中应该偏重设计和市场营销等方面,通过水平一体化来构建集群的市场竞争优势,集群内各个经济行为体应该围绕软件设施来构建集群的产业支撑体系;最后,对于电子信息等混合型地方产业集群,由于兼具了以上两种驱动模式的特征,根据实地调研来看该类产业偏向于生产者驱动型还是购买者驱动型,最后根据具体情况决定政策取向,按照具体偏向位来考虑其发展策略。在一些具体企业扶持等工作中,也应该按照以上一些基本原则办事。

例如联想集团所支撑的产业集群是典型的购买者驱动型,那么该集群的发展策略就应该积极在流通环节中竖立自身的竞争优势。2004 年 12 月 8 日,联想收购 IBM 个人电脑事业部,实际上就是通过水平一体化的方式来强化其在流通环节中的竞争优势。与此相对应的则是中国台湾地区的计算机产业集群,其基本上属于生产者驱动模式,按照竞争规则,该集群应该通过垂直一体化等方式来强化其加工制造能力来构建市场竞争优势。不过在 20 世纪 90 年代中国台湾地区计算机企业大多采取强化品牌来控制流通环节的发展策略,结果基本都失败了,而在重新将发展重点放在加工制造环节后才从失败的阴影中走了出来(Ernst,2000)。联想和中国台湾地区计算机产业的发展不但诠释了生产者驱动和购买者驱动产业链条竞争策略的区别,而且也给出了 IT 这种混合类型产业链条的具体研究思路。政府在支持联想的时候,最优的选择应该是将重心放在流通环节,而不是生产环节中的 CPU

和操作系统;与此相对应,中国台湾地区计算机产业集群中的企业和政府等工作的重心,则应该放在生产环节而不是流通环节。

四、结论和启示

根据实际情况和理论分析,全球价值链的动力机制基本可以划分为生产者驱动型、购买者驱动型和混合型。不同动力驱动下全球价值链条的地方产业集群竞争优势建立的基础是不一样的,生产者驱动的来源于生产领域;购买者驱动的则来自流通领域;二者兼顾的混合型则要根据具体情况,再决定其取向。

此外,在实际经济生活中,虽然每一种动力机制下的行为规则都是产业升级中所需要遵循的,不过具体产业发展是动态的过程,今天适用的规则和方法,明天就有可能适得其反了。全球价值链动力机制的研究还在继续摸索和发展,任何一种动力机制都需要按照实际情况做一定的修正,才能更好地与实际情况相吻合。

参 考 文 献

[1] Bair, J. and Gereffi, G. Inter-firm Networks and Regional Divisions of Labor: Employment and Upgrading in the Apparel Commodity Chain? [A], In G. Gereffi, F. Palpacuer and A. Parisotto (eds), Global Production and Local Jobs[C]. Geneva, International Labor Office, 2001.

[2] Dicken, P. Global Shift (3rd edition)[M]. Londen: P. C. P. , 1998.

[3] Dicken, P. , Kelly, P. Olds, K. , and Yeung, H. W. Chains and Networks, Territories and Scales: Toward a Relational Framework for Analyzing the Global Economy[J]. Global Networks, 1(2), 2001.

[4] Ernst, D. Inter-Organization Knowledge Outsourcing: What Permits Small Taiwanese Firms to Compete in the Computer Industry? [J]. Asia Pacific Journal of Management, 17(8), 2000.

[5] Gereffi, G. Global Production Systems and Third World Development? [A]. In B. Stallings (ed.), Global Change, Regional Response[C]. New York: Cambridge University Press, 1995.

[6] Gefeffi, G. International Trade and Industrial Upgrading in the Apparel Commodity Chains[J]. Journal of International Economics, 48, 1999a.

[7] Gefeffi, G. A commodity Chains Framework for Analyzing Global Industries[Z]. Working Paper for IDS, 1999b.

[8] Gereffi, G. Beyond the Producer-driven/Buyer-driven Dichotomy-the Evolution of Global Value Chains in the Internet Era[J]. IDS Bulletin, 32(3), 2001a.

[9] Gereffi, G. Shifting Governance Structures in Global Commodity Chains, with Special Reference to the Internet[J]. American Behavior Scientist, 44(10), 2001b.

[10] Gereffi, G. , Lynn, H. Latin America in the Global Economy: Running Faster to Stay in Place [R]. NACLA's Report on the Americas, 1996.

[11] Graves, A. Innovation in a Globalizing Industry: the Case of Automobiles[A]. In M. Dodgson and R. Rothwell (eds), The Handbook of Industrial Innovation [C]. Aldershot: Edward Elgar, 1994.

[12] Henderson, J. Changer and Opportunity in the Asia-Pacific? [A]. In G. Thompson (ed.), Economic Dynamism in the Asia-Pacific[C]. London: Routledge, 1998.

[13] Kaplinsky, R., Morris, M. A handbook for Value Chain Research[Z]. Paper for IDRC 2002, 2002.

[14] Luiza Bazan, Lizbeth Navas-Aleman. Comparing Chain Governance and Upgrading Patterns in the Sinos Valley, Brazil[Z]. Work Paper in 'Local Upgrading in Global Chains' Held by University of Sussex, 14—17 February 2001.

[15] Todtling, F. and Trippl, M. Like Phoenix from the Ashes? —the Renewal of Clusters in Old Industrial Areas[J]. Urban Studies, 41(5), 2004.

[16] USITC (United States International Trade Commission). Textiles and Apparel: Assessment of the Competitiveness of Certain Foreign Suppliers to the U. S. Market[R]. USITC Publication 3671, January, 2004.

[17] WTO. International Trade Statistics[EB]. at www.wto.org, 2002.

[18] 保罗·肯尼迪. 大国的兴衰[M]. 北京: 中国经济出版社, 1989。

[19] 张辉(a). 全球价值链理论与我国产业发展研究[J]. 中国工业经济, 2004(5)。

[20] 张辉(b). 全球价值链下地方产业集群——以浙江平湖光机电产业为例[J]. 产业经济研究. 2004(6)。

The Dynamics Model of Global Value Chain and Industry Development Strategy

ZHANG Hui

Abstract: In the era of economic globalization, working together with other countries in global economic cooperation system is the precondition to escape being brimmed. If you want to know how to develop in this system, you must be conscious of the driven model in global value chain. The dynamics model of global value chain has three types such as producer-driven, buyer-driven and intermediate global value chains. The dynamics model is directly or indirectly connected with model of clustering、competition rule and upgrading track directly. Basing on the research on the global value chain driven mechanism and some cases, the paper points out how to develop and achieve its goals in competition with developed countries by China.

Key words: economic globalization; global value chain; model of drive; cluster; industry upgrading

外商直接投资与管理知识溢出效应：
来自中国民营企业家的证据[*]

袁 诚 陆 挺

摘要：本篇论文从民营企业家的角度对FDI管理知识溢出效应的存在性进行了实证研究。我们运用中国1997、2000、2002年三次全国民营企业抽样调查数据，通过回归分析、Treatment Effect方法和有限因变量模型，研究了中国民营企业家在"三资"企业工作的经历对其企业的经营业绩和管理方法的影响。本文所得到的经验结果显示，在企业业绩的最终表现上，FDI对中国企业家有一定的培训效果，但这个效果并不十分显著；同时在"三资"企业的工作经历会带给民营企业家某些而不是全面的先进管理理念。我们认为要获得更加显著的FDI溢出效应，政府应当着眼于制定政策来扶持本地企业，通过公平竞争缩小他们与先进企业的距离，从而促使FDI在激烈的市场竞争中带来真正先进的管理经验和知识；并通过教育培训投入，提高本地管理者对外来的先进管理方法的学习能力。

关键词：FDI；管理知识溢出效应；民营企业家

一、引 言

现代经济发展的核心问题是知识技术的获取与运用，这是一个被广泛接受的信条，正因为如此，几乎所有积极引进FDI（外国直接投资，Foreign Direct Investment）的国家，特别是发展中国家，都对FDI能够给这些国家带来先进的生产技术和管理经验寄予厚望。为了吸引更多的FDI，许多国家都给外国投资者提供了相当优惠的投资政策，例如：降低合资或独资企业的所得税，或减少所得税的缴纳年限，进口关税豁免，对基础设施建设进行补贴，等等。

但是在理论界，FDI究竟会给本国的企业和行业带来"正"的还是"负"的知识溢出效应，却一直是一个有争议的问题。Paul Krugman曾说过"知识的流动……从来不留下可以度量和追踪的文字痕迹"[①]，因此，囿于量化的困难和数据可获取性

---

[*] 原载于《经济研究》2005年第3期。作者感谢北京大学中国经济研究中心讨论班、匿名审稿人、印第安纳大学陈东对本文所提出的修改意见，特别感谢赵忠博士在Treatment Effect模型研究和应用中给予的指导和帮助。文中错误均由作者承担。袁诚，北京大学经济学院；陆挺，加州大学伯克利分校经济系。

[①] 参阅Paul Krugman(1991)，*Geography and Trade*, p53, Cambridge, Massachusetts：MIT Press。

的限制,经济学家在对 FDI 知识溢出效应进行经验分析的时候,基本上都是在讨论 FDI 的技术溢出效应。在他们的分析中,通常都是以行业/企业产出水平或劳动生产率作为解释变量,通过该解释变量对于 FDI 的回归系数的符号、大小以及显著程度,来判断 FDI 对于引入外资的行业/企业业绩变化的实际影响。越来越多的经验研究表明,外国投资者对当地企业或行业进行技术转移的"溢出效应"非常有限,甚至为负[1](如 Aitken 和 Harrison,1999;Blomström 和 Sjohölm,1998 等等)。这其中有很多原因,例如,跨国公司很少在东道国进行核心技术的研发,并有积极性将高端技术扩散给本地的竞争对手;外资企业的高级职位较少聘用本地人才;劳动力在外资和内资企业之间缺乏流动性;同时 FDI 不可避免地会侵蚀本地企业原有的市场份额,导致本地企业丧失规模经济的效率。

除了先进的生产技术,FDI 是否给资本引入国带来先进的管理经验和理念,是否促进了本地管理人才的知识更新与进步,却没有得到足够的经验证据分析。而对于发展中国家,企业家才干的缺乏和管理水平的低下,已经成为制约这些国家经济发展最薄弱的瓶颈。因此,对管理知识和经验溢出效应的研究对于发展中国家具有非常重要的意义。Gershenberg(1997)指出,管理技术和知识通过 FDI 进行传播,取决于以下两个因素:(1) FDI 对在本企业工作的本地管理人员的培训效果,培训包括专门的课程培训和一般的在职培训;(2) 管理人员从 FDI 企业到内资企业的流动,而培训效果的好坏又取决于本地管理人才在 FDI 企业中管理职位的高低。他通过对 72 位肯尼亚中高层管理经理的访问发现,跨国公司对管理人员的培训时间和方式与国内上市企业并无二样,而且在跨国公司工作过的管理人员较少会流动到其他类型的企业中去工作。De Mattos 等(2001)也在他们的案例分析中发现,合资企业在选择本地的管理人才时,把对于本地经济、政治、文化的一般知识作为最重要的选择标准,这是合资企业能否以最快的速度打入本地市场的重要保证;相反,外方管理者的角色则侧重于企业发展战略的制定和技术与产品的研发。这样,本地的管理人员很少有机会承担核心的管理任务并接触到真正先进的管理经验。这些发现表明,欠发达国家通过 FDI 来得到管理知识的溢出效应,并不是一件容易的事情。

本篇论文的主要研究兴趣将放在对 FDI 对本地管理人才的培训效果的考察,这是本地企业能否从 FDI 企业获取管理技术知识的一个重要前提。虽然管理知识的溢出效应最终还是反映在行业/企业产出水平或劳动生产率的变化上,但是如果我们能够结合管理者或经营者本身的具体状况进行研究,毫无疑问,这是从管理者角度得到有关 FDI 溢出效应结论最直接的途径。

---

[1] Keller(2004)指出,FDI 与本地企业生产率之间负的相关关系并不一定表明 FDI 的技术"溢出效应"为负,这是因为 FDI 的进入会加剧本地企业之间的竞争,竞争带来的效率损失可能超过了正的溢出效应。但是 Keller(2004)还是承认,一味追求低成本的 FDI 是不太可能带来显著的技术"溢出效应"。

在所有研究 FDI 溢出效应的经验分析中,经济学家都会遇到一个严重的模型识别问题:由于 FDI 的进入与外资引入国本身的要素禀赋、技术水平、劳动力状况以及经济发展水平密切相关①,因此人们可能会在溢出效应并没有发生的情况下,把生产效率的提高归因于 FDI 的溢出作用,而这样的度量偏差非常可能在单方程的计量分析中产生。例如,Aitken 和 Harrison(1999)发现,在回归分析中,如果忽视外国投资倾向于生产率较高行业这一事实,人们就会得到正的 FDI 溢出效应;然而一旦在回归方程中对行业差别进行控制,FDI 的溢出效应则显著为负。类似的模型估计问题也出现在 Barry 等(2004)对爱尔兰制造行业的外商与员工培训的分析中。他们发现,如果不考虑行业水平的培训支出,外资企业似乎比本国企业提供了更多的员工培训;但是只要控制住了行业培训这一变量,就会得到与前面完全相反的经验结论。这其中的原因就在于,外资企业更可能进入到员工培训本身就很密集的行业中来,从而成为"免费搭车者",低成本地享受到这些行业的人才优势,这必然降低了外企进行更多员工培训的必要性和积极性。

这样的识别问题同样存在于对管理知识溢出效应的估计中,而要克服上述模型识别问题所带来的估计偏差,得到对 FDI 溢出效应的客观评价,需要有充足的数据和正确的模型设定来控制住其他变量对产出等因变量的影响。在我们的研究中,由于得到大量的中国民营企业家数据,我们可以借助于严格的计量模型,来考察曾在"三资"企业工作过的企业家在管理绩效和管理理念,与没有"三资"企业工作经历的民营企业家的不同,从而从民营企业家的角度,得到 FDI 在中国的管理知识的溢出效应的经验结论。在我们的分析方法中,除了普通的回归分析和有限因变量模型之外,在项目评价中被广泛运用的"Treatment Effect"方法也将为我们的分析结论提供强有力的证据。我们的研究发现,FDI 对中国企业家的培训效果并不像人们所预期的那样乐观,虽然在"三资"企业的工作经历会带给民营企业家某些先进的管理理念,但是在企业业绩的最终表现上,FDI 却没有带来十分显著的变化。

本文的结构如下:在第二节,我们对数据进行了说明和简单的描述统计分析;在第三节,我们提出了分析框架,并对所采用的计量模型进行了详细的说明;在第四节,我们给出了对企业绩效的回归分析和"Treatment Effect"结果,以及对企业家管理理念分析的有限因变量模型,并对这些结果进行了说明和进一步的解释;在最后一节,我们讨论了相关的政策建议。

---

① Kholdy(1995)运用 Granger 因果关系检验,考察了五个发展中国家从 1970—1990 年 20 年间,FDI 与溢出效率之间的关系。他并没有发现 FDI 带来了溢出效率,相反,FDI 的进入则要归因于这些国家较高的要素禀赋,较大的国内市场,较先进的生产技术。这个证据表明,一个国家经济的发展速度和水平成为引入 FDI 的决定性因素。

二、数据说明及简单的描述分析

由中共中央统战部、全国工商联、中国民(私)营经济研究会组织的"中国民营企业研究"课题组,分别在 1993、1995、1997、2000、2002 年进行了五次大规模的全国民营企业抽样调查。调查对象包括中国内地 31 个省、自治区、直辖市以及新疆生产建设兵团,由各地工商联研究室派出调查员进入民营企业,对私营业主通过访谈填答问卷,取得了大量的数据。这些数据涉及民营企业主的个人与社会特征以及职业经历,民营企业的投资和发展状况,民营企业内部管理方式、水平以及经营状况,民营企业主财产的获得与分配,民营企业主的政治地位,民营企业发展中的问题,民营企业主的要求与希望。

在下面的研究中,我们将采用 1997、2000 和 2002 年的三次调查数据①,其中,在对民营企业家的职业经历的调查项目中,民营企业家是否在"三资企业"工作过,将作为我们计量模型中的主要解释变量 FDI。当企业家在成为民营企业家之前,有过"三资企业"工作经历时,FDI 取值为 1,反之则为 0。在总共 9 116 个样本中,曾在"三资企业"工作过的企业家人数为 342 人,样本比重为 3.75%;没有"三资企业"工作经历的企业家人数为 8 774 人,样本比重为 96.25%。表 1、表 2 是调查样本中,关于 FDI 部分详细的描述统计结果:

表 1　FDI 的行业分布(括号中数字表示 FDI = 1 所占比重%)

FDI＼行业	农林牧渔	采掘业	制造业	电力煤气	建筑业	地质水利	交通运输	商业餐饮业
0	403	113	3 478	77	615	6	224	1 747
1	17(4.05)	0(0)	104(2.9)	2(2.53)	19(3)	0(0)	7(3.03)	62(3.43)

FDI＼行业	金融保险	房地产	社会服务	卫生体育	教育文化	科研技术	其他	总计
0	15	201	508	96	121	193	886	8 683
1	0(0)	15(6.94)	38(6.96)	4(4)	6(4.72)	21(9.81)	41(4.42)	336(3.87)

表 2　FDI 的文化程度分布(括号中数字表示 FDI = 1 所占比重%)

FDI＼文化程度	小学	初中	高中	大专	本科	硕士	博士	总计
0	11	92	744	3 857	1 034	1 560	1 451	8 749
1	1(8.33)	1(1.08)	8(1.06)	86(2.18)	59(5.40)	135(7.96)	51(3.40)	340(3.74)

可以看出,FDI 分布具有比较明显的行业特征,从事第三产业的私营业主有过

---

① 我们之所以采用这三年的数据,是因为"中国民营企业研究"课题组的调查问卷从 1997 年开始,增加了民营企业家是否在"三资"企业工作过的问题。

"三资企业"工作经历的比重普遍稍高,这与FDI的投资领域集中于利润率较高的第三产业有着密切的关系,因此,我们在随后的分析中,为了得到FDI对企业以及企业家的真实影响,需要对行业变量加以控制。同时,FDI也表现出了明显的学历和年龄差异,我们发现随着文化程度的提高,年龄的降低,企业家在"三资企业"工作过的比例也随之提高,这是因为"三资企业"在吸收高学历人才以及年轻人才上拥有明显的优势。所以,学历、年龄也将被纳入解释变量的集合中,从而消除由于这些影响企业家FDI经历的因素的存在,可能导致的对FDI对被解释变量效应的估计偏差。除此之外,在我们的分析中,地区因素、企业家以前的职业、政治面貌、企业的投资主体、企业类型、开业年限等等,都将予以考虑。所有这些不同于FDI的解释变量,我们记作向量 X。

对FDI管理知识的溢出效应的衡量,我们可以从以下两个方面进行。第一,企业本身的经营状况,它反映了企业家实际的管理绩效,可以通过营业额、税后利润、资本增长幅度得以量化。第二,企业家自身的管理理念。在调查问卷中,问到了有关民营企业家们对企业上市、企业决策、家族企业、研发投资、市场竞争、企业信用、WTO以及国际合作等等的做法与看法,他们的回答将作为我们评判这些企业家管理观念是否科学、先进的一手材料。管理绩效与管理理念是我们计量模型中的被解释变量,我们通过考察FDI对这些被解释变量的影响大小和显著程度,可以对FDI对企业家的培训效果,即它的管理知识溢出效应作出判断。下面的表3、表4给出了几个解释变量与FDI关系的简单的描述统计分析结果,初步说明FDI对企业家的影响。

表3 FDI与平均利润水平(万元)

FDI \ 平均净利润	1999年	2000年	2001年	全部
0	88.30	72.10	101.05	95.67
1	164.27	145.84	164.67	167.01

表4 FDI与平均销售额(万元)

FDI \ 平均净利润	1999年	2000年	2001年	全部
0	1 650.61	1 763.18	2 510.28	1 950.58
1	2 166.48	1 760.65	2 934.56	2 647.65

可以看出,有过FDI经历的民营企业家所经营的企业的平均利润水平和平均销售额远远高于没有FDI经历的企业家。但是正如我们在前面所提到的,FDI与许多因素存在着关联,例如企业家的学历、年龄、所处行业等等,因此单单从上表中,我们并不能判断FDI与企业平均利润的提高是否存在因果关系,如果存在,这种因果关系是否是显著的,我们需要严格的计量模型的分析和检验。

从下面的表 5 和表 6 可以看出,有过"三资企业"工作经历的民营企业家与没有这样经历的民营企业家相比,在企业的控制权上,他们明显倾向于由董事会或企业家与其他管理者作出重大的经营决策;至于对待 WTO 的态度,两类企业家之间的差别不大,只是前者对自己企业的未来更加自信一些。我们将在后面的分析中,得到 FDI 会对企业家的哪些方面的经营管理理念产生影响的具体结论。

表 5　FDI 与企业的经营决策权(人数%)

FDI	经营决策者 企业家本人	董事会	企业家本人和主要管理人员	其他
0	45.83	24.36	29.08	0.72
1	29.38	36.80	33.53	0.30

表 6　FDI 与民营企业家对 WTO 的态度(人数%)

FDI	经营决策者 本企业不利	说不清或没想过	政府将保护本国企业	不惧怕平等竞争	企业在竞争中更好
0	5.95	12.31	1.25	46.69	33.80
1	6.21	6.21	2.07	43.45	42.07

上面这些简单的描述统计结果传递给我们这样一个信息,那就是 FDI 在中国的管理知识的溢出效应似乎是存在的,那些在"三资"企业工作过的民营企业家们不论是企业业绩还是管理理念,都比他们的对比对象要出色一些。但是,我们必须指出,影响企业家的管理业绩和管理理念的并不只有 FDI 一个因素,而上面的描述统计分析却忽略了所有其他因素的影响,因此我们需要借助严格的计量模型的分析来检验 FDI 管理知识溢出效应的存在性。

三、分析框架与方法

在本篇文章中,我们研究的基本任务就是从管理的角度,度量和检验 FDI 对民营企业以及民营企业家的影响,从而对 FDI 的管理知识溢出效应是否存在、是否显著作出判断。我们将给出简单的回归模型、Treatment Effect 模型、有限因变量模型的估计结果。由于企业家的管理业绩可以通过销售额、利润等连续型变量加以衡量,所以前两种计量模型将被用于考察 FDI 对这些解释变量的影响;而我们所收集到的有关企业家管理理念的数据,要么呈现出离散型形式,例如,是否进行员工培训,要么呈现出被截形式(Censored or Truncated),例如,反映企业家市场营销观念的市场营销人员的数目。下面我们将介绍一下相关的模型设定、估计方法和模型的变量选择。

(一) OLS 估计

本文采用 OLS 估计的目的在于初步了解 FDI 对企业家管理业绩的影响,在后面的分析中,我们将看到由于 FDI 变量的内生性,OLS 的估计结果是有偏的。我们的 OLS 模型设定为:用民营企业 j 的企业绩效 Y,对解释变量 FDI 以及代表企业性质和企业家其他特征的向量 $\mathbf{X}$ 进行回归,其中 ε 为满足古典假设的随机扰动项,即

$$Y_j = \beta_0 + \beta_1 \text{FDI}_j + \beta \mathbf{X}_j + \varepsilon_j$$

参数 β_1 的估计和检验结果是本文所关心的,它反映了具有"三资企业"工作经历的民营企业家与没有这样经历的民营企业家相比,他所经营企业的业绩有什么不同。需要说明的是,许多文献也是通过考察企业产出或劳动生产率对 FDI 的回归系数,来研究 FDI 的技术溢出效应。但是在我们的分析中,我们之所以可以把企业业绩对 FDI 的影响系数看做是管理知识的溢出效应,是因为我们在这里所定义的 FDI 不是以企业的投资形式,即是否有外资为基础的,而是以企业家是否在"三资企业"工作过的职业背景为基础的,因此这个回归系数反映了 FDI 的工作经历对企业家管理绩效和水平的影响。

(二) Treatment Effect 方法

如果我们认为在"三资企业"工作,对企业家而言是一种职业培训的经历,那么对这个培训效果所作出的评价,即企业家在培训之后,他的企业的经营状况及他的管理水平是否有显著的改善,改善的幅度怎样,将反映出 FDI 对当地管理知识的溢出效应。如果我们记:

$$Y_i = Y \mid \text{FDI} = i, i = 0,1$$

那么 FDI 的平均培训效果(Average Treatment Effect,ATE)为:ATE $= E(Y_1 - Y_0)$。在实际研究中,我们更感兴趣的是那些真正受到培训的民营企业家的平均培训效果(Average Treatment Effect on the Treated,ATT),即 ATT $= E(Y_1 - Y_0 \mid \text{FDI} = 1)$。

需要看到的是,我们在对 FDI 培训效果进行评判的时候,我们所拿到的数据存在这样两个特点:(1) 我们并没有同时得到同一个企业家在培训之前和培训之后的观察值,我们所得到的数据是不同的企业家不同的 FDI 经历结果,这意味着我们不能简单地将 FDI 为 1 和 FDI 为 0 这两组数据进行对比,来判断 FDI 培训是否具有显著的效果,这是因为这两类企业家除了 FDI 职业经历的不同,他们还有很多其他的不同,这些不同之处也影响着培训效果;(2) 由于在我们所假定的培训实验中,哪一个企业家会得到培训,这不是一个完全随机的选择结果,我们在前面已经看到,一个企业家在"三资企业"工作的经历的机会,是与他的许多个人特征,如年龄、受教育水平、行业背景等等有关系,因此简单的数据对比会高估 FDI 的培训效果。同时,由于异方差的存在,将降低 OLS 估计结果的可靠性。为了在分析中减少由于样本选择偏差(Selection Bias)所带来的影响,对 FDI 溢出效应作出客观的评价,我们将采用在项目与政策评价文献中,日益广泛采用的 Treatment Effect 方法。在本篇文章中,我们具体采用的方法是采用基于倾向评分的匹配对比方法(Matching Based on Propensity Score)来估计 FDI 对有过"三资"企业工作经历的民营企

业家的平均培训效果 ATT。

1. 倾向评分的估计

在基于倾向评分的匹配对比方法中,有一个重要的平衡性假设(Balancing Hypothesis),该假设认为,给定倾向评分 $p(X)$,则培训人选的特征变量在培训组和控制组之间是平衡的,即 $FDI \perp X | p(X)$。当平衡性假设得到满足时,以 $p(X)$ 为条件,培训人选的选择将是随机的,即 $(Y_0, Y_1 \perp FDI | p(X))$。我们定义倾向评分 $p_j(X)$ 为候选人 j 被培训的可能性,即 $p_j(X) = \Pr(FDI_j = 1 | X_j) = \Phi(h(X_j))$,其中 $\Phi(\cdot)$ 为正态分布或 Logistic 分布函数,$h(\cdot)$ 为 X 的线性函数。

在本文中,我们将采用 Probit 模型估计每个企业家的倾向得分,并通过平衡性假设的检验,选择恰当的变量集合 X,结果显示,决定企业家得到 FDI 培训的变量有:企业家的学历、年龄、性别、出生地、注册企业的产业类型(这往往与企业家曾经工作过的行业高度相关,从而与获得 FDI 培训机会有关)、企业家所在地区。①

2. 基于倾向评分的匹配对比方法

基于倾向评分的配对比较方法通过对具有类似倾向得分的但实际培训状态截然不同的企业家进行对比,得到那些真正受到培训的民营企业家的平均培训效果 ATT。具体而言,在我们的样本中,有 FDI = 1 和 FDI = 0 两类企业家,虽然他们是否得到 FDI 培训的结果不同,但是,对于每个得到 FDI 培训结果的企业家而言,我们可以在那些没有得到 FDI 培训的企业家中,找到与他的倾向得分接近的对比对象,从而比较两者的培训效果,估计出 ATT。本文将采用三种方法进行对比匹配:

在最小邻域匹配对比法(Nearest Neighbor Matching)中,我们定义对比对象为与 $p_j(X)$ 最接近的没有 FDI 经历的企业家,即 $C(i) = \min_j \| p_i - p_j \|$,ATT 为两类 FDI 经历不同的企业家业绩的平均差额,即

$$ATT = \frac{1}{N^{FDI}} \sum_{i \in FDI, j \in C(i)} [Y_i^{FDI} - Y_i^{C}]$$

其中,N^{FDI} 为有过"三资企业"工作经历的企业家数目。

在核匹配对比法(Kernel Method Matching)中,一个在 FDI 企业工作过的企业家业绩,将与所有没有 FDI 经历的企业家的业绩相对比,但参与所对比的每个企业家的权数是不同的,与 $p_i(X)$ 越接近,权数越大,即

$$ATT = \frac{1}{N^{FDI}} \sum_{i \in FDI} [Y_i^{FDI} - \sum_{j \in C(i)} w_{ij} Y_j^C]$$

其中,w_{ij} 为依据高斯核函数计算出的以 $p_i(X)$ 为核心的权数。

在分层匹配对比法(Stratification Method Matching)中,将把同一个分层区块中

---

① 我们在这里对企业家所在地区划为东、中、西三个部分,划分的标准是参照截至 1999 年各省、市利用外商直接投资的数额在 100 亿美元以上、10 亿—100 亿美元、10 亿美元以下。数据来源:外经贸部外资统计资料,http://www.mofcom.gov.cn/table/wztj/2000_9_22_26.html。

的 FDI = 1 的企业家平均业绩和 FDI = 0 的企业家平均业绩进行对比，即

$$ATT = \frac{\sum_{i \in I(q)} Y_i^{FDI}}{N_q^{FDI}} - \frac{\sum_{j \in I(q)} Y_j^C}{N_q^C}$$

其中，$I(q)$ 为满足平衡性假设的按照 $p(X)$ 区间分成的区块。需要说明的是，后两种匹配对比方法，由于考虑了多个配比对象的平均或加权平均业绩，因此得到的 ATT 要比单纯的最小邻域匹配对比法更加稳健。

需要补充的是，由于倾向评分只是控制住了企业家的个人特征，而许多其他的变量，例如年份、企业类型、所属行业以及民营企业的成立年限等重要因素也影响着企业的绩效数据结果。所以，我们在进行匹配对比时，仍然需要控制住这些变量。

（三）有限因变量模型

在我们对企业家管理理念的考察中，我们所收集到的有关因变量的数据，均呈现出有限形式。对二元形式因变量的考察，如企业家是否具有市场营销意识、商标意识、员工培训意识，我们采用 Probit 模型来估计 FDI 的影响。对多元形式因变量的考察，如企业控制权由企业家本人、董事会、企业家和主要管理人员还是其他人员来掌握，企业的法律形式是采取独资、合伙、有限股份公司还是有限责任公司，我们采用 Multinomial Logit 模型。对于呈现出由弱到强的不同类别的国际合作意识考察，我们采用 Ordered Probit 模型。在对企业产品研发意识的研究中，我们选择了企业所拥有的专门产品研究开发人数作为被解释变量，注意到这个变量存在以 0 为下限的门阈，所以我们采用了 Tobit 模型。在这些模型中，我们所选择的解释变量，除了 FDI 之外，还有企业家其他的个人特征和相关的企业性质，因为我们相信这些因素也影响着企业的管理风格和方式。

四、FDI 的管理知识溢出效应：估计结果及其解释

（一）FDI 对企业业绩的影响

1. OLS 结果

从表 7 中的回归结果可以看出，正如我们在前面所预测的，随着控制变量的增加，FDI 的影响程度和显著性逐渐下降。在对企业营业额的分析中，当回归方程式 (a) 中增加了除 FDI 其他与企业家个人特征有关的解释变量后，FDI 对企业业绩的影响比一元回归结果下降了大约 80%，但回归方程式的解释能力则由 0.0032 增加到 0.1781；当我们在 (a) 的基础上加入了与企业性质有关的解释变量之后，FDI 的效应又下降了大约 70%，但同时方程的解释能力则提高了一倍。我们认为在这三个回归模型中，回归 (b) 的结果应该是偏差最小的。虽然这三个回归方程式得到

的 FDI 系数均大于零,但是从多元回归结果中 0.612 和 0.174 的 p 值我们可以判断,企业家的 FDI 经历对其所经营的企业的业绩的影响是不显著的。因此 OLS 回归没有提供充分的证据显示,如果一个企业家曾在"三资"企业工作过,会对他今后所经营的民营企业的营业和利润业绩带来积极的影响。我们可以认为,从 OLS 对企业的管理业绩的分析结果来看,FDI 的管理经验溢出效应是不显著的;影响企业业绩的因素主要还是企业家的个人素质和企业的性质与特征。

表 7 FDI 对企业营业额和纯利润的影响:OLS 结果

FDI 的影响	企业营业额对数			企业纯利润对数		
	一元回归	多元回归(a)	多元回归(b)	一元回归	多元回归(a)	多元回归(b)
回归系数	0.561	0.163	0.053	0.562	0.248	0.164
p 值	0.000	0.129	0.612	0.000	0.032	0.174
观测值个数	8 077	7 000	6 062	7 426	6 563	5 605
R^2	0.0032	0.1781	0.3291	0.0032	0.1368	0.1915

注:在多元回归(a)中,所包含的除 FDI 的其他变量有:企业家的性别、学历、年龄、最后受教育地、过去的职业类型、曾从事的职业总数、政协身份、年份、地区。多元回归(b)在(a)的基础上增加了企业所属行业、企业的经济类型、总部所在地、职工人数、企业成立年限 5 个解释变量。

2. Treatment Effect 结果

虽然我们知道 FDI 变量的内生性会导致 OLS 估计结果的有偏性,但是这种偏差究竟是高估还是低估了 FDI 的影响,我们并不能得到一个肯定的结论。因此为了解决 FDI 变量的内生性问题,对 FDI 的培训效果作出更直观和更准确的判断,我们通过 Treatment Effect 方法给出了它的非参数估计结果。

从表 8 的结果可以看出,如果我们认为 FDI 是一个有助于提高企业家管理水平的培训项目,那么进入到这个"培训项目"中来的企业家则通常具备了这样的一些素质和条件:年轻、较高的学历、来自经济发达地区、在大城市受过最后的教育、曾经作过白领并从事过多种职业。这个发现表明,FDI 培训与项目评估经常研究的扶贫项目或教育项目有所不同,在后者中,被培训者或受益者往往都是收入水平或受教育水平处在较低位置上的人群,但 FDI 企业选择的恰恰是那些个人素质和

表 8 企业家的 FDI 倾向评分估计:Probit 结果

	学历	年龄	性别(男)	出生在小城镇	出生在农村	企业注册为第三产业
系数	0.041	−0.025	0.119	0.054	0.033	0.097
p 值	0.000	0.000	0.220	0.584	0.726	0.112
	中部地区	西部地区	最后受教育地在小城镇	最后受教育地在农村	过去的职业类型(白领)	曾从事的职业总数
系数	−0.490	−0.491	−0.440	−0.486	0.521	0.153
p 值	0.000	0.000	0.000	0.000	0.000	0.000
观测值个数 7 614		Pseudo $R^2=0.1262$		所有的变量选择均通过平衡性假设的检验		

条件较好的企业家。这一点是我们在后面评价和解释 FDI 管理知识溢出效应时所必须考虑到的。

ATT 反映的是,对于那些确实在"三资企业"工作过的企业家而言,FDI 带给他们的平均培训效果。表 9 给出的 ATT 估计值,是通过比较那些企业状况类似,同时接受 FDI 培训几率相似但 FDI 经历截然相反的企业家的业绩得到的。从该结果可以看出,不论是对比企业的营业额和纯利润,还是它们的对数形式,在三种不同的匹配对比的方法下,虽然绝大部分 ATT 的估计结果都为正,但 12 个估计结果中只有 5 个在 10% 的水平上显著。这个结果与我们前面的 OLS 结果有所不同,它表明,FDI 对那些确实在"三资"企业工作过的企业家具有一定的培训效果和溢出效应,但是这些效果在统计上并不十分显著。可以说,FDI 的工作经历只是使民营企业家们所取得企业业绩略微有所提高。

表 9　FDI 对企业营业额和纯利润的影响:基于倾向评分的 Average Treatment Effect 结果

Matching 方法	ATT	企业营业额	企业营业额对数	企业纯利润	企业纯利润对数
Nearest Neighbor	估计值	533.377	0.147	502.996	-0.000
	p 值	0.080*	0.231	0.087*	0.499
Kernel	估计值	438.408	0.295	440.557	0.243
	p 值	0.094*	0.086*	0.093*	0.111
Stratification	估计值	-303.850	0.154	-266.532	0.285
	p 值	0.139	0.190	0.161	0.106

注：* 表示估计结果在 10% 的水平上显著,p 值的大小是根据单侧对立假设计算的。

在最初的描述统计分析中,我们看到 FDI = 1 的企业家的平均营业额和利润明显高于 FDI = 0 的企业家;但是现在的 Treatment Effect 结果表明,"三资企业"的工作经历对于中国的民营企业家的管理业绩帮助十分有限,这个结果也许低于人们对 FDI 本身的期望。对此我们的解释是,由于外资企业借助于它的工资优势,会吸引那些本身素质和条件就不错的人才到外企工作,当这些企业家创办自己的个人企业时,他们所受的教育、过去的白领经历、大城市的校园背景等等也成为他们取得较好的企业业绩的重要个人因素。因此即使 FDI 本身对企业家的培训没有任何效果,也会出现有过"三资"企业经历的企业家的平均业绩较高的结果。同时,外方投资者在利润最大化的目标下,他们从一开始追求的就是更高的生产效率和更快的资本积累速度,基本不会把对本地管理人才的培养置于重要的考虑之中。因此,那些进入"三资企业"工作后又成为私营业主的本地人才,很可能在"三资企业"工作时,被安排在一个较低或不重要的职位上,这就使得外方管理知识的溢出效应难以实现。①

(二) FDI 对企业家管理方法和理念的影响

表 10 给出了 FDI 对企业家管理方法和理念的影响的有限因变量模型结果。在我们这部分的分析中,我们所选择的因变量涉及企业管理的方方面面,包括企业的公司治理形式、国际合作状态、市场营销意识、产品研发意识、商标意识以及员工培训意识。

表 10　FDI 对企业家管理方法和理念的影响:有限因变量模型结果

FDI 的影响	估计值	p 值	N	Pseudo R^2	模型设定	对因变量的说明
企业控制权					Multinomial Logit	企业由谁作出重大的经营决策
董事会	0.193	0.261	6 799	0.1177	以"企业家本人决策"为对比组	
企业家和主要管理人员	0.099	0.555				
其他	-0.687	0.503				
企业的法律形式					Multinomial Logit	企业采取什么样的法律形式
合伙	0.383	0.272	6 830	0.1662	以"独资形式"作为对比组	
有限股份公司	0.861	0.000				
有限责任公司	0.605	0.029				
国际合作意识	0.492	0.000	6 588	0.0445	Ordered Probit	1. 没想过这个问题;2. 不准备与海外合作;3. 今后三五年内准备与海外合作;4. 正着手进行海外合作;5. 已同海外合资合作。
市场营销意识	0.166	0.075	7 179	0.0261	Probit	是否主要通过市场调查获取市场信息
产品研发意识	1.011	0.435	2 195	0.0128	Tobit	专门的研发人数,以 0 为下限

---

① 有观点认为,正是由于在"三资企业"中不被重视或者本身表现不够出色,这些员工才会离开"三资企业",创办自己的企业,成为民营企业家。从这个角度而言,我们确实不能否认有相当数量的本地管理者在"三资企业"中担任要职并得到高质量的管理培训。但是,也正是从这个角度我们看到,那些有可能得到积极培训的本地人才由于不太可能流动到本地企业当中,因此也同样导致了外方管理知识的溢出效应难以实现。

(续表)

FDI 的影响	估计值	p 值	N	Pseudo R^2	模型设定	对因变量的说明
商标意识	0.346	0.014	2 161	0.0763	Probit	企业产品是否有专门的商标
员工培训	0.301	0.189	2 647	0.0280	Probit	是否对企业员工有专门的职业技术培训

表 10 中的估计结果特别是 p 值显示,企业家的 FDI 经历对于他所经营企业的法律形式、国际合作意识和商标意识有着非常显著的积极影响;对其市场营销意识也有着一定的影响。可以看出,在"三资"企业工作过的企业家,倾向于组织股份有限公司,积极参与国际间的企业合作与合资,懂得为自己的产品申请商标保护,并知道通过组织或委托专门的市场调查获取市场信息。但是我们仍然看到,在企业控制权的选择、产品研发和员工培训这些与企业的长久发展息息相关的问题上,所得的 p 值均远远大于 0.10,这表明 FDI 的工作经历并没有使得民营业主在这些方面的管理意识和方法表现出显著的先进性。产生这样结果的一种可能性在于,那些在"三资"企业工作过的企业家,由于没有太多的机会在"三资"企业担任要职,进入到核心的管理阶层,因此,这样的工作经历可以让他们观察到"三资"企业在企业的组织形式、国际合作、市场营销等方面的某些做法,但并没有真正了解和掌握现代企业先进的管理思维和视角。[①]

五、结论与政策建议

对外国直接投资"溢出效应"的研究,并不是一个单纯的学术问题,而是一个重要的政策问题,这是因为它既关系到对现有的引进外资政策的评价,也关系到这一政策的未来走向。在本篇论文的研究中,我们就需要面对这样一个政策问题:如果我们引进外资的立场不变的话,我们应该对现有的引进外资政策进行怎样的调整,使之能够积极地推动 FDI 更多更好地产生释放管理知识的"溢出效应"?

我们的研究在如何制定能够鼓励 FDI 释放管理知识的"溢出效应"的引入外资政策方面,提供了相关的建议。为什么"三资"企业对本地企业家的直接培训效果不像我们所预期和希望的那样显著?其原因主要在于:(1)进入本地的"三资"企业有相当一部分是以追求低廉的劳动与资源成本为首要目的,这样的企业本身不太可能具有先进的管理知识与经验,或者愿意将那些拥有先进知识和经验的管

---

① De Mattos 等(2001)的案例分析提供了类似的解释。

理人才派往中国,这样,溢出效应的产生就失去了第一个首要前提。(2)在"三资企业"受到"培训"的本地管理者并没有太多的机会进入到高层和核心的管理阶层,这妨碍了他们对先进知识和经验的了解与获取;或者,有机会进入到高层和核心的管理阶层的本地人才,由于不愿意流动到本地企业,同样也妨碍了 FDI 管理知识的溢出。

要改变原因(1)中的现状,政府是可以有所作为的。Wang 和 Blomström (1992)的理论模型以及 Kokko 和 Blomström (1995)的经验研究都发现,转移国和转入国之间的知识技术差距越大,越不利于 FDI 溢出效应的产生。这意味着,要鼓励和推动 FDI 产生积极的溢出效应,政府应该做的恰恰是扶持本地企业的发展,从而促使外资企业在更激烈的市场竞争中,带来更多更好的技术与管理;同时,大力发展本地的教育培训,提高本地人才的学习能力,从而使本地的管理人才能够在与外来竞争对手的打交道中,更快更好地学到和掌握先进的管理方法。

对原因(2)的分析,我们看到,期望从 FDI 中直接得到它们对本地人才的培训并不是一个十分现实的想法,而要获得预期的 FDI 溢出效应;政府应当着眼于提高 FDI 对本地人才的间接培训效果。① 这同样需要加强对本地人才的教育培训,提高他们对外来的先进管理方法的学习能力得以实现。

从 1979 年以来的 25 年间,中国实际利用外资超过 5 000 亿美元,FDI 成为推动中国经济发展的重要动力,不仅如此,中国已经成为全球外国直接投资的主要吸收国。长期以来,我们的 FDI 战略一直延续着"以市场换技术"和"以市场换管理"的思路,本文的研究表明,FDI 企业对中国民营企业家的直接培训效果并不十分明显,而要取得"以市场换管理"的成功还需要更多的配套政策。虽然我们不否认 FDI 企业对企业家间接的培训效果,即他们的示范和竞争所带来管理知识的溢出效应,我们也要看到,为了更多更好地获取这些溢出效应,政府应该做的,恰恰是给予本地企业公平竞争的环境,发展本地教育事业,从而促使外资企业带来真正先进的管理知识,并促进本地人才对这些知识的学习和掌握。

参 考 文 献

[1] Aitken, B. and A. Harrison, 1999. "Do Domestic Firms Benefit from Direct Foreign Investment? Evidence from Venezuela," *American Economic Review* 89 (3): 605—618.

[2] Barry, F. *et al*, 2004. "Multinationals and Training: Some Evidence from Irish Manufacturing Industries," *Scottish Journal of Political Economy* 51, 49—61,

[3] Becher, O. and A. Ichino, 2002. "Estimation of Average Treatment Effects Based on Propensity

---

① 所谓间接培训效果,是指由于外资企业的进入,本地的管理者在面对新的产品、技术、行业规范、市场规则时,通过观察、研究、仿效竞争对手,而产生的管理水平提高和管理观念更新。

Score," *Stata Journal* 2 (4): 358—377.

[4] Blomström, M. and F. Sjoholm, 1998. "Technology Transfer and Spillovers? Does Local Participation with Multinationals Matter?" *European Economic Review* 43: 915—923.

[5] De Mattos, C., *et al*, 2001. "Great Expectations?: Brazilian Managerial Perceptions on Prospective European High-Technology Joint Ventures," *European Management Journal* 19 (5): 560—569.

[6] Fan, X., 2002. "Technological Spillovers from Foreign Direct Investment: A Survey," *ERD Working Paper* No. 33.

[7] Gershenberg, I., 1987. "The Training and Spread of Managerial Know-how: A Comparative Analysis of Multinationals and Other Firms in Kenya," *World Development* 15: 931—939.

[8] Keller, W., 2004. "International Technology Diffusion," *Journal of Economic Literature* 42(3): 752—782.

[9] Kholdy, S., 1995. "Causality between Foreign Investment and Spillover Efficiency," *Applied Economics*, 27(8): 745—750.

[10] Kokko, A. and M. Blomström, 1995. "Policies to Encourage Inflows of Technology through Foreign Multinationals," *World Development* 23(3): 459—468.

[11] Meyer, K., 2003. "FDI Spillovers in Emerging Markets: A Literature Review and New Perspectives," *DRC Working Papers* No. 15.

[12] Wang, Y. and M. Blomström, 1992. "Foreign Investment and Technology Transfer: A Simple Model," *European Economic Review* 36 (1): 137—155.

[13] Wooldridge, J., 2002. *Econometric Analysis of Cross Section and Panel Data*, 1st Edition, MIT Press.

[14] Zhao, Z., 2003. "Data Issues of Using Matching Methods to Estimate Treatment Effect: An Illustration with NSW Data Set," 北京大学中国经济研究中心英文论文讨论稿, No. E2003004.

Foreign Direct Investment and Managerial Knowledge Spillover
——Evidence from Entrepreneurs in China's Private Sector

YUAN Cheng   LU Ting

Abstract: This paper examines whether Foreign Direct Investment (FDI) brings managerial knowledge spillover in China. Based on a survey data set of China's emerging private sector, we compare firm performance, internal organization and some managerial practices between firms of two distinct types: those whose entrepreneurs have working experience in FDI firms and those not. We find there is no statistically significant evidence that entrepreneurs' experience in FDI companies lead to improvement in any of these dimensions. Considering the importance of managerial knowledge for economic development, we suggest host country of FDI take account of the transfer of managerial knowledge when designing government policies on FDI.

Key words: FDI; managerial knowledge spillover; private enterprisers

JEL Classification: F23; O32; C3

北京大学经济学院(系)100周年纪念文库

北京大学经济学院优秀学术论文选编(2000—2011)下

北京大学经济学院 编

北京大学出版社
PEKING UNIVERSITY PRESS

目 录

上 册

第一编　基础学科群

论当代企业所有权与经营权融合的趋势 / 王跃生 …………………………… 3
中国房地产市场"限购政策"研究
　　——基于反需求函数的理论与经验分析 / 冯科　何理 …………… 16
社会资本转换与农民工收入
　　——来自北京农民工调查的证据 / 叶静怡 ………………………… 30
中国经济增长中的产业结构变迁和技术进步 / 刘伟　张辉 …………… 55
供给管理与我国现阶段的宏观调控 / 刘伟　苏剑 …………………… 72
资本结构研究中的控制权理论述评 / 刘文忻　胡涛 …………………… 88
发展中国家政府干预的制度结构 / 张鹏飞 ……………………………… 95
农村信贷市场"联保贷款"效应分析 / 杜丽群　曹斌 ……………… 111
中国城镇贫困的变化趋势和模式：1988—2002 / 夏庆杰　宋丽娜 …… 119
我国企业信用指数评级方法初探 / 章政　王大树 ……………………… 146
企业与市场：相关关系及其性质
　　——一个基于回归古典的解析框架 / 黄桂田　李正全 …………… 151
行为经济学中的社会公平态度与价值取向研究
　　——以新加坡、中国上海、中国兰州为例 / 董志勇 ……………… 163
中国经济周期性波动的微观基础的转变 / 雎国余　蓝一 ……………… 173

第二编　传统优势学科群

中国古代经济周期理论及其政策启示 / 张亚光 ………………………… 189
孟子"迂远而阔于事情"的经济学解析 / 周建波 ……………………… 202
中国建置经济制度的历史传承与当代竞争 / 曹和平　张博　叶静怡 …… 213
对中国历史上 GDP 研究的一点看法 / 萧国亮 ………………………… 227

浮动本位兑换、双重汇率与中国经济：1870—1900 / 管汉晖 ……………… 231

第三编 特色学科群

CEPA 为港资对大陆投资带来的前景 / 孙薇 ………………………………… 251
"富人社区效应"还是巴拉萨—萨缪尔森效应？
　　——一个基于外生收入的实际汇率理论 / 唐翔 ………………… 255
"新经济"对欧盟经济增长的贡献 / 陶涛 ……………………………………… 268
虚体经济周期理论与美国新周期 / 咸自科 …………………………………… 279
跨国企业集群在中国"二次成长时期"的特征性行为及
　　市场规制途径 / 曹和平 ……………………………………………… 294
从国际经验看中国股指期货的推出与证券市场的演进 / 萧琛　艾馨 ………… 311

第四编 新兴与交叉学科群

资源、环境与可持续发展 / 杜丽群 ……………………………………………… 323
全球价值链动力机制与产业发展策略 / 张辉 ………………………………… 333
外商直接投资与管理知识溢出效应：来自中国民营
　　企业家的证据 / 袁诚　陆挺 …………………………………………… 346

下　册

第五编 重点学科群

（一）风险管理与保险

中国巨灾综合风险管理中保险的角色 / 刘新立 ……………………………… 365
"空账"与转轨成本
　　——中国养老保险体制改革的效应分析 / 孙祁祥 ……………… 372
市场经济对保险业发展的影响：理论分析与经验证据
　　/ 孙祁祥　郑伟　锁凌燕　何小伟 ……………………………………… 384
中国非寿险市场承保周期研究 / 李心愉　李杰 ……………………………… 400
中国养老保险制度变迁的经济效应 / 郑伟　孙祁祥 ………………………… 413
保险业增长水平、结构与影响要素
　　——一种国际比较的视角 / 郑伟　刘永东　邓一婷 ……………… 430

社会安全网、自我保险与商业保险:一个理论模型 / 秦雪征 …………… 450

(二) 金融学

通胀预期与货币需求:实际调整与名义调整机制的检验
　　/ 王一鸣　赵留彦 …………………………………………………… 468
双重二元金融结构、非均衡增长与农村金融改革
　　——基于11省14县市的田野调查 / 王曙光　王东宾 …………… 483
利率、实际控制人类型和房地产业上市公司的投资行为
　　/ 宋芳秀　王一江　任　颐 ………………………………………… 497
中国资本外逃规模的重新估算:1982—1999 / 李庆云　田晓霞 …… 511
资本充足率是否影响货币政策? / S. G. Cecchetti　李连发 ………… 524
汇率传递理论文献综述 / 施建淮　傅雄广 …………………………… 534
国际金融中心评估指标体系的构建
　　——兼及上海成为国际金融中心的可能性分析 / 胡　坚　杨素兰 …… 557
货币化、货币流通速度与产出
　　——扩展的 CIA 约束与中国经验 / 赵留彦 ……………………… 568
中国货币流通速度下降的影响因素:一个新的分析视角
　　/ 赵留彦　王一鸣 …………………………………………………… 587
结构扭曲与中国货币之谜
　　——基于转型经济金融抑制的视角 / 黄桂田　何石军 …………… 603
股权分置改革对中国股市波动性与有效性影响的实证研究
　　/ 谢世清　邵宇平 …………………………………………………… 620
中小企业联保贷款的信誉博弈分析 / 谢世清　李四光 ……………… 631

(三) 财政学

中国工薪所得税有效税率研究 / 刘　怡　聂海峰 …………………… 651
间接税负担对收入分配的影响分析 / 刘　怡　聂海峰 ……………… 663
中国财政政策的"挤出效应"
　　——基于1952—2008年中国年度数据的研究 / 张　延 ………… 680
取消燃气和电力补贴对我国居民生活的影响
　　/ 李　虹　董　亮　谢明华 ………………………………………… 692
中国公共财政面临的挑战与对策 / 林双林 …………………………… 710

第五编　重点学科群

(一) 风险管理与保险

中国巨灾综合风险管理中保险的角色[*]

刘新立

摘要：随着灾害发生的日益频繁，强调从灾害综合风险管理的角度，寻求缓解巨灾风险成本的途径以及有效提高防范风险的能力已成为近年的一个重要的发展趋势。中国保险业应全面参与巨灾综合风险管理，在纵向角度的切入点包括灾前预警、灾中救助以及灾后理赔与重建，其横向角度的切入点涉及孕灾环境、致灾因子、承灾体和灾情这四个巨灾风险形成中的四个要素。

关键词：巨灾综合风险管理；巨灾保险；自然灾害

中国是自然灾害频发的国家，地震、干旱、洪涝、低温冰冻、暴风、滑坡、农林病虫害和森林火灾等自然灾害几乎年年发生，特大自然灾害即巨灾时有发生，2008年年初以来就已发生两次巨灾，这是对中国灾害管理体系的巨大考验与挑战。

保险具有其他金融工具不可替代的功能，即保险的保障功能，灾害过后，经济补偿是最直接的救灾措施，因此，保险业在巨灾中的身影格外突出。纵观世界上其他国家的巨灾管理经验，保险业的参与是必不可少的。各国政府以及学界已经取得一个共识，应对巨灾的科学方法应从灾后抗灾救灾为主转变为巨灾风险管理为主，在这一理念下，保险的作用就显得更为重要。许多西方国家采取不同的金融手段或保险与再保险手段转移巨灾风险，诸如美国较早开展的洪泛区灾害保险，德国慕尼黑再保险公司提出的农作物与畜牧业气候指数保险，土耳其国家地震合作保险基金等，保险业在灾后补偿中所占的比重也很高，保险业较发达的国家在遭受巨灾之后，保险赔款平均占到直接经济损失的30%左右，有的甚至高达50%以上。据统计，1970年至1995年，世界上25起最大的承保损失中，1992年的安德鲁飓风名列第一，造成300多亿美元的直接经济损失，保险赔款高达200亿美元，位于第二的是1994年发生的南卡罗莱那州北脊地震，对于310亿美元的财产损失，承保

---

[*] 原载于《保险研究》2008年第7期。刘新立，北京大学经济学院风险管理与保险学系副主任，北京大学中国保险与社会保障研究中心副秘书长。

损失达118.38亿美元。由此可见,保险业首先要担当起经济保障这个重任,而这个角色的发挥只有在综合风险管理的框架下才能完成。

中国保险业如何全方位参与巨灾风险管理,是一个应系统研究的问题。之所以讨论保险业对巨灾风险管理的"参与",是因为巨灾的风险管理不是一个行业能够独立完成的,它是一个多行业参与、多层次的系统,但巨灾保险体系的完善对于我国巨灾风险管理制度的完善有着重要的推动作用。本文从综合风险管理的视角出发,从横向和纵向两个角度分别讨论了中国保险业参与巨灾综合风险管理的切入点,提出了相应的政策建议。

一、中国巨灾保险存在的问题及成因

中国缺乏完善的巨灾保险体系,这使得灾害后,保险赔款占直接经济损失的比例极小。2008年年初的雨雪冰冻灾害造成了1 516.5亿元的直接经济损失,而保险赔款只有19.74亿元,占比约为1.3%。与10年前相比较,1998的特大洪灾造成直接经济损失2 484亿元,保险业共支付水灾赔款33.5亿元,也为1.3%左右。此次汶川地震的经济损失预计可达2 000亿元,而地震赔款预计最高为5%。由这些数据可以看出中国保险业在巨灾风险分担方面的能力还极为有限,而且近十年来几乎没有改善,这与同一时期我国保险业的迅速发展形成了鲜明的对比。之所以出现这种不一致,究其原因,除了中国的巨灾风险较大之外,还主要包括以下三个方面。

(一) 缺乏系统的巨灾风险区划

中国巨灾风险有如下特点:第一,灾害种类多;第二,发生频率高;第三,区域差异大,加之巨灾风险,尤其是大面积的气象灾害风险不具备可保风险的理想条件。因此,设计巨灾保险产品时,应格外关注如何减少道德风险和逆选择,这项工作的基础之一就是自然灾害风险区划,风险区划是保险公司设计产品、厘定费率的必备条件。而在我国目前的行政机构设置下,自然灾害的管理职能以及信息采集职能分散在各个部门(见表1),在缺乏协调机制的情况下,将分布在保险业和气象局、水利局、测绘局、地震局、农业部、统计局等各部委的基础数据进行整合,在全国绘制大尺度的风险区划以及评估风险等级较为困难。而只有这一工作完成了,保险公司才能设计产品,厘定费率,进而投放市场。

表1　中国主要自然灾害及减灾管理部门[①]

主要灾害	相应的政府管理部门
降雨、降雪、风、温度	气象局
洪、涝、旱	水利部
农业气象灾害、农业病虫害	农业部
林业气象灾害、农业病虫害	林业局
风暴潮、台风、赤潮等	海洋局
地震、火山	地震局
滑坡、泥石流、沉陷	国土资源部

(二) 保险标的的防灾抗灾能力较低

基础设施以及建筑物抵御自然灾害的能力较低,导致巨灾风险损失较大,一旦发生灾害,极易造成大规模的损失,这使得支持保险的大数定律很难满足。

(三) 巨灾再保险和巨灾风险基金尚未建立

受全球变暖影响,极端天气发生的频率和强度都有所增加。据统计,近年来中国每年因各种气象灾害造成的农作物受灾面积达5 000万公顷,受重大气象灾害影响的人口达4亿人次,造成的经济损失相当于国内生产总值的1%—3%。面对如此严峻的局面,保险业若想进行巨灾风险转移,除了有强大的再保险保障之外,必须有巨灾风险基金的支持。而中国在这方面的准备还相当不足,这也是巨灾保险裹足不前的重要原因。

以上原因的背后,还有更深层次的问题根源,那就是中国的巨灾综合风险管理体系尚未建立。

二、巨灾综合风险管理概述

近年来,在世界范围内,极端天气事件的日趋频繁使人们逐渐意识到,在巨灾面前我们的回旋余地已经很小,现代人在自然灾害风险事件面前表现出的脆弱性较大,现代社会的承载力、自然资源与生态环境的承载力也都已经接近极限,更新巨灾风险管理的理念迫在眉睫,过去对风险事件的分门别类的管理模式已经不能适应当今巨灾风险管理的需求,强调从综合灾害风险管理的角度,寻求缓解巨灾风险成本的途径以及有效提高防范风险的能力已成为近年的一个重要的发展趋势。

巨灾综合风险管理强调从纵向、横向整合,以及从灾害体制与机制等方面,把政府、部门、社区以及私人等减灾资源有机地整合在一起,形成合力,共同应对灾害

---

① 孙祁祥等.中国巨灾风险管理:再保险的角色[J].财贸经济,2004(9).

风险。

世界各国的自然灾害风险管理战略都在向这一方向努力。在行政管理方面，美国在1974年就建立了联邦紧急事务管理局，联合联邦27个相关机构，形成对灾害风险的综合行政管理体系。2003年3月1日以后，联邦紧急事务管理局整建制归入美国联邦政府新成立的国土安全部，掌管国家的应急响应准备和行动工作，功能和力量更为加强。许多国家都采取了这一模式。日本式的自然灾害风险管理是以中央为核心，各省厅局机构参与的垂直管理模式，在一整套详细的与自然灾害风险管理相关的法律框架下，构建了以首相为首的"中央防灾会议"制度，一旦发生应急情况，指定行政机关、指定公共单位迎对自然灾害。我国在国际减灾十年结束后，原中国国际减灾十年委员会调整为中国国际减灾委员会，2005年调整为中国国家减灾委员会，其作为一个部级协调机构，已成为我国应对自然灾害之中央政府的最高机构，办公室设在民政部。但目前各类自然灾害风险的行政管理仍然依自然致灾因子由与此相关的部委局负责管理，这使得分领域、分部门等分散管理的特点突出，缺乏综合性与集成性。这种方式一方面不利于各种资源的高效利用，另一方面也不利于提高风险管理的效率。例如，地震极易导致滑坡，而这两个灾种却分属地震局和国土资源部两个不同的部门管理。因此，虽然政府在历次灾害发生之后都投入大量人力财力，但由于综合风险管理的机制尚未建立，总体而言，我们目前灾害管理体系的整体功能的作用尚不显著，在建立综合风险管理机制方面的任务还很艰巨。

在减灾模式方面，综合风险管理强调降低灾害风险和区域协调发展的有机整合，强调备灾、防灾、减灾和降低脆弱性的系统工程。自然灾害的发生虽然不能全部预测，但自然灾害风险的大小可以评估。灾害高风险区的建设规划以及生命线地震工程的设计应该怎样与风险相适应，是一个值得研究的问题。保险业在巨灾综合风险管理中担负着重任，灾前的预防、民众灾害知识的普及、灾后理赔与救助等，都是保险业的突出优势，巨灾综合风险管理体系需要保险业发挥这些优势，同时这些功能的有效发挥也需要中央政府以及其他部门的配合。

三、中国保险业在巨灾综合风险管理中的纵向切入点

巨灾风险由灾害系统各要素之间的作用共同形成，贯穿于灾前、灾中、灾后的各个环节，巨灾保险体系的建立必须基于灾害风险的形成机制，只有以此为切入点，才能抓住问题的核心，触及巨灾保险的本质。巨灾保险的纵向切入点指的是保险应基于灾害风险形成的次序，根据各阶段的不同特点，发挥自身的作用。

（一）灾前预警

灾害之所以被称为风险，源于其自然方面的不确定性，这种不确定性就使得灾

害发生之前的准备尤为重要。这种准备可以分为两个方面,一是预防,二是警示。

第一,灾害的预防即防患于未然,实际上,比保险产品更重要的,是保险服务,尤其是损失发生之前的服务。在讨论巨灾保险的投保率不足的同时,也应该思考,要让消费者来投保,除了可能的理赔,还能为他们做些什么?如果承保了农业旱灾风险,能不能免费为需要的农户打一口深井?能否优惠提供滴灌设备?如果是政策性的农险公司,能否在科技兴农上做出积极的贡献,帮助投保人增强抵御风险的能力?有了这样的服务,保险会以最美好、最健康的形象深入人心。

第二,灾害的警示即灾害预报。在可能造成严重损失的自然灾害中,地震这种地质灾害的预报难度最大,由于对其成因机制的认识还没有取得突破性进展,所以期望对其准确预报以缓解风险的努力近年受到不少研究者和实践者的质疑。但对于洪水、台风、干旱、低温冰冻这些气象灾害,人类起码具备了一定的短期预报的能力,这在相当大的程度上为人员及财产的转移赢得了时间,如 2005 年美国卡特里娜飓风来临之前的一天,气象部门就作出了预报,新奥尔良全城大撤离。随着环境的变化,全球变暖使得自然灾害风险增大,对保险业造成极大的影响,中国保险业也应高度关注世界范围内的全球变暖趋势。也许公众会对 2008 年年初南方的雨雪冰冻灾害感到震惊,几十年不遇的大雪、冻雨、大范围的低温以及随后的电力系统受损,都较为罕见,交通部门似乎也措手不及,之前没有预料到形势严峻。但实际上,近年来,欧洲地区就已经出现冬季强降雪天气增加的势头,而且已经发生了交通灾害风险加大,一些地区电网受损影响正常供电的情况。澳大利亚气候研究中心气候分析主任戴维·琼斯就曾表示,与洪涝、高温、火灾等由气温升高和降水增加所引起的灾害不同,在北半球,冬季常常会出现这样的极端天气,一向如此,将来也还会如此。作为风险管理者的保险业,应该早就注意到这一点,不仅有义务向社会各界通报这些风险研究结果,而且要在业务方面提早准备。目前,无论是政府还是保险业,关注重点大都在灾害治理和危机管理而不是风险管理,即使称为风险管理,也主要侧重于风险爆发后的应对和恢复,在风险来临时处于被动的撞击式反应而不是主动出击,风险的预测与预防工作不足,在管理意识上尚未达到联合国强调的从目前的灾后(和危机发生后)的"反应文化"向灾前的"预防文化"的转变。

作为专门从事风险管理的行业,中国保险业应意识到灾前这个环节的重要性,积极对巨灾风险实行动态监控,这有助于提升企业抵御风险的能力,实现对客户全面有效的风险管理。

(二)灾中救助

灾中救助使得损失得以控制,它能够体现保险业救人于危难之中的行业文化,因为保险公司是损失的赔付者,所以它也是一个很好的损失控制者。作为损失控制的专业机构,中国保险业应尽自己所能积极参与灾中救助,这不仅会减少日后的赔付,从另一个角度来说,当保险业的参与随着对灾害救助的报道一起展示在世人面前的时候,保险业的形象无疑得到了有力的提升,对于树立其优秀的公众形象十分有益。和当年中国台湾地区发生地震之后台湾安泰人寿宣布收养地震孤儿相同,此次汶川地震发生不久,中国人寿就宣布收养所有的地震孤儿,不由得让人对保险公司此举肃然起敬。

(三) 灾后理赔与重建

灾后理赔是保险业雪中送炭功能的最直接体现。保险公司承诺的快速理赔,只是一个基本要求,关键是理赔是否能让投保人"满意"。财产保险条款中对于"灾害"责任的定义和公众对于"灾害"的认识可能有差异,我国保险消费中一直存在这样一种情况,即有些消费者对保险责任认识不正确,很多情况下消费者都是按照常识来理解保险责任,而保单中载明的保险责任却是有特别规定的。如果在理赔过程中这种差异比较明显,将会使保险公司面临不利的境地。在理赔方面,应建立一套科学的标准,多赔和少赔都是不适宜的。

除了快速科学理赔之外,积极参与灾后重建,也是维系客户以及展现保险业形象的大好机会。

四、中国保险业在巨灾综合风险管理中的横向切入点

自然灾害系统包括孕灾环境、致灾因子、承灾体和灾情四个要素,广义的孕灾环境包括自然环境与人为环境,致灾因子包括自然、人为和环境三个系统,承灾体指人类本身、生命线系统、生产线系统、各种建筑物以及自然资源,灾情包括人员伤亡及造成的心理影响、直接经济损失和间接经济损失、建筑物破坏、生态环境及资源破坏等。巨灾风险的形成机制就是这四个要素之间的复杂相互作用,它们既是巨灾保险的牵绊,从另一个角度来说,也是巨灾保险的横向切入点。

首先,中国要进一步发展巨灾保险将遇到的第一个障碍就来自孕灾环境、致灾因子与承灾体,尤其是其中的自然因素与已有的静态人为因素。对这些因素的掌握即是对风险的掌握,只有当我们对风险有了基本的认识,才能做下一步的风险管理措施的选择,而现在还缺乏足以支撑产品设计的风险评估结果,无论从哪一个角度来讲,巨灾风险评估都是巨灾风险管理体系的基础。中国保险业可以呼吁政府成立巨灾管理协调机构,在此机构的协调下,与测绘、气象、地震、水利、农业、林业等部门合作,打破数据共享的障碍,推动这一艰巨任务的完成。同时,保险业自身也应该大力发展相关研究,设立单独的部门研究巨灾风险模型以及进行巨灾模拟。

其次,大量商业性保险与再保险公司难以介入巨灾保险的另一个原因在于承灾体的脆弱性使其无法满足可保条件的要求,很多地区抵御自然灾害的设防水平偏低,使得灾害风险发生的频率太高。从另一方面来说,虽然保险的基本作用是经济补偿,但实际上,经济补偿只是保险的一个方面,尤其对于巨灾风险来说,即使有

再多的经济补偿,损失也是发生了,全社会的物质财富和人的生命也是受到了威胁。只有将经济补偿和风险控制的派生功能有机地结合起来,才能从根本上达到风险成本最小化的目标,如果通过保险这种市场机制真正降低了相同自然风险下的经济损失,保险的角色才真正得以升华。

考察美国的国家洪水保险计划发现,其之所以称为洪水风险管理的典范,成功处之一是利用洪水风险图及相关政策限制了洪水高风险区的发展。该计划包含了完整的风险管理体系,如果要参加洪水保险,必须满足一定的安全条件,比如不能在洪水高风险区进行开发建设。而如果不参加保险,则无法享受多项贷款优惠,水灾一旦发生,也无法享受政府的灾难救援与救济。这种循环就使得洪水风险得到了根本的控制,洪水保险的作用也发挥到了一个高层次。又如,土耳其于2000年设立了巨灾保险基金计划,该计划使得土耳其住房建筑抗震标准作出修正,更加强调新建住房和其他设施提高抗震水平,总体来看,提高了1—2级抗震设防水平。

但我国现在的情况与几十年前实施国家洪水保险计划的美国不同,我国很多灾种的高风险区已经有了很大程度的发展,已有的承灾体无法回避,可行的办法只能是降低承灾体的脆弱性。保险业应呼吁提高灾害设防水平,同时自身也可以进行一些探索。据报道,在大部分灾区因电网覆冰导致巨大损失之时,同在重冰区的宝鸡秦岭山区,当地电力部门除冰却只需要在办公室敲敲电脑即可完成,只因宝鸡市供电局20世纪70年代就自主研发并实施了"带负荷融化线路覆冰技术",这大大降低了承灾体的脆弱性,2008年雪灾期间,宝鸡重冰区的输电线安然无恙。如果这些电网都是保险标的,保险公司可以推动其相互间的经验交流,在成本合理的条件下,保险公司甚至可以承担起改善承灾体性状的任务。在这方面,一些保险公司已经做过相关探索,例如农险公司承担费用为投保家禽注射防疫针等。

最后,灾情这个环节是保险业望巨灾风险而却步的又一障碍。巨灾风险的一个特征就是时间的不确定性,罕见的巨灾会在保险人还未积累足够应付索赔的保费时就发生,因此,由投保人、再保险人、资本储备以及政府共同组成的风险分担机制来应付巨额的索赔,只有各个分担者的责任明晰,这个风险分担机制才能建立。

参 考 文 献

[1] 史培军等. 建立中国综合风险管理体系[J]. 中国减灾,2005(1)、(2).
[2] 张继权等. 综合自然灾害风险管理[J]. 自然灾害学报,2006(2).
[3] 史培军等. 论自然灾害风险的综合行政管理[J]. 北京师范大学学报(社会科学版),2006(5).
[4] 刘新立. 风险管理[M]. 北京大学出版社,2006.

"空账"与转轨成本[*]

——中国养老保险体制改革的效应分析

孙祁祥

一、引　言

养老保险制度的改革是一个世界性的课题。中国也在试图建立一个新的养老保险制度,以便不仅为国有企业改革、实现市场经济目标提供重要的前提条件,同时也为养老保险制度的世代延续提供坚实的财政基础。

改革开放以后,经过十多年的探索与实验,国务院于 1997 年颁布了《关于建立统一的企业职工基本养老保险制度的决定》,可以说,自此开始,中国正式确定了以社会统筹与个人账户相结合为标志的混合型养老保险体制。从理论上来说,这一体制体现了公平与效率的结合,是一种具有历史性意义的变革,然而在实践中,几年的运作结果表明,个人账户只是一个名义账户,其中并没有资金在里面,由此形成业内人士所言的"空账"问题。有关资料显示,"空账"的规模在逐年增大,1997 年为 140 亿元,1998 为 450 亿元,1999 年已达到 1 000 亿元以上。问题的严重性还不在于此,不仅个人账户是空账,而且近些年来,养老保险计划的当年收入不抵当年支出。"空账"问题的存在导致我们所声称的混合型体制在实质上仍然是现收现付体制,如果不正视和解决这一问题,空账规模将越来越大,所要建立的新体制必将难以为继。本文试图从实证的角度研究,在我国养老保险费率已高达 24%(在实践中,许多地方实际缴费达到 30% 左右)的基础上,为什么仍会出现养老保险计划收不抵支和"空账"问题,分析其后果及其解决办法。

论文的第二部分分析中国养老保险制度改革的背景及动因;第三部分概括指出中国养老保险制度的改革阶段、基本框架及其核心问题,即养老保险制度收不抵支以及个人账户为"空账"的情形及其成因;第四部分主要研究转轨成本,讨论谁

---

[*] 原载于《经济研究》2001 年第 5 期。《新华文摘》2001 年第 9 期全文转摘。2001 年入选"北京大学首届文科论坛"经济学论文;2002 年荣获北京市第七届哲学社会科学优秀成果奖一等奖;2008 年获改革开放三十年北京大学人文社会科学研究"百项精品成果奖"提名奖。

应承担转轨成本和如何承担转轨成本;第五部分提出需要进一步研究和探讨的一些问题。

二、改革背景及动因

与世界上大多数国家一样,中国在经济体制改革以前的很长一段时期内也是实行的现收现付养老保险制度。这一制度在各国长期的实践过程中产生过积极的作用,但同时也存在着相当严重的问题。世界银行的研究报告认为,现收现付养老保险制度具有以下几个缺陷,如很高并且不断上升的工薪税导致失业问题;税收规避和劳动者向生产率较低的部门转移;提前退休,由此使得熟练劳动力的供给不足;公共资源的错误配置,例如稀缺的税收收入被用来作为养老保险金,而不是用于教育、保健或者基础设施的建设;丧失了提高长期储蓄的机会;收入再分配和转移支付的失误,例如不是向低收入阶层转移,而是相反,向高收入阶层转移;隐性债务规模的快速增长,使体制无法维持(世界银行,1994)。

上述问题在中国也不同程度地存在,特别是由人口老龄化、在职人员提早退休等因素的存在所导致的隐性债务规模快速增长的问题十分突出。我国退休人员与在职人员的比例由20世纪50年代的1:400下降到1978年的1:30左右,1980年的1:12.8,1985年的1:7.5,1990年的1:6.1,1995年1:4.8,1997年的1:4.4。[①] 也就是说,领取养老金的人口的比例在逐年增长,而提供养老金的人的比例在逐年下降。这一问题由于20世纪70年代所实施的人口和计划生育政策和医疗保健水平的提高导致人口寿命的延长将变得越来越严峻。[②] 根据世界银行提供的资料测算,到2033年,中国的退休人员与在职人员的比例将为1:2.5。如果继续维持现收现付的养老保险体制,在职人员的负担将越来越重。目前的养老保险缴费率是24%,到2033年,养老保险费率将达到39.27%(世界银行,1997)。

但除了以上共性因素以外,中国特有的改革动因还源于20世纪80年代以来,中国从计划经济向市场经济的转换。

首先,企业实施"自负盈亏"的改革措施。

中国传统的现收现付养老保险体制是以各个企业支付养老金为主要特征的,这与传统的计划体制并行不悖。因为在计划经济体制下,国有企业的利润全部上缴国家,资源实行统筹分配。因此,即使每个企业自己负担本企业职工的退休金,

---

[①] 资料来源:根据历年中国统计年鉴提供的资料计算整理。1980年相比1978年之所以有一个很大的下降(17.2%)是因为当时的政府为了缓解"文革"以后大批知识青年返城、城市就业机会匮乏等问题,规定职工可以提前退休,以便让其子女顶替工作;提高退休金待遇,以鼓励老工人退休,从而为年轻人腾出就业岗位。

[②] 据有关资料预测显示,中国的老龄人口在1990年为8.9%,2000年为10.2%,2010年为12.0%,2020年为16%,2030年为21.9%,2050年为26.1%(世界银行,1998)。

但说到底还是全国吃"大锅饭",各个企业并不真正在乎退休人员的多少。然而,改革开放以后,企业开始逐步实行自负盈亏的改革措施。于是,退休人员的多少就直接影响到企业的利润。在这种情况下,如果仍然沿用以各个企业支付养老金为特征的现收现付制度,不仅难以真正评估一个企业的绩效,而且对那些拥有较多退休人员企业的在职职工也是不公平的。

其次,市场化改革的目标。

在传统体制下,国有企业的职工一旦就业,就可以得到"从摇篮到墓地"的全程保障,没有企业破产、工人失业之说,职工的流动也是非常罕见的事情。正因为如此,以企业为单位支付养老保险的制度才可以持续下去。然而,市场化改革以后,上述问题成了题中应有之义。如果仍以企业为单位支付养老保险金,在企业破产、工人失业、人员流动的情况下,退休保障将成为很大的问题。因此,传统的现收现付制度无疑成为市场化改革的极大障碍。

三、新体制及其核心问题

(一) 改革阶段及新体制的筹资方式

如果以国务院和有关部门颁发的文件为标志[1],1978年以后中国养老保险体制的改革过程可以大致分为三个阶段。第一阶段是1986—1994年,这一时期的中心内容是实施养老保险的县级统筹和在部分城市实行个人账户的试点。第二阶段是1995—1997年,其中心内容是建立并实施个人账户。第三阶段是1998年至今,其中心内容是实现养老保险支付制度的省级统筹并实现养老保险的社会化发放。

1997年确定的养老保险新体制模式对养老金的缴费方式和支付方式做出了明确的规定:首先,从缴费方式来看,养老保险费由企业和个人共同负担,其中企业缴纳基本养老保险费的比例,一般不超过企业工资总额的20%(包括划入个人账户的部分)。个人缴纳基本养老保险费的比例,1997年不得低于本人缴费工资的4%,从1998年起每两年提高一个百分点,最终达到本人缴费工资的8%。按照个人缴费工资11%的数额为职工建立基本养老保险个人账户。个人缴费全部计入个人账户,其他部分从企业缴费中划入。其次,从养老金的支付方式来看,新制度实施后参加工作的职工,个人缴费年限累积满15年的,退休后按月发给基本养老金。基本养老金由基础养老金和个人账户养老金组成。退休时的基础养老金月标

---

[1] 第一阶段:国务院77号文件(1986)"国营企业实行劳动合同制暂行规定"和国务院33号文件(1991)"国务院关于企业职工养老保险制度改革的决定"。第二阶段:国务院6号文件(1995)"关于深化企业职工养老保险制度改革的通知"和国务院26号文件(1997)"国务院关于建立统一的企业职工基本养老保险制度的决定"。第三阶段:国务院28号文件(1998)"国务院关于实行企业职工基本养老保险省级统筹和行业统筹移交地方管理有关问题的通知"及劳动和社会保障部259号文件(1999)。

准为省、自治区、直辖市或地(市)上年度职工月平均工资的20%,个人账户养老金月标准为本人账户储蓄额除以120。个人缴费年限累积不满15年的,退休后不享受基础养老金待遇,其个人账户储蓄额一次支付给本人。对于1997年以前参加工作,但到1997年以后才逐步退休的职工来说,养老保险金由社会统筹、个人账户和过渡养老金三部分所组成;而1997年以前参加工作并退休的职工则仍然沿用现收现付的养老保险金支付方式。①

(二)"空账"的形成及其成因

以"个人账户"和社会统筹相结合为特征的中国养老保险制度的设计并实施是一种具有历史性意义的变革。它一方面体现了效率:将职工个人的贡献(缴费)与获益(退休后领取养老保险金)在某种程度上结合了起来,使其从理论上来说具有更强的激励作用;另一方面又体现了公平:社会统筹部分对不同收入的养老金领取者作出了收入再分配,这正是养老保险制度的重要功能之一。

然而,在实践中,个人账户只是名义上的,其中并没有资金,换句话说,个人账户只是一种"空账"。据有关人士估计,"空账"的规模在1997年为140多亿元,1998年上升到450亿元左右,到1999年超过1 000亿元(宋晓梧等,2000)。问题的严重性还不止于此。事实上,不仅个人账户是空的,而且养老保险计划当年的收入不抵支出。如1997年的赤字约为70亿元(江春泽,1999),1998年为53亿元(国家统计局公报数据)。也就是说,所有的当年收入用于支付现存的退休人员都不够,更不用说个人账户上有所积累了。

应当说,24%的缴费率是很高的。据有关部门对OECD 24个国家社会保障缴费率的统计,只有丹麦(24.55%)、意大利(29.64%)、荷兰(25.78%)、西班牙(28.30%)和葡萄牙(34.75%)等5个国家的社会保障缴费率高于中国的缴费水平。但如果考虑到OECD国家的社会保障缴费率为包括养老、伤残和死亡三项合计数,而我国仅养老保险一项的缴费率就是24%,我国的养老保险缴费率应当说是相当高的。② 在如此高的缴费水平上,为什么还会出现养老保险金收不抵支以及"空账"问题呢?我认为,退休人员的增长比例大大高于在职职工增长比例;在由现行养老制度覆盖的人群分类中,国有企业就业人员比例相对大幅下降,而退休人员仍占很大比重;保费收缴率逐年下降以及缴费基数过低是引发这一问题的重要因素。以下我将就这些因素逐一进行分析。

---

① 同上。2000年年底,国务院制定了《关于完善城镇社会保障体系的试点方案》,并决定于2001年在辽宁省及其他省(自治区、直辖市)确定的部分地区进行试点。从该试点方案企业养老保险制度部分有关个人账户的规定来看,与1997年文件不同的是,试点方案规定企业缴费部分不再划入个人账户,而是全部纳入社会统筹基金;个人账户规模由本人缴费工资的11%调整为8%。

② 资料来源:世界银行《老年保障—中国的养老金体制改革》,中国财政经济出版社1998年版,第74页。

其一,退休人员的增长比例大大高于在职职工增长比例。据《中国统计年鉴》提供的资料显示,从 1980 年至 1998 年,职工的增长比例为 3.8%,而同期退休人员的增长比例为 8.6%。这说明,假定其他条件不变,在保证退休人员养老金不下降的情况下,除非提高费率,否则当年收入将不抵当年支出。

其二,"体制偏向"。1997 年确定的养老保险体制虽然规定,"进一步扩大养老保险的覆盖范围,基本养老保险制度要逐步扩大到城镇所有企业及其职工。城镇个体劳动者也要逐步实行基本养老保险制度"。但由于体制过渡需要时间以及其他一些方面的原因,目前的养老保险体制所覆盖的范围仍以国有企业为主。有关资料显示,从 1996 年至 1998 年,国有企业在职职工参加养老保险的人数分别占全国各类企业体制内在职职工人数的 80.4%、79.6% 和 78.6%;城镇集体企业分别为 16.6%、16.6% 和 16.2%;其他企业分别只有 3.0%、3.8% 和 5.2%。① 在这种情况下,由于国有企业退休职工在整个退休职工中所占比重、国有企业就业职工在整个就业职工中所占比重,以及国有企业的工业产出在整个工业产出中的比重发生变化,导致现有养老保险体制的支付困境(见表 1)。

表 1　国有企业退休职工、就业职工和国有工业产出在整个经济中所占比重

退休职工比重 %		就业职工比重%		工业产出比重%	
1980 年	1998 年	1980 年	1998 年	1980 年	1998 年
81.5	77.4	63.6	31.8	76.0	26.5

资料来源:根据历年《中国统计年鉴》整理。

从表 1 可以看到,1980 年,国有企业的就业职工占所有企业就业职工的 63.6%,到 1998 年下降到 31.8%,下降了近 32 个百分点;同期国有企业创造的工业产值占工业总产值的比重从 76% 下降到 26.5%,下降了近 50 个百分点;而同期退休职工的比重从 81.5% 下降到 77.4%,仅下降了 4.1 个百分点。可见,在目前养老保险体制覆盖的范围仍以国有企业为主的情况下,可以用来支持该体制的资源和人口规模已大大缩小,而必须从该体制中得到养老保险金支付的人口基本保持不变,由此,支付困境的出现是显而易见的。

其三,保费收缴率逐年降低,欠缴保费的情况大量发生。据有关资料显示,1992 年,全国养老保险保费的收缴率为 95.7%,1993 年为 92.4%,1994 年为 90.5%,1995 年为 90.0%,1996 年为 87.0%,1997 年为 80%。② 另据统计,1998 年,全国 21 个省级地区养老保险收不抵支;到 1999 年,当年收不抵支的地区数进一步扩大到 25 个,基金缺口 187 亿元,预计 2000 年为 357 亿元(葛延风等,2000)。这一因素与上述第二个因素是有直接关系的。由于现行养老保险体制中的绝大多

---

① 《中国劳动统计年鉴》1999 年。
② 杨宜勇:"中国养老保险基金的收缴与投资",《中国社会保障体制改革》,经济科学出版社 1998 年版,第 388 页。

数是国有企业,它们中的许多处于亏损状态,无力缴纳保险费,导致保费收入减少,于是,社会保障机构不得不提高费率,一些效益好的企业也觉得负担过重而无法支付,由此形成欠缴;社会保障机构只好再次提高费率,从而导致一种恶性循环。据报道,目前绝大多数地区企业缴费占工资总额的比重都已超过国务院(1997)26号文件规定的20%的比例,不少地方已近30%(宋晓梧,2000)。不仅如此,这样一种高费率的现象还使目前许多处在现行养老保险体制外的非国有企业"望而生畏",从而以各种理由推迟进入养老保险体制,这无疑减少了保费收入来源。①

其四,缴费基数过低。从理论上来说,养老保险费的征缴是以企业工资总额作为基数的。在研究这一缴费基数时,我们可以观察到一个有趣的现象,即中国的工资总额占国内生产总值的比重很低。如1999年,工资总额仅占城市国内生产总值的14.3%②。表2显示了包括中国在内的一些国家和地区工资收入占国内生产总值比例的情况。

表2 工资总额占国内生产总值的比重

国家与地区	年份	工资总额/国内生产总值
美国	1994	60%
日本	1994	56%
德国	1994	55%
英国	1994	54%
韩国	1993	47%
中国香港	1993	47%
中国内地	1994	14%

资料来源:联合国《国民经济统计年鉴》,1993、1994。

中国的工资收入占国内生产总值的比重如此之低可以从人力资本占比相对小,因而劳动力便宜,第三产业不发达中得到部分解释,但它不是问题的全部。因为从另一角度来看,相对于发达国家和地区来说,由于中国的产业劳动力密集型的特点,工资收入应当占有相对大的比重才对,可现实却是大大低于发达国家和地区。以下两个因素可以用来补充解释这一现象。第一,众所周知,中国企业的工资收入中,有一部分是以实物形式分发的,这在传统的计划体制下更为明显。因此,实际货币收入打了很大的折扣。第二,中国企业的工资外收入(也可以称为"灰色收入")占有很大比重,而这一部分也是没有体现在货币工资总额中的。据国家税

---

① 以广东省为例。1997年7月1日广州市出台私营、个体企业入保条例后,只是第一个月有3 000多人入保,此后再无人加入,原因是费率太高。广州市国有企业的缴费率过去就是31%,而个体户如果自己养自己,15%—16%的费率就足够了(江春泽,1999)。

② 在此,中国的数据为工资总额占城市国民生产总值的比重。这是因为,中国的农村人口占全国总人口的70%左右,而农村国民生产总值只相当于全部国内生产总值的30%左右,这一情况与表2中其他国家和地区是很不一样的。

务总局分析,职工从单位获得的工资外收入占工资收入的比重,1978年为8%,1990年为35%,1994年为50%左右(卢中原,1997)。[①]

比较近年来工资总额的增长与每年城市居民新增储蓄总额的增长,可以为我们观察工资总额占国内生产总值的比重过低这一现象提供另一线索。表3显示,自1990年以来,我国大部分年份的新增储蓄存款都占到工资总额的一半,甚至三分之二之多。储蓄是消费后的剩余,在中国的城市恩格尔系数仍为40%左右的情况下(再加上其他的消费支出,总消费至少应当占到工资收入的70%以上),新增储蓄占到工资总额三分之二以上的事实只能说明工资总额被大大低估了。[②]

表3 城市居民储蓄新增额、职工工资总额及其比例

年份	工资总额 (亿元)	城市居民 储蓄新增额* (亿元)	城市居民储蓄 新增额/工资总额%
1990	2 951.1	1 393	47.2
1991	3 323.9	1 545	46.5
1992	3 939.2	1 833	46.5
1993	4 916.2	2 438	49.6
1994	6 656.4	5 244	78.8
1995	8 100.0	6 442	79.5
1996	9 080.0	7 095	78.2
1997	9 405.3	6 285	66.8
1998	9 296.5	5 774	62.1
1999	9 875.5	5 034	51.0

注:* 该项数据是按照国家统计局提供的信息对"居民储蓄总额"一项进行修正后得到的。1990—1996年7年间的城市居民储蓄分别为城乡居民储蓄总额的73.82%、74.56%、75.17%、75.78%、77.62%、79.11%和80.09%。1997年以后,由于城市流动人口的数字无法估计,因而只有居民储蓄总额,而没有分类数据。因此,表中1997年以后的数据是按照1996年81%的比例进行估算的。

四、转轨成本

在缴费率高达24%的基础上再进一步提高费率以解决当前养老保险计划收不抵支和"空账"问题显然是不可行的。如前所述,我国的养老保险费率水平已经

[①] 我没有查到近几年官方正式公布的工资外收入的数据。但直观感受是,这一比例不应当比1994年时低。

[②] 当然,我们可以从另一个角度来考虑这一问题:即居民储蓄总额由于"不实存款"的存在而可能被高估,例如"公款私存"等。我不否认这一现象的存在,但我认为由"公款私存"所可能造成的居民储蓄存款被高估的影响不大。1999年中国实行了居民储蓄存款实名制,一年期存款利率进一步从5.57%降至3.63%。在这种情况下,新增储蓄存款仍然占当年工资总额的51%,虽然低于1994—1998年的平均水平,但高于1990—1993年的平均水平,而在此期间是没有实行储蓄实名制的。

很高了。那么,是否能够从以上我们所分析的四个因素入手来解决收不抵支和"空账"问题呢?让我们分别来讨论一下其可行性。

先来看第四个因素(养老保险费基过低),如果承认实物工资和"灰色收入"现象的大量存在是造成费基过低的一个重要原因的话,那么,我们必须研究采用什么工资体制来防止这一问题,并逐步付诸实施,这是不可能在短时期内完成的,而"空账"问题的解决急不可待。因此,我们对此先存而不论,仍在现行工资体制下来讨论这一问题。

再来看第二个因素和第三个因素。如果能够消除"体制偏向",扩大养老保险体制的覆盖范围,更多的非国有企业加入养老保险计划,就会有更多的人缴纳保险费,再加上采取必要措施,保证养老保险费的足额收缴率,我们无疑可以解决"收不抵支"的问题。以1998年为例,如果假定养老保险体制覆盖所有的职工,并保证没有税收规避等问题,即使按照我们认为占国内生产总值很低的企业工资总额来征收24%的养老保险费,总保险费收入也应当有2 231亿元,而当年实际征收的保险费收入只有1 459亿元。如果用理论上可以征收到的保险费收入减去当年实际上的养老保险金支出(1 512亿元),当年不仅不应当出现53亿元的赤字,而且应当有719亿元的盈余。此外,如果能够消除"体制偏向",扩大养老保险的覆盖率,还会使第一个因素(退休职工的增长率大大高于在职职工的增长率)也发生一定程度的改变,因为目前许多未加入养老保险体制的非国有企业以年轻人居多。①

但问题的关键恰恰就在这里:2231亿元养老保险费收入只是一个理论上的推论。在不改变下述前提的基础上,我们很难征收到这样一笔收入,这个前提就是如何处理转轨成本。

中国在设计养老保险改革方案,也就是从传统的现收现付制转向社会统筹与个人账户相结合的体制时,没有采取专门方式处理转轨成本,而是期冀通过加大企业统筹费率的方式逐步将其消化(宋晓梧等,2000)。在这种情况下,一个以前从未有过的问题凸显在我们面前:现有企业和在职职工必须建立职工的个人账户(新体制下的义务),缴纳保险费,又要为已退休的职工提供养老金(现收现付体制下的义务——转轨成本)。为此,新体制必须设计相当高的费率以完成这一计划目标;然而,高费率必然影响人们加入新体制的动力和缴费的积极性。即使政府采取了一些行政、法规措施,以强制更多的企业加入养老保险计划和强制征缴保险费,但收效不明显,抵制也是很大的。其结果必然是,以"高费率"开始,以"低收入"终

---

① 以下因素也可能对抚养比的改变产生一定的作用。目前我国的企业养老保险体制覆盖面很窄。它仅包括城市就业人口的41%,全国就业人口的9.4%;而由于中国正处于工业化和城市化的进程当中,大量农村劳动力已经和仍将不断进入城市从事非农产业,而这些劳动者主要都是一些青壮年。如果这些人将来进入城市就业大军,也将在一定程度上改变抚养比。

结。不仅如此,高费率还将导致劳动力的非正式雇佣,其动因在于雇主希望减少其工资性支出(因为如果是非正式雇佣,雇主可以由此不支付雇员养老保险费等),但这将大大降低劳动生产率。有资料显示,15%的工薪税就将引起30%的劳动力的非正式雇佣,由此每年将降低1%的国内生产总值(Corsetti,1994;Corsetti 和 Schmidt-Hebbel,1997)。因此说,试图通过加大企业统筹费率的方式解决转轨成本问题是造成"空账"的根本原因,弥补"空账"必须从解决转轨成本入手。

(一) 谁应承担转轨成本

转轨成本可以被定义为"显性化的隐性债务",隐性债务指的是在现收现付体制下,参保人所拥有的养老金权益。[①] 我认为,转轨成本应当由政府来承担,而不应当让企业和个人来承担,否则就是不公平的。这是因为,在传统的现收现付体制下,职工的养老保险是通过代际转移,即下一代在职职工承担上一代退休职工的养老保险义务来实现的。如果维持现收现付体制不变,每一代退休职工的养老都可以通过这种代际转移来完成,并且每一代职工只需要承担一次义务。然而,当养老保险制度的改革发生以后,新体制不仅要求有人为社会统筹账户和个人账户筹集资金,而且保证有资金来兑现过去在现收现付制度下已经积累起来的养老金承诺。于是,在如何完成代际转移这一问题上将出现两种选择和后果:一种选择是继续由现有企业和职工来完成(这正是 1997 年养老保险体制的设计思想),这对他们而言显然是不公平的,因为他们必须承担"双重负担",而其后果正如我们前面分析所见:新体制必须设计很高的缴费率,以期冀既弥补转轨成本,又为新的社会筹资账户和个人账户筹资。但高费率阻碍了人们加入新体制的积极性和引起缴费率下降,由此造成保险费收不抵支,"空账"问题严重。

第二种选择是由政府来承担现收现付体制下积累起来的养老金承诺,而这是顺理成章的。因为在传统的计划体制下,我国一直实行"低工资、低消费、高积累"的政策。从 1952 年到 1978 年,职工实际平均工资年均增长仅为 0.38%,而积累率却由 1952 年的 21.4% 增长到 1978 年的 36.5%,其中许多年份甚至高达 40% 以上。显然易见,国有资产中的一个部分是靠老职工牺牲其消费和未来积累凝聚起来的。因此,在转轨之际,由政府承担起这一代际转移的义务,向老退休职工支付养老金,以顺利实现养老保险体制从现收现付制向个人账户和社会统筹相结合的新体制的过渡就既是公平的,也是明智的。

(二) 如何承担转轨成本

中国养老保险制度的转轨成本到底有多大?国内外的专家有不同的估算结

[①] 国内有些社会保障问题专家认为"隐性债务"与"转轨成本"虽然有共同之处,但它们是不同的两个概念,但国内外多数专家认为,二者在本质上是共同的。我同意后一种观点。

果,但多数人,包括世界银行的估算结果为3万亿—4万亿元左右。为以下计算的方便,我这里采用王晓军的测算结果,转轨成本3.7万亿元(王晓军,2000)。应当指出的是,这一转轨成本并不是必须在一年,或者几年以内偿还的。因为转轨成本包括1997年以前退休的职工(即"老人")的全部养老金和1997年以前参加工作,1997年以后退休的职工(即"中人")的过渡性养老金。如果将这两部分人全部去世视为体制转轨结束,大约需要50年左右的时间。① 如果将3.7万亿总转轨成本分摊到这一时间段内来消化,假定未来50年的平均利率为5%,那么,每年的平均转轨成本将为1900亿元左右,如果利率为4%的话,平均转轨成本将为1600亿元左右。② 假定我们将1998年实际支出的1512亿元养老保险金全部视为转轨成本(因为个人账户上没有任何积累,当年全部征收的1459亿元保险费收入全部用来支付当年的退休职工还不够,留下了53亿元的赤字),并且假定由政府来承担,让我们来讨论一下具体的方式。

国际上通行的做法无非是使用政府经常性收入、出售国有资产、发行特种国债、发行福利彩票等。仅从政府经常性收支的角度来考察我国运用政府收入弥补部分转轨成本的可行性,其结论会是很悲观的。统计数据表明,1978年改革以来,除1985年我国的财政有21.6亿元的盈余以外,其余所有的年份均为赤字。进入90年代以来,赤字规模从200多亿元逐年上升到1999年的1759亿元。因此,除非重新调整政府收支结构,压缩行政性开支和基本建设支出,否则,依赖政府从经常性收入中再拿出一部分来弥补转轨成本的可能性不大。

关于通过出售国有资产来补充一部分社会保障基金的必要性和可行性,国内已有很多议论③,这里不再赘述。从发行特种国债的可行性来看,目前我国的国债负担率为10%左右,而西方发达国家均在50%以上。欧洲货币联盟签订的《马斯特里赫特条约》规定的这一指标不高于60%。④ 另一方面,中国居民储蓄存款已高达6万多亿元。在投资方式仍然很有限、股票市场投资风险很大、银行存款利率又总是比国债利率为低的情况下,购买国债在很长的一段时间内仍然会是居民的重要投资手段之一。可见,通过发债,比如说,每年增发800亿—1000亿元的特种国债来补充一部分社会保障基金是有空间的。从发行福利彩票筹资的角度来看,1994年至1999年,我国彩票销售收入从18亿元增加到104亿元,增长了477%。⑤

---

① 我国目前的平均退休年龄为58岁。退休以后的平均预期寿命为15年。如果一个职工在1996年参加工作,其时为20岁,那么,38年以后,也就是在2034年退休,再存活15年,到2049年去世。
② 这是一个很粗略的计算,因为这里暂没有考虑"老人"、"中人"的实际人口变化情况、养老保险金替代率、工资增长率等因素。
③ 2000年年底,国务院制定的《关于完善城镇社会保障体系的试点方案》,决定从2001年起在辽宁省及其他省(自治区、直辖市)确定的部分地区进行试点。该试点方案提出了"通过资本市场规范运作,变现部分国有资产、按国有企业在境内外发行股票融资额的一定比例提取部分资金等补充社会保障资金的措施"。
④ 项怀诚主编:《领导干部财政知识读本》,经济科学出版社1999年版,第189页。
⑤ "中国6年发行销售福利彩票343亿元",《人民日报》,2000年10月5日。

这表明,中国人购买福利彩票的热情越来越高,通过发行彩票来筹资一部分社会保障基金在中国也会有一定的市场。

与大部分发展中国家一样,中国由于现收现付体制的覆盖面相对很窄,其转轨成本也是相对很小的,仅占国内生产总值的54%左右。而大部分中等发达国家和发达国家均在90%—240%左右(James,1996)。在政府承担转轨成本以后,目前企业和个人的缴费水平将大大降低,由此将提高新体制对人们的吸引力。

五、结　论

本文的研究认为,变个人账户由"空账"到实账,是中国养老保险体制改革成功的关键。只有个人账户真正有积累,才有可能进行投资,由此真正从现收现付制转变为社会统筹与个人账户相结合的混合型体制。而处理转轨成本又是变个人账户从"空账"到实账的关键。因此,问题的逻辑链条就在于:如果不解决转轨成本问题,个人账户就很难从目前的空账转为实账;而如果"空账"问题不解决,现有体制在实质上就仍然是现收现付体制,它所改变的只是从以往由企业支付退休人员的养老金改为由社会(比如说,从县级统筹逐步向省级统筹过渡)来支付养老金。它解决了传统的现收现付体制与市场化改革的矛盾(如企业负担不均,职工无法流动的问题),但它没有解决现收现付体制更为致命的问题——支付危机,而仅仅只是推迟了支付危机发生的时间。

本文的研究认为,政府应当负担转轨成本,这是实现个人账户由"空账"转变为实账的前提。当然,如何改革工资制度,扩大缴费基数,如何避免税收规避,保证充足的保险费收入;如何提高养老保险金的投资回报率,这些都是一些对于建立社会统筹与个人账户相结合的养老保险体制很重要的问题。限于篇幅,作者将在以后就这些问题进行分析研究。

参 考 文 献

[1] Corsetti, G., *An Endogenous Growth Model of Social Security and the Size of the Informal Sector*, Revista de Analisis Economico 9, 57—76. 1994.

[2] Corsetti, G. and Schmidt-Hebbel, *Pension Reform and Growth*, The Economics of Pensions: Principles, Policies and International Experience, ed. S. Valdes-Prieto, Cambridge: Cambridge University Press. 1997.

[3] Estelle James, *New Systems for Old Age Security-Theory, Practice and Empirical Evidence*, 1996 EDI Conference on Pension Reform.

[4] Martin Feldstein, *Social Security Pension Reform in China*, Proceeding of 1998 International Conference for China's Social Insurance Reform, Economic Science Press, Beijing 1999.

[5] World Bank, *Averting the Old Age Crisis: Policies to Protect the Old and Promote Growth*, Washington DC: World Bank and Oxford University Press, 1994.

[6] 葛延风等:"城镇养老保障制度的现状及问题",国务院发展研究中心调查研究报告第115号。

[7] 江春泽、李南雄:"中国养老保险省级统筹以后的矛盾分析与对策研究",北京大学中国经济研究中心内部讨论文稿, No. C1999022。

[8] 徐滇庆等主编:《中国社会保障体制改革》,经济科学出版社1998年版。

[9] 世界银行:《老年保障——中国的养老金体制改革》,中国财政经济出版社1997年版。

[10] 宋晓梧等:"解决隐性债务问题,深化养老保险体制改革",《中国经济时报》,2000年5月9日第5版。

[11] 王晓军:《中国养老金制度及其精算评价》,经济科学出版社2000年版。

市场经济对保险业发展的影响:理论分析与经验证据*

孙祁祥　郑　伟　锁凌燕　何小伟

摘要: 由于现行的市场经济判别标准未将保险制度纳入市场经济的本质特征之列,这使得很多研究者忽视了市场经济发展程度的差异对一国保险业发展水平的影响。然而,保险制度作为市场经济"自保障"机制的重要载体和表现形式,它内生于市场经济体制,并随着市场经济发展程度的提高而发展。本文以世界上67个新兴国家和发达国家在1995年至2007年间的面板数据为基础,检验了市场经济发展程度对一国保险业发展水平的影响。实证结果表明,一国的市场经济发展程度与该国的保险发展水平存在着显著的正相关关系。本文的这一结论是对一国保险业发展影响因素研究的扩展,它对我们更好地理解中国市场经济的本质以及中国保险业的长期可持续发展有着重要的启示和指导意义。

一、引　言

近些年来,基于世界各国在保险发展水平上存在差异的现实以及更好地推动一国保险业发展的考虑,研究者们开始对一国保险发展水平的影响因素产生了浓厚的兴趣。

出于研究的可操作性,几乎所有的研究都习惯于把保险密度、保险深度作为衡量一国保险发展水平的基本指标。① 在这种做法下,对一国保险发展水平影响因素的考察实际上也就转化为对一国保险深度和保险密度影响因素的考察。考虑到保险密度作为一个反映人均保费支出的指标,反映了微观经济主体的实际平均保险消费水平,这样我们可以通过微观消费理论来考察这一指标具体受到哪些因素的影响。于是,保险密度也就很自然地被作为衡量一国保险发展水平的指标,而对

---

*　原载于《金融研究》2010年第2期。
①　孙祁祥、郑伟、朱俊生等(2007)曾经对保险发展的内涵和评价标准问题做过比较系统的论述。他们认为,保险发展与保险增长是两个不同的概念,保险发展更多的是指保险市场结构的变迁以及在结构变迁中保险市场效率不断提高的过程,而保险增长则主要强调保费收入的增长以及保险资产总量的增长,前者比后者的内涵更为丰富。据此,他们进一步提出了由六个指标所组成的评价体系,这具体包括保险与总体经济的关系、保险在社会保障体系中的地位、保险在金融体系中的地位、保险业自身结构优化的指标、保险业自身的效率指标、开放经济中的保险发展指标。其中,保险与总体经济的关系主要体现为保险深度和保险密度(参见:孙祁祥、郑伟等,2007:《经济社会发展视角下的中国保险业:评价、问题与前景》,经济科学出版社)。

保险发展水平影响因素的考察也就转化为对人均保费支出影响因素的考察。这一转化正如 Hussels(2005)所指出的那样,如果人们找到了影响人均保费支出的因素,在很大程度上也就找到了影响一国保险业发展水平的因素。

在上述研究思路下,研究者们对人均保费支出的影响因素进行了大量的探索。特别是近些年来,利用实证方法检验人均保费支出影响因素的做法得到了众多研究者的青睐。

据 Zietz(2003)的统计,从1967年到2001年,仅《风险与保险期刊》(*Journal of Risk and Insurance*)上关于寿险支出影响因素的实证研究就有近20篇之多。Zietz(2003)还进一步对先前关于寿险支出的实证研究所考察的变量进行了分类和梳理,详见表1。

表1 寿险支出实证研究的变量分类及其名称

变量类别	变量名称
个人、人口类变量	年龄、遗赠动机、出生顺序、品牌忠诚度、社区参与、消费者情绪、教育、家庭规模/家庭排行/赡养率/生命阶段、性别、地区流动、信息搜集、婚前对保险的购买、期望寿命、婚姻状况/结婚次数、父母离婚与否、人口、价格意识、心理特征、种族、地区、宗教、自尊、家庭主要收入来源、职业道德
经济、金融类变量	预算、信用卡数量、房屋所有权/房屋的种类、当前收入/家庭收入、期望/未来收入、丈夫和妻子的工资、净财富/储蓄、职业类别、保险价格、其他价格/通货膨胀率/利率、期望价格、社会保障、股票市场价格指数、保险市场结构、金融发展水平
其他类变量	法律制度、政治稳定性

注:"其他类变量"是由本文作者补充的。

在对寿险支出的影响因素进行广泛考察的同时,研究者们同样也对非寿险支出的影响因素进行了多方面的考察,比如 Beenstock、Dickinson 和 Khajuria(1988),Outreville(1990),Browne、Chung 和 Frees(2000),Esho、Kirievsky、Ward 和 Zurbruegg(2004)等。在这些研究中,研究者们考察了人均收入、保险产品价格、金融发展水平、外资企业市场份额、教育程度、城市化、财富、法律制度等因素对非寿险支出的影响。

由此可见,研究者在检验一国保险发展的影响因素时,基本上都把经济制度作为一个"假定的共同前提",而忽略了经济制度的差异对一国保险业发展的影响。从我们目前所掌握的国内外资料来看,还没有文献对市场经济发展程度与保险业发展之间的关系进行过实证考察。然而,我们应该看到,尽管当前世界上绝大部分国家都认可市场经济在资源配置中的作用,但是受到各国历史、文化、政治等多方面的影响,在实践中,各国的具体经济制度形式还存在着明显的差异,各国市场经济的发展和完善程度也并不相同。保险制度作为市场经济体系下的一种商业性的风险管理制度,其发展水平的高低自然与一国的经济主体对保险的购买意愿和购买数量紧密相关。考虑到经济主体的保险购买行为会受到特定经济制度的影响，我们不难得出这样的假定——市场经济发展程度的差异会对一国保险业的发展水平产生重要影响。基于以上的分析思路，本文将从理论和实证两个方面检验市场经济发展程度与一国保险业的发展水平二者之间的关系。

本文具体安排如下：第二部分分析为什么现有研究往往忽视市场经济发展程度对一国保险业发展水平的影响；第三部分探讨保险制度与市场经济之间存在的内在联系；第四部分构建包含市场经济发展程度等多个变量在内的人均寿险支出模型和人均非寿险支出模型，并对本文的数据进行说明与描述；第五部分分析实证研究的结果；第六部分为小结。

二、市场经济发展程度——被忽视的因素

为什么研究者们会忽视市场经济发展程度对一国保险业发展水平的影响呢？要分析这一原因，我们就必须从市场经济的判别标准谈起。

长期以来，理论界和实务界一直都没有停止过探讨市场经济的本质特征，并且在努力尝试着构建具有操作性的市场经济判别标准。就目前而言，国际上比较具有影响力的市场经济判别标准大致可分为两大类：第一类是由实务界所制定的市场经济标准，这些标准来自于西方发达国家国际贸易实践领域，特别是反倾销的实践，主要也为在国际贸易领域进行反倾销活动提供制度上的支持，比较有代表性的包括美国商务部标准和欧盟标准；第二类是由理论界所提出的标准，其重心倾向于内涵更为广泛的经济自由度（economic freedom）指标，比较具有代表性的包括美国传统基金会（The Heritage Foundation）和《华尔街日报》、加拿大弗雷泽研究所（Fraser Institute）从20世纪90年代以来就致力于编制经济自由度指数（index of economic freedom）。

尽管实务界和理论界所提出的两类标准在具体指标的选取上以及使用目的上存在着相当的差别，但需要指出的是，两类标准均未将保险制度因素纳入自身体系，忽视了保险制度与市场经济二者之间所存在的内在联系，具体原因如下：

首先，从设计功能来看，现有的市场经济判别标准的设计功能主要是服务于转型经济体市场化程度的评估，特别是反倾销的需要，所以其目光主要放在影响对外贸易的指标上；再考虑到指标编制成本的问题，某种指标是不是会最终进入评判标准体系，主要是看其直接反映外贸条件的能力。因此，传统指标主要是看进出口市场的产品价格是否是由市场决定的；至于作为支持体系的金融市场，在标准的设计过程中则更注重会直接影响到价格的通货膨胀率、汇率和利率，自然会更加注重货币创造能力强、与前述各"率"关系更为密切的银行；而以提供信用支持和运输风险保障等风险管理服务为主的保险安排，未必一定局限于在某一方市场获取，价格操纵空间小，对外贸商品的价格影响相对较不显著，因而往往会被忽视。

其次,从设计主体来看,现有的市场经济判别标准是由以美国、欧盟为代表的发达市场经济体制定的。对发达国家而言,它们之所以关注市场经济地位问题,一个最为关键的动因就是维护自己的经济利益,防止从"非市场经济国家"进口的低价商品对其国内产业造成实质性损害或构成带来实质损害的威胁,或者更直接地说,国际贸易领域中的反倾销需要可以被看作是市场经济评判标准出现的主要原因,因此,这些经济体在设计市场经济判别标准的时候,会很自然地将注意力集中在影响进出口市场上的产品价格的各种直接因素上,保险制度往往不包括在内。

最后,从思想基础来看,现有的市场经济判别标准是以经典的自由市场哲学为思想基础的,更具体地说,它们从发达市场经济国家自身的实践出发,自信地认为制度框架是给定的,而且是有效的,因此,对有效市场经济体制的追求就被具体化为市场的全面开放及自由化的"现象"指标的实现,而倾向于忽视这些现象形成的原因及制度内涵。具体到实践,关注的自然就是政府不干预市场、推行良好的宏观经济政策、放开重要商品的价格、拆除所有影响市场发挥作用的壁垒以进行准确的定价、推行国有企业私有化等特征事实,从而忽视了对经济体实质的洞察。虽然人们已经普遍地认识到了制度前提对市场经济体制完善的重要意义,并意识到了不同经济体都各有其起点、路径依赖不容忽视,但是,这种经典的思想基础却没有动摇过,传统标准所遵循的研究范式正是政府与市场非此即彼的"二分法",普遍地忽略了其所衡量的经济现象的制度前提。所以,传统标准对制度的关注,至多也只会是集中在影响市场发挥作用的约束条件上,例如产权制度。

由于以上原因,保险制度被拒之于现行市场经济判别标准之"门"外,没有被纳入市场经济的本质特征之列。而在这种分析框架下,很多研究者忽视了保险制度在现代市场经济体系中所处的独特地位,忽视了保险制度服从并服务于市场经济发展的这一重要事实。因此,研究者们在分析一国保险业发展水平的影响因素时,忽视市场经济发展程度的差异就不足为怪了。

三、保险制度:市场经济的内在元素

既然保险制度应当被纳入到市场经济的判别标准之中,那么,我们又该如何理解市场经济与一国保险制度之间所存在的内在联系呢?

与自然经济和计划经济相比,市场经济至少具有以下几个鲜明的特征:(1)市场天生具有外向性,它倾向于通过商品交换将当地市场和外部市场联系、整合起来;(2)商品和服务交换不再被定位于社会的边缘,而是围绕专业化分工成为社会的中心、生产的目的;(3)商品和服务是通过价值规律主导的交换,而不是通过互惠行为或再分配在社会中转移的;(4)各经济单位作为独立的竞争主体存在,价格机制引导市场主体对经济活动的自觉选择,不存在一个中央指令机制来指引其运作;(5)市场竞争主体的资格和行为由稳定的、有可预见性的法律体系来规范和协调,即市场经济是"法治经济",而不是"人治经济";(6)从动态角度来讲,市场经济体系在继承传统、变革创新和优胜劣汰等机制的作用下,其组织结构和运行模式会不断地自我完善。而市场经济越发达,该经济体中所积累的社会资本[①]就越丰富,市场经济所要求的以"事由"为根据的普遍契约关系就更容易建立与完善,进而可以进一步巩固市场秩序,提升市场经济机制的效率和质量。

正是从这些意义上讲,市场经济是一个开放的、具有自组织(self-organizing)特征的系统。德国理论物理学家、协同学创始人哈肯(Haken,1976)按系统的演化形式将其分为两类:他组织和自组织。如果系统在获得空间的、时间的或功能的结构过程中,不依靠外界的特定干预,而是按照相互默契的某种规则、各尽其责而又协调地自动地形成有序结构,便说系统是"自组织"的;而一个系统自组织功能愈强,其保持和产生新功能的能力也就愈强。从上述特征来看,我们可以说在"看不见的手"指引下运作的市场经济恰恰具备了自组织系统的典型特征。[②]

更进一步来说,市场经济的"自组织"作用至少可以分解为三类,即自发展、自协调、自保障。

所谓"自发展",即在市场经济中,各非政府经济主体出于对自身效用和经济利益的追求,根据其分工定位和供需关系决定的价格变动做出各自的生产和消费决策,"看不见的手"由此引导资源向最有效率的方面配置,从而实现整体经济的发展,并实现社会的整体利益。

所谓"自协调",则是指在市场经济中,各种非政府经济主体具有相当的资源动员能力,它们能够分别按照社会角色以及其在制度或组织中行为的内在规定性,依循一定的逻辑自主、自发地与周围行为人和环境发生正反馈和负反馈等相互作用(包括相互配合与协作、相互竞争、相互干扰和制约等),进而形成一些非法律安排或规则(包括但不限于价值规律,这种安排或规则替代了计划经济下的指令),调整供需状态,协调各主体之间的利益关系,进而形成系统内的秩序,实现"协调"的"发展"。

所谓"自保障",就是指各经济主体组织会通过自主、自发的契约安排形式,在损失发生之前制定有效的风险管理计划,进而可以在系统内部获得修复损伤、实现持续发展的能量,而无需完全依赖于外界力量的介入。这里,一个典型的例子就是保险安排;各经济主体在风险事故发生之前自主缴纳保费,并在损失后享受权利——获得保险赔付。

自发展、自协调和自保障三种机制共同构成了一个完整而和谐的市场经济系

[①] 综合国际学术界的研究成果,可以将社会资本定义为一个国家或地区内、通过民众自由地将个体人力资本进行横向的社会结合而生成的能够促进一个国家经济和社会持续发展的社会关系结构和社会心理结构。大致包括:合作性企业和自愿性社团组织、畅通和谐的横向交往网络、民主自治的社会契约、互相信任的心理认同、互学共进的合作创新心态等。

[②] 反之,如果系统靠外部指令而形成组织,就是他组织;计划经济可以被看做是他组织的典型代表。

统。在这样的一个系统中,保险制度作为市场经济"自保障"机制的重要载体和表现形式,是市场经济系统正常运转的重要前提条件。换句话说,市场经济本身包含着保险制度的元素,而保险制度也天生发展于市场经济的环境中。这也意味着,作为市场经济的有机组成部分,作为市场经济条件下的一种风险管理制度,保险制度将会随着市场经济发展程度的提高而不断发展。

四、保险支出的影响因素与模型构建

上述讨论表明保险制度与市场经济之间存在重要关系,为了进一步探讨市场经济发展程度对保险制度的影响,下面我们将从实证的角度分别检验市场经济发展程度对一国人均寿险支出和人均非寿险支出的影响。[①]

(一)人均寿险支出的影响因素与模型

基于更全面地考察市场经济发展程度对人均寿险支出的影响,在确定市场经济发展程度这一指标之外,我们还考虑了其他六个可能影响寿险支出的具体因素。这些影响因素具体如下,其中括号里的符号为变量的指代名称。

1. 市场经济发展程度(INDEX)

如前所述,关于市场经济发展程度与人均寿险支出之间的关系,目前尚没有文献对此进行过研究。我们认为,现代保险制度作为在市场经济体系下产生和不断发展的一种风险管理制度,它自然会受到一国市场经济发展程度的影响。具体来说,我们预期一国的市场经济发展程度与该国的人均寿险支出存在正相关关系,也即市场经济发展程度越高,一国的人均寿险支出越高。

关于各国的市场经济发展程度,我们选择使用美国传统基金会和《华尔街日报》所编制定量化的经济自由度指数来衡量。[②]

2. 收入水平(INCOME)

收入水平是影响人均寿险支出的一个十分重要的因素。这是因为,人们需要花费一定的收入来购买寿险产品,假定其他条件不变,人们的收入越高,对购买寿险产品的需求也就越高。事实上,寿险产品在一定意义上是奢侈品,只有当人们的收入达到一定的水平,才会考虑通过购买保险来规避风险。Yarri(1965)、Fortune(1973)、Lewis(1989)等人都把收入作为保险需求理论中的一个重要变量,而Beenstock 等(1986)、Browne 和 Kim(1993)、Outreville(1996)、Ward 和 Zurbruegg

---

[①] 由于寿险和非寿险在性质和作用上存在着区别,经济主体在购买时所考虑的因素也不尽相同,我们有必要分开进行讨论。

[②] 从严格意义上说,市场经济发展程度并不等同于经济自由度,然而考虑到经济自由是市场经济的基本特征,并且现有的经济自由度指标包括了对市场化程度的考量,二者具有很强的相关性,因此,我们认为经济自由度指数可以在很大程度上反映市场经济发展程度。

(2002)、Beck 和 Webb(2003)、Li 等(2007)的实证研究也表明,收入水平对人们的寿险支出有着明显的促进作用。Enz(2000)还发现,虽然人们的寿险支出随着收入水平的提高而提高,但是当人们的收入水平达到特定阶段之后,人们对风险的自留和消化能力将大大增强,这时,寿险支出对收入水平的弹性将呈递减趋势。

我们将用人均 GDP 来衡量人们的收入水平,并预期它与一国的人均寿险支出存在正相关关系。

3. 银行部门的发展(BANK)

银行部门的发展也是一国寿险业发展的重要促进因素。近些年来银行保险在各国快速发展的事实表明,银行部门能够在产品、渠道、技术和客户等方面与寿险业实现资源共享和优势互补,促进寿险需求。Beck 和 Webb(2003)使用存款性银行向国内非金融部门所提供的信贷数量与 GDP 的比率作为银行部门发展水平的指标,结果发现,银行部门的发展与一国寿险发展有着明显的正相关关系。值得一提的是,Outreville(1996)对发展中国家的考察以及 Li 等(2007)对 OECD 国家的考察都发现,一国寿险业的发展水平与金融发展水平正相关。

我们将一国银行部门所提供的国内信用与该国 GDP 的比率作为对该国银行部门发展水平的衡量指标,并预期它与一国的人均寿险支出存在正相关关系。

4. 预期通货膨胀水平(INFLA)

寿险产品的期限往往较长,因此,如果人们在购买寿险产品之后发生通货膨胀,那么寿险产品的价值将会减少。Fortune(1973)、Browne 和 Kim(1993)、Beck 和 Webb(2003)的研究都表明通货膨胀与人们的实际保险需求存在负向关系。[①] Ward 和 Zurbruegg(2002)发现通货膨胀对寿险支出的影响在各国之间并不相同,具体来说,对亚洲国家的影响要大于 OECD 国家。

我们用当年通胀率与下一年通胀率的平均值来衡量一国的预期通货膨胀水平,并预期它与一国的人均寿险支出存在负相关关系。

5. 真实利率(INTRATE)

对于寿险产品而言,死亡率、费用率和利率是决定其价格的三大重要因素。相比而言,利率往往较死亡率、费用率的波动更为频繁,因此,对寿险产品的价格影响也更为明显,这进而也会影响人们对寿险产品的需求。然而,对于真实利率到底如何影响人们对寿险的需求,研究者们却有着不同的结论。Outreville(1996)的研究发现,二者的关系并不显著,而 Beck 和 Webb(2003)的研究则表明,二者之间存在着正相关关系,但 Li 等(2007)的实证研究却表明,二者之间存在着负相关关系。研究者们在这一问题上的认识差异,与考察对象和考察方法的不同有关。

我们用名义利率与通货膨胀率之差来表示真实利率,它与一国人均寿险支出

[①] Babbel(1981)通过对巴西寿险市场的考察发现,如果人们存在通货膨胀预期,即使保险公司推出含有通货膨胀指数的寿险产品,人们对寿险产品的需求还是会减少。

之间的关系待定。

6. 社会保障支出水平(SOCIAL)

Lewis(1989)认为,社会保障可以被看作一种强制性的寿险,它对商业寿险起到了替代作用。他还认为,由于社会保障的支出来自于人们的税收,而交税会减少人们的实际收入,进而会减少对寿险的需求。Beenstock 等(1986)通过对十个发达国家的研究表明,社会保障的确会减少人们的寿险支出。Ward 和 Zurbruegg(2002)发现,社会保障对亚洲国家寿险支出的影响并不明显,但是对 OECD 国家的寿险支出却存在着明显的负向影响。Li 等(2007)也得出了类似的结论。

我们用政府补助和其他转移支付占政府费用的比率来衡量社会保障支出水平,并预期它与一国的人均寿险支出存在负相关关系。

7. 赡养率(DEPENT)

早期的寿险需求文献比如 Yaari(1965)、Fischer(1973)、Lewis(1989)等都认为遗产动机是寿险需求的因素之一,而这也意味着赡养率可能对人们的寿险需求会产生影响。Burnett 和 Palmer(1984)、Beenstock 等(1986)、Truett 和 Truett(1990)、Browne 和 Kim(1993)、Ward 和 Zurbruegg(2002)、Li 等(2007)提供的证据均表明,赡养率对寿险支出有着正相关关系。Beck 和 Webb(2003)还认为,赡养率比抚养率对寿险支出的影响更大一些。

我们把 64 岁以上的受赡养人口与 15—64 岁之间人口之比定为赡养率,并预期它与一国的人均寿险支出存在正相关关系。

在假定上述影响因素的基础上,我们用各国的寿险密度来衡量其人均寿险支出水平(LIFEEXP),我们认为,人均寿险支出是这些影响因素共同作用的结果,也即:

$$\log(LIFEEXP) = \beta_0 + \beta_1 \log(INDEX) + \beta_2 \log(INCOME) + \beta_3 BANK + \beta_4 INFLA + \beta_5 INTRATE + \beta_6 SOCIAL + \beta_7 DEPENT$$

结合前面我们所做的研究假定,我们预期各回归系数的符号如表 2 所示:

表 2　人均寿险支出的影响因素及回归符号假定

变量	预期符号	变量	预期符号
市场经济发展程度(INDEX)	+	真实利率(INTRATE)	+/-
收入水平(INCOME)	+	社会保障支出水平(SOCIAL)	-
银行部门的发展(BANK)	+	赡养率(DEPENT)	+
预期通货膨胀水平(INFLA)	-		/

(二)非寿险支出的影响因素与模型

由于非寿险与寿险在经营性质上存在着相似之处,我们认为,它们在支出上的影响因素也存在着相似之处。一些影响寿险支出的因素,比如市场经济发展程度

(INDEX)、收入水平(INCOME)、银行部门的发展(BANK)以及预期通货膨胀水平(INFLA)，同样可能会对非寿险的支出产生影响。

除了以上四个因素之外，城市化水平(URBAN)也被认为是影响非寿险支出的重要因素。一些学者认为，随着一国城市化水平的提高，人们的财产会变得集中，这样发生损失的可能性就会增加，进而会促进人们对非寿险的支出。Outreville(1996)、Browne等(2000)和Esho等(2004)先后检验了一国城市的发展对非寿险需求的影响，结果表明，二者之间存在着正相关关系。我们拟用一国城市化人口与总人口的比率来反映一国城市化水平。

我们用各国的非寿险密度来衡量其人均非寿险支出的水平(NONLIFEEXP)，这样我们就可以构建如下的人均非寿险支出模型：

$$\log(NONLIFEEXP) = \beta_0 + \beta_1 \log(INDEX) + \beta_2 \log(INCOME) + \beta_3 BANK + \beta_4 INFLA + \beta_5 URBAN$$

各回归系数的预期符号如表3所示：

表3 人均非寿险支出的影响因素及回归符号假定

变量	预期符号	变量	预期符号
市场经济发展程度(INDEX)	+	银行部门的发展(BANK)	+
收入水平(INCOME)	+	预期通货膨胀水平(INFLA)	−
城市化水平(URBAN)	+		

(三) 数据说明与描述

我们考察了67个国家从1995年至2007年间的发展实践。在具体国家的筛选上，我们以数据的可得性和完整性作为基本的取舍标准。由于很多发展中国家的数据缺失比较严重，因此，最终我们所考察的国家主要集中在传统发达国家和一些新兴国家。我们在这里所指的传统发达国家主要包括美国、加拿大、日本、澳大利亚、新西兰以及西欧等传统发达国家，而所谓的新兴国家则主要是指近些年来实现了较快的工业化和信息化进程的发展中国家，比如中国、印度、俄罗斯、巴西、南非等，同时还包括一些刚刚完成工业化的国家，比如韩国、墨西哥、土耳其等。

本文中关于人均寿险支出(寿险密度)、人均非寿险支出(非寿险密度)以及收入水平(人均GDP)的数据均来自于瑞士再保险公司(Swiss Re)世界保费数据库。由于各国在各年的数据均以美元为计价单位，故这些数据在统计上具有连续性，不涉及汇率转换和购买力变动的问题。

对于市场经济发展的程度，我们使用美国传统基金会和《华尔街日报》所编制的定量化的"经济自由度指数"来衡量。这套指数自从1994年首次推出以来，每年更新一次。由于编制机构在编制方法上的相对稳定性，该指数在整体上也保持了较好的统一性和延续性，在国际上也得到了一定的认同。

其他变量的数据,比如银行部门的发展、预期通货膨胀水平、真实利率、社会保障支出水平、赡养率以及城市化水平,均来自于世界银行每年所发布的《世界发展指数》(World Development Indicator,WDI)。

五、实证结果与分析

(一) 寿险支出模型回归分析

利用上述面板数据,我们用混合效应模型和非观测效应模型(包括固定效应模型和随机效应模型,下同)两种方法对67个国家的寿险支出模型进行了估计,回归结果详见表4。

表4 寿险支出模型回归结果

	混合OLS	固定效应	随机效应
常数项	-0.2306*** (-2.81)	-7.0687*** (-11.46)	-7.3589*** (-12.56)
市场经济发展程度 (INDEX)	0.6415* (1.81)	0.3542** (2.40)	0.3815*** (2.66)
收入水平 (INCOME)	1.0280*** (9.92)	1.1204*** (36.87)	1.1393*** (41.28)
银行部门的发展 (BANK)	0.0280 (0.35)	0.0063 (0.18)	0.0215 (0.65)
预期通货膨胀水平 (INFLA)	0.3408 (1.09)	-0.1539 (-0.85)	-0.1131 (-0.64)
真实利率 (INTRATE)	-0.1339 (-0.49)	-0.0506 (-0.44)	-0.0277 (-0.25)
社会保障支出水平 (SOCIAL)	-8.8555* (-1.68)	-3.1881 (-1.39)	-3.0475 (-1.41)
赡养率 (DEPENT)	11.2106*** (4.39)	3.4015*** (3.66)	3.2926*** (5.03)
观察值数量	434	434	434
R^2	调整R^2 = 0.5994	within = 0.8659 between = 0.9313 overall = 0.9275	within = 0.8657 between = 0.9326 overall = 0.9288
Hausman检验(p值)			0.3387

注:括号里为t值。*,**,***分别表示在10%、5%和1%的显著水平下显著。

从表4我们可以看到,在混合OLS模型中,除了预期通货膨胀水平和真实利率,其他变量的回归符号与我们的预期保持了一致。具体来说,收入水平和赡养率在1%的置信度下与人均寿险支出正相关,市场经济发展程度和社会保障支出水平在10%的置信度下与人均寿险支出正相关,银行部门的发展虽然符号与预期一致,但是并不显著。

在固定效应模型和随机效应模型中,Hausman检验的结果(p值为0.3387)表明我们应该拒绝固定效应模型。根据随机效应模型,我们可以看到,市场经济发展程度、收入水平和赡养率均在1%的置信度下与人均寿险支出存在正相关关系。另外,银行部门的发展、预期通货膨胀水平和社会保障支出水平等变量回归系数的符号也与我们的预期基本吻合,尽管它们并不显著。

在表5中,我们进一步用混合效应模型和非观测效应模型两种方法分别对新兴国家和发达国家的寿险支出模型进行了检验。限于篇幅,这里我们并没有把固定效应模型和随机效应模型的回归结果都列出来,而是根据Hausman检验的结果选取了在5%的置信度下的最优模型。从表5中我们可以看到,总体而言,无论是在新兴国家还是在发达国家,市场经济发展程度与人均寿险支出都存在着正相关关系。

表5 新兴国家与发达国家寿险支出模型回归结果

	新兴国家		发达国家	
	混合OLS	随机效应	混合OLS	固定效应
常数项	-0.2454** (-2.15)	-7.2881*** (-9.48)	-0.2113* (-1.73)	-6.8160*** (-7.47)
市场经济发展程度(INDEX)	0.7112 (1.47)	0.3398* (1.83)	1.3441** (2.29)	0.4848** (2.03)
收入水平(INCOME)	0.9988*** (7.35)	1.1492*** (31.98)	1.004*** (4.05)	1.0813*** (22.08)
银行部门的发展(BANK)	0.1664 (0.89)	0.0559 (0.76)	0.0907 (1.28)	0.0163 (0.52)
预期通货膨胀水平(INFLA)	0.4642 (1.20)	-0.0454 (-0.22)	0.7754 (0.33)	-3.0700*** (-3.28)
真实利率(INTRATE)	-0.0589 (-0.17)	-0.0273 (-0.21)	1.1322 (1.17)	-0.2923 (-0.69)
社会保障支出水平(SOCIAL)	-2.3514 (-0.32)	-4.6207 (-1.57)	-13.3769* (-1.80)	0.5209 (0.16)
赡养率(DEPENT)	12.8491*** (2.72)	3.1880*** (3.19)	10.1864*** (3.49)	1.9592* (1.72)
观察值数量	270	270	164	164
R^2	调整R^2 = 0.5910	within = 0.8614 between = 0.8927 overall = 0.8892	调整R^2 = 0.6393	within = 0.8907 between = 0.6670 overall = 0.7133
Hausman检验(p值)		0.6803		0.0367

注:括号里为t值。*,**,*** 分别表示在10%,5%和1%的显著水平下显著。

进一步,如果我们仅考察市场经济发展程度与人均寿险支出的相关关系,新兴国家和发达国家还略有差别。具体来说,发达国家的这种正相关关系在5%的置信度下是显著的,而新兴国家的显著程度要更低,同时,从回归系数的大小来看,相比于新兴国家,发达国家的回归系数更高。

(二) 非寿险支出模型回归分析

采用与寿险支出模型相同的回归方法,我们对非寿险支出模型进行了估计,具体结果详见表6。混合OLS模型的回归结果表明,市场经济发展程度和收入水平均在1%的显著水平下与人均非寿险支出存在正相关关系。而在固定效应模型中我们可以看到(Hausman检验的结果表明我们应该接受固定效应模型,拒绝随机效应模型),除了城市化水平,其他变量回归系数的符号与我们的预期保持了一致,具体来说,市场经济发展程度、收入水平和预期通货膨胀水平都在1%的置信度下与人均非寿险支出正相关,银行部门的发展在5%的置信度下与人均非寿险支出正相关。

表6 非寿险支出模型回归结果

	混合 OLS	固定效应	随机效应
常数项	-0.0031 (-0.12)	-7.7144*** (-14.43)	-8.4656*** (-18.59)
市场经济发展程度 (INDEX)	0.2590*** (9.64)	0.6286*** (5.68)	0.6748*** (6.25)
收入水平 (INCOME)	1.1419*** (35.01)	1.1662*** (51.43)	1.1710*** (54.19)
银行部门的发展(BANK)	0.0550* (1.92)	0.0702** (2.36)	0.0744** (2.55)
预期通货膨胀水平 (INFLA)	-0.6732*** (-12.64)	-0.6419*** (-12.33)	-0.6153*** (-11.84)
城市化水平 (URBAN)	-2.3051*** (-4.65)	-0.7643* (-1.79)	-0.0273 (-0.10)
观察值数量	820	818	818
R^2	调整 R^2 = 0.8700	within = 0.8658 between = 0.9309 overall = 0.9281	within = 0.8652 between = 0.9346 overall = 0.9331
Hausman 检验(p 值)		0.0043	

注:括号里为 t 值。*,**,*** 分别表示在10%、5%和1%的显著水平下显著。

我们同样进一步分别考察了新兴国家与发达国家非寿险支出模型回归结果,详见表7。回归结果显示,无论在新兴国家还是在发达国家,市场经济的发展程度与人均非寿险支出都存在显著的正相关关系。

表7 新兴国家与发达国家非寿险支出模型回归结果

	新兴国家		发达国家	
	混合 OLS	随机效应	混合 OLS	固定效应
常数项	-0.0218*** (-0.63)	-8.5401*** (-15.35)	0.0593*** (2.58)	-7.9848*** (-10.89)
市场经济发展程度（INDEX）	0.2513*** (8.23)	0.6487*** (4.94)	0.3547** (2.19)	0.4871*** (2.93)
收入水平（INCOME）	1.1348*** (28.57)	1.1927*** (44.50)	0.9566*** (17.06)	1.0159*** (30.50)
银行部门的发展（BANK）	0.1987*** (3.88)	0.2161*** (4.22)	0.0145 (0.65)	0.0117 (0.46)
预期通货膨胀水平（INFLA）	-0.6299*** (-10.15)	-0.5894*** (-9.99)	-4.0976*** (-5.93)	-3.7237*** (-5.42)
城市化水平（URBAN）	-3.2186*** (-5.19)	-0.3296 (-0.96)	3.2171*** (4.46)	2.9923*** (4.13)
观察值数量	553	551	267	267
R^2	调整 R^2 = 0.8704	within = 0.8637 between = 0.8726 overall = 0.8724	调整 R^2 = 0.9289	within = 0.9206 between = 0.5496 overall = 0.6345
Hausman 检验（p 值）		0.7503		0.0443

注：括号里为 t 值。*，**，*** 分别表示在 10%，5% 和 1% 的显著水平下显著。

六、结 论

通过检验影响人均保费支出的因素，从而找到影响一国保险业发展水平的因素，这种做法已经得到众多研究者的认同。在这种分析思路下，研究者们已经对一国保险业发展水平的因素进行了广泛的考察。然而，限于设计功能、设计主体和思想基础等方面的原因，现行的市场经济判别标准未将保险制度纳入市场经济的本质特征之列，这使得很多研究者忽视了保险制度服从并服务于市场经济发展的这一重要事实，进而忽视了市场经济发展程度的差异对一国保险业发展水平的影响。然而，市场经济作为一个开放的、具有自组织特征的系统，它包含着自发展、自协调和自保障三种机制。保险制度作为市场经济"自保障"机制的重要载体和表现形式，它内生于市场经济体制。这也意味着，作为市场经济条件下的一种风险管理制度，保险制度将会随着市场经济发展程度的发展而发展。

在以上分析的基础上，我们进一步从实证的角度考察了市场经济发展程度对一国保险发展水平的影响。我们以 67 个新兴国家和发达国家在 1995—2007 年的发展实践作为考察对象，把人均保费支出即保险密度作为一国保险发展水平的基本指标，并且假定人均保费支出要受到包括市场经济发展程度、收入水平、银行部门的发展等在内的多个因素的影响,在此基础上,我们利用混合效应模型和非观测效应模型分别完成了对人均寿险支出和人均非寿险支出影响因素的考察。

实证检验的结果表明,就总体而言,无论是在新兴国家还是在发达国家,人均寿险支出和人均非寿险支出与市场经济发展程度都存在着比较显著的正相关关系。这一结论印证了我们在前面所提出的假定,也即,对一国而言,在其他条件相同的情况下,如果该国的市场经济发展程度越高,那么人们对保险的支出水平也就越高,相应来说,该国的保险发展水平也就越高。另外,我们还发现,市场经济发展程度对人均寿险支出和人均非寿险支出的影响,在新兴国家和发达国家还略有不同。

本文的结论是对一国保险业发展影响因素研究的扩展,它对我们理解中国保险业的发展有着重要的启示和指导意义。改革开放以来,中国完成了从高度集中的计划经济体制向社会主义市场经济体制的历史转变。在市场化的进程中,随着经济主体责、权、利的逐步明晰,经济主体面临着越来越多的风险,比如养老支出、医疗支出以及各种财产和责任损失,这些风险使得经济主体不得不寻求更为有效的风险管理途径。保险制度作为一种商业性风险管理制度,它满足了市场经济条件下经济主体管理风险的内在需求,自然也就得到经济主体的认同和依赖。正是在这种背景下,中国的保险业获得了历史性的发展机遇,在改革开放后的30年里保持了30%左右的年均增长速度,并发展成为国民经济体系中不可或缺的重要行业。因此,从这个意义上讲,中国的市场经济体制改革为保险业的生存和发展提供了土壤,在制度上支撑和维系了保险业的持续快速增长。

参 考 文 献

[1] Babbel, D. F., 1981, "Inflation, Indexation, and Life Insurance Sales in Brazil", *Journal of Risk and Insurance*, 49: 111—135.

[2] Beach, W. and T. Kane, 2008, "Methodology: Measuring the 10 Economic Freedoms", 2008 Index of Economic Freedom, The Heritage Foundation and The Wall Street Journal, http://www.heritage.org/research/features/index/chapters/pdf/Index2008_Chap4.pdf.

[3] Beck, T., and I. Webb, 2003, "Economic, Demographic, and Institutional Determinants of Life Insurance Consumption Across Countries", *World Bank Economic Review*, 17: 51—88.

[4] Beenstock, M., G. Dickinson, and S. Khajuria, 1986, "The Determination of Life Premiums: An International Cross-section Analysis", *Insurance: Mathematics and Economics*, 5: 261—270.

[5] Beenstock, M., G. Dickinson and S. Khajuria, 1988, "The Relationship Between Property-Liability Insurance Premiums and Income: An International Analysis", *Journal of Risk and Insurance*, 55: 259—272.

[6] Browne, M. J, and K. Kim, 1993, "An International Analysis of Life Insurance Demand", *Journal of Risk and Insurance*, 60: 616—634.

[7] Browne, M. J., J. Chung, E. W. Frees, 2000, "International Property-Liability Insurance Consumption", *Journal of Risk and Insurance*, 67: 73—90.

[8] Burnett, J. J., and B. A. Palmer, 1984, "Examining Life Insurance Ownership Through Demographic and Psychographic Characteristics", *Journal of Risk and Insurance*, 51: 453—467.

[9] Esho, N., K. Anatoly, W. Damian and Z. Ralf, 2004, "Law and the Determinants of Property-Casualty Insurance", *Journal of Risk and Insurance*, 71: 265—283.

[10] Fischer, S., 1973, "A Life Cycle Model of Life Insurance Purchases", *International Economic Review*, 14: 132—152.

[11] Fortune, P., 1973, "A Theory of Optimal Life Insurance: Development and Tests", *Journal of Finance*, 27: 587—600.

[12] Haken, H., 1983, *Synergetics: An Introduction*, 3rd Revised and Enlarged Edition, Berlin: Springer-Verlag.

[13] Hussels, S., W. Damian and Z. Ralf, 2005, "Stimulating the Demand for Insurance", *Risk Management and Insurance Review*, 8: 257—278.

[14] Lewis, F. D., 1989, "Dependents and the Demand for Life Insurance", *American Economic Review*, 79: 452—467.

[15] Li, D., F. Moshirian, P. Nguyen and T. Wee, 2007, "The Demand for Life Insurance in OECD Countries", *Journal of Risk and Insurance*, 74: 637—652.

[16] Outreville, J. F., 1992, "The Relationship Between Insurance, Financial Development and Market Structure in Developing Countries", *UNCTAD Review*, 3: 53—69.

[17] Outreville, J. F., 1996, "Life Insurance Markets in Developing Countries", *Journal of Risk and Insurance*, 63: 263—278.

[18] Truett, D. B., and L. J. Truett, 1990, "The Demand for Life Insurance in Mexico and the United States: A Comparative Study", *Journal of Risk and Insurance*, 57: 321—328.

[19] Yaari, M., 1965, "Uncertain Lifetime, Life Insurance and the Theory of the Consumer", *Review of Economic Studies*, 32: 137—150.

[20] Zietz, E., 2003, "An Examination of the Demand for Life Insurance", *Risk Management and Insurance Review*, 6: 159—192.

[21] 山口重克,2007:《市场经济:历史·思想·现在》,中译本,社会科学文献出版社。

The Effect of Market Economy on Insurance Development: Theoretical Analysis and Empirical Evidence

SUN Qixiang ZHENG Wei SUO Lingyan HE Xiaowei

Abstract: Because the current criteria of market economy fails to recognize the importance of insurance system, many researchers neglect the effect of one country's market economy's development level on its insurance development level. However, as the basic form of the self-assuring mechanism of market economy, insurance system is an indispensable part of market economy and it develops with the increase of market economy's development level. Employing a panel data set for 67 countries in the world over the period 1995—2007, this article examines this effect. We find a significant positive relationship between one country's market economy's development level and its insurance development level. The results of this article extend the research on the determinants of one country's insurance development level. It helps us to deepen our understanding of market economy and the sustainable development of China's insurance industry.

Key words: Market economy; Insurance development; Determinant

中国非寿险市场承保周期研究[*]

李心愉　李 杰

摘要：本文采用 CF 滤波法对我国 1980 年至 2008 年的非寿险市场承保赔付率进行研究，发现我国非寿险市场存在着承保周期现象，周期长度为 4—5 年不等。在进一步对我国承保周期形成机制的分析中，本文验证了制度冲击假说和经济周期假说对解释我国承保周期现象的适用性，并得出非理性定价假说和承保力约束假说对我国承保周期现象的解释力不充分的结论。

关键词：承保周期；谱分析；CF 滤波法

JEL 分类号：G22，E32

一、引　言

保险业[①]承保利润的波动在学术上称为承保周期（Underwriting Cycle），它是指，由外部市场环境的改变或内部产品定价的变化引起的保险业的利润率周期性波动的形式。它集中表现为：在市场坚挺期（Hard Market），保险产品的价格和利润率较高，赔付率较低，而在市场的疲软期（Soft Market），情况则相反。保险业的承保利润在市场的坚挺期和疲软期中周而复始，循环往复，从而出现了承保周期现象。

在我国，无论是保险学界还是监管部门都对保险业的承保利润给予了很高的重视。近年来，许多学者纷纷提出，我国的保险业应该立足于回归保障，提高对承保利润的管理水平。但是，我国对承保利润的定量研究却一直较少，这实在是一种缺憾。对于承保周期的认识不仅有利于保险企业了解市场发展规律，预测行业的承保环境，把握企业发展的节奏，提高企业风险管理能力，同时也有利于投资者准确把握进入和退出行业的时机，而且还有利于保险业的监管者加深对保险业发展的认识，有效调控市场的发展速度。因此，对承保周期的研究有着重要的理论和现实意义。

---

[*] 原载于《保险研究》2010 年第 2 期。

[①] 本文主要讨论非寿险业。由于寿险产品的缴费周期和赔付周期相对较长，收入和赔付相对稳定，所以寿险周期波动的特征并不明显。

二、文献回顾

在国际上对承保周期的研究始于20世纪80年代初,并迅速成为理论界关注的焦点。二十多年来已有大量研究成果,这些研究主要从以下两方面展开:

(一)验证承保周期的存在性并测算承保周期长度

对此问题的研究,最有影响力的文章当属 Venezian(1985)对美国保险市场承保周期的分析。他发现在美国保险业中,承保利润率时间序列的二阶自回归(AR(2))特征非常明显,并通过对二阶自回归模型的谱分析得出美国的非寿险承保周期长度为六年左右。Venezian 的发现立即引起了广泛的关注,并引发了大量的后续研究,如 Cummins 和 Outreville(1987)就把 Venezian 提出的模型拓展到对多个国家保险市场的研究中。他们研究了13个发达国家的保险市场,发现其中有10个国家存在承保周期现象,其周期长度从4.69年到8.23年不等。Lamm-Tennant 和 Weiss(1997)利用12个国家保险市场的数据进行分析,发现其中8个国家存在承保周期。Chen,Wong 和 lee(1999)则利用二阶自回归模型对日本、马来西亚、新加坡等5个亚洲国家的保险市场进行了研究,发现3个国家的保险市场存在承保周期。这一类的研究成果还有许多,如 Meier 和 Outreville(2006)的研究等。

在我国,由于保险行业的发展历史相对较短,数据的收集也比较困难[①],因此最初关于承保周期的文献主要是介绍国外承保周期的研究成果。近年来,我国保险业的统计信息逐渐丰富为承保周期研究提供了基础。如王波和史安娜(2006)、吴三明和吴波(2007)就分别利用二阶自回归模型对我国保险业的承保周期进行分析,并得出我国非寿险市场整体不存在周期性波动,但机动车辆险市场存在着6—8年的周期波动形式的结论。

(二)对承保周期形成的原因进行研究

在发现承保周期现象的同时,理论界也在努力探索承保周期产生的原因,许多学者提出了不同的理论和假说。这些理论假说大致可以归纳为两大类,一类是外部冲击假说,另一类是内部定价假说。

其中外部冲击假说主要有以下两种:

1. 竞争驱动假说

一部分学者(如 Radach,1998;Fries,1997)认为承保周期是由非寿险市场的竞争引起的。其形成机理是:在市场的坚挺期,由于保险市场竞争程度低,市场提供的有效供给不足,保险公司对保险需求者的承保条件及保单条款可以设定较高

---

① 我国对保险业数据比较详尽的记录从1998年的《中国保险年鉴》开始,而《中国保险年鉴1981—1997》至2001年才出版。

的标准,严格控制赔付,提高保险产品的价格和利润率。然而,随着更多的投资者进入保险市场,行业竞争加剧,市场逐渐出现供大于求的局面。保险公司被迫通过降价和承担更大的风险来吸收保费,维持市场份额,这导致了保险公司的赔付率升高,保险产品的利润率逐步下降,市场进入疲软期。这种情况周而复始,循环往复,就出现了承保利润的周期性变化。

2. 经济周期假说

一些学者认为保险业承保利润的波动与经济周期有很强的联系。衡量这种联系的最重要的经济指标是利率水平。因为按照完美市场理论,保费水平应该等于未来损失的折现值,所以,利率的高低应该对保险产品的价格和保费规模有直接的影响。如果假设赔付额是一外生变量,则当期的保费规模能够直接影响当期的利润率和赔付率,那么承保利润率就会受到利率水平的影响,利率的周期波动也会导致承保利润率的周期波动。Cummins(1991)对利率波动与承保利润率的关系进行了详尽的阐述,并得出承保利润率与利率水平负相关的结论。除了利率水平对承保利润率有影响之外,Grace 和 Hotchkiss(1995)还发现承保利润率与一国的 GDP 增长率、消费者价格指数(CPI)也有很强的相关关系。

对承保周期产生原因的另一类假说是内部定价假说。这一类假说的出发点是,在承保利润受到外部经济环境影响的同时,保险行业内部的原因可能也会对承保利润产生影响。这一类的假说主要包括:

1. 非理性定价假说

Venezian(1985)提出承保周期的产生是因为保险公司对保险产品定价(精算)方法存在非理性的因素。他认为,外推预测的定价技术是周期产生的根本原因。保险公司在对产品定价时,常常会过多考虑过去一年中损失(赔付额)的影响,因此去年赔付额中的异常值会被反映在当期产品的定价中,假设去年的赔付额较高,则保险公司会提高今年保险产品的价格,那么在对保险产品的总需求一定的前提下,保费规模相应提高,承保利润率也会相应上升。Niehaus 和 Terry(1993)通过实证研究验证了这一关系。

2. 制度冲击假说

Cummins 和 Outreville(1987)对 Venezian(1985)的理论提出了批评的意见,他们认为非理性定价假说的缺陷在于没有考虑保险公司对产品价格的"理性"调整行为。在他们看来,保险公司的定价机制并不是非理性的。然而在理性市场条件下,如果不存在其他因素的影响,市场上不可能出现周期波动现象。因此,Cummins 和 Outreville(1987)进一步提出承保周期现象的产生源于保险业的一些制度性因素,如数据收集滞后、监管滞后以及保单更新滞后等。这些制度性因素引起了保险产品利润率的周期波动现象。制度性的滞后使得前几期[①]的赔付额都会对当期的

[①] 通常认为滞后期在 0.5—2.5 年之间。

保险产品的价格、保费规模进而对承保利润率和赔付率产生影响。对于这一理论,同样被许多实证研究所证实,如 Lamm-Tennant 和 Weiss(1997),Chen,Wong 和 Lee(1999)等。

3. 承保力约束假说

一些学者(如 Winter,1989;Gron,1990,1992,1994)认为,在现实世界中,保险公司很难保持最优资本规模。一旦外部冲击造成资本规模偏离最优状态,由于市场摩擦的存在,保险公司不能迅速调整资本规模,其结果必然导致保险供给的变化。该理论提出,一方面,对于保险公司而言,内部融资的成本要低于外部融资,因此当保险公司的财务盈余受到冲击时(例如受到巨灾的影响),保险公司会通过提高产品价格和保单限制等措施来提高承保利润率,进而增强内部融资的能力。另一方面,当保险公司的盈余或资本受到冲击时,偿付能力的风险也会加大,这也要求保险公司控制风险,谨慎经营,提高利润率。Niehaus 和 Terry(1993)通过实证研究证实了保险业前两期的盈余水平与当期承保利润之间存在负相关关系。

在我国,对承保周期的影响因素研究非常少。主要有李谦(1996)从保险市场的供求、产品的定价与投资收益等方面分析保险业利润周期波动的现象。但是,李谦的研究在今天看来略显粗略,他并没有指出我国是否存在承保周期,也没有对文中所提的相关因素进行定量检验。

(三)我国承保周期研究的评述

通过对承保周期相关文献的梳理,我们发现当前国内的研究至少存在以下几点不足:

第一,对承保周期的测量方法仍然局限于自回归模型框架中。我们认为,用这一方法测量我国承保周期的长度有严重的缺陷,因为采用自回归模型的前提是假设保险业利润波动存在着固定周期(长度)。但是在改革开放三十年来经济高速、不规则发展,政策频繁变动,市场激烈振荡起伏的中国保险市场中不太可能出现。正如图 1 所示,我国非寿险业赔付率的波动振荡起伏,并未呈现固定长度的周期。因此,简单地运用自回归模型对我国承保周期进行研究,往往得出我国非寿险市场不存在周期的结论。

第二,目前国内缺乏对承保周期相关影响因素的定量分析,也没有对我国承保周期的形成机制进行研究,这极大地阻碍了我国对承保周期的后续研究。从现代周期理论来看,经典的周期分析仅仅计算周期的长度,既没有分析周期波动的特征,更没有分析周期波动产生的原因和影响因素,因此是有缺陷的。我们认为,对我国非寿险业承保周期的研究应该按照现代周期理论的思路进行,利用保险市场发展的历史数据分析我国改革开放以来的承保周期特征,并分析其产生的原因。

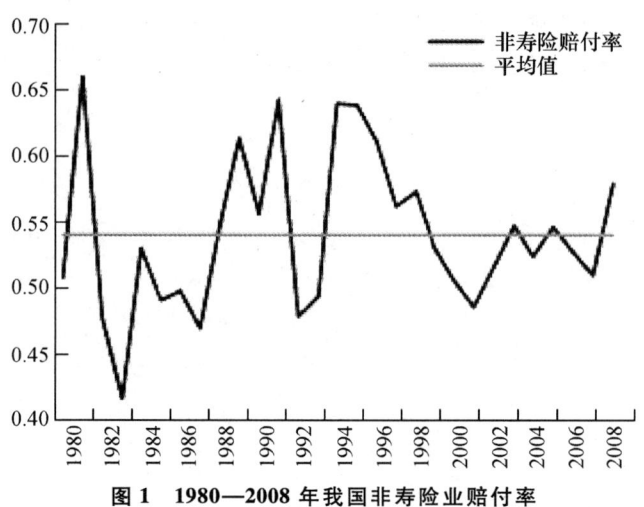

图 1　1980—2008 年我国非寿险业赔付率

三、研究方法

目前理论界研究承保周期的主流方法是建立承保周期的自回归模型,然后再利用自回归模型的谱密度性质分析周期波动的频率并计算周期长度。正如前文所说,这种方法适用于具有固定周期长度的时间序列分析,不适合对具有不规则周期特征的承保周期进行研究。因此,本文尝试采用宏观经济周期研究中常常使用的滤波分析法。滤波方法的主要思想是:把一条时间序列看作是由无数条不同频率、不同相位和不同振幅的波形组合而成的图形。由于各种因素带来的影响效果不一,对应的信号强弱、长短也不一致,从而导致这种包含不同频段的时间序列的波动显得杂乱无章。因此,一方面有必要滤去随机扰动所引起的波动的部分;另一方面也有必要把波动中的长期趋势抽取掉,最后只留下波动的周期震荡部分,即实际周期波动部分。滤波分析法最大的优点在于:它能够识别周期波动的波峰和波谷的具体位置,这样就不仅可以计算各个周期的长度,也为分析周期波动的幅度和其他特征提供了条件。

本文采用当前经济周期研究中比较流行的 CF 滤波法,这一方法由 Christiano 和 Fitzgerald(2003)提出,其主要思想是:

假设对于任一时间序列 x_t,我们把它按照波动频率分解为

$$x_t = y_t + \tilde{x}_t \tag{1}$$

y_t 的波动频率在区间 $\{(a,b) \cup (-b,-a)\} \in (-\pi,\pi)$ 内,$\tilde{x}_t$ 的波动频率属于其他非 y_t 所处的区间。

其中 y_t 是我们希望研究的对象,即需要滤出的波形。

y_t 可以写成:

$$y_t = B(L)x_t, \tag{2}$$

其中 $B(L) = \sum_{j=-\infty}^{\infty} B_j L^j, L^l x_t \equiv x_{t-l}$，即 L 为滞后算子，

$$B_j = \frac{\sin(jb) - \sin(ja)}{\pi j}, \quad j \geq 1, \quad B_0 = \frac{b-a}{\pi}, \quad a = \frac{2\pi}{p_u}, \quad b = \frac{2\pi}{p_l}$$

p_u 为滤出波形的最大设定周期长度，p_l 为最小设定周期长度。

为了估计 y_t，Christiano 和 Fitzgerald 把 y_t 的拟合值 $\hat{y}_t$ 写做

$$\hat{y}_t = \sum_{j=-f}^{p} \hat{B}_j^{p,f} x_{t-j}, \quad f = T-t, \quad p = t-1 \tag{3}$$

所以，计算 $\hat{y}_t$ 的值只需要计算出 $\hat{B}_j^{p,f}$ 即可，CF 滤波法通过计算

$$\min_{B_j^{p,f}, j=-f,\cdots,p} E[(y_t - \hat{y}_t)^2 \mid x] \tag{4}$$

来计算 $\hat{B}_j^{p,f}$，并带入(3)式得到滤波的估计值 $\hat{y}_t$，即最终的滤波结果。

四、承保周期滤波分析

(一) 数据说明

对于承保周期的衡量，已有的研究采用的数据有：承保利润率（Underwriting Profit Ratio）、综合费用率（Combined Ratio）和承保赔付率（Loss Ratio）等。由于这些数据之间存在高度的线性相关性，因此，考虑现实的数据可得性，本文采用承保赔付率来衡量承保周期。同时，本文的研究采用 1980 年到 2008 年中国非寿险业的年度数据①，其中 1980 年至 1996 年的数据主要来源于《中国保险年鉴：1981—1997》②，1997 年至 2008 年的数据来源于各年的《中国保险年鉴》。国民经济统计数据来源于各年的《中国统计年鉴》。

(二) 承保周期滤波分析结果

通过对图 1 的初步观察，在采用 CF 滤波法时，本文将我国承保周期的长度设定在 3 年到 8 年之间。③ 滤波后得到的结果见图 2 和表 1。

---

① 由于中国保险业季度和月度数据在 1999 年后才有比较详细的统计，所以为了集中研究我国改革开放后近三十年的承保周期现象，也为了更好地分析周期波动中的中长期特征，本文决定使用年度数据。

② 在《中国保险年鉴：1981—1997》中，由于部分数据缺失，因此个别年份数据使用《中国金融统计年鉴》补充。

③ 过短（小于 3 年）的周期长度将包含太多的高频信息，不利于本文对中长期周期的研究。同样，过长（大于 8 年）的周期长度也不利于本文的研究，因为一方面，参考国外经典研究，非寿险承保周期超过八年的国家比较少；另一方面，从图 1 可以看到，我国非寿险赔付率的波动频率比较大，过长的周期长度将会损失许多有意义的波动信息。而且，更重要的是，本文的样本点只有 29 个（1980—2008 年的年度数据），如果依据 29 年的年度数据来估计过长的承保周期，会产生较大的偏误。

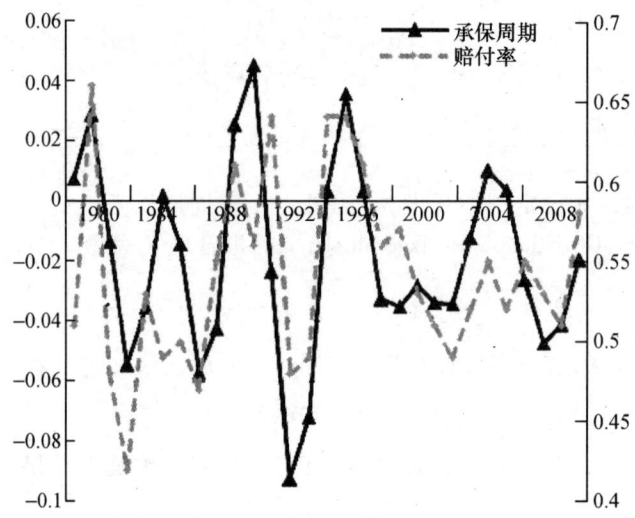

图 2　中国非寿险承保赔付率 CF 滤波结果

表 1　1980—2008 年中国非寿险市场赔付率滤波分析

峰	1981	1985	1990	1995		2003	2008
谷		1983	1987	1992	1997	2001	2006
坚挺期长度 Hard Market		2	2	2	2		3
疲软期长度 Soft Market	0	2	3	3		2	2

从图 2 和表 1 可以发现,通过 CF 滤波方法过滤掉我国非寿险市场赔付率时间序列的噪声后,我国非寿险市场存在着明显的周期波动。在 1980 年到 2008 年这二十多年间,我国的非寿险承保利润一共经历了五个周期,分别为 1981—1985 年,1985—1990 年,1990—1995 年,1995—2003 年,2003—2008 年。这五个周期的时间长度大致在 4—5 年左右①,其中保险利润的坚挺期——赔付率下降期间——的时间长度平均为 2.2 年,疲软期的时间长度平均为 2.4 年。从各个承保周期中的坚挺期与疲软期的时间长度来看,虽然两者都保持在 2—3 年之间,但是在同一周期中,坚挺期与疲软期的时间长度并不完全相同,这也反映了传统二阶自回归模型在测量承保周期长度中的不足。另一方面,分析承保周期的波动幅度,可以发现我国承保周期振幅最大的时期发生在 1987—1997 年这 10 年中,而这一时期也是我国宏观经济和保险业发展环境变化最激烈的时期。

---

① 在 1998—2001 年这 4 年中,承保周期波动的特征并不明显,因此 1995—2003 年这一周期持续的时间较长。

五、承保周期形成机制分析

如前述,关于承保周期形成机制的假说主要有竞争驱动假说、经济周期假说、非理性定价假说、制度冲击假说和承保力约束假说。对于这五种理论假说,我们认为,纵观我国保险业的发展历程,在过去三十年中保险公司的数量始终保持增长趋势,保险业的竞争程度也一直在加剧,并没有出现周期性的变化,例如,中国最大的财险公司中国人保的市场占有率从20世纪80年代末期开始就一直持续下降。所以竞争驱动假说对我国承保周期性的解释力并不强。因此,下文对我国承保周期形成机制的分析主要集中于对经济周期假说、非理性定价假说、制度冲击假说和承保力约束假说这四个理论模型的验证。

(一) 相关假说

在经济周期假说中,主要的结论是承保周期的利润水平会受到外部经济环境变化的影响,主要是实际利率水平的变化和实际GDP增长率波动的影响。其中,根据完美市场理论,在未来损失为外生的情况下:实际利率水平提高,未来损失的折现率会随之提高,导致保费规模和利润率水平降低;而实际GDP增长率的升高则会增大社会对保险产品的需求,提高保费规模,提高利润率。因此,根据经济周期假说,本文需要验证以下假说:

假说1:承保赔付率与实际利率水平正相关。

假说2:承保赔付率与实际GDP水平负相关。

非理性定价假说认为保险公司在指定产品价格的过程中,往往更多地依赖"外推机制",用过去的损失额来预测未来的损失额度,也就是说,如果过去的损失额较大,那么保险公司倾向于提高产品价格,维持产品的利润水平。然而,这样难免把过去损失中的一些异常的变化的影响带到当前保费中,例如,当过去一期的损失额相对正常值存在一个正的偏差,那么保险公司会提高产品价格,在需求外生的情况下,则会出现保费规模提高,利润升高的现象。由此,本文提出假说3。

假说3:承保赔付率与前一期的损失增长率负相关,与此前第二期的损失额增长率正相关。

而制度冲击假说则从理性市场的角度出发,认为承保利润率的波动并非由非理性定价的行为引起,而是由于数据收集,保单更新等行为的滞后所引起的,延迟的时间长度为0.5—2.5年,因此,过去几期的损失会对当前的保险产品价格和保费规模产生持续的影响,并影响当期的承保利润率。而根据制度冲击假说,本文提出假说4。

假说4:承保赔付率与此前第一期和第二期的损失额增长率均负相关。

根据承保力约束假说,如果保险公司的财务盈余受到负向冲击(例如受到巨灾、投资失败等因素的影响），保险公司会通过提高产品价格和保单限制等措施来提高承保利润率，进而增强保险公司的资本充足率。因此，需要通过分析保险公司的资本和盈余的关系来对此假说进行验证。但是，由于我国保险公司财务报表比较粗略，而且缺乏对巨灾损失的详细统计数据，无法估计巨灾损失对保险公司的资本和盈余的冲击，因此，在现阶段很难直接使用资本和盈余的数据对我国非寿险承保周期假说进行验证。考虑到保险公司的收益来源于承保收益与投资收益两部分，本文将采用国内 A 股的指数来近似反映保险公司盈余的变化。因此，根据承保力约束假说，本文提出假说 5。

假说 5：承保赔付率与 A 股指数的波动正相关。

（二）数据处理

为了验证以上 5 个假说，本文选取了我国 1980—2008 年非寿险业各年的赔付率（LR）和赔付额（Claims Paid），各年的市场一年期存款利率（i），GDP 以及 1990—2008 年上海综合指数（Stock）等指标。① 为了让回归分析的结果真实可靠，我们通过对数变换消除了各个变量的非平稳性（见表2）。并得到回归模型：

$$\Delta lr_t = \alpha + \beta_1 \Delta loss_{t-1} + \beta_2 \Delta loss_{t-2} + \beta_3 \Delta i_t + \beta_4 \Delta gdp_t + \beta_5 \Delta stcok_{t-1} + \varepsilon_t \quad (5)$$

表 2　模型中各变量定义与计算方法

变量	变量定义	变量计算公式
Δlr_t	赔付率波动率	$Ln(LR)_t - Ln(LR)_{t-1}$
$\Delta loss_{t-1}$	前一赔付额波动率	$Ln(Claims\ Paid)_{t-1} - Ln(Claims\ Paid)_{t-2}$
$\Delta loss_{t-2}$	此前第二期赔付波动率	$Ln(Claims\ Paid)_{t-2} - Ln(Claims\ Paid)_{t-3}$
Δi_t	利率波动率	$Ln(i)_t - Ln(i)_{t-1}$
Δgdp_t	GDP 波动率	$Ln(GDP)_t - Ln(GDP)_{t-1}$
$\Delta stcok_{t-1}$	股票指数波动率	$Ln(Stock)_{t-1} - Ln(Stock)_{t-2}$

注：每年的股票指数等于上一年最后一个交易日的收盘值与计算年股票的最后一个交易日的收盘值的平均值。

由于上海证交所从 1990 年才建立，因此本文的回归分析将分为两个模型分别进行，模型 1 为不包括股市数据的模型，研究的区间段为 1980—2008 年，模型 2 则包括股市数据，研究区间从 1991 年到 2008 年。

从表 3 可以看到，在模型 1 和模型 2 中，当期的赔付率与前两期的赔付额均负相关，这一结果验证了本文提出的假说 4，从而验证了制度冲击假说对我国非寿险市场承保周期的适用性。根据制度冲击假说，能够得出结论：我国承保周期产生的原因之一是由于保险公司在制定保险价格时，常常会遇到数据收集、保单更新后等

---

① 这些指标均采用实际值，即使用各年消费者物价指数来折算，并使之换成 1980 年的物价水平。实际利率 =（1 + 一年期存款利率）/（1 + 消费者物价指数）。

因素的影响,这些因素使得保险产品的定价往往不能跟上市场变化的步伐,从而对保险产品的利润率产生影响,并引起承保周期现象。同时,这一结果也否定了本文提出的假说3——承保赔付率与此前第二期的损失额增长率正相关。这说明我国保险公司在制定保险产品价格时并不是完全遵循比较幼稚的"外推预测机制",也没有表现出明显的非理性的特征。

表3 回归分析结果

变量 Δlr_t	模型1(1980—2008年)		模型2(1991—2008年)	
	预期符号	系数	预期符号	系数
常数项		0.1020774 (1.35)		-0.1402498* (-2.02)
$\Delta loss_{t-1}$	-	-0.4872981* (-2.02)	—	-.7201758*** (-3.22)
$\Delta loss_{t-2}$	+/-	-0.3338505 (-1.39)	+/-	-0.4131984* (-2.04)
Δi_t	+	-0.3657182 (-0.64)	+	0.1514696 (0.15)
Δgdp_t	-	0.5966294 (0.98)	-	-3.365281*** (-3.47)
$\Delta stcok_{t-1}$			+	-0.0538099 (-0.62)
R^2		0.1508		0.6893

注:括号中为回归系数的T值,在各系数的角标中,***表示此系数在0.01的水平下显著,**表示在0.05的水平下显著,*表示在0.1的水平下显著。

对于本文的假说1和假说2,在模型1中并没有得到验证,但是在模型2中的符号与预期的相一致,虽然利率水平的波动对承保利润的影响并不是非常显著。这说明,在1991年之后,保险公司的利润波动受经济周期的影响越来越明显,尤其是GDP的增长率对承保利润具有明显的正向作用。同时,根据模型2中股票指数与承保赔付率之间的关系可以看到,本文提出的假说5并不成立,这说明承保力约束模型对我国的承保周期现象的解释力并不充分。但是这也有可能是因为我国的股票指数并不是保险公司投资收益的一个好的代理变量。另外,也可能是由于本文中没有考虑巨灾损失对我国保险业的冲击等因素。所以在本文中,还不能完全确定承保约束力假说解释我国承保周期现象的适用性。

值得注意的是,模型2的拟合优度要远高于模型1,其中模型2的R^2达到了0.69,而模型1只有0.15。我们认为这有可能是因为在1991年之前我国的保险业处于初建时期,非寿险公司只有中国人保,太保,平安保险和新疆建设兵团保险等几家保险公司,而中国人保近乎垄断的市场占有率使得非寿险行业在产品定价方面可能并不会遵循竞争市场中的定价策略,因此也就较少受到普通商业周期(如

GDP增长率波动,利率波动)的影响。1991年之后,尤其在1993年我国进入金融分业经营之后,非寿险市场的发展逐渐规范,因而也更加容易受到普通商业周期的影响。同时,市场主体的不断增多也为非寿险带来了更多的竞争和更合理的运行模式。

六、结 论

本文的研究目的在于发现我国非寿险市场承保周期的中期(3—8年之间)波动特征,并分析承保周期与宏观经济波动的相关性以及承保周期的形成机制。在研究中,我们首次成功地将现代宏观经济周期分析中的滤波分析法运用于非寿险市场的承保周期分析中,这是一个大胆的尝试和突破。通过研究,我们有以下两点发现:

第一,我国的非寿险市场与大多数国外的非寿险市场一样存在着承保周期现象,所不同的是周期长度不固定,周期波动也不严格对称。这个发现与我国以往对这一领域的研究所得结论不同。我们认为,这主要是因为以往的研究中所采用的自回归模型并不适合描述我国非寿险市场的波动特征。本文采用CF滤波法的分析结果表明,我国非寿险市场承保周期的时间长度大约在4—5年左右,比国际上大部分国家的承保周期要短,这说明我国的保险业在过去二十多年中,利润震荡相对于国际上成熟的保险市场频率较高。但是,结合承保周期波动幅度的分析,可以看到,我国非寿险市场的承保周期已经渡过了激烈震荡的阶段(1987—1997年),波动的幅度已经大幅缩小。

第二,通过对我国承保周期产生原因的分析,本文验证了制度冲击假说和经济周期假说对解释我国承保周期现象的有效性,而且得出非理性定价假说和承保力约束假说对我国承保周期现象的解释力并不充分。这一发现的现实意义在于,制度冲击假说肯定了市场有效性,并认为承保周期的产生是因为保险公司的管理和技术水平不足,根据发达国家的经验,随着管理和信息技术水平的提高,承保周期会出现拉长或消失的现象[1],这为我国保险业管理承保周期提供了有益的经验和启示。而且,通过回归分析,本文还得出自从20世纪90年代以来,我国的承保周期越来越受到经济周期的影响,这证明我国保险业在90年代以来的市场化程度比80年代有了质的飞跃,本文认为这可能是由1993年的金融体制改革和金融分业经营制度的确立所引起的。

需要指出的是,本文在分析承保周期产生原因时并没有考虑监管的变化对承保周期的影响,显然,监管制度的变迁对承保利润无疑有着重要的影响。但是,在

---

[1] 最新研究发现,美国的承保周期现象在1981年之前的周期长度为6年,而1981年之后周期长度出现增长的现象。

以往的研究中,对监管的度量一直存在很大的分歧,也没有找到合适的量化指标。这也是作者希望在今后进一步研究的方向。

参 考 文 献

[1] 陈昆亭、周炎、龚六堂.《中国经济周期波动特征分析:滤波方法的应用》[J].世界经济,2004(10).

[2] 李谦.《论财产保险利润周期》[J].上海保险,1996(5).

[3] 王波、史安娜.《非寿险市场的承保周期研究及在中国的检验》[J].上海金融,2006(7).

[4] 吴三明、吴波.《我国非寿险业承保周期研究》[J].保险研究,2007(9).

[5] Chen, R, K. Wong, and H. Lee, "Underwriting Cycles in Asia", *The Journal of Risk and Insurance*, 1999.66, 29—47.

[6] Choi, Seungmook, D. Hardigree, and P. D. Thistle, "The Property/Liability Insurance Cycle: A Comparison of Alternative Models", *Southern Economic Journal*, 2002.68, 530—548.

[7] Christiano, L. J, and T. J. Fitzgerald, "The Band Pass Filter", *International Economic Review*, 2003.44, 435—465.

[8] Cummins, J. D, and F. Outreville, "An International Analysis of Underwriting Cycles in Property-Liability Insurance", *The Journal of Risk and Insurance*, 1987.54, 246—262.

[9] Doherty, N. A., and H. B. Kang, "Interest Rates and Insurance Price Cycles", *Journal of Banking and Finance*, 1988.12, 199—214.

[10] Fields, A. Joseph, and E. Venezian, "Interest Rates and Profit Cycles: A Disaggregated Approach", *The Journal of Risk and Insurance*, 1989.56, 312—319.

[11] Grace, M. F, and J. Hotchkiss, "External Impacts on the Property-Liability Insurance Cycle", *The Journal of Risk and Insurance*, 1995.62, 738—754.

[12] Gron, A., "Capacity Constraints and Cycles in Property/Casualty Insurance Markets", Mimeographed, Cambridge: Massachusetts Institute of Technology, Department of Economics. 1990.

[13] Gron, A., "Capacity Constraints and Cycles in Property/Casualty Insurance Markets", *Journal of Law and Economics*, 1992.25, 110—127.

[14] Haley, J. D, "A Cointegration Analysis of the Relationship Between Underwriting Margins and Interest Rates: 1930—1989", *The Journal of Risk and Insurance*, 1993.60, 480—493.

[15] Haley, J. D, "A By-Line Cointegration Analysis of Underwriting Margins and Interest Rates in the Property-Liability Insurance Industry", *The Journal of Risk and Insurance*, 1995.62, 755—763.

[16] Lamm-Tennant, J, and M. Weiss, "International Insurance Cycles: Rational Expectations/Institutional Intervention", *The Journal of Risk and Insurance*, 1997.64, 415—439.

[17] Meier, U. B, "Multi-national underwriting cycles in property-liability insurance, Part II: model extensions and further empirical results", *The Journal of Risk Finance*, 2006.7, 83—97.

[18] Niehaus, Greg, and Andy Terry, "Evidence on the Time Series Properties of Insurance Premiums and Causes of the Underwriting Cycle: New Support for the Capital Market Imperfection Hy-

pothesis", *The Journal of Risk and Insurance*, 1993. 60, 466—479.

[19] Smith, M. L, "Investment Returns and Yields to Holders of Insurance", *Journal of Business*, 1989. 62, 81—98.

[20] Venezian, E., "Ratemaking Methods and Profit Cycles in Property and Liability Insurance", *The Journal of Risk and Insurance*, 1985. 52, 477—500.

[21] Weiss, M, "Underwriting Cycles: A Synthesis and Further Directions", *Journal of Insurance Issues*, 2007. 30, 31—45.

The underwriting cycle in China

LI Xinyu   LI Jie

Abstract: This study examines the presence and cause of the underwriting cycle in China. We found that, first, underwriting cycle does exist in China and the underwriting cycle ranges about 4 or 5 years. Second, the analysis of the cause of the underwriting cycle provides some support for the rational expectations/institutional intervention hypothesis. Third, although the impact of stock markets and interest rates to underwriting cycle is not significant, the results seem to indicate that the underwriting cycle in China is mainly related to the pace of the economic growth.

Key words: Underwriting cycle; Spectral analysis; CF filter

中国养老保险制度变迁的经济效应*

郑 伟 孙祁祥

摘要：本文针对中国目前正在进行的社会养老保险制度变迁，在一般均衡框架下构建了一个两期的动态生命周期模拟模型。我们从宏观经济、微观经济（生产者）、微观经济（消费者）、经济公平和转轨代价五个方面对制度变迁的经济效应进行了模拟量化分析。分析表明，制度变迁将使资本量和产量增加、资本——产出比提高、利率下降、工资率上升，两类劳动者个人效用上升、养老金替代率上升，收入分配差距缩小，同时发生一定转轨代价；总的来看，此次中国养老保险制度变迁的经济效应是正面的。

关键词：养老保险；制度变迁；经济效应；一般均衡

一、引 言

中国的社会养老保险制度①自新中国成立以来经历了几次重大的历史变迁，经过20世纪80年代中期以来十几年的改革探索，目前已经确立了比较完备的养老保险制度改革框架，改革目标基本清晰，改革原则基本明确，改革措施基本稳定。可以说，中国的养老保险制度进入了一个具有实质意义的新的制度变迁阶段。新的制度变迁实践提出了新的研究课题：在这个新的制度变迁过程中，如果中国养老保险制度按照目前确定的改革框架进行制度转轨，即从原来的现收现付制向真正意义的统账结合的部分积累制过渡，那么它将会在中国的社会经济领域产生怎样的影响？或者说它的经济效应将会怎样？这正是本文所要研究的问题。

国外学术界关于养老保险制度变迁方面的研究文献十分丰富，早期的经典文献可以追溯到萨缪尔森（Samuelson，1958）、戴尔蒙（Diamond，1965）和艾伦（Aaron，1966）的研究，他们开创了在一般均衡理论框架下研究养老保险制度变迁的先河，为其后这方面的研究奠定了重要基础。在较近一个时期，出现了一些在理论方法和分析工具方面有实质性拓展的研究文献，其中最具代表性的当属奥尔巴赫和

---

* 原载于《经济研究》2003年第10期。
① 本文考察的对象是"社会养老保险"。以下除非有特别说明，否则"养老保险"指的就是"社会养老保险"。

科特里科夫(Auerbach 和 Kotlikoff,1987)创立的动态生命周期模拟模型,又称为 A-K 模型。① A-K 模型的创立最初受费尔德斯坦(Feldstein,1974)和巴罗(Barro,1974)关于政府债务和现收现付养老保险制度影响的争论的启发,模型的创立又大大推进了这方面的研究。在 A-K 模型创立之后,模型得到不断的修正和完善(Kotlikoff,1998a),并且出现了一批以该模型为理论基础,针对具体国别进行养老保险制度分析的研究文献,其中,较具代表性的有科特里科夫(Kotlikoff,1998b)对美国社会保障制度私有化的一般均衡模拟研究,塞雷诺(Serrano,1998)对墨西哥社会保障制度改革的考察以及梅尔瓦(Malvar,1999)对巴西社会保险改革的分析。

中国国内在养老保险改革和制度变迁的理论研究方面也出现了不少引人关注的文献。李绍光(1998)对养老保险经济学不同学派的基本理论进行了较为全面的述评。柏杰(2000)针对中国养老保险改革实践建立了一个世代交叠模型,考察了养老保险制度安排对经济增长和帕累托有效性的影响。北京大学中国经济研究中心宏观组(2000)通过一个宏观增长模型比较了现收现付制和积累制两种养老保险制度在长期的差别,认为从经济增长角度看,积累制优于现收现付制。袁志刚(2001)从宏观经济学动态运行角度,对中国养老保险体系选择上的若干重要问题进行了经济学理论分析。王燕等(2001)利用可计算一般均衡模型分析了中国养老金改革的影响,并比较了支付隐性债务和转轨成本的各种可选方案,模拟结果谨慎乐观。郑伟(2002)在费尔德斯坦(Feldstein,1998)研究基础上进行拓展,证明了不同养老保险制度孰优孰劣并不是绝对的,并给出了决定优劣的具体参数条件。

本文采用一般均衡的分析方法,在具体的分析工具上运用 A-K 模型。② 本文一共分为五个部分。第一部分是引言,第二部分对中国养老保险制度变迁之前的现收现付制经济进行一般均衡分析,第三部分对中国养老保险制度变迁之后的部分积累制经济进行一般均衡分析,第四部分对模型参数进行估值,并利用参数估值对制度变迁前后两种制度均衡稳态下的经济变量进行测算和比较,第五部分为总结。

二、现收现付制经济的一般均衡分析

90 年代中期之前,中国的养老保险制度在制度属性上属于现收现付制;在 90 年代中至今的统账结合探索阶段,养老保险制度在制度要求上属于部分积累制,但在制度操作上仍属于现收现付制。因此,我们可以将目前正在发生的中国养老保

---

① A-K 模型以创立者 Auerbach 和 Kotlikoff 的姓氏命名。关于 A-K 模型创立与发展的一个较为全面的介绍可以参阅 Kotlikoff(1998a)。

② Thomas J. Sargent 在对 Kotlikoff(1998b)的评论中认为,A-K 模型是分析养老保险制度变迁经济效应的正确工具。此前未见利用 A-K 模型对中国养老保险制度变迁经济效应进行分析的文献。

险制度变迁的起点设定为现收现付制。在现收现付制下,处于工作期的劳动者按规定缴纳养老保险费,保险费筹集之后用于当期老年人的养老金支付;劳动者退休之后可以领取养老保险金,养老金资金来源于同期处于工作期的劳动者缴纳的养老保险费。

本部分我们首先建立一个关于中国现收现付制经济的一般均衡模型,然后对模型进行求解。我们运用一个两期迭代模型(two-period overlapping generation model)来进行分析。假设一个经济体由个人、企业和政府组成,个人的目标是追求效用最大化,企业的目标是追求利润最大化,政府的职责是建立、维护或改革相关制度。

(一) 模型的建立

1. 企业

假设企业的生产函数为一个柯布—道格拉斯生产函数:

$$Y_t = K_t^{\alpha} (H^1 L_t^1 + H^2 L_t^2)^{(1-\alpha)} \tag{1}$$

此处关于劳动投入需要做一些说明。我们假设 L_t 为模型外生变量,它由 t 期劳动人口决定;我们还假设劳动者一共有两类①,这两类劳动者的主要区别表现在两个方面:一是表现在所拥有的人力资本上,二是表现在能否进入金融市场上。第一类劳动者拥有较多的人力资本,并且其储蓄可以通过在金融市场上投资获得投资回报;第二类劳动者拥有较少的人力资本,并且其储蓄不能通过在金融市场上投资获得投资回报。② 我们用 H^1 代表第一类劳动者人均拥有的人力资本,L_t^1 代表 t 期第一类劳动人口,$H^1 L_t^1$ 代表 t 期第一类劳动者的有效劳动投入;用 H^2 代表第二类劳动者人均拥有的人力资本,L_t^2 代表 t 期第二类劳动人口,$H^2 L_t^2$ 代表 t 期第二类劳动者的有效劳动投入;$(H^1 L_t^1 + H^2 L_t^2)$ 为 t 期全体劳动人口的有效劳动总投入。

企业生产函数也可以写成每单位有效劳动的形式,将等式(1)的两边同时除以 $(H^1 L_t^1 + H^2 L_t^2)$ 便可得到:

$$y_t = k_t^{\alpha} \tag{2}$$

其中,$k_t = \dfrac{K_t}{H^1 L_t^1 + H^2 L_t^2}$,为 t 期每单位有效劳动的资本投入量。

进一步,我们假设:

---

① 这种将劳动者分为两类、假设他们非同质的思路,是塞雷诺(Serrano,1998)在对墨西哥社会保障制度改革的考察中提出来的。他的这种将劳动者分为两类的假设得到了包括 A-K 模型创立者在内的许多专家的充分肯定。

② 考虑到中国金融市场不完善和金融工具缺乏等现实状况,假设拥有较少人力资本的第二类劳动者不能将储蓄通过在金融市场上投资以获得回报,应该说是合理的。现实中,中国与塞雷诺(Serrano,1998)所考察的墨西哥,作为两个人口众多的发展中国家,两国在金融市场不完善和金融工具缺乏等方面具有诸多相似之处,现实中两国都确有相当部分劳动者将储蓄搁在家里或者存银行活期,而没有进入金融市场进行真正意义的"投资"。

$$L_t^1 = \beta L_t, \quad L_t^2 = (1-\beta)L_t \tag{3}$$

$$L_t = (1+n)L_{t-1} \tag{4}$$

$$H^1 = \gamma H, \quad H^2 = (1-\gamma)H \tag{5}$$

我们知道,企业的利润函数为:

$$\pi_t = Y_t - r_t K_t - w_t(H^1 L_t^1 + H^2 L_t^2) \tag{6}$$

通过企业利润最大化一阶条件,我们可以得到以下两个将要素投入(需求)与要素价格(即利率和工资率)联系在一起的最优关系式:

$$r_t = \alpha k_t^{\alpha-1} \tag{7}$$

$$w_t = (1-\alpha)k_t^{\alpha} \tag{8}$$

市场均衡的条件是资本投入(需求)量等于资本存量,即:

$$K_t = A_t \tag{9}$$

其中 A_t 代表 t 期全社会的资本存量。① 欲使经济保持动态均衡,这一条件在每一期都必须满足。

2. 个人

假设每个人生存两期——青年期和老年期,在青年期工作,领取工资,缴纳养老保险费;在老年期不工作,领取养老金。每个人通过在青年期和老年期的消费获得效用满足,个人的效用函数为一个两期可分的对数效用函数:

$$U_t^i = \ln C_{y,t}^i + \frac{1}{(1+\rho)}\ln C_{o,t+1}^i \quad i = 1,2 \tag{10}$$

其中,i 代表劳动者的类别,$C_{y,t}^i$ 代表第 i 类人在 t 期(青年)时的消费,$C_{o,t+1}^i$ 代表第 i 类人在 $t+1$ 期(老年)时的消费,ρ 代表老年期效用折算到青年期所使用的两期效用折算率,U_t^i 代表 t 期出生的第 i 类劳动者一生的效用现值。

个人的目标是追求效用最大化。个人效用最大化问题应在满足相应的消费预算约束条件之下进行求解。

在现收现付制经济中,t 期出生的第一类劳动者在老年期的消费预算约束条件为:

$$C_{o,t+1}^1 = (1+r_{t+1})[(1-\tau_{pg})H^1 w_t - C_{y,t}^1] + a^1[\tau_{pg}\varphi H w_{t+1}(1+n)] \tag{11}$$

第二类劳动者在老年期的消费预算约束条件为:

$$C_{o,t+1}^2 = [(1-\tau_{pg})H^2 w_t - C_{y,t}^2] + a^2[\tau_{pg}\varphi H w_{t+1}(1+n)] \tag{12}$$

在等式(11)中,τ_{pg} 是青年期工作时用于养老保险的工资缴费率②,$H^1 w_t$ 是经过人力资本因素调整后的第一类劳动者在 t 期的工资,$(1-\tau_{pg})H^1 w_t$ 代表 t 期末的可支配收入,$C_{y,t}^1$ 是 t 期的消费,$[(1-\tau_{pg})H^1 w_t - C_{y,t}^1]$ 代表 t 期末的储蓄,r_{t+1} 是 t

---

① 此处"全社会的资本存量"指的是来自第一类劳动者的储蓄,而不包括第二类劳动者的储蓄,因为根据我们前面的假设,第二类劳动者的储蓄并未进入金融市场,所以它不构成能够被厂商使用的"资本"。

② 脚标"pg"代表的是"pay-as-you-go",即现收现付制之意。下同。

$+1$ 期的利率,所以等式(11)右边第一项代表的是第一类劳动者的青年期储蓄在利率累积之后的数额。等式(11)右边第二项代表的是第一类劳动者在老年期(即 $t+1$ 期)领取的养老金数额,其中,$[\tau_{pg}\varphi Hw_{t+1}(1+n)]$ 是人均养老金,φ 为一个简化的参数符号,$\varphi = \beta\gamma + (1-\beta)(1-\gamma)$,$a^1$ 是第一类劳动者的养老金调整系数。①

在等式(12)中,$[(1-\tau_{pg})H^2w_t - C_{y,t}^2]$ 代表第二类劳动者在 t 期末的储蓄,这里与第一类劳动者不同的是,由于我们假设第二类劳动者不能将储蓄通过在金融市场上投资来获得投资回报,所以他们在青年期的储蓄到了老年期之后数额并不增加,不必考虑利率 r_{t+1} 的因素。等式(12)右边第二项为第二类劳动者在老年期(即 $t+1$ 期)领取的养老金数额,其中,a^2 是第二类劳动者的养老金调整系数。②

根据中国的情况,我们假设两类劳动者养老金调整系数 a^1 与 a^2 之比等于两类劳动者退休前的工资水平之比。根据这一假设和上述条件,我们可以得出两个调整系数的具体表达式为:

$$a^1 = \frac{\gamma}{\varphi}, \quad a^2 = \frac{1-\gamma}{\varphi} \tag{13}$$

根据等式(11)、(12)和(13),我们可以得到两类劳动者各自一生的消费预算约束。第一类劳动者的消费预算约束为:

$$C_{y,t}^1 + \frac{C_{o,t+1}^1}{1+r_{t+1}} = (1-\tau_{pg})H^1w_t + \frac{\gamma\tau_{pg}Hw_{t+1}(1+n)}{1+r_{t+1}} \tag{14}$$

第二类劳动者的消费预算约束为:

$$C_{y,t}^2 + C_{o,t+1}^2 = (1-\tau_{pg})H^2w_t + (1-\gamma)\tau_{pg}Hw_{t+1}(1+n) \tag{15}$$

3. 政府

在本文模型中,政府的职责被界定为建立、维护或改革养老保险制度。政府有权建立、维护某种养老保险制度,也有权对其进行改革。如果政府决定对某种养老保险制度进行改革,那么,我们假设在改革过程中,政府会兑现在原先制度下已经向社会成员做出的养老保险承诺。③ 在我们的模型中,政府的权利和义务是对称的。政府有权制定养老保险缴费标准,收取养老保险费,同时也有义务支付所承诺的养老保险金;政府有权通过发行国债来弥补财政赤字,同时也有义务支付国债利息。政府的收入有养老保险费收入、国债收入和税收收入,政府的支出有养老金支出和国债利息支出。需要说明的是,在模型中,我们只考虑与养老保险制度有关的

---

① 在通常意义的现收现付制下,不管退休前缴费工资是否有差异,退休以后领取的养老金数额都是相等的。但中国的情况有些特殊,在中国式的现收现付制下,养老金水平与退休前的工资水平挂钩,不同工资水平的人领取的养老金数额是不同的。正是基于这个事实,我们加上了养老金调整系数。

② 同上。

③ 中国的实际情况也是如此,中国政府在历史上建立了现收现付的养老保险制度,目前正在进行从现收现付制向部分积累制的转轨改革,在转轨过程中对于原先做出的养老金支付承诺,中国政府也必须履行。

各项政府收入和支出,至于其他的政府收入和支出,我们假设它们相互平衡,收支相等,所以在模型中我们不予考虑。

在现收现付制经济中,政府的职责主要有两点:一是按规定向处于工作期的劳动者收取相当于缴费工资一定比例的养老保险费,二是将收取的养老保险费按规定以养老金的形式向老年人进行分配。由于在现收现付制经济中当期收取的养老保险费全部用作当期的养老保险金支付,所以对政府的财政平衡没有影响,因此在现收现付制经济的模型中,我们不必考虑政府部门。

(二) 模型的求解

根据上述个人效用最大化模型以及已知条件,我们解得在现收现付制下每单位有效劳动的资本量为[①]:

$$k_{t+1} = \frac{1}{1+n} \cdot \frac{1}{2+\rho}\left[(1-\tau_{pg})\theta w_t - (1+\rho)\frac{\beta\gamma\tau_{pg}w_{t+1}(1+n)}{\varphi(1+r_{t+1})}\right] \quad (16)$$

其中,θ 为一个简化的参数符号,它代表:

$$\theta = \frac{H^1 L_t^1}{H^1 L_t^1 + H^2 L_t^2} = \frac{\beta\gamma}{\beta\gamma + (1-\beta)(1-\gamma)} \quad (17)$$

由于企业利润最大化条件并未改变,所以要素投入和要素价格之间的最优关系仍然如等式(7)和(8)所示。

根据等式(7)、(8)和(16),我们可以得到一个在现收现付制经济中隐含描述资本运动的等式:

$$k_{t+1} = \frac{1}{1+n} \cdot \frac{1}{2+\rho}\left[\theta(1-\tau_{pg})(1-\alpha)k_t^\alpha - (1+\rho)\frac{\beta\gamma\tau_{pg}(1+n)(1-\alpha)k_{t+1}^\alpha}{\varphi(1+\alpha k_{t+1}^{\alpha-1})}\right] \quad (18)$$

当现收现付制经济达到均衡时,每单位有效劳动的稳态资本量 $\hat{k}_{pg}$ 的隐含表达式为:

$$\hat{k}_{pg}^{(1-\alpha)} = \frac{1-\alpha}{(1+n)(2+\rho)}\left[\theta(1-\tau_{pg}) - (1+\rho)\frac{\beta\gamma\tau_{pg}(1+n)}{\varphi(1+\alpha \hat{k}_{pg}^{(\alpha-1)})}\right] \quad (19)$$

$\hat{k}_{pg}$ 代表的是在此次中国养老保险制度变迁之前的现收现付制经济中,每单位有效劳动的均衡稳态资本量的大小。

从等式(19)我们可以看出,决定现收现付制经济中每单位有效劳动的均衡稳态资本量 $\hat{k}_{pg}$ 的因素一共有六个,它们可以分为三组。第一组是人口因素,它具体包括三个因素,分别为劳动人口增长率 n、第一类劳动人口占劳动总人口的份额 β 和第一类劳动者人均拥有的人力资本占两类劳动者人均人力资本之和的份额 γ。第二组是经济因素,它具体包括两个因素,分别为物质资本所得在总产量中所占份

[①] 限于本文篇幅,具体求解过程略去。

额 α 和现收现付制下用于养老保险的工资缴费率 τ_{pg}。第三组是折算因素,这里指的是在个人效用函数中,老年期效用折算到青年期时使用的折算率 ρ。

有了均衡稳态资本量的表达式,我们就可以讨论现收现付制经济中一系列重要的经济变量了。所要考察的经济变量可以分为四组,分别反映国民经济和社会生活的四个不同方面:第一组为宏观经济变量——资本与产出,第二组为微观经济(生产者)变量——生产要素价格,第三组为微观经济(消费者)变量——消费者福利,第四组为经济公平变量——收入分配与再分配。本文第四部分将对这四组经济变量进行测算。

三、部分积累制经济的一般均衡分析

目前中国正在努力推行的是一种社会统筹与个人账户相结合的养老保险制度模式,这种"统账结合"模式实际上属于一种典型的部分积累制。因此,我们可以将中国养老保险制度目前正在发生的制度变迁的终点设定为部分积累制。在部分积累制下,处于工作期的劳动者按规定缴纳养老保险费,养老保险费分为两个部分:一部分用于支付当期老年人的养老金,另一部分用于个人账户累积;劳动者退休之后可以领取养老保险金,养老金由两部分组成:一部分是社会统筹养老金,来源于同期处于工作期的劳动者缴纳的养老保险费,另一部分是个人账户养老金,来源于个人账户的缴费累积。

(一) 模型的建立

模型的建立分为两个部分,首先,我们建立一个未考虑转轨的单纯的部分积累制经济模型,然后将转轨——即从现收现付制向部分积累制过渡——这个因素考虑进来,对单纯的模型进行修正,建立一个考虑转轨的修正的部分积累制经济模型。

1. 未考虑转轨的单纯模型

与现收现付制经济一样,在部分积累制经济中,企业仍然追求利润最大化,个人仍然追求效用最大化。但与现收现付制经济不同的是,个人面临的消费预算约束条件发生了很大的变化。在部分积累制下,第一类劳动者在老年期的消费预算约束条件为:

$$C_{o,t+1}^1 = (1+r_{t+1})[(1-\tau_a)(1-\tau_s)H^1 w_t - C_{y,t}^1] \\ + (1+r_{t+1})\tau_a(1-\tau_s)H^1 w_t + \tau_s \varphi H w_{t+1}(1+n) \quad (20)$$

第二类劳动者在老年期的消费预算约束条件为:

$$C_{o,t+1}^2 = [(1-\tau_a)(1-\tau_s)H^2 w_t - C_{y,t}^2] \\ + (1+r_{t+1})\tau_a(1-\tau_s)H^2 w_t + \tau_s \varphi H w_{t+1}(1+n) \quad (21)$$

在两个等式中,τ_s 代表统账结合制中统筹部分的工资缴费率,它的缴费基数是企业付给劳动者的"总报酬"[①];τ_a代表统账结合制中个人账户部分的工资缴费率,它的缴费基数是"劳动者工资"[②];其他符号的含义与第二部分现收现付制经济中的符号含义一样。两个等式结构相同,但内容有所差异。

从等式(20)我们可以看出,第一类劳动者的老年期消费预算约束实际上由三个部分构成,等式右边三项分别代表这三个部分:第一项是青年期储蓄的累积,第二项是个人账户养老金,第三项是人均社会统筹养老金。[③]等式(21)的结构与等式(20)相同,等式右边由同样的三项构成。

2. 考虑转轨的修正模型

我们知道,从现收现付制向部分积累制过渡面临一个转轨成本的问题。在我们的模型中,从现收现付制向部分积累制过渡的转轨总成本(用 X_t 表示)等于原来预期要支付的现收现付的养老金减去转轨后实际收到的可用于当期支付的社会统筹养老金,可以这样衡量:

$$X_t = \tau_{pg} w_t (H^1 L_t^1 + H^2 L_t^2) - \tau_s w_t (H^1 L_t^1 + H^2 L_t^2)$$
$$= (\tau_{pg} - \tau_s) w_t (H^1 L_t^1 + H^2 L_t^2) \tag{22}$$

等式两边同时除以 $(H^1 L_t^1 + H^2 L_t^2)$,我们得到:

$$x_t = (\tau_{pg} - \tau_s) w_t \tag{23}$$

其中,x_t 是每单位有效劳动的转轨成本。我们假设 x_t 中有 ϕ 部分由提高缴费来弥补,有 $(1-\phi)$ 部分由发行国债来弥补。ϕ 的取值范围为 $\phi \in [0,1]$,当 $\phi = 0$ 时,转轨成本完全通过发行国债来弥补;当 $\phi = 1$ 时,转轨成本完全通过提高缴费来弥补;当 $0 < \phi < 1$ 时,转轨成本则通过部分发行国债和部分提高缴费来弥补。

个人 依照以上假设,在转轨后的部分积累制经济中,两类劳动者在老年期的消费预算约束条件分别为:

$$C_{o,t+1}^1 = (1 + r_{t+1})\{[1 - (1+\phi)\tau_a](1 - \tau_s)H^1 w_t - C_{y,t}^1\}$$
$$+ (1 + r_{t+1})\tau_a(1 - \tau_s)H^1 w_t + \tau_s \phi H w_{t+1}(1 + n) \tag{24}$$

$$C_{o,t+1}^2 = \{[1 - (1+\phi)\tau_a](1 - \tau_s)H^2 w_t - C_{y,t}^2\}$$
$$+ (1 + r_{t+1})\tau_a(1 - \tau_s)H^2 w_t + \tau_s \phi H w_{t+1}(1 + n) \tag{25}$$

这两个预算约束条件与前面不考虑转轨时的预算约束条件相比,在青年期工资中多扣除了一项 $\phi \tau_a (1 - \tau_s) H^i w_t$,这一项就是提高缴费的部分。

企业 在转轨后的部分积累制经济中,因为要为国债还本付息缴纳转轨收入

---

① "总报酬"不仅包括劳动者工资,而且包括相当于劳动者工资一定比例的养老保险统筹部分的缴费,这部分缴费是由企业负担的。

② "劳动者工资"是"总报酬"中扣除养老保险统筹部分缴费后余下的部分。

③ 这里的社会统筹养老金直接用人均值而不再进行调整,原因在于根据 2000 年国务院《关于完善城镇社会保障体系的试点方案》的规定,该部分养老金不再与退休前工资水平挂钩,而是不管退休前工资水平高低,退休后的社会统筹养老金都是一样的。

税 τ_t,所以企业的利润最大化问题有所改变,产出 Y_t 中有 τ_t 部分要用于缴纳转轨收入税,这样,企业的利润函数变为:

$$\pi_t = (1 - \tau_t)Y_t - r_t K_t - w_t(H^1 L_t^1 + H^2 L_t^2) \tag{26}$$

其中,τ_t 代表 t 期的转轨收入税率。

政府 在转轨后的部分积累制经济中,政府的职责主要有三点:一是按规定收取相当于缴费工资一定比例的社会统筹养老保险费,二是为每位劳动者建立或监督有关机构为每位劳动者建立独立的个人账户,三是将收取的社会统筹养老保险费按规定以养老金的形式向老年人进行分配。此外,还有非常重要的一点就是要履行在原先的现收现付制度下已经向社会成员做出的养老保险承诺,也就是说,要负责解决转轨成本的融资问题。前面我们假设转轨总成本中有 ϕ 部分由提高缴费来弥补,有 $(1-\phi)$ 部分由发行国债来弥补,由此可见,在对转轨成本进行融资以后,政府财政不再保持平衡,而是具有一定债务赤字了。

国债的还本付息速度是一个重要的问题,政府采取不同速度的还本付息方法会产生不同的经济效应。此处我们假设政府还本付息的速度为使每单位有效劳动平均拥有的政府债务存量恒定为一个常量,这个常量等于改革期每单位有效劳动拥有的政府为弥补转轨成本而发行的国债的存量,用 d_R 表示。①政府还本付息的收入来源为转轨收入税 τ_t。

(二) 模型的求解

根据上述个人效用最大化模型以及已知条件,我们解得在考虑转轨的部分积累制下每单位有效劳动的资本量为②:

$$k_{t+1} = \frac{1-\alpha}{1+n}\left\{\frac{1}{2+\rho}\left[(1-(2+\rho+\phi)\tau_a)(1-\tau_s)\theta(1-\tau_t)k_t^\alpha \right.\right.$$
$$\left.\left. - \frac{\beta\tau_s(1+\rho)(1+n)}{1+(1-\tau_{t+1})\alpha k_{t+1}^{\alpha-1}} \cdot (1-\tau_{t+1})k_{t+1}^\alpha\right] + \tau_a(1-\tau_s)(1-\tau_t)k_t^\alpha\right\} - d_R \tag{27}$$

其中,

$$\tau_t = \frac{d_R(\alpha k_t^{\alpha-1} - n)}{k_t^\alpha + d_R \alpha k_t^{\alpha-1}} \tag{28}$$

$$d_R = \frac{(1-\phi)(\tau_{pg} - \tau_s)\hat{w}_{pg}}{1+n} \tag{29}$$

在转轨后的部分积累制经济中,当经济达到均衡稳态时,每单位有效劳动平均拥有的资本量 $\hat{k}_{pf}$ 的隐含表达式为③:

---

① 脚标"R"是"Reform"的首字母,代表改革期之意。下同。
② 限于本文篇幅,具体求解过程略去。此外,在我们的研究过程中,我们还对中国养老保险制度变迁进行了"转轨路径考察",但限于篇幅,这一部分也略去了。
③ 脚标"pf"代表"partially funded",即部分积累制之意。下同。

$$\hat{k}_{pf}^{(1-\alpha)} = \frac{(1-\alpha)(1-\hat{\tau}_{pf})}{1+n} \left\{ \frac{1}{2+\rho} \left[\theta(1-(2+\rho+\phi)\tau_a)(1-\tau_s) \right. \right.$$
$$\left. \left. -\frac{\beta\tau_s(1+\rho)(1+n)}{1+(1-\hat{\tau}_{pf})\alpha \hat{k}_{pf}^{\alpha-1}} \right] + \tau_a(1-\tau_s) \right\} - \frac{d_R}{\hat{k}_{pf}^{\alpha}} \quad (30)$$

与现收现付制经济同理,有了均衡稳态资本量的表达式,我们就可以考察资本与产出、生产要素价格、消费者福利、收入分配与再分配四组经济变量了,此外,我们还可以考察一组转轨代价变量。本文第四部分将对这五组经济变量进行测算。

四、参数估值和经济效应测算

本文第二和第三部分针对中国养老保险制度变迁前后的两种经济——现收现付制经济和部分积累制经济分别建立了一般均衡模型,求出了均衡稳态解。本部分首先对有关参数进行估值,然后对各主要经济变量进行具体测算,最后对两种制度下的一般均衡稳态情形进行比较分析。①

(一) 参数估值

参数估值是一项困难的工作,在这一部分,我们利用所掌握的资料对各有关模型参数进行尽可能合理的基准估值。② 表1列出了模型参数的基准估值。

表1 模型参数的基准估值

参数符号	参数估值	经济含义
α	0.45	物质资本所得在总产量中所占的份额
β	0.20	第一类劳动人口占劳动总人口的比例
γ	0.65	第一类劳动者人均人力资本占两类劳动者人均人力资本之和的份额
n	-0.10	劳动人口增长率
ρ	1.43	两期效用折算率
τ_s	0.1667	统账结合中统筹部分的工资缴费率
τ_a	0.08	统账结合中个人账户部分的工资缴费率
τ_{pg}	0.2334	现收现付制养老保险的工资缴费率
H	1000	两类劳动者人均人力资本之和
ϕ	0.7	转轨总成本中由增加缴费来融资的比例
φ	0.41	简化参数,代表 $\beta\gamma + (1-\beta)(1-\gamma)$
θ	0.3171	简化参数,代表 $\dfrac{\beta\gamma}{\beta\gamma + (1-\beta)(1-\gamma)}$

---

① 在研究过程中,我们对一些参数估值进行了敏感性分析,限于本文篇幅,未在此列出。
② 模型参数基准估值的依据是前人的研究资料和作者的测算,限于本文篇幅,未将参数估值过程列出。

（二）经济效应的理论测算

根据本文第二部分构建的现收现付制经济一般均衡模型和第三部分构建的部分积累制经济一般均衡模型以及以上进行的模型参数基准估值,我们可以对各主要经济变量进行具体测算。此处应用 Mathematica 4.1 软件进行具体运算,首先测算现收现付制经济模型的主要变量值,接着测算部分积累制经济模型的主要变量值,然后再对两种制度下的变量值进行比较,看看它们的变化幅度有多大。

我们将测算结果分别归纳在表2和表3中。表2列出的是养老保险制度变迁对资本与产出、生产要素价格、消费者福利、收入分配与再分配的影响,表3列出的是转轨代价的测算结果。

表2 制度变迁经济效应的理论测算（基准情形）

经济变量			符号	现收现付制	部分积累制	变化(%)
资本与产出	每单位有效劳动的资本量		$\hat{k}$	0.0030	0.0053	78.78
	每单位有效劳动的产量		$\hat{y}$	0.0731	0.0950	29.88
	资本—产出比	原始	$\hat{v}$	0.0409	0.0563	37.65
		还原	$\bar{v}$	2.0044	2.7591	37.65
生产要素价格	利率	原始	$\hat{r}$	11.0014	7.4263	-32.50
		还原	$\bar{r}$	0.0864	0.0736	-14.74
	每单位有效劳动的工资率		$\hat{w}$	0.0402	0.0485	20.68
	第一类劳动者工资		$\gamma H\hat{w}$	26.1485	31.5565	20.68
	第二类劳动者工资		$(1-\gamma)H\hat{w}$	14.0800	16.9919	20.68
消费者福利	第一类劳动者	青年期消费	$\hat{C}_y^1$	14.5255	17.8374	22.80
		老年期消费	$\hat{C}_o^1$	71.7394	61.8530	-13.78
		个人效用	$\hat{U}^1$	4.4344	4.5787	3.26
	第二类劳动者	青年期消费	$\hat{C}_y^2$	9.7422	17.5448	80.09
		老年期消费	$\hat{C}_o^2$	4.0091	7.2201	80.09
		个人效用	$\hat{U}^2$	2.8479	3.6783	29.16
	第一类劳动者养老金替代率		rep^1	0.2101	0.6564	212.47
	第二类劳动者养老金替代率		rep^2	0.2101	0.7375	251.08
收入分配与再分配	第一类劳动者收入现值		I^1	20.5031	25.1778	22.80
	第二类劳动者收入现值		I^2	11.0401	13.7209	24.28
	收入分配比		I^1/I^2	1.8571	1.8350	-1.19
	第一类劳动者收入再分配净值		IR^1	-0.2159	-0.2021	-6.37
	第二类劳动者收入再分配净值		IR^2	-0.2159	-0.1925	-10.83

表3 转轨代价的理论测算（基准情形）

经济变量		符号	测算值
改革期每单位有效劳动的转轨成本		x_R	0.0027
改革期每单位有效劳动的资本量		k_R	0.0030
改革期每单位有效劳动的产量		y_R	0.0731
转轨成本/当期资本（%）		x_R/k_R	89.64
转轨成本/当期产出（%）	原始	x_R/y_R	3.67
	还原	$\delta(x_R/y_R)$	179.67
改革后每单位有效劳动的政府债务		d_R	0.0009
所需的均衡稳态转轨收入税率（%）		$\hat{\tau}_{pf}$	7.08

（三）两种制度均衡稳态的比较分析

通过表2和表3我们发现，部分积累制经济与现收现付制经济相比，不论在资本与产出、生产要素价格，还是在消费者福利、收入分配与再分配等方面，主要经济变量的均衡稳态值都发生了程度不同的变化，此外还新增了转轨代价。这些变化从不同方面体现了中国养老保险制度变迁的经济效应，以下我们进行逐一的比较分析。

（1）资本与产出。部分积累制与现收现付制相比，每单位有效劳动平均拥有的资本量由 0.0030 增加到 0.0053，增幅为 78.78%。这一变化可以直观地从图1中看出。图1的横坐标是 k_t，纵坐标是 k_{t+1}，图中的直线是一条从原点出发的45度线，这条线上的点代表 k_{t+1} 与 k_t 相等的点，$f(k)_a$ 代表现收现付制经济达到一般均衡时资本运动的曲线，$f(k)_b$ 代表未考虑转轨成本的单纯部分积累制经济达到一般均衡时资本运动的曲线，$f(k)_c$ 代表考虑转轨成本的修正部分积累制经济达到一般均衡时资本运动的曲线，A点代表现收现付制经济的均衡稳态资本量，B点代表未考虑转轨成本的单纯部分积累制经济的均衡稳态资本量，C点代表考虑转轨成本的修正部分积累制经济的均衡稳态资本量。转轨之后均衡稳态资本量由A点逐步过渡到C点，说明转轨后的部分积累制与转轨前的现收现付制相比，每单位有效劳动平均拥有的均衡稳态资本量有所增加。

随着资本量的增加，产量和资本—产出比也相应有所增加，产量的增幅为 29.88%，资本—产出比的增幅为 37.65%。

（2）生产要素价格。先看利率。部分积累制与现收现付制相比，原始利率（即模型中一期30年的利率）由 11.0014 下降为 7.4263，降幅为 32.50%；还原后的年均利率由 8.64% 降为 7.36%，降幅为 14.74%。利率下降的主要原因是因为资本量增加了。利率是资本的价格，在其他条件不变的情况下，资本量增加，利率将下降。

再看工资。部分积累制与现收现付制相比，每单位有效劳动的工资率由

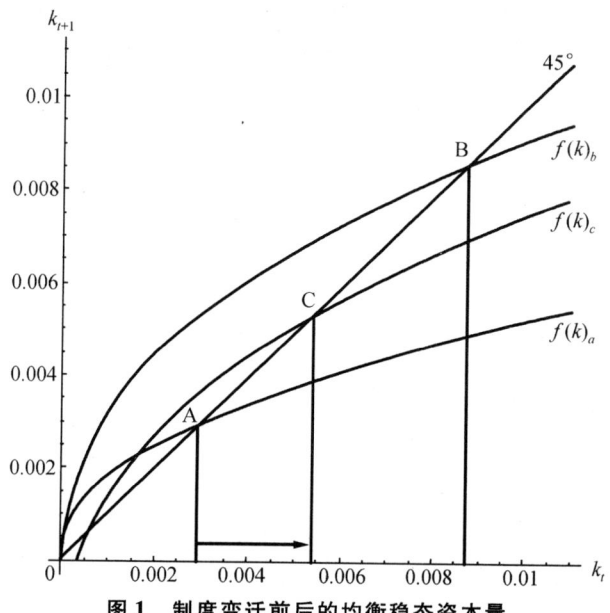

图 1 制度变迁前后的均衡稳态资本量

0.0402 上升为 0.0485,升幅为 20.68%。相应地,两类劳动者的工资水平也上升 20.68%。工资上升的主要原因是每单位有效劳动的资本量增加,因为资本量增加导致生产效率提高,生产效率提高导致工资水平上升。

(3) 消费者福利。先看两类劳动者的消费与效用。第一类劳动者青年期消费由 14.5255 增加为 17.8374,增幅为 22.80%;老年期消费由 71.7394 减少为 61.8530,减幅为 13.78%;个人效用由 4.4344 上升为 4.5787,升幅为 3.26%。第二类劳动者青年期消费由 9.7422 增加为 17.5448,增幅为 80.09%;老年期消费由 4.0091 增加为 7.2201,增幅也为 80.09%;个人效用由 2.8479 上升为 3.6783,升幅为 29.16%。

通过观察我们发现,部分积累制与现收现付制相比,第一类劳动者青年期消费增加,而老年期消费减少;第二类劳动者青年期和老年期消费都增加,而且增幅大于第一类劳动者;第二类劳动者个人效用升幅大于第一类劳动者。在这些现象背后起决定作用的主要因素有两个:一是工资,二是利率。从前面的分析我们知道,部分积累制与现收现付制相比,工资水平上升,利率水平下降。工资水平上升对两类劳动者的两期消费都起到拉动作用,而利率水平下降对两类劳动者两期消费的影响作用有所不同:对于第一类劳动者,利率水平下降对青年期消费起到拉动作用,对老年期消费起到抑制作用;对于第二类劳动者,由于他们在现收现付制下享受不到任何利息累积的好处,而在部分积累制下可以享受到一定的利息累积的好处,所以尽管部分积累制下的利率水平低于现收现付制,但他们的两期消费仍能因享受到一定的利息累积好处而得到增加。最终的消费水平是工资和利率共同作用的结果,第一类劳动者老年期消费减少说明利率下降的抑制作用大于工资上升的拉动作用。与消费现象相呼应的是,部分积累制与现收现付制相比,两类劳动者的个人效用均上升,并且第二类劳动者的个人效用的上升幅度大于第一类劳动者。

再看养老金替代率。部分积累制与现收现付制相比,两类劳动者的养老金替代率都上升,第一类劳动者的养老金替代率由 21.01% 上升为 65.64%,升幅为 212.47%;第二类劳动者的养老金替代率由 21.01% 上升为 73.75%,升幅为 251.08%。第二类劳动者养老金替代率的升幅大于第一类劳动者。由于两类劳动者在现收现付制经济中的养老金替代率相同,而且他们的工资增幅也相同,所以在部分积累制经济中第二类劳动者养老金替代率的升幅大于第一类劳动者这一事实,说明在中国的养老保险制度变迁中第二类劳动者养老金收入的增幅大于第一类劳动者。

(4) 收入分配与再分配。先看收入分配。部分积累制与现收现付制相比,两类劳动者的终身收入现值都增加,第一类劳动者收入现值由 20.5031 增加为 25.1778,增幅为 22.80%;第二类劳动者收入现值由 11.0401 增加为 13.7209,增幅为 24.28%。两类劳动者的收入分配比由 1.8571 下降为 1.8350,降幅为 1.19%,收入分配比下降意味着两类劳动者收入分配差距有所缩小。

再看收入再分配。如前所述,我们用收入再分配净值来衡量收入再分配效应,收入再分配净值代表因养老保险而向外(或向内)转移的收入占缴费前工资的比例,净值为负代表向外转移收入,净值为正代表向内转移收入。在现收现付制下,两类劳动者收入再分配净值均为 -21.59%,说明因养老保险而向外转移收入的幅度为 21.59%。在部分积累制下,第一类劳动者收入再分配净值为 -20.21%,其绝对值比现收现付制经济下降了 6.37%;第二类劳动者收入再分配净值为 -19.25%,其绝对值比现收现付制经济下降了 10.83%。这说明在养老保险制度变迁后,两类劳动者向外转移收入的幅度都有所下降,不过下降的幅度有所不同,第二类劳动者向外转移收入的降幅大于第一类劳动者。

这些收入分配与再分配的现象都说明养老保险制度变迁后两类劳动者收入差距有所缩小,这个结果与通常理论的描述不太相符。通常理论认为,现收现付制的收入再分配力度要大于部分积累制,而这两个现象表明,中国改革前的现收现付制的收入再分配力度还不如改革后的部分积累制。产生这种现象的主要原因是中国式的现收现付制与通常意义上的现收现付制不同,中国式的现收现付制只具有代际分配功能,而不具有代内分配功能,也就是说穷人不能从同代富人处得到收入转移;而改革后的部分积累制不仅具有代际分配功能,而且具有部分的代内分配功能,即穷人能从同代富人处得到部分收入转移。

(5) 转轨代价。从表 3 我们可以看出,改革期每单位有效劳动的转轨成本为 0.0027,相当于改革当期资本规模的 89.64%,相当于改革当期产出规模的 179.67%。改革后每单位有效劳动的政府债务规模为 0.0009,为保持这个政府债务规模不变,每期需要征收一定的转轨收入税用于弥补政府债务的利息支出,当转轨后的部分积累制经济达到均衡稳态时,这个转轨收入税的税率稳定为 7.08%。

五、结论及几点说明

本文针对中国目前正在进行的社会养老保险制度变迁构建了一个两期的动态生命周期模拟模型。文章从宏观经济、微观经济(生产者)、微观经济(消费者)、经济公平和转轨代价五个方面对制度变迁的经济效应进行了模拟量化分析。分析的基本结论是:制度变迁将使资本量和产量增加、资本—产出比提高,利率下降、工资率上升,两类劳动者个人效用上升、养老金替代率上升、收入分配差距缩小,同时发生一定转轨代价。概而言之,制度变迁在宏观经济、微观经济、经济公平等方面都将产生正面影响,转轨代价亦属合理。因此,总的来看,此次中国养老保险制度变迁的经济效应是正面的。

关于本文模型及结论,有三点说明。第一,本文模型是一个简化版本的 A-K 模型,与包罗万象的现实世界有一定距离,因此,所做的制度变迁经济效应的测算属于一种理论测算;第二,若欲做更加准确的模拟测算,则应对现有模型进行扩展,A-K 模型可以扩展为若干代人(如 55 代人[①]同时生存的复杂版本;第三,需要指出的是,本文简化版本的模型有它自身的优势,即相对而言可以排除非主干因素的干扰,更加容易把握制度变迁经济效应的本质内容。

最后,关于本文模型的适用性有一点说明。本文模型虽然针对的是中国养老保险制度变迁,但它本质上适用于所有从现收现付制向部分积累制转轨的养老保险制度变迁情形。当然,若将该模型应用于中国以外的别国情形,则通常需要做两点修正:一是应将本文现收现付制经济模型中的养老金调整系数删去,因为许多国家的现收现付制是通常意义的现收现付制,与中国情形不同;二是需要对模型参数进行重新估值,因为在不同国家经济中,模型参数的估值肯定不会是完全相同的。

参 考 文 献

[1] 柏杰,2000:《养老保险制度安排对经济增长和帕累托有效性的影响》,载《经济科学》2000 年第 1 期。

[2] 北京大学中国经济研究中心宏观组,2000:《中国社会养老保险制度的选择:激励与增长》,载《金融研究》2000 年第 5 期。

[3] 李绍光,1998:《养老金制度与资本市场》,中国发展出版社。

---

① Auerbach 和 Kotlikoff(1987)第 26 页将模型扩展为同时包含 55 代人的生命周期模拟模型,他们假设每个人 21 岁参加工作,75 岁死亡,每个年龄为一代,一共 55 代。

[4] 王燕、徐滇庆、王直、翟凡,2001:《中国养老金隐性债务、转轨成本、改革方式及其影响——可计算一般均衡分析》,载《经济研究》2001年第5期。

[5] 袁志刚,2001:《中国养老保险体系选择的经济学分析》,载《经济研究》2001年第5期。

[6] 郑伟,2002:《养老保险制度选择的经济福利比较分析》,载《经济科学》2002年第3期。

[7] Aaron, Henry. 1966. "The Social Insurance Paradox." *Canadian Journal of Economics and Political Science* 32: 371—374.

[8] Auerbach, Alan J., and Kotlikoff, Laurence J. 1987. *Dynamic Fiscal Policy*. Cambridge University Press.

[9] Barro, Robert J. 1974. "Are Government Bonds Net Wealth?" *Journal of Political Economy* 82: 1095—1117.

[10] Diamond, Peter A. 1965. "National Debt in a Neoclassical Growth Model." *American Economic Review* 55, Issue 5: 1126—1150.

[11] Feldstein, Martin. 1974. "Social Security, Induced Retirement and Aggregate Capital Accumulation." *Journal of Political Economy* 82, no. 5: 75—95.

[12] Feldstein, Martin. 1998. "Introduction." In *Privatizing Social Security*, edited by Martin Feldstein. The University of Chicago Press.

[13] Kotlikoff, Laurence J. 1998a. "The A-K Model — Its Past, Present and Future." NBER Working Paper 6684.

[14] Kotlikoff, Laurence J. 1998b. "Simulating the Privatization of Social Security in General Equilibrium." In *Privatizing Social Security*, edited by Martin Feldstein. The University of Chicago Press.

[15] Malvar, Regina Villela. 1999. "Three Essays on Social Insurance in Brazil." PhD dissertation. Boston University.

[16] Samuelson, Paul A. 1958. "An Exact Consumption-Loan Model of Interest with or without the Social Contrivance of Money." *Journal of Political Economy* 66: 467—482.

[17] Serrano, Carlos. 1998. "Essays on Social Security Reform and Savings." PhD dissertation. University of California at Berkeley.

Economic Effects of the Institutional Change of China's Pension System

ZHENG Wei   SUN Qixiang

Abstract: Targeting on the current institutional change experienced by China's social pension system, this paper constructs a two-period dynamic life cycle simulation model in a general equilibrium framework. We quantitatively simulate the economic effects of this institutional change from five different dimensions. Our analysis shows that after the institutional change, capital, output and capital-output ratio will rise, interest rate decrease and wage rate increase, individual utility improve and pension replacement rate rise, income distribution gap reduce and some transition price emerge; generally speaking, the economic effects of the institutional change of China's social pension system are positive.

Key words: pension system; institutional change; economic effect; general equilibrium

保险业增长水平、结构与影响要素*

——一种国际比较的视角

郑 伟　刘永东　邓一婷

摘要：针对传统方法的局限，本文提出了一套适用于保险业国际比较的新范式。首先构建世界保险业"普通增长模型"，提出"基准深度比"这一新指标；其次构建世界保险业"调整增长模型"，提出保险业增长结构"三分法"；最后，在以上两个模型对比的基础上，分析了经济要素和制度要素在保险业长期增长中的不同影响。本文研究的主要结论是：第一，在新指标下，新兴发展中国家的保险业增长水平较传统指标显著提高，而发达国家的保险业增长水平较传统指标显著降低。第二，从增长结构看，总体而言，发达国家的保险业增长主要依靠经济要素的拉动，而新兴发展中国家的保险业增长则主要依靠制度要素的推动。第三，随着一国经济的发展，制度要素对保险业增长的贡献度将逐渐降低，保险业增长将更多地依靠经济要素的拉动。

关键词：保险；增长；国际比较

一、引　言

保险业增长的国际比较[①]是一项非常重要的工作，但现实中由于"方法论"的问题，有可能对比较结果产生误读，对政府相关政策的制定或保险企业的全球战略布局造成误导。现有的保险业增长的国际比较的研究文献中，使用的比较方法通常为保费收入法、保险密度法和保险深度法。这三种方法各具优点，同时也都存在一定的局限性。在比较各国保险业的增长水平时，是否存在另一种有意义的视角？

---

* 郑伟，北京大学经济学院；刘永东，美国加州大学伯克利分校农业与资源经济学系；邓一婷，美国杜克大学商学院。本文曾获国际保险学会（International Insurance Society, IIS）和日内瓦风险与保险经济学学会（Geneva Association）2008年度最佳论文奖（全球共3篇）。本文曾在亚太风险与保险学会（APRIA）2008年悉尼年会和国际保险学会（IIS）2008年台北年会宣读。作者感谢国际保险学会和日内瓦学会组织的论文评审委员会匿名评审专家对本文的宝贵意见和建议，感谢国际保险学会、日内瓦学会和Shin基金对本文研究的奖励，感谢英国伦敦城市大学Gerry Dickinson教授在近年与作者的合作研究中的有益启发，感谢北京大学孙祁祥教授对本文研究的大力支持，感谢美国罗德岛大学虞彤教授和香港城市大学邹宏教授对本文研究的宝贵意见，同时还要感谢瑞士再保险集团（特别是Clarence Wong先生）为本文研究提供的数据支持。特别感谢《经济研究》匿名审稿人和编辑部的宝贵意见。当然，文责自负。

① 本文中"各国"、"国家"均代表"各国（地区）"、"国家（地区）"，特此说明。

在对各国保险业进行"总量分析"之外,是否还可以进行"结构分析"?对于保险业增长中的经济要素和制度要素[①]在不同经济发展阶段上的不同影响,是否可能进行初步的探索?本文将尝试对这三个问题进行回答。

现有针对保险业增长国际比较的文献大致可以分为三类。第一类文献致力于通过包含多个国家的面板数据,探讨影响保险业增长的因素。例如,Browne 和 Kim(1993)利用45个国家的横截面数据,分析了赡养率、宗教、收入、社会保障、预期通胀率、教育水平等因素对人均寿险支出的影响。Outreville(1996)通过对多个发展中国家保险业发展的实证研究表明,个人可支配收入、金融发展等会促进一国人均寿险支出,而预期通胀和垄断市场结构则对人均寿险支出起着制约作用。Beck 和 Webb(2003)利用68个国家在40年间的寿险发展数据,分析了经济类变量、人口类变量以及法律、政治等制度类变量对寿险支出的影响。Li 等(2007)检验了收入、期望寿命、教育水平等八个因素对30个 OECD 国家人均寿险支出的影响。[②] 这类文献增进了我们对于保险需求影响因素的认识,但是难于为比较不同国家保险业的增长水平和增长结构提供一定的基准和尺度。

第二类文献主要利用包含多个国家的面板数据,探讨保险业与经济发展之间的因果关系(如,Outreville, 1990; Soo, 1996; Webb 等, 2002; Arena, 2006; Ward 和 Zurbruegg, 2000; Kugler 和 Ofoghi, 2005; Adams 等, 2005)。例如,Beenstock 等(1988)通过分析1981年45个国家的截面数据,得出人均财产与责任险保费与人均 GDP 呈非线性关系的结论。Ward 和 Zurbruegg(2000)通过对9个 OECD 国家1961—1996年 GDP 数据和保费总量数据进行协整分析和因果检验,指出有些国家的保险业是经济增长的格兰杰原因,而在另外一些国家则相反。具体到一个国家,该国的保险业能否促进该国经济增长,则要取决于文化、监管等因素。Arena(2006)通过分析1976—2004年56个国家的数据,指出寿险业对高收入国家经济增长产生了积极影响,而非寿险则不仅对高收入国家,也对发展中国家的经济增长产生了积极影响。

第三类文献是针对保险业国际比较方法论的研究,此类文献较少,较有影响的仅有 Carter 和 Dickinson(1992)以及 Enz(2000),他们建立了一种适用于长期分析的刻画保险深度和人均 GDP 关系的 Logistic 理论模型(因根据该模型绘制的曲线呈"S"形,因此以下将该模型简称为"S 曲线模型")。

本文在前人研究基础之上,在保险业增长国际比较领域继续往前推进。本文的贡献主要是从方法论的角度提出一套在保险业增长领域进行国际比较的新范式,并根据实际数据进行具体的测算和比较,得出了一系列新的结论和启示。本文

[①] 保险业增长中的制度要素,主要是指除经济发展水平之外影响保险业增长的某些国别性因素,如法律法规、文化传统、宗教信仰、社会保障制度等。关于制度要素的更详细的讨论,请参见本文第四部分第(二)节。

[②] 参看孙祁祥、郑伟、锁凌燕、何小伟,2010:《市场经济对保险业发展的影响——理论分析与经验证据》,《金融研究》,第2期。

的创新具体体现在三个方面:一是在"世界保险业增长的普通模型"("普通增长模型")的基础上创新性地提出另一种国际比较的视角——"基准深度比"法;二是创新性地构建"世界保险业增长的调整模型"("调整增长模型"),并在此基础上提出保险业增长结构的国际比较的新方法——"三分法",其思路在于任何一国的保险业增长都可以分解为常规性增长、深化性增长和制度性增长三个部分;三是在世界保险业普通增长模型和调整增长模型对比的基础上,分析保险业长期增长中的经济要素和制度要素的影响。

限于篇幅,本文未对世界所有国家的保险业增长进行对比,而是从中选择了七个典型国家:美国、日本、英国、中国、印度、巴西和俄罗斯。在这七个国家中,美国、日本和英国是多年来保费收入居世界前三名的国家,是发达保险市场的典型代表;中国、印度、巴西和俄罗斯分别是东亚、南亚、拉丁美洲和欧洲国土面积最大、人口最多的国家,被誉为"金砖四国"(BRIC),是新兴发展中保险市场的典型代表。

本文的分析框架如下:第一部分是引言,交代研究背景和主要创新;第二部分引入"普通增长模型",并在此基础上提出保险业增长水平的国际比较新范式,并对相关国家的保险业增长水平进行比较;第三部分引入"调整增长模型",并在此基础上对相关国家的保险业增长结构进行比较;第四部分在对比两个模型的基础上,分析保险业增长中的经济要素和制度要素的影响;第五部分是结论。

二、保险业增长水平的比较

本部分首先引入比较世界保险业增长水平的新方法——"基准深度比"法(BRIP),之后以七个典型国家为例,将新方法中的新指标的排名结果与传统指标的排名结果进行对比,然后分析新指标及排名结果变化的经济含义。

(一) 新方法的引入

保险业增长水平国际比较的传统方法包括保费收入法、保险密度法和保险深度法,这三种方法各具优点,同时也都存在一定的局限性。保费收入法反映了各国(地区)保险市场的总体规模,但它未考虑人均水平,未能真实地反映各国保险市场发展的实际水平。保险密度法(保费收入/人口数)在保费收入法的基础上增加了对人口因素的考虑,考虑了人均水平,能够比较真实地反映各国保险市场发展的实际水平,但它只是单纯地考虑保险业增长,而未同时考虑经济发展,未考虑"保险与经济的关系"。保险深度法(保费收入/GDP,或保险密度/人均 GDP)在保险密度法的基础上,进一步增加了对经济因素的考虑,但它尽管考虑了"保险与经济的关系",却仍未能考虑"不同经济发展阶段具有不同保险深度"这一重要现象。[①] 因

---

① 从图 1 保险业增长水平和经济发展水平的散点图中可以看出,在人均 GDP 较高的阶段,保险深度往往也相应较大。

此,我们提出一种新的比较方法——"基准深度比"法。该方法的核心指标是"基准深度比",又称"保险基准深度比"(Benchmark Ratio of Insurance Penetration, BRIP),它反映一国保险业的相对增长水平。具体而言,它衡量的是一国的保险深度与相应经济发展阶段上(此处指相同人均 GDP 水平阶段上)世界平均保险深度的相对关系。如果我们将"相应经济发展阶段上世界平均保险深度"称为"基准保险深度",那么某年某国"保险基准深度比"为:

$$\text{某年某国保险基准深度比} = \frac{\text{该年该国实际保险深度}}{\text{基准保险深度}} \times 100\% \quad (1)$$

式中分母"基准保险深度"指的是"相应经济发展阶段上世界平均保险深度",分子"实际保险深度"指的是该年该国实际达到的保险深度。为了获得"基准保险深度",我们需要引入一个保险业增长模型,刻画经济增长和保险业增长之间的关系。

(二)普通增长模型

已有研究文献构造的保险业增长模型有多种,但大致可以归为三类:第一类是普通线性模型,第二类是对数线性模型,第三类是 Carter 和 Dickinson(1992)以及 Enz(2000)建立的 Logistic 模型。在普通线性模型和对数线性模型中,不论其因变量指标选取保费收入、保险密度和保险深度中的哪一个,也不论其解释变量是仅选取 GDP 或人均 GDP 设立一元线性方程,还是同时选取了其他经济社会指标设立多元线性方程,都存在明显缺陷。对于普通线性模型,其隐含假设通常为:(1)保费收入随 GDP 同比增长,即保险深度为常数,或(2)保费收入随 GDP 平方同比增长,这两种结果都与现实不符。对于对数线性模型,其隐含假设通常为:(1)保费的收入弹性(即保费的变化率相对于 GDP 的变化率)为常数,或(2)保险深度的收入弹性(即保险深度的变化率相对于 GDP 的变化率)为常数,这个假设对于针对保险需求因素等问题的短期分析来讲,并无太大不妥,然而对于世界保险业的长期分析来说,这个假设严重脱离现实。在现实中,一国保费收入与该国国民经济之间存在什么样的关系呢?从图 1 可以看出,保险深度(保费/GDP)随人均 GDP 增加而增加,但在人均 GDP 的不同阶段,保险深度的增速不同,在人均 GDP 较低的阶段,保险深度增速较慢,而后逐渐加快,到了一定阶段之后,增速又逐渐放慢。这意味着,随着人均 GDP 增加,保费将以一种超越 GDP 增长的速度增长,其超越幅度在人均 GDP 较低阶段较小,而后逐渐加大,到了一定阶段之后,其超越幅度又逐渐变小。换言之,在经济增长的不同阶段,保费的收入弹性会发生变化。事实上,大量的研究表明,保费收入弹性随收入阶段的变化而有所差异(Beenstock 等,1986,1988;Outreville,1996;Grace 和 Skipper,1991)。因此在这种情形下,使用 Logistic 模型较为合适,因为 Logistic 函数具有 S 形特征,可以较好地对该现实进行抽象刻画。

虽然 Logistic 模型也存在一定局限(例如估计结果不如线性模型直接易懂;较之线性模型,Logistic 模型并不适合多变量的分析),然而在长期分析中,保费收入弹性的假设至关重要,而且一些实证研究表明在影响寿险和非寿险需求的众多因素中,最关键、影响最大以及最直接的变量还是经济体的整体发展水平(Babbel,1981;Beenstock 等,1986,1988;Outreville,1996)。因此,我们采用假定保费收入弹性变化的 Logistic 模型为分析基础。本部分将在该模型基础上,利用世界各国保险业和经济增长的大量最新历史数据对"普通增长模型"进行估算。普通增长模型的表达式设定为:

$$Y = \frac{1}{C_1 + C_2 \cdot C_3^X} + \varepsilon \tag{2}$$

式中,Y 为保险深度,X 为人均 GDP,C_1、C_2 和 C_3 分别为模型的三个参数,ε 为残差项。①

在估计模型时,我们选取 95 个国家和地区过去 28 年(1980—2007 年)的数据作为观测样本。② 寿险业的观测样本量为 2 143 个,非寿险业的观测样本量为 2 162 个,保险业的观测样本量为 2 140 个。表 1 列出了世界寿险业、非寿险业和保险业的普通增长模型的估计结果,图 1 列出了相应的寿险业、非寿险业和保险业的回归曲线,该曲线反映的是模型表达式(1)中 $\frac{1}{C_1 + C_2 \cdot C_3^X}$ 一项的内容。

表 1　世界保险业"普通增长模型"的估计结果

	寿险业	非寿险业	保险业
C_1	24.666*** (18.98)	34.755*** (47.70)	14.068*** (25.38)
C_2	105.034*** (12.87)	48.440*** (37.04)	37.066*** (18.18)
C_3	0.862*** (66.05)	0.855*** (13.33)	0.871*** (75.18)
R^2	0.5380	0.7115	0.7007
调整 R^2	0.5374	0.7111	0.7003
样本量	2 143	2 162	2 140

注:括号内为稳健的 t 统计量(robust t-statistic)。*** 表示在 1% 的置信水平下统计显著。

---

① 有些研究认为,同期保险业会对经济产生一定影响(Outreville 1990;Soo,1996;Webb 等,2002;Arena,2006),然而其他一些研究证明,这种内生关系并不真正成立(Ward 和 Zurbruegg,2000;Kugler 和 Ofoghi,2005;Adams 等,2005)。在目前,针对保险业在短期内是否会影响经济增长这一问题,尚无确切的结论。为了处理潜在的内生性问题,我们曾在上述模型中采用滞后一期的 GDP 作为被解释变量,回归结果很接近采用当期保险深度的回归所得的结果,表明内生性问题在我们的模型中并非关键问题。因此,我们仍然以当期的保险深度作为被解释变量。

② 各国 GDP、人口数、人均 GDP 等数据来自联合国"National Accounts Main Aggregates"数据库,各国总保费收入、寿险保费收入、非寿险保费收入、总保险深度、寿险深度、非寿险深度等数据来自瑞士再保险公司"Sigma"世界保费数据库。人均 GDP 数据按照 1990 年可比价格以美元计价,保险深度数据是相对值(保费/GDP),不涉及价格调整问题。需要特别说明的是,在我们使用的样本数据中,寿险和非寿险的区分采用欧盟(EU)和经济合作与发展组织(OECD)标准惯例,将健康保险和意外伤害保险划入非寿险业务范围。

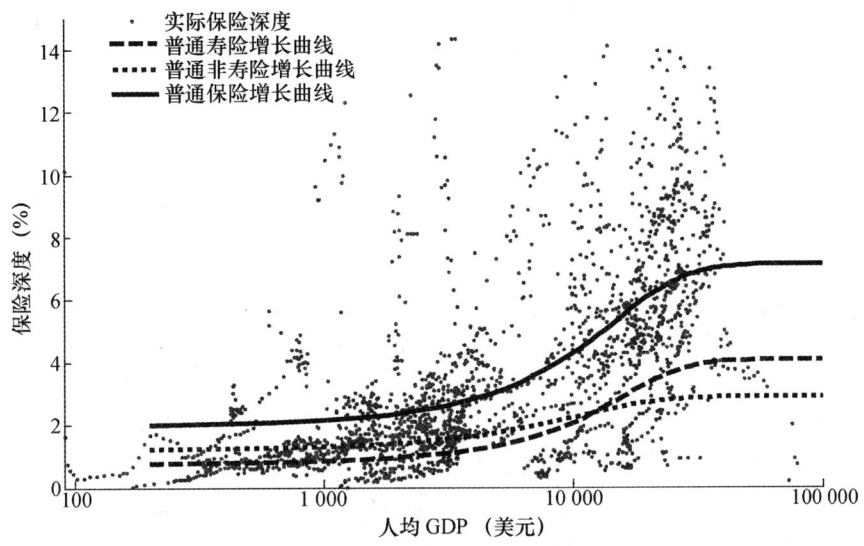

图1 世界保险业"普通增长模型"回归曲线

从图1可以看出,在通过统计检验的"普通增长模型"之下,寿险业、非寿险业和保险业的回归曲线均呈S形特征(故称"S曲线")。这说明,保险深度(保费/GDP)随人均GDP增加而增加,但对应不同的人均GDP水平,保险深度的增速不同。在人均GDP较低的阶段,保险深度增速较慢,而后逐渐加快,到了一定阶段之后,增速又逐渐放慢。这意味着,随着人均GDP增加,保费将以一种超越GDP增长的速度增长,在人均GDP较低的阶段其超越幅度较小,而后逐渐加大,到了一定阶段之后,超越幅度又逐渐变小。

在普通增长模型的基础上,我们可以通过如下方法计算"基准深度比":第一步,先通过相关模型计算"基准保险深度",即"相应经济发展阶段上世界平均保险深度";第二步,计算某年某地区的实际保险深度;第三步,将实际保险深度除以基准保险深度,得到"基准深度比"。其中,"基准保险深度"的计算最为关键,而其正为(2)中 $\dfrac{1}{C_1 + C_2 \cdot C_3^X}$ 一项所代表。

(三) 排名比较

由前文讨论可知,"基准深度比"与传统的保费收入、保险密度和保险深度等比较方法的内涵各不相同,因而依据这些不同方法得到的排名结果也不尽相同。表2列出了2007年七国保险业在人均GDP、保费收入、保险密度、保险深度和基准深度比等指标方面的基本概况,表3列出了七国保险业的排名情况。

表 2 2007 年七国保险业的基本概况

市场	基准比	传统指标			人均GDP（美元）
		保费（百万美元）	密度（美元）	深度（%）	
美国	1.30	1 229 668	4 086	8.9	30 716
日本	1.42	424 832	3 320	9.6	29 793
英国	2.39	463 686	7 114	15.7	24 956
巴西	1.05	38 786	202	3.0	3 982
俄罗斯	0.85	29 846	209	2.4	4 175
印度	2.21	54 375	47	4.7	792
中国	1.26	92 487	70	2.9	1 630
OECD 平均	1.19	119 557	2 948	8.7	22 599
BRIC 平均	1.34	53 874	77	4.9	1 571
世界平均	1.16	4 060 870†	592	7.3	5 397

注：人均 GDP 为 1990 年不变价格。† 表示世界总保费。
数据来源：联合国"National Accounts Main Aggregates"数据库、瑞士再保险公司"Sigma"世界保费数据库等；作者计算。

表 3 2007 年七国保险业的排名情况

市场	基准比	传统指标			人均GDP
		保费	密度	深度	
美国	27	1	8	14	15
日本	23	3	14	11	16
英国	5	2	2	3	27
巴西	42	19	55	51	82
俄罗斯	56	21	53	60	79
印度	8	15	81	33	158
中国	29	10	72	52	118

注：表格内数值为排名序位。保险业指标的参评国家（地区）数为 93 个，人均 GDP 的参评国家（地区）数为 210 个。
数据来源：联合国"National Accounts Main Aggregates"数据库、瑞士再保险公司"Sigma"世界保费数据库等；作者计算。

从表 3 和表 4 可以看出，在不同的指标下，同一个国家的排名结果可能呈现明显差异。OECD 的平均保险深度（8.7%）高于"金砖四国"（巴西、俄罗斯、印度、中国）的平均深度（4.9%），但是 OECD 的平均保险基准深度比（1.19）却比金砖四国的平均基准比（1.34）低。这就表明，平均来看，在保险基准比的方法下，新兴市场国家的排名要比传统的保险深度法靠前。保险密度法也具有同样的特征。

例如，2007 年美国保费收入、保险密度、保险深度和基准深度比分别位居世界第 1、第 8、第 14 和第 27。这一组数据说明，美国的保费收入规模在世界最大（第 1），但由于美国人口相对较多，所以其人均保费（即保险密度）的排名有所下降（第

8);同时,由于美国经济发展水平相对较高,所以其保险深度的排名继续下降(第14);接着,考虑"较高经济发展阶段具有较高保险基准深度"这一现象,其基准深度比的排名进一步下降(第27)。可见,美国"基准深度比"的排名与保费收入、保险密度、保险深度等传统指标的排名相比有所下降。值得注意的是,日本和英国呈现类似的特征。

再以中国为例,2007年中国保费收入、保险密度、保险深度和基准深度比分别位居世界第10、第72、第52和第29。这一组数据说明,中国的保费收入规模在世界居于前列(第10),但由于中国人口众多,所以其人均保费(即保险密度)的排名明显下降(第72);同时,由于中国经济发展水平相对较低,所以其保险深度的排名又有所上升(第52);接着,考虑"较低经济发展阶段具有较低保险基准深度"这一现象,其基准深度比的排名进一步上升(第29)。可见,中国"基准深度比"的排名与保险密度、保险深度等传统指标的排名相比有所上升。值得注意的是,印度、巴西和俄罗斯呈现类似的特征。

从以上分析可以看出,与通过传统指标获得的结果相比,在新指标"基准深度比"下,发达国家保险业在世界的排名有所下降,而新兴发展中国家保险业在世界的排名有所上升。

表4显示了1982—2007年每隔五年七国保险业基准深度比的排名情况。从表4可以看出,总体而言,2007年基准深度比的数值未发现异常,而是反映了1982至2007年间基准深度比的自然发展趋势的结果。过去二十多年间,发达国家的基准深度比排名有升有降,而新兴发展中国家的排名呈上升趋势。

表4 1982—2007年七国保险业基准深度比的排名情况

	1982	1987	1992	1997	2002	2007
美国	8(15%)	7(13%)	16(20%)	17(18%)	18(19%)	27(29%)
日本	7(13%)	5(9%)	8(10%)	9(10%)	14(15%)	23(25%)
英国	10(19%)	6(11%)	7(9%)	6(6%)	9(10%)	5(5%)
巴西	46(87%)	49(89%)	55(69%)	50(54%)	55(59%)	42(45%)
俄罗斯	—	—	73(91%)	61(66%)	41(44%)	56(60%)
印度	36(68%)	37(67%)	33(41%)	45(48%)	21(22%)	8(9%)
中国	53(100%)	50(91%)	51(64%)	57(61%)	32(34%)	29(31%)
参评数	53	55	80	93	94	93

注:表格内数值为排名序位,表格中括号内数值为排名百分位数值。
数据来源:联合国"National Accounts Main Aggregates"数据库、瑞士再保险公司"Sigma"世界保费数据库等;作者计算。

(四)经济含义

上文讨论了"基准深度比"的排名情况,那么,"基准深度比"的经济含义是什么呢？"基准深度比"的大小又说明什么问题呢？

我们认为，保险业作为国民经济的一个部门，其增长与经济发展之间存在一定的"内生"关系。保险业的增长不可能无限超越经济发展，所以，讨论一国保险业的增长水平时不能脱离经济发展水平，而保险业增长的国际比较，也只有建立在"相对于经济发展的保险业增长水平"基础之上，才具有真正的可比性，才更有意义。我们知道，保险密度是对保费收入的一个考虑"人口因素"的调整，保险深度是对保险密度的一个考虑"经济因素"的调整，而"基准深度比"则是对保险深度的一个"基准化"的调整，这一"基准化"调整的关键是考虑了"不同经济发展阶段具有不同保险深度"这一重要现象。因此可以说，"基准深度比"代表了可比的"相对于经济发展的保险业增长水平"，是进行保险业国际比较时一个更加合理的指标。

"基准深度比"等于1意味着该国该年实际保险深度等于相应经济发展阶段上世界平均保险深度，"基准深度比"小于1意味着该深度低于世界平均保险深度，"基准深度比"大于1意味着该深度高于世界平均保险深度。一个国家的基准深度比越高，意味着该国"相对于经济发展的保险业增长水平"越高，即在综合考虑保费收入、人口、经济、保险与经济关系规律等因素之后，该国保险业的相对发展程度越高；反之亦反。

上文"排名比较"显示，与保险密度和保险深度等传统指标相比，按"基准深度比"衡量的发达国家的保险业排名有所下降，而新兴发展中国家的保险业排名有所上升；此外，过去二十多年间，发达国家的基准深度比排名有升有降，而新兴发展中国家的排名呈上升趋势。这说明，我们应当重新认识世界各国的保险业增长水平：在新指标下，相对于其各自的经济发展阶段而言，新兴发展中国家的保险业增长水平相较传统指标有所增高，而发达国家的保险业增长水平相较传统指标有所降低；此外，过去二十多年间，新兴发展中国家的"相对于经济发展的保险业增长水平"呈上升趋势。当然，在认识到"基准深度比"在衡量国际保险业相对增长水平的有力作用的同时，我们也不能忽视传统评价指标在评价保险业绝对增长水平中的重要作用。

三、保险业增长结构的比较

描述一国保险业的增长，应当包括两个基本方面：总量分析和结构分析。保险业增长水平反映的是一国保险业的总量规模，而保险业增长结构反映的则是一国保险业增长的内在构造。有关保险业发展国际比较的文献，往往集中于对保险业增长水平的比较，却忽略对于保险业增长结构的比较，这在很大程度上源于比较保险业增长结构的方法的缺失。而倘若不对保险业增长结构进行分析，那么对于保险业增长水平及其背后的原因便缺乏深入的认识。基于此种考虑，本部分创新性地提出一种比较世界保险业增长结构的新方法——"三分法"，在比较各国保险业发展水平的基础上,对各国保险业的具体增长类型作进一步的量化分解分析。

(一)"三分法"的说明

我们认为,任何一国的保险业增长依其动力来源都可以分解为三个部分(称为"三分法"):一是常规性增长,二是深化性增长,三是制度性增长。"常规性增长"指的是经济增长引致的常规性的增长,它度量的是,如果保险业与国民经济之间的数量关系保持不变(即保险深度不变),那么随着国民经济的增长,保险业将增长多少。"深化性增长"指的是经济增长推动保险深度提高而带来的深化性的增长,它度量的是,如果依照世界保险业增长的内在规律(即保险深度会随人均 GDP 增长而提高),那么随着国民经济的增长,保险业将实现多大的超越增长。"常规性增长"和"深化性增长"都属于经济要素(即常规经济要素和深化经济要素)带来的保险业的增长。"制度性增长"指的是扣除经济要素的作用之后,余下的制度要素所带来的保险业增长。

图 2 显示了保险业增长结构"三分法"的基本情况(有关理论模型基础将在稍后详述)。如果图 2 中 S 实曲线是世界保险业"调整增长曲线",S 虚曲线是经过 A 点且与 S 实曲线平行的曲线,A 点表示某国 1982 年的人均 GDP 和保险深度,D 点表示该国 2007 年的人均 GDP 和保险深度,那么该国 1982—2007 年的保险业增长可以分解为三个部分:AB 代表常规性增长,BC 代表深化性增长,CD 代表制度性增长。

我们以中国为例,说明"三分法"的具体计算方法。1980 年和 2007 年中国实际保险深度分别是 0.12% 和 2.88%。而根据世界保险业调整增长模型可知,中国 1980 年和 2007 年的理论保险深度分别是 1.43% 和 1.68%,那么根据如下公式:

$$常规性增长 = \frac{期初实际深度}{期末实际深度} \times 100\%$$

$$深化性增长 = \frac{期末理论深度 - 期初理论深度}{期末实际深度} \times 100\%$$

$$制度性增长 = 100\% - (常规性增长 + 深化性增长)$$

可以计算出,中国保险业 1980—2007 年间,常规性增长是 2%,深化性增长是 9%,而制度性增长为 89%。

(二)"三分法"的基础——调整增长模型

"三分法"的计算不能以上述"普通增长模型"为基础,这是因为,普通增长模型是一个信息综合的模型,它将影响一国保险业增长的经济要素和制度要素的信息糅合在一起。只有识别出经济要素和制度要素对于保险业的不同影响后,才能对保险业的增长结构做进一步分解。我们可以通过在普通增长模型中引入国别虚拟变量和年份虚拟变量,对各国的国别制度要素、时间维度的固定效应与共性经济

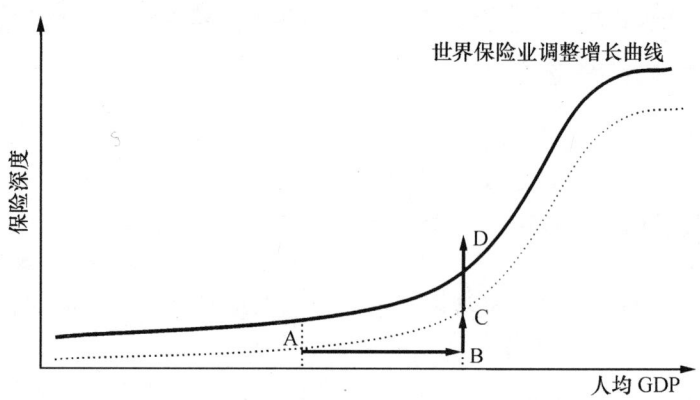

图 2 保险业增长结构"三分法"示意图

要素进行分解。称调整之后的模型为"调整增长模型",其表达式设定为:

$$Y = \frac{1}{C_1' + C_2' \cdot C_3'^X} + \sum_{i=1}^{94} \lambda_i D_i + \sum_{j=1980}^{2007} \eta_j T_j + \varepsilon \quad (3)$$

式中,Y 为保险深度,X 为人均 GDP,C_1'、C_2' 和 C_3' 分别为模型的三个参数,$D_i(i=1,\cdots,94)$ 为各国相对应的虚拟变量,$T_j(j=1980,\cdots,2007)$ 为年份虚拟变量,ε 为残差项。引入国别虚拟变量的目的主要是控制各国的特定制度要素对于保险业增长的影响,引入年份虚拟变量的目的主要是控制可能的时间趋势。可能会影响一国保险业增长的特定制度要素包括法律法规、文化传统、宗教信仰、社会保障制度等。[①]

在估计模型时,我们同样选取 95 个国家和地区过去 28 年(1980—2007 年)的数据作为观测样本。表 5 列出了世界寿险业、非寿险业和保险业的调整增长模型的估计结果,图 3 列出了相应的寿险业、非寿险业和保险业的回归曲线。从经济含义上说,这些曲线均为剔除了国别制度要素和时间维度的固定效应的、"纯经济"的回归曲线,反映的是模型表达式(3)中 $\frac{1}{C_1' + C_2' \cdot C_3'^X}$ 一项的内容。

表 5 世界保险业"调整增长模型"的估计结果

	寿险业	非寿险业	保险业
C_1'	14.095*** (13.46)	61.438*** (7.78)	12.159*** (13.02)
C_2'	145.306*** (4.51)	86.757*** (2.78)	59.536*** (6.48)

---

① 关于制度作用的更详细的讨论,请参见本文第五部分第(二)节。

（续表）

	寿险业	非寿险业	保险业
C_3'	0.855*** (88.79)	0.692*** (10.76)	0.871*** (66.27)
R^2	0.9178	0.9498	0.9534
调整 R^2	0.9127	0.9468	0.9505
样本量	2 143	2 162	2 140

注：括号内为稳健的 t 统计量（robust t-statistic）。***表示在1%的置信水平下统计显著。

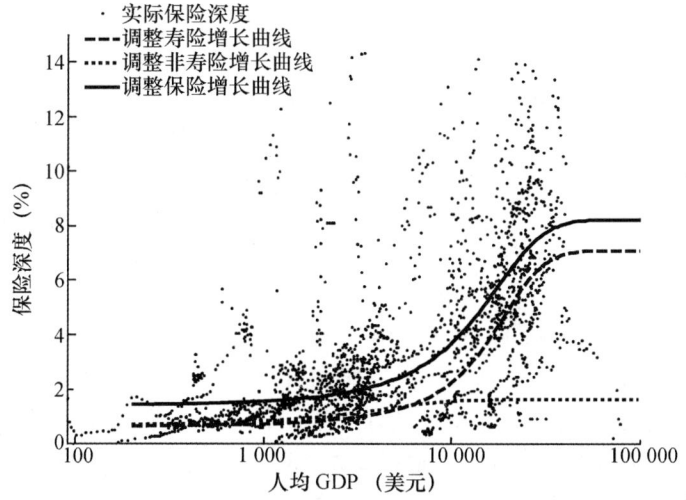

图3 世界保险业"调整增长模型"回归曲线

从图3可以看出，在通过统计检验的"调整增长模型"之下，寿险业、非寿险业和保险业的回归曲线仍均呈S形特征（故称"调整S曲线"）。

（三）增长结构比较

按照以上常规性增长、深化性增长和制度性增长的"三分法"，我们将1980—2007年间七个典型国家的保险业的增长结构列在表6中。

从表6可以看出，在这一时期，美国和日本的保险业增长以常规性增长为主（分别占78%和69%），制度性增长十分有限[①]；而巴西、俄罗斯、印度和中国则以制度性增长为主（分别占64%、66%、76%和86%），常规性增长和深化性增长相对有限。

---

① 英国有所不同，英国保险业三类增长相对平衡。

表 6 1980—2007 年七国保险业增长结构①

	经济要素		制度要素
	深化性增长(%)	制度性增长(%)	常规性增长(%)
美国	78	20	1
日本	69	19	12
英国	34	15	51
巴西	32	4	64
俄罗斯	24	10	66
印度	22	2	76
中国	2	9	89
OECD 平均	51	25	24
BRIC 平均	19	5	76
世界平均	60	18	22

注：由于 1980 年数据不可得，俄罗斯的数据区间为 1992—2007 年，并且 BRIC 平均未包括俄罗斯。由于捷克、斯洛伐克、波兰、匈牙利、挪威、卢森堡和葡萄牙 1982 年数据不可得，因此 OECD 平均未包括上述七国。世界平均包括 1980 年数据可得的 52 国。表中数据计算有四舍五入差异。

数据来源：联合国"National Accounts Main Aggregates"数据库、瑞士再保险公司"Sigma"世界保费数据库等；作者计算。

平均来看，1980—2007 年间，OECD 国家的常规性、深化性和制度性增长分别是 51%、25% 和 24%。而金砖四国的三种增长分别是 19%、5% 和 76%。常规性和深化性增长均由经济增长所驱动，因此，这两种增长要素之和称为经济性增长，与制度性增长形成对应。1980—2007 年间，OECD 国家的经济性和制度性增长分别是 76% 和 24%，金砖四国分别是 24% 和 76%，而世界平均分别是 78% 和 22%。

由以上分析可以看出，总体而言，发达国家的保险业增长主要依靠经济要素（包括常规性经济要素和深化性经济要素）的拉动，而新兴发展中国家的保险业增长则主要依靠制度要素的推动。事实上，新兴发展中国家在自身的经济转型过程中，往往对经济体制做出了较大的变革，由此为商业保险的发展释放了大量的空间。例如，在中国开始经济转型之前，国家承担了为城市劳动者提供养老、医疗和住房等保障的义务，商业保险的发展空间十分有限；而在经济转型的过程中，政府不再提供全方位的养老、医疗和住房保障，市场的作用逐渐凸显，这就在很大程度上为商业保险的发展提供了制度空间。

---

① 我们计算了 1980—1989 年，1990—1998 年和 1999—2007 年的增长结果，以反映三类增长因素在不同集团间的动态变化，并对"三分法"的稳健性进行检验。结果表明，分段分析与长期分析下三种增长因素的主次关系基本一致。

四、保险业增长中的经济要素与制度要素

上一部分的分析表明,经济要素和制度要素在发达国家与新兴市场国家的保险业发展中扮演着不同的角色。然而,上述结论仅仅是基于对七个典型国家在1980—2007年间的局部分析获得的。为了更清楚地分析经济要素与制度要素在不同经济发展阶段对于保险业发展的影响,本部分将通过比较普通增长模型和调整增长模型,得出具有普适性的结论。

(一) 普通增长模型与调整增长模型的比较

在本文第二和第三部分,我们分别对普通增长模型和调整增长模型进行了回归估计。为了更直接地观察二者的区别,我们在图4、图5和图6中分别描述了寿险、非寿险和保险业的两种模型的回归曲线。①

由上文讨论可知,"调整S曲线"反映的是纯经济要素对保险业增长的影响,而"普通S曲线"反映的是经济要素和制度要素对保险业增长的综合影响。因此,两条曲线间的差异反映了制度要素对保险业增长的影响。

首先看图4寿险业的对比情况。从该图可以看出,在人均GDP较低(7 381美元以下②)的阶段,"普通S曲线"与"调整S曲线"基本重合,前者略微高于后者;在人均GDP较高(7 381美元以上)的阶段,"普通S曲线"逐渐明显低于"调整S曲线",而且二者差幅随人均GDP增加而不断增大,直至一定阶段(人均GDP高于约

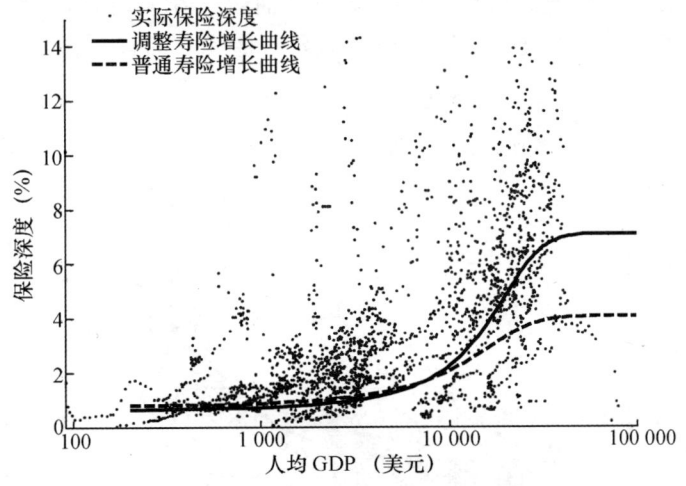

图4 寿险业的两个模型对比

---

① 之所以在保险业之外分别列出寿险业和非寿险业的两个模型的对比情况,主要是因为制度要素对寿险业和非寿险业的影响的差异较大。

② 这是1990年美元不变价格,本部分下同。

23 000 美元)之后才逐渐稳定。这说明,在人均 GDP 较低阶段,制度要素对寿险业发展产生微弱的促进作用;而在人均 GDP 较高阶段,制度要素对寿险业发展产生较为明显的抑制作用。

其次看图 5 非寿险业的对比情况。从该图可以看出,"普通 S 曲线"始终略高于"调整 S 曲线",尽管在人均 GDP 的不同阶段,二者的差幅有所变化。这说明,在人均 GDP 的任何阶段,制度要素均对非寿险业发展产生一定的促进作用。

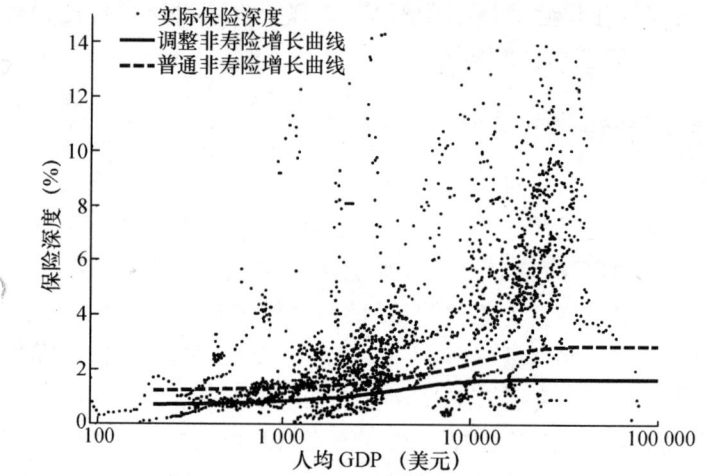

图 5　非寿险业的两个模型对比

最后看图 6 保险业的对比情况。从该图可以看出,在人均 GDP 较低(17 670 美元以下)的阶段,"普通 S 曲线"高于"调整 S 曲线";在人均 GDP 较高(17 670 美元以上)的阶段,"普通 S 曲线"明显低于"调整 S 曲线",而且二者差幅随人均 GDP

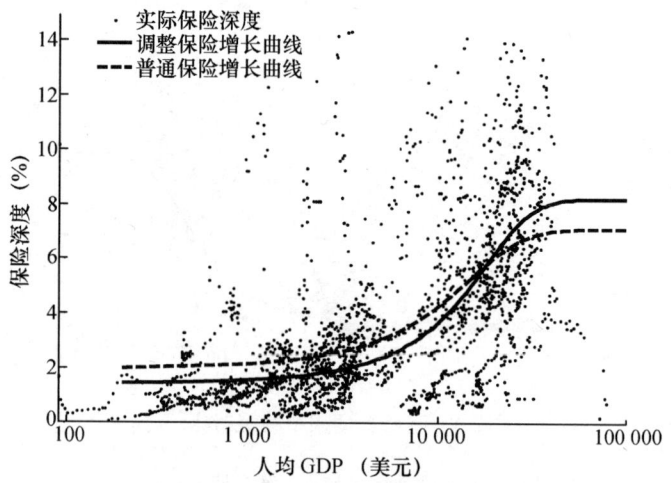

图 6　保险业的两个模型对比

增加而越来越大,直至一定阶段(人均 GDP 高于约 30 000 美元)之后才逐渐稳定。这说明,如果综合地审视寿险业和非寿险业,那么,在人均 GDP 较低阶段,制度要素对保险业增长产生一定的促进作用;而在人均 GDP 较高阶段,制度要素对保险业增长产生较为明显的抑制作用。

(二)有关"制度要素"的讨论

上文讨论了制度要素对寿险业、非寿险业和保险业增长所产生的促进或抑制作用。那么,究竟是什么样的制度产生了这些作用呢?我们认为,产生影响的制度固然是多种多样的(如法律法规、社会保障、文化传统和宗教信仰等),但就其净效果而言,一定有一个(或几个)主要的制度起着支配作用。在可能会对保险业增长造成影响的制度中,文化传统和宗教信仰等制度属于"非系统性制度",即处于相同经济发展阶段的国家可能具有不同的文化传统和宗教信仰,故平均而言,这类制度对于世界保险业增长的各种正负影响可以在相当程度上相互抵消,不致产生系统性影响。相对而言,法律法规和社会保障制度属于"系统性制度"。比如,处于不同经济发展阶段的国家可能大都拥有某种相似的基本法律法规制度,平均而言,这类制度对于世界保险业的增长可以产生同向的系统性影响;再如,社会保障制度与经济发展水平紧密相关,根据经济发展阶段的不同,这类制度可能会对保险业的增长产生较为明确的正向或负向的系统性影响。此处,我们不去讨论所有能够影响保险业增长的制度,而仅讨论其中起支配作用的"系统性制度",即法律法规和社会保障制度。我们认为,社会保障制度是对寿险业增长产生支配性影响的制度,而法律法规制度(最典型的是强制保险和责任保险制度)则是对非寿险业增长产生支配性影响的制度。

首先看社会保障制度。在人均 GDP 较低的国家,社会保障制度通常很不健全;在人均 GDP 较高的国家,社会保障制度通常比较健全。社会保障制度与商业保险(主要是寿险)之间通常存在一定的替代关系,即社会保障制度越健全,寿险业的发展空间就越受限制。因此,对于人均 GDP 较高的国家,由于社会保障制度相对健全,该种制度要素通常会对寿险业产生较为明显的抑制作用;或者说,随着一国人均 GDP 的提高(以及与之相伴的社会保障制度的健全),该种制度要素对寿险业的抑制作用将会越来越明显。

其次看强制保险和责任保险制度。我们知道,一国实施强制保险和责任保险制度的决策,主要是出于社会政策(如公平正义)方面的考虑,而通常与人均 GDP 没有直接的关系;而且,强制保险和责任保险制度与商业保险(主要是非寿险)之间通常存在一定的互补关系,即强制保险和责任保险的实施程度越高,非寿险业的发展空间就越大。① 因此,不论一国的人均 GDP 处于何种水平,该制度要素通常都会对非寿险业产生一定的促进作用。

最后,将寿险业和非寿险业综合起来看,在人均 GDP 较低的阶段,制度对寿险业具有微弱的促进作用、对非寿险业具有一定的促进作用,就其净效果而言,制度要素对保险业增长具有一定的促进作用;在人均 GDP 较高的阶段,制度对寿险业具有明显的抑制作用、对非寿险业具有一定的促进作用,就其净效果而言,制度要素对保险业增长具有较为明显的抑制作用。

(三) 有关发达国家与发展中国家的讨论

根据上文针对制度作用与人均 GDP 关系的讨论,我们可以推知,从世界范围看,在发展中国家,制度要素对保险业增长产生了一定的促进作用;而在发达国家,制度要素对保险业增长产生了较为明显的抑制作用。我们还可以推知,随着一国经济的发展,制度要素对保险业增长的贡献度将逐渐降低,保险业增长将更多地依靠经济要素的拉动,而不是制度要素的推动。因而,对于新兴发展中国家而言,在经历了一段时期的保险业起飞发展之后,保险业的增长将逐渐地由依靠"制度推动和经济拉动"转向主要依靠"经济拉动"。在这一判断下,强调新兴发展中国家的保险业增长模式的更新升级就显得尤为重要。

五、研究结论与局限

本文首先在"普通增长模型"的基础上,提出了"基准深度比"这一新指标,并对相关国家的保险业增长水平进行了比较;其次,在"调整增长模型"的基础上,提出了保险业增长结构"三分法",并对相关国家的保险业增长结构进行了比较;最后,在两个模型对比的基础上,分析了保险业长期增长中的经济要素和制度要素的影响。

本文研究的主要结论是:第一,我们应当重新审视世界各国的保险业增长水平:相对于各自的经济发展阶段而言,新兴发展中国家的保险业增长水平较传统指标显著增高,而发达国家的保险业增长水平较传统指标显著降低;此外,过去近三十年间,新兴发展中国家的"相对于经济发展的保险业增长水平"呈上升趋势。

第二,总体而言,发达国家的保险业增长主要依靠经济要素(包括常规性经济要素和深化性经济要素)的拉动,而新兴发展中国家的保险业增长则主要依靠制度

---

① 比如中国于 2006 年 7 月 1 日开始施行的机动车交通事故责任强制保险(简称"交强险"),即是这方面的典型例子。据 2009 年 6 月 29 日发布的《中国保监会关于机动车交通事故责任强制保险业务情况的公告》,2006 年 7 月 1 日至 2008 年 12 月 31 日,交强险共承保机动车 1.56 亿辆次。其中,2008 年,交强险保费收入 553.41 亿元,占当年车险保费收入 1 702.52 亿元的 32.5%,占当年非寿险保费收 2 336.71 亿元的 23.7%。这充分体现了交强险对于非寿险业发展的重要促进作用。

要素的推动。

第三,随着一国经济的发展,制度要素对保险业增长的贡献度将逐渐降低,保险业增长将更多地依靠经济要素的拉动。对于新兴发展中国家而言,在经历了一段时期的保险业起飞之后,保险业的增长将逐渐地由依靠"制度推动和经济拉动"转向主要依靠"经济拉动"。在这一判断下,强调新兴发展中国家的保险业增长模式的更新升级显得尤为重要。

当然,本文不可避免地存在一些局限,这同时也为我们提供了未来的工作方向。第一,由于数据的可得性,我们无法在调整增长模型中直接对相关的制度变量进行控制。虽然现有的模型已经能够满足我们分析的需要,但如果能够获得更多的相关数据,则我们将能够基于调整增长模型建立相关的预测模型,从而丰富本文所提出的分析范式。第二,我们所使用的瑞士再保险公司世界保费数据库中的各国统计口径存在一定的不一致问题,但这是目前公认最权威的世界保费统计数据库,也是我们所能获得的最佳数据,并且这一问题不会对文章基本结论产生影响。① 如果我们今后能够获得更完善的数据,那么我们将有机会更好地对世界保险业未来的走向进行预测,从而更好地为政府和企业提供政策性建议。第三,本文的主要目的是从方法论的角度提出一套在保险业增长领域进行国际比较的新范式,因此在应用部分,我们只用国际数据对模型进行了测算。今后可以利用更多的数据将模型应用于本领域相关问题的研究,比如国内各省区保险业发展的比较等,对本文提出的分析范式进行推广。

参 考 文 献

[1] Adams, M., Andersson, J., and Lindmark, M., 2005, "The Historical Relation between Banking, Insurance, and Economic Growth in Sweden: 1830 to 1998", Norwegian School of Economics Working paper.

[2] Arena, M., 2006, "Does Insurance Market Activity Promote Economic Growth? A Cross-Country Study for Industrialized and Developing Countries", World Bank Policy Research Working Paper 4098, December.

[3] Babbel, D. F., 1981, "Inflation, Indexation, and Life Insurance Sales in Brazil", *The Journal of Risk and Insurance*, Vol. 48, PP111—135.

[4] Beck, T., and Webb I., 2003, "Economic, Demographic, and Institutional Determinants of Life Insurance Consumption Across Countries", *World Bank Economic Review*, Vol. 17, PP 51—88.

---

① 在增长水平部分,分析重点是重新审视新方法的排名结果相对于传统方法的变化,两种方法使用的是同一套数据,因此各国之间数据统计口径的差别并不会影响某一具体国家在两种方法下排名结果的比较结果。在增长结构部分,我们分析的是一国保险业在1980—2007年之间的增长结构,所以只要一国内部统计口径在此期间没有质的变化,各国之间统计口径的差异便不会对此造成影响。

[5] Beenstock, M., Dickinson, G. M. and Khajuria, S., 1986, "Determination of life premiums: An international cross section analysis 1970—81", *Insurance: Mathematics and Economics*, Vol. 5, PP 261—270.

[6] Beenstock, M., Dickinson, G. M. and Khajuria, S., 1988, "The relationship between property liability insurance premiums and income: An international analysis", *The Journal of Risk and Insurance* Vol. 55, PP259—272.

[7] Browne, M. J., and Kim, K., 1993, "An International Analysis of Life Insurance Demand", *Journal of Risk and Insurance*, Vol. 60, PP 616—634. Carter, R. L. and Dickinson, G. M., 1992, Obstacles to the Liberalization of Trade in Insurance, London: Harvester Wheatsheaf, PP175—188.

[8] Enz, R., 2000, "The S-Curve Relation Between Per-Capita Income and Insurance Penetration", *Geneva Papers on Risk and Insurance*, Vol. 25, No. 3, PP 396—406.

[9] Grace M. and Skipper H., 1991, "An analysis of the demand and supply determinants for non-life insurance internationally", Center for Risk Management and Insurance Research, Georgia State University, Technical report.

[10] Kugler, M., and Ofoghi, R.., 2005, "Does Insurance Promote Economic Growth?: Evidence from the UK", University of Southampton Working Paper.

[11] Li, Donghui, Moshirian, F., Nguyen, P., and Wee, T., 2007, "The Demand for Life Insurance in OECD Countries", *Journal of Risk and Insurance*, Vol. 74, PP 637—652

[12] USAID, 2006, "Assessment of How Strengthening the Insurance Industry in Developing Countries Contributes to Economic Growth", available online at www.iifdc.org.

[13] Outreville, J. F., 1990, "The Economic Significance of Insurance Markets in Developing Countries", *Journal of Risk and Insurance*, Vol. 57, No. 3, PP487—498.

[14] Outreville, J. F., 1996, "Life Insurance Markets in Developing Countries", *Journal of Risk and Insurance*, Vol. 63, PP 263—278.

[15] Soo, H. H., 1996, "Life Insurance and Economic Growth: Theoretical and Empirical Investigation", University of Nebraska Dissertation.

[16] Ward, D., and Zurbruegg, R., 2000, "Does Insurance Promote Economic Growth? Evidence From OECD Countries." *Journal of Risk and Insurance*, Vol. 67, No. 4, PP 489—506.

[17] Webb, I., Grace, M. F., and Skipper, H. D., 2002, "The Effect of Banking and Insurance on the Growth of Capital and Output", Center for Risk Management and Insurance Working paper.

Insurance Growth Level, Growth Structure and Influencing Factors: An International Comparison Perspective

ZHENG Wei LIU Yongdong DENG Yiting

Abstract: In consideration of the limitations of the traditional methods for international insurance comparison, we propose in this paper a new paradigm. First, based on the "ordinary growth model", we construct the "Benchmark Ratio of Insurance Penetration" (BRIP) as a new index for international insurance comparison. Second, we put forward the "adjusted growth model", and then introduce the "trichotomy" of insurance growth structure based on this model. Third, by comparing the two models, we investigate the respective roles of economic factors and institutional factors in the insurance growth. The main findings are as follows. First, as the new indicator BRIP indicates, for the emerging countries, the benchmark-adjusted insurance growth level is significantly higher than the insurance growth level measured by traditional methods; and for the developed countries, the benchmark-adjusted insurance growth level is significantly lower than the insurance growth level measured by traditional methods. Second, from the perspective of growth structure, the insurance growth in developed countries is mainly driven by the economic factors, while that in emerging countries is largely driven by the institutional factors. Third, as the economy develops, the contribution of the institutional factors to the insurance growth would gradually decrease, and the economic factors would play a more active role in the insurance growth.

Key words: Insurance; Growth; International Comparison

社会安全网、自我保险与商业保险：一个理论模型*

秦雪征

摘要：社会安全网作为现代社会保障体系的一部分，旨在为困难人口或受灾人群提供补偿性的救助，以缓解贫困、失业、疾病或灾难等对其造成的损失。然而，由于在风险承担功能上的近似性，社会安全网在一定条件下可能对私人的自我保险行为及商业保险需求产生"挤出效应"。本文在期望效用的分析框架下，将社会安全网、自我保险及商业保险引入统一的消费者保险需求模型，进而研究安全网对其他两种抗风险工具的需求影响。结果显示，"挤出效应"的存在条件与消费者面临的市场环境以及自我保险生产函数的特征等因素密切相关。在特定参数条件下，社会安全网的规模对个人保险需求可能产生"局部挤出"甚至"完全挤出"的作用。本文是文献中首次综合探究三者关系的理论模型，我们的研究结果填补了相关领域的理论空缺，并为进一步评估社会安全网制度提供了新的方向。

关键词：社会安全网；自我保险；商业保险；挤出效应

一、引　言

从20世纪80年代起，社会安全网（Social Safety Net）作为公共政策领域的一个新概念开始在国际上流行。90年代初期，世界银行将安全网作为在发展中国家减少贫困的重要战略措施进行提倡。随后，社会安全网这一概念便被各国广泛使用（Cook, 2000）。作为社会保障体系的一个重要组成部分，狭义的社会安全网主要指政府通过社会救助或收入支持的方式对低收入及其他需要帮助的人群提供生活保障的政策，而广义的社会安全网则是指包括政府在内的各种社会组织对困难人口或受灾人群进行补偿性救助的措施和体系（Currie, 2006）。这种措施往往可以分为两类，一类是长期性的用来救助社会上最困难的群体并为其提供最低生活保障的措施，例如美国政府为低收入人群提供的住房补贴（housing assistance）及医疗

---

* 原载于《世界经济》2011年第10期。本文被人大复印报刊资料《社会保障制度》2012年第1期全文转载。本研究得到教育部人文社会科学研究青年基金项目"新型医疗保障制度对农民工劳动地域选择的影响研究：基于'新农合'与'城居保'的比较"（项目编号：10YJC790206）和国家自然科学基金青年基金项目"我国人力资本的代际传导机制及其对社会流动性的影响：基于理论与实证的研究"（项目编号：71103009）的资助。

保障计划(Medicaid);另一类是针对受困和受灾人群的临时性的补偿和救助措施,例如美国政府针对低收入单身母亲实施的"特需家庭临时支援"(TANF)现金补贴计划,以及美国各界在飓风 Katrina 发生后对受灾地区提供的实物及资金救助。①由于我国是处在经济与社会转型中的发展中国家,社会安全网对帮助那些因转型而受到负面冲击的困难群体显得尤为重要(Graham,1994)。在中国,社会安全网一般包括下述几种制度安排:社会救助(最低生活保障制度、五保制度和贫困救济制度等)、失业保险和对下岗职工的再培训、扶贫项目及社区服务等等(Saunders 和 Shang,2001)。同时,当火灾或地震等重大灾难发生后,政府及社会群体为受灾群众所提供的补偿和救济措施也是我国社会安全网的组成部分。这些政策手段和自发行为在人们遇到困难时为受害人提供了可以依赖的社会保护网络,帮助他们解决经济困难。从世界范围来看,各主要发达国家的政府每年对社会安全网体系的投入一般都占其 GDP 的 8%以上(见表1),其中欧洲国家在安全网保障上的花费尤其高昂,约占其总收入的 15%;在各项支出中,养老、灾后救助及残疾人扶助等项目的支出比例最高,平均占安全网总支出的 70%以上。

表1 主要 OECD 国家在社会安全网项目的支出占当年 GDP 比重(%),2001

国家	社会安全网总支出	老年人救助	灾后幸存者救助	残疾人救助	失业救助	贫困家庭救济	其他安全网项目
美国	8	5.2	0.8	1.1	0.3	0.1	0.5
英国	13.7	7.7	0.6	2.2	0.3	1.5	1.5
加拿大	8.4	4.8	0.4	0.8	0.8	0.9	0.7
法国	17.4	10.4	1.5	1.7	1.6	1.5	0.8
德国	15.9	10.8	0.4	1.6	1.2	1.1	0.8
意大利	18.7	12.6	2.6	2	0.6	0.6	0.2
日本	9.1	6.4	1.2	0.6	0.5	0.3	0.3

数据来源:OECD(2004)福利与工资报告。

然而,社会安全网并不是人们抵御各种风险的唯一模式。在现代社会,其他私人或商业性的制度安排为人们缓解因贫困、失业、疾病及灾难带来的损失提供了更为有效的工具,而自我保险和商业保险则是其中的两种主要代表。自我保险(Self-insurance)指人们在风险发生以前,为降低其可能造成的损失而做出的投资。自我保险行为在生活中随处可见:人们在家中安放消防栓是为了抵御火灾发生后可能造成的损失,人们定期体检是为了在疾病降临后降低其造成的病痛,人们进行预防性储蓄是为了减轻失业及贫困等所带来的后果。这些自发的自我保险行为虽然无法避免不幸事件的发生,但是人们通过前期的准备和投资均可以达到缓解灾难所致损失的目的。另外一个重要的风险分担工具则是商业保险(Commercial Insur-

---

① 据公开数据显示,美国政府对 2005 年飓风 Katrina 灾后救助投入资金总额约为 54.8 亿美元;中国政府在 2008 年汶川地震后投入抗震救灾资金约为 615 亿元人民币。

ance):在市场经济中,商业保险公司通过把不同风险水平的个体整合在一起,达到风险分摊(risk sharing)的目的。具有风险规避特征的消费者可以在风险发生以前通过购买商业保险产品而同样达到降低风险损失的目的。例如,火灾保险是房屋业主抵抗火灾风险的重要手段,医疗保险是人们抵御疾病风险的常用工具,而失业保险、养老保险等产品又为人们预防应对相应的事件提供了商业途径。与自我保险相类似,商业保险同样要求人们在损失发生以前支付小额的投资(保险费),而该投资的回报则是风险发生后对损失的补偿。可见,社会安全网、自我保险和商业保险在抵御风险损失方面具有近似性,所不同的是,社会安全网所提供的保障和资助并不需要受益人本身在风险发生前作出相应的投资。

功能上的近似使社会安全网资源很容易成为市场中其他风险承担工具的替代品,影响着消费者的决策。如果政府及公众在社会安全网方面的投入使一部分人减少其在自我保险或商业保险上的投资,那么这就会引发公共投资对私人投资的"挤出效应"(Crowding-out Effect)。而由于人们在享有安全网所提供的救助之前并没有预先支付抵御风险所需要的成本,这一"挤出效应"背后所代表的则是一种"道德风险"(Moral Hazard)。例如,如果政府提供的失业补助过于慷慨,那么人们购买失业保险的倾向就会相应减小;如果政府和公众加大了对每次自然灾难的救助力度,那么人们购买火灾及其他自然灾害保险的动机也会随之减弱,这是因为社会安全网已经为其提供了一定程度的损失补偿。一个更为典型的例子是美国的医疗安全网制度(Health Care Safety Net):在美国,为了保障人们享受平等医疗的权力,每一个患者在生病以后都可以到任意一家公立医院、急诊机构及社区卫生服务中心接受诊治;受美国联邦法律的约束[①],这些医疗机构将为所有就诊患者提供必要的医疗服务,无论其是否有能力偿付相应的医疗费用。对于无法偿还的费用,这些机构将通过政府的税收补偿、医院之间自发建立的"未偿付医疗资金池"(Uncompensated Care Pool)以及其他方式进行抵扣。随着医疗安全网制度的不断完善和扩大,它对普通商业医疗保险的挤出效应引起了一些学者的关注,例如 Rask 和 Rask(2000)、Herring(2005)以及 Qin(2010)等都发现一个地区医疗安全网资源的提升使该地区参加私人医疗保险的人数下降。

尽管针对社会安全网挤出商业保险的实证研究在文献中有所涉及,安全网对自我保险的挤出效应却很少有人研究。更为重要的是,在经济学文献中至今没有出现一个严格的理论模型来综合探究社会安全网对商业保险和自我保险的挤出及其制约条件。本文的研究将填补这一方面的理论空缺:在以下分析中,三种风险分

---

① 此类法律约束起源于1946年的希尔—伯顿法案(Hill-Burton Act),该法案要求所有非盈利医院每年向公众提供一定数量的慈善性医疗;后来,以1986年通过的联邦急诊及活性劳力法案(Emergency Medical Treatment and Active Labor Act)为代表的立法要求所有公立医院和急诊机构必须向每一个就诊患者提供必要的医疗服务,无论他们是否有能力偿付相应的医疗费用。

担工具将被引入统一的消费者期望效用模型,这使我们可以在均衡状态下探讨安全网对自我保险和商业保险需求量的影响,进而得出挤出效应的存在条件。值得注意的是,由于本文将自我保险投资额及商业保险购买量设定为连续变量,因此我们的模型不仅可以反映安全网对两者发生"完全挤出"的情况(即以往实证研究所发现的非参保人数增加的现象),它还可以揭示更为普遍的"局部挤出"的情形(即安全网使人们对自我保险及商业保险投资不足的现象)。因此,与以往研究不同,"零保险"行为在我们的模型中将成为一个内解而非角解,这使本文的研究结果更具一般性。

我们在第二部分将对社会安全网及"挤出效应"的相关研究加以综述,第三部分是理论模型的基本设定,第四部分将分情况讨论社会安全网对自我保险和商业保险需求的影响,第五部分总结全文并提出政策建议。

二、文献综述

"挤出效应"原指因供给或需求增加所引起的部分资金从原预支中流出的效果。在经济学文献中,对"挤出效应"的研究往往集中于公共资本驱逐私人资本的现象,即政府的支出增加导致私人消费或投资的降低。如果挤出效应确实存在,那么政府在某公共事业上的投资就会对私人资本在该项目中的投入产生负面激励,从而无法达到政策本身的目的(最终投资总额将小于政府的预期)。其中,公共保险驱逐私人商业保险的现象在文献讨论中尤为广泛,而广义的社会安全网所引发的挤出效应却较少被关注。

针对政府提供的公共保险项目,许多国外学者就其对私人保险"挤出效应"的存在性和显著性进行了实证研究。例如,Cutler 和 Gruber(1996)认为,在 1987—1992 年间,美国 Medicaid 对孕妇和儿童的参保资格放宽导致了私人参保率的大规模下降。他们的结论随后遭到一些学者的质疑,例如,Ham 和 Shore-Sheppard(2005)以及 Thorpe 和 Florence(1998)分别利用美国收入及项目参与调查数据(SIPP)及全国青年追踪访查数据(NSLY)说明公共保险对商业医疗保险并没有产生显著的"挤出效应"。然而,在最新的研究中,Gruber 和 Simon(2008)利用 1996—2002 年的数据及更为稳健的方法再一次验证了挤出效应的存在。

在医疗安全网方面,针对挤出效应的实证研究较少,但结果较为一致。以下面几篇文章为代表的研究通过各种客观数据证实了免费医疗资源对私人医疗保险所具有的负面影响。例如,Rask 和 Rask(2000)利用美国国家医疗支出调查数据(NMES),发现在中低收入群体中,公共医疗对私人保险存在挤出;Herring(2005)通过社区追踪调查数据(CTS)及创新性的度量方法证明了慈善性医疗的存在对当地低收入人群的参保行为起到了阻碍作用;Lo Sasso 和 Meyer(2006)利用美国人口普查数据(CPS)发现挤出效应在两个年龄段的人群中尤为显著;Qin(2010)使用 CTS 和地区资源信息数据（ARF）再一次验证了各类医疗安全网的密集程度与其挤出效应的规模呈正相关关系。

另一方面，目前国内外学者对自我保险挤出效应的研究仅停留在公共保险对私人预防性储蓄的影响。Feldstein(1974)在生命周期假说的基础上提出养老金制度对国民储蓄具有明显的"挤出效应"。随后，Barro(1978)、Leimer(1982)以及 Feldstein(1995,2002)等分别利用新的数据对这一挤出效应进行了验证，但由于方法和数据的不同，这些研究的结果不尽相同。在我国，一些学者使用国内的相关数据，同样无法对该挤出效应的存在和大小达成共识。例如，徐裕人等(2008)提出中国储蓄额的增加量大于养老金额的增加量，即不存在"挤出效应"，而存在"挤入效应"，其原因在于我国制度改革中的不确定因素导致人们对未来和养老保障的担忧。蒋云赟(2010)运用代际核算的方法，证明中国现行的养老保险体系对国民储蓄存在挤出效应，但其规模并不大。宁满秀等(2010)提出新型农村合作医疗对农户的预防性储蓄存在挤出，并且该挤出效应随农户储蓄分位的提高而减小。

通过以上综述，我们发现国内外针对社会安全网挤出效应的实证研究并没有取得一致的结论。无论对于商业保险还是自我保险，这一效应的存在和大小往往受到其他客观因素的影响。因此，有必要构建一个更为一般性的理论模型，以帮助我们更好地了解该效应的产生根源和存在条件。在理论经济学文献中，一些学者曾尝试研究商业保险和自我保险单独被挤出的情形。例如，Ehrlich 和 Becker(1972)运用期望效用假设探索消费者在不确定性存在时自我保险的最优选择，并证明了市场保险与自我保险的相互替代性；Nyman(2003)同样在期望效用的分析框架下讨论慈善医疗对商业健康保险的挤出效应，并证明低收入人群更容易受医疗安全网的影响而放弃商业保险。然而，文献中至今还无法找到一个综合性的理论模型，使我们能在统一的框架下分析社会安全网对自我保险和商业保险需求的影响，而这正是本文研究的主要目的。

在第三部分，我们将构建这样一个保险需求理论模型，它发展了 Ehrlich 和 Becker(1972)的分析方法，将社会安全网、自我保险及商业保险三种风险承担工具引入统一的期望效用框架，使我们能够探讨三者并存时的相互关系。由于我们的模型将自我保险与商业保险的需求量设定为连续变量，因此它既可以反映"完全挤出"（即零保险）的情况，也可以反映"局部挤出"（即保险需求量变小）的情况，这一点在以往的文献中常常被忽视。

三、模型设定

本模型在标准的"状态偏好"保险需求模型的基础上进行扩展，将社会安全网引入到消费者期望效用最大化的问题中，旨在探索其在不同市场条件下对商业保险及自我保险的"挤出效应"。首先，在期望效用的假定下，我们假设消费者可能面临两种状态:状态1为非出险状态,状态0为遭遇损失的出险状态。例如对于火灾风险来说,状态1指无火灾发生的情况,而状态0指遭遇火灾的情形;对于健康保险来说,状态1表示消费者的健康状况良好,而状态0则表示疾病发生的状态。

消费者在两种状态下的效用取决于各自的收入:假定 I_1^e 为消费者的收入禀赋,由于在状态1下,消费者没有遭受损失,因此 I_1^e 同时也是其在状态1下的实际收入;在状态0下,消费者因灾难发生而遭受财产损失。我们假设损失的大小由灾难本身的严重程度(L^e)决定,同时受到其他人为因素的影响,例如商业保险赔付、自我保险投资及社会安全网的补偿等;因此,在状态0下,损失函数 $L(\cdot)$ 是 L^e 及以上各相关因素的函数。

假设 p 是损失发生的概率(假定 p 为给定概率),那么在没有保险的情况下,消费者的期望效用函数可以写为:

$$U^* = (1-p)U_1 + pU_0 = (1-p)U[I_1^e] + pU[I_1^e - L(L^e)] \qquad (1)$$

在此我们假定 U 具有效用函数的一般特性,其一阶导数大于0,二阶导数小于0,即:

$$U_1' > 0, \quad U_2' > 0, \quad U_1'' < 0, \quad U_2'' < 0$$

1. 自我保险(Self-insurance)

我们首先考虑消费者的"自我保险"行为。根据 Ehrlich 和 Becker(1972)的定义,"自我保险"可以归结为消费者在得知灾难是否发生以前所做出的用于缓解灾难损失的投资。[①] 这种事前投资(Ex-ante Investment)将减少消费者在状态1下的个人效用(由于在本模型中消费者效用由当期收入决定,因此对自我保险的投资可直观地反映为消费者收入禀赋的降低),而当事故或灾难发生后,该投资将有效减少状态0下的损失。例如,在火灾风险中,消费者事前购买灭火器可以看作是一种自我保险的行为:该投资发生在火灾发生前,并且可以降低灾难造成的经济损失。在保健领域,消费者的定期体检也可视为其自我保险的行为:体检虽然无法改变患病的概率,但是当疾病发生后,及时的筛查和尽早治疗可以有效降低其带来的损失。

假设自我保险的投资额为 b,则状态0下的收入损失函数可以写为 $L = L(L^e, b)$,因此在"自我保险"存在时,消费者的期望效用为:

$$U^* = (1-p)U[I_1^e - b] + pU[I_1^e - L(L^e, b) - b] \qquad (2)$$

2. 商业保险(Market Insurance)

与自我保险类似,商业保险也是消费者在灾难发生前所做的用以降低灾难损失的投资。但是与自我保险不同的是,商业保险由保险公司提供,其价格由市场决

[①] 一个与自我保险相似的行为是"自我保护"(Self-protection)。根据 Ehrlich 和 Becker(1972),自我保护与自我保险的区别在于其目的是降低灾难发生的概率而非灾难损失的大小。在现实中,很多风险规避行为可以同时被归纳为自我保险与自我保护(例如体检)。为简明起见,本文只对自我保险行为进行分析。

定,而消费者在给定的价格下可以决定是否参加保险及购买保险的数量。① 例如,在医疗保险市场,不同保险产品的价格及赔付率不尽相同,而消费者则可以依据自身的需要和支付能力进行选择。依据 Ehrlich 和 Becker(1972)的论述,商业保险的价格(z)可以看做消费者在状态 0 与状态 1 下各自收入的固定比率,即 $z = \dfrac{dI_1}{dI_0} = -\dfrac{I_1 - I_1^e}{I_0 - I_0^e}$。另一方面,消费者购买保险的数量($s$)可以表示为在状态 0 下其实际收入与收入禀赋之差:$s = I_0 - I_0^e$,即保险使灾难损失减少的程度;而消费者为商业保险所支付的投资额则可以用状态 1 的实际收入与收入禀赋之差来衡量:$I_1^e - I_1 = sz$。从而一个购买了商业保险的消费者的期望效用函数可以写为:

$$U^* = (1-p)U[I_1^e - sz] + pU[I_1^e - L(L^e) + s] \quad (3)$$

3. 社会安全网(Social Safety Net)

正如引言中所论述的那样,社会安全网的存在可以有效降低灾难发生时人们受到的损失,但是与自我保险与商业保险所不同的是,社会安全网对灾难的补偿却并不需要消费者事前进行投资,因此它并不会造成状态 1 下收入禀赋的减少。例如,当重大自然灾难发生后,政府及人道救助组织往往对受灾群众进行金钱与物质方面的补偿;在医疗领域,患者可以在生病后进入急诊部门或其他医疗救助机构获得廉价甚至免费的医疗服务。在这些情况下,受害者即使在事前没有购买商业保险或进行自我保险的投资,也可以得到免费的救助,并降低其在状态 0 下的损失。

假定社会安全网所能提供的灾后补偿为 k,此补偿的大小由政府的保障政策或社会公共救助资源的充足程度所决定,对个人来说是外生变量。因此,消费者在状态 0 下的收入损失函数可以写为 $L = L(L^e, k)$,相应的期望效用函数为:

$$U^* = (1-p)U[I_1^e] + pU[I_1^e - L(L^e, k)] \quad (4)$$

其中 k 是外生的政策变量,并非由消费者自身决定。

四、社会安全网对自我保险与商业保险需求的影响

在这一部分,我们将结合以上模型来探讨社会安全网对人们自我保险与商业保险需求的影响以及"挤出效应"的存在条件。为简明起见,我们将分三种情况来讨论,它们分别代表了消费者面临的不同市场环境:前两种情况是社会安全网仅与某一种保险形式共存的情形,而最后一种情况则反映了三者同时存在的情形。在每一种市场环境下,我们将分析导出社会安全网引发挤出效应和消费者道德风险的参数条件。

---

① 与商业保险外生决定的市场价格不同,自我保险的影子价格由其边际生产率(即自我保险使实际损失的边际降低幅度)决定,与市场供求无关。

1. 情形一:社会安全网与自我保险共存

在第一种情形中,我们假定只有社会安全网与自我保险存在。消费者可以在灾难发生前进行先期的自我保险投资,在灾难发生后,其初始损失可能因为自我保险的收益及社会安全网的补偿而降低。由于安全网并不要求消费者在事前做任何投资,其补偿额度也并非内生决定,因此消费者在此情形下面临的问题是在给定的社会安全网水平下决定最佳的自我保险投资数量。在状态 0 下,收入损失由三个因素决定:L^e—初始的收入损失,b—消费者自我保险投资,和 k—社会安全网所提供的补偿。自然地,收入损失函数具有以下特征:

$$L'_e = \frac{\partial L'(L^e, b, k)}{\partial L^e} > 0, \quad L'_b = \frac{\partial L'(L^e, b, k)}{\partial b} < 0 \quad \text{和} \quad L'_k = \frac{\partial L'(L^e, b, k)}{\partial k} < 0$$

在这种情况下,消费者的期望效用函数可以写为:

$$U^* = (1-p)U[I_1^e - b] + pU[I_1^e - L(L^e, b, k) - b] \tag{5}$$

通过(5)式对 b 求导,我们得到期望效用最大化的一阶条件:

$$-\frac{1}{L'_b + 1} = \frac{pU'_0}{(1-p)U'_1} \tag{6}$$

其中,$U_0 = U[I_1^e - L(L^e, b, k) - b]$ 代表状态 0 下的效用,$U_1 = U[I_1^e - b]$ 表示状态 1 下的效用。(6)式的左边实际代表了自我保险的相对价格,该价格由自我保险的边际生产率 L'_b(即自我保险投资每增加一单位使状态 0 下的实际损失降低的幅度)决定;而(6)式右侧则代表了消费者在状态 0 与状态 1 下收入的边际替代率。

进一步求导数可知,上述最大化实现的二阶条件是:

$$D = (1-p)U''_1 + p(L'_b + 1)^2 U''_0 - pL''_{bb}U'_0 < 0 \tag{7}$$

在图 1 中,AB 代表消费者的无差异曲线,CD 是自我保险的生产可能性曲线,最优化一阶条件表明,使效用最大化的最佳自我保险投资 b_0 将使两种状态下的收入组合处在图中所示的点 M 处,在此点 AB 与 CD 曲线有着相同的斜率。而最优化的二阶条件则意味着无差异曲线 AB 必须凸向原点。

通过对(6)式进行全微分,我们可以得到社会安全网(k)对自我保险最佳投资(b_0)的影响:

$$\frac{db}{dk} = \frac{pU'_0 L''_{bk} - pU''_0 L'_k (L'_b + 1)}{(L'_b + 1)^2 pU''_0 - pU'_0 L''_{bb} + (1-p)U''_1} \tag{8}$$

由于在(7)式成立的情况下,上式分母为负;同时,由于 $U' > 0, U'' < 0, L'_b < 0, L'_k < 0, (L'_b + 1) < 0$(基于一阶条件),因此如果条件 $L''_{bk} \geq 0$ 满足,我们有 $db/dk < 0$。换言之,自我保险与社会安全网二者互为替代品(即存在安全网对自我保险的"挤出效应")的一个充分条件是自我保险投资在减少灾难损失方面的边际收益随社会安全网水平的提高而增大。

从图 1 可以看出,如果个人自我保险的投资边际收益随安全网递增,则安全网

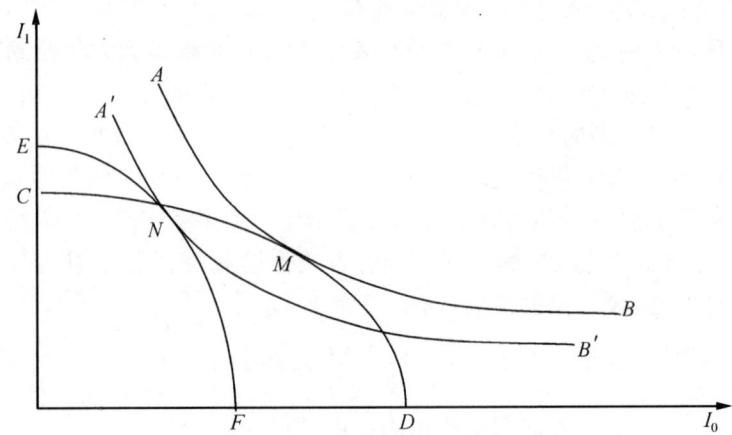

图 1　社会安全网与自我保险共存的情形

注:I_0 轴代表着在状态 0 下的收入,I_1 轴代表状态 1 下的收入;AB 与 $A'B'$ 是消费者的无差异曲线。CD 与 EF 代表自我保险的生产可能性曲线。

规模的增加将使自我保险生产可能性曲线的斜率提高,并将该曲线从 CD 移至 EF。这相当于提高了自我保险的相对价格。结果将导致消费者最优收入组合从 M 移至 N,伴随而发生的是消费者自我保险投资的减少(减少的数量可以表示为变化前后状态 0 下的收入差距,即用 M、N 两点之间的水平距离来衡量)。

以上结果表明,在一定条件成立的情况下,安全网的存在将会挤出私人在自我保险上的投资,从而导致道德风险问题。例如,若人们预期到火灾发生后政府对其的救助性补偿金额增加,则其对火灾防范所进行的投资将会减少;又如,当人们得知在生病后可以通过急诊室和社区卫生服务中心等医疗救助机构获得免费的医疗服务时,其对自身健康的预防性投资(如体检)就会减少。类似的道德风险问题,究其原因是由于免费的安全网补偿有效提高了自我保险的影子价格,使自我保险的成本上升。因此,可以肯定,以往文献中关于安全网对私人保险挤出效应的估计都是低于真实水平的,因为它们忽略了安全网对自我保险的潜在影响,这也是本文的重要结论之一。

2. 情形二:社会安全网与商业保险共存

在第二种情况中,我们假定社会安全网仅与商业保险共存。依据前述模型假定,在给定社会安全网可获得水平 k 的条件下,消费者对以下期望效用函数进行最大化,从而决定其购买商业保险的最优数量:

$$U^* = (1-p)U[I_1^e - sz] + pU[I_1^e - L(L^e,k) + s] \quad (9)$$

通过(9)式对 s 求导可知,其一阶最优条件为:

$$z = \frac{pU_0'}{(1-p)U_1'} \quad (10)$$

因此,消费者在市场上所购买的保险数量将使无差异曲线(即图 2 中的 AB 线)与预算约束线(即图 2 中的 CD 线)相切。同时,以上效用最大化问题的二阶条件为:

$$D = pU_0'' + z^2(1-p)U_1'' < 0 \qquad (11)$$

(11)式意味着无差异曲线必须凸向原点。

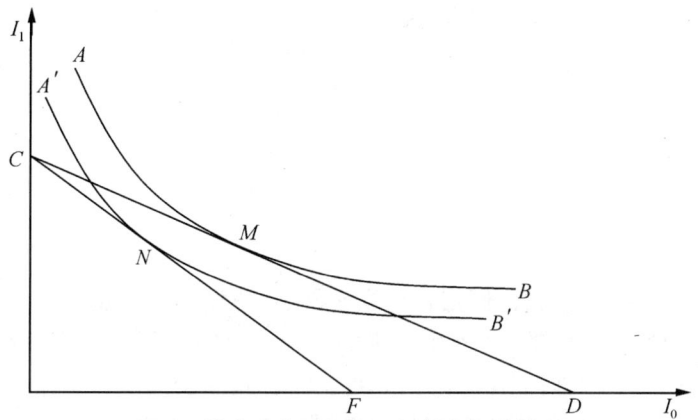

图 2　社会安全网与商业保险共存的情形

注:I_0 轴代表着在状态 0 下的收入,I_1 轴代表状态 1 下的收入;AB 与 $A'B'$ 是消费者的无差异曲线。CD 与 EF 代表消费者的预算约束线。

在进一步的比较静态分析中,通过对(10)式进行全微分,我们可知安全网对最优保险购买量($s0$)的影响如下:

$$\frac{ds}{dk} = \frac{pU_0''L_k'}{(1-p)U_1''z^2 + pU_0''} < 0 \qquad (12)$$

由于 $U'' < 0$ 且 $L_k' < 0$,上式为负。因此,我们可以断定在仅有两者共存的情形下,社会安全网与商业保险总是互为替代品,当社会安全网所提供的补偿更为慷慨时,商业保险的影子价格也随之上升,人们将更加倾向于依赖免费的保障资源来降低状态 0 下的收入损失。其结果是,社会安全网保障的增加将使图 2 上的消费者机会边界线(预算约束线)从 CD 移至 CF,而最优保险点也将从 M 移至 N,因此消费者对商业保险的实际购买量将减少(减少的数量可以表示为变化前后状态 0 下的收入差距,即用 M、N 两点之间的水平距离来衡量)。

以上结果进一步证实了我们的假设,即在社会安全网存在的情况下,消费者将会主动减少其购买商业保险的数量,而依赖安全网提供的保障降低风险带来的损失。例如,当社会安全网提供的火灾救助提高时,人们将会降低其火灾商业保险购买的数量;当医疗救助项目能够为病人提供更好的免费医疗服务时,人们也会减少其购买商业医疗保险的数量。在这类情况下,由于安全网的存在扭曲了商业保险的市场价格,道德风险由此产生。这种公共安全网投资挤出私人商业保险的现象已经得到国内外学者的关注(Rask 和 Rask,2000;Herring,2005;Qin,2010),但是值得注意的是,文献中关于挤出效应的研究一直集中于"全部挤出",而忽视了"局部挤出"的可能性。而我们的模型揭示出,公共安全网将不止使一部分消费者完全放弃商业保险的购买(即"零保险"或"全部挤出"的情形),同时它也可能使一部分消费者减少其商业保险的购买(即"局部挤出效应")。从而,我们可以断定以往文献中对挤出效应的定量估计均低于其全部效应的实际大小,因为它们忽略了"局部挤出"的情况。例如,Herring(2005)中估算了美国医疗救助体系对未参保人群(Uninsured Population)扩大的影响,但是该研究忽略了一部分人受救助体系的惠及而降低其健康保险的购买量却并未被归于非参保人群的情形,因此其对"挤出效应"的估计将低于真实水平。另一方面,我们需要指出,社会安全网对商业保险的挤出并不是无条件存在的,从下面的分析可知,当引入自我保险行为后,在这种更为复杂的市场条件下,挤出效应将有可能消失。

3. 情形三:社会安全网、自我保险及商业保险三者并存

在最后一种情形中,我们假定社会安全网、自我保险及商业保险三者并存于市场中,在安全网的保障水平(k)外生给定的情况下,消费者将同时决定其最佳的自我保险投资数量 b 以及商业保险购买数量 s。此时,安全网对自我保险和商业保险的影响可以通过其各自的比较静态分析得到。

由模型设定可知,在这种较为复杂情况下,消费者的期望效用可以写为:

$$U^* = (1-p)U[I_1^e - b - sz] + pU[I_1^e - L(L^e, b, k) - b + s] \quad (13)$$

上式对 s(商业保险购买量)和 b(自我保险投资额)分别求导后的一阶条件为:

$$U_s^* = -(1-p)U_1'z + pU_0' = 0 \quad (14)$$

$$U_b^* = -(1-p)U_1' - pU_0'(L_b' + 1) = 0 \quad (15)$$

联立(14)和(15)式,可得:

$$z = -\frac{1}{L_b' + 1} = \frac{pU_0'}{(1-p)U_1'} \quad (16)$$

进一步求导可知以上最优解必须满足的二阶条件为:

$$U_{ss}^* = (1-p)U_1''z^2 + pU_0'' < 0 \quad (17)$$

$$U_{bb}^* = (1-p)U_1'' + pU_0''(L_0' + 1)^2 - PU_0'L_{bb}'' < 0 \quad (18)$$

$$\Delta = U_{ss}^* U_{bb}^* - (U_{sb}^*)^2 > 0 \quad (19)$$

由(16)式可知,在均衡状态下,自我保险的影子价格、商业保险的价格和消费者效用的边际替代率呈相等关系。从图像上看,这意味着无差异曲线 AB,自我保险的生产可能性曲线 CD 以及商业保险的机会曲线 JH 在均衡条件下相切(如图3所示)。进一步由二阶条件(17)—(19)式可知,以上均衡解存在的必要条件是自我保险的生产函数具有边际回报率递增的特性(即 $L_{bb}'' > 0$)。在图3中,这表示自我保险的生产可能性曲线 CD 须凹向原点。

在其他条件不变的情况下,k(社会安全网可获得水平)对消费者最优自我保险

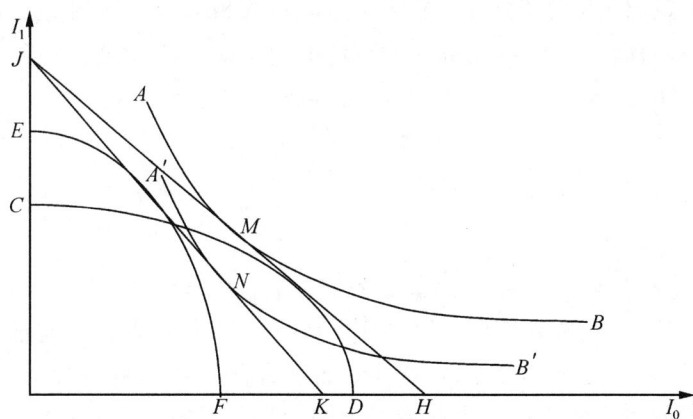

图 3　社会安全网、自我保险及商业保险三者并存的情形
注：I_0 轴代表状态 0 下的收入，I_1 轴代表状态 1 下的收入；AB 与 $A'B'$ 是消费者的无差异曲线；CD 与 EF 为自我保险的生产可能性曲线；JH 与 JK 代表商业医疗保险的机会边界曲线。

投资水平（b_0）和最优商业保险购置量（s_0）的影响可以通过对（14）与（15）式中的 k 求导得出：

$$\left\{(1-p)U''_1z^2 + pU''_0\right\}\frac{ds}{dk} + \left\{(1-p)U''_1z - pU''_0(L'_b+1)\right\}\frac{db}{dk} = pU''_0L''_k \tag{20}$$

$$\left\{(1-p)U''_1z - pU''_0(L'_b+1)\right\}\frac{ds}{dk} + \left\{(1-p)U''_1 + pU''_0(L'_b+1)^2 - pU'_0L'_{bb}\right\}\frac{db}{dk} = pU'_0L''_{bk} - pU''_0(L'_b+1)L'_k \tag{21}$$

等式（20）和（21）可以简化为以下形式：

$$U^*_{ss}\frac{ds}{dk} + U^*_{sb}\frac{db}{dk} = -U^*_{sk} \tag{22}$$

$$U^*_{sb}\frac{ds}{dk} + U^*_{bb}\frac{db}{dk} = -U^*_{bk} \tag{23}$$

由克莱姆法则解以上联立方程组（22）—（23），得：

$$\frac{ds}{dk} = \frac{|A|}{|B|} = \frac{U^*_{sb}U^*_{bk} - U^*_{sk}U^*_{bb}}{U^*_{ss}U^*_{bb} - (U^*_{sb})^2} \tag{24}$$

（24）式中的分子展开式为：

$$|A| = p(1-p)U''_1[U''_0z(L'_b+1)L'_k + U''_0L'_k - U'_0zL''_{bk}] + p^2U''_0[U'_0(L'_b+1)L''_{bk} - U'_0L'_kL''_{bb}]$$

如果我们将等式（16）代入上式，则它可以被重新写为：

$$|A| = -p(1-p)U''_1U'_0zL''_{bk} + p^2U''_0U'_0[(L'_b+1)L''_{bk} - L'_kL''_{bb}] \tag{25}$$

因此，$|A|$的符号是不确定的，它由L''_{bk}和L''_{bb}的相对大小决定。但是在一种特定情况下，即当自我保险的边际生产率与社会安全网水平相独立（$L''_{bk}=0$）时，$|A|$的符号可判定为负（假定二阶条件$L''_{bb}>0$得以满足）。另一方面，(24)式中的分母展开式为：

$$|B| = p(1-p)U''_1[U''_0 z^2(L'_b+1)^2 - U'_0 z^2 L''_{bb} + U''_0 + 2U''_0 z(L'_b+1)] - p^2 U''_0 U'_0 L''_{bb} \tag{26}$$

分析可知，在二阶条件(17)—(19)成立的情况下，$|B|>0$。

综合以上结果，在三种风险分担工具共存的情形下，商业保险与社会安全网既可能是互补品，也可能是替代品，这取决于自我保险生产函数的特征。具体来说，如果自我保险的边际生产率不受社会安全网变化的影响，那么商业保险与安全网将会是互补品，即$ds/dk<0$。在此种情况下，当社会安全网的保障水平得到提升后，将会产生上述安全网驱逐商业保险的"挤出效应"。一个常见的满足该条件的自我保险生产函数为$L(L^e,b,k)=L(L^e,b)-k$，即社会安全网按固定金额以直接经济补偿的形式抵减出险后造成的损失。相反，以上比较静态分析结果同样说明，在其他特定条件下，社会安全网也可能与商业保险成为互补品。此时，当安全网提供的灾后补偿提高后，商业保险的购买量将随之上升，从而产生对私人保险的"挤入效应"。

另一方面，通过等式(22)和(23)我们还可以求出k对最优自我保险($b0$)的影响：

$$\frac{db}{dk} = \frac{|C|}{|B|} = \frac{U^*_{sk}U^*_{sb} - U^*_{bk}U^*_{ss}}{U^*_{ss}U^*_{bb} - (U^*_{sb})^2} \tag{27}$$

等式(27)的分子展开式为：

$$|C| = p(1-p)U''_1[U'_0 z^2 L''_{bk} - U''_0 z^2(L'_b+1)L'_k - U''_0 z L'_k] + p^2 U''_0 U'_0 L''_{bk} \tag{28}$$

将一阶条件(16)代入上式后，等式(28)可以重新写为：

$$|C| = p(1-p)U''_1 U'_0 z^2 L''_{bk} + p^2 U''_0 U'_0 L''_{bk} \tag{29}$$

因此，如果$L''_{bk}>0$那么$|C|<0$；若$L''_{bk}<0$则$|C|>0$；而如果$L''_{bk}=0$则$|C|=0$。同时，(27)式的分母展开式为：

$$|B| = p(1-p)U''_1[U''_0 z^2(L'_b+1)^2 - U'_0 z^2 L''_{bb} \\ + U''_0 + 2U''_0 z(L'_b+1)] - p^2 U''_0 U'_0 L''_{bb} \tag{30}$$

根据二阶最优条件(17)—(19)可知$|B|>0$。

因此，我们可以判定，当自我保险的边际生产率随社会安全网水平递增时（$L''_{bk}>0$），此二者为替代品（$db/dk<0$），反之它们则是互补品。在特殊情况下，如果自我保险的边际生产率不受安全网的影响（$L''_{bk}=0$），则二者既非替代品也非互补品。

总的来说，当消费者同时面对以上三种保险工具时，社会安全网对其他两种保险需求的影响很大程度上取决于 L''_{bk} 的大小。如果自我保险的边际生产率呈现对社会安全网保障水平递增(递减)的特征,那么安全网与自我保险就是替代品(互补品),从而社会保障资源的提升就会减少(增加)在自我保险上的投资,这是由于二者的相对价格发生变化而造成的。另一方面,当存在自我保险的时候,安全网对商业保险购买量的影响是不确定的,"挤出效应"是否存在取决于自我保险生产函数的特征。在一种常见(但非一般性)的情况下,即当自我保险的边际收益与安全网水平相互独立的时候($L''_{bk}=0$),增加社会安全网的投资水平将会减少商业保险的购买,这时安全网挤出效应就会显现,该情况的一个具体例子就是 $L(L^e,b,k) = L(L^e,b) - k$,即安全网以固定金额直接补偿状态 0 下的损失。

在图 3 中,如果自我保险的边际生产率随社会安全网水平而递增,k 的增加会将自我保险的生产可能性曲线从 CD 移至 EF,商业保险的机会边界也将同时从 JH 移动至 JK,其结果是自我保险和商业保险的最优选择会从点 M 移动至点 N。根据我们以上的分析结果可知,安全网水平的提升会使自我保险的影子价格提高,从而降低消费者在自我保险上的投资($b0$),而商业保险的最优购买量则可能会随着 k 的增加而提高或者减少。总的来说,k 的变化对 b 与 s 的净影响可以通过状态 0 下的收入变化(即图 3 中 M 和 N 之间的水平距离)来衡量。

在以上分析中,我们只探讨了社会安全网对自我保险和商业保险的挤出效应。然而,当三者共同存在(情形三)时,自我保险与商业保险之间也可能存在相互挤出。作为两种风险分担工具,自我保险和商业保险都是通过减少一部分收入禀赋来达到出险后减少损失的目的。在一般情况下,商业保险的风险分担能力比自我保险要强,那么商业保险同样可能对自我保险产生挤出效应;相应的,如果自我保险生产函数的边际生产率高于商业保险的效费比,那么自我保险就可能对商业保险产生挤出。针对这种情况,我们在以上分析框架下对二者的相互关系进行进一步分析,以使文章的探讨更加透彻和全面。

在二阶条件(17)—(19)满足的前提下,我们通过对(14)与(15)式求导可以得到商业保险的市场价格(z)对消费者最优自我保险投资水平($b0$)和最优商业保险购置量($s0$)的影响:

$$\{(1-p)U''_1 z^2 + pU''_0\}\frac{ds}{dz} + \{(1-p)U''_1 z - pU''_0(L'_b+1)\}\frac{db}{dz}$$
$$= (1-p)[U'_1 - U''_1 sz] \tag{31}$$

$$\{(1-p)U''_1 z - pU''_0(L'_b+1)\}\frac{ds}{dz} + \{(1-p)U''_1$$
$$+ pU''_0(L'_b+1)^2 - pU'_0 L''_{bb}\}\frac{db}{dz} = -(1-p)U''_1 s \tag{32}$$

由克莱姆法则解以上联立方程组(31)—(32),得:

$$\frac{ds}{dz} = \frac{|D|}{|B|} \frac{U_{sb}^* U_{bz}^* - U_{sz}^* U_{bb}^*}{U_{ss}^* U_{bb}^* - (U_{sb}^*)^2} \tag{33}$$

(33)式中的分子展开式为:

$$|D| = (1-p)[-pU_0'' U_1''(L_b'+1)s + (1-p)U_1' U_1'' + pU_0'' U_1'(L_b'+1)^2$$
$$- pU_0' U_1' L_{bb}'' - pU_0'' U_1''(L_b'+1)^2 sz + pU_0'' U_1'' L_{bb}'' sz] \tag{34}$$

将一阶条件(16)代入上式后,等式(34)可以重新写为:

$$|D| = (1-p)^2 U_1' U_1'' + p(1-p)[U_0'' U_1'(L_b'+1)^2 - U_0' U_1' L_{bb}'' + U_0' U_1'' L_{bb}'' sz] < 0 \tag{35}$$

由于(35)式的符号为负,因此 $ds/dz < 0$,即当三种风险分担工具并存时,商业保险的价格对商业保险的购买量具有负面影响。由于在现实中,商业保险被归为一般商品,因此其需求量随价格上升而减少的特征与我们的预期相符。另一方面,为了得到自我保险与商业保险的关系,我们同理分析商业保险价格对自我保险需求的影响如下:

$$\frac{db}{dz} = \frac{|E|}{|B|} = \frac{U_{sz}^* U_{sb}^* - U_{bz}^* U_{ss}^*}{U_{ss}^* U_{bb}^* - (U_{sb}^*)^2} \tag{36}$$

(36)式中的分子展开式为:

$$|E| = (1-p)[pU_0'' U_1'(L_b'+1) - pU_0'' U_1''(L_b'+1)sz - (1-p)U_1' U_1'' z - pU_0'' U_1'' s] \tag{37}$$

将一阶条件(16)代入后,等式(37)转化为:

$$|E| = -(1-p)^2 U_1' U_1'' z + p(1-p)U_0'' U_1'(L_b'+1) \tag{38}$$

由(16)式可知$(L_b'+1) < 0$,从而(38)式可判定为正。因此,当社会安全网存在时,自我保险与商业保险互为替代品,即 $db/dz > 0$。此时当商业保险的市场价格升高,消费者在给定的安全网水平下将增加对自我保险的投资。该结论符合我们的预期,这是由于自我保险与商业保险在风险分担功能方面有相似之处,它们均通过减少部分收入禀赋来达到减少出险后损失的目的,而消费者对二者的需求则取决于各自的生产效率(或效费比)。如果商业保险的市场价格出现波动,则消费者将选择更为有效的工具进行投资,导致两者相互挤出的现象。这一结论延伸了文献中对自我保险与商业保险关系的论证(见 Ehrlich 和 Becker,1972),说明在社会安全网存在时,自我保险和商业保险依然呈互为替代的关系。

五、结　论

社会安全网作为现代社会保障体系下的风险分担工具对个人的风险规避行为产生着深远的影响。本文在消费者期望效用的分析框架下,构建出一个包含了社会安全网、自我保险及商业保险的理论模型,进而探讨了安全网对其他两种保险需求的影响。分析表明,在一定条件成立的情况下,安全网将对自我保险和商业保险产生挤出效应。我们在不同的市场环境下分别推导出该效应存在的参数条件。结果显示,挤出效应的存在和大小不但与消费者可获得的风险分担工具组合有关,并且还受到自我保险生产函数等市场因素的影响。我们的模型还揭示出,社会安全网所引发的挤出效应不但包括文献中经常涉及的"完全挤出"情况,同时还包含了更为一般性的"局部挤出"情形。因此,以前国内外对"挤出效应"的估算往往是偏低的,因为它们忽视了社会安全网使保险需求降低却并未降至"零保险"的情况。本文的研究成果为今后进一步评估安全网制度提供了理论依据,为更准确地估算"挤出效应"的规模提供了新的方向。同时,我们的分析表明,"挤出效应"的存在根源在于免费的安全网保障扭曲了自我保险和商业保险的相对价格,从而影响了消费者在不确定性下的最优选择。因此,对于政府来讲,以灾后救助为主的"安全网"服务模式并不是帮助受困人群抵抗风险的最佳方法,而对困难及高风险人群进行事前补贴并正确引导其投资于自我保险或商业保险则是更为有效的制度安排。

参 考 文 献

[1] Barro, RJ., "The Impact of Social Security on Private Saving-Evidence from the U.S Time Series, Washington: American Enterprise Institute, 1978.

[2] Cook, S., "From Rice Bowl to Safety Net: Insecurity and Social Protection during China's Transition", *Development Policy Review*, 2002, 20(5), 615—635.

[3] Currie, J., *The Invisible Safety Net: Protecting Poor Children and Families*. Princeton NJ: Princeton University Press, 2006.

[4] Cutler, D. and J. Gruber, "Does Public Health Insurance Crowd out Private insurance?", *The Quarterly Journal of Economics*, 1996, 111(2), 391—430.

[5] Gruber, J., and K. Simon, "Crowd-out Ten Years Later: Have Recent Public Insurance Expansions Crowded out Private Health Insurance?", *Journal of Health Economics* 27 (2008) 201—217.

[6] Ehrlich, I., and GS. Becker, "Market Insurance, Self-Insurance, and Self-Protection", *The Journal of Political Economy*, 1972, 80(4), 623—648.

[7] Feldstein, M., "Social Security, Induced Retirement, and Aggregate Capital Accumulation", *Journal of Political Economy*, 1974, 82(5), 905—926.

[8] Feldstein, M., "Social Security and Saving: New Time Series Evidence", 1995, NBER Working Paper No. W5054

[9] Feldstein M., and JB. Liebman, Social security, Handbook of Public Economics, 2002, 4, 2245—2324.

[10] Graham C., Safety Nets, *Politics and Poor Transitions to Market Economics*, The Brooking Institution, Washington D.C., 1994.

[11] Ham, JC. , Shore-Sheppard L. "The Effect of Medicaid Expansions for Low-Income Children on Medicaid Participation and Private Insurance Coverage: Evidence from the SIPP 2003." *Journal of Public Economics*, 2005, 89(1), 57—83.

[12] Herring, B. , and "The Effect of the Availability of Charity Care to the Uninsured on the Demand for Private Health Insurance", *Journal of Health Economics*, 2005, 24(2), 225—252.

[13] Leimer, DR. and SD. Lesnoy, "Social Security and Private Saving: New Time-Series Evidence", *Journal of Political Economy*, 1982, 90(3), 606—629.

[14] Lo Sasso, A. , and B. Meyer, "The Health Care Safety Net and Crowd-out of Private Health Insurance", NBER Working Paper No. 11977, 2006.

[15] Nyman, JA. , *The Theory of Demand for Health Insurance*, Stanford California: Stanford University Press, 2003.

[16] Qin, Xuezheng, "The Health Care Safety Net and Health Insurance: A Theoretical and Empirical Investigation", SEPKU Working Paper E-2010-05-004, Peking University, 2010.

[17] Rask, K. , and K. Rask, "Public Insurance Substituting for Private Insurance: New Evidence Regarding Public Hospitals, Uncompensated Care Funds, and Medicaid", *Journal of Health Economics*, 2000, 19(2000), 1—31

[18] Saunders P. , and X. Shang, "Social Security Reform in China's Transition to a Market Economy", *Social Policy & Administration*, 2001, 35(3), 274—289.

[19] Thorpe, KE, and C. Florence, "Health Insurance among Children: The Role of Expanded Medicaid Coverage", *Inquiry*, 1998, 35(4), 369—379.

[20] 徐裕人,吴斌,吴明峰,"我国社会养老金制度对储蓄影响的实证分析",《广西财经学院学报》,2008年4月,第21卷第2期,第68—72页。

[21] 蒋云赟,"我国养老保险对国民储蓄挤出效应实证研究——代际核算体系模拟测算的视角",《财经研究》,2010年3月,第36卷第3期,第14—24页。

[22] 宁满秀,潘丹,李晓岚,"新型农村合作医疗对农户预防性储蓄的挤出效应研究——基于CHNS数据的经验分析",《福建农林大学学报》,2010年,第13卷第3期,第32—37页。

Social Safety Net, Self-insurance and Commercial Insurance: A Theoretical Model

QIN Xuezheng

Abstract: As an integral part of modern social security, the social safety net aims to provide financial relief to the vulnerable and disadvantaged population on their loss from poverty, unemployment, illness, natural disasters, etc. However, when viewed as a risk bearing vehicle, the social safety net can incur a "crowding-out effect" on the private investment in self-insurance and commercial insurance. Under the expected utility framework, this paper explores the effect of social safety net on the demand for the other two alternatives by incorporating the safety net, self-insurance and commercial insurance into a unified model of demand for insurance. Our results indicate that the existence of crowding-out depends on the market environment faced by the consumers as well as the characteristics of the self-insurance production function. Moreover, our model demonstrates that both partial and full crowding-out is possible under certain parametric conditions. The paper is the first theoretical attempt to formally investigate the relationship of the three insurance options, and it offers new directions for the evaluation of social safety net programs.

Key words: Social Safety Net; Self-insurance; Commercial Insurance; Crowding-out Effect

JEL Classification: D11, D81, H42

（二）金融学

通胀预期与货币需求：
实际调整与名义调整机制的检验[*]

王一鸣　赵留彦

摘要: 本文基于预期通胀率在货币需求函数中的显著性比较了货币持有量名义调整和实际调整机制假说对我国货币需求经验事实的解释能力,结论认为名义调整比实际调整过程更好地描述了我国现金(M0)持有量变动的经验事实,使我们认识到货币需求函数中预期通胀率显著为负值时应该进一步考察该结论的稳健性,而不应简单地解释为预期通胀的独立作用,因为它还可能体现了调整机制的误设;另外还发现货币需求对利率不敏感的事实;价格水平、收入或通胀预期等变量变动导致的现金需求量与持有量之间的缺口有大约80%比例会在一个月内得以调整。本文在考察预期通胀在货币需求函数里的显著性,采用了卡尔曼滤波技术来同时估计预期通胀以及货币需求函数,该程序在一般均衡的框架内求解模型,避免了以往文献中常用的"两步法"的不足。相对于其他预期机制(ARMA过程、静态预期或适应性预期),这里卡尔曼滤波程序求得的预期通胀率是最优的。

关键词: 通胀预期; 货币需求; 名义调整机制; 实际调整机制

一、引　言

　　Friedman 认为人们持有财富的具体形式包括货币、债券、股票和实物商品等,证券和实物资产构成了货币的替代物。预期通胀率上升时人们会减少货币需求,而更多持有实物资产,因此设定真实货币需求量为预期通胀率、名义利率、财富和真实收入的函数。对于不同国家的经验证据一般支持 Friedman 的这一论断,即通胀预期直接影响到货币需求行为,而不是仅仅通过影响名义利率来间接影响货币需求。但从经济直觉而言,Friedman 所指的较为广义上的货币——比如银行存款——与其他资产形式之间自然地存在一定程度的替代性。不过现金(或支票存

---

[*] 原载于《财贸经济》2006年第8期。

款)与其他资产形式之间的替代性不应太强,因为人们持有现金目的主要为了满足日常交易需求。换言之,通胀预期不应显著影响到现金需求。的确,在 Baumal-Tobin 交易需求理论中,通胀预期除影响利率外并不直接影响货币需求。

诚然,不少经验均表明在狭义货币(包括现金与支票存款)需求的回归方程中通胀预期是显著为负值的,比如 Shapiro(1973),Goldfeld(1973),Goldfeld 和 Sichel(1986),Valentine(1977)。但 Goldfeld(1973)和 Milbourne(1983)认为,通胀预期在货币需求函数中显著并不意味着通胀预期直接影响到了货币需求,而是很可能表明了货币持有量部分调整(partial stock adjustment)机制的误设。货币持有量调整机制是假定人们"合意的"(desired)货币需求量由一些关键经济变量决定,短期中人们调整其实际持有的货币量以求逐步向合意水平接近。关于调整机制存在两类不同的设定:实际调整过程(real adjustment process)和名义调整过程(nominal adjustment process)。所谓名义调整过程设定人们名义货币持有量与名义货币需求量之间的差额部分在每期中有一个固定比率得以调整。而所谓实际调整过程设定实际持有量(实际量为名义量经过价格水平减缩)与实际需求量之间的差额部分在每期中有一个固定比率得以调整。两者的基本区别是,实际调整过程假定货币持有量随价格变化即刻调整,而名义调整过程则假定价格变化时货币持有量的调整存在时滞。

应用中具体设定哪种调整过程主要是一个经验问题,例如 Goldfeld(1973,1976),Hafer 和 Hein(1979)通过预测的均方误差(MSE)比较两种调整设定,Hwang(1985)则试图建立一个一般性的货币持有量调整框架将以上两类设定嵌套进来,从而通过参数显著性来确定何种调整设定更为符合经验事实。在实际调整过程假定下导出的货币需求计量模型中并不含有通胀预期,而在名义调整过程假定下通胀预期自然称为货币需求的一个解释变量(Milbourne,1983)。实际调整机制假定下,货币需求方程中预期通胀率显著时常常被解释为预期通胀对货币需求有独立影响。然而当调整机制误设时,即使预期通胀对货币需求没有独立影响,回归中其系数也可能显著。因此可能通过考察通胀预期在货币需求函数中的显著性来甄别何种调整机制假说对我国的经验事实更有解释能力。

以往文献中一般通过"两步"程序考察通胀预期在货币需求函数中的显著性:第一步设定人们的通胀预期服从特定过程,如 ARMA 过程、静态预期或适应性预期等,据此求得预期通胀率序列;第二步将求得的预期通胀作为自变量之一对货币需求方程进行回归并检验其显著性。该两步程序属于局部均衡方法,两步的单方程回归方法可能导致所谓的"生成自变量"(generated regressor)问题(见 Pagan,1984)。本文中我们使用状态空间模型(State Space)与卡尔曼滤波(Kalman Filter)程序联合估计通胀预期与货币需求方程。由于该程序在一般均衡的框架内求解模型,我们预期其能够形成更为有效的参数估计结果。

本文以下的结构安排是:第二部分比较名义调整机制和实际调整机制下短期

货币需求函数的区别。第三部分基于可观测的利率和通胀率,设定预期通胀率和预期真实利率的向量自回归模型,并讨论该模型的状态空间表示。第四部分是模型估计结果,我们接下来比较卡尔曼滤波与其他几种不同预期模型的误差。最后是全文结论。

二、名义调整、实际调整与货币需求函数

货币持有量部分调整机制是有关货币需求函数研究中常用的经验假定,其设定每期中货币持有量与其"合意的"货币需求量之间的差额部分有一个固定比率得以调整。① 假定合意货币需求量名义值 M^* 为如下形式

$$M_t^* = AP_t y_t^\alpha i_t^\beta \tag{1}$$

或者转化为对数形式

$$\log m_t^* = \log A + \alpha \log y_t + \beta \log i_t \tag{2}$$

其中 P_t 是价格水平, m_t^* ($= M_t^*/P_t$)是合意货币需求量真实值, y 和 i 分别是真实收入和金融市场名义利率。y 上升使得货币交易性需求、投机需求增加,因此我们预期收入弹性 α 为正值。如果持有货币不能带来收益或者货币收益小于金融市场利率水平, i 上升使得持有货币的机会成本增加,这样我们预期利率弹性 β 为负值。

方程(1)或(2)可视为长期货币需求函数。短期中人们调整其持有的货币量以求逐步向合意需求水平接近。实际调整过程和名义调整过程是经验文献中关于货币持有量调整过程的两类不同设定。实际调整过程假定人们按照如下对数线性规则调整其实际货币持有量:

$$\log m_t - \log m_{t-1} = \lambda (\log m_t^* - \log m_{t-1}) \tag{3}$$

λ 为单期的货币持有量调整系数, $0 < \lambda < 1$。将方程(2)代入(3)有

$$\log m_t = \lambda \log A + \lambda \alpha \log y_t + \lambda \beta \log i_t + (1 - \lambda) \log m_{t-1} \tag{4}$$

实际调整过程一个暗含的假定是:当人们的货币持有量与合意货币需求量之间的失衡是由收入或利率的变化导致时,货币持有量的调整是逐步的、存在时滞的。而当货币持有量与合意货币需求量之间的失衡是由价格变化导致时,货币持有量的调整则是充分的、即刻的。换言之,这是设定人们对不同变量导致的货币失衡的反应是不对称的,这一般被认为是实际调整过程模型的一个缺陷(White, 1978; Milbourne, 1983; Hwang, 1985)。

对成熟市场的大量经验研究表明,货币需求不仅受收入和利率,而且还受预期通胀率的影响,例如 Goldfeld (1973), Goldfeld 和 Sichel (1987)。这一般被解释为

---

① 这方面较早的文献如 Chow (1966)和 Goldfeld (1973)。

如 Friedman 指出的"货币需求量依赖于持有货币的收益与成本"(Friedman，1977：p.397)，预期通胀率上升同样使得持有货币的机会成本增加，这会减少货币需求量。为了考察预期通胀率对货币需求的影响力度，可将方程(4)的解释变量中加入预期通胀率 π^e，如下式：

$$\log m_t = \lambda \log A + \lambda \alpha \log y_t + \lambda \beta \log i_t + (1-\lambda)\log m_{t-1} + \gamma \pi_t^e \quad (5)$$

经验文献大多表明 γ 为显著的负值，例如 Goldfeld (1973)，Valentine (1977)。不过也有文献直接使用通胀率 π 代替预期通胀率 π^e，这样做的便捷之处在于不必再计算通胀预期，如果预期不存在系统性误差，这种替代一般不会导致关键结论的变化。

名义调整过程假定人们按照对数线性规则调整名义（而不是实际）货币持有量

$$\log M_t - \log M_{t-1} = \lambda(\log M_t^* - \log M_{t-1}) \quad (6)$$

将方程(2)代入(6)有

$$\log m_t = \lambda \log A + \lambda \alpha \log y_t + \lambda \beta \log i_t + (1-\lambda)\log(M_{t-1}/P_t) \quad (7)$$

方程(7)与(4)的差别仅在于最后一项。(4)中货币持有量用当期的价格水平减缩，而(7)中则用下期的价格水平减缩。显然名义调整过程中货币持有量对价格的调整也同样有滞后性，人们对任何变量导致的货币失衡都会产生相似的反应。方程(7)最后一项略作变换即是

$$\log m_t = \lambda \log A + \lambda \alpha \log y_t + \lambda \beta \log i_t + (1-\lambda)\log m_{t-1} - (1-\lambda)\pi_t \quad (8)$$

(4)和(8)式可分别视为实际调整过程和名义调整过程假定下的短期货币需求函数。(8)式比(4)式仅多出最后一项——通胀率 $\pi_t[=\log(P_t/P_{t-1})]$，且该项的系数是前一项 $\log m_{t-1}$ 系数的相反数。由于 $0<\lambda<1$，我们预期(8)式中通胀率系数应该小于0。若在方程(8)中以事前(ex ante)的预期通胀率 π^e 代替事后的实际通胀率 π，则其经济意义更为直观：预期通胀率上升会对实际货币持有量产生负向影响。而且这样使得(8)式和(5)式具有相同的形式，这为以下的模型比较与选择提供了方便。

方程(8)和(5)的解释变量相同，而比(4)式多出了预期通胀率（或通胀率）。在名义调整过程假定下，预期通胀率自然进入货币需求方程中；而在实际调整过程假定下，货币需求方程中并不直接含有预期通胀率。正如 Goldfeld (1973)以及 Milbourne (1983)指出的，实际调整假定下，估计形如方程(5)的货币需求函数往往发现预期通胀率显著为负值，这并不应简单解释为预期通胀率在货币需求中发挥着额外的独立作用，而很可能是表明了模型的误设，即人们的货币持有量本来服从名义调整过程，而在模型中被误设成实际调整过程。

比较方程(8)和(4)便为我们提供了检验货币需求模型设定的简单方法。考虑如下回归式

$$\log m_t = \delta_0 + \delta_1 \log y_t + \delta_2 \log i_t + \delta_3 \log m_{t-1} + \delta_4 \pi_t^e + w_t \quad (9)$$

如果名义调整过程是对人们持币行为的更好刻画,则货币需求函数(8)应显著优于(4),即回归式(9)中 δ_4 应显著为负值,且 $\delta_4 = -\delta_3$;反之,若 δ_4 不显著则可认为实际调整过程更好地刻画了人们持币行为。由此可见,预期通胀在货币需求函数分析中的作用尤为重要,因为它可以用作货币持有量调整机制的判别标准。

三、预期通胀与货币需求:计量模型设定

货币存量、收入和利率数据是已知的,估计方程(9)的关键在于构造预期通胀率 π^e 序列。经验文献中出现过多种模型刻画通胀预期。早期的简单模型如静态预期假说,假定人们对下期的通胀预期就等于本期的实际通胀率,即 $\pi_{t+1}^e = \pi_t$。① 又如外推性预期假说(extrapolative expectations),它设定预期通胀率等于上期通胀率加上通胀变化趋势的一个修正值,如下式

$$\pi_{t+1}^e - \pi_t = \lambda(\pi_t - \pi_{t-1}) \tag{10}$$

如果 $\lambda = 0$ 便简化为静态预期。再如适应性预期假说(adaptive expectations)。假定本期预期等于上期预期加上预期误差的一个修正值,如下式

$$\pi_{t+1}^e - \pi_t^e = \lambda(\pi_t - \pi_t^e) \tag{11}$$

ARMA 模型也在通胀预期文献中得到较多应用,例如 Hess 和 Bicksler(1975),Bodie(1976),Nelson(1976),Nelson 和 Schwert(1977)等。这是假定通胀预期仅受过去实际通胀率影响

$$\pi_t = c + \sum_{i=1}^{p} \phi_i \pi_{t-i} + \sum_{j=1}^{q} \theta_j \varepsilon_{t-j} + \varepsilon_t \tag{12}$$

回归拟合值 $\hat{\pi}_t$ 可视为当期的预期通胀,残差序列 ε_t 可视为通胀预期误差。限定 $\phi_1 = 1$ 而其他参数均为 0 时便是静态预期模型。限定所有移动平均项为 0 便是 AR 模型(见 Shapiro,1973)。Fama(1981)建议除通胀率自身滞后值之外,还应使用滞后的宏观经济指标——例如货币供给增长率、利率、产出增长率等——来求得通胀预期。由于理性的经济人有积极性利用当前能获得的一切信息来形成对以后的预期,该方法似乎更具合理性。

采取以上某种方式求得预期通胀率序列,然后作为一个解释变量对类似(9)式的货币需求方程进行估计,这是分析货币需求函数的常用做法。然而无论采取以上何种方式估计不可观测预期通胀,均是通过两步法估计货币需求函数,即使用估计生成的预期通胀序列作为自变量再进行回归。这是局部均衡方法,两步的单方程回归方法可能导致所谓的"生成自变量"(generated regressor)问题(见 Pagan,1984)。估计方程(9)更为合适的方法是在一个一般均衡的框架内估计预期通胀,

---

① 尽管在我国,每月的通胀率数据(例如消费价格指数、商品零售价格指数)时隔一个月后才可能由统计局公布,仍可假定根据经验体会,在当月月底下月月初时人们已经知道该月的实际通胀率。

并同时根据可观测变量(货币存量、收入和利率)估计货币需求函数。自然地,这样能够形成更为有效的模型估计结果。

(一) 预期通胀率的 VAR 模型

状态空间模型(State Space)与卡尔曼滤波(Kalman Filter)算法提供了联立估计不可观测变量与可观测方程的便捷程序。定义 e_t 为通胀预期误差($= \pi_t - \pi_t^e$),i_t 为在 t 期的之初已确定的名义利率,r_t^e 为预期真实利率($= i_t - \pi_t^e$)。我们设定预期真实利率和预期通胀率服从下面的低阶向量自回归(VAR)过程

$$r_t^e = \phi_0 + \phi_1 r_{t-1}^e + \phi_2 \pi_{t-1}^e + \phi_3 \pi_{t-1} + \varepsilon_{1t} \tag{13}$$

$$\pi_t^e = \theta_0 + \theta_1 r_{t-1}^e + \theta_2 \pi_{t-1}^e + \theta_3 \pi_{t-1} + \varepsilon_{2t} \tag{14}$$

假定 ε_{1t} 和 ε_{2t} 分别与 $r_{t-1}^e, \pi_{t-1}^e, \pi_{t-1}$ 不相关,这同时也意味着下式成立:

$$E(\varepsilon_{i,t}, \varepsilon_{i,t-j}) = E(\varepsilon_{i,t}, \varepsilon_{k,t-j+1}) = E(\varepsilon_{i,t}, e_{t-j}) = 0 \quad (i, k = 1, 2; j \geq 1)$$

另外我们设定

$$E[(\varepsilon_{1t}, \varepsilon_{2t}, e_t)'(\varepsilon_{1\tau}, \varepsilon_{2\tau}, e_\tau)] = \begin{cases} \begin{pmatrix} \sigma_1^2 & 0 & 0 \\ 0 & \sigma_2^2 & 0 \\ 0 & 0 & \sigma_e^2 \end{pmatrix} & t = \tau \\ 0 & t \neq \tau \end{cases}$$

以往不少关于预期通胀和预期利率的设定形式可以视为这里 VAR 模型的特例。例如,Nelson 和 Schwert(1977),Fama 和 Gibbons(1982)设定预期真实利率为随机游走过程,这相当于限定方程(13)中 $\phi_1 = 1$,而其他参数均为 0。Kinal 和 Lahiri(1988)设定预期真实利率为自回归过程,这是限定 $\phi_2 = \phi_3 = 0$。类似地,如果设定预期通胀率为一阶自回归过程,这相当于仅估计(14)中参数 θ_2 而限定 $\theta_1 = \theta_3 = 0$;如果 $\theta_1 = \theta_2 = 0$ 且 $\theta_3 = 1$,这即体现了静态预期假说;如果估计 θ_2 和 θ_3 而限定 $\theta_1 = 0$,这体现了适应性预期假说。

以上向量自回归模型的目的并不在于甄别出影响预期真实利率和预期通胀率的所有变量及其影响力度,事实上我们无从得知人们预测通胀或利率的具体规则。向量自回归模型的设定是为了得到预期通胀和预期真实利率在关键的一些决定变量或其滞后值上的投影(Hamilton,1985)。现实中人们预测下期的通胀 π_{t+1}^e 时,并不知道下期的通胀率 π_{t+1} 和利率 i_{t+1},而研究者事后推断通胀预期时,不仅可借助于此前的信息,还可借助于当期甚至此后的信息。当然由于我们无从得知经济人实际预测时所采用的真实规则,这种统计推断只是一种合理的近似。

(二) VAR 模型的状态空间表示

将定义式 $r_t^e = i_t - \pi_t^e$ 分别代入方程(13)和(14),得到

$$i_t = \phi_0 + \pi_t^e + (\phi_2 - \phi_1)\pi_{t-1}^e + \phi_1 i_{t-1} + \phi_3 \pi_{t-1} + \varepsilon_{1t} \quad (15)$$
$$\pi_t^e = \theta_0 + (\theta_2 - \theta_1)\pi_{t-1}^e + \theta_1 i_{t-1} + \theta_3 \pi_{t-1} + \varepsilon_{2t} \quad (16)$$

另外有定义式

$$\pi_t = \pi_t^e + e_t \quad (17)$$

可将方程(16)视为状态方程,(15)、(17)以及(9)视为观测方程,则以上系统可表示为如下状态空间形式:

状态方程

$$\begin{pmatrix} \pi_t^e \\ \pi_{t-1}^e \end{pmatrix} = \begin{pmatrix} \theta_2 - \theta_1 & 0 \\ 1 & 0 \end{pmatrix} \begin{pmatrix} \pi_{t-1}^e \\ \pi_{t-2}^e \end{pmatrix} + \begin{pmatrix} \theta_0 & \theta_1 & \theta_3 & 0 & 0 & 0 \\ 0 & 0 & 0 & 0 & 0 & 0 \end{pmatrix} \begin{pmatrix} 1 \\ i_{t-1} \\ \pi_{t-1} \\ \log y_t \\ \log i_t \\ \log m_{t-1} \end{pmatrix} + \begin{pmatrix} \varepsilon_{2t} \\ 0 \end{pmatrix} \quad (18)$$

观测方程

$$\begin{pmatrix} i_t \\ \pi_t \\ \log m_t \end{pmatrix} = \begin{pmatrix} 1 & \phi_2 - \phi_1 \\ 1 & 0 \\ \delta_4 & 0 \end{pmatrix} \begin{pmatrix} \pi_t^e \\ \pi_{t-1}^e \end{pmatrix} + \begin{pmatrix} \phi_0 & \phi_1 & \phi_3 & 0 & 0 & 0 \\ 0 & 0 & 0 & 0 & 0 & 0 \\ \delta_0 & 0 & 0 & \delta_1 & \delta_2 & \delta_3 \end{pmatrix} \begin{pmatrix} 1 \\ i_{t-1} \\ \pi_{t-1} \\ \log y_t \\ \log i_t \\ \log m_{t-1} \end{pmatrix} + \begin{pmatrix} \varepsilon_{1t} \\ e_t \\ w_t \end{pmatrix}$$
$$(19)$$

另外,根据以上残差的设定,状态方程残差的方差矩阵为

$$E \begin{pmatrix} \varepsilon_{2t} \\ 0 \end{pmatrix} (\varepsilon_{2t} \quad 0) = Q = \begin{pmatrix} \sigma_2^2 & 0 \\ 0 & 0 \end{pmatrix}$$

观测方程残差的方差矩阵为

$$E \begin{pmatrix} \varepsilon_{1t} \\ e_t \\ w_t \end{pmatrix} (\varepsilon_{1t}, e_t, w_t) = R = \begin{pmatrix} \sigma_1^2 & 0 & 0 \\ 0 & \sigma_e^2 & 0 \\ 0 & 0 & \sigma_w^2 \end{pmatrix}$$

以上状态空间模型可根据卡尔曼滤波算法求得状态变量。假定(18)和(19)式的残差服从多元正态分布,可通过最大似然估计方法求解模型参数。有关卡尔曼滤波的详细讨论见 Hamilton(1994, Ch.13)。

四、数据与模型估计结果

（一）数据

本文使用 1995 年 1 月至 2003 年 12 月间的月度数据。由于我国缺乏连续的国债利率序列，银行存款利率也往往连续多年不变，我们使用 91 天（三个月）国债回购利率作为名义利率指标。该利率在 1994 年 11 月以后才存在连续的月度观测，故本文取样自该月始。① 经滞后期调整后样本自 1995 年 1 月始，共 108 个月。我们选取消费者价格指数（CPI）作为价格指标。为了计算本月相对于上月的通胀率，需要价格定基指数月度时序数据。然而根据官方公开统计资料仅能获得 2001 年之后的月度环比通胀率，而此前只有同比通胀率。② 我们可利用同比通胀率以及 2001 年之后的月度环比通胀率求得 1994—2000 年间的定基价格指数以及环比通胀率。③ 月度环比通胀率经过季节调整。2001 年之后的月度环比 CPI 变化率来自于国家统计局编辑的《中国经济景气月报》各期，此前同比 CPI 变化率来自于月刊《中国统计》各期。

由于每月的 CPI 是整个月份多次观测的消费品和服务价格数据的加权平均，因此价格指数可视为近似地测量了每月中期（而不是月末）的价格水平。于是，环比通胀率 π_t 基本反映的是月度 $t-1$ 中期至月度 t 中期价格的变化率。与通胀观测时间相一致，我们选取每月第 15 日 91 天国债回购利率收盘值作为下个月度的利率指标 i_t，若第 15 日恰为非交易日，则以其前一交易日的收盘值为准。

官方未发布国民收入或 GDP 月度数据。由于农产品在我国 GDP 中所占比重较大，且农业生产周期长，因此估算月度国民收入将是繁琐且不精确的，于是我们使用月度社会消费品零售总额代表 y 来近似表示货币的交易需求。由于样本期内消费品零售一般是现金交易，相对应地，货币指标选取流通中现金（M0）。真实零售总额和 M0 数据经过 CPI 指数减缩且前者经过季节调整。月度消费品零售总额 1995 年 1 月—1999 年 12 月数据取自《中国市场统计年鉴》1996—2001 年各期。2000 年 1 月—2003 年 12 月数据取自《中国经济景气月报》。M0 数据取自《中国人民银行统计季报》1996 年以后各期。月度消费品零售总额以及 M0 数据均经过季

---

① 182 天国债回购利率同样能够较好地反映出利率水平，然而该序列直至 1996 年 7 月之后才有连续的月度观测。
② 环比是指给定月份相对于上月的变动，而同比是指相对于上年同月的变动。
③ 已知 2001 年环比数据和此前年份同比数据，可倒退 2000 年环比数据。2000 年 t 月环比指数 = 2001 年 $t-1$ 月同比指数 ÷ 2001 年 t 月同比指数 × 2001 年 t 月环比指数。同样地，已知 2000 年环比数据和此前年份同比数据，可倒推 1999 年环比数据。依此类推可得 1994—2000 年环比数据。

节调整。①

(二) 模型估计结果

状态空间模型(18)和(19)的参数估计值以及标准差见表1。(13)和(14)式中因变量自身的滞后值系数矩阵的特征值小于1,两个方程均为平稳过程。预期真实利率方程(13)中,三个解释变量的参数均是高度显著的,意味着不仅滞后的预期利率,而且滞后的预期和实际通胀均能为预期利率提供预测信息。预期真实利率与上期的通胀负相关而与上期的预期通胀正相关。这表明随机游走或者自回归过程(例如 Nelson 和 Schwert,1977;Fama 和 Gibbons,1982;Kinal 和 Lahiri,1988)用于刻画我国的月度预期利率可能并不完全恰当。而预期通胀方程(14)中,仅有预期通胀自身的滞后值显著,即预期通胀率近似服从一阶自回归过程,而与静态预期假说或者适应性预期假说相去甚远。不过还须提及的是,这里不应简单地将不显著的滞后变量剔除。因为参数之间的相关性较高,考虑到不同变量滞后值之间存在一定共线性,我们难以将每个参数独自的影响区分开来。事实上,(13)和(14)式的目的在于得到 r_t^e 和 π_t^e 在关键的几个变量滞后值上的统计投影,而不是模拟实际中人们的预期形成规则(计量经济研究者无从得知具体预期规则),故而不必如一般的因果关系回归中那样刻意专注于参数的显著性(Hamilton,1985)。

表1 方程(9)、(15)、(16)和(17)卡尔曼滤波估计结果

系数	估计值	标准差	系数	估计值	标准差
ϕ_0	0.0521	(0.0477)	θ_0	0.0568	(0.0432)
ϕ_1	0.7024	(0.0690**)	θ_1	-0.0569	(0.0693)
ϕ_2	0.7010	(0.0691**)	θ_2	0.7896	(0.2571**)
ϕ_3	-0.1690	(0.0686**)	θ_3	0.0181	(0.0958)
δ_0	1.4578	(1.5140)	$\sigma_1^{2(a)}$	0.0178	(0.0076**)
δ_1	0.7275	(0.4378*)	σ_2^2	0.0108	(0.0132)
δ_2	-0.0585	(0.0822)	σ_e^2	0.0252	(0.0026**)
δ_3	0.2292	(0.4249)	σ_w^2	0.0083	(0.0036**)
δ_4	-0.1793	(0.0476**)			

注:** 和 * 分别表示在95%和90%置信水平上显著。

(a) 计算机程序中,为了防止方差参数出现负值,我们设定 $\sigma_1^2 = \exp(v)$,其中 $v \sim N(\mu_v, \sigma_v^2)$。估计出 μ_v 和 σ_v^2 之后,σ_1^2 均值和方差的计算根据下列公式(Campbell 等,1997:p.15)

$$E(\sigma_1^2) = \exp(\mu_v + \sigma_v^2/2)$$
$$\mathrm{var}(\sigma_1^2) = \exp(2\mu_v + \sigma_v^2)[\exp(\sigma_v^2) - 1]$$

其他三个方差参数的估计程序相同。

---

① 当然我国的货币需求函数也可能通过季度数据来估计。不过改革以后直到90年代初期,大部分生产资料以及部分消费品仍然由国家计划定价,其价格并不通过市场决定,这为通胀以及货币需求行为的研究带来困难。而且这一阶段由于金融市场不发达,我们难以找到合理的利率指标。给定我们模型中的参数数目,若仅使用90年代之后的季度数据会面临样本过小问题。

方程(9)中,利率弹性 δ_2 的估计值小于 0,这同直觉的判断一致,不过该值并不显著。收入弹性 δ_1 为 0.73,意味着交易需求每增加 1%,短期中的现金持有总量会增加 0.73%。我们尤其感兴趣的是,表 1 中预期通胀的系数 δ_4 显著为负值。月度通胀预期每上升 0.1 个百分点(折合为年率约为 1.3 个百分点),现金持有总量会减少 1.8%。另外,$\delta_3 = -\delta_4$ 约束下的 Wald 统计量为 0.0160,相应的 p 值为 0.89(自由度为 1 时卡方分布 5% 临界值为 3.84),于是我们不能拒绝该约束条件。所以在设定经验函数时,预期通胀率不应像方程(5)中那样被认为在货币需求中起独立作用,预期通胀率显著实际上是表明了该方程的误设。换句话说,货币需求函数(8)显著优于(4),即货币存量的名义调整过程更好地刻画了人们持币行为。这可能由于对人们货币持有量调整行为设定的缺陷(即假定人们对不同原因导致的货币失衡的反应是不对称的),实际调整过程对于描述我国货币持有量调整过程并不完全合适。

进一步地,由表 1 中 δ_4(或 δ_3)的估计值以及参数的协方差矩阵,可推断(6)中调整系数 λ 以及长期"合意的"货币需求函数(2)中的参数 α、β 值及其显著性。具体地,基于 δ_4 有

$$-(1-\lambda) = \delta_4 = -0.1793, \quad \lambda\alpha = \delta_1 = 0.7275, \quad \lambda\beta = \delta_2 = -0.0585$$

由此可求得

$$\lambda = \underset{(0.0430^{**})}{0.8207} \quad \alpha = \underset{(0.5007^{*})}{0.8864} \quad \beta = \underset{(0.0988)}{-0.0713}$$

小括号中是使用一阶泰勒级数展开方法计算的标准差。[①] ** 和 * 分别表示在 95% 和 90% 置信水平上显著。价格水平、收入或通胀预期等变量变动导致的现金需求量与持有量之间的缺口有大约 80% 比例会在一个月内得以调整。[②] 长期中现金需求的收入弹性接近 0.9,尽管这一估计值略小于 1,给定其较大的标准差,我们并不能拒绝单位弹性假定。另外,长期中利率弹性小于 0,但不显著,即人们的现金持有量对利率或金融市场资金面紧缺程度的变化并不十分敏感。

图 1 是使用卡尔曼滤波算法基于 $t-1$ 期信息对 t 期非观测的状态变量(π_t^e)的预测值与实际值(π_t)的比较。预期通胀率的波动性远小于实际通胀率。预期通胀率的标准差为 0.1587%,而实际通胀率的标准差为 0.3719%,后者是前者的两倍;π_t^e 的自相关程度也远高于 π_t(二者的一阶自回归系数分别为 0.9071 和 0.5884)。

---

① 例如,已知 $\lambda\alpha = \delta_1$,根据一阶泰勒展开,有

$$\alpha - \hat{\alpha} \approx -\delta_1 \hat{\lambda}^{-2}(\lambda - \hat{\lambda}) + \hat{\lambda}^{-1}(\delta_1 - \hat{\delta}_1)$$

所以

$$\text{var}(\alpha) \approx \hat{\lambda}^{-2}\text{var}(\delta_1) + \delta_1^2 \hat{\lambda}^{-4}\text{var}(\lambda) - 2\delta_1\hat{\lambda}^{-3}\text{cov}(\lambda, \delta_1)$$
$$= \hat{\lambda}^{-2}\text{var}(\delta_1) + \delta_1^2 \hat{\lambda}^{-4}\text{var}(\delta_4) - 2\delta_1\hat{\lambda}^{-3}\text{cov}(\delta_4, \delta_1)$$

这样根据参数的协方差矩阵即可求得 α 的标准差。β 标准差可用同样方法求得。

② 由于这里以现金作为货币指标,快的调整速度并不奇怪。可以设想,如果采用广义货币 M_2 指标,这一调整速度可能会慢得多。

以上均意味着预期值相对于实际值更为平滑,这同我们经济意义上的直观看法一致。月度实际通胀率与预期通胀率的均值分别为 0.1488% 和 0.1448%。平均的月度预期误差(e_t)为 0.0040%,几乎接近于0。并且 e_t 序列不存在明显的自相关现象。表明从较长时间来看,人们关于通胀预期不存在系统性偏差,这同理性预期假说是一致的。

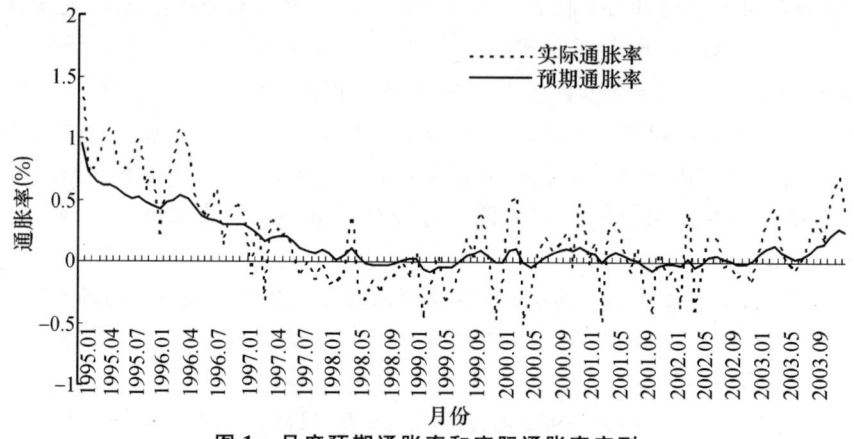

图1　月度预期通胀率和实际通胀率序列

这里,我们想证实上面所获得的结论:方程(7)是根据名义调整机制导出的货币需求函数,如果名义调整机制是对现实中人们货币持有量的更好描述,则预期通胀率再进入该方程作为解释变量,其系数应该是不显著的。如下式

$$\log m_t = \delta_0 + \delta_1 \log y_t + \delta_2 \log i_t + \eta \log(M_{t-1}/P_t) + \varphi \pi_t^e + w_t \qquad (20)$$

其中预期 $\varphi=0$。反之若此处 φ 仍显著小于0则认为预期通胀对货币持有量的影响在名义调整机制下仍然没有得到充分体现,形如(5)中假定预期通胀在货币需求中发挥独立作用似乎是可行的。这一思路也提供了甄别实际调整与名义调整机制的方法。

可将方程(15)、(16)、(17)以及(20)写为类似的状态空间表示形式((16)视为状态方程,其他视为观测方程)。模型估计结果见表2。现金持有量的收入弹性 δ_1 接近于1。利率弹性 δ_2 小于0,尽管是显著的,其绝对值仍然很小。更重要的是,(20)式中预期通胀率不再显著,这同(9)式中 δ_4 形成一致对比。

表2　方程(15)、(16)、(17)和(20)卡尔曼滤波估计结果

系数	估计值	标准差	系数	估计值	标准差
ϕ_0	-0.1811	(0.1259)	θ_0	0.9581	(0.0572**)
ϕ_1	0.6183	(0.0421**)	θ_1	-0.0290	(0.0114**)
ϕ_2	0.6176	(0.1654**)	θ_2	0.7601	(0.0531**)
ϕ_3	-0.0447	(0.0264*)	θ_3	0.0223	(0.0161)

（续表）

系数	估计值	标准差	系数	估计值	标准差
δ_0	-0.2789	(0.1059**)	$\sigma_1^{2(a)}$	0.0143	(0.0016**)
δ_1	0.9778	(0.0263**)	σ_2^2	0.0064	(0.0006**)
δ_2	-0.0479	(0.0089**)	σ_e^2	0.0321	(0.0021**)
η	0.2422	(0.0173**)	σ_w^2	0.0017	(0.0002**)
φ	-0.0026	(0.0209)			

注：** 和 * 分别表示在 95% 和 90% 置信水平上显著。
（a）残差方差的计算同表 1。

五、不同模型通胀预期误差的比较

如前所述，构造预期通胀率 π^e 序列的方法有多种。本节我们简要考虑其他几种模型下的通胀预期误差。首先考虑静态预期假说，该假说设定对下期的通胀预期等于本期的实际通胀率。1995 年 1 月至 2003 年 12 月间静态预期方式下预期误差的标准差为 0.3337。

结合外推性预期假说(10)和预期误差定义 $e_t = \pi_t - \pi_t^e$，有

$$\pi_{t+1} = (1 + \lambda)\pi_t - \lambda\pi_{t-1} + e_{t+1} \qquad (21)$$

假定人们采取外推性预期且力图确定系数 λ 以求形成预期通胀的最佳无偏估计，于是 $E(e_t) = 0$。λ 可以通过对含有参数线性约束的二阶自回归程序(20)的估计来求得。类似地，结合适应性预期假说和预期误差定义有

$$\pi_{t+1} = \pi_t + e_{t+1} - (1 - \lambda)e_t \qquad (22)$$

于是，适应性预期假说实际是设定通胀率为含有 MA(1) 残差的单位根过程。

还可能通过综合外推性预期和适应性预期机制来确定预期通胀（Valentine,1977）。如下式：

$$\pi_{t+1}^e = \pi_t + \lambda_1(\pi_t - \pi_{t-1}) + \lambda_2(\pi_t - \pi_t^e) \qquad (23)$$

结合预期误差定义有

$$\pi_{t+1} = (1 + \lambda_1)\pi_t - \lambda_1\pi_{t-1} + e_{t+1} + \lambda_2 e_t \qquad (24)$$

这即是 ARMA(2,1) 过程，其中一阶和二阶自回归系数含有线性约束。MA 系数为适应性预期机制下的调整系数，而外推性预期机制下的调整系数可通过 AR 系数确定。(21)、(22)和(24)式的因变量估计值即是预期通胀，残差 e_{t+1} 为预期误差。

表3是将三个方程分别写成状态空间形式之后利用卡尔曼滤波的估计结果。①

表3 方程(21)、(22)和(24)的卡尔曼滤波估计结果

方程	λ	λ_1	λ_2	σ_e^2	L
(21)	-0.37059			0.0907	-37.45
	(0.0845**)			(0.0114**)	
(22)	0.2762			0.0781	-15.47
	(0.0726**)			(0.0108**)	
(24)		0.0656	-0.7753	0.0717	-24.53
		(0.1204)	(0.0764**)	(0.0102**)	

注:** 和 * 分别表示在95%和90%置信水平上显著,L表示模型的对数似然值。残差方差的计算同表1。

根据表3,方程(10)的调整系数为-0.37,显著小于0,这表明如果外推性预期假说成立,通胀率的变化会对下期通胀预期产生负向影响,即通胀加速时,人们预期以后会有所回落。方程(11)的调整系数为0.28,显著大于0。表明如果适应性预期假说成立,通胀预期误差会对下期的通胀预期产生正向影响,即对当期的预期值低于实际值时,人们会调高对下期的预期。方程(23)中仅有λ_2显著为负值,此时预测误差的标准差最小,为0.2678% ($=\sqrt{0.0717}$)。外推性预期和适应性预期下的误差标准差分别为0.3011%和0.2794%。而表1中卡尔曼滤波方法求得的预期误差标准差仅为0.1587% ($=\sqrt{0.0252}$)。所以,状态空间和卡尔曼滤波技术不仅使我们能在一个一般均衡框架内估计货币需求函数,而且相对于以上其他预期机制,其估计的预期通胀率是最优的。换言之,该方法更充分地利用了数据信息,因而能够产生有效的模型估计结果。

六、结 论

基于中国1995—2003年间的月度数据,我们比较了两类常用的调整过程假定对现金(M0)持有量变动的解释能力,结论认为名义调整比实际调整过程更好地描述了中国的经验事实。比较过程还使我们认识到,类似方程(5)的货币需求函数

---

① 形如(21)、(22)和(24)式的ARMA过程容易写 $\xi_{t+1} = \begin{bmatrix} 1+\lambda_1 & -\lambda_1 \\ 1 & 0 \end{bmatrix} \xi_t + \begin{bmatrix} e_{t+1} \\ 0 \end{bmatrix}$ 为状态空间形式。例如(24)可以写为如下表示:

状态方程
$$\xi_{t+1} = \begin{bmatrix} 1+\lambda_1 & -\lambda_1 \\ 1 & 0 \end{bmatrix} \xi_t + \begin{bmatrix} e_{t+1} \\ 0 \end{bmatrix}$$

观测方程
$$\pi_t = (1 \quad \lambda_2) \xi_t$$

其中 $\xi_t \triangleq (\xi_{1t}, \xi_{2t})$ 表示状态向量。(21)和(22)的状态空间表示类似。

中预期通胀率显著为负值时应该进一步考察该结论的稳健性,而不应简单地解释为预期通胀的独立作用,因为它还可能体现了调整机制的误设。

价格水平、收入或通胀预期等变量变动导致的现金需求量与持有量之间的缺口有大约80%比例会在一个月内得以调整。我们还发现长期中现金需求的收入弹性不能拒绝单位弹性假定;长期中利率弹性小于0但不显著,即人们的现金持有量对利率或金融市场资金面紧缺程度的变化并不十分敏感。

本文使用卡尔曼滤波程序联合估计通胀预期与货币需求方程以考察通胀预期对货币持有量变化的影响。由于该程序在一般均衡的框架内求解模型,能够避免以往文献中常用的"两步"程序的不足,因此我们预期卡尔曼滤波算法能够形成更为有效的模型估计结果。的确,相对于其他预期机制(ARMA过程、静态预期或适应性预期),卡尔曼滤波程序求得的预期通胀率是最优的。

出于数据可获得性以及样本规模考虑,本文使用的是1995年以来的月度数据。由于无法获得月度收入序列,我们使用商品零售额来近似衡量货币的交易需求。考虑到样本期内中国的商品零售交易特征,货币指标选取流通中现金。本文的结论对于不同的样本期或者不同频率的样本(例如季度数据)是否稳定是值得进一步探讨的话题。

参 考 文 献

[1] Bodie, Zvi, 1976, "Common Stocks as a Hedge against Inflation," *Journal of Finance* 31, 459—470.

[2] Campbell, John Y., Andrew W. Lo and Mackinlay C., 1997, *The Econometrics of Financial Markets*, New York: Princeton University Press.

[3] Chow, Gregory C., "On the Long Run and Short Run Demand for Money," *Journal of Political Economy* 74, 111—131.

[4] Fama, Eugene F., 1981, "Stock Returns, Real Activity, Inflation, and Money," *American Economic Review* 71, 545—565.

[5] Fama, Eugene F. and Gibbons, Michael R., 1982, "Inflation, Real Returns and Capital Investment," *Journal of Monetary Economics* 9, 295—323.

[6] Friedman, Milton, 1956, "The Quantity Theory of Money, A Restatement," in *Studies in the Quantity Theory of Money*, Chicago: University of Chicago Press.

[7] Friedman, Milton, 1977, "Financial Flow Variables and the Short-run Determination of Long-term Interest Rages," *Journal of Political Economy* 85, 661—689.

[8] Goldfeld, Stephen M., 1973, "The Demand for Money Revisited," *Brookings Papers on Economic Activity*, 577—638.

[9] Goldfeld, Stephen M., 1976, "The Case of Missing Money," *Brookings Papers on Economic Activity*, 683—730.

[10] Hafer, Robert W., and Scott E. Hein, 1980, "The Dynamics and Estimation of Short-run Money Demand," *Federal Reserve Bank of St. Louis Review* 62, 26—35.

[11] Hamilton, J. D., 1985, "Uncovering Financial Market Expectations of Inflation," *Journal of Political Economy* 93, 1224—1241.

[12] Hamilton, J. D., 1994, *Time Series Analysis*, New York: Princeton University Press.

[13] Hess, Patrick F., Bicksler, James L., 1975, "Capital Asset Prices versus Time Series Models as Predictors of Inflation: The Expected Real Rate of Interest and Market Efficiency," *Journal of Financial Economics* 2, 341—360.

[14] Hwang Hae-shin, 1985, "Test of the Adjustment Process and Linear Homogeneity in a Stock Adjustment Model of Money Demand," *Review of Economics and Statistics* 67, 689—692.

[15] Kinal, Terrence; Lahiri, Kajal, 1983, "A Model for Ex Ante Real Interest Rates and Derived Inflation Forecasts," *Journal of the American Statistical Association* 83, 665—673.

[16] Milbourne, Ross, 1983, "Price Expectations and the Demand for Money: Resolution of a Paradox," *Review of Economics and Statistics* 65, 633—638.

[17] Nelson, Charles R., 1976, "Inflation and Rates of Return on Common Stock," *Journal of Finance* 31, 471—483.

[18] Nelson, Charles R. and Schwert, G. William, 1977, "Short-Term Interest Rates as Predictors of Inflation: On Testing die Hypothesis that the Real Rate of Interest is Constant," *American Economic Review* 67, 478—486.

[19] Pagan, A. R., 1984, "Econometric issues in the analysis of regression with generated regressors," *International Economic Review* 25, 221—247.

[20] Shapiro, A. A., 1973, "Inflation, Lags, and the Demand for Money," *International Economic Review* 14, 81—96.

[21] Valentine, Thomas J., 1977, "The Demand for Money and Price Expectations in Australia," *Journal of Finance* 32, 735—748.

[22] White, William H., 1978, "Improving the Demand-for-money Function in Moderate Inflation," *IMF Staff Papers* 25, 564—607.

双重二元金融结构、非均衡增长与农村金融改革

——基于11省14县市的田野调查*

王曙光　王东宾

摘要：破除二元金融结构、推进农村金融改革、及时调整非均衡增长模式是克服金融危机、保持经济可持续发展的关键。本文基于11省14县市的田野调查数据，对农户信贷意愿和信贷可及性及其影响因素作了定量分析，同时运用统计数据揭示了我国农村系统性负投资和双重二元金融结构的制度特征与经济后果。本文最后对未来农村金融体系改革中激励与约束机制设计、存量改革与增量改革战略以及普惠金融体系的构建提出了系统的政策框架。

关键词：双重二元金融结构；农村金融改革；系统性负投资；普惠金融体系

一、引言：非均衡增长模式的调整、扩大内需与农村金融

改革开放三十年以来，以"外向型出口导向战略"和"阶梯式的区域发展战略"为主要特征的非均衡增长战略取得巨大经济绩效，同时也带来某些影响深远的消极后果。一方面，"外向型出口导向战略"导致中国成为世界上外贸依存度较高的国家之一，经济增长对国外需求的依赖程度日益加深，长期忽视对国内需求的激励与开发；另一方面，"阶梯式区域发展战略"使得中国对于区域差距、城乡差距未有足够重视，对未来可持续发展与社会和谐稳定造成了深远影响。① 在当前全球金融危机背景下，中国面临着经济增长环境趋紧、市场景气不足、就业压力增大等重大挑战，所有这些重大挑战的核心在于非均衡增长模式带来的长期内需不足和城乡二元结构的加深，而要克服内需不足并改善城乡二元结构，对农村投融资体制和金融体系进行深刻变革是可选择路径之一。②

本文的研究基于一个简单的逻辑：金融危机背景下宏观经济政策的核心是反衰退和扩大内需，扩大内需的关键在于提高农民收入和改善城乡二元结构，而提高

---

* 原载于《财贸经济》2011年第5期。本文为教育部人文社会科学研究基金课题（批准号：09YJC790014）和司法部2008年度国家法治课题（项目编号：08SFB2047）的阶段性成果。

① 王曙光：《转型经济学的框架变迁与中国范式的全球价值》，《财经研究》，2009年第5期。

② 刘伟：《当前中国的宏观经济形势及宏观经济政策》，《首都师范大学学报》，2009年第2期。

农民收入的关键之一在于阻断双重二元金融结构,对农村金融的制度安排作出深刻调整。本文的研究框架是:第二部分提出"双重二元金融结构"和"系统性负投资"的概念并对其内涵和表现进行较为清晰的界定,从理论和实证角度对"双重二元金融结构"和"系统性负投资"给农村发展和宏观经济增长带来的经济效果进行了探讨;第三部分运用北京大学2009年暑期农村金融田野调查所获得数据,分析农户贷款意愿和信贷可及性的影响因素;第四部分基于以上实证分析,针对农村金融体系的制度变革与创新提出了系统的政策框架。

二、双重二元金融结构、系统性负投资及其增长效应

1. 双重二元金融结构的定义与表现

对于发展中国家工业化进程中的二元经济结构和二元金融结构,学术界已经进行了深入的研究。[①] 本文提出双重二元金融结构的概念,来概括中国金融体系的内在结构特征。所谓双重二元金融结构,是指中国金融体系中出现双重的二元对立结构:其中第一重二元对立结构是城市和农村金融体系的二元对立,相比于城市金融体系而言,农村金融体系发展非常滞后,农村信贷供给和农民信贷可及性低,农村金融剩余向城市净流出;第二重二元对立结构是农村金融体系中正规金融体系和非正规金融体系的二元对立,农村正规金融体系受到国家政策和法律的保护,但其对农村金融需求的满足度低,金融服务的效率较低,而农村非正规金融体系虽然在满足农村信贷需求中起到重要作用却难以获得国家的合法性保护,从而使得非正规金融体系的融资成本提高,并在一定程度上累积了金融风险。第一重二元金融结构的体现是农村金融体系出现所谓"系统性负投资"问题,而第二重二元金融结构的体现是我国农村非正规金融的扩张并对农村经济增长的绩效形成了巨大影响。

2. 系统性负投资的定义、表现和规模

"系统性负投资"是对金融机构贷款进行歧视性检测的重要内容,所谓"系统性负投资",是指银行或其他金融机构从一个地区的居民中获得储蓄,而没有以相应比例向该地区发放贷款。对这种系统性负投资的一个检测方法是审查银行对某个社区的信贷与储蓄的比率。[②] 从统计数据来看,改革开放以来我国农村地区已经出现了严重的"系统性负投资"现象,而且这种现象在90年代以来有所加剧。从1978年到2005年,中国农业银行、农村信用社、邮政储蓄系统以及其他金融机构等

---

① Pei-Kang Chang (1949), *Agriculture and Industrialization*, Massachusetts: Harvard University Press; W. A. Lewis (1954), "Economic Development with Unlimited Supplies of Labor", *Manchester School of Economic and Social Studies*, 22(May): 139—191; Y. Hayami & V. Ruttan (1985), *Agricultural Development: An International Perspective*, Baltimore: Johns Hopkins Press.

② 关于系统性负投资,参见 J. R. Boatright (1999), *Ethics in Finance*, Blackwell Publisher;王曙光、邓一婷:《农村金融领域系统性负投资与民间金融规范化模式》,《改革》,2006年第6期。

都在不同程度地从农村地区吸走大量资金,但并没有以同样的比例向农村地区贷款,这种趋势在 1992—2005 年间更为明显①(见图 1 和图 2)。图 2 的数据显示,1994 年,农村地区金融机构负投资额为 1 234.7 亿元,而到了 2005 年,农村地区金融机构负投资额达到 11 378.46 亿元,增长了将近 10 倍,而这 10 年正好也是大批国有金融机构纷纷从农村地区撤离网点的时期,这使得农村资金短缺的状况异常突出。如果将财政渠道的负投资额计算在内,这种状况就更加严重,农村地区的负投资总量在 1992 年为 261.28 亿元,2005 年这个数字猛增到 30 440.41 亿元,13 年间扩大了 116 倍。

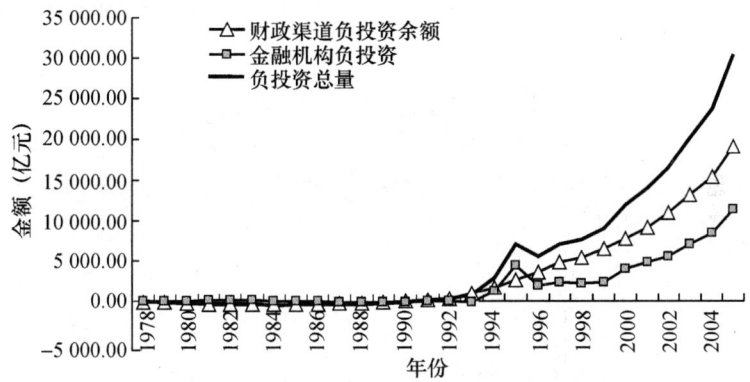

图 1 1978—2005 年农村系统性负投资额

注:农村系统性负投资包括农村资金通过财政渠道的净外流量和通过金融机构的净外流量。其中国家财政用于农业的支出和农业各税与乡镇企业税相抵后的净值为农村资金通过财政渠道的外流量,农业各税包括农业税、牧业税、耕地占用税、农业特产税和契税。通过金融机构的净外流量是金融机构农村存款和农村贷款之差,其中农村存款包括农业存款和农户存款;农村贷款包括农业贷款和乡镇企业贷款,负号表示资金净流入。本文所统计的金融机构包括中国人民银行、政策性银行、国有商业银行、邮政储蓄机构、农村信用社、城市信用社。

资料来源:历年《中国统计年鉴》、《中国乡镇企业年鉴》和《中国金融年鉴》。

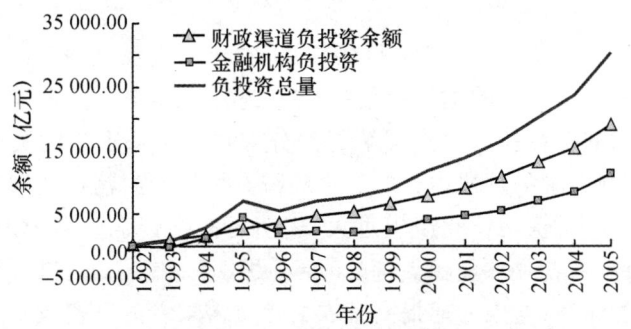

图 2 1992—2005 年农村系统性负投资额

---

① 本文以 2005 年为下限年份的原因在于,2005 年之后,随着中国金融监管部门推出一系列的农村金融改革措施,农村"系统性负投资"的现象有所缓解。

3. 双重二元金融结构与系统性负投资的后果

农村系统性负投资现象在一定程度上阻碍了农村经济的发展。自 20 世纪 90 年代之后,农村资金加剧外流造成了两方面的消极后果:

一方面,农村经济的发展受到资本缺乏的制约,农村地区金融供求缺口增大,农民的信贷可及性大为降低,因而农民收入增加的速度大为减慢,这导致城乡居民收入差距增大,我国居民收入分配的差异程度递增。从图 3 可以看出,我国基尼系数在 2000—2008 年间的基本趋势是逐年递增(仅有 2004 年一年除外),与我国居民收入分配 2020 年的目标值 0.4 逐渐偏离。从图 4 可以看出,城乡居民收入比的基本趋势也是在逐年递增,2000 年尚接近 2020 年目标值 2.8,但是在 2000 年之后城乡居民收入差距逐年增大。

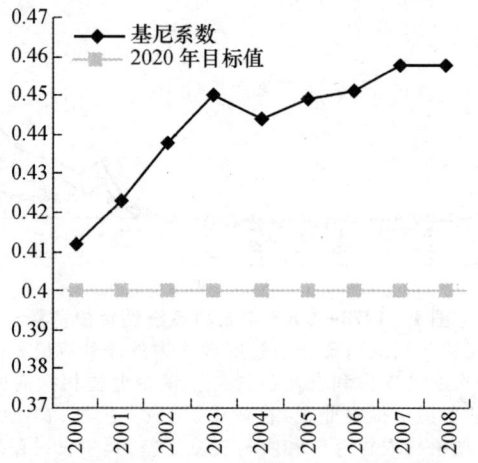

图 3 中国基尼系数趋势图(2000—2008 年)

资料来源:根据《中国统计年鉴》各年份及 2003—2008 年国家统计局城镇和农村居民住户调查资料估算。

另一方面,随着农村资本稀缺性的增强,农村非正规金融迅速成长,在某些地区甚至占据农村信贷供给的主导力量,导致双重二元金融结构的特征更加明显。[①] 尽管非正规金融的存在在微观上缓解了部分农村信贷需求者的资金饥渴,但从整体上来说,非正规金融的过快增长对宏观经济有可能产生消极的影响。原因在于,非正规金融部门的过快增长和规模过大,表明更多的资金游离于正规金融体系之外,当农村信贷需求者寻求金融支持的时候,更多地倾向于通过民间金融的途径而不是正规金融的途径,这人为地提高了农村信贷需求者的融资成本,并有可能引发局部的金融风险。这也就表明,非正规金融体系的过快增长正好反映了我国正规

---

① 王曙光、邓一婷:《民间金融扩张的内在机理、演进路径与未来趋势研究》,《金融研究》,2007 年第 5 期。

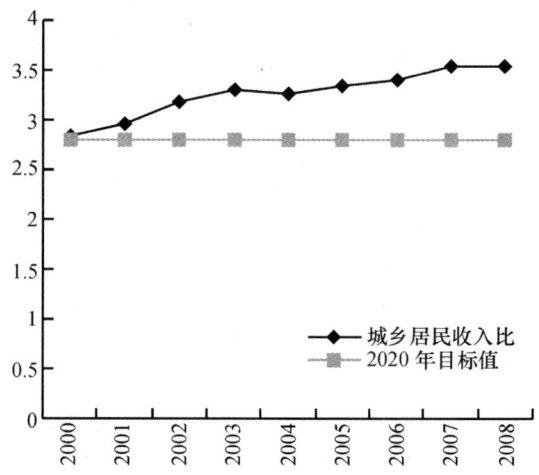

图 4 中国城乡居民收入比趋势图（2000—2008 年）

注：城乡居民收入比指城镇居民人均可支配收入与农村居民人均可支配收入之比（以农村为1）。

资料来源：根据《中国统计年鉴》各年份及 2003—2008 年国家统计局城镇和农村居民住户调查资料估算。

金融体系无效以及由此带来的农村信贷需求者融资成本高、融资效率低这样一个事实。

三、农户信贷意愿与信贷可及性及其影响因素的实证分析：基于11 省 14 县市的田野调查数据

本部分将运用北京大学 2009 年全国农村金融田野调查数据，对农户信贷意愿和信贷可及性以及其影响因素做出分析。通过农户信贷意愿分析，我们可以获得对于我国农村金融制度安排缺陷和非正规融资模式的深层原因的进一步理解，从而验证本文对于双重二元金融结构的理论假说；而对于农民信贷可及性的分析，可以看出农村金融服务覆盖面狭窄和农村金融机构网点缺乏所带来的严重后果，从而加深对于系统性负投资和农户信贷约束所造成的城乡收入差距的理解。

1. 样本描述

本文所使用的数据是 2009 年暑期北京大学经济学院的学生在全国十几个省份进行的农村金融调查的农户调查数据。本次调查共收回农户问卷 460 份，其中有效问卷 452 份。调查覆盖黑龙江、辽宁、吉林、内蒙、山西、湖南、宁夏、重庆、四川、山东、河北 11 个省份 14 个县市、31 个村。其中，中部地区农户 180 户（黑龙江、吉林、山西、湖南），东部地区农户 81 户（辽宁、山东、河北），西部地区农户 191 户

(内蒙古、宁夏、四川、重庆)。

样本农户的平均年龄结构为平均年龄30岁以下的农户占到30.4%,30—60岁占65.3%,60岁以上占3.8%。家庭规模3人以下占41.6%,4—5人占49.1%,5人以上占9.3%。样本农户的行业主要有传统农业、经营农业、个体经营、外出务工、公职五种。其中传统农业指主要收入来源为从事传统的种植业,经营农业指主要生产经济作物的经营,个体经营指开小商店等,公职包括教师、工人等。

所有农户中,有贷款需求的农户达276户,占61%。在向农信社申请贷款的农户(174户)中,有157户(90.2%)农户得到贷款。所有农户中,仅有174的农户申请贷款,最终得到贷款的农户占总户数的34.7%。

调查显示,农户在选择贷款方式时,考虑的主要因素为利率水平、手续是否简单、贷款的其他可选择方式(替代途径)等。从贷款用途看,56%的农户贷款用于生活性用途如上学、盖房、红白事、看病等。同时数据显示,农户常常一次贷款会有多种用途。

此外,本文特别考察了小额信贷小组开展情况。全部样本农户中,仅有56户参加小额信贷小组,可能与各地区开展小额信贷小组活动的程度相关。在56户中,对贷款有需求的为51户,向信用社申请贷款户41户,得到贷款户41户,从其他商业银行得到贷款户6户,从亲戚朋友或合会等得到贷款32户。未参加小额信贷小组的户数为396户,其中对贷款有需求的有225户,向信用社申请贷款户133户,得到贷款116户,从其他金融机构得到贷款的14户,从亲戚朋友或合会得到贷款的农户143户。可见从非正规渠道获得信贷供给的农户数占有相当比例。

下面运用计量工具对贷款需求、贷款获得以及贷款规模的影响因素进行分析。

2. 农户贷款需求的影响因素:非农收入可替代性、内源融资与非正规借贷

根据文献研究和问卷调查的实际情况,本文主要分析以下几种影响因素。(1)农户特征变量:包括农户家庭平均年龄、家庭人口规模、家庭受初中以上教育人数、家庭抚养负担、家庭主要从事的行业。其中家庭所从事的行业以主要从事传统农业的农户为参照,分别考察从事经营农业、个体经营、务工、公职农户的贷款需求变化。(2)地区分布情况:以中部地区为参照,估测西部地区与东部地区相对于中部地区的差别。(3)财产、收入、支出情况:财产情况用千元以上财产数量表示,收入情况用平均非农收入、非农收入占总收入的比例来表示。支出情况用家庭平均支出来表示。主要变量的定义如表1所示:

表1 变量定义表

变量名	变量说明	变量名	变量说明
pop	家庭人口数量	east	东部地区,是＝1,否＝0
burden	家庭负担,用人口抚养比表示,等于非劳动人口/劳动人口	west	西部地区,是＝1,否＝0
avage	家庭平均年龄,反映家庭的整体年龄结构	ifnonfarm	家中是否有干部、企业主、教师等
edupop	受初中以上教育人数	occupation2	经营农业
avgincome	平均收入	occupation3	务工
avgnonfarminc	平均非农收入	occupation4	个体经营
nonfarmincrate	非农收入占总收入比例	occupation5	公职
totalexp	总支出	demand	贷款需求
avgexp	平均支出	ifobtain	是否获得农信社贷款
property	千元以上财产数量	ifcredgroup	是否参加了信贷小组
loanrcc	从农信社贷款总额		

本次问卷调查询问了农户是否曾经向农信社申请贷款、是否从农信社获得贷款、是否从其他金融机构、亲戚朋友或民间金融组织(如合会)等获得贷款,本文认为这些可以反映农户对贷款的需求。本文定义的有贷款需求的农户不仅包括曾经向农信社申请贷款的农户,而且还包括即使没有向农信社申请贷款、但是从亲戚朋友或其他金融组织借款的农户。将贷款需求定义为二值变量,有贷款需求为1,无贷款需求为0。因此本文采用 Probit 模型来估计贷款需求的影响因素,如表2所示。估计模型如下:

$$P(y_t = 1 \mid x_t) = \phi(B)$$

其中 $\phi(\cdot)$ 是标准累积正态分布函数。

$$B = X\beta + \mu$$

其中,B 为观测值为1和0的列向量,X 为解释变量的观测矩阵。

表2 Probit 模型估计贷款需求的影响因素

变量	估计系数	标准差	$P > \vert Z \vert$
east	−0.466	0.193	0.016**
west	−0.219	0.154	0.887
avage	0.134	0.006	0.025**
burden	−0.023	0.085	0.117
pop	0.103	0.049	0.638
edupop	0.103	0.06	0.087*
occupation2	−0.300	0.218	0.168
occupation3	−0.711	0.259	0.006***

(续表)

变量	估计系数	标准差	$P>|Z|$
occupation4	-0.598	0.292	0.040**
occupation5	-1.237	0.508	0.015**
property	0.037	0.022	0.088*
avgnonfarminc	-8.96E-09	0.000	0.999
nonfarmincrate	-0.551	0.218	0.011**
avgexp	0.000	7.26E-06	0.118
常数项	1.099	0.400	0.006***
LR 统计量	59.5	Prob(LR)=0.000	
拟 R-squared	0.104		
观测值	426		

注：*，**，*** 分别表示在 10%，5%，1% 显著水平下显著。

从分析结果看，相对于中部地区来说，东部地区的农户的贷款需求要小。这一方面说明在资金相对比较丰裕的东部地区，农户贷款意愿较之资金相对匮乏的西部而言要低一些，另一方面也说明东部地区的农民在农村信贷成本较高的情况下，可能更倾向于选择亲友借贷、自我融资以及其他地下信贷方式，从而使得东部地区农户的信贷意愿表现为较小的均值。平均年龄和教育程度对于农户贷款需求有正影响，平均年龄越高，农户贷款需求越大，受初中以上教育人数越多，农户的贷款需求越高。这说明年龄较大以及受教育程度较高的人有较强烈的贷款意愿，对运用信贷方式增加收入的认识也较深。家庭千元以上财产数量与贷款需求成正相关，这与贷款抵押担保品的提供有直接关系，这说明，对于正规金融机构而言（如农信社），在满足农户信贷需求的时候更多地要求抵押和担保，而不是采取信用放款，这在一定程度上制约了农户信贷需求的满足度。

农户类型对于贷款需求也有较大影响。从结果来看，主要为个体经营、外出务工、公职为主的农户类型，其贷款需求显著小于传统农户。非农收入比率的影响与贷款需求成负相关，也验证了这一点。外出务工、公职为主的家庭，其贷款需求较小，这比较容易理解；而个体经营农户的贷款需求小于传统农户，恰恰说明了农户的借贷倾向与农户的非农收入呈明显替代关系。也就是说，当农民来自于非农业渠道的收入增加的时候，农业流动资金增加，这种变化会导致农户减少在农村金融市场中的借贷。非农收入越高，借贷倾向越低。这个逻辑与我们论述过的农户行为的基本特征是吻合的。小农经济下的农户，当其资金出现缺口时，有两个选择：一个是增加非农收入，比如到城里或其他地方打零工，或者通过家庭的各种副业来提高非农收入；另一个是通过非正式的借贷。这两种选择时间具有明显的替代性。小农经济的内在特征和农户的行为习惯决定了农户只能在这两种方式之间选择，目标是维持一种稳定的小规模的小农经济。这个结论，与黄宗智的"拐杖逻辑"的结论是非常吻合的，当非农收入作为"拐杖"提高了农民的收入，增加了农民的流动资金时,农民的借贷倾向就会降低;当非农收入减少,农民流动资金紧缺时,农民借贷倾向就会增强,而借贷的主要动机仍旧是消费性的,而不是生产性的。①

3. Probit 模型估计信贷可及性的影响因素

在了解贷款需求的影响因素的基础上,本文进一步考察了贷款获得的影响因素,即考察在有贷款需求的农户中,哪些因素决定了能够最终获得贷款。本文仍然使用 probit 模型来估计。获得贷款为 1,没有获得贷款为 0。影响贷款获得因素可能包括地区分布、家庭人口规模、家庭平均年龄、受初中以上教育人数、家中是否有干部企业主或教师等非农职业成员、主要从事的职业、平均非农收入、非农收入比率、房产价值、千元以上财产数量、是否参加小额信贷小组等,如表3所示。

表3 Probit 模型估计贷款获得的影响因素

变量	估计系数	标准差	$P > \|Z\|$
east	0.791	0.314	0.012**
west	0.682	0.243	0.005***
pop	-0.144	0.081	0.074*
avage	-0.02	0.011	0.083*
edupop	0.301	0.091	0.001***
ifnonfarm	0.015	0.361	0.966
occupation2	-0.198	0.294	0.501
occupation3	-0.251	0.398	0.529
occupation4	-0.305	0.458	0.506
occupation5	0.457	1.007	0.65
avgnonfarminc	0	0	0.452
nonfarmincrate	-0.943	0.433	0.029**
housevalue	4.04E-06	2.24E-06	0.072*
property	0.133	0.055	0.015***
ifcredgroup	1.521	0.332	0.000***
常数项	0.081	0.617	0.896
LR 统计量	91.39	prob(LR)	0.000
拟 R-squared		0.286	
观测值		235	

注:*,**,*** 分别表示在10%,5%,1%显著水平下显著。

回归结果显示,在有贷款需求的农户中,地区是影响农户最终获得贷款的一个

---

① 黄宗智:《华北的小农经济与社会变迁》,北京:中华书局2000年版。另参见林毅夫等:《中国的农业信贷和农场绩效》,北京:北京大学出版社2000年版;王曙光、乔郁等:《农村金融学》,北京:北京大学出版社2008年版。

重要影响因素。在其他条件不变的条件下,东部地区比中西部地区更容易获得贷款。而结合前面的贷款需求模型,东部地区农户对贷款的需求相对较小,而又更容易获得贷款,因此东部地区的农户的资金借贷情况较为良好。家庭人口越多,获得贷款的可能性越小。平均年龄越大,获得贷款的可能性越小。结合前面对贷款的需求的回归结果来看,平均年龄越大,贷款需求越高,但是获得贷款的可能性反而越小。受初中以上教育人数越多,获得贷款的可能性越大,可见教育水平是影响贷款需求和贷款可及性的重要变量。家庭千元以上财产越多、房产价值越高,获得贷款的可能性越大,而从之前的需求分析来看,这类家庭贷款需求也较高。参加小额信贷小组的人获得贷款的可能性要显著地高于不参加小额信贷小组的人($p<0.001$),这说明小额信贷小组对于农户信贷可及性缺乏起到了较大的缓解作用,说明了信贷小组和联保方式在当前农村金融体系中占有非常重要的地位。

总体来说,农户信贷可及性的地区差异非常明显,且在影响因子中家庭财产(即可抵押物)和联保(即担保方式)的重要性明显要高于其他因子。可以反过来说,假定农户缺乏较好的抵押物和较为有效的担保方式,其获得信贷的可能性就大为降低,而目前我国农户可抵押物的缺乏以及担保方式的无效性,是影响农户信贷可及性的重要因素。

4. 贷款规模的影响因素

在获得贷款的农户中,本文进一步运用 OLS 回归估计影响贷款规模的因素,考虑的自变量主要包括地区、人口数、家庭负担、平均年龄、受教育人数、职业情况、平均收入、非农收入情况、房产价值、千元以上财产数量、是否加入小额信贷小组、总支出等。

由于 OLS 回归只考虑了借款农户的情况,为了综合考虑所有农户的借贷行为,进一步使用 Tobit 模型估计全部农户的贷款规模影响因素。因为全部农户中有很大一部分并没有贷款,因此使用 Tobit 模型可以控制限值性变量所带来的偏差,从而能够同时考虑没有贷款的农户。

Tobit 模型中,贷款规模的决定模型为:

$$B^* = X\beta + \mu$$

其中,X 为解释变量的观测矩阵,贷款需求规模满足:

$$B^* = B \quad \text{if} \quad B > 0$$
$$B^* = 0 \quad \text{if} \quad B \leq 0$$

回归结果如表 4 所示。

表4 贷款规模的影响因素

变量	OLS模型			Tobit模型		
	估计系数	标准误	$P>|t|$	估计系数	标准差	$P>|t|$
east	23 862.49	10 012.04	0.019**	28 079.84	11 020.61	0.011**
west	-7 786.2	8 935.057	0.379	13 811.46	9 631.344	0.152
pop	6 901.759	3 311.485	0.039**	-3 063.2	3 037.278	0.314
burden	-5 233.13	5 217.915	0.318	-521.119	5 176.518	0.92
avage	-453.88	405.2498	0.265	-766.633	415.1905	0.066*
edupop	321.2828	3 161.759	0.919	12 765.03	3 475.826	0.000***
ifnonfarm	10 210.66	10 525.07	0.334	7 749.657	12 061.97	0.521
occupation2	-6 054.66	10 216.93	0.555	-11 067.2	12 364.37	0.371
occupation3	15 670.49	13 210.87	0.238	-31 459.3	15 347.92	0.041**
occupation4	47 757.53	15 320.72	0.002***	-6 899.7	16 579.12	0.678
occupation5	27 707.67	40 868.43	0.499	-29 051.1	34 280.02	0.397
avgincome	2.217106	0.398036	0.000***	0.596	0.339	0.080*
avgnonfarminc	0.114	0.4957	0.818	0.449	0.52	0.389
housevalue	0.017	0.05186	0.734	0.123	0.055	0.026**
property	-1 523.96	611.0546	0.014**	1 546.274	847.999	0.069*
ifcredgroup	3 795.588	9 580.108	0.693	57 122.7	11 370.24	0.000***
totalexp	-0.0927	0.0474	0.053*	0.065	0.064	0.307
常数项	1 453.618	20 405.88	0.943	-44 203.1	23 378.6	0.059*
F统计量		11.96	Prob(F)=0.000	LR统计量	120.64	prob(LR)=0.000
R-squared		0.63		拟R-squared	0.033	
观测值		136		观测值	384	

注：*，**，***分别表示在10%，5%，1%显著水平下显著。

OLS模型回归结果显示：东部地区获得贷款的规模要明显大于中部地区，平均增加23 862.49元；家庭人口规模每增加1人，贷款规模增加6 901.759元；个体经营农户的贷款规模高于传统农业户，平均增加47 757.53元。平均收入与贷款规模正相关。

Tobit模型的回归结果显示：东部地区的农户平均贷款规模显著高于中部地区。平均年龄与贷款规模成负相关，年龄越大，贷款规模越小。受教育人数越多，贷款规模越大。外出务工的农户贷款规模显著小于传统农业农户，这与前述的非农收入替代性直接相关。平均收入越高，贷款规模越大，成正相关。房产价值与贷款规模正相关，千元以上财产数量与贷款规模正相关。加入信贷小组的农户贷款规模显著高于不加入的农户。总体来说，贷款规模影响因子的结论表明，可替代的非农收入、家庭收入和财产以及信用担保小组等变量，仍然是影响信贷可及性的最重要变量，这与以上关于信贷可及性影响因子的分析结论是高度一致的。

5. 对实证结果的小结

本部分的数据分析表明,低收入农户的贷款意愿很强,但获得贷款的可能性(信贷可及性)较低;高收入农户的贷款意愿反而较弱,其原因可以归结为在当前农村金融制度安排下信贷成本的高昂导致高收入农户更倾向于运用自己的非农收入进行内源融资,或转而向非正规金融渠道需求融资支持,这在某种程度上加剧了中国农村金融中的正规金融体系和非正规金融体系并存的二元结构。同时,数据分析的结果表明,经济不发达的中西部地区农户的信贷需求很强,而这些地区的信贷供给恰恰要远远低于东部地区,中西部地区的信贷空白区的广泛分布和大量金融机构的撤出,更增加了中西部地区贫困农户的信贷成本,降低了这些贷款意愿较强的弱势群体的信贷可及性。在对影响农户信贷意愿、信贷可及性和信贷规模的影响因子的分析中,可抵押的家庭财产、有效的担保方式以及可替代的非农收入等是最重要的影响变量,而中国目前农户信贷抵押担保机制的缺失无疑是导致农民信贷难的重要原因之一。由于农村金融机构覆盖面狭窄而导致农户信贷难的现象在本次调研中多有发现,本文的调查结果也部分地印证了中国人民银行 2008 年所发布的《中国农村金融服务报告》中所提供的结果,这份报告显示我国现有"零金融机构乡镇"数 2 868 个,只有 1 家金融机构的乡镇有 8 901 个,其中西部地区的情况尤为严重,共有 2 645 个"零金融机构乡镇",占全国"零金融机构乡镇"数的 80%。① 因此,消除不发达地区信贷空白点,尤其是增加对中西部地区的信贷供给,对于满足当地低收入农户的信贷需求有重要意义。

四、结论:农村金融的增量改革与"普惠金融体系"的制度框架

本文运用 11 省 14 县市田野调查的农户数据,对我国农村金融体系中农户贷款需求和信贷可及性的影响因素进行了定量研究,同时运用统计数据揭示了我国"系统性负投资"和"双重二元金融结构"的制度表现和经济后果,所有这些都说明,我国在金融危机时期反衰退的核心在于调整非均衡增长模式,阻断我国目前的双重二元金融结构,从而提高农户的信贷可及性进而提高农民收入,有效扩大国内需求,促进经济从危机中尽快复苏并实现可持续增长。因此,农村金融改革不仅仅是农村领域的变革,还应该提高到我国经济增长模式调整和可持续发展的高度去认识。2005 年以来,我国农村金融领域进行了一系列制度变革,这些变革对于重建农村金融体系、阻断双重二元金融结构都有重要意义。② 农村金融改革的最终

---

① 中国人民银行:《中国农村金融服务报告》,2008 年。
② 对于 2005 年之后我国农村金融变革的总体状况的综述,参见王曙光:《农村金融改革:回顾与前瞻》,《中国社会科学前沿报告》(2008—2009),社会科学文献出版社 2009 年版。

目标是建设"普惠金融体系",即让有信贷需求的农户都能通过多元化、多层次的农村金融机构获得信贷和其他金融服务,从而为农民增收和扩大农民需求提供不竭的内在动力。

农村金融改革和普惠金融体系构建的整体政策框架应该遵循两条基本战略,其一是要将农村金融存量改革和增量改革同时推进。在存量改革方面,应通过对农信社的内部治理结构和产权结构改革、农村政策性金融机构业务结构调整与创新,以及农业银行和邮政储蓄银行支持"三农"机制的创新,使这些存量农村金融机构能够在有效提升其核心竞争力的前提下有动力向农村地区增加信贷供给,缓解农村资金的大规模外流。在存量改革的同时要积极扶持增量部分,通过新型农村金融机构的设立来吸引民间资本,使民间金融逐步合法化和规范化,应积极推进村镇银行、农民资金互助组织和小额贷款公司的试点,提高这些草根金融机构的覆盖面;同时,为了控制好新型农村金融机构的风险,监管部门应该创新监管体制,以便在降低监管成本的前提下控制好新型农村金融机构的风险。

农村金融改革和普惠金融体系构建应遵循的第二个整体战略是将农村资金回流的制度激励和制度约束并举。所谓制度激励,就是要落实和完善涉农贷款税收优惠、定向费用补贴、增量奖励等政策,激励农村金融机构更多地把资金贷放给农村居民和农村中小企业,而不是把资金流向城市。所谓制度约束,就是要对农村金融机构支农信贷比例设定某种程度的限制性要求,完善县域内银行业金融机构新吸收存款主要用于当地发放贷款政策。在美国等国家,《社区再投资法》对于遏制低收入社区的资金外流、提高弱势群体的信贷满足程度,提出了非常明确的法律要求。制度激励和制度约束相结合,就可以缓解农村信贷资金外流的局面,农民的信贷可及性就会大幅度提高。当然,在制度激励和制度约束框架的背后,还要注重农村金融的机制建设,全面建立农村信用机制、抵押担保机制、农业保险和再保险机制、大型金融机构和微型金融机构资金对接机制、政府支农资金运作机制等等,为农村金融发展奠定制度基础。同时,针对西部(尤其是边远民族)地区农民信贷意愿强但信贷供给严重缺乏且金融服务空白区广泛分布的现状,应积极运用财政、经济和行政手段,尽快消除欠发达地区的金融服务空白区,满足农民的基本信贷需求,如此才能真正缩短城乡差距和区域发展差距。2010年中央"一号文件"对农村金融问题极为关注,提出"要抓紧制定对偏远地区新设农村金融机构费用补贴等办法,确保3年内消除基础金融服务空白乡镇",这将是中国构建普惠金融体系的重要举措。

Double Financial Dualism, Disequilibrium Growth and Rural Financial Reform
—Basing on field investigation in 11 provinces and 14 counties

WANG Shuguang   WANA Dongbin

Abstract: Deleting financial dualism and promoting rural financial reform are the key methods to realize continuable growth and survive in global financial crisis. Basing on field investigation in 11 provinces and 14 counties, the paper analyzes the credit demands and the financial accessibility of farmer households, and discloses the institutional characters and economics results of rural negative investment and double financial dualism. In the last part, the paper provides systematic policies on the rural financial reform and the construction of a inclusive financial system.

Key words: Double financial dualism; rural financial reform; negative investment; inclusive financial system

利率、实际控制人类型和房地产业上市公司的投资行为*

宋芳秀　王一江　任颋

摘要：本文基于房地产业上市公司的面板数据，引入实际控制人类型、成本、收益、规模等变量建立了经济计量模型，对房地产业上市公司的投资决定机制进行了实证分析。研究结果表明：利率作为成本变量对房地产业上市公司投资额的影响并不显著；实际控制人类型则是影响房地产业投资的重要因素，在同等条件下，实际控制人类型为国有的企业具有更高的投资额。这种现象的存在削弱了房地产投资领域利率机制的作用和政府利率调控的效果。本文还对实证结果做出了解释，并有针对性地提出了对策建议。

关键词：房地产业；投资决定机制；实际控制人；利率

一、引　言

1995—2008年，根据我国国民经济发展的需要，中国人民银行实施了有针对性的利率调控措施：1995年7月1日之后连续8次降低利率，到2002年2月，6个月至1年（含1年）的人民币贷款基准利率降至5.31%；2004年之后，中国人民银行实行"从紧"的货币政策，连续9次提高利率水平，2007年12月利率水平提高至7.47%；2008年年底以来，我国开始实行"适度宽松"的货币政策，2008年9月份以后已连续5次调低利率，利率水平从7.47%逐步调整到5.31%。

在利率的调整过程中，值得我们关注的一个问题是，房地产业的投资对利率的变动缺乏弹性：在采取紧缩性利率政策的背景下，2006年我国房地产开发投资为19382亿元，仍比上年增长21.8%，增速加快了0.9个百分点；房地产业固定资产投资在总量中所占的比重低于制造业，但获得的银行贷款增量远大于制造业，两个行业在主要金融机构新增的中长期贷款中所占的比重分别为19.7%和8.3%。与此形成鲜明对照的是，我国2008年9月实行了扩张性的货币政策，而2009年上半年房地产业的投资增幅并不大。

---

* 原载于《管理世界》2010年第4期。宋芳秀，北京大学经济学院；王一江，长江商学院；任颋，北京大学汇丰商学院。

为什么房地产业的投资对利率变动的反应不够强烈？对这一问题的两个直观的解释是:(1) 房地产业为高利润行业,房地产企业对借贷成本不是非常看重。因此,房地产企业积极通过银行贷款等方式获得资金进行投资。(2) 房地产企业的所有制结构呈现出多元化特征,各种类型的所有者对利率的敏感度不同,国有房地产企业投资规模大而利率敏感度弱,这可从 2009 年大型国有房地产企业的投资行为中得到印证。2009 年下半年,伴随着我国国民经济的企稳回升,大型国有房地产企业成为高价投拍土地的急先锋,屡屡成为各地的"地王":2009 年 6 月 31 日,由中国中化集团控股的方兴地产以 40.6 亿元的价格拍得北京广渠门 15 号地块,刷新北京公开出让土地以来楼面地价的新高,也创下 2009 年中国土地市场公开供地单宗地块成交价新高;2009 年 8 月 28 日,深圳市政府直属的深房集团以高达 12 亿元的价格拍得深圳光明新区总面积 9 万平方米的两块居住用地;2009 年 9 月 8 日,中国保利集团控股的保利地产以 15.92 亿元获得南京河西金沙江地块,创下南京 2009 年住宅类用地的新高。

结合历史文献、当前宏观经济形势及房地产企业的投资行为,本文将重点区分具有不同所有制结构,特别是不同实际控制人类型的房地产企业对利率变动的反应,分析房地产企业投资行为的决定机制。将利率与实际控制人因素相结合,并应用到对转型经济中房地产企业投资行为的分析中,是本文的主要学术贡献。文章的第二部分对利率、实际控制人类型和房地产业投资的关系作理论综述和分析;第三部分利用中国内地上市公司 1998 年到 2007 年共计 10 年的面板数据,分析房地产公司的投资对利率变动的反应,以及不同实际控制人类型的公司的投资行为有什么区别;第四部分结合中国转型经济时期房地产业的特殊性,对实证结果进行解释;第五部分是结论和政策建议。

二、投资和实际控制人类型、利率关系的理论综述

(一) 实际控制人类型对投资行为的影响

本文中,我们将重点考虑中国转型经济中房地产业的一个重要特征——与政府的密切关系,并考察此关系的密切程度对企业投资的影响。已有文献主要使用两类变量来刻画房地产企业和政府之间的关系,一类是控股股东类型,另一类是最终控制人类型。Barnett 和 Brooks(2006)使用控股股东的类型来描述工业企业和政府的关系,结论是,由于向所有者分红较少等原因,国有工业企业的流动性相对充足,因此具有较高的投资冲动。La Porta 等(La Porta, Lopez-de-Silanes 和 Shleifer, 1999)则指出,要辨清企业实际的所有权与控制权,仅知道控股股东是不够的,更重要的是追溯企业最终控制人(ultimate owner);他们还对最终控制人加强对公司控制的各种手段,如金字塔控股结构、交叉控股等作了详细的阐述。在最终控制人的

理念提出之后,很多文献探讨了最终控制人的不同控制机制对企业绩效或行为的影响,如 Claessens 等(Claessens, Simeon 和 Larry, 2000),刘芍佳等(刘芍佳、孙霈和刘乃全,2003),李辰、张翼(2005)。

目前我国企业的公司治理结构尚处在发展完善过程中,控股股东乃至最终控制人有时不能构成对一个上市公司经营活动的实际控制,这就需要引入实际控制人这一概念。根据中国证监会《公开发行证券的公司信息披露内容与格式准则第2号(2004年修订)》第二十五条第三款,上市公司在披露公司股东情况时,除了要介绍控股股东的情况外,还必须披露公司实际控制人的情况,在披露实际控制人时应当披露至自然人、国有资产管理部门或者其他最终控制人为止。我国《公司法》第二百一十七条对"实际控制人"的含义做出了解释:"实际控制人,是指虽不是公司的股东,但通过投资关系、协议或者其他安排,能够实际支配公司行为的人。"实际控制人的认定则参照《上市公司收购管理办法》第六十一条,该条款规定有5种情形构成对上市公司的实际控制:(1)在一个上市公司股东名册中持股数量最多的,但是有相反证据的除外;(2)能够行使、控制一个上市公司的表决权超过该公司股东名册中持股数量最多的股东的;(3)持有、控制一个上市公司股份、表决权的比例达到或者超过百分之三十的,但是有相反证据的除外;(4)通过行使表决权能够决定一个上市公司董事会半数以上成员当选的;(5)中国证监会认定的其他情形。

尽管我国法律对"实际控制"的含义和实际支配公司行为的表现形式尚待进一步明确,但从上述规定中仍然可以看出,"实际控制人"和以往文献中的"最终控制人"有一定的联系,但其内涵并不完全一致。我们认为,根据有关法律规定,实际控制人和最终控制人具有下述关系:

(1)最终控制人、实际控制人都是处于上市公司控制链终端的终极控制人,这和控股股东有明显的区别,控股股东通常处于上市公司控制链的中间;

(2)最终控制人的确定依据是股权结构,而实际控制人的确定依据是实际控制权,其判定标准并不相同,因此二者并不完全一致;

(3)股权控制是获得公司实际控制权的最重要手段,只要持有一个公司有表决权的绝大多数股份,就可以控制股东大会并决定公司重大决策。因此,如果实际控制人是通过股权实现对公司的控制,那么,该情况下实际控制人和最终控制人一致;

(4)股权控制是获得公司实际控制权的重要而非唯一手段,实践中存在其他多种实际控制上市公司的机制,如实际控制人可以通过一致行动、多重塔式持股、交叉持股、董事会形成机制、董事提名机制等方式,也可以通过协议或者其他安排来实际控制上市公司。此时,实际控制人并不等同于股权结构所反映出的最终控制人。

以2007年年报为例,太平洋(代码为601099)的股权相对分散,因此本来不存在控股股东和实际控制人。但其年报披露,北京玺萌置业有限公司等6位占公司总股本49.88%的公司股东于2007年3月1日签署了《一致行动协议》,约定自协议签署日起36个月内,在决定公司重大决策时作为一致行动人共同行使股东权利,从而构成对公司的实际共同控制。再如中孚实业(代码为600595),其实际控制人Vitaly Mashchitskiy和他的家庭成员系通过信托方式实际控制公司。

由此可知,实际控制人类型是描述公司的重大决策和经营方针受谁控制的最佳变量。目前,尚没有文献对实际控制人和最终控制人作出区分,并使用实际控制人这一概念来研究不同类型公司行为和绩效的差异。本文将重点研究不同的实际控制人类型对公司投资行为所产生的影响。

(二)利率变动对投资的影响

根据经典经济学的分析,投资主要受收益和成本变量的影响,并和收益正相关,和成本负相关。具体到微观企业的投资额,它还受公司规模、公司决策和宏观政策、宏观变量如价格水平的影响。在上述变量中,利率是衡量资金成本和影响投资行为的重要变量。关于利率和投资的关系,凯恩斯(Keynes,1936)认为,利率是使投资和储蓄趋于均衡的因素,并用投资边际效率曲线来说明利率与投资之间的反向变动关系。这一观点也是各国将利率作为货币政策中间目标、使用利率政策进行宏观调控的理论基础。

但是,由于各国制度环境和经济环境差别很大,利率和投资并不总是呈现出负相关关系。经济学家们试图从不同的角度来解释二者之间的关系。Lutz(1945)将利率当做未来现金流的折现因子,认为应结合经济的动态变化来分析未来现金流的变化情况,例如,如果利率提高时产品价格上涨得比较快,未来的现金流就增长较快,利率提高之后未来现金流的折现值甚至有可能变大,这种情况下利率提高并不会引起投资的减少。周晓寒(1988)指出,利率水平的高低是决定利率和投资关系及投资利率弹性大小的重要因素。当利率水平很低时,企业可以通过各种途径来消除利率上升的影响,利率变动对投资的影响很小;反之,如果利率水平很高,投资的利率弹性就会提高。但他没有提出判断利率水平高低的办法。

有些学者从转型经济的特征出发来解释投资和利率的关系。麦金农和肖(Mckinnon,1973;Shaw,1973)提出,由于发展中国家压低利率来保障企业低成本地获得资金,较低的利率抑制了资金的供给,并造成经济对资金的超额需求;如果这些国家提高利率,会促使经济中的总储蓄增加,从而增大经济中的资金供给,最终提高经济中的均衡投资水平。科尔内(Kornai,1980;Kornai,Maskin和Roland,2003)指出,政府的补贴行为造成了企业对政府救助的预期和预算软约束,投资和利率之间的反向关系并不明显。

具体到中国转型经济中利率和投资的关系,目前已有学者(曾鹏、张静,2000;方先明等,2005)指出中国转型经济时期的投资缺乏利率弹性。对于这一现象的原因,李庆云(2001)认为,政府的行政性资金配置导致中国经济中存在利率软约束;姚玲珍、王叔豪(2003)则认为,市场机制的缺位是中国投资利率弹性较低的重要原因;有的学者利用投资和利率的年度数据,通过计量方法得出了二者的反向变化关系(如李广众,2000;陆建军、李晶,2002),但这些研究中使用的是宏观变量的年度时序数据,因变量数量过少,无法进行变量的平稳性检验和协整分析;有些研究即使进行了单位根检验,变量数较少这一事实也导致检验的功效很低。

综观已有研究文献,虽然国内外学者针对投资的利率弹性进行了理论和实证研究,但在关于中国投资利率弹性的研究成果中,大多数仍然停留在定性讨论、统计分析、时序数据计量分析的层次。本文希望结合中国转型经济中房地产业的特征,使用房地产业上市公司的面板数据,引入实际控制人这一变量,研究房地产业投资的决定机制,并对利率政策在房地产投资领域的效果做出系统性评价和解释。

三、投资和实际控制人类型、利率关系的实证分析

(一)样本来源

考虑到数据的可得性和宏观变量的不平稳性等问题,本文采用了房地产业上市公司的面板数据进行实证分析。公司数据主要取自色诺芬(SINOFIN)一般上市公司财务数据库,部分样本数据参照了 Wind 资讯系统;宏观数据来自于各年份的《中国统计年鉴》。确定上市公司是否隶属于房地产业的依据是中国证监会(CSRC)的行业分类方法,房地产业上市公司的代码为 J,其中房地产开发企业上市公司的代码为 J01。这一分类以上市公司各行业的营业收入比重作为分类标准,当公司某类业务的营业收入比重大于或等于 50%,或当某类业务营业收入比重比其他业务收入比重均高出 30%,则将其划入该业务相对应的类别;否则,将其划为综合类。

为了更精确地衡量房地产上市公司投资和其他变量之间的关系,本文中的房地产开发企业并不包括虽经营房地产业务但属综合类的上市公司。这样,样本公司为 73 家;由于我国上市公司实际控制人的数据始于 1998 年,该年部分缺失的变量值则根据 1999 年及以后的数据向前推演得到;土地交易价格指数数据的时间跨度为 1998 年到 2007 年。因此本文使用了 1998 年到 2007 年共计 10 年的年度数据;样本总数为 465,为非平衡面板数据。

(二)模型设定

1. 被解释变量为企业的当期投资(INVEST),使用现金流量表中的购建固定资产、无形资产和其他长期资产所支付的现金这一科目。存量投资用在建工程和工程物资两个会计科目之和来代替。投资变量的值是用 1994 年货币所表示的实

际值,以百万元计。

2. 解释变量或控制变量

(1) 上市公司的实际控制人类型(OWNER),是描述公司的重大决策和经营方针受谁控制的最佳变量;这一变量设定为哑变量,其中 1 代表实际控制人类型为国有的企业,简称国有企业;0 代表实际控制人类型为非国有(包括民营、集体、外资、社会团体、职工持股会等类型)的企业,简称非国有企业。

(2) 实际利率(RIR)或者滞后一期的实际利率(L1RIR),为成本变量。由于我国的利率没有完全放开,中央银行会选择在某一时点提高或者降低利率,因此,某一年的名义利率是由一年期名义贷款的基准利率按照实际的天数加权平均而得。实际利率是用名义利率和通货膨胀率(消费价格指数)计算得出。

(3) 土地交易价格指数(LINDEX),反映房地产企业为获得土地而付出的成本,为成本变量。该变量的样本值是以 1998 年为基准,根据《中国统计年鉴》中的环比数据换算得到的定基数据。

(4) 收益变量,视模型的不同,收益变量可能是主营业务收入—资本比(RE_C)、净资产收益率(PR_NA)或毛利润率(GPR)。

(5) 交叉项,共两类:一是收益率变量和实际控制人类型相乘的交叉项,如 DPR_NA(PR_NA × OWNER),二是利率变量和实际控制人类型相乘的交叉项,为 DRIR(RIR × OWNER)或 DL1RIR(L1RIR × OWNER),这两类变量分别反映实际控制人类型不同的企业对利率和收益率的反应有何区别。

(6) 企业的总资产(ASSET),用来控制企业的规模,ASSET 的值同样是用 1994 年货币所表示的实际值,以百万元计。

(7) 其他控制变量包括年份虚拟变量(D^i_{YEAR},数目为年份数减 1,为 10 个)和公司虚拟变量($D^j_{COMPANY}$,数目为公司数 N 减去 1,共 72 个)。其中公司虚拟变量用来控制不同公司的个体差异,年份虚拟变量则用来控制不同年份的政策宏观经济环境差异。

根据上面的设定,房地产业上市公司投资的总体回归模型可以如下形式表达(其中利率、收益率变量及其交叉项视模型的不同而采取不同形式):

$$INVEST = C_0 + C_1 \times OWNER + C_2 \times LRIR + C_3 \times DLRIR$$
$$+ C_4 \times LINDEX + C_5 PR\_NA + C_6 \times DPR\_NA + C_7 \times ASSET$$
$$+ \sum_{i=1}^{10} C_{8i} \times D^i_{YEAR} + \sum_{j=1}^{N-1} C_{9j} \times D^j_{COMPANY} + \varepsilon$$

(三) 变量的统计描述

在对数据的分析中,我们重点按实际控制人类型区分国有企业与非国有企业。从描述性统计指标可以看出,房地产行业中,实际控制人类型为国有的样本数占总样本数的比重为63.9%。由表1可以看出,国有房地产上市公司的规模大于非国有企业,无论是总资产还是总资本,前者均为后者的两倍左右。需要特别注意的是,房地产业公司的平均净资产收益率(主营业务净利润/净资产)居然为负值 −6.66%,这一比例低于制造业的平均净资产收益率,如制造业C7(机械、设备、仪表)子行业的5.32%,这和房地产是高利润行业的共识不符。为了解释这一现象,我们又引入了一个指标:企业的毛利润率,即主营业务利润在主营业务收入中所占的比重。所有房地产企业的平均毛利润率为22.26%,其中国有和非国有企业的平均值分别为23.14%和20.71%,显著高于制造业中C7的平均毛利润率18.28%。从毛利润率指标可以看出,房地产业的利润相对较高;只是由于年内发生的其他成本如买地成本较高,导致行业的平均净资产收益率下降。

表1 中国房地产业和制造业C7的比较:部分变量的统计描述

变量	房地产业			制造业C7		
	总体	国有	非国有	总体	国有	非国有
样本数	465	297	168	1867	1406	461
当期投资	41.09 (135.94)	50.14 (157.93)	25.10 (82.044)	80.04 (190.42)	82.27 (212.22)	73.22 (97.27)
存量投资	31.21 (145.15)	36.55 (173.96)	21.79 (68.98)	65.24 (164.54)	71.70 (184.21)	45.61 (75.70)
资产	2 429.85 (4 349.68)	3 062.69 (5 266.67)	1 311.08 (1 196.69)	1 585.49 (2 858.17)	1 658.03 (3 154.66)	1 640.96 (73.85)
资本	322.05 (387.24)	386.67 (463.39)	207.82 (124.45)	250.64 (274.26)	267.89 (299.86)	164.16 (164.16)
主营收入/资本	2.23 (2.22)	2.49 (2.33)	1.75 (1.94)	4.25 (5.19)	4.02 (4.89)	4.96 (5.96)
净资产利润率(%)	−6.66 (1.51)	2.77 (0.57)	−23.32 (2.38)	5.32 (4.15)	5.42 (3.66)	5.05 (5.38)
毛利润率(%)	22.26 (20.89)	23.14 (20.60)	20.71 (21.35)	18.28 (15.06)	18.23 (13.66)	18.45 (18.69)

注:表中的投资、资产和资本都是以1994年货币所表示的实际值,以百万元计。

表2的左侧为房地产业上市公司投资额和可能的解释变量之间的简单相关系数图。从表中可以看出,上市公司的当期投资额(I_J1)和实际利率(RIR)、滞后一期的实际利率(L1RIR)、滞后一期的实际利率(L2RIR)呈负相关关系,和实际控制人类型(OWNER,国有企业为1,非国有企业为0)、净资产额(ASSET)、土地交易价格指数(LINDEX)、收益变量如收入—资本比(RÉ_C)和净资产收益率(PR_NA)呈正相关关系;其中规模变量(ASSET)、实际控制人类型(OWNER)、土地交易价格指数(LINDEX)、收入—资本比(RE_C)和投资额之间的相关程度比较强,其他变量和投资额的相关性较弱。

表 2　中国房地产上市公司投资额和其他变量之间的相关关系

I_J1	I_J1	OWNER	RIR	L1RIR	L2RIR	ASSET	LINDEX	RE_C	PR_NA
OWNER	1.000	0.089	1.000						
RIR	−0.135	0.126	1.000						
L1RIR	−0.077	0.144	0.582	1.000					
L2RIR	−0.054	0.102	0.084	0.468	1.000				
ASSET	0.211	0.194	−0.162	−0.103	−0.138	1.000			
LINDEX	0.139	−0.162	−0.738	−0.681	−0.633	0.241	1.000		
RE_C	0.136	0.160	−0.167	−0.117	−0.067	0.280	0.161	1.000	
PR_NA	0.032	0.083	−0.028	−0.068	−0.090	0.045	0.073	0.085	1.000

（四）模型回归结果

由于样本存在异方差，本文采用可行的广义最小二乘法对房地产业样本进行回归，回归结果如下表3所示，模型1中的利率变量使用了当期利率水平；模型2、3和4中的利率变量使用了滞后一期的利率水平，三个模型的区别在于使用了不同的收益率变量进行回归；模型5是去除实际控制人类型变量后的回归结果。为节省篇幅，表中没有给出年度虚拟变量和公司虚拟变量的回归值。我们从几个回归模型中得到的主要结论是：

（1）实际控制人类型是房地产业投资的重要影响因素。模型1、2、3和4中得到的一致结论是，实际控制人类型（OWNER）对投资额的影响显著，且分别在5%、1%、5%和5%的显著水平下显著。实际控制人变量的系数大于0，说明在其他条件相同的情况下，实际控制人类型为国有的企业，其投资额高于非国有企业。

（2）模型1的回归结果显示，当期利率水平对投资额的影响不显著；模型2—4表明，滞后一期的利率水平对当期投资额影响显著，只是系数为正。由此可知，利率不能如经济理论设定的那样影响房地产企业的投资行为，换言之，对房地产企业而言，不论其实际控制人为何种类型，在投资时都普遍忽略利率成本的影响。

（3）结合利率与实际控制人的交叉变量来考察，该变量的影响在1—4模型中均显著，且系数均为负值。这说明，在实际控制人类型作为一个单独变量存在时，实际控制人类型为国有的房地产企业，其利率与投资额的负相关关系增强。由于利率对投资额的影响或不敏感或为正，不符合一般的经济理论，我们不能得到不同实际控制人类型的房地产企业的投资对利率敏感程度的差别。但我们从中可以得出的结论是，在加入了实际控制人类型这一变量之后，以国有企业为实际控制人的房地产企业对利率的敏感程度更高一些。这也从另一个侧面说明，实际控制人类型是房地产业投资的重要影响因素。

（4）为了和上述4个模型做比较，我们去除了实际控制人类型这一变量后对模型进行回归。在尝试了各种自变量组合之后我们发现，利率对房地产业上市公司

表3 投资额的影响因素:回归结果

被解释变量 解释变量	房地产业企业投资额				
	模型1	模型2	模型3	模型4	模型5
实际控制人类型 (OWNER)	13.91** (6.302)	20.218*** (6.697)	18.419** (7.604)	17.099** (7.980)	
当期实际利率 (RIR)	1.031 (1.027)				
实际控制人类型与当期实际利率 的交叉变量(OWNER × RIR, DRIR)	-2.640** (1.055)				
滞后一期的实际利率 (L1RIR)		2.099** (1.001)	1.890* (0.976)	2.198** (0.952)	0.528 (0.756)
实际控制人类型与滞后一期实际 利率的交叉变量(OWNER × L1RIR,DL1RIR)		-3.000*** (1.126)	-2.874*** (1.091)	-2.810*** (1.072)	
土地交易价格指数 (LINDEX)	0.076 (0.097)	0.163* (0.090)	0.147* (0.082)	0.202** (.080)	0.164* (0.085)
总资产 (ASSET)	0.002*** (0.000)	0.002*** (0.000)	0.002*** (0.000)	0.002*** (0.000)	0.002*** (0.000)
毛利润率 (GPR)	2.436 (6.276)	10.277 (7.714)			6.442 (5.134)
实际控制人类型与毛利润率的交 叉变量(OWNER×GPR,DGPR)	2.226 (8.648)	-0.623 (4.920)			
净资产收益率 (PR_NA)			0.278 (0.461)		
实际控制人类型与净资产收益率 的交叉变量(OWNER×PRO,DPR)			-1.273 (3.099)		
主营业务收入/资本 (REV_C)				-0.043 (1.174)	
实际控制人类型与主营业务收入/ 资本的交叉变量(OWNER × REV_ C,DREV_C)				0.719 (1.520)	
公司、年份虚拟变量及常数项	含	含	含	含	含
样本数/公司数	465/73	465/73	465/73	465/73	465/73
Wald chi^2	540.57 (75)	400.37 (75)	423.97 (75)	426.36 (75)	605.32 (72)
Prob > chi^2	0	0	0	0	0

注:*表示在10%的显著水平下显著,**表示在5%的显著水平下显著,***表示在1%的显著水平下显著。表格内的值为回归系数,括号内为标准误差。

投资额的影响均不显著。我们将这一类回归结果用表3中的模型5来代表。从这一比较中我们可以看出实际控制人类型变量在模型中的作用和对房地产上市公司投资额的影响。

(5) 从表3的回归结果来看,在2—5这4个模型中,土地交易价格指数这一变量对房地产企业的投资都具有显著的影响,且影响为正。这说明,土地交易价格的上涨会导致房地产企业当期投资支出的增加。这一回归结果符合我们的预期。

(6) 在上述5个模型中,收益率类变量,无论是毛利润率、净资产收益率,还是主营业务收入与资本之比,和房地产业投资都是微弱的正相关关系,它们对房地产企业投资的影响都不显著。这一结论可能和公开披露数据的准确程度有关,也可能是由于做出投资决策的时点的预期收益率和实际收益率不一致所导致的。收益率变量与实际控制人结合的交叉变量和投资之间是弱负相关关系,对当期投资的影响也不显著,说明不同实际控制人类型的房地产企业对于收益率类变量的反应没有什么区别。

四、对实证结果的解释

(一) 实际控制人类型影响投资的渠道

我们尝试从资金来源、拿地的便利程度和收益风险的对比这三个方面来解释相同条件下实际控制人类型为国有的企业具有更高投资额这一现象:

1. 资金来源

从房地产企业固定资产投资的资金来源来看,国内贷款、自筹资金、其他资金是最重要的三个来源渠道。实际控制人类型为国有的企业,在官方金融市场上获得的资金通常多于非国有企业:(1) 贷款。转型经济时期国有企业的企业信用具有国家信用的色彩,政府对国有(国有控股)银行向国有企业的贷款提供隐性担保,从而对银行的信贷决策产生影响。在国有银行进行商业化改革之后,其贷款客户所有制结构的变化不大,主要是因为国有银行和国有企业的长期合作使其贷款投向存在某种程度的路径依赖。(2) 政府补贴。一是利息补贴,政府让国有银行以优惠利率形式发放贷款,或通过财政贴息、隐性担保等财政手段使企业享受利息优惠;二是本金补贴,政府或通过财政提供企业亏损补贴或困难补贴和财政增拨企业流动资金,或通过银行对效益不好、还贷无望的国有企业发放"工资贷款",对不良资产的债务人企业实施"债转股"等。政府通过财政和银行进行本金和利息补贴的对象多是国有企业。根据《中国统计年鉴》的数据计算得到的结果显示,政府补贴占GDP的比重在某些年份高达10%。(3) 证券市场融资。我国的证券市场一直存在一定程度的政府直接计划控制,通过发行股票筹集资金的企业大都是国有企业。无论是从证券市场成立的初衷还是从本文前述的国有企业样本占总体的比重来看,证券市场一直是对国有企业的投资提供融资的重要场所。(4)其他渠道。国有企业和政府之间的特殊关系使其可以更容易地从其他渠道获得资金,甚至是违规资金。

2. 拿地的便利程度

事实上,国有企业不仅仅在资金上,还在其他资源的获取上占据优势地位,尤其是在土地使用权的获得方面。一些地方政府常常委托一些关系密切的国有企业进行一级土地开发,双方共同分享土地出让收益,一些地方政府还会安排与其利益一致的地方国有企业参与"招拍挂",以双方都能接受的价格获得土地,这样就为国有房地产企业扩大投资创造了条件。如2009年第一季度,北京市成交了多块土地,但主要均由北京城开、首开、金隅等当地国有开发企业取得。

3. 投资风险和收益的对比

从企业管理者的角度来看,国有企业的管理者存在对政府救助的预期,在扩大投资方面的收益和风险也并不对称,管理者可以通过扩大投资规模获得收益,而投资带来的风险和损失,却并不完全由管理者承担。这些因素在一定程度上扭曲了国有企业的投资和利率、收益之间的关系,使得在其他条件相同的情况下,国有企业相对于非国有企业而言投资额更高。

(二) 投资缺乏利率弹性的解释

(1)利息在总成本中所占的比重及成本的可转嫁程度。利息在总成本中的比重越小,可转嫁性越强,投资的利率弹性就越小。我国房地产开发企业的成本包括土地费用、前期软成本、建安费用、市政公共设施费用、各类税费、管理费用、贷款利息、灰色投入等。其中建安费用(约25%—40%)、土地费用(约20%—50%)、税费(约15%—25%)三项所占比重较大,而贷款利息与所开发项目的规模和建设周期、融资额度有密切关系,所占成本的比例也相对不稳定。近年来,房地产企业自有资金及预售款的大幅增加,有效地抑制了银行利息费用的大幅增长。根据中国新闻网2006年9月27日给出的房地产成本清单,贷款利息仅仅占到开发总成本的5%左右。

此外,由于我国土地和房产有效供给的有限性和居民对房产的巨大需求,房地产开发企业增加的成本能够很容易地通过房价的调整转嫁给购房者,因此,利息成本及其他成本的提高不会对房地产投资产生较大影响。

(2)利息成本和利润的比较。房价是影响房地产行业利润的一个重要指标,它的变化必然会影响房地产开发企业将来的现金流和利润率,因此,在利率变化的同时,房价变化的方向和速度就成为影响企业投资的重要方面。

自2003年以来,我国房价快速上涨。2003—2007年,全国房屋的平均售价增长率分别为4.84%、17.76%、14.02%、6.29%和14.76%,大中城市的房价上涨更快;而在这5年中,一年期贷款的名义利率分别为5.31%、5.36%、5.58%、

5.86%和6.72%。房价的快速上涨给房地产企业带来了高额的利润,尽管企业的公开财务信息中隐瞒了部分利润,我们还是可以从政府公告中看到房地产业高利润的事实,如财政部2006年11月发布了第12号会计信息质量检查公告,显示在其检查的39户房地产开发企业中,会计报表反映的平均销售利润率仅为12.22%,而实际利润率高达26.79%;国土资源部2005年发布公告,认为房地产行业利润远高于其他行业的平均利润水平,以北京市为例,该地区房地产开发利润占房价的比重平均达到17.1%。由此可见,同房价的快速上涨带来的高额利润相比,利息的增加对投资的影响显得微不足道,房价和利润上涨越快,投资的利率弹性就越小。

需要指出的是,我国的土地转让制度对房地产投资有重要的影响。我国税收制度采用"国税、地税"分别征收的分税制,中央财政控制了大部分税收,许多地方的财政收入不足以支持包括各项民生工程建设在内的庞大开支,于是土地出让金收入便成为地方财政收入的重要来源,土地出让金占地方财政预算外收入的30%—60%,个别市县高达90%左右。国土资源部的统计显示,2005年,我国土地出让金总额为5 505亿元;2006年增加到7 676.89亿元;2007年增加到近1.3万亿元,其中招拍挂出让土地收入超过9 000亿元。尽管政府对土地使用权的转让有所控制,但地方财政对于土地出让金的依赖使地方政府急于通过转让土地使用权来增加财政收入,这在客观上为企业增大房地产投资创造了条件。

五、结论与对策建议

本文利用房地产业上市公司的面板数据,分析了1998—2007年间的利率和实际控制人类型对企业投资行为的影响。回归结果表明,房地产业上市公司的投资对利率的变化缺乏弹性;在同等条件下,实际控制人类型为国有的企业具有更高的投资额。这种现象的存在削弱了房地产投资领域利率机制的作用和政府利率调控的效果,尤其是经济过热时期利率调控的效果。为解决上述问题,建议我国政府继续致力于培育公平和有序竞争的市场环境,进一步完善房地产企业的治理结构,促使企业股权结构实现多元化;减少政府对企业运营和资金配置的行政性干预,逐步取消以国有企业为主要对象的财政和金融补贴。

参 考 文 献

[1] Barnett S. and Brooks R.,2006,"What's Driving Investment in China?", *IMF Working Paper*, 2006/265.

[2] Chen, Jian, 2001, "Ownership Structure as Corporate Governance Mechanism: Evidence from Chinese Listed Companies", *Economics of Planning*, Vol. 34, No. 1/2: pp.53—72.

[3] Claessens, Stijn, Simeon Djankov & H. P. Larry Lang, 2000, "The Separation of Ownership and Control in East Asian Corporations", *Journal of Financial Economics*, Vol. 58, No. 1—2: pp. 81—112.

[4] Franks, Julian & Colin Mayer, 2001, "Ownership and Control of German Corporations", *Review of Financial Studies*, Vol. 14, No. 4: pp. 33—69.

[5] Keynes J., 1936, *The General Theory of Employment, Interest and Money*, London: Macmillan.

[6] Kornai, J., 1980, *Economics of Shortage Amsterdam*, New York: North-Holland Pub. Co..

[7] Kornai, J., Maskin, E., and Roland G., 2003, "Understanding the Soft Budget Constraint", *Journal of Economic Literature*, Vol. 41 (4): pp. 1095—1136.

[8] La Porta R., Lopez-de-Silanes, F., Shleifer, A., and Vishny, R. 1999, "Corporate Ownership around the World," *The Journal of Finance*, Vol. 54(2): pp. 471—517.

[9] Lutz, F. A. "Interest Rate mechanism and Investment in a Dynamic Economy", 1945, *The American Economic Review*, Vol. 35(5): pp. 811—830.

[10] McKinnon, R. I. "Money and Capital in Economic Development", 1973, The Brookings Institution, Washington, D. C.

[11] Shaw, E. S., *Financial Deepening in Economic Development*, 1973, Oxford University Press, New York.

[12] Sun, Qian, Wilson Tong & Jing Tong, 2002, "How Does Government Ownership Affect Firm Performance? Evidence from China's Privatization Experience", *Journal of Business Finance & Accounting*, Vol. 29, No. 1 & 2, January/March: pp. 1—27.

[13] Tian, Lihui, 2001, "Government Shareholding and the Value of China's Modern Firms", *William Davidson Institute Working Paper* 395, University of Michigan Business School.

[14] Xu, Xiaonian & Yan Wang, 1999, "Ownership Structure and Corporate Governance in Chinese Stock Companies", *China Economic Review*, Vol. 10, No. 1: pp. 75—98.

[15] 方先明、孙镪、熊鹏、张谊浩:《中国货币政策利率传导机制有效性的实证研究》,《当代经济科学》,2005年第4期,35—43页。

[16] 李辰、张翼:《股权结构、现金流与资本投资》,工作论文,2005。

[17] 李广众:《中国的实际利率与投资分析》,《中山大学学报》,2000年第1期,81—95页。

[18] 李庆云:《中国利率市场化的结构主义分析》,《经济科学》,2001年第5期,12—17页。

[19] 刘芍佳、孙霈、刘乃全:《终极产权论、股权结构及公司绩效》,《经济研究》,2003年第4期,51—62页。

[20] 陆建军、李晶:《我国货币政策中利率传导有效性的实证分析》,《财经理论与实践》,2002年第11期,81—83页。

[21] 姚玲珍、王叔豪:《"市场机制"缺位下的利率政策与投资》,《数量经济技术经济研究》,2003年第11期,132—136页。

[22] 曾鹏、张静:《中国的投资利率弹性:改革中的两难选择》,《上海经济研究》,2000年第8期,69—73页。

[23] 周晓寒:《金融经济论》,中国经济出版社,1988年。

Interest Rate, Effective Controller and the Investment Behavior of China's Listed Real Estate Companies

SONG Fangxiu WANG Yijing REN Ting

Abstract: In this article, an econometric model is built to analyze the investment determination mechanism in real estate sector based on the panel data of the listed companies, and variables such as effective controller, cost, profit and corporate size are introduced into the model. We can get the following results from the regression: First, the influence of interest rate on the investment of real estate companies is insignificant, which suggests the ineffectiveness of the interest rate policy to this sector. Second, the listed companies whose effective controller is state-owned are apt to invest more than those whose effective controller is non-state-owned with all other things being equal, which provides a plausible explanation why the macro-investment is lack of interest rate elasticity. At the end of the article, some explanations to the regression results and corresponding policy recommendations are brought forward.

Key words: Real estate sector; Investment determination mechanism; Effective controller; Interest rate.

中国资本外逃规模的重新估算:1982—1999[*]

李庆云 田晓霞

摘要:为了对中国资本外逃的规模做出尽可能准确的估算,本文结合中国的实际情况对世界银行的余额法进行了一系列的调整,具体包括:(1)对资金来源项高报和低报部分的估算和调整;(2)对正常的资本流出部分的剔除;(3)对居民境内外币资产的剔除;以及(4)对余额法漏计的进出口误报部分进行了仔细的估算和调整。结果表明:1982—1999年间,中国传统意义上的资本外逃额累计约达2328.65亿美元,年平均约为129.37亿美元。

关键词:资本外逃;正常的资本流出;资金来源;境内外币资产;进出口误报
中图分类号:F832.5 **文献标识码**:A **文章编号**:1002-7246(2000)08-0072-11

中国的资本外逃问题由于其特殊性和重要性,正在引起人们越来越多的关注和重视,目前关于这方面讨论最多的是它的规模估算问题,但是其中还存在着相当多的争议,因此,本文旨在对中国资本外逃的规模进行重新估算,以求更加细致和深入地对中国的资本外逃问题进行分析和讨论。

与其他大多数的研究人员一样,本文在对中国资本外逃的规模进行估算时,仍然主要采用涵盖范围较全面、操作性也较强的余额法(World Bank,1985),计算公式如下所示:

$$CF = (FD + FD\ II) - (RSV + CAB)$$

其中:FD、FD II、RSV和CAB分别表示外债年增加额、外国直接投资净流入、储备增加额和经常项目赤字;前两项之和代表一国总的资金来源,即实际的借款额(actural borrowings),后两项之和代表一国正常的资金运用,也可称为必要的借款额(nessecery borrowings)。

但是,考虑到中国的实际情况以及余额法本身存在的缺陷,本文将对余额法的估算值(如表2中的A所示)进行以下四项调整。

---

[*] 原载于《金融研究》2000年第8期。本文系国家社科规划基金资助课题《中国的资本流出问题研究》的一部分。李庆云,北京大学经济学院教授,博士生导师,主要从事国际货币制度及国际金融研究。田晓霞,北京大学经济学院博士生。

(一) 对资金来源项①高报或低报部分的调整

首先,"隐性外债"(或称表外外债)和"变相外债"②的大量存在使得中国官方的外债统计数据并不精确,所谓"隐性外债"是指那些"处于国家的监督管理之外、不反映在国家外债统计监测体系之中的外债",如国内一些公司和金融机构或者其设在境外的子公司或分支机构借了外债而未登记,或登记的金额低于实际借债金额等。这些隐性外债的存在会造成中国的资金来源,即实际借款额的低估,进而使得资本外逃的估算值 A 也会出现一定程度的低估,因此,我们有必要对中国的隐性外债规模作出大致的估算,具体来讲,本文将采用杜利(Dooley,1986)介绍的方法进行估算,即将世界银行提供的中国外债年增加额与中国统计的相应数据进行比较,如前者大于后者,则外债低报额为它们的差额;如前者小于后者,则外债低报额为 0。如表 2 中的 B1 (外债低报额 1) 所示,1982 年至 1998 年间流入中国的"隐性外债"累计约达 641.35 亿美元,年平均约为 37.73 亿美元。此外,20 世纪 90 年代初期开始香港股市上出现了一种新的股票——红筹股(red chips),它是指在中国境外注册、在香港上市的带有中国内地概念的股票。尽管从严格意义上讲它并不能算是中国内地的公司,但通过它筹集的相当一部分资本事实上却投向了内地,可以说,红筹股已成为除 B 股、H 股之外,内地企业进入国际资本市场筹资的一条重要渠道,因此,经由它筹得的其中一部分资本应计入中国的外债当中。尽管我们还未找到香港股市发行红筹股每年的筹资额数据,但目前所掌握的数据显示:1993 年至 1997 年 6 月底,红筹股公司通过首次发行及增资配股筹集的资金为 115.5 亿美元(周正庆,1998)。另据新华社的一条消息报道,截至 1998 年 6 月,共有 43 种恒生"红筹股",其市场总值约达 150 亿美元。因此,本文将 34.5(= 150 − 115.5)亿美元近似地看做 1998 年红筹股的筹资额,而将 23.1(= 115.5/ 5)亿美元看作 1993—1997 年各年筹资额的近似值,同时,本文初步假设这些筹资额当中平均每年大约有 1/2 的资金事实上流入了中国境内,这部分低报的外债额 2 如表 2 中的 B2 所示。

其次,外商直接投资 FDI 中的资本品含有很大的水分,即外商作为投资等设备的进口报价常常高于其实际价格,据经贸部的调查结果显示,1993、1994 和 1995 年作为 FDI 进口的资本品价格高报幅度分别为 27%、40% 和 30%(成思危,1999)。按资本品进口占 55%(宋文斌,1999)计算,1993、1994 和 1995 年外商直接投资高报额分别占其总额的 0.15(= 0.55 × 0.27)、0.22(= 0.55 × 0.40) 和 0.17(= 0.55

---

① 由于我国在绝大多数年份都存在有经常账户盈余,所以本文把该项并入资金来源项讨论。
② "变相外债"是指那些以其他名义规避外债管理变相借入的外债,如:流入中国的外国直接投资中有一部分实际上是借款,另外还有一些隐藏在企业"其他应付款"项下的债务性资本等等;需要指出的是,由于有关数据很难获得,而且"变相外债"不会影响资金来源项的总额,所以本文对此不作进一步的调整。

×0.3),其他年份的高报额占其总额的 0.18(=(0.15 +0.22 +0.17)/3),这部分调整值如表 2 中的 B3 所示。

最后,经常项目下的旅游收入、侨汇收入和居民的其他收入存在着一定程度的低估现象,而这部分低估的外汇流入额也是中国黑市中外汇的主要来源之一,造成这一局面的主要原因是中国的官方汇率长期低于黑市汇率。但遗憾的是我们暂时还无法获得有关这方面的统计资料,因此无法对这部分资金来源的低估额作出更进一步的调整。经过上述资金来源项的各项调整之后,我们得到了余额 B。

(二)对余额 B 中包含的一部分正常的资本流出作了进一步的剔除

余额法在推算资本外逃额时只将国家储备增加 RSV 和经常项目赤字 CAB 作为必要的资金运用从资金来源中剔除了出去,然而事实上,一国正常的资本流出不仅包括国家储备的增加,还有其他一些资本流出同样属于正常的资本流出范畴,具体如下所示:

首先,根据摩根担保信托公司(Morgan,1986)的分析认为,银行体系(包括货币当局与存款货币银行)的国外资产增量通常来讲都应当属于正常的资本流出范畴,而余额法中剔除掉的只是货币当局的国外资产增量 RSV,因此,本文将进一步剔除存款货币银行的国外资产增量(如表 2 中的 C1 所示)。在此需要指出的是:(1)我们剔除的是存款货币银行的"国外资产增量",而非"国外净资产增量",因为银行体系的国外负债额已经包括在资金来源项下的外债增量中了,所以不应再重复计算;(2)本文使用的银行体系的国外资产存量数据(IFS line 21)涵盖各主要存款货币银行(其中包括中国银行)的数据,然而,在 1992 年第三季度之前,中国官方对外公布的国家外汇储备中除了国家外汇结存以外,还包含有中国银行的外汇结存,因此,为了避免重复,本文将 1992 年之前中行每年的外汇结存增量(如表 2 中的 C1.1 所示)从银行体系总的国外资产增量(如表 2 中的 C1 所示)中剔除了出去;(3)由于银行体系国外资产数据(IFS line 21)所涵盖的银行范围在 1993、1994 和 1996 年分别有了一定程度的扩大,如 1993 年增加了财务公司和其他的一些金融机构;1994 年增加了城市信用合作银行和农业发展银行;1996 年则又增加了两家政策性银行——国家开发银行和中国进出口银行,因此,为了不高估相应年份的国外资产增加额,本文分别对这三年的国外资产增量值作了相应的调整。

其次,国际收支平衡表 BOP 中长期资本项下的"延期收款"是指经贸部系统与外商商定的按延期收款方式出口商品,进口商暂未给付的货款;而短期资本项下的"延期收款"则是由各省、自治区、直辖市对外提供的。两者相比,前者通常来讲具有较强的合理性和合规性,应当属于必要的资金运用。因此,本文对长期资本项下的延期收款净额(如表 2 中的 C2 所示)也作了剔除,这里取其净额是因为其贷方金额没有被统计在余额法的资金来源项中。

再次,中国政府对居民境外证券投资的管理非常严格,BOP中的对外证券投资额都是经过严格审核批准,并在国家外汇管理局及其分局备案的投资额,它们处于政府部门的监测范围之内,应该属于正常的资本流出范畴,因此,本文对这部分的流出额(如表2中的C3所示)也作了剔除。

最后,BOP中长期资本项下的"对外贷款"是指在对外援助中我国借给外国的有偿资金以及收回的贷款本金,这部分外流资本也是处在政府部门的严密监测之下的,而且同样属于必要的资金运用,本文对该项的净额(如表2.5中的C4所示)也作了进一步的剔除。经过上述几项剔除之后,我们进一步得到了余额C。

(三) 对余额C中包含的居民境内外币资产部分作了进一步的剔除

余额C代表为国内资本外逃提供的可融通资金的总额,然而它只为资本外逃提供了一种可能性,换句话说,它只是资本外逃的"必要条件"而非"充分条件",此外,国内还有很多"限制性的条件"①使很多潜在的外逃资本无法或暂时无法流到境外。所以说,余额C中不仅包括中国实际的资本外逃额,还包括一部分滞留在境内的外汇资金,即居民的境内外币资产部分。具体来看,居民的境内外币资产其中有一部分存放在国家银行内,表现为居民的外币存款;另一部分没有存在银行,而是存放于居民的家中、流通于外汇黑市或藏在境内其他一些隐蔽的地方,这也就是所说的"不在政府控制范围之内、但又没有流出到境外的'境内迷失外汇资金'"。很显然,居民持有的境内外币资产不符合本文对外逃资本的定义,因此本文将其从余额C中剔除了出去。

表2中的D3所示为我国居民个人外币存款的年增加额,其中1994—1997年的数据取自相应年份的"资金流量表(金融交易)"②,其余年份的数据则由各年《中国金融年鉴》中主要存款货币银行中居民个人外币存款的各年存量总计得来。需要指出的是,除了能从1994—1997年的"资金流量表(金融交易)"中获得相应年份居民(包括居民企业和个人)外币存款的年增加额之外,我们还无法直接得到其余年份居民外币存款的数据,但是从资金流量表中我们可以知道,1995、1996和1997年中国居民个人外币存款的年增加额分别占到居民外币存款的年增加额的79.8%、54.8%和47.6%,平均所占的比例为60.7(=(79.8% + 54.8% + 47.6%)/3),因此,本文使用60.7%对1982—1994年以及1998、1999年居民外币存款的年增加额作了近似地推算,结果如表2中的D1③所示。

---

① 如资金来源的缺乏以及严格的资本管制和外汇管制措施等。
② 《中国人民银行年报(1998)》。
③ D1 = D3/0.67。

此外，尽管我们无法直接得到有关"境内迷失外汇资金"的统计数据，但是据中国经济景气监测中心对北京、上海两地居民个人持有外汇情况的一份统计调查结果显示（陶士贵，1999）：被调查者当中有 66% 的居民主要是采取银行存款的方式持有外币资产，有 22% 的居民主要以现金的方式持有外币资产，另外 12% 的居民没有表态。由此，我们可以近似地认为，采取其他隐蔽的方式保存其外币资产的居民人数大约占到采取银行存款方式保存其外币资产的居民人数的一半左右（0.515 = 0.34/0.66），进一步的，本文假设这两类外币资产额的比例与持有这两类外币资产的居民人数的比例大致相等，用 0.515 对居民个人手中持有的其他外币资产（除银行存款之外的）的年增加额作近似地估算，结果如表 2 中的 $D2^{①}$ 所示。

经过上述调整之后，我们得到了余额 D。

（四）对余额法漏计的外逃资本部分进行了估算

需要指出的是，余额法并未涵盖所有的外逃资本，仍有相当一部分的外逃资本不在余额法的测算范围之内，其中最主要的是国内企业通过贸易进出口渠道向境外转移的资金。国际上对这部分外逃资本额的估算方法是将一国对世界上其他国家的进出口额与其他国家对该国的出进口额进行比较，认为两者的差额即为一国的进出口误报额。这一方法暗含的假设前提是其他国家的进出口数据都是准确无误的，但是，这一假设似乎并不太合理，因为事实上有很多国家同样存在着进出口单据误报的问题，用对方同样虚假的数据显然不可能与本国的数据做出非常有意义的比较和估算。于是，有些经济学家对这一方法做了局部调整，即只将一国的进出口数据与其主要贸易伙伴中的发达国家数据进行比较，然后再将比较得出的差额除以发达国家在所有贸易额中所占的比重，进而推算出一国对贸易伙伴国总的进出口误报额。这种方法假设发达国家的贸易数据质量较高，相对就合理多了，因为发达国家的经济项目和资本项目基本上都实现了完全的自由兑换，其国内企业没有虚报进出口单据金额的动机，而且发达国家通常还具有质量较高的数据统计和进出口核销系统。

值得注意的是，上述两种估算方法都忽视了由于对间接贸易（其中主要包括转口贸易和加工贸易^{②}）的统计差异所造成的国与国之间进出口贸易总额的差异，具体来讲：一方面，双方统计的从对方的进口额中通常都将转口贸易的总额包含在

---

① D2 = D3/0.515。

② 值得注意的是，尽管加工贸易也会造成中国与贸易伙伴国之间真实贸易差额的扭曲，但它不会影响到我们对中国进出口误报总额的估算结果。这是因为中国统计的加工贸易出口额与对方相应的统计额同样包括全部的出口额，因此这两部分会在我们对双方贸易额的比较中被完全剔除掉，除非中国的加工贸易部分也存在着单据误报问题，而即使后一种情况确实存在，它也处在我们的测算范围之内，因此，本文不对由于加工贸易因素造成的贸易数据扭曲作进一步的调整。

内,而忽略了这些产品在转口额的增加值部分,而这部分增加值是在货物离开双方国家之后增加的价值,显然不应当算作其出口额,总而言之,双方统计的从对方的进口额均存在着一定程度的高估现象;另一方面,双方统计的对对方的出口额均因对经第三国转口额的不完全统计而出现一定程度的低估现象。因此,考虑到转口贸易因素对贸易伙伴国进出口数据的这些影响,我们使用(Feenstra,Robert C., Hai,Wen等,1999)一文中介绍的方法对中国与贸易伙伴国的进出口数据作了比较细致的调整,其中主要集中在对以下三个核心问题的处理上:

(1) 转口商品在第三国[①]的增加值计算;

(2) 真实出口额的计算:将中国与其贸易伙伴国之间通过第三国的、剔除转口增加值之后的再出口额分别加在各自的出口额;

(3) 真实进口额的计算:将双方国家在第三国的转口增加值分别从各自的进口额中剔除掉。

具体步骤如下:

(1) 中国对其贸易伙伴国 x 真实出口额 $REXc.x$ 的计算:

$$REXc.x = TEXc.x - VAD.c.h.x$$
$$= (DEX'c.x + ReEXc.h.x) - ReEX.c.h.x \times PRMc.h.x$$

其中:$TEXc.x$ 代表中国对其贸易伙伴国 x 总的出口额;$VADc.h.x$ 代表经香港地区转出口至贸易伙伴国 x 的中国商品在香港地区的增加值;$DEX'c.x$ 代表中国海关统计的对其贸易伙伴国 x 的直接出口额(cif);$ReEXc.h.x$ 代表香港方面统计的中国商品经香港地区对贸易伙伴国 x 的转出口额;$PRMc.h.x$ 代表经香港地区转出口至贸易伙伴国 x 的中国商品在香港地区的加价幅度(%)。

(2) 贸易伙伴国 x 从中国真实进口额 $RIMx.c$ 的计算:

$$RIMx.c = IMx.c - VADc.h.x$$

其中:$IMx.c$ 代表经香港地区转口贸易因素调整之前贸易伙伴国 x 从中国的进口额(cif)。

(3) 中国对其贸易伙伴国 x 真实的出口低报额 $RUVEXc.x$ 的计算:

$$RUVEXc.x = RIMx.c - REXc.x$$

(4) 中国出口低报总额 RUVEX 的计算:

$$RUVEX = (RUVEXc.u + RUVEXc.j + RUVEXc.g + RUVEXc.k)/SHR$$

其中:$RUVEXc.u$、$RUVEXc.j$、$RUVEXc.g$ 和 $RUVEXc.k$ 分别代表中国对美国、日本、德国和英国的出口低报额;SHR 代表中国商品经香港地区转出口至上述四个国家的金额占经香港地区再出口总额的比例(%)。

---

① 一方面由于数据所限,另一方面中国香港地区又是中国最大的转口贸易基地,因此,本文下面只对经香港地区的转口贸易因素作了调整。

(5) 中国从其贸易伙伴国 x 真实进口额的 RIMc.x 的计算：

$$RIMc.x = IMc.x - VADx.h.c;$$
$$= IMc.x - ReEXx.h.c \times PRMx.h.c$$

其中：IMc.x 代表经香港地区转口贸易因素调整之前中国从贸易伙伴国 x 的进口额(cif)；VADx.h.c 代表经香港地区转出口至中国的贸易伙伴国 x 商品在香港地区的增加值；ReEXx.h.c 代表香港地区方面统计的贸易伙伴国 x 商品经香港地区转出口至中国的金额；PRMx.h.c[1] 代表经香港地区转出口至中国的贸易伙伴国 x 商品在香港地区的加价幅度(%)。

(6) 贸易伙伴国 x 对中国真实出口额 REXx.c 的计算：

$$REXx.c = TEXx.c - VADx.h.c = (EX'x.c + ReEXx.h.c) - VADx.h.c$$

其中：TEXx.c 代表贸易伙伴国 x 对中国总的出口额；EX'x.c 代表贸易伙伴国 x 统计的对中国的出口额(cif)。

(7) 中国对其贸易伙伴国 x 真实进口高报额 ROVIMc.x 的计算：

$$ROVIMc.x = RIMc.x - REXx.c$$

(8) 中国进口高报总额 ROVIM 的计算：

$$ROVIM = (ROVIMc.u + ROVIMc.j + ROVIMc.g + ROVIMc.k)/SHR'$$

其中：ROVIMc.u、ROVIMc.j、ROVIMc.g 和 ROVIMc.k 分别代表中国从美国、日本、德国和英国的进口高报额；SHR' 代表这四个国家的商品经香港地区转出口至中国的金额占经香港地区再出口总额的比例(%)。

表 1 所示为我们最后计算得出的中国总的出口低报额 RUVEX 和进口高报额 ROVIM(负号表示进口低报)。可以看到,中国企业在通过贸易进出口单据误报的方式向境外非法转移资金时,通常是采取出口低报的方式,而较少采用高报进口的方式。这主要是因为：政府征收的高额进口关税等措施增加了高报进口的成本,从而使得这种方式的资金转移变得得不偿失；此外,一些不法分子通过"少报多进"等方式进行的走私活动也是导致进口低报额产生的原因之一。

需要指出的是,进口低报额的流向可能有两种不同的方向：一种与出口低报额的流向相反,即作为国外供应商的资产以某种方式流在中国境内；另一方面与出口低报额的流向相同,也就是说：这部分进口低报额主要是由于走私造成的,它们通过某些隐蔽的渠道流到了境外。对于进口低报的第一种流向,我们应将其从出口低报额中抵减掉；而对于它的第二种流向,由于本文是从一国实际的"资金来源"和必要的"资金运用"相抵后的差额来推算中国的资本外逃额,也就是说,国内企业采取走私方式向境外非法转移的资本额已在本文的测算范围之内。因此,为了

---

[1] 本文使用的加价幅度 PRMx.h.c 和 PRMc.h.c 大部分引自 Feenstra 和 Hai(1999)的计算值,其余部分则是建立在这些计算值之上的一些估算值,它们均表示增加值部分相对于再出口价值的百分比,值得注意的是：PRMx.h.c ≠ PRMc.h.c。

避免重复计算,我们同样需要将后一部分进口低报额从前面计算得到的资本外逃额当中剔除出去。如此说来,虽然我们还无法对进口低报额的这两个"相反流向"的部分进行非常准确的区分,但由于这两个部分都应当从前面的计算值中剔除出去,因此我们可以方便地将进口低报的总额从出口低报的总额中剔除出去,从而得到中国每年通过进出口误报外逃的资本额(如表1中的 CF1 和表2中的 E1 所示)。

表1　中国的进出口误报额　　　　　　　　　　　　　　　单位:亿美元

	1982	1983	1984	1985	1986	1987	1988	1989	1990
出口低报额	61.38	44.99	52.16	53.63	18.87	60.53	56.33	54.89	74.93
进口高报额	15.05	-0.32	-19.23	-4.95	40.12	-18.52	-64.11	-30.15	-61.09
CF_1	76.43	44.67	32.93	48.68	58.99	42.01	-7.78	24.74	13.84

	1991	1992	1993	1994	1995	1996	1997	1998	1999
出口低报额	112.29	238.32	108.89	228	305.36	333.95	540.8	502.49	253.62
进口高报额	-132.52	-237.28	-228.51	-173.98	-274.4	-323.02	-379.04	-475.05	-236.21
CF_1	-20.23	1.04	-119.62	54.02	30.96	10.93	161.76	27.44	17.41

资料来源:由《Direction of Trade Statistics Yearbook》、《香港出入口贸易年鉴》和 Feenstar, Robert C., Hai, Wen 等(1999)中的有关数据计算得来。

经过上述调整之后,我们就得到了中国的资本外逃总额 CF(如表2和图1所示)。

表2　中国资本外逃规模的估算表　　　　　　　　　　　　单位:亿美元

	1982	1983	1984	1985	1986	1987	1988	1989	1990
余额法									
资金来源项									
A1:外债年增加额	2.7	35.5	24.8	37.4	56.5	87.2	98	13	112
A2:FDI 净流入	3.86	5.43	11.24	10.3	14.25	16.69	23.44	26.13	26.57
A3:经常账户盈余	56.74	42.4	20.3	-114.2	-70.34	3	-38.02	-43.17	119.97
资金运用项									
A4:国家储备年增加额	62.91	-36.84	9.5	-23.53	-12.75	48.52	22.36	-6.13	121.27
A:A1+A2+A3+A4	0.39	120.17	46.84	-42.94	13.16	58.37	61.06	2.09	137.27
资金来源项的调整									
B1:外债低报额 1	22.92	0	0	9	13.74	29.62	0	16.18	0
B2:外债低报额 2	—	—	—	—	—	—	—	—	—
B3:FDI 流入中的水分	0.77	1.14	2.26	2.99	1.46	4.17	5.75	6.11	6.28
B:A+B1+B2-B3	22.54	119.03	44.58	-36.93	25.44	83.82	55.31	12.16	130.99
正常的资本流出									
C1:银行国外资产增量	—	—	—	—	-9.9	32.18	18.63	1.86	47.51
C1.1:中行外汇结存增量	20.74	13.02	7.59	30.69	-8.27	38.71	18.63	-27.04	60.29
C2:长期资本项下的出口延期收款净额	0.59	-0.32	2.37	7.03	5.51	1.03	0.52	0.15	0.51

(续表)

	1982	1983	1984	1985	1986	1987	1988	1989	1990
C3:对外证券投资额	0.2	6.41	17.21	-22.63	0.4	1.4	3.4	3.2	2.41
C4:对外贷款净额	3.95	2.64	2.67	2.02	1.25	2.19	1.93	1.57	1.47
C:B-(C1-C1.1)-C2-C3-C4	17.8	110.3	22.33	-23.35	19.91	85.73	49.46	-21.66	139.38
居民境内外币资产									
D1:居民境内外币存款	—	—	—	—	3.11	4.32	9.42	12.9	23.28
D2:居民境内其他外币资产	—	—	—	—	0.97	1.35	2.95	4.03	7.28
D3:居民个人持有的外币存款年增加额					1.89	2.62	5.72	7.83	14.13
D:C-D1-D2	17.80	110.30	22.33	-23.35	15.82	82.76	37.09	(38.59)	108.82
漏记的外逃资本									
E1:采取进出口误报方式外逃的资本	76.43	44.67	32.91	48.68	58.99	42.01	-7.78	24.74	13.84
传统意义上的资本外逃估算额									
CF:D+E1	94.23	154.97	55.24	25.33	74.81	124.77	29.31	(13.85)	122.66

资料来源:详见本文各部分的讨论;括号内的数字表示负值。

表2(续) 中国资本外逃规模的估算表　　　　　　　单位:亿美元

	1991	1992	1993	1994	1995	1996	1997	1998	1999
余额法									
资金来源项									
A1:外债年增加额	80.6	87.6	142.5	92.4	137.8	96.9	146.8	150.8	57.9
A2:FDI净流入	34.53	71.56	231.15	317.87	338.49	380.66	416.74	411.18	369.78
A3:经常账户盈余	132.72	64.02	-119.02	76.57	16.18	72.42	297.17	293.23	156.67
资金运用项									
A4:国家储备年增加额	140.89	-21.22	17.67	305.27	224.81	316.51	357.24	64.26	85.05
A:A1+A2+A3+A4	106.96	244.4	236.96	181.57	267.66	233.47	503.4	790.95	499.3
资金来源项的调整									
B1:外债低报额1	0	34.09	0	52.89	38.53	10.37	32	32	32
B2:外债低报额2	—	—	11.55	11.55	11.55	11.55	11.55	17.25	17.52
B3:FDI流入中的水分	7.86	20.08	49.53	60.82	67.92	76.23	80.18	81.83	72.74
B:A+B1+B2-B3	99.1	258.41	198.98	185.19	249.82	179.16	466.84	758.37	457.81
正常的资本流入									
C1:银行国外资产增量	22.83	52.86	81.69	-0.45	-43.6	16.62	124.79	84.05	49.63
C1.1:中行外汇结存增量	34.52	—	—	—	—	—	—	—	—
C2:长期资本项下的出口延期收款净额	-0.21	-0.84	3.74	0.53	7.14	0.24	—	—	—
C3:对外证券投资额	3.3	4.5	5.97	3.8	0.79	6.28	8.99	38.3	105.35
C4:对外贷款净额	0.66	1.4	1.71	0.81	0.81	3.66	21.55	14.11	34.36
C:B-(C1-C1.1)-C2-C3-C4	107.04	200.49	105.87	180.50	284.68	152.36	311.51	621.91	286.47

(续表)

	1991	1992	1993	1994	1995	1996	1997	1998	1999
居民境内外币资产 D1:居民境内外币存款	20.23	29.06	44.76	36.73	46.66	52.18	87.15	199.82	—
D2:居民境内其他外币资产	6.32	9.08	13.99	23.36	19.17	14.72	21.38	62.46	—
D3:居民个人持有的外币存款年增加额	12.28	17.64	27.17	45.35	37.22	28.58	41.51	121.29	—
D:C − D1 − D2 漏记的外逃资本	80.49	162.34	−47.12	120.41	218.85	85.46	202.98	359.63	296.47
E1:采取进出口误报方式外逃的资本	−20.23	1.04	−119.62	54.02	30.96	10.93	161.76	26.74	17.41
传统意义上的资本外逃估算额 CF:D + E1	60.26	163.38	(72.5)	174.43	249.81	96.39	364.74	386.37	303.88

注:"−"代表该项数据不存在(B2),或无法得到(C2、D1、D2、D3)或没有列出的必要(C1.1)。

值得注意的是,CF 中只包括那些不在政府"记录"范围内的资本流出额,即"传统意义上的资本外逃",然而事实上中国还存在着另外一种类型的资本外逃,即被政府错误"记录"的资本流出部分,我们可以称其为"另一种意义上的资本外逃",如一些非法所得和资本项下的外汇支付混入经常项下流出等。由于这部分外逃资本隐蔽很深,所以很难将其从经常项目下很清楚地剥离开来,但是据国家外汇管理局一位官员的估计[1],经常项下流出的资本约有 1/4 属于此类外逃资本。此外,尽管中国对资本账户实行非常严格的外汇管制,然而仍有一些外逃资本是混入资本账户流出去的,这部分外逃资本更加难以剥离,遗憾的是目前我们还没有找到关于这部分资本外逃规模的详细讨论。

如表 2 所示,从 1982 年至 1999 年期间,中国传统意义上的资本外逃额 CF 累计约达 2 328.65 亿美元,年平均约为 129.37 亿美元,也就是说,我国每年大约有 129.37 亿美元的资本通过各种渠道流出境外。

从图 1 中可以发现,中国各年的资本外逃额具有以下几个主要特点,或者说值得关注的有以下几点:

(1)资本外逃额的波动比较明显,周期最短为两年、最长为四年。

(2)1989、1993 年的资本外逃额为负值,虽然我们不能简单地认为这两年不存在任何隐性的资本流出,反而存在有隐性的资本流入,但至少我们可以初步判定这两年的资本外逃额很小。

导致 1989 年资本外逃额急剧减少的主要原因是该年度的资金来源非常缺乏:

---

[1] 载自《Economist》10/24/98。

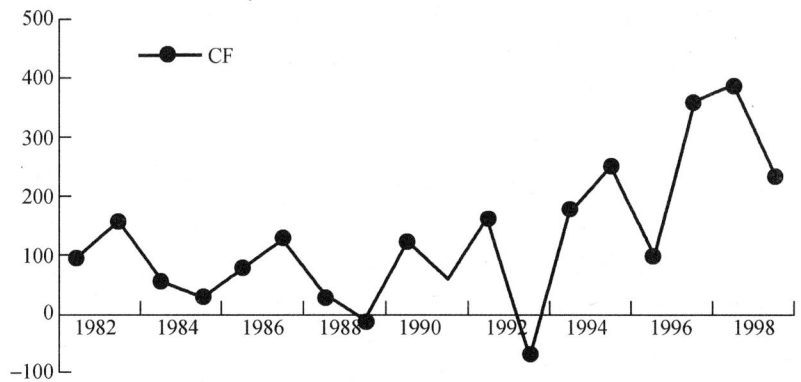

图 1　中国各年的资本外逃总额

资料来源:表 2 数据。

首先,1989 年度外债存量的增加额很小,只有 13 亿美元①,这一数值要远远小于其他年份(除 1982 年以外)的相应数值,如 1988、1990 年的外债增加额分别达到了 98 亿美元和 112 亿美元;此外,1989 年度的经常账户还存在有 43.17 亿美元的赤字。

导致 1993 年资本外逃额急剧减少的原因主要有三点:首先,该年度的经常账户存在着高达 119.02 亿美元的赤字,这是从 1982 年至今为止经常账户赤字最高的一年,这就从很大程度上降低了该年度的资金来源总额;其次,1993 年度银行部门的国外资产增量较大,有 81.69 亿美元,它仅次于 1997 年和 1998 年的 124.79 亿美元和 84.05 亿美元;最后,1993 年度国内企业采取出口低报方式向境外转移的资本数额为 108.89 亿美元,它只占到进口低报额 228.51 亿美元的一半左右,也就是说,1993 年度中国存在有大约 119.62 亿美元净的隐性资本流入和进口走私额。

除上面所说的资金来源方面及进出口误报方面的原因以外,资本管制和外汇管制的有效性增强②也是导致 1989 年和 1993 年资本外逃额骤减的主要因素之一。

(3)除 1995 年有 249.81 亿美元的资本外逃额以外,1982—1996 年间中国各年的资本外逃额都在 200 亿美元之内,并且大致是围绕着 100 亿美元上下波动。

(4)1997、1998 年中国的资本外逃额有了明显增加,分别达到了 364.74 亿美元和 386.37 亿美元,除国内经济中的一些风险因素之外,东南亚金融危机对居民心理预期的负面影响也是不容忽视的。

(5)1999 年,中国的资本外逃额开始出现回落,由上一年度的 386.37 亿美元下降至 238.3 亿美元,导致这种局面的主要原因有两个:首先是东南亚金融危机的

---

① 总量分析中的有关数据均取自表 2。
② 代表资本管制和外汇管制有效性的黑市汇率溢价在 1989 年和 1993 年分别达到了波峰,即 160.74% 和 59.38%。

负面影响正在逐渐消退；其次，该年度的资金来源比上一年度有了明显下降，如外债增加额、FDI 净流入额和经常账户盈余分别为 57.9 亿美元、369.78 亿美元和 156.67 亿美元，而上一年度的这三项数额分别达到了 150.8 亿美元、411.18 亿美元和 293.23 亿美元。

值得注意的是，上述中国资本外逃额的累计值和平均值忽略了由于价格变动和汇率变动所引起的价值变动，而且还忽略了这些外逃资本每年所产生的投资收益价值的增长，这也就相当于暗含着一个假定，即国内持有外国资产的投资者总是将每年收益的 100% 用于消费，但事实上这类人往往具有更高的储蓄倾向，因为（1）外逃资本的收益是非法的，因此将它们全部用于消费是极其冒险的行为；（2）这些资产远离本国，因此从一定程度上减弱了将其收益用于消费的流动性，同时将这些投资收益运回国内可能由于外汇管制变得不可行，或者由于现行汇率变得不划算。

参考文献

[1] Dooley, Michael P. 、Helkie, William、Tryon, Ralph and Underwood, John. 1986. "An Analysis of External Debt Positions of Eight Developing Countries Through 1990." *Journal of Development Economics*, May, 21(8): 283—318.

[2] Feenstra. Robert C. 、Hai, Wen、Woo, Wing T. and Yao, Shunli. 1999. "Discrepancies in International Data: An Application toChina —Hongkong Entrepot Trade." *American Economic review*, May, 89(2): 338—343.

[3] Fung, K. C. 1996. "Acounting for Chinese Trade: Some National and Regional Considerations." NBER Working Paper 5595.

[4] Lessard, Donald R. and Williamson, John, ed. 1987. *Capital Flight and Third World Debt.* Washington, DC: Institute for International Economics.

[5] The World Bank. 1985. World Development Report.

[6] 成思危主编，1999，《东亚金融危机的分析与启示》，民主与建设出版社。

[7] 宋文兵，1999，"中国的资本外逃问题研究：1987—1997"，《经济研究》第 5 期。

[8] 陶士贵，1999，"提高我国个人外汇使用效益的新思考"，《国际贸易问题》第 8 期。

[9] 周正庆主编，1998，《证券知识读本》，中国金融出版社。

The Re-Estimation of the Capital Flight in China: 1982—1999

LI Qingyun TIAN Xiaoxia

Abstract: To estimate the scale of capital flight in China as exact as possible, this paper makes a series of adjustments on the World Bank's residual method in the light of specific conditions in China. These adjustments includes : i) calculate and adjust the overvalued and undervalued parts of fund sources ; ii) take off the normal capital outflows ; iii) wipe off the residences' domestic foreign currency assets ; and iv) estimate carefully the mis2invoicing part that was missed out by residual method. The result based on the above shows : from 1982 to 1999, the scale of traditional capital flight in China amounted to $232 865 million, with an average of $12 937 million.

Key words: capital flight; mormal capital outflows; fund source; Domestic foreign currency assets mis-invoicing

资本充足率是否影响货币政策?*

S. G. Cecchetti　李连发

摘要：为更好地实现价格稳定的调控目标，中央银行需要关注银行资本监管对经济周期的影响。本文将 Bernanke-Blinder(1988) 的模型与一个处于资本监管之下的银行部门结合起来，分析了最优货币政策与资本充足率的关系。货币政策根据银行资本充足情况进行适度调整，可以中和资本监管带来的顺周期效应。

关键词：货币政策；资本充足率；银行
中图分类号：F830　**文献标识码**：A

一、引　言

中央银行与银行监管当局追求不同的政策目标，使用不同的政策工具。为控制银行风险，监管当局将资本监管作为其最重要的手段，要求商业银行按照资本充足率持有足够的资本金。为实现价格稳定，中央银行实施货币政策，将基准利率设定在与经济基本面相一致的水平。中央银行的另一项任务是保证金融系统具备充足的流动性，为此而实行的存款准备金制度要求商业银行将存款的一部分存放中央银行作为准备金。

面对这样的情况，中央银行与银行监管当局显然不能忽略另一方的政策选择，完全按照教科书中关于货币政策和监管政策的简单规则来操作。然而，这方面可以借鉴的研究结果非常有限，政策制定者似乎难以选择最优的策略。

Blum-Hellwig(1995)最先指出上述政策运作可能会发生冲突。他们研究了资本充足管理对经济周期的负面影响。当经济处于下降周期之中，资本充足管理的实施通过银行信贷收缩进一步降低经济活动的水平，从而使货币当局所追求的目标更加难以实现。这种现象被称为资本充足率的顺周期(procyclical)效应。本文假定中央银行将基准利率设定在对实现价格稳定最有利的水平。在这样的货币政

---

* Stephen G. Cecchetti, Bank of International Settlements, Head of Research Department. Lianfa Li, Associate Professor, School of Economics. Correspondent author：Lianfa Li, School of Economics, Peking University, Beijing. The citation of the paper is：Cecchetti S G, Li L. Do Capital Adequacy Requirements Matter for Monetary Policy? Economic Inquiry. 2008, 46(4)：643—659.

策框架内,本文提出了中央银行面对资本充足管理的最优策略。

二、模型及研究结果

(一) 银行部门、信贷供求和商品供求

本文通过细化银行部门和信贷市场扩展了 Bernanke-Blinder(1988) 所使用的模型。作为信贷市场的供给方,银行接受资本监管和存款准备金管理。为突出政策对信贷的影响,模型抽象了银行资产在贷款和固定收益证券等其他风险资产之间的组合配置,而假设银行的资产完全由贷款和货币组成。贷款有风险,收益为正;货币无风险,收益为零。银行偏好贷款甚于货币。若没有任何约束,银行将所有可用资金贷出去,银行的信贷供给等于扣除准备金后存款和资本金之和。这是银行资本充足情况下的信贷市场供给。假定 θ 是存款缴纳的法定准备金率(在 0 和 1 之间),D 是银行的实际存款,B 是银行实际资本金,这种情况下的实际信贷供给为 $B+(1-\theta)D$。模型假定银行的准备金水平与法定水平一致,银行不持有超额准备金。

若银行资本不足,贷款与资本金的比例有可能高于资本充足率规定的最高水平,模型假定银行能立即将贷款变现为货币,而货币是不需要资本金支持的。假定 c 是资本充足率所对应的最高的贷款与资本金的比例(该比例大于1),这种情况下的实际信贷供给为 cB。资本金不足的情形实际上是银行被迫持有货币资产,无法将其转为收益更高的贷款资产的情况。上述信贷实际供给(L^s)的两种情况归结为等式(1)。

$$L^s = \min[B+(1-\theta)D, cB], \quad c>0, \quad 0<\theta<1 \quad (1)$$

假定 y 代表均衡的产出缺口(产出缺口的定义为实际产出高出或者低于潜在产出的百分比),i 代表中央银行调控的基准利率,π^e 代表通货膨胀预期,等式(1)中银行存款和资本金与经济活动水平、基准利率的关系可列为等式(2)和(3)。银行存款和资本与经济活动同方向变化,中央银行设定的基准利率与银行存款负相关。

$$D = D_y y - D_i(i-\pi^e), \quad D_y, D_i > 0 \quad (2)$$

$$B = B_y y \quad B_y > 0 \quad (3)$$

假定 ρ 代表贷款名义利率,信贷实际需求(L^d)可由等式(4)代表。贷款需求方的实际需求一方面与经济活动水平正相关,另一方面与信贷成本(实际贷款利率)负相关。

$$L^d = -L_\rho(\rho-\pi^e) + L_y y, \quad L_\rho, L_y > 0 \quad (4)$$

信贷市场供求决定的均衡贷款利率(ρ)与货币当局调控的基准利率(i)、通货

膨胀(π)及其预期(π^e)和需求扰动项(demand shock, η)一起影响总需求(y^d)。实际利率和通货膨胀越高,总需求水平越低。需求扰动项(η)为白噪音(white noise),它使产出和通货膨胀同方向变化,并与其他扰动项不相关。等式(5)列出了总需求与上述影响因素关系。

$$y^d = -y_\rho^d(\rho-\pi^e) - y_i^d(i-\pi^e) - y_\pi^d\pi + \eta, \quad y_\rho^d, y_i^d, y_\pi^d > 0 \tag{5}$$

商品的供给(y^s)与未预期到的通货膨胀($\pi-\pi^e$)成正比,同时受供求扰动项(supply shock, ε)的影响。供给扰动项(ε)为白噪音,与需求扰动项(η)不相关,并使产出和通货膨胀反方向变化。等式(6)给出了总供给方程表达式。

$$y^s = \beta(\pi-\pi^e) + \varepsilon, \quad \beta > 0 \tag{6}$$

(二) 信贷市场和商品市场均衡

上节的内容涉及三个市场:商品市场、信贷市场和货币市场。根据瓦尔拉斯一般均衡法则,前两个市场达到均衡,货币市场必然均衡。因此,本文集中讨论商品市场和信贷市场。

信贷市场均衡和商品市场均衡相互关联。一方面,均衡贷款利率影响商品总需求,另一方面均衡的产出水平对信贷市场供给和需求都有影响。本文并不限制物价整体水平不变,相反,物价通货膨胀水平由商品市场均衡决定。

在以下求解市场均衡的过程中,市场参与者无法观察到扰动项的规模和方向,但是持有理性预期。给定中央银行设定的利率(i)、存款准备金率(θ)和资本充足率(c),信贷市场均衡表现为:(1) 信贷供给等于信贷需求($L^s = L^d$);(2) 与均衡信贷水平一致的贷款利率。商品市场均衡表现为:(1) 商品供给等于商品需求($y^s = y^d$);(2) 与均衡产出(缺口)水平一致的通货膨胀水平(π)。以下根据银行资本是否充足区分两种情况给出均衡通货膨胀水平(π)和产出(y)的表达式。

1. 银行资本充足情况

$$\pi = -\frac{\Lambda_u}{\Delta_u}i - \frac{\Omega_u}{\Delta_u}\varepsilon + \frac{1}{\Delta_u}\eta \tag{7}$$

$$y = -\frac{\Lambda_u\beta}{\Delta_u}i + \frac{y_\pi^d}{\Delta_u}\varepsilon + \frac{\beta}{\Delta_u}\eta \tag{8}$$

其中,

$$\Delta_u = y_\pi^d + \left[1 + \frac{y_\rho^d}{L_\rho}(L_y - B_y - (1-\theta)D_y)\right]\beta$$

$$\Omega_u = 1 + \frac{y_\rho^d}{L_\rho}(L_y - B_y - (1-\theta)D_y)$$

$$\Lambda_u = y_i^d + \frac{y_\rho^d}{L_\rho}(1-\theta)D_i$$

2. 银行资本不足情况

$$\pi = -\frac{y_i^d}{\Delta_c}i - \frac{\Omega_c}{\Delta_c}\varepsilon + \frac{1}{\Delta_c}\eta \tag{9}$$

$$y = -\frac{y_i^d \beta}{\Delta_c}i + \frac{y_\pi^d}{\Delta_c}\varepsilon + \frac{\beta}{\Delta_c}\eta \tag{10}$$

其中,

$$\Delta_c = y_\pi^d + \left[1 + \frac{y_\rho^d}{L_\rho}(L_y - cB_y)\right]\beta$$

$$\Omega_c = 1 + \frac{y_\rho^d}{L_\rho}(L_y - cB_y)$$

上述均衡表达式说明,(1)需求扰动项(η)对均衡产出缺口(y)和通货膨胀(π)的影响方向相同,而供给扰动项(ε)对均衡产出缺口(y)和通货膨胀(π)的影响方向相反。① (2)中央银行设定的利率(i)越高,均衡产出缺口(y)和通货膨胀水平(π)越低。(3)银行资本充足情况不同,扰动项和利率(i)对均衡产出缺口(y)和通货膨胀水平(π)的影响不同,而且这种差异与资本充足率(c)和存款准备金率(θ)有关。下节将展开讨论资本充足率(c)和存款准备金率(θ)对经济均衡状态的影响。

(三)资本充足率的顺周期效应

如果银行资本对产出足够敏感($B_y > (1-\theta)D_y/(c-1)$),根据等式(7)—(10)推出的等式(11)和(12)说明一个资本金不足的银行体系可以放大外部冲击(不论是需求和供给扰动项)对产出缺口的影响。换言之,资本充足率具有顺周期效应。

$$\left[\frac{\partial y}{\partial \varepsilon}\right]_{\text{银行资本不足}} > \left[\frac{\partial y}{\partial \varepsilon}\right]_{\text{银行资本充足}} \tag{11}$$

$$\left[\frac{\partial y}{\partial \eta}\right]_{\text{银行资本不足}} > \left[\frac{\partial y}{\partial \eta}\right]_{\text{银行资本充足}} \tag{12}$$

图1给出顺周期效应成立需要的银行资本对产出缺口导数值(B_y)与存款准备金率(θ)的关系,两条线分别对应存款对产出缺口导数(D_y)为0.2和0.1的情况。两条线的斜率表达式为$-D_y/(c-1)$。图1显示,存款对产出缺口的导数(D_y)越小,法定准备金率越高,资本充足率的顺周期效应越容易出现。按同样方法可以推导出,资本充足率(c)越高,资本充足率的顺周期效应越容易出现。

另外,当银行资本不足时,银行必须满足的资本充足率越低,从而其法定的贷款与资本比率c越高,扰动项对均衡产出缺口(y)的影响越大。

$$\left[\frac{\partial^2 y}{\partial \varepsilon \partial c}\right] > 0 \tag{13}$$

---

① 这一结论成立的充分而非必要条件是信贷需求的产出弹性都要大于信贷供求的产出弹性。

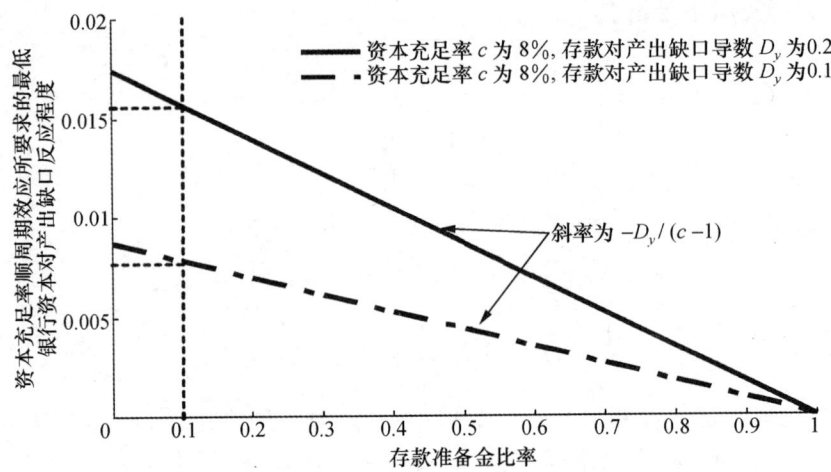

图1 资本充足率顺周期效应与存款准备金率

$$\left[\frac{\partial^2 y}{\partial \eta \partial c}\right]_{银行资本不足} > 0 \quad (14)$$

当银行资本充足时,存款准备金率 θ 越高,扰动项对均衡产出缺口(y)的影响越小。

$$\left[\frac{\partial^2 y}{\partial \varepsilon \partial \theta}\right]_{银行资本充足} < 0 \quad (15)$$

$$\left[\frac{\partial^2 y}{\partial \eta \partial \theta}\right]_{银行资本充足} < 0 \quad (16)$$

(四)最优货币政策的特征

以上关于顺周期效应的结论假设中央银行设定的利率不对模型中其他内生变量做出任何反应。现实当中的中央银行对基准利率的调控十分频繁。在许多国家,基准利率是中央银行实施货币政策的主要操作工具。

由于以利率调控为主的货币政策理论上可以很频繁地进行,而资本充足率和存款准备金率的调整往往需要较长时间,因此,本文假定资本充足率和存款准备金率不对货币政策做出反应。本节解决的问题是,货币政策及其设定的基准利率水平是否应该因银行资本充足和准备金状况不同而不同?为此,以下首先给出中央银行的目标函数,然后求解最优货币政策。

1. 目标函数

假定中央银行基于短期利率调控所追求的目标函数包括两部分:(1)减少通货膨胀水平与目标通货膨胀水平(假定为零)的差距;(2)减少实际产出缺口与目标产出缺口(假定为零)差距。为计算的方便,中央银行的目标函数为这两个差距平方之后的线性组合,并假定通货膨胀差距平方项前的权重不能为零。归纳起来,

中央银行的目标函数是

$$\min_i \lambda \pi^2 + (1-\lambda) y^2 \quad 0 < \lambda \leq 1 \tag{17}$$

根据等式(17),当产出缺口平方项前的权重为零(即 $\lambda=1$)时,中央银行单单关心价格水平的稳定,可以任凭产出波动;当产出缺口平方项前的权重大于零(即 $\lambda<1$)时,中央银行在稳定物价的同时,也不希望产出波动过大。

本文假定中央银行能够观测到需求和供给扰动项。中央银行与普通市场参与者不同的原因可能在于中央银行雇佣了大量专业经济研究人士因而可以更好地提取信息。不仅如此,中央银行还了解经济运行服从的"规律"——将利率与通货膨胀、产出和扰动项联系起来的经济模型。该模型求解得出的等式(7)—(10)是中央银行最优化必须满足的约束条件。

2. 求解最优利率

求解上述最优化问题得到的最优利率随银行资本充足状况不同而不同。在银行资本充足的情况下,最优利率为

$$i^*_{\text{银行资本充足}} = \frac{1}{\Lambda_u}\eta + \frac{-\lambda\Omega_u + (1-\lambda)\beta y^d_\pi}{[\lambda + (1-\lambda)\beta^2]\Lambda_u}\varepsilon \tag{18}$$

在银行资本不足的情况下,最优利率为

$$i^*_{\text{银行资本不足}} = \frac{1}{y^d_i}\eta + \frac{-\lambda\Omega_c + (1-\lambda)\beta y^d_\pi}{[\lambda + (1-\lambda)\beta^2]y^d_i}\varepsilon \tag{19}$$

理解最优利率方法之一是与等式(8)和等式(10)进行比较。就需求扰动项(η)而言,最优利率的作用是完全抵消均衡产出等式(等式(8)和等式(10))中需求扰动项(η)的影响。就供给扰动项(ε)而言,最优利率的作用取决于中央银行目标函数中对通货膨胀差距和产出缺口差距的取舍(trade off),即 λ 的取值。如果 $\lambda=1$,中央银行只关心降低通货膨胀,那么最优利率将完全抵消供给扰动项(ε)在均衡通货膨胀等式(等式(7)和等式(9))中的影响。如果 $\lambda=0$[①],中央银行只关心实际产出与潜在产出的差距,最优利率将完全抵消供给扰动项(ε)在均衡产出等式(等式(8)和等式(10))中的影响。如果 $0<\lambda<1$,那么最优利率将根据 λ 的权重,部分抵消供给扰动项(ε)对均衡通货膨胀的影响,部分抵消供给扰动项(ε)对均衡产出的影响。

最优货币政策对正需求扰动项(η)的反应一定是提高利率,而对导致通货膨胀的供给扰动项(ε)的反应方向取决于 λ。由于供给扰动项(ε)带来通货膨胀的同时会降低产出,因此中央银行越重视降低通货膨胀(λ 越解决1),利率就越可能提高;同样道理,中央银行越重视保持产出稳定(λ 越解决0),利率就越可能降低。

最重要的是,最优利率对扰动项的反应根据银行资本充足状况的不同而不同,

---

① 本文的参数设定不允许这种情况发生,这里为理解方便假定这种情况发生。

这种差异表现为等式(18)和等式(19)中扰动项前系数的差异。经过比较发现,银行资本不足情况下扰动项的系数都要大于银行资本充足情况下扰动项的系数。换言之,面对一个资本不足的银行体系,中央银行需要对外部冲击做出更强的反应。等式(20)和(21)是文本最主要的结论之一。

$$\frac{\partial i^*_{银行资本充足}}{\partial \varepsilon} < \frac{\partial i^*_{银行资本不足}}{\partial \varepsilon}, \quad 如果 B_y > \frac{1-\theta}{c-1}D_y \tag{20}$$

$$\frac{\partial i^*_{银行资本充足}}{\partial \eta} < \frac{\partial i^*_{银行资本不足}}{\partial \eta} \tag{21}$$

此外,最优利率还与资本充足率(c)和准备金率(θ)的水平有关。这些结论归结为等式(22)—(25)。

$$\frac{\partial^2 i^*_{银行资本充足}}{\partial \varepsilon \partial \theta} < 0, \quad if \quad -\lambda \Omega_u + (1-\lambda)\beta y^d_\pi < 0 \tag{22}$$

$$\frac{\partial^2 i^*_{银行资本充足}}{\partial \eta \partial \theta} > 0 \tag{23}$$

$$\frac{\partial^2 i^*_{银行资本不足}}{\partial \varepsilon \partial c} > 0 \tag{24}$$

$$\frac{\partial^2 i^*_{银行资本不足}}{\partial \eta \partial c} = 0 \tag{25}$$

(五)实施最优货币政策的后果

1. 均衡产出缺口和通货膨胀

为分析最优货币政策的后果,将等式(18)和(19)代入均衡产出和均衡通货膨胀等式(7)—(10)。结果通过等式(28)和(29)发现,实施最优货币政策以后,均衡产出和均衡通货膨胀与银行资本是否充足、资本充足率水平和准备金率的高低无关,而仅仅是供给扰动项(ε)的函数。这说明,货币政策抵消了需求扰动项(η)的影响,完全中和了资本充足率和准备金率对经济均衡的影响。

$$\pi = -\frac{(1-\lambda)\beta}{\lambda + (1-\lambda)\beta^2}\varepsilon \tag{26}$$

$$y = \frac{\lambda}{\lambda + (1-\lambda)\beta^2}\varepsilon \tag{27}$$

2. 最优货币政策曲线

根据等式(26)和(27),实施最优利率以后的均衡产出与通货膨胀满足

$$\pi = -\frac{(1-\lambda)\beta}{\lambda}y \tag{28}$$

根据等式(28),可以在横轴为产出纵轴为通货膨胀的坐标平面上画出一条斜率为负的直线,本文称之为最优货币政策曲线。中央银行越重视降低通货膨胀,最

优货币政策曲线斜率的绝对值就越小。将这条曲线叠加在原先的总需求曲线和 Phillips 曲线上,可以更清晰地分析最优货币政策的作用。

为得到原先的总需求曲线,假设中央银行设定的利率和需求扰动项为零,在等式(7)—(10)当中消除供给扰动项,由此得到等式(29)和(30)就是不同银行资本状况下的总需求曲线。

$$\text{银行资本充足情况,} \quad \pi = -\frac{\Omega_u}{y^d_\pi}y \tag{29}$$

$$\text{银行资本不足情况,} \quad \pi = -\frac{\Omega_c}{y^d_\pi}y \tag{30}$$

等式(29)和等式(30)说明,银行资本状况的恶化将使总需求曲线斜率绝对值变小。

根据等式(4)可以直接得出等式(31)中的 Phillips 曲线

$$\pi = \frac{1}{\beta}y \tag{31}$$

以下将上述三条曲线画在一个坐标轴上,考察最优货币政策对外部冲击的反应。

需求扰动项(η)为正且银行资本充足时的货币政策如图2所示。正的需求扰动项(η)使得需求曲线(AD)外移到新的曲线位置(AD′),如果中央银行设定的利率保持不变,均衡点将从原来的 D 点移到 B 点,产出缺口和通货膨胀同时增加。如果中央银行按等式(18)将利率设定到其最优水平,均衡点将从 B 点重新移回到 D 点,最优货币政策完全抵消了需求扰动项对市场均衡的影响。

供给扰动项(ε)推高通货膨胀且银行资本充足时的货币政策如图3所示。根据模型设定,负的供给扰动项(ε)一方面推高通货膨胀,另一方面降低产出缺口。在图3中,供给扰动项(ε)使得 Phillips 曲线(AS)上移到新的曲线位置(AS′),如果中央银行设定的利率保持不变,均衡点将从原来的 D 点移到 B 点,均衡产出缺口减少,均衡通货膨胀同时增加。如果中央银行按等式(19)将利率设定到其最优水平,这将使得需求曲线(AD)上移到新的曲线位置(AD′),均衡点将从 B 点重新移到最优货币政策曲线和新 Phillips 曲线(AS′)的交点 C 点。根据中央银行目标函数(等式(17))揭示的其对降低通货膨胀的偏好(λ 的数值),最优货币政策在使市场均衡从 B 点移到 C 点的过程中,部分抵消了供给扰动项(ε)对均衡通货膨胀的影响和对产出缺口的影响。

三、小　　结

为更好地实现价格稳定的调控目标,中央银行需要关注审慎的银行监管政策对经济周期的影响。更重要的是,中央银行需要制定相应的策略,明确货币政策是

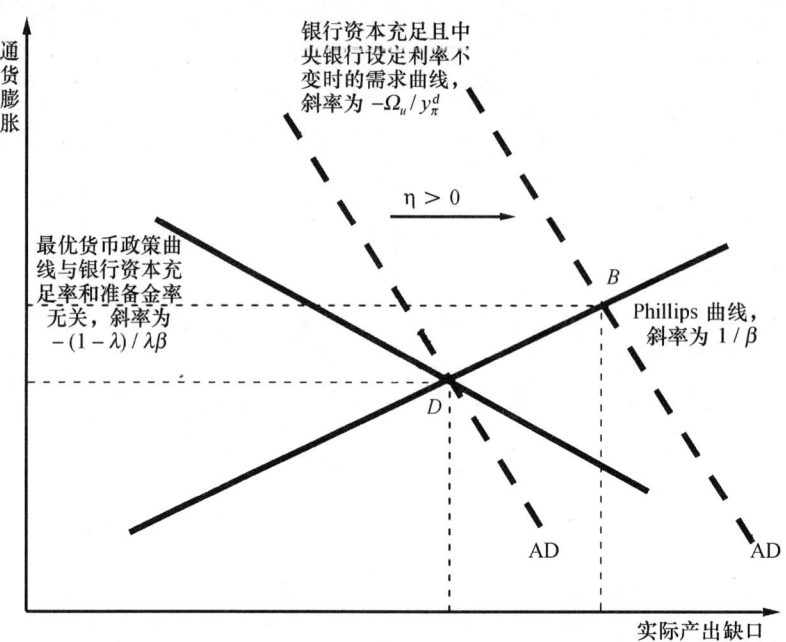

图 2　需求扰动项为正、银行资本充足时的货币政策

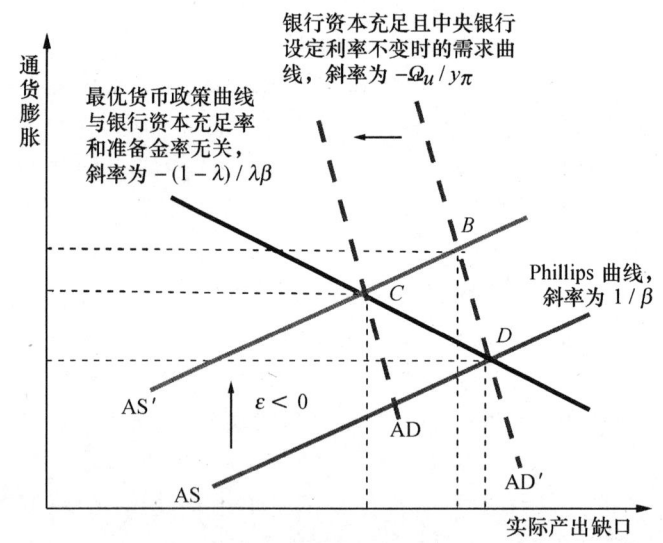

图 3　供给扰动项推高通货膨胀、银行资本充足时的货币政策

否应根据银行系统资本充足情况的不同而不同,资本充足率的顺周期效应能否被货币政策所抵消。根据本文的分析,答案都是肯定的。货币政策适度考虑资本充足率的影响,可以中和资本监管带来的顺周期效应。

本文分析在一个没有经济增长的稳定的经济周期模型框架内进行,这使本文无法回答一些可能对发展中国家具有意义的问题。在一个动态的模型中引入资本积累和信贷增长中的一些不可持续的形态,是十分值得进一步研究的课题。

参 考 文 献

[1] Basel Committee on Banking Supervision (2001), "Overview of The New Basel Capital Accord Consultative Document."

[2] Bernanke, Ben and Blinder, Alan S. (1988), "Credit, Money, and Aggregate Demand," *American Economic Review*, 78(2) May 1988, 435—439.

[3] Blum, Jürg and Hellwig, Martin (1995), "The Macroeconomic Implications of Capital Adequacy Requirements for Banks," *European Economic Review*, 39 (1995), 739—749.

[4] Clarida, Richard, Jordi Gali and Mark Gertler (1998), "Monetary Policy Rules in Practice: Some International Evidence", *European Economic Review*, 42 (1998), 1033—1067.

[5] Clarida, Richard, Jordi Gali and Mark Gertler (2000), "Monetary Policy Rules and Macroeconomic Stability: Evidence and Some Theory," *The Quarterly Journal of Economics*, February 2000, 147—180.

[6] Jensen, Henrisk (2002), "Targeting Nominal Income Growth or Inflation?" *American Economic Review*, September 2002, Vol. 92, No. (4), pp. 928—956.

[7] Svensson, Lars E. O. (1997), "Inflation Forecast Targeting: Implementing and Monitoring Inflation Targets." *European Economic Review*, June 1997b, 41(6), pp. 1111—46.

[8] Svensson, Lars E. O. (1999), "Inflation Targeting: Some Extensions." *Scandinavian Journal of Economics*, September 1999, 101(3), pp. 337—61.

[9] Taylor, John B. (1993), "Discretion versus Policy Rules in Practice," *Carnegie-Rochester Conference Series on Public Policy*, December 1993, 39, pp. 195—214.

Do Capital Adequacy Requirements Matter for Monetary Policy?

S. G. Cecchett   LI Lianfa

Abstract: In order to better achieve its target of price stability, central bank needs to understand the procyclical effect of capital adequacy requirements. This paper combines Bernanke-Blinder (1988) model with a banking system under capital adequacy regulation, and analyzes the relationship between optimal monetary policy and capital regulation. The conclusion is that the monetary policy adjusted with bank capital condition can neutralize the procyclical effect of capital adequacy requirements.

Key words: Monetary Policy; Capital Adequacy Requirements; Banks

JEL Classification: E52, E58, G21

汇率传递理论文献综述*

施建淮　傅雄广

摘要："汇率传递"是国际经济学中的一个重要问题，汇率传递率的高低不仅影响汇率变动对贸易收支调整的作用，而且影响汇率与宏观经济波动以及货币政策对价格的传导，对宏观经济有重要影响。国际上产生了大量的相关研究文献，但国内这方面的研究相对匮乏。目前中国经济外部失衡问题突出，货币政策的执行也越来越受到经济开放的约束，对于这些问题的研究都会涉及汇率传递因素。本文对"汇率传递"这一重要研究领域的理论文献进行了综述，重点综述了以下两方面文献：(1) 汇率不完全传递的成因；(2) 汇率不完全传递对宏观层面的影响。

关键词：汇率传递；国际收支调整；货币政策

一、引　言

在国际经济学中关于浮动汇率制度和固定汇率制度孰优孰劣的争论由来已久，弗里德曼认为浮动汇率制度可以提供更加有效的国际收支调整（Friedman，1953）。布雷顿森林体系崩溃后，工业化国家汇率波动变得更加剧烈，但是汇率变动并未像人们早先期待的那样发挥调整贸易收支使其自动达成均衡的作用，主要工业化国家的贸易收支持久地显示出不平衡状态，而20世纪80年代前半期这种贸易收支不平衡达到了极点，最终导致了广场协议的出台和主要工业化国家大幅度的汇率干预，然而美元的大幅度贬值同样没有像人们期待的那样迅速减少美国的贸易收支逆差。这引出了所谓的"调整之谜"，即为什么汇率对贸易收支的调整并不是如此有效。

起初，经济学家提出了"弹性悲观主义"的解释（即进出口需求的价格弹性很低），然而很快，大量的实证研究表明对绝大多数工业化国家马歇尔—勒纳条件很容易满足（Goldstein和Khan，1985）。之后经济学家们转向考察汇率和国际贸易品价格之间的内在联系，产生了大量称为"汇率传递"（exchange rate pass-through）的

---

* 原载于《世界经济》2010年第5期。感谢审稿人提出的修改意见，对于仍可能存在的不足或错误由我们自负。

文献①,汇率传递是指汇率变动导致贸易品以销售地货币计价价格变动的程度。当本币贬值1%时,进口商品本币价格上涨(或出口商品现地货币价格下降)的百分比被称为汇率对进口价格(或出口价格)的传递率。

弹性模型关于汇率变动引起贸易收支大的调整的预言是建立在汇率完全传递(传递率为100%)的基础上的,也就是说,汇率变动完全反映到了进出口价格上,但是如果汇率传递不完全,即汇率变动只有部分反映在进出口价格上,那么即使马歇尔—勒纳条件满足,汇率对进出口数量的调整也将是弱的。换句话说,低汇率传递率使得贸易流对汇率变动不敏感成为可能,哪怕进出口需求的价格弹性很高。进一步地,如果汇率变动向进出口价格的传递存在明显的时滞,再加上数量调整如果对相对价格变化的反应也存在明显的滞后,那么整个贸易收支的调整过程将被严重地阻碍。此外,由于汇率传递的程度以及时滞是影响货币政策对价格的传导以及对通货膨胀预期的一个重要因素,所以汇率不完全传递也可以解释工业化国家在汇率波动变得更加剧烈的时代并没有观察到出现恶性通货膨胀或通货紧缩现象的谜题。

目前中国经济外部失衡的问题突出,通过汇率调整来纠正外部失衡的压力越来越大,人民币升值对于减少中国的贸易顺差的作用如何是一个值得研究的问题。目前,国内对于这一问题的讨论中,较少考虑到汇率传递问题,有关人民币汇率传递对我国国际收支影响的研究文献也比较匮乏。此外,人民币汇率传递率对于中国宏观经济以及货币政策也有重要的影响,开展相关的研究对于政策当局具有重要意义。本文的目的是对"汇率不完全传递"这一重要研究领域的理论文献给出一个综述,主要综述两方面理论文献:(1)汇率不完全传递的成因;(2)汇率不完全传递对宏观层面的影响。

本文的剩余部分安排如下:第二节介绍有关按市场定价行为的文献,按市场定价行为是导致汇率不完全传递的一个重要因素,它也是文献关注较多的因素;第三节综述关于汇率不完全传递的其他因素的研究文献;第四节转向汇率不完全传递宏观影响的文献,这方面文献近年来增长迅速;第五节是总结。

二、按市场定价与汇率不完全传递

20世纪80年代前期美元的大幅升值并没有显著降低美国的进口品价格,这导致同种商品在美国和其他国家间的价格差距增大,比如80年代中期美元走强时德国汽车在美国的售价要比在欧洲的售价高出30%—40%。这种美元升值后外国厂商维持甚至增加它们的出口价格从而导致同种产品国内价格和出口价格产生偏离

---

① 对于英文"exchange rate pass-through"国内也有"汇率传导"、"汇率浸透"、"汇率转嫁"等不同的译法。

的现象被 Krugman 等人称为"按市场定价"(Pricing to Market,PTM)。一般性地,"按市场定价"可以定义为由汇率引致的国际市场上的定价差别。由于"按市场定价"行为的存在,汇率变动导致成本加成的相应调整,以致汇率对进口价格的传递会是不完全的。

一些文献探讨了 PTM 的成因,以此说明汇率不完全传递现象。这类文献主要从产业组织角度分析汇率传递和市场结构及竞争特性的关系,一般采用局部均衡模型,将汇率视为外生的,而进出口价格对汇率变动做出反应。市场分割是导致 PTM 存在的基础。如果市场是一体化的,即使厂商有差别定价的动机,由于存在套利行为,用同种货币衡量的产品价格也将是相同的,即满足一价定律。即使考虑到交易成本的存在,假使交易成本是价格的一个固定的倍数,那么相对一价定律仍然应该满足,也就是说汇率变动将导致两国产品价格同比例变动。但是已有的实证研究表明绝对一价定律和相对一价定律都不满足[①],因此实证支持市场是分割的。事实上这是由于产品销售过程中需要运输、分配和零售等部门的存在,产品到最终销售时已包含很多不可贸易成分,因此消费者考虑成本因素只能在当地市场购买产品,套利行为很难得到实现。

在市场分割的前提下,可以从需求面或供给面角度分析按市场定价行为,其中从需求面考虑的因素有:价格歧视(Krugman,1986;Marston,1990)和市场份额(Dohner,1984;Froot 和 Klemperer,1989;Feenstra,Gagnon 和 Knetter,1996)。从供给面考虑的因素有:沉没成本(Baldwin,1988,1990;Baldwin 和 Krugman,1989;Dixit,1989)和调整成本(Kasa,1992)。

(一)价格歧视与按市场定价

对于在不同市场上厂商对同种产品有不同的定价,最容易想到的一种需求面的解释是厂商在不同市场上进行价格歧视。设第 i 个产业有一个垄断厂商在国内生产产品但是在国内和国外都同时出售产品,并且垄断厂商可以在国内和国外市场进行价格歧视,那么垄断厂商会根据国内外市场的需求分别制定两个市场的价格以使两个市场的利润总和最大化,所以制定的价格必定与两个市场的需求函数有关。Krugman(1986)、Marston(1990)等考虑了上述假设下的 PTM 模型。设在国内市场上的出售价格为 P_{it},而在国外市场上以外币表示的价格为 P_{it}^*,假设由第三方进行的套利是没有效率的。两个市场的相对价格可以表示为:$X_{it} = (S_t P_{it}^*)/P_{it}$,按市场定价涉及的是这个相对价格。从本国厂商利润最大化的一阶条件得出如下的定价策略:

$$P_{it} = C_1 M(\cdot) \tag{1}$$

[①] 参考 Kravis 和 Lipsey (1977),Isard (1977),Richardson (1978) 和 Giovannini(1988)等人的研究。

$$S_t P_{it}^* = C_1 N(\cdot) \qquad (2)$$

其中 C_1 为边际成本，$M(\cdot)$，$N(\cdot)$ 分别是国内和国外价格的加成函数，用需求价格弹性它们分别可以写成 $M = \eta/(\eta-1)$ 及 $N = \eta^*/(\eta^*-1)$，通过上述定价策略可以求得国外价格对汇率的弹性 β_1 是小于 0 的，而国内价格对汇率的弹性 β_2 的符号取决于边际成本与产出的关系，β_1 常常被称为汇率传递系数。进一步可以求得相对价格 X_{it} 对汇率 S_t 的弹性 α_1 为：

$$\alpha_1 = 1 + \beta_1 - \beta_2 \qquad (3)$$

α_1 被称为 PTM 弹性，这是 Marston(1990) 的研究重点。

Marston 考虑了两种情形。第一种情形假设两个加成函数对价格的弹性都为零，则加成函数为常数，那么由定价策略相对价格也为常数，这种情况下 PTM 弹性为 0。在这种情况下，假如边际成本随产出递增，本币贬值将导致国内价格上涨，同时以本币表示的出口价格也上升，那么以外币表示的出口价格下降幅度将小于本币的贬值幅度，也就是说汇率只是部分传递的（$-1 < \beta_1 < 0$）。

第二种情形假设两个加成函数对价格的弹性都小于零，这种情形包括了广泛的需求函数。因为本币贬值降低了以外币表示的出口价格，那么就增加了以外币表示的成本加成，所以外币表示的产品价格下降，但幅度小于货币贬值率，即汇率传递是不完全的（$|\beta_1| < 1$）。如果边际成本为常数，那么国内价格为常数，所以以本币表示的国内外产品价格随着本币贬值差距不断增大（$\alpha_1 > 0$）。而如果边际成本随产出递增，那么本币贬值增加了国内价格（$\beta_2 > 0$），但是减少了成本加成，所以以本币表示的国内外产品价格差距随着本币贬值同样不断增大。所以不论边际成本随产出递增还是不变，PTM 弹性都在 0 和 1 之间（$0 < \alpha_1 < 1$）。

Marston(1990) 对日本的 17 个最终产品的实证检验得出 PTM 弹性在 0 和 1 之间，所以汇率对价格的影响与第二种情形一致，当日元贬值（升值）时，相对于国内价格日本厂商提高（降低）了它们的本币表示的出口价格，从而减少了外币表示的产品价格的变化，即汇率传递是不完全的。

(二) 市场份额与按市场定价

厂商在每个时刻都有一定的消费群体，即有一定的市场份额，而市场份额由厂商的定价策略决定，如果厂商相对于它的竞争者提高价格，那么市场份额将减少，反之市场份额将扩大。当出口厂商面临一个有利的汇率变动（如现地货币对本币升值）时，它既可以选择享受由此带来的利润空间的增大，也可以选择降低现地货币价格，吸引更多客户以扩大市场份额。反之，当面临一个不利的汇率变动（如现地货币对本币贬值）时，出口厂商可试图维持市场份额，或者通过提高现地货币价格来减少损失，即使这会令其失去一些客户。市场份额决定了厂商未来的收益，所以对于综合考虑当前和未来总利润的出口厂商，面对一定的汇率变动会考虑改变价格导致的市场份额的变动,这样也就导致了与完全竞争下不一样的定价策略。此外,可以预期面对一时性的汇率冲击和面对持久性汇率冲击厂商价格调整行为也会不同。对市场份额的重视将决定出口厂商按市场定价行为,这将导致现实中汇率不完全传递。

Dohner(1984)运用一个无限期界的跨时最优化模型研究了面对汇率变动出口厂商的定价行为。Dohner 的一个关键假设是消费者对不同厂商价格差异调整自己的需求需要时间,因此对于商品的需求具有粘性,也就是说未来的需求依赖于现在的需求。考虑到需求粘性,厂商的市场份额就像资本性资产,这样厂商的定价决策具有两重作用:作为当前收益的一个决定因素以及作为一项投资决策。改变出口厂商边际成本的冲击(如汇率变动)导致厂商重新确定价格,而这会影响当前和未来的收益。所以出口厂商的决策属于跨时决策。在需求具有粘性的情况下,利润最大化厂商面对汇率变化时会依据它的边际成本、消费者变换厂商速度以及对未来汇率的期望来调整价格。Dohner(1984)的模型表明,面对一时性的汇率冲击,出口厂商的反应是较小地改变现地货币价格,以保持原有的市场份额。汇率变动越短暂,出口厂商定价反应越小。

这种定价行为是由于出口厂商对于成本的一时性变化不太愿意调整其在市场份额上的投资所致。因为一时性的汇率变动结束后出口厂商即使将价格恢复到原来的水平,需求(或市场份额)也不会很快恢复到原来水平,从而利润水平不是最优。这样,一时性的汇率变动下,出口厂商在各个销售市场的价格变动将比静态模型所预言的变动要小。这种定价行为可以对浮动汇率时期所观察到的贸易品在不同市场相对价格的波动(即偏离一价法则)给出一个解释。在浮动汇率制下,汇率的波动主要是由于货币冲击,因此大都是一时性的,所以贸易品价格对汇率变动的反应将是受到抑制的,以至于贸易品价格的变动要小于汇率波动。出口厂商将大体上保持其在每一个市场的价格不变,通过调整利润空间来消化汇率波动的影响。

如果厂商的市场份额与上期厂商的定价以及竞争厂商的定价有关,那么面对汇率变动,厂商改变价格时就会预期其对下期市场份额的影响,进而对总利润的影响,同时汇率变动也影响利率,从而改变贴现率,也就改变了厂商对市场份额的重视程度,进而也影响定价策略。Froot 和 Klemperer(1989)通过一个两期市场份额模型分析了汇率变动对厂商定价行为的影响。模型假设第二期的需求(从而利润)依赖于第一期的市场份额,而第一期的市场份额与第一期的价格相关,事实上定价是厂商对市场份额进行投资的手段,更低的价格增加了厂商的市场份额,更大的市场份额则增加了厂商的第二期利润。那么对于本国(美国)厂商总的利润为:

$$\pi^D = \pi_1^D(p^D, p^F) + \lambda^D \pi_2^D(\sigma^D(p^D, p^F), e_2) \qquad (4)$$

而外国厂商的总利润为:

$$\pi^F = e_1 \pi_1^F(p^D, p^F, e_1) + \lambda^F e_2 \pi_2^F(\sigma^F(p^D, p^F), e_2) \qquad (5)$$

其中 e_1, e_2 分别为第一期和第二期的汇率,汇率用单位美元的外币价格表示,π_1, π_2 分别为第一期和第二期的利润。σ 为市场份额,它与第一期的价格相关。λ 为贴现率,根据无抵补利率平价条件,$\lambda^D = \lambda^F e_2/e_1 = \lambda$,给定 λ^F 为常数。厂商选择第一期的价格以使总利润最大化。

通过对最优化问题的一阶条件全微分可以得出引致的价格函数,它表明价格与每一期的成本和贴现率有关。汇率变动对厂商定价行为的影响存在两种效应,即成本效应和利率效应。外国厂商每一期的成本与汇率有关,当前美元升值减少了外国厂商第一期用美元表示的成本,激励外国厂商降低在美国的销售价格,当市场份额起作用时,外国厂商第二期成本影响其第二期的利润从而影响其第一期的定价决策(决定厂商的市场份额),因此可以预计如果外国厂商预期未来美元升值它将降低在美国的销售价格。这是汇率变动的成本效应。另一方面,总利润与贴现率有关,也就与汇率变动有关,因为汇率变动存在利率效应。根据利率平价条件可知,一时性美元升值提高了美元利率,从而降低了贴现值,使得外国厂商美元表示的未来利润相对于当期利润价值变小,因此厂商在市场份额上的投资回报降低,厂商更优的选择是提高当期在美销售价格使其总利润增加。所以当美元一时性升值时,利率效应倾向于提高外国厂商在美销售价格。

由于两种效应对厂商定价行为的影响方向相反,所以一时性美元升值对价格总的影响不确定。而对于持久性的汇率变动,利率效应不存在(因为当期和未来利润的相对价值不变化),所以美元持久性升值使得外国厂商降低以美元表示的价格。所以一时性的汇率变动相对于持久性的汇率变动对美国进口价格有更低的传递率。80年代初的美元升值被市场认为是一时性的,例如美国学者在80年代针对厂商的问卷调查表明在 1982—1985 年间回答者都认为在 12 个月内美元将会贬值,因此,Froot 和 Klemperer(1989)的市场份额模型可以较好地解释80年代美元汇率变动对美国进口价格低传递的现象。

Dohner(1984) 与 Froot 和 Klemperer(1989) 的模型优点在于考虑了动态因素,但是模型只从需求面考虑价格调整影响厂商市场份额的因素,因此这类模型只适用于供给能力为无限的情形。事实上,随着汇率的变动,厂商并不等比例地调整价格也有自身供给方面的原因,因此一些学者也从供给面的成本因素分析汇率不完全传递,认为主要原因是厂商进入市场存在沉没成本或者厂商调整供给有一定的调整成本。

(三) 沉没成本、调整成本与按市场定价

厂商进入国际市场时会发生进入成本,如为宣传自己的产品所投入的广告费,以及建立营销网络所进行的投资等。这些成本往往是沉没成本,即当厂商退出国际市场时,它们不能被回收。沉没成本的存在使得一时性的汇率变动可能对现地

贸易品的价格和数量产生持续的影响。当汇率回到原来的水平时,由于进入(退出)国际市场的厂商可能不会重新选择退出(进入),市场结构不发生变化,所以价格和产量不能回归到原来的水平,这种现象称为迟滞现象(Hysteresis)。Baldwin(1988)建立了一个厂商动态跨时行为模型,研究了一时性汇率冲击下的进口价格迟滞现象。

假设汇率完全预期,国内市场上有本国和外国两类厂商,厂商数目总和为 m。市场进入成本 F 为沉没成本,每个本国和外国厂商最大化营业利润(即不考虑 F 这一固定成本时的利润)分别记为 S_τ 和 S_τ^*,则如果条件①

$$S_\tau > F, \quad S_\tau^* > F$$

满足,τ 期本国、外国厂商选择进入市场,如果条件②

$$S_\tau < 0, \quad S_\tau^* < 0$$

满足,在位的本国、外国厂商选择退出市场。设初始的零期汇率水平为 e^0,一时性汇率冲击定义为从 1 期开始汇率跳到 E,到 T 期又回到初始汇率水平。假设初始时以本币衡量的两国边际成本相等,则 S_τ 和 S_τ^* 相等,将它们记为 S_b。$S_b(m)$ 是 m 的递减函数,因此存在两个阈值 m_d 和 m_u,分别对应于 $S_b(m) = F$ 和 $S_b(m) = 0$。所以当 $m < m_d$ 时,条件①满足,有厂商进入国内市场;当 $m > m_u$ 时,条件②满足,有厂商退出市场;当 $m_d < m < m_u$ 时无厂商进入或退出。

市场中的厂商数目与汇率冲击有关。在存在显著的沉没成本的情况下,对于一个一时性的小的汇率冲击,厂商不大可能做出进入市场的反应,如果消费者对商品品牌表现出一定的忠诚,从而降低厂商进入市场赚取足够多的初始利润的可能性的话,厂商关于进入市场的决策会进一步受到阻碍。同样,已进入市场的厂商会推迟退出市场,尽管不能弥补可变成本,厂商也会选择继续留在市场。因为如果选择退出,除了丧失在厂商信誉和形象上的投资和其他沉没成本外,厂商也会考虑将来重新进入市场时要发生的成本,特别是如果汇率变动是一时性的话。所以 Baldwin(1988)将汇率冲击分成两类:不引起市场进入或退出的冲击定义为小的汇率冲击,而引起市场进入或退出的冲击定义为大的汇率冲击。

若在 1 期汇率有小的变动,T 期后回到初始汇率,则由于此时最大化营业利润仍不满足条件①、②,所以无厂商进入或退出,市场结构不变,从而进口价格也不变。若在 1 期发生大的汇率升值(贬值),则有国外厂商进入(退出)国内市场,厂商数目变成 $m_1 > m_u (m_2 < m_d)$,此时进口价格发生相应的变化。T 期后汇率回到初始水平时,在市场有 $m_1(m_2)$ 个厂商下条件①、②不满足,所以市场上厂商数目保持为 $m_1(m_2)$,这样进口价格持久性地不同于汇率变化前的水平,进口价格出现迟滞现象。Baldwin(1988)的迟滞模型表明只要汇率变动发生在一定的区间内,市场上的竞争状况将保持不变,进入市场伴随的沉淀成本越大,这个区间越宽,这将导致一个低的汇率传递率。然而如果汇率变动足够大以至于厂商将做出进入或退

出市场的决策,这将导致市场结构持久性地改变,这时汇率传递率将会提高。

在 Baldwin(1988)的模型中汇率是完全预期的,Baldwin 和 Krugman(1989)拓展了 Baldwin(1988)的模型,假设汇率是随机变动的,服从独立同分布的过程;厂商的营业利润 Y 是汇率 E 的增函数。厂商的沉没成本包括进入成本 N 和维持成本 M,假设 $N>M$。如果上期厂商在市场中,那么这期厂商仍然留在市场中的预期利润的现值为 $Y(E)-M+\delta V_1$,而如果退出市场则预期利润的现值为 δV_0。其中 V_1,V_0 分别为上期在市场中的厂商未来收益的现值和上期退出市场的厂商未来收益的现值,δ 为贴现率。类似地,如果上期厂商不在市场中,那么这期厂商进入市场的预期利润现值为 $Y(E)-N+\delta V_1$,而如果选择继续留在市场之外,预期利润的现值为 δV_0。

令厂商进入和退出的汇率阈值为 E_1 和 E_0,由于 Y 是汇率 E 的增函数以及 $N>M$,可以推出 $E_1>E_0$。因此如果上期厂商不在市场中,则只有本期汇率大于 E_1 时厂商才会选择进入市场,相反如果上期厂商在市场中,则只有本期汇率小于 E_0 时厂商才会选择退出市场。所以当汇率有大的波动时可能会导致厂商进入或退出市场,而当汇率恢复到原来水平时厂商并不会重新退出或进入市场,所以汇率波动对进口价格会有持续的影响,即进口价格呈现迟滞现象。进口价格迟滞效应对汇率传递率的意义与 Baldwin(1988)相同。

Baldwin(1988),Baldwin 和 Krugman(1989)对汇率变动过程都做了较为简单的假设,与浮动汇率现实中的汇率运动不相吻合。Dixit(1989)考虑了更为现实的汇率过程,假设汇率运动满足布朗运动(对应于离散场合的随机游走过程),这样识别的好处是可以把厂商进入和退出市场的选择视为期权。汇率波动越大,进入和退出期权的价值越大,因而厂商越不会轻易执行,这成为导致进口价格迟滞现象的一个新因素。当本币升值到一个较高的水平,外国厂商有意愿进入本国市场,它将在短期内能获得的利润与选择等待的期权价值之间进行权衡。令 I_n 表示这样的汇率水平,在该水平下,对于市场已存在 $n-1$ 个厂商,第 n 个厂商进入市场是最优选择;令 D_n 表示这样的汇率水平,在该水平下,第 n 个厂商退出市场是最优选择,I_n 和 D_n 作为 n 的函数形成了一个厂商不采取行动的区间。

对于任何 n,如果汇率在 I_n 和 D_n 之间波动,则既没有新厂商进入市场,也没有在市的厂商选择退出,汇率变动对进口价格没有影响,所以汇率传递率为零。汇率变动只有超出区间 $[D_n,I_n]$ 之外时厂商才会执行期权即选择进入或退出市场。当汇率升值到比 I_n 大时,新的外国厂商进入市场,进口价格下跌,所以汇率传递率将会上升。进入市场的厂商将会一直留在市场中,除非汇率变动足够大,降低到了 D_{n+1} 的水平。这样汇率变动导致进口价格的迟滞现象,I_n 和 D_n 构成的区间越宽,进口价格迟滞现象越显著。需要指出的是,Dixit(1989)未考虑本国厂商增加产量,所以该模型低估了汇率传递率。

除了沉没成本的存在这一因素外,还有一些供给面的因素能够解释厂商按市场定价行为。例如 Kasa(1992)建立了一个调整成本模型,在该模型中垄断厂商在两个国外市场进行销售,现实中当厂商要迅速地扩张或收缩其在国外市场的运营会面对许多供给调整成本,对一价法则系统的偏离是由于调整成本导致供给外国不同市场的边际成本存在差异。为了突出调整成本的作用,Kasa(1992)抽象掉了价格歧视的因素,模型假设两个市场的需求弹性都为常数,同时为了避免时间不一致,假设商品为非耐用品。垄断厂商需要在偏离最优供给量所付出的成本与将供给量调整到最优水平所发生的成本之间进行取舍以使总的成本达到最小。由于有调整成本的存在,当汇率发生变动时,厂商在决定价格路径时将评估汇率变动的持续性,对于一时性的汇率变动,厂商倾向于用调整利润空间来吸收汇率变动,而对于持久性的汇率变动,垄断厂商倾向于调整供给来对汇率变动做出反应,所以暂时性汇率变动较之持久性汇率变动对现地价格的传递更小。

三、汇率不完全传递的其他成因

造成汇率不完全传递的原因有很多,可以分别从微观和宏观角度进行探讨。从微观角度,除了上节谈到的厂商按市场定价行为外,特定市场结构和产品不完全替代性,跨国公司内部交易以及非关税壁垒等都可能影响汇率传递。另外也有一些宏观层面的因素可能影响汇率传递率,比如通货膨胀环境以及货币政策。

(一)市场结构、不完全替代与汇率不完全传递

不同的厂商竞争形式,即不同的市场结构可能会导致厂商有不同的定价策略,所以在不同的竞争形式下,外国出口厂商根据汇率变动调整价格的策略也会不同,市场结构对汇率传递率会有一定的影响,学者们发展了一些模型分析来这种影响。不同于 PTM 模型考虑同一国家生产的产品在不同国家的定价行为,这类模型的特点在于考虑不同国家生产的同类产品在同一国家的定价行为。

Dornbusch(1987)运用一个古诺(Cournot)竞争模型考虑了这种影响。Dornbusch 考虑生产技术是线性的,劳动是唯一的投入要素,假设有 n 个本国和 n^* 个外国厂商在本国(美国)市场上进行竞争,不同厂商的产品都是同质的,需求函数为 $Q_d = a - bp$,本国市场的总供给为 $Q = nq + n^* q^*$。古诺均衡解得出本国市场上该产品的均衡价格为:

$$p = (nw + n^* ew^*)/N + a/bN \qquad (6)$$

其中 $N = n + n^* + 1$,e 为单位外币的本币(美元)价格,w 和 w^* 分别为本国和外国厂商的单位劳动成本。令人感兴趣的是汇率变动对均衡价格的影响程度,由上式可求出均衡价格的汇率弹性为:

$$\varphi = (n^*/N)(ew^*/p) \qquad (7)$$

该公式由两项组成:本国市场中外国厂商的相对数目和外国厂商边际成本与

均衡价格的比。由于这两项都是小于 1 的,所以由上式立即可得本币升值导致的市场均衡价格的下降幅度要小于升值的幅度,即汇率传递是不完全的。并且,该产业的市场竞争越激烈(即边际成本之上的加成越小)汇率传递率越大;进口品在市场总销售中的比例越大,汇率传递率也越大。

考虑两个极端情形:(1)"小国"经济的情形,即完全竞争的市场结构和外国厂商相对于本国厂商的数目非常大,由上式,在这种情形下汇率传递率趋于 1,即汇率变动一对一地传递到进口价格上;(2)本国市场上外国厂商数目极端少,在这种情形下汇率传递率趋于 0,汇率变动对进口价格没有影响,即外国厂商用增大利润空间而不是降价来应对本币(美元)的升值。在 Dornbusch(1987)的古诺模型中市场结构,即进口品在本国市场供给中的份额是解释汇率变动价格效应的关键因素。

不同于 Dornbusch(1987)古诺竞争模型,Fisher(1989)考虑了另外一种竞争形式,即贝特朗伯特兰(Bertrand)竞争,研究了厂商定价策略对汇率传递率的影响。结果显示国内外不同的汇率制度安排以及不同的市场结构都会影响每个厂商的定价策略,所以汇率传递率受市场结构以及汇率制度安排的影响。一般地,如果本国市场的垄断性越强,以及外国市场的竞争性越强,那么汇率对进口价格的传递率就越高。

上述模型假设产品都是同质的,因此只适用于国内外产品同质性较强的产业,如果同一产业国内外产品的差异性较大,就需要考虑产品不完全替代的情形。产品之间的不完全替代也是一个不完全竞争的来源,这种不完全替代性可能是由于产品的材料、质量、服务等方面的差异导致的。由于这种不完全替代性的存在导致需求弹性与完全替代时不同,汇率的变动可能引起的进出口价格的改变也会与完全替代时不同。

Dornbusch(1987)在 Dixit 和 Stiglitz(1977)模型的框架下建立了产品不完全替代模型,假设代表性消费者消费两种商品 z 和 x,消费者的效用函数为 $V = U(z,x)$,其中 x 是多种不同品牌的同种产品的组合,$x = (\sum x_i^a)^{1/a}, 0 < a < 1$,这些产品分别由 n 个本国厂商和 n^* 个外国厂商提供,每个厂商提供一个品牌的产品。模型所要研究的是厂商定价行为对成本冲击的反应。由代表性本国厂商的最优化问题可以得出其最优定价策略为:

$$p_i = \alpha w \tag{8}$$

其中 $\alpha = 1/(1 - 1/c)$ 为成本加成,$c = 1/(1 - a)$。同样可以得出代表性外国厂商的定价策略为:

$$p_j = \alpha e w^* \tag{9}$$

由于替代弹性 c 为常数以及单个产品的价格改变不影响总需求,所以成本加成为常数。模型提供了对美元(本币)升值效应的预测:假设工资成本不变,那么美元升值将导致进口品价格以按美元表示的单位成本的下降幅度下降,而美国国内产品的价格将保持不变。这样美元汇率变动对进口价格和国内外产品相对价格有完全的汇率传递。如果把这一模型进行扩展,假设单个厂商充分大,以至于其定价决策足以改变整个产业的价格,并且假设产业价格1%的变动将导致每个厂商价格 σ 百分比的变动,做了这些修正后单个厂商面对的需求曲线导致成本加成不再是常数,这时单个厂商的定价策略变为:

$$p_i = \alpha' w \qquad (10)$$

其中 $\alpha' = 1/[1 - 1/c(1-\varepsilon)]$,$\varepsilon = (\mathrm{d}P/P)/(\mathrm{d}P_i/P_i)$,$P$ 为整个产业的价格,ε 刻画了厂商定价决策的相互依存。由此可以推出外国厂商的价格反应函数为:

$$p_j = F^*(p_i/p_j, \sigma, c) e w^* \qquad (11)$$

如果美元(本币)升值,那么同样地美国进口价格将下跌,但是下跌幅度要比美元升值幅度小,这是由于成本加成随着产品价格的变动会有相应的变动而引起的,这样汇率传递将是不完全的。

Yang(1997)扩展了 Dornbusch(1987)的模型,假设了递增的边际成本并且同样假设厂商的价格可以影响整个产业的价格,最后模型得出结论:进口商品价格的汇率传递率依赖于本国和外国产品的替代程度、边际成本对产出的弹性以及外国厂商的市场份额。越高的替代弹性意味着价格的增加越容易失去消费者,所以面对汇率的波动外国厂商更可能保持现地货币(美元)价格不变,即汇率传递与替代弹性负相关。而由于边际成本对产出的弹性为正,那么外国货币的升值导致本国对外国产品的需求减少,进而导致边际成本减小,所以进口价格增加的幅度小于外国货币的升值幅度,汇率传递与边际成本对产出的弹性负相关。另外汇率传递率也与外国厂商的市场份额负相关。

上述模型都假设厂商调整价格是完全弹性的,因此短期汇率传递率与长期汇率传递率完全相等。但是现实中厂商调整价格具有一定的粘性,因此短期汇率传递率可能与长期汇率传递率并不相等。一些学者认为汇率完全传递仅在短期不成立而长期仍然满足。Giovnnini(1988)在汇率不完全预期的情况下考虑了厂商在本国和国外同时出售产品时的定价策略,结果表明汇率对贸易品价格的传递依赖于出口产品的计价货币。当出口产品以出口国货币计价时,汇率的不完全传递是由于价格歧视和 PTM 的存在,而当出口产品以进口国货币计价时,价格歧视和预期效应同时导致了汇率的不完全传递,因此由于预期的因素,汇率传递率也依赖于名义汇率的随机特性。Giovnnini(1988)的文章是新开放经济宏观模型研究汇率不完全传递的主要思想雏形。

(二)跨国公司内部交易、非关税壁垒与汇率不完全传递

布雷顿森林体系崩溃后,主要工业化国家都采取了浮动汇率制度,浮动汇率制度导致外汇市场更加不稳定。面对汇率的不确定的波动,跨国公司一般会通过稳定产品出售市场价格的方式来平抑市场份额的波动。一些学者认为跨国公司内部

交易和非关税壁垒的存在也可以影响贸易产品的定价行为,从而也可能导致汇率对贸易品价格的不完全传递。基于对一些英国厂商在汇率贬值后的定价行为的研究,Holmes(1978)指出拥有有销售权的子公司使得厂商可以更加精确地制定适合当地市场的价格,所以拥有很多有销售权子公司的厂商将倾向于按照外国市场的货币定价。

跨国公司有很多手段和方法可以用来规避汇率的波动和大的冲击,一个最常用的方法是在厂商内部交易中应用内部汇率。而由于内部汇率仅仅作为公司内部交易的出清机制,所以内部汇率可能与外部市场上的汇率有很大的差别。这种内部汇率的使用通常是为了使得跨国公司达到全球利润最大化,过去这种工具常被用来避免大的汇率波动导致的公司内部债务人的损失(Helleiner,1985),同时使得资金按照跨国公司关于国际流动性的政策在子公司之间分配(Grassman,1973)。这种内部汇率也可以被操作用来调控各子公司随汇率波动的定价策略。有证据表明在澳大利亚的跨国公司广泛采用公司内部汇率(PSA,1989),其首要目的是避免大的汇率变动而导致的大的价格变动,所以这种制度的采用使得外部市场的汇率与进口价格之间的联系被大大地削弱,也就是说减小了汇率对进口价格的传递率。

另外,跨国公司内部交易的支付时间更加具有弹性,面对汇率波动,一个子公司可以选择对自己有利的时机进行支付,Grassman(1973)指出跨国公司内部较少有严格的支付条件,通常都采用很自由的支付形式。而这种弹性的支付形式可以保证各子公司能够更加独立地按照当地市场的情况来制定价格,而较少考虑到汇率变动对公司利润的影响。比如某个国家的货币贬值,并且海外的合作供应商不要求立即按照市场汇率进行支付,而是可以拖延支付时间等待汇率变动回到原来水平,那么在该国的子公司更有动机为了不减少市场份额而保持销售价格不变。

Carse等(1980)发现这种弹性的制度安排是跨国公司特有的,它比独立公司的信用期限通常要长。但是对于跨国公司信用期限的安排也是根据情况弹性地安排,所以它是跨国公司的一个可选择变量。由于跨国公司内部这种宽松的支付期限安排使得子公司有更自由的定价策略(Mirus和Yeung,1987),采用进口国的货币进行定价可以使子公司的利润避免受到汇率波动的影响(Menon,1993)。有证据显示在澳大利亚的跨国公司的子公司通常用澳大利亚元向母公司进行支付,所以母公司承担了汇率变动的风险,子公司可以不用考虑汇率变动的风险而在澳大利亚市场有更加稳定的定价策略。

总之,跨国公司采用很多工具和策略来规避汇率变动的风险,从而保证跨国公司全球利润最大化,而跨国公司采用的这些策略往往导致子公司所在国的销售价格对汇率变动不敏感,也就导致了汇率对进口价格的传递程度减小。

非关税壁垒是影响汇率传递的另一个因素。80年代早期美元被高估时,非关税壁垒也显著增加,Bhagwati(1988)指出在对美国汇率传递的研究中,非关税壁垒是被忽视的一个重要因素。Branson(1989)也强调了非关税壁垒对汇率传递的影响,指出在存在非关税壁垒的情况下贬值首先导致受非关税壁垒约束的进口的额外费用的下降而不是进口价格的上升。例如当有进口数量限额存在时,面对进口国货币贬值,如果进口限额仍然有效,那么进口国产品供给没有改变因而需求也不变,从而使得进口价格不变,所以汇率传递率为零。只有当进口国货币贬值使得进口限额无效时,货币贬值才导致进口价格上升,进而有完全的汇率传递。

跨国公司内部交易和非关税壁垒是影响汇率传递的因素,这些因素的影响程度严重依赖于一个国家跨国公司的多少以及跨国公司内部交易的规模,同时也与一个国家非关税贸易壁垒对一个国家进出口的限制程度有关。因此,如果这些因素在影响一个国家进出口价格方面的作用较小,那么这些因素就不是影响汇率传递的重要因素。

(三) 宏观因素与汇率不完全传递

除了从微观角度考虑影响汇率传递的原因之外,也有研究者指出宏观层面的因素也可能影响汇率传递。Taylor(2000)认为更低的通货膨胀将减小汇率传递率。Taylor 假设经济中每个厂商都面对线性需求函数 $y_t = \varepsilon_t - \beta(x_t - p_t)$,其中 ε_t 是需求的随机变动,x_t 为产品的价格,p_t 为其他产品的平均价格。厂商设定价格后维持四期,四期过后重新设定价格,这四期中其他不同的厂商也分别设定价格。所以 p_t 是四类厂商产品的平均价格 $p_t = (x_t + x_{t-1} + x_{t-2} + x_{t-3})/4$。求解厂商的利润最大化问题可以得到厂商的最优价格:

$$x_t = 0.125 \sum_{i=0}^{3} (E_t c_{t+i} + E_t p_{t+i} + E_t \varepsilon_{t+i}/\beta) \tag{12}$$

其中 c_t 为厂商的成本。从厂商的最优定价策略可以看出,最优价格与成本变动和其他厂商的价格变动的持久性有关。越不持久的变动对价格的影响越小。而经验证据表明一个价格稳定的经济其成本变动的持久性较弱,这是因为厂商认为在低通货膨胀环境它们不能将成本增加传递给消费者,所以将设法阻止成本的上涨(如拒绝工资上涨的要求);同样低通货膨胀的国家其遭受贬值而导致价格上升的持久性相对较弱,所以低通货膨胀以及导致低通货膨胀的货币政策通过降低成本和价格变动的预期持久性而导致低的汇率传递率。

宏观层面的因素可能不是导致汇率不完全传递的主要原因,但是这些因素影响汇率传递率随时间的演变,比如,实证上美国的进口价格的汇率传递率有下降的趋势(Marazzi 和 Sheets,2007),这可能就与美国近年来通货膨胀较低有很大关系。

四、汇率不完全传递的宏观影响

早期关于汇率传递问题的研究主要是在汇率外生给定的条件下考察汇率变动对进出口价格的影响,进而可以了解汇率对调整贸易收支的作用,理论研究的方向是寻找导致汇率不完全传递的原因,理论模型也主要是从微观角度借鉴产业组织模型进行构筑。而近期对汇率传递的研究重点是考虑汇率不完全传递对宏观经济层面的影响,即给定汇率不完全传递的前提下,一国的通货膨胀、消费、产出以及货币政策如何受汇率传递的影响。对这类问题的研究主要是在新开放经济宏观经济学[①]的框架下进行的。

在许多现有的新开放经济宏观经济学模型中,一价定律通常被作为一个基本构件,并且贸易品价格被设定为按生产者货币定价(Producer Currency Pricing,PCP),在这种假设下,汇率对进口商品的价格是完全传递的,这与传统的开放经济宏观经济学模型——蒙代尔—弗莱明模型的假设一致,例如 Obstfeld 和 Rogoff (1995)的两国模型,Gali 和 Monacelli(2005)的小国模型都是如此设定的。但是,在汇率不完全传递情形下,开放经济宏观经济学模型在研究经济波动和最优货币政策等课题时所得的结论可能与汇率完全传递假设下得出的结论有显著差别。例如,开放经济中汇率变动影响经济运行的一个重要渠道是调整国内外相对价格从而产生支出转换效应,如果汇率传递是不完全的,那么这种支出转换效应就会比较小,当经济面临冲击时,汇率的短期调整作用就很有限,浮动汇率制度不再一定是最优的选择,这将影响最优货币政策的选择。

在新开放经济宏观经济学框架下,已经发展了一些引入汇率不完全传递的模型,如 Betts 和 Devereux(1996,2000)在模型中引入了汇率不完全传递和短期一价定律的偏离,他们假设国际市场是分割的,并且假设进口产品按进口国货币定价(Local Currency Pricing,LCP),此外,进口价格提前一期设定,因此具有短期粘性,短期的进口价格汇率传递率为零。最近的文献已经把 LCP 框架与更一般的定价方式如 Calvo(1983)的随机价格调整模型、Rotemberg(1982)的线性平方调整成本模型或者交错合约模型结合起来。[②] 这些模型的关键特征是最优定价规则是前向预期的,因此模型预测汇率对进口价格的传递是逐渐调整的,同时汇率对进口价格的传递程度和速度依赖于汇率变动的预期持续性。

此外,不同于早期新开放经济宏观经济学模型并不区别进口产品的消费者价格和到岸价格的做法。最近一些文献已经考虑到这两种价格的差异。例如,Smets 和 Wouters(2002)假设进口厂商以给定的价格从世界市场上购买同质的商品并转换成不同质的商品在国内市场上销售,Monacelli(2005)则假设国内零售商进口有差异的产品。这些模型中汇率对到岸价格的传递都是完全和迅速的,然而,由于当地货币价格粘性,短期内汇率对进口产品的消费者价格的传递是不完全的。Corsetti 和 Deldola(2005)在新开放经济宏观经济学框架下发展了另外一个引入汇

---

① 对新开放经济宏观经济学的较为全面的综述可以参见 Lane(2001)的文章。
② 参见:Smets 和 Wouters(2002),Monacelli(2005),Adolfson(2001),Laxton 和 Pesenti(2003),Bergin(2006),Bergin 和 Feenstra(2001),Chari 等(2002)。

率不完全传递的模型。假设贸易品转化成最终消费品的过程中要求当地不可贸易品和服务的投入,这样在消费阶段的贸易品价格包含了很大程度的不可贸易品成份。如分销成本使得进口品到岸价格和消费价格有一定的差异,这就直接降低了汇率对进口品消费价格的影响。此外,这种差价的存在造成出口商面对的需求弹性和最优成本加成是进口国不可贸易品价格的函数,这就导致在本国市场和外国市场销售的产品存在价格歧视,因此汇率对进口价格的传递是不完全的。这一结论即使在不存在当地货币定价粘性的情况下也是成立的。

利用新开放经济宏观经济学框架研究汇率不完全传递问题的文献可以粗略地分为两类:一类是在一般均衡框架下引入汇率不完全传递来解释一些宏观经济变量的波动特性;另一类是在汇率不完全传递的条件下研究最优货币政策确定和货币政策对汇率传递率的影响以及它们之间的内生关系。[①]

(一)汇率不完全传递与宏观经济波动

汇率在开放经济中的作用主要在于支出转换效应[②],但是如果汇率对进出口价格是不完全传递的,那么这种效应就会相应地减弱,进而面对同样的外生冲击导致的对均衡的偏离,汇率需要更大幅度的调整才能使经济重新回到均衡状态,所以在汇率不完全传递下汇率波动会更大,同时冲击对产出和消费的影响也可能与汇率完全传递下的结论不同。

为了研究按市场定价是否影响汇率和国际宏观经济波动。Betts 和 Devereux(1996,2000)发展了一个一般均衡模型,模型的架构类似于 Obstfeld 和 Rogoff(1995)的两国模型,不同的是引入了 PTM 行为,造成 PTM 的原因是贸易品存在市场分割以及厂商设定价格短期存在粘性。假设本国厂商生产 n 比例的产品而 $1-n$ 比例的产品由外国厂商生产,每个国家都有 s 比例的厂商具有市场分割的能力,可以进行按市场定价,即在本国和外国市场设定不同的价格,这部分产品按现地货币定价;而 $1-s$ 比例的产品可以在国际间自由贸易,这部分产品按生产者货币定价。模型的一般均衡条件以及得出的最优行为方程表明,是否存在 PTM 对汇率和国际宏观经济波动有重要影响。当存在 PTM($s>0$)时,汇率对货币政策和财政政策的反应被放大,也就是说 PTM 的存在使得汇率的波动幅度增加。

关于货币冲击对消费和产出的影响,如果不存在 PTM($s=0$),任何一个国家的货币供给增加都将同时增加两个国家的消费,对于产出的影响则是增加本国产出而减少外国产出。其经济逻辑是:当不存在 PTM 时本币贬值完全传递到价格上,

---

[①] 在两国模型框架下研究最优货币政策的文章有 Devereux 和 Engel(2007),Smets 和 Wouters(2002),Sutherland(2005)等,在小国模型框架下研究最优货币政策的文章则有 Adolfson(2001),Devereux(2001),Monacelli(2005)和 Adolfson(2007)等。

[②] 汇率变动还存在支出变更效应,关于这方面的讨论可参见 Shi(2006)。

外国价格水平将下降,使得外国消费通过货币市场均衡的机制也得到增加,两国消费有正相关关系。另一方面本币贬值产生的支出转换效应使得世界需求从外国产品转向本国产品,使得本国产出增加外国产出减少,也就是说两国的产出有负相关关系。

但是如果存在 PTM($s>0$),结论则反过来了。由于汇率传递率下降,货币冲击对外国消费的影响减弱而对本国消费的影响加剧,在极限的情形($s=1$),本国消费变动率完全等于本国货币变动率,所以 PTM 降低了货币冲击对消费的国际传导。另一方面,本国货币供给增加将同时增加两个国家的产出,因为 PTM 的存在(特别是 PTM 程度高的情况下)使得汇率对两个国家消费者所面对的相对价格的传递率降低,支出转换效应变小,所以本国货币扩张也增加了外国的产出,即 PTM 的存在增加了国家间产出的正相关。

最后对货币冲击的福利分析结果表明,由于 PTM 的存在,一个国家可以通过未被预期到的货币扩张来改善贸易条件,这增加了本国的消费和福利。而外国的消费增加较少,产出增加较多,所以外国的福利恶化。因此未被预期到的货币扩张是"以邻为壑"的货币政策。

Corsetti 和 Dedola(2005)认为 PTM 的存在并非是由于粘性价格而是因为分销部门的存在。即使是在价格充分弹性的情况下,尽管两国有相同的替代弹性偏好,由于分销部门的存在(即把贸易品变成消费品需要一定的非贸易品),在不同市场上将有不同的需求弹性,所以在市场分割的前提下,厂商将在不同市场设定不同的价格,也就是说存在 PTM。同样,在两国框架下的一般均衡分析结果表明:汇率和贸易条件波动比基本面的波动要大,名义汇率和实质汇率正相关,同时名义贬值意味着贸易条件恶化。

(二)汇率不完全传递与货币政策

在国际金融领域,对不同的汇率制度的选择是一个重要问题。现实中采取固定汇率制度以及浮动汇率制的国家都很多,也有一些国家采取中间汇率制度。理论上,当一个国家受到真实冲击而要求相对价格调整时,由于汇率变动可以迅速影响相对价格,所以浮动汇率制度是更优的选择,而固定汇率制度则给货币当局施加了很强的货币纪律,进而增加了一个国家的货币稳定性。所以两种汇率制度各有自己的优点和缺点。弗里德曼(Friedman,1953)指出,如果价格是完全弹性的,那么固定汇率制度和浮动汇率制度是等价的。但是在价格调整缓慢的情况下,浮动汇率使得名义汇率可以立即调整从而相对价格可以迅速调整,所以浮动汇率制度复制了弹性价格系统。这意味着开放经济的最优货币政策要求汇率浮动。然而,在汇率不完全传递的条件下,汇率变动对相对价格的影响可能有限,弹性汇率制度不再是最优的选择。所以在汇率完全传递和不完全传递的情况下,中央银行考虑损失函数可能得出不同的最优货币政策选择。

最优货币政策取决于福利函数,而当汇率传递不完全时福利函数直接受到汇率变动的影响,这样最优货币政策就受到汇率传递率的影响,汇率传递率的不同决定着最优货币政策是否要考虑汇率变动这个因素。在两国模型的框架下,Sutherland(2005)研究了汇率不完全传递对最优货币政策和汇率政策的影响,模型的三个重要假设是产品价格是部分弹性的,效用函数和劳动力供给的关系采用更一般的形式以及消费者有本国产品偏好。福利定义成国内国外生产者价格和名义汇率的二阶矩的函数,汇率的二阶矩依赖于汇率传递率、经济的大小和开放度以及劳动供给弹性。当汇率传递是完全的,福利与汇率二阶矩无关,本国最优的政策是稳定国内生产者价格。但是当汇率传递是不完全时,福利依赖于汇率的方差。当劳动力供给是弹性的并且外国价格稳定时,则汇率波动的减小增加将导致本国福利的提高下降。如果劳动力供给是无弹性的并且外国价格不稳定,那么汇率波动的增加可能导致本国福利的提高。汇率波动对福利的影响程度依赖于汇率传递程度和本国的大小和开放度。

Devereux(2001)则在小国开放经济框架下,利用动态一般均衡模型研究货币政策规则,模型假设开放经济小国存在两个部门,贸易品部门和非贸易品部门,非贸易品由非贸易品部门的资本和劳动力生产,而贸易品由贸易品部门的资本和劳动力以及进口品共同生产。贸易品价格满足一价定律,而非贸易品价格存在粘性。假设资本自由流动,世界利率给定。模型得出对于不同汇率传递的国家面对固定汇率制度和浮动汇率制度之间的取舍是完全不同的。在汇率完全传递和汇率不完全传递的情况下,Devereux(2001)比较了一系列与固定汇率相容的货币政策(名义汇率盯住和修改的泰勒规则)以及与浮动汇率相容的货币政策(泰勒规则、通货膨胀盯住和非贸易品通货膨胀盯住)。

结果表明,如果汇率传递率高,当面临外部冲击时,货币政策将面对产出波动和价格波动之间的取舍,因为稳定产出的政策要求大的汇率波动,而大的汇率波动导致价格波动也很大。但是如果汇率传递率低,那么就不存在这种取舍,这是因为弹性汇率政策可以通过无抵补的利率平价条件来稳定本国的利率,进而可以稳定本国经济,但是由于汇率传递率低,汇率的波动不会引起高的通货膨胀波动。所以在汇率传递率低的情况下,严格的通货膨胀盯住是更优的政策。由于稳定不可贸易品的通货膨胀可以完全隔离本国内部的货币政策冲击,并且也可以同时隔离外部冲击,所以稳定不可贸易品的通货膨胀是货币当局的最优货币政策。

同样,在小国模型的框架下,Smets和Wouters(2002)研究了汇率不完全传递和最优货币政策,不同于其他文献使用无限生命期模型,作者假设消费者每期都有一定的死亡概率,因此引入了世代交叠模型。模型假设最终消费品是本国产品和外国产品的组合,产品间有常数替代弹性。本国产品的生产需要本国劳动力和一定比例的外国进口品投入,本国产品可用于消费和出口。进口部门进口同质的产品而把它转换成有一定差异的产品,并假设本国生产部门和进口部门每期只有一定比例的厂商可以改变价格,价格粘性导致汇率对进口品的消费价格的传递是不完全的。由于进口价格和国内价格同时粘性,所以不可能复制弹性价格的结果。在考虑最优货币政策时,不同于其他文献识别中央银行的损失函数是产出缺口和通货膨胀的二次型函数,Smets 和 Wouters(2002)假设中央银行最小化交错价格调整的福利成本,因此最终中央银行的目标函数是国内价格和进口价格通货膨胀方差的加权平均。结果,最优货币政策不再是稳定国内价格,而是面临国内通货膨胀和进口价格通货膨胀之间的取舍。①

值得注意的是,进口产品不仅仅只是最终消费品,汇率影响国内厂商价格的直接通道是汇率通过影响中间进口品价格。当进口商品进入国内厂商的生产函数时,边际成本依赖于中间进口品的价格。这是汇率影响小国开放经济的一个重要通道。McCallum 和 Nelson(2000)及 Devereux(2001)考虑了这一通道如何影响最优货币政策。而进口价格对总消费指数的影响依赖于经济的开放度和消费品的本国偏好程度。显然,在一般均衡框架下,汇率与价格之间的关系不仅依赖于价格设定者对汇率变动的最优反应,也依赖于模型的结构和冲击来源(Amber 等,2003)。

对最优货币政策的研究中,通常都假设汇率传递是外生的,而没有考虑货币政策对汇率传递的影响,但是汇率传递程度可以内生于货币政策制度(Taylor,2000;Gagnon 和 Ihrig,2004)。Devereux 和 Yetman(2002)发展了一个模型解释通货膨胀环境和汇率传递之间的联系,得出在较低及稳定的通货膨胀环境下,厂商不会频繁调整价格,这意味着如果有一定比例的厂商采取 LCP,那么短期有较低的汇率传递率。最近的一些文献就是在新开放经济宏观经济学的框架下研究价格设定的货币选择(即 LCP 还是 PCP),这样汇率传递程度内生于宏观经济政策。最优价格设定的货币选择依赖于以下一些因素:出口厂商在国外市场上的份额(Bacchetta 和 Van Wincoop,2005),外国商品和本国商品的替代程度(Goldberg 和 Tile,2005)等。Bergin 和 Feenstra(2001),Gust 和 Sheets(2006)假设消费者有 CES 效用函数,因此厂商面对的需求弹性依赖于竞争产品的相对价格。在这一模型中,当竞争品价格为常数时,出口厂商提高价格将导致需求更具弹性,这引起成本加成的降低。因此出口厂商最优的行为是通过调整成本加成吸收部分汇率变动从而汇率对进口价格的传递是不完全的。

较近地,Devereux 等(2004),Corsetti 和 Pesenti(2005)同时考虑了汇率传递对货币政策的影响和货币政策对汇率传递的影响,将汇率传递内生化。Devereux 等(2004)得出一个国家如果采取通货膨胀盯住的货币政策,那么外国出口厂商将更有动力按进口国货币定价(LCP),这样就稳定了进口价格,进一步稳定了国内价

---

① 此外,Adolfson 等(2005,2007),Corsetti,Dedola 和 Leduc(2007),Gagnon 和 Ihrig(2004),Monacelli(2005),Obstfeld(2002),Smets 和 Wouters(2003)等一些文献都是在考虑汇率不完全传递下的货币政策这一方向上的拓展研究。

格,从而使得国内出口厂商更多选择本国货币定价,结果外国价格水平更加不稳定。所以,货币政策对汇率传递有很强的影响,而很多文献没有考虑汇率传递程度和货币政策之间的相互影响,因此可能导致结果出现偏差。

五、总　结

汇率传递是国际经济学中的一个重要研究领域。早期的研究采用局部均衡模型,在汇率外生的条件下研究汇率如何影响贸易品价格。文献主要从微观需求面或供给面分析造成汇率不完全传递的原因。此外产品的市场结构、不完全替代性、跨国公司内部交易和非关税壁垒及宏观层面的因素也被认为是导致汇率不完全传递的可能原因,得到了相应的研究。从这些研究可以看出,汇率传递依赖于市场结构以及其他很多因素,而不同的国家这些因素都有所不同,同时,所有因素的重要程度也有所不同。所以,对不同的国家应该建立不同的模型进行分析。

近期更多的研究强调汇率不完全传递对宏观经济层面的影响。研究方向为:在一般均衡框架下引入汇率不完全传递来解释一些宏观经济变量(如通货膨胀、消费、产出)的波动特性,或者在汇率不完全传递的条件下研究最优货币政策制定和货币政策对汇率传递率的影响以及他们之间的相互关系。研究主要是在新开放经济宏观经济学框架下采用两国模型或者小国模型进行的。在考虑了汇率不完全传递因素后,这类文献所得出的关于宏观经济变量波动以及最优货币政策的结论与传统的假设一价定律成立的蒙代尔—弗莱明模型及 Obesfeld 和 Rogoff(1995)模型得出的结论有显著差别。

可以说对汇率不完全传递的理论研究已经比较深入。但是,在这一领域仍然有一些问题值得继续探讨。比如,由于对不同的进口产品一般有不同的汇率传递率,因此进口产品结构的变化可能导致汇率对总体消费品价格的传递率的变化,而理论模型可以通过内生化这种演变过程来分析进口产品结构的变化对宏观经济的影响。此外,由于汇率不完全传递对货币政策的影响与特定的制度因素有关,比如价格粘性程度、汇率制度安排等,未来在研究最优货币政策问题时需要将汇率传递与不同制度因素结合起来进行比较研究。最后,由于汇率对价格的传递率至少部分地由宏观因素决定,将宏观因素融入早期微观层面研究也是一个未来努力的方向,这可以丰富和加深人们对汇率不完全传递成因的认识。

参　考　文　献

[1] Adolfson, M., "Monetary Policy With Incomplete Exchange Rate Pass-Through", *Sveriges Riksbank Working Paper* No. 127. 2001.

[2] Adolfson, M., "Incomplete Exchange Rate Pass-Through and Simple Monetary Policy Rules",

Journal of International Money and Finance, 26, 2007, pp. 468—494.

[3] Ambler, S.; Dib, A., and Rebei, N., "Nominal Rigidities and Exchange Rate Pass-Through in a Structural Model of a Small Open Economy", Working Paper 29, *Bank of Canada*, 2003.

[4] Bacchetta, P. and van Wincoop, E. V., "A theory of the currency denomination of international

[5] Trade", *Journal of International Economics*, 67, 2005, pp. 295—319.

[6] Baldwin, R. E., "Hysteresis in Import Prices: the Beachhead Effect", *American Economic Review*, September, 1988, pp. 773—85.

[7] Baldwin, R., "Hysteresis in Trade", *Empirical Economics*, 15, 1990, pp. 127—142.

[8] Baldwin, R. E., and Krugman, P., "Persistent Trade Effects of Large Exchange Rate Shocks", *Quarterly Journal of Economics*, 4, 1989, pp. 635—654.

[9] Bergin, P. R., "How Well Can the New Open Economy Macroeconomics Explain the Exchange Rate and Current Account?", *Journal of International Money and Finance* 25, 2006

[10] Bergin, P. R., and Feenstra, R. C., "Pricing-To-Market, Staggered Contracts, and Real Exchange Rate Persistence", *Journal of International Economics*, 54, 2001, pp. 333—359.

[11] Betts, C., and Devereux, M. B., "The Exchange Rate in a Model of Pricing-to-market", *European Economic Review*, 40, 1996, pp. 1007—1021.

[12] Betts, C., and Devereux, M. B., "Exchange Rate Dynamics in a Model of Pricing-to-Market", *Journal of International Economics*, 50, 2000, pp. 215—244.

[13] Bhagwati, J. N., "The Pass-Through Puzzle: The Missing Prince from Hamlet", *mimeo*, December, 1988, Columbia University.

[14] Branson, W. H., "Comment on Exchange Rate Pass-through in The 1980s: The Case of US Imports of Manufactures by Hooper and Mann", *Brookings Papers on Economic Activity*, 1, 1989, pp. 330—333.

[15] Calvo, G., "Staggered prices in a utility maximizing framework.", *Journal of Monetary Economics* 12, 1983, pp. 383—398.

[16] Carse, S.; Williamson, J. and Wood, G. E., *The Financing Procedures of British Foreign Trade*, 1980, Cambridge, Cambridge University Press.

[17] Chari, V. V.; Kehoe, P. J., and McGrattan, E. R., "Can Sticky Price Models Generate Volatile and Persistent Real Exchange Rates?", *Review of Economic Studies*, 69, 2002, pp. 533—563.

[18] Corsetti, G., and Dedola, L., "A Macroeconomic Model of International Price Discrimination", *Journal of International Economics*, 67, 2005, pp. 129—155.

[19] Corsetti, .G.; Dedola, L., and Leduc, S., "Optimal Monetary Policy and the Sources of Local-Currency Price Stability", NBER 'Conference on International Dimensions of Monetary Policy', 2007.

[20] Devereux, M. B., "Monetary Policy, Exchange Rate Flexibility and Exchange Rate Pass-through", Mimeo, 2001.

[21] Devereux, M. B.; Engel, C., and Storgaard, P., "Endogenous Exchange Rate Pass-Through When Nominal Prices are set in Advance", *Journal of International Economics*, 63, 2004, pp.

263—291.

[22] Devereux, M B. and Charles E., "Expenditure Switching vs. Real Exchange Rate Stabilization: Competing Objectives for Exchange Rate Policy", *Journal of Monetary Economics*. 2007.

[23] Devereux, M. B., and Yetman, J., "Price-setting and exchange rate pass-through: Theory and Evidence", *In Price Adjustment and Monetary Policy: Proceedings of a Conference Held by the Bank of Canada*, November 2002 (pp. 347—371).: Bank of Canada.

[24] Dixit, A., "Hysteresis, Import Penetration and Exchange Rate Pass-through", *Quarterly Journal of Economics*, May, 1989, pp. 205—228.

[25] Dixit, A., and Stiglitz, J., "Monopolistic Competition and Optimum Product Diversity", *The American Economic Review* 67, 1977, pp. 297—308.

[26] Dohner, R. S., "Export Pricing, Flexible Exchange Rates, and Divergence in the Prices of Traded Goods", *Journal of International Economics*, 16, 1984, pp79—101.

[27] Dornbusch, R., "Exchange Rates and Prices," *American Economic Review* 77, 1987, pp. 93—106.

[28] Feenstra, R. C.; Gagnon, J. E. and Knetter, M. M., "Market share and exchange rate pass-through in world automobile trade", *Journal of International Economics* 40, 1996, pp. 187—207.

[29] Fisher, E., "A Model of Exchange Rate Pass-Through", *Journal of International Economics* 26, 1989, pp. 119—137.

[30] Friedman, M., "The Case for Flexible Exchange Rates", in M. Friedman (ed.), *Essays in Positive Ecoomics*, 1953, Chicago: University of Chicago Press.

[31] Froot, K., and Klemperer, P., "Exchange Rate Pass-Through When Market Share Matters", *American Economic Review* 79, September, 1989, pp. 637—654.

[32] Gagnon, J. E., and Ihrig, J., "Monetary Policy and Exchange Rate Pass-Through", *International Journal of Finance and Economics*, 9, 2004, pp. 315—338.

[33] Gali, J., and Monacelli, T., "Monetary Policy and Exchange Rate Volatility in a Small Open Economy", *Review of Economic Studies* 72, 2005, pp. 707—734.

[34] Giovannini, A., "Exchange rates and traded goods prices", *Journal of International Economics*, 24, 1988, pp. 45—68.

[35] Goldstein, M. and Khan, M. S., "Income and price effects in foreign trade", in R. W. Jones and P. B. Kenen (eds.), *Handbook of International Economics*, Vol. II, 1985, pp. 1040—1105.

[36] Goldberg, L. S. and Tille, C., "Vehicle Currency Use in International Trade", *NBER WP* NO. 11127. 2005.

[37] Grassman, S., *Exchange Reserves and the Financial Structure of Foreign Trade*, 1973, England: Saxon House.

[38] Gust, C. and Sheets, N., "The Adjustment of Global External Imbalances: Does Partial Exchange Rate Pass-Through to Trade Prices Matter?", *International Finance Discussion Papers 50*, 2006, Board of Governors of the Federal Reserve System.

[39] Helleiner, G. K. , "Comment on efficiency, equity and transfer pricing in LDCs", in A. M. Rugman and L. Eden (eds.), *Multinationals and Transfer Pricing*, 1985, London: Croom Helm.

[40] Holmes, P. M. , Industrial *Pricing Behavior and Devaluation*, 1978, London: Macmillan.

[41] Kasa, K. , "Adjustment Costs and Pricing-to-Market: Theory and Evidence", *Journal of International Economics*, 1—2, February, 1992, pp. 1—27.

[42] Kravis, I. and Lipsey, R, "Export Prices and the Transmission of Inflation", *The American Economic Review*, 67, 1977, pp. 155—163.

[43] Krugman, P. , "Pricing to Market When the Exchange Rate Changes", *NBER Working Paper* No. 1926, May, 1986.

[44] Isard, P. , "How Far Can We Push the Law of One Price ?", *The American Economic Review*, 67, 1977, pp. 942—948.

[45] Lane, P. R. , "The New Open Economy Macroeconomics: A Survey" ' *Journal of International Economics* 54, 2001, pp. 235—266.

[46] Laxton, D. , and Pesenti, P. , "Monetary Rules for Small, Open, Emerging Economies", *Journal of Monetary Economics*, 50, 2003, pp. 1109—1146.

[47] Marazzi, M. , and Sheets, N. , "Declining Exchange Rate Pass-Through to U. S. Import Prices: The Potential Role Global Factors", *Journal of International Money and Finance*, 2007, pp. 1—24.

[48] Marston, R. , "Pricing to Market in Japanese Manufacturing", *Journal of International Economics*, 29, 1990, 217—236.

[49] Menon, J. , "The Pass-Through Puzzle: A Tale of Two Missing Princes", *Atlantic Economic Journal* 21, 1993, pp. 88.

[50] McCallum, B. T. , and Nelson, E. , "Monetary Policy for an Open Economy: An Alternative Framework with Optimizing Agents And Sticky Prices", *Oxford Review of Economic Policy*, 16, 2000, pp. 74—91.

[51] Mirus, R. and Yeung, B. , "The Relevance of the Invoicing Currency in Intra-Firm Trade Transactions", *Journal of International Money and Finance*, 6 (4), 1987, pp. 449—464.

[52] Monacelli, T. , "Monetary Policy in a Low Pass-Through Environment", *Journal of Money, Credit, and Banking*, 37, 2005, pp. 1047—1066.

[53] Obstfeld, M. , and Rogoff, K. , "Exchange Rate Dynamics Redux", *Journal of Political Economy* 103, 1995, pp. 624—660.

[54] Obstfeld, M. , "Exchange Rates and Adjustment: Perspectives from the New Open Economy Macroeconomics", *Monetary and Economic Studies*, 2002, pp. 23—46 (Special Edition, December).

[55] PSA (Prices Surveillance Authority), "Inquiry Into Effects of Exchange Rate Appreciation on Prices of Consumer Goods", *Report No. 21*, 1989, Canberra.

[56] Richardson, J. , "Some Empirical Evidence on Commodity Arbitrage and the Law of One Price", *Journal of International Economics* 8, 1978, pp. 341—351.

[57] Rotemberg, J. J. , "Monopolistic Price Adjustment and Aggregate Output", *Review of Economic*

Studies, 49, 1982, pp. 517—531.
[58] Shi, J., "Are Currency Appreciations Contractionary in China?", *NBER Working Paper* 12551 September, 2006.
[59] Smets, F., and Wouters, R., "Openness, Imperfect Exchange Rate Pass-Through and Monetary Policy", *Journal of Monetary Economics*, 49, 2002, pp. 947—981.
[60] Smets, F., and Wouters, R., "An Estimated Stochastic Dynamic General Equilibrium Model of the Euro Area", *Journal of the European Economic Association*, 1(5), 2003, pp. 1123—1175.
[61] Sutherland, A., "Incomplete Pass-Through and the Welfare Effects Of Exchange Rate Variability", *Journal of International Economics*, 65, 2005, pp. 375—399.
[62] Taylor, J. B., "Low Inflation, Pass-Through, and the Pricing Power of Firms", *European Economic Review* 44, 2000, pp. 1389—1408.
[63] Yang J. W., "Exchange Rate Pass-through in U. S. Manufacturing Industries", *The Review of Economics and Statistics* 79, 1997, pp. 95—104.

国际金融中心评估指标体系的构建

——兼及上海成为国际金融中心的可能性分析*

胡　坚　杨素兰

摘要：本文在分析影响国际金融中心形成和运行因素的基础上,本着易量化、数据容易获得、简洁和与国际金融中心的形成和运行具有较高相关度的原则,构建了国际金融中心的评估指标体系,然后利用1998—2000年纽约、东京、伦敦、新加坡、香港、汉城、上海和泰国这八个地区与国家的数据,通过回归和参数检验的方法,从实证和统计的角度检验所设计的国际金融中心评估指标体系中的指标对国际金融中心评估的显著性。最后,利用得到的回归模型对上海成为国际金融中心的可能性进行预测和分析,发现目前上海离国际金融中心仍有一定的差距,这个距离主要体现在金融方面。上海能否在短期内成为国际金融中心的关键在于上海的金融业能否迅速发展,提高金融产业的产值占GDP的比重和进一步完善金融市场。

关键词：国际金融中心；评估指标体系；上海

中图分类号：F830.9　**文献标识码**：A　**文章编号**：1000-5919(2003)05-0040-08

一、引　言

构建国际金融中心的评估指标体系对于度量和评估现有的国际金融中心的运作效率,预测其潜力,以及判别新的国际金融中心的产生都是非常有用的。尤其是目前正值我国上海欲建设成为国际金融中心之际,一个好的国际金融中心的评估指标体系不仅可以有助于判别上海是否能成为国际金融中心,而且还可以通过这个体系中指标的度量找出上海和世界其他国际金融中心的差距所在,加快上海成为国际金融中心的步伐。

然而目前这方面的研究数量有限,大多数的文献都是从成为国际金融中心的充分和必要条件这个角度出发研究的。例如张幼文等在《上海国际性金融中心形成的条件和内涵》[1]一文中从国际金融中心的特征和形成的必要条件入手,通过对

---

*　原载于《北京大学学校(哲学社会科学版)》2003年第5期。胡坚,山东滨县人,北京大学经济学院教授。

上海金融市场历史形象和现实地位的分析,对中国经济内在驱动与地区乃至国际外部需求的把握,综合论证了上海成为国际金融中心所具有的独特条件,进而探讨未来的中心定位和开发的思路。王云在《国际金融中心的形成对上海的启示》[2]一文中,也是从国际金融中心形成的条件出发来进行研究,通过对国际金融中心形成的经济实力以及经营环境条件分析,和上海在这两方面的情况对比,得出为将上海建立成为国际金融中心所需要创造的条件。

本文将从一个新的角度出发来对这个问题进行分析。首先对影响国际金融中心形成和运行的因素进行分析,构建国际金融中心的评估指标体系。然后通过回归和参数检验的方法,从实证和统计的角度检验这些指标对国际金融中心评估的显著性,并且利用得到的回归模型对上海成为国际金融中心的可能性进行分析。

二、影响国际金融中心形成和运行的因素分析

国际金融中心一般被定义为金融机构和金融市场聚集、有实质性的金融活动发生的城市。影响一个地区能否成为国际金融中心的因素很多,如历史文化因素、地理因素和人才因素等,但是一般而言,影响一个地区能否成为国际金融中心的最主要的因素有三个:经济因素、金融因素和政治因素。

(一) 经济因素

根据国际金融中心创立条件的理论,一个地区如果有强劲增长的本地经济或者周边经济快速增长,就会产生旺盛的资金需求,从而有高的投资回报率吸引国际资本的流入。因此,高水平的本地或周边经济增长率是国际金融中心发展的一个有利条件。

同时,根据需求反应金融体系的理论,金融体系的发展是对经济增长的自动反应,经济增长越快,企业对外部资金的需求就越大,对金融中介的需求也就越大;尤其是在经济增长很快,同时各部门间的增长率差异较大时,金融中介在不同部门之间资金转移的作用就越重要。由此可见,经济的快速增长会产生对金融产品的巨额需求,促进金融市场的发展,因此经济因素是影响国际金融中心形成的一个非常重要的因素。在建立国际金融中心评估指标体系时,必须把反映经济,尤其是反映经济增长快慢以及与投资额相关的指标考虑进来。

(二) 金融因素

金融因素可以说是影响一个地区成为国际金融中心最重要的因素。从国际金融中心的职能看,它是一个国际资金筹集和供给的聚集地,许多资金之所以会到这个地方来,是因为在这里资金的使用成本低、效率高,能获得较高回报。相应地,这对金融市场的发展水平、国际化水平和运行的效率就会有较高的要求,否则就无法

实现资金使用的低成本和高效率的目标。所以一个地区要想成为国际金融中心必须具备较高的金融发展水平。

此外,从现有的国际金融中心的特征,也可以观察到国际金融中心对一个地区金融水平的要求。无论是全球性的国际金融中心,如纽约、伦敦、东京,还是区域性的金融中心,如中国香港地区、新加坡,都具有以下特征:

(1) 金融制度完备。即涉及金融交易、监管、司法以及信息流通的规范体系得到确立,能够保障金融市场与金融机构井然有序地发展。

(2) 金融产品齐全,金融创新不断。有世界三大国际金融中心之称的伦敦、纽约和东京一直以金融创新不断而闻名。在1995年10月29—31日召开的上海市长国际企业家咨询会议上,伦敦历史悠久的富林明国际投资银行提交了一份题为《伦敦——全球性的国际金融中心》的系统报告。报告中指出伦敦作为国际金融中心的九大特点之一就是传统经验和金融创新的结合,首次公募债券的发行、欧洲债券和多种金融衍生产品与掉期业务、国营企业重组与上市的概念、国际存托凭证的发明等金融创新的诞生地都在伦敦。

(3) 与金融服务相匹配的设施先进完备。目前几乎所有的国际金融中心的通信、网络设备都十分发达。例如,伦敦金融城有四条光缆,可以确保任何时候都能够满足更快、更清晰、更高流量的需要。

(4) 金融机构云集。大量国内外金融机构汇聚其中,成为金融市场的活动主体和结构主体。

(5) 金融交易活跃。资本管制的全面放开、便利畅通的投资及交易场所吸引并促进了金融市场的规模扩展和投资流动。

(6) 金融人才充沛。大量集中的市场拥有大批专业化的人才,而活跃的市场和不断创新的交易产品及其技术又不断培育出新的专业化人才。

由此可见,在建立国际金融中心评估指标体系时,反映一个地区金融发展水平的指标是必不可少的。

(三) 政治因素

除了经济因素、金融因素外,影响国际金融中心形成的另一重要因素是政治因素。国际金融中心往往云集了许多跨国公司、跨国银行,因而常常涉及资金转移的问题,这就涉及政治稳定性的问题。因此在构建国际金融中心的评估指标体系时,必须包括反映一个地区政治稳定的指标。

三、国际金融中心评估指标体系的构建

由上述影响国际金融中心形成和运行的因素分析可见:本文所要构建的用于评估

国际金融中心的指标体系应该包括以下三组指标:经济指标、金融指标和政治指标。[3]

此外,本着易量化、数据容易获得、简洁和与国际金融中心的形成和运行具有较高相关度的原则,我们共选取了三组共 22 个最能反映一个地区经济、金融和政治状况并且与国际金融中心的形成和运行具有较高相关度的指标,如下所示:

(一) 经济指标

(1) GDP 增长率
(2) 投资比率 = 投资额/GDP

(二) 金融指标

金融指标包括三个方面的指标:
1. 金融发展水平的指标
(1) 金融部门产值/GDP
(2) 金融创新数量
(3) 银行等金融机构的资产总额
(4) 银行等金融机构的负债总额
(5) 金融业的电子化程度
(6) 金融的稳定性
主要相关国的短期利率变动
主要相关国的汇率变动
主要相关国与本地有关的贸易政策变动
主要相关国的股市股价变动
主要相关国对本地投资的变动
(7) 金融从业人员占全部就业人员的比例
2. 金融国际化指标
(1) 外资银行占银行总数的比例
(2) 银行等金融机构外币存款与本币之比
(3) 银行等金融机构海外存款与存款之比
(4) 外汇市场日均交易量
(5) 外汇自由兑换程度
(6) 国际资本流入量
(7) 国际资本流出量
3. 金融市场发展程度指标
(1) 金融市场的种类
(2) 金融市场的容延度
绝对容量:日/月/年均交易量

相对容量＝每一金融市场的规模/国民生产净值

（3）金融市场的广延度（金融市场的种类、金融产品的种类、金融中介的数量、投资者和筹资者的数量）

（4）金融的成熟程度

金融市场特定市场参与者交易量所占市场份额

金融市场环境规范化程度

每一金融市场自动调节、克服危机的能力

每一金融市场的交易成本

（5）金融市场的信息透明度

（三）政治指标

通常情况下用于度量一个地区的政治稳定性的指标有：政权交替的可能性、与邻国的关系、民众暴动、罢工的可能性、抵制外货、政府政策变化等的可能性，然而要想将这些指标量化非常困难，因此在这里不使用这些指标，而是采用国际上著名的评级机构，如标准普尔、穆迪公司等的政治风险评级来对一个地区的政治指标进行衡量。

四、利用回归的方法对这些指标对国际金融中心的形成影响进行实证分析

（一）对国际金融中心评估指标体系的简化

尽管在构建国际金融中心评估指标体系时，本文是本着易量化、数据容易获得、简洁和与国际金融中心的形成和运行具有较高相关度的原则进行，但是由于某些指标虽然难于量化但是却非常重要，如金融市场的规范程度、金融市场的透明度等；有些指标虽然可以量化但是数据却不容易获得，如金融创新的数量、金融产品的数量等，因此在进行回归之前，必须将某些不易量化但是可以用虚拟变量来表示的品质变量数量化，将那些不能通过虚拟变量表示的品质变量以及难于获得但将其去除对整个评估体系不会造成本质上影响的变量剔除。

将这些变量剔除后，整个国际金融中心评估指标体系就被简化如下图1所示，下面将根据简化后的国际金融中心评估指标体系来进行回归模型的建立。

（二）模型的建立和虚拟变量的设定

以一个地区是否为国际金融中心，如果是国际金融中心是全球性的还是区域性的这一变量为因变量，记为 Y；以该国际金融中心所在国的 GDP 增长率、投资比率、金融部门产值/GDP、股票投资额/GDP、金融市场的成熟程度、透明度和政治风

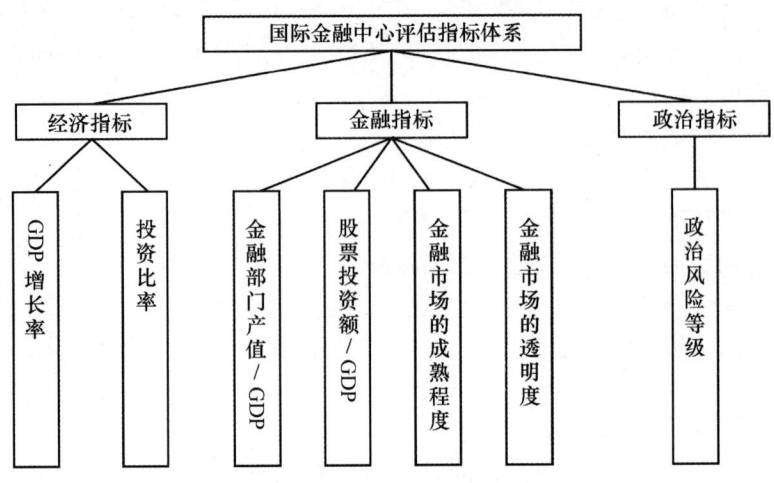

图 1　简化后的国际金融中心评估指标体系图

险等级作为自变量,分别记为 X_1、X_2、X_3、X_4、X_5、X_6、X_7,建立回归模型,如下所示:

$$Y = \beta_0 + \beta_1 X_1 + \beta_2 X_2 + \beta_3 X_3 + \beta_4 X_4 + \beta_5 X_5 + \beta_6 X_6 + \beta_7 X_7$$

其中,Y、X_5、X_6都是虚拟变量,其取值分别如下所示:

$$Y = \begin{cases} 0 & \text{非国际金融中心} \\ 1 & \text{区域性国际金融中心} \\ 2 & \text{全球性国际金融中心} \end{cases}$$

$$X_5 = \begin{cases} 1 & \text{非常不成熟(新兴市场)} \\ 2 & \text{比较成熟} \\ 3 & \text{非常成熟} \end{cases}$$

$$X_6 = \begin{cases} 1 & \text{非常不透明(新兴市场)} \\ 2 & \text{比较透明} \\ 3 & \text{非常透明} \end{cases}$$

X_7直接采用 ICRG 风险等级的打分值来度量。

(三) 数据的选择

本文采用 1998—2000 年纽约、东京、伦敦、新加坡、香港、汉城、上海和泰国的数据进行回归。在数据的选取上,GDP 增长率、投资比率采用的是地区所在国的 GDP 增长率和投资比率。① 此外,本文所选取的数据全部来自《国际统计年鉴》和《上海统计年鉴》,而有些国家和地区某些年的数据不存在,在此采用其 1994—2000 年这六年间可得的三年数据代替,由于这些国家/地区近年来,经济没有很大

---

① 这是合理的,因为根据国际金融中心的形成条件理论,国际金融中心所在国以及周边地区的经济对其都有影响。

和很特别的事件和变化发生,所以这种替代对结果不会产生实质性的影响。对于某些地区某些年份某项数据的缺失,则采用其他年份的平均值代替。

经过处理后数据如表1[①]所示:

表1 1998—2000年纽约、东京、伦敦、新加坡、香港、汉城和上海的各指标面板数据

地区	年份	GDP增长率%	投资比率%	金融部门产值/GDP	股票投资额/GDP	金融市场的成熟程度	金融市场的透明度	政治风险等级[②]
纽约	1998	4.3	21.7	27.98	151.1	3	3	82
	1999	4.1	21.2	28.58	202.9	3	3	82
	2000	4.1	20.3(1997)	27.14(1997)	323.9	3	3	82
东京	1998	-1.6	27.6	17.9	24.9	2	3	83.8
	1999	0.7	27	18.11	42.5	2	3	83.8
	2000	2.2	29.0(1997)	18.95	55.6	2	3	83.8
伦敦	1998	3	19.2	22.87(1994)	82.8	3	3	83.5
	1999	2.1	19	22.27(1995)	95.6	3	3	83.5
	2000	3	19.4		129.7	3	3	83.5
香港	1998	-5.3	34	15.34	126.4	2	2	79.3
	1999	3	27.4	14.04	154.1	2	2	79.3
	2000	10.5	30.2	14.33	232.3	2	2	79.3
新加坡	1998	-0.1	37.6	30.76	61.3	2	2	90.5
	1999	6.9	34.1	30.47	115.4	2	2	90.5
	2000	10.3	33	29.3	99.2	2	2	90.5
上海	1998	7.8	37.4	12.52(2001)	20.1	1	1	73.8
	1999	7.1	37.1	12.52(2001)	38.1	1	1	73.8
	2000	8	36.2	12.52(2001)	66.8	1	1	73.8
汉城	1998	-6.7	22	19.46	43.5	1	1	78
	1999	10.9	25.7	19.74	180.3	1	1	78
	2000	9.3	25.5	19.09	121.3	1	1	78
泰国	1998	-10.5	18.8	7.85	18.5	1	1	70
	1999	4.4	19.3	6.05	33.5	1	1	70
	2000	4.6	20.9	23.55	19	1	1	70

资料来源:根据2001《国际统计年鉴》表9)—36;2002《国际统计年鉴》表4)—6、4)—10、4—13;2002《上海统计年鉴》表1.1、1.2和2001《世界发展指标》P276中的数据整理得到[4][5][6]。

(四) 回归及结果分析

用SAS对表1中的数据进行回归,结果如表2所示:

---

① 表1括号中的数据表示该指标数据的来源年份(由于有些年份数据缺失,在不影响结果的前提下,这里采取替代的方式来处理)。

② 由于数据来源所限,各国各地区各年的政治风险等级采用的都是2000年ICRG风险评级数据(来源:《2001世界发展指标》)。

表 2　回归结果

变量	系数	T 值	P 值	
常数项	-1.0	-Infty	<0.0001	
GDP 增长率	6.26348E-17	Infty	<0.0001	
投资比率	-5.2722E-17	-Infty	<0.0001	R^2 square = 1
金融部门产值/GDP	-2.2533E-16	-Infty	<0.0001	ADj^{2}Rsq = 1
股票投资额/GDP	-1.9584E-17	-Infty	<0.0001	
金融市场的成熟程度	4.26554E-15	Infty	<0.0001	
金融市场的透明度	1.0	Infty	<01 0001	
政治风险等级	2.21024E-16	Infty	<01 0001	

因为 R-square = 1，ADj^{2}Rsq = 1，并且各变量系数检验的 P 值都小于 0.0001，因此无论是对整个模型检验还是对单个变量检验，都是显著的，模型中的自变量对因变量具有较强的解释能力，所以简化后的模型是合理的，用此模型来判断一个地区能否成为国际金融中心和评价国际金融中心运行的效率是有效的。后文将用这个模型来对上海成为国际金融中心的可能性进行分析。

五、上海成为国际金融中心的可能性分析

上海——这个在 20 世纪 30 年代曾是远东国际金融中心的古老城市，在中国改革开放 20 年经济腾飞之际有再度成为国际金融中心的可能。随着中国改革开放步伐的加速，资本市场的改革，金融制度的不断完善，上海正逐步向国际金融中心的理想迈进。然而，它离理想的国际金融中心究竟有多大差距？这是一个需要回答的问题。目前，国内关于这方面的研究文献不多，正如引言中指出的，更多的学者是从质的方面分析这个问题，或者说是从成为国际金融中心的充要条件这一角度分析，而很少进行量化的分析。本文将在这方面进行尝试。

利用上面得到的回归模型，我们利用 1996—2001 年这六年上海 GDP 增长率、投资比率、金融部门产值/GDP、股票投资额/GDP、金融市场的成熟程度、透明度和政治风险等级这七方面的数据（如表 3 所示）的平均值来对上海能否成为国际金融中心进行预测。

表3 1996—2001年上海各项指标的数据

年份	GDP增长率%	投资比率%	金融部门产值/GDP	股票投资额/GDP	金融市场的成熟程度	金融市场的透明度	政治风险等级
1996	15.78	67.26	7.11	25.52	1	1	73.8
1997	9.76	48.85	8.55	31.61	1	1	73.8
1998	9.65	53.27	9.41	37.3	1	1	73.8
1999	12.79	46.02	10.35	41.52	1	1	73.8
2000	8.78	41.08	11.38	46.76	1	1	73.8
2001	10.2	40.29	12.52	70	1	1	73.8
均值	11.16	49.461667	9.88667	42.1183333	1	1	73.8

资料来源:根据2002年《上海统计年鉴》表2.1、表6.1和表9.1中的数据和2001《世界发展报告》P274的资料整理得到[6][7]。

根据第四部分回归模型的结果和1996—2001年这六年来上海各项指标的均值进行预测,得到的 Y 值为 1.56×10^{-14},这个值介于0和1之间。由前面对虚拟变量 Y 的定义知:

$$Y = \begin{cases} 0 & 非国际金融中心 \\ 1 & 区域性国际金融中心 \\ 3 & 全球性国际金融中心 \end{cases}$$

由此可见:目前上海处于非国际金融中心和区域性国际金融中心之间,离区域性的国际金融中心还有一定差距,离全球性国际金融中心的差距则更大。因此上海如果要建立成国际金融中心,一开始应该是区域性的。此外,通过对比表1和表3可知:和现有的国际金融中心如纽约、东京、香港等相比,上海的经济增长率还是很高的,政治也比较稳定,这两方面都是符合建立国际金融中心的条件,其差距主要在于金融方面的因素,有以下三点:

(1) 金融部门①产值/GDP 和股票投资额/GDP 的比例较低,现有的国际金融中心的这两个指标平均是上海的四倍。

(2) 上海的金融市场的成熟程度较低。

(3) 上海的金融市场的透明度不够。

因此,上海要成为国际金融中心应该加强金融体系方面的建设,努力提高金融部门的发展和股票市场的建设,增加金融市场的透明度,逐步完善金融市场。

六、结 论

综上所述,国际金融中心的形成和运行效率可以由本文在第三部分中构建的

---

① 这一列数据是根据2001年12.52%的比率,每年以10%增长的比率估计得到的,和表1中的不同,表1由于只有3年就直接用2001年的数据估计。

3组共22个指标的国际金融中心的评估指标体系来评估,也可以由第四部分中提出的简化后的国际金融中心的评估指标体系来评估,因为后者虽然包括的指标较少,但是其在统计上是显著的。根据本文提出的简化后的国际金融中心的评估指标体系对上海1996—2001年这六年的平均指标的评估,可知目前上海离国际金融中心仍有一定的差距,这个距离主要体现在金融业方面:上海的金融市场仍不够成熟,金融产业的产值占GDP的比重仅是现有的国际金融中心的比重的1/4,同时,金融市场的透明度不够。因此,上海能否在短期内成为国际金融中心的关键在于上海的金融业能否迅速发展,提高金融产业的产值占GDP的比重,进一步完善金融市场和金融体系。

参 考 文 献

[1] 张幼文等.上海国际性金融中心形成的条件和内涵[J].学术季刊,1996(4).
[2] 王云.国际金融中心的形成对上海的启示[J].上海综合经济,1996(4).
[3] 胡坚.建立国际金融中心评估指标体系的基本设想[J].经济科学,1995(2).
[4] 张塞.国际统计年鉴2002[R].中国统计出版社,2003.
[5] 张塞.国际统计年鉴2001[R].中国统计出版社,2002.
[6] 上海市统计局:上海统计年鉴2002[R].中国统计出版社,2003.
[7] 世界银行发展数据小组.2001世界发展指标[M].中国财政经济出版社,2002.

The Building up of a Valuation Indicator System of International Financial Centre

HU Jian　YANG Sulan

Abstract: Firstly, this paper focuses on building up a valuation indicator system which is according to the principle of easily quantification, available data, simplification and highly correlation with the performance and formation of international financial centre and is based on analysis of factors that influence the formation and performance of international financial centre. Secondly, from the point of view of positivism and statistics, it uses the datum coming from new York, Tokyo, London, Singapore, Hong Kong, Seoul, Shanghai and Thailand to test the notable result of the indicators of designed international indicator valuation system to the practice of valuation by method of regression and coefficient test. Lastly, it uses the regression model to predict and analyse the possibility of Shanghai becoming an international financial centre and find out that there are some distances between shanghai and other international financial centres. The distances mainly dwell in the financial sector. The key factors that decide if shanghai become an international financial centre in the short run are the fast development of financial industry, increasing the proportion of the output value of financial industry in the total GDP and further perfection of financial market.

Key words: international financial centre; valuation indicator system; Shanghai

货币化、货币流通速度与产出

——扩展的 CIA 约束与中国经验*

赵留彦

摘要:结合中国改革以来经济制度变革的经验特点,本文从两个方面扩展了现金先期(CIA)约束。第一,设定消费品和资本品受货币先期约束的比例取决于货币化和信用化的发达程度;第二,消费间隔和货币持有间隔可能并不一致,货币交易频率受通胀影响。从而能够在贴近中国现实的动态一般均衡框架下分析实际冲击与名义冲击对货币流通速度和产出的影响。扩展的模型中货币化和信用化对货币需求的影响理论上并不确定,通胀率的上升也并不必然导致投资减少或者货币需求下降。这有别于局部分析甚至传统 CIA 模型的结论。根据模型的经验含义,本文对向量自回归模型施加长期约束以考察结构性冲击——通胀冲击、制度冲击与技术冲击——的影响。模型基本结论得到了改革以来中国时间序列数据的经验支持。

关键词:货币化;CIA 约束;结构向量自回归

一、引　言

我国改革以来货币存量快速增长,而通胀率却一直保持在相对低的水平。对此存在多种解释,从货币化以及由此引起的货币流通速度下降角度的解释似乎较广泛为人们接受(易纲,1996)。传统货币需求理论将收入、通胀率和利率同时作为决定货币需求和流通速度的基本因素。例如 Baumol(1952)的模型中,流通速度即被设定为真实收入和名义利率的函数,名义利率的上升增加了持币成本,给定收入不变这将减少货币持有量从而降低流通速度。在 Friedman 和 Schwartz(1963, p. 639)的经典文献中,货币被视作"奢侈品",即货币的收入弹性大于1,收入增长会导致货币需求更大幅度的增长。Bordo 和 Jonung(1987, Ch. 4)的经验研究也设定流通速度是以上变量的函数,同时他们认为影响金融深化的制度因素同时对货币流通速度具有显著的影响。

多数关于流通速度的经验研究依赖于传统的货币需求方程,而很少在一般均

---

* 原载于《经济研究》2006 年第 9 期。

衡框架下讨论流通速度的决定以及货币和真实部门的交互作用。传统的 Clower (1967) 类型的现金先期约束(cash-in-advance, CIA) 模型中一般认为货币流通速度独立于货币增长率。例如 Lucas (1980) 模型中抽象掉投资品而仅考虑消费品,得到常数流通速度的结论；Stockman (1981) 尽管考虑了资本积累,然而其仍然假定仅有消费品的购买需要货币预付,结论认为此时货币是超中性的,货币增长速度不会影响流通速度。进一步地,即是所有资本品的购买也需要货币预付,货币流通速度仍为常数。Lucas 和 Stokey (1987),Hamilton (1989) 将商品分为两类,一类需用货币购买而另一类则用信用购买,通胀率以及交易技术的变动将影响货币成本以及两类商品的相对价格,从而会影响到货币的流通速度。Palivos 等 (1993) 进一步将商品分为消费品和投资品。假定消费品的购买全部需要货币,投资品购买却部分可用货币而部分可通过信用。以此考察影响流通速度的名义和实际因素。

本节在动态一般均衡框架中讨论货币流通速度以及产出的变动。结合中国改革以后的经验特征,将传统的 CIA 约束加以扩展以在模型中引入货币。扩展的约束在两个方面有别于传统约束条件。

首先,设定仅有部分(ψ 比例)消费品和部分(θ 比例)投资品需要使用货币交易或者说受限于 CIA 约束,而 ψ 和 θ 的大小取决于货币化和信用化程度。在中国传统农业社会中,农民相当大部分的生活和生产活动是自给自足的,使用货币的交易行为相对较少。中国传统计划经济中,国有企业能源、原材料等投资大量通过政府物资调拨方式进行。① 城镇居民住房和其他日用消费品则很大比例通过实物补贴手段发放。改革以来市场经济体制正在确立,而计划经济的成分在持续减少；农业在经济中的比重也迅速下降②,即使在农村社会中市场交易也正在替代自给自足行为。所以改革之后伴随着市场经济制度的逐步确立,中国经济的货币程度显著上升了,这种货币化进程促进了 ψ 和 θ 的上升。③ 然而另一方面,最近二十年来随着金融创新,流动性较好的新的金融产品(例如债券、股票、基金以及短期票据)不断出现,这增加了投资品种的选择,在一定程度上形成对货币价值储藏功能的替代；经济的稳定增长以及金融中介竞争行为还促进了信用交易(例如商业汇票、信用证、信用担保)的推广,这则形成了对货币交易功能的替代。④ 以上逆向影响货币需求的因素可简称为"信用化"。与货币化相反,信用化则可能促使货币流通速度上升。由于信用化主要发生在投资品领域,假定仅有投资品货币交易比例 θ 受信用化的逆向影响。货币化和信用化程度的变动可统称作"制度冲击"。如果 ψ

---

① 尽管这并不排除企业间的货币交易行为,然而这一般以远低于市场价格的方式进行。
② 2003 年三次产业在国民收入中所占的比重对于改革之初有很大不同,农业在 GDP 中的比重由 1978 年的近 30% 降至 2003 年的 15%。
③ 这将使得货币的交易需求相对于收入增长更快,或者说会导致流通速度下降。这一点常被用于解释为什么改革以来快速的货币增长并没有导致高通胀(易纲,1996)。
④ 现金管理技术的进步(例如银行卡的推广)也能促使人们优化和减少现金持有。

和 θ 均恒为常数 1,或者 ψ 恒为 1 而 θ 为 0,这便回复到传统的 CIA 约束(Stockman, 1981)。

其次,假定消费间隔和货币持有间隔可能并不一致。即一定时间内货币可能多次交易以促成更多消费和投资。$\tau(>0)$ 表示货币的交易频率,该频率受通胀率影响,通胀上升时持有货币的成本变大,人们将减少货币持有量和持有时间,从而交易更加频繁。如果 τ 恒为常数 1,这也回复到传统的 CIA 约束。

扩展后的模型能够在贴近改革以来中国经济现实的一般均衡框架内研究货币流通速度和产出的变化,或者说货币、制度、生产技术等方面的冲击对流通速度和产出的影响。理论模型的结论包括以下几点:第一,技术进步会促进投资、产出以及货币需求增长,然而在 C-D 生产函数或者哈罗德中性技术进步条件下,进步变动并不影响稳态货币流通速度。第二,信用化程度提高的直接效果是减少货币需求,不过它同时也会增加投资和消费从而可能间接增加货币需求,这样其对货币需求的总体影响并不确定。一般而言,如果消费品市场的货币化程度较高,则信用化程度提高将增加货币流通速度。第三,在一般均衡模型中,综合考虑到货币化对投资和产出的间接影响时,其对货币需求的影响理论上并不确定。这与传统局部均衡分析的观点相反,传统观点过分强调了货币化导致货币需求增加的直接效应。第四,考虑到通胀对货币交易频率的影响时,通胀率的上升并不必然导致货币需求的下降。通胀对产出和流通速度的影响也取决于交易频率的变化。这也有别于局部分析以及传统 CIA 模型的结论(Stockman,1981)。

本文使用改革后 1985 年以来二十年的季度数据,构造向量自回归模型(SVAR)考察通胀率、产出和 M1 流通速度之间的经验关系。经验事实较好地验证了理论模型的结论。其中技术进步显著促进了产出增长,其对产出水平具有"驼峰状"效应——在初始两年内稳步增大,以后有所回落并趋于平稳。技术进步尽管长期不影响流通速度,短期却会缩减流通速度,这意味着 M1 具有奢侈品(luxury goods)特征,即收入增加时 M1 需求的增幅更大。较高的通胀总体上会导致社会福利的降低,因为它总体上降低了投资收益和投资率,从而抑制了产出增长,即存在"逆向 Tobin 效应"(reverse Tobin effect)。通胀也使得流通速度上升,表明现实中人们的持币行为对通胀率较为敏感,从而通胀上升时货币交易频率明显增大。经验结果还表明,正向制度冲击(货币化或信用化程度提高)总体上导致产出增长、流通速度上升。这可能是由于中国消费品相对于资本品的市场化和货币化开始得更早,完成得也更彻底。

第二部分为扩展的 CIA 约束模型,通过模型的稳态和比较静态特征论证技术、制度和通胀冲击对投资、产出和流通速度的影响。第三部分简要介绍结构向量自回归技术,随后讨论利用该技术得到的中国数据的经验结果。最后部分是简要结论。

二、扩展的 CIA 模型

(一) 模型框架

考虑代表性经济人最大化其效用:

$$\sum_{t=0}^{\infty} \beta^t u(c_t) \quad (1)$$

其中 c_t 表示 t 期人均消费,$\beta(0<\beta<1)$ 为贴现因子。为简化分析,施加完全预见(perfect foresight)假定,即排除不确定性。经济人面临如下预算约束:

$$c_t + m_{t+1} + k_{t+1} = y_t + \frac{m_t}{1+\pi_t} + s_t \quad (2)$$

其中 k_t 表示期初实际人均资本,M_t 和 m_t 分别表示期初名义和实际人均货币持有。记物价水平为 P_t,$m_t = M_t/P_{t-1}$。π_t 代表通胀率,s_t 为从政府所得的以货币形式表示的实际转移支付。假定社会总的生产函数为 Cobb-Douglas 形式,人均产出表示为 $y_t = A_t f(k_t)$,其中 A_t 为技术因子,f 满足 Inada 条件以及 $f'>0, f''<0$。这里还假定折旧率为 100%,这样投资便等同于资本存量(放松这一假定并不影响模型的关键结论)。

除了预算约束外,经济人还面临如下现金先期(CIA)约束:

$$\psi(q_t)c_t + \theta(q_t, \phi_t)k_{t+1} \leq \tau(\pi_t)\left[\frac{m_t}{1+\pi_t} + s_t\right] \quad (3)$$

即 $\psi(>0)$ 比例的消费品和 $\theta(>0)$ 比例的投资品要通过货币交易。如引言中所述,改革以来传统中央计划经济和传统自给自足农业经济的比例逐步下降,经济货币程度 q 显著提高了,这使得消费品和投资品更多通过货币交易。设定 ψ 和 θ 均受货币化程度 q 的影响,货币化程度的提高反映为 ψ 和 θ 的增大,即 $\psi_q>0, \theta_q>0$。另外,θ 除了受 q 影响之外还受到信用化程度 ϕ 的影响。与 q 相反,ϕ 的增长形成了对货币的替代,所以 $\theta_\phi<0$。由于消费品领域的信用交易相对较少,假定 ψ 不受 ϕ 的影响。

设定消费品和投资品的货币交易比例分别受到货币化和信用化程度的影响,以使模型假定符合改革以后中国经济的经验特征。这是对 CIA 模型的扩展,约束条件(3)中如果 ψ 和 θ 均恒为常数 1,或者 ψ 恒为 1 而 θ 恒为 0,便回到传统 CIA。(3)相对于传统约束条件的另一处推广在于它不限制消费间隔和货币持有间隔必定一致,扩展后的约束条件允许一定时间内货币可能 τ 交易以促成更多($\tau>1$,或更少 $0<\tau<1$)的消费和投资。货币交易频率 τ 受通胀率影响,通胀上升时货币成本变大从而交易更加频繁,所以有 $\tau_\pi>0$。传统 CIA 约束可视为 $\tau=1$ 的特例。

在预算约束(2)和 CIA 约束(3)下最大化效用函数(1)。最后假定政府收入完

全来自于铸币税,同时为达到政府预算平衡,所有铸币税同时被用于转移支付:

$$\tau_t = m_{t+1} - \frac{m_t}{1+\pi_t} \tag{4}$$

同时假定外生性货币供给:$M_{t+1} = (1+\mu)M_t$。

(二) 模型稳态和比较静态分析

给定状态变量 m_t 和 k_t,记时期 t 的值函数为 $V(m_t,k_t)$。于是在约束(2)和(3)之下建立 Bellman 方程:

$$V(m_t,k_t) = \max\{u(c_t) + \beta V(m_{t+1},k_{t+1})\} \tag{5}$$

其中,$c_t = \frac{1}{\psi(q_t)}\left[\tau(\pi_t)\left(\frac{m_t}{1+\pi_t} + s_t\right) - \theta(q_t,\phi_t)k_{t+1}\right]$

另外,由(2)和(3)消去 c_t 有

$$m_{t+1} = \psi(q_t)A_t f(k_t) + [1-\tau(\pi_t)]\left(\frac{m_t}{1+\pi_t} + s_t\right)$$
$$+ [1-\psi(q_t)]k_t - [1-\theta(q_t,\phi_t)]k_{t+1} \tag{6}$$

所以(5)的一阶条件为:

$$V_{m,t} = u_t' \frac{\tau_t}{\psi_t(1+\pi_t)} + \beta V_{m,t+1}\frac{1-\tau_t}{1+\pi_t}$$
$$V_k = \beta V_{m,t+1}[A_t f'(k_t)\psi_t - \psi_t + 1]$$
$$0 = -u_t'\frac{\theta_t}{\psi_t} - \beta V_{m,t+1}(1-\theta_t) + \beta V_{k,t+1}$$

其中最后一个方程可表示为

$$u_t'\theta_t/\psi_t + \beta V_{m,t+1}(1-\theta_t) = \beta^2 V_{m,t+2}A_{t+1}f'(k_{t+1}) \tag{7}$$

如果经济人在 t 期减少一单位投资,在约束(3)下,其当期用于消费的真实货币将增加 θ_t 单位,这会致使当期消费增加 θ_t/ψ_t 单位,当期效用增加 $u_t'\theta_t/\psi_t$;而剩余的 $(1-\theta_t)$ 单位货币将被带进 $t+1$ 期,其带来的效用(贴现后)为 $\beta V_{m,t+1}(1-\theta_t)$。于是(7)的左侧表示减少一单位投资所增加的总效用。而投资减少将导致以后产出的减少,(7)右侧表示 t 期减少一单位投资所导致的 $t+2$ 期的效用损失(贴现后)。方程(7)意味着,在最优条件下效用的增加必然与损失相等,否则可通过重新配置消费和投资进一步优化效用。

求出稳态时的 V_m 和 V_k 并带入(7)有稳态均衡方程

$$Af'(k) = \psi^{-1}\left[\frac{i\theta}{\beta^2\tau} + \frac{1}{\beta} - 1\right] + 1 \tag{8}$$

其中 $i = 1-\beta+\pi$,由于下文经验研究中使用季度数据,此时 β 接近且略小于 1,所以 $1-\beta$ 可视为均衡状态真实利率,这样 i 为名义利率($i>0$)。另一方面,在稳态条件下根据(4)和(6)有

$$Af(k) - [1 - \theta(q,\phi)]k - [1 - \psi(q)](Af(k) - k) = \tau(\pi)m \qquad (9)$$

对方程(8)和(9)微分得到

$$\begin{bmatrix} \beta^2 Af'' & 0 \\ \Lambda & -\tau \end{bmatrix} \begin{bmatrix} dk \\ dm \end{bmatrix}$$

$$= \begin{bmatrix} -\beta^2 f', & -(\theta i + \beta - \beta^2)\psi^{-2}\psi_q + \psi^{-1}i\tau^{-1}\theta_q, & i\tau^{-1}\theta_\phi, & \theta(\tau^{-1} - i\tau^{-2}\tau_\pi) \\ -f\psi, & -(Af-k)\psi_q - k\theta_q, & -k\theta_\phi, & m\tau_\pi \end{bmatrix} \begin{bmatrix} dA \\ dq \\ d\phi \\ d\pi \end{bmatrix}$$

(10)

其中 $\Lambda = \psi(Af' - 1) + \theta$。假定资本的实际收益率 $(Af' - 1) > 0$，所以有 $\Lambda > 0$。该方程组意味着：

$$\frac{dk}{dA} = -\frac{f'}{Af''} > 0 \qquad (11)$$

$$\frac{dk}{dq} = \frac{i\psi\theta_q - (\beta - \beta^2 + i\theta)\tau\psi_q}{\beta^2 \tau\psi^2 Af''} \qquad (12)$$

$$\frac{dk}{d\phi} = \frac{i\theta_\phi}{\beta^2 \tau Af''} > 0 \qquad (13)$$

$$\frac{dk}{d\pi} = \frac{\theta(1 - i\tau^{-1}\tau_\pi)}{\beta^2 \tau Af''} \qquad (14)$$

$$\frac{dm}{dA} = f\psi\tau^{-1} - \frac{\Lambda f'}{\tau Af''} > 0 \qquad (15)$$

$$\frac{dm}{dq} = [k\theta_q + (Af-k)\psi_q]\tau^{-1} + \frac{\Lambda[i\theta_q\psi - \tau(\beta - \beta^2 + i\theta)\psi_q]}{\beta^2 \tau^2 \psi^2 Af''} \qquad (16)$$

$$\frac{dm}{d\phi} = k\theta_\phi\tau^{-1} + \frac{i\Lambda\theta_\phi}{\beta^2 \tau^2 Af''} \qquad (17)$$

$$\frac{dm}{d\pi} = \frac{\theta\Lambda(1 - i\tau^{-1}\tau_\pi)}{\beta^2 \tau^2 Af''} - \frac{m\tau_\pi}{\tau} \qquad (18)$$

根据(2)有 $c + k = Af(k)$，所以

$$\frac{dc}{dA} = f + (Af' - 1)\frac{dk}{dA} > 0$$

技术冲击对 c 与对 k 的影响方向相同。类似地，冲击 q, ϕ, π 对 c 的影响与各自对 k 的影响也相同，即 $dc/d\phi > 0$，而 q 和 π 的影响方向不确定。同样，四类冲击对 y 的影响方向与对 k 的影响也相同：$dy/dA > 0, dy/d\phi > 0$，而 dy/dq 和 $dy/d\pi$ 的符号不确定。

直观上理解，第一，正向 A 的冲击(技术进步)提高了资本的边际产出，于是提高了稳态时的投资和资本存量，这带来了消费和产出增加；相应地，货币需求将增

加以满足增长了的投资和消费需求,如(15)所示。

第二,ϕ 的正向冲击——即信用交易制度改善,θ 下降,更多投资通过信用而非货币渠道进行——的直接效果是减少货币持有量。不过由于货币存在机会成本或通胀成本,信用程度发达也降低了投资的边际成本,增加了资本、产出和消费(如(13)所示),于是又可能间接增加货币需求。所以 ϕ 对货币需求的总体影响并不确定。

直觉上货币化因素 q 对投资的影响应该与 ϕ 相反,因为 q 的正向冲击表示经济中的货币化程度提高,更多的经济交易通过货币进行,这使得 θ 上升。事实上,如果假定 ψ 为常数(例如恒等于1)则结论的确如此:此时 $dk/dq = i\psi\theta_q/(\beta^2\tau\psi^2 Af'')$ <0。然而 q 的正向冲击还同时使得消费的货币化程度 ψ 增大,投资相对于消费的边际成本未必上升,所以 q 上升未必会抑制投资。总体上 dk/dq 的符号不确定。如果 $\theta_q < [(\beta - \beta^2 + i\theta)\tau/(i\psi)]\psi_q$ ——q 冲击更主要影响了 ψ 而不是 θ,或者说投资品部门的货币化速度相对于消费品部门较慢——投资相对于消费的边际成本将变小,dk/dq 将大于0,见方程(12)。

q 对货币需求的影响也可分为直接效应和间接效应。q 的正向冲击使得 θ 和 ψ 增长,更多的消费和投资交易通过货币进行,故其直接效果是增加了货币需求;然而 θ 和 ψ 的增长对投资量——进而对消费和产出——的影响却是不确定的,从而对货币需求的间接效应也是不确定的。所以 q 对货币需求总体影响并不确定。

第三,通货膨胀率(或者说货币增长率,稳态时二者相等)的上升对于资本、消费、产出和货币需求分别存在两个相反方向的影响。一方面,高的通货膨胀率提高了持有货币和投资的成本,降低了实际投资收益。这将降低投资,从而也将降低消费和产出以及货币需求。另一方面,给定 $\tau_\pi > 0$,高的通货膨胀率会提高交易频率 τ,从个意义上则会减少货币需求,缩减投资成本从而增加投资,这反过来还会增加货币需求。为更好理解这一特征,在约束方程(3)中令 τ 不受通胀影响恒为常数,则方程(14)和(18)简化为:

$$\frac{dk}{d\pi} = \frac{\theta}{\beta^2 \tau Af''} < 0$$

$$\frac{dm}{d\pi} = \frac{\theta\Lambda}{\beta^2 \tau^2 Af''} < 0$$

所以如果不考虑对交易频率 τ 的变动,通胀的上升会降低投资和货币需求。

(三) 货币流通速度

接下来考察几类冲击对货币的收入流通速度的影响。流通速度定义为:

$$V = \frac{y}{m} = \frac{c+k}{[\psi(q)c + \theta(q,\phi)k]}\tau(\pi) = \frac{1}{\psi(q) + [\theta(q,\phi) - \psi(q)]k/y}\tau(\pi)$$

(19)

孤立地看,由于 θ 和 τ 分别处于分母和分子位置,θ 上升会降低流通速度,而 τ 上升则会提高流通速度。对(11)求微分可得:

$$\frac{\mathrm{d}V}{\mathrm{d}A} = V^2 \tau^{-1} (\psi - \theta) \frac{\mathrm{d}(k/y)}{\mathrm{d}A} = 0 \tag{20}$$

$$\frac{\mathrm{d}V}{\mathrm{d}q} = V^2 \tau^{-1} \left[(\psi - \theta) \frac{\mathrm{d}(k/y)}{\mathrm{d}q} - \left(\frac{c}{y} \psi_q + \frac{k}{y} \theta_q \right) \right] \tag{21}$$

$$\frac{\mathrm{d}V}{\mathrm{d}\phi} = V^2 \tau^{-1} \left[(\psi - \theta) \frac{\mathrm{d}(k/y)}{\mathrm{d}\phi} - \frac{k}{y} \theta_\phi \right] \tag{22}$$

$$\frac{\mathrm{d}V}{\mathrm{d}\pi} = V \tau^{-1} \left[V(\psi - \theta) \frac{\mathrm{d}(k/y)}{\mathrm{d}\pi} + \tau_\pi \right] \tag{23}$$

在总生产函数的 C-D 形式假定下,稳态的资本产出比 k/y 与技术无关,所以有方程(20)。[①] 直观上理解:技术进步提高了资本的边际报酬,进而提高了稳态的资本存量和产出水平,消费也将随之增长。基于 CIA 约束,与投资和消费的增长相适应货币需求也必然增加。在 C-D 生产函数假定下,货币需求与产出将同比例变动,因而流通速度不受技术影响。

如前所述,信用化程度 ϕ 的上升将减小 θ 从而减少货币需求量,其直接的效应是加快了货币流通速度(由(22)右侧中括号中第二项体现)。然而如方程(13)所示,ϕ 上升也增加了投资和产出,进而间接地增加了货币需求,这样理论上其对货币流通速度的总体影响不确定(间接效应可由(22)右侧中括号中第一项体现)。不过在(22)中,

$$\frac{\mathrm{d}(k/y)}{\mathrm{d}\phi} = \frac{f - Af'}{f^2} \frac{\mathrm{d}k}{\mathrm{d}\phi} > 0$$

其中由于生产函数 f 关于 k 边际报酬递减,所以 $f - Af' > 0$。这样至少在 $\psi > \theta$ 时,$\mathrm{d}V/\mathrm{d}\phi > 0$。此时 ϕ 上升尽管增加了产出,然而由于 θ 较小,对增加货币需求的间接效应较小,不足以弥补其减少货币需求的直接效应,所以最终仍将使得流通速度加快。

理论上货币化程度 q 的变化对流通速度的影响也不确定。货币化程度提高的直接效应(由(21)右侧中括号中第二项体现)是增加货币需求;然而其间接效应(由(21)右侧中括号中第一项体现)则并不像 ϕ 那样明确:由于它使得消费品的货币交易比例 ψ 和资本品货币交易比例 θ 同时增大,这样 q 上升未必会抑制投资。

关于通胀率对流通速度的影响也应分为两个方面理解。若暂且不考虑通胀率对交易频率的影响,即暂时令 $\tau_\pi = 0$,根据(14)有

[①] 更广泛地,不仅局限于 C-D 生产函数函数,只要技术进步是哈罗德中性(Harrod neutral)即劳动增进型的,稳态时的资本产出比例便为常数而与技术无关(见 Romer, 1996, p. 10,详细的证明见 Barro 和 Sala-i-Martin, 1995, pp. 54—55)。这也是 Kaldor 总结的经济增长过程中的几个典型特点之一(见 Barro 和 Sala-i-Martin, 1995, p. 5)。

$$\frac{\mathrm{d}(k/y)}{\mathrm{d}\pi} = \frac{(f - Af')}{Af^2}\frac{\mathrm{d}k}{\mathrm{d}\pi} < 0$$

意味着高通胀增加了货币和投资成本或者说减少了实际投资收益率,所以抑制了投资。由于 f 为凹函数,产出的减少幅度则相对较小,于是资本产出比下降。于是由(23)可知:如果 $\psi > \theta$,则通胀率对流通速度有负向影响。这样在上面的一般均衡模型中,通胀率可能通过对资本和产出的影响从而间接影响流通速度,这有别于传统模型的结论。然而另一方面,高通胀还使得交易频率 τ 上升,这又引起流通速度上升;同时如(14)所示,综合考虑 τ 的影响后 π 对投资的影响方向也难以确定。所以理论上通胀对流通速度的总体效应并不明确。如果货币交易频率对通胀足够敏感,通胀升高时流通速度甚至有可能下降。这一结论与传统认识也不相同——传统观点一般认为通胀上升将加快流通速度。

三、经验方法:结构向量自回归(SVAR)技术

经验分析使用 Blanchard 和 Quah(BQ,1989)的 SVAR 方法。该方法通过对扰动的影响施加长期现值达到结构性模型识别目的。根据上节理论模型,假定可能影响产出和货币流通速度的因素可分为三类相互正交的结构性冲击——通胀率冲击 u_π、制度冲击 u_i、技术冲击 u_A。设定系统为包括通胀率(π)、货币流通速度(V)和产出(y)三个变量的自回归系统,则三类冲击分别对应于通胀率、货币流通速度和产出三个因变量的扰动。借助 BQ 识别技术,通过估计这样的三维 VAR 系统可分解每类冲击对因变量的影响力度。

由于下文经验数据特征表明 V 和 y 均是一阶单整过程,所以取其对数差分,记为 $\mathrm{d}V$ 和 $\mathrm{d}y$。定义向量 $\boldsymbol{X} = (\pi, \mathrm{d}V, \mathrm{d}y)'$,$\boldsymbol{u} = (u_\pi, u_i, u_A)'$,将 $\boldsymbol{X}$ 表示为如下平稳过程:

$$\begin{aligned}\boldsymbol{X}_t &= \boldsymbol{A}_0 \boldsymbol{u}_t + \boldsymbol{A}_1 \boldsymbol{u}_{t-1} + \boldsymbol{A}_2 \boldsymbol{u}_{t-2} + \cdots \\ &= \sum_{j=0}^{\infty} \boldsymbol{A}_j \boldsymbol{u}_{t-j}, \quad \mathrm{var}(\boldsymbol{u}) = 1\end{aligned} \quad (24)$$

方程(24)是分别将 π、$\mathrm{d}V$ 和 $\mathrm{d}y$ 表示为三类结构性冲击 u_π, u_i, u_A 的分布滞后形式。$\boldsymbol{A}_j (j \geq 0)$ 为相应系数矩阵,记该矩阵(f, g)位置元素为 $a_{fg,j}$。由于结构性冲击两两正交,所以方差-协方差矩阵为对角阵,这里将对角元素正规化为1。

短期中名义变量(例如货币或通胀)与实际变量(例如产出)的关系在宏观经济学中存在广泛争议,而研究者对长期中二者关系的认识则较为一致。BQ 识别技术的优势在于仅对变量关系施加长期限制。$\boldsymbol{A}_0$ 体现了 $\boldsymbol{u}_t$ 对 $\boldsymbol{X}_t$ 的当期影响,$\boldsymbol{A}_j(j \geq 1)$ 则体现了 $\boldsymbol{u}_t$ 的滞后值对 $\boldsymbol{X}_t$ 的影响。由于 $\boldsymbol{X}$ 为平稳过程,所以任一扰动对于对于 $\boldsymbol{X}$ 中的分量均不存在长期(持久)影响。根据理论结果(20),技术变化对流通速度

没有长期影响,这意味着(24)中 $\sum_{j=0}^{\infty} a_{23,j} = 0$。为理解这点,注意到 $a_{23,j}$ 为 u_A 对 j 期之后 dV 的影响,因此 $\sum_{j=0}^{k} a_{23,j}$ 表示 u_A 对 k 期之后 V 水平值的影响。既然 u_A 对 V 不存在长期影响,所以有 $\sum_{j=0}^{\infty} a_{23,j} = 0$。

另一方面,假定长期中的通胀率(而不是物价水平)仅受自身冲击(u_π)影响,而不受制度冲击和技术冲击的影响,即 $\sum_{j=0}^{\infty} a_{12,j} = 0$,$\sum_{j=0}^{\infty} a_{13,j} = 0$。这即是假定通胀率在待估计的 VAR 系统中的外生性,当然这是一个较强的假定。因为现实中货币供给的增长并不完全是外生决定的,收入因素会通过影响货币供求从而影响通胀率;在以往中国的盯住汇率制度下,为维持汇率央行的货币供给也会受到实际经济变量的影响。然而如下所述,假定制度和技术冲击不影响长期通胀率是为了 SVAR 模型识别要求,而且实际变量影响仅是通过货币供求的间接影响,这可能并不是形成长期通胀的决定因素。尤其改革以来的中国经济中,通胀的高低主要由经济改革——包括价格改革和国有企业改革——的政策因素导致(见 Brandt 和 Zhu,2000,2001),限定产出对通胀率不产生长期影响不无道理。若不施加该限制,则达到模型识别的另一个选择只能是限制通胀冲击和制度冲击对产出不存在长期影响——而这与理论模型的基本结论(12)—(14)抵触。

方程(24)的表达形式可以通过如下转换方式由实际数据估计得出。首先对 X 估计 p 阶向量自回归 VAR(p):

$$\boldsymbol{\Phi}(L) = \boldsymbol{\varepsilon}_t$$

由于 X 是平稳过程,根据 Wold 表示定理(Hamilton,1994,pp. 108—109),可将 VAR(p) 表示为无限阶向量移动平均过程 VMA(∞):

$$\begin{aligned} X_t &= \boldsymbol{C}(L)\boldsymbol{\varepsilon}_t = \boldsymbol{\Phi}(L)^{-1}\boldsymbol{\varepsilon}_t \\ &= \boldsymbol{\varepsilon}_t + \boldsymbol{C}_1\boldsymbol{\varepsilon}_{t-1} + \boldsymbol{C}_1\boldsymbol{\varepsilon}_{t-1} + \cdots \\ &= \sum_{j=0}^{\infty} \boldsymbol{C}_j\boldsymbol{\varepsilon}_{t-j}, \quad \text{var}(\boldsymbol{\varepsilon}_t) = \boldsymbol{\Omega} \end{aligned}$$

其中 $\boldsymbol{C}_1 = \boldsymbol{\Phi}_1, \boldsymbol{C}_2 = \boldsymbol{\Phi}_1\boldsymbol{C}_1 + \boldsymbol{\Phi}_2, \cdots, \boldsymbol{C}_s = \boldsymbol{\Phi}_1\boldsymbol{C}_{s-1} + \boldsymbol{\Phi}_2\boldsymbol{C}_{s-2} + \cdots + \boldsymbol{\Phi}_p\boldsymbol{C}_{s-p}$。

由 Wold 表示定理的证明可知,以上表示是唯一的。比较(24)和(25),初始扰动(Wold 残差)$\boldsymbol{\varepsilon}$ 和结构化扰动 $\boldsymbol{u}$ 存在如下关系:

$$\boldsymbol{\varepsilon} = \boldsymbol{A}_0\boldsymbol{u}, \quad \boldsymbol{A}_j = \boldsymbol{C}_j\boldsymbol{A}_0$$

这样若已知 $\boldsymbol{A}_0$ 便可以从 $\boldsymbol{\varepsilon}$ 推断 $\boldsymbol{u}$,并从 $\boldsymbol{C}_j$ 推断 $\boldsymbol{A}_j$。以上三个长期限制条件加之方程 $\boldsymbol{A}_0\boldsymbol{A}_0' = \boldsymbol{\Omega}$ 便可识别出 $\boldsymbol{A}_0$ 中的所有 9 个元素(见 Blanchard 和 Quah(1989)给出的详细证明)。

四、经验结果

(一) 数据

使用中国改革之后二十年间的季度数据,即1985年1月—2004年4月。以消费者价格指数(CPI)变化率作为通胀指标。CPI数据来自于国家统计局编辑的《中国统计月报》1985—1989年各期,以及《中国物价》1990年之后各期。取样自1985年始是因为无法获得更早年份的季度通胀资料,而且从80年代上半期消费品价格才开始逐步放开,此前严格受国家计划控制。为了计算本季价格相对于上季的变化率,需要价格定基指数季度时序数据。然而根据官方公开统计资料仅能获得2001年之后的月度环比通胀率,而此前只有同比通胀率。[①]可利用同比通胀率以及2001年之后的月度环比通胀率求得1985—2000年间的定基价格指数,并据此计算季度环比通胀率,这里季度通胀率为本季度最后一个月相对于上季度最后一个月的CPI变化率。数据经过季节调整。[②] 2001年之后的月度环比CPI变化率来自于《中国经济景气月报》各期。

本文使用工业总产值衡量产出,其优点在于容易获得较高频率(月度和季度)数据,这对于应用时间序列分析技术考察我国改革以来的经济特征具有重要意义。因为在较短时期内,样本量不足往往成为时序分析方法应用的制约因素。[③] 1985—1989年工业总产值数据取自《中国统计月报》各期,1990年之后的数据来自《中国统计》和《中国经济统计快报》各期。《中国统计月报》中工业总产值按照1980年不变价格公布,而后两种期刊的数据按照1990年不变价格计算。根据1980年与1990年的GDP平减指数关系,可将1990年之后的数据折算为1980年不变价格。

货币口径选取M1,即流通中现金加企事业活期存款。因为上述理论模型中的货币作用主要体现为交易功能,M1与该功能最为接近。M1取自International Financial Statistics (IMF)各期。根据CPI指数将M1折算成与产出相同基期的价格并计算流通速度。

[①] 月度环比是指给定月份相对于上月的变动,而同比是指相对于上年同月的变动。

[②] 已知2001年环比数据和此前年份同比数据,可倒退2000年环比数据。2000年t月环比指数 = 2001年$t-1$月同比指数 ÷ 2001年t月同比指数 × 2001年t月环比指数。同样地,已知2000年环比数据和此前年份同比数据,可倒推1999年环比数据。依此类推可求得1985—2000年环比数据。

[③] GDP数据在80年代得不到连续的季度观测,尽管将年度值分解为季度值是可能的,不过由于农业极强的季节性且在GDP中占有大的比重,这样的季度分解可能导致过大的误差。

（二）结构性扰动的动态效应

1. 脉冲反应函数

首先估计包含通胀率以及流通速度和产出一阶差分变量的三维 VAR(4) 模型，即滞后阶数为 4。① 此时残差 ε 的方差—协方差矩阵为

$$\Omega = \mathrm{var}(\varepsilon_t) = \begin{bmatrix} 1.486 & 0.758 & 0.764 \\ 0.758 & 16.765 & 4.398 \\ 0.764 & 4.398 & 5.828 \end{bmatrix}$$

将 VAR 模型转化为 VMA 表示，并通过长期限制条件可得

$$A_0 = \begin{bmatrix} 1.119 & -0.045 & -0.481 \\ 0.146 & 3.771 & -1.588 \\ 1.279 & 1.635 & 1.231 \end{bmatrix}$$

结构性冲击 u_π, u_i, u_A 对流通速度和产出的动态效应见图 1—3。图中纵轴分别表示流通速度（对数）和产出（对数），横轴表示冲击发生之后的季度数。中间实线为脉冲反应函数的点估计值，虚线表示正负一个标准差（±1s.d.）区域。②

通胀冲击对于流通速度 V 具有驼峰状（hump-shaped）效应——最初（一年内）其累积影响力度逐步加大，随后便开始衰减，至 4 年之后稳定在到长期水平。通胀冲击最终对货币流通速度有正向效应。如方程（23）所示，这种正向效应表明交易频率 τ 对于通胀变动较为敏感。通胀上升一方面会导致资本—产出比值减小，这可能引起 V 的变化；另一方面，它还会导致持币成本增加、交易更加频繁。

通胀冲击对产出也具驼峰状效应。其初始为正向效应，影响力度在一年内达到极大值，随后逐步衰减也在大约 4 年之后达到长期稳定水平。如（14）分析的，通胀对于投资和产出存在两个相反方向的影响，一是降低投资收益从而降低投资和产出，二是提高货币周转频率使得投资所需的货币减少，从而降低投资成本。图 1 经验结果意味着，尽管短期中后者占主导地位，而中长期来看前者体现得更为显著，即通胀虽然会加速货币周转但对投资最终仍将产生抑制作用，后者即是"逆向 Tobin 效应"。③ 应该说明的是，由于以上两类脉冲反应估计值的标准差均较大，通胀冲击对流通速度和产出影响的显著性并不强。不过将样本长度减少 2—4 年后

---

① 由于是季度数据，滞后阶数考虑取为 4 的整数倍。无论根据 AIC 原则还是 SBC 原则，VAR(4) 模型均优于 VAR(8) 或更高阶数的 VAR 模型。

② 标准差通过 1000 次 bootstrap 模拟而得。具体地，通过对估计的 VAR 残差进行置换抽样生成新的 bootstrap 数据，然后对该模拟数据估计新的 VAR 模型并计算结构冲击的脉冲反应函数。重复以上 1000 次并求得模拟值的 0.17 和 0.83 分位点，便形成 ±1s.d. 边界。由于该边界是通过模拟而得，未必关于脉冲反应函数点估计值两侧对称分布。

③ 在 Tobin（1965）模型中货币被视为资产之一，高的货币增长使得资本持有量相对于货币增长更快，从而增长产出和消费，这被称为"Tobin 效应"。而若将货币视为生产要素，资本品的购买必须要货币先期支付，则高通胀将抑制投资（Stockman, 1981），即"逆向 Tobin 效应"，正如下文经验结论所表明的。

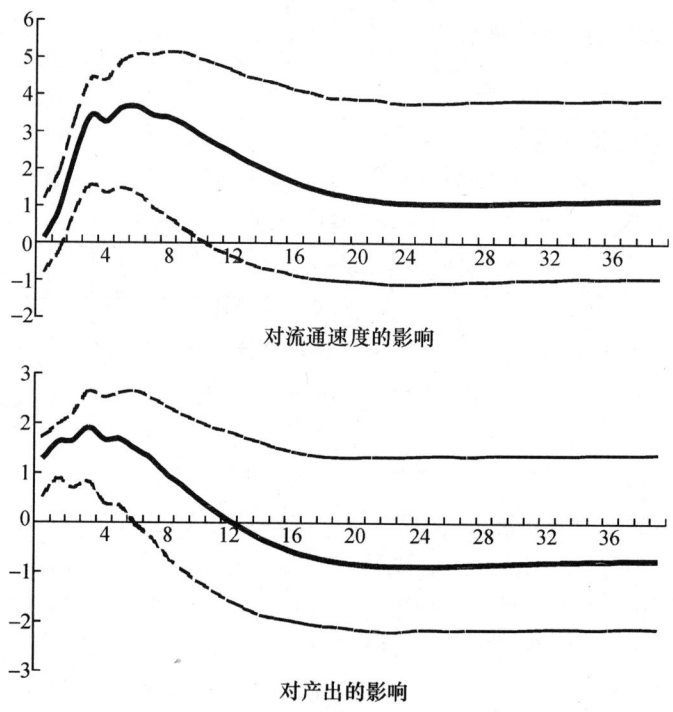

图 1　单位通胀冲击的脉冲反应函数

重新估计,结果与图 1 相似。

图 2 显示制度冲击 u_i 对于产出和流通速度有相似的显著正向影响,影响力度在初始 2 年中平稳增大直至达到长期值。理论模型表明,制度冲击中的货币化和信用化两类成分可能会对产生不同的影响。信用交易的发展会降低资本的边际成本从而促进产出增长;而货币化则可能会促进也可能会抑制投资和产出,其具体效应取决于 θ 和 ψ 对货币化的相对敏感度。如果样本期内消费品市场的货币化速度更快于资本品市场,即 ψ_q 相对于 θ_q 更大①,则根据(12),货币化也会促进产出。尽管这时投资占用的货币量增加,然而其相对于消费的成本并没有上升,因为消费需要的货币量增加更多。这样,尽管总体上制度冲击对产出具有正向影响,却难以据此判断货币化和信用化二者间的相对重要性。

制度冲击对流通速度也有正向影响,这与理论结果相符。如果假定消费品市场的货币化程度更为充分,即 $\theta < \psi$,则根据(22)信用化将提高流通速度;并且,如果 θ_q 也同时远小于 ψ_q,根据(22)货币化也可能提高流通速度。

最后,图 3 显示技术冲击的影响。正如 SVAR 模型长期约束条件所限制的,技

---

① 改革以来中国的现实可能如此,消费品相对于资本品的市场化和货币化开始得更早,完成得也可能更为彻底。

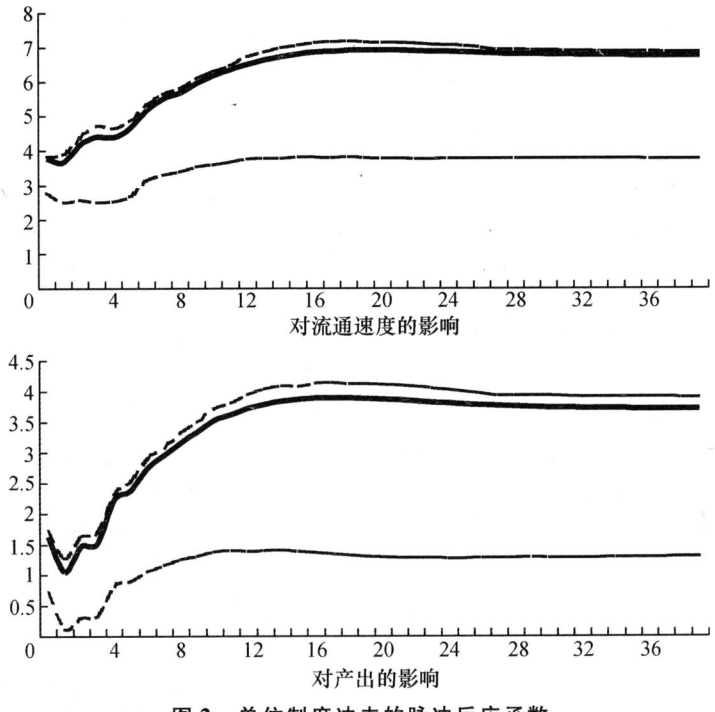

图 2 单位制度冲击的脉冲反应函数

术冲击对流通速度没有长期影响,其效应在三年内便迅速衰减至零。然而短期里产出增长会使流通速度减小,意味着短期中 M1 具有奢侈品(luxury goods)特征,即随着收入上升 M1 需求增幅度更大。这一结果与 Friedman(1959)的观点一致[①],不过这仅是针对短期而言。与理论模型还一致的是,技术冲击对于产出有正向影响,并且给定反应函数较小的标准差范围,技术对于产出的促进作用是高度显著的。其影响力度在初始两年内逐步平稳增大,趋于长期的平稳水平。一个标准差的技术冲击将使产出水平永久增长约 2%。

2. 方差分解

通过方差分解技术可进一步评估各种结构化冲击对模型因变量变动的影响力度。表 1—3 分别列出了三个因变量的方差分解。表 1 可作如下解释:定义 π 的"向前 k 季度预测误差"为真实 π 与基于 VAR 模型的向前 k 期预测值 $\hat{\pi}$ 之差,该预测误差是源于随后 k 期通胀、流通速度和产出三个变量的残差 ε,或者等价地,是源于三个结构化冲击 u,因为初始残差 ε 和结构化冲击 u 存在一一对应关系。表 1 列出了预测误差归因于每个结构化冲击的百分比($k=1,\cdots,20$)。小括号中数

---

① Friedman(1959)认为,"在人均真实收入持续上升的国家里,长期而言货币持有量的增加速度一般远高于货币收入的增长速度"。

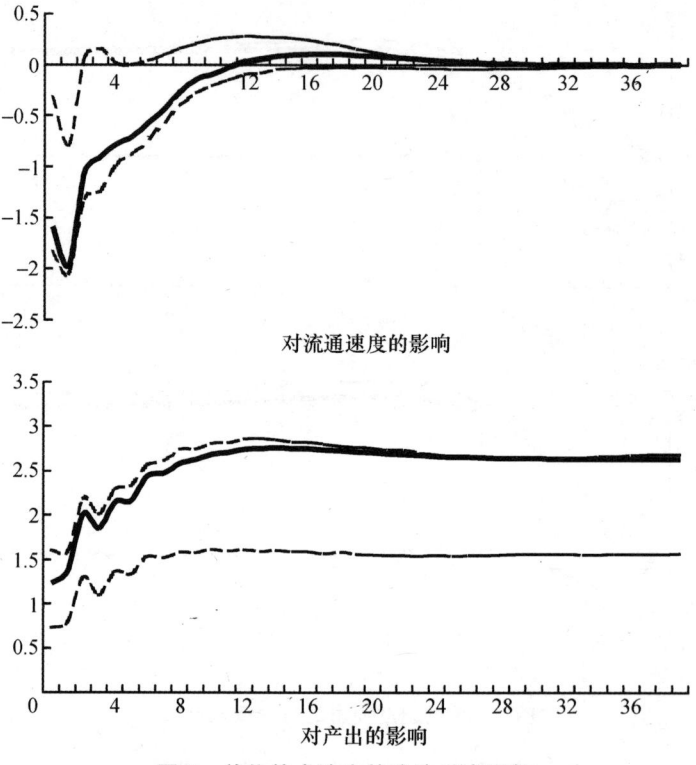

对流通速度的影响

对产出的影响

图3 单位技术冲击的脉冲反应函数

字代表正负一个标准差区域。①

模型的长期限制假定条件意味着长期中通胀冲击 u_π 对于 π 预测误差的贡献度应该趋向于100%。表1经验结果与长期限制条件吻合得相当好,较长时期中通胀方差主要由自身扰动所解释——超过90%比例,而其余10%分别归因于制度冲击和技术冲击。这意味着通胀冲击在模型中具有较强的外生性,技术冲击和制度冲击尽管可能影响到货币供求,然而长期而言其对通胀率的影响并不显著。不过还应注意到,关于三类结构化冲击对通胀变化的相对影响力度,数据的结果并不是十分精确,因为方差分解估计值的标准差较大。例如在 $k=4$ 时,通胀冲击相对贡献占90%,其上下一个标准差范围为68%—93%,制度冲击和技术冲击贡献的一个标准差范围则分别为3%—18%以及3%—16%。

---

① 同样地,由于±1s.d.边界是通过模拟而得,所以未必关于点估计值对称。

表 1 通胀率(π)方差分解

季度	结构化冲击		
	通胀冲击	制度冲击	技术冲击
1	84.25 (55.85, 91.68)	0.13 (0.33, 14.84)	15.61 (3.00, 33.54)
2	87.35 (61.04, 92.33)	2.47 (1.96, 17.81)	10.16 (2.98, 24.30)
3	89.66 (65.53, 93.09)	3.04 (2.14, 17.92)	7.29 (2.73, 18.53)
4	90.16 (67.65, 93.16)	3.91 (2.54, 18.27)	5.92 (2.48, 15.73)
8	91.37 (71.14, 93.39)	3.61 (2.60, 16.78)	5.01 (2.45, 13.80)
12	90.83 (69.49, 93.14)	4.01 (2.73, 18.58)	5.15 (2.50, 14.15)
20	90.18 (68.70, 93.08)	4.60 (2.79, 19.76)	5.21 (2.48, 14.07)

表 2 是货币流通速度的方差分解。模型限制条件意味着长期中流通速度的方差应主要由通胀冲击和制度冲击所解释,而技术冲击则不重要。这一假定在经验数据中也很好地得到了满足,流通速度方差中约有 85% 比例为制度冲击和通胀冲击所解释,技术冲击的解释能力仅为 15%。

表 2 货币流通速度变化率(dV)方差分解

季度	结构化冲击		
	通胀冲击	制度冲击	技术冲击
1	0.12 (0.46, 15.76)	84.82 (62.65, 94.40)	15.04 (1.39, 25.61)
2	3.78 (3.02, 20.03)	81.02 (58.90, 88.70)	15.18 (4.03, 25.09)
3	12.40 (9.64, 28.11)	70.56 (51.27, 78.14)	17.02 (6.41, 25.56)
4	17.16 (12.89, 33.23)	66.69 (47.88, 74.12)	16.13 (6.72, 24.67)
8	17.57 (14.67, 33.51)	66.54 (47.67, 71.52)	15.88 (7.54, 23.90)
12	18.02 (15.43, 33.91)	66.15 (47.42, 70.90)	15.81 (7.63, 23.42)
20	18.88 (15.75, 34.34)	65.50 (47.12, 70.29)	15.61 (7.62, 23.13)

表 3 是产出的方差分解。三类结构化冲击中,制度冲击对产出变化的解释力

度相对更强,略小于1/2比例,而通胀和技术冲击的解释能力分别约占四分之一。意味着改革以来产出的波动不仅仅是由于实际技术冲击和通胀冲击造成,金融制度变化对产出也有显著影响。

表3 产出增长率(dy)方差分解

季度	结构化冲击		
	通胀冲击	制度冲击	技术冲击
1	28.08 (6.77, 61.35)	45.89 (11.08, 58.21)	26.02 (10.48, 49.47)
2	27.81 (11.24, 57.3)	47.84 (16.71, 57.85)	24.34 (11.70, 44.91)
3	25.4 (12.25, 52.89)	46.30 (16.58, 55.96)	28.29 (15.65, 47.21)
4	27.52 (14.89, 53.47)	44.77 (16.46, 53.93)	27.69 (16.11, 45.97)
8	26.99 (20.93, 46.97)	47.16 (22.39, 52.35)	25.83 (15.99, 41.51)
12	28.84 (22.64, 47.31)	46.31 (22.50, 50.81)	24.83 (15.36, 40.36)
20	30.05 (23.34, 48.22)	45.58 (22.33, 50.32)	24.35 (15.12, 39.88)

五、结 论

本文在一般均衡框架内研究金融制度变革、名义以及实际冲击对货币流通速度和产出的影响。结合中国改革以后的经验特征,从两个方面扩展了传统通的现金先期约束条件。第一,为刻画货币化进程,设定消费品和投资品使用货币交易的比例受货币化和信用化两类制度冲击的不同影响。第二,为刻画通货膨胀对人们货币持有行为的影响,设定消费间隔和货币持有间隔可能并不一致,高通胀时货币交易频率也将升高以减少货币持有。

理论模型表明,技术进步会促进投资、产出以及货币需求增长,然而在哈罗德中性条件下并不影响稳态货币流通速度。考虑到货币交易频率的变化时,通胀对流通速度和产出的影响取决于交易频率的对通胀的敏感程度,这有别于局部均衡分析甚至传统CIA模型的结论(见Stockman,1981)。另外,在一般均衡模型中综合考虑到投资和产出的变化时,货币化和信用化对流通速度的影响理论上并不确定。相反,局部均衡分析的观点则过分强调了货币化导致货币需求增加的直接效应。

接下来我使用结构向量自回归模型(SVAR)考察三类结构化冲击——通胀率

冲击、制度冲击和技术冲击——对产出和 M1 流通速度之间的经验关系。结构模型的长期识别条件根据理论模型结果。经验结果表明,技术进步显著促进了产出增长,其短期中会使得流通速度下降,后者意味着 M1 具有奢侈品特征。较高的通胀总体上会导致社会福利的降低,因为它总体上降低了投资收益和投资率,从而抑制了产出增长,即存在"逆向 Tobin 效应"。通胀也使得流通速度上升,即现实中人们的持币行为对通胀率较为敏感,通胀上升时货币交易频率明显增大。有趣的是,尽管这一经验结果符合本文一般均衡模型的理论含义,它也与局部均衡分析经验分析的结论相同(赵留彦等,2005)。虽然理论上制度冲击对产出和流通速度的总体影响并不明确,然而经验中正向制度冲击(货币化或信用化)总体上导致产出增长、流通速度上升。这可能是由于中国消费品相对于资本品的市场化和货币化开始得更早,完成得也更彻底。

向量自回归模型方差分解的结果表明,结构模型的长期识别条件在数据中很好地得到满足。金融制度冲击(货币化和信用化)和通胀冲击是影响货币流通速度变化的主要因素,而技术冲击的影响则相对较小。这意味着长期中货币的收入弹性接近于 1,改革以来货币流通速度的波动主要并不是由产出和真实利率等实际变量引起,而是由名义变量引起。另一方面,改革以来的产出增长和波动中技术进步的贡献比例仅占 1/4,而金融制度变革是更重要的影响因素。货币和通胀冲击虽然会影响到产出波动,然而较长时期来看,高通胀对产出的效应主要是负向的。

参考文献

[1] Barro Robert and Sala-i-Martin Xavier, 1995. *Economic Growth*, McGraw-Hill: New York.

[2] Baumol, William, 1952. "The Transactions Demand for Cash," *Quarterly Journal of Economics* 67, 4(Nov.), 545—556.

[3] Blanchard, Olivier and Danny Quah, 1989. "The Dynamic Effects of Aggregate Demand and Aggregate Supply Disturbances," *American Economic Review* 79, 655—673.

[4] Brandt Loren and Xiaodong Zhu, 2000. "Redistribution in a Decentralized Economy: Growth and Inflation in China under Reform," *Journal of Political Economy* 108, 422—439.

[5] Bordo M. D. and Jonung, L., 1987. *The Long-run Behavior of Velocity of Circulation: The International Evidence*. Cambridge University Press.

[6] Brandt Loren and Xiaodong Zhu, 2001, "Soft Budget Constraints and Inflationary Cycles", *Journal of Development Economics* 64, 437—457.

[7] Clower, Robert, 1967. "A Reconsideration of Microeconomic Foundation of Monetary Theory," *Western Economic Journal* 6(Dec.), 1—8.

[8] Friedman, Milton, 1959. "The Demand for Money: Some Theoretical and Empirical Results," *Journal of Political Economy*, 67, 327—351.

[9] Friedman, Milton and Anna J. Schwartz, 1963. *A Monetary History of the United States*, Princeton University Press.

[10] Hamilton, James D., 1994. *Time Series Analysis*, Princeton University Press: New York.

[11] Lucas Robert E. Jr., 1980. "Two Illustrations of the Quantity Theory of Money," *American Economic Review* 70, 1005—1014.

[12] Lucas Robert E. Jr. and Stokey Nancy L., 1987. "Money and Interest in a Cash-in-advance Economy," *Econometrica* 55, 491—513.

[13] Palivos, Theodore, Wang, Ping and Zhang, Jianbo, 1993. "Velocity of Money in a Modified Cash-in-advance Economy: Theory and Evidence," *Journal of Macroeconomics* 15, 225—248.

[14] Romer, David, 1996. *Advanced Macroeconomics*, New York: McGraw-Hill Companies.

[15] Stockman, Alan C., 1981. "Anticipated Inflation and the Capital Stock in a Cash-in-advance Economy," *Journal of Monetary Economics* 8, 387—393.

[16] 易纲,《中国的货币、银行和金融市场:1984—1993》,上海三联书店、上海人民出版社,1996。

[17] 赵留彦、王一鸣,"我国货币流通速度下降的影响因素:一个新的分析视角",《中国社会科学》2005 年第 4 期,17—28 页。

中国货币流通速度下降的
影响因素:一个新的分析视角*

赵留彦　王一鸣

摘要:改革以来绝大多数年份里货币供给的增长速度大于经济增长速度与通货膨胀率之和,即货币流通速度在持续下降。本文分农业和非农业两个部门,构造一个两部门模型考察了中国的货币需求行为,实证分析了非农产业的边际货币需求倾向远大于农业部门,表明改革以来随着农业在国民经济中比重下降,新增的货币量不仅要满足总体经济增长的需求,还要满足非农产业比重上升所引致的需求。因此整个社会的货币需求增长速度便会高于收入的增长速度,超出经济增长的货币供应不会全部体现为通货膨胀。本文除了经验估计货币流通速度对农业比例变动的敏感度外,还验证了预期通胀率变化会对货币需求和流通速度产生显著的影响。这为认识我国的货币需求行为以及解释改革以来货币流通速度的下降提供了一个新的视角。

关键词:货币收入流通速度;货币需求;通货膨胀预期

一、引　言

　　一个经济体中名义总收入与货币存量的比率称为货币的收入流通速度。根据货币数量论,如果该速度稳定,则超过真实产出之上的货币增长应完全反映为物价水平上涨。2003年我国流通中现金和狭义货币(流通中现金加国有银行活期存款)分别是改革之初1978年的93倍和149倍,实际GDP总量是1978年的9.35倍,然而消费者零售价格指数仅为原来的3.44倍。改革以来绝大多数年份里货币供给的增长速度大于经济增长速度与通货膨胀之和。这意味着货币存量占总收入的比重越来越大,即货币流通速度在持续地下降。Friedman(1959)认为,"在人均真实收入持续上升的国家里,长期而言货币持有量的增加速度一般远高于货币收入的增长速度",中国改革以来的经验事实似乎同该论断一致。这意味着积极扩张的货币政策可能在较长时期内对实质经济产生影响,因为超出经济增长的货币供给并不全部体现为通货膨胀。

　　关于货币收入流通速度下降的原因,以往文献的解释可大致分为以下几种:

---

*　原载于《中国社会科学》2005年第4期。

(a) 由于中国大部分商品的价格受国家控制,这使得官方价格指数被低估了。如果用真实的价格水平衡量流通速度并不会下降。(b) 由于中国长期商品短缺而且缺乏金融资产可供选择,个人和企业被迫持有货币(Feltenstein 和 Ha, 1991)。(c) 股票等金融市场的货币漏出和沉淀。(d) 改革以来中国正迅速进行货币化。改革使得私营经济兴起、自由市场发展,农村和城镇居民更多的经济活动也通过市场进行。于是货币供给除满足经济增长带来的需求外,还要满足新货币化的那部分经济的需要(易纲,1996)。

  本文的研究目的不在于对以往的各种解释予以述评,而在于从另外一个角度认识我国的货币需求行为以及改革以来货币流通速度的下降。易纲(1996)曾使用城市人口比例作为货币化比率的替代指标分析中国的货币需求函数,认为在改革初期货币化进程在吸收"超额货币"方面起了主要作用。[①] 这种替代的一个暗含假定便是城市的货币化程度高于农村。不同经济部门之间的货币需求行为存在差别,这不仅在欠发达国家存在,即使在发达国家也同样存在。例如 Goldfeld (1976)发现美国企业和居民具有不同的货币需求函数。然而长期以来,货币需求分析很大程度上忽略了不同经济部门货币需求行为的差别以及各部门相对比重的变化对总体货币需求的影响。正如 Driscoll 和 Lahiri(1983)提出的,发展中国家各部门的比重随经济增长会迅速变化,忽略了部门间货币需求的差别可能导致货币总需求模型或者流通速度模型的严重误设。

  改革以来二十五年间我国经济结构发生了巨大变化。2003 年三次产业在国民收入中所占的比重向对于改革之初有很大不同,最明显的体现是农业在 GDP 中的比重由 1978 年的近 30% 降至 2003 年的 15%。在改革之前的人民公社制度下,农民生产的粮食等农副产品归生产队所有,生产队根据农民劳动所得的"工分"分配粮食,从而使用现金的经济活动很少。即使在农业改革后农民相当部分的经济活动仍然是自给自足的。而且由于行业性质,农业的投资、生产和销售等方面均不同于非农产业,传统农业中的金融市场和信贷也不比非农业部门发达。因此农业和非农产业中的货币需求函数可能是不同的。由于缺乏分部门的货币持有量数据,无法直接估计这两个部门货币需求函数并判断其是否存在差异。根据 Driscoll 和 Lahiri (1982),我将部门间的需求差别融入总的货币需求量中进行考虑,这为分析改革以来我国的货币需求行为以及货币流通速度的下降提供了一个新的视角。

  我的基本结论是,作为欠发达国家,我国非农产业的边际货币需求倾向远大于农业部门。改革以来随着经济发展以及农业在总产出中比重的持续下降,新增的货币量除满足总体经济增长的需求外,还要满足非农产业比重上升所引致的更大比例的需求。这样整个社会的货币需求量增长速度便会高于收入的增长速度。如

---

  ① 货币增长率持续地大于通胀率和实际产出增长率之和。这即是说,相当大的一部分货币供给并没有造成通货膨胀,这部分货币习惯上称为"超额货币"。

果假定两部门收入的比重不变,则单纯社会收入的上升并不会引致货币收入比例的上升。文章以下的结构为:第二部分详细介绍了改革以来货币收入流通速度的变化状况。第三部分通过估计不同类型的货币需求函数,考察实际收入增长与货币需求量以及货币流通速度变化的关系。第四部分进一步分农业和非农产业比较两个部门货币需求行为的差异,并讨论这种差异对货币流通速度的影响。最后给出总结性评论。

二、改革以来货币的收入流通速度变化

根据简单的交易方程式

$$M^s V = P y^d \quad (1)$$

这里 M^s 代表一国的名义货币供给,V 代表货币流通速度,P 代表总体价格水平,y^d 是真实需求。(1)式本身仅仅是一个恒等式,可将其视作货币收入流通速度 V 的定义——需要交易的商品总额 $P y^d$ 除以货币量 M^s。假定(a) 货币供求平衡($M^d = M^s = M$),(b) 国民经济供求总量平衡($y^d = y^s = y$)而且 y 主要由实际要素决定而独立于货币量 M。可将(1)式表示为增长率形式

$$\frac{\dot{V}}{V} + \frac{\dot{M}}{M} = \frac{\dot{P}}{P} + \frac{\dot{y}}{y} \quad (2)$$

如果货币流通速度为常数($\dot{V}=0$),货币供给的增长速度会等于通胀率与总收入(或总产出)增长率之和,如果不等就意味着货币流通速度在变化。表 1 列出了改革以来至 2003 年通货膨胀率、真实国内总支出(GDE)增长率、货币供给增长率以及流通速度的变动情况,这里以 GDE 度量收入水平。GDE 为消费、投资和政府支出加总,而 GDP 除包含 GDE 之外还包括净出口。由于出口一般使用美元等外币计价而进口更多使用本币,所以考虑货币收入流通速度时不计净出口部分。[①]表 1 中的 Eg_{M0} 和 Eg_{M1} 表明,改革以来除了少数通货膨胀率特别高的年份(例如 1988—1989,1993—1995)外,货币增长速度一般高于通胀率与经济增长率之和。1978—2003 年间,实际 GDP 和物价水平分别增加了 8.35 和 2.47 倍,而流通中货币(M0)增加了 92 倍,狭义货币(M1)增加了 148 倍。结果 25 年间 M0 和 M1 的收入流通速度分别从 1979 年的 15.1 和 3.4 降至 2003 年的 5.8 和 1.9。

---

① 实际上,对于多数年份 GDP 和 GDE 的差别不大,使用 GDP 也不会影响模型的关键性结论。

表1 改革以来货币、产出增长率以及货币流通速度的变动

年份	g_{M0}	g_{M1}	g_P	g_y	Eg_{M0}	Eg_{M1}	V_{M0}	V_{M1}
1979	26.1	24.1	2.0	7.6	16.5	14.5	15.1	3.4
1980	29.3	22.6	5.9	7.8	15.5	8.8	13.0	3.1
1981	14.4	18.5	2.4	5.2	6.7	10.8	12.2	2.8
1982	10.7	11.9	1.8	9.0	-0.1	1.0	11.8	2.7
1983	20.6	14.0	1.5	10.8	8.3	1.7	11.1	2.6
1984	49.5	34.3	2.7	15.1	31.6	16.4	9.0	2.4
1985	24.7	11.2	8.8	13.4	2.4	-11.0	9.4	2.8
1986	23.3	23.3	6.0	8.8	8.4	8.4	8.5	2.5
1987	19.3	14.0	7.2	11.5	0.5	-4.7	8.2	2.6
1988	46.7	19.5	18.5	11.2	17	-10.2	7.0	2.7
1989	9.8	5.2	17.7	4.0	-11.9	-16.5	7.2	2.9
1990	12.8	19.0	2.1	3.8	6.8	13.0	6.8	2.6
1991	20.1	22.8	2.8	9.1	8.0	10.7	6.6	2.4
1992	36.4	33.9	5.3	14.2	16.8	14.3	6.0	2.3
1993	35.2	17.3	13.1	13.4	8.7	-9.2	6.0	2.6
1994	24.2	23.5	21.6	12.6	-10.0	-10.7	6.3	2.8
1995	8.18	15.4	14.7	10.5	-17.0	-9.8	7.2	3.0
1996	11.6	17.8	6.0	9.5	-4.0	2.1	7.5	2.9
1997	15.6	19.6	0.7	8.8	5.9	9.9	7.0	2.6
1998	10.0	10.0	-2.5	7.8	4.6	4.6	6.7	2.5
1999	20.0	22.0	-2.9	7.1	15.7	17.7	5.9	2.2
2000	8.8	13.6	-1.5	7.9	2.4	7.1	5.9	2.1
2001	7.0	9.4	-0.7	7.2	0.4	2.8	5.9	2.0
2002	10.1	12.4	-1.3	8.2	3.2	5.5	5.9	2.0
2003	14.2	14.5	-0.1	9.1	5.2	5.5	5.8	1.9

注:g_x表示变量 x 的百分比增长率($x = M0, M1, P, y$),其中 $M0$ 是流通中货币,$M1$ 等于 $M0$ 加上企事业单位在国有银行系统中的活期存款。P 代表官方零售物价指数,y 是以 GDE 表示的总收入。Eg_{Mi} 代表超额货币供给的增长率,即 $Eg_{Mi} = g_{Mi} - g_P - g_y$,$V_{Mi}$ 代表货币 Mi 流通速度($i = 0, 1$)。

如引言中提到的,对于表1反映出的货币增长率持续大于通胀率和实际收入增长率之和,一种解释是这源于通胀指标的选取问题。理由是该表中的使用官方零售价格代表社会总体的物价水平,而官方零售价格指数低估了实际的通胀水平。该解释认为如果使用实际的通胀率数据,则不会存在超额货币问题或者超额货币问题,至少不会如此明显。的确,尽管1978年改革便已开始,然而直到90年代前半期价格双轨制仍然存在,一部分商品通过低价配给形式出售,配给价格不能反映真实价格水平,这样官方价格指数无疑会低估通货膨胀。

90年代以前官方价格指数偏低在研究者中是得到广泛认同的(Yi,1991;

Feltenstein 和 Ha，1991)。然而低估了多少，或者说真实的通胀水平应该是多少则难有答案。在 1993 年以前，国家统计局还同时公布"集市贸易消费品价格指数(MPI)"，该指数涵盖了规模较大的自由市场上大部分食品和轻工业品。其相对于官方价格指数的优点在于它由供求决定，而不足之处则在于其除了涵盖面较窄外，更重要的是它倾向于高估通胀。因为 90 年代以前仅有部分商品是在自由市场上出售的，其余以配给形式出售，这时集市贸易消费品价格一般会高于全部商品在自由出售时的价格(易纲，1996)。因此也不能应用其代表真实通胀。

虽然难以确定 90 年代以前的真实通胀率，不过可大体上将官方价格和集市贸易消费品价格分别视作真实价格水平的下限和上限。图 1 和图 2 画出了 1978—1993 年间官方价格指数(OPI)和集市贸易消费品价格指数(MPI)及其变化率。两类价格指数的差别在 1986—1988 年间达到最大(MPI 比 OPI 约高出 16%)，然而总体来看二者的走势较为一致。尽管自由市场的价格高于全国总体价格水平，MPI 的变化率却不必然高于 OPI 的变化率。①进入 90 年代以后随着越来越多的商品价格放开，MPI 迅速下降使得 OPI 和 MPI 的变动几乎完全重合。至 1993 年，OPI 和 MPI 便基本不存在差别了，此后官方公开的统计资料中也不再发布 MPI 数据。因此官方价格指数尽管会造成通胀的低估，但这种低估程度不会太严重。事实上，即使使用 MPI 衡量通胀，改革以来的绝大多数年份里 M0 和 M1 的增长率也大于通胀率和实际产出增长率之和，货币流通速度仍然是迅速下降的。因此官方价格指数偏低的观点不能解释改革以来大量超额货币的存在。为行文简洁，下文中主要使用 OPI 表示通胀。②

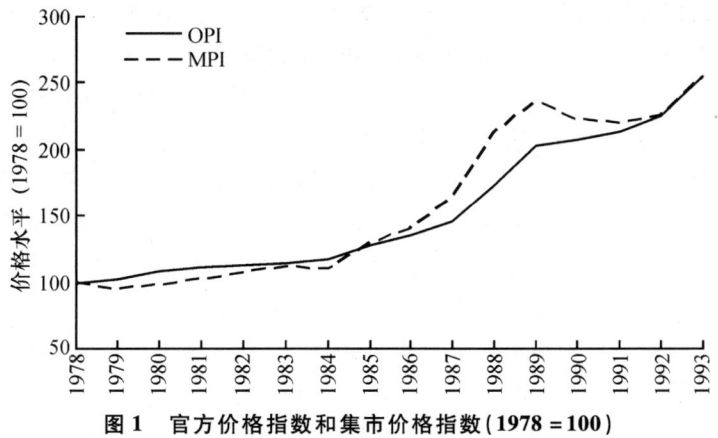

图 1　官方价格指数和集市价格指数(1978 = 100)

---

① 图 1 显示 1985 年以前 MPI 线(虚线)位于 OPI 线(实线)下方，这是为便于比较将 1978 年的指数值标准化所致，并不意味着这些年份里商品在自由市场上的价格低于官方价格。
② 使用 MPI 替换 OPI 并不影响关键性结论。

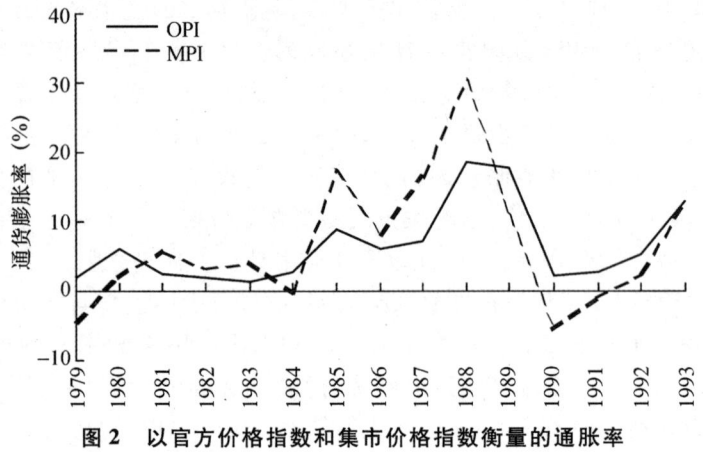

图2 以官方价格指数和集市价格指数衡量的通胀率

三、收入增长与货币流通速度下降:初步考察

(一) 货币需求函数设定

表1表明,改革以来由于货币增长率持续地大于通胀率和实际经济增长率之和,货币的收入流通速度在持续地下降,也即是社会上持有的货币占收入的比重越来越大。中国改革开放以来的经验事实似乎同Friedman(1959)的论断一致,"在人均真实收入持续上升的国家里,长期而言货币持有量的增加速度一般明显高于货币收入的增长速度",这即意味着流通速度会逐渐下降。Melitz 和 Correa (1970)通过国际间比较得出的经验结论也支持 Friedman 的这一论断。[①]

长期来看货币持有量与收入正相关,与持有货币的机会成本负相关。名义无风险利率一般被用于衡量货币的机会成本。关于货币需求与收入和利率的关系,经验上一般设定为线性、半对数或者双对数形式。由于我国缺乏连续的国债利率序列,银行存款利率也往往连续多年不变,因此我们使用预期通胀率替代利率作为货币的机会成本。关于预期通胀率对货币需求影响的分析可见 Cagan (1956)。为了得到相对稳健的结果,先综合考虑线性、半对数和双对数函数形式。记社会"实际的"以及"合意的(desired)"货币需求量分别为 M 和 M^*,三类函数可分别设定为

$$M^* = a + bY - c(\pi^e Y) \tag{3}$$

$$\log M^* = a + b\log Y - c\pi^e \tag{4}$$

$$\log M^* = a + b\log Y - c\log \pi^e \tag{5}$$

[①] 美国此后的经验事实并不完全如此。尽管 1960 年代以前美国 M1 的流通速度经历了长期的下降,然而 1960—1980 年间 M1 的流通速度平均以每年 3.2% 的速度增长(Mayer, Duesenberry 和 Aliber, 1996)。随着经济增长货币流通速度似乎呈 U 形变动而不是单纯的下降。

其中，b 在第一个方程中表示货币的边际需求倾向，在后两方程中表示货币需求的收入半弹性或弹性。线性模型认为预期通胀率每升高一个单位，货币需求量会减少收入的固定比例 c，半对数形式意味着预期通胀率每升高一个单位，货币需求量都会变动相同的百分比，而双对数则意味着预期通胀率同货币需求之间存在固定的弹性关系。方程(3)—(5)中预期 $b>0, c>0$。

类似于 Friedman(1977, p. 665)的资产存量调整模型，线性需求函数时设货币持有量的调整方程为

$$M_t - M_{t-1} = \lambda(M_t^* - M_{t-1})$$

半对数和双对数时的调整方程为

$$\log M_t - \log M_{t-1} = \lambda(\log M_t^* - \log M_{t-1})$$

两类调整方程均要求 $0 \leqslant \lambda \leqslant 1$。分别合并方程(3)—(5)与各自的调整方程，并转化为关于流通速度表达式

$$(M/Y)_t = \lambda b + \lambda a(1/Y_t) - \lambda c\pi_t^e + (1-\lambda)(M_{t-1}/Y_t) \tag{6}$$

$$\log(M/Y)_t = \lambda a + (\lambda b - 1)\log Y_t - \lambda c\pi_t^e + (1-\lambda)\log M_{t-1} \tag{7}$$

$$\log(M/Y)_t = \lambda a + (\lambda b - 1)\log Y_t - \lambda c\log\pi_t^e + (1-\lambda)\log M_{t-1} \tag{8}$$

方程(6)—(8)中的货币存量和收入水平均取实际值(当年价格计算的名义值经过 GDP 平减指数调整)，这样三个方程因变量中的 M/Y 为货币—收入之比或者说是货币流通速度的倒数。方程(6)—(8)可视作货币的短期需求函数，相应地(3)—(5)可视为长期需求函数。以上需求函数中，收入水平(Y)以 GDE 度量。关于货币的度量口径，以下主要考虑流通中现金 M0 和狭义货币 M1。因为根据现有的统计资料，广义货币 M2 的统计口径变动频繁。《中国金融年鉴》的货币概览中 M2 数据最早仅能追溯到 1985 年，而且 1985—1992 年间概览中使用国家银行与农村信用社统计口径,1992 年以后又加入了其他银行和金融机构存款。M1 的口径虽然也有变动，不过根据公开的统计资料容易获得 1978 年以来国有银行系统的活期存款数量，而农村信用社中活期存款数量极为有限，因此我们将 M1 定义为通货与国有银行活期存款之和，这样就能得到 1978 年甚至 1952 年以来连续的 M1 序列。数据取自国家统计局编辑的《中国统计年鉴》以及中国人民银行编辑的《中国金融年鉴》、《中国人民银行统计季报》各期。

(二) 通货膨胀预期模型

估计方程式(6)—(8)之前须先构造预期通胀率 π^e 序列。文献中出现过多种模型刻画通货膨胀预期。最简单的如静态预期，假定人们对下期的预期就等于本期的通胀率。再如适应性预期模型。ARMA 模型也在通胀预期文献中得到较多应用，例如 Hess 和 Bicksler(1975), Bodie(1976), Nelson(1976), Nelson 和 Schwert(1977)等。Fama(1981)建议使用滞后的宏观经济指标，例如货币供给增长率、利率、

产出增长率预测通胀。假定理性的经济人有积极性利用当前能获得的一切信息来形成对以后的预期,则 Fama 的方法更为合适。处于数据考虑,我们设定被用于预测 t 期通胀的信息集合可能包括滞后的产出增长率、货币($M1$)增长率、工资增长率,即 $\Omega_t = \{g_y, g_m, g_w\}_1^{t-1}$。为简单起见,设定通胀率是以上变量滞后值的线性函数

$$\pi_t = \alpha_0 + \sum_{i=1}^{n1} \alpha_i \pi_{t-i} + \sum_{i=1}^{n2} \beta_i g_{y,t-i} + \sum_{i=1}^{n3} \gamma_i g_{m,t-1} + \sum_{i=1}^{n4} \delta_i g_{w,t-1} + u_t \quad (9)$$

考虑到使用的是年度数据且序列较短,在(9)限定仅有滞后一期的解释变量值会对当期通胀产生影响,即

$$\pi_t = \alpha_0 + \alpha_1 \pi_{t-1} + \beta_1 g_{y,t-1} + \gamma_1 g_{m,t-1} + \delta g_{w,t-1} + \mu_t \quad (10)$$

式(10)解释变量集中加入滞后一期的因变量,不仅是因为通胀可能有连续性,也是为了体现高阶滞后解释变量对通胀可能的影响。该式体现了理性预期假说,避免了预测的系统性偏差,另外它还将其他几种预期模型嵌套进来:如果 $g_{y,t-1}$,$g_{m,t-1}$,$g_{w,t-1}$ 的系数均为零,则通胀率服从 $AR(1)$ 过程;进一步地,如果 π_{t-1} 的系数为 1,静态预期模型便是通胀良好的描述。

表 2 列出了方程(10)以 OPI 和 MPI 衡量的通胀率估计结果,结果令人满意。除工资增长率不能对通胀提供预测信息外,其他变量的系数都是显著的。由于工资增长率的系数接近于 0,该表列出的参数值是剔除该变量之后的结果。① 工资的上升更主要体现为对通货膨胀的反应而不是导致通货膨胀的原因,而货币供给的增长则会影响到下年的通胀率,经济高涨期通胀也会随之变高。两个回归式的拟合系数均超过 60%,残差的一阶自相关系数 $\hat{\rho}$ 以及 Durbin h 统计量都不显著(h 统计量渐近服从标准正态分布),表明残差不存在序列相关。回归式的残差可视作非预期到的通胀,而回归的拟合值便是根据上期信息可预期的通胀率,分别记为 π_O^e 和 π_M^e。

表 2   通胀率预期模型 1978—2003

$$\pi_t = \alpha_0 + \alpha_1 \pi_{t-1} + \beta_1 g_{y,t-i} + \gamma_1 g_{m,t-1} + \delta_1 g_{w,t-1} + \mu_t$$

因变量	α_0	α_1	β_1	γ_1	δ_1	$\hat{\rho}$	Durbin-h	R^2
OPI	-9.101 (2.855*)	0.543 (0.126*)	0.919 (0.302*)	0.161 (0.105)	—	0.212	1.41	0.68
MPI	-13.667 (4.233*)	0.414 (0.140*)	1.066 (0.458*)	0.386 (0.154*)	—	-0.031	-0.23	0.62

注:OPI 和 MPI 分别代表官方价格指数和自由市场价格指数衡量的通胀率。由于滞后工资增长率的系数接近于 0,本表列出的是剔除该变量之后的 OLS 回归结果。小括号中是标准差,* 表示在 5% 水平上显著。$\hat{\rho}$ 是残差的一阶自相关系数。

---

① 如果不对方程(9)中解释变量的滞后阶数施加限制,而是使用 Anderson 和 Hsiao (1981) 的模型选择程序来确定滞后阶数,结果相对于表 2 仅多出一项解释变量 π_{t-2}。不过该项系数仅为 -0.05,标准差为 0.18,其他参数值也几乎没有变化。所以限定所有解释变量滞后一阶的简化模型同使用 Anderson 和 Hsiao 程序的筛选结果基本一致。

(三) 货币需求函数估计

一旦得到预期通胀率序列便可估计方程式(6)—(8)。三个方程的 OLS 估计结果见表 3。回归结果令人满意:解释变量的系数同预期一致且显著,每个回归式的拟合系数都在 80% 以上,残差不存在明显的自相关。通胀预期会显著影响到社会的持币行为。表 3 每个回归式中解释变量的系数一般为参数 a, b, c, λ 的非线性组合。如果每个系数都是无偏的,则可直接从非线性关系求得单个参数的期望值,不过求其标准差或者说确定其显著性则不太直观。表 3 的最下三行是根据各变量的系数期望值以及系数的方差—协方差矩阵求得的 b, c, λ 的期望值以及标准差,三个参数都是高度显著的(这里讨论不涉及参数 a,因此表 3 中对 a 不予单独列出)。

表 3 改革以来中国线性、半对数和双对数货币需求函数的 OLS 估计

	线性	(M/Y)	半对数	$\log(M/Y)$	双对数	$\log(M/Y)$
常数项		0.169 (0.048*)	常数项	-0.377 (0.261)	常数项	-0.677 (0.294*)
$1/Y$		-79.92 (76.48)	$\log Y$	-0.610 (0.125*)	$\log Y$	-0.606 (0.134*)
π^e		-0.381 (0.073*)	π^e	-0.977 (0.185*)	$\log \pi^e$	-0.147 (0.031*)
M_{-1}/Y		0.715 (0.120*)	$\log M_{-1}$	0.626 (0.114*)	$\log M_{-1}$	0.617 (0.123*)
R^2		0.87		0.86		0.84
DW		2.43		2.36		2.39
λ		0.285 (0.120*)		0.374 (0.114*)		0.382 (0.123*)
b		0.594 (0.093*)		1.041 (0.046*)		1.027 (0.049*)
c		1.341 (0.516*)		2.615 (0.791*)		0.385 (0.122*)

注:表中线性、半对数和双对数三列分别列出了方程(6)—(8)的 OLS 估计结果。自变量 π^e 是根据官方价格指数计算得预期通胀率,由于某些年份中 π^e 为负值,双对数回归中以 $\log(0.1+\pi^e)$ 替代 $\log(\pi^e)$。经滞后期调整后每个回归式包含 23 个年度观测。R^2 为拟合系数,DW 为 Durbin-Watson 统计量。表的最下三行是根据 OLS 回归的各变量系数估计值以及系数的方差—协方差矩阵求得的单个参数的期望值以及标准差,其中标准差根据一阶泰勒近似计算。由于讨论不涉及参数 a,表中没有单列出其期望值以及标准差。小括号中是标准差,* 表示在 5% 水平上显著。

短期来看,线性形式下,通胀预期每上升一个百分点,货币占收入的比重会下降约 0.38 个百分点;而在半对数形式下货币占收入的比重就会下降约 1%;对数形

式下,通胀预期每上升1%货币与收入之比就会下降约0.15%。通胀预期的长期影响则更明显:通胀预期每上升一个百分点,货币需求减少的绝对量为总收入的1.3%(线性形式),或者长期货币需求占收入的比重就会下降2.6%(半对数形式);或者相对于上年通胀预期每上升1%货币与收入之比就会下降0.38%(对数形式)。线性形式表明,长期中我国货币的边际需求倾向为0.6;对数和半对数形式同时表明长期中货币需求的收入弹性为1,这同发达国家的经验结论一致(Wolman, 1997; Lucas, 2000)。三种设定形式下求得的货币持有量的调整系数相近,约为0.3。

四、货币流通速度变动的决定因素:两部门模型

(一) 模型设定

对发展中国家货币需求行为的解释模型中,"货币化假说"是影响较大的一个。该假说基本观点是随着欠发达国家的经济增长,经济活动中以货币进行的交易比例(货币化比率,monetisation ratio)不断变大。这样,货币供给除满足经济增长带来的需求外,还要满足新货币化的那部分经济的需要,于是社会便需要持有更多货币。如果事实的确如此,前述超出通胀率和经济增长率之外的货币供给就不是真正意义上"超额"的,它被用于满足新货币化部门的需要,因而不会造成通货膨胀。Goldsmith(1966)曾根据1948—1963年的货币化程度将世界56个国家划分为3组。Melitz和Correa(1970)的跨国研究发现Goldsmith的货币化程度变量显著解释了国家间的货币流通速度差异。

根据易纲(1996),经济改革通过以下多个渠道引致了中国20世纪80年代快速的货币化:增加居民和企业的交易需求、农村中的生产责任制使广大农民进入市场、私营企业和乡镇企业迅速发展使得它们成为重要的机构交易主体等。毫无疑问,改革尤其是农业部门的制度变迁使得对货币的需求大大增加了。这能够解释为什么80年代中期以前货币供给高速增长没有导致通货膨胀,即货币的增加主要体现在流通速度的降低上。因为这一时期(1978—1984年)农业改革进展最快,农业部门迅速货币化了。然而使用"货币化比率"研究货币需求和流通速度时面临的重要问题是如何衡量该比率。经验中由于难以通过计量技术求出一国的货币化进程,一般选取某个可观测的序列作为该比率的替代,例如易纲使用城市人口的比例来替代货币化比率。然而替代变量的选取是相当主观的,不同的替代变量产生的统计结论可能截然不同。[①]

使用城市人口比例替代货币化比率已经暗含了城市的货币化程度高于农村。

[①] 使用代理变量可能导致的计量中的问题见Maddala(1977)。

不同经济部门之间的货币需求行为可能存在差别,这一点被大部分的货币需求分析文献忽略了。发展中国家各部门的比重随经济增长在迅速变化,如果不同经济部门货币需求行为存在差别,忽略了这种差别就可能导致货币总需求模型或者流通速度模型的严重误设。如引言中已提及的,有理由相信我国农业和非农产业的货币需求函数可能是不同的。尽管在缺乏分部门的货币持有量数据情况下无法直接估计每个部门货币需求函数,不过可通过以下转换将部门间的需求差别融入总的货币需求量中进行比较。

假定将整个经济分为两部分——农业和非农业。类似方程(3),每个部门合意的货币需求量 M_i^* 设定为

$$M_i^* = \alpha_i + \beta_i Y_i - \gamma(\pi^e Y_i) - \gamma(\pi^e Y_i) \quad i = 1,2 \tag{11}$$

其中 Y_i 表示部门 i 的收入,下标 1 和 2 分别表示农业和非农业部门。β_i 是货币的边际需求倾向。① 这里将货币需求设定为收入和机会成本的线性函数,而不再采用对数或者半对数形式,因为后两者会给下文两部门的货币加总带来不便。

记 M_i 为部门 i 实际持有的货币量,每个部门的货币持有量的调整方程为

$$\Delta M_{i,t} = \lambda(M_{i,t}^* - M_{i,t-1}) \tag{12}$$

为简单起见,这里假定两个部门的调整速度相同均为 λ。这样每个部门货币持有量的函数为

$$M_{i,t} = \lambda\alpha_i + \lambda\beta_i Y_{i,t} - \lambda\gamma\pi^e Y_{i,t} + (1-\lambda)M_{i,t-1} \quad i = 1,2 \tag{13}$$

合并两个部门的货币持有量得到

$$M_t = M_{1,t} + M_{2,t}$$
$$= \lambda(\alpha_1 + \alpha_2) + \lambda\beta_2 Y_t + \lambda(\beta_1 - \beta_2)Y_{1,t} - \lambda\gamma\pi^e Y_t + (1-\lambda)M_{t-1} \tag{14}$$

货币收入流通速度的倒数便可表示为

$$M_t/Y_t = \lambda\beta_2 - \lambda\gamma\pi_t^e + \lambda(\alpha_1 + \alpha_2)1/Y_t + \lambda(\beta_1 - \beta_2)Y_{1,t}/Y_t + (1-\lambda)M_{t-1}/Y_t \tag{15}$$

方程(11)和(13)可分别视为单个部门货币的长期和短期需求函数,而方程(14)或者(15)则刻画了整个社会的短期加总货币需求行为。比较前面同为线性形式的方程(6),方程(15)的自变量仅多出一项——农业占总产出的比例 Y_1/Y。正是该比例可体现出两部门边际货币需求倾向的差异以及农业比例变动对总体的货币需求和货币流通速度的影响。

关于方程(15)中参数的预期值。首先,如前所述,农业和非农产业中的长期货币需求行为可能不同,体现在方程(11)中,农业中边际货币需求倾向很可能小于非农产业,即 $\beta_1 - \beta_2 < 0$。假定货币持有量的调整系数 $\lambda > 0$,则方程(15)中 $Y_1/$

---

① 这里我设定农业和非农业两部门的 γ 相同,下文方程(14)表明,设定两部门的 γ 不同时不影响关键结论。

Y 的回归系数应为负值。这也是应用该方程考察中国两部门货币需求行为的关键。第二,预期 $\lambda\gamma>0$,即预期通胀率 π^e 的系数应为负值,意味着人民预期通胀率上升时会减少货币的持有从而流通速度会加快。第三,M/Y 关于 $1/Y$ 的偏导数即 $1/Y$ 的系数为

$$\lambda(\alpha_1+\alpha_2)=\partial(M/Y)/\partial(1/Y)=M(1-\eta) \quad 其中 \quad \eta=(\partial M/M)/(\partial Y/Y) \tag{16}$$

η 即是货币需求的收入弹性。如果方程(15)中解释变量 $1/Y$ 的系数为负值,表明收入弹性大于1,意味着国民收入的增长会使得货币持有量更快地增长,这时可将货币看作"奢侈品",同时也意味着货币流通速度会下降。

(二) 经验结果

方程(15)的 OLS 估计结果为(* 表示在 5% 水平上显著。经滞后期调整后共 23 个观测,下同):

$$\begin{aligned}M1_t/Y_t = \quad &0.271 \quad - \quad 0.327\pi_t^e \quad + \quad 15.937\ (1/Y_t)\\ &(0.093^*) \quad\quad (0.903^*) \quad\quad\ (183.36)\\ &\quad -0.201Y_{1,t}/Y_t + 0.556M1_{t-1}/Y_t\\ &\quad\quad (0.166) \quad\quad\quad (0.165^*)\\ &R^2 = 0.88 \quad\quad DW = 1.93\end{aligned} \tag{17}$$

去掉其中显著性最弱的解释变量 $1/Y$ 重新进行回归有:

$$\begin{aligned}M1_t/Y_t = \quad &0.268 \quad - \quad 0.325\pi_t^e \quad - \quad 0.183Y_{1,t}/Y_t + 0.562M1_{t-1}\\ &(0.082^*) \quad\ (0.086^*) \quad\quad (0.112) \quad\quad\quad (0.158^*)\\ &[0.071^*] \quad\ [0.100^*] \quad\quad [0.090^*] \quad\quad\quad [0.148^*]\\ &R = 0.88 \quad\quad DW = 1.94\end{aligned} \tag{18}$$

其中货币为狭义货币 $M1$,Y 是国内总支出,Y_1/Y 是农业产出占国内总支出的比重。以上几个变量都是经过 GDP 平减指数调整后的实际值。π^e 是根据表2分离出的以 OPI 衡量的预期通货膨胀率。两个回归式共同变量的系数值以及标准差相似。小括号中是根据 Newey-West 程序计算的标准差。由于回归的小样本规模,在(18)的中括号里我们同时给出了 bootstrap 模拟的系数标准差。①

方程的拟合度较高,Durbin-Watson 统计量表明残差不存在序列相关。Y_1/Y 和 π^e 的系数符号同预期一致均为负值:农业部门的边际货币需求倾向的确小于非农业,于是改革以来货币流通速度随农业比重不断下降而下降;预期通胀上升时,人

---

① 中括号中是 10 000 次 bootstrap 抽样法的模拟标准差。具体地,第一步,取方程(18)残差序列,然后进行置换抽样;第二步,利用第一步结果作为新的残差序列,加上方程(18)所得的因变量拟合值形成新的因变量 X。然后将 x 对常数项、π_e、Y_1/Y、$M-1/Y$ 回归,保存其回归系数;重复以上步骤10000次即可求得模拟的系数均值以及标准差。常数项以及以上四个自变量的系数均值分别为 0.265、−0.324、−0.181、0.564。

们倾向于持有更少的货币,这导致流通速度上升。方程(18)中 π^e 的系数非常显著。Y_1/Y 的系数为 -0.183,尽管使用 Newey-West 标准差衡量时该值仅处于显著性的边缘,使用模拟标准差时该值却高度(在95%置信水平上)显著——事实上,作为原假设的0点落在了模拟结果的98%分位点上。不过我更关心的是系数中所包含的参数 γ 以及 $\beta_1-\beta_2$ 的期望值以及显著性,即预期通胀对货币需求的长期影响以及两部门货币边际需求倾向的差异是否显著。根据方程(15)和(17),得到参数期望值的表达式:①

$$1-\hat{\lambda}=0.556 \quad \hat{\lambda}\hat{\beta}_2=0.271 \quad \hat{\lambda}\hat{\gamma}=0.327$$
$$\hat{\lambda}(\hat{\alpha}_1+\hat{\alpha}_2)=15.937 \quad \hat{\lambda}(\hat{\beta}_1-\hat{\beta}_2)=-0.201 \quad (19)$$

参数 λ、γ、β_1、β_2 是恰好可识别的。由方程组(15)可解出这些参数的期望值

$$\hat{\lambda}=0.443 \quad \hat{\gamma}=0.737$$
$$\hat{\beta}_1=0.158 \quad \hat{\beta}_2=0.612 \quad \hat{\beta}_1-\hat{\beta}_2=-0.454 \quad (20)$$

这样,(12)中年度货币持有量的调整系数为0.44,意味着合意的货币量变动部分约有一半会在一年内反映到人们实际的货币持有量变动上,该值稍大于表3中线性方程时的调整系数。农业中货币的边际需求倾向为0.16,而非农部门的需求倾向为0.61,后者为前者的4倍。因此模型提供了改革以来货币存量相对于产出和通胀的更快增长或者说流通速度的下降的一种解释:非农产业中货币的边际需求倾向远大于农业部门,随着农业在总产出中比重持续下降,新增的货币量不仅要满足总体经济增长的需求,还要满足非农产业比重上升所引致的更多需求。

通过一阶泰勒级数近似,求得参数 γ 的标准差为 0.208,$\beta_1-\beta_2$ 的标准差为 0.213。二者的均值分别落在了 3.5 和 2 倍标准差之外,因而可以认为 γ 显著为正值而 $\beta_1-\beta_2$ 显著为负值。因此在统计意义上农业部门的边际货币需求倾向也的确显著小于非农业部门,于是改革以来货币需求随农业比重的不断下降而更快增加,货币流通速度则因此持续下降;另一方面预期通胀上升时,持有货币的成本变大从而人们倾向于减少货币需求,这时流通速度会有所上升。这同表中的结果是一致的,根据表1最后两列,在1987—1989、1993—1995年间通胀率高时货币流通速度有所回升。方程(17)中值得提及的还有 $1/Y$ 的系数。根据(16),$1/Y$ 的系数小于零意味着随着收入的增加,货币需求量增长会更快。这时 Friedman 关于货币需求与收入增长关系的著名论断便是成立的。如前所述,表1的初步结论似乎验证了该论断。然而(17)中 $1/Y$ 的系数极不显著且为正值,表明当考虑到两部门具有不同的货币需求倾向时,改革以来货币需求量更快比例的上升并不是单纯由收入的上升引起的,而是由于农业部门的边际货币需求倾向远小于非农产业,当农业在总

---

① 由于回归式(17)和(18)中共同自变量系数及其方差的估计结果相近,使用(18)估计结果求解 γ 和 $\beta_1-\beta_2$ 没有大的差别。

收入中的比重不断下降时,整个社会的货币需求量增长速度便会高于总收入的增长速度。

(三)模型估计的进一步考虑

回归式(17)中货币采用的是狭义货币数据,使用流通中现金($M0$)时模型效果稍差,但关键性结论是一致的。使用 $M0$ 替代 $M1$ 重新进行回归,结果如下

$$M0_t/Y_t = \underset{(0.043^*)}{0.219} - \underset{(0.051)}{0.095\pi_t^e} - \underset{(345.0)}{151.8(1/Y_t)} - \underset{(0.170)}{0.221Y_{1,t}/Y_t} - \underset{(0.229^*)}{0.049M0_{t-1}/Y_t}$$

$$R^2 = 0.93 \quad \hat{\rho} = 0.72 \quad DW = 1.88 \tag{21}$$

由于回归残差自相关,我们使用 $Durbin$ 方法进行了修正,$\hat{\rho}$ 是修正的一阶自相关系数。该回归式中自变量 $M0_{t-1}/Y_t$ 的系数 $(1-\lambda)$ 与 0 无显著差异,即调整系数 λ 近似为 1。意味着现金持有量的调整速度很快,合意的现金需求变动一年内便会全部体现在实际的现金持有量变动上。而 $M1$ 的调整速度仅为 0.44。现金的调整速度快于活期存款并不奇怪,因为源于银行制度性原因,在我国现金一般更多为个人所持有而活期存款为企事业单位持有。为使模型系数便于解释,限定现金调整系数为 1 重新估计有

$$M0_t/Y_t = \underset{(0.022^*)}{0.211} - \underset{0.050^*}{0.094\pi_t^e} - \underset{(323.5)}{144.5(1/Y_t)} - \underset{(0.164)}{0.216Y_{1,t}/Y_t}$$

$$R^* = 0.93 \quad \hat{\rho} = 0.72 \quad DW = 1.92 \tag{22}$$

由于限定了 λ 为 1,方程系数解释便相当简单。$\hat{\gamma} = 0.094$,$\hat{\beta}_1 - \hat{\beta}_2 = -0.216$,相应的标准差分别为 0.05 和 0.16。这里预期通胀的系数显著为负值而 $1/Y$ 仍不显著。至于两部门的货币边际需求倾向差异,$M0$ 的回归效果虽不如 $M1$ 显著,$\beta_1 - \beta_2$ 期望却仍为负值。

五、结　论

根据货币数量论,如果货币的收入流通速度稳定,则超过真实产出之上的货币增长应完全反映到物价水平上涨上。然而改革以来除少数年份外,货币供给的增长速度(无论是以何种货币口径衡量)一般大于经济增长速度与通货膨胀率(无论是用官方价格指数还是用自由市场价格衡量)之和。这意味着在我国货币流通速度并不是常数,而是在持续地下降,即货币持有量占产出的比重越来越大。那么,出现这种现象的原因是什么?或者说超额货币流向了哪里?以上提供了对该问题一种解释。

本文分农业和非农业两个部门考察了中国的货币需求行为。经验结果表明,非农产业的边际货币需求倾向远大于农业部门。这可能是因为我国农业中占相当大比例的经济活动仍然是自给自足的,农业的投资生产周期长、销售简单,传统农

业中的金融市场和信贷也不比非农业部门发达等原因。改革以来随着农业在总产出中比重持续下降,新增的货币量不仅要满足总体经济增长的需求,还要满足非农产业比重上升所引致的更大比例的需求。这样整个社会的货币需求量增长速度便会高于收入的增长速度。当考虑到两部门具有不同的货币需求倾向时,如果两部门收入的比重不变,则单纯社会收入的上升并不会引致货币流通速度的明显变化。

经验结果还验证了,预期通胀率会对货币需求产生显著影响。通胀预期高时持有货币的机会成本增加,这会使得货币占收入的比重下降,即货币的收入流通速度会加快。另外,在我国现金持有量的调整速度快于活期存款。现金需求变动一年内便会全部体现在实际的现金持有量变动上,而 $M1$ 需求的变动一年内反映到人们实持有量变动上的部门不足一半。

以上结果意味着积极的货币政策可能取得一定的效果。尽管长期中货币需求的收入弹性接近于1,然而由于农业部门的比重未来仍将下降而非农产业仍将上升,这会使得货币流通速度继续保持下降态势。意味着超出经济增长的货币供应不会全部体现到通胀上去,于是一部分货币供给便可能被用于增加投资。

最后,两部门模型只是为解释改革以来货币流通速度的下降提供了另外一个视角。这并不意味着"货币化假说"或者其他相关理论不能用来解释我国的货币需求行为。这些理论可以是相互补充的,例如如果在两部门框架中考虑到货币化比率对每个部门货币需求行为的影响或许能进一步改进模型的解释能力。同样地,还可以用类似的思路考察其他部门的货币需求行为。

参 考 文 献

[1] Anderson, T. and Hsiao Cheng, "Estimation of Dynamic Models With Error Components," *Journal of the American Statistical Association*, 1981, 76, 598—606.

[2] Bodie, Zvi, "Common Slocks as a Hedge against Inflation," *Journal of Finance*, 1976, 31, 459—470.

[3] Cagan, Phillip, "The Monetary Dynamics of Hyper-inflation," in M. Friedman (ed.), *Studies in the Quantity Theory of Money*, 1956, 25—117, Chicago: University of Chicago Press.

[4] Driscoll, Michael and Ashok Lahiri, "Income-velocity of Money in Agricultural Developing Economies," *The Review of Economics and Statistics*, 1983, 65, 393—401.

[5] Fama, Eugene F., "Stock Returns, Real Activity, Inflation, and Money," *American Economic Review*, 1981, 71, 545—565.

[6] Feltenstein, Andrew, Ha Jiming, "Measurement of Repressed Inflation in China: The Lack of Co-ordination Between Monetary Policy and Price Controls," *Journal of Development Economics*, 1991, 36, 279—294.

[7] Friedman, Milton, "The Demand for Money: Some Theoretical and Empirical Results," *The Journal of Political Economy*, 1959, 67, 327—351.

[8] Friedman, Milton, "Financial Flow Variables and the Short-run Determination of Long-term Interest Rages," *The Journal of Political Economy*, 1977, 85, 661—689.

[9] Goldfeld, Stephen M., "The Case of Missing Money," *Brookings Papers on Economic Activity*, 1976, Issue 3.

[10] Goldsmith, Raymond w., (1966), "The Determinants of Financial Structure," Development Center of O. E. C. D., Paris.

[11] Hess, Patrick F., Bicksler, James L., "Capital Asset Prices versus Time Series Models as Predictors of Inflation: The Expected Real Rate of Interest and Market Efficiency," *Journal of Financial Economics*, 1975, 2, 341—360.

[12] Lucas, Robert, "Inflation and Welfare," *Econometrica*, 2000, 68, 247—274.

[13] Mayer, Thomas, James S. Duesenberry, Robert Z. Aliber, *Money, Banking, and the Economy*, 1996, New York: W. W. Norton.

[14] Melitz, Jacques and Hector Correa, "International Differences in Income Velocity," *The Review of Economics and Statistics*, 1970, 52, 12—17.

[15] Nelson, Charles R., "Inflation and Rates of Return on Common Stock," *Journal of Finance*, 1976, 31, pp. 471—483.

[16] Nelson, Charles R. and Schwert, G. William, "Short-Term Interest Rates as Predictors of Inflation: On Testing die Hypothesis that the Real Rate of Interest Is Constant," *American Economic Review*, 1977, 67, 478—486.

[17] Wolman, Alexander, "Zero Inflation and the Friedman Rule: A Welfare Comparison," *Federal Reserve Bank of Richmond Economic Quarterly*, 1997, 83, 1—21.

[18] Yi Gang, "The Monetization Process in China During the Economic Reform," *China Economic Review*, Spring 1991, 75—95.

[19] 易纲:《中国的货币、银行和金融市场:1984—1993》,上海三联书店、上海人民出版社,1996年。

结构扭曲与中国货币之谜
——基于转型经济金融抑制的视角

黄桂田　何石军

摘要：转型经济中金融抑制的表现是对利率和汇率的管制。我们认为利率和汇率管制降低了持币的成本直接增加了货币需求，其导致的投资和对外经济结构扭曲则间接地增加了货币需求。中国的货币高速增长就是为了满足超额货币需求所致。我们利用中国1994年第一季度到2010年第二季度数据估计了M1和M2的真实余额需求的协整和误差修正方程。实证结果基本支持本文的金融抑制假说。在一个保守估计下，我们认为金融的抑制至少导致了现有的M2/GDP偏高30%。

关键词：金融抑制；结构扭曲；中国货币之谜

JEL分类号：E41；E42　**文献标识码**：A

一、引　言

中国在经历从计划经济向市场经济转型的过程中产生了令经济学家大为困惑的中国货币之谜（Mckinnon，1993；易纲，2003；武志文，2003；张杰，2006）。中国货币的增长率长期大于实际GDP的增长率和通货膨胀率之和，由此导致了M2与GDP比例持续攀高，远远高于从横向或纵向比应有的水平（余永定，2002）。如此之高的M2/GDP究竟为何而起呢？在真实世界中，货币是连接实体经济与虚拟经济的重要工具和手段。货币要在真实世界中发挥作用离不开特定的金融制度环境。那么中国货币之谜是否与中国经济转型期特定金融制度环境有关呢？

发展中的转型经济，金融制度环境的最大特点是存在金融抑制（Mickinnon，1973）。金融抑制的具体表现为间接融资比例过大、利率受管制而低于在竞争性条件下的利率水平、不同类型企业受到信贷歧视、对股市的管制以及汇率和资本项目受管制等。对中国的转型时期来说，上述的金融抑制表现都不可避免，但最大表现就是利率和汇率被管制。这两个用于度量货币对内的机会成本和对外的价格因素

---

* 原载于《金融研究》2011年第7期。

在中国转型市场经济条件下被管制了,必定使得货币需求表现不一样。同时由于货币成本的扭曲会影响资金成本以及国内外商品的相对价格,进而会导致国内经济结构变化与扭曲。实体经济结构的变化也在一定程度上影响着居民或者企业的货币需求行为。由此可见,金融抑制会直接和间接地对居民的货币需求产生影响。如果这种直接或者间接的影响导致了货币需求的增加,那么政府为了维持经济的增长以及避免出现通货紧缩,必定要为这些超额的货币需求增发超额货币。

因此,我们认为中国的高货币化是与中国特定的金融抑制以及由此引发的实体经济的结构扭曲有关。为此,我们提出了解释中国货币之谜的金融抑制假说,并利用中国1994年以来的季度数据估计了M1和M2层次货币的需求以对本文提出的假说进行实证检验。实证的结果表明,考虑到这两个重要的货币价格低估后对货币需求产生的直接和间接效应,我们能够解释大部分的中国迷失货币的去向。同时我们也在货币需求函数一个变换框架下讨论了货币流通速度下降之谜,研究的结果表明中国低的货币流通速度即高的M2/GDP与中国的金融抑制有关。

本文余下部分的安排如下。第二部分是关于中国货币之谜的文献回顾,我们通过分析评判以往的各种解释,提出了关于货币之谜的金融抑制假说。第三部分我们利用中国1994年第一季度至2010年第二季度数据在M1和M2货币层面上对第二部分提出的假说进行检验,通过详细地对比各种实证的结果以证实或证伪本文所提出的假说。最后是本文的结论和政策含义。

二、文献回顾与假说的提出

已有研究对中国持续攀高的M2/GDP的解释,大都从两个角度展开。一类从货币流通速度变化的角度,即中国持续攀高的M2/GDP是由于货币流通速度的不断下降所致。如果货币流通速度的下降被解释了,那么在一定程度上就解释了M2/GDP的上升。另一类是从货币需求的角度出发,认为超发的货币是为了满足中国转型期特定需求所致,因而在考虑这部分特殊需求之后,货币迷失就不难解释,因而就不难理解中国持续上升的M2/GDP。事实上,这两类文献是紧密联系在一起的,从一方面看有一部分迷失货币被传统研究忽略的因素引发的货币需求所吸收,从另一方面看就相当于过多的货币对应过少的国民收入而表现为货币流通速度的下降。

(一) 对货币流通速度下降的解释

西方主流经济学理论主要讨论货币流通速度是否稳定。Friedman(1963)从美国近百年的货币史研究中发现货币流通速度在长期内是稳定的。虽然在标准CIA框架下的货币分析也得出了货币流通速度稳定的推论,但一些研究(Hodrick,Kocherlakota和Lucas,1991;Hromcova,2007)通过在CIA模型中引入信贷、对货持有的谨慎性需求使得个体具有松的现金约束而得出了货币流通速度是不稳定的结论。

对于转型的中国而言,货币流通速度既不像货币主义者所说的那样是长期稳定的,也不像后来的研究者所表明的那样具有易变性,而是在可观测的长期之内是不断趋于下降的。因此,众多研究从中国经济转型期的特殊性出发来解释货币流通速度的下降。一些研究(左孝顺,1999;易纲,2003)认为导致我国货币流通速度不断降低的因素是货币化程度。另一些研究(赵留彦,2006)则在一个扩展的 CIA 框架下发现经济的发展过程中货币化或信用化的程度对货币流通速度影响不确定,但实证的结果却发现货币化或信用化总体上导致流通速度上升。如果说 20 世纪 90 年代之前中国一直在进行着大规模的货币化进程,但是之后还认为是在进行大规模的货币化进程,那么就有点不合时宜了。而信用化的发展对于货币流通速度的影响,其结论与理论和现实不符。上述研究要么考虑时间过于久远因而有些影响因素已经不再存在,要么是考虑度量不合理使得理论预期与现实不一致。

对于中国经济来说,90 年代以来的一大变化是开始进行股票市场交易,随后股市规模便不断增大,因而许多研究从货币与资产替代的角度研究中国的货币流通速度。张勇(2007)通过对 M1 的货币流通速度与股票市场交易量的协整分析,发现居民的资产替代行为确实影响了货币流通速度的稳定性。虽然股票市场不断发展,但是中国仍然是一个以间接融资为主的经济。一些学者(谢平、张怀清,2007)认为中国高的 M2/GDP 是由于中国以银行为主导的金融制度与庞大的不良资产所致。由于中国政府与银行系统的联系,张杰(2007)通过将政府对银行体系的补贴和担保因素引入 Mckinnon 的最优货币化模型,初步认定政府对银行体系的控制是导致中国高货币化结果的基本原因。与此同时,中国奇迹被认为是投资驱动的。王洋(2007)认为中国高水平的 M2/GDP 源于高投资和低资本回报的增长模式;而持续上升源于增长数量和增长质量的不一致;同时,在固定汇率制下的外汇占款大幅攀升进一步造成 M2/GDP 畸高。

虽然上述研究有考虑股市发展和间接融资主导现象,或隐或现对金融抑制现象有所提及,但都没有对一个转型经济的重要事实——利率和汇率的管制进行足够的强调。政府的担保在很大程度是通过政府对利率的管制实现,而投资的高涨一定程度上与利率的低估有关;与此同时外汇占款的大幅攀升也可能与汇率管制下低估有关。但是金融的抑制如何导致高货币以及效果怎样,我们需要进一步地探究。

(二) 货币需求函数的估计

货币流通速度在传统分析中通常在货币需求函数的框架下进行的。不断下降的流通速度从另一个角度看就是经济中货币需求的高涨引发为满足高涨需求的高货币供给。因此,如果我们解释了超额货币需求的来源,那么我们就在一定程度上解释高速的货币供给没有导致加速的通货膨胀现象了。对于货币需求的高涨来源可从两方面展开：媒介交易与资产选择。易纲(2003)认为在中国经济转轨过程中，大量的经济部门货币化导致的额外需求引发了货币的超量增长，他通过用城市人口比例来表示货币化进程估测了中国的货币需求函数，发现货币化变量的加入大大地增强了解释力度。一些学者(赵留彦、王一鸣,2005)认为用城市人口比例来指代货币化进程过于主观，并认为转型期最大的特点是经济结构的变化，即第一产业在国民经济比重的持续下降，如果非农产业相对于农业有更大边际货币需求，农业在国民经济中比重下降将导致经济整体货币需求的上升。我们认为货币化在1990年后可能并不明显，而用国内产出结构的变化中的第一产业变化来解释中国的货币需求变化也没有多大解释力，因为中国的第一产业占比从1991年的7.1%到2008年的6.5%，变化很小，可能主要是投资与消费占比或外贸结构的变化。

上述研究实际上是从经济发展中媒介交易需求货币的高涨来解释货币需求的高涨。另一些研究(易行健,2006;万晓莉、霍德明和陈斌开,2010)则通过把货币作为一种资产，由于中国金融市场的发展和对外开放不断增加而使得居民在货币、股票、债券、外币及其外币资产之间的替代视角来估计中国的货币需求。王永中(2009)则根据中国居民在经济体制转轨过程中面临的收入不确定性程度上升和股票市场对货币需求的影响来解释中国持续存在的超额货币需求现象。

这些关于中国货币需求函数的研究对于我们如何从关于发达国家货币需求的研究切入转型经济的货币需求研究提供了很好的视角。但是上述研究虽然考虑中国资产市场的发展，还是没有切实把中国转型期金融抑制的事实作为重点强调纳入到货币需求的研究中来。虽然有研究(武戈,2009)指出中国利率和汇率市场化已经启动，但典型的事实是政府的各金融相关部门仍然对这些市场进行着严格的管制，离真正的市场化目标还任重道远。因此，从金融抑制角度对经济个体在资产选择和实体交易上的扭曲进而影响货币需求的机制和影响的大小进行检验，就能够加深我们对中国货币之谜的理解和认识。

(三) 假说的设定

发展中的转型经济在金融部门的最大特点是存在着金融抑制(Mickinnon,1973)。在中国，金融抑制最大表现就是利率和汇率被管制、对国有企业和私人企业有着不对等的信贷待遇。这些对中国企业和居民货币需求行为产生重要的影响。另外，金融抑制也导致了实体经济部门扭曲。一是利率低估导致中国国内的投资消费结构扭曲，高投资、高消耗被认为是不可持续的；二是汇率低估导致中国对外的经济结构扭曲，对外贸易依存度不仅高于同等水平的发展中国家，而且高于像美国这样的大型发达国家的水平。因此我们认为在考虑到上述的金融制度和结构变化后，如此高的M2与GDP比例应与中国的金融压抑以及由此带来的经济结构扭曲有很大关系。利率和汇率管制的直接和间接效果应是解释中国之谜的重要因素。

利率管制至少通过两条途径影响货币需求：

首先，利率的管制导致了利率的低估，其直接的效果就是导致经济个体持币成本的降低，因而会持有更多货币。利率是持有货币成本的最直接度量，就如 CIA 模型所预测的在无不确定性情况下，正的名义利率使得个体会把持有的通货全部用于交易而不会滞留在手上，因此使得货币流通速度不变。但是在那个理想的环境下，利率是一个市场化下的均衡利率。如果利率的管制使得利率低于竞争性市场下的均衡水平，那么持币的成本将会变低，因而人们会持有更多的货币，从而即使在手上滞留货币也不会导致损失。这会增加货币需求，继而降低货币的流通速度。

中国利率的管制导致利率的低估是个众所周知的事实，从中国自身纵向比较看，经常出现负利率的情况就可见一斑。从国际比较来看，以一年期贷款利率为例，印度自 20 世纪 80 年代至今还没有出现利率低于 10% 的年份，最低的是 2005 年的 10.8%，而在全球金融危机的背景下，印度的一年期贷款利率竟然达 12% 以上。即使与美国这样资本丰裕的国家相比，我国大部分年份的利率都要低。如果与美国在 80 年代可比较的人均 GDP 达到 12 000 多美元时的 18% 的利率相比，我们现在的利率则是低估太多了。我国的利率只有在 1993 年到 1996 年这四年中有高于 10% 的高位，其他时候都是低于 10%，在 6% 左右。到 2008 年已经到了 5.31% 的低位。[①] 长期压低的利率使得持有货币的成本很低，由此导致无论是企业还是居民都在手上滞留了大量的货币，产生了过量的货币需求。

其次，过低的利率导致了大量的投资，由此间接地影响企业或居民的持币行为。我国的投资占 GDP 的比率从 1992 年的 36.6% 到 2009 年的 47.7%，期间上升了十多个百分点。与同等程度的发展中国家或者发达国家相比，如此高的投资不应该只带来每年 10% 的 GDP 增长率。利率低估导致的投资结构失衡对货币需求间接影响机制为：利率的管制压低企业贷款和投资的成本，由此导致了企业的投资冲动，使得许多资金利用效率低的项目也可以上线，高涨的投资需要大量货币来支撑其顺利进行。特别是在这种低利率下，国有企业和其他类型企业面临的信贷歧视使得国有企业得到了过度信贷来源，而国企低效率的资金利用，使得相同的项目投资需要更多资金来支撑。这使得利率低估导致对货币需求影响的间接效果可能在中国的环境下有更大效果。

我们把利率管制对货币需求的上述影响途径分别称为利率低估的直接效应和间接效应。直接的影响是一种资产的替代行为，而间接的影响则通过对实体经济的影响进而影响货币的交易规模需求。

汇率的管制导致利率低估对货币需求影响也有直接效应和间接效应：

第一，汇率管制对货币需求影响直接效应是人民币低估使得人们预期人民币

---

① 以上数据来源于 EIU country data。

升值而导致持有货币以保值增值。1994年实行人民币汇率并轨时,人民币汇率由1993年年均价的5.7调整到1994年的8.6,随后由于持续的对外顺差,人民币一直有小幅的升值,到1997年升为8.28。接着由于亚洲金融危机的影响,人民币汇率一直保持在8.277左右,直到2005年7月(图1)。一般认为,人民币汇率从1994年汇改后至1996年汇率有低估,而1997—2000年由于亚洲金融危机,基本上没有太多低估,但是在2000年之后人民币低估就越来越大,即使是2005年再一次汇改后还是有很大的低估(王义中,2009)。其中,Goldstein和Lardy(2007)甚至认为2007年人民币汇率低估程度为35%—60%。币值的低估导致人民币升值预期的增加,增强了人们持有人民币的动机。同时汇率管制的强制结汇的要求,也使得人们不得不持有人民币。这些都使得汇率管制导致了对人民币需求的增加。

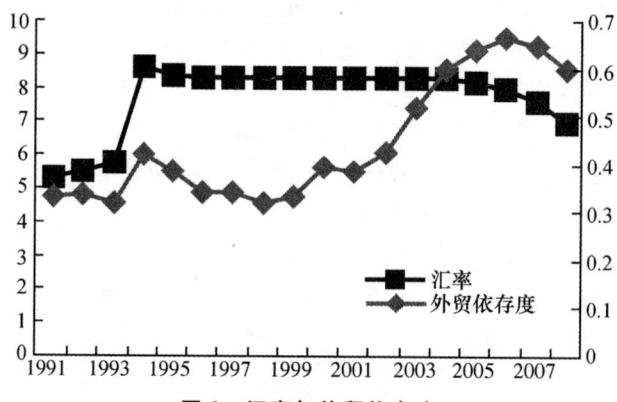

图1 汇率与外贸依存度

数据来源:《中国统计年鉴(2009)》。

第二,汇率管制的间接效应是指汇率的低估导致中国进出口贸易的膨胀,持续攀高的外贸依存度需要大量的货币来支撑其进行。由图1可以看出,在1994年汇率大幅贬值以来,中国的对外贸易依存度由1993的0.32到2006年甚至达到了67%的高度,最近几年由于金融危机有所下降但还是有0.6左右。如此高的外贸依存度为大国经济所罕见。为了维持这种对外贸易为导向的经济发展,同样需要大量的货币来支撑其运行与发展。这个效应我们称为由于汇率低估导致过多货币需求的间接效应。

根据上面的讨论,我们提出如下假说。

假说1:利率低估的直接效应和间接效应增加了货币的需求。

假说2:汇率的管制导致汇率低估的直接效应和间接效应增加了货币需求。

三、假说的验证

为了验证上一节提出的假说,我们估计一个考虑转型经济金融抑制引起结构扭曲的货币需求函数。一般来说,货币需求函数一般形式为:

$$\frac{M}{P} = f(S, OC)$$

其中 S 表示规模变量,OC 表示机会成本变量。在中国的环境下,由于缺乏财富的度量指标,通常在最简单的货币需求中 S 用实际收入表示,而 OC 用利率表示,即

$$m = \frac{M}{P} = f\left(\frac{Y}{P}, r\right)$$

如果货币需求对收入是一次齐次的,那么我们就可以得到实际货币需求函数

$$m = \frac{M}{P} = f(r)\frac{Y}{P} = f(r)y$$

令 $f(r) = Ar^h$,代入上式并在两边取对数,我们就可以得到一个实际货币需求的估计方程:$\ln m = \alpha + \beta \ln y + h \ln r + \varepsilon$,如果估计的 $\beta = 1$,表明货币需求的收入弹性为 1。

从货币需求的角度解释中国之谜,通常把中国货币超发归因于是为了适应经济超额的货币需求。这些研究通过考虑在传统的货币需求方程中所遗漏掉的规模变量,如经济的货币化过程、农业和非农业在经济中比重的变化、证券市场的发展,以及机会成本变量,如开放经济下的汇率以及国外利率入手来解释中国转型时期超额货币需求的来源。

如基于开放经济的考虑,货币需求就与汇率 ER 和外国的利率 FR 有关,因此开放经济下的货币需求估计方程为:

$$\ln m = \alpha + \beta \ln y + h \ln r + k \ln ER + \upsilon \ln FR + \varepsilon$$

如第二部分的假说所述,本文从金融抑制的角度来探求货币需求结构。由于金融的抑制导致经济结构的扭曲,投资占 GDP 的比重大幅增加以及外贸依存度持续攀高。为了刻画这种影响,我们加入了 fixi 和 ftdr 两个分别度量需求结构约束和外贸开放度的变量,以检验本文提出的假说。因此用于本文假说检验的函数为:

$$\ln m = \alpha + \beta \ln y + h \ln r + k \ln ER + \upsilon \ln FR + \gamma fixi + \theta ftdr + \delta X + \varepsilon$$

其中 M 表示名义货币,m 表示真实余额。由于金融抑制的直接效应更多的是涉及货币的资产性质,而间接效应更多的是涉及货币的交易媒介性质。因此,我们根据 M2 构成中各组成部分的性质,分别使用 M1 和 M2 层次的定义来估计以充分说明金融抑制以及由此导致的结构变化对货币需求以及货币流通速度的直接影响和间接影响。$m1$ 和 $m2$ 分别表示 M1 和 M2 的真实余额,y 表示实际国民收入,r 表示一年期贷款利率,ER 表示汇率,FR 表示国外利率,fixi 表示固定资产投资额占

GDP 的比例，ftdr 表示外贸依存度，X 表示其他的控制变量，如 smin 表示股票市场指数用以指示股市的发展对货币需求的影响、gcpi 为通货膨胀率以表示商品和服务的收益率。原始数据来源于 EIU country data 和中经网统计数据库，数据跨度为 1994 年第一季度至 2010 年第二季度。估计方程所用的 lnm1、lnm2、lny、lnr、lnER、lnFR 和 lnsmin 数据是使用 X12 方法对原始数据进行季节调整的对数值，fixi、ftdr 是以百分点计数并经 X12 方法调整后的数据。模型估计所需各变量的平稳性如表 1 所示。

表 1　变量的平稳性检验

变量	检验类型 (C,T,L)	水平值检验结果	检验类型 (C,T,L)	一阶差分值检验结果
lnm1	$(C,T,1)$	-3.06	$(C,0,1)$	-4.18***
lnm2	$(C,0,1)$	-0.10	$(C,0,1)$	-4.23***
lny	$(C,T,1)$	-1.95	$(C,0,1)$	-4.93***
lnr	$(C,0,1)$	-1.64	$(0,0,1)$	-4.15***
lnER	$(C,0,1)$	-0.68	$(0,0,1)$	-2.64***
lnFR	$(C,0,1)$	-1.31	$(0,0,1)$	-5.48***
fixi	$(C,T,1)$	-0.75	$(C,0,1)$	-6.15***
ftdr	$(C,0,1)$	-1.08	$(0,0,1)$	-3.24***
lnsmin	$(C,0,1)$	-2.36	$(0,0,1)$	-4.78***
gcpi	$(C,T,1)$	-2.56	$(C,0,1)$	-4.09***

注：所有变量的平稳性检验使用的是 ADF 方法。其中检验类型 (C,T,L) 是用于指明检验时所选择的模型，C 表示有截距项，T 表示趋势，L 表示滞后的阶数。***表示在 1% 的水平上显著，**表示在 5% 的水平上显著，*表示在 10% 的水平上显著。

由表 1 可知，所有的变量在水平值上都是不显著的，而对它们进行一阶差分后，根据各自选择的模型都在 1% 的水平上显著。这表明我们有足够信心认为所有的变量都是 I(1) 变量。由于各变量的非平稳性，我们使用 Engle-Granger 两步法对各变量之间的协整关系进行检验，以避免伪回归和内生性问题，然后通过误差修正模型以确定货币需求与影响货币需求各因素之间长期均衡关系的稳定性。表 2 是考察在 M1 定义上的货币需求方程回归结果。

表 2　M1 货币需求的回归结果（被解释变量 $\ln m1$）

解释变量	(2.1)	(2.2)	(2.3)	(2.4)
lny	1.13***	1.16***	1.01***	0.83***
	(0.016)	(0.034)	(0.163)	(0.086)
lnr	-0.44***	-0.35***	0.41***	-0.44***
	(0.028)	(0.039)	(0.053)	(0.032)
lnER		0.56***	0.61	
		(0.181)	(0.518)	

(续表)

解释变量	(2.1)	(2.2)	(2.3)	(2.4)
lnFR		-0.07 (0.060)	-0.12* (0.061)	0.13** (0.061)
lnsmin		0.04** (0.019)	0.08*** (0.027)	0.09*** (0.025)
ftdr			0.001 (0.003)	0.004** (0.001)
fixi			0.004* (0.002)	0.005*** (0.002)
gcpi			0.002 (0.002)	
cons	1.05*** (0.098)	-0.58 (0.518)	-0.43 (1.474)	1.29*** (0.193)
R^2	0.995	0.996	0.996	0.996
残差平稳性检验	-3.67***	-3.18**	-3.43***	-3.38***

注:每个估计系数下括号内的数表示系数估计的标准差。*** 表示在1%的水平上显著，** 表示在5%的水平上显著，* 表示在10%的水平上显著。残差的单位根检验都是基于无截距、无趋势、滞后为一阶的 ADF 检验。

表 2 中的方程(2.1)是根据最简单的货币需求方程估计所得的结果。该方程中收入弹性的系数估计为 1.13,且在 1%的显著性水平上显著。同时,我们对收入弹性系数是否为 1 进行了 Wald 检验。检验的结果发现在 1%的显著性水平上拒绝收入弹性系数为 1 的原假设。① 由于此模型只包括两个解释变量,因此收入弹性系数估计值还体现了未包括进模型的其他一些规模变量影响,如投资或者对外商品和贸易活动规模的影响。利率弹性的系数估计表明中国的利率对货币的需求具有显著的负效应。同样,我们在这里应对其影响的大小持保留态度。

方程(2.2)的估计是考虑了开放经济条件下,货币需求不仅受本国金融变量的影响,而且还与汇率和国外的利率相关。由于中国的外汇储备中主要以美元为主,因此汇率是美元兑人民币的名义汇率,利率为美国市场的长期债券利率作为国外利率的指标变量。为了考虑 1994 年以来,我国股票市场对货币需求的影响,我们还在方程(2.2)中加入了经季节调整后的股票指数的对数值变量。从该方程估计结果可以看到,收入的弹性系数仍然大于 1 且显著不等于 1。利率的弹性系数有所下降但仍显著。与易行健(2006)的估计有所不同但与万晓莉等(2010)相一致,这里人民币的名义汇率上升会增加对人民币的需求。外国利率变量估计系数为负但只在 10%的水平上显著,股票价格指数变量系数估计为正且显著。这些变量估计基本具有预期的符号,与已有的研究基本一致。由于没有把其他的因素控制起

---
① 下述涉及的所有 Wald 检验都是在 1%的显著性水平上进行的。

来,这里我们对上述系数的估计暂时持保留态度。

为了进一步考虑近年来由于利率和汇率的低估导致中国投资的高涨和外贸依存度的快速增加,我们在表2的第四个方程中加入了度量这两个因素的变量,并加入通货膨胀率这个传统的控制变量以度量货币与实物的替代(Mehrotra,2007)。在这里我们发现,在加入了投资规模和外贸规模变量后,货币需求的收入弹性明显下降,变为1.01。通过Wald检验,我们发现并不能拒绝收入弹性为1的假设。汇率弹性系数变为不显著了,同时通货膨胀率系数也不显著。这可能是因为我们在这里估计的是M1的货币需求,因而支撑交易占据了主导作用,对于货币的保值增值考虑要小些。外贸规模的变量不显著,该变量与投资规模变量的相关系数为-0.87。因而我们看到,投资规模变量系数估计只在10%的水平上显著。利率弹性仍为负且显著。为了去除多重共线的困扰,我们通过尝试去掉那些不显著变量的各种组合,得到了方程(2.4)的估计结果。(2.4)表明去掉汇率和通货膨胀率变量后方程估计效果最好。从残差的单位根检验来看,残差是一个平稳序列,表明上述回归方程是一个长期的均衡关系,回归是有意义的。与估计方程(2.3)相比,除了外贸规模变量系数从原来的不显著变为显著且收入弹性系数显著下降之外,其他变量的系数估计值基本不变。下面我们把(2.4)作为我们关于M1需求的最终结果来解释。

我们从方程(2.4)可以看到,投资规模和外贸规模的扩大能够显著地增加对M1定义上的货币需求。从系数估计结果可以看出,投资占国民总收入的比重每增加一个百分点大概将导致货币需求上升0.5个百分点,而外贸依存度额外增加一个百分点会导致货币需求上升0.4个百分点。如果考虑1994年以来,投资规模上升了10个百分点,外贸依存度上升30个百分点看,由此导致的货币需求的增长是相当可观的。利率弹性系数为负,表明利率低估显著增长了货币需求,但是汇率低估的直接效应不显著。因此,我们发现利率低估或者由此导致的经济结构扭曲对M1的需求高涨都有显著的贡献,这在M1上证实了假说1。汇率低估只有间接效应没有直接效应,部分证实了假说2。这可能是与M1几乎不具有利息收入,是真正意义上用于媒介交易而不是用于保值增值的货币有关。由于M1只占M2很小的一部分,因此上述分析只给我们理解M2的超发提供了部分信息。考虑到M2层次的货币包括的准货币成分具有更多的资产性质,我们预计其可能会表现出不同的情况。

表3中的估计方程是M2的需求方程,其中前面3个方程的估计是根据表2中的相应方程而来,而第四个方程是根据估计M1需求时相应的方法把第三个方程中那些不显著的变量去掉之后,再进行估计得到的。同样,通过残差平稳性的检验可以知道,(3.4)方程的各变量之间具有长期的均衡关系,因而我们以(3.4)方程作为M2需求的正确估计。

表3 M2 货币需求的回归结果

解释变量	(3.1)	(3.2)	(3.3)	(3.4)
ln$y$	1.24***	1.22***	1.13***	1.17***
	(0.012)	(0.026)	(0.095)	(0.035)
ln$r$	-0.40***	-0.35***	-0.26***	-0.25***
	(0.021)	(0.030)	(0.031)	(0.026)
lnER		0.22	0.37	0.50***
		(0.143)	(0.303)	(0.117)
lnFR		-0.09*	-0.07**	-0.07*
		(0.047)	(0.036)	(0.034)
lnsmin		0.04**	0.04**	0.03**
		(0.015)	(0.016)	(0.013)
ftdr			0.001	
			(0.002)	
fixi			0.004***	0.004***
			(0.001)	(0.001)
gcpi			-0.006***	-0.006***
			(0.001)	(0.001)
cons	1.55***	0.93**	0.57	0.20
	(0.075)	(0.408)	(0.862)	(0.310)
R^2	0.997	0.998	0.999	0.999

注:每个估计系数下面括号内的数表示系数估计的标准差。***表示在1%的水平上显著,**表示在5%的水平上显著,*表示在10%的水平上显著。残差的单位根检验都是基于无截距、无趋势、滞后为一阶的ADF检验。

表3中的估计有四点值得注意。(1)从4个方程的估计来看,对于M2来说,实际货币需求的收入弹性远大于1,4个方程关于Wald检验等于1的原假设都在1%的显著性水平上被拒绝了,这说明高速的经济增长一定程度上是不断增加和高的M2/GDP的来源,同时也说明了高速的增长导致了对准货币需求增长快于M1。(2)利率弹性相对于M1来说要小,这是由于M2中的准货币构成本身就有收益,因此相对于其他资产的收益来说它的调整要相对小一些。(3)(3.4)中的汇率弹性估计在1%的水平上显著,这明显不同于M1的需求弹性,这可能是由于大部分的M2持有中有相当部分的是基于升值预期或强制结汇导致寻求保值增值所致。(4)投资规模对于M2需求仍有显著影响,但外贸规模对M2需求没有影响,这说明M2度量的货币更多是支撑国内的投资而不是润滑对外贸易。

这里我们可以看到,利率弹性系数为负,表明利率低估显著提高了M2的货币需求,利率低估直接效应显著。而投资占国民总收入的比重每增加一个百分点大概将导致货币需求上升0.4个百分点,表明利率低估的间接效应也显著。但相比M1而言,投资结构扭曲对M2需求的影响要小一些,这与M2中准货币性质有关。

与 M1 不同，M2 需求的汇率低估直接效应显著而间接效应不显著。因此，我们可以发现利率低估或者由此导致的经济结构扭曲对 M2 的需求高涨也得到了证实。对于 M2 而言，汇率低估的直接效应得到了证实而间接效应没有得到证实，部分证实了假说 2。

为了确定由其他因素导致的对货币需求的短期偏离是否会经过调整而回到最终均衡上来，我们根据最终确定长期均衡的货币需求方程（2.4）和（3.4）进行误差修正。我们通过 SC 和 AIC 信息准则确定变量的滞后阶数为 1，并去掉误差修正模型中那些不显著的变量得到 M1 和 M2 货币需求的误差修正模型如下：

$$D\ln m1 = \underset{(0.006)^{***}}{0.03} - \underset{(0.057)^{***}}{0.22 \times ECM(-1)} + \underset{(0.099)^{***}}{0.42 \times D\ln m1(-1)}$$
$$- \underset{(0.166)^{*}}{0.31 \times D\ln y(-1)} + \underset{(0.001)^{***}}{0.004 \times Dingdr}$$

$$D\ln m2 = \underset{(0.004)^{***}}{0.03} - \underset{(0.066)^{***}}{0.18 \times ECM(-1)} + \underset{(0.101)^{**}}{0.24 \times D\ln m2(-1)}$$
$$+ \underset{(0.222)^{**}}{0.47 \times D\ln ER} + \underset{(0.001)^{**}}{0.002 \times Dfixi} - \underset{(0.001)^{***}}{0.004 \times Dgcpi}$$

我们用 CUSUM 和 CUSUM SQUARE 方法对上述估计的 M1 和 M2 短期动态方程进行稳定性检验。结果表明除 M1 的误差修正模型在 CUSUM SQUARE 检验中的 2000q2—2001q4 的六个季度值稍微落于 5% 的显著性水平的临界线之外，其他的检验结果都落在 5% 的显著性水平的临界线之内。因而，我们使用 2001 年第四季度作为分隔点进行了 Chow 检验，没有拒绝在估计期内有结构变化的原假设。因此，我们可以认为狭义货币和广义货币需求的误差修正模型都是稳定的，与 Mohsen 和 Wang(2007)的结论有所区别。从上述的两个误差修正模型可以看到对于 M1 和 M2 层次上的货币需求而言，误差修正项的系数都在 1% 的显著性水平上为负，而且其系数的估计值还比较大，说明货币需求在短期内偏离其均衡时会比较快地回到货币需求的长期均衡水平上去。这进一步证实了我们所估计的货币需求函数是一种稳定的长期均衡关系。

上述结果表明利率低估的直接效应和间接效应在 M1 和 M2 层次上的货币都得到了实证结果的支持；汇率低估对 M1 的需求只有间接效应，对 M2 的货币需求只有直接效应。这说明我国货币的超发相当部分是为了满足超额货币需求所致。我们以估计的(3.4)方程为例，在其他条件不变的情况下，仅利率和汇率低估的直接效应就导致了货币超发了 30% 多。[①] 这意味中国正常的 M2/GDP 应为实际比例

---

① 根据前面的描述，我们假设利率只低估了一半，同时根据通常的看法认为汇率低估了 20%，我们容易计算出实际的货币需求的对数值要比不存在利率和汇率低估的货币需求对数值高 $0.25 \times \ln 2 + 0.5 \times \ln \frac{5}{4} \approx 0.285$，因而水平值之比为 1.33。

的75%,即2010年实际的M2/GDP为2,那么在上述意义上的正常值为1.5,与日本的M2/GDP相近。如果再考虑金融抑制间接的效应,那么正常值应该会更低。如此看来,中国现在的高M2/GDP在一定程度上是有现在的金融环境以及由此引发的经济结构所致。

四、货币的流通速度之谜

为了进一步说明中国高的M2/GDP是由中国的金融抑制以及由此引发的经济结构扭曲所致,我们从中国货币之谜的另一个角度,即货币流通速度下降的角度来探讨。货币需求方程从另一个方面来看,也是货币的流通速度方程。因此,我们可以在货币需求的框架进一步讨论是哪些因素导致了货币流通速度的下降,以表明货币流通速度的下降也是由金融抑制和结构扭曲所致。

我们在需求方程两边同时除以收入就可以得到:

$\frac{1}{v} = \frac{m}{y} = f(r) = Ar^h$,取对数后可得,$\ln\frac{1}{v} = \alpha + h\ln r$。因此根据第三部分的分析,我们估计对应于方程(2.4)和(3.4)的M1和M2的流通速度方程:

(1) $\ln\frac{1}{v_1} = \alpha' + b\ln y + h'\ln r + \delta'\ln smin + v'\ln FR + \gamma'fixi + \theta'ftdr + u_1$

(2) $\ln\frac{1}{v_2} = \alpha^* + b^*\ln y + h^*\ln r + \delta^*\ln smin + \phi^*\ln ER + v^*\ln FR + \rho^*fixi + \xi gcpi + u_2$

根据上面的回归方程,我们的估计如表4所示。

表4 货币的流通速度

	lny	lnr	lnsmin	lnER	lnFR	ftdr	fixi	gcpi	cons
(1)	−0.17	−0.44***	0.09***		−0.13**	0.004***	0.005**		1.29***
	(0.086)	(0.032)	(0.025)		(0.061)	(0.001)	(0.002)		(0.193)
(2)	0.17***	−0.25***	0.03**	0.50***	−0.07**		0.004***	−0.005***	−0.20
	(0.035)	(0.026)	(0.013)	(0.117)	(0.034)		(0.001)	(0.001)	(0.311)

注:*** 表示在1%的水平上显著,** 表示在5%的水平上显著,* 表示在10%的水平上显著。用水平值的 $C(0,T,1)$,一阶差分值的 $C(0,0,1)$ 检验类型对 $\ln(1/v_1)$ 和 $\ln(1/v_2)$ 进行单位根检验,发现它们都是 $I(1)$ 变量。残差的单位根检验都是基于无截距、无趋势、滞后为一阶的ADF检验。结果都拒绝存在单位根的假设,说明M1和M2的流通速度估计方程是协整的。

由于上述回归的被解释变量是货币流通速度倒数的对数值,因此对表4中估计系数符号的解释,应从反向来理解。表4中的货币流通速度估计表明,M1需求的收入弹性为1,因而狭义货币的流通速度对实际收入的变化不敏感;利率对狭义货币的流通速度具有正的效果,国外利率也具有正的效果;而经济结构中的两个规模变量都具有负的效果,即由于利率和汇率的扭曲导致经济中投资规模的膨胀和对外贸易部门的大规模发展引发了大量的交易性货币需求因而导致了货币流通速度的降低。

对于 M2 层次的货币而言,货币的流通速度是与收入负相关的,这说明我国的 M2/GDP 比例的持续下降,在一定程度上是与我国的经济高速发展有关,这可能是对处于发展中国家所共有的现象。当然,至于能否扩展至其他发展中国家或者发达国家,还需国别数据的经验验证。同样利率对 M2 层次上的货币流通速度具有显著的正影响,因而过低的利率会导致过低的 M2 货币流通速度。对 M2 而言,名义汇率的管制导致汇率低估会导致 M2 层次上的货币流通速度显著的下降。从这个角度看,中国的 M2/GDP 比例的偏高与货币价格的扭曲具有直接的关系。同样,由于结构扭曲导致的投资占比偏高也会使 M2 货币流通速度的下降。通过这些直接效果和间接效果可以看到,我国 M2/GDP 的偏高与我国的金融抑制有很大的关系。因此,如果要使我国的货币流通速度归于常态,金融体制的改革包括对内和对外金融体制的改革将是必不可少的。

五、结　　论

本文通过考察我国在经济转型期特殊金融制度下的货币需求行为,试图解释中国的高货币之谜。我们认为转型期中国金融的抑制,特别是利率和汇率管制导致的利率和汇率的低估,通过直接或者间接效应产生了超额的货币需求。利率低估影响货币需求的途径是利率的低估导致了低的持币成本,因而经济个体会持有比在竞争利率下多得多的货币,另外利率的低估也导致了微观经济个体投资成本较低,从而引发了投资高涨和资金利用效率低的经济格局,由此引发了大量的货币需求。实证研究的结果证实了,对于 M1 和 M2 层次的货币而言,利率低估导致高货币需求的直接和间接效应都很显著。

汇率低估影响货币需求的途径也有直接和间接的影响。直接的影响是由于汇率的低估使人民币具有升值预期造成了对人民币的大量需求,结汇的要求则加剧了这一影响。间接的影响则是由于人民币低估使得外贸迅速增长,进出口规模不断增大,从而需要大量的货币来支撑其交易。实证结果表明,在 M1 上定义的货币,汇率低估的保值需求没有显著的影响,而为了支撑大规模的外贸交易需求则有显著的效果。但对于 M2 层次上的货币,汇率低估导致升值预期和强制结汇引发的货币需求非常的强劲,但是对于交易需求却没有显著的效果。这似乎与 M1 在一定程度更接近于媒介交易货币,而 M2 中具有收益的准货币而更接近于价值资产有关。

我们还通过货币需求行为的考察,验证了中国高的 M2/GDP 确实是由于汇率和利率的低估所致。利率的低估导致持有货币的成本较低,因而经济个体不具有强烈的动力去为货币寻找可替代的其他资产,导致了货币的使用效率低下。另外,汇率的低估使得持有 M2 具有很强的保值和增值预期，在低利率的配合下，货币的流通速度就更低了。

因此，对于我国的高 M2/GDP，在目前的制度环境下，我们没有太多的必要担心其潜在通货膨胀的风险，因为这是在金融抑制的制度环境下，利率和汇率低估下的均衡表现。但是要使我国的货币流通速度归于常态，金融体制的改革包括对内和对外金融体制的改革将是必不可少的。但随着我国利率市场化和汇率市场化改革的进行，利率和汇率将会逐步回归市场的真实值，其中可能会伴随货币流通速度的不降反升。

上述结论具有重要的政策含义，即在金融管制逐步放松的过程中对货币的控制至关重要。因为随着利率或汇率市场化的改革进行，货币流通速度也会回到其正常的均衡水平上来。如果那时的市场利率或者汇率要比管制的利率和汇率高，那么货币流通速度将不断上升，如果此时不控制货币的发行而仍然像现在这样高速的增长，将会导致加速通货膨胀，其后果将不敢想象。因而在今后的改革过程之中，适当的控制货币增长是必需的。

参 考 文 献

[1] 北京大学中国经济研究中心宏观组，2008：《流动性的度量及其与资产价格的关系》，《金融研究》第 9 期，第 44—55 页。

[2] 杜子芳，2005：《货币流通速度、货币沉淀率与货币供给量——我国货币供应量过大的原因分析》，《管理世界》第 1 期，第 26—30 页。

[3] 耿中元、曾令华，2007：《货币流通速度和产出变动的动态一般均衡分析》，《经济学（季刊）》第 6 卷第 4 期，第 1097—1114 页。

[4] 黄桂田、赵留彦，2010：《供给冲击、需求冲击与经济周期效应》，《金融研究》第 6 期，第 1—16 页。

[5] 万晓莉、霍德明、陈斌开，2010 年：《中国货币需求长期是否稳定？》，《经济研究》第 1 期，第 39—54 页。

[6] 王洋，2007：《内生货币和"中国之谜"：基于存量—流量结构的新解说》，《经济科学》第 5 期，第 28—40 页。

[7] 王义中，2009：《人民币内外均衡汇率：1982—2010 年》，《数量经济技术经济研究》第 5 期，第 68—80 页。

[8] 王永中，2009：《收入不确定、股票市场与中国居民货币需求》，《世界经济》第 1 期，第 26—39 页。

[9] 武戈，2009：《中国的货币需求与资产替代：1994—2008》，《经济研究》第 3 期，第 53—67 页。

[10] 谢平、张怀清，2007：《融资结构、不良资产与中国 M2/GDP》，《经济研究》第 2 期，第 27—37 页。

[11] 易行健，2006：《经济开放条件下的货币需求函数：中国的经验》，《世界经济》第 4 期，第

49—59页。

［12］张杰,2006:《中国的高货币化之谜》,《经济研究》第6期,第59—69页。

［13］张勇,2007:《资产替代、金融市场交易和货币流通速度的稳定性》,《中央财经大学学报》第1期,第33—54页。

［14］赵留彦,2006:《货币化、货币流通速度与产出——扩展的CIA约束与中国经验》,《经济研究》第9期,第17—26页。

［15］赵留彦、王一鸣,2005:《中国货币流通速度下降的影响因素:一个新的分析视角》,《中国社会科学》第4期,第17—28页。

［16］左孝顺,1999:《货币流通速度的变化:中国的例证1978—1997》,《金融研究》第6期,第39—45页。

［17］易纲,2003:《中国的货币化进程》,商务印书馆。

［18］Aaron Mehrotra, 2006, "Demand for Money in Transition: Evidence from China's Disin? ation", August 8, working paper.

［19］Jaňa Hromcova, 2007, "On Income Velocity of Money, Precautionary Money Demand and Growth", *Journal of Economics*, 90, 143—166.

［20］Mohsen Bahmani-Oskooee and Yongqing Wang, 2007, "How Stable is the Demand for Momey in China?", *Journal of Economic Development*, 32, 21—33.

［21］Milton Friedman and Anna Schwartz, 1963, *A Monetary History of the United States, 1867—1960*, Princeton University Press.

［22］Morris Goldstein, and Nicholas Lardy, 2007, "China's Exchange Rate Policy: An Overview of Some Key Issues", Paper prepared for the Conference on China's Exchange Rate Policy ［C］, Peterson Institute for International Economics, Washington, October 19.

［23］Robert J. Hodrick, Narayana Kocherlakota and Deborah Lucas, 1991, "The Variability of Velocity in Cash-in-Advance Models", *Journal of Political Economy*, 99, 358—384.

［24］Ronald Mckinnon, 1973, *Money and Capital in Economic Development*, Brookings.

［25］Ronald Mckinnon, 1993, *The Order of Economic Liberalization: Financial Control in the Transition to a Market Economy*, John Hopkins University Press, second edition.

Economic Structure Distortion and China's Money Puzzle: A Financial Repression Perspective

HUANG Guitian   HE Shijun

Abstract: The typical financial environment in the transition economy is financial repression, its biggest characteristics are interest rate control and exchange rate control. We propose that interest rate and exchange rate control decrease the cost of holding money and increase the money demand directly, and the resulting distortion of investment and foreign trade structure increases money demand indirectly. China's high money growth is resulted by meeting excess money demand. According to the definition of money, we use China's 1994Q1—2010Q2 data to estimate the integration and error correcting model in the Engle-Granger two-step framework. The empirical results support the financial repression hypothesis. With the estimate result, we conclude that financial repression at least has increased the current M2/GDP by 30%.

Key words: financial repression; structure distortion; China's money puzzle

股权分置改革对中国股市波动性与有效性影响的实证研究*

谢世清 邵宇平

摘要：2005 年的股权分置改革是我国股市建立以来最重大的制度性变革，对股市的波动性和有效性产生了深远的影响。本文运用 GARCH 模型对 2001 年 6 月 1 日至 2010 年 5 月 31 日的万得全 A 指数进行了实证分析；区分了股权分置改革对市场波动性影响的短期效应和长期效应；重新解读了市场有效性的变化。研究发现：(1) 股改的短期效应提高了市场的波动性；(2) 股改的长期效应导致了市场波动性的下降；(3) 新信息对市场波动性的影响变小了；(4) 冲击对市场影响的长期记忆性变大。

关键词：股权分置改革；GARCH 模型；波动性；有效性

20 世纪 80 年代末，为了建立现代企业制度，改善国有企业的公司治理结构，我国政府开始对国有企业进行股份制改革。但当时由于人们对私有化、国有资产流失等问题心存疑虑，故最初发行股票时采用了一个折中方案，即将原有存量的国有企业资产界定为非流通股，上市时这部分股票"暂不流通"。由此便形成了我国股市发行与上市交易的二元股权分置结构。这种市场制度与结构不仅使得我国三分之二的股票不能自由流通，股票供给被人为地限制了，而且还造成流通股价格不能充分反映其内在价值。上市公司也难以利用资本市场进行科学合理的并购，进而降低了我国资本市场的效率。

为解决这一困扰中国股市的重大制度问题，2005 年 5 月 9 日我国政府开始进行大规模的股权分置改革（简称股改）。截至 2006 年年底，97% 以上的上市公司完成了股改，股票市场也开始按照"全流通"模式恢复定价与优化资源配置功能。在股改的推动下，中国股市迎来了历史上最为波澜壮阔的牛市行情，沪深股市总市值和 A 股总开户人数不断创出新高。与此同时，股权分置改革也带来了诸如"大小非"解禁、并购活动加剧、投资理念改变等诸多问题。那么，股权分置改革究竟对中国股票市场带来了何种系统性的影响，是否降低了市场整体风险，是否增强了市场

---

* 原载于《金融研究》2011 年第 2 期。

的有效性?这正是本文试图回答的问题。

一、文献综述

股权分置改革究竟对中国股市带来了怎样的影响,学术界已有诸多文献进行了研究。这些文献主要集中在两个方面:一方面是从公司治理结构的改变、股东权益保护、市场融资功能切入,理论上分析研究股权分置改革对市场风险以及市场有效性的影响机制;另一方面则是对股权分置改革对市场波动性、市场有效性的影响进行实证分析。

(一)股权分置改革对股市波动性的影响

关于股权分置改革与市场风险变化的理论研究方面,沈小燕(2009)[1]从股权分置改革对股市宏、微观层面的影响入手,认为股改采取的是激进式疗法、非市场化手段,这种方式必然会导致市场波动性上升。在实证研究方面,刘明、王仁曾(2006)[2]运用 ARCH 类模型,对股权分置改革中的上证指数进行分时段拟合分析,发现改革后的市场波动性变小且趋于稳定,且与改革前的市场相比有效性下降。井百祥和孙伶俐(2006)[3],认为改革后外国投资者可以很容易兼并上市公司,对股票市场的影响变大。刘晓娜(2008)[4]运用 GARCH-M 模型分别对上证指数与深证成指进行了分析,指出股权分置改革后,股票市场风险有所提高。

(二)股权分置改革对股市有效性的影响

在理论研究方面,林乐芬(2006)[5]认为改革尊重了流通股股东利益,保障了股东公平行使权利,改变了公司股东之间的利益机制,优化了上市公司股权结构,使得股票市场更加有效。杨建平和李晓莉(2006)[6]认为股权分置使股票市场只发挥了融资功能,而定价与资源配置功能长期缺失。股改从根本上纠正了股票市场的功能偏差问题。

在实证研究方面,孙立等(2006)[7]发现尽管股权分置制度与股票市场效率存在着相关关系,但改革前后股票市场都处于低效率状态。李光耀(2007)[8]认为股权分置改革并未显著提高资本市场效率。张涛(2008)[9]发现股权分置改革之前上证综合指数不具有随机性,股票市场属于无效市场;而在改革之后,上证综合指数无论是在股改的试点阶段、全面股改阶段、攻坚阶段,还是在整个股改期间,都具有随机性,股票市场属于弱有效市场。辛亚权(2008)[10]发现股改以来市场波动的长期记忆性增强,股票市场的信息反应速度未能提高。

二、研究方法及创新

(一) 研究方法

股票市场波动性(即市场风险)是指股票市场中由于各种不确定因素导致证券资产蒙受损失的可能性,或者说是收益的不确定性或不可预测性。单个证券或证券组合的系统性风险可以用 CAPM 模型中的 β 来描述,而整个市场的波动性则需要借助方差等统计指标来刻画。基于方差概念的现代风险度量模型主要有 VaR 模型和 GARCH 族模型。

GARCH 族模型最早是 Engle(1982)[11]研究英国通货膨胀率序列变化规律时提出来的自回归条件异方差模型(ARCH 模型),后经 Bollerslev(1986)[12]等扩展,形成了应用更为广泛的 GARCH 模型、GARCH-M 模型以及 GJR GARCH 模型等。VaR 模型计算的是给定置信区间、持有期内和通常的市场条件下,某一投资组合所面临的最大潜在损失值。该模型依赖于对投资组合收益率分布的正态假设。而金融市场的收益率分布并不严格服从正态分布,往往呈现出"尖峰厚尾"的特征,且存在波动性聚类现象。故本文将采用 GARCH 族模型来研究股权分置改革对股市波动性的影响。

至于均值方程中是否应该包含条件方差项,不同的研究得出了相反的结论。曾慧(2005)[13]、魏宇和余怒涛(2007)[14]等发现 GARCH-M 模型并不能用来拟合我国股票市场。辛亚权(2008)指出无论在股改以前还是在股改以来的阶段,当条件方差项加入均值方程时所得到的结果都明显不显著。这表明我国投资者对风险的认识不够,对风险大的股票并没有相应足够大的收益要求,表现出非理性的特征。刘晓娜(2008)得出的结论是均值方程中条件方差项的系数显著为正,反映期望收益与期望风险的正向关系。本文认为条件方差项理论上应该与期望收益相关,故模型设定为如下 GARCH(1,1)-M 形式:

$$\begin{cases} r_t = \mu + \delta h_t + \varepsilon_t \\ \varepsilon_t = \sqrt{h_t} v_t, \quad v_t \sim \text{i.i.d.} \quad N(0,1) \\ h_t = \alpha_0 + \alpha_1 \varepsilon_{t-1}^2 + \beta_1 h_{t-1} \end{cases}$$

由方差方程可以看出,当期的条件方差取决于三个部分,其一是上一期的条件方差,其二是上一期的残差项,其三是截距项。其中截距项不受各期条件方差与残差项的影响,反映的正是波动性系统地上升或下降。若截距项变大,说明市场波动性系统性地上升了,反之亦然。

市场有效性的定义则不像波动性那么清晰,以往的研究中有的把它等同于市场效率,而本文所说的有效性是指基于有效市场假说的对股票市场信息反应的有效性。有效性的实证检验方法主要有随机游走检验法、滤波检验法、CAPM 模型或三因子模型法、GARCH 模型法等。本文将承接前面部分波动性的研究,继续采用 GARCH 模型,通过模型拟合结果中反映前一期的新信息与历史信息对当前市场波动性影响的 α_1 与 β_1 的变化,来考察股改前后市场有效性的变化。不过 GARCH 模型法只能回答股票市场信息反应速度是否变化的问题,而回答不了市场究竟达到了何种有效程度的问题。

(二) 研究创新

本文采用 GARCH 模型法来考察股权分置改革究竟对中国股市的波动性和有效性有何影响,并对以往的研究思路与方法进行了以下四点创新:

第一,本文选取了万得全 A 指数作为研究对象。一方面,该指数取样所有在上海、深圳证券交易所上市的 A 股股票作为样本股,涵盖范围广;另一方面,该指数以流通股本作为权重进行计算,更具有科学性。以往的研究如刘明和王仁曾(2006),井百祥和孙伶俐(2006)主要采用上证指数作为研究对象。但上证指数本身具有一定的缺陷,主要是由于该指数以总股本加权平均,指数的变动不能很好地反应市场的真实波动性。

第二,本文将股票市场作为一个整体进行研究。以往的研究从个股角度出发,使用回归分析考察市场波动性和有效性的较多,如刘维奇、牛晋霞和张信东(2010)[15]从沪深两市选取了符合要求的 202 只样本股票,采用三因子模型对市场效率进行了回归分析。而余立攀(2009)[16]则选取了上交所 80 只个股分别计算了累积超额收益率。但毕竟个股与整个市场的风险与有效性特征并不完全等同。因此将市场看作一个整体,采用市场指数进行研究所得的结论更加科学。

第三,本文区分了股权分置改革对市场波动性影响的长短期效应。以往的研究受到样本时限的限制,只对股权分置改革的短期效应进行了考察,而忽视了长期效应的检验。如刘明和王仁曾(2006)的样本时间范围为 2004 年 1 月 31 日至 2006 年 4 月 28 日,事实上只研究了股改前与股改后短期内波动率的变化。尽管理论上股改具有增加和减少波动性的两方面影响,但实证分析的结果却几乎一致地认为股改增加了市场波动性。这种偏差很可能是由于混淆了长短期效应引起的。

第四,本文还考虑了次贷危机对市场波动性的影响。特殊事件对市场波动率会产生重大影响,比如我国股票市场 $T+1$ 交易和涨跌停板制度的引入就大大降低了市场的波动性。因此在研究股改的长期效应时需要对从 2007 年初开始的次贷危机加以考虑。然而以往的许多实证研究都忽略了这一特殊事件的影响。例如,刘晓娜(2008)研究的是 2001 年 6 月 1 至 2008 年 3 月 28 日的上证指数和深证成指,在没有考虑次贷危机的影响下简单地得出了股权分置改革使股票市场波动性有所增加的结论。

三、股权分置改革对市场影响的理论分析

(一)波动性影响

1. 短期效应

股权分置改革的短期效应是指改革后其对市场波动性立即产生的影响。它会使得股票市场的波动性上升,也即提高市场的整体风险,主要原因有以下两个方面:

第一,股权分置改革实施后能否取得成功还未可知,股改本身就是给市场带来巨大波动的风险因素。回顾以往的历史,世界各国的改革都势必带来市场的剧烈波动,这本身也是市场转轨时所需要经历的动荡期,是市场全面调整必然要经历的阵痛。股权分置改革历时一年多,在此期间公司层面不断有各种关于股改的消息放出并影响着股价,这自然会导致股票市场的波动性上升。

第二,股权分置改革中大规模的"大小非"集中解禁对市场造成了冲击。当初股改时,政府为防止非流通股被立即卖出变现从而给市场造成过度冲击,故对一些上市公司的部分非流通股票上市流通的日期做出了限制。随着时间的推移,市场陆续迎来上市公司的"大小非"解禁高峰。大量的非流通股突然涌入市场,对整个市场的资金供求面造成负面影响,从而一定程度上增加了市场的波动性。

值得一提的是,短期效应虽然是立即产生的,但并不是说它的影响只存在于改革开始后的短期内。因为股改本身要持续很长一段时间,"大小非"的解禁也是分六年完成的。只不过短期效益在冲击下很快地产生,又很快地为市场消化,然后在新的冲击下再次很快地产生。因此,在后面实证分析的模型中,短期效益被设定为存在于股改开始后的整个样本区间中。

2. 长期效应

股权分置改革的长期效应是指改革后随着市场发生深层次的变化而慢慢产生的对市场波动性的影响。与短期效应相比,股改的长期效益要复杂得多,对市场波动性既有增加的作用也有抑制的作用,主要原因可以归纳为以下三个方面:

第一,股权分置改革导致上市公司间的相互并购加剧,增加了市场的波动性。股改改善了股票市场的定价与投融资功能,加速了上市公司的优胜劣汰与行业整合。但是并购过程也会带来一些问题,如上市公司可能利用并购信息进行炒作;上市公司通过提高本公司股价或者干扰目标公司股价的手段以降低并购成本等。这些问题会随着股改的推进慢慢显现,从而在长期中提高市场的波动性。

第二,股权分置改革后流通股本扩大,使得人为操纵市场的难度增加,从而抑制了投机行为和不正当交易行为,降低市场波动性。股权分置导致上市公司的流通股票数量偏少,而股改后市场上的流通股基本上比原来多了两倍。如果说做庄

需要控制的流通股比例是一定的,那么股改后庄家要实现控盘所需动用的资金也将比原来多两倍,有效地抑制了人为操纵市场的发生。

第三,股权分置改革重塑了人们的价值投资理念,为培育理性投资者创造了条件,从而有利于降低长期中市场的波动性。股权分置时代流通股股东参与公司经营决策的能力有限,通过参与公司经营决策来提高公司价值的动力不足。所以他们很少期望从公司的长期发展中受益,这使得他们只能选择低买高卖赚取价差这种方式来进行股市投机。股改使所有股东以提升公司价值为共同的利益目标,从而创造了价值投资的前提,有利于培养理性投资者,他们的参与将对股票市场起到稳定作用。

值得注意的是,随着股权分置改革的不断深入,上述提到的这些深刻变化将慢慢地进行,也就是说长期效应的大小会随着时间而改变。因此,在实证分析考察长期效应的影响时必须要选定一个合理的时间段作为长期考察期。

(二) 有效性影响

与长期效应类似,股权分置改革对市场有效性的影响也主要通过完善股票市场的运行机制来实现。这种完善也不是短期内能够完成的,故与波动性的讨论不同,股改对有效性的影响只有长期效应,没有短期效应。股权分置改革完善股票市场运行机制、提高市场有效性的主要途径有两条:

1. 定价机制

资产的定价功能是重组、并购活动有效进行的前提。在股改前,流通股以持续成长能力、未来现金流等公司基本面因素作为定价依据,而非流通股则以每股净资产作为定价依据。这种割裂导致股票市场价值发现功能基本丧失,上市公司的股价不能正确反映其内在价值。股权分置改革后,非流通股和流通股的定价走向统一。这将促进股票市场对信息做出更快、更准确的反应,从而提高市场有效性。

2. 资源优化配置机制

股权分置改革前,非流通股股东掌握着股息是否发放的决定权,使得其股权融资成本过于低廉,进而导致资金的使用效率不高。另一方面,由于非流通股不能上市流通,即使投资者能够根据企业的经营状况对股价作出理性判断,也不能通过并购等方式使企业优胜劣汰。股权分置改革减弱了资金成本不真实、使用效率过低、资源整合能力受限制等影响股票市场发挥资源优化配置功能的因素,使得股票市场有效性上升。

四、股权分置改革对市场影响的实证分析

(一) 数据来源及检验

2001年6月是中国国有股减持的开端,故本文选取2001年6月1日至2010年5月31日整整9年期间的万得全A指数日收盘数据作为分析对象,样本数据共2 182个。数据来源为Wind咨询金融数据库,分析软件为Eviews 6.0。本文首先将日收盘价格p进行对数变换$r=p_t/p_{t-1}$,得到万得全A指数的连续日收益率序列r,并对它的正态性、平稳性以及是否存在ARCH效应进行检验。

1. 正态性检验

由表1可知,收益率序列具有尖峰厚尾的特征,Jarque-Bera统计量远大于任意合理显著水平下的临界值,因此在模型回归中不能认为残差是正态分布的。

表1 收益率序列正态性检验结果

	偏度	峰度	Jarque-Bera 统计量	P值
r	-0.280098	6.062154	881.0378	0.000000

2. 平稳性检验

平稳性检验采用的是不带截距项和趋势项的ADF检验,滞后阶数由软件自动设定。ADF检验的结果表明,收益率序列是平稳序列(见表2)。

表2 收益率序列平稳性检验结果

P值	ADF统计量	1%临界值	5%临界值	10%临界值
0.0001	-45.13848	-2.566023	-1.940969	-1.616602

3. ARCH效应检验

检验收益率序列是否存在ARCH效应的标准方法是ARCH-LM检验。首先将收益率序列对常数项进行回归,得到残差序列。取滞后阶数为20,得到的结果如表3所示。我们可以看出残差存在强烈的波动集聚现象,因此使用GARCH模型进行分析是合理的。

表3 收益率序列ARCH效应检验结果

F统计量	9.998875	Prob. F(20,2141)	0.0000
卡方值	184.6884	Prob. Chi-Square(20)	0.0000

(二) 股改前后市场波动性变化检验

为了考察股权分置改革的短期效益与长期效应,并尽可能地剔除金融危机对

波动性造成的影响,本文在方差方程中加入了 F、M 和 N 三个虚拟变量,其取值如下:

$$F_t = \begin{cases} 0, & \text{股改发生前} \\ 1, & \text{股改发生后} \end{cases} \quad M_t = \begin{cases} 0, & \text{金融危机发生前} \\ 1, & \text{金融危机发生后} \end{cases}$$

$$N_t = \begin{cases} 0, & \text{处于长期考察期前} \\ 1, & \text{处于长期考察期中} \end{cases}$$

其中股改的分界线选为正式实施日 2005 年 5 月 9 日;金融危机的分界线选为美国第二大次级抵押贷款公司新世纪金融公司出现财务危机并发出盈利预警的 2007 年 2 月 13 日,长期考察期选为 2009 年 12 月 1 日至 2010 年 5 月 31 日间的半年时间。方差方程相应地变为:

$$h_t = \alpha_0 + \alpha_1 \varepsilon_{t-1}^2 + \beta_1 h_{t-1} + \lambda F_t + \gamma M_t + \theta N_t$$

其中虚拟变量 F 的系数 λ 反映了股权分置改革发生前后市场波动性系统性的增减变化,也就是前面说所的短期效应;虚拟变量 M 的系数 γ 反映了次贷危机前后市场波动性系统性的增减变化;虚拟变量 N 的系数 θ 反映了长期考察期前后市场波动性系统性的增减变化。采用 Eviews 6.0 对模型进行估计,由于残差不是正态分布的,故误差分布项选为广义误差分布(GED),回归结果如表 4 所示:

表 4 股权分置改革对市场波动性影响回归结果

系数	估计值	标准差	z 统计量	p 值
均值方程				
δ	7.599742	1.572177	4.833897	0.0000
μ	-0.001344	0.000455	-2.956743	0.0031
方差方程				
α_0	9.48E-06	2.84E-06	3.337968	0.0008
α_1	0.093531	0.016837	5.555107	0.0000
β_1	0.856038	0.026360	32.47548	0.0000
λ	7.40E-06	3.73E-06	1.981224	0.0476
γ	1.79E-05	8.32E-06	2.148295	0.0317
θ	-2.06E-05	9.39E-06	-2.195572	0.0281

由上述结果可知,均值方程中条件方差项系数 δ 显著为正,反映期望收益与期望风险的正向关系。F 系数 λ 为正,且在 5% 置信水平下显著,说明股权分置改革的短期效应使得市场波动性平均上升了 0.0000074。M 系数 γ 为正,且在 5% 置信水平下显著,说明次贷危机使得市场波动性平均上升了 0.0000179。N 系数 θ 为负,且在 5% 置信水平下显著,说明长期考察期内市场波动性平均下降了 0.0000206。

(三) 股改前后市场有效性变化检验

由于股权分置改革对市场有效性只有长期影响,所以只将样本以 2005 年 5 月 9 日为分界线分为两个区间进行考察。由于常数项的大小不影响有效性的讨论,所以本文将简化方差方程,去掉三个虚拟变量。对两区间样本分别用 GARCH(1,1)-M 模型拟合,所得结果如表 5 所示:

表 5　股权分置前后样本数据回归结果

系数	改革前			改革后		
	估计值	z 统计量	p 值	估计值	z 统计量	p 值
$\alpha 0$	1.22E-05	2.780302	0.0054	4.65E-06	2.020416	0.0433
$\alpha 1$	0.138388	4.425808	0.0000	0.067560	4.542195	0.0000
$\beta 1$	0.808157	19.66232	0.0000	0.924846	60.09168	0.0000

两次回归都有 $\alpha_1 + \beta_1 < 1$,满足模型的平稳性要求。α_1 和 β_1 分别反映的是前一期的新信息和历史信息对当前市场波动性的影响。由上述结果可知,α_1 从股权分置改革前的 0.138388 下降到了 0.067560,说明前一期的新信息对当前市场波动性的影响变小;而 β_1 则从 0.808157 上升到了 0.924846,说明历史信息对当前市场波动性的影响变大。

五、结　论

通过对中国股权分置改革的实证分析,本文发现股改确实对股票市场的波动性和有效性都产生了一定程度的影响,并得出以下五点主要结论:

第一,股权分置改革的短期效应提高了市场的波动性。对比改革前后,市场波动性平均上升了 0.0000074。

第二,次贷危机对股改后的整体市场风险也造成了很大的影响,它使得市场波动性平均上升了 0.0000179,大大超过了股改的短期效应影响。

第三,在长期考察期内,市场的波动性平均下降了 0.0000206。下降的部分原因是随着时间的推移次贷危机的影响在减弱。但是次贷危机只造成了波动性平均上升 0.0000179,不足以解释该时期平均 0.0000206 的下降幅度,说明股权分置改革的长期效应也导致了市场波动性的下降,也就是说流通股本扩大、价值投资理念的重塑等产生的积极影响超过了上市公司间相互并购加剧所带来的不利影响。

第四,股改后 α_1 由 0.138388 下降到 0.067560,说明前一期的新信息对当前市场波动性的影响变小。这意味着今天公布的信息对明天市场的冲击变小了,即与股改前相比当天的信息已更好地体现在了当天的股价之中。从这个意义上来说,市场的有效性增强了。

第五，股权分置改革后 β_1 由 0.808157 上升到 0.924846，说明历史信息对当前市场波动性的影响变大。β_1 的另一个含义是各冲击对波动性影响的衰减速度。它的上升意味着尽管今天公布的信息对明天市场的冲击变小了，但该冲击将会在市场上停留更长的时间，从而对未来的股价造成更持久的影响。从这个意义上来说，市场的有效性减弱了。

本文关于股市波动性的实证结果与理论分析基本相符。以往的实证研究之所以得出了与理论预期相悖的结论，认为股改反而增加了市场波动性，这主要是因为这些研究没有区分改革长短期效应的不同；或者没有考虑次贷危机对市场整体风险的影响。

本文关于股市有效性的实证结果与刘明和王仁曾（2006）、辛亚权（2008）、刘晓娜（2008）研究结果大致一致，即 α_1 下降，β_1 上升，但本文却对此有着不同解读。本文认为不能仅凭 β_1 或者 $\alpha_1+\beta_1$ 的上升简单地判断市场有效性变弱了，而应区分出股改后市场在对新信息的反应程度和冲击的持续性两方面发生的相反变化。这部分结论与理论分析有所差异，其原因可能是股改后市场在定价过程中更多地考虑了新信息，而忽视了历史信息的影响，从而导致了新信息影响变小与冲击的长期记忆性变大同时并存的现象。至于究竟哪个因素对有效性的影响占主导地位，还有待于今后进一步的研究分析。

参 考 文 献

[1] 沈小燕. 股权分置改革对我国股票市场的影响[D]. 复旦大学，2009.
[2] 刘明，王仁曾. 股权分置改革中上证指数的波动——基于 ARCH 类模型的比较分析[J]. 统计与信息论坛，2006(11)：pp. 89—92.
[3] 井百祥，孙伶俐. 股权分置改革下 QFII 对我国证券市场风险影响的实证分析[J]. 广西财经学院学报，2006(10)：pp. 25—27.
[4] 刘晓娜. 股权分置改革对我国股票市场风险的影响研究[D]. 暨南大学，2008.
[5] 林乐芬. 股权分置改革市场效应分析[J]. 南京社会科学，2006(9)：pp. 54—58.
[6] 杨建平，李晓莉. 关于股权分置改革的几个焦点问题[J]. 济南大学学报，2006(3)：pp. 86—89.
[7] 孙立等. 论股权分置改革对我国股票市场效率的影响[J]. 银行与投资，2006：pp. 58—99.
[8] 李光耀. 股权分置改革市场效率的实证检验[D]. 武汉科技大学，2007.
[9] 张涛. 股权分置改革对我国股票市场有效性影响的实证分析[J]. 江海学刊，2008(3)：pp. 75—80.
[10] 辛亚权. 股权分置改革对我国股市波动性影响的实证研究[D]. 东北财经大学，2008.
[11] Engle, R. F. Autoregressive Conditional Heteroskedasticity with Estimates of the Variance of the United Kingdom Inflation [J]. Econometrica. 1982(50)：pp. 987—1007.
[12] Bollerslev, T. Generalized Autoregressive Conditional Heteroskedasticity [J]. Journal of Econo-

metrics. 1986(31): pp. 307—327.
[13] 曾慧. ARCH模型对上证指数收益波动性的实证研究,财经论坛, 2005(3): pp. 97—98.
[14] 魏宇,余怒涛. 中国股票市场的波动率预测模型及其SPA检验[J]. 金融研究, 2007(7): pp. 138—150.
[15] 刘维奇,牛晋霞,张信东. 股权分置改革与资本市场效率——基于三因子模型的实证检验[J]. 会计研究, 2010(3): pp. 65—73.
[16] 余立攀. 股权分置改革效果的实证分析[J]. 金融与经济, 2009(9): pp. 45—47.

An Empirical Study on the Impact of the Non-tradable Share Reform on the Volotility and Efficiency of China's Stock Market

XIE Shiqing　　SHAO Yuping

Abstract: The non-tradable share reform in 2005 was the most important institutional change in China's stock market, which had profound impact upon the volotility and efficiency of the market. This paper conducts an empirical study using the GARCH model to analyze the Wind A Share Index from June. 1, 2001 to May 31, 2010; distinguishes the short-term and long-term effects of the reform on market volotility; and reinterprets the changes of the market efficiency. It draws the following new conclusions: (1) the short-term effect of the reform increases the market volatility; (2) the long-term effect decreases the market volotility; (3) the new information has smaller impact on the market volatility; (4) the impacts have a longer influence on the market.

Key words: the non-tradable share reform; GARCH model; volotility; efficiency

中小企业联保贷款的信誉博弈分析*

谢世清 李四光

摘要: 本文在考察农户联保贷款的成功经验和现实制约的基础上,构建了一个中小企业联保贷款的信誉模型分析框架,讨论了银行如何通过设置信誉成本将银行与企业之间的贷款—还款博弈转化为联保贷款企业成员之间的信誉博弈来降低信用风险的机制。研究结果表明:有效的信誉成本是开展中小企业联保贷款的制度基础;信誉成本主要体现为企业违约后所遭受的信贷约束引致的机会成本;银行的激励条件内生地决定了联保贷款的市场风险边界;联保贷款可以拓展银行所能忍受的市场风险阈值;保证金制度有助于消除多元联保贷款下因信息甄别难度上升所带来的信用风险。

关键词: 子博弈完美均衡;联保贷款;信誉成本;保证金制度

一、引 言

中小企业融资难问题集中凸显了我国经济迅速发展过程中极不协调的经济结构和落后融资结构之间的矛盾:银行潜在体制缺陷[①]、不完善的信用评级制度、不成熟的资本市场和不尽合理的税收制度[②]。此外,由于我国外部担保体系不完整和中小企业本身经济实力不足等原因,传统的银行业防范金融风险的"抵押担保"措施在有效降低违约风险的同时,也极大地加剧了我国中小企业融资难问题。为了有效解决这一问题,国内学者提出了发展"关系型贷款"和设立擅长于处理"软信息"[③]的中小型银行,并在农村信用社获得了一定的成功(张捷,2002)。由于"关系型贷款"严重依赖于信用社工作人员的私人渠道获取贷款企业的信用信息,很难进行大规模地推广,因而这种思路并没有达到预期的目的。

---

* 原载于《经济研究》2011 年第 1 期。谢世清、李四光,北京大学经济学院。

① Shen Yan 等(2009)的研究指出,我国银行体系并不是纯利润为导向的金融机构,银行主管没有内在激励去识别出有效的贷款机会,长期以来形成对中小企业的不平等待遇;甚至即便发生违约,一笔贷款发放给国有企业并不会被视为坏账。

② 我国长期以来过高的高增值税/税收比例造成了对中小企业过高的税收负担,因为与大企业相比,中小企业处于发展初期,需要购置更多的生产资料。

③ Peterson(2004)将信息分为"软信息"和"硬信息"。"软信息"是指银行通过私人渠道获得的信息,严重依赖于银行人员的私人关系网;"硬信息"是指通过公司财务记录等各种方式获得的关于公司的信用信息。

另一种思路是引入20世纪70年代孟加拉国吉大港大学经济系教授尤纳斯提出的,并在孟加拉乡村银行取得巨大成功的农村小额信贷模式。中国人民银行霸州市分行于2002年开始在该市开展中小企业联保贷款业务,提出由相互熟悉的中小企业自愿结成联保小组申请贷款,共同分担信贷风险。然而,这种联保贷款并没有引起学术界和业界的足够重视,这是因为在开展中小企业联保贷款前,人民银行于2000年还颁布了《农村信用合作社农户联保贷款管理指导意见》并组织开展了农户联保贷款,但并没有有效解决农户贷款难问题,农户联保贷款本身实施效果也不甚理想。

在农户联保贷款开展并不顺利的情况下,是否有开展中小企业联保贷款业务的必要?与农户联保贷款相比,中小企业联保贷款是否存在制度上的合理性?中小企业联保贷款能否克服传统的"抵押担保"贷款模式下的缺陷,有效解决我国中小企业融资难问题?联保贷款在具体设计上还存在哪些值得改进的地方?是否有必要引进保证金制度?这些问题都将是有效克服中小企业融资难问题中亟待解决的重要现实问题,也正是本研究的意义之所在。

二、文献综述

联保贷款的设立起初是针对抵押担保不足的农户,因而国内外对中小企业联保贷款研究并不多。由于中小企业同样存在抵押担保不足的问题,回顾农户联保贷款将为我们研究中小企业联保贷款提供扎实的理论基础和现实参考。

自从孟加拉乡村银行开展农户联保贷款以来,联保贷款作为小额信贷,有效地解决了孟加拉国农户抵押担保不足的问题,从而得到了业界和学术界的广泛关注。Stiglitz(1990)首先从理论上分析了团体联保制度有助于降低借款人的道德风险和外部贷款人的监督成本,揭示了联保贷款的制度优势来源。Impavido(1998)则指出在实物担保不能获得时,"社会制裁"将起到替代担保物的作用,使解决信贷配给问题成为了可能。Ghatak(1999)和Tassel(1999)均指出附有连带责任的团体贷款是解决逆向选择和道德风险问题的最适宜的贷款类型,并且得到了Wydick(1999)的严格经验研究支持,即内部监督机制的引入的确会降低借款人的道德风险问题。Hassan(2002)则讨论了网络和信任在农户联保贷款中可能起到的积极作用。

国内学者着重对农户联保贷款的开展现状、实施成效和存在的问题进行了考察和分析,比较有代表性的是刘峰等(2006)对黑龙江农户联保贷款个案考察,该文主要对联保贷款的现存制度缺陷进行了分析,如服务对象定位不准、组建联保小组难、农户联保贷款授权授信管理过于集中、结息方式不合理。江能等(2009)则指出联保贷款具有较高的"违约传染"效率,并提出加强联保贷款客户筛选工作、增强违约威慑的可置信度、提升借款人债权追索能力等有效措施来降低联保贷款的违约风险。张婷(2009)从银行利益最大化角度出发,提出通过提供不同的利率和贷款额度的合同菜单,使借款人进行风险披露,为农户联保贷款可持续发展提供制度保障。

另外一篇比较有代表性的文章是赵岩青等(2007)发表在《金融研究》上的《农户联保贷款有效性问题研究》。该文对借、贷、担保三方进行了博弈分析,发现造成农户联保贷款效果不理想的关键在于:(1)三方重复博弈机制难以形成;(2)信用风险难以甄别与控制;(3)相关法律难以发挥有效的惩罚作用。① 但该文存在三个问题值得商榷:

第一,该文假定一旦借款户欠款担保户将采用"冷酷"策略永远不再为其进行担保,但这条假设并不适合于描述现实社会的经济行为。② 银行和信用社发行联保贷款的目的本身就是为了解决金融产品用户的贷款需求问题,这种机制设计时本质上是属于"合作"性质的,而非"惩罚"性质的;由于银行和贷款中小企业之间存在着较为严重的信息不对称问题,当现实中出现了贷款企业拖欠贷款时,银行并不能区分出违约属于信用风险还是市场风险的范畴,在这种情形下,贷款者一般并不会采用"冷酷"策略,通常过段时间后对贷款企业重新考核后再次发放贷款。本文通过设想银行对参与联保贷款企业的集体违约行为设置一个制裁成本 M 来放松这条假设。③

第二,借款户、担保户和信用社三方博弈情形并没有有效揭示出联保贷款的核心机制。联保贷款有可能降低信用风险的关键在于,通过对经济个体违约行为设置信誉成本,将银行与贷款人之间的贷款—还款博弈转化为贷款成员之间的信誉博弈,并进而区分出事实违约和潜在的道德风险问题。④ 本文通过假设贷款企业之间可以互相观察到对方是否遭受市场风险,将不完全信息下的贷款—还款博弈转化为联保贷款企业之间的完美信息信誉博弈;并对信誉成本如何消除中小企业贷款中的逆向选择和道德风险问题这一核心机制予以详细探讨和说明。

第三,该文中重复博弈的子博弈完美均衡的论证不尽严密。对于三方博弈而言,Mailath(2006)指出对于上述多方博弈并不能同时求出最小最大值点,因而对于重复博弈的子博弈精炼 Nash 均衡的严密性的论证将不能得到保证。对于子博弈

---

① 上述三个条件的缺失是由我国信用和担保体系不成熟所造成,实质上来说对于所有贷款都存在这样的问题,只是对于农户联保贷款特别突出。

② 现实中往往可能出现的情形是经济成员预期到银行的惩罚策略并不具备可执行性,例如,在我国现在正在将经济扶持重心覆盖到农村时,由于"三农"政策的存在,农户认为即便违约将不会获得惩罚,因为银行本身置于更大的宏观博弈中;进而该文中农户面临的信誉成本将变得非常小,甚至不存在真实、有效的信誉成本。

③ 信誉成本对于中小企业而言将是真实而且可执行的;对于中小企业而言,这种信誉成本可以表现为:银行采取将联保贷款违约企业的信用等级进行降低的策略,或者银行将在一定时期停止对企业的信贷活动等。信誉成本将在下一节进行详细讨论。

④ 本文中所提到的事实违约是指经济个体贷款后投资失败导致还款能力不足而造成的违约,属于市场风险考察范畴,对社会造成的损失较低,并且理论上不应该受到非常严厉的惩罚。

完美均衡的求解,本文将运用动态博弈的自动装置表述和"一次偏离原理"进行严密论述。

下面将通过构建中小企业联保贷款信誉模型分析框架,试图从信誉成本和动态博弈的角度对上述问题进行进一步探讨,以揭示银行如何通过设置信誉成本将银行与企业之间的贷款—还款博弈转化为联保贷款企业内部成员之间的信誉博弈,达到降低信用风险的目的。

三、中小企业联保贷款的博弈分析

Stieglitz 和 Weiss(1981)指出,中小企业融资困难主要根源于中小企业信贷市场本身的不透明性、道德风险和逆向选择等问题所造成的高额交易成本。一般而言,中小企业的信用风险与中小企业本身经济实力不足密切相关。而在我国,外部担保体系不完善进一步加剧了其融资困难。中小企业联保贷款作为一种创新性金融产品,能将中小企业置于银行设定的特定博弈机制之中,为降低中小企业信贷违约风险提供了可能。换句话说,中小企业联保贷款为银行提供了一种有效地区分中小企业市场投资风险和中小企业信用风险的工具[①],有助于银行设计出更合理的贷款违约惩罚机制缓解中小企业贷款的潜在的高违约信用风险问题。

与农户联保贷款相比,中小企业联保贷款(以下简称联保贷款)更有可能取得成功,其理由有二:第一,中小企业的信用违约成本更高,惩罚具有可信性。在我国个人信用账户尚不健全的情况下,农户的信誉成本与相应的惩罚可信度低;相反,银行可以根据企业的违约次数对其信用进行评级,因而企业违约面临的惩罚具有较高可信度。第二,与农户相比,中小企业更加依赖于与银行的长期稳定的合作关系。这使得企业在注重当前收益的同时,还需要考虑当期行为所造成的长期声誉影响,因而更加有利于尽量消除短视的违约行为。

理论上讲,企业与银行之间的联保贷款关系可以用动态重复博弈进行描述,同时企业的真实信誉成本使得单期内难以出现的社会合意博弈解成为现实的可能。从技术层面上讲,在企业还款博弈中,低水平的纯策略均衡的存在可以保证动态重复博弈中高水平的合作解在折现率 δ 足够高时成为子博弈完美均衡。此外,企业信誉成本的真实性和不可忽略性也将极大地降低对子博弈完美均衡解的折现率要求。

(一)中小企业联保贷款博弈的情形设定

本文对于中小企业之间结成的联保贷款小组内经济成员的博弈做出如下情景假设:

---

① 中小企业因市场风险导致的事实违约风险将不是我们考察的重点,因为事实违约风险相对于道德风险而言,属于经济体中市场风险的体现,社会成本较小。

(1) 企业成员间联保贷款博弈以期望损益理性进行;贷款企业有比例为 $\lambda(0 \leq \lambda \leq 1)$ 企业注重长期收益,其跨期折现率大小为 δ;剩余 $1-\lambda$ 部分为短视企业,折现率为 0。

(2) 参与联保贷款的企业成员只存在违约策略 D(Default,即完全不归还贷款)和不违约策略 ND(Non-default,即完全归还贷款)两种行为,不存在部分违约或者部分还款。

(3) 联保贷款企业成员面临的市场风险水平具有趋同性,相应市场投资失败的概率为 P[①];联保贷款的企业成员之间的信誉博弈属于完美信息博弈,信息获取不需要成本。[②]

(4) 银行的监督强度为 $1-\alpha$,即如果贷款企业被观测到有违约行为,贷款企业将有 $1-\alpha$ 的投资收益和贷款被银行观测到并没收。

(5) 银行贷款机制情景假设:① 贷款企业集体违约或者观测到存在企业拖欠贷款后其他成员不帮忙还贷,企业被认定为低信用企业,所有企业将遭受银行制裁成本 M[③];② 如果观测到无企业违约或者存在企业违约时其他企业成员帮忙还贷,则所有企业均不遭受信誉成本,并进入下一轮信誉博弈过程;③ 对于联保企业拖欠贷款,其他企业帮忙还贷后联保体解散,则认为违约企业属于信用水平较低企业,帮忙还贷企业被认为属于信用良好企业,并可以继续选择进行重新组成贷款团体申请贷款。[④]

(6) 其他正规化假设:企业成员的还款规模均为 A,企业投资成功获得收益为 T,银行贷款利率为 i,企业回报率为 R。

(二) 中小企业联保贷款的博弈分析

1. 联保贷款的博弈结构

考虑最简单的二元博弈情形($n=2$)。在上述博弈情景假设下,由于中小企业面临大小为 P 的投资失败的市场风险,因而其市场状态集 S 将出现如下三种状态:(1) 好状态 $\bar{s}$,所有企业均投资成功;(2) 中等状态 $\hat{s},\check{s}$,部分企业遭受投资失败,分别对应于企业 1 和企业 2 遭遇市场风险;(3) 差状态 $\tilde{s}$,所有企业都遭遇市场风险,投资失败。三种市场状态出现的概率分布如下:

---

① 这条假设援引自赵岩青(2007)的研究成果:基于期望损益的经济个体结成联保体进行贷款时,内生地具有市场风险水平上的趋同性。

② 即联保贷款企业是否遭遇市场风险对于其他贷款成员属于共同信息;人民银行霸州分行在进行中小企业联保贷款试点时规定联保小组由互相比较熟悉的企业自愿组成,共同承担连带保证责任,因而这条假设可以较好地反映现实联保贷款的基础。

③ 制裁成本的设置过程如下:所有企业均退出银行的联保贷款范围,并被施加制裁成本 M;考虑如下情形:M 意味着获得贷款时条件更为严格,利率水平和非正式渠道的利率水平相当,从而此时企业退出联保贷款,单独进行投资,其期望收入将变成 $T'-M$,其中 $T'=P^*(-A)+(1-P)T$。

④ 这个匹配过程可以在 Kandori(1992a)的随机匹配过程上适当修改即可得到。

$$p(s) = \begin{cases} (1-P)^2, & s = \bar{s}; \\ P(1-P), & s = \breve{s}; \\ P(1-P), & s = \hat{s}; \\ P^2, & s = \hat{s}. \end{cases} \quad (1)$$

表 1 给出了好状态 ($s=\bar{s}$) 下联保贷款企业单期博弈的支付矩阵。在成员 2 选择策略 ND 时,成员 1 选择策略 ND 可以获得收益 $u_1(ND,ND) = T$,选择违约策略 D 可以获得收益 $u_1(D,ND) = \alpha(T+A+Ai)$;在成员 2 违约策略 D 时,选择策略 ND 可以获得收益 $u_1(ND,D) = T-A+(1-\alpha)(T+A+Ai)$,选择策略 D 可以获得收益 $u_1(D,D) = \alpha(T+A+Ai)$。企业成员 2 的支付矩阵可以由对称性给出。

表 1 好状态下二元联保贷款支付矩阵① ($s=\bar{s}$)

		企业成员 2	
		不违约(ND)	违约(D)
企业成员 1	不违约(ND)	T,T	$(T-A)+(1-\alpha)(T+A+Ai),$ $\alpha(T+A+Ai)$
	违约(D)	$\alpha(T+A+Ai),$ $(T-A)+(1-\alpha)(T+A+Ai)$	$\alpha(T+A+Ai),$ $\alpha(T+A+Ai)$

中等状态和差状态下的收益矩阵分别由表 2—3 给出,与表 1 类似,在此不再赘述。

表 2 中等状态二元联保贷款支付矩阵② ($s=\breve{s}$)

	企业成员 2	
企业成员 1		违约(D)
	不违约(ND)	$T-A, 0$
	违约(D)	$\alpha(T+A+Ai), 0$

表 3 差状态下二元联保贷款支付矩阵 ($s=\hat{s}$)

	企业成员 2	
企业成员 1		违约(D)
	违约(D)	$0,0$

---

① 更加现实的情景为:银行观测到贷款企业的违约行为后,在 T 期内不对违约企业进行放贷。这与本文描述的形式本质上是等价的,都揭示出合作博弈中高水平均衡归因于对于具有高折现率的企业,未来收益的大小将以很高的权重进入企业的决策过程;如果出现违约情形,未来的高收益提供了企业自愿承担信誉成本 M 的激励。Carmichaelan 和 Macleod(1997)集中讨论了这类情形。

② 表 2—3 进行博弈描述时,剔除了现实中信贷约束的状态,例如当企业成员 2 遭受市场风险,投资失败时,企业 2 将无力偿还贷款,因而表中去除了 $\{ND,ND\}$ 和 $\{D,ND\}$ 策略;不过同样可以构造出这两个策略的支付收益为:$u(ND,ND)=(T,-A), u(D,ND)=(T,-2A)$;同理,差状态下 $\{ND,ND\}$、$\{ND,D\}$ 和 $\{D,ND\}$ 的收益矩阵均不给出。

当银行监管程度较弱时,贷款企业可能存在短视行为,即逃避还款将获得较高的收益或者不愿意承担投资失败所带来的风险。① 在单期博弈过程中,策略组合 $\{D,D\}$ 将成为上述博弈的唯一纳什均衡解,造成集体非理性结果的出现。下面我们首先将中小企业联保贷款的动态博弈进行正规化表述,然后求解社会合意策略 $\{ND,ND\}$(当 $s=\bar{s}$ 时)、$\{ND,D\}$(当 $s=\breve{s}$ 时)和 $\{D,ND\}$(当 $s=\hat{s}$ 时)构成该动态博弈子博弈均完美衡的条件。

整个联保贷款单期博弈可以用如下形式表述:$G=(\{s_i\};\{A_i\}_{i=1}^n;\{u_i\}_{i=1}^n)$,其中 $N=\{1,\cdots,n\}$ 为联保贷款的成员数;S 为单期博弈的自然市场状态($S=\{\bar{s},\breve{s},\hat{s},\check{s}\}$);$A_i$ 为联保贷款成员的单期博弈纯策略集,易知 $A_i=\{ND,D\}$;$u_i:A_1\times A_2\times\cdots\times A_n$ 为单期博弈中成员 i 的支付函数。

当联保贷款动态博弈的折现率为 $\delta\in(0,1)$,在上述单期博弈的基础上,动态重复博弈可以表示为 $G^\infty(s,\delta)$。记纯策略组合序列 $\sigma\equiv\{\sigma_i(t)\}_{t=0}^\infty(i=1,2)$ 对应企业成员 i 的策略为 $a_i(\sigma(t))$,用以表示第 t 期企业成员 i 采用的行动策略($i=1,2$)。纯策略组合序列对应的收益由当期收益和后续赔付的折现加总,并记为 $V_i=(1-\delta)\sum_{t=0}^\infty\delta^t u_i(a(\sigma(t))\mid s)$。

下面我们来探讨当 δ 满足一定条件时,在假设 5 所述银行贷款设置情境下,社会合意策略(当 $s=\bar{s}$ 时)、(当 $s=\breve{s}$ 时)和 $\{D,ND\}$(当 $s=\hat{s}$ 时)构成该动态重复博弈子博弈完美均衡的条件。

2. 联保贷款的动态重复博弈求解

联保企业成员面临银行的"残酷"策略如下:除非联保贷款成员在好市场状态下全部按期还款,或者在中等市场状态下企业成员帮忙还款,否则所有企业成员被认为是低信誉企业,银行对不合作的企业设置制裁成本。② 在该策略下,寻找合适的 δ 使得社会合意策略动态博弈子博弈完美均衡求解需要如下三个步骤:(1)将中小企业信誉博弈的残酷策略表达为一个自动装置;(2)用"一次"偏离原理提炼出子博弈完美精练 Nash 均衡的等价条件;(3)运用子博弈完美均衡等价条件求解 δ^*。

第一,中小企业贷款博弈中"残酷"策略的自动装置表述。

借鉴 Osborne 和 Rubinstein(1994)的研究成果,我们引入自动装置对中小企业贷款博弈的"残酷"策略进行描述。自动装置 (W,w^0,f,τ) 由自动装置状态集 W,

---

① 当 $\alpha(T+A+Ai)\leqslant(T-A)+(1-\alpha)(T+A+Ai)$ 时,策略组合 (ND,ND) 将成为全局的占优均衡,将不存在信用风险问题;此时要求银行的监督强度系数 α 足够高,即市场信息不对称问题并不严重,监管体系很健全。

② 赵岩青(2007)的文章中也采用"残酷"策略,但和本文中有根本不同:本文中的残酷策略基于贷款企业之间的一种非合作博弈 Cournot-Nash 均衡解;银行在假设 5 的情境下根据观测到的博弈行为设置制裁成本 M,并不直接进入重复博弈过程中,从本质上来说这个博弈属于合作性质,可以有效地区分出信用风险和市场风险。

自动装置初始状态 $w^0 \in W$,决策产出函数 $f:W \to \Pi_i A_i$ 和状态转移函数 $\tau:W \times A_i \times S \to W$ 几部分构成。① 状态集界定了与一定历史相联系的初始状态,联保贷款博弈的状态集为 $W = \{w_{ND,ND}, w_{ND,D}, w_{D,ND}, w_{out}\}$;决策产出函数为 $f(w_{ND,ND}) = \{ND, ND\}$,$f(w_{ND,D}) = \{ND, D\}$,$f(w_{D,ND}) = \{D, ND\}$,$f(w_{D,D}) = \{D, D\}$②;自动装置的状态转移函数由当期的自动装置状态、自然选择状态和当期决策产出函数决定(见图1)。

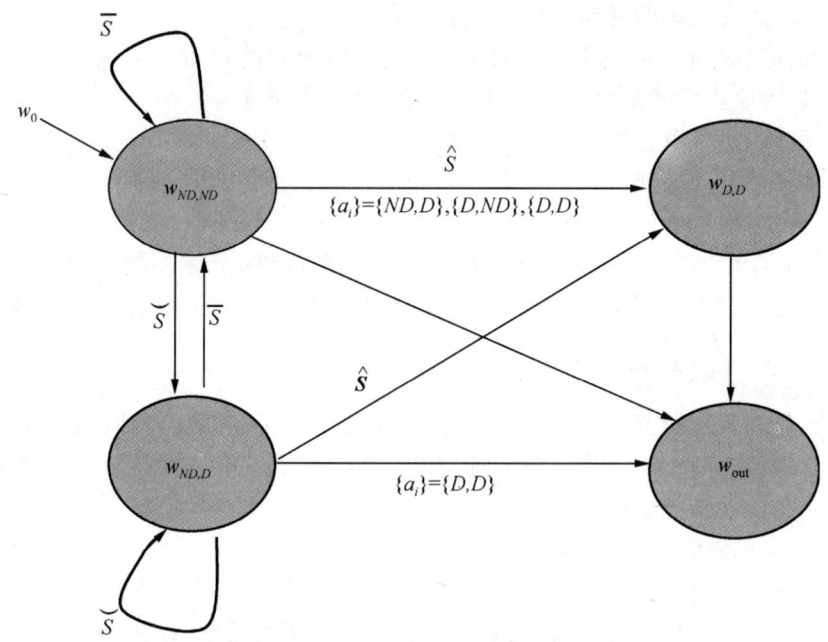

图1 二元联保贷款动态博弈自动装置状态转移函数③

例如,当本期状态处于 $w_{ND,ND}$,即组成联保体的成员均未遭受市场风险,那么如果本期所有人均履约还款,则下一期自动装置的状态由自然状态决定;相反,如果本期使用的策略为 $\{ND, D\}$,即企业2逃避还款责任,而企业1继续还贷,则银行对企业2设置信誉成本,企业1则可以重新组成联保体继续申请贷款;若两者同时违约,则所有企业均遭受信誉成本,退出中小企业联保贷款。④ 在上述策略下,自

---

① 自动装置有两种,一种是由 Neyman(1985),Abreu 和 Rubinstein(1988)提出来的;另一种是由 Osborne 和 Rubinstein(1994)提出来的。后者主要用于计算子博弈精炼完美均衡解时,简化所需要讨论的历史,本文中使用的属于后者,也可以参见 George J. Mailath(2006)中第29—31页。

② 为了完备起见,我们在假设5关于制裁成本 M 的设置的备注基础上,增加了状态 $f(w_{out}) = out$,也即遭受银行设置的制裁成本 M,而且易知 $V(w_{out}) = T' - M \leq 0$,即低质量的企业应该被淘汰出银行贷款体系。

③ 为了使自动装置图示不过于复杂,同时自动装置状态 $W_{D,ND}$ 和 $W_{ND,D}$ 具有对称性,因而没有给出。

④ 本文中认为银行设置的信誉成本的上限为,中小企业不可以从银行获取贷款,但这并不是最高的信誉成本设置,可以通过多个市场的交互作用,如将其违约信息公布给其他与之合作的单位,Bernheim 和 Whinston(1990)考虑了这种情形。

动装置的每个状态所对应的企业预期收益为：

$$V_s(w) = (1-\delta)u(s,f(w)) + \delta\sum_{s'\in S}V_{s'}(\tau(w,f(w),s'))p(s'\mid s,f(w)) \quad (2)$$

第二，动态重复子博弈精炼完美均衡的充要条件。

Mailath(2006)给出了动态重复子博弈完美均衡的一个充要条件，在此我们不再予以重复证明，仅以引理的形式给出：

引理：由自动装置(W,w^0,f,τ)描述的策略组合序列$\sigma \equiv \{\sigma_i(t)\}_{t=0}^{\infty}(i=1,2)$构成子博弈完美均衡，当且仅当对于状态集中所有可以从初始状态$w^0 \in W$到达的状态$w \in W$，$f(w)$是如下战略式博弈$g^w:A \to R$的纳什均衡解，其中

$$g_i^{(s,w)}(a) = (1-\delta)u(s,a) + \delta V_{s'}(\tau(w,a,s'))p(s'\mid s,a) \quad (3)$$

引理的作用在于简化所要考察的偏离历史，对于重复出现的子博弈可以视为同一类型子博弈，并结合一次偏离原理(One-Shot Deviation Principle)求解出动态博弈子博弈完美均衡解。自动装置在这个过程所起的作用则是将子博弈完美均衡求解转化为考察状态集中所有初始状态是否构成战略式博弈$g^w:A \to R$的纳什均衡。

第三，子博弈完美均衡的求解。

联保贷款信誉动态重复博弈可以将所有博弈历史归类为如下三类：第一类以$w = w_{ND,ND}$为初始状态；第二类以$w = w_{ND,D}$或$w = w_{D,ND}$为初始状态[①]；第三类以$w = w_{D,D}$为初始状态。下面将根据上述引理来分别求解三种初始状态下决策产出策略同时构成子博弈完美均衡的条件：

(1) 自动装置各状态的预期收益

根据上面给出的自动装置预期收益表达式和各自然状态下贷款企业收益的支付矩阵，可以计算自动装置各状态下的预期收益。为了方便起见，下面引入动态博弈事前预期收益V：

$$\begin{aligned}V &= \sum_s p(s)V_s(w) = (1-P)^2 V(w_{ND,ND}) + P(1-P)V(w_{ND,D}) \\ &\quad + P(1-P)V(w_{D,ND}) + P^2 V(w_{D,D})\end{aligned} \quad (4.1)$$

则各状态下贷款企业的收益分别为：

$$\begin{cases}V(w_{ND,ND}) = (1-\delta)T + \delta V \\ V(w_{ND,D}) = (1-\delta)(T-A) + \delta V \\ V(w_{D,ND}) = \delta V \\ V(w_{D,D}) = \delta V(w_{out}) = \delta(T'-M) \\ V(w_{out}) = T' - M\end{cases} \quad (4.2)$$

将式(4.2)代入式(4.1)求解可得V：

---

① 由于$w = w_{D,ND}$与$w = w_{ND,D}$具有对称性，下面仅给出关于$w = w_{ND,D}$的分析。

$$V = \frac{(1-P)^2(1-\delta)T + P(1-P)(T-A) + P^2(T'-M)}{1-(1-P^2)\delta} \quad (4.3)$$

（2）子博弈完美均衡条件求解

子博弈完美均衡条件求解等价于求解使得决策产出策略在自动装置各状态下构成均衡的 δ 的条件。以企业成员 1 为例，当 $w = w_{ND,ND}$ 时，根据引理可以构造出 $g_i^{(s,w)}(a)$ 矩阵。如果当期选择策略组合 $\{ND, D\}$，则企业成员的收益由当期收益和后续支付两部分组成，即当期的行为除了影响本期损益以外，还会依据惩罚策略与一定自动装置状态所对应的后续支付相联系。这样不难计算出贷款企业的收益分别为：

$$g_1^{w_{ND,ND}}(ND, D) = (1-\delta)[(T-A) + (1-\alpha)(T+A+Ai)] + \delta V$$
$$g_2^{w_{ND,ND}}(ND, D) = (1-\delta) \times \alpha(T+A+Ai) + \delta V(w_{out})$$

根据引理，表 4 给出了初始状态 $w = w_{ND,ND}$ 时的支付矩阵：

表 4　初始状态 $w = w_{ND,ND}$ 时支付矩阵（$n=2$）

		企业成员 2	
		不违约（ND）	违约（D）
企业成员 1	不违约（ND）	$V(w_{ND,ND}), V(w_{ND,ND})$	$(1-\delta)[(T-A) + (1-\alpha)(T+A+Ai)] + \delta V,$ $(1-\delta) \times \alpha(T+A+Ai) + \delta V(w_{out})$
	违约（D）	$(1-\delta) \times \alpha(T+A+Ai) + \delta V(w_{out}),$ $(1-\delta)[(T-A) + (1-\alpha)(T+A+Ai)] + \delta V,$	$(1-\delta)\alpha(T+A+Ai) + \delta V(w_{out}),$ $(1-\delta)\alpha(T+A+Ai) + \delta V(w_{out})$

根据表 4 可知，欲使策略组合 $\{ND, ND\}$ 构成该支付矩阵的 Nash 均衡，须满足如下条件：

$$V(w_{ND,ND}) \geq (1-\delta) \times \alpha(T+A+Ai) + \delta V(w_{out}) \quad (5.1)$$

同理，当初始状态 $w = w_{ND,D}$ 时，根据引理和表 2 可以构造出相应支付矩阵，如表 5 所示：

表 5　初始状态 $w = w_{ND,D}$ 时支付矩阵（$n=2$）

		企业成员 2
		违约（D）
企业成员 1	不违约（ND）	$(1-\delta)(T-A) + \delta V, \delta V$
	违约（D）	$(1-\delta)\alpha(T+A+Ai) + \delta V(w_{out}), \delta V(w_{out})$

欲使策略组合 $\{D, D\}$ 成为上述支付矩阵的 Nash 均衡，须如下条件成立：

$$(1-\delta)(T-A) + \delta V \geq (1-\delta)\alpha(T+A+Ai) + \delta V(w_{out}) \quad (5.2)$$

当 $w = w_{D,D}$ 时,所有企业均只能违约,$\{D,D\}$ 自然构成子博弈完美均衡。

(3) 银行的激励相容条件

由假设 1 可知,银行对申请贷款的中小企业中高折现率的企业的信念概率 λ 的大小将直接影响银行是否有激励开展中小企业联保贷款。如果银行认为中小企业信贷市场上的高折现率的企业所占比重过低,那么银行将无可持续的内在激励开展中小企业联保贷款。在银行为零利润企业的前提下①,银行的激励相容条件可表述为:

$$\lambda \times [(1-P)^2 \times 2Ai + 2P(1-P) \times Ai + P^2(-A)] + (1-\lambda)(-A) \geq 0 \tag{5.3}$$

在假设 5 的贷款策略下,银行通过中小企业联保贷款将原有银行与贷款人之间的贷款—还款博弈转化为贷款人之间的信誉博弈;当 δ,λ 满足 (5.1)—(5.3) 时,中小企业联保贷款中的高信用风险和低信用风险企业出现分离均衡,所有违约情形均对应于无效率的贷款,并受到银行设置信誉成本制裁。

上述分析框架不难推广到多元联保贷款(企业成员数 $n > 2$)的情形。当投资失败的企业数量为 k 时,投资成功企业间的单期博弈矩阵如表 6 所示。这样,根据表 6 和上述分析框架,可以给出类似于 (5.1)—(5.3) 的条件。

表 6　多元联保贷款支付矩阵 ($n > 2$)

		企业成员 j	
		不违约 (ND)	违约 (D)
企业成员 i	不违约 (ND)	$T - \dfrac{k}{n}A, T - \dfrac{k}{n}A$	$T - \dfrac{k+1}{n-k-1}A + \dfrac{1-\alpha}{n-k-1} \cdot (T+A+Ai), \alpha(T+A+Ai)$
	违约 (D)	$\alpha(T+A+Ai), T - \dfrac{k+1}{n-k-1}A + \dfrac{1-\alpha}{n-k-1}(T+A+Ai)$	$\alpha(T+A+Ai), \alpha(T+A+Ai)$

值得注意的是,随着贷款企业成员数 n 的上升,$\alpha(T+A+Ai) > T - \dfrac{k+1}{n-k-1}A + \dfrac{1-\alpha}{n-k-1}(T+A+Ai)$ 的前提条件对于部分 k 值可能将被违反,即 $\alpha(T+A+Ai) > T - \dfrac{k+1}{n-k-1}A + \dfrac{1-\alpha}{n-k-1}(T+A+Ai)$ 将成立。这种情形下,即便给定贷款企业成员 2 在当期选择违约策略,对于企业成员 1 而言,选择不违约策略仍将成为最优反应

---

① 改变银行为零利润企业并不会对文章分析结论产生任何实质性的影响;更加现实的假设即认为银行的利润目标为 π,则只需将式 (5.3) 右边改为 π 即可;当存在企业投资失败时,其他企业帮忙还贷时不需要支付贷款利率。

策略,因而策略{ND}将成为贷款企业成员的最优选择,有利于减少信用风险问题。①

四、联保贷款信誉成本、风险市场边界、保证金制度和现实制度基础

信誉成本在如何有效解决中小企业联保贷款起着关键性作用。也就是说,银行通过对贷款企业整体设置信誉成本,有效地将银行与企业之间的贷款—还款信用博弈转化为贷款企业内部之间的"声誉"博弈,并通过实施有效的违约惩罚措施,剔除短视企业群体,达到优化银行资本和社会资源配置。下面首先详细讨论中小企业联保贷款信誉成本(Reputation Costs,RC)的经济学解释及其对成功开展联保贷款的重要性;其次,从银行的角度给出联保贷款的风险市场边界;再次,分析多人联保和保证金制度对联保贷款的影响;最后阐述中小企业联保贷款的现实制度基础。

(一) 中小企业联保贷款的信誉成本及其重要性

1. 中小企业联保贷款的信誉成本

本文首先界定中小企业联保贷款的信誉成本如下:

$$RC = V - V(w_{out}) \tag{6.1}$$

上式从分离均衡和机会成本的角度给出了信誉成本的经济学定义。一方面,从银行的角度来讲,在假设5所给出的贷款情形下,信誉成本表现为高信誉企业与低信誉企业所面临的事前期望收益之差。另一方面,从高信誉企业的角度来讲,信誉成本表现为当期采取短视行为所造成的机会成本。一旦其采取非社会合意策略,该企业会被银行视为低信誉企业而遭受银行制裁。

将式(4.1)—(4.3)代入(6.1)可知,信誉成本 RC 可表示为:

$$RC = V - V(w_{out}) = \frac{(1-\delta)(1-P)(T-PA)}{1-(1-P^2)\delta} - \frac{(1-\delta)(T'-M)}{1-(1-P^2)\delta} \tag{6.2}$$

当 $P = 0.3, \delta = 0.7, T = A, T' - M = 0$ 时,可以计算得到信誉成本 $RC \approx 0.5A$。②为避免过于复杂的数值计算,下文将集中讨论当 P 不是太大的情形,此时信誉成本

---

① 虽然信用风险将随着贷款企业成员数量的上升而增加,但银行面临的事实违约风险,即市场的系统风险将上升,因而联保贷款的企业成员数量设置了一个上限。

② 假设无风险中小企业平均收益率达到20%时,上述数据将是合理的;即市场投资收益率100%的成功率不能低于60%可以由 $A(1-P) - PA \geq 0.2A$ 给出。

可以简化为①:

$$RC = V - V(w_{out}) = (1-P)(T-PA) - (T'-M) \quad (6.3)$$

由上式不难看出:信誉成本近似独立于折现率 δ,基本由贷款企业所面临的市场风险—收益结构;与赵岩青(2007)提到的信誉度增加、社会各方的称赞等无形收入相比,企业的信誉成本是可以计算的,并具有较高的可信度。②

2. 信誉成本的重要性

中小企业联保贷款的信誉成本是其成功开展的制度基础。本文的研究发现,一定大小的信誉成本是保证高水平均衡出现的充要条件:当信誉成本 $RC \geq RC^0$ 时,中小企业信贷市场上将出现高折现率企业的逆向选择③,突破传统贷款的风险上限;相反,当条件 $RC \geq RC^0$ 不能满足时,高折现率企业在中等市场状况下将出现违约,从而增加银行面临的违约风险。④ 下面将延续前面的博弈分析框架对上述结论给予详细规范论述。

联保贷款各市场状态下社会合意策略构成联保贷款声誉博弈的子博弈完美均衡解的前提条件由式(5.1)—(5.3)给出。式(5.2)较(5.1)要求更强,其经济学意义非常直观明显,即当中等状态下投资成功企业的未来收益足以支持当期选择不违约策略时,好市场状态下其不违约的条件将自动满足。⑤ 将信誉成本 RC (6.1)式代入关键性条件(5.2)可得:

$$(1-\delta)(T-A) + \delta RC \geq (1-\delta)\alpha(T+A+Ai) \quad (7.1)$$

整理上式可得,中等市场状态下社会合意策略的折现率临界条件为:

$$\delta^* = \frac{\alpha(T+A+Ai)-(T-A)}{RC+\alpha(T+A+Ai)-(T-A)} \quad (7.2)$$

---

① 当 P 不太大时, P^2 的影响将变得非常小,可以忽略;当市场风险较高时,二元博弈的完整解(δ^*, λ^*)求解过程如下:关键性条件 $RC \geq RC^0$ 等价于 $\frac{(1-\delta)(1-P)(T-PA)}{1-(1-P^2)\delta} - \frac{(1-\delta)(T'-M)}{1-(1-P^2)\delta} \geq (1-\delta)[\alpha(T+A+Ai)-(T-A)]$,此时不难解得 $\delta^* = [\alpha(T+A+Ai)-(T-A)]/\{(1-P)(T-PA)-(T'-M)+(1-P^2)[\alpha(T+A+Ai)-(T-A)]\}$;银行激励则表现为高折现率企业的信念概率下限 $\lambda^* = 1/[2(1-P)i+(1-P^2)]$。

② 对于资本额超过一定程度的企业,声誉成本和企业的无形资产可能可以与银行设置的信贷约束引致的机会成本相当,因而更加具有约束力。

③ 即高折现率的中小企业以高于中小企业整体信贷市场的高折现率企业比例选择中小企业联保贷款,在中小企业信贷市场出现了高折现率企业的集中,Ghosh 和 Ray(1996)从动态角度和随机匹配(Random Matching)的角度考察了一种类似逆向选择情形。

④ 对比中国和孟加拉国开展的农户联保贷款可知,信誉成本的真实性是农户联保贷款成功的先决条件。刘峰(2006)提到,孟加拉乡村银行运作时,采用多种措施如联保小组通过每周开会,对穷人的自尊心和集体荣誉感进行激发,小组成员互相监督从而使社会担保起到替代物质担保的作用,并且当有人违反时,将会受到清除出联保小组的惩罚,因而在孟加拉国信誉成本将是真实且有效的,这与中国开展农户联保贷款有所区别,本文认为这是造成我国农户联保贷款失败的关键原因所在。

⑤ 下面的分析将在满足假设式(5.1)的前提下进行,这是一个合理的假设;如果假设(5.1)不成立,那么银行将不会有动力进行贷款,这显然不符合现实描述。

当折现率 $\delta \geq \delta^*$ 时,在中等市场状态时企业会选择社会合意策略,实现贷款风险水平的共同分担;由 $\partial \delta^* / \partial RC < 0$ 可知,高信誉成本可以降低中小企业联保贷款成功的折现率要求。进一步求解式(7.1)可得特定折现率 $\bar{\delta}$ 下信誉成本的阈值 RC^0 为:

$$RC^0 = \frac{(1-\bar{\delta})}{\bar{\delta}}[\alpha(T+A+Ai)-(T-A)] \qquad (8)$$

当银行监督强度 $1-\alpha = 0.2, \delta = 0.8$ 时,$RC^0 \doteq 0.4A < RC = 0.5A$,满足信誉成本的阈值条件 $RC \geq RC^0$。此时中小企业联保贷款中高折现率企业由于其自身的逆向选择将降低银行所面临的市场风险水平。从上述数值例子不难看出,即便应用最简单的二元联保贷款模式,当银行设置的信誉成本超过 RC^0 时,银行面临的贷款风险大小也将从 P 下降至 P^2,有利于突破传统的风险贷款阈值,使得原来贷款风险大幅度下降,有助于银行降低贷款门槛,从而有效缓解中小企业融资难问题。

(二)联保贷款的风险市场边界

高信誉企业所占比例 λ 直接决定银行有无激励开展联保贷款,进而决定了联保的风险市场边界。对于特定大小的投资失败概率 P,只有当高信誉企业的比例 λ 超过一定的下限 λ^* 时,银行才有内在激励开展中小企业联保贷款。由式(5.3)可以求解得到 λ^* 为:

$$\lambda^* = \frac{1}{(1-P)(1+P+2i)} \qquad (9.1)$$

在传统贷款模式下,银行对高信誉企业所占比例的信念概率下限 $\tilde{\lambda}$ 为①:

$$\tilde{\lambda} = \frac{1}{(1-P)(1+i)} \qquad (9.2)$$

由 $\lambda^* < \tilde{\lambda}$ 可以得出,联保贷款模式下银行所需要的信念概率较传统贷款模式下的信念概率更低,也有助于降低银行贷款门槛。

从另一角度来看,当市场上高信誉企业比例 λ 给定时,银行能够忍受的市场风险阈值有什么要求?下面的分析显示,联保贷款的风险市场边界也有一定的限度,并不能解决所有中小企业联保贷款问题,特别高市场风险行业的贷款。

联保贷款的市场风险的下限即为传统贷款模式下银行所能忍受的市场风险上限。由式(9.2)可求解联保贷款的风险下限 P_{min} 为:

$$P_{min} = 1 - \frac{1}{\lambda(i+1)} \qquad (10.1)$$

理论上讲,这部分风险在传统贷款模式下便可以开展。对于信息不对称问题

---

① 传统贷款模式下银行的信念概率由如下不等式给出:
$\lambda(-P)Ai + [1-\lambda(1-P)](-A) \geq 0$

较为严重的中小企业信贷市场而言,"关系型贷款"是处理风险值介于 $[0, P_{\min})$ 的有效工具,因为中小型银行和非正式金融在处理"软信息"时具有优势(张捷,2002;林毅夫,2005)。但另一方面,也可以发现"关系型贷款"并没有在制度层面上创新性地拓展银行所能承受的风险范围,也就不能期望其有效地解决中小企业融资难的问题。

同理,求解式(9.1)可以得到关于联保贷款市场风险的上限 $P_{\max}$ 为:

$$P_{\max} = -i + \sqrt{1 + 2i + i^2 - (1/\lambda)} \qquad (10.2)$$

当中小企业的市场风险水平属于高风险—高收益型时(即 $P > P_{\max}$),银行的激励相容条件将得不到满足。更有可能的是,中小企业联保贷款可能会导致低水平均衡的出现,进而银行贷款理论还款概率将从 $(1-P)$ 下降为 $(1-P)^2$,因而不具备理论上合理性。针对这一情形,武巧珍(2009)提出引入风险投资为高端市场风险的中小企业融资的想法,并说明这种做法在美国已经取得相当显著的成果。[①]显然,风险投资的游戏规则主要集中于股权投资,而不再是银行此类风险规避机构所擅长的传统贷款或者联保贷款方式可以适用的。

图2给出了中小企业联保贷款的理论边界,如区域 B 所示。在市场风险值域 $[P_{\min}, P_{\max}]$ 内,联保贷款具备制度上的理论优势。[②] 在区域 A 内,擅长处理"软信息"的中小型银行通过开展"关系型贷款"将可以有效地进行处理。区域 C 的市场风险属于专业性非常强的风险投资擅长处理的风险类型。

(三) 多人联保贷款与保证金制度

1. 中小企业多人联保贷款

与二元联保贷款模式相比,多人联保贷款模式的影响主要包括两方面:第一,拓展银行开展贷款的市场风险上限。在市场风险不太大的情形下,随着联保体的企业数目的增大,中小企业出现差状态的概率下降,从而企业的信誉成本 RC 将较

[①] 一般高新技术产业属于高市场风险类型,需要引入高风险、高收益、权益性和专业性非常强的风险投资进行融资;据不完全统计,美国90%高技术企业都是按照风险投资发展起来的,并创造了二战以来美国科技中95%的科技发明和创新(武巧珍,2009)。

[②] 理论上来讲,贷款企业的风险—收益结构同样会对联保贷款的市场边界产生影响,表现为预期收益率不能低于一定的临界值。这是与折现率的假设是一个对称性条件,为了不分散读者的注意力,本文认为贷款企业的预期收益率满足这种要求。下面给出预期收益率求解过程:假设企业退出银行贷款体系获得零利润时,关键性条件 $RC \geq RC^0$ 等价于 $(1-P)(T-PA)-(T'-M) \geq \frac{1-\bar{\delta}}{\bar{\delta}}[\alpha(T+A+Ai)-(T-A)]$;将 $T = A(R-i)$ 代入可知,即便银行的风险激励满足时,贷款企业的预期收益率 R 必须满足:$R \geq i + P + \{(1+\alpha+i)(1-\bar{\delta})/[(1-P)+(1-\alpha)(1-\bar{\delta})/\bar{\delta}]\}$;即在风险水平 $P(P \in [P_{\min}, P_{\max}])$ 给定的情形下,贷款银行的边界应该除了市场风险边界之外,还包括贷款企业的预期收益率边界。

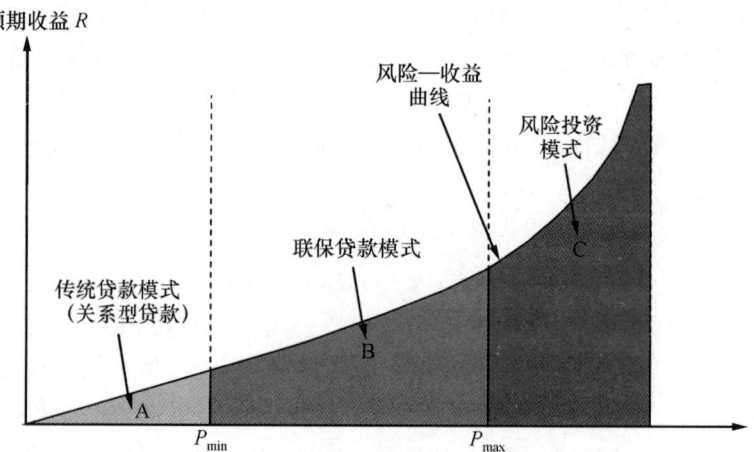

图 2 中小企业联保贷款的市场风险理论边界

二元联保贷款时将有所增加①,因而原来中等状态下的均衡解都仍将出现;同时部分原来不能支持的均衡解也将出现,进而银行的贷款约束门槛可以放宽,一定程度上拓展其市场风险边界。

第二,与二元联保贷款相比,银行在实际开展多元联保贷款时可能会导致中等市场状态下出现信用风险。二元博弈分析假定企业间属于完全信息博弈,而现实中获取企业投资成功与否的信息需要交易成本,特别是当联保企业数目较多时,信息甄别引发的交易成本可能引发一定程度的信用风险,出现投资成功企业不帮忙还贷的情形,导致原来的均衡需要更高的折现率才能支撑。②

2. 中小企业联保贷款保证金制度

为了发挥多元联保的拓展贷款风险上限的优势,同时避免可能的信用风险问题,在联保成员数目(n)较大时,可以考虑设立保证金制度。参与联保贷款的企业成员获取贷款数额 A 时,需要缴纳 A/n 的保证金;如果观察到违约情况,银行可以扣除全部保证金 A 用于弥补该成员的违约所造成的损失 A;如果没有观察到违约情况,全部保证金届时全部返还。当投资失败的企业数目为 k 时,保证金制度下中小企业联保贷款信誉模型的支付矩阵如表 7 所示:

---

① 信誉成本的增加来源于两方面:一是差状态的概率将下降,例如在上述数值例子中当 $P<1/3$ 时,联保贷款从二元变为四元后会下降;二是中等状态下赔付的相对减少,如二元联保贷款中等状态下赔付 A,四元下以更低的总概率对应于两种状态:$A/3$ 和 A。

② 相反好市场状态情形下企业的激励将变得更容易满足,甚至对于短视群体同样出现合意解,当 $n>\left[\dfrac{1}{T-\alpha(T+A+Ai)}\right]+1$ 时,对于较好的中等状态,即便对于 $\delta=0$ 的中小企业而言,同样存在还款的激励(表达式中方括号为取整函数)。

表 7　中小企业保证金联保贷款信誉模型支付矩阵

		企业成员 j	
		不违约(ND)	违约(D)
企业成员 i	不违约(ND)	$T-\dfrac{k}{n}A, T-\dfrac{k}{n}A$	$T-\dfrac{k+1}{n-k-1}A+\dfrac{(1-\alpha)}{n-k-1}\left(T+A+Ai-\dfrac{A}{n}\right),$ $\alpha\left(T+A+Ai-\dfrac{A}{n}\right)$
	违约(D)	$\alpha\left(T+A+Ai-\dfrac{A}{n}\right),$ $T-\dfrac{k+1}{n-k-1}A+\dfrac{(1-\alpha)}{n-k-1}\cdot$ $\left(T+A+Ai-\dfrac{A}{n}\right)$	$\alpha\left(T+A+Ai-\dfrac{A}{n}\right),$ $\alpha\left(T+A+Ai-\dfrac{A}{n}\right)$

对比表 6 可以发现,保证金制度可以在不降低企业履约的支付前提下,降低企业违约所带来的高收益;相应地,中等市场状态下的关键性条件可以改写为:

$$(1-\delta)\left(T-\dfrac{k}{n-k}A\right)+\delta\mathrm{RC}_{\mathrm{deposit}} \geq (1-\delta)\alpha(T+A+Ai-A/n) \quad (11.1)$$

当投资失败数目为 k 时,联保贷款保证金制度下的信誉成本的阈值为:

$$\mathrm{RC}^0_{\mathrm{deposit}} = \dfrac{(1-\bar{\delta})}{\bar{\delta}}\left[\alpha(T+A+Ai-A/n)-\left(T-\dfrac{k}{n-k}A\right)\right] \quad (11.2)$$

同样,当银行监督强度 $1-\alpha=0.2, \delta=0.8$ 时,保证金制度下二元联保贷款信誉成本的阈值下降为 $\mathrm{RC}^0_{\mathrm{deposit}} = 0.31A < \mathrm{RC}^0 = 0.4A$,约下降了 22.5%,因而可以在更低折现率水平下保持高信誉企业帮忙还贷的激励。结合前面关于多元联保可增加信誉 RC 的分析可知,保证金制度通过降低企业违约策略的收益,降低社会合意策略{ND}成为均衡解的折现率要求。① 综上所述,保证金制度可以降低甚至消除多元联保贷款中因信息甄别交易成本所引致的信用风险,发挥多元联保贷款的拓展市场风险边界的优势,具备制度上的可取性。

(四) 中小企业联保贷款更可能成功的现实制度基础

上述博弈分析显示,与农户联保贷款相比,中小企业联保贷款模式在现实中更有可能获得成功的制度优势有如下五点:

第一,真实可信的信誉成本。我国农户联保贷款由于不存在孟加拉国小额信

---

① 此外,现实中银行开展市场风险值接近于 $P_{\max}$ 的贷款时,当信贷市场参数(如 λ, δ)的测度存在一定误差时,保证金制度为此类贷款提供一定的缓冲空间。

贷所设置的强制储蓄成本、基金成本和频繁参加小组会议的交通成本,因而并不存在真实的信誉成本(赵岩青,2007)。与农户联保贷款所不同的是,银行可以通过设计合理的贷款政策为企业的违约行为设置不可忽略的"制裁成本",如提高违约企业的贷款门槛,进而从违约机会成本的角度为高信誉企业设置与其经济利益挂钩信誉成本,保证高效率的社会合意均衡的出现。

第二,有效的信用风险甄别。与农户联保贷款不同,银行还可以根据企业的信用档案对进行申请贷款的企业进行筛选,有效降低逆向选择所带来的事前信用风险;同时银行能够及时甄别借款企业的违约行为并对其进行惩罚,能够有效地防范事后道德风险所带来的损失;此外,保证金制度的引入还可以进一步防范多元联保贷款下企业可能出现的信用违约风险。

第三,中小企业更适合动态重复博弈中的理性人假设。与个体农户的行为相比,中小企业的经营行为更加经济理性,可以更好地预计到偏离均衡策略所带来的后果,社会合意博弈均衡解更有可能出现,从而保证联保贷款有效地发挥其预期作用[①];此外,企业与银行之间的信贷活动属于长期性质的,因而企业不仅会注重当期收益,还会考虑与银行合作所带来的长期受益,用动态重复博弈进行描述更加合理。[②]

第四,科学的市场风险管理。根据企业所从事的行业风险—收益结构,银行可以有效地计算出企业违约的信誉成本,确定联保贷款的市场风险边界。与农户信贷市场上农户的风险大小难以观测所不同的是,银行还可以根据行业风险的大小选择适合开展贷款的行业,规避风险过高的行业。

第五,合理的金融产品设计。与农户联保贷款相比,企业联保贷款可以选择适合于中小企业发展的灵活贷款归还方式,不受每年年底"支农再贷款"归还的约束[③];企业拥有稳定的收益流,采用"按季结息"方式不会影响企业联保贷款的实施效果。这些有利因素也有助于设计出更加合理的金融产品,有效开展中小企业联保贷款。

五、结　　论

本文在对国内外开展的农户联保贷款的成功经验和现实制约进行考察的基础上,构建了一个中小企业联保贷款的动态博弈分析框架,深入分析了银行如何通过设置信誉成本将银行与企业之间的贷款—还款博弈转化为联保贷款企业成员之间

---

① 我国"三农"政策的广泛开展,使得经济发展重心逐步覆盖到农村,在这种情况下,农户可能形成这样错误的预期:即便存在违约情形,银行并不可能真正实施惩罚的有效措施,因而这与宏观政策相背离。

② 农户联保贷款违约后,农户还可以直接凭有效身份证件和贷款证件直接到信用社营业网点办理贷款,无需依靠担保小组;这样的一个直接结果就是,农户与信用社之间的博弈很可能是一次性,违约便可能是最佳选择。

③ 刘峰(2006)的对黑龙江的实地调查发现,由于我国信用社开展的农户联保贷款需在每年年底归还人民银行支农再贷款,造成贷款约期与农副业产品周期不符,从而造成农户需要压低农产品价格进行出售归还贷款,影响联保贷款的实施效果。

的信誉博弈降低信用风险的制度基础。本文还从企业的逆向选择角度讨论了信誉成本的真实性对联保贷款成功开展的重要性,分析了高信誉企业的比例对银行开展联保贷款激励约束条件的影响,进而给出了联保贷款的市场风险边界,并探讨了中小企业联保贷款较农户联保贷款更有可能取得成功的现实制度优势来源。最后,综合本文的分析,可以得出以下主要结论:

(1) 银行可以通过设计合理的贷款政策为高折现率企业设置真实有效的信誉成本,保证中小企业联保贷款信誉博弈中社会合意解的出现;对于一定大小的信誉成本 RC,均有一定的折现因子下限 δ^*,只要银行甄别出 $\delta \in (0, \delta^*)$ 的短视企业,就可以保证社会合意解构成企业联保贷款博弈的子博弈完美均衡,走出银行不愿意放贷,守信企业得不到贷款的恶性循环。

(2) 信誉成本 RC 主要是高折现率企业采取短视行为后信贷受限造成的机会成本,是中小企业联保贷款的制度基础。当信誉成本超过一定的阈值 RC^0 时,企业本身的逆向选择将促使信贷市场上高折现率企业的比例将上升,银行贷款面临的风险将下降;反之,中小企业联保贷款将增加银行贷款的总体风险。此外,在市场风险不是太大时,信誉成本将近似独立于折现率,仅取决于企业所从属行业的风险—收益结构和银行预先设定的制裁成本。

(3) 信贷市场上高折现率企业所占比例大小决定银行有无内在激励开展企业联保贷款。同时,银行的激励相容条件内生地确定了联保贷款的市场风险边界。与"关系型贷款"消除信息不对称问题的方式相比,联保贷款可以拓展银行所能忍受的市场风险上限,因而具备制度上的优越性。但另一方面,联保贷款所适用的市场风险边界也是有限的。

(4) 与二元联保贷款相比,多元联保贷款具备拓展银行所能承受的风险阈值的一定优势,但也可能因信息甄别难度上升导致中等状态下出现信用风险的问题。保证金制度在不改变企业履约收益的前提下,减少了企业违约的收益,有助于降低多元联保贷款中潜在的信用风险。

(5) 与农户联保贷款相比,银行可以为企业设置真实可信的信誉成本,并根据已有信用档案进行有效的信用风险管理,同时还可以根据中小企业的行业风险—收益结构,更加科学地管理联保贷款的市场和信用风险,设计出更加合理的金融产品,促进联保贷款健康发展。

至此,本研究从理论上回答了中小企业联保贷款如何有效地降低其信用风险问题,讨论了信誉成本、动态博弈折现因子、多元联保和保证金制度对有效开展联保贷款的影响,揭示了中小企业联保贷款的制度基础——真实、有效的信誉成本;分析了信贷市场上高折现率企业比例对银行开展贷款激励的影响,进而给出了银行开展联保贷款的市场风险边界;讨论了多元联保贷款的优缺点,提出了联保企业数量较大时设立保证金制度的想法;最后,对目前正在开展的企业联保贷款提供指导性政策建议,缓解中小企业融资难的现状。

参 考 文 献

[1] 胡金焱、张乐,2004,《非正式金融与小额信贷一个理论评述》,《金融研究》第 7 期,第 123—131 页。

[2] 江能、邹平,2009,《联保贷款违约传染机制研究》,《特区经济》第 12 期,第 80—81 页。

[3] 刘峰、许永辉、何田,2006,《农户联保贷款的制度缺陷与行为扭曲:黑龙江个案》,《金融研究》第 9 期,第 171—178 页。

[4] 林毅夫、孙希芳,2005,《信息、非正规金融与中小企业融资》,《经济研究》第 7 期,第 35—44 页

[5] 武巧珍,2009,《风险投资支持高新技术产业自主创新的路径分析》,《管理世界》第 7 期,第 174—175 页。

[6] 赵岩青,2007,《农户联保贷款有效性问题研究》,《金融研究》第 7 期,第 61—77 页。

[7] 张捷,2002,《中小企业的关系型借贷与银行组织结构》,《经济研究》第 6 期,第 32—37 页。

[8] 张婷,2009,《农户联保贷款的风险管理探析》,《统计与决策》第 3 期,第 146—148 页。

[9] Abreu, Dilip, 1988, "On the Theory of Infinitely Repeated Games with Discounting", *Econometrica*, 56, 383—396.

[10] Abreu, Dilip and A. Rubinstein, 1988, "The Structure of Nash Equilibrium in Repeated Games with Finite Automata", *Econometrica*, 56, 1259—1281.

[11] Carmichael, H. L., and W. B. Macleod, 1997, "Gift Giving and the Evolution of Cooperation", *International Economic Review*, 38(3), 485—509.

[12] Ghatas, Maitreesh, 1999. "Group Lending, Local Information and Peer Selection", *Journal of Development Economics*, 60, 27—50.

[13] Ghosh, P., and D. Ray, 1996, "Cooperation in Community Interaction without Information Flows", *Review of Economic Studies*, 63(3), 491—519.

[14] Hassan, Kabir, 2002, "The Microfinance Revolution and the Grameen Bank Experience in Bangladesh", *Financial Markets Institutions & Instruments*, 11, 205—265.

[15] Impavido, Gregorio, 1998. "Credit Rationing, Group Lending and Optimal Group Size", *Annals of Public & Cooperative Economics*, Jun, 69, Issue 2.

[16] Kandori, M., 1992a, "Social Norms and Community Enforcement", *Review of Economic Studies*, 59(1), 63—80.

[17] Mailath, G. J. and Larry Samuelson, 2006, *Repeated Games and Reputation*, Oxford University Press, London.

[18] Osborne, M. J. and A. Rubinstein, 1994. *A course in Game Theory*, MIT Press, Cambridge, MA.

[19] Petersen, M. A., 2004, "Information: Hard and soft", Working paper, Northwestern University and NBER.

[20] Shen Yan, Minggao Shen, Zhong Xu and Ying Bai, 2009, "Bank Size and Small-and Medium-Sized Enterprise Lending: Evidence from China", *World Development*, 37(4), 800—811.

[21] Stiglitz, J., 1990, "Peer Monitoring and Credit Markets", *The World Bank Economic Review* (3), 351—366.

(三) 财政学

中国工薪所得税有效税率研究*

刘 怡 聂海峰

摘要：对工薪所得课征的所得税是中国个人所得税收入的主要部分。本文使用广东省的数据对工薪税的税率进行了研究。我们研究表明，由于没有对标准扣除进行通货膨胀调整，尽管法定工薪所得税税率是九级超额累进的设计，但是现阶段工薪所得税的主要负担是月收入在800—2800元的个人，很少人适用20%或者更高的税率，工薪税制中法定的高边际税率没有发生作用。估计的工薪所得税平均边际税率为6.7%—10.4%，有效税率是2.9%—5.1%。适用工薪税率表第二级和第三级的工薪在1300元到5800元之间的人群，人数占调查总人数的47.4%，负担的税收占到了84.9%，是工薪所得税的主要承担者。如果调整通货膨胀对标准扣除的影响，将有一半的现有工薪税的纳税人不需要缴纳工薪所得税。

关键词：工薪所得税；工薪收入分布；有效税率；边际税率

1994年以来，个人所得税收入不断增长，由1994年的72.67亿元上升到2003年的1417.18亿元。目前，在全部税收收入中，个人所得税已超过消费税成为中国第四大税种。在个人所得税中，工薪所得税收的比例一直很高，是个人所得税的最重要来源之一。

我们对工薪税的研究是从下列有趣的问题开始的：工薪收入的分布与税收的关系是怎样的？不同工薪收入阶层负担的税收是多少？就目前工薪所得税5%—45%的九级超额累进税率的法定设定而言，工薪所得税的有效税率是多少？本文试图对上述问题进行探讨。全文结构如下，第一部分是对中国现行工薪税制度累进设计的简单介绍，第二部分考察工薪收入的分布情况，第三部分是工薪所得税的有效税率和边际税率的计算结果，最后是全文的总结。

---

* 原载于《中国社会科学》2005年第6期。作者感谢教育部人文社科基金的资助（项目批准号：01JA790089），感谢广东省在数据方面给予的支持。

一、工薪税制的累进设计

中国改革开放后,适应中国境内外籍人员增多且其收入水平较高的实际情况,于1980年9月10日第五届全国人民代表大会第三次会议通过《中华人民共和国个人所得税法》。随着经济体制改革的深入进行,中国的商品经济得到了巨大的发展,个人收入逐步提高。相当一部分人除了工资形式的收入外,还有大量来自第二职业、承包经营以及投资入股等各种渠道的收入,社会成员之间的收入差距随之拉大。为了防止两极分化,实现社会的安定团结,国务院先后于1986年1月和9月分别发布的《城乡个体工商业户所得税暂行条例》、《个人收入调节税暂行条例》与《个人所得税法》共同构成中国个人所得税制度。进入90年代后,个人所得税法又进行了调整。1993年10月31日发布的《个人收入所得税法》合并了《工商业户所得税》、《个人收入调节税暂行条例》、《奖金税》、《工资调节税》等分项税法的有关内容,调整并扩大了征税对象的范围。目前执行的是经1999年8月30日第九届全国人民代表大会常务委员会第十一次会议通过,第二次修正后的《中华人民共和国个人所得税法》。

1994年以后的十年来,个人所得税占全部税收总收入的比重有了大幅度的提高。1994年为1.42%,1995年为2.18%,1996年为2.80%,1997年为3.16%,1998年3.66%,1999年为3.88%,2000年为5.25%,2001年为6.51%,2002年为6.87%,2003年为6.93%(图1)。①

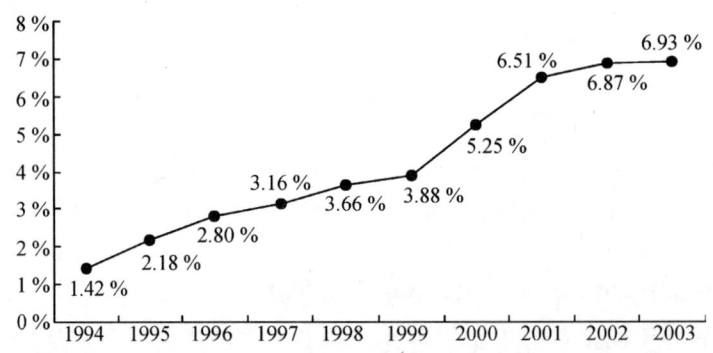

图1 1994—2003年中国个人所得税占全部税收比例增长情况

1994年至1998年,中国个人所得税的各项来源占个人所得税总税款的平均比重中,工资、薪金所得的税款占个人所得税总税款的比重45%左右;个体工商户的生产、经营所得的税款占个人所得税总税款的比重为43%左右;利息、股息、红利所得的税款占个人所得税总税款的比重为6%左右。1999年开征利息税后,利

---

① 根据2003年《中国统计年鉴》和《中国税务年鉴》,作者计算。

息股息红利税收收入的比重在个人所得税的结构中增加,但是工薪所得的比例仍然在40%以上。①

按照中国现行《个人所得税法》,工资、薪金所得适用于5%—45%的九级超额累进税率(见表1)。在征收方式上,工薪所得税对个人征收,实行由工资发放单位代扣代缴工薪所得税,没有对家庭或者年龄的宽让或者扣除。因此,个人每月得到的工薪收入是税后收入。

表1 个人所得税税率
（工资、薪金所得适用）

级数	全月应纳税所得额	税率(%)
1	不超过500元的	5
2	超过500元至2 000元的部分	10
3	超过2 000元至5 000元的部分	15
4	超过5 000元至20 000元的部分	20
5	超过20 000元至40 000元的部分	25
6	超过40 000元至60 000元的部分	30
7	超过60 000元至80 000元的部分	35
8	超过80 000元至100 000元的部分	40
9	超过100 000元的部分	45

注:表中应纳税所得额是指以每月收入额减除费用800元后的余额或者减除附加减除费用后的余额。

个人所得税通常被认为具有调节收入分配的功能,通过设置扣除额和超额累进的税率结构,使得税收负担随着收入的增加而增加,低收入的人不承担税收,收入越高的负担的个人所得税越多。但是,累进税率的设计并不一定能达到调节收入的作用。如果标准扣除定得较低,会使工薪收入较低的人也被纳入所得税的征税范围,使得所得税失去了调节收入分配差距的作用。如果收入分布都集中在低税率结构,很少收入达到高税率结构的时候,这就使得累进税率形同虚设,达不到累进的效果。并且,如果收入分布密集的地方,税率相对较高的话,工薪所得税就会成为一般人的负担。税率累进效果的取得,要求随着收入的增加,负担的所得税也增加,这需要结合收入分布特征设置不同的收入级距来实现。因此,掌握工薪收入分布,对于发挥政府税收对收入分配的调节作用,决定工薪所得的标准扣除有重要的意义。

中国现行个人所得税制度规定的标准扣除和税收级距的分界点都是按照名义货币值规定的,并不随着通货膨胀的变化而自动调整。由于通货膨胀,即使实际工资不变,纳税人也会由于名义工资的增加进入到税率较高的等级,这种被称为税级蔓延的现象导致实际收入的减少,税收负担的增加。1980年以来,中国工薪所得税的标准扣除在历次的个人所得税法调整中都没有变化,固定在800元。这使得

---

① 根据《中国税务年鉴》(1994—2003),作者计算。

伴随着通货膨胀和货币工资的增加,越来越多的工薪收入者进入纳税者的行列。

从表2我们可以看到,居民消费价格指数从80年代到现在已经增长了三倍,隐含的平均通货膨胀率达到了6.9%。城市居民消费价格指数从80年代到现在,增长的幅度大于居民消费价格指数的幅度,隐含的平均通货膨胀率为7.3%,城市生活价格增长高于农村生活价格指数的增长。如果按照城市居民消费价格指数增长来调整,1980年的800元,在2002年的时候已经是3 471.1元。按照《中国统计年鉴》(2003)中的资料,中国2002年的全国平均年货币工资是12 422元,平均每月1 035元,远小于按照通货膨胀调整的标准扣除。由于前面说过,在80年代规定的个人所得税法主要适用于在华工作的外国人的工资所得标准扣除,而当时的全国平均工资是1985年全国年平均货币工资是1 148元,平均每月95.7元,远没有达到超出标准扣除的范围。1994年中国个人所得税法进行了调整,统一公布了个人所得税法。表2的最后两列按照1993年的800人民币为基准,分别按照城市居民消费价格指数和居民消费价格指数计算得到的通货膨胀调整后的标准扣除。按照居民消费价格指数计算的标准扣除达到1 269.1元,按照城市居民消费价格调整后的标准扣除相近,为1 291.1元。在实际个人所得税的征收中,各地通过各种形式的补贴,提高了实际扣除。许多大城市,如北京、上海、广州等地都调整了个人所得税中工资所得的标准扣除,北京市1999年调整为1 000元,2002年也调整为1 200元。然而,在许多地方,仍然按照800元的标准计税。

表2 经通货膨胀调整的标准扣除

年份	居民消费价格指数	城市居民消费价格指数	城市居民消费价格标准扣除调整(元)	城市居民消费价格标准扣除调整(元)	居民价格指数标准扣除调整(元)
1978		100			
1980		109.5	800		
1985	100	134.2	980.5		
1993	208.4	294.2	2 149.4	800	800
1994	256.8	367.8	2 687.1	1 411.9	985.8
1995	302.8	429.6	3 138.6	1 168.2	1 162.4
1996	327.9	467.4	3 414.8	1 271.0	1 258.7
1997	337.1	481.9	3 520.7	1 310.4	1 294.0
1998	334.4	479	3 499.5	1 302.5	1 283.7
1999	329.7	472.8	3 454.2	1 285.7	1 265.6
2000	331	476.6	3 482.0	1 296.0	1 270.6
2001	333.3	479.9	3 506.1	1 305.0	1 279.5
2002	330.6	475.1	3 471.1	1 291.9	1 269.1

资料来源:价格指数来源于《中国统计年鉴》(2003)。标准扣除的调整由作者计算所的。第4列和第5列按照城市居民消费价格指数计算;第6列按照居民消费价格调整。

二、工薪收入分布情况

本文数据来自 2002 年广东省对城镇住户的调查,共有家庭 1 251 户。城镇住户样本是采用分层等距抽样方法得到数据。由于工作调动、退休、新参加工作、失业或者伤病等可能的原因,有些家庭中的个人年工薪收入纪录不全,这部分数据我们没有采用。我们把所有家庭中具有一年工薪收入的人作为分析的对象,这样最后有效的个人是 2 115 人。

表 3 中提供了全部人员工薪分布的有关数字特征。我们看到,平均工薪收入是 188 863.4 元,而收入的中位数是 15 145 元,中位数小于均值。这和收入分布的右偏是一致的,收入的变异系数是 0.8。年工薪收入分布是右偏的,偏度为 1.6。我们从图 2 可以看到收入的直方图和对数正态估计。在后面我们检验了收入分布的分布函数,发现对数正态分布不能拟和收入分布的形状,和对数正态分布相比,我们可以看到在分布的右端,工资分布的形状递减的速度比对数正态分布快。这可能和城市住户调查中高收入比例没有代表性有关,但是后面的检验和其他人的结果显示,城市住户调查中工资收入分布和实际的工资收入分布是一致的。另外,本文研究的是工资薪金的分布,高收入的收入中更高的比例可能来自经营收入和资本收入,因此不影响本文的结果。

表 3 年工薪收入分布特征

分布特征	全体	性别	
		男	女
样本数	2 115	1 116	999
均值	18 863.4	20 796.6	16 703.8
中位数	15 145.0	17 379.3	12 997.9
众数	4 800.0	12 000.0	4 800.0
标准差	14 669.8	15 150.7	13 804.0
偏度	1.6	1.7	1.6
峰度	3.9	4.3	3.1
变异系数	0.8	0.7	1.1
极差	108 119.7	108 062.0	85 246.0
四分位极差	16 786.8	17 162.0	15 551.0

我们对工资分布的估计的右偏,和其他关于工资收入分布经验分析对于分布的研究结果一致。Pareto 最早发现了工资收入分布的这种右偏性,并提出了解释收入的帕累托分布。对于工薪收入分布的解释,文献中有四种类型的理论:随机模型,分类模型,人力资本模型和激励理论模型。如果人们的能力禀赋决定了收入,当收入是一系列的小因素的乘积来决定时,类似中心极限定理,最终收入的分布就

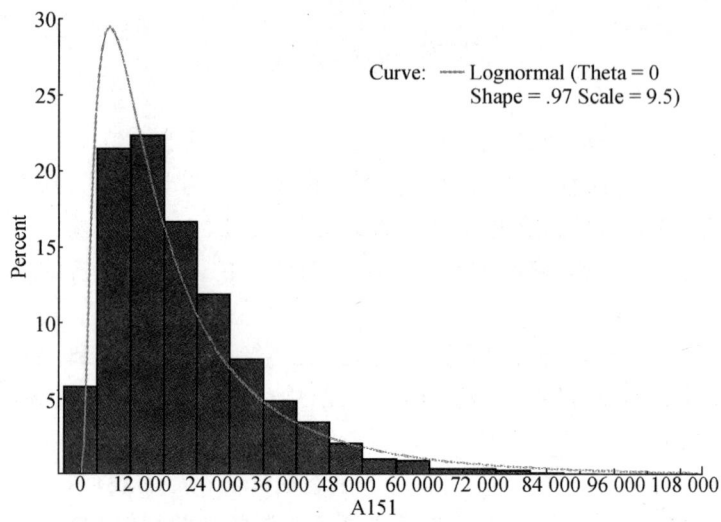

图 2　年工薪收入的分布密度函数

注：图中直方图是年工薪收入的柱状图，曲线是估计的对数正态分布曲线，位置参数为 9.5，形状参数为 0.97。我们可以看到，在柱状图的右尾，工资薪金收入分布递减的数度要快。

是右偏分布。随机模型讨论了不同的收入随机决定过程。在分类模型中，每个人都选择最佳的利用自己禀赋能力的工作，因而工资分布的左端不会无限的递延。人力资本模型认为不同的技能需要不同的投资，工资的差额是弥补不同工作技能投资的必要条件。在前三种模型中，收入分布由每个人的能力禀赋的使用而产生的不同。激励理论模型认为工资收入右端收入分布差异是企业为激励员工付出相当努力的手段。关于这四种理论的内容和评价，可以见 Neal 和 Rosen(2000) 的综述。

由于中国的工薪所得税采用按照月征收，因此，我们使用每个人的月平均工薪所得作为所得的数据。我们在下面估计了月平均工资所得的分布特征和近似分布。表 4 中我们可以看到，月工薪收入的平均数是 1 571.95 元，中位数的收入是 1 262.08 元，小于表 2 中根据通货膨胀调整后的标准扣除。中位数小于均值，偏度和峰度都是正数。我们看到，如果标准扣除根据通货膨胀调整，将有一半的人没有个人所得税。

表 4　月平均工薪分布特征

分布特征	
样本数	2 115
均值	1 571.95
中位数	1 262.08
众数	400.00
偏度	1.64
峰度	3.86
标准差	1 222.48
变异系数	0.78

表 5 是对工薪所得分布的检验的结果。我们看到,对于对数正态分布,通常使用的检验拟和分布的四种检验方法:Kolmogorov-Smirnov 方法,Cramer-von mise 方法,Anderson-Darling 方法和 Chi-Square 方法都不能通过,从图 3a 我们也可以看到对数正态分布右端比实际分布下降速度慢。对于封建强(2000)提出的伽马分布拟和,我们也进行了检验,发现 Chi-Square 方法通过,而且从图 3b 中我们看到,伽马分布对工薪所得分布的右端能很好的拟和。伽马分布的参数是 $\lambda = 0.001026$,$\alpha = 1.61$。封建强估计了年工薪收入,使用的是模拟的方法,因此我们的参数和他的估计有所不同。

表 5　月平均工资收入分布检验

Lognormal 检验	统计量	值	自由度	P-value
Kolmogorov-Smirnov	D	0.073035		$Pr > D < 0.010$
Cramer-von mise	W-Sq	4.265789		$Pr > W$-Sq < 0.005
Anderson-Darling	A-Sq	27.97705		$Pr > A$-Sq < 0.005
Chi-Square	Chi-Sq	129.9795	16	$Pr >$ Chi-Sq < 0.001
Gama 检验	统计量	值	自由度	P-value
Kolmogorov-Smirnov	D	0.027196		$Pr > D$　0.001
Cramer-von mise	W-Sq	0.231332		$Pr > W$-Sq　0.003
Anderson-Darling	A-Sq	1.931916		$Pr > A$-Sq < 0.001
Chi-Square	Chi-Sq	12.81881	16	$Pr >$ Chi-Sq　0.686

三、工薪所得税的有效税率

中国的个人所得税是对个人收入分类征收的,包括工薪所得,个体工商户生产经营所得,对企事业单位承包经营、承租经营所得,劳务报酬所得,稿酬所得,特许权转让所得,股息利息红利所得,财产租赁所得,财产转让所得,偶然所得和国务院规定的其他所得共 11 类,并且不同来源的收入适用不同的税率,这使得所得税是

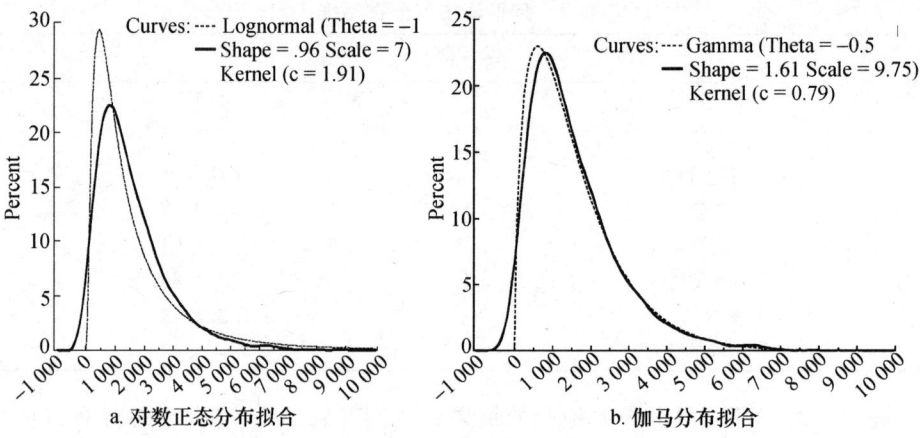

图 3 平均月工薪收入的分布密度函数估计

注：虚点线是用非参数方法估计的密度函数，密点虚线是估计的拟和分布密度。

不同收入的税收的加总。所得分类纳税，使得收入相同的人承担不同的税收，很容易产生避税。我们使用的数据中，住户调查中有个人所得税的项目。但是从个人的所得税记录根据收入来源推算工薪部分缴纳的个人所得税，会受到实际征收和适用税率的限制，结果的误差可能会很大。另外，也有大量个人的所得税记录内容为0，虽然有收入，这部分缺失数据的问题也使得我们无法用实际缴纳的工薪所得税分析有效税率。

工薪税税基的确认过程中有800元的法定标准扣除。然而，在实际执行中，不同地方分别规定了不同的扣除标准，如广州、深圳和珠海的个税起征点分别是1 260元、1 600元和1 400元。尽管由于纳税人的遵从和税收监管的问题，所得税的实际负担和按照法定税率计算的税收并不一定相等，实际的税收负担才是税收的实际效果的评价。但由于一方面因为我们这里分析的是法定税率由于工资收入变化对一般工薪的影响。另一方面，代扣代缴的工薪税制度使工薪税的实际缴纳数和法定的负担应该是比较接近的。Piketty和Qian(2004)使用全中国的城市住户调查数据估计，发现按照法定税率计算的个人所得税税收总额和实际征收的个人所得税总额很接近。因此，为了便于计算，下面的分析所使用的税收数据，是根据税法规定的标准扣除800元和法定税率计算得到的。

在研究税收负担文献中，有效税率是评价税收累进和累退的指标。有效税率定义为税额和课税基础的比例。这里，工薪所得税的有效税率被定义为个人工薪税和工薪所得的比例。如果有效税率随着收入的增加而增加，那么所得税就是累进的。所得税的作用是增加政府收入和调节收入分配。在综合征收的所得税下，所得税计算的步骤是按照规定计算全部的所得，去掉税法规定的免税所得得到调整后的毛所得，接着从毛所得中减掉必要的扣除（标准扣除或者其他扣除），然后根据相应的税率计算得到税款，从中再减去抵扣就得到应纳税款。这样，为了达到调节收入的功能,可以使用免税、标准扣除、税率级次设置和抵扣等手段来调节。但是目前中国的个人所得税采用分类所得征收,按照不同收入来源设定不同的税率和调整。美国的税收是典型的综合所得,关于美国个人所得税的分析可见佩奇曼(1992)。工薪所得税只有法定800元的费用扣除和九级超额累进税率。800元的费用扣除是在1980年确定,当时大多数人的月工资收入低于800元。但是,随着收入增加,大部分的月工资收入高过800元。

工薪所得税的财政收入功能是通过对普通收入阶层征收的工薪征税实现的。我们的数据中的工资按照税收级距的分类见表6。我们看到,月工资低于800元收入的个人只占到全部人数的29.2%,而月工薪收入高于5 800的人数不足2%,大部分的月工薪收入在800元到5 800元之间,是工薪所得税负担主力。适用工薪所得税九级税率中第二级(10%)的人数比例最多,达到了35%,负担了工薪所得税的37.4%。适用工薪所得税九级税率中第二级(10%)和第三级(15%)的是收入在1 300元到5 800元之间的人群,他们占总人数的47.4%,而负担的工薪税收却占到了84.9%,因此是工薪所得税的主要承担者。和许多评论者的预期一致,目前的工薪所得税主要由普通收入阶层承担。

表6 不同税率级距的人数和纳税比例

税率级距	小于800元	800—1 300元	1 300—2 800元	2 800—5 800元	大于5 800元
人数百分比(%)	29.2	22.1	35.0	12.4	1.2
纳税百分比(%)	0.0	3.2	37.4	47.5	11.8

从表4我们看到,工薪收入的中位数只达到了超额累进所得税的第一级,收入均值仅达到了第二级。利用工资收入分布数据结合法定税率,我们可以计算在给定工薪收入分布下法定工薪所得税的有效税率和边际税率。

我们先定义一些符号:工资收入的分布在 $[\underline{y},\bar{y}]$,具有密度函数 $f(y)$,我们记收入为 y 的个人的工薪所得有效税率函数为 $t(y)$。这样收入为 y 的个人缴纳的税收为 $T_y = t(y) \cdot y$,$t(y)$ 也是收入为 y 的个人的平均税率。当 $t(y)$ 是 y 的增函数时,工薪所得税就是累进的。这样我们有两种方式计算全部工薪收入的有效税率:一种方法是用个人的收入作为权数计算的加权平均税率,一种是每个人的税率的简单算术平均。对于工薪的边际税率,我们同样可以计算两种方式的税率。

计算的结果在表7中,我们也利用广东省实际征收的工资薪金税和工资总额计算了实际征收的平均税率。我们可以看到,工薪所得税在法定税率下的有效税率,按照收入加权平均计算的有效税率是5.14707%,而简单算术平均计算得到的税率是2.881%,这两者的差异是收入分布的差异和税率累进的结果。下面的命题证明,如果工薪税是累进的,那么收入加权计算的有效税率高于简单平均得到的税率。作为对比,我们利用统计年鉴中记载的广东省2002年实际征收的工薪所得税和全部工薪收入的比值,计算了收入加权的实际有效税率,发现和我们的样本计算的结果很接近。

表7 工薪税有效税率和边际税率

税率	住户调查数据		年鉴数据
	加权	简单	加权
平均	5.14707%	2.881%	5.5358%
边际	10.38232%	6.695%	

注:工薪所得税来自《中国税务年鉴》(2003),工资数据来自《中国统计年鉴》(2003),作者计算。

命题:如果工薪所得税是累进时,那么加权计算的全体有效税率高于算术平均计算的有效税率。给定其他条件不变,二者的差异和收入的变异系数成比例。

证明:给定收入的分布密度函数 $f(y)$,我们可以计算:

工资收入加权的整体有效税率 $T_1 = \int_{\underline{y}}^{\bar{y}} \frac{y}{\mu_y} t(y) f(y) \mathrm{d}y = \frac{E[yt(y)]}{\mu_y}$。

这里,$\mu_y = \int_{\underline{y}}^{\bar{y}} y f(y) \mathrm{d}y$ 是全部的收入,上面的期望符号是对收入分布计算的。

算术平均计算的整体有效税率 $T_2 = \int_{\underline{y}}^{\bar{y}} t(y) f(y) \mathrm{d}y = E[t(y)]$。

于是,我们就有:

$$T_1 - T_2 = \frac{E[yt(y)]}{\mu_y} - E[t(y)] = \int_{\underline{y}}^{\bar{y}} \frac{(y - \mu_y)}{\mu_y} t(y) f(y) \mathrm{d}y$$

$$= \frac{\mathrm{cov}(y, t(y))}{\mu_y} = \rho_{yt(y)} \frac{\sigma_y}{\mu_y} \sigma_{t(y)}$$

其中,$\rho_{yt(y)}$ 是工薪所得和有效税率的相关系数,$\sigma_{t(y)}$ 是有效税率的标准差,$\frac{\sigma_y}{\mu_y}$ 是收入分布的变异系数。

当工薪所得有效税率累进时,是收入的增函数,则二者的协方差为正,因而 $T_1 - T_2 > 0$。如果有效税率不随收入变化,例如比例税率的时候,两种方法计算的全体有效税率相等。

有二者的差额的分解可以看到,给定其他条件,当收入分布的变异性增大时,二者的差距也增大,差额和收入分布变异系数成比例。

证毕

对于边际税率,我们定义为个人缴纳的税收 T_y 对 y 的导数。同样,我们也可以计算收入加权和简单平均两种情形下的全体收入分布的工薪所得税的边际税率。表7的结果显示加权的边际税率为10.38232%,高于简单平均计算的边际税率6.695%。这是我们使用法定九级超额累进税率计算的结果。由于《中国统计年鉴》中只有总额和平均值,我们无法计算相应的实际征收的边际税率。

全部工薪所得税的有效税率对应在九级超额累进税的第一个级次的适用税率5%,边际税率对应第二个级次的税率10%,从税收负担角度,反映了工薪所得税主要是普通收入阶层负担的事实。

四、总　　结

由于工薪收入水平的逐年提高和工薪所得税的标准扣除没有根据通货膨胀进行调整,工薪所得税逐渐由只对少数高收入人群征收的税收变成了一个大众性的税收。本文分析了工薪收入的分布特征,发现工薪的分布是右偏的,收入的均值大于中位数的收入,工薪分布函数的右尾较长,大部分的收入集中在均值附近,但是也存在极端的收入。有29.22%的人月工资小于800元,大于5 800元的人只有百分之一多一点。计算得到整个工薪所得税的有效税率是5.15%,边际税率是10.4%,大部分的工薪所得税纳税人适用的所得税率集中在第一、二等级,工薪所得税的超额累进设计没有起到税收调节的作用,变成了中等工薪阶层税,税收负担落在了中等工薪收入人群的身上。

在关于所得税改革的各种讨论中,两种解决工薪所得税调节收入功能失调的思路可以供政府参考。一种是提高费用扣除的标准,有些地方已经在实际征收中采用1 200元的费用扣除,超过标准扣除部分的收入才开始适用累进税率,这种建议正好和按照通货膨胀调整标准扣除一致;另一思路是减少税率级次和拉开级次间的边际税率。虽然收入分布右偏,但是九级累进税率规定的最高达45%的边际税率很少发挥作用,税收收入集中在税率第一、二级次的收入,这部分是普通收入。解决这一问题的办法是减少税率的级次,降低普通收入阶层适用的第一级次的边际税率,拉开级次间的边际税率。这样,既保证了税收收入,同时也有利于实现工薪所得税对累进的追求。

本文没有涉及的一个地方是农村的数据。根据2003年《广东统计年鉴》,广东省农村居民家庭平均每人年内工资性收入为1 714.11元,远小于每月800元标准扣除累计的收入,因而对本文的结论影响不大。如果有进一步的数据,可以研究考虑农村人口后工薪所得税的实际负担情况。

参 考 文 献

[1] 封建强,2000:《中国职工工资分布函数的模拟和估计》,《预测》2000年第5期。
[2] 王剑峰,2003:《个人所得税超额累进结构有效性的一个验证》,《当代财经》2004年第3期。
[3] 约瑟夫 A·佩契曼著,李冀凯、蒋黔贵译,1994:《美国税收政策》,北京出版社。
[4] D. Neal and S. Rosen, 2000, Theories of the distribution of earnings in *Handbook of income distribution* (ed.) by Anthony Atkinson and Francois Bourguignon, New York: Elvesier.

[5] Thomas Piketty, Nancy Qian, 2004, Income inequality and progressive income taxation in China and Indian, 1986—2010, memo.

An Enquiry of the Average and Marginal Payroll Tax Rates of China

LIU Yi　NIE Haifeng

Abstract: The tax on wage and salary is the most important part of individual income tax in China. We use the city household survey data of Guangdong Province to study the payroll tax rates. We find that without the tax bracket indexation, the progressive payroll tax does not work. Hardly, no one is taxed by the rate of 20% or above. The income brackets of 800—2 800 yuan bear the most tax burden. The estimated average and marginal tax rate are 2.9%—5.1% and 6.7%—10.4%. People in the second and third income brackets of 1300 yuan to 5800 yuan are the main taxpayer of payroll tax, who are 47.4% of whole wage earner but pay the 84.9% of the tax. If the stand exemption had been adjusted according to the inflation rate, half of the wage earners would not pay any payroll tax.

Key words: payroll tax; income distribution; average tax rate; marginal tax rate

间接税负担对收入分配的影响分析*

刘 怡 聂海峰

摘要：本文利用城市住户调查资料考察了中国增值税、消费税和营业税这三项主要的间接税在不同的收入群体的负担情况，我们的研究表明，低收入家庭收入中负担增值税和消费税比例大于高收入家庭，但高收入家庭收入中负担的营业税比例大于低收入家庭。整个间接税是接近成比例负担的。间接税恶化了收入分配，但并不显著。

关键词：税收负担；基尼系数；Suit 指数

随着中国经济的发展，"一部分人先富起来"的政策的贯彻执行，人均收入随着经济增长率持续上升的同时，收入分配的问题也日渐引起了社会各界越来越多的关注。本文重点考察增值税、消费税和营业税这三种主要的间接税对收入分配的影响。

本文使用城市住户调查资料考察了中国现阶段间接税对于收入分配不平等的影响，考察了税前和税后收入分配的基尼系数等收入分配度量系数的变化，分析了中国目前间接税的收入分配效果和不同收入阶层税收负担的实际情况。我们的研究发现，和通常的看法一致，消费税和增值税具有累退的倾向，以 Suit 指数来衡量，消费税比增值税的累退倾向更加明显。但是营业税的 Suit 指数却显示了累进的倾向，整个间接税体系接近于在不同收入之间按比例负担，具有一定的累退性。间接税的存在对收入分配的影响不是特别的显著。

本文的结构如下：第一部分是对税收研究研究的综述，第二部分是对中国目前税收结构的介绍，第三部分说明本文的方法和数据，第四部分是研究的结果及其解释，最后是总结。

一、税收归宿研究综述

税收是政府收入的重要来源，税收对经济效率和收入分配都有着重要的作用。

---

* 原载于《经济学院》2004 年第 5 期。作者感谢教育部人文社科基金的资助（项目批准号：01JA790089），感谢广东省在数据方面给予的支持，感谢财政部税政司流转税处王晓华处长、国家税务总局流转税司增值税处刘浩处长对我们确定税率给予的帮助。

分析税收对于收入分配的影响,考察政府税收在不同群体之间的分布,度量经济中的不同参与者的经济福利受税收影响的程度,可以归结为税收归宿的研究。一般来看,税收归宿的研究,可以看做是不同经济均衡的比较。当政府的税收政策变化时,经济的均衡价格和数量也会发生变化,当达到新的均衡后,经济中的所有参与者的福利也会发生变化。同样,税收归宿的研究,也可以看做是政府政策变动对经济影响研究的一部分,不同的税收政策下,不同的经济参与者的福利和对公共预算的贡献也会随之发生改变。

税收负担研究的基本考虑就是政府的税收并不总是由负责向政府缴纳税款的人承担的。以消费税为例,当对消费品征税时,税收会改变消费品的价格。政府征税后,消费者和生产商面对的是不同的价格,消费者会改变他的消费需求。当对公司的投入征收增值税时,企业可以通过提高产品价格的方式,将税收负担转移给企业产品的需求方。在一个局部均衡的框架里,我们仅考虑相关产品价格的变化的影响,结果就是税收负担在生产者和消费者之间分配,分配的比例和产品的供给弹性和需求弹性有关,弹性较小的一方会承担更多的税收。

关于税收归宿的讨论已有悠久的历史,早在李嘉图就考察了对资本报酬利润征税的税收负担,但李嘉图和亚当·斯密一样缺乏一个明确的需求理论,他们的分析主要关注供给方面。随着边际分析的兴起,出现了一个完整的局部均衡分析框架。1962 年,Harberger(1962)考察了公司所得税的税收负担,他第一次将一般均衡的分析框架引入了税收归宿的研究中。Harberger 的模型中有两种要素,要素的总量是固定的,可以在不同的行业中自由流动。要素用来生产两种产品,生产技术是规模报酬不变的,产品市场是完全竞争的。公司所得税被模型成为对其中一种产品的要素所征收的税收。所有消费者的偏好是一次齐次的,因而产品总需求不依赖收入分配的影响,产品的价格决定了总需求。政府把税收完全返还给消费者,或者政府按照消费者同样的方式来分配税收。他的研究发现,消费者的需求替代弹性、各类产品的要素替代弹性和产品的资本密集程度影响税收负担的分配。随着这些结构参数的不同,公司所得税可以是部分由资本所有者负担、全部由资本所有者负担和资本所有者超额负担。Harberger 对美国当时的参数的估计发现,公司所得税全部由资本所有者承担(郝连峰,2000)。

税收负担理论研究的进展,就是对 Harberger 模型的扩展。Harberger 模型是静态封闭经济的完全竞争模型,市场完全竞争,要素供给固定,要素完全自由流动。税收归宿的分析在两方面扩展,一方面仍然在静态的框架中,考虑存在其他税收和公共品,产品多于两部门,更多的要素种类,要素的非完全流动性,和消费者的偏好不完全一致。另一方面的扩展是放弃完全竞争假设和引入跨时动态税收负担的考虑。Kotlikoff 和 Summers(1987),Fullerton 等(2002)的文章是关于税收负担 40 年来理论研究的重要的文献综述。

税收负担的经验研究可以归结为两大类,一类是使用可计算一般均衡分析,规定具体的需求函数,生产函数,通过均衡条件利用计算方法得出均衡的价格和产量。Harberger 的文章可以看作是最早的一般均衡分析,Shoven 和 Walley(1984)利用一般均衡研究的进展,提出了可计算一般均衡的方法,可以考虑多个部门和多种税收的研究。Fullerton 和 Rogers(1991)将可计算一般均衡扩展到了考虑多时期消费的税收负担。

关于中国税收负担的可计算一般均衡模型考察,王韬和周建军等(1999,2000a,2000b,2000c)做了一些工作,介绍了可计算一般均衡模型的发展并开发中国的研究,研究了收入以所得税为主的体系和以消费税为主的体系之间的比较。但是这些研究缺乏关于中国不同收入群体受税收影响的具体分析和考察,没有讨论税收对收入分配的影响。

第二类经验文献是由 Pechman(1974,1987)开创的研究实际税收如何在不同特征的人群中分布。这类研究给定合理的假设,结合来自许多方面的数据,如关于纳税人的收入、财产、消费和捐赠,以及政府征收的税收,把这些数据通过一些标准的办法结合起来,考察税收在不同的人群之间的分布,税收对于收入分配的影响,以及税收的其他影响。在理想的情况下,如果可以得到不同消费者的多年的收入和消费的数据,这样在收入数据方面,可以确定收入的不同来源,不同收入来源的纳税情况,考察收入随时间而变动的情形以及捐赠和遗产的情况。具有完全的消费数据时,可以确定消费者对于不同税收的商品有关的具体支出,根据税收转嫁理论,可以计算出支出中包含的税收。在这类经验研究中,收入、税收和确定税收转嫁的方法是关键。

在对发展中国家的税收负担的研究中,由于没有很好的政府实际征收数据,常常是以法定的税率来计算出消费者的税收负担。Younger 等(1999)使用这种方法利用消费者支出调查数据研究了马达加斯加的间接税对收入分配的影响。他的研究发现,间接税随收入变化的情况也不总是累退的。Metcalf(1999)分析如何使用环境税来替代美国当前的所得税的研究中,考察了环境税和个人所得税的差异归宿分析。和一般的结论认为环境税是累退的、低收入的家庭收入中支付环境税的比例高于高收入的家庭不同,他发现可以设计环境税的征收和个人所得税的减免组合,使得开征环境税后,整个税收体系仍然是累退的。

收入分配是政府政策的重要目的,但是关于中国现阶段的税收对于收入分配的研究还很少。财政部科研所(2003)和中国税务学会(2003)发表的研究报告,讨论了中国当前的收入分配实际和税制的一些特点对收入分配的影响。这两个研究报告主要是对中国目前所得税的执行和设计的一些分析和讨论。

二、中国的间接税制度

现实世界中的税制是由多个税种构成的复合税制。按照通常的归类,税收可以粗略地划分为间接税和直接税。直接税是对所得和收入的征税,如个人所得税和企业所得税。间接税是对市场的交易行为征税,对购买商品和劳务征收税收。不同税种以不同的方式在经济活动中流转,从而影响着人们的福利。

任何税收都是可支配收入从个人向政府的转移。中国目前的税收体系以间接税为主体,所得税的比例虽然逐年提高,但仍然没有成为主要来源。因而对间接税的评价和分析是考察税收制度对中国收入分配影响的重要方面,可以大致反映整个税收体系对税后实际可支配收入的影响。

1. 中国目前的税制结构

中国的现行税制包括流转税、所得税和资源税,以及特种目的税等类别。以增值税、消费税和营业税为主要收入来源的流转税制度在整个税制中占有特别重要的地位。

增值税是对生产中的增加值征收的税收,增值税的便利是在生产的不同阶段征收,如果征收的链条一直延续到最终的消费阶段,增值税的效果和只在最终部分按相同的税率征收的销售税是等价的。这时消费者承担的税收就和他的消费数量成比例。增值税和一般的流转税相比,是对增值额而不是对整个流转额的征税,减少了对生产造成的扭曲。同时,通过发票退税的方法,增值税可以有效地防止漏税,保证政府税收收入。

消费税主要对特殊的消费品和高档的消费品征收,包括烟、酒和酒精、化妆品、护肤护发品、贵重首饰和珠宝玉石、鞭炮、汽油和汽车类。

而营业税主要与劳务的销售有关,如文化娱乐、交通运输、生活服务等方面。

按照中国的税法,增值税、消费税和营业税的法定纳税人是出售相关的商品和服务的一方,但是因征税而实际减少收入的却可能包括商品的消费者而不仅仅是出售者,也就是说税收的法定归宿不同于经济归宿。

从表1我们可以看到2002年中国全部税收的构成,增值税、消费税和营业税这三项总和就达到全部税收的57%强,是中国目前主要的税收。而个人所得税的比例只有7.12%,是间接税的八分之一左右,中国目前的税制是以间接税为主。

表1 中国2002年税收收入分项构成

序号	项目	收入(亿元)	总税收中比例
1	国内增值税	6 275.4	36.91%
2	国内消费税	1 046.56	6.15%
3	营业税	2 467.63	14.51%
4	企业所得税	2 588.68	15.22%
5	个人所得税	1 211.07	7.12%
6	其他税收	1 522.54	8.95%
7	海关代征进口税收	1 891.7	11.13%

数据来源:《中国税务年鉴》(2002),中国税务出版社。

2. 广东省 2002 年税收概览

表 2 是广东省 2002 年税收分项目构成情况，和全国的税收收入结构类似，从中我们可以看到增值税的比重最大，仅此一项就超过了半数。消费税的比重只有 3.62%，和全国的比例近似，而营业税的比重是 15.08%。

表 2 广东省 2002 年税收分项目构成

序号	项目	收入（亿元）	总税收中比例
1	增值税	9 825 886	53.03%
2	消费税	671 640	3.62%
3	营业税	2 794 540	15.08%
4	企业所得税	2 846 532	15.36%
5	个人所得税	1 422 600	7.68%
6	其他税收	968 998	5.23%
7	税收合计	18 530 196	100.00%

数据来源：《中国税务年鉴》（2002），中国税务出版社。

图 1 显示了各项税收的对比情况。这里，企业所得税包括内资企业所得税以及外商投资企业和外国企业所得税。其他税收包括资源税、投资方向调节税、城市维护建设税、房产税、印花税、城镇土地使用税、土地增值税、车船使用税和屠宰筵席税，这部分税收的比例较小。在广东省的税收构成中，没有关税这个项目。企业所得税和个人所得税合计占整个税收收入总额的 23.04%。间接税合计接近税收收入总额的四分之三。

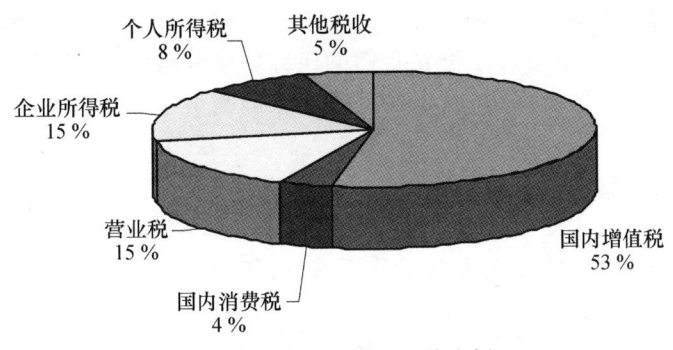

图 1 广东省税收分税种比例

三、本文的数据和方法

利用住户调查资料，可以得到消费者的消费支出数据，从而可以通过人们对所纳税额的估算来考察消费税、增值税和营业税在各收入群体的分配状况。按照经济学的一般直觉，间接税是和产品服务消费相关的税收，增值税、消费税、营业税都是累退的,低收入群体中的平均负担的税收高于高收入群体的平均负担。我们使用广东的数据来验证这一传统看法在当前的税收体系中是否成立。

在考察广东省2002年城市居民的间接税税收负担之前,需要说明我们研究的范围。以一个典型的广东人为例,取得收入要缴所得税,储蓄所得利息要缴纳利息税,消费商品、接受劳务,会遇到增值税、消费税和营业税,我们这里只考察三种间接税:增值税、消费税和营业税。消费者在消费中可能涉及的关税和其他税收,不是本文考察的内容。

我们的数据是2002年广东省城镇住户的住户调查结果。共有1 356户一年的消费和支出数据,其中116户的数据不足一年,因此有效数据为1 240户。

通过广东2002年的住户调查,我们得到住户的收入和消费数据。按照经验文献的标准假设,我们假设消费税是消费者承担的,便可以得到各个住户的税收负担。我们可以通过以下五个方面的问题来考察税收对于收入分配的影响:考察什么税收,收入如何确定,税收如何确定,税收如何转移,如何考察税收负担。为了更加清晰起见,我们按照下面五个问题来说明我们研究的方法。

1. 考察什么税收

我们选择增值税、消费税和营业税作为讨论的对象,一方面因为这三种税占广东税收收入接近四分之三;另一方面中国当前也是以这三种税为主体,个人所得税的比例比较小,可以和全国范围的研究进行类比,考察间接税对收入分配的影响。

2. 收入如何确定

经济学中著名的Haig-Simons收入定义为保持家庭财富不变的情况下,可以使用的最大消费数量。收入可以通过个人收入加以定义,也可以以家庭为单位加以确定。以个人为收入单位的分析在我们的研究中受到限制:一方面是未婚家庭和已婚家庭的不同,已婚家庭中,孩子的消费在家庭消费中占有着重要比重,但是孩子的收入都是父母转移的。家庭内部的收入转移和决策没有合理的理论和数据支持;另一方面是数据的限制,我们只有以家庭为单位的支出数据而没有个人的数据,收入的数据也无法使得家庭内部个人收入和个人财产分开。出于这两方面的考虑,我们的研究以家庭收入为基本分析单位,使用城市住户调查的收入数据,以每户城镇居民的年收入为分类单位。

家庭的收入包括了有记录的全部收入,这个收入以实现为基础来记录。另一方面由企业提供的住房公积金和社会保障支出,所有企业的未分配利润和所持财产的未实现资本收益也理应是家庭收入的一部分,但是数据限制了我们分析。家庭收入的计算影响我们在计算有效税率的时候的分母的数值,使得我们计算的有效税率负担会比实际收入的有效税率偏高。然而,当未计算的收入和有记录的收入的比例在不同的人群之间一致时,我们的计算结果在不同的收入阶层内部的比例是和真实的计算一致的。根据我们计算税收的方法,如果不同收入阶层的消费倾向都相同,那么我们最后计算有效税率不受未记入收入的影响。

以家庭收入为分析单位,无法考察家庭规模对于纳税的影响。由于中国在20年前开始实行计划生育政策,现在的一般的家庭规模都是只有一个孩子。中国对于儿童的消费和支出并没有税收上的特别优惠和对待,家庭规模的差异主要来自是否结婚。这个需要进一步的研究和分析,本文的研究对此没有加以进一步的区分。

我们以家庭的年收入为分类变量,将家庭分为不同的收入类别。在对家庭进行分类时,把收入由低到高分成五个类别,考察不同收入的人群受税收的影响。为了比较,我们按照收入等分成五个群体,这样不同的群体都有相同的人数,可以考察税收在不同收入人群的归宿情况。

3. 税收如何确定

本文是按照法定税率乘以税基得到税收,税基以消费者的应税消费计算得到。利用消费数据来计算税收时,如何计算消费者对税收变化的反应是一个必须解决的问题,这里和通常的文献做法一样,我们考虑了第一阶的近似,假设消费者行为不受税收变化的影响。这是研究的可处理性和全面性的一个折中的办法。这种研究方法在研究税收变化的归宿分析和税收负担的差异性分析中是常用的假设。

我们使用法定税率计算消费者承担的税收来考察税收对家庭收入分配的影响,主要分析了三种与消费有关的税收占不同收入家庭中可支配收入的比例。这种确定税收负担的方法,忽略了间接税的逃税和避税的情况。中国的间接税实行的是价内税,消费者支付的价格中包含了所征收的各种税收,已经是消费者的实际支出负担。使用法定税率,可以确切评价当前税收对收入分配的影响。表3是消费者支出分类项目和相应的税率。

表3 消费分类支出和税率的确定①

支出分类	增值税税率	消费税税率	营业税税率
食物	17%		
酒精	17%	25%	
烟草	17%	45%	
燃料和水电	17%		
交通运输			3%
通信			3%
衣物	17%		
教育			3%
文化娱乐			20%
医疗			3%

---

① 增值税税率中13%税率是对部分项目中的产品征收,统一为17%。营业税是比例税率,按照法定的税率表得到。消费税中,烟和酒的都是比例税率和定额税率的结合,表中的税率是最高的比例税率。

（续表）

支出分类	增值税税率	消费税税率	营业税税率
非耐用家具	17%		
耐用家具	17%		
房租	17%		
房屋维护	17%		3%
化妆品	17%	30%	
贵重首饰和珠宝玉石	17%	10%	
其他杂项	17%		5%
服务性消支出			5%

4. 税收如何转嫁

间接税的征收有两种一般均衡效果，一种是投入在不同行业间使用，由于间接税不仅对最终消费征收，也对企业间的购买和消费征税，这部分税收就会作为成本进入企业的产品价格中，影响产品消费者的负担，税收在不同的产业中流转。另一种情形是纳税产品的替代品和互补品价格的影响效果。对一个行业产品的征收关税，会提高这个国内替代产品的价格，相应的提高的价格不仅仅是国家的税收收入，有部分成为生产厂商的利润。确定具体的单项税收的归宿，就需要考虑全部市场的价格体系和结构。

我们的分析假设消费者承担了全部间接税。在税收归宿研究的经验文献中，一般的标准假设是与工资劳务有关的个人所得税由所得税纳税人承担，销售税和消费税由消费者承担，企业所得税由企业的资本所有者承担。

根据税收等价性，增值税、消费税和营业税可以被看作是对消费征收的销售税。在局部均衡的模型中，销售税由消费者和厂商根据彼此的弹性分担税收，当消费需求完全没有弹性或者供给的弹性无穷大的时候，销售税全部由消费者承担。

由于缺乏其他具体的研究，为了与经验文献保持一致，本文的研究假设间接税全部由消费者承担，是考虑税收负担的一个近似，也为不同研究的比较提供了可能。

5. 如何考察税收负担

在公共财政文献中，评价税收公平的概念有两类。一类是横向公平，具有相同情况的人要有相同的税收负担。另一类是纵向公平，不同经济状态的人承受不同的经济负担。考察税收在不同收入分群的分布的研究归于税收的纵向公平，最常用的概念是税收的累进性。如果平均税率随着收入的增加而增加，相应的税种或税收体系是累进的。如果平均税率不随着收入的变化而变化，税收就是成比例的。如果平均税率随着收入的增加而减少，这个税收就是累退的，即低收入群体的平均税率高于高收入的群体的平均税率。

另一个常用的考察税收负担的指标是考察税前收入和税后收入的基尼系数的

变化。基尼系数是综合收入分配情况的指标。基尼系数是衡量收入分配的指标,和洛伦次曲线有关。我们把收入的数据按递增排序,然后计算两个累计的百分数。一个是人口在总人口的百分数,一个是相应的人口的收入在全部人群收入的百分数。把这两个系列的数据画在坐标图上,横坐标是人口累计百分数,从零一直到百分之百,而纵坐标则是相应的人口的收入在总收入的累计百分数,这样得到的曲线就是洛伦次曲线。如果收入分配是完全平等的,洛伦次曲线就是一条直线,这就是完全平等直线。一般的,低收入家庭的收入的累计百分数小于他们在人群中的人口累计百分数,因而洛伦次曲线低于完全平等直线。这样,我们就得到一个正方形。横坐标的长度和纵坐标的高度都是 100,表示累计百分数,完全平等直线就是正方形的对角线。洛伦次曲线就是在完全平等线下面的一条曲线。我们用 K 表示完全平等线下面的面积,用 L 表示洛伦次曲线下面的面积,基尼系数就是 $G = 1 - L/K$。如果收入是完全平等的,这是洛伦次曲线和完全平等线重合,基尼系数就是 0,如果收入极端的不平衡,一个家庭拥有了整个经济的全部收入,这时洛伦次曲线下的面积就等于零,基尼系数等于 1。当收入在完全平等和极端不平等之间的时候,基尼系数位于 0 到 1 之间。

Pechman 的研究就考察了税前收入和税后收入基尼系数的变化。税收会改变收入分配,因此改变基尼系数。如果税收是累进的,那么税后收入的不平等减少,基尼系数变小;相反,如果税收是累退的,低收入的人的税后收入变化更多,收入差距变大,基尼系数变大。因而基尼系数通过比较征税前后的收入分配状况来说明税收对收入分配的影响。

Suit 指数是和基尼系数类似的常用来说明税收如何随着收入的变化而变化的情况,是衡量税收累进程度的指标。Suit 指数是 Suit 在 1977 年根据基尼系数的类比提出的衡量税收公平性的一个指标,该指标的计算和基尼系数的计算类似。在计算 Suit 指数时,我们需要各家庭收入的数据和所负担的税收的数据,把所有家庭的收入由低到高排序后绘制税收集中曲线。此时的横坐标是从低收入家庭开始的收入在总收入的累计百分数,相应的纵坐标是这些家庭负担的税收在总税收中的累计百分比。如果税收是和收入成比例的,这时税收集中曲线就和完全平等线重合,表示整个税收是比例税收。如果税收是累退的,低收入家庭负担的税收比例大于他们收入的比例,这时候的税收集中曲线就位于完全平等线的上方。如果税收是累进的,低收入家庭负担的累计税收比例小于他们的收入在总收入中的比例,税收集中曲线就位于完全平等直线的下方。Suit 指数就是 $S = 1 - L/K$。这里,和基尼系数一样,K 表示完全平等线下面的面积,用 L 表示税收集中曲线下面的面积。当税收和收入成比例的时候,税收集中曲线和完全平等线重合,Suit 指数就等于 0,表示税收是比例的。当税收是累退的时候,税收集中曲线下的面积大于完全平等线下的面积,Suit 指数是负数,在极端的情形中,低收入家庭负担了所有的税收,这时 Suit 指数就等于 -1。当税收是累进的时候,税收集中曲线在收入完全平等线下面,这时 Suit 指数为正数,在极端的情况下,最高收入的家庭负担全部税收,这时 Suit 指数就等于 1。

总之,Suit 指数是介于 -1 到 +1 的一个数,负数表示税收是累退的,正数表示税收是累进的,0 表示税收是比例税收。通常计算 Suit 指数的时候,把收入分组,我们用 Y_i 表示收入累计比例,收入分为 D 组,$T(y_i)$ 表示相应的累计税收,则 Suit 指数的计算公式为

$$S = 1 - \frac{1}{50\,000} \left(\sum_{i=1}^{D} \left(\frac{T(y_{i-1}) + T(y_i)}{2} \right) (y_i - y_{i-1}) \right)$$

这里,50 000 表示完全平等线下面的面积,这是一个边长都为 100 的直角三角形的面积。

通过税收前后的基尼系数的变化我们可以考察税收对收入分布的影响,比较各类税收的 Suit 指数,我们可以知道间接税的累进程度。

四、结果和分析

我们的样本家庭有 1 240 户,把家庭根据 2002 年的总收入分成五个收入类别,从低到高的分类标志收入分别为 20 000 元、40 000 元、60 000 元和 80 000 元。由于收入差异,不同的收入类别包含不同的家庭数目。从表 4 可以看到,低于 20 000 元收入的家庭数目是高于 80 000 元收入家庭的 3 倍。整个样本的平均年收入 38 826 元,中位数收入为 32 593 元,因而 20 000—40 000 的收入类包含了最多的家庭数。表 4 还包含了各个收入类别在 2002 年的全部家庭的收入和支付的各项税收的绝对数额。间接税一栏是相应收入类别所有家庭的增值税、消费税和营业税的总和。

表 4　间接税负担

单位:元

收入类别	税前收入	增值税	消费税	营业税	间接税	包含家庭数
20 000 以下	3 830 205.39	577 107.4	252 737.1	111 271	941 115.4	271
20 000—40 000	14 906 556.1	1 903 220	988 249.6	463 449.5	3 354 919	509
40 000—60 000	13 014 216.08	1 351 021	615 321.1	447 905.8	2 414 248	267
60 000—80 000	6 775 060.47	604 782.2	224 423.7	246 492.5	1 075 698	99
80 000 以上	9 619 220.65	768 987.2	329 585.6	314 731.6	1 413 304	94

表 5 是五个收入类别的每一项税收在相应家庭收入的比例。和通常的看法一致,增值税和消费税具有明显的累退性。我们定义有效税率为税收占收入的比例,把有效税率随着收入增加而递减称为累退。最低收入群体的增值税有效税率是 15.1%,接近中国税法规定的增值税主要税率 17%,而最高收入人群的增值税负担要比最低收入人群低 7 个百分点,只有 8.0%。在我们的分析中,增值税是根据消费计算出来的,大部分的生活必需品都被征收增值税。由于低收入中的消费支出

占收入的比例高于高收入人群体,和大部分文献关于销售税的研究一致,增值税是累退的。其他收入群体的增值税有效税率由低到高分别是 12.8%,10.4% 和 8.9%,都低于法定税率 17%。

表 5 间接税占收入的比例

收入(元)	增值税	消费税	营业税	间接税
20 000 以下	0.150673	0.065985	0.029051	0.245709
20 000—40 000	0.127677	0.066296	0.03109	0.225063
40 000—60 000	0.103811	0.047281	0.034417	0.185509
60 000—80 000	0.089266	0.033125	0.036382	0.158773
80 000 以上	0.079943	0.034263	0.032719	0.146925

消费税具有显著的累退性,最低收入群体的有效税率是最高收入群体有效税率的两倍,从低收入群体到高收入群体的有效税率依次是 6.6%,6.6%,4.7%,3.3% 和 3.4%,有效税率呈现出明显的分化。这里我们考虑的消费税对于烟酒和化妆品,而没有考虑对于汽车和汽油的消费税的负担。如果考虑对于高档消费品汽车的消费税,消费税的累退程度会有所降低,我们的结果可能会高估全部消费税的有效税率。消费税的累退性质的结果说明对于烟酒的消费税在中下等收入的人群负担更大的比例。

当我们把全部家庭按照等人数分组以后。关于消费税和增值税的累退的结论没有太大变化。从表 6 我们可以看到由于收入分布的偏态,高收入组的平均收入是低收入组的 5 倍左右,支付税收是低收入组的 4 倍。表 7 的数据中增值税的累退程度和税率都没有太大的变化,五个收入组的增值税有效税率从低收入到高收入分别是 15%,13%,12%,11% 和 9%。消费税的累退程度相比有所降低,从低收入组开始的三个收入组的有效税率都是 6.7% 左右,而最高的两个收入组的有效税率也提高为 5% 和 4%。用等人数分组时,不是所有的中低收入家庭都集中在最低收入的两个收入类别,因此消费税税率的累退性也有所变化,低收入家庭的消费税有效税率略微变高,而高收入家庭的税率也变高。

表 6 间接税负担:等人数分组 单位:元

每组家庭数	组平均收入	组总收入	增值税	消费税	营业税	总税收
248	13 639.56	3 382 610	515 627.2	232 275.34	98 937.59	846 840.2
248	23 516.98	5 832 212	783 010.6	388 553.57	172 426.4	1 343 990
248	32 736.53	8 118 660	1 006 615	541 338.82	258 265.2	1 806 219
248	45 470.76	11 276 749	1 232 986	556 102.73	393 676.5	2 182 765
248	78 770.27	19 535 028	1 666 880	692 046.64	660 544.7	3 019 471

表7　间接税占收入比例：等人数分组

每组家庭数	组平均收入（元）	增值税	消费税	营业税	总税收
248	13 640	0.152435	0.068667	0.029249	0.250351
248	23 517	0.134256	0.066622	0.029564	0.230443
248	32 737	0.123988	0.066678	0.031811	0.222478
248	45 471	0.109339	0.049314	0.03491	0.193563
248	78 770	0.085328	0.035426	0.033813	0.154567

法定的营业税率是比例税率，大部分服务的税率为3%，对于日常生活服务的税率是5%，而对于歌厅、舞厅、茶座等高档娱乐场所的营业税率为20%。由于税率的设定和高档服务作为奢侈品的特性，使得营业税出现了微弱的累进性。当按照等人数分组的时候，营业税显示出了比例税收的特征，如表7的营业税一栏所显示的，都在3%附近。但是在表5中我们看到，营业税有微弱的累进性，从低收入到高收入的营业税有效税率分别是2.9%，3.1%，3.4%，3.6%和3.2%。高收入群体和低收入群体的有效营业税税率很近似于比例税率，只是略微随着收入的增加，税率提高。但是最高收入群体的营业税有效税率略低于次高收入群体的营业税有效税率。

表5和表7的结果都显示了间接税作为一个整体，有效税率随着收入的增加而降低，显示了间接税的累退性。这和一般的直觉一致，低收入家庭中用于消费的收入比例在总收入的比例较大，因而负担的税收的比例也较大。我们看到，在表5中，最低收入家庭的间接税有效税率是24.6%，随着收入的增加而降低，最高收入家庭的间接税有效税率成为14.7%，二者相差近10个百分点。当把分组方法改成等人数分组时，如表7所示，最低收入家庭和最高收入家庭的间接税有效税率仍然相差近10个百分点。

我们计算的Suit指数也显示除了营业税略具累进的特征，增值税和消费税都显示出了累退的性质。增值税的Suit指数是-0.118036，而消费税的Suit指数是-0.15696。营业税具有正的Suit指数0.0247933。由于营业税近似于比例税率，而增值税和消费税的累退程度明显，整个间接税体系是累退的，它的Suit指数是-0.103645。图2是计算Suit指数时的间接税的集中曲线，横坐标是家庭收入的累计在全部家庭收入的累计百分数，纵坐标是相应的家庭的税收累计在全部税收的累计百分数。从图2中我们可以看到，集中曲线位于比例承担线的上方，因而间接税是累退的。图3是增值税、消费税和营业税的集中曲线，营业税具有略微的累进性，位于比例线的下方，消费税和增值税位于比例线的上方，显示出了累退性。由图中也可以看到，消费税的累退程度大于增值税，是最高的曲线。

表8是全部间接税前后的收入分配的基尼系数，也说明了全部税收具有的累退特征。税前的收入分配的基尼系数是0.334，去掉全部间接税的税收收入分配的

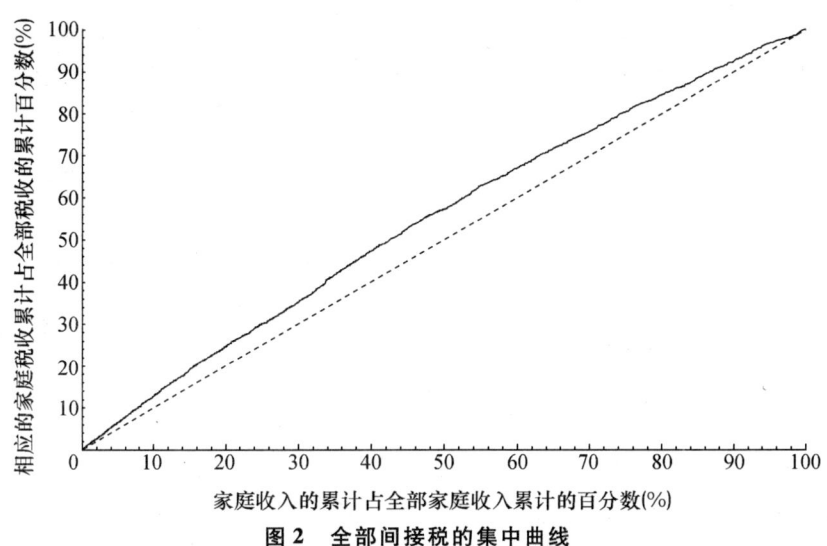

图 2 全部间接税的集中曲线

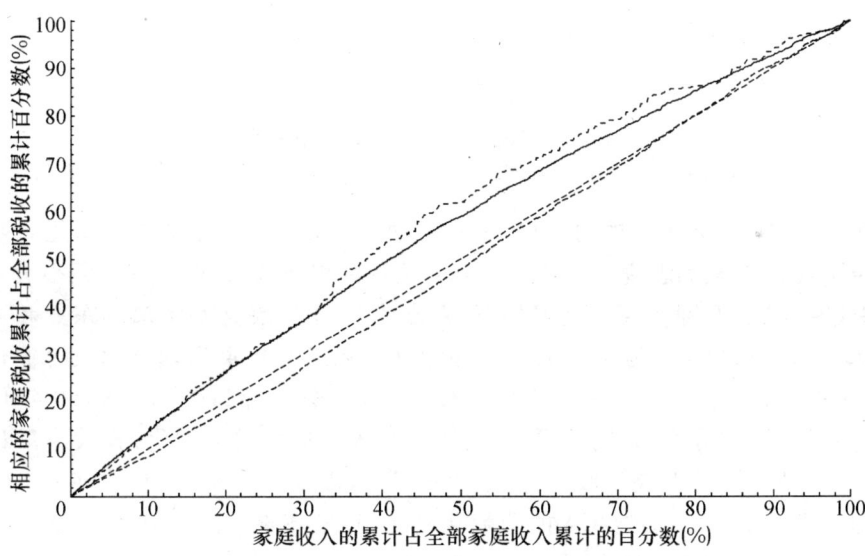

图 3 增值税、消费数和营业税的集中曲线

注:从上到下四条曲线依次是消费税、增值税、等比例线和营业税的集中曲线。

基尼系数是 0.356,基尼系数增加,间接税的累退的性质恶化了收入分配。图 4 是税收前后的收入分配的洛伦次曲线,可以明显地看出税后收入的洛伦次曲线在税前收入分配的洛伦次曲线的下方。

表 8 基尼系数表

收入分布	基尼系数
税前	0.333917
税后	0.3557858

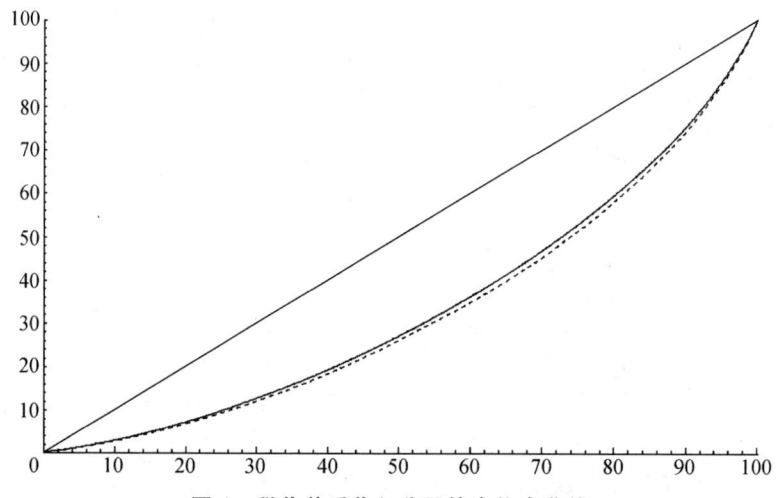

图 4 税收前后收入分配的洛伦次曲线

注:实线表示税前收入分配的洛伦次曲线,折断线表示税后收入分配的洛伦次曲线。

在关于中国收入分配的讨论中,常进行国际比较。国际上通常用基尼系数来衡量居民收入差异状况,基尼系数超过 0.4 为国际警戒线,表明贫富差距很大。90 年代,世界一些地区基尼系数情况如下:东欧为 0.289;南亚为 0.318;东亚和太平洋为 0.381;中东和北非为 0.380;拉美和加勒比地区为 0.493,西方六大工业化国家(不包括日本)的基尼系数平均为 0.328(李实、赵人伟,1999)。从 80 年代以来,中国居民收入增加,分配方式多样,居民收入渠道日益多样化,收入水平显著提高。与此同时,也出现了收入差距拉大、贫富逐步分化的趋势。1998 年中国的基尼系数为 0.386,接近 0.4 的国际警戒线,超过高收入国家 90 年代 0.328 的平均水平,与经济发达程度相似(人均 GDP 1 000 美元左右)的世界其他国家相比,也明显偏高。关于收入差距变大的原因,仍然是在探索之中,没有一致的解释。

广东省 2001 年估算的基尼系数是 0.333,我们使用 2002 年广东的数据计算的税前基尼系数为 0.334。由于间接税的累退特征,不考虑其他因素,我们看到间接税使得税后收入差距扩大,基尼系数增加了 6%。间接税虽然使得收入分配差距增大,但是恶化的程度不是很大。

上面的分析我们可以看到,当前以间接税为主体的税收体系,很可能整体是接近比例或者是累退的。个人所得税虽然被认为是调节收入分配的重要手段,但是在目前的税收体系中,它的税收收入的比例较小,广东省2002年全部税收中只有7.8%来自个人所得税。而且个人所得税的实际征收特点也使得调节收入分配的作用有限。现阶段的个人所得税,起征点低,对工资薪金所得实行九级累进,最高的边际税率达到了45%,高税率很容易引起逃税和避税。在全国个人所得税的构成中,工资新薪金所得的税收比例2001年达到了41%,高收入者缴纳的所得税不到总收入的10%(中国税务学会课题组,2003),因而个人所得税累进程度不可能很高。这对于发挥个人所得税的收入分配作用,使得整个税收体现表现出累进或者比例提出了要求。这需要加强所得税或者财产税的设计、监管和执行,提高税收调节收入分配的作用。

五、总　　结

分析税收负担对于政府的政策有重要的意义,任何经济政策的制定总是要考虑效率和公平两个方面。通过税收归宿的实证分析制作税收归宿分布估计,政府可以考察当前税收政策对不同人群的负担,考察计划的税制变化对收入分配的影响,进行各种政策变化的考察。税收负担的实证分析,对于政府税收改革和调整也有着重要的作用。税收负担分析是公平考虑的一个重要的数量方法。

本文使用消费者的收入和支出数据分析了在中国现行税制结构下,整个间接税的收入分配效果。我们的研究发现,整个税制接近比例状态,略微具有一定的累退性。和通常关于间接税的看法一样,间接税是累退的,但是累退的程度不是很大。本文通过引入常用的Suit指数,比较了整个间接税和收入分配的关系。

对于本文结论的解释,需要考虑一些条件。首先,消费数据只是广东省的城镇消费者住户调查数据,因而结论的推广必须考虑到更大的样本和各地的收入和消费结构的不同。其次,城乡之间的收入差距也使得我们慎重对待文章的结论。进行税收负担的经验分析是一个需要大量数据的工作,而数据的限制使得我们的结论和分析必须限定在合理的范围内。随着更多的税收数据和更大范围的消费支出数据逐渐公布,一定会有更加详细的研究。再次,本文关于间接税的转移采用了标准的假设,认为消费者最终负担了全部的税收。当税收是从最终消费品征收时,这个假设是可接受的,但是关于中间产品的税收如何最终转嫁,仍然是需要进一步的研究和分析。利用行业的投入产出结构可以分析间接税在行业间流通,会对本文的分析有进一步的深化。最后,我们的分析不是政府实际征收的税收最终在不同的纳税人之间如何分配,关于税收征管和纳税人服从的复杂考虑使得这个问题并不是一个容易解决的问题。但是随着更多数据的获得和更多人对税收负担问题的关注,这些问题总会得到解决。

参 考 文 献

[1] 财政部科研所课题组,2003:《我国居民收入分配状况及财税调节政策》,《税务研究》第 10 期。
[2] 郝联峰,2000:《西方税收归宿理论:趋势与述评》,《涉外税务》第 5 期。
[3] 李实、赵人伟主编,1999:《中国居民收入分配再研究》,中国财政经济出版社。
[4] 王韬、朱文娟,1999:《我国个人所得税负担能力的宏观分析》,《涉外税务》第 10 期。
[5] 王韬、陈平路等,2000a:《税收可计算均衡模型研究及其在中国的适用》,《财经理论与实践》第 1 期。
[6] 王韬、周建军等,2000b:《税收的静态可计算一般均衡模型分析》,《当代经济科学》第 4 期。
[7] 王韬、周建军等,2000c:《面向三次产业的中国税收 CGE 模型》,《税务研究》第 12 期。
[8] 中国税务学会课题组,2003:《税收如何调节个人收入分配的》,《税务研究》第 10 期。
[9] Harberger, A., 1962, The Incidence of the Corporation Income Tax, *Journal of Political Economy*, 70: pp. 215—240.
[10] Fullerton Don, Metcalf, 2002, Tax Incidence, in: A. J. Auerbach and M. Feldstein, eds., *Handbook of Public Economics*, Vol. 4, Elsevier, Amsterdam, pp. 1787—1872.
[11] Fullerton, D., and D. L. Rogers, 1991, Lifetime versus Annual Perspectives on Tax Incidence, *National Tax Journal* 44: pp. 277—287.
[12] Kotlikoff, L. J., and L. H. Summers, 1987, Tax Incidence, in: A. J. Auerbach and M. Feldstein, eds. *Handbook of Public Economics*, Vol. 2, Elsevier, Amsterdam pp. 1043—1092.
[13] Musgrave, R. A., 1959, *The Theory of Public Finance*, McGraw-Hill, New York.
[14] Metcalf, G. E. 1999, A Distributional Analysis of Green Tax Reforms, *National Tax Journal* 52: pp. 655—681.
[15] Pechman, J. A. 1987, Pechman's Tax Incidence Study: A Response, *American Economic Review* 77: pp. 232—234.
[16] Pechman, J. A., and B. A. Okner, 1974, Who Bears the Tax Burden? *Brookings Institution Press*, Washington, DC.
[17] Shoven, J. B., Whalley, J., 1984, Applied General Equilibrium Models of Taxation and International Trade: An Iintroduction and Survey, *Journal of Economic Literature*. 22: pp. 1007—7051.
[18] Younger. S and David Sahn, S. Gaggblade, Paul Dorosh, 1999, Tax Incidence in Madagascar: An Analysis Using Household Data, *The World Bank Economic Review* Vol. 13, No. 2, pp. 303—328.

The Effect of Indirect Tax Incidence on Income Distribution

LIU Yi NIE Haifeng

Abstract: Using data from the city household survey of Guangdong Province, we studied the incidences of three major indirect taxes in different income groups. The three taxes include value added tax, consumption tax and business tax. We found that the low income families pay more percentage of their income as value added tax or consumption tax than the high income families. But the high income families' business tax burden is more than the low income families'. The whole indirect tax is approximately proportional to income in different income groups. The indirect taxes get the distribution of after-tax income worse but not significantly.

Key words: tax incidence; Gini coefficient; Suit index

中国财政政策的"挤出效应"

——基于1952—2008年中国年度数据的研究*

张 延

摘要："挤出效应"指政府购买支出的增加将会导致投资的下降,公共支出的增加将会"挤出"投资。在应对金融危机而采取扩张性财政政策的今天,对财政政策效果的研究是一个热点问题。本研究运用两个著名的模型:国家干预主义的凯恩斯模型和从微观经济主体利益最大化出发的拉姆齐模型,对政府购买支出与实际利率和投资之间的关系进行分析。两个模型都得出了政府购买支出与实际利率同方向变动,与投资反方向变动的结论,两者的差别在于传导机制不同和政策有无滞后效应。通过对1952—2008年中国宏观经济时间序列年度数据的实证分析,本研究发现,政府购买支出与名义利率有同期的、显著的正相关关系,与投资有同期的、显著的负相关关系;中国的财政政策具有同期的、显著的"挤出效应"。

关键词：挤出效应；政府购买支出；实际利率；投资；拉姆齐模型；年度数据

本文分三个部分:第一部分是传统的凯恩斯模型对"挤出效应"的分析——政府购买支出增加导致的投资下降有非常明显的滞后效应,这种影响通过利率的上升传导;第二部分是拉姆齐模型对"挤出效应"的分析——政府购买支出的增加直接导致实际投资的下降,两者几乎同时发生,没有滞后效应,这种影响不需要通过利率的上升传导;第三部分是运用1952—2008年中国宏观经济时间序列的年度数据,实证分析中国政府购买支出与实际利率和投资的关系,为财政政策的运用提供政策建议。

一、传统的凯恩斯模型对"挤出效应"的分析

传统凯恩斯模型对"挤出效应"的分析认为,政府购买支出增加导致的投资下降有非常明显的滞后效应,这种影响通过利率的上升传导。

短期分析的凯恩斯主义模型对"挤出效应"有完整的分析。在IS-LM模型中,

---

* 原载于《金融研究》2010年第1期。教育部社会科学研究重大课题攻关项目资助(项目编号：08JZD0015)。

在产品市场,政府购买支出的增加,会增加 GDP。在货币市场,GDP 的增加会增大交易动机的货币需求,在货币供给不变的条件,导致货币资产的价格利率上升,利率的上升进一步影响产品市场,会导致投资的下降,结果政府多花钱,私人会少花钱,政府购买支出具有"挤出效应"。IS-LM 模型为:

$$Y = \alpha A_o - \alpha bR \quad \text{IS 模型}$$
$$kY - hR = M_0/P \quad \text{LM 模型}$$

其中 Y 为总产量,也是总 GDP。A_o 为自发支出,$A_o = C_0 + cTR - cT_0 + I_0 + G_0$。$C_0$ 为自发消费支出,I_0 为自发投资支出,G_0 为政府购买支出,T_0 为固定税收,TR 为转移支付,M_0 为名义货币供应量,P 为物价水平,R 为实际利率水平。α 为自发支出乘数,也是单纯考虑产品市场时的财政政策乘数,$\alpha = 1/[1 - c(1-t)]$。β 为产品和货币两个市场同时均衡条件下的财政政策乘数,$\beta = 1/[1 - c(1-t) + bk/h]$。$c$ 为边际消费倾向,t 为税率,b 为投资需求的利率弹性,k 为货币需求的收入弹性,h 为货币需求的利率弹性。用均衡利率的表达式对政府购买支出求导,得到: $\frac{\partial R}{\partial G} = \frac{1}{(h/k)[1-c(1-t)]+b} > 0$,说明政府购买支出的增加会导致利率的上升,两者之间是同方向变动的关系。利率的上升又会导致投资的下降,政府购买支出的增加将会导致投资的下降,公共支出的增加将会"挤出"投资。挤出效应的大小为: $\Delta G(\alpha - \beta)$。财政政策"挤出效应"如图 1 所示。

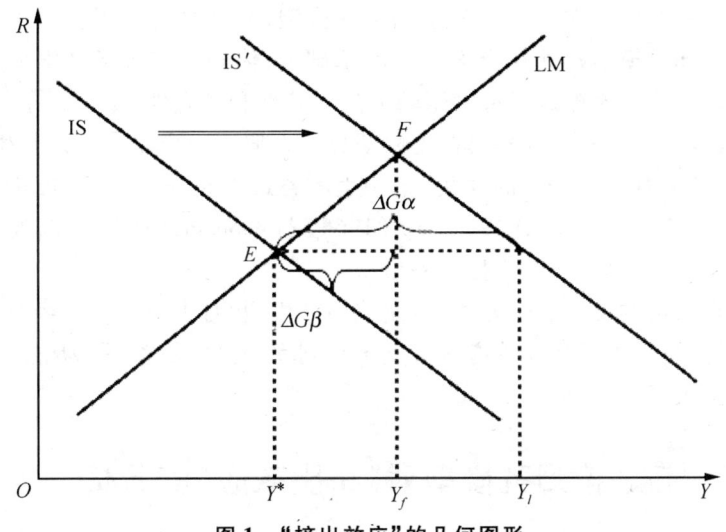

图 1 "挤出效应"的几何图形

凯恩斯主义模型对"挤出效应"的分析,可以得到如下结论:
(1) 从传导机制看:政府购买支出增加→实际利率上升→投资下降。
(2) 初始效应:产品市场影响货币市场。政府购买支出的增加,会立刻增加

GDP,这是初始发生在产品市场的影响。随后,在货币市场改变了货币的供求,伴随着GDP的增加,交易动机的货币需求增加,进而总的货币需求增加,在货币供给不变的条件下,导致货币资产价格利率的上升。政府购买支出增加的影响从产品市场传递到货币市场,政府购买支出增加所导致的利率上升有显著的滞后效应。

(3)引致效应:货币市场进一步影响产品市场。货币市场发生的变化——利率的上升,在产品市场增加了投资的机会成本,改变了私人的投资决策,导致投资的下降。可见,从货币市场再回到产品市场,利率上升所导致的投资下降有显著的滞后效应。

(4)综上所述,从产品市场到货币市场,又从货币市场回到产品市场,在两个市场同时均衡的凯恩斯主义模型中,政府购买支出增加导致的投资下降有非常明显的滞后效应,并且这种影响通过利率的上升传导。

凯恩斯主义模型的问题在于:对总量之间的关系进行了直接设定,那就不能用它来判断一些结果是否比另一些结果更好。凯恩斯主义模型中的当事人不以追求最大化为目标,同微观经济学中关于理性人最大化原则相矛盾。在凯恩斯主义经济学中,同一经济人在不同函数和方程中具有不同的行为,这就失去了一致性。经济增长理论的一个发展方向是:从微观经济主体利益最大化的角度重新审视经济增长,修正经济增长的路径。在这类模型中,经济总量的动态学决定于微观层次上的决策,消费量和资本量的动态学是从竞争性市场中家庭利益最大化的优化条件中推导出来的。如果在模型中没有个人,就不能判断模型的结果对个人来讲是更好还是更糟。只有建立在个人行为基础上的模型,才是具有微观基础的。有限期界模型和无限期界模型建立在个人行为的基础上,体现了宏观经济学要具有微观基础的潮流。保持了宏微观经济学逻辑上的一致性和相容性。

就微观经济主体——家庭来讲,无限期界模型假定一个家庭可以长生不老,永远存续下去,家庭有一个长远的视角,把一生利益最大化作为目标,被称为无限期界模型,代表作有:Ramsey(1928);Cass(1965);Koopmans(1965),也被称为拉姆齐—卡斯—库普曼斯模型,简称拉姆齐模型。

本文重点讨论的就是这个方面,运用拉姆齐模型,对中国的宏观经济数据进行实证分析,重点研究中国现在政府购买支出与利率和投资的关系,为财政政策的运用提出政策建议。

二、拉姆齐模型对"挤出效应"的分析

接姆齐模型对"挤出效应"的分析认为,政府购买支出的增加直接导致实际投资的下降,两者几乎同时发生,没有滞后效应,这种影响不需要通过利率的上升传导。

1. 政府购买支出进入资本存量的动态学方程

家庭的目标函数是一个积分——长生不老家庭一生效用最大化的效用函数:

$$U = B\int_{t=0}^{\infty} e^{-\beta t} \frac{c(t)^{1-\theta}}{1-\theta} dt$$

其中 $c(t)$ 为 t 时每单位有效劳动的平均消费数量。U 为效用函数,它是每一家庭一生的效用,β 是效用函数的贴现率,θ 为相对风险回避系数,B 是每个家庭初始有效劳动的数量。

家庭的约束条件是一个微分方程——资本存量的动态学方程:

$$\dot{k}(t) = sf(k) - (n+g)k = f(k) - c(t) - (n+g)k$$

其中 k 为每单位有效劳动的平均资本量。一个变量上加一点表示其对时间的导数。$f(k)$ 为每单位有效劳动的平均产量,n 为人口增长率,g 为技术进步率,s 为储蓄率。家庭在预算约束条件下选择 $c(t)$ 的路径以最大化一生效用。能够实现家庭一生效用最大化的消费增长率为:

$$\frac{\dot{c}(t)}{c(t)} = \frac{f'(k) - \rho - \theta g}{\theta} = \frac{r(t) - \rho - \theta g}{\theta}$$

实际利率 $r(t) = f'(k(t))$。ρ 为效用函数的贴现率。如果每单位有效劳动的平均消费数量 $c(t)$ 按上式的路径增长,可以实现无数个家庭一生效用最大化目标。由于所有家庭是相同的,因而上式不仅描述了单个家庭消费的变动,而且描述了整个经济消费的变动。

假定每单位有效劳动的平均政府购买支出为 $G(t)$。政府购买支出进入资本存量的动态学方程 $\dot{k}(t) = sf(k) - (n+g)k(t)$ 的方式是:由于 $f(k) = c(t) + sf(k) + G(t)$,用产量减去私人消费与政府购买支出之后,就得到实际投资 $sf(k)$,所以 $sf(k) = f(k) - c(t) - G(t)$。

因此 k 的运动方程变为:$\dot{k}(t) = sf(k) - (n+g)k = f(k) - c(t) - G(t) - (n+g)k(t)$。

$\dot{k}(t) = 0$ 时,$c(t) = f(k(t)) - G(t) - (n+g)k(t)$ 与原来的 $c(t) = f(k(t)) - (n+g)k(t)$ 相比,向下平移了 $G(t)$。$G(t)$ 不影响家庭的目标函数。从均衡的表达式来看:

$$\frac{\dot{c}(t)}{c(t)} = \frac{f'(k(t)) - \rho - \theta g}{\theta} = 0$$

$$\dot{k}(t) = f(k(t)) - c(t) - G(t) - (n+g)k(t) = 0$$

均衡点 E 的位置,取决于外生变量:g、n、θ、ρ、$G(t)$。如果外生变量不发生变化,则均衡点的位置也不会发生变化。如果外生变量发生变化,则均衡点的位置也相应地发生变化。

2. 政府购买支出的变化对投资、资本存量和实际利率水平的影响

政府购买支出暂时性变化的影响是:有一未被预料到的 $G(t)$ 增加,t_0 表示

$G(t)$ 增加的时间，t_1 表示 $G(t)$ 返回初始值的时间。t_2 表示新均衡实现的时间。在旧均衡的变化之前（t_0 以前）和新均衡的实现之后（t_2 之后），实际利率水平 $r(t)$ 都满足 $\dot{c}(t)=0$，此时 $r(t) = f'(k(t)) = \theta g + \rho$，如图 2 所示。

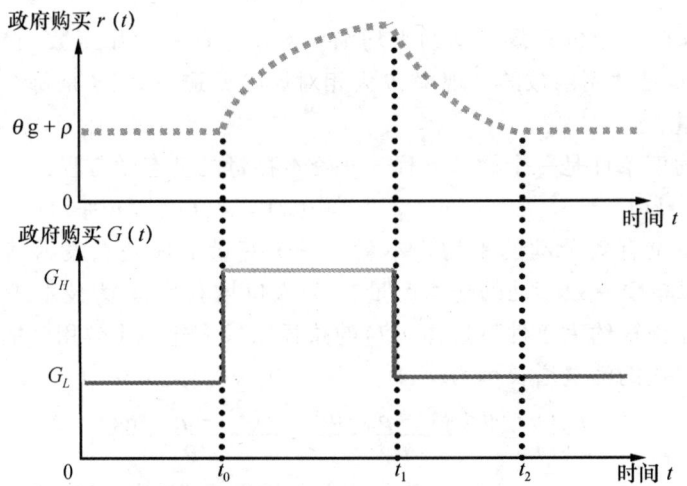

图 2　政府购买支出 $G(t)$ 暂时增加对实际利率 $r(t)$ 的影响

在 t_0 时点，政府购买支出 $G(t)$ 突然增加，从 G_L 上升至 G_H，即存在：$G_L < G_H$。若 $\dot{k}(t) = f(k(t)) - c(t) - G_L(t) - (n+g)k(t) = 0$，则 $\dot{k}(t) = f(k(t)) - c(t) - G_H(t) - (n+g)k(t) < 0$，意味着在 t_0 和 t_1 之间，政府购买支出的增加导致实际投资立刻下降，由于实际投资低于持平投资，经济生活中资本存量水平 k 不断地下降。由于 $r = f'(k)$，因此我们可以根据 k 的行为推断实际利率 r 的行为，所以存在 $\dot{r}(t) = \frac{dr}{dt} = f''(k)\frac{dk}{dt} = f''(k)\dot{k}$。由于 $\dot{k} < 0, f''(k) < 0$，所以 $dr/dt > 0$，这意味着在 t_0 和 t_1 之间，随着资本存量水平 k 的下降，资本的边际产量 $f'(k)$ 上升，资产按照边际产量定价，资本的价格——实际利率水平 r 不断地上升。

在 t_1 时点，政府购买支出 $G(t)$ 又回复到原来的水平，从 G_H 下降至 G_L，即存在：$G_L < G_H$。若 $\dot{k}(t) = f(k(t)) - c(t) - G_H(t) - (n+g)k(t) = 0$，则 $\dot{k}(t) = f(k(t)) - c(t) - G_L(t) - (n+g)k(t) > 0$，政府购买支出的下降导致实际投资立刻上升，由于实际投资高于持平投资，经济生活中资本存量水平 k 不断地上升。由于 $r = f'(k), \dot{r}(t) = \frac{dr}{dt} = f''(k)\frac{dk}{dt} = f''(k)\dot{k}$，因为 $\dot{k} > 0, f''(k) < 0$，所以 $dr/dt < 0$，这意味着在 t_1 和 t_2 之间，随着资本存量水平 k 的上升，资本的边际产量 $f'(k)$ 下降，资本的价格——实际利率水平 r 也不断地下降。

综上所述，伴随着政府购买支出 $G(t)$ 的先跳升再陡降，每单位有效劳动的资本存量 k 在政府购买支出较高的时期逐渐下降，然后缓慢上升到其初始水平。与此同时,实际利率 $r(t)$ 在政府购买支出较高的时期逐渐上升,然后缓慢下降到其初始水平。

3. 从拉姆齐模型对政府购买支出变化的分析得出的结论

(1) 从传导机制看:政府购买支出增加→实际投资下降→资本存量下降→实际利率上升。

(2) 政府购买支出的增加立刻就减少了实际投资,政府购买支出的增加直接导致实际投资的下降,两者几乎同时发生,没有滞后效应,这种影响不需要通过利率的上升传导。

(3) 随着实际投资下降,低于持平投资,资本存量水平就会不断的下降,直到实际投资与持平投资相等。伴随着资本存量水平不断的下降,资本的边际产量上升,资产按照边际产量定价,资本的价格实际利率不断地上升。实际投资的下降所导致的实际利率的上升有滞后效应。

(4) 政府购买支出的增加所导致的实际利率的上升有滞后效应,这种影响通过资本存量的下降传导。

三、中国政府购买支出与利率和投资关系实证分析

本文运用 1952—2008 年中国宏观经济时间序列的年度数据,实证分析中国政府购买支出与利率和投资的关系,为财政政策的运用提供建议。

从以上分析可见,两个模型都得出了政府购买支出与实际利率同方向变动,与投资反方向变动的结论,两者的差别在于传导机制不同和政策有无滞后效应。凯恩斯模型认为政府购买支出增加导致的投资下降有非常明显的滞后效应,并且这种影响通过利率的上升传导。拉姆齐模型认为政府购买支出的增加直接导致实际投资的下降,两者几乎同时发生,完全没有滞后效应,这种影响不需要通过利率的上升传导。

本研究运用中国国家统计局发布的统计年鉴中 1952—2008 年 57 年间中国政府购买支出、利率、投资、GNP 时间序列的宏观经济年度数据(见附录),首先对中国的政府购买支出与利率的关系进行实证分析,随后进一步分析投资和利率之间的关系以及政府购买支出和投资之间的关系。

选用 1952—2008 年年度数据主要基于三个原因:第一,如果以改革开放的 1978 年开始选取年度数据,导致样本数量减少了 26 个,将近一半,存在小样本失真的可能,无法纵观长期内政府购买支出的变化对投资和利率的影响。第二,政府购买支出、投资、名义利率、GNP 的数据统计年鉴上只给出了 1992 年之后的数值,政府购买支出、投资、名义利率是月度的数据,GNP 是季度数据。如果只选取 1992 年以后的数据,样本数量为 64 个,比 1952—2008 年 57 个年度样本数据多 7 个,但是时间跨度比较短,也无法纵观长期内政府购买支出的变化对投资和利率的影响。

第三,中国的利率水平缺乏弹性,利率变化次数相对比较少。以 1992—2008 年为例,央行对于活期存款利率的调整仅有 22 次,利率的变化缺乏易变性,时间越短变化越不明显。如果在一年的时间范围内,其变化的特征才较为明显。如果一年之内数次调整活期存款利率,则以每次利率调整持续时间的加权平均数作为当年的活期存款利率,并且假设一年的总天数为 360 天,每月 30 天。

由于通货膨胀的数据中国在 1980 年之前并没有在统计年鉴上给出,所以下文实际上分析的是政府购买支出及投资同名义利率之间的关系。按照费雪方程,实际利率 = 名义利率 – 通货膨胀率,当通货膨胀率比较温和,即不存在恶性通货膨胀的时候,实际利率和名义利率之间是一一对应的正相关关系,所以名义利率和政府购买支出及投资的关系基本上可以反映实际利率同政府购买支出及投资的关系。图 3 是中国 1952—2008 年活期存款的名义利率和政府购买支出占 GNP 的比值之间的关系图。

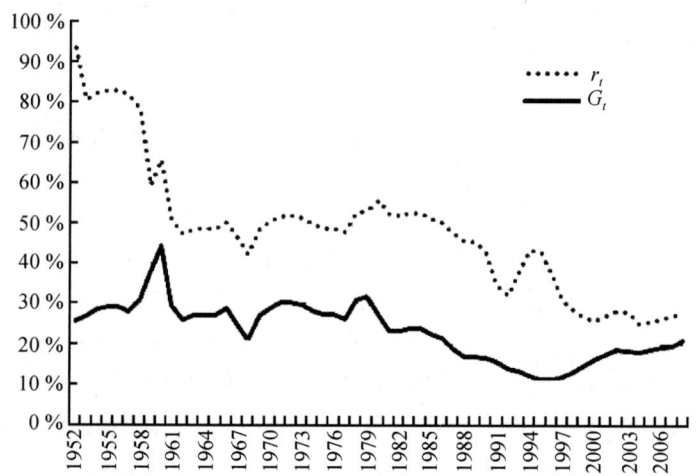

图 3　1952—2008 年中国活期存款利率和政府购买支出占 GNP 比例的关系
数据来源:中国统计年鉴、中国人民银行。

图 3 中 r_t 表示活期存款名义利率,为方便在图中观察其同 G_t 之间的关系,所以将真实值扩大了 10 倍,而 G_t 表示政府购买支出(以统计年鉴中国家财政决算支出衡量)同当期 GNP 的比值。从图中可以发现,名义利率和政府购买支出占 GNP 的比例之间存在比较明显的正向相关关系,除了新中国成立初期以及少数年份之外,其他大部分时期名义利率基本上都随着政府购买支出占 GNP 的比例的增加或减少而相应地上升或下降。因此考虑用政府购买支出占 GNP 的比例对活期存款名义利率进行回归,回归结果如下(本文给出的回归结果都是怀特稳健估计结果):

$$r_t = 0.01284 + 0.05275 G_t + u_t$$
$$(0.0497) \quad (0.2275)$$
$$N = 57, \quad R^2 = 0.0757, \quad \text{s.e.e} = 0.129, \quad \text{D.W.} = 0.182$$

其中括号里给出的是标准差,截距项和 G_t 的系数在 5% 水平下显著,而且 Durbin-Watson 检验表明残差不存在序列相关性。因此回归结果表明政府购买支出同活期存款名义利率之间的确存在统计上比较显著的正相关关系。

进一步分析名义利率和当期投资之间的关系,I_t 表示投资(以统计年鉴中固定资产投资和存货投资之和衡量)占 GNP 的比例,因此用名义利率 r_t 对当期投资水平占 GNP 的比例 I_t 进行回归,结果如下:

$$I_t = 0.4053 - 0.2586 r_t$$
$$(0.0132) \quad (0.3232)$$
$$N = 57, \quad R^2 = 0.2455, \quad s.e.e = 0.0609, \quad D.W. = 0.377$$

其中括号里给出的是各项系数的标准差,所有系数在 1% 水平下显著,因此表明名义利率和当期投资之间占 GNP 的比例存在明显的负相关关系。

如果名义利率 r_t 和当期政府购买支出占 GNP 比例 G_t 为正相关关系,和当期投资占 GNP 比例 I_t 为负相关关系,那么政府购买支出 G_t 对投资 I_t 就应该存在负相关关系,而且这种挤出效应在当期就应该存在。用当期政府购买支出占 GNP 比例 G_t 对当期投资占 GNP 比例 I_t 进行回归,结果如下:

$$I_t = 0.4376 - 0.4195 G_t$$
$$(0.033) \quad (0.1575)$$
$$N = 57, \quad R^2 = 0.1758, \quad s.e.e = 0.06365, \quad D.W. = 0.57$$

其中括号里给出的是各项系数的标准差,所有系数在 1% 水平下显著,因此表明政府购买支出对投资的确存在挤出效应,而且挤出效应在当期就可以体现出来。

综上所述,1952—2008 年中国政府购买支出和名义利率、投资之间年度变动的数据完全符合凯恩斯模型和拉姆齐模型所描述的关系。

根据 1952—2008 年中国政府购买支出和名义利率、投资年度数据间的关系,本文的实证研究结论如下:

(1) 政府购买支出的增加与名义利率水平的上升,两者是同期的、显著的正相关关系。

(2) 名义利率的上升与投资的下降,两者是同期的、显著的负相关关系。

(3) 政府购买支出的增加与投资的下降,两者是同期的、显著的负相关关系。所以中国的财政政策具有同期的、显著的挤出效应。

2009 年度的中央经济工作会议 12 月 7 日在北京闭幕。本次中央经济工作会议提出,2010 年经济工作的主要任务之一是提高宏观调控水平,保持经济平稳较快发展,继续实行积极的财政政策和稳健的货币政策。扩张性财政政策刺激总需求不失为一种应急之策,但是国内投资、消费的增长率还在低位徘徊。如何启动国内的投资、消费?投资、消费的真正启动才是一个国家经济正常发展的长久之道。在运用财政政策的时候,应该充分考虑财政政策立竿见影的、同期发生的挤出效果,使得政府的宏观调控技术臻于佳境。

附录：GNP、政府购买支出、投资和中国活期存款利率（1952—2008 年年度数据）

年份	GNP（亿元）	政府购买支出（亿元）	投资（亿元）	活期存款利率
1952	679	172.07	153.7	0.0681
1953	824.2	219.21	198.3	0.054
1954	859.4	244.11	226.9	0.054
1955	910.8	262.73	221.5	0.054
1956	1 029	298.52	257.6	0.054
1957	1 069.3	295.95	280	0.054
1958	1 308.2	400.36	432	0.0477
1959	1 440.4	543.17	621.7	0.0216
1960	1 457.5	643.68	575	0.0216
1961	1 220.9	356.09	274.6	0.0216
1962	1 151.2	294.88	178.1	0.0216
1963	1 236.4	332.05	265.3	0.0216
1964	1 455.5	393.79	350.3	0.0216
1965	1 717.2	459.97	462.1	0.0216
1966	1 873.1	537.65	569.8	0.0216
1967	1 780.3	439.84	425.7	0.0216
1968	1 730.2	357.84	432.2	0.0216
1969	1 945.8	525.86	485.9	0.0216
1970	2 261.3	649.41	744.9	0.0216
1971	2 435.3	732.17	819	0.0216
1972	2 530.2	765.86	791.1	0.0216
1973	2 733.4	808.78	903.5	0.0216
1974	2 803.7	790.25	936.1	0.0216
1975	3 013.1	820.88	1 062.3	0.0216
1976	2 961.5	806.2	990.1	0.0216
1977	3 221.1	843.53	1 098.1	0.0216
1978	3 645.2	1 122.09	1 377.9	0.0216
1979	4 062.6	1 281.8	1 478.9	0.0216
1980	4 545.6	1 228.83	1 599.7	0.0288
1981	4 891.6	1 138.4	1 630.2	0.0288
1982	5 323.4	1 230	1 784.2	0.0288
1983	5 962.7	1 409.5	2 039	0.0288
1984	7 208.1	1 701	2 515.1	0.0288
1985	9 016	2 004.25	3 457.5	0.0288
1986	10 275.2	2 204.9	3 941.9	0.0288
1987	12 058.6	2 262.2	4 462	0.0288

(续表)

年份	GNP(亿元)	政府购买支出(亿元)	投资(亿元)	活期存款利率
1988	15 042.8	2 491.2	5 700.2	0.0288
1989	16 992.3	2 823.78	6 332.7	0.0288
1990	18 667.8	3 083.59	6 747	0.02622
1991	21 781.5	3 386.62	7 868	0.01911
1992	26 923.5	3 742.2	10 086.3	0.018
1993	35 333.9	4 642.3	15 717.7	0.0248975
1994	48 197.9	5 792.62	20 341.1	0.0315
1995	60 793.7	6 823.72	25 470.1	0.0315
1996	71 176.6	7 937.55	28 784.9	0.0262075
1997	78 973	9 233.56	29 968	0.0192975
1998	84 402.3	10 798.18	31 314.2	0.01575
1999	89 677.1	13 187.67	32 951.5	0.0119
2000	99 214.6	15 886.5	34 842.8	0.0099
2001	109 655.2	18 902.58	39 769.4	0.0099
2002	120 332.7	22 053.15	45565	0.0099
2003	135 822.8	24 649.95	55 963	0.009825
2004	159 878.3	28 486.89	69 168.4	0.0072
2005	183 217.5	33 930.28	80 646.3	0.0072
2006	211 923.5	40 422.73	94 402	0.0072
2007	257 306	49 781.35	111 417.4	0.007575
2008	300 670	62 427.03	133 612.4	0.0069

参 考 文 献

[1] Barro, Robert J., (1987), "Government Spending, Interest Rates, Prices, and Budget Deficits in the United Kingdom, 1701-1918", *Journal of Monetary Economics* 20 (September): 221—247.

[2] Barro Robert J. (1974), "Are Government Bonds Net Wealth?" *Journal of Political Economy* 82 (November/December): 1095—1117.

[3] Bernheim, B. Douglas, Shleifer, Andrei, Summers, Lawrence H., (1985), "The Strategic Bequest Motive", *Journal of Political Economy* 93 (December):1045—1076.

[4] Bernheim, B. Douglas, and Bagwell, Kyle, (1988), "Is Everything Normal?" *Journal of Political Economy* 96 (April):308—338.

[5] Bernheim, B. Dougles, (1987a), "Ricardian Equivalence: An Evaluation of Theory and Evidence", *NBER Macroeconomics* Annual 2:263—304.

[6] Poterba, James M. and Summers, Lawrence H., (1987), "Finite Lifetimes and the Effects of

Budget Deficits on National Saving", *Journal of Monetary Economics.* 20 (September): 369—391.
[7] Romer, David (2006), *Advanced Macroeconomics.* New York: McGraw-Hill.
[8] Barro, Robert J., (1993), *Macroeconomics*, 4th edition, New York: Wiley and Sons.
[9] Tobin, James, (1980), *Asset Accumulation and Economic Activity*, Chicago: University of Chicago Press.
[10] Hubbard, R. Glenn, and Judd, Kenneth L., (1986), "Liquidity Constraints, Fiscal Policy, and Consumption", *Brookings Papers on Economic Activity*, no. 1, 1—50.
[11] Hayashi, Fumio, (1985), "Tests for Liquidity Constrains: A Critical Survey", *National Bureau of Economic Research Working Paper* No. 1720 (October).
[12] Yotsuzuka, Toshiki, (1987), "Ricardian Equivalence in the Presence of Capital Market Imperfections", *Journal of Monetary Economy* 20 (September):411—436.
[13] Bernheim, B. Dougles, (1987b), "Ricardian Equivalence: An Evaluation of Theory and Evidence", *National Bureau of Economic Research Working Paper* No. 2330 (July).
[14] Tversky, Amos and Kahneman, Daniel, (1974), "Judgment under Uncertainty: Heuristics and Biases", *Since* 185 (September):1124—1131.
[15] Loewenstein, George, and Thaler, Richard H., (1989), "Anomalies: Intertemporal Choice", *Journal of Economic Perspective* 3 (fall):181—193.
[16] Campbell, John Y., and Mankiw, N. Gregory, (1989a), "Consumption, Income, and Interest Rates: Reinterpreting the Time Series Evidence", *NBER Macroeconomics Annual* 4:183—216.
[17] Carroll, Christopher D., and Summers, Lawrence H., (1991), "Consumption Growth Parallels Income Growth: Some New Evidence", In B. Douglas Bernheim and John B. Shoven, eds., *Normal Saving and Economic Performance*, 305—343, Chicago: University of Chicago Press.
[18] Shefrrin, Hersh M., and Thaler, Richard H., (1988), "The Behavioral Life-Cycle Hypotheses", *Economic Inquiry* 26 (October):609—643.
[19] James M. Buchanan, (1976), "Barro on the Ricardian Equivalence Theorem", *The Journal of Political Economy*, Vol. 84, No. 2. (Apr., 1976).
[20] Durnbusch and Fischer, (2004): *Macroeconomics*, 8th E*d.*, McGraw-Hill Inc. ,1994.
[21] Branson, (1989): *Macroeconomic Theory and Policy*, 3rd E*d.*, Harper and Row Co. ,1989.
[22] Hall and Taylor, (1991): *Marcoeconomics*, 3rd E*d.*, Norton Co., New York, 1991.
[23] Karp Larry and In Ho Lee, (2003), "Time Consistent Policies", *Journal of Economic Theory*, Vol. 112, 2003: 353—364.
[24] Alvarez Fernando, Patrick J. Kehoe and Pablo A. Neumeyer, (2004), "The Time Consistency of Optimal Monetary and Fiscal Policies", *Econometrica*, Econometric Society, vol. 72(2), pages 541—567.

Crowding Out Effect of China's Fiscal Policy: A combined test on Keynesian Model and Ramsey Model using China's annual data in 1952—2008

ZHANG Yan

Abstract: Crowding out effect means that the increase of government purchase could result in the decrease of private investment, so the expansion of public expenditure would crowd out private investment. Meanwhile the government is using expansionray fiscal policy to deal with the financial crisis, so the study on the effect of fiscal policy is a hot issue. This study uses two famous model, country intervening based Keynesian Model and miroeconomic representative individual optimal based Ramsey Model, to analyse the relation of government purchase to real interest and private investment. Two models reach the same conclusion that government purchase is positive to real interest and negative to private investment, and the only discrepancies are the different transmission mechanisms and whether there is lagging effect. According to the analyse of China's macroeconomic time series annual data in 1952—2008, this study reveals that, government purchase has a significantly positive and contemporary relation with nominal interest as well as a significantly negative and contemporary relation with private investment, which means that China's Fiscal Policy has a contemporary significant crowding out effect.

Key words: crowding out effect; government purchase; real interest; investment; Ramsey Model

取消燃气和电力补贴对我国居民生活的影响*

李 虹 董 亮 谢明华

摘要：分析取消能源补贴对居民生活的影响是完善能源补贴改革的重要基础。本文首先应用价差法估算了中国 2007 年燃气和电力的补贴规模；其次考虑到中国居民贫富与区域差异，将城乡居民按收入水平分为 10 组，引入"能源预算"概念并设计"影响指数"、"承受力指数"等核心指标，结合投入产出模型，从直接和间接两方面综合研究了取消燃气和电力补贴对不同收入阶层居民生活的影响，分析结果表明无论从直接影响还是间接影响的角度，取消燃气和电力补贴对低收入阶层居民，尤其是农村低收入居民的冲击更大。最后基于实证分析结果，提出阶梯化定价机制与补贴转移等能够让低收入阶层居民真正获益的能源补贴改革建议。

关键词：燃气和电力补贴；居民生活；不同收入阶层；投入产出模型

一、引 言

燃气[①]与电力是现代社会重要的生活能源。改革开放以来，伴随着中国经济与社会的快速发展，居民燃气以及电力的消费量、普及率都有了较大的提高[②]，而促进这种消费量与普及率不断上升的重要原因之一是中国政府长期以来以低价形式对燃气和电力进行的消费侧补贴[③]，这种补贴政策使得中国居民燃气与电力的终端消费价格普遍低于国际价格：以 2007 年为例，中国民用天然气平均价格为 2.15 元/立方米，而美国、英国、日本则分别为 3.189 元/立方米、4.809 元/立方米和 7.894 元/立方米[④]；中国居民用电价格为 0.47 元/千瓦时，美国、英国、日本则分

---

* 原载于《经济研究》2011 年第 2 期。本文是 2007 年美国能源基金会项目"中国电力产业提高能源效率和减少污染的管制行动"、2008 年民建中央课题"中国能源价格形成机制问题研究"、2009 年中国博士后科学基金"可持续发展与社会公平：基于能源补贴理论与政策实践的研究"（项目编号：20090460202）、2009 年教育部哲学社会规划项目"中国电力价格体制改革研究——煤电价格联动的政策效应"（项目编号：09YJA790006）的阶段性研究成果。

① 为讨论方便，本文的燃气指天然气和液化石油气，没有考虑煤气等。
② 从 1980 年至 2008 年，城镇居民天然气与液化石油气的消费量分别增长了 153.4 倍和 22.3 倍，城镇居民天然气、液化石油气的普及率从 1978 年的 17.3% 增长到了 2008 年的 89.6%；从 2000 年至 2008 年，居民电力消费增长了 116.7%。数据来源：《中国城市建设统计年鉴 2008》，中国建设部，2009 年。
③ 联合证券：《中国天然气行业深度研究报告》，2007 年。
④ IEA, International Energy Prices and Taxes, Statistics, 2008. 2007 年，美元兑人民币平均汇率为 7.604。

别为 0.81 元/千瓦时、1.41 元/千瓦时和 1.35 元/千瓦时。①

补贴政策是低收入阶层居民获取现代能源的重要途径之一,然而其在促进居民燃气、电力等现代能源的消费与普及的同时,也逐渐暴露出种种弊端。一方面,中国燃气和电力补贴规模较大,增加了政府的财政负担,2005 年中国天然气以及电力补贴高达 120 亿美元(IEA,2006),约占当年 GDP 的 0.54%②;另一方面,由于补贴机制存在的缺陷,导致从补贴政策中得到较大收益的并非是最需要补贴的低收阶层而是高收入阶层,从而加剧了社会的不公平(Moor,1997③;Myers,Kent,1998④;Schneider 等,1999⑤;UNEP,2003⑥;Shim,Jae Hyun,2007⑦;OECD,2008⑧),这种"富人搭穷人便车"的现象对于中国这样一个人口众多、贫富差距较大、社会结构复杂的发展中国家来说尤为严重,因此,中国能源补贴改革尤其是化石能源补贴改革势在必行。

但长期的国际能源补贴改革实践证明,改革也将会带来一些负面影响,其中尤为突出的是对居民生活,特别是贫困阶层居民生活的影响。IEA(2002)⑨,Brannon(1974)⑩,Anderson 和 McKibbin(1997)⑪运用局部均衡法研究表明取消能源补贴将提高能源价格进而对工业产品价格和居民生活产生潜在的负面影响。Dube(2003)⑫计算了津巴布韦在取消补贴后增加的能源支出占城镇居民总收入以及能源预算的比重变化得出:家庭越贫困,比值越大,即取消能源补贴对贫困家庭影响更大。Kebede(2006)⑬利用平均能源支出来表征家庭可以承担的能源购买力,通

---

① 数据来源:林伯强、蒋竺均、林静:《有目标的电价补贴有助于能源公平和效率》,《金融研究》2009 年第 11 期。
② 2005 年中国 GDP 为 183 084.80 亿元,全国财政收入 31 649.29 亿元。数据来源:中华人民共和国国家统计局:《中国统计年鉴 2006》。
③ André de Moor and Peter Calamai: "Subsidizing Unsustainable Development: Undermining the Earth with Public Funds." 1997.
④ N. Myers and J. Kent: "Perverse Subsidies: How Tax Dollars Can Undercut the Environment and the Economy", Island Press, 2001.
⑤ K. Schneider, T. Phamduc, Wu Zhonghu, Liu Xiaoli, Shi Lin, Dai Lin and Zhu Yuezhong: "Supplying Coal to South East China: Impacts of China's Market Liberalisation", Canberra: ABARE Research Report, 1999.
⑥ UNEP, Energy Subsidies: Lessons Learned in Assessing Their Impact and Designing Policy Reforms, Paris: UNEP, 2003.
⑦ Shim, Jae Hyun: "The Reform of Energy Subsidies for the Enhancement of Marine Sustainability—An Empirical Analysis of Energy Subsidies Worldwide and an In-Depth Case Study", http://suapp.udel.edu/content/recent-dissertations, 2007-03-06.
⑧ IEA, World Energy Outlook 2008. Paris: OECD, 2008.
⑨ IEA, World Energy Outlook 2002. Paris: OECD, 2002.
⑩ G. M. Brannon: *Energy Taxes and Subsidies*, Cambridge: Mass, 1974.
⑪ K. Anderson, W. J. McKibbin: "Reducing Coal Subsidies and Trade Barriers: Their Contribution to GHGs Abatement", University of Adelaide: (CIES), 1997.
⑫ I. Dube: "Impact of Energy Subsidies on Energy Consumption and Supply in Zimbabwe. Do the Urban Poor Really Benefit?", *Energy Policy*, vol. 31, 2003, pp. 1635—1645.
⑬ B. Kebede: "Energy Subsidies and Costs in Urban Ethiopia: The Cases of Kerosene and Electricity", *Renewable Energy*, vol. 31, 2006, pp. 2140—2151.

过问卷调查法研究表明埃塞俄比亚削减能源补贴对贫困阶层家庭支出的影响较大。Khattab(2007)[①]使用局部均衡法研究削减埃及能源密集型行业的能源补贴将会导致能源价格上涨,从而对这些行业产生难以忽视的影响,因此应在深入分析这些影响的基础上制定补贴改革方案。

具体到对居民生活至关重要的燃气、电力、煤油等能源,Thukral(1994)[②]、Gangopadhyay(2005)[③]研究表明印度居民煤油及石油天然气补贴的实质是高收入群体获益最大,但取消补贴对贫困阶层居民的福利影响较大,因此改革尤其需要对贫困阶层居民制定相关补偿措施。Barnes和Halpern(2001)[④]提出设计对农村居民更有效的电力补贴政策,必须遵循两个原则:降低能源服务的前期成本,提供补偿改革造成经济效率损失的相关激励措施。Saboohi(2001)[⑤]使用投入产出模型(I-O Model)证明了伊朗削减煤油以及液化石油气补贴会使得其他商品价格上涨,居民生活成本增加,其中城镇居民家庭总支出增加32.2%,农村居民家庭总支出增加37.5%。综上所述,为了有效实施能源补贴改革,应全面、深入地分析改革对居民尤其是低收入阶层居民生活的影响(UNEP,2008)。[⑥]

与国际相比,中国关于能源补贴改革的研究尤其是改革对居民生活影响方面的研究十分稀少,仅有极少数学者给予了一定程度的关注。林伯强等(2009)[⑦]在论述削减电力交叉补贴对居民、尤其是低收入阶层居民的福利将产生负面影响的前提下,指出应在公平和效率的原则下,设计更为合理的电力补贴机制。刘伟、李虹(2009)[⑧]利用CGE模型分析表明削减2007年5%的中国煤炭消费侧补贴将导致就业率降低0.24%,从而会在一定程度上增加本国的贫困率和失业率,威胁到社会稳定。

中国作为一个正处于工业化与城市化快速发展阶段的发展中国家,城乡居民平均收入普遍不高,且贫富差距较大,使得城乡居民能源消费能力也有很大的差

---

① A. S. Khattab: "Assessing the Impact of Removing Energy Subsidies on Energy Intensive Industries in Egypt", 2007-9-13, http://egyptoil-gas.com/read_article_issues.php? AID = 68,2010-1-12.

② K. Thukrala, P. M. Bhandari: "The Rationale for Reducing the Subsidy on LPG in India", *Energy Policy*, Vol.22, 1994, pp.81—87.

③ S. Gangopadhyay, B. Ramaswami, W. Wadhwa: "Reducing Subsidies on Household Fuels in India: How will It Affect the Poor?", *Energy Policy*, Vol. 33, 2005, pp.2326—2336.

④ D. Barnes, J. Halpern: "Reaching the Poor: Designing Energy Subsidies to Benefit Those That Need It", *Refocus*, Vol. 2, No. 6, 2001, pp.32—34.

⑤ Y. Saboohi: "An Evaluation of the Impact of Reducing Energy Subsidies on Living Expenses of Households", *Energy Policy*, Vol.29, 2001, pp. 245—252, 2001.

⑥ UNEP, Reforming Energy Subsidies: Opportunities to Contribute to the Climate Change Agenda, Paris: UNEP. 2008.

⑦ 林伯强、蒋竺均、林静:《有目标的电价补贴有助于能源公平和效率》,《金融研究》2009年第11期。

⑧ 刘伟、李虹:《中国化石能源补贴改革政策效应综合评价——基于CGE模型的实证分析》,北京大学,工作论文2009。

异,2007年城镇人均能源与电力消费量分别是农村地区的3.8倍和5.1倍①,这些差异必然造成能源补贴改革对不同收入阶层居民的影响是不同的。因此在设计中国燃气与电力补贴改革时,应充分考虑中国居民的收入水平以及能源消费差异,深入、系统地分析取消补贴对于不同收入阶层居民的影响。

本文余下部分的结构安排如下:第二部分构建了取消燃气与电力补贴对于居民生活影响的分析框架;第三部分根据价差法,估算了2007年中国燃气以及电力的补贴规模;第四部分将中国居民按城乡与人均收入水平分为10组,通过引入"能源预算"概念,设计分析指标,并应用投入产出模型,具体研究了取消补贴对中国不同收入阶层居民的直接和间接影响;基于实证分析,第五部分提出了相关政策建议,以实现中国燃气和电力补贴机制改革的高效与公平。

二、研究方法

补贴降低终端消费价格,因此取消补贴会引起能源产品价格上涨。考虑到燃气与电力与居民生活息息相关,其价格变动会进一步影响居民生活。如图1所示,这些影响主要体现在如下几方面:

(1)直接影响:燃气和电力是居民生活的重要能源,因此取消补贴引起的价格上涨会直接增加居民生活能源消费支出,提高生活成本。

(2)间接影响:能源是重要的生产材料,因此能源价格的变动会引起与其相关的其他商品和服务的价格变动,并最终传递给消费者。这种间接影响可以通过投入—产出模型进行计算。

为了分析计算上述影响,本文(1)引入"能源预算"概念并设计"影响指数"、"承受力指数"两个核心指标,应用指标分析方法计算取消补贴对居民生活的直接影响;(2)应用投入产出模型,计算取消补贴引起的能源产品价格变动与其他部门商品服务价格之间的联动关系从而分析对居民生活的间接影响。

本文构建了指标分析与投入产出模型相耦合的综合分析方法,从直接到间接影响,针对取消燃气与电力补贴对居民生活的影响进行全景计算分析,分析结论将为国家相应政策制定提供科学参考。

三、中国燃气和电力补贴规模估算

为满足后续实证分析的需要,本章节应用价差法估算2007年中国燃气和电力

---

① 2007年城镇人均能源消费量为2 030千克标准煤,电力消费量为3 000千瓦时,农村地区人均能源消费和电力消费则分别为540千克标准煤和593千瓦时。数据来源:中华人民共和国国家统计局,《中国统计年鉴2009》。

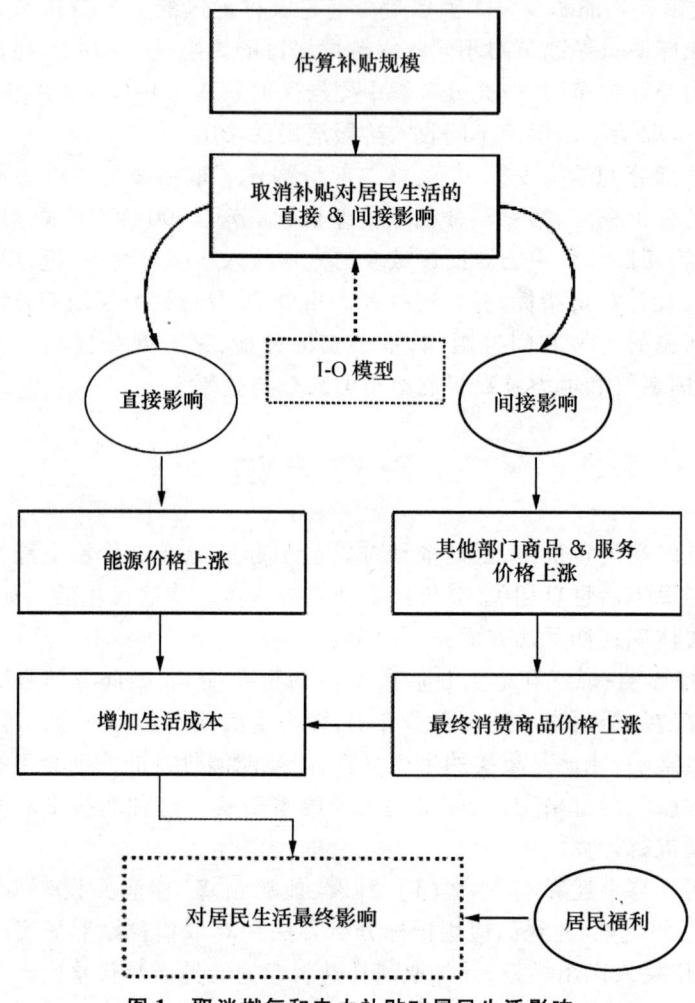

图1　取消燃气和电力补贴对居民生活影响

补贴规模和补贴率。①

（一）价差法

根据 IEA(1999)，价差法基本公式为②：

$$S_i = (M_i - P_i) \times C_i \tag{1}$$

其中，S_i 为能源产品补贴数额；M_i 为基准价格，对于燃气和电力，基准价格为其长期边际成本；P_i 为终端消费价格（一般选取消费市场价格）；C_i 为消费量；i 为能源

---

① 价差法只适用于销售价格低于自由市场价格的情况，它只能衡量消费侧补贴，因此本文计算出的补贴规模指的是燃气和电力的消费侧补贴规模。

② IEA, World Energy Outlook Looking at Energy Subsidies: Getting the Prices Right, Paris: OECD,1999.

产品种类。

取消价差会影响能源产品的价格,对于这种影响,本文参考 IEA(1999)的公式：

$$q = P^{\varepsilon} \tag{2}$$
$$\Delta q = Q_0 - Q_1 \tag{3}$$

其中：q 是能源产品消费量；ε 是能源长期需求价格弹性；Δq 为取消补贴后能源消费量的变化；Q_0 和 Q_1 分别为取消补贴前后的消费量。

(二) 燃气补贴规模计算

1. 价差法应用

对于中国天然气和液化石油气,本文参考 IEA(1999),IMF(2002),采用公式(2)确定其基准价格：

$$M_i = W_i + D_i + T_i \tag{4}$$

其中：W_i 为基准价格；D_i 为运销成本；T_i 为一般销售税、增值税等。

2. 天然气补贴规模计算

(1) 基准价格(M_i)

对于天然气,国家发展与改革委员会通过控制天然气的出厂价格、管输费以及分销成本等,降低其终端消费价格。由于政府管控生产成本,因此国内天然气实际生产成本很难得到,本文选取国际价格来确定基准价格。本文选取 2007 年北美天然气平均现货价格 1.91 元/立方米[①]作为天然气基准价格。

对于运销成本 D_i,天然气运销成本包括管输费用以及分配费用等。为了简化计算,本文选用国内天然气典型消费市场[②]的平均市场价格与国内天然气平均出厂价格的差值 1.4 元/立方米[③]作为中国天然气平均运销成本。

对于税费 T_i,2007 年中国天然气产品增值税率为 13%(包含在出厂价格中)。2007 年中国天然气主要产地川渝盆地、长庆气田(陕甘宁)、青海和新疆等地平均出厂价格为 0.8 元/立方米,计算得增值税为 0.104 元/立方米。

根据公式(2)以及以上确定的各项参数,计算得 2007 年中国天然气基准价格 M_i 为 3.41 元/立方米。

[①] 国研网数据中心,http://edu.drcnet.com.cn/DRCNet.Edu.Web/,2010 年 2 月 13 日。

[②] 本文选取北京、天津、上海等中国 36 个大中城市作为天然气典型消费市场。

[③] 国家发展和改革委员会,中国价格协会,国家发展和改革委员会价格认证中心:《中国物价年鉴 2008》。2007 年中国 36 个大中城市民用、工业天然气平均市场价格为 2.20 元/立方米。
2007 年中国天然气主要产地川渝盆地、长庆气田(陕甘宁)、青海和新疆等地平均出厂价格为 0.8 元/立方米,本文用此价格作为中国天然气平均出厂价格。数据来源：平均出厂价格根据发改委公布的历次天然气出厂价格调整整理。

(2) 终端消费价格(P_i)

2007年中国民用天然气平均价格为2.15元/立方米,工业用天然气平均价格为2.47元/立方米。①

(3) 消费量(C_i)

2007年中国民用天然气消费量为136.68亿立方米,工业用天然气消费量为535.41亿立方米。②

根据上述各项的参数确定以及价差法计算公式(1)得2007年中国民用天然气补贴规模为172.73亿元,补贴率③为37.02%;工业用天然气补贴规模为505.28亿元,补贴率为27.65%。

3. 液化石油气补贴规模估算

参考以上计算思路估算2007年中国液化石油气的补贴规模。以2007年中国国内液化石油气平均价5258元/吨④作为终端消费价格;消费量为2302.25万吨⑤;因为沙特阿美合同价格(CP丙烷)能很好地反映国际市场液化石油气价格,因此本文选用其2007年平均值5320元/吨⑥作为液化石油气国际现货价格,为了简化计算,将国内液化石油气平均价格与液化石油气平均出厂价格的差值作为运销成本,2007年中国液化石油气平均出厂价格为5064.66元/吨⑦,增值税税率为13%,计算得基准价格为6094.87元/吨。综上依据价差法计算得2007年中国液化石油气补贴为192.56亿元,平均补贴率13.72%。

综上所述,2007年中国燃气补贴为870.57亿元,其平均补贴率⑧为23.56%。

(三) 电力补贴规模估算

对于中国居民电力补贴计算,基准价格选取2007年居民电力长期边际成本1.03元/千瓦时⑨;居民电力终端消费价格选取2007年中国城镇和农村居民生活用电价格(0.52元/千瓦时、0.45元/千瓦时⑩)的按消费量加权平均值0.49元/千

---

① 国家发展和改革委员会,中国价格协会,国家发展和改革委员会价格认证中心:《中国物价年鉴2008》。
② 中国国家统计局,http://www.stats.gov.cn/tjsj/,2010年3月23日。
③ 补贴率=价差/基准价格。
④ 国家发展改革委价格监测中心。本文将2007年中国北京、上海、天津等主要城市液化石油气平均价格作为中国液化石油气的平均价格。
⑤ 国家统计局能源司、国家能源局综合司:《中国能源统计年鉴2008》。
⑥ 蔡德洪:《2008年国内液化石油气市场分析及2009年预测》,《市场观察》2008年第1期。
⑦ 国家发展和改革委员会、中国价格协会、国家发展和改革委员会价格认证中心:《中国物价年鉴2008》。液化石油气生产企业要按照与90#汽油保持1:(0.83—0.92)的比价关系确定出厂价格,90#汽油2007年均价6102元/吨。
⑧ 燃气平均补贴率=[补贴数额(天然气+液化石油气)]/[消费额(天然气+液化石油气)+补贴数额(天然气+液化石油气)]×100%。
⑨ 国家统计局能源司、国家能源局综合司:《中国能源统计年鉴2008》。
⑩ 国家发展和改革委员会、中国价格协会、国家发展和改革委员会价格认证中心:《中国物价年鉴2008》。

瓦时[1];居民用电量为 3 622.71 亿千瓦时[2]。依据价差法计算得 2007 年居民用电电力补贴规模为 1 956.26 亿元,补贴率为 52.43%。

综上所述,2007 年中国燃气和电力补贴率都较高,即政府通过补贴政策大幅降低了居民用气与用电价格。考虑到燃气和电力对于居民生活的重要性,需要全面、深入分析取消燃气和电力补贴对居民生活产生的各种影响。

四、实证分析

(一)不同收入阶层居民的燃气和电力消费状况

考虑到中国城乡居民生活消费差异,为了进一步深入研究取消燃气和电力补贴对居民生活的影响,本节按照人均可支配收入水平将中国城镇与农村居民分为10 组,其中城镇居民分为 7 组,农村居民分为 3 组(如表 1 所示),在此基础上分析不同收入阶层居民的生活支出和能源消费情况。

表 1 城乡 10 组居民收入和支出情况(元)

收入阶层	分组	人均可支配收入	人均消费支出	人均能源消费支出
城镇困难家庭	Gr1-1	4 210.06	4 036.32	187.51
城镇低收入家庭	Gr1-2	6 504.60	5 634.15	210.05
城镇较低收入家庭	Gr1-3	8 900.51	7 123.69	234.52
城镇中等收入家庭	Gr1-4	12 042.32	9 097.35	243.53
城镇较高收入家庭	Gr1-5	16 385.80	11 570.39	279.58
城镇高收入家庭	Gr1-6	22 233.56	15 297.73	325.78
城镇最高收入家庭	Gr1-7	36 784.51	23 337.33	484.63
农村低收入家庭	Gr2-1	2 216.17	1 852.40	151.2
农村中等收入家庭	Gr2-2	3 658.83	2 938.47	180.2
农村高收入家庭	Gr2-3	7 460.23	4 838.58	220.00

注:(1)Gr1-i 表示城市第 i 收入组,Gr2-i 表示农村第 i 收入组,分组根据统计年鉴中数据进行整合。数据来源:国家统计局城市社会经济调查司:《中国城市(镇)生活与价格年鉴 2008》;国家统计局农村社会经济调查司:《中国农村统计年鉴 2008》。

(2)对于农村居民,可支配收入指纯收入。低收入家庭包括统计年鉴中低收入与中下收入户;高收入家庭包括中上收入户与高收入户,收入水平取其均值。

首先,本节依据中国家庭支出的统计数据,计算并分析了不同收入阶层家庭支

---

[1] 城镇居民用电占生活用电比例约为 61%,农村用电比例为 39%。
[2] 国家统计局能源司、国家能源局综合司:《中国能源统计年鉴 2008》。

出结构以及能源消费结构(如图2所示)。① 从图中可以看出,能源支出是居民家庭支出的重要组成部分;家庭人均收入越高,总能源消费就越高,而其中燃气和电力消费是能源消费的主要部分。

其次,进一步分析不同收入阶层居民的能源消费能力(如图3所示)。尽管人均能源支出随着家庭人均收入的增加而增加,但是其占家庭人均收入的比重却在下降,这表明高收入阶层居民的能源消费能力较强。由此可见,由于不同收入阶层居民的能源消费结构与能源消费能力存在很大差异,取消补贴会对他们产生不同的影响,本文进一步将从直接和间接的角度具体分析这些影响。

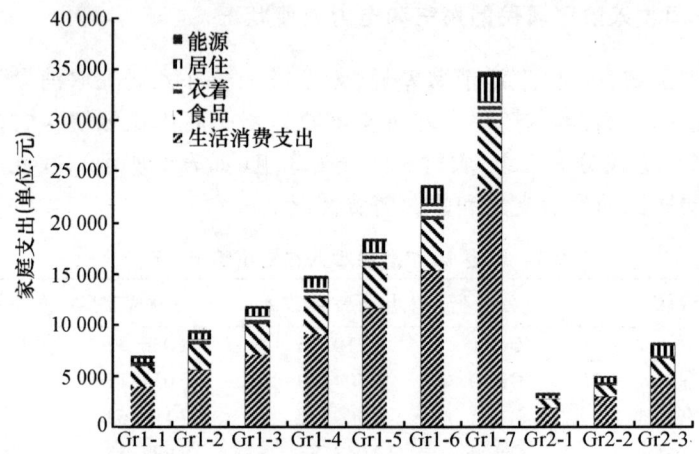

图2 10组居民家庭支出结构与能源消费结构
数据来源:国家统计局城市社会经济调查司:《中国城市(镇)生活与价格年鉴2008》;国家统计局农村社会经济调查司:《中国农村统计年鉴2008》。

(二)取消补贴对能源需求影响及不同收入阶层居民能源需求的价格弹性

居民在消费燃气和电力价格波动时会调整消费量,因此取消补贴后实际价格上涨幅度要考虑需求价格弹性:

$$\alpha = \xi \times \frac{Q_1}{Q_0} \tag{5}$$

$$\ln Q_1 = \varepsilon \times (\ln P_1 - \ln P_0) + \ln Q_0 \tag{6}$$

---

① 对于农村家庭消费支出结构,统计年鉴中没有提供按收入分组的数据,本文采用面板数据的处理思路,对全国31个省市自治区的数据进行加权处理,具体思路如下:对各省市农村居民按收入进行排序,将其分为高(>3 700元)、中(2 200—3 700元)、低(<2 200元)三个收入组,各项消费支出数据为收入组内各省份平均值,这样得到通过面板数据处理的3个收入组消费支出结构,然后对应本文的三个农村居民收入分组划分,对各项数值进行进一步调整:(1)确定调整因子κ,其等于按面板数据处理的分组对应的消费支出与本文确定分组中消费支出的比值,然后面板数据处理后的各项消费支出乘以调整因子,最终得到农村居民3个收入分组家庭消费支出结构。

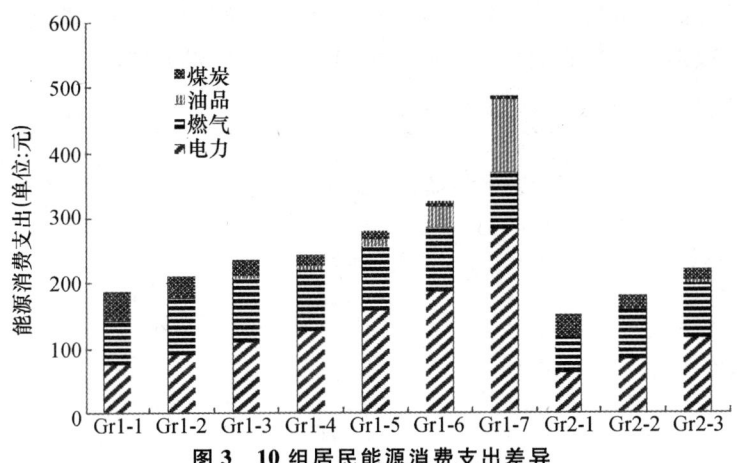

图3 10组居民能源消费支出差异

其中，P_0和P_1为取消价差后的能源产品价格。α为取消补贴能源产品价格上涨幅度，ξ为能源产品补贴率。根据公式(5)、(6)可以计算出取消补贴后居民燃气和电力消费价格的上涨幅度。

对于能源价格长期需求价格弹性ε的计算，由于采用方法与数据的差异，不同学者计算的结果不同。本文选取Qi等(2009)[①]计算的数值0.16作为中国居民用电需求价格弹性。选取Lin(2010)[②]计算的数值-0.31作为中国居民燃气需求价格弹性。

不同收入阶层对应不同的能源产品消费价格弹性，但由于数据的限制，本文无法分别估计出城乡10组收入阶层的弹性。因此，本文以上述价格弹性作为基准值，对各阶层的弹性进行调整。调整思路为：

(1) 确定城镇、农村需求价格弹性基准值

农村居民用电大多为维持基本生活，用电量小而且价格的作用非常有限，所以弹性相较于城镇居民较小，因此本文在-0.16的基础上减0.1，即-0.06作为农村居民生活用电需求价格弹性基准值。城镇居民会综合考虑电费与舒适度，具有一定的弹性，因此在-0.16的基础上加0.2，即-0.36作为城镇居民生活用电需求价格弹性基准值。

(2) 确定城乡不同收入阶层需求价格弹性

对于不同收入阶层，其消费性质会影响需求价格弹性。总体来说，收入增加，弹性会增加，但当收入较高时，又会对价格变化不太敏感，因此，中等收入价格弹性最大。

---

① Qi, F., Zhang, L. Z., Wei, B., Que, G. H., 2009, An Application of Ramsey Pricing in Solving the Cross-Subsidies in Chinese Electricity Tariffs. IEEE 442—447.

② Lin, B., Jiang, Z., 2010, Estimates of Energy Subsidies in China and Impact of Energy Subsidy Reform, Energy Economics.

对于燃气需求价格弹性处理方法一致。各收入阶层居民电力与燃气的需求价格弹性以及取消补贴导致的电力和燃气价格上涨幅度如表2所示：

表2　各收入阶层电力与燃气需求价格弹性以及价格上涨幅度

收入阶层	电力需求价格弹性	对应取消电力补贴价格上涨幅度(%)	燃气需求价格弹性	对应取消燃气补贴价格上涨幅度(%)
城镇困难家庭	-0.06	50.14	-0.21	21.38
城镇低收入家庭	-0.16	46.55	-0.31	20.42
城镇较低收入家庭	-0.26	43.22	-0.41	19.50
城镇中等收入家庭	-0.36	40.13	-0.51	18.62
城镇较高收入家庭	-0.31	41.64	-0.36	19.96
城镇高收入家庭	-0.26	43.22	-0.21	21.38
城镇最高收入家庭	-0.21	44.86	-0.06	22.92
农村低收入家庭	-0.01	52.04	-0.11	22.39
农村中等收入家庭	-0.06	50.14	-0.21	21.38
农村高收入家庭	-0.26	43.22	-0.11	22.39

注：农村、城镇中等收入家庭价格弹性为基准值，其他收入阶层在基准值基础上按照上述分析思路进行增减。

(三) 取消燃气和电力补贴对居民生活的直接影响

由于能源消费侧补贴直接降低了居民终端消费价格，因此假定取消燃气和电力消费侧补贴会使其价格上涨，且对于城乡不同收入阶层，价格上涨幅度不同。本节设计两个指标来表征这种价格上涨带来的直接影响：(1) 影响指数：能源价格上涨所引发的居民能源消费支出的增加占居民收入的比重；(2) 承受力指数：不同收入阶层居民对能源支出增加的承受能力。

1. 影响指数

影响指数的公式为：

$$EI = \frac{\text{人均能源消费支出} \times \text{能源价格上涨幅度}}{\text{人均可支配收入}} \times 100 \qquad (7)$$

影响指数越大，说明取消补贴引起的能源消费支出增加占居民收入的比重越大，即对居民生活的直接影响越大。根据公式(7)计算结果体现出取消燃气和电力补贴对于城乡不同收入阶层居民的直接影响差异显著：(1) 最低收入阶层居民的影响指数最大，城镇困难家庭和农村低收入家庭分别为1.26和2.01；而对应的最高收入阶层居民的影响指数较小，城镇对高收入家庭和农村高收入家庭分别为0.40和0.92；(2) 城乡差异显著：城镇中等收入家庭与农村中等收入家庭的影响指数分别为0.57和1.59(如表3所示)。低收入居民，尤其是农村低收入居民受到的直接冲击更为明显(如图4所示)。

表3　10组居民能源消费支出增加的影响指数计算结果

	Gr1-1	Gr1-2	Gr1-3	Gr1-4	Gr1-5	Gr1-6	Gr1-7	Gr2-1	Gr2-2	Gr2-3
燃气消费支出增加影响指数	0.34	0.27	0.21	0.14	0.12	0.09	0.05	0.55	0.43	0.25
电力消费支出增加影响指数	0.92	0.66	0.54	0.43	0.40	0.37	0.34	1.46	1.16	0.67
综合影响指数（总计）	1.26	0.92	0.75	0.57	0.52	0.46	0.40	2.01	1.59	0.92

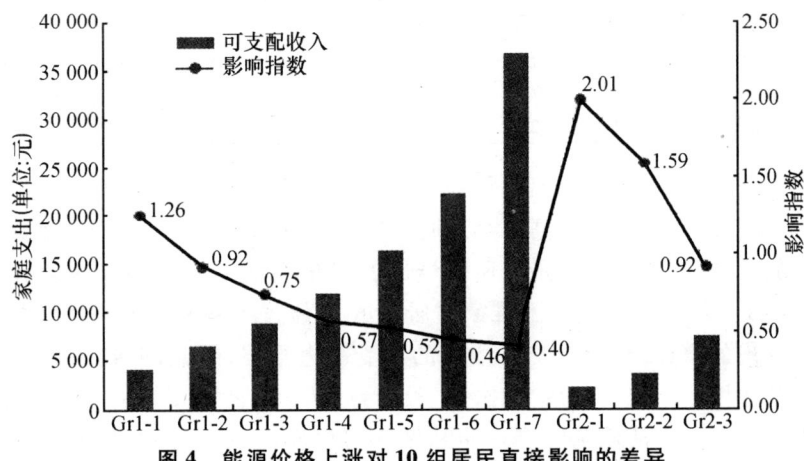

图4　能源价格上涨对10组居民直接影响的差异

2. 承受力指数

分析取消补贴对居民生活影响，一方面要分析影响大小，另一方面，还要分析居民对这些影响的承受能力。本文引入"能源预算"的概念①（energy budget, Ikhupuleng, 2003）来计算不同收入阶层居民对能源支出增加的承受能力。考虑到不同收入阶层居民能源消费能力不同，本节假设，对于城镇、农村居民，最低收入阶层居民的能源预算是其将家庭结余中的30%②用做能源支出，其余收入阶层居民的能源预算以此比例为基准，根据不同收入阶层人均能源支出占人均消费支出的比例来做相应调整，承受力指数计算公式如下：

$$\xi = \frac{能源预算}{能源消费支出增加} \tag{8}$$

$$\text{Energy budget} = S_i \times \eta_i \tag{9}$$

$$\eta_i = 30\% \times \frac{\delta_i}{\delta_1} \tag{10}$$

其中：ξ 为居民对于能源支出增加的承受力指数，ξ 越大，说明居民对能源支出增加的承受能力越强；S_i 为第 i 组居民人均家庭结余；η_i 为第 i 组居民人均家庭结余

---

① 能源预算指居民愿意承担的平均能源支出。
② 对于城镇和农村低收入阶层居民，能源消费支出占生活消费支出（除去食品、衣着、居住、家庭设备等必需条目外）的比例约为20%。本文在实证分析中取比这一比例稍高的30%作为基准值，以显示能源的重要性。

用做能源支出的比例;δ_i 为第 i 组居民人均能源消费支出占总消费支出的比重。中国城乡不同收入阶层居民人均家庭结余以及人均能源预算计算结果如表4所示:

表4 10组居民人均家庭结余和能源预算计算结果

	Gr1-1	Gr1-2	Gr1-3	Gr1-4	Gr1-5	Gr1-6	Gr1-7	Gr2-1	Gr2-1	Gr2-1
家庭结余（元）	173.74	870.45	1 776.82	2 944.97	4 815.41	6 935.83	13 447.18	363.77	720.36	2 621.65
η_i	0.30	0.22	0.20	0.16	0.14	0.13	0.12	0.30	0.23	0.17
能源预算（元）	52.12	194.71	350.97	473.02	698.12	886.23	1 675.50	109.13	165.66	447.00
承受力指数	0.98	3.24	5.27	6.88	8.18	8.70	11.42	2.45	2.85	6.50

根据上述公式,本节计算出不同收入阶层居民对能源支出增加的承受力指数 ξ（如表4所示）:收入阶层越高,能源预算越大,承受力指数 ξ 越大,对能源支出增加的承受能力越强,城镇收入最高阶层居民的 ξ 值高达 11.42,即能源预算是能源支出增加的 11.42 倍;而城镇困难家庭居民的 ξ 值仅为 0.98,其能源预算不足以支付能源支出的增加,对能源支出增加的承受能力很弱,因此,低收入阶层居民常常会动用其他用途的家庭结余,如医疗、教育等,来弥补能源预算的不足,这无疑会进一步降低他们的生活质量。进一步从图5可以看出,承受力指数分布成正三角金字塔状,高收入阶层处于承受力指数金字塔的顶端,而广大中低收入阶层处于底部。

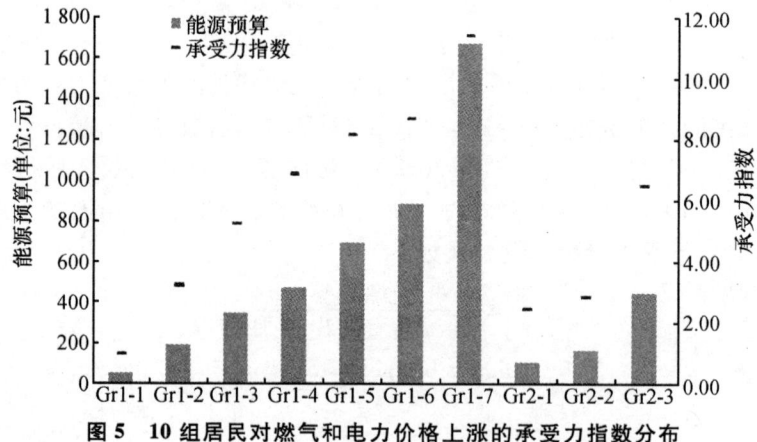

图5 10组居民对燃气和电力价格上涨的承受力指数分布

综上分析,无论从能源支出增加的角度,还是从对这种支出增加的承受能力角度,低收入阶层居民受到的影响更为严重。

（四）取消燃气和电力补贴对居民生活的间接影响

作为重要生产资料,能源价格变动会引发与能源密切相关产品和服务价格的变动,进而对居民生活造成间接的影响。为了计算这种间接影响,本节基于中国

2007年投入产出表,应用投入产出模型来模拟计算取消燃气和电力补贴所引起的价格上涨对居民生活支出的具体影响。将城乡居民的消费支出项目类别包括食品、服装、住房、家居用品和服务、医药、交通和通信、教育和娱乐、其他,与2007年的投入产出表中的产出部门一一对应然后进行计算。投入产出计算公式为(11)—(13)①:

$$PX = PAX + PD \quad (11)$$

$$\Delta P(I - A)X = \Delta PD \quad (12)$$

$$\partial P_r = \Delta P(I - A)^{-1} \quad (13)$$

其中,P是价格向量;X是部门向量;A是投入产出矩阵;D是终端需求;ΔP是产品价格的相对变化,P_r是终端消费品的价格变化。

依据投入产出模型,我们计算取消补贴对居民各项家庭支出的影响②,结果表明,取消燃气和电力补贴后,能源价格上涨的联动效应导致10组居民的各项家庭支出都有所增加,在此基础上,我们进一步计算了各项消费支出增加占居民收入的比重(如表5和表6所示)。

表5 取消燃气补贴对10组居民的间接影响

	燃气价格上涨导致的家庭各项支出增加幅度(%)									
	Gr1-1	Gr1-2	Gr1-3	Gr1-4	Gr1-5	Gr1-6	Gr1-7	Gr2-1	Gr2-2	Gr2-3
食品	0.09	0.09	0.08	0.08	0.08	0.09	0.10	0.09	0.09	0.09
服装	0.04	0.03	0.03	0.03	0.03	0.04	0.04	0.04	0.04	0.04
住房	0.14	0.14	0.13	0.13	0.13	0.14	0.15	0.15	0.14	0.15
家居用品和服务	0.14	0.13	0.13	0.12	0.13	0.14	0.15	0.14	0.14	0.14
医药	0.03	0.03	0.03	0.03	0.03	0.03	0.03	0.03	0.03	0.03
交通和通信	0.13	0.12	0.11	0.11	0.12	0.13	0.14	0.13	0.13	0.13
教育和娱乐	0.04	0.03	0.03	0.03	0.03	0.04	0.04	0.04	0.04	0.04
其他	0.08	0.07	0.07	0.07	0.07	0.08	0.09	0.08	0.08	0.08

由于需求弹性不同,对于不同收入阶层居民,各个部门的商品的价格上涨幅度不同。进一步分析如图6所示:横坐标为人均消费支出占人均可支配收入的比重,纵坐标为燃气和电力价格提高间接导致的造成人均总消费支出增加占人均可支配收入的比重,从图中可以看出,人均可支配收入越低,消费支出占可支配收入的比重越高,人均总消费支出增加占人均可支配收入的比重也越高。同时,3组农村家庭整体位于7组城镇居民上方,即所处收入阶层类似的情况下,农村家庭受到燃气与电力价格上涨的间接影响更为明显。

---

① Y. Saboohi:"An evaluation of the impact of reducing energy subsidies on living expenses of households." *Energy Policy*, Vol. 29, 2001, pp. 245—252, 2001.
② "对家庭支出的影响"指的是居民家庭各项支出增加的绝对百分比,表4和表5中八组居民对应的数值是各项支出增加的相对百分比,即各项家庭支出增加占其人均可支配收入的比例。

表6 取消电力补贴对10组居民的间接影响

	电力价格上涨导致的家庭各项支出增加幅度(%)									
	Gr1-1	Gr1-2	Gr1-3	Gr1-4	Gr1-5	Gr1-6	Gr1-7	Gr2-1	Gr2-2	Gr2-3
食品	4.5	4.20	3.90	3.62	3.76	3.90	4.05	4.69	4.52	3.90
服装	2.39	2.22	2.06	1.91	1.99	2.06	2.14	2.48	2.39	2.06
住宅	3.11	2.89	2.68	2.49	2.58	2.68	2.78	3.23	3.11	2.68
家庭设备及服务	7.80	7.24	6.72	6.24	6.48	6.72	6.98	8.09	7.80	6.72
医疗	1.87	1.74	1.61	1.50	1.55	1.61	1.67	1.94	1.87	1.61
交通和通信	6.22	5.78	5.37	4.98	5.17	5.37	5.57	6.46	6.22	5.37
教育和娱乐	2.20	2.04	1.89	1.76	1.82	1.89	1.96	2.28	2.20	1.89
其他	3.95	3.67	3.41	3.16	3.28	3.41	3.54	4.10	3.95	3.41

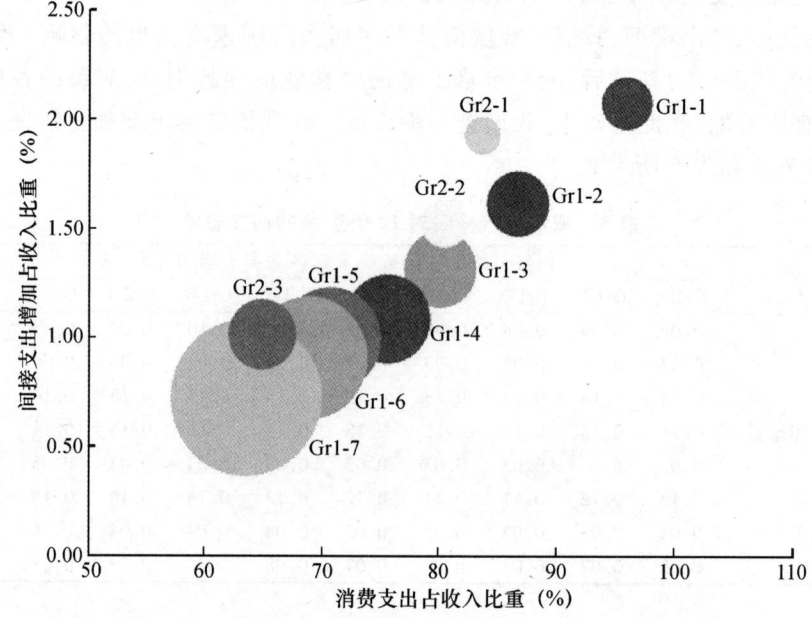

图6 燃气、电力价格上涨对10组居民家庭支出的间接影响
注:气泡大小代表其人均可支配收入高低。

通过上述两节分析,取消燃气和电力补贴引起的燃气和电力价格上涨对居民的直接能源支出(直接影响)以及家庭各方面支出的影响(间接影响)一致,即收入阶层越低,影响越大。同时农村居民相较于城镇居民,受影响更大。

五、结论及政策建议

(一)结论

通过构建耦合指标设计与投入产出计算的分析框架,本文从直接影响、间接影响两方面系统研究了取消燃气和电力补贴对于中国城乡不同收入阶层居民生活的影响。其中,直接影响关注取消补贴导致作为居民生活必需品的能源价格上涨,间接影响关注能源价格上涨的联动效应引起的其他部门商品几个上涨。通过计算分析,本文主要结论如下:

(1) 2007 年中国燃气和电力补贴的补贴率较高,分别为 23.56% 和 52.43%。

(2) 从直接影响角度来看,取消燃气和电力补贴会直接导致居民能源消费支出增加,但对不同收入阶层居民的影响不同。从影响情况和抵御这种影响的承受力两方面来看,收入越低,能源消费支出增加的影响越大,同时居民对这种能源支出增加的承受力越差。城乡横向比较,农村低收入阶层受影响更大。

(3) 投入产出模型计算结果表明,能源价格变动的联动效应会进一步影响相关产品和服务价格并传递给消费者,从而导致居民生活总支出增加,低收入阶层居民受到的这种间接影响更为显著。

(二) 政策建议

针对分析结论,本文提出如下政策建议:

第一,本文从实证计算部分可以看出,一方面,居民所处收入阶层低,能源消费水平低,但是由于能源是居民的生活必需品,因此需求弹性低;另一方面,尽管低收入阶层能源消费水平低,但是能源消费占总消费的比重大。这两方面决定了取消补贴对低收入居民的生活影响更大。而且相较于高收入阶层,低收入阶层居民对价格上涨的承受力较小。因此,为降低能源补贴改革对最低收入阶层居民的影响,应以消费水平为依据,按照"消费水平越低,价格越低"的原则制定阶梯化能源定价机制,从根本上解决能源补贴改革对低收入阶层居民的负面影响。

第二,低收入阶层与高收入阶层对于取消补贴的承受力不同,应该制定差异化的能源补贴改革政策:对低收入阶层居民采取渐进式的改革方式,逐步取消能源补贴,降低改革的冲击;而对高收入阶层居民可采取一次性取消能源补贴的方式。

第三,对于能源补贴改革节省下来的财政资金进行再分配时,重点考虑低收入阶层居民的利益,依据"损失越大,补偿越多"的原则,采用多种方式给予直接或间接(公共福利项目的投资、职业培训等)补偿,从而真正实现"富人补贴穷人"的目标。本文建议设立相应的专项基金,对于城乡低收入阶层居民采取直接给予现金补贴、对特定人群维持补贴等直接补贴措施。

第四,补贴转移:将取消补贴节省的资金转移到有利于提升城乡居民低收入家庭生活水平的社会公共事业中,比如基础教育及职业教育、基础设施建设、基本医疗卫生等项目,从而将改革对他们的冲击降低到最小程度。此外,可以将取消补贴节省的资金用来加强低收入阶层居民的能源利用技术方面的支持,提高能源的利用效率,降低能源的使用成本,从而使得更多的低收入阶层居民能够使用现代能源。

参 考 文 献

[1] 林伯强、蒋竺均、林静:《有目标的电价补贴有助于能源公平和效率》,《金融研究》2009 年第 11 期。

[2] 刘伟、李虹:《中国化石能源补贴改革政策效应综合评价——基于 CGE 模型的实证分析》,北京大学工作论文,2009 年。

[3] André de Moor and Peter Calamai:"Subsidizing Unsustainable Development: Undermining the Earth with Public Funds", 1997.

[4] A. S. Khattab: "Assessing the Impact of Removing Energy Subsidies on Energy Intensive Industries in Egypt", 2007-9-13, http://egyptoil-gas.com/read_article_issues.php? AID = 68, 2010-1-12.

[5] B. Kebede: "Energy Subsidies and Costs in Urban Ethiopia: The Cases of Kerosene and Electricity", *Renewable Energy*, vol. 31, 2006, pp. 2140—2151.

[6] D. Barnes, J. Halpern: "Reaching the Poor: Designing Energy Subsidies to Benefit Those That Need It", *Refocus*, Vol. 2, No. 6, 2001, pp. 32—34.

[7] G. M. Brannon: *Energy Taxes and Subsidies*, Cambridge: Mass, 1974.

[8] I. Dube: "Impact of Energy Subsidies on Energy Consumption and Supply in Zimbabwe. Do the Urban Poor Really Benefit?", *Energy Policy*, vol. 31, 2003, pp. 1635—1645.

[9] IEA, World Energy Outlook 2002. Paris: OECD, 2002.

[10] IEA, World Energy Outlook 2008. Paris: OECD, 2008.

[11] K. Thukrala, P. M. Bhandari: "The Rationale for Reducing the Subsidy on LPG in India", *Energy Policy*, Vol. 22, 1994, pp. 81—87.

[12] K. Anderson, W. J. McKibbin: "Reducing Coal Subsidies and Trade Barriers: Their Contribution to GHGs Abatement", University of Adelaide: (CIES), 1997.

[13] K. Schneider, T. Phamduc, Wu Zhonghu, Liu Xiaoli, Shi Lin, Dai Lin and Zhu Yuezhong: "Supplying Coal to South East China: Impacts of China's Market Liberalisation", Canberra: ABARE Research Report, 1999.

[14] Lin, B., Jiang, Z., "Estimates of Energy Subsidies in China and Impact of Energy Subsidy Reform", *Energy Economics*, (2010).

[15] N. Myers and J. Kent: *Perverse Subsidies: How Tax Dollars Can Undercut the Environment and the Economy*, Island Press, 2001.

[16] Qi, F., Zhang, L. Z., Wei, B., Que, G. H., 2009. An Application of Ramsey Pricing in Solving the Cross-Subsidies in Chinese Electricity Tariffs. IEEE 442—447.

[17] S. Gangopadhyay, B. Ramaswami, W. Wadhwa: "Reducing Subsidies on Household Fuels in India: How will It Affect the Poor?", *Energy Policy*, Vol. 33, 2005, pp. 2326—2336.

[18] Shim, Jae Hyun: "The Reform of Energy Subsidies for the Enhancement of Marine Sustainability—An Empirical Analysis of Energy Subsidies Worldwide and an In-Depth Case Study", http://suapp.udel.edu/content/recent-dissertations, 2007-03-06.

[19] UNEP, Reforming Energy Subsidies: Opportunities to Contribute to the Climate Change Agenda, Paris: UNEP. 2008.
[20] UNEP, Energy Subsidies: Lessons Learned in Assessing their Impact and Designing Policy Reforms. Paris: UNEP, 2003.
[21] Y. Saboohi: "An Evaluation of the Impact of Reducing Energy Subsidies on Living Expenses of Households", *Energy Policy*, Vol. 29, 2001, pp. 245—252, 2001.
[22] Y. Saboohi: "An Evaluation of the Impact of Reducing Energy Subsidies on Living Expenses of Households", *Energy Policy*, Vol. 29, 2001, pp. 245—252, 2001.
[23] "Environment and the Economy." International Institute for Sustainable Development: WinniPeg, Canada, 1998.

中国公共财政面临的挑战与对策[*]

林双林

摘要：改革开放以来我国在经济上取得了惊人成就,然而也出现了诸如收入差别扩大、社会保障薄弱,环境污染加重等问题,急需政府增加转移支付和提供更多的公共消费品。与此同时,我国也面临企业要求减少税赋的压力。为了保持社会稳定和经济持续发展,我国应该优化财政支出结构,提高公共消费品支出在政府支出中的比重;继续改革税制,优化税率;继续缩小政府消费,提高政府效率;加大扶贫力度,完善私人捐献免税法,鼓励私人扶贫;发挥地方政府在提供公共产品、调节收入分配和筹措资金中的作用。

关键词：财政改革；税制优化；公共产品；和谐发展

一、引　言

二十多年的改革开放使中国正经历着近代以来最好的经济发展时期,年人均国民生产总值增长率高达9%。中国惊人的经济成就,赢得世人普遍赞誉。应该看到,我国经济发展也面临种种挑战,如地区差别、城乡差别、贫富差别、人口老龄化、社会保障体制不完善、公共消费品不足、教育投资欠缺、环境污染等等。所有这些问题都影响中国社会和谐与经济持续发展,也都与公共财政有关。本文探讨如何通过公共财政改革,解决上述这些问题,促进社会和谐与经济持续发展。

公共财政涉及政府的收入和支出,税收政策的制定,以及种种政府干预措施。斯密(1776)在《国富论》中指出,每个人在市场上追求个人利益可以达到促进社会利益的目标。然而市场会失灵,市场运作的结果可能不是社会理想的结果。例如,市场决定的收入分配可能不公平；市场决定的教育投资可能不够；市场决定的污染环境的产品产量可能太高；市场决定的公益品的产量可能太低；等等。这就产生了对政府干预的需要。斯密本人也并没有否定政府的作用。[1]

许多发达国家在经济起飞阶段也曾出现过中国目前出现的问题。18世纪英国发生工业革命,之后蔓延至欧美。机器开始代替手工,工厂代替作坊,私营企业

---

[*] 原载于《北京大学学报》第43卷第6期,第102—109页。林双林,北京大学经济学院教授。作者感谢刘伟、吕旺实及2005年北京21世纪论坛参加者对本文的评论和指正。

自由竞争,市场调节经济,劳动生产率大大提高,城市化开始,财富急剧增加,贫富悬殊增大,环境污染加剧。经济的大发展和市场失灵促使作为研究政府行为和干预措施的公共经济学的产生和发展。一个多世纪来公共经济学不断发展,并直接影响政府的行为和决策。工业化国家加强了劳工保护的力度,限制工作时间,保障工作条件,制定最低工资,提供医疗保障,发放退休金、失业救济金,实行中小学义务教育,等等,从而缓和了社会矛盾,保证了经济持续增长。

中国也能通过改革公共财政解决目前经济发展中出现的问题。本文将回顾近代的财税改革,分析目前公共财政面临的挑战,探讨如何改革公共财政促进中国经济和谐发展。

二、近代财税改革及中国财政现状

中国财税思想源远流长。历史上儒法论争直接影响到财政思想和国家财政。法家强调政府的作用,要加强政府的功能。法家思想占主导地位的朝代税收就高。儒家是小政府主义者,主张"轻徭薄赋"。历史上中国财政往往很困难。税收越低,老百姓越得不到纳税的好处,因为税收尚不能满足皇室的需求;越得不到纳税的好处,越不愿意纳税。中国的财政长期以来就属于"吃饭财政",税收的功能主要是为政府筹措资金。①

从清末起中国就试图引进新税种,但阻力重重。民国初期,军阀割据,政局动荡,税制基本沿袭清朝旧制,极为混乱。中央财力匮乏,政府靠举债度日,中国的关、盐两大税皆被外国债权国控制。这个时期,地方政府(主要是省政府)也发行内、外债。由于军阀割据,地方公债泛滥失控。1927年,北伐成功,中国重归一统。国民政府收回关、盐税自主权,并在30年代进行了一系列财税改革。例如,改数千年的田赋为土地税,开征统税,并引入累进的所得税和遗产税等直接税。1928年,国民政府对中央和地方公债发行权予以限制、规范。抗战开始后,中央政府统一发行公债,停止地方政府的公债发行。这个时期,中国政府向俄、英、美等国借债10多亿美元。从1946年到1949年,美国给中国政府贷款高达60多亿美元。[2]

1949年中华人民共和国成立。在空前稳定的政治、经济形势下,国家开始推行税制改革。政务院于1950年1月发布《全国税政实施要则》。规定在全国范围内统一征收14种税,包括货物税、工商业税、盐税、关税、工薪所得税、利息所得税、印花税、遗产税、交易税、屠宰税、房产税、地产税、特种消费行为税和使用执照税。1950年政务院宣布向农村人口以家庭为单位征税,实行3%—42%的累进税率。1953年,中国开始实施第一个五年计划。同时对税制进行调整。包括试行商品流通税,调整货物税,修改工商税,等等。1957年中国完成生产资料的社会主义改造,

---

① 现代税制的功能除了筹措资金外,还要促进效率与公平。

建立中央计划经济体制。政府除了向农民征农业税外,还以低价购买农产品形式向农民征税。企业实行利润留成制度,利润首先在政府和各部间分配,再在部门和国企间分配。1958年,国务院合并商品流通税、货物税、营业税和印花税为工商统一税。同时,政府停止征收利息收益税和文化娱乐税。

从1958年到1960年,中国经历了"大跃进"运动,财政出现赤字,通货膨胀严重。1961年1月起实行经济调整方针,生产开始恢复,1965年经济发展达到空前水平。1966年"文化大革命"开始。极"左"思潮把税收制度当成"繁琐哲学"、"管、卡、压"来批判。1973年,中国进一步简化税制,把企业的工商统一税及其附加、房地产税、车船使用牌照税、屠宰税和盐税并为一种工商税。大合并后,国有企业支付一种工商税,集体企业缴纳工商税和工商所得税。改革开放前,政府财政收入的主要来源是国有企业利润。例如,1978年国有企业的直接贡献占到财政收入的50.5%。[1]税收的大部分也来自国有企业。[2]1978年财政收入占国内生产总值的比重为31.1%。另外,由于农业实行集体化,政府可以征调农业劳动力。改革前政府强调重工业的发展,固定资产投资庞大,公共消费品支出很小,因此,"在人民生活方面欠了账"。

1978年,在完成社会主义改造20年后,中国开始经济改革。税制改革成了整个经济改革的一个重要部分。税制改革经历了放权让利、利改税、财政包干制、利税分流等阶段。但是一系列的税制改革无法改变政府财政收入下降的趋势。财政收入占国民生产总值的比重从1978年的31.1%下降到1993年的12.6%。中央政府财政收入占总财政收入的比重1985年为40.5%,1993年下降到22%。[2]

中央政府决心扭转这种趋势。1994年,中国建立了分税制。税目从原来的37种减至23种;税收分为三类,即上缴给中央政府的国家税、地方和中央的共享税和地方税;建立了国税局和地税局;建立了税收返还系统。从此,中央政府财政收入大大改观。亚洲金融风暴后,中国政府又采取了积极财政政策,发行了大量债务。近年来财政总收入增长超过了GDP的增长。表1列出从1952—2004年中国财政的基本状况。财政收入占GDP的比重从1978年的31.2%下降到1995年的10.7%,然后上升到2004年的19.3%;中央财政收入占总财政收入比重从1978年的15.5%上升到2004年的54.9%。

---

[1] 见财政部,《中国财政年鉴(2003)》,中国财政杂志社,第39页。
[2] 同上书,第338页。

表1 1952—2004年中国财政基本状况

年份	财政收入（亿元）	财政支出（亿元）	财政盈余（亿元）	财政收入与GDP比例	财政盈余与GDP比例	中央财政收入占总财政收入比重（%）	中央财政支出占总财政支出比重（%）
1955	280.2	262.7	17.5	27.4	1.7	77.6	76.5
1960	572.3	643.7	-71.4	39.3	-4.9	25.0	43.3
1965	473.3	460.0	13.4	27.6	0.8	33.0	61.8
1970	662.9	649.4	13.5	29.4	0.6	27.6	58.9
1975	815.6	820.9	-5.3	27.2	-0.2	11.8	49.9
1978	1 132.3	1 122.1	10.2	31.2	0.3	15.5	47.4
1980	1 159.9	1 228.8	-68.9	25.7	-1.5	24.5	54.3
1985	2 004.8	2 004.3	0.6	22.4	0.0	38.4	39.7
1990	2 937.1	3 083.6	-146.5	15.8	-0.8	33.8	32.6
1995	6 242.2	6 823.7	-581.5	10.7	-1.0	52.2	29.2
2000	13 395.2	15 886.5	-2 491.3	15.0	-2.8	52.2	34.7
2004	26 396.5	28 486.9	-2 090.4	19.3	-1.5	54.9	27.7

资料来源：财政部，《中国财政年鉴（2004）》；国家统计局，《中国统计年鉴（2005）》。

三、中国公共财政面临的挑战

中国财政面临严峻挑战。一方面，社会对公共产品和转移支付需求在增大。另一方面，中国正酝酿着新一轮的税制改革，面临降低税率的压力。此外，人们对政府继续扩大债务发行也有忧虑。

1. 社会对公共产品和转移支付需求在增大

随着城市化不断推进，人们需要的共同消费的东西即公共品越来越多。现代公共经济学早已证明，私人也会提供公共产品，但数量不足，达不到社会最优水平；私人之间也可以进行收入再分配，即富人直接救济穷人，但转移支付数量不够，达不到最优水平。因此，公共品需要政府提供，收入再分配需要政府插手。

多年来，政府财政支出大量用于大型公共投资工程，而用于公共消费品则远远不够。公共消费品包括城市交通、道路，垃圾、污水处理，空气污染处理，公共环境卫生设备，社区公园，公立学校，公共医疗，等等。我国公共消费品不足显而易见。例如，若我们到一个普通居民区参观，就会看到居民室内和室外的景象截然不同。室内往往装修得非常好，楼道里则很乱，一出楼往往更差。再例如，有些农村地区的乡村街道、道路、公共卫生设施等都极差。在这些方面都需要政府增加开支。

还有政府对公共义务教育投入不足，义务教育名实不符。义务教育往往由地方政府管，而地方政府这些年财政困难。教育具有良好的外部效益（即不仅使受教育者得益,而且使社会其他人受益),应该得到政府的补助,这是全世界公认的。我国教育投资占国民生产总值的比重尚不到3%,低于世界平均水平。众所周知,中国人历来注重子女教育,这样,家庭就不得不为教育付出很大的代价。目前,教育支出是低收入家庭的沉重负担。

医疗保障和养老保障体系不健全。中国的社会保障体系只覆盖城市居民,不包括农村居民。由于工业品价格上升,医疗费用不断增加,贫困家庭负担日益加重。随着城市化加速,农村劳动力涌入城市,传统的"养儿防老"的家庭保障体系正在瓦解,农村老人成为真正的弱势群体。中国预计在2020年将出现社会老龄化,社会保障问题严重,需要跨代人之间的转移支付。

收入分配的差距增大,需要政府更多的转移支付。中国的收入差别主要表现在沿海和内陆省份之间,城乡之间,城市高收入和低收入者之间。去年农村人均收入2936元,而城镇人均收入已达9422元。这种趋势还在继续,城镇人均收入每年以8%—9%的速度增长,而农村则以4%—5%的速度增长。中国的基尼系数已达0.45,超过了美国。① 劳动和社会保障部不久前警告,贫富差距已达到危险水平,如果政府不能有效遏制两极分化,在2010年之后,贫富差距有可能激发社会动荡。

自然环境恶化,急需治理。我国从大炼钢铁开始就乱砍滥伐树木,之后又毁林造田、围湖造田,造成生态环境破坏。改革开放后,工业发展迅速,工业污染加大;农业中大量使用化肥、农药,造成水土质量下降。我国北方严重缺水,黄河不时断流,地下水位越来越低,许多水域污染加剧,沙尘暴袭击不断南移,严重威胁人民生命健康。要抑制生态恶化、治理环境污染,政府需要花费大量资金。

2. 中国正酝酿着新一轮的税制改革,面临税收减少的压力

中国政府急需财政收入来提公共产品和进行收入再分配。然而,国家也面临税收减少的压力。内外资企业所得税合并已讨论很久,改革势在必行。近年来,对国内企业不平等征税的不满越来越多。对国内企业征收的企业所得税税率是33%(其中30%归中央政府,3%归地方政府),目前外资企业和外商投资企业在开放地区的所得税率只有15%或22%。此外,外国投资者还享有两免三减的优惠政策。中国企业过去靠逃税、避税来减轻税负。随着企业财务系统的不断完善和国家税收征管力度的不断加大,企业的实际税收负担越来越重。统一国内和国外企业的所得税率,降低内资企业所得税大势所趋。国外许多专家呼吁通过取消企业所得税来提高经济效率。过去二十多年,减税浪潮席卷全球,许多国家都降低了企业所得税。比如爱尔兰将公司所得税从43%降到12.5%,成为近来欧洲经济增长最快的国家。然而,在税基不迅速增长的情况下,中国内资企业所得税率大大下降

---

① 联合国 Human Development Report 2004 统计的有关国家和地区基尼系数如下(越高越不平等):匈牙利 0.244、日本 0.249、瑞典 0.250、德国 0.283、印度 0.325、法国 0.327、加拿大 0.331、澳大利亚 0.352、英国 0.360、美国 0.408、中国内地 0.447、俄罗斯 0.456、中国香港 0.500、墨西哥 0.546、智利 0.571。

会在短期内造成国家税收的减少。①

增值税改革已提上议事日程。目前我国实行的是产品型的增值税。这种增值税的税基为国内生产总值,标准税率为17%。增值税是政府的主要财政来源,占到总税收的40%以上,是世界上增值税占税收总额最高的国家之一。中国没有从增值税税基中扣除投资部分,也不扣除折旧。在欧盟国家,增值税是消费型的,投资被从税基中扣除。采用消费型的增值税的目的是刺激投资。然而,中国的储蓄率和投资率在世界上是极高的。降低增值税的试验已在东北老工业基地开始。作者最近在关于增值税的一个研究中估计,从消费型的增值税向收入型的增值税转化会使中国政府减少10%以上的财政收入。这是一个很大的数字。

中国已免了农业税,减轻了农民负担。2003年农业各税收入占税收总收入的4.35%。最近又将个人所得税起征点提高,以减轻城市低收入者负担。这些减税措施当然无可非议,但都会减少财政收入。总税收是由税率和税基共同决定的。税率下降一般会引起生产提高、税基扩大。如果现行的税率不高,进一步降低税率不会造成生产和税基大幅提高,会造成税收的减少;如果税率太高,降低税率会促成生产和税基大幅提高,使得税收增加。

3. 国债发行的潜力有限

改革开放后中国放弃了"既无内债也无外债"的政策。中国财政自20世纪70年代末出现赤字,但整个80年代赤字相对很小。例如,1989年的预算赤字是159亿元。1993年中国通过了一部禁止财政部从中国人民银行透支的法律,随后财政赤字开始增加,在1997年政府预算赤字达582亿元。1997年亚洲金融危机后,中国政府采取扩张性财政政策。1998年政府预算赤字增加到922亿元,2000年2491亿元,2002年达到3150亿元(占国民生产总值的3%)。②

中国实行扩张性财政政策有其客观原因。首先,中国税收占国民生产总值的比重偏低,没有多少减税的余地。1978年财政收入占国民生产总值的比重为31%,1985年为22.4%,1990年为15.8%,1997年仅为11.6%,2000年为13.9%。③其次,中国储蓄倾向很高,储蓄率近年来达40%以上,减税对内需的刺激作用有限。当然,这里还有个减什么税、减多少的问题。

中国经济增长多年来领先世界。经济增长率如此之高,为什么还要实行扩张性财政政策?一种可能的解释是,中国经济发展不平衡,只有在高速增长的情况下,落后部门和地区才能生存发展,才能减轻就业压力,保持社会稳定。然而,在经济高速增长时期,实行高赤字财政政策,累积大量公债,经济衰退时怎么办?那时

---

① 关于资本税的改革对经济的影响,见 LIN Shuanglin, China's Capital Tax Reforms in an Open Economy, *Journal of Comparative Economics*, Vol. 32, pp. 128—147。
② 见财政部,《中国财政年鉴(2003)》,中国财政杂志社,第337页。
③ 俄罗斯近年采取减税政策刺激经济,但俄罗斯税本来就高,2000年税收占国民生产总值的比重为31.4%。

赤字必然更高,留给后代的债务负担会更重。因此,长时期实行扩张性财政政策终归不是上策。① 此外,人们也忧虑公共投资的效率。面对局部经济过热的情形,中国政府已决定淡出扩张性财政政策。

四、改革财税体系促进中国持续和谐发展

公共财政在中国社会稳定、经济持续发展的过程中扮演极其重要的角色。面临社会对公共产品和转移支付的需求增加和企业及个人要求减少税赋的矛盾,我们应该考虑如何优化支出结构、优化税制,让公共财政体系更公平、更有效;同时,应该发挥地方政府的作用。

1. 提高公共消费品支出在政府支出中的比重

上面提到中国目前公共消费品严重不足。公共消费品增加了,全民的福利水平就提高了。从社会角度讲,我们生产的目的是为了消费,为了让人民幸福。应该看到,政府征税、提供公共消费品除了能增加社会效益外,实际上也是收入的再分配,是财富从富人向穷人转移的一种方式。富人可能居住在豪华的公寓,会有自己的花园,可能不利用公园、公共医疗卫生设备和公共交通,子女可能上私立学校,而穷人一般对公共消费品需求大。

另外,提供更多公共消费品可以让老百姓看到纳税的好处,提高老百姓纳税的积极性。我们常听说中国老百姓不愿意纳税。问题在于,政府把大量的钱花在大型公共工程上,老百姓纳税后往往看不到纳税所得到的具体好处,感觉不到切身利益。在美国,纳税人可以看到政府成天不断地修桥补路;可以感觉到自己孩子上公立中小学不交学杂费;可以享受社会保障。美国地方上的公共工程进度往往很慢,一个公共工程雇用很少的人,花很长很长时间,远不像中国这样快。这可能是为了节约成本、保证质量,但客观上也让纳税人常常看到纳税的结果。当然,缴纳的税负要比花在这些项目上的钱多。上面提到历史上中国百姓纳税越少,越得不到纳税的好处,也越不想纳税。我们要走出这个圈子,"取之于民,用之于民",唤起百姓纳税的自觉性。

2. 缩小政府消费,提高政府效率

中国的行政机构是计划经济时代形成的,庞大的政府机构为的是制定和贯彻国家计划。在走向市场经济的过程中,政府机构本应缩小。然而,自经济改革开始以来,政府雇员和行政性开支反而大大增加了。政府行政人员数(国家机关、政党

---

① 关于政府债务的作用经济学界争论已久。李嘉图早年指出,政府为了融资,可以向百姓借债,将来征税还债,也可以现在就征税,两种做法的经济作用等同。多数经济学家认为李嘉图的"债务中性论"只有在严格的假设条件下才成立,而这些条件实际上满足不了。其实,政府债务对经济是好是坏,关键取决于政府投资的效率。参见大卫·李嘉图《政治经济学及赋税原理》,商务印书馆1981年版。

机关和社会团体)从1978年的417万增加到2000年的1 086万,比同期人口增长快得多。这几年,中国政府的裁员政策取得初步效果,行政人员数降到2002年的1 053万。①

应该指出,中国自古"学而优则仕",政府的雇员大多数是优秀人才,是精英。大量的人才到政府做官,造成人力资本的浪费。不是不要精英到政府做官,而是中国历史上官本位思想太严重,到政府做官的精英太多了。另外,高材生到政府工作,工资少了心理会感到不平衡,就容易犯错误。美国各级政府里雇员大都是很一般的人,雇员工资比私人企业雇员低。

我们的行政管理费增长过快。1978年政府行政管理费仅占政府总支出的4.7%,1987年增长到9.3%,2003年达到19.3%!② 预算外行政管理费增加更快。按1978年固定价格计算,预算外行政管理费1982年为39.14亿元,2000年达到627.85亿元,是1982年的16倍!与此同时,其他支出增加缓慢。例如,预算外城市维护建设费增长缓慢,仅从1982年的21.62亿元增到2000年的41.30亿元。预算外城市维护建设费占预算外支出的比重1993年为5.2%,2002年为2.9%。预算外行政管理费占预算外总收入1993年为28%,2002年为69%。③ 庞大的"吃皇粮"队伍,将税收相当大的一部分吃掉。

我们要减员,要鼓励能干的人走出政府机关,在生产中发挥作用。没有行政开支的大幅度减少,税负的降低、公共产品增加很难。最近人们提到"黄宗羲定理",即历史上每次减免百姓税负后,带来的都是以后更多的苛捐杂税。这个谜并不难解。官员人数没变,暂时减税负,推迟消费,随之而来必是增加税负。这些年,政府一直为减员努力,但基层减员的任务还很艰巨。干部分布像金字塔,基层庞大。

另一方面,我们要扩大政府服务,提高服务效率和质量。老百姓纳税,政府工作人员积极为老百姓服务,真正地做人民的公仆,使人民看到纳税带来的好处。

3. 完善捐献免税法,鼓励私人扶贫,增加扶贫力度,缓和贫富矛盾

中国仍然不富裕,尚不能建立像西方国家那样庞大的社会福利体系。但是,我们可以加大扶贫力度。中国幅员辽阔,各地情况不同,应该因地制宜。在重视农村贫困问题的同时,也要重视城市贫困问题。中国的富人主要集中在城市,城市贫富反差比农村大,更容易引起社会不安和动荡。

在政府进行转移支付的同时,应该鼓励富人对穷人的直接帮助。当年政府提出让一部分人先富起来,肯定是期待着富起来的人以各种方式回报社会。目前,财富通过个人渠道再分配还不顺畅。国家税法也没有积极鼓励这样做。中国目前的捐献免税法规,十分繁琐,很少有人利用。我国应完善捐献免税法,简化免税手续,

---

① 国家统计局:《中国统计年鉴(2004)》,中国统计出版社,第134页。
② 财政部,《中国财政年鉴(2004)》,中国财政杂志社。
③ 同上。

鼓励私人捐献。在西方国家,慈善机构和教会在收入再分配中起着重要作用。西方国家(如美国)的税法鼓励人们捐献,捐献部分可以从应纳税的收入中扣除,不用纳税。有钱人向慈善机构和教会捐献(实物或货币)。有的教会要求信徒把10%的收入交给教会,教会用其帮助穷人。美国有些大富翁已宣布将来把所有财富捐献给社会,不给亲属。这样的人谁还仇恨?中国的税法尚未积极鼓励人们捐献。富人做的公益事情多了,社会就会更和谐。因此,制定切实可行的私人捐献免税法,鼓励富人直接扶贫是建立和谐社会的需要。

另外,在中国的家庭内部、亲属之间、家族内部历来存在着收入和财富的再分配,富者接济贫者,强者扶持弱者,子女赡养父母,等等。虽然这种以家庭为单位的收入再分配具有局限性,但也能在一定程度上缓和矛盾,使社会和谐,所以应该得到鼓励。随着社会化大生产的发展,城市化加快,农业人口的大量流入城市,大家庭内部的收入再分配会越来越困难。应该指出,只靠富人直接扶贫,只依靠家庭内部的转移支付,再分配的力度是不够的。上面提到,公共经济学里早已证明个人之间的自愿的转移支付不足于达到最优的社会收入分配,政府还得参与收入的再分配。

4. 继续改革税制,优化税率

整个税制有个优化问题。好的税制应该是公平的,有利于经济增长,容易征收,能保证足够税收。这些原则有时是冲突的。比如,公平了,可能不利于增长;利于增长,可能不公平。当然,冲突也不是绝对的,税改也可能既公平,又有利于增长。我们能做到的,就是选择一种平衡,公平、效率兼顾,该增的税增,该降的降。

税率不是越高越好,也不是越低越好。中国有些税的名义税率是很高的。美国财经双周刊《福布斯》最近发布报告,在全球52个国家和地区中,中国内地是全球税负第二重的地方,仅居于法国之后;中国香港则是仅次于阿拉伯联合酋长国,全球第二个税负最轻的地方。当然,对这个排名也有争议。《福布斯》的"全球2005税务负担指数"调查,度量综合税务负担的指标有5个,包括公司所得税、个人所得税、财富税、雇主及雇员社会保障金及销售税。

中国内地个人所得税最高边际税率为45%,美国只有35%(历史上到过90%以上),中国香港的单一个人所得税率为16%,而俄罗斯的单一个人所得税率只有13%。虽然税率高,中国2000年个人所得税仅占国民生产总值的0.57%,占整个税收收入的4.1%。发展中国家的个人所得税的规模都很小,而发达国家个人所得税的规模较大。例如,美国联邦政府个人所得税2001年占联邦整个税收收入的51.4%,州和地方个人所得税占整个税收收入的26%,综合起来个人所得税占整个税收的42.3%。[3] 值得注意的是,近年来中国个人所得税比国民生产总值增长快。

中国的公司所得税率也很高。内资企业的所得税高达33%。俄罗斯的公司所得税率为24%。中国香港的公司利润税率为17.5%。中国内地的企业所得税在税收中所占的比重比美国还高。美国2001年公司所得税占联邦税收的8%,个人所得税占50%,社会保障税占35%,其他税占8%;公司所得税占州和地方政府税收的2%,个人所得税占13%,财产税占17%,销售税占20%,联邦转移支付占19%,其他收入占29%。① 综合起来,美国的企业所得税占总税收的6.5%。中国内地的企业所得税2003年占到总税收的13%。另外,中国还有增值税,税率为17%。增值税在世界上被称为政府的摇钱树,工厂机器一开就得缴税,不管赚不赚钱。中国企业的税负实在是不轻。图1显示中国主要税目在税收总额中的比重,增值税遥遥领先,其次是企业所得税,个人所得税则很低。

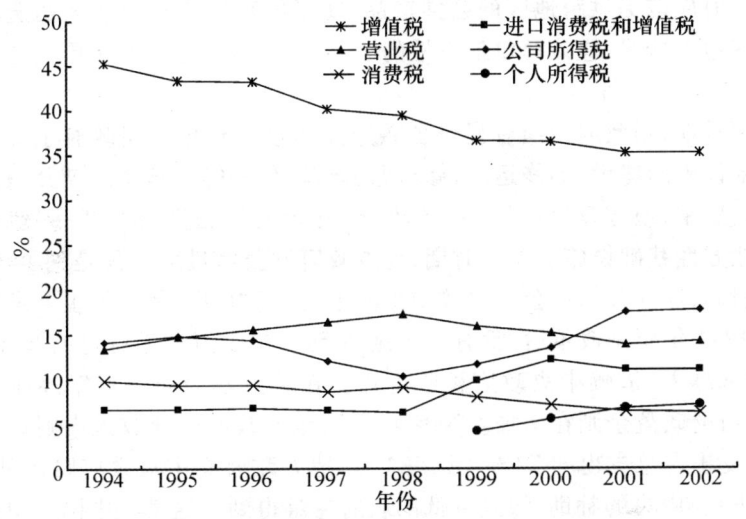

图1 主要税目在税收总额中的比重(%)
资料来源:国家统计局,《中国统计年鉴(2004)》。

中国的企业税负应该降低。降低企业税负会提高企业投资积极性,增加就业,促进经济持续增长。个人所得税的潜力还很大。个人所得税最高边际税率不低,我们要严加征管,堵塞漏洞。"简化税制,扩大税基,降低税率,提高效率"是当今世界税制改革的总趋势。我们要具体情况具体分析,有增有减。

为了提供更多的公共产品,为了使收入再分配更公平,我们也应考虑建立新税种,如财产税。如前所述,1950年我国就设置了房产税和地产税等税种,后来被取消。财产税在美国一直存在。个人所得税南北战争时候引入美国,后因违宪而被取缔,20世纪初补充宪法后才合法化。此后,所得税在税收中的比重不断提高,财产税比重在下降,两者互补调节收入再分配。中国目前没有个人财产税,个人所得税在总税收中比重很小,收入分配很难得到调节。

我们在改革税制时,一定要把税制和政府支出结合起来通盘考虑。俄罗斯和独联体的许多国家最近纷纷实行单一的个人所得税率,税不怎么累进,但国家向全

---

① United States, *Economic Report of the President*, 2002.

体公民提供基本的教育和医疗服务以及社会保障。欧洲大部分国家都实行消费型的增值税,税率也不那么累进。但是,欧洲许多国家的社会福利很高。穷人虽然承受消费型的增值税的负担,但可以得到大量的社会福利。美国实行累进的个人所得税,从穷人那里征的税少,但社会福利也没有欧洲那么高。可见,各国的税制都是跟其支出结构配套的。我国在改革税制时,一定要和政府支出联系起来,这样才能保证税制公平。

5. 发挥地方政府的作用

中央政府应该提供跨地区的公共产品,在全国范围内进行收入再分配。地方政府最了解地方情况,应该提供地方性的公共产品,以及在地方范围内进行收入再分配。

在美国早期,州政府扮演着提供公共产品的重要角色。州政府主要从事交通运输等基础设施的建设,如修运河、修道路、修铁路,等等。这个时期州政府发行的债务最多。后来,地方政府(县、市、镇政府)开始大量提供公共产品,包括公共卫生系统等地方性基础设施。这个时期,地方政府发公债最多。只是到了30年代大危机后,联邦政府才开始在公共财政中扮演主角,成为政府债务的主要发行者[4]。

中国1994年税制改革后,没有一个地方政府在任何一年有过财政盈余,年年是赤字,越来越大,依赖中央政府税收返还。在地方政府财政赤字逐年增大的同时,中央政府财政盈余则在增加。2004年中国地方政府财政收入占财政总收入的45%;财政支出占总支出的72%(见表1)。地方政府靠中央政府财政补助(主要是税收返还)。中央的补助,级别越低的政府越难得到。这就是中国乡镇的财政那么困难的原因。地方政府没有税收立法权力,没有发行公债的权力,不少贫困地区政府往往拖欠工资,靠东借西借度日,无余力提供必要的地方性公共产品。这样,老百姓就很难直接感受到纳税的好处。

中央政府给地方政府财政补助在世界上很普遍。例如美国州和地方政府近20%的收入来自联邦政府,日本地方对中央政府的依赖更大。这当然不能全从经济角度解释了。从经济效率上讲,既然地方政府提供的公共产品多,就应该从开始就多收点税。

我国应该考虑在分税体系中加大地方政府的税收收入份额。另外,中国幅员辽阔,各地差别很大,不妨试行给地方政府有限的税收立法权和发行公债的权利,让他们自己解决一点自己的财政困难问题。当然,地方政府的税收立法要按照严格的程序,公债发行必须受到严格的控制和监督,避免20世纪初地方政府公债泛滥的局面。

五、总　　结

21世纪是中国持续发展、和平崛起的世纪。公共财政在中国社会和谐和经济持续发展中起着极其重要作用。经过几十年的财政改革,中国已建立起庞大的财政体系。目前中国面临社会对公共产品和转移支付的需求增加和企业及个人要求减少税赋的矛盾。为了保持社会稳定和经济持续发展,中国要优化财政支出结构,提高公共消费品支出在政府支出中的比重,让老百姓切身体会到政府提供的公共产品和服务的好处,提高老百姓纳税积极性;要继续改革税制,优化税率,并把税制改革和政府支出改革联系起来;要缩小政府消费,提高政府服务效率;要加大扶贫力度,完善私人捐献免税法,鼓励私人扶贫;要发挥地方政府在提供公共产品服务和筹措资金中的作用。

参 考 文 献

[1] 亚当·斯密. 郭大力,王亚南. 译. 国民财富的性质和原因的研究[M]. 北京:商务印书馆,1997.
[2] 孙翊刚. 中国财政史[M]. 北京:中国社会科学出版社,2003.
[3] Gruber, Jonathan. *Public Finance and Public Policy* [M], New York: Worth Publishers, 2005.
[4] Wallis, John J. American Government Finance in the Long Run: 1790 to 1990 [J], *Journal of Economic Perspectives*, Vol. 14.

China's Public Finance Reforms: Challenges and Options

LIN Shuanglin

Abstract: This paper discusses the challenges faced by China's public sector, and provides policy suggestions on how to solve China's problems such as income inequality, weak social security, and environmental damage through public finance reforms. China now faces both increasing demand for income transfers and public goods provisions and growing pressure to lower business taxes. To insure social stability and to promote sustainable growth, the government should provide more public consumption goods and services, cut government personnel and administrative expenditures, optimize the tax system, allow tax exemption on private donations to encourage private donations, and grant local governments some right to enact tax laws and issue bonds for local public goods financing.

Key words: public finance reforms; tax system; public goods